四字成語

가가
대소
성어정리

책의 내용 중 어느 곳이든 펼쳐서 읽어 보기만 해도 꼬리에 꼬리를 물고 이어지는 앎의 재미와 고리를 잡게 되어 더욱 흥미진진하게 학습해 나아갈 수 있습니다!

개정 증보판

呵呵大笑 成語整理

왕원근(王元根) · 왕필 편저

유사 교재의 철저한 분석과 검토를 통한
사자성어(四字成語) 완결판!!

희망의 창

머리말

사자성어(四字成語)가 우리의 일상생활(日常生活)에 얼마나 많이 통용되고 있으며 왜 중요한지는 새삼 말할 필요가 없을 것입니다. 각종 보도(報道)와 연설(演說)에서 허다(許多)하게 사용되고 있을 뿐만 아니라 생활 속에서도, 간명직절(簡明直截)하고 수준 높은 의사소통(意思疏通)을 위해서 사자성어는 그야말로 표현의 백미(白眉)라 아니할 수 없습니다.

그리하여 필자는 그 동안 출간된 유사교재를 면밀(綿密)히 검토(檢討)하고 독자들에게 더욱 실용적인 책이 될 수 있도록 기출문제를 중심으로 절충안(折衷案)을 도출(導出)하여 표제어를 선정하는 등 시험합격의 목표에 맞추어 정리(整理)해 보았습니다.

아무 곳이나 펼쳐서 읽어보기만 해도 꼬리에 꼬리를 물고 이어지는 앎의 재미와 고리를 잡게 되어 더욱 흥미진진(興味津津)하게 학습해 나아갈 수 있으리라 생각합니다.

후목분장(朽木糞牆)이라는 말이 있습니다. 즉 썩은 나무에는 조각할 수 없고 썩은 담벼락에는 덧칠을 할 수 없다는 말입니다. 공부를 하려는 사람의 분명한 목표(目標)와 의지 그리고 기개(氣槪)가 있어야만 어떤 크고 좋은 결과를 낼 수 있다는 말이 되겠습니다.

특히, 국가공인 한자급수대비시험과 기업체 입사시험을 준비하는데 있어서 단시간에 효율적으로 공부할 수 있도록 중급수준부터 최고급 수준까지 망라(網羅)하여 구성하였습니다. 즉 본서가 각종 시험대비에는 최적서가 될 것이라고 필자는 자부(自負)합니다.

아무쪼록 본서를 만나 공부하는 독자들께서는 수불석권(手不釋卷)하여 각 분야와 위치에서 괄목상대(刮目相對)하는 동량(棟梁)과 간성(干城)이 되어 세상에 기여보비(寄與補裨)하면서 시대(時代)를 이끌어가는 인물(人物)과 지도자(指導者)가 되기를 기원합니다.

끝으로, 본서(本書)가 세상에 나오기까지 물심양면으로 도와주신 이영복(李英馥)會長님과 헌신적으로 지원해준 형처(荊妻) 조수정(趙水井)님께 감사와 사랑의 마음을 表합니다.

본서의 장점

1. 정확한 훈(訓)과 음(音)으로 보는 즉시 암기가능
2. 유의어·반의어·관련어 등을 일목요연(一目瞭然)하게 정리해설
3. 정확한 출전(出典)표시와 찾아보기 기능
4. 한자급수시험과 입사시험 등에 필요한 어휘수록
5. 대학생과 일반인에게는 충분(充分)한 교양서 역할(役割)

編著者 王 元 根[왕필] 識

목차(目次)

卿士大夫 경사대부
經世致用 경세치용
勁松彰於歲寒
　　　경송창어세한 081
黥首刖足 경수월족
庚戌國恥 경술국치
經筵 경연
耕雲釣月 경운조월
涇渭 경위　　　082
傾危之士 경위지사
敬而遠之 경이원지
鯨戰蝦死 경전하사
驚鳥啄蛇 경조탁사
罄竹書難 경죽서난 083
瓊枝玉葉 경지옥엽
瓊枝旃檀 경지전단
敬天勤民 경천근민
驚天動地 경천동지
鏡花水月 경화수월 084
鷄犬昇天 계견승천
鷄口牛後 계구우후
鷄群一鶴 계군일학
鷄頭肉 계두육
鷄卵有骨 계란유골 085
鷄肋 계륵
桂林一枝崑山片玉
　　　계림일지곤산편옥
鷄鳴狗盜 계명구도
計無所出 계무소출 086
稽上拜言 계상배언
戒盈杯 계영배
季札掛劍 계찰괘검

季布一諾 계포일낙 087
繫風捕影 계풍포영
鷄皮鶴髮 계피학발
溪壑之慾 계학지욕 088
呱呱之聲 고고지성
高官大爵 고관대작
股肱 고굉
孤軍奮鬪 고군분투
敲金戛石 고금알석 089
高談峻論 고담준론
高臺廣室 고대광실
孤獨單身 고독단신
叩頭謝罪 고두사죄
膏粱珍味 고량진미
苦輪之海 고륜지해 090
孤立無援 고립무원
瞽馬聞鈴 고마문령
藁網捉虎 고망착호
枯木發榮 고목발영 091
枯木死灰 고목사회
枯木生花 고목생화
枯木朽株 고목후주
鼓腹擊壤 고복격양
高峰峻嶺 고봉준령 092
叩盆之嘆 고분지탄
敀事撮要 고사촬요
高山流水 고산유수
古色蒼然 고색창연 093
孤城落日 고성낙일
高聲放歌 고성방가
姑息之計 고식지계
孤臣寃淚 고신원루 094

孤身隻影 고신척영
苦心慘憺 고심참담
苦心血誠 고심혈성
高岸深谷 고안심곡
枯楊生稊 고양생제 095
高陽酒徒 고양주도
枯魚之肆 고어지사
孤往獨驀 고왕독맥
苦肉策 고육책
苦逸之復 고일지복 096
孤掌難鳴 고장난명
股掌之臣 고장지신
孤注一擲 고주일척
苦盡甘來 고진감래
鼓進金退 고진금퇴 097
孤雛腐鼠 고추부서
高枕而臥 고침이와
古稀 고희
轂擊肩摩 곡격견마 098
曲高和寡 곡고화과
曲突徙薪 곡돌사신
告朔 곡삭
曲直不問 곡직불문 099
曲學阿世 곡학아세
困獸猶鬪 곤수유투
琨玉秋霜 곤옥추상
骨肉相殘 골육상잔
公卿大夫 공경대부 100
空谷跫音 공곡공음
共命之鳥 공명지조
公私多忙 공사다망
孔席墨突 공석묵돌

涅而不緇 날이불치
南柯一夢 남가일몽
南郭濫吹 남곽남취 165
南橘北枳 남귤북지
南箕北斗 남기북두
南男北女 남남북녀
男女有別 남녀유별
南蠻鴃舌 남만격설 166
南蠻北狄 남만북적
南面 남면
男負女戴 남부여대
攬轡澄淸 남비징청
濫觴 남상　　　　167
南船北馬 남선북마
男兒須讀五車書
　　　　남아수독오거서
南轅北轍 남원북철
藍田生玉 남전생옥 168
男尊女卑 남존여비
南風不競 남풍불경
南行北走 남행북주
狼多肉少 낭다육소
廊廟之器 낭묘지기 169
狼子野心 낭자야심
囊中之錐 낭중지추
囊中取物 낭중취물
郎廳坐起 낭청좌기 170
狼狽 낭패
乃武乃文 내무내문
內省不疚 내성불구
內聖外王 내성외왕
內疏外親 내소외친 171

內憂外患 내우외환
內柔外剛 내유외강
內潤外朗 내윤외랑
來者可追 내자가추 172
內殿菩薩 내전보살
內助之功 내조지공
內淸外濁 내청외탁
冷暖自知 냉난자지 173
冷竈 냉조
冷汗三斗 냉한삼두
怒甲移乙 노갑이을
老嫗能解 노구능해 174
盧弓盧矢 노궁노시
怒氣衝天 노기충천
呶呶不休 노노불휴
老萊之戱 노래지희
路柳墻花 노류장화 175
駑馬十駕 노마십가
老馬之智 노마지지
怒目疾視 노목질시
魯般之巧 노반지교 176
怒發大發 노발대발
爐邊情談 노변정담
路不拾遺 노불습유
老士宿儒 노사숙유 177
勞思逸淫 노사일음
老生常談 노생상담
盧生之夢 노생지몽
老少不定 노소부정 178
怒蠅拔劍 노승발검
怒室色市 노실색시
勞心焦思 노심초사

奴顔婢膝 노안비슬
魯陽之戈 노양지과 179
魯魚亥豕 노어해시
勞燕分飛 노연분비
老嫗能解 노온능해
勞而無功 노이무공 180
老益壯 노익장
老莊思想 노장사상
老婆心 노파심
碌碌之輩 녹록지배 181
綠林豪傑 녹림호걸
綠鬢紅顔 녹빈홍안
鹿死誰手 녹사수수
綠楊芳草 녹양방초 182
綠陰芳草 녹음방초
綠衣紅裳 녹의홍상
論功行賞 논공행상
弄假成眞 농가성진
壟斷 농단　　　　183
籠絡 농락
弄兵潢池 농병황지
弄瓦之慶 농와지경
農爲政本 농위정본 184
弄璋之慶 농장지경
籠鳥戀雲 농조연운
隴蜀 농촉
雷同附和 뇌동부화 185
賴亂勿計利 뇌란물계리
雷厲風飛 뇌려풍비
雷逢電別 뇌봉전별
惱殺 뇌쇄
靦恥 뇌치　　　　186

11

大慈大悲 대자대비 204
大材小用 대재소용
對症下藥 대증하약
大智如愚 대지여우
戴天之讎 대천지수 205
大廈棟梁 대하동량
大寒索裘 대한색구
大海一粟 대해일속
德無常師 덕무상사 206
德本財末 덕본재말
德輶如毛 덕유여모
德必有隣 덕필유린
陶犬瓦鷄 도견와계 207
韜光養晦 도광양회
圖窮匕見 도궁비현
圖南 도남 208
跳梁跋扈 도량발호
徒勞無功 도로무공
屠龍之技 도룡지기
桃李成蹊 도리성혜
倒屣相迎 도리상영 209
道謨是用 도모시용
屠門戒殺 도문계살
道傍苦李 도방고리
道不拾遺 도불습유 210
徒費脣舌 도비순설
桃三李四 도삼이사
陶冶 도야 211
盜亦有道 도역유도
檮杌 도올
桃園結義 도원결의
悼二將歌 도이장가 212

刀折矢盡 도절시진
陶朱猗頓 도주의돈
盜憎主人 도증주인
到處春風 도처춘풍 213
道聽塗說 도청도설
倒置干戈 도치간과
塗炭之苦 도탄지고 214
到彼岸 도피안
倒行逆施 도행역시
獨當一面 독당일면
獨立不羈 독립불기 215
獨不將軍 독불장군
讀書亡羊 독서망양
讀書百遍義自見
　독서백편의자현
讀書三到 독서삼도
讀書三昧 독서삼매 216
讀書尙友 독서상우
獨守空房 독수공방
獨眼龍 독안룡
獨也靑靑 독야청청
獨掌難鳴 독장난명 217
篤志家 독지가
頓首百拜 돈수백배
頓悟頓修 돈오돈수
頓悟漸修 돈오점수 218
豚蹄一酒 돈제일주
突不燃不生烟 돌불연불생연
東家食西家宿 동가식서가숙
東家之丘 동가지구 219
同價紅裳 동가홍상
同苦同樂 동고동락

同工異曲 동공이곡
東郭履 동곽리
彤管貽 동관이　　220
同根連枝 동근연지
同氣相求 동기상구
棟梁之器 동량지기 221
同流合汚 동류합오
凍梨 동리
同文同軌 동문동궤
東問西答 동문서답
洞房華燭 동방화촉 222
同病相憐 동병상련
東奔西走 동분서주
凍氷寒雪 동빙한설
東山高臥 동산고와 223
東山再起 동산재기
同床異夢 동상이몽
東西古今 동서고금
冬扇夏爐 동선하로 224
同姓同本 동성동본
同聲相應 동성상응
同心同德 동심동덕
同惡相助 동악상조 225
同業相仇 동업상구
冬溫夏淸 동온하정
童牛角馬 동우각마
同而不和 동이불화
東夷 동이·西戎 서융
·南蠻 남만·北狄 북적 226
棟折榱崩 동절최붕
凍足放尿 동족방뇨
同族相殘 동족상잔

亡羊得牛 망양득우
亡羊補牢 망양보뢰 248
亡羊之歎 망양지탄
望洋之嘆 망양지탄
茫然自失 망연자실
望雲之情 망운지정
亡子計齒 망자계치 249
芒刺在背 망자재배
妄自尊大 망자존대
罔知所措 망지소조
望塵莫及 망진막급
望蜀之歎 망촉지탄 250
望風而靡 망풍이미
賣劍買牛 매검매우
賣官賣職 매관매직
買櫝還珠 매독환주 251
埋頭沒身 매두몰신
罵詈雜言 매리잡언
脢腓 매비
買死馬骨 매사마골 252
賣鹽逢雨 매염봉우
買占賣惜 매점매석
梅妻鶴子 매처학자
每況愈下 매황유하
麥丘邑人 맥구읍인 253
麥秀之歎 맥수지탄
盲龜遇木 맹귀우목
孟母斷機 맹모단기
孟母三遷 맹모삼천 254
萌芽 맹아
盲人摸象 맹인모상
盲者正門 맹자정문

猛虎伏草 맹호복초 255
綿裏藏針 면리장침
面壁九年 면벽구년
麵市鹽車 면시염거
免牆 면장
面張牛皮 면장우피 256
面從腹背 면종복배
滅門之禍 멸문지화
滅私奉公 멸사봉공
明見萬里 명견만리 257
明鏡高懸 명경고현
明鏡不疲 명경불피
明鏡止水 명경지수 258
名過其實 명과기실
銘肌鏤骨 명기누골
名落孫山 명락손산
名列前茅 명렬전모 259
冥冥之志 명명지지
明眸皓齒 명모호치
明目張膽 명목장담
名門巨族 명문거족 260
名不虛傳 명불허전
鳴蟬潔飢 명선결기
命世之才 명세지재
名實相符 명실상부 261
明若觀火 명약관화
命緣義輕 명연의경
明月爲燭 명월위촉
命在頃刻 명재경각
名正言順 명정언순 262
名從主人 명종주인
明珠闇投 명주암투

明珠彈雀 명주탄작
明察秋毫 명찰추호
明窓淨几 명창정궤 263
明哲保身 명철보신
莫莢 명협
毛骨悚然 모골송연
冒沒廉恥 모몰염치
冒白刃 모백인　 264
謀事在人成事在天
　　모사재인성사재천
茅塞頓開 모색돈개
毛遂自薦 모수자천
矛盾 모순　 265
暮夜無知 모야무지
冒雨剪韭 모우전구
母猿斷腸 모원단장
毛義奉檄 모의봉격 266
蟊賊 모적
毛皮之附 모피지부
木鷄養到 목계양도
目光如炬 목광여거 267
木本水源 목본수원
目不識丁 목불식정
目不忍見 목불인견
木石不傅 목석불부 268
目食耳視 목식이시
木偶人衣 목우인의
木人石心 목인석심
目指氣使 목지기사
目睫之間 목첩지간 269
木鐸 목탁
沐猴而冠 목후이관

蓬頭亂髮 봉두난발
蓬萊弱水 봉래약수
鳳麟芝蘭 봉린지란
鳳毛麟角 봉모인각 337
封豕長蛇 봉시장사
逢人輒說 봉인첩설
蓬戶甕牖 봉호옹유
浮家泛宅 부가범택 338
附肝附膽 부간부담
婦姑勃谿 부고발계
剖棺斬屍 부관참시
富貴浮雲 부귀부운 339
富貴榮華 부귀영화
富貴在天 부귀재천
負笈從師 부급종사
附驥尾 부기미　　　　340
不得其位 부득기위
不得不然 부득불연
不得要領 부득요령
駙馬都尉 부마도위 341
剖腹藏珠 부복장주
扶桑 부상
浮生若夢 부생약몽
浮石沈木 부석침목
膚受之愬 부수지소 342
負乘致寇 부승치구
負薪救火 부신구화
負薪之憂 부신지우
俯仰不愧 부앙불괴 343
浮言浪說 부언낭설
附炎棄寒 부염기한
浮雲朝露 부운조로

斧鉞之下 부월지하
扶危定傾 부위정경 344
婦有長舌 부유장설
負扆 부의
不自量力 부자양력
父慈子孝 부자자효 345
父傳子傳 부전자전
不足懸齒牙 부족현치아
釜中生魚 부중생어
釜中之魚 부중지어 346
負重致遠 부중치원
不卽不離 부즉불리
不知甘苦 부지감고
不知去處 부지거처 347
不知其數 부지기수
不知端倪 부지단예
不知寢食 부지침식
不知何歲月 부지하세월
俯察仰觀 부찰앙관
夫唱婦隨 부창부수 348
赴湯蹈火 부탕도화
浮萍轉蓬 부평전봉
負荊請罪 부형청죄 349
附和雷同 부화뇌동
負暄 부훤
北馬南船 북마남선
北邙山 북망산　　　350
北門之歎 북문지탄
北山之感 북산지감
北轅適楚 북원적초
北窓三友 북창삼우
粉骨碎身 분골쇄신 351

憤氣撑天 분기탱천
分段生死 분단생사
奔放自在 분방자재
粉白黛黑 분백대흑
焚書坑儒 분서갱유 352
分袖相別 분수상별
粉身靡骨 분신미골
枌楡 분유
糞土之言 분토지언 353
不可救藥 불가구약
不可不念 불가불념
不可思議 불가사의
不暇草書 불가초서
不可抗力 불가항력 354
不覺技痒 불각기양
不刊之書 불간지서
不敢請固所願
　불감청고소원
不更二夫 불경이부
不顧廉恥 불고염치 355
不共戴天 불공대천
不攻自破 불공자파
不愧屋漏 불괴옥루
不教而誅 불교이주
不求甚解 불구심해 356
不倦不懈 불권불해
不軌之心 불궤지심
不期而會 불기이회
不念舊惡 불념구악
不能不已 불능불이 357
佛頭著糞 불두착분
弗慮胡獲 불려호획

ㅅ

徙家忘妻 사가망처 377

蛇蝎視 사갈시

四顧無親 사고무친

死孔明走生仲達
　　　사공명주생중달

射空中鵠 사공중곡 378

師曠之聰 사광지총

事貴神速 사귀신속

捨近取遠 사근취원

舍己從人 사기종인 379

使驥捕鼠 사기포서

捨短取長 사단취장

四端七情 사단칠정

事大主義 사대주의 380

捨量沈舟 사량침주

思慮分別 사려분별

私利私慾 사리사욕 381

駟馬難追 사마난추

四面楚歌 사면초가

四面春風 사면춘풍

徙木之信 사목지신

思無邪 사무사　　382

斯文亂賊 사문난적

娑婆 사바

事半功倍 사반공배 383

沙鉢農事 사발농사

沙鉢通文 사발통문

捨筏登岸 사벌등안

瀉瓶 사병

四分五裂 사분오열 384

駟不及舌 사불급설

死不暝目 사불명목

邪不犯正 사불범정

閹鼻多法 사비다법 385

仕非爲貧 사비위빈

砂上樓閣 사상누각

泗上弟子 사상제자

死生關頭 사생관두 386

捨生取義 사생취의

四書五經 사서오경

射石爲虎 사석위호

捨小取大 사소취대 387

私淑 사숙

死僧習杖 사승습장

四時長春 사시장춘

捨身供養 사신공양

蛇身人首 사신인수 388

蛇心佛口 사심불구

四十初襪 사십초말

使羊將狼 사양장랑

士爲知己者死
　　　사위지기자사

事有終始 사유종시 389

死而無悔 사이무회

死而不亡 사이불망

似而非 사이비　　390

事已至此 사이지차

死而後已 사이후이

斯人斯疾 사인사질

射人先射馬 擒賊先擒王 391
　　　사인선사마 금적선금왕

獅子奮迅 사자분신

獅子吼 사자후

使錢如水 사전여수

事齊事楚 사제사초 392

蛇足 사족

四柱八字 사주팔자

死中求活 사중구활

沙中偶語 사중우어

使之聞之 사지문지 393

巳進申退 사진신퇴

死且不避 사차불피

死且不朽 사차불후

四通八達 사통팔달

事必歸正 사필귀정 394

四海兄弟 사해형제

四海爲家 사해위가

死灰復燃 사회부연

死後藥方文 사후약방문 395

削足適履 삭족적구

削奪官職 삭탈관직

山鷄野鶩 산계야목

山高水長 산고수장 396

山窮水盡 산궁수진

山溜穿石 산류천석

山上垂訓 산상수훈

傘壽 산수　　　397

山陽聞笛 산양문적

山紫水明 산자수명

山戰水戰 산전수전

山海珍味 산해진미

殺身成仁 살신성인 398

三綱五倫 삼강오륜

三顧草廬 삼고초려 399

三國鼎立 삼국정립

三年不飛 삼년불비

森羅萬象 삼라만상 400

三令五申 삼령오신

三昧境 삼매경

三面六臂 삼면육비
三釜之養 삼부지양
參商之歎 삼상지탄 401
三省吾身 삼성오신
三水甲山 삼수갑산
三旬九食 삼순구식
三十六計 삼십육계 402
三人成虎 삼인성호
三人行 必有我師
　　삼인행 필유아사
三日遊街 삼일유가
三日天下 삼일천하 403
三從之道 삼종지도
三紙無驢 삼지무려
三枝之禮 삼지지례
三徵七辟 삼징칠벽
三尺秋水 삼척추수 404
三遷之敎 삼천지교
三寸之舌 삼촌지설
三寸之轄 삼촌지할 405
三秋之思 삼추지사
三戶亡秦 삼호망진
三皇五帝 삼황오제 406
歃血同盟 삽혈동맹
喪家之狗 상가지구
桑間濮上 상간복상
相驚伯有 상경백유
傷弓之鳥 상궁지조 407
賞奇析疑 상기석의
喪頭服色 상두복색
上樓擔梯 상루담제 408
上漏下濕 상루하습

常鱗凡介 상린범개
桑麻之交 상마지교
喪明之痛 상명지통
常目在之 상목재지 409
上文右武 상문우무
桑蓬之志 상봉지지
上奉下率 상봉하솔
相思不見 상사불견 410
上山求魚 상산구어
相鼠有皮 상서유피
上善若水 상선약수
上援下推 상원하추 411
桑梓 상자
上梓 상재
象箸玉杯 상저옥배
桑田碧海 상전벽해
桑樞甕牖 상추옹유 412
象齒焚身 상치분신
上濁下不淨 상탁하부정
桑土綢繆 상토주무
上通天文 下達地理
　　상통천문 하달지리 413
霜風高節 상풍고절
上下撐石 상하탱석
桑弧蓬矢 상호봉시 414
喪魂落膽 상혼낙담
上和下睦 상화하목
上火下澤 상화하택
上厚下薄 상후하박
塞翁之馬 새옹지마 415
色厲內荏 색려내임
色如死灰 색여사회

索隱行怪 색은행괴 416
色卽是空空卽是色
　　색즉시공공즉시색
生口不網 생구불망
生寄死歸 생기사귀
生面不知 생면부지
生巫殺人 생무살인 417
生不如死 생불여사
生死苦樂 생사고락
生死肉骨 생사육골
生殺與奪 생살여탈 418
生而知之 생이지지
生者必滅 생자필멸
生呑活剝 생탄활박
鼠肝蟲臂 서간충비
西瓜皮舐 서과피지 419
曙光 서광
胥動浮言 서동부언
黍離之歎 서리지탄
西方淨土 서방정토 420
書不借人 서불차인
西施嚬目 서시빈목
鼠竊狗偸 서절구투
噬臍莫及 서제막급
釋階登天 석계등천 421
席藁待罪 석고대죄
碩果不食 석과불식
席卷之勢 석권지세 422
釋根灌枝 석근관지
席不暇暖 석불가난
釋眼儒心 석안유심
石田耕牛 석전경우

惜指失掌 석지실장 423
石破天驚 석파천경
碩學鴻儒 석학홍유
石火光陰 석화광음
旋乾轉坤 선건전곤 424
先見之明 선견지명
先景後事 선경후사
先考 선고
善供無德 선공무덕 425
先公後私 선공후사
璇璣玉衡 선기옥형
善男善女 선남선녀
先禮後學 선례후학 426
禪問答 선문답
先發制人 선발제인
先病者醫 선병자의
先聲奪人 선성탈인
先聲後實 선성후실 427
先始於隗 선시어외
羨魚無網 선어무망
先憂後樂 선우후락
善游者溺 선유자닉 428
先意順旨 선의순지
先義後利 선의후리
先入爲主 선입위주
仙姿玉質 선자옥질 429
仙姿爲謀 선자위모
先斬後啓 선참후계
扇枕溫席 선침온석
蟬脫 선탈　　　　430
仙風道骨 선풍도골
先花後果 선화후과

雪泥鴻爪 설니홍조
舌芒於劍 설망어검 431
挈缾之智 설병지지
雪上加霜 설상가상
設心做意 설심주의
說往說來 설왕설래 432
舌底有斧 설저유부
雪中松柏 설중송백
雪中送炭 설중송탄 433
纖纖玉手 섬섬옥수
葉公好龍 섭공호룡
涉獵 섭렵
涉于春氷 섭우춘빙 434
成功者退 성공자퇴
聲東擊西 성동격서
星羅雲布 성라운포
聲聞過情 성문과정 435
盛水不漏 성수불루
性猶湍水 성유단수
盛者必衰 성자필쇠
誠中形外 성중형외 436
腥塵 성진
城下之盟 성하지맹 437
城狐社鼠 성호사서
星火燎原 성화요원
世降俗末 세강속말
世亂識忠臣 세란식충신 438
洗踏足白 세답족백
世世相傳 세세상전
世俗五戒 세속오계
歲時風俗 세시풍속 439
勢如破竹 세여파죽

洗耳恭聽 세이공청
歲寒三友 세한삼우 440
歲寒松柏 세한송백
素車白馬 소거백마
少見多怪 소견다괴
小國寡民 소국과민 441
蕭規曹隨 소규조수
小隙沈舟 소극침주
巢林一枝 소림일지 442
笑門萬福來 소문만복래
燒眉之急 소미지급
素服丹粧 소복단장
笑比河淸 소비하청 443
小乘佛教 소승불교
小心翼翼 소심익익
霄壤之差 소양지차
逍遙吟詠 소요음영 444
笑而不答 소이부답
騷人墨客 소인묵객
小人閒居爲不善
　　소인한거위불선
蕭牆之變 소장지변
笑中刀 소중도　　　445
蘇秦張儀 소진장의
小貪大失 소탐대실 446
所向無敵 소향무적
巢毀卵破 소훼난파
屬纊 속광
速成疾亡 속성질망 447
束手無策 속수무책
束脩之禮 속수지례
速戰速決 속전속결

心廣體胖 심광체반
心機一轉 심기일전 473
深謀遠慮 심모원려
深思熟考 심사숙고
深山幽谷 심산유곡
心心相印 심심상인 474
心在鴻鵠 심재홍곡
十年寒窓 십년한창
十目所視 십목소시
十伐之木 십벌지목 475
十步芳草 십보방초
十生九死 십생구사
十匙一飯 십시일반 476
十日之菊 십일지국
十顚九倒 십전구도
十中八九 십중팔구
十寒一曝 십한일폭 477

ㅇ
我歌査唱 아가사창 478
兒女之債 아녀지채
阿耨達池 아누달지
阿房羅刹 아방나찰
阿鼻叫喚 아비규환
阿修羅場 아수라장 479
啞然失色 아연실색
阿諛苟容 아유구용
我田引水 아전인수
握髮吐哺 악발토포 480
惡事走千里 악사주천리
惡逆無道 악역무도
惡衣惡食 악의악식 481

惡戰苦鬪 악전고투
安居危思 안거위사
眼高手卑 안고수비
鴈門紫塞 안문자새 482
安分知足 안분지족
安貧樂道 안빈낙도
雁書 안서 483
安心立命 안심입명
眼中之人 안중지인
眼下無人 안하무인
安閑自適 안한자적 484
雁行避影 안행피영
軋轢 알력
揠苗助長 알묘조장 485
謁聖及第 알성급제
暗衢明燭 암구명촉
暗中摸索 암중모색
暗行御史 암행어사 486
壓卷 압권
壓縮銷殘 압축소잔
殃及池魚 앙급지어 487
仰望不及 앙망불급
仰釜日晷 앙부일구
仰天大笑 앙천대소 488
哀乞伏乞 애걸복걸
曖昧模糊 애매모호
哀兵必勝 애병필승
哀而不悲 애이불비
愛之重之 애지중지 489
惹起鬧端 야기요단
野壇法席 야단법석
夜郎自大 야랑자대

夜以繼晝 야이계주 490
夜行被繡 야행피수
藥籠中物 약롱중물
藥房甘草 약방감초
約法三章 약법삼장 491
藥石之言 약석지언
弱水 약수
弱肉强食 약육강식 492
羊羹雖美衆口難調
　　　양갱수미중구난조
良賈深藏 양고심장
良禽擇木 양금택목
羊頭狗肉 양두구육 493
兩豆塞耳不聞雷霆
　　　양두색이불문뇌정
禳辟符 양벽부
陽奉陰違 양봉음위 494
兩鳳齊飛 양봉제비
梁上君子 양상군자
兩手据地 양수거지
兩手執餠 양수집병 495
良藥苦口 양약고구
羊質虎皮 양질호피
量體裁衣 양체재의
陽春佳節 양춘가절 496
颺湯止沸 양탕지비
兩敗俱傷 양패구상
楊布之狗 양포지구 497
養虎遺患 양호유환
禳禍求福 양화구복
魚東肉西 어동육서
魚頭肉尾 어두육미 498

魚魯不辨 어로불변
魚網鴻離 어망홍리
魚目燕石 어목연석 499
魚目混珠 어목혼주
語無常論 어무상론
語無倫脊 어무윤척
魚變成龍 어변성룡 500
漁夫之利 어부지리
語不成說 어불성설
魚水之親 어수지친
御用 어용　　　501
魚遊釜中 어유부중
於異阿異 어이아이
抑强扶弱 억강부약
億萬長者 억만장자 502
億兆蒼生 억조창생
億千萬劫 억천만겁
抑何心情 억하심정
焉敢生心 언감생심 503
言去言來 언거언래
言近旨遠 언근지원
言語道斷 언어도단
言中有骨 언중유골 504
言行相反 언행상반
嚴冬雪寒 엄동설한
掩目捕雀 엄목포작
嚴父慈母 엄부자모 505
掩耳盜鈴 엄이도령
嚴妻侍下 엄처시하
厲揭 여게
如鼓琴瑟 여고금슬 506
餘桃之罪 여도지죄

膂力過人 여력과인
如履薄氷 여리박빙 507
黎明 여명
與民同樂 여민동락
餘不備禮 여불비례
厲世摩鈍 여세마둔 508
與世推移 여세추이
如是我聞 여시아문
呂氏春秋 여씨춘추 509
與羊謀肉 여양모육
如魚得水 여어득수
如蟻偸垤 여의투질
如鳥數飛 여조삭비 510
如坐針席 여좌침석
旅進旅退 여진여퇴
如出一口 여출일구 511
如廁二心 여측이심
如風過耳 여풍과이
女必從夫 여필종부
與狐謀皮 여호모피 512
逆旅過客 여려과객
逆鱗 역린
櫟翁稗說 역옹패설
易地思之 역지사지 513
易簀 역책
延頸擧踵 연경거종
輦轂下 연곡하　　　514
捐金沈珠 연금침주
鉛刀一割 연도일할
連絡杜絶 연락두절
連絡不絶 연락부절 515
捐廩補弊 연름보폐

連理比翼 연리비익
緣木求魚 연목구어 516
年富力强 연부역강
鳶飛魚躍 연비어약
淵藪 연수
燕雁代飛 연안대비 517
燕窩 연와
燕雀安知鴻鵠之志
　　연작안지홍곡지지
吮疽之仁 연저지인
煙霞痼疾 연하고질 518
燕鴻之歎 연홍지탄
涅槃 열반
恬淡退守 염담퇴수 519
閻羅大王 염라대왕
炎凉世態 염량세태
厭世主義 염세주의 520
斂膝端坐 염슬단좌
拈華微笑 염화미소
榮枯盛衰 영고성쇠
榮枯一炊 영고일취 521
永久不變 영구불변
零零瑣瑣 영령쇄쇄
盈滿之咎 영만지구
郢書燕說 영서연설 522
伶牙俐齒 영아이치
獰惡無道 영악무도
永安託孤 영안탁고 523
英雄豪傑 영웅호걸
穎脫而出 영탈이출
藝文類聚 예문유취
曳尾塗中 예미도중 524

禮尚往來 예상왕래
禮儀凡節 예의범절
禮義廉恥 예의염치
熬苦椒醬 오고초장
五穀百果 오곡백과 525
五里霧中 오리무중
傲慢放恣 오만방자
寤寐不忘 오매불망
奧密稠密 오밀조밀 526
吾不關焉 오불관언
吾鼻三尺 오비삼척
烏飛梨落 오비이락 527
傲霜孤節 오상고절
五色玲瓏 오색영롱
吾舌尙在 오설상재 528
五十步百步 오십보백보
五言金城 오언금성
五言絶句 오언절구
吾亦不知 오역부지 529
吳牛喘月 오우천월
烏雲之陣 오운지진
吳越同舟 오월동주 530
五日京兆 오일경조
五臟六腑 오장육부
烏鳥私情 오조사정
五風十雨 오풍십우 531
吳下阿蒙 오하아몽
烏合之卒 오합지졸
嗚呼痛哉 오호통재
玉骨仙風 옥골선풍 532
玉鬢紅顔 옥빈홍안
屋上屋 옥상옥

玉石俱焚 옥석구분
玉石混淆 옥석혼효 533
沃野千里 옥야천리
屋烏之愛 옥오지애
屋下架屋 옥하가옥
溫故知新 온고지신 534
溫淸晨省 온정신성
兀然獨坐 올연독좌
甕牖繩樞 옹유승추 535
蝸角之爭 와각지쟁
臥龍鳳雛 와룡봉추
瓦釜雷鳴 와부뇌명
臥薪嘗膽 와신상담 536
玩物喪志 완물상지
完璧 완벽
完璧歸趙 완벽귀조 537
玩火自焚 완화자분
曰可曰否 왈가왈부
王道 왕도
王祥得鯉 왕상득리 538
王侯將相 왕후장상
矮者看戱 왜자간희
猥褻 외설
外柔內剛 외유내강 539
遼東豕 요동시
要領不得 요령부득
樂山樂水 요산요수 540
堯舜時代 요순시대
燎原之火 요원지화
夭折 요절
窈窕淑女 요조숙녀 541
瑤池鏡 요지경

搖之不動 요지부동
欲蓋彌彰 욕개미창
欲巧反拙 욕교반졸 542
欲燒筆硯 욕소필연
欲速不達 욕속부달
用管闚天 용관규천
龍頭蛇尾 용두사미 543
龍門點額 용문점액
龍味鳳湯 용미봉탕
龍飛鳳峙 용비봉치 544
龍蛇飛騰 용사비등
勇往邁進 용왕매진
用意周到 용의주도
勇將手下無弱兵
　　용장수하무약병 545
用之則爲虎 不用則爲鼠
　　용지즉위호 불용즉위서
用錐指地 용추지지
龍虎相搏 용호상박
愚公移山 우공이산 546
憂國衷情 우국충정
牛驥同皁 우기동조
牛刀割鷄 우도할계
愚蒙等誚 우몽등초 547
雨順風調 우순풍조
優勝劣敗 우승열패
迂餘曲折 우여곡절
牛往馬往 우왕마왕 548
右往左往 우왕좌왕
迂儒救火 우유구화
優柔不斷 우유부단
牛耳讀經 우이독경 549

遇賊爭死 우적쟁사
牛鼎烹鷄 우정팽계
羽化登仙 우화등선 550
雨後竹筍 우후죽순
旭日昇天 욱일승천
雲泥之差 운니지차 551
雲鬢花容 운빈화용
雲上氣稟 운상기품
運數大通 운수대통
雲心月性 운심월성 552
雲霓之望 운예지망
運用之妙在一心
　　　　운용지묘재일심
雲雨之樂 운우지락
運籌帷幄 운주유악 553
雲中白鶴 운중백학
雲蒸龍變 운증용변
願乞終養 원걸종양
圓孔方木 원공방목 554
遠交近攻 원교근공
元龍高臥 원룡고와
願賜骸骨 원사해골 555
遠水不救近火 원수불구근화
元惡大憝 원악대대
鴛鴦衾枕 원앙금침
鴛鴦契 원앙계
願往生歌 원왕생가 556
怨入骨髓 원입골수
元亨利貞 원형이정
遠禍召福 원화소복
越犬吠雪 월견폐설 557
月旦評 월단평

月滿則虧 월만즉휴
月明星稀 월명성희 558
越俎代庖 월조대포
刖趾適屨 월지적구
月態花容 월태화용
月下老人 월하노인 559
月下氷人 월하빙인
危機一髮 위기일발
圍籬安置 위리안치
渭樹江雲 위수강운 560
危如累卵 위여누란
喟然歎息 위연탄식
威而不猛 위이불맹
爲人設官 위인설관 561
衛正斥邪 위정척사
韋編三絶 위편삼절
威風堂堂 위풍당당
危險千萬 위험천만 562
有口無言 유구무언
柔能制剛 유능제강
柳綠花紅 유록화홍
遊離乞食 유리걸식 563
類萬不同 유만부동
有名無實 유명무실
有無相生 유무상생
流芳百世 유방백세
猶父猶子 유부유자 564
有斐君子 유비군자
有備無患 유비무환
流水不腐 유수불부
唯我獨尊 유아독존 565
柳暗花明 유암화명

有耶無耶 유야무야
酉陽雜俎 유양잡조
流言蜚語 유언비어 566
褎如充耳 유여충이
猶豫 유예
唯唯諾諾 유유낙낙
類類相從 유유상종 567
悠悠自適 유유자적
窬墻穿穴 유장천혈
有靦面目 유전면목
癒着 유착 568
愈出愈怪 유출유괴
遺臭萬年 유취만년
俞扁之術 유편지술
遊必有方 유필유방 569
六韜三略 육도삼략
肉山脯林 육산포림
六耳不同謀 육이부동모 570
允文允武 윤문윤무
輪迴無常 윤회무상
殷鑑不遠 은감불원
隱居放言 은거방언 571
恩過怨生 은과원생
隱忍自重 은인자중
銀燭煒煌 은촉위황 572
乙丑甲子 을축갑자
陰德陽報 음덕양보
飲水思源 음수사원
吟風弄月 음풍농월
挹注 읍주 573
泣斬馬謖 읍참마속
應口輒對 응구첩대

應接不暇 응접불가 574
衣架飯囊 의가반낭
衣結屢穿 의결구천
衣錦褧衣 의금경의
意氣銷沈 의기소침 575
意氣揚揚 의기양양
意氣投合 의기투합
意馬心猿 의마심원 576
倚門倚閭 의문의려
疑心生暗鬼 의심생암귀
疑人勿使 使人勿疑
　　　의인물사 사인물의
醫者意也 의자의야 577
伊霍之事 이곽지사
異口同聲 이구동성
離群索居 이군삭거
以德報怨 이덕보원
二桃殺三士 이도살삼사 578
以毒制毒 이독제독
以頭搶地 이두창지
以卵擊石 이란격석 579
以蠡測海 이려측해
利令智昏 이령지혼
李离伏劍 이리복검
以貌取人 이모취인 580
耳目口鼻 이목구비
異腹兄弟 이복형제
以鼠爲璞 이서위박
以石投水 이석투수 581
二姓之合 이성지합
耳順 이순
耳視目聽 이시목청 582

以食爲天 이식위천
以實直告 이실직고
以心傳心 이심전심
以熱治熱 이열치열 583
已往之事 이왕지사
利用厚生 이용후생
易輶攸畏 屬耳垣墻
　　　이유유외 속이원장
二律背反 이율배반 584
以夷制夷 이이제이
以人爲鑑 이인위감
以一警百 이일경백 585
以逸待勞 이일대로
以長補短 이장보단
以掌蔽天 이장폐천
泥田鬪狗 이전투구 586
頤指氣使 이지기사
利之所在皆爲賁諸
　　　이지소재개위분저
以指測海 이지측해
二八靑春 이팔청춘
李下不整冠 이하부정관 587
以鰕釣鯉 이하조리
離合集散 이합집산
利害打算 이해타산 588
耳懸鈴鼻懸鈴 이현령비현령
以血洗血 이혈세혈
以火救火 이화구화
以孝傷孝 이효상효 589
益者三友 익자삼우
因果應報 인과응보
人琴俱亡 인금구망

人飢己飢 인기기기 590
人溺己溺 인닉기닉
人馬絡繹 인마낙역
人面獸心 인면수심
人命在天 인명재천 591
人事不省 인사불성
人死留名 인사유명
人山人海 인산인해 592
人生感意氣 인생감의기
人生無常 인생무상
人生三樂 인생삼락
人生朝露 인생조로 593
因循姑息 인순고식
引繩批根 인승비근
人心難測 인심난측 594
因噎廢食 인열폐식
因人成事 인인성사
仁者無敵 인자무적 595
仁者不憂 인자불우
人之常情 인지상정
人之將死其言也善
　　　인지장사기언야선
人海戰術 인해전술 596
一刻三秋 일각삼추
一刻千金 일각천금
一間斗屋 일간두옥
一擧兩得 일거양득
一擧一動 일거일동 597
一兼四益 일겸사익
日久月深 일구월심
一口二言 일구이언
一裘一葛 일구일갈

一丘之貉 일구지학 598
一國三公 일국삼공
一饋十起 일궤십기
一氣呵成 일기가성
一騎當千 일기당천 599
一當百 일당백
一帶一路 일대일로
一刀兩斷 일도양단
一覽輒記 일람첩기
一蓮托生 일련탁생 600
一勞永逸 일로영일
一路平安 일로평안
一望無際 일망무제
一網打盡 일망타진 601
一脈相通 일맥상통
一鳴驚人 일명경인
日暮途遠 일모도원
一木難支 일목난지 602
一目瞭然 일목요연
一無消息 일무소식
一飯千金 일반천금
一髮千鈞 일발천균 603
一罰百戒 일벌백계
一夫從事 일부종사
一傅衆咻 일부중휴
一飛沖天 일비충천 604
一絲不亂 일사불란
一瀉千里 일사천리
一石二鳥 일석이조
一世之雄 일세지웅 605
一樹百穫 일수백확
一樹蔭一河流 일수음일하류

一視同仁 일시동인
一心不亂 일심불란
一魚濁水 일어탁수 606
一言半句 일언반구
一言以蔽之 일언이폐지
一言之下 일언지하 607
一言千金 일언천금
一葉知秋 일엽지추
一葉片舟 일엽편주
一葉蔽目 不見泰山
　　일엽폐목 불견태산
日月盈昃 일월영측 608
一飮一啄 일음일탁
一衣帶水 일의대수
一以貫之 일이관지
一日三秋 일일삼추 609
一日之雅 일일지아
一日之長 일일지장
一日千里 일일천리
一字無識 일자무식
一字師 일자사　　　　610
一字千金 일자천금
一將功成萬骨枯
　　일장공성만골고
一場春夢 일장춘몽
一場風波 일장풍파 611
一朝一夕 일조일석
一柱難支 일주난지
一知半解 일지반해
一陣狂風 일진광풍 612
日進月步 일진월보
一切唯心造 일체유심조

一觸卽發 일촉즉발
一寸光陰 일촌광음 613
日就月將 일취월장
日昃之勞 일측지로
一致團結 일치단결
一波萬波 일파만파 614
一敗塗地 일패도지
一片丹心 일편단심
一曝十寒 일폭십한
一筆揮之 일필휘지 615
一壺千金 일호천금
一攫千金 일확천금
一喜一悲 일희일비
臨渴掘井 임갈굴정
臨機應變 임기응변 616
臨農奪耕 임농탈경
臨時變通 임시변통
臨淵羨魚 임연선어 617
任人唯賢 임인유현
任重道遠 임중도원
立稻先賣 입도선매
入幕之賓 입막지빈 618
入寶山空手歸
　　입보산공수귀
立石矢 입석시
立身揚名 입신양명 619
入室操矛 입실조모
入耳出口 입이출구
立錐餘地 입추여지
立春大吉 입춘대길 620

ㅈ

自家撞着 자가당착 621
自家藥籠中物 자가약롱중물
自强不息 자강불식
自激之心 자격지심
自古以來 자고이래 622
刺股懸梁 자고현량
自欺欺人 자기기인
慈堂 자당 / 慈親 자친
煮豆燃萁 자두연기 623
自燈明法燈明 자등명법등명
子膜執中 자막집중
自斧刖足 자부월족 624
子孫萬代 자손만대
自手削髮 자수삭발
自手成家 자수성가
自勝者强 자승자강 625
自繩自縛 자승자박
自信滿滿 자신만만
自我作古 자아작고
自業自得 자업자득 626
自由自在 자유자재
自尊妄大 자존망대
自中之亂 자중지란
自初至終 자초지종 627
自暴自棄 자포자기
自畵自讚 자화자찬
作舍道傍 작사도방
作心三日 작심삼일 628
雀學鸛步 작학관보
殘月曉星 잔월효성
潛銷暗鑠 잠소암삭
潛蹤秘跡 잠종비적 629

長杠大筆 장강대필
長頸烏喙 장경오훼
藏頭露尾 장두노미
藏頭隱尾 장두은미 630
張三李四 장삼이사
將相之器 장상지기
醬石花醢 장석화해 631
長袖善舞 장수선무
長夜之飮 장야지음
長吁短歎 장우단탄
長者萬燈 장자만등 632
莊周之夢 장주지몽
掌中寶玉 장중보옥
長風破浪 장풍파랑
藏形匿影 장형닉영
再生之恩 재생지은 633
才勝薄德 재승박덕
才子佳人 재자가인
在此一擧 재차일거
爭先恐後 쟁선공후 634
爭魚者濡 쟁어자유
杵臼之交 저구지교
豬突豨勇 저돌희용
樗櫟之材 저력지재 635
抵死爲限 저사위한
低首下心 저수하심
羝羊觸藩 저양촉번
寂寞江山 적막강산 636
賊反荷杖 적반하장
赤貧如洗 적빈여세
嫡庶差別 적서차별 637
積善餘慶 적선여경

赤手空拳 적수공권
積惡餘殃 적악여앙
積羽沈舟 적우침주
赤子之心 적자지심 638
適材適所 적재적소
積土成山 적토성산
積毁銷骨 적훼소골
傳家寶刀 전가보도 639
錢可通神 전가통신
前車覆轍 전거복철
前倨後恭 전거후공
前功可惜 전공가석 640
電光石火 전광석화
前代未聞 전대미문
顚倒夢想 전도몽상
前途洋洋 전도양양 641
傳來之風 전래지풍
前無後無 전무후무
前跋後疐 전발후치
錢本糞土 전본분토 642
田夫之功 전부지공
前人未踏 전인미답
戰戰兢兢 전전긍긍 643
輾轉反側 전전반측
前遮後擁 전차후옹
前瞻後顧 전첨후고
前虎後狼 전호후랑 644
轉禍爲福 전화위복
竊鈇之疑 절부지의
絶纓之會 절영지회 645
竊位者 절위자
絶長補短 절장보단

竹林七賢 죽림칠현 669
竹馬故友 죽마고우
竹帛垂名 죽백수명
竹杖芒鞋 죽장망혜
噂沓背憎 준답배증
遵養時晦 준양시회 670
樽俎折衝 준조절충
啐啄同時 줄탁동시
衆寡不敵 중과부적 671
衆口難防 중구난방
衆口鑠金 중구삭금
中道而廢 중도이폐 672
中傷謀略 중상모략
中石沒鏃 중석몰족
衆心成城 중심성성
重言復言 중언부언 673
中原逐鹿 중원축록
衆人環視 중인환시
中正無私 중정무사
櫛風沐雨 즐풍목우 674
曾參殺人 증삼살인
知過必改 지과필개
至極精誠 지극정성 675
知己之友 지기지우
持己秋霜 지기추상
知難而退 지난이퇴
舐犢之愛 지독지애
指東指西 지동지서
之東之西 지동지서 676
芝蘭之交 지란지교
芝蘭之室 지란지실
指鹿爲馬 지록위마
支離滅裂 지리멸렬 677

持斧上疏 지부상소
知斧斫足 지부작족
紙上兵談 지상병담 678
至誠感天 지성감천
池魚之殃 지어지앙
知音 지음
智者一失 지자일실 679
知足不辱 지족불욕
遲遲不進 지지부진
知天命 지천명
知彼知己百戰不殆
　　　지피지기백전불태
知行合一 지행합일 680
指呼之間 지호지간
直系卑屬 직계비속
直系尊屬 직계존속
織錦回文 직금회문 681
秦鏡高懸 진경고현
陳根委翳 落葉飄飆
　　　진근위예 낙엽표요
盡善盡美 진선진미
珍羞盛饌 진수성찬 682
盡人事待天命 진인사대천명
陳情表 진정표
盡忠竭力 진충갈력
盡忠報國 진충보국 683
進退兩難 진퇴양난
塵合泰山 진합태산
桎梏 질곡
嫉逐排斥 질축배척 684
執牛耳 집우이
懲羹吹菜 징갱취채
懲一勵百 징일여백 685

ㅊ

車胤聚螢 차윤취형 686
此日彼日 차일피일
且戰且走 차전차주
蹉跌 차질
借廳入室 차청입실 687
借虎威狐 차호위호
爨桐 찬동
刹那 찰나
參差不齊 참치부제 688
猖獗 창궐
彰善懲惡 창선징악
創業守城 창업수성
彰往察來 창왕찰래 689
創痍未瘳 창이미추
滄海桑田 창해상전
滄海遺珠 창해유주
滄海一粟 창해일속
采薇歌 채미가　　690
債帥市曹 채수시조
采薪之憂 채신지우
妻城子獄 처성자옥
剔抉 척결　　　　691
隻橋相逢 척교상봉
跖狗吠堯 척구폐요
倜儻不羈 척당불기 692
感謝歡招 척사환초
隻手空拳 척수공권
隻分隻厘 척푼척리
陟岵陟屺 척호척기 693
天高馬肥 천고마비
天高聽卑 천고청비
千金買骨 천금매골

千年一淸 천년일청 694
天道不諂 천도부도
天道是非 천도시비
千慮一失 천려일실
千里之堤潰于蟻穴
　　천리지제궤우의혈 695
千萬多幸 천만다행
天網 천망
天方地軸 천방지축 696
千峰萬壑 천봉만학
天崩 천붕
千絲萬縷 천사만루
天山地山 천산지산
千祥雲集 천상운집 697
天生緣分 천생연분
泉石膏肓 천석고황
千辛萬苦 천신만고
千耶萬耶 천야만야 698
天壤之差 천양지차
天衣無縫 천의무봉
天人共怒 천인공노
千仞斷崖 천인단애 699
千紫萬紅 천자만홍
天長地久 천장지구
千載一遇 천재일우
天災地變 천재지변 700
天定配匹 천정배필
天井不知 천정부지
天地萬物 천지만물
天地神明 천지신명
天眞爛漫 천진난만 701
千差萬別 천차만별
穿鑿 천착

千秋遺恨 천추유한
千態萬象 천태만상
千篇一律 천편일률 702
天下泰平 천하태평
淺學菲才 천학비재
徹頭徹尾 철두철미
鐵面皮 철면피　　703
啜菽飮水 철숙음수
鐵甕城 철옹성
鐵杵磨鍼 철저마침
掣肘 철주　　704
鐵中錚錚 철중쟁쟁
徹天之冤 철천지원
轍環天下 철환천하 705
瞻前顧後 첨전고후
晴耕雨讀 청경우독
靑丘永言 청구영언
淸談 청담　　706
淸廉潔白 청렴결백
淸貧樂道 청빈낙도
靑山流水 청산유수 707
淸純可憐 청순가련
靑眼視 청안시
靑雲萬里 청운만리
靑雲之志 청운지지 708
靑錢萬選 청전만선
靑天白日 청천백일
靑天霹靂 청천벽력
靑出於藍 청출어람 709
淸風明月 청풍명월
棣鄂之情 체악지정
草根木皮 초근목피 710
初度巡視 초도순시

樵童汲婦 초동급부
樵童牧豎 초동목수
草綠同色 초록동색 711
草莽之臣 초망지신
焦眉之急 초미지급
焦心苦慮 초심고려
招搖過市 초요과시 712
楚人遺弓楚人得之
　　초인유궁초인득지
初志一貫 초지일관
蜀犬吠日 촉견폐일
寸善尺魔 촌선척마 713
寸陰若歲 촌음약세
寸鐵殺人 촌철살인
悤忙之間 총망지간 714
蔥竹之交 총죽지교
冢中枯骨 총중고골
摧堅陷陣 최견함진
摧枯拉朽 최고납후 715
推己及人 추기급인
鄒魯之鄕 추로지향
雛不逝 추불서　　716
秋扇 추선
芻蕘之說 추요지설
追友江南 추우강남
麤衣惡食 추의악식 717
推舟於陸 추주어륙
麤枝大葉 추지대엽
秋風落葉 추풍낙엽 718
秋毫之末 추호지말
逐條審議 축조심의
椿[春]府丈 춘부장
春秋鼎盛 춘추정성 719

儒 33

春秋筆法 춘추필법
春雉自鳴 춘치자명
椿萱 춘훤　　　　720
出嫁外人 출가외인
出奇制勝 출기제승
出沒無雙 출몰무쌍
出師表 출사표　　　721
出爾反爾 출이반이
出將入相 출장입상
出處語默 출처어묵
充閭之慶 충려지경 722
忠言逆耳 충언역이
揣摩臆測 췌마억측
取吉避凶 취길피흉 723
翠黛 취대
吹毛覓疵 취모멱자
取捨選擇 취사선택
醉生夢死 취생몽사 724
醉翁之意 취옹지의
層生疊出 층생첩출
層層侍下 층층시하
鴟目虎吻 치목호문 725
痴人說夢 치인설몽
蚩蠢之氓 치준지맹
置之度外 치지도외 726
褫奪度牒 치탈도첩
七去之惡 칠거지악
七年大旱 칠년대한
七零八落 칠령팔락 727
七步之才 칠보지재
漆身呑炭 칠신탄탄
七顚八起 칠전팔기 728
七顚八倒 칠전팔도

七縱七擒 칠종칠금
針小棒大 침소봉대 729
沈魚落雁 침어낙안
浸潤之讒 침윤지참

ㅋ

快刀亂麻 쾌도난마 730

ㅌ

唾面自乾 타면자건 731
他山之石 타산지석
他尙何說 타상하설
他人鼾睡 타인한수
打草驚蛇 타초경사
託孤寄命 탁고기명 732
擢髮難數 탁발난수
卓上空論 탁상공론
濯纓濯足 탁영탁족
殫竭心力 탄갈심력 733
呑舟之魚 탄주지어
坦坦大路 탄탄대로
奪志 탈지　　　734
脫兎之勢 탈토지세
貪官汚吏 탐관오리
探囊取物 탐낭취물
探驪得珠 탐려득주 735
貪小失大 탐소실대
貪欲無藝 탐욕무예
貪瞋癡 탐진치　　736
貪泉 탐천
貪天之功 탐천지공
湯池鐵城 탕지철성
太史之簡 태사지간

太剛則折 태강즉절 737
泰山北斗 태산북두
泰山壓卵 태산압란 738
泰山鴻毛 태산홍모
太上皇后 태상황후
泰然自若 태연자약
太平聖代 태평성대 739
太平煙月 태평연월
土崩瓦解 토붕와해
吐瀉癨亂 토사곽란 740
兎死狗烹 토사구팽
兎死狐悲 토사호비
兎營三窟 토영삼굴
兎走烏飛 토주오비 741
吐盡肝膽 토진간담
吐哺握髮 토포악발
統攝 통섭　　　742
推敲 퇴고
頹廢風潮 퇴폐풍조
投杼踰牆 투저유장
投鞭斷流 투편단류 743
投筆成字 투필성자

ㅍ

破鏡重圓 파경중원 744
破觚斲雕 파고착조
破瓜之年 파과지년
爬羅剔抉 파라척결
波瀾萬丈 파란만장 745
波瀾重疊 파란중첩
罷露臺 파로대
破釜沈舟 파부침주
破邪顯正 파사현정 746

破顔大笑 파안대소
破竹之勢 파죽지세 747
破天荒 파천황
皤皤老人 파파노인
阪上走丸 판상주환
八年風塵 팔년풍진 748
八面六臂 팔면육비
八方美人 팔방미인
八字靑山 팔자청산
八字打開 팔자타개 749
敗家亡身 패가망신
敗軍之將不語兵
　　　　패군지장불어병
霈然下雨 패연하우
悖入悖出 패입패출 750
烹頭耳熟 팽두이숙
澎湃 팽배
彭殤 팽상
烹鮮 팽선　　　　751
烹羊炮羔 팽양포고
偏僻孤陋 편벽고루
鞭長莫及 편장막급
平隴望蜀 평롱망촉 752
平沙落雁 평사낙안
平地風波 평지풍파
閉月羞花 폐월수화
廢寢忘食 폐침망식 753
弊袍破笠 폐포파립
炮烙之刑 포락지형
蒲柳之質 포류지질 754
抱腹絶倒 포복절도
飽食暖衣 포식난의

抱薪救火 포신구화 755
飽飫烹宰 포어팽재
布衣之交 포의지교
庖丁解牛 포정해우
抱痛西河 포통서하 756
蒲鞭之罰 포편지벌
褒貶 포폄
捕風捉影 포풍착영 757
暴虎馮河 포호빙하
輻輳 폭주
表裏不同 표리부동
豹死留皮 人死留名
　　　표사유피 인사유명 758
風紀紊亂 풍기문란
風馬牛 풍마우
風飛雹散 풍비박산
風聲鶴唳 풍성학려 759
風蕭蕭兮 易水寒
　　　풍소소혜 역수한
風樹之歎 풍수지탄 760
風雲之會 풍운지회
風月主人 풍월주인
風前燈火 풍전등화
風塵表物 풍진표물 761
風餐露宿 풍찬노숙
風馳電掣 풍치전체 762
披肝膽 피간담
皮骨相接 피골상접
皮裏春秋 피리춘추
被髮左衽 피발좌임 763
避獐逢虎 피장봉호
彼此一般 피차일반

匹馬單騎 필마단기
匹夫之勇 필부지용 764
匹夫匹婦 필부필부
必有曲折 필유곡절

ㅎ

夏葛冬裘 하갈동구 765
河圖洛書 하도낙서
夏爐冬扇 하로동선
下馬評 하마평
何面目見之 하면목견지 766
瑕不掩瑜 하불엄유
下石上臺 하석상대
夏扇冬曆 하선동력
下愚不移 하우불이 767
下情上達 하정상달
下穽投石 하정투석
下榻 하탑
下學上達 하학상달 768
下厚上薄 하후상박
何厚何薄 하후하박
鶴首苦待 학수고대
學如不及 학여불급
學于古訓 학우고훈 769
漢江投石 한강투석
邯鄲之夢 한단지몽
邯鄲之步 한단지보 770
汗流浹背 한류협배
汗馬之勞 한마지로
汗牛充棟 한우충동
閑話休題 한화휴제 771
割股啖腹 할고담복

割股療親 할고요친
割半之痛 할반지통 772
割席分坐 할석분좌
割肉充腹 할육충복
割恩斷情 할은단정
函蓋相應 함개상응
函谷雞鳴 함곡계명 773
緘口無言 함구무언
含憤蓄怨 함분축원
含沙射影 함사사영 774
含哺鼓腹 함포고복
咸興差使 함흥차사
合從連衡 합종연횡 775
合浦珠還 합포주환
恒茶飯事 항다반사
亢龍有悔 항룡유회 776
項莊舞劍意在沛公
　　　항장무검의재패공
解裘衣之 해구의지
害群之馬 해군지마
偕老同穴 해로동혈 777
海陸珍味 해륙진미
海不讓水 해불양수
解語花 해어화　　778
海翁好鷗 해옹호구
解衣推食 해의추식
垓下之戰 해하지전 779
諧謔 해학
解弦更張 해현경장
杏壇 행단
行動擧止 행동거지 780
杏林春滿 행림춘만

行不由徑 행불유경
行尸走肉 행시주육 781
行雲流水 행운유수
幸災樂禍 행재낙화
幸災不仁 행재불인 782
鄕約 향약
向隅之歎 향우지탄
虛浪放蕩 허랑방탕
虛無孟浪 허무맹랑
虛送歲月 허송세월 783
虛心坦懷 허심탄회
許由巢父 허유소보
虛張聲勢 허장성세
虛虛實實 허허실실 784
軒軒丈夫 헌헌장부
見頭角 현두각
懸梁刺股 현량자고 785
懸羊頭 賣馬肉 현양두 매마육
懸崖撒手 현애살수
懸河之辯 현하지변
絜矩之道 혈구지도 786
血肉之親 혈육지친
孑孑單身 혈혈단신
兄亡弟及 형망제급
刑不厭輕 형불염경 787
螢雪之功 형설지공
兄友弟恭 형우제공
形而上學 형이상학 788
兄弟投金 형제투금
螢窓雪案 형창설안
荊妻 형처
蕙焚蘭悲 혜분난비 789

蹊田奪牛 혜전탈우
醯醢之辨 혜해지변
狐假虎威 호가호위 790
互角之勢 호각지세
虎溪三笑 호계삼소
虎口餘生 호구여생 791
狐丘之戒 호구지계
糊口之策 호구지책
豪氣滿發 호기만발 792
虎狼之國 호랑지국
瑚璉 호련
壺裏乾坤 호리건곤
胡馬望北 호마망북 793
毫毛斧柯 호모부가
豪放磊落 호방뇌락
好事多魔 호사다마 794
狐死首丘 호사수구
虎死留皮 호사유피
狐死兔悲 호사토비
虎視牛步 호시우보 795
虎視眈眈 호시탐탐
豪言壯談 호언장담
浩然之氣 호연지기
號曰百萬 호왈백만 796
狐疑不決 호의불결
好衣好食 호의호식
狐濡尾 호유미　　797
胡蝶之夢 호접지몽
壺中天地 호중천지
護疾忌醫 호질기의 798
昊天罔極 호천망극
呼兄呼弟 호형호제

互惠關稅 호혜관세
互惠平等 호혜평등
皓皓白髮 호호백발 799
好好先生 호호선생
豪華燦爛 호화찬란
惑世誣民 혹세무민
或是或非 혹시혹비 800
魂飛魄散 혼비백산
昏睡狀態 혼수상태
渾然一致 혼연일치
昏庸無道 혼용무도 801
昏定晨省 혼정신성
忽顯忽沒 홀현홀몰
鴻鵠之志 홍곡지지
紅東白西 홍동백서 802
紅爐點雪 홍로점설
紅毛碧眼 홍모벽안
洪範九疇 홍범구주
紅顏薄命 홍안박명 803
弘益人間 홍익인간
紅一點 홍일점
華官膴職 화관무직
和光同塵 화광동진 804
和氣靄靄 화기애애
畵龍點睛 화룡점정
靴裏搔指頭 화리동지두
花無十日紅 화무십일홍 805
禍福糾繆 화복규묵
禍不單行 화불단행
華不再揚 화불재양 806
華胥之夢 화서지몽
和氏之璧 화씨지벽

花容月態 화용월태 807
和而不同 화이부동
華而不實 화이부실
花朝月夕 화조월석 808
畵中之餠 화중지병
和風暖陽 화풍난양
畵虎類狗 화호유구
確固不動 확고부동 809
紈袴子弟 환고자제
鰥寡孤獨 환과고독
換骨奪胎 환골탈태
渙然氷釋 환연빙석 810
歡呼雀躍 환호작약
豁然貫通 활연관통
惶恐無地 황공무지
黃口乳臭 황구유취 811
黃口簽丁 황구첨정
黃金萬能 황금만능
黃金分割 황금분할 812
荒唐無稽 황당무계
黃粱一炊 황량일취
皇天后土 황천후토 813
會稽之恥 회계지치
悔過遷善 회과천선
廻光返照 회광반조
懷璧有罪 회벽유죄 814
繪事後素 회사후소
膾炙 회자
會者定離 회자정리
橫厄 횡액　　　815
橫說豎說 횡설수설
橫行介士 횡행개사

效顰 효빈　　　816
嚆矢 효시
孝悌忠信 효제충신
後起之秀 후기지수
朽木糞牆 후목분장 817
後生可畏 후생가외
喉舌之臣 후설지신
後時之嘆 후시지탄 818
厚顏無恥 후안무치
後悔莫及 후회막급
訓蒙字會 훈몽자회
壎篪相和 훈지상화 819
焄蒿悽愴 훈호처창
暗暗囂囂 훤훤효효
毀家黜洞 훼가출동 820
毀瓦劃墁 훼와획만
喙長三尺 훼장삼척
諱疾忌醫 휘질기의
睢睢盱盱 휴휴우우 821
凶惡無道 흉악무도
胸有成竹 흉유성죽
黑猫白猫 흑묘백묘
黑衣宰相 흑의재상 822
迄可休矣 흘가휴의
興亡盛衰 흥망성쇠
興味津津 흥미진진
興盡悲來 흥진비래
稀代未聞 희대미문 823
喜色滿面 희색만면
犧牲羊 희생양
稀少價値 희소가치
熙熙皞皞 희희호호 824

노수현 [산수] 연도미상 (국립현대미술관)

呵呵大笑 가가대소 껄껄 웃을·꾸짖을 가 | 큰 대 | 웃을·웃음 소

너무 우스워서 큰 소리를 내어 한바탕 껄껄대며 웃음. 호탕(豪宕)하게 웃음

유의어
- 衎衎大笑 간간대소 기쁘고 즐거운 기분으로 크게 소리 내어 웃음
- 拍掌大笑 박장대소 마구 손뼉을 치며 한바탕 크게 웃음
- 破顔大笑 파안대소 얼굴이 일그러지도록 한바탕 크게 웃음
- 抱腹絶倒 포복절도 배를 그러안고 데굴데굴 구를 정도로 크게 웃음
- 腰折腹痛 요절복통 허리가 끊어질듯하고 배가 아플 정도로 몹시 웃음

家家戶戶 가가호호 집·건물 가 | 지게·외짝 문·출입구 호

집집마다, 모든 집마다, 한 집 한 집

▷ 家家門前 가가문전 모든 집집마다의 문 앞
▷ 家門 가문 집안과 문중(門中) 또는 그 집안의 사회적 지위(地位)
▷ 家敎 가교 집에서 제자(弟子)를 가르치는 일 = 庭誥 정고, 家訓 가훈
▷ 戶口調査 호구조사 호수[戶數: 가구 수]와 인구(人口)를 조사하는 일

可居之地 가거지지 좋을·옳을 가 | 살 거 | 어조사 지 | 땅·따 지

머물러 살 만한 좋은 곳, 살기 좋은 곳

유의어 可居之處 가거지처
▷ 居處 거처 한 군데 정하여 두고 늘 기거(起居)함
▷ 起居 기거 먹고 자고 하는 등의 일상적인 생활(生活)을 함

家鷄野雉 가계야치 집·건물 가 | 닭·가금(家禽) 계 | 들·거칠 야 | 꿩 치

집에 있는 닭을 미워하고 들에 있는 꿩을 사랑한다는 뜻으로
1. 처(妻)를 소박(疏薄)하고 첩(妾)을 총애(寵愛)함
2. 자기의 좋은 필적(筆跡)을 버리고 남의 나쁜 필적을 따라함
3. 흔한 것을 멀리하고 새롭고 진귀(珍貴)한 것을 좋아함

유의어
- 家鷄野鶩 가계야목, 貴鵠賤鷄 귀곡천계
- 貴耳賤目 귀이천목 듣는 것을 귀하게 여기고 보는 것을 천하게 여김
- 貴古賤今 귀고천금 옛 것을 귀히 여기고 지금 것을 천하게 여김

반의어 舍己從人 사기종인 자기의 이전행위를 버리고 타인의 선행(善行)을 본떠 행함

* 出典: 晉中與書(진중여서)

可高可下 가고가하 좋을·옳을 가 | 높을·뽐낼 고 | 아래·내릴 하

높아도 가(可)하고 낮아도 가(可)하다는 뜻으로 인자[仁者: 어진 사람]는 높은 지위(地位)에 있어도
스스로 교만(驕慢)하지 않고, 낮은 지위에 있어도 권력자(權力者)를 두려워하지 않는다는 말

▷ 可憐 가련　가엾고 불쌍함 = 惻隱 측은

* 出典: 國語(국어)

家給人足 가급인족 집 가 | 넉넉할·줄 급 | 사람 인 | 족할·발 족

집집마다 먹고 사는 것에 부족(不足)함이 없이 생활형편(生活形便)이 풍족(豊足)함

『유의어』 康衢煙月 강구연월, 太平煙月 태평연월, 鼓腹擊壤 고복격양

含哺鼓腹 함포고복　잔뜩 배불리 먹고 배를 두드린다는 뜻

▷ 供給 공급 ↔ 需要 수요 / 洽足 흡족　모자람이 없이 아주 넉넉하여 만족함

* 出典: 漢書(한서)

街談巷說 가담항설 거리·시가 가 | 말씀 담 | 거리·마을 항 | 말씀·말 설

거리에서 주고받는 말이나 항간(巷間)에 떠도는 소문(所聞)

『유의어』 街說巷談 가설항담, 街談巷語 가담항어, 街談巷議 가담항의

流言蜚語 유언비어, 浮言浪說 부언낭설, 浮言流說 부언유설

道聽塗說 도청도설　길거리에 떠돌아다니는 뜬소문

丘里之言 구리지언　민간(民間)에서 근거(根據)없이 떠도는 터무니없는 말

▷ 陋巷 누항　좁고 더러운 거리. 또는 자기가 사는 동네의 겸칭(謙稱)

* 出典: 漢書(한서) 藝文志(예문지)

假途滅虢 가도멸괵 빌릴·거짓 가 | 길 도 | 멸할·꺼질 멸 | 나라이름 괵

진(晉)나라가 우(虞)나라에게 말하기를 괵(虢)나라를 멸(滅)하고자 하니 괵(虢)나라로 통(通)하는
우(虞)나라의 길을 빌려 달라는 말. 즉 속셈을 감춘 채 처음에 다른 나라의 길을 임시 빌리는 척
하다가 돌아오는 길에 길을 빌려준 그 나라까지 기습하여 정복(征服)하려는 계책(計策)

『유의어』 假道滅虢 가도멸괵, 假道伐虢 가도벌괵

征明假道 정명가도　일본(日本)이 명(明)나라를 멸(滅)하고자하니,
　　　　　　　　　조선(朝鮮)은 명으로 통(通)하는 길을 빌려달라는 말

▷ 假途滅虢踐土會盟 가도멸괵천토회맹 (에서 유래)
　　길을 빌리는 척하며 괵나라를 멸하고, 천토에서 제후(諸侯)들을 모아 맹세(盟誓)하게 함

▷ 脣亡齒寒 순망치한　입술이 없으면 이가 시리다는 뜻, 즉 이해관계가 밀접한 사이에서
　　　　　　　　　한쪽이 망하면 다른 한쪽도 온전하기 어려움을 이르는 말

* 出典: 千字文(천자문)

家徒壁立 가도벽립 집 가 | 맨손·무리·헛될 도 | 벽·바람벽 벽 | 설 립

집안에 세간이 하나도 없고 단지 벽만 서있다는 뜻, 집안 형편(形便)이 매우 가난함을 비유하는 말

[유의어] 家徒四壁 가도사벽, 家無擔石 가무담석, 朝薺暮鹽 조제모염

三旬九食 삼순구식 삼십 일 동안에 아홉 끼니를 먹는다는 뜻. 몹시 가난함

▷ 徒勞 도로 헛되이 수고함. 보람 없이 애씀

* 出典: 隋書(수서) 趙元淑 列傳(조원숙 열전)

可東可西 가동가서 좋을·옳을 가 | 동녘·동쪽 동 | 서녘·서쪽 서

동쪽이라 할 수도 있고 서쪽이라 할 수도 있다는 뜻, 이러거나 저러거나 상관(相關)없다는 말

[유의어] 對岸之火 대안지화 강 건너 불, 그저 손 놓고 불구경만 하고 있음

吾不關焉 오불관언 나는 상관(相關)하지 않음 또는 그러한 태도(態度)

袖手傍觀 수수방관 팔짱을 끼고 그저 바라만보고 있음

置之度外 치지도외, 度外視 도외시 안중(眼中)에 두지 않고 무시(無視)함

苛斂誅求 가렴주구 가혹할 가 | 거둘 렴 | 벨 주 | 구할 구

세금(稅金)을 가혹(苛酷)하게 거두어들임
백성을 다치게도 하고 혹은 죽여서라도 강제(强制)로 재물을 빼앗는 것을 이르는 말

[유의어] 苛政猛於虎 가정맹어호, 收奪 수탈, 裒斂 부렴

塗炭之苦 도탄지고, 塗炭 도탄

▷ 苛酷 가혹 몹시 모질고 혹독(酷毒)함 = 苛厲 가려

▷ 白骨徵布 백골징포 죽은 자의 이름을 군적(軍籍)과 세금대장에 올려놓고
군포(軍布)를 받던 일

▷ 黃口簽丁 황구첨정 15세 이하의 어린아이에게도 군포를 징수하던 군정의 폐단

▷ 出斂 추렴 각자가 금품을 얼마씩 내어 거둠 = 醵出 거출(갹출)

家無擔石 가무담석 집 가 | 없을 무 | 멜 담 | 돌 석

집안에 담(擔)도 없고 석(石)도 없다는 뜻, 집안에 조금도 재물이 없어 매우 가난함을 비유하는 말

[유의어] 家徒壁立 가도벽립, 家徒四壁 가도사벽 방안에 세간은 없고 벽만 서있음

朝薺暮鹽 조제모염 아침에는 냉이를 먹고, 저녁에는 소금을 씹음. 매우 가난함

▷ 擔 담 곡식 두 항아리 / 石 석 곡식(穀食) 한 항아리

▷ 擔任 담임 어떤 학급이나 학년을 책임지고 맡아봄 또는 그 사람

* 出典: 後漢書 列傳(후한서 열전)

葭莩之親 가부지친 갈대 가 | 갈청 부 / 굶어죽을 표 | 어조사 지 | 친할·어버이 친

갈대줄기에 붙어있는 엷은 갈대청처럼 있으나 마나한 친척이라는 뜻, 아주 먼 촌수(寸數)의
친척(親戚)이나 아주 엷은 교분(交分)을 비유하는 말

『반의어』 强近之親 강근지친 매우 가까운 일가친척(一家親戚)

▷ 葭簾 가렴 갈대를 가늘게 쪼개어 엮은 발 / 葭蘆 가로 갈대

▷ 餓莩 아표 굶어 죽은 송장

* 出典: 漢書(한서) 中山靖王傳(중산정왕전)

家貧落魄 가빈낙백 집 가 | 가난할 빈 | 떨어질 낙·락 | 넋 백

집이 가난하여 혼백(魂魄)이 땅에 떨어진다는 뜻, 가난하여 포부(抱負)를 펴지 못하고
절망(絕望)과 실의(失意)에 빠짐을 비유하는 말

『유의어』 落魄 낙백(낙탁), 落膽 낙담, 零落 영락, 零替 영체

▷ 魂魄 혼백 넋[= 마음의 작용을 다스린다고 생각되는 것]

▷ 朏魄 비백 초승달 = 新月 신월, 初月 초월, 朏明 비명

▷ 貧富隔差 빈부격차 한 사회에서 가난한 자와 부유한 자 간의 재산의 차이

* 出典: 史記(사기) 酈生陸賈列傳(역생육가열전)

家貧思良妻 가빈사양처 집 가 | 가난할 빈 | 생각할 사 | 어질 량 | 아내 처

집이 가난해지면 어진 아내를 생각하게 된다는 뜻, 집안이 궁색(窮塞)해지면 내조(內助)의
필요성(必要性)을 절실히 깨닫는다는 말

『유의어』 家貧思賢妻 가빈사현처, 家貧則思良妻 가빈즉사양처

▷ 어짊: 마음이 너그럽고 슬기로워 덕행(德行)이 높음

▷ 妻妾 처첩 아내와 첩[妾: 본처 외에 데리고 사는 여자 = 별방(別房), 소실(小室)]

* 出典: 十八史略(십팔사략)

家貧親老 가빈친로 집 가 | 가난할 빈 | 어버이·친할 친 | 늙을 로

살림이 궁색(窮塞)하고 부모가 늙었을 때는 미관말직(微官末職)같은 벼슬이라도 얻어서 부모를
봉양(奉養)해야 함을 이르는 말

[유의어] 毛義奉檄 모의봉격　모의(毛義)가 노모를 봉양하기 위하여 임시 벼슬을 함

　　　　　奉檄之喜 봉격지희　부모를 모시고 있는 사람이 그 고을의 원(員)이 되는 기쁨

　　　　　三釜之養 삼부지양　박봉(薄俸)을 타서 부모를 봉양(奉養)하는 일

* 出典: 孔子家語(공자가어)

家常茶飯 가상다반　집 가 | 항상·떳떳할 상 | 차 다·차 | 밥 반

평소(平素)에 집안에서 늘 먹는 차와 식사(食事)라는 뜻, 늘 있는 예사(例事)로운 일이나
당연지사(當然之事)를 비유하는 말

[유의어] 恒茶飯事 항다반사, 茶飯事 다반사, 家常飯 가상반

加上尊號 가상존호　더할 가 | 위 상 | 높을·우러러볼 존 | 부르짖을·부를 호

임금[君: 군]·왕후(王后)의 존호에 덕을 칭송하여 다시 더 존호(尊號)를 붙이던 일

▷　諡號 시호　제왕(帝王)·경상(卿相)·유현(儒賢)·정승(政丞) 등이 죽은 뒤에,
　　　　　　　 그 공덕(功德)을 칭송(稱頌)하여 임금이 뒤에 추증(追贈)하던 이름

▷　追贈 추증　공로(功勞)가 있는 인물을 사후(死後)에 품계(品階)를 높여 줌

家書萬金 가서만금　집 가 | 편지·글 서 | 일만·많을 만 | 황금·쇠 금

가서[家書: 집에서 온 편지]는 만금[萬金: 황금 만 냥]의 값어치가 있다는 뜻, 집에서 온 편지의
반갑고 소중(所重)함을 비유하는 말

[유의어] 家書抵萬金 가서저만금 (에서 유래)

▷　家宅軟禁 가택연금　외부와의 접촉을 제한·감시하고 외출을 허락하지 아니하나
　　　　　　　　　　 자신이 살고 있는 집 안에서만 신체의 자유를 허락하는 감금

* 出典: 春望(춘망) 杜甫의 詩(두보의 시)

加膝墜淵 가슬추연　더할 가 | 무릎 슬 | 떨어뜨릴·떨어질 추 | 못·연못 연

사랑을 하면 무릎에 앉혀두고 귀여워하다가도 미워지면 연못에 던져서 빠뜨려 버린다는 뜻,
군주(君主)의 애증(愛憎)에 따라 인물(人物)의 진퇴(進退)를 마음대로 결정(決定)하는 것을 말함

[유의어] 餘桃之罪 여도지죄, 餘桃罪 여도죄　자기가 먹던 복숭아를 임금에게 드린 죄

　　　　　餘桃啗君 여도담군　자기가 먹던 복숭아를 남겨 임금에게 먹임

▷　膝下 슬하　무릎의 아래, 즉 부모의 보살핌 아래를 이르는 말. 부모님 곁

▷　墜落 추락　높은 곳에서 떨어짐. 또는 위신(威信)이나 가치(價値) 등이 떨어짐

▷　加害 가해　남에게 상처(傷處)를 입히거나 손해(損害)를 끼침 = 刺刻 자각

* 出典: 禮記(예기) 檀弓篇(단궁편)

可信之人 가신지인 좋을·옳을 가 ┃ 믿을 신 ┃ ~의 지 ┃ 사람 인

믿음직한 사람 또는 믿을 만한 사람

『유의어』 信臣 신신, 藎臣 신신, 忠臣 충신, 肱膂 굉려

爪牙之士 조아지사, 爪牙 조아, 股肱之臣 고굉지신, 股肱 고굉

喉舌之臣 후설지신 왕명 출납과 조정의 언론을 맡았던 '승지'를 이르던 말

▷ 仁義禮智信 인의예지신 ＝ 五德 오덕, 五常 오상

유학(儒學)에서, 사람이 마땅히 갖추어야 할 다섯 가지 도리(道理)
곧 어짊[仁: 인]과 의로움[義: 의]과 예의(禮儀)와 지혜(智慧)와 믿음[信: 신]

假我年數 가아연수 빌릴·거짓 가 ┃ 나 아 ┃ 해 연·년 ┃ 셈·계산할 수

몇 년이라도 더 오래 살기를 바라는 일

『유의어』 假我數年 가아수년

▷ 長生不死 장생불사 오래 살고 죽지 않음

▷ 不老長生 불로장생 늙지 않고 오래 삶

▷ 不老不死 불로불사 늙지 않고 죽지 않음

▷ 無病長壽 무병장수 병 없이 건강(健康)하게 오래 삶

* 出典: 論語(논어) 述而篇(술이편)

可與樂成 가여낙성 좋을 가 ┃ 베풀·줄 여 ┃ 즐길·즐거울 락 ┃ 이룰 성

일의 성과(成果)를 함께 즐길 수 있다는 뜻, 일이 잘 된 뒤에는 같이 즐겨도 좋음을 비유하는 말

『반의어』 長頸鳥喙 장경오훼 긴 목에 까마귀처럼 뾰족한 입(越[월]나라 王 句踐[구천]의 相)
환난(患難)은 함께 극복해도 복락(福樂)은 함께 못 누리는 상(相)

* 出典: 史記(사기) 商君傳(상군전)

家有名士三十年不知 가유명사삼십년부지

집 가 ┃ 있을 유 ┃ 이름 명 ┃ 선비 사 ┃ 석 삼 ┃ 열 십 ┃ 해 년 ┃ 아닐 부 ┃ 알 지

한 집에서 명사(名士)와 30년이나 같이 살았어도 미처 그 유명한 사람을 몰라 봤다는 뜻으로
가까운 관계에 있는 사람의 사정을 미처 모르고 지냈을 때 하는 말

『유의어』 東家之丘 동가지구 동쪽 집의 구씨(丘氏)라는 뜻으로
동네 이웃 사람이 공자님을 몰라보고 함부로 부른 칭호

家喩戶曉 가유호효   집 가 | 고할·깨우칠 유 | 집·지게 호 | 깨우칠·새벽 효

집집마다 알려서 깨우쳐 알아듣게 한다는 뜻으로 누구나 다 알고 있음을 비유하는 말

『유의어』 戶告人曉 호고인효, 家知戶曉 가지호효

* 出典: 列女傳(열녀전)

佳人薄命 가인박명   아름다울·좋을 가 | 엷을·적을 박 | 운수·목숨 명

아름다운 여인은 운명(運命)이 기박(奇薄)하다는 말. 요절(夭折)한다는 말

『유의어』 薄命佳人 박명가인, 美人薄命 미인박명, 紅顔薄命 홍안박명

▷ 奇薄 기박   팔자[八字: 사람의 평생운수]·운수(運數) 등이 사납고 복이 없음
▷ 運數 운수   사람에게 정해진 운명의 좋고 나쁨. 곧 인간의 능력을 초월(超越)하는
　　　　　　　천운(天運)과 기수(氣數)

* 出典: 소식(蘇軾)의 佳人薄命(가인박명)

苛政猛於虎 가정맹어호   매울·심할 가 | 정사 정 | 사나울 맹 | 어조사 어 | 범 호

가혹한 정치[= 세금수탈·부역동원 등]는 호랑이에게 물려죽는 것보다 더 무섭다는 뜻, 가혹(苛酷)한
정치의 폐해(弊害)를 비유하는 말

『유의어』 苛斂誅求 가렴주구   세금(稅金)을 혹독(酷毒)하게 거두고, 재물을 강제로 빼앗음

　　　　　 收奪 수탈, 裒斂 부렴, 塗炭 도탄, 塗炭之苦 도탄지고

▷ 於 어   ~보다도 더[어조사: 비교급] 또는 ~에, ~에서
▷ 苛政 가정   세금(稅金)을 모질고 심하게 많이 거둠 = 虐政 학정

價重連城 가중연성   값 가 | 무거울·거듭 중 | 잇닿을·이을 연·련 | 성·나라 성

어떤 물건(物件)이 여러 개의 성(城)과 맞바꿀 수 있을 정도로 그 값어치가 귀중하다는 뜻으로
소중한 보물(寶物)이나 가치(價値)있는 물건을 비유하는 말

『유의어』 連城之璧 연성지벽, 連城之寶 연성지보, 價値連城 가치연성

　　　　　 和氏之璧 화씨지벽, 卞和之璧 변화지벽, 隋侯之珠 수후지주

　　　　　 玉璧 옥벽, 趙璧 조벽

* 出典: 史記(사기) 藺相如傳(인상여전)

家和萬事成 가화만사성   집 가 | 화할 화 | 일만 만 | 일·섬길 사 | 이룰 성

집안이 화목(和睦)하면 만사[萬事: 모든 일]가 잘된다는 말. 집안의 화목이 우선이라는 말

『유의어』 **笑門萬福來** 소문만복래　화목(和睦)한 집안에 많은 복이 깃든다는 뜻

▷ **子孝雙親樂** 자효쌍친락　자식이 효도하면 양친(兩親)이 화락(和樂)하시다

▷ **和睦** 화목　서로 뜻이 맞고 정다움 ↔ **反目** 반목　서로 사이가 좋지 않고 미워함

▷ **一家親戚** 일가친척　일가와 친족(親族), 외척(外戚), 인척(姻戚) 등 모든 겨레붙이

刻苦勉勵 각고면려　새길 각 | 괴로울·쓸 고 | 힘쓸·권할 면 | 힘쓸·권장할 려

고생(苦生)을 무릅쓰고 부지런히 정성(精誠)을 다하여 힘씀

『유의어』 **刻勵** 각려, **恪勤勉勵** 각근면려, **刻苦精勵** 각고정려

▷ **勸勉** 권면　알아듣도록 권하고 격려하여 힘쓰게 함

▷ **激勵** 격려　마음이나 기운을 북돋우어 힘쓰도록 함

刻鵠類鶩 각곡유목　새길·벗길 각 | 고니 곡 | 비슷할·무리 유·류 | 집오리 목

고니[鵠: 곡]를 새기려고 했는데, 집오리[鶩: 목]와 비슷하게 됐다는 뜻, 목표(目標)를 두고
학문(學問)을 하는데 있어서 그것을 완전히 다 익히지는 못 한다 할지라도 최소한
선인[善人: 선량한사람]은 될 수 있음의 비유

『유의어』 **刻鵠不成尙類鶩** 각곡불성상류목 (에서 유래)

　　　　刻鵠類鵝 각곡유아　고니를 새기려고 했는데 거위가 되었다는 말

* 出典: 後漢書(후한서)

刻骨難忘 각골난망　새길 각 | 뼈 골 | 어려울 난 | 잊을 망

뼈에 새겨 잊지 않게 한다는 뜻, 입은 은혜(恩惠)에 대한 고마운 마음이 뼛속까지 사무쳐
잊혀 지지 아니함을 비유하는 말

『유의어』 **白骨難忘** 백골난망, **刻骨銘心** 각골명심, **鏤骨命心** 누골명심

　　　　銘肌鏤骨 명기누골　살갗에 새기고 뼈에 새김. 마음에 깊이 새겨 잊지 않음

▷ **刺刻** 자각　남에게 해를 끼침 = **加害** 가해

刻骨痛恨 각골통한　새길·벗길 각 | 뼈 골 | 아플·앓을 통 | 원통할·한할 한

어떤 억울(抑鬱)한 일을 당하고 그 일을 잊지 못하여 뼈에 새길 정도로 사무치게 깊이 맺힌 원한

『유의어』 **不共戴天** 불공대천, **不俱戴天** 불구대천, **戴天之怨讎** 대천지원수
　　　　하늘을 함께 머리위에 두지 못함. 한 세상에서 같이 살아갈 수 없는 원수

　　　　千秋遺恨 천추유한, **徹天之恨** 철천지한, **刻骨之痛** 각골지통

ㄱ

脚踏實地 각답실지 다리 각 | 밟을·디딜 답 | 열매·실질 실 | 땅·따 지

실지(實地)로 발이 땅에 붙었다는 뜻으로
1. 일처리 솜씨가 매우 착실(着實)함을 비유하는 말
2. 행실(行實)이 바르고 태도(態度)가 성실(誠實)함을 비유하는 말

▷ 脚光 각광　연극무대(舞臺)에서, 배우(俳優)를 비추는 광선. 사회의 주목(注目)을 끄는 일

▷ 臂脚 비각　팔과 다리

＊ 出典: 宋史(송사)

各得其所 각득기소 각각 각 | 얻을 득 | 그 기 | 바곳 소

모든 것이 각각 그 있어야 할 곳을 얻는다는 뜻, 결국에는 각자의 능력과 적성(適性)에 맞게
적절(適切)한 위치(位置)에 놓이게 됨을 비유하는 말

▷ 適材適所 적재적소　마땅한 인재(人材)를 마땅한 자리에 씀

▷ 人事萬事 인사만사　인재를 적재적소에 배치(配置)하면 만사가 해결(解決)

＊ 出典: 漢書(한서) 東方朔傳(동방삭전)

刻露清秀 각로청수 새길·벗길 각 | 드러날·이슬 로 | 맑을 청 | 빼어날 수

나뭇잎은 떨어져 산의 전체모양이 환히 보이고 공기가 맑아 조망(眺望)이 깨끗하다는 뜻으로
늦가을의 경치(景致)를 형용하여 비유한 말 [섭향고(葉向高)가 아래와 같이 말 한데서 유래]

『유의어』 峭刻呈露清爽秀麗　초각정로청상수려 (에서 유래)

▷ 贈呈 증정　남에게 선물(膳物)이나 기념품(記念品) 등을 드림 = 寄贈 기증

▷ 湛露 담로　가득하게 내린 맑은 이슬. 임금의 은총(恩寵)을 비유하는 말

＊ 出典: 歐陽脩(구양수) 豊樂亭記(풍악정기)

各樣各色 각양각색 각각 각 | 모양·무늬 양 | 빛깔·빛 색

세상만물의 저마다 다른 여러 가지 모양과 빛깔. 세상만물은 같은 것이 없고 다양(多樣)하다는 말

『유의어』 各色各樣 각색각양, 千態萬象 천태만상, 種種色色 종종색색
　　　　形形色色 형형색색　모양과 빛깔 등이 서로 다른 여러 가지. 가지각색

各人自掃門前雪 각인자소문전설

각각 각 | 사람 인 | 스스로 자 | 쓸 소 | 문 문 | 앞 전 | 눈 설
각자 스스로 자기 문 앞의 눈을 쓴다는 뜻으로 자기가 할 일은 자기 스스로 해야 한다는 말

『유의어』 乞火不若取燧 걸화불약취수　남의 불을 빌리느니 제 부싯돌로 불을 켜는 게 낫다

▷ **莫管他家瓦上霜** 막관타가와상상　남의 지붕 기와에 내린 서리는 상관(相關)하지 말라

＊ 出典: 事林廣記(사림광기)

各自圖生 각자도생　각각 각 | 스스로 자 | 꾀할·그림 도 | 살아갈·날 생

각자가 스스로 제 살길을 찾는다는 뜻으로 사람은 제각기 스스로 살아갈 방법을 도모(圖謀)함

▷ **圖南** 도남　붕새가 남쪽을 향해 날개를 펴고 날아가려고 함. 웅대한 일을 꾀함

角者無齒 각자무치　뿔 각 | 놈·사람 자 | 없을 무 | 이 치

뿔(角: 각)이 있는 짐승은 날카로운 이(齒: 치)가 없다는 뜻, 한사람이 여러 가지 재주나 복을 모두 가질 수 없음을 비유하는 말. 또는 자연의 세계는 나름 공평하다는 말

▷ **角逐戰** 각축전　서로 이기려고 승부(勝負)를 다투는 싸움

▷ **圭角** 규각　모나 귀퉁이의 뾰족한 곳 또는 모가 나서 남과 어울리지 못하는 사람

各自爲政 각자위정　할·만들 위 | 정사·다스릴 정

저마다 스스로 자기 정치(政治)를 한다는 뜻, 자기(自己)를 내세우다 보니 전체와의 조화(調和)가 깨지고 타인(他人)과의 협력(協力)이 어렵게 되어 그 결과(結果)가 낭패(狼狽)함을 이르는 말

＊ 出典: 春秋左氏傳(춘추좌씨전)

刻舟求劍 각주구검　새길 각 | 배·실을 주 | 구할·청할 구 | 칼 검

강물에 빠뜨린 칼의 위치를 뱃전에다 표시한다는 뜻, 미련하여 융통성(融通性)이 없고 세상일에 어리석음을 비유하는 말

〔유의어〕 **刻船求劍** 각선구검, **刻舷** 각현, **株守** 주수, **守株待兎** 수주대토

▷ **櫓歌** 노가　뱃노래(= 뱃사공들이 부르는 노래)

＊ 出典: 呂氏春秋(여씨춘추) 察今篇(찰금편)

刻燭賦詩 각촉부시　새길 각 | 촛불 촉 | 한시·구실·부역 부 | 시 시

촛불을 켜 놓고 그 초가 타내려가는 일정부분에 금을 새겨놓아 그 시간 안에 시를 짓게 하는 일종의 경시(競詩)대회

〔유의어〕 **刻燭爲詩** 각촉위시　고려·조선시대에 행해진 시(詩)를 빨리 짓는 시합

▷ **賦** 부　감상(感想)을 느낀 그대로 적는 한시 체의 하나

脚下照顧 각하조고　다리 각 | 아래 하 | 비출·비칠 조 | 돌아볼·둘러볼 고

자기의 발밑을 잘 비추어 돌이켜본다는 뜻, 가깝고 친할수록 더욱 조심(操心)해야 함을 비유하는 말

▷ 顧命 고명　임금이 유언(遺言)으로 나라의 뒷일을 부탁함 또는 그 부탁 = 遺詔 유조

刻畫無鹽 각화무염　새길 각 ㅣ 그림 화 ㅣ 없을 무 ㅣ 소금 염

아무리 화장(化粧)을 해도 '무염(無鹽)'이라는 뜻으로 추녀(醜女)가 아무리 화장을 하여도 미인과 견줄 수 없다는 말로 전혀 비교(比較)가 될 수 없음을 비유하는 말

무염[無鹽: 齊(제)나라의 추녀]이 화장을 한다고 해서 서시[西施: 越(월)나라의 미녀]가 될 수는 없다는 고사에서 유래. 사실 무염(無鹽)은 제(齊)나라의 지명이며, 못생긴 것으로 유명한 제나라 선왕(宣王)의 비(妃)인 종리춘(鍾離春)이 태어난 고장으로, 이 종리춘은 훗날 추녀(醜女)의 대명사가 됨

【유의어】 無鹽醜女 무염추녀, 醜女 추녀, 薄色 박색, 醜醜婦 추추부

臼頭深目 구두심목　절구통 머리에 움푹 파인 눈을 가진 못생긴 여인

▷ 刻畫 각화　그림을 그리 듯이 화장(化粧)을 함

▷ 刻印 각인　도장(圖章)을 새김. 마음이나 기억(記憶) 속에 뚜렷하게 새겨짐

* 出典: 晉書(진서)

干卿何事 간경하사　범할·방패 간 ㅣ 벼슬 경 ㅣ 어찌·무엇 하 ㅣ 일 사

경[卿: 신하·2인칭]이 어찌하여 그 일에 간여(干與)하는가? 라는 뜻, 남의 일에 참견(參見)하는 사람을 비웃으며 하는 말

【유의어】 干卿底事 간경저사, 底事干卿 저사간경, 干卿甚事 간경심사

▷ 公卿大夫 공경대부　삼공(三公)·구경(九卿)·대부(大夫)의 총칭 곧 벼슬이 높은 사람들

▷ 干滿 간만　간조(干潮)와 만조(滿潮). 썰물과 밀물 = 潮汐 조석

* 出典: 南唐書(남당서)

幹國之器 간국지기　기둥·줄기 경 ㅣ 나라 국 ㅣ 어조사 지 ㅣ 인물·그릇 기

국가(國家)를 다스릴 만한 국량(局量)을 지닌 사람을 비유하는 말

【유의어】 棟梁之材 동량지재　한 집안이나 한 나라의 기둥이 될 만한 인재 = 棟梁 동량

廊廟之器 낭묘지기　천하의 정무를 맡아볼만한 큰 인물 즉, 재상감

將相之器 장상지기, 爲國楨幹 위국정간, 楨幹 정간

▷ 楨幹 정간　1. 나무의 으뜸 되는 줄기　2. 사물의 근본(根本)을 뜻하는 말

▷ 幹事 간사　단체의 사무(事務)를 맡아 처리하는 직임(職任) 또는 그 사람

* 出典: 後漢書(후한서)

艱難辛苦 간난신고 어려울 간·난 | 고생할·매울 신 | 괴로울·쓸 고
오랜 세월(歲月) 동안 세상(世上)의 온갖 고초(苦楚)를 다 겪음

『유의어』 艱難苦楚 간난고초, 千辛萬苦 천신만고, 千苦萬難 천고만난

萬古風霜 만고풍상, 萬古風雪 만고풍설, 山戰水戰 산전수전

辛酸 신산 맛이 맵고 심. 힘들고 고된 세상살이를 비유.

茶蓼 도료 씀바귀와 여뀌. 쓰고 맵다는 뜻, 힘들고 고된 세상살이를 비유

▷ 辛辣 신랄 맛이 쓰고 맵다 또는 사물의 분석이나 비평 등이 매우 날카롭고 매섭다

肝腦塗地 간뇌도지 간·간장 간 | 뇌·머리 뇌 | 길·칠할 도 | 땅·처지 지
참혹(慘酷)한 죽음을 당하여 간(肝)과 뇌(腦)가 땅에 떨어져 으깨어졌다는 뜻, 나라를 위해서는
지극한 곤경(困境)에 처하거나 죽음도 두려워하지 않는 결사(決死)의 비유

『유의어』 決死抗戰 결사항전, 死生決斷 사생결단

兵死地也 병사지야 전쟁에서 병사는 죽게 마련이므로,
목숨을 던져 용감히 싸워야 한다는 의미. 죽기를 각오함

裹革之屍 과혁지시, 馬革裹屍 마혁과시
말가죽에 싼 시체라는 뜻으로 전쟁에서 싸우다 죽은 사람의 시체. 죽기를 각오함

▷ 一敗塗地 일패도지 여지(餘地)없이 패해서 다시 일어날 수 없게 됨

* 出典: 史記(사기) 劉敬列傳(유경열전)

肝膽相照 간담상조 간 간 | 쓸개·마음 담 | 서로·얼굴 상 | 비출·비칠 조
간(肝)과 쓸개[膽: 담]가 서로를 비춘다는 뜻, 서로의 속마음[胸襟: 흉금]을 털어놓고 친하게
사귐의 비유, 가장 친한 친구

『유의어』 虛心坦懷 허심탄회, 坦懷 탄회, 刳肝 고간, 鬲肝 격간

披肝膽 피간담, 披瀝 피력 속마음을 털어놓고 말함

吐盡肝膽 토진간담 간과 쓸개를 다 토한다는 뜻으로 실정(實情)을 숨김없이
모두 털어놓고 말함을 비유하는 말

* 出典: 韓愈(한유) 柳子厚 墓誌銘(유자후 묘지명)

肝膽楚越 간담초월 초나라·회초리·아플 초 | 월나라·넘을 월
간(肝)과 쓸개[膽: 담]의 사이의 거리가 원수(怨讐)지간인 초(楚)나라와 월(越)나라와의 사이의
거리와 같다는 뜻으로 실제로는 가까이 있어도 관계(關係)는 매우 멀다는 말의 비유

『유의어』 肝膽胡越 간담호월

▷ **肝膽濕熱** 간담습열 간(肝)과 쓸개(膽: 담)에 생긴 습기(濕氣)와 열기(熱氣)가 합쳐진
나쁜 기운으로 인한 병(病)

* 出典: 莊子(장자) 德充符(덕충부)

竿頭之勢 간두지세 막대기·장대 간 | 꼭대기·머리 두 | 어조사 지 | 기세·형세 세

장대 끝에 내몰려 서있는 것처럼 어려움이 극도(極度)에 달하여 꼼짝 못하게 되었을 때를 이르는
말로써 대단히 아슬아슬하고 위태(危殆)로운 형세(形勢)를 비유하는 말

[유의어] **累卵之危** 누란지위, **累卵之勢** 누란지세, **危如累卵** 위여누란

百尺竿頭 백척간두, **風前燈火** 풍전등화, **危機一髮** 위기일발

簡明直截 간명직절 간략할 간 | 밝을 명 | 곧을·바른 직 | 끊을·말 잘할 절

간단명료(簡單明瞭)하고 직선적(直線的)이어서 에두르거나 모호(模糊)함이 없음을 이르는 말

[반의어] **複雜多端** 복잡다단 일이 얽혀있거나 어수선하여 갈피를 잡기 어려움

▷ **明瞭** 명료 뚜렷하고 분명(分明)함

乾木水生 간목수생 마를 간·건 / 하늘 건 | 나무 목 | 물 수 | 날·살아갈 생

마른나무에서 물이 난다는 뜻으로
1. 빈털터리에게 무엇인가 무리(無理)하게 요구함의 비유. 가진게 없어서 요구가 좌절됨
2. 결코, 그러한 일이 일어날 수 없는 일의 비유[즉, 마른 수건으로 물 짜기]

[유의어] **乾木水生** 건목수생, **乾木生水** 건목생수, **剛木水生** 강목수생

百年河淸 백년하청, **千年一淸** 천년일청, **龜毛兎角** 귀모토각

簡髮而櫛 간발이즐 대쪽·간략할 간 | 터럭·머리털 발 | 말 이을·그리고 이 | 빗(질 할) 즐

머리카락을 한 올씩 골라서 차례차례 빗는다는 뜻, 신중(愼重)함이 너무 지나쳐 불필요한 일에
정성(精誠)을 쏟음을 비유하는 말

[유의어] **數米而炊** 수미이취 쌀알을 세어서 밥을 지음. 하는 일에 비하여 보람이 적음

▷ **梳櫛** 소즐 빗질[머리카락, 털 등을 빗으로 빗음]

▷ **櫛比** 즐비 많은 것이 빗살처럼 가지런하고 빽빽하게 늘어서 있음

* 出典: 莊子(장자)

間不容髮 간불용발 사이·틈 간 | 아닐 불 | 용납할·얼굴 용 | 터럭·머리털 발

머리카락 한 올 들어갈 틈도 없다는 뜻으로

1. 사태(事態)가 매우 다급하여 조금도 여유(餘裕)가 없음을 비유하는 말

📖유의어 危機一髮 위기일발, 危如一髮 위여일발

2. 용의주도(用意周到)해서 조금도 빈틈이 없음을 비유하는 말

📖유의어 周到綿密 주도면밀, 盛水不漏 성수불루

干城 간성 방패·범할 간 | 성·도읍 성

방패[防牌 = 干: 간]와 성(城)이라는 뜻, 나라를 지키는 믿음직한 군대(軍隊)나 인물(人物)의 비유

📖유의어 干城之材 간성지재, 救國干城 구국간성, 棟梁 동량[마룻대와 들보]

▷ 干戈 간과 창과 방패, 무기(武器)의 총칭, 전쟁(戰爭) 등을 비유하는 말

姦聲亂色 간성난색 간음할 간 | 음악·소리 성 | 어지러울 난·란 | 색정·빛 색

음탕(淫蕩)한 음악(音樂)과 음란(淫亂)한 여색(女色)이라는 뜻으로 음탕(淫蕩)한 소리(音樂)는
귀[耳: 이]를 어지럽게 하고 음란(淫亂)한 여색(女色)은 눈[目: 목]을 어지럽혀 사람의 판단(判斷)을
흐리게 함을 비유하는 말

▷ 酒色雜技 주색잡기 술과 여자와 노름

▷ 強姦 강간 폭행(暴行)·협박(脅迫) 등의 수단을 써서 부녀자를 간음함. = 強淫 강음

* 出典: 禮記(예기) 樂記篇(악기편)

間世之材 간세지재 사이·틈 간 | 세대·인간·세상 세 | 어조사 지 | 재목·재료 재

여러 세대를 통하여 한명 나오기 어려운 세상에 보기 드문 인재 즉 영웅(英雄)

📖유의어 蓋世之才 개세지재, 不世之才 불세지재, 不世出英雄 불세출영웅
命世之才 명세지재, 命世才 명세재[孟子(맹자)의 異稱(이칭)]

▷ 間歇 간헐 얼마 동안의 시간 간격(間隔)을 두고 되풀이해서 쉬었다 일어났다 함.

▷ 人材 인재 학식이나 능력이 뛰어난 사람 / 人才 인재 재주가 뛰어난 사람

奸臣賊子 간신적자 간사할 간 | 신하 신 | 도적·도둑 적 | 자식·아들 자

간사(奸邪)한 신하(臣下)와 부모의 뜻을 거역(拒逆)하는 자식(子息)

📖유의어 亂臣賊子 난신적자 나라를 어지럽게 하는 신하와 부모의 뜻을 거스르는 자식
無父無君 무부무군 아버지도 없고 임금도 없음. 행동이 막된 사람을 이르는 말

▷ 奸佞輩 간녕배 간사(奸詐)하고 아첨(阿諂)을 잘하는 무리

▷ 奸慝 간특 간사하고 사악(邪惡)함

間於齊楚 간어제초 사이 간 | 어조사 어 | 제나라·같을 제 | 초나라·회초리 초

약소국인 등(藤)나라가 강대국인 제(齊)나라와 초(楚)나라 사이에 끼어서 두 나라를 섬기느라
괴로움을 당한다는 뜻으로 약자가 강자들 틈에 끼어 고통(苦痛)받는 것을 비유하는 말

유의어 鯨戰蝦死 경전하사 고래(大國[대국])싸움에 새우(小國[소국])등 터진다는 말

事齊事楚 사제사초 등(藤)나라가 제(齊)나라와 초(楚)나라 둘 다를 섬긴다는 말

▷ 事大主義 사대주의 세력이 강한 나라나 사람을 붙좇아 자신의 존립을 유지하려는 주의

* 出典: 孟子(맹자)

看雲步月 간운보월 볼 간 | 구름 운 | 걸음 보 | 달 월

낮이면 고향(故鄕)쪽 구름을 바라보고, 밤이면 달을 보며 거닌다는 뜻으로 타향(他鄕)이나
객지(客地)에서 고향과 가족(家族)을 그리워함을 비유하는 말

유의어 鴇羽之嗟 보우지차 백성이 전쟁터에 나가 있어 어버이를 봉양하지 못하는 탄식

羈鳥戀舊林 기조연구림 새장 안에 갇힌 새가 자기가 살던 숲을 그리워 함

望雲之情 망운지정, 望雲之懷 망운지회 어버이를 그리워하는 마음

北山之感 북산지감, 陟岵陟屺 척호척기, 白雲孤飛 백운고비

▷ 看做 간주 상태·모양·성질 등이 그렇다고 여김 = 置簿 치부

* 出典: 後漢書(후한서)

干雲蔽日 간운폐일 범할·방패 간 | 구름 운 | 덮을·가릴 폐 | 해·날 일

구름을 침범(侵犯)하고 해를 덮는다는 뜻, 하늘을 찌를 듯이 높이 솟은 큰 나무를 비유하는 말

▷ 摩天樓 마천루 하늘을 찌를 듯이 높이 솟은 큰 건물(建物)을 비유하는 말

▷ 干拓地 간척지 바다나 호수(湖水)를 둘러막고 물을 빼내어 만든 땅

干將莫耶 간장막야 방패 간 | 장차·장수 장 | 없을 막 | 어조사 야

중국 춘추시대의 도장[刀匠: 칼 만드는 사람]인 간장(干匠)과 그의 아내 막야(莫耶)가 만든
두 자루의 명검(名劍)이라는 뜻으로 세상에 둘도 없는 명검(名劍)을 비유하는 말

음양법(陰陽法)에 의하여 만들어진 명검(名劍)으로,
양(陽)으로 된 검을 간장(干將), 음(陰)으로 된 검을 막야(莫耶)라고 명명(命名)함

* 出典: 吳越春秋 (오월춘추) 闔閭內傳(합려내전)

葛巾野服 갈건야복 거친 베·칡 갈 | 두건·수건 건 | 거칠·들 야 | 옷 복

칡베[葛: 갈]로 만든 두건(頭巾)과 거친 베옷이라는 뜻으로 은사(隱士)나 처사(處士)의 거칠고

소박(素朴)한 옷차림을 비유하는 말

『유의어』 布衣 포의, 白衣 백의

* 出典: 陶淵明(도연명: 晉[진]나라 시인)

葛藤 갈등 칡·덩굴 갈 | 등나무 등

칡[葛: 갈]덩굴과 등(藤)나무의 줄기가 서로 얽히고설켜 있다는 뜻, 개인이나 집단 간에 서로 적대시(敵對視)하거나 또는 서로 화합(和合)하지 못하는 일을 형용(形容)하여 비유하는 말

『유의어』 不和 불화, 軋轢 알력   수레바퀴가 삐걱거린다는 뜻. 의견이 서로 충돌(衝突)함

反目 반목, 反目嫉視 반목질시   서로 미워하고 질투(嫉妬)하는 눈으로 봄

『반의어』 和睦 화목   서로 뜻이 맞고 정다움 = 和穆 화목

渴不飮盜泉水 갈불음도천수 목마를 갈 | 마실 음 | 훔칠·도둑 도 | 샘 천

목이 말라도 도천[盜泉: 도적의 샘물]의 물은 마시지 않는다는 뜻, 아무리 궁(窮)해도 부정(不正)과 불의(不義)를 저지르지 않겠다는 말, 도덕률(道德律)의 엄격한 준행(準行)을 이르는 말

『유의어』 渴不飮盜泉 갈불음도천, 渴不飮盜泉之水 갈불음도천지수

* 出典: 說苑(설원: 劉向[유향]이 編輯[편집]한 중국의 교훈적인 설화집)

渴而穿井 갈이천정 목마를 갈 | 말 이을 이 | 뚫을·구멍 천 | 우물 정

목이 말라야 비로소 우물을 판다는 뜻으로 당장 물을 먹을 수가 없음
1. 미리 준비하지 않고 있다가 일이 끝난 뒤에는 아무리 서둘러 봐도 소용이 없음을 비유
2. 자기가 급해져야 서둘러서 일을 하게 됨을 비유하는 말

『유의어』 臨渴掘井 임갈굴정   평소에 준비 없이 있다가 일을 당하여 허둥지둥 서두름

羅雀掘鼠 나작굴서   그물을 던져 참새를 잡고 땅을 파서 쥐를 잡음. 불가능함

大寒索裘 대한색구   혹한(酷寒)이 닥쳐오자 그때서야 가죽옷을 찾음. 옷이 없음

* 出典: 說苑(설원: 劉向[유향]이 編輯[편집]한 중국의 교훈적인 설화집)

竭澤而魚 갈택이어 다할·물마를 갈 | 못·늪 택 | 말 이을 이 | 물고기·고기 어

연못의 물을 바닥까지 다 퍼내고 물고기를 잡는다는 뜻, 눈앞의 이익(利盆)만을 꾀하는 일시적인 욕심 때문에 먼 장래(將來)를 생각하지 않음. 연못이 없어짐. 결국 어리석은 결과를 초래

『유의어』 姑息策 고식책, 姑息之計 고식지계, 凍足放尿 동족방뇨

下石上臺 하석상대, 上下撑石 상하탱석, 彌縫策 미봉책

* 出典: 呂氏春秋(여씨춘추) 義賞篇(의상편)

感慨無量 감개무량 느낄 감 | 분개할·슬퍼할 개 | 없을 무 | 헤아릴 량

마음속에서 느끼는 감동(感動)이나 정서(情緖)가 끝이 없거나 헤아릴 수 없을 정도로 크다는 말

▷ **無量數** 무량수   불가사의(不可思議)의 만 배(萬 倍)가 되는 수

甘棠遺愛 감당유애 달 감 | 팥배나무 당 | 끼칠·후손에 남길 유 | 사랑 애

감당[甘棠: 팥배나무]을 아끼고 사랑한다는 뜻으로 청렴결백(淸廉潔白)하거나 선정(善政)을 베풀어,
정치(政治)를 잘한 인물을 흠모(欽慕)하는 간절(懇切)한 마음을 비유하는 말

주(周)나라의 소공석(召公奭)이라는 관리가 백성들의 수고를 덜어주고자 직접 마을을 돌아다니며
감당나무 아래에서 공정하게 송사(訟事)를 판결하고 정사(政事)를 처리(處理)한 고사에서 유래

┌유의어┐ **甘棠之愛** 감당지애, **甘棠愛** 감당애

攀轅臥轍 반원와철   수레의 끌채에 매달리고 앞에 드러누워 수레의 진행을 방해

萬口成碑 만구성비   만인(萬人)의 칭찬(稱讚)은 송덕비(頌德碑)를 세움과 같음

▷ **甘棠樹** 감당수   선정(善政)을 베푼 소공(召公)을 그리워하는 시(詩)

* 出典: 詩經(시경)

敢不生心 감불생심 감히·구태여 감 | 아닐 불 | 날 생 | 마음 심

힘이 부족해 감히 어떤 마음을 먹지 못한다는 뜻, 엄두(= 감히 무엇을 하려는 마음)도 내지
못함을 비유하는 말

┌유의어┐ **焉敢生心** 언감생심, **敢不生意** 감불생의, **安敢生心** 안감생심

▷ **不敢請固所願** 불감청고소원   감히 청하지는 못하나 원래부터 몹시 바라던 바임

甘言利說 감언이설 달·맛있을 감 | 말씀 언 | 이로울·날카로울 리 | 말씀 설

입에 발린 말과 이익(利益)을 주겠다고 약속하는 말이라는 뜻, 상대방을 현혹(眩惑)시키기 위해서
꾸민 달콤한 말과 이득(利得)을 내세워 꾀는 말

▷ **利害關係** 이해관계   서로 이해[= 이익과 손해]가 미치는 사이의 관계

▷ **甘旨** 감지   맛있는 음식

敢言之地 감언지지 감히·구태여 감 | 말씀 언 | 어조사 지 | 땅·따 지

거리낌 없이 말할 만한 자리나 처지(處地)

▷ **忌憚** 기탄   어렵게 여기어 꺼림 / **處地** 처지   처하여 있는 사정이나 형편

▷ **果敢** 과감   과단성이 있고 용감함 / **敢死** 감사   죽기를 두려워하지 않음

甘井先竭 감정선갈 달 감 | 우물 정 | 먼저 선 | 물마를·다할 갈

단[甘: 감]우물이 먼저 마른다는 뜻으로 물맛이 좋은 우물은 사람이 많이 찾아 먼저 마르듯이
재능이 많은 사람은 할 일이 많아 혹사(酷使)되어 몸을 일찍 망치기 쉬움을 비유하는 말

『유의어』 甘泉先竭 감천선갈, 能者多勞 능자다로

▷ 飛將數奇 비장수기 재능이 있는 사람이 불행한 처지에 놓인 것을 비유하는 말

▷ 食少事煩 식소사번 몸을 돌볼 겨를이 없이 바쁘게 일한다는 말

* 出典: 莊子(장자)

坎井之蛙 감정지와 구덩이 감 | 우물 정 | 어조사(~의) 지 | 개구리 와

구덩이 속이나 우물 안에 있는 개구리, 견문(見聞)이 좁고 세상물정(物情)에 어두운
사람을 비유하는 말

『유의어』 坎中之蛙 감중지와, 井中之蛙 정중지와, 井底之蛙 정저지와
坐井觀天 좌정관천, 管中窺天 관중규천, 管中窺豹 관중규표
蟬不知雪 선부지설 매미[蟬: 여름곤충]는 눈[雪: 겨울]을 알지 못함
尺澤之鯢 척택지예 작은 못의 송사리
甕裏醯鷄 옹리혜계 작은 초항아리 속의 날벌레 = 醯鷄甕裏天 혜계옹리천

▷ 坎窞 감담 구덩이, 함정(陷穽)

▷ 坎軻 감가 일이 뜻대로 안되어 마음이 답답 = 坎坷 감가, 不遇 불우

* 出典: 荀子(순자)

感之德之 감지덕지 고맙게 여길·느낄 감 | 이것 지 | 덕·큰 덕 | 이것 지

이를 감사(感謝)하게 생각하고 이를 덕(德)으로 생각한다는 뜻, 남이 내게 베푼 은혜(恩惠)가
분에 넘치는 듯해서 대단히 고맙게 여긴다는 말

▷ 感激 감격 몹시 고맙게 느낌 또는 마음에 깊이 느껴 크게 감동(感動)함

減之又減 감지우감 덜·줄일 감 | 이(것)·어조사 지 | 또·다시 우

덜어 낸데서 또 덜어 냄. 감(減)한데서 또 감(減)함. 뺀 데서 또 뺌

▷ 減殺 감쇄 적어짐, 덜어서 적게 함

▷ 減資 감자 회사가 자본금의 액수(額數)를 줄이는 일 ↔ 增資 증자

▷ 減價償却 감가상각 토지를 제외한 고정 자산의 소모나 손상에 따른 가치의 감소를
각 연도에 할당(割當)해 계산하여 자산 가격을 감소해 가는 일

甘呑苦吐 감탄고토　달·맛있을 감 | 삼킬 탄 | 쓸·괴로울 고 | 토할 토

달면 삼키고 쓰면 뱉는다는 뜻으로 사리(事理)의 옳고 그름은 따져보지 않고 제 비위(脾胃)에
맞으면 좋아하고 맞지 않으면 싫어한다는 말

【유의어】 炎凉世態 염량세태, 世態炎凉 세태염량, 附炎棄寒 부염기한
　　　　　권세가 있을 때는 아첨(阿諂)하며 따르다가 없어지면 푸대접하는 각박한 세상인심을 비유

▷ 嘔吐 구토　먹은 음식물을 토함 = 게움, 吐逆 토역

▷ 甘蔗 감자　사탕수수

▷ 吐露 토로　속마음을 죄다 드러내어 말함 = 吐破 토파

瞰瑕伺隙 감하사극　엿볼 감 | 티·허물 하 | 엿볼 사 | 틈·구멍 극

상대방의 빈틈을 엿봄, 기회(機會)를 노림

【유의어】 伺隙 사극　기회나 틈을 엿봄 / 窺伺 규사　기회를 엿봄
　　　　　虎視眈眈 호시탐탐　기회를 노리고 가만히 형세(形勢)를 살핌

▷ 闖肆 틈사　기회를 타서 마음대로 함

酣紅爛紫 감홍난자　한창·즐길 감 | 붉을 홍 | 빛날·문드러질 란 | 자줏빛 자

가을의 단풍(丹楓)이 울긋불긋하게 한창 무르익은 모양을 비유하는 말

【유의어】 千紫萬紅 천자만홍, 萬紫千紅 만자천홍　울긋불긋 다양(多樣)한 꽃의 빛깔

▷ 酣飫 감어　마음껏 술을 마시고 음식(飮食)을 먹음

甲骨文字 갑골문자　거북의 등딱지 갑 | 뼈 골 | 글월·무늬 문 | 글자 자

거북의 등딱지[甲: 갑]나 짐승의 어깨뼈[肩胛骨: 견갑골]에 새긴 중국 고대의
상형문자[象形文字: 물체의 형상을 본떠서 만든 글자]

【유의어】 甲骨文 갑골문
　　　　　殷墟文字 은허문자　은허(殷墟)에서 발굴(發掘)된 유물에 새겨진 상형문자

甲男乙女 갑남을녀　첫째천간 갑 | 사내·장부 남 | 둘째천간 을 | 계집 녀

갑(甲)이라는 남자와 을(乙)이라는 여자, 즉 신분이나 이름이 특별(特別)히 알려지지 않은
평범(平凡)한 사람들을 비유하는 말

【유의어】 張三李四 장삼이사, 匹夫匹婦 필부필부, 鷄鶩 계목
　　　　　常鱗凡介 상린범개　흔하게 잡히는 물고기와 조개. 평범한 인물

樵童汲婦 초동급부　땔나무를 하는 아이와 물을 긷는 아낙네. 평범한 사람들

甲論乙駁 갑론을박　첫째천간 갑 ｜ 논할 론(논) ｜ 둘째천간 을 ｜ 논박할 박

갑이 주장을 하고 을이 논박한다는 뜻으로 서로 논란(論難)하고 반박(反駁)함을 이르는 말

[유의어] 說往說來 설왕설래, 言往言來 언왕언래, 言去言來 언거언래

▷ 論駁 논박　어떤 주장이나 의견에 대해 잘못된 점을 조리(條理)있게 공격하여 말함

▷ 面駁 면박　면전에서 꾸짖거나 나무람 / 驅迫 구박　못 견디게 괴롭힘

綱擧目張 강거목장　벼리·통괄 강 ｜ 들 거 ｜ 눈 목 ｜ 베풀·넓힐 장

하나의 벼리[綱: 강]를 들면 만개의 그물코[目: 목]가 펼쳐진다는 뜻으로 대강(大綱)을 들면
세목(細目)도 저절로 밝혀진다는 말, 어떤 일이나 글의 핵심(核心)을 정확(正確)하게 알고 나면
나머지는 저절로 이루어짐을 비유하는 말

[유의어] 擧一綱而萬目張 거일강이만목장 (에서 유래)

▷ 綱領 강령　일의 으뜸이 되는 큰 줄거리

* 出典: 詩經(시경)

康衢煙月 강구연월　편안할 강 ｜ 네거리·길 구 ｜ 연기 연 ｜ 달 월

평화로운 큰 길거리에서 밥 짓는 연기(煙氣)에 달빛이 비치는 그림 같은 모습으로 태평한 세상의
평화로운 마을풍경(風景)을 비유하는 말

[유의어] 太平煙月 태평연월, 太平聖代 태평성대, 擊壤之歌 격양지가

　　　　鼓腹擊壤 고복격양, 含哺鼓腹 함포고복, 擊壤歌 격양가

▷ 康衢 강구　사통오달(四通五達)의 큰길로서 사람의 왕래(往來)가 많은 거리

▷ 煙月 연월　저녁 무렵, 굴뚝에 연기(煙氣)가 나고 달빛이 비침(시적 표현)

强近之親 강근지친　굳셀·세찰 강 ｜ 가까울 근 ｜ ~의 지 ｜ 친족관계·친할 친

어려울 때 도움을 줄만한 아주 가까운 일가친척(一家親戚)을 이르는 말

[유의어] 强近之族 강근지족

　　　　期功親 기공친, 朞功親 기공친, 朞功强近之親 기공강근지친

[반의어] 葭莩之親 가부지친　아주 먼 촌수의 친척(親戚). 약하거나 먼 교분(交分)

姜衾 강금　성씨·제비 강 ｜ 이불 금

강굉(姜肱)의 이불[衾: 금]. 한방에 거처(居處)하며 한 이불을 덮고 자는 형제(兄弟)간의
두터운 정(情)을 비유하는 말

강굉(姜肱)은 그의 두 아우 강중해(姜仲海)·강계강(姜季江)과 우애(友愛)가 지극(至極)해서,
삼형제가 잠을 잘 때, 사이좋게 반드시 한 이불을 덮고 잤다는 고사에서 유래

⌈유의어⌋ 遇賊爭死 우적쟁사, 棣鄂之情 체악지정, 儐豆 빈두, 簾塤 지훈
兄友弟恭 형우제공, 壎簾相和 훈지상화, 田宅與弟 전택여제
兄疫不去 형역불거   형이 역질[疫疾: 전염병]에 걸려도 형의 곁을 떠나지 않음

强弩之末 강노지말 굳셀 강 | 쇠뇌 노 | 어조사(~의) 지 | 끝·나무 끝 말

강노[强弩: 힘찬 화살]의 결말(結末), 아무리 강한 힘도 결국(結局)에는 쇠퇴(衰退)한다는 의미

놋쇠로 만든 힘센 화살도 먼데까지 날아가면 힘이 다해서 결국은 노(魯)나라에서 나는 얇은
명주[明紬: 비단]조차도 뚫을 수 없었다는 고사에서 유래

⌈유의어⌋ 强弩之末力不能入魯縞 강노지말역불능입노호 (에서 유래)

▷ 弩砲 노포   쇠뇌[= 여러 개의 화살을 한꺼번에 쏘는 활]

* 出典: 漢書(한서) 韓安國傳(한안국전)

襁褓幼兒 강보유아 포대기 강 | 포대기 보 | 어릴 유 | 아이 아

아직 걷지 못하여 강보[襁褓: 포대기]에 싸서 기르는 어린아이, 아직 세상물정(物情)에
대해 아무것도 모르는 애송이를 얕잡아 비유하는 말

⌈유의어⌋ 襁褓小兒 강보소아, 襁褓稚兒 강보치아, 口尙乳臭 구상유취
黃口乳臭 황구유취, 黃口小兒 황구소아, 黃口乳兒 황구유아
부리가 누른 새 새끼같이 어려서 아직 젖비린내가 난다는 뜻. 어리고 하잘것없다고 욕하는 말

▷ 褓負商 보부상   봇짐장수와 등짐장수를 통틀어 이르는 말

疆場多事 강역다사 지경·밭두둑 강 | 국경·밭두둑 역 | 많을 다 | 일 사

강역(疆場)에 사건(事件)이 많다는 뜻, 국경지역에는 늘 다른 나라와 전쟁(戰爭)이 발생해서
바쁘다는 말

▷ 疆場 강역   나라와 나라 사이의 경계 = 國境 국경, 國界 국계, 疆域 강역

剛柔兼全 강유겸전 굳셀 강 | 부드러울 유 | 겸할 겸 | 온전할 전

강[剛: 굳셈]과 유[柔: 부드러움]를 다 갖추었다는 뜻으로 굳세고 부드러운 성품(性品)을 둘 다
겸(兼)하여 갖추었음을 비유하는 말

▷ 剛柔雙濟 강유쌍제   강함과 부드러움이 서로 도움이 됨을 이르는 말

▷ 兼備 겸비　두 가지 이상의 조건(條件)을 아울러 갖추고 있음

▷ 柔軟 유연　부드럽고 연함 / 剛勁 강경　성품이 강직함. 굳셈, 단단함

剛毅木訥 강의목눌　굳셀 강·의 ㅣ 나무 목 ㅣ 과묵할·말 더듬을 눌

강직(剛直)·의연(毅然)·질박(質朴)·어눌(語訥)하다는 뜻, 의지가 굳고 용기(勇氣)가 있으며 꾸밈이 없고 말수가 적은 진실(眞實)한 사람을 비유하는 말

【반의어】 巧言令色 교언영색　환심을 사려고 아첨하는 교묘한 말과 보기 좋게 꾸미는 얼굴빛

▷ 訥辯 눌변　더듬거리며 하는 서툰 말솜씨

▷ 訥言敏行 눌언민행　말하기는 쉬워도 행하기는 어려우므로
　　　　　　　　　　군자(君子)는 말은 느리게 하여도 행동은 민첩(敏捷)해야 한다는 말

* 出典: 論語(논어) 子路篇(자로편)

剛愎自用 강퍅자용　굳셀 강 ㅣ 괴팍할 퍅·퍅 ㅣ 스스로 자 ㅣ 쓸 용

사람의 성품(性品)이 고집 세고 비꼬여 자기 멋대로 한다는 뜻으로 스스로의 재능과 지혜(智慧)만 믿고 남의 말을 듣지 않음의 비유. 자만(自慢)하여 자신의 의견만을 고집(固執)함

【유의어】 剛戾自用 강려자용, 固執不通 고집불통, 碧昌牛 벽창우(= 벽창호)

▷ 乖愎 괴퍅　성미가 까다롭고 별남 / 乖離 괴리　서로 따로따로 갈라짐

* 出典: 左傳(좌전)

江湖煙波 강호연파　강·물 강 ㅣ 호수 호 ㅣ 안개·연기 연 ㅣ 물결·파도 파

강이나 호수(湖水)위에 안개처럼 뽀얗게 이는 기운과 그 수면(水面) 위의 잔물결
대 자연의 아름다운 풍경(風景)을 비유하는 말

【유의어】 山紫水明 산자수명, 煙霞日輝 연하일휘, 淸風明月 청풍명월
　　　　　山明水紫 산명수자, 山明水麗 산명수려, 山明水淸 산명수청

▷ 江湖 강호　강과 호수, 자연(自然), 세상(世上)

▷ 煙霞 연하　안개와 노을, 고요한 산수(山水)의 경치(景致). 자연(自然)

▷ 波紋 파문　물 위에 이는 물결. 어떤 일의 영향(影響).

▷ 波濤 파도　1. 바다에 이는 물결
　　　　　　　2. 맹렬한 기세로 일어나는 어떤 사회적 운동이나 현상을 비유한 말

改過遷善 개과천선　고칠 개 ㅣ 허물·지날 과 ㅣ 옮길 천 ㅣ 착할 선

지난날의 잘못이나 허물을 고쳐 올바르고 착하게 됨

유의어 改過自新 개과자신, 悔過遷善 회과천선, 改善匡正 개선광정

▷ 不憚改過 불탄개과   잘못을 고치는데 꺼리지 않음

▷ 不遷怒 불천노   감정(感情)에 쏠려 엉뚱하게 다른 사람에게 화풀이하지 아니함

▷ 遷都 천도   도읍[都邑 = 首都: 수도]을 옮김

▷ 左遷 좌천   낮은 관직이나 지위로 떨어지거나 외직으로 전근됨 ↔ 榮轉 영전

蓋棺事定 개관사정 뚜껑·덮을 개 | 널·관(棺) 관 | 일·섬길 사 | 정할·반드시 정

관(棺)의 뚜껑[蓋: 개]을 덮기 전에는 아무것도 알 수 없다는 뜻으로
사람의 일이란 어떻게 될지 예측(豫測)할 수 없다는 말. 또는 시체(屍體)를 관(棺)에 넣고
뚜껑을 덮은 후에야 비로소 그 사람이 살아 있을 때의 가치(價値)를 알 수 있다는 말

오늘의 충신이 내일의 역적(逆賊)이 되고 어제의 거지가 오늘 벼락부자가 되는 수가 있다.
따라서 사람의 운명(運命)이란 죽어야 비로소 끝나는 것이라는 말로 실의(失意)에 빠져
낙담(落膽)하는 자에게 아직은 희망(希望)이 있다는 격려(激勵)의 말을 해줄 때 하는 말

유의어 人事蓋棺定 인사개관정, 蓋棺事始定 개관사시정

▷ 棺槨 관곽   시체(屍體)를 넣는 속 널과 겉 널

* 出典: 杜甫(두보)의 詩(시) 君不見簡蘇係(군불견간소계)

開卷有益 개권유익 열·열릴 개 | 책 권 | 있을 유 | 유익할·더할 익

책(冊)을 펴서 읽으면 유익(有益)하다는 뜻으로 독서(讀書)를 권장(勸奬)하는 말

독서(讀書)를 매우 좋아했던 중국 송(宋)나라 태종(太宗)의 말에서 유래

유의어 開卷有得 개권유득

▷ 讀書尙友 독서상우   책을 읽음으로써 옛날의 현인(賢人)들과 벗이 될 수 있다는 뜻

* 出典: 王闢之(왕벽지)의 澠水燕談錄(승수연담록)

開門納賊 개문납적 열 개 | 집안·문 문 | 바칠·들일 납 | 도둑 적

문을 열어 도둑이 들게 한다는 뜻으로 스스로 화(禍)를 불러들임을 비유하는 말

유의어 開門揖盜 개문읍도   문을 열고 [어서 오시라고] 도둑에게 예를 갖춤

春雉自鳴 춘치자명   봄 꿩이 스스로 운다. 위치노출. 스스로 화를 자초(自招)함

* 出典: 三國志(삼국지) 吳書(오서) 孫權傳(손권전)

開物成務 개물성무 열 개 | 만물·물건 물 | 이룰 성 | 일·힘쓸 무

1. 만물(萬物)의 뜻을 열어 천하의 모든 사무(事務)를 성취(成就)함

2. 사람이 아직 모르는 곳을 개발(開發)하고 사람이 하고자하는 바를 성취(成就)시킨다는 말
즉, 세상만물의 이치(理致)를 깨달아 모든 일을 이룬다는 말

▷　**開拓** 개척　1. 산야·황무지를 일구어 논밭을 만듦　2. 영토(領土) 등을 확장(擴張)함
　　　　　　　　3. 새로운 분야를 처음으로 열어 나감　4. 막힌 운수나 진로(進路)를 틈

▷　**開陳** 개진　사실이나 내용을 밝히기 위해 생각이나 의견을 피력(披瀝)함

* 出典: 易經(역경)

改善匡正 개선광정　고칠 개 | 착할 선 | 바로잡을·바룰 광 | 바를 정

좋게 고치고 잘못을 바로잡아 올바르게 한다는 말

『유의어』 改過遷善 개과천선, 改過自新 개과자신, 悔過遷善 회과천선
　　　　지나간 허물을 고치고 착하게 됨

▷　**改悛** 개전　잘못을 뉘우치고 마음을 바르게 고쳐먹음

▷　**改刪** 개산　잘못된 곳을 고침

凱旋將軍 개선장군　승리할·즐길 개 | 돌아올·돌 선 | 장수 장 | 군사 군

1. 전쟁(戰爭)에서 이기고 돌아온 장군　2. 어떤 일에 성공(成功)한 사람을 비유하여 이르는 말

▷　**凱旋** 개선　싸움에서 이기고 돌아옴 = **凱陣** 개진

▷　**旋回** 선회　빙빙 돎. 노선·방침· 항공기 등이 진로(進路)를 바꿈

蓋世之才 개세지재　덮을 개 | 세상 세 | 어조사(~의) 지 | 재주 재

세상을 덮는 재주라는 뜻으로 세상을 마음대로 다스릴만한 뛰어난 재주 또는 그런 사람

『유의어』 命世之才 명세지재, 命世才 명세재, 間世之材 간세지재
　　　　　力拔山氣蓋世 역발산기개세, 拔山蓋世 발산개세, 不世之才 불세지재

▷　**蓋然性** 개연성　절대적으로 확실하지는 않으나 아마 그럴 것이라고 생각되는 성질(性質)

改玉改行 개옥개행　고칠 개 | 옥·구슬 옥 | 걸을·다닐 행

패옥(佩玉)은 행보(行步)를 조절(調節)하는 것이므로 패옥(佩玉)을 바꾸면 보조(步調)도 고쳐야
한다는 뜻으로 법(法)을 고치면 해오던 일도 따라서 법에 맞도록 고쳐야한다는 말

▷　**佩玉** 패옥　왕·왕비의 법복이나 문무백관의 조복(朝服)과 제복의 좌우에 늘여 차던 옥

* 出典: 國語(국어)

開源節流 개원절류　열 개 | 근원 원 | 절약할 절 | 흐를 류

ᄀ

재원(財源)을 늘리고 지출(支出)을 줄인다는 뜻으로 부를 축적(蓄積)하기 위하여 반드시 지켜야할 원칙(原則)을 비유하는 말. 즉 생산(生產)을 늘리고 소비(消費)를 줄이라는 말

순황(荀況)은 경제(經濟)를 물에 비유하여 생산과 수입을 원천(源)으로 보고 비용과 지출을 흐름(流)으로 파악(把握)하였다. 그는 부국(富國)의 요체(要諦)를, 원천을 늘리고[開源: 개원] 흐름을 줄이는 것[節流: 절류]으로 간주(看做)하였다.

* 出典: 荀子(순자) 富國篇(부국편)

開天闢地 개천벽지 열 개 | 하늘 천 | 열·열릴 벽 | 땅·따 지

하늘이 열리고 땅이 열린다는 뜻 [중국의 천지창조(天地創造) 신화(神話)에서 유래]
1. 유사(有史)이래 처음 있는 일. 새로운 사태(事態)가 열림을 비유하는 말
2. 만난(萬難)을 극복(克服)하고 창업(創業)에 성공(成功)한 경우(境遇)

유의어 天地開闢 천지개벽, 開闢 개벽

▷ **開櫝** 개독 제사(祭祀)를 지낼 때, 신주(神主)를 모신 독을 엶
▷ **開創** 개창 새로 시작(始作)하거나 세움. 창립(創立)함
▷ **開坼** 개탁 봉한 편지·서류 등을 뜯어보라(아랫사람에게)
▷ **闔闢** 합벽 닫고 엶. 사람을 교묘(巧妙)하게 농락(籠絡)함을 비유하는 말

* 出典: 三五歷記(삼오역기)

客反爲主 객반위주 손님·손 객 | 되돌릴 반 | 바꿀·만들 위 | 주인·임금 주

손님[客: 객]이 도리어 주인(主人) 노릇을 한다는 뜻으로
1. 주객(主客)이 전도[顚倒: 바뀜]됨을 비유하는 말
2. 사물의 대소(大小)·경중(輕重)·전후(前後)를 뒤바꿈

유의어 主客顚倒 주객전도, 本末顚倒 본말전도, 乙丑甲子 을축갑자
 賊反荷杖 적반하장 도둑이 도리어 매를 든다는 말

賡載帖 갱재첩 이을·계승할 갱 | 실을·탈 재 | 표제·문서·글귀 첩

임금과 신하가 서로 노래나 시로 화답(和答)한 글을 모은 시첩(詩帖)

▷ **賡歌** 갱가 앞사람에 이어서 뒷사람이 노래[歌: 가]를 불러 화답(和答)
▷ **賡酬** 갱수 앞사람에 이어서 뒷사람이 시(詩)를 지어 화답(和答)
▷ **帖** 첩 기둥이나 바람벽에 써 붙이는 글귀. 주련(柱聯). 비단에 적은 표제(標題)

羹粥 갱죽 국 갱 | 죽 죽

시래기 등의 채소류(菜蔬類)를 넣고 멀겋게 끓인 죽으로

맛없고 거친 음식 또는 보잘것없는 하찮은 음식(飮食)을 비유하는 말

[유의어] 糠糜 강미 쌀 겨죽 / 糠粃 강비 쌀겨와 쭉정이 / 粃糠 비강 쭉정이와 쌀겨

糟糠 조강 술지게미와 쌀겨 / 糠粕 강박 쌀 겨죽과 술지게미

藜羹 여갱 명아주로 끓인 국 / 藜藿 여곽 명아주 잎과 콩잎

居敬窮理 거경궁리 있을·살 거 | 정중할·공경할 경 | 연구할·다할 궁 | 이치·다스릴 리

마음을 경건(敬虔)하게 하고 이치(理致)를 추구(追究)한다는 말로써
거경(居敬)은 내적인 수양법으로 궁리(窮理)에 임할 때의 마음자세를 의미(意味)하고,
궁리(窮理)는 외적인 수양법으로 천지만물(天地萬物)의 이치(理致)를 실제 터득(攄得)하는 것을 말함

거경궁리(居敬窮理)는 성리학(性理學)에서 격물치지(格物致知)와 더불어 실제로 학문을 하는
실천적(實踐的)방법으로 자주 사용하는 말

▷ 格物致知 격물치지 실제(實際) 사물의 이치를 연구(硏究)하여 지식(知識)을 완전하게 함

* 出典: 近思錄(근사록)

擧棋不定 거기부정 들 거 | 바둑 기 | 아닐 부·불 | 정할 정

바둑돌을 들고 놓을 곳을 정하지 못한다는 뜻으로 어떤 일을 함에 있어서 확고(確固)한 주관이
없거나 계획이 수시(隨時)로 바뀜을 이르는 말

[유의어] 狐疑不決 호의불결, 首鼠兩端 수서양단, 首鼠 수서, 躊躇 주저

▷ 手談 수담 바둑[서로 상대하여 말이 없어도 의사가 통해 그 자체가 대화(對話)라는 말]

* 出典: 春秋左氏傳(춘추좌씨전)

去頭截尾 거두절미 버릴·갈 거 | 머리 두 | 끊을 절 | 꼬리 미

머리[頭: 두]는 떼어버리고 꼬리[尾: 미]는 끊어 버린다는 뜻으로
1. 앞뒤의 자질구레한 사설(辭說)을 빼고 요점(要點)만 간단히 말함
2. 앞뒤를 생략(省略)하고 본론(本論)으로 직접(直接) 들어감의 비유

[유의어] 單刀直入 단도직입 직접 칼을 휘두르며 적진(敵陣)으로 쳐들어감. 여러 말을
늘어놓지 아니하고 요점(要點)을 바로 말함을 이르는 말

▷ 徒費脣舌 도비순설 헛되이 입술과 혀만 수고한다는 말

車水馬龍 거수마룡 수레 거 | 물 수 | 말 마 | 용 룡

수레의 행렬(行列)은 흐르는 물과 같고 마필(馬匹)의 움직임은 물에서 헤엄치는
교룡(蛟龍)과 같음[= 車如流水 거여유수, 馬如遊龍 마여유룡]

수레와 말의 왕래(往來)가 많아 매우 떠들썩한 상황(狀況)으로, 권력가(權力家)에게

줄을 대보려는 아부(阿附)꾼들의 차량행렬(車輛行列)을 묘사(描寫)한 말

유의어 冠蓋相望 관개상망, 冠蓋相屬 관개상속, 人馬絡繹 인마낙역
門前成市 문전성시 찾아오는 사람이 많아 집 문 앞이 시장을 이루다시피 함

반의어 門前雀羅 문전작라 문밖에 새그물을 쳐 놓을 만큼 손님들의 발길이 뚝 끊어짐

▷ 居間 거간 물건을 사고 파는 사람 사이에 들어 흥정을 붙임 = 仲介 중개

* 出典: 後漢書(후한서) 明德馬皇后紀(명덕마황후기)

居安思危 거안사위 살·있을 거 | 편안할 안 | 생각할 사 | 위태할 위

평안(平安)할 때에도 위험(危險)과 곤란(困難)이 닥칠 것을 생각하며 잊지 말고 미리 위험(危險)에 대비(對備)해야 함을 비유하는 말

유의어 有備無患 유비무환, 曲突徙薪 곡돌사신, 亡羊補牢 망양보뢰
防患未然 방환미연, 未然防止 미연방지, 桑土綢繆 상토주무
死後藥方文 사후약방문, 死後淸心丸 사후청심환, 噬臍莫及 서제막급

* 出典: 春秋左氏傳(춘추좌씨전)

擧案齊眉 거안제미 들 거 | 밥상·책상 안 | 가지런할 제 | 눈썹 미

아내가 반상[飯床= 밥상]을 눈썹 높이까지 들고서 공손(恭遜)히 남편(男便)앞에 가져간다는 뜻, 남편을 깍듯이 공경(恭敬)함을 비유. 특히 남편이 불우(不遇)할수록 더 깍듯이 공경한다는 말

▷ 齊唱 제창 여러 사람이 다 같이 크게 한 소리로 부름(외침)
▷ 蛾眉 아미 누에나방의 촉수(觸鬚)처럼 털이 짧고 초승달 모양의 아름다운 여인의 눈썹

* 出典: 後漢書(후한서) 逸民傳(일민전)

車魚之歎 거어지탄 수레 거 | 물고기 어 | 어조사~의 지 | 탄식할·읊을 탄

수레와 고기가 없음을 탄식(歎息)한다는 뜻, 사람의 욕심(慾心)에는 한(限)이 없음을 비유하는 말
전국시대 제나라 맹상군(孟嘗君)의 식객(食客) 중 '풍환(馮驩)'이라는 자가 처음에는 밥상에 생선이 없다고 투덜거렸고, 생선이 나온 후에는 타고 다닐 수레가 없다고 투덜거렸다는 고사에서 유래

유의어 借廳入室 차청입실, 借廳借閨 차청차규, 谿壑 계학, 望蜀 망촉

* 出典: 戰國策(전국책)

擧一反三 거일반삼 들 거 | 하나 일 | 돌이킬 반 | 석 삼

하나를 들어 셋을 돌이켜 안다는 뜻으로 스승으로부터 한 가지를 배우면 다른 것까지도
유추(類推)해서 안다는 말로 매우 영리(怜悧)함을 비유하는 말

『유의어』 聞一知十 문일지십　한 가지를 들으면 열을 미루어 앎

『반의어』 得一忘十 득일망십　한 가지를 얻으면 열을 잊어버림

* 出典: 論語(논어) 述而篇(술이편)

去者日疎 거자일소　떠날·갈 거 | 사람·놈 자 | 날·해 일 | 멀어질·트일 소

떠난 자는 날로 멀어진다는 뜻, 죽은 사람이나 멀리 떨어져 있는 사람은 날이 갈수록 사이가
멀어진다는 말. 즉 안보면 정분(情分)도 멀어지고 잊혀지기 마련이라는 말

『유의어』 去者日以疎 거자일이소

『반의어』 來者日親 내자일친, 來者日以親 내자일이친
　　　　　온 사람은 정분(情分)이 날로 쌓여 더욱 친해진다는 뜻. 자주 보면 친해진다는 말

* 出典: 文選(문선) 雜詩(잡시)

車載斗量 거재두량　수레 거 | 실을 재 | 말 두 | 헤아릴 량

물건을 수레[車: 거]에 싣고 말[斗: 두]로 된다는 뜻, 물건이나 인재(人材) 등이 흔해서 귀하지
않음을 비유하는 말

『유의어』 十步芳草 십보방초　열 걸음 안에 아름다운 화초(花草)가 있음. 인재가 흔함

　　　　　多士濟濟 다사제제, 濟濟多士 제제다사　훌륭한 선비가 많음. 인재가 흔함

* 出典: 三國志(삼국지) 吳書(오서) 吳主孫權傳(오주손권전)

車在馬前 거재마전　수레 거 | 있을 재 | 말 마 | 앞 전

경험(經驗)이 없는 말로 수레를 끌게 하려면 먼저 다른 말이 끄는 수레 뒤에 매어 따라다니게
하여 길들여야 한다는 뜻, 사람도 처음에는 작은 일부터 훈련(訓鍊)을 거듭한 뒤에 본업(本業)에
종사(從事)해야 함을 비유하는 말. 먼저 선배(先輩)가 하는 것을 보게 한다는 말

擧措失當 거조실당　들 거 | 둘 조 | 잃을 실 | 마땅할·당할 당

모든 조치(措置)가 정당(正當)하지 않음

『반의어』 擧措必當 거조필당　모든 조치(措置)가 타당(妥當)하여 바름

▷ 措置 조치　문제(問題)나 사태(事態)를 해결(解決)하기 위해 필요한 대책(對策)을 세움

* 出典: 史記(사기) 秦始皇本紀(진시황본기)

車轍鮒魚 거철부어　수레 거 | (수레)바퀴자국 철 | 붕어·두꺼비 부 | 물고기 어

수레바퀴자국에 괴어있는 물속에 있는 붕어. 곧 물이 말라버려 죽을 수도 있는 다급한 위기(危機).

매우 위급(危急)한 처지(處地)를 비유하는 말

『유의어』 轍鮒 철부, 轍鮒之急 철부지급, 涸轍鮒魚 학철부어

枯魚之肆 고어지사　목마른 고기의 어물전. 매우 곤궁(困窮)한 처지를 비유하는 말

乾坤一擲 건곤일척　하늘 건 | 땅·대지 곤 | 던질·버릴· 노름할 척

하늘과 땅[乾坤: 건곤]에 주사위를 한번 던져본다는 뜻으로 운명(運命)과 흥망(興亡)을 걸고
단판걸이로 승부(勝負)나 성패(成敗)를 겨룬다는 말

『유의어』 在此一擧 재차일거, 垓下之戰 해하지전, 孤注一擲 고주일척

一擲乾坤 일척건곤, 一擲賭乾坤 일척도건곤

▷ 一擲 일척　한 번에, 생명 또는 돈을 내던지거나 버림

▷ 乾坤 건곤　하늘과 땅 = 天地 천지, 堪輿 감여, 覆載 복재, 穹壤 궁양

* 出典: 韓愈(한유)의 過鴻溝(과홍구) 詩(시)

乾闥婆城 건달바성　하늘 건 | 문 달 | 범어 바 / 할미 파 | 성 성

공중(空中)에 걸려 보이는 성곽(城郭)이라는 뜻으로 실체(實體)가 없이 허상(虛像)만 있는 것을
비유하는 말

『유의어』 空中樓閣 공중누각, 海市 해시

蜃氣樓 신기루　이무기[大蟒: 대망]가 토해낸 기운이 만들어 놓은 누각(樓閣)

[대기 속에서 빛의 굴절 현상에 의하여 공중이나 땅위에 사물이 있는 것처럼 보이는
현상으로 홀연히 잠깐 동안 나타났다가 사라지는 아름답고 환상(幻相)적인 현상]

乾畓直播 건답직파　마를·하늘 건 | 논 답 | 곧을 직 | 씨뿌릴·뿌릴 파

마른논에 물을 대지 않고 바로 씨를 뿌림

▷ 播種 파종　논밭[田畓: 전답]에 곡식(穀食)의 씨앗을 뿌리는 일 = 種播 종파

▷ 天水畓 천수답　빗물을 이용(利用)하여 경작(耕作)하는 논 = 천둥지기

蹇驢 건려　절·멈출 건 | 나귀·당나귀 려

다리를 저는 나귀라는 뜻으로 쓸모없는 인물을 비유하는 말

『유의어』 樗櫟 저력, 櫟樗 역저, 樗才 저재

繫匏 계포　시렁이나 벽에 걸려있는 바가지. 하는 일없이 세월만 죽이는 사람

▷ 蹇脚 건각　절뚝발이[= 절뚝거리며 걷는 사람] = 蹇跛 건파

▷ **偃蹇** 언건　거드름을 피우며 거만(倨慢)함

▷ **驢漢** 여한　(나귀처럼) 어리석고 둔한 사람

▷ **驢年** 여년　나귀의 해(에 만나자는 말)
　　　　　　　십이지 가운데 나귀의 해는 없으므로 끝내 만날 기약이 없음을 비유하는 말

桀犬吠堯　걸견폐요　걸나라·횃대 걸 | 개 견 | 짖을 폐 | 요임금·높을 요

걸왕(桀王)의 개가 요(堯)임금을 보고 짖는다는 뜻, 세상의 선악(善惡)과 시비(是非)를 가리지
않고 오로지 자기 주인에게만 무조건 충성(忠誠)함을 비유하는 말

하(夏)나라 걸(桀)왕의 개는 제 주인이 폭군(暴君)이었으나 오직 주인만 따를 뿐으로,
오히려 성군(聖君)인 요(堯)임금을 보고 짖었다는 고사에서 유래

〔유의어〕 **跖狗吠堯** 척구폐요　도척의 개가 요임금을 보고 짖음. 오직 주인에게 맹종함

　　　　　盲從 맹종　남이 시키는 대로 덮어놓고 따름

　　　　　唯唯諾諾 유유낙낙　명령(命令)하는 대로 고분고분 순종(順從)함

▷ **桀紂** 걸주　중국 하(夏)나라의 걸왕(桀王)과 은(殷)나라의 주왕(紂王)으로, 역사상
　　　　　　　　천하의 최고 폭군(暴君)이었다는 고사에서 유래. 즉 폭군의 대명사

▷ **跖蹻** 척교　도척(盜跖)과 장교(莊蹻). 중국 고대의 도적(盜賊)의 대명사

* 出典: 史記(사기) 列傳(열전)의 척구폐요가 변한고사

乞不竝行　걸불병행　빌 걸 | 아닐 불 | 함께할·아우를 병 | 다닐 행

비럭질[= 구걸하는 짓]은 여럿이 함께 하지 않는다는 뜻, 어떤 것을 요구(要求)하는 사람이
많아지면 정작 바라는 것을 얻기가 어렵다는 말로 혼자 다녀야 실속을 차린다는 말

▷ **乞神** 걸신　빌어먹는 귀신(鬼神), 음식을 염치(廉恥)없이 지나치게 탐(貪)하는 마음을 비유

▷ **竝呑** 병탄　남의 물건이나 다른 나라의 영토를 한데 아울러서 제 것으로 만듦 = **倂呑**

乞人憐天　걸인연천　빌 걸 | 불쌍히 여길 연·련 | 하늘 천

거지가 하늘을 불쌍히 여긴다는 뜻, 불행한 처지의 사람이 부질없이 행복한 사람을 동정(同情)함을
비유하는 말

▷ **憐憫** 연민　불쌍하고 가련(可憐)하게 여김 / **惻隱** 측은　가엾고 불쌍함

▷ **同情** 동정　남의 어려움을 딱하고 가엾게 여김

乞骸骨　걸해골　소원할·빌 걸 | 해골·뼈 해 | 뼈 골

해골을 구걸(求乞)한다는 뜻, 심신(心身)은 임금께 바친 것이나 해골(骸骨)만은 돌려달라는 말로
늙은 재상(宰相)이 벼슬자리에서 물러나기를 임금에게 간곡(懇曲)히 청원(請願)하던 일

범증(范增)이 늙어 벼슬에서 물러나기를 바라며 항우(項羽)에게 청원(請願)하던 말에서 유래

『유의어』 乞骸 걸해, 乞身 걸신, 請老 청로, 願賜骸骨 원사해골

▷ 殘骸 잔해 1. 썩거나 타다가 남은 뼈 2. 부서지거나 못 쓰게 되어 남은 물체

* 출전: 史記(사기) 漢書(한서)

乞火不若取燧 걸화불약취수 같을 약 | 취할·가질 취 | 부싯돌·봉화 수

남에게서 불을 얻기보다는 자기 스스로 부싯돌을 쳐서 불을 일으키는 것이 좋다는 뜻으로
자기일은 남에게 의지(依支)하지 말고 스스로 해나가라는 말. 즉 자립(自立)하라는 말

『유의어』 各人自掃門前雪 각인자소문전설 제 집 문 앞의 눈은 자기 스스로 치움

▷ 烽燧 봉수 변란 등을 알리기 위하여 봉화대에서 올리던 불 = 烽火 봉화, 狼煙 낭연

黔驢 검려 검을 검 | 나귀 려

검주(黔州)에 있는 당나귀[驢: 려]의 뒷발질이라는 뜻으로 자신의 솜씨와 힘이 없음을 모르고
잘난 체 하다가 화(禍)를 자초(自招)하는 경우를 비유하는 말

중국 검주(黔州)에 어떤 사람이 처음으로 나귀를 끌고 갔을 때, 그 큰 울음소리를 듣고 처음에
범[虎: 호]이 두려워하다가 나중에 보니 별다른 힘이 없음을 알고는 오히려 그 나귀를
잡아먹어 버렸다는 고사에서 유래

『유의어』 黔驢之技 검려지기, 黔驢技窮 검려기궁

* 出典: 柳河東集(유하동집)

黔首 검수 검을 검 | 머리 수

검은 맨머리라는 뜻으로 일반 백성(百姓)을 비유하는 말
예전에 서민(庶民)들은 머리에 관을 쓰지 않고 검은 맨머리로 생활(生活)을 한데서 유래

『유의어』 庶民 서민, 凡民 범민, 黎民 여민, 黔黎 검려, 蒼氓 창맹, 蒼生 창생

▷ 黔慝 검특 음흉(陰凶)하고 간사(奸邪)함

儉存奢失 검존사실 검소할 검 | 있을 존 | 사치할 사 | 잃을 실

검소(儉素)하면 오래 보존(保存)하고, 사치(奢侈)스러우면 곧 상실(喪失)한다는 말

▷ 儉素 검소 사치하지 않고 수수함 = 慊吝 겸린

▷ 節約 절약 꼭 필요한 데에만 써서 아낌

▷ 奢侈 사치 필요 이상의 돈이나 물건을 쓰거나 분수(分數)에 지나친 생활을 함

* 出典: 白居易(백거이) 新樂府(신악부)

格物致知 격물치지 바로잡을·칠 격 | 만물 물 | 도달할·보낼 치 | 알 지

격물(格物)은 실제 사물의 이치(理致)를 깊이 구명(究明)한다는 뜻이며
치지(致知)는 사물(事物)의 도리(道理)를 깨닫는 경지에 이르는 것을 의미함

즉 실제(實際) 사물의 이치(理致)를 연구(硏究)하여 자기의 지식(知識)을 완전하게 한다는 말

▷ **理致 이치** 사물의 정당한 조리(條理) 또는 도리에 맞는 취지(趣旨)

▷ **八條目 팔조목** 格物, 致知, 誠意, 正心, 修身, 齊家, 治國, 平天下

* 出典: 大學(대학)

隔世之感 격세지감 사이 뜰 격 | 세상·인간 세 | 어조사 지 | 느낄 감

세대를 건너뛰어 다른 세상으로 몰라보게 바뀐 것 같은 느낌으로 딴 세상이 된 것같이 많은
진보(進步)와 변화(變化)가 있었음을 비유하는 말

[유의어] 今昔之感 금석지감, 桑田碧海 상전벽해, 碧海桑田 벽해상전
滄桑之變 창상지변, 桑滄之變 상창지변, 桑田滄海 상전창해
陵谷之變 능곡지변, 與世推移 여세추이, 與世浮沈 여세부침

擊壤歌 격양가 칠·부딪칠 격 | 땅·흙덩이 양 | 노래 가

중국 요(堯)임금 때 어떤 늙은 농부(農夫)가 태평한 세월을 기려 땅을 두드리며 불렀다는 노래

[유의어] 擊壤之歌 격양지가, 鼓腹擊壤 고복격양, 含哺鼓腹 함포고복
堯舜時節 요순시절, 太平聖代 태평성대, 太平歌 태평가

▷ **隼擊 준격** 새매의 공격(攻擊), 재빠르고 맹렬(猛烈)한 공격을 비유

▷ **邀擊 요격** 공격(攻擊)해 오는 대상을 기다리고 있다가 도중(途中)에서 맞받아침

激濁揚淸 격탁양청 격할 격 | 흐릴 탁 | 나타날·날릴 양 | 맑을 청

탁류[濁流: 흐린 물줄기]를 몰아내고 청파[淸波: 맑은 물결]를 끌어들인다는 뜻으로
악(惡)을 미워하여 제거(除去)하고 선(善)을 좋아하여 선양(宣揚)함을 비유하는 말

▷ **激烈 격렬** 몹시 세차고 사나움 / **過激 과격** 지나치게 격렬함

▷ **激浪 격랑** 거센 파도. 모질고 어려운 시련을 비유하는 말.

* 出典: 唐書(당서) 王珪傳(왕규전)

隔靴搔癢 격화소양 사이 뜰 격 | 가죽신·신 화 | 긁을 소 | 가려울 양

신을 신은 채 가려운 발바닥을 긁는다는 뜻으로 가려움이 해소(解消)될 리가 없다는 뜻
즉 하는 일이 성에 차지 않아 안타까움을 비유하는 말

`유의어` 隔鞋搔癢 격혜소양, 隔靴爬癢 격화파양, 隔靴搔痒 격화소양

`반의어` 麻姑搔癢 마고소양, 麻姑爬癢 마고파양 긴 손톱으로 가려운 곳을 직접 긁음

▷ 隔阻 격조 멀리 떨어져있어 오랫동안 서로 소식이 막힘 = 積阻 적조, 久闊 구활

▷ 隔離 격리 전염병 환자 등을 따로 옮겨서 떼어 놓음 또는 사이를 막거나 떼어 놓음

▷ 隔差 격차 빈부·임금·기술수준 등의 동떨어진 차이(差異)

* 出典: 佛書(불서) 五燈會元(오등회원)

牽强附會 견강부회 끌·당길 견 | 강할 강 | 붙을·따를 부 | 모일 회

이치(理致)에 맞지도 않는 말을 억지로 끌어다 붙여 자기주장(主張)의 조건에 맞도록 우겨대는 것

`유의어` 指鹿爲馬 지록위마, 以鹿爲馬 이록위마, 郢書燕說 영서연설

　　　 漱石枕流 수석침류 돌로 양치질을 하고 흐르는 물로 베개를 삼음. 억지를 부림

　　　 推舟於陸 추주어륙 배를 뭍으로 밀고 간다는 말. 억지를 부림

▷ 附屬 부속 주되는 일이나 물건에 딸려서 붙음 또는 그렇게 딸려 붙은 사물

▷ 牽引 견인 끌어당김 = 牽曳 견예

繾綣之情 견권지정 곡진할 견 | 정다울 권 | 어조사 지 | 뜻 정

마음속에 굳게 맺혀 잊을 수 없는 정이라는 뜻, 즉 견권[繾綣: 마음과 정성이 지극]한 정(情)

`유의어` 曲盡 곡진 마음과 정성(精誠)이 지극(至極)함 = 繾綣 견권

見金如石 견금여석 볼 견 | 황금 금 | 같을 여 | 돌 석

황금(黃金)보기를 돌[石: 석]처럼 여긴다는 뜻, 재물에 대한 지나친 욕심을 절제(節制)함을 비유

최영(崔瑩)장군이 어린 시절 "황금 보기를 돌같이 하라"고 그의 부친(父親)이 항상 일깨워 준 고사에서 유래

`유의어` 捐金沈珠 연금침주 금을 산에 버리고 구슬을 못에 빠뜨림

▷ 兄弟投金 형제투금 형제가 금덩이를 던져버림. 형제간의 깊은 우애(友愛)

* 出典: 成俔(성현) 慵齋叢話(용재총화)

見卵求鷄 견란구계 볼 견 | 알 란 | 구할 구 | 닭·가금 계

달걀을 보고 얼른 커서 닭이 되어 홰를 치며 울면서 아침을 알려주기 바란다는 뜻으로 지나치게 성급(性急)함을 비유하는 말

`유의어` 見彈求炙 견탄구자, 見彈求鴞 견탄구효, 求時夜 구시야

見卵求時夜 견란구시야, 見卵而求時夜 견란이구시야

* 出典: 莊子(장자)

見獵心喜 견렵심희 볼 견 | 사냥 렵·엽 | 마음 심 | 기쁠 희

사냥[狩獵: 수렵]하는 모습을 보니 마음이 기쁘다는 뜻으로 어린 시절 사냥하며 놀던 때를
그리워 한다는 뜻 또는 그때를 회상(回想)하며 기뻐한다는 말

▷ 川獵 천렵 냇물에서 놀이로 하는 고기잡이

* 出典: 二程全書(이정전서)

見利思義 견리사의 볼 견 | 이로울 리 | 생각할 사 | 옳을·바를 의

눈앞에 이익(利益)이 보일 때 먼저 의리(義理)를 생각한다는 뜻으로 사사로운 이익에 앞서
의로움을 먼저 생각하는 자세(姿勢)를 이르는 말

『유의어』 見得思義 견득사의

『반의어』 見利忘義 견리망의 눈앞의 이익(利益)을 보면 의리(義理)를 잊음

▷ 義理 의리 사람으로서 지켜야 할 도리. 신의를 지켜야 할 교제상의 도리

* 出典: 孔子(공자) 論語(논어)

犬馬之勞 견마지로 개 견 | 말 마 | 어조사(~의) 지 | 일할·노력할 로

개나 말들이 하는 정도의 하찮은 수고라는 뜻으로 윗사람 또는 임금이나 나라에 충성(忠誠)을
다하는 자신의 노력(努力)을 겸손(謙遜)하게 비유하여 일컫는 말

『유의어』 犬馬之誠 견마지성, 犬馬之役 견마지역, 狗馬之心 구마지심

犬馬之心 견마지심 임금이나 나라에 충성을 다하는 신하나 백성의 마음

▷ 汗馬功勞 한마공로, 汗馬之勞 한마지로 싸움터에서 힘을 다하여 싸워 이긴 공로

* 出典: 史記(사기: 소상국세가) 韓非子(한비자: 五蠹[오두])

犬馬之養 견마지양 개 견 | 말 마 | 어조사(~의) 지 | 부양·기를 양

개나 말의 부양[扶養: 생활을 돌봄]이라는 뜻으로 부모를 모시는데 있어서 먹는 것이나 돌보고
공경하는 마음이 없다면 개나 말을 기르는 것과 다를 바 없다는 것으로 부모를 부양(扶養)만하고
공경[恭敬: 공손히 섬김]하지 않는다면 진정한 효도(孝道)가 아니라는 말

* 出典: 論語(논어) 爲政篇(위정편)

犬馬之齒 견마지치 개 견 | 말 마 | 이빨·나이 치

개나 말의 이빨. 개나 말처럼 하찮은 동물들이 별로 하는 일 없이 나이만 더한다는 뜻

1. 아무 하는 일없이 세월(歲月)만 보내며 나이만 먹는 일
2. 남에게 자기의 나이를 겸손(謙遜)하게 이르는 말

『유의어』 犬馬之年 견마지년, 犬馬之齡 견마지령

▷ 年齒 연치 나이의 높임말 = 年歲 연세, 春秋 춘추

* 出典: 漢書(한서)

見蚊拔劍 견문발검 볼 견·뵈올 현 | 모기 문 | 뺄·뽑을 발 | 칼 검
모기[蚊: 문]를 보고 칼을 뺀다는 뜻, 사소(些少)하고 하찮은 일에 대해 너무 크게 성내어 덤빔

『유의어』 見蚊拔劒 견문발검

怒蠅拔劍 노승발검 성가시게 구는 파리를 보고 칼을 뽑는다는 뜻

▷ 蚊 문 모기 / 蚋 예 모기 / 蠅 승 파리 / 蟋蟀 실솔 귀뚜라미

▷ 蚤 조 벼룩 / 蝨 슬 이 / 牀蝨 상슬 빈대 / 螳螂 당랑 사마귀

見物生心 견물생심 볼 견 | 물건 물 | 날 생 | 마음 심
물건을 보면 그것을 갖고 싶은 욕심이 생긴다는 뜻, 지나친 욕심(慾心)을 경계(警戒)하는 말

▷ 過猶不及 과유불급 정도(程度)를 지나침은 미치지 못한 것과 같음

堅白同異 견백동이 굳을 견 | 흰 백 | 같을 동 | 다를 이
중국 전국시대 공손룡(公孫龍)의 궤변(詭辯). 억지논리를 부림

단단하고 흰 돌은 눈으로 보아 흰 것은 알 수 있으나 단단한지는 모르며, 자루에 넣고
손으로 만지면 그 단단한지는 알 수 있으나 색이 흰지는 모르므로 결국 단단한 돌과 흰 돌은
동일물이 아니라며 궤변(詭辯)적으로 설명(說明)하는 것

『유의어』 堅白同異之辯 견백동이지변, 堅白論 견백론

白馬非馬 백마비마, 堅石白馬 견석백마

▷ 詭辯 궤변 이치에 맞지 않는 구변(口辯) 또는 상대방의 사고(思考)를 혼란시키거나
            판단을 흐리게 하여 거짓을 참인 것처럼 꾸며 대는 논법 = 詭辭 궤사

* 出典: 荀子(순자) 修身篇(수신편)

堅壁淸野 견벽청야 굳을 견 | 벽·바람벽 벽 | 맑을 청 | 들·들판·거칠 야
아군(我軍)은 성 둘레에 해자(垓字)를 깊게 파놓고 성(城)을 굳건히 지키며 성 밖의 가옥(家屋)을
철거(撤去)하여 쳐들어 온 적군(敵軍)이 쉴만한 곳을 없애고 또한 식량을 주지 않기 위해 들판에
식량(食糧)이 될 만한 것을 깨끗이 치워버린다는 말로, 약한 군대로 강한군대를 상대하는
전법(戰法)의 하나

┌─────┐
│ 유의어 │ **清野戰術** 청야전술
└─────┘

焦土戰術 초토전술, **焦土作戰** 초토작전

적지에서 철수(撤收)하면서, 모든 시설(施設)·자재(資材) 등을 적군이 이용하지 못하도록
불사르거나 파괴(破壞)하며 후퇴하는 전술

▷ **野合** 야합 부부 아닌 남녀가 서로 정을 통함. 좋지 못한 목적으로 서로 어울림.

見不逮聞 견불체문 볼 견 / 뵈올 현 | 아닐 불 | 이를·잡을·미칠 체 | 들을 문

눈으로 직접 보니 들었던 것 보다 못하다는 뜻으로 헛된 명성(名聲)을 비유하는 말

┌─────┐
│ 유의어 │ **見不如聞** 견불여문, **所見不逮所聞** 소견불체소문
└─────┘

┌─────┐
│ 반의어 │ **名不虛傳** 명불허전 명성(名聲)이 헛되이 전하는 것이 아님
└─────┘

▷ **逮捕** 체포 죄인을 쫓아가서 잡음. 피의자를 잡아서 일정기간 억류하기 위한 강제수단

* 出典: 唐書(당서)

見善如渴 견선여갈 볼 견 / 뵈올 현 | 착할·잘할 선 | 같을 여 | 목마를 갈

착한 일을 보거든 목마를 때 물을 본 것처럼 하라는 뜻, 선량(善良)한 일을 보게 되면
주저(躊躇)하지 말고 즉시 행동(行動)으로 옮기라는 말

┌─────┐
│ 반의어 │ **聞惡如聾** 문악여롱 나쁜 소리를 들으면 귀머거리가 됨[듣지 말라는 말]
└─────┘

▷ **燥渴** 조갈 목이 마름 / **渴症** 갈증 목이 말라 물을 마시고 싶은 느낌

▷ **謁見** 알현 왕이나 지체 높은 사람을 찾아 뵘

犬齧枯骨 견설고골 개 견 | 갉아먹을·깨물 설 | 마를·야윌 고 | 뼈 골

개가 말라빠진 뼈다귀를 갉아먹는다는 뜻, 즉 아무 맛도 없는 것을 비유하여 이르는 말

▷ **吠風月** 폐풍월 개가 달을 보고 짖음. 시가(詩歌)짓는 일을 놀림조로 이르는 말

▷ **齕齧** 흘설 물어뜯음 / **齕** 깨물: 흘 / **噬** 씹을: 서 / **舐** 핥을: 지 / **吸** 마실: 흡

犬牙相錯 견아상착 개 견 | 어금니 아 | 서로 상 | 어긋날·섞일 착

개의 어금니가 들쭉날쭉 서로 어긋나 있는 것처럼 땅의 경계(境界)가 서로 어긋나고 뒤섞여
일직선이 되지 않음

┌─────┐
│ 유의어 │ **犬牙相制** 견아상제, **犬牙相置** 견아상치, **犬牙差互** 견아차호
└─────┘

▷ **錯誤** 착오 착각(錯覺)으로 잘못함. 인식과 사실이 일치하지 않고 어긋남

* 出典: 漢書(한서) 中山靖王傳(중산정왕전)

犬羊之質 견양지질　개 견 | 양 양 | 바탕 질

개나 양 같은 자질(資質)이란 뜻으로 천성적(天性的)으로 재능(才能)이 없음을 비유하는 말

▷ 犬羊 견양　착하고 약한 사람, 보잘 것 없는 것의 비유

* 出典: 曹操(조조)

牽牛織女 견우직녀　끌·당길 견 | 소 우 | 베를 짤·길쌈 직 | 계집 녀

견우와 직녀 또는 견우성과 직녀성
견우와 직녀가 한 해에 한번 만나는 칠월칠석(七月七夕)의 유래설화

▷ 牽引 견인　끌어당김 = 牽曳 견예
▷ 曳引 예인　배에 줄을 매어 다른 배를 끎
▷ 牽制 견제　한쪽이 지나치게 세력을 펴거나 자유로운 행동을 하는 것을 못하게 억누름.

見危致命 견위치명　볼 견 | 위태할 위 | 바칠·보낼·이를 치 | 목숨 명

나라가 위급(危急)할 때 나라를 위하여 자기 몸을 바침. 즉 순국(殉國)함

[유의어]　見危授命 견위수명

* 出典: 論語(논어) 子張篇(자장편)

堅忍不拔 견인불발　굳을 견 | 참을·견딜 인 | 아닐 불 | 뺄·뽑을 발

굳게 참고 견디어 마음이 흔들리지 아니한다는 말

[유의어]　搖之不動 요지부동, 不動心 부동심, 淵嶽 연악
　　　　　堅忍至終 견인지종, 木人石心 목인석심, 木鷄 목계
　　　　　匪石之心 비석지심　돌처럼 심지(心志)가 굳고 절조(節操)있는 모양

見一斑知全豹 견일반지전표　볼 견 | 얼룩무늬 반 | 알 지 | 온전 전 | 표범 표

하나의 얼룩무늬만을 보고 표범임을 알 수 있다는 뜻, 사물의 일부를 보고 미루어 그것의 전체를 알 수 있다는 말. 작은일 하나를 보고 장차 있을 큰일을 미리 짐작(斟酌)할 수 있음

[유의어]　一葉知秋 일엽지추, 一葉落知天下秋 일엽낙지천하추
　　　　　낙엽 하나를 보고 가을이 옴을 안다, 작은 일을 보고 장차 있을 일을 미리 짐작함

* 出典: 晉書(진서)

見兎放狗 견토방구　볼 견 | 토끼 토 | 놓을 방 | 개 구

토끼를 발견한 후에 사냥개의 목줄을 풀어 쫓게 한다는 뜻, 어떠한 일이 어찌 어찌 되어가는 것을 지켜본 뒤에 적절(適切)히 때에 맞추어 대처(對處)해 나아가도 된다는 말

▷ **放漫** 방만 일이나 생각이 야무지지 못하고 엉성함

* 出典: 新序(신서)

犬兔之爭 견토지쟁 개 견 | 토끼 토 | 다툴 쟁

개와 토끼간의 쫓고 쫓기는 싸움. 즉 둘이 쫓고 쫓기다 마침내 둘 다 지쳐서 쓰러진 개와 토끼를 제 삼자가 가져가 공짜로 이익(利益)을 본다는 말

『유의어』 **田夫之功** 전부지공, **漁夫之利** 어부지리, **蚌鷸之爭** 방휼지쟁
　　　　漁人之功 어인지공, **坐收漁人之功** 좌수어인지공

* 出典: 戰國策(전국책) 齊策(제책)

見賢思齊 견현사제 볼 견 | 어질 현 | 생각할 사 | 나란히 할·가지런할 제

현인[賢人: 훌륭한 인물]을 보고 자기도 어짊[仁: 인]과 덕(德)을 쌓아 그와 같은 현인이 되려고 생각한다는 말. 즉 현인을 닮고 싶다는 말

▷ **齊唱** 제창 같은 가락을 두 사람 이상이 동시에 노래함.

闋服敍用 결복서용 문 닫을·마칠 결 | 옷 복 | 차례 서 | 쓸 용

부모의 상(喪)을 당(當)하여 벼슬에서 물러났던 사람을 탈상(脫喪)한 뒤에 다시 기용[起用: 다시 불러 씀]하던 일

▷ **闋服** 결복 어버이의 삼년상을 마침 = **脫喪** 탈상, **解喪** 해상

結義兄弟 결의형제 맺을 결 | 옳을 의 | 맏이 형 | 아우 제

남남끼리 결의(結義)하여 의(義)로써 형제의 관계(關係)를 맺음

『유의어』 **桃園結義** 도원결의, **結約兄弟** 결약형제

▷ **結義** 결의 남남끼리, 부자·형제 등 친족(親族)의 의리(義理)를 맺음

▷ **結紐** 결뉴 얽어 묶음. 끈을 맴. 서약을 함

結者解之 결자해지 맺을 결 | 놈·사람 자 | 풀 해 | 이것 지

끈의 매듭을 맺은 사람이 풀어야 한다는 뜻으로 자기가 저지른 일은 자기가 해결해야 한다는 말

▷ **解弛** 해이 풀림. 느슨함. 느즈러짐 / **弛緩** 이완 근육·긴장 등이 풀려 느슨해짐

▷ **結晶體** 결정체 결정하여 일정한 형체를 이룬 물체. 노력의 결과로 얻은 보람을 비유

* 出典: 洪萬鍾(홍만종)의 旬五志(순오지)

結草報恩 결초보은   맺을 결 | 풀 초 | 갚을·알릴 보 | 은혜 은

풀을 묶어서 은혜(恩惠)에 보답(報答)한다는 뜻으로 죽어서 혼(魂)이 되더라도 입은 은혜를 잊지
않고 갚음을 비유하는 말 또는 죽어서도 잊지 않고 자식걱정을 하는 부정(父情)

춘추시대 진나라 위과(魏顆)의 아버지가 돌아가시기 직전에 유언(遺言)으로, 자신이 죽으면
서모를 순장(殉葬)시키라고 하고는 돌아가셨다, 그러나 아버지가 평소에 정신이 맑았을 때는 서모를
순장하지 말고 개가시키라고 했으므로. 위과는 평소 정신이 맑았을 때 하신 말씀에 따라, 젊은
서모(庶母)를 순사(殉死)하지 않게 살려주고 개가(改嫁)시켰다, 세월이 흘러 위과가 출정(出征)한
전쟁터에서 그 서모아버지의 혼(魂)이 자기 딸을 살려준 감사의 보답으로, 적장의 앞길에 풀을 묶어
말의 다리가 묶은 풀에 걸리게 하여 적장(敵將)을 말에서 떨어뜨려 위과로 하여금 적장(敵將)을
사로잡게 하여 큰 공을 세우게 했다는 고사에서 유래

[유의어] 白骨難忘 백골난망, 刻骨難忘 각골난망, 刻骨銘心 각골명심

鏤骨銘心 누골명심, 銘飢鏤骨 명기누골, 結草 결초

難忘之恩 난망지은, 難忘之澤 난망지택

* 出典: 春秋左氏傳(춘추좌씨전)

兼人之勇 겸인지용   겸할 겸 | 사람 인 | 어조사 지 | 날쌜 용

혼자서 능히 몇 사람을 당해 낼만한 용기(勇氣)

▷ 兼全 겸전   여러 가지를 완전히 갖춤 / 兼備 겸비   두 가지 이상을 아울러 갖춤

* 出典: 論語(논어) 先進篇(선진편)

箝制 겸제   재갈 먹일·항쇄(項鎖: 목에 씌우는 칼) 겸 | 제압할·마를 제

말에 재갈[馬銜: 마함]을 물린다는 뜻, 자유(自由)를 구속(拘束)하여 억누름을 비유하는 말

[유의어] 足鎖 족쇄, 轡勒 비륵, 轡銜 비함, 羈絆 기반, 羈紲 기설, 束縛 속박

桎梏 질곡   차꼬와 수갑. 속박하여 자유를 가질 수 없는 고통의 상태를 비유

囹圄 영어   죄수를 가두는 곳 = 監獄 감옥, 矯導所 교도소

▷ 箝語 겸어   남의 입을 막고 말을 하지 못하게 함

兼聽則明 겸청즉명   겸할 겸 | 들을 청 | 곧 즉 | 밝을 명

여러 사람의 의견을 들어보면 사리(事理)가 밝아져 시비(是非)를 정확(正確)하게 판단(判斷)할 수
있다는 말, 즉 판단(判斷)하기에 앞서 쌍방(雙方)의 이야기를 모두 들어 보라는 말

[반의어] 偏聽卽暗 편청즉암   치우쳐 들으면 판단(判斷)에 어두워짐

▷ **兼幷** 겸병 둘이상의 것을 하나로 합치어 가짐 = **兼倂** 겸병

* 出典: 資治通鑑(자치통감) 唐紀(당기) 太宗(태종) 貞觀(정관)

傾蓋如故 경개여고 기울 경 | 덮을 개 | 같을 여 | 옛·예 고

길에서 처음 만나도 서로 마음이 통하게 되면 잠시 얘기만 나누어도 오랜 친구 같다는 말

공자(孔子)가 길을 가다가 정자(程子)를 만나 수레의 일산[日傘 = 陽傘: 양산]을 서로에게
기울이고 잠시 이야기만 했는데도 금세 친해졌다는 고사에서 유래

[유의어] **傾蓋如舊** 경개여구, **交淺言深** 교천언심

[반의어] **白頭如新** 백두여신 백발(白髮)이 되도록 사귀어도 처음만난 것 같음. 안 친함

▷ **傾斜** 경사 비스듬히 기울어짐. 기울기 / **傾聽** 경청 귀를 기울여 들음

* 出典: 孔子家語(공자가어) 致思(치사)

輕擧妄動 경거망동 가벼울 경 | 들 거 | 망령될 망 | 움직일 동

가볍고 망령되게 행동한다는 뜻, 도리(道理)나 사정(事情)을 생각하지 아니하고 경솔(輕率)하게
행동함을 이르는 말

[유의어] **輕妄** 경망, **輕佻浮薄** 경조부박, **輕佻浮虛** 경조부허, **輕薄** 경박

[반의어] **思慮分別** 사려분별, **熟慮斷行** 숙려단행

隱忍自重 은인자중 마음속으로 참고 견디며 몸가짐을 조심(操心)함

輕車熟路 경거숙로 가벼울 경 | 수레 거 | 익숙할·익을 숙 | 길 로

경쾌(輕快)한 수레를 타고 익숙한 길을 간다는 뜻, 일에 숙달(熟達)되어 조금도 거침없이
막힘이 없다는 말

▷ **行雲流水** 행운유수 떠가는 구름과 흐르는 물. 일이 막힘이 없음.
마음씨가 시원하고 씩씩함의 비유

▷ **未熟** 미숙 일에 익숙하지 못함 ↔ **洗練** 세련

* 出典: 韓愈(한유)

輕裘肥馬 경구비마 가벼울 경 | 가죽옷·갖옷 구 | 살찔 비 | 말 마

가볍고 따뜻한 가죽 옷과 살진 좋은 말이란 뜻으로 부귀(富貴)한 사람들의 나들이 차림새

[유의어] **輕衣肥馬** 경의비마

[반의어] **敝袍破笠** 폐포파립 해진 옷과 부서진 갓, 초라한 차림새의 비유

▷ **肥滿** 비만 살이 쪄서 몸이 뚱뚱함

* 出典: 韓語(한어)

輕裘緩帶 경구완대 가벼울 경 │ 갖옷·가죽옷 구 │ 느슨할·느릴 완 │ 띠 대

가벼운 가죽옷과 느슨하게 맨 허리띠라는 뜻으로 군복을 입지 않은 홀가분하고 경쾌한 차림새

▷ **輕忽** 경홀 말과 행동이 가볍고 탐탁지 않음

▷ **帶狀** 대상 좁고 길어서 띠같이 생긴 모양 = **띠 꼴**

* 出典: 晉書(진서) 羊祜傳(양호전)

傾國 경국 기울 경 │ 나라 국

나라를 기울어지게(= 망하게) 할 정도의 미인, 임금이 여인에 혹(惑)하여 정사(政事)를
돌보지 않고 등한시하게 할 정도로 나라를 위기(危機)에 빠뜨릴 절세(絕世)미인

【유의어】 **傾國之色** 경국지색, **解語花** 해어화, **傾城之色** 경성지색, **傾城** 경성
天下絕色 천하절색, **天下一色** 천하일색, **無比一色** 무비일색
萬古絕色 만고절색, **絕世佳人** 절세가인, **國色** 국색, **國香** 국향

* 出典: 史記(사기) 項羽本紀(항우본기)

經國濟世 경국제세 다스릴·지날·글 경 │ 구제할·건널·도울 제

나라 일을 경륜(經綸)하고 세상을 구제(救濟)함

【유의어】 **經世濟民** 경세제민, **經濟** 경제, **濟世安民** 제세안민
세상을 다스려 도탄(塗炭)에 빠진 백성을 구함

▷ **經綸** 경륜 나라를 다스림 또는 나라를 다스리는 데 필요한 경험과 능력

驚弓之鳥 경궁지조 놀랄·두려워할 경 │ 활 궁 │ 어조사 지 │ 새 조

한번 활에 놀랐던 새는 구부러진 나무만 봐도 놀란다는 뜻, 항상 의심과 두려운 마음이 있음
1. 한번 놀랐던 사람이 조그만 일에도 겁을 내어 위축(萎縮)된다는 말
2. 있던 자리에서 놀란 듯 후다닥 일어나서 피(避)한다는 말
3. 어떤 일에 봉변(逢變)을 당한 뒤에는 뒷일을 경계(警戒)함을 비유하는 말

【유의어】 **傷弓之鳥** 상궁지조, **因噎廢食** 인열폐식, **草木皆兵** 초목개병
懲羹吹菜 징갱취채, **懲羹吹虀** 징갱취제
吳牛喘月 오우천월, **吳牛見喘月** 오우견천월
風聲鶴唳 풍성학려 겁에 질린 사람이 하찮은 일[바람소리·학 울음소리]에도 놀람

* 出典: 晉書(진서)

耕當問奴織當問婢 경당문노직당문비

밭갈 경 | 마땅 당 | 물을 문 | 사내종 노 | 길쌈 직 | 계집종 비

농사짓는 일은 당연히 사내종에게 물어야 하고 길쌈[= 베를 짜는 일]하는 일은 계집종에게 물어야 한다는 뜻으로 모든 일에는 전문가가 따로 있으니 자문(諮問)을 받으라는 말

『유의어』 **不恥下問** 불치하문 자기보다 못한 사람에게 묻는 것을 부끄러워하지 않음

　　　　孔子穿珠 공자천주 공자가 [촌부(村婦)에게 방법을 물어]구슬을 꿴다는 뜻

▷ **奴婢** 노비 사내종과 계집종 또는 종 = **婢僕** 비복, **臧獲** 장획

▷ **躬耕** 궁경 몸소 밭을 갈아 농사를 지음

* 出典: 宋書(송서)

敬老孝親 경로효친

공경할 경 | 늙을 로 | 효도 효 | 어버이·친할 친

노인을 공경[恭敬: 공손히 섬김]하고 부모(父母)에게 효도함

▷ **孝道** 효도 부모를 정성껏 잘 섬기는 일. 부모의 뜻에 순종(順從)함

▷ **敬虔** 경건 공경(恭敬)하며 삼가고 엄숙(嚴肅)함

輕薄浮虛 경박부허

가벼울 경 | 엷을·천할 박 / 사람이름 보 | 뜰 부 | 빌·없을 허

말이나 행동이 신중(愼重)하지 못하며 가볍고 실속이 없음

『유의어』 **輕佻浮薄** 경조부박, **輕佻浮虛** 경조부허, **輕浮** 경부, **輕薄** 경박

▷ **野薄** 야박 야멸치고 인정(人情)이 없음

▷ **深奧** 심오 사상(思想)이나 이론(理論) 등이 깊고 오묘(奧妙)함

卿士大夫 경사대부

벼슬 경 | 선비 사 | 큰·넓을 대 | 사나이·지아비 부

조선조 때 영의정·좌의정·우의정 이외(以外)의 다른 모든 벼슬아치를 통틀어 이르는 말

▷ **三政丞** 삼정승 영의정·좌의정·우의정 = **三公** 삼공, **台鼎** 태정

▷ **高官大爵** 고관대작 지위(地位)가 높고 훌륭한 벼슬

▷ **公卿大夫** 공경대부 삼공(三公)·구경(九卿)·대부(大夫)의 총칭 곧 벼슬이 높은 사람들

經世致用 경세치용

경륜할 경 | 인간 세 | 도달할·이를 치 | 베풀·쓸 용

학문은 세상을 다스리는 데에 실질적인 이익을 줄 수 있는 것이어야 한다는 유교(儒敎)의 한 주장

▷ **利用厚生** 이용후생 편리(便利)한 기구를 잘 사용하여 백성의 생활을 윤택(潤澤)하게 함

▷ **經明行修** 경명행수 경학(經學)에 밝고 행실(行實)이 바름 = **經行** 경행

勁松彰於歲寒 경송창어세한

굳셀 경 | 소나무 송 | 드러날·밝을 창 | 어조사 어 | 해 세 | 찰 한

[풍상(風霜)을 만나도 색이 변하지 않는]
굳센 소나무의 절개(節槪)는 1년 중 가장 추운겨울에 비로소 뚜렷이 드러난다는 말

『유의어』 傲霜孤節 오상고절, 霜風孤節 상풍고절, 歲寒松柏 세한송백

▷ 表彰 표창 남의 훌륭한 일을 세상(世上)에 드러내어 밝힘

黥首刖足 경수월족
묵형(墨刑)할·자자(刺字)할 경 | 머리 수 | 발꿈치 벨 월 | 발 족

옛날 중죄인에게 내리던 형벌(刑罰)의 한 가지로 죄인의 이마에 먹물로 자자(刺字)를 하여 죄인의 표시를 나타내거나 또는 죄인의 발뒤꿈치를 도려내던 형벌

▷ 刺字 자자 = 箚靑 차청, 刺文 자문, 文身 문신
  살갗에 바늘로 찔러 먹물이나 물감을 넣어 글씨·그림·무늬 등을 새김

▷ 黥字刑 경자형 죄수(罪囚)의 얼굴[= 이마]에 먹물로 글자를 새겨 넣던 형벌(刑罰)

庚戌國恥 경술국치
일곱째천간 경 | 개 술 | 나라 국 | 부끄러워할 치

경술년[= 1910년 8월 29일]에 국가의 치욕(恥辱)이라는 뜻, 일본이 대한제국을 병탄(倂呑)하고 우리나라가 일본의 식민지(植民地)가 된 국치(國恥)의 사실을 일컫는 말

『유의어』 國權被奪 국권피탈 나라의 주권(主權)을 강제(強制)로 빼앗김

▷ 倂(竝)呑 병탄 남의 물건이나 다른 나라의 영토(領土)를 빼앗아 제 것으로 만듦

▷ 同庚 동경 육십갑자가 같다는 뜻으로 같은 나이를 이르는 말 = 同甲 동갑

經筵 경연
글·경서 경 | 대자리·좌석 연

고려·조선 때 어전(御前)에서 임금이 신하와 더불어 국사(國事)와 경서(經書)를 강론하게 하던 일

『유의어』 經幄 경악, 經帷 경유

▷ 講論 강론 학술(學術)·도의(道義)의 뜻을 풀이하여 설명(說明)하고 토론(討論)함

▷ 几筵 궤연 죽은 사람의 영궤(靈几)와 혼백·신주(神主)를 모셔 두는 곳 = 靈室 영실

▷ 竺經 축경 불교의 가르침을 적은 경전 = 佛經 불경, 梵書 범서, 釋典 석전

耕雲釣月 경운조월
밭갈 경 | 구름 운 | 낚시 조 | 달 월

흰 구름밭을 갈고 못 속에 비친 달을 낚시질 한다는 뜻으로 속세를 벗어난 고고(孤高)한 마음의 경지를 나타내는 말로써 깊은 산중에 칩거(蟄居)하는 은자(隱者)의 삶을 묘사(描寫)한 말

▷ 釣名慾 조명욕 명예(名譽)를 탐(貪)내어 구하려는 욕심

▷ **耘** 운 김매다 / **耔** 자 북 돋우다

涇渭 경위 물 이름·통할 경 | 강 이름 위

사리(事理)의 옳고 그름과 시비(是非)의 분간(分揀). 어떤 일을 분명(分明)이 구별(區別)하자는 말
중국 경수(涇水)의 강물은 흐리고 위수(渭水)의 강물은 맑아 서로 뚜렷이 구별(區別)된다는
고사에서 유래[나중에 확인한 결과 반대로 경수의 강물이 맑고 위수의 강물이 흐리다고 함]

▷ **經緯** 경위 직물의 날줄과 씨줄. 일이 진행(進行)되어 온 과정(過程).
경위도[經緯度: 경도와 위도]. 경위선[經緯線: 경선과 위선]

傾危之士 경위지사 기울 경 | 위태할 위 | 어조사 지 | 선비 사

이치(理致)에 닿지 않는 궤변(詭辯)을 늘어놓아 국가를 위태(危殆)롭게 만드는 인물을 일컫는 말
진나라가 통일하기 전 어지러웠던 전국시대(戰國時代)때 두 유세가(遊說家) 소진(蘇秦)과
장의(張儀)라는 인물에 대하여, 사기(史記)의 저자 사마천(司馬遷)이 평가(評價)한 말

▷ **傾倒** 경도 기울여서, 속에 담긴 것을 다 쏟아 붓는다는 뜻으로
온 마음을 기울여 사모(思慕)하거나 열중(熱中)함을 비유하는 말

* 出典: 史記(사기) 張儀傳(장의전)

敬而遠之 경이원지 공경할 경 | 말 이을 이 | 소원(疏遠)할·멀 원 | 이·어조사 지

공경(恭敬)하나 이[之: 지]를 멀리 한다는 뜻, 겉으로는 공경하는 체하면서 속으로는 꺼려하며
관계(關係)를 멀리함을 비유하는 말

[유의어] **敬遠** 경원, **敬遠視** 경원시

▷ **不可近不可遠** 불가근불가원 가까이할 수도 멀리할 수도 없음

* 出典: 論語(논어) 雍也篇(옹야편)

鯨戰蝦死 경전하사 고래 경 | 싸움·전쟁 전 | 새우·두꺼비 하 | 죽을 사

고래 싸움에 새우 등 터진다는 뜻, 강자들끼리 패권(霸權)을 차지하려고 전쟁(戰爭)하는 틈에
아무 상관(相關)도 없는 약자가 그 사이에 끼어 화(禍)를 당함을 비유하는 말

[유의어] **間於齊楚** 간어제초, **事齊事楚** 사제사초
등(滕)나라가 제(齊)나라와 초(楚)나라 틈에 끼어 괴로움을 받음. 중간에서 난처함

* 出典: 旬五志(순오지)

驚鳥啄蛇 경조탁사 놀랄 경 | 새 조 | 쪼을 탁 | 뱀 사

놀란 새가 뱀을 쫀 다는 뜻으로 거문고의 운지법(運指法)에서, 왼쪽 새끼손가락으로
문현(文絃)을 막았다 떼었다 하는 동작(動作)이 재빨라야함을 이르는 말

▷ 走馬蹴地 주마축지　달리는 말이 땅을 차고 나아가듯 민첩(敏捷)하게 하라는 뜻으로
　　　　　　　　거문고의 연주법(演奏法)을 나타내는 문구의 하나

▷ 琵琶 비파　동양 현악기의 하나 / 琴瑟 금슬　거문고와 비파

* 出典: 玄琴東文類記(현금동문유기 1620)

罄竹書難 경죽서난　다할·빌 경 | 죽간·대나무 죽 | 글 서 | 어려울 난

초(楚)나라와 월(越)나라에서 생산되는 모든 죽간(= 대나무)를 사용하여 그 나쁜 행실을 기록하는데
다 쓰기 어렵다는 뜻, 악행(惡行)이 너무 많아 나쁜 행실을 기록하는데 죽간이 모자랄 정도라는 말

『유의어』 罄竹難書 경죽난서

▷ 罄竭 경갈　물자와 돈(= 자본)이 다 떨어짐 = 枯渴 고갈

* 出典: 전한(前漢)의 마지막 시기 왕망(王莽)에 관한 이야기

瓊枝玉葉 경지옥엽　옥 경 | 가지 지 | 구슬 옥 | 잎 엽

옥(玉)으로 된 나뭇가지와 옥으로 된 나뭇잎이라는 뜻으로

1. 임금의 자손이나 집안　　2. 귀한 자손을 비유

『유의어』 金枝玉葉 금지옥엽, 愛之重之 애지중지, 掌中寶玉 장중보옥

瓊枝旃檀 경지전단　옥 경 | 가지 지 | (붉은)기·휘장 전 | 박달나무 단

옥과 같이 아름다운 가지와 향기 좋은 단향목(檀香木), 재덕(才德)을 겸비(兼備)한 사람이나
잘된 시문(詩文)을 비유적으로 이르는 말

▷ 檀君 단군　우리민족의 국조(國祖)로 받드는 태초의 임금 = 檀君王儉 단군왕검

敬天勤民 경천근민　공경할 경 | 하늘 천 | 부지런할 근 | 백성 민

하늘을 공경(恭敬)하고 백성(百姓)을 부지런히 돌보는 것을 뜻하는 말로 제왕(帝王)의 도리(道理)를
일컫는 말

▷ 敬天愛人 경천애인　하늘을 공경(恭敬)하고 널리 백성(百姓)을 사랑함

▷ 敬啓 경계　삼가 말씀드립니다.[편지 첫머리: 한문편지]

驚天動地 경천동지　놀랄·두려워할 경 | 하늘 천 | 움직일 동 | 땅·따 지

하늘을 놀라게 하고 땅을 뒤흔든다는 뜻, 어떤 사건으로 세상을 몹시 놀라게 함을 이르는 말

『유의어』 動天驚地 동천경지, 驚天 경천

▷ 石破天驚 석파천경　돌이 깨어지니 하늘이 놀람. 뜻밖의 일로 사람을 놀라게 한다는 말

▷ **驚蟄** 경칩   겨울잠을 자던 개구리 등이 깨어 꿈틀거리기 시작한다는 시기

* 出典: 朱子語錄(주자어록)

鏡花水月 경화수월 거울 경 | 꽃 화 | 물 수 | 달 월

거울에 비친 꽃과 물에 비친 달이라는 뜻으로 꽃과 달이 눈에 보이기는 하나 손으로 잡을 수 없는
즉 시문(詩文)에서 느껴지기는 하나 무어라 말로 콕 집어 표현할 수 없는, 미묘(微妙)한
정취(情趣)를 비유한 말 = 水月鏡花 수월경화

* 出典: 詩家直說(시가직설)

鷄犬昇天 계견승천 닭 계 | 개 견 | 오를 승 | 하늘 천

닭과 개도 하늘로 올라가 신선(神仙)이 된다는 뜻으로
1. 한사람이 출세(出世)하면 그 집안에 딸린 다른 사람들도 덩달아 덕(德)을 보고 출세함
2. 높은 사람의 권세(權勢)에 빌붙어 승진(昇進)하는 것을 비유하는 말

유의어   **拔宅飛升** 발택비승   집안의 한사람이 출세(出世)하여 온 집안사람이 덕을 본다는 말

淮南鷄犬 회남계견   높은 사람의 권세에 빌붙어 승진(昇進)하는 것을 비유하는 말

▷ **降臨** 강림   신불(神佛)이 인간 세계에 내려옴 = 下臨 하림

* 出典: 神仙傳(신선전)

鷄口牛後 계구우후 닭 계 | 입 구 | 소 우 | 뒤 후

닭의 부리[口: 구 = 입]와 소의 엉덩이[肛門: 항문], 차라리 닭의 부리가 될지언정 소의 엉덩이는
되지 말라는 말. 즉 큰 단체(團體)의 꼴찌보다는 작은 단체의 우두머리가 되는 것이 더 낫다는 말

유의어   **寧爲鷄口 勿爲牛後** 영위계구 물위우후 (에서 유래)

▷ **寧** 영(녕) 차라리(부사) / **爲** 위 ~가 되다 / **勿** 물 ~하지마라

* 出典: 戰國策(전국책) 韓策(한책), 史記(사기) 蘇秦列傳(소진열전)

鷄群一鶴 계군일학 닭 계 | 무리 군 | 학·두루미 학

범용(凡庸)한 닭의 무리 가운데 탁월(卓越)한 한 마리의 학, 유독 뛰어난 것을 가리키는 말로
즉 여러 평범(平凡)한 사람들 가운데 뛰어난 한 인물이 섞여있는 것을 비유하는 말

유의어   **鷄群孤鶴** 계군고학, **群鷄一鶴** 군계일학, **白眉** 백미, **翹楚** 교초

壓卷 압권   서책 중에서 가장 잘 지은 대목이나 시문(詩文). 가장 뛰어난 부분

鷄頭肉 계두육 닭 계 | 머리·꼭대기 두 | 어조사 지 | 고기 육

맨드라미 열매의 과육(果肉)이라는 뜻, 아름다운 여성의 젖가슴[乳房: 유방]을 비유하는 말

『유의어』 鷄頭之肉 계두지육   唐[당]나라 玄宗[현종]과 楊貴妃[양귀비]의 고사에서 유래

▷ 樗鷄 저계 메뚜기 / 梭鷄 사계 베짱이 = 莎鷄 사계

* 出典: 開元天寶遺事(개원천보유사)

鷄卵有骨 계란유골 닭계 | 알란 | 있을유 | 뼈골

달걀에도 뼈가 있다는 뜻으로 어렵게 얻은 달걀이 운 사납게도 곯은 계란이었다는데서 운수가
나쁜 사람은 모처럼 좋은 기회(機會)를 만나도 역시 일이 잘 안됨을 비유하는 말

『유의어』 賣鹽逢雨 매염봉우   소금장수가 비를 만남[소금이 비에 녹아 장사를 망침]

* 出典: 松南雜識(송남잡지: 조선후기 조재삼이 지은 백과사전)

鷄肋 계륵 닭계 | 갈비 륵·늑

닭의 갈비뼈는 먹을 것이 별로 없다는 뜻, 큰 쓸모나 이익은 그다지 없으나 버리기는 아까운
것을 말함. 즉 이러지도 저러지도 못하는 난처(難處)한 상황을 비유하는 말

『유의어』 進退維谷 진퇴유곡, 進退兩難 진퇴양난, 呑吐兩難 탄토양난

虎尾難放 호미난방   한번 잡은 호랑이 꼬리를 놓기 어렵다는 말[잡혀 먹힘]

▷ 鷄鶩 계목   닭과 집오리. 평범한 사람

* 出典: 後漢書(후한서) 楊脩傳(양수전: 조조가 먹던 닭국에 관한 이야기에서 유래)

桂林一枝崑山片玉 계림일지곤산편옥

계수나무 계 | 수풀 림 | 가지 지 | 산 이름 곤 | 조각 편 | 구슬 옥

계수(桂樹)나무 한 가지를 꺾은데 불과(不過)하고 곤륜산(崑崙山)의 한 조각 옥(玉)을 얻었을
뿐이라는 뜻으로
1. 진사시험에 장원급제(壯元及第)한 일을, 대수롭지 않는 듯이 겸손(謙遜)하게 표현한 말
2. 사람됨이 비범(非凡)하면서도 겸손(謙遜)함을 비유하는 말

『유의어』 桂林一枝 계림일지, 崑山片玉 곤산편옥, 郤詵一枝 극선일지

▷ 掇桂 철계   계수나무가지를 꺾음. 곧 과거(科擧)에 급제(及第)함

* 出典: 晉書(진서)

鷄鳴狗盜 계명구도 닭계 | 울명 | 개구 | 도둑도

거짓 닭 울음소리로 새벽을 알려 수문장을 속이고 개처럼 가장하여 물건을 잘 훔친다는 뜻으로
1. 하찮은 재주라도 요긴(要緊)하게 쓰일 때가 있다는 말
2. 비열(卑劣)하게 남을 속이는 하찮은 재주를 비유하는 말

제(齊)나라의 맹상군(孟嘗君)이 진(秦)나라 소왕(昭王)에게 죽임을 당하게 되었을 때
식객(食客)가운데 개를 가장하여 남의 물건을 잘 훔치는 자와 닭의 울음소리를 잘 흉내
내는 자의 도움으로 죽을 위기(危機)에서 벗어난 고사에서 유래

【유의어】 鷄鳴之客 계명지객, 函谷鷄鳴 함곡계명

* 出典: 史記(사기) 孟嘗君列傳(맹상군열전)

計無所出 계무소출 꾀·계략 계 | 없을 무 | 바·곳·자리 소 | 날·나타날 출

어려운 일을 당하여 있는 꾀를 다 써 봐도 해결(解決)할만한 좋은 방안(方案)이 나오지 않음을
이르는 말. 즉 있는 꾀를 다 써 봐도 소용이 없음

【유의어】 百計無策 백계무책, 百藥無效 백약무효

稽顙拜言 계상배언 상고할·머무를 계 | 이마·꼭대기 상 | 절 배 | 말씀 언

머리를 조아리고 절하여 사룀, 상제(喪制)가 편지 첫머리나 자기 이름 다음에 쓰는 한문 투의 말

【유의어】 稽顙 계상 이마가 땅에 닿도록 몸을 굽힘 / 顙汗 상한 이마에 나는 땀

　　　　稽顙再拜 계상재배 머리를 조아려 두 번 절함

▷ 叩頭 고두 머리를 조아려 경의(敬意)를 나타냄 = 叩首 고수

▷ 滑稽 골계 익살(남을 웃기려고 일부러 우습게 하는 말이나 몸짓)

戒盈杯 계영배 경계할 계 | (가득)찰 영 | 잔·그릇 배

과음(過飮)을 경계(警戒)하기 위하여 만든 술잔. 술잔에 술이 넘치는 것을 보고 경계를 삼는다는 뜻.
[술잔에 술이 어느 정도 차면 밖으로 새어 나가도록 옆에 구멍이 나 있음]

【유의어】 節酒杯 절주배

▷ 戒愼恐懼 계신공구 경계하고 삼가며 조심하고 두려워하는 것

▷ 戒飭 계칙 경계하여 타이름 = 規飭 규칙

▷ 盈虧 영휴 차는 일과 이지러지는 일 = 盈虛 영허

▷ 齋戒 재계 제사 전에 심신을 깨끗이 하고 부정(不淨)한 일을 멀리함 = 潔齋 결재

季札掛劍 계찰괘검 끝·막내 계 | 패·편지 찰 | 걸 괘 | 칼 검

자기혼자 마음속으로 한 약속이라도 반드시 지킨다는 뜻, 즉 신의(信義)를 제일 중히 여김을 비유
오(吳)나라의 계찰(季札)이 서(徐)나라의 군주가 평소 자신의 보검(寶劍)을 욕심내어, 기회가 되면
주어야지라고 혼자 마음먹었는데, 후일 막상 찾아가보니 이미 그가 죽은 뒤라 하는 수 없이
계찰은 자신의 보검을 그의 무덤가 옆의 나무에 걸어두고 떠났다는 고사에서 유래

유의어 季札繫劍 계찰계검, 尾生之信 미생지신, 一諾千金 일락천금

徙木之信 사목지신, 移木之信 이목지신, 季布一諾 계포일락

▷ 掛冠 괘관　관(冠)을 벗어 성문(城門)에 걸어둔다[掛: 괘]는 뜻, 벼슬아치가 벼슬을
내놓고 관직(官職)에서 물러남을 비유하는 말

▷ 書札 서찰　편지(便紙), 서한(書翰), 서신(書信)

＊ 出典: 史記(사기) 吳泰伯世家(오태백세가)

季布一諾 계포일낙 끝·막내 계 | 베포 | 허락할·대답할 낙(락)

계포(季布)가 한번 승낙(承諾)함. 일단 약속(約束)을 한 이상 반드시 지킨다는 말

초(楚)나라 계포(季布)는 아무리 어려운 일이라도 '좋다'라고 한번 내뱉으면 어떠한 일이 있어도
그 약속을 지켰다는 고사에서 유래

유의어 一諾千金 일락천금, 男兒一言重千金 남아일언중천금

徙木之信 사목지신, 尾生之信 미생지신, 季札掛劍 계찰괘검

▷ 季嫂 계수　아우의 아내. 형제가 여럿일 경우, 막내의 아내 ＝ 弟嫂 제수

＊ 出典: 史記(사기)

繫風捕影 계풍포영 맬 계 | 바람 풍 | 잡을 포 | 그림자 영

바람을 잡아매고 그림자를 붙잡는다는 뜻, 허무맹랑하고 믿을 수 없는 일을 비유하는 말

유의어 係風捕影 계풍포영, 繫影捕風 계영포풍, 捕風捉影 포풍착영

鏤塵吹影 누진취영　먼지에 새기고 그림자를 입으로 분다는 말. 헛된 짓

憑空捉影 빙공착영　허공에 의지해 그림자를 잡는다는 말. 허망한 언행

▷ 繫匏 계포　걸려있는 바가지, 배운 것이 없어서 아무짝에도 쓸모없는 사람을 비유

▷ 繫留 계류　밧줄 등으로 붙잡아 매어 놓음. 사건이 해결되지 않고 걸려 있음

▷ 影幀 영정　사람의 얼굴을 그린 족자(簇子) ＝ 影像 영상

＊ 出典: 蘇軾(소식)의 글

鷄皮鶴髮 계피학발 닭 계 | 가죽 피 | 학 학 | 터럭 발

피부(皮膚)는 닭의 살갗같이 거칠고 머리털이 학의 털처럼 희다는 뜻, 매우 늙은 노인의 비유

유의어 鷄皮 계피, 鶴髮 학발, 耄耋 모질, 皤叟 파수, 皤翁 파옹

白髮老人 백발노인, 皤皤老人 파파노인, 白叟 백수

皜皜白髮 호호백발, 昭昭白髮 소소백발　온통 하얗게 센 머리. 그런 노인

＊ 出典: 唐玄宗(당현종)

谿壑之慾 계학지욕 시내 계 | 구렁 학 ~의 지 | 욕심 욕

끊임없이 흐르는 산골짜기의 시냇물 같은 욕심. 즉 지칠 줄 모르는 끝없는 욕심을 비유

[유의어] 溪壑 계학, 車魚之歎 거어지탄, 騎馬欲率奴 기마욕솔노

得隴望蜀 득롱망촉, 平隴望蜀 평롱망촉, 望蜀 망촉, 隴蜀 농촉
후한(後漢)의 광무제(光武帝)가 농(隴)나라를 평정한 후 다시 촉(蜀)나라까지 원했다는
고사에서 유래. 만족(滿足)할 줄 모르고 계속 욕심을 부림의 비유

呱呱之聲 고고지성 어린아이가 울 고 | 소리 성

1. 고고(呱呱)의 소리. 사물이 처음으로 시작되는 기척

[유의어] 萌芽 맹아, 嫩芽 눈아 새로 나오는 싹, 사물의 시초(始初)가 되는 것

2. 어린아이가 세상에 처음 태어날 때 우는 소리

[유의어] 産聲 산성

高官大爵 고관대작 높을 고 | 벼슬 관 | 큰 대 | 작위·벼슬 작

지위(地位)가 높고 훌륭한 벼슬을 하는 사람

[유의어] 政丞 정승, 三政丞 삼정승, 卿士大夫 경사대부

黻冕 불면 지위가 높은 벼슬이나 관리(官吏)

▷ 爵位 작위 벼슬과 지위. 관작(官爵)과 위계(位階)

股肱 고굉 넓적다리·허벅지 고 | 팔뚝 굉

다리와 팔뚝에 비길 만한 신하라는 뜻, 임금이 가장 가까이 하며 신임하는 중신(重臣)을 비유
사람의 몸 중에서 머리를 임금으로 본다면 수족(手足)처럼 없어서는 안 될 꼭 필요한 신하라는 말

[유의어] 股肱之臣 고굉지신, 股掌之臣 고장지신, 爪牙之士 조아지사

爪牙 조아(손톱·어금니), 肱膂 굉려(팔뚝·등골뼈), 股掌 고장(허벅지·손바닥)

* 出典: 書經(서경) 益稷篇(익직편)

孤軍奮鬪 고군분투 외로울 고 | 군사 군 | 떨칠 분 | 싸움 투

1. 외로이 떨어져있는 군사가, 많은 수의 적군과 용감(勇敢)하게 잘 싸움
2. 남의 도움을 받지 않고 힘에 벅찬 일을 잘해 나가는 것을 비유하는 말

▷ 單騎匹馬 단기필마 혼자 말 타고 적진(敵陣)으로 뛰어 들어감 = 匹馬單騎 필마단기

敲金戛石 고금알석 <small>두드릴 고 | 쇠·황금 금 | 두드릴·창 알 | 돌 석</small>

쇠를 두드리고 돌을 울려서 아름다운 화음(和音)을 낸다는 뜻, 시(詩)나 문장(文章)의 어울림이 탁월(卓越)함을 비유하는 말

『유의어』 敲金 고금, 戛石 알석

▷ 硜硜 갱갱　돌이 서로 부딪는 소리 / 錚錚 쟁쟁　옥이 부딪쳐 맑게 울리는 소리

* 出典: 韓愈(한유)

高談峻論 고담준론 <small>높을 고 | 말씀 담 | 높을 준 | 논할 론</small>

1. 뜻이 높고 바르며 엄숙(嚴肅)하고 날카로운 언론(言論)이라는 말
2. 고상(高尙)하고 준엄(峻嚴)한 이야기
3. 남의 이목(耳目)은 아랑곳하지 않고 혼자만 고고한척하는 이야기

『유의어』 淸談 청담　맑고 고상한 이야기, 남의 이야기의 높임말

▷ 險峻 험준　지세(地勢)가 험하며 높고 가파름

高臺廣室 고대광실 <small>높을 광 | 돈대 대 | 넓을 광 | 집 실</small>

지대(址臺)를 높게 다지고 매우 크게 지은 좋은 집

『반의어』 一間茅屋 일간모옥, 一間斗屋 일간두옥　한 칸밖에 안 되는 작은 오막살이집

▷ 臺 대　높이 쌓은 곳, 물건을 받치거나 올려놓는 것의 총칭(總稱)

▷ 墩臺 돈대　조금 높직한 평지

孤獨單身 고독단신 <small>외로울 고 | 홀로 독 | 홀·하나 단 | 몸 신</small>

하늘아래 도와주는 이 하나 없는 외로운 처지(處地)

『유의어』 孑孑單身 혈혈단신, 單獨一身 단독일신, 孤身隻影 고신척영
孤縱 고종, 隻手 척수　한쪽 손. 썩 외로운 처지를 비유

叩頭謝罪 고두사죄 <small>두드릴 고 | 머리 두 | 사례할 사 | 허물 죄</small>

머리를 조아리며 잘못을 빌고 용서(容恕)를 구함

『유의어』 叩謝 고사, 以頭搶地 이두창지, 謝過 사과, 謝罪 사죄

▷ 罰 벌　잘못하거나 죄를 지은 사람에게 괴로움을 주는 일

膏粱珍味 고량진미 <small>기름·살찔 고 | 기장 량 | 보배 진 | 맛 미</small>

기름진 고기와 좋은 곡식으로 만든 맛있는 음식을 비유하는 말

> **유의어** 膏粱 고량, 粱肉 양육, 龍味鳳湯 용미봉탕, 佛跳牆 불도장
> 珍羞盛饌 진수성찬, 珍羞盛饌 진수화찬, 山海珍味 산해진미
> 山珍海味 산진해미, 山珍海錯 산진해착, 山珍海饌 산진해찬
> 水陸珍味 수륙진미, 水陸珍饌 수륙진찬, 海陸珍味 해륙진미

▷ 膏壤 고양 기름진 땅 = 沃土 옥토

* 出典: 孟子(맹자) 告子上(고자상)

苦輪之海 고륜지해 쓸고 | 바퀴륜 | 어조사(~의)지 | 바다 해

고뇌(苦惱)가 수레바퀴처럼 끊임없이 돌고 도는 인간세계(人間世界)를 비유하는 말

> **유의어** 苦海 고해, 俗世 속세, 俗塵 속진, 風塵 풍진, 此岸 차안
> 娑婆 사바, 黃塵 황진, 腥塵 성진, 飆塵 표진, 飈塵 표진
> 紅塵 홍진 벌건 먼지 속. 번거롭고 속된 세상의 비유

> **반의어** 彼岸 피안 번뇌(煩惱)를 해탈(解脫)한 열반(涅槃)의 경지

孤立無援 고립무원 외로울·홀로 고 | 설 립 | 없을 무 | 도울·당길 원

홀로 외따로 떨어져 도움을 받을 데가 없음을 비유하는 말

> **유의어** 四面楚歌 사면초가, 孤城落日 고성낙일, 木石不傅 목석불부
> 孤身隻影 고신척영 외로운 몸과 자기의 그림자뿐. 몸 붙일 곳 없이 떠도는 홀몸

瞽馬聞鈴 고마문령 소경 고 | 말 마 | 들을 문 | 방울 령

눈 먼 말이 뒤에서 앞서 가는 말의 방울소리를 듣고 쫓아간다는 뜻, 자기의 주관(主觀)없이
맹목(盲目)적으로 남이 하는 대로 따라 함을 비유하는 말

> **유의어** 旅進旅退 여진여퇴, 追友江南 추우강남, 瀧瀧訑訑 흡흡자자
> 附和雷同 부화뇌동, 雷同附和 뇌동부화, 附和隨行 부화수행

▷ 盲 맹 소경 / 聾 롱 귀머거리 / 啞 아 벙어리 / 蹇脚 건각 절음발이
▷ 워낭: 소머리나 말머리아래에 달아매는 방울

藁網捉虎 고망착호 짚·마를 고 | 그물 망 | 잡을 착 | 범 호

썩은 새끼줄로 그물을 엮어 범을 잡는다는 뜻, 어리석은 계책(計策)과 어설프고 서툰 솜씨로
큰일을 하려다가는 실패(失敗)하거나 낭패(狼狽)를 본다는 말

『유의어』 **稿索捕虎** 고삭포호　볏짚으로 엮은 새끼줄로 범을 잡음. 어설프게 하면 실패함

　　　　掩目捕雀 엄목포작　자기 눈을 가리면 참새도 자기를 못 본다고 생각함

▷ **捕捉** 포착　기회나 정세(情勢)를 알아차림. 문제·의미·단서(端緒) 등을 발견함

枯木發榮 고목발영　마를 고 ㅣ 나무 목 ㅣ 필·쏠 발 ㅣ 꽃필·영화 영

고목에서 꽃이 핀다는 뜻, 뒤늦게 좋은 일이 생기거나 나이가 들어 운수가 좋음을 비유하는 말

『유의어』 **枯木生花** 고목생화　말라 죽은 나무에서 꽃이 핀다는 뜻

　　　　枯楊生稊 고양생제　시들었던 버드나무에 다시 싹이 돋아난다는 뜻

▷ **榮轉** 영전　전보다 더 좋은 자리나 직위(職位)로 옮기는 일 ↔ **左遷** 좌천

* 出典: 曹植(조식)

枯木死灰 고목사회　마를 고 ㅣ 나무 목 ㅣ 죽을 사 ㅣ 재 회

마른나무와 불 꺼진 재. 겉모습은 고목과 같고 마음은 불 꺼진 재와 같다는 뜻으로
1. 욕심(慾心)·생기(生氣)·의욕(意欲)이 없는 사람을 비유하는 말
2. 유학자(儒學者)가 참선(參禪)을 비판적(批判的)으로 표현할 때 사용

▷ **灰色分子** 회색분자　소속(所屬)·주의(主義)·노선(路線) 등이 뚜렷하지 않은 사람

* 出典: 莊子(장자)

枯木生花 고목생화　마를 고 ㅣ 나무 목 ㅣ 날 생 ㅣ 꽃 화

말라 죽은 나무에서 꽃이 핀다는 뜻, 곤궁(困窮)한 사람이 뜻밖의 행운(幸運)을 만남의 비유

『유의어』 **枯木發榮** 고목발영, **枯楊生稊** 고양생제

* 出典: 松南雜識(송남잡지: 조선후기 趙在三[조재삼] 著)

枯木朽株 고목후주　마를 고 ㅣ 나무 목 ㅣ 썩을 후 ㅣ 그루터기 주

말라 죽은 나무와 썩은 나무 등걸[= 줄기를 잘라 낸 나무의 밑동]이라는 뜻으로
1. 어디에도 쓰이지 못하는 쓸모없는 사람을 비유하는 말
2. 늙고 허약해진 몸 또는 겸허(謙虛)하게 자신을 낮추는 말로 사용

『유의어』 **枯株朽木** 고주후목, **酒袋飯囊** 주대반낭, **飯囊酒袋** 반낭주대

　　　　行尸走肉 행시주육, **陶犬瓦鷄** 도견와계, **衣架飯囊** 의가반낭

* 出典: 鄒陽(추양) 獄中上梁王書(옥중상량왕서)

鼓腹擊壤 고복격양　북·두드릴 고 ㅣ 배 복 ㅣ 칠 격 ㅣ 흙·땅 양

배[腹: 복]를 두드리며 박자(拍子)를 맞추어 땅을 치면서 격양(擊壤)놀이를 한다는 뜻, 태평한 세월을 즐김의 비유

요(堯)임금 때 한 노인이 배를 두드리고 땅을 치면서 요임금의 덕을 찬양(讚揚)하고 태평성대(太平聖代)를 즐겼다는 고사에서 유래

『유의어』 **擊壤之歌** 격양지가, **擊壤歌** 격양가, **太平煙月** 태평연월

康衢煙月 강구연월　태평한 시대의 큰 길거리의 평화로운 풍경

含哺鼓腹 함포고복　잔뜩 먹고 배를 두드린다는 뜻. 배불리 먹고 즐겁게 지냄

* 出典: 十八史略(십팔사략) 樂府詩集(악부시집)

高峰峻嶺 고봉준령　높을 고 | 봉우리 봉 | 높을 준 | 고개·재 령

높이 솟은 산봉우리와 험준(險峻)한 산마루

『유의어』 **岑嶺** 잠령, **泰山峻嶺** 태산준령　큰 산과 험한 고개

▷ **分水嶺** 분수령　어떤 일이 결정되는 중요한 고비나 발전의 전환점 = **變曲點** 변곡점

叩盆之嘆 고분지탄　두드릴 고 | 동이 분 | 어조사(~의) 지 | 탄식할 탄

아내[妻: 처]의 죽음을 한탄(恨歎)하여 우는 남편(男便)의 탄식

『유의어』 **叩盆之歎** 고분지탄, **鼓盆之嘆** 고분지탄, **鼓盆之歎** 고분지탄

鼓盆而歌 고분이가, **叩盆之痛** 고분지통, **鼓盆之痛** 고분지통, **鼓盆** 고분

『반의어』 **崩城之痛** 붕성지통　남편의 죽음을 슬퍼하여 우는 아내의 탄식(歎息)

* 出典: 莊子(장자)

攷事撮要 고사촬요　상고할 고 | 일·섬길 사 | 취할·모을 촬 | 구할 요

조선 명종 때 어숙권(魚叔權)이 사대교린(事大交隣)과 일상생활에 필요한 여러 가지 사항들을 모아 기록하여 백과사전(百科事典)으로 엮은 책[3권 3책]

▷ **事大交隣** 사대교린　큰 나라를 섬기고 이웃 나라와 화평(和平)하게 사귀는 외교정책
　　　　　　　　명(明)나라를 섬기고 왜(倭)와 여진(女眞) 등과는 탈 없이 지내고자 했던 외교정책

* 出處: 韓國民族文化大百科(한국민족문화대백과)

高山流水 고산유수　높을 고 | 뫼 산 | 흐를 유 | 물 수

높은 산과 흐르는 물이라는 뜻으로
1. 풍류(風流)의 곡조(曲調)를 잘 아는 사람이 아니면 알지 못하는 미묘한 거문고의 소리를 비유
2. 자기 속마음과 가치(價値)를 잘 알아주는 참다운 친구를 비유하는 말

⌜유의어⌟ 知己之友 지기지우, 知音 지음, 絶絃 절현, 伯牙絶絃 백아절현

　　　　　鬲肝 격간　가슴과 간. 가장 친한 친구사이를 비유하는 말

▷ 高踏 고답　지위나 명리(名利)를 떠나 속세에 초연(超然)함

* 出典: 백아와 종자기의 고사에서 유래

古色蒼然 고색창연　옛 고 | 빛 색 | 푸를 창 | 그럴·불탈 연

오래되어 예스러운 풍치(風致)나 모습이 그윽하게 드러나 보이는 모양(模樣)을 비유하는 말

▷ 蒼空 창공　맑게 갠 새파란 하늘 = 蒼天 창천

孤城落日 고성낙일　외로울 고 | 성 성 | 떨어질 낙·락 | 날 일

고립(孤立)된 성(城)과 서산(西山)에 지는 해, 세력(勢力)이 다하고 남의 도움을 받지 못하는
매우 외로운 처지(處地)를 비유

⌜유의어⌟ 孤立無援 고립무원, 孤身隻影 고신척영, 四面楚歌 사면초가

　　　　　木石不傅 목석불부　나무에도 돌에도 붙일 데가 없음. 의지(依支)할 곳이 없음

▷ 孤陋 고루　낡은 습관(習慣)에 젖어 고집(固執)이 세고 새로운 것을 잘 받아들이지 않음

* 出典: 당(唐)나라 왕유(王維)의 시(詩) 送韋評事(송위평사)

高聲放歌 고성방가　높을 고 | 소리 성 | 놓을·내칠 방 | 노래 가

술에 취하여 거리에서 마구 큰 소리로 떠들고 노래를 부르는 짓

▷ 飮酒歌舞 음주가무　술 마시고 노래하고 춤추는 것

▷ 路上放尿 노상방뇨　길거리에서 오줌을 누는 짓

▷ 酒色雜技 주색잡기　술과 여자와 노름

姑息之計 고식지계　시어미·여자 고 | 숨쉴·쉴 식 | 어조사·갈 지 | 꾀할·꾀 계

우선 당장 편한 것만을 택하는 일시적인 꾀나 방법. 한때 잠시 안정을 얻기 위하여 임시(臨時)로
둘러맞추어 처리하거나 이리저리 주선(周旋)하여 꾸며대는 계책(計策)

⌜유의어⌟ 姑息策 고식책, 彌縫策 미봉책, 彌縫之策 미봉지책

　　　　　凍足放尿 동족방뇨, 目前之計 목전지계

　　　　　下石上臺 하석상대, 上石下臺 상석하대, 上下撐石 상하탱석

　　　　　揚湯止沸 양탕지비, 颺湯止沸 양탕지비

* 出典: 禮記(예기) 檀弓篇(단궁편)

孤臣冤淚 고신원루 외로울 고 | 신하 신 | 원통할 원 | 눈물 루

외로운 신하(臣下)의 원통(冤痛)한 눈물. 임금의 신임(信任)이나 총애(寵愛)를 잃은 신하의
원통한 눈물의 비유

▷ **冤枉** 원왕 원통(冤痛)한 누명(陋名)을 써서 억울(抑鬱)함 = **冤屈** 원굴, **冤抑** 원억

▷ **催淚劑** 최루제 눈물을 흘리게 하는 약제(藥劑)

孤身隻影 고신척영 외로울 고 | 몸 신 | 새한마리·외짝 척 | 그림자 영

외로운 홀몸과 외롭게 비친 그림자, 의지(依支)할 데 없이 외로이 떠도는 홀몸을 비유하는 말

유의어 子子單身 혈혈단신, 單獨一身 단독일신, 孤獨單身 고독단신
　　　　　孤縱 고종, 隻手 척수 한쪽 손. 썩 외로운 처지를 비유

▷ **影印本** 영인본 원본을 사진(寫眞)이나 기타 과학적 방법으로 복제(複製)한 인쇄물(印刷物)

苦心慘憺 고심참담 괴로울 고 | 마음 심 | 참혹할 참 | 참담할 담

몹시 애를 태우고 마음을 쓰며 근심걱정을 함

▷ **慘憺** 참담 참혹(慘酷)하고 암담(暗澹)함

▷ **慘慽** 참척 아들딸이나 손자 손녀가 (조)부모보다 앞서 죽는 일

苦心血誠 고심혈성 괴로울 고 | 마음 심 | 피 혈 | 정성 성

온 힘과 마음을 다하는 지극(至極)한 정성(精誠)

유의어 至極精誠 지극정성, 至誠感天 지성감천
　　　　　粉骨碎身 분골쇄신 뼈가 가루가 되고 몸이 부서진다는 뜻. 정성으로 노력함

高岸深谷 고안심곡 높을 고 | 언덕 안 | 깊을 심 | 골 곡

높은 언덕이 함몰(陷沒)되어 골짜기가 되기도 하고 골짜기에 흙이 쌓여 또한 언덕이 된다는
뜻으로 산하(山河)의 변천이나 세상의 변천(變遷)을 비유하는 말

유의어 桑田碧海 상전벽해, 碧海桑田 벽해상전, 滄桑之變 창상지변
　　　　　白雲蒼狗 백운창구 흰 구름이 순식간에 푸른색의 개로 변한다는 뜻
　　　　　陵谷之變 능곡지변 언덕과 골짜기가 서로 뒤바뀐다는 뜻
　　　　　東海揚塵 동해양진 예전에는 동해바다였는데, 지금은 먼지 날리는 땅으로 바뀜

* 出典: 詩經(시경)

枯楊生稊 고양생제 마를 고 | 버들 양 | 날 생 | 돌피·가라지 제

시들었던 버드나무에 다시 새움이 돋아난다는 뜻. 노인이 젊은 아내를 얻어 능히 자손을 얻을
수 있음을 비유하는 말

「유의어」 枯木發榮 고목발영, 枯木生花 고목생화

* 出典: 易經(역경)

高陽酒徒 고양주도 높을 고 | 볕 양 | 술 주 | 무리·헛될 도

고양(高陽)땅의 술꾼[酒徒: 주도], 술을 좋아하여 제 멋대로 행동하는 사람을 비유하는 말

진(秦)나라 말기 유방을 도와 한(漢)나라의 창업(創業)을 도운 고양(高陽)땅의 역이기(酈食其)가
평소 유생(儒生)을 싫어하던 유방(劉邦)을 처음 만났을 때, 자기는 유생이 아니고 고양 땅의
술꾼이라고 자처(自處)한 고사에서 유래

* 出典: 史記(사기) 酈生陸賈(역생육가)

枯魚之肆 고어지사 마를 고 | 물고기 어 | 어조사 의 | 베풀·방자할 사

목마른 고기의 어물전(魚物廛)이라는 뜻으로 매우 다급하고 곤궁(困窮)한 처지를 비유

「유의어」 涸轍鮒魚 학철부어, 轍鮒之急 철부지급, 車轍鮒魚 거철부어
　　　　　　수레바퀴 자국에 괸 얕은 물에 들어있는 붕어. 곧 말라버릴 위급한 처지

　　　　　　釜中之魚 부중지어　솥 안에 있는 물고기. 불만 때면 곧 삶아져 죽을 목숨

* 出典: 莊子(장자) 外物篇(외물편)

孤往獨驀 고왕독맥 외로울 고 | 갈 왕 | 홀로 독 | 말 탈·뛰어넘을 맥

외로이 가고 홀로 힘차게 앞만 보고 달린다는 말

▷ 驀進 맥진　좌우(左右)를 돌아볼 겨를이 없이 힘차게 앞으로 나아감

▷ 往復 왕복　갔다가 되돌아옴 = 往返 왕반

苦肉策 고육책 괴로울·쓸 고 | 몸·고기 육 | 꾀·채찍 책

적을 속이기 위하여 자신의 괴로움을 무릅쓰고 꾸미는 계책

「유의어」 苦肉之計 고육지계, 苦肉之策 고육지책

▷ 窮餘之策 궁여지책　궁한 나머지 생각다 못해 짜낸 계책 = 窮餘一策 궁여일책

▷ 策士 책사　책략(策略)을 잘 쓰는 사람. 계책에 능한 사람 = 謀士 모사

* 出典: 三國志(삼국지) 吳志(오지)

苦逸之復 고일지복 괴로울 고 | 편안할·달아날 일 | 어조사 지 | 돌아올 복 / 다시 부

고통(苦痛)과 편안(便安)함은 반복(反復)된다는 뜻, 안일(安逸)이 있음으로 말미암아 고통(苦痛)이 그 반동[反動: 반대로 일어나는 작용]으로 찾아온다는 말

- ▷ 逸話 일화 세상에 알려지지 않은 흥미 있는 이야기. 에피소드(= episode)
- ▷ 復興 부흥 쇠잔(衰殘)하던 것이 다시 일어남 또는 그렇게 되게 함
- ▷ 光復 광복 잃었던 빛을 회복함. 나라의 주권(主權)을 되찾음

* 出典: 列子(열자)

孤掌難鳴 고장난명 외로울 고 | 손바닥 장 | 어려울 난 | 울 명

외손뼉만으로는 소리가 울리지 않는다는 뜻으로
1. 혼자의 힘만으로 어떤 일을 이루기 어렵다는 말
2. 상대 없이는 싸움이 일어나지 않음을 비유하는 말

- **[유의어]** 獨掌難鳴 독장난명, 獨不將軍 독불장군 혼자서는 장군이 못 된다는 뜻. 협조
- ▷ 掌握 장악 손안에 잡아 쥔다는 뜻. 무엇을 마음대로 할 수 있게 됨.

* 出典: 水滸傳(수호전)

股掌之臣 고장지신 허벅지 고 | 손바닥 장 | 어조사 지 | 신하 신

다리와 손바닥처럼 임금의 손발이 되어 보필(輔弼)하는 신하, 임금이 가장 신임하는 신하를 비유

- **[유의어]** 股掌 고장, 股肱 고굉(다리와 팔), 股肱之臣 고굉지신
  肱膂 굉려(팔뚝과 등골 뼈), 爪牙之士 조아지사, 爪牙 조아(손톱과 어금니)

孤注一擲 고주일척 외로울 고 | 부을·물댈 주 | 노름할·던질 척

도박(賭博)꾼이 마지막 밑천을 다 걸고 달라붙는다는 뜻, 어떤 일에 전력을 기울여 운명(運命)과 흥망(興亡)을 걸고 마지막으로 모험(冒險)하는 것을 비유하는 말

- **[유의어]** 乾坤一擲 건곤일척, 一擲乾坤 일척건곤, 一擲賭乾坤 일척도건곤
  운명과 흥망을 걸고 단판걸이로 승부(勝負)나 성패(成敗)를 겨룸
  垓下之戰 해하지전 초(楚)나라 왕 항우(項羽)의 마지막 결전장(決戰場)
  在此一擧 재차일거 이 한번으로 담판을 지음. 한 번의 거사로 흥망이 결정됨

* 出典: 晉書(진서)

苦盡甘來 고진감래 쓸 고 | 다할 진 | 달 감 | 올 래

쓴 맛이 다하면 단 맛이 옴. 즉 고생(苦生) 끝에 낙(樂)이 온다는 말로 세상일은 돌고 돌아

순환(循環)됨을 비유하는 말

> 「반의어」 **興盡悲來** 흥진비래 즐거운 일이 지나가면 슬픈 일이 찾아옴[순환함]

▷ **苦集滅道** 고집멸도
고(苦)는 생로병사의 괴로움, 집(集)은 괴로움의 원인인 번뇌의 모임,
멸(滅)은 괴로움에서 벗어난 열반, 도(道)는 깨달음의 경지에 도달한 수행

鼓進金退 고진금퇴 북 고 | 나아갈 진 | 쇠(징) 금 | 물러날 퇴

군사훈련을 할 때 북을 치면 군사가 앞으로 전진(前進)하고 징을 치면 뒤로 퇴각(退却)함.
초보적인 군사훈련을 비유하는 말 = **鼓振** 고진

▷ **坐作進退** 좌작진퇴 앉고·서고·나아가고·물러서는 등의 기초적인 군사훈련

▷ **鉦鼓** 정고 징과 북[징: 중지 / 북: 전진]

孤雛腐鼠 고추부서 외로울 고 | 병아리·새 새끼 추 | 썩을 부 | 쥐 서

외로운 병아리와 썩은 쥐라는 뜻으로 하찮은 것 또는 보잘것없는 인물을 비유함
또는 이제까지 중용(重用)되던 인물이 헌신짝처럼 버려짐을 비유하는 말

> 「유의어」 **兎死狗烹** 토사구팽, **捨筏登岸** 사벌등안, 똥친 막대기
> **得魚忘筌** 득어망전 물고기[= 목적]를 잡고나면 통발[= 수단]을 잊음

* 出典: 後漢書(후한서)

高枕而臥 고침이와 높을 고 | 베개·잠잘 침 | 말 이을 이 | 누울·엎드릴 와

베개를 높이 받치고 편안(便安)히 잠을 잔다는 뜻, 마음이 한가(閑暇)하고 여유(餘裕)가 있어
근심 없이 편히 지냄을 비유하는 말

> 「유의어」 **高枕安眠** 고침안면, **高枕** 고침, **樂而忘憂** 낙이망우

▷ **高秩** 고질 높은 벼슬, 많은 녹봉 = **厚祿** 후록

* 出典: 史記(사기) 張儀列傳(장의열전)

古稀 고희 예(옛날) 고 | 드물 희

예로부터 드물다는 뜻으로 사람나이 일흔(70)살을 비유하여 말함

> 「유의어」 **七旬** 칠순, **七耋** 칠질, **從心** 종심 마음이 하고자 하는 바를 따름

▷ **人生七十古來稀** 인생칠십고래희 (에서 유래)
인생을 70세까지 사는 사람은 예로부터 드물었다는 말

▷ **從心所欲不踰矩** 종심소욕불유구 (에서 유래)
[종심= 70세]에는 마음이 하고 싶은 대로 하여도 법도를 어기지 않게 되었다는 말

轂擊肩摩 곡격견마 수레바퀴통 곡 | 부딪칠 격 | 어깨 견 | 문지를·갈 마

수레의 바퀴통이 서로 부딪히고 사람의 어깨가 서로 스친다는 뜻, 오고가는 수레와 행인들의
어깨가 서로 닿을 만큼 복잡하게 인파(人波)가 붐비는 번화(繁華)한 거리의 모습을 비유하는 말
[전국시대 제(齊)나라의 도읍(都邑)인 임치(臨淄)의 번화(繁華)한 거리를 묘사(描寫)]

유의어 肩摩轂擊 견마곡격, 轂擊 곡격, 車轂擊 人肩摩 거곡격 인견마

人馬絡繹 인마낙역　사람과 말의 왕래(往來)가 빈번(頻繁)하다는 말. 번화한 도시

▷ 轂下 곡하　임금의 수레바퀴아래 라는 뜻. 수도(首都)를 말함 = 서울[京: 경]

* 出典: 戰國策(전국책: 중국 前漢[전한]의 학자 劉向[유향]이 저술)

曲高和寡 곡고화과 곡조·굽을 곡 | 높을 고 | 화합 화 | 적을 과

곡조(曲調)가 높을수록 화답(和答)하는 사람도 적다는 뜻, 재능(才能)이 뛰어난 사람일수록
추종(追從)하는 무리들이 적은경우를 비유하는 말

▷ 寡人 과인　임금이 자기를 낮추어 겸손(謙遜)하게 일컫던 말 = 朕 짐

* 出典: 春秋戰國時代(춘추전국시대) 宋玉(송옥)의 말

曲突徙薪 곡돌사신 굽을 곡 | 굴뚝·갑자기 돌 | 옮길 사 | 섶·땔나무 신

굴뚝을 바깥쪽으로 구부리고 땔나무를 안전한 곳으로 옮긴다는 뜻, 화근(禍根)을 미리 치워
버림으로써 재앙(災殃)을 미연(未然)에 방지(防止)함을 비유하는 말

유의어 剪草除根 전초제근, 亡羊補牢 망양보뢰, 未然防止 미연방지

星火燎原 성화요원, 桑土綢繆 상토주무, 毫毛斧柯 호모부가

防患未然 방환미연　화를 당하기전에 재앙을 미리 막음

▷ 薪炭 신탄　땔나무와 숯 = 柴炭 시탄

* 出典: 漢書(한서) 霍光傳(곽광전)

告朔 곡삭 고할 곡 / 알릴 고 | (음력)초하루 삭

천자(天子)에게 받은 책력에 따라 매월(每月) 1일에 제후(諸侯)가 양(羊)을 바쳐 종묘(宗廟)에
고(告)한 후 그 달의 책력(冊曆)에 맞추어 정사(政事)를 펴던 일

▷ 餼羊 희양　곡삭(告朔)의 예(禮)에 쓰이던 희생양(犧牲羊)

▷ 朔 삭 = 삭일[朔日: 음력 매월 1일] / 望 망 보름(15일) / 晦 회　그믐(30일)

▷ 告由 고유　사삿집이나 나라에서 큰일이 있을 때, 사당(祠堂)이나 신명(神明)에게 고하는 일

▷ 告祀 고사　액운이 없어지고 행운이 오도록 술·떡·고기 등을 차려놓고 신령에게 비는 제사

曲直不問 곡직불문 굽을 곡 | 곧을 직 | 아닐 불 | 물을 문

굽었는지 곧았는지에 대해 묻지 않음, 옳고 그름에 대하여 따지지 아니함

『유의어』 不問曲直 불문곡직

▷ 是非曲直 시비곡직　옳고 그르고 굽고 곧음 ＝ 是非善惡 시비선악

曲學阿世 곡학아세 굽을 곡 | 배울 학 | 아부할·언덕 아 | 인간 세

왜곡(歪曲)되고 그릇된 학문으로 세상에 아첨(阿諂)한다는 뜻으로
평소(平素) 자기의 신조(信條)·소신(所信)·철학(哲學)등을 저버리고 학문(學問)을 자기가 원하는
방향(方向)으로 구부려서 그릇된 권세(權勢)나 시세(時勢)에 아첨(阿諂)함을 비유하는 말

▷ 歪曲 왜곡　비뚤어지게 굽음. 사실(事實)과 다르게 해석(解析)하거나 그릇되게 함

* 出典: 史記(사기) 儒林列傳(유림열전)

困獸猶鬪 곤수유투 곤할·괴로울 곤 | 짐승 수 | 오히려 유 | 싸움 투

곤경(困境)에 빠진 짐승은 도리어 죽기 살기로 덤벼든다는 뜻으로
1. 어려움에 처한 사람이 더욱 완강(頑强)하게 저항(抵抗)한다는 말
2. 약한 자가 궁지(窮地)에 몰리면 강한 자에게 덤벼 오히려 해칠 수 있다는 말

『유의어』 禽困覆車 금곤복거　잡힌 짐승이 괴로우면 수레를 뒤 엎는다. 위기에 큰 힘을 발휘
　　　　 窮鼠齧猫 궁서설묘　궁지(窮地)에 몰린 쥐가 필사적으로 고양이를 물어뜯는다는 말
　　　　 鳥窮則啄 조궁즉탁　쫓기던 새가 도망갈 곳을 잃게 되면 뒤돌아 상대방을 쫀다는 뜻

* 出典: 春秋左氏傳(춘추좌씨전)

琨玉秋霜 곤옥추상 옥돌 곤 | 구슬 옥 | 가을 추 | 서리 상

아름다운 옥(玉)과 가을의 맑은 서리, 고상(高尙)하고 기품(氣品)있는 인격을 비유하는 말

『유의어』 雲中白鶴 운중백학, 玉骨仙風 옥골선풍, 仙風道骨 선풍도골
　　　　 雲上氣稟 운상기품　마치 구름위에 있는 듯, 속됨을 벗어난 고상한 기질과 성품

* 出典: 後漢書(후한서) 孔融傳(공융전)

骨肉相殘 골육상잔 뼈 골 | 몸·고기 육 | 서로·얼굴·재상 상 | 죽일·남을 잔

같은 혈족[血族: 부자·형제]끼리 서로 해치고 죽임

『유의어』 骨肉相爭 골육상쟁, 骨肉相戰 골육상전
　　　　 兄弟鬩墻 형제혁장, 兄弟鬩牆 형제혁장, 煮豆燃萁 자두연기
　　　　 同族相殘 동족상잔　같은 겨레끼리 서로 싸우고 죽임

▷ 骨肉 골육, 骨肉之親 골육지친, 血肉 혈육, 血肉之親 혈육지친
　　뼈와 살 같은 친척이라는 뜻, 부자(父子)·형제(兄弟)·자매(姉妹)등 가까운 혈족을 이름

▷ 反骨 반골　뼈가 거꾸로 솟아있다는 뜻. 세상사나 권위 등에 순종하지 않고 반항하는 일

公卿大夫 공경대부　공작·공변될 공 | 벼슬 경 | 큰 대 | 사나이·지아비 부

삼공(三公)·구경(九卿)·대부(大夫)의 총칭. 벼슬이 높은 사람들의 비유

▷ 勻軸 균축　권력(權力)의 중심축(中心軸). 정승(政丞)을 비유하는 말 = 台鼎 태정
▷ 九卿 구경　의정부 좌우참찬(2)·육조판서(6)·한성부 판윤(1)의 아홉 대신(9)

空谷跫音 공곡공음　빌·없을·하늘 공 | 골(짜기) 곡 | 발자국소리 공 | 소리 음

아무도 없는 쓸쓸한 골짜기에서 울리는 사람의 발자국 소리
1. 적적하고 무료(無聊)할 때에 손님이나 기쁜 소식(消息)이 오는 일
2. 자기와 같은 의견(意見)이나 학설(學說)을 들었을 때의 기쁨을 비유하는 말

「유의어」 空谷足音 공곡족음

* 出典: 莊子(장자) 徐無鬼篇(서무귀편)

共命之鳥 공명지조　함께 공 | 목숨·운수 명 | 어조사·갈 지 | 새 조

목숨을 함께하는 새라는 뜻, 하나의 몸통에 머리가 두 개 달린 새로써 좋든 싫든 목숨을
공유(共有)하며, 만약 자기 혼자만 살려고 하면 결국 둘 다 공멸(共滅)하게 되는 운명공동체
즉, 한쪽 머리가 없어지면 남겨진 다른 한 쪽의 머리가 잘살게 될 거라고 생각되지만,
결국 둘 다 공멸(共滅)하게 된다는 경고(警告)의 의미가 있음.

불교경전에서 하나의 몸통에 두 개의 머리를 가졌다는 전설(傳說)의 새로써, 히말라야의 높은
설산(雪山)이나 극락세계에 살며 아름다운 목소리를 가진 상상의 새

「유의어」 共命鳥 공명조, 同命鳥 동명조, 相生鳥 상생조, 生生鳥 생생조

* 出典: 佛教經典(불교경전) 阿彌陀經(아미타경)

公私多忙 공사다망　공적일·공평할 공 | 사사·개인 사 | 많을·넓을 다 | 바쁠·조급할 망

공(公)적인 일, 사(私)적인 일 등으로 매우 바쁨

▷ 忙中閑 망중한　바쁜 가운데에 잠깐 얻어낸 틈
▷ 忙裏偸閑 망리투한　바쁜 중에도 잠시 틈을 타서 즐거이 놂 = 忙中偸閑 망중투한

孔席墨突 공석묵돌　구멍 공 | 자리 석 | 먹 묵 | 굴뚝·갑자기 돌

공자의 자리와 묵자 집의 굴뚝, 여기저기 몹시 바쁘게 돌아다닌다는 말

한(漢)나라의 역사가 반고[班固: 한서(漢書)의 저자]는, 춘추전국시대의 공자(孔子)와 묵자(墨子)의 유세(遊說)활동을 두고, 공자의 자리는 따뜻해 질 겨를이 없고 묵자 집의 굴뚝에는 그을음이 낄 새가 없다고 말 한 고사에서 유래

『유의어』 孔席不暖 墨突不黔 공석불난 묵돌불검, 戞過 알과

席不暇暖 석불가난, 東馳西走 동치서주, 東奔西走 동분서주

南船北馬 남선북마, 北馬南船 북마남선, 南行北走 남행북주

* 出典: 班固(반고) 答賓戲(답빈희)

功邃身退 공수신퇴 공적 공 | 이룰·성취할 수 | 몸 신 | 물러날 퇴

공을 이룬 뒤에는 그 자리에서 깨끗이 물러남 성공(成功)한 사람은 물러날 때를 알아야 함을 비유

『유의어』 功成身退 공성신퇴, 成功者退 성공자퇴

▷ 功過相半 공과상반 공로(功勞)와 허물이 반반(半半)이라는 뜻,
어느 누구라도 공도 있고 잘못도 있다는 말

* 出典: 老子(노자) 道德經(도덕경)

攻玉以石 공옥이석 칠·공격할 공 | 구슬 옥 | 써·~로써 이 | 돌 석

귀한 옥을 다듬는 것은 하찮은 돌이라는 뜻, 하찮은 물건이나 사람도 크고 중요한 일을 할 때는 귀하게 쓰일 수 있음을 비유하는 말

『유의어』 他山之石 타산지석 다른 산의 돌이라도 자기의 구슬을 가는 데 소용이 됨

▷ 反面敎師 반면교사 극히 나쁜 면만을 가르쳐 주는 선생이라는 뜻으로 따르거나
되풀이해서는 안 되는 나쁜 본보기로서의 사람이나 일을 이르는 말.

* 出典: 後漢書(후한서)

邛遇 공우 언덕 공 | 만날·맞설 우

공(邛)땅에서의 만남, 재자(才子)와 가인(佳人)이 우연(偶然)히 만나 서로 사랑하게 됨을 비유
한대(漢代)의 사마상여(司馬相如)가 공(邛)땅에서 탁문군(卓文君)을 꾀어 함께 달아났다는
고사에서 유래

▷ 不遇 불우 1. 살림이나 처지가 딱하고 어려움
2. 재능이나 포부를 가지고 있으면서도 때를 만나지 못하여 불운함

孔子門前賣孝經 공자문전매효경 팔 매 | 효도 효 | 글·날실 경

공자(孔子)의 집문 앞에서 효경(孝經)을 판다는 뜻으로 전문가 앞에서 미천한 자신의 재능을 자랑하는 사람을 두고 비웃는 말

> **「유의어」** 班門弄斧 반문농부 노반(魯班)의 집문 앞에서 도끼솜씨를 뽐냄. 함부로 잘난 체함
>
> ▷ 孔夫子 공부자 공자(孔子)의 높임말 = 공자님
>
> ▷ 孔門十哲 공문십철
>
> 안회(顔回), 민자건(閔子騫), 염백우(冉伯牛), 중궁(仲弓), 재아(宰我)
>
> 자공(子貢), 염유(冉有), 자로(子路), 자유(子有), 자하(子夏)

孔子穿珠 공자천주 구멍 공 | 어조사·아들 자 | 뚫을 천 | 구슬 주

공자(孔子)가 구슬[珠: 주]에 실을 꿴다는 뜻, 모르는 것을 만났을 때 자기보다 못한 사람에게
물어서 배우는 것이 부끄러운 일이 아니라는 것을 비유하는 말

공자가 [9개의 구멍이 복잡하게 뚫린] 구슬에 실을 꿰는 방법을 몰라 무지(無知)해 보이는
시골아낙에게 힌트를 얻어서 구슬을 꿰었다는 고사에서 유래

> **「유의어」** 不恥下問 불치하문, 耕當問奴 경당문노, 織當問婢 직당문비
>
> ▷ 密爾思之 思之密爾 밀이사지 사지밀이 조용히 생각하라 생각을 조용히 하라
>
> ▷ 密 고요할 밀 = 蜜 꿀 밀 [聯想(연상). 즉 꿀을 사용하여 답을 찾으라는 뜻]

* 出典: 祖庭事苑(조정사원)

空前絶後 공전절후 빌 공 | 앞 전 | 끊을 절 | 뒤 후

앞에는 비었고 뒤에는 끊어졌다는 뜻, 비교할만한 것이 이전에도 없고 이후에도 없음을 비유

> **「유의어」** 曠前絶後 광전절후, 前無後無 전무후무
>
> ▷ 前人未踏 전인미답 지금까지 어느 누구도 발을 들여놓거나 도달한 사람이 없음
>
> 지금까지 어느 누구도 손을 대 본 일이 없음

共存共榮 공존공영 함께 공 | 있을 존 | 영화·꽃필 영

함께 존재(存在)하고 함께 번영(繁榮)한다는 뜻으로 다함께 잘 살아나감을 이르는 말

> **「반의어」** 共倒同亡 공도동망 같이 쓰러지고 함께 망함
>
> ▷ 倒産 도산 기업 등이 재산을 잃고 망함 = 破産 파산, 不渡 부도
>
> ▷ 共鳴 공명 남의 사상이나 감정·행동 등에 공감하여 그에 따름
>
> ▷ 共生 공생 서로 도우며 함께 삶. 종류가 다른 생물이 서로 이익을 주고받으며 공동생활

空中樓閣 공중누각 빌 공 | 가운데 중 | 높은 건물·다락 루 | 높고 큰집 각

공중(空中)에 떠있는 누각(樓閣)이라는 뜻, 현실적인 아무런 근거(根據)나 토대(土臺)가 없는
가공(架空)의 사물이나 생각을 비유하는 말

『유의어』 乾闥婆城 건달바성, 幻焰 환염, 蜃氣樓 신기루

▷ 樓臺 누대　누각과 대사(臺榭 = 亭子[정자])와 같은 높은 건물

▷ 沙上樓閣 사상누각　기초가 약하여 오래 견디지 못할 일이나 실현 불가능한 일

* 出典: 沈括(심괄: 北宋[북송]의 학자·정치가) 夢溪筆談(몽계필담)

公聽竝觀 공청병관　공변될 공 | 들을 청 | 나란히 할 병 | 볼 관

공청(公聽)은 공변되게 여러 사람의 말을 받아들인다는 뜻. 병관(竝觀)은 쌍방을 아울러 본다는 말
즉 어떤 일을 처리(處理)하는 공평(公平)한 태도를 비유하는 말

[공변 : 행동이나 일 처리가 사사롭거나 치우침이 없이 공평함]

▷ 竝呑 병탄　남의 물건이나 다른 나라의 영토를 한데 아울러서 제 것으로 만듦 = 倂呑

公平無私 공평무사　공평할 공 | 평평할·바를 평 | 없을 무 | 개인·사사 사

모든 일을 바르게 처리하여 사사(私事)로운 이득이 없도록 함

『유의어』 公明正大 공명정대, 正正堂堂 정정당당, 光明正大 광명정대
滅私奉公 멸사봉공　개인의 욕심을 버리고 공공의 이익을 위하여 힘씀

功虧一簣 공휴일궤　공 공 | 이지러질 휴 | 하나·한 일 | 삼태기 궤

공(功)이 한삼태기의 부족으로 무너진다. 거의 성공(成功)을 눈앞에 둔 일을 도중에 중지함으로
인해 지금까지 수고한 일이 실패(失敗)하여, 아무런 보람 없이 허사(虛事)가 되고 만다는 비유

『유의어』 未成一簣 미성일궤　산을 만드는데 마지막 한삼태기 부족으로 이루지 못한다.
九仞功虧一簣 구인공휴일궤, 爲山九仞 功虧一簣 위산구인 공휴일궤
주(周)나라 소공(召公)이, 아홉 길 높이의 산을 쌓는데 있어서 한 삼태기의 흙만
더 올리면 다 될 것을 목전에 그만두어 지금까지 해온 일이 모두 헛일이 되었다는 뜻,
즉 정치(政治)를 등한(等閑)히 할까 염려되어 한말

* 出典: 書經(서경) 旅獒篇(여오편)

過恭非禮 과공비례　넘을 과 | 공손할 공 | 아닐 비 | 예도 례

지나친 공손(恭遜)은 예의(禮儀)가 아니라는 말

▷ 非禮之禮 비례지례　예의에 어긋나지 않은 듯이 보이나 실제로는 어긋남

▷ 禮儀凡節 예의범절　일상생활의 모든 예의와 절차

* 出典: 論語(논어) 公冶長(공야장)

瓜期 과기 오이 과 | 기약할·만날 기

외(瓜: 과[오이])가 익는 시기라는 뜻, 어떤 직책을 띠고 멀리 객지로 나가있는 벼슬아치 들이 일정기간을 마치고 고향이나 중앙으로 돌아오게 되는 것을 이르는 말

춘추(春秋)시대 제(齊)나라의 양공(襄公)이, 관리(官吏)를 임지(任地)로 보내면서 다음해 오이[瓜: 과]가 익을 무렵에는 돌아오게 하겠다고 약속(約束)한 고사에서 유래

【유의어】 瓜滿 과만, 瓜時 과시   * 木瓜 모과 모과나무의 열매

* 出典: 史記(사기)

誇大妄想 과대망상 자랑할 과 | 큰 대 | 허망할·망령될 망 | 생각할·상상할 상

자기의 능력·재산·용모 등의 현재 상태를 실제보다 턱없이 크게 과장(誇張)해서 그것을 사실인 것처럼 믿는 생각으로 자신이 아주 위대하거나 특별한 능력을 가졌다고 여기는 증상(症狀)

▷ 妄靈 망령   늙거나 정신이 흐려서 말과 행동이 정상을 벗어남
▷ 癡呆 치매   사회생활을 하는 데 필요한 지능·의지·기억 등 정신적인 능력이 상실된 상태
▷ 誇張 과장   사실보다 지나치게 부풀림

過門不入 과문불입 지날·넘을·허물 과 | 문 문 | 아닐 불 | 들 입

자기 집이나 아는 사람의 집 앞을 지나면서도 들러보지 못하고 지나칠 정도로 몹시 바쁘다는 말

하(夏)나라 우(禹)임금이 천자(天子)가 되어 밖으로 민정을 살피러 다니던 13년 동안 자기 집 문 앞을 지나도 들르지 못할 만큼 정치(政治)하기에 바빴다는 고사에서 유래

【유의어】 過門 과문, 孔席墨突 공석묵돌, 席不暇暖 석불가난
東閃西忽 동섬서홀, 應接不暇 응접불가, 應接無暇 응접무가
戞過 알과   친한 사람의 집문 앞을 들르지 않고 그냥 지나감 또는 빠뜨림

過勿憚改 과물탄개 허물·지날 과 | 곧 즉 | 말·없을 물 | 꺼릴 탄 | 고칠 개

허물이 있으면 즉시 고치기를 꺼리지 말라는 뜻, 사람은 누구나 잘못하기 마련이므로 잘못을 했을 때 즉시 고치지 않는 것이 더 큰 허물이라는 말

【유의어】 過則勿憚改 과즉물탄개
聞過色喜 문과색희, 聞過則喜 문과즉희
자신의 허물을 듣고 기뻐하고, 잘못에 대한 비판(批判)을 기꺼이 받아들인다는 말

▷ 忌憚 기탄   어렵게 여기어 꺼림 / 勿論 물론 말할 것도 없음
▷ 愆過 건과   허물(그릇되게 저지른 실수)

* 出典: 論語(논어)

過猶不及 과유불급 넘을 과 | 오히려 유 | 아닐 불 | 미칠·이를 급

모든 일에 있어서 지나친 것은 모자란 것만 같지 못하다는 뜻, 중용의 중요성을 강조하는 말

▷ **中庸** 중용　한쪽으로 치우침이 없이 올바른 상태나 정도(程度)

▷ **不狂不及** 불광불급　미치지(狂) 않으면 미치지(及) 못한다.

* 出典: 論語(논어) 先進篇(선진편)

瓜田李下 과전이하 오이 과 | 밭 전 | 자두나무 이·리 | 아래 하

남의 오이 밭에서 신발 끈을 고쳐 매지 말고 자두나무 아래에서 갓끈을 고쳐 매지 말라는 뜻,
우연(偶然)한 의심이나 오해(誤解)받기 쉬운 행동은 피하라는 말

[유의어] **瓜田不納履** 과전불납리, **李下不整冠** 이하부정관, **李下** 이하
烏飛梨落 오비이락　까마귀 날자 배 떨어진다는 뜻[까마귀가 오해를 삼]

▷ **甜瓜** 첨과　참외

* 出典: 文選(문선) 君子行(군자행)

袴下之辱 과하지욕 사타구니 과 / 바지 고 | 아래 하 | 갈 지 | 욕되게 할 욕

가랑이 밑을 기어 지나가는 치욕(恥辱)이라는 뜻

한신이 젊었을 때, 하루는 시장거리를 지나는 데 불량배들에게 아래와 같이 시비를 받았다.
"네가 칼을 차고 있는데 지금 나와 결투를 하여 이겨서 지나가던가, 그렇지 않으면 나의 가랑이
밑으로 기어서 지나가거라" 평소 천하의 큰 뜻이 있었던 '한신'은 상대의 가랑이 밑을 기어가면서
치욕(恥辱)을 참았다는 고사에서 유래

[유의어] **袴下辱** 과하욕, **受袴下辱** 수과하욕, **跨下之辱** 과하지욕

* 出典: 晉書(진서)

裹革之屍 과혁지시 쌀 과 | 가죽 혁 | 어조사(~의) 지 | 주검 시

말가죽에 싼 시체. 전사자의 시체(屍體), 즉 전장(戰場)에서 싸우다 죽어 시체(屍體)가
되겠다는 말로, 전쟁(戰爭)에 임하는 용장(勇將)의 비장(悲壯)한 각오(覺悟)를 비유하는 말

[유의어] **裹革之尸** 과혁지시, **馬革裹屍** 마혁과시, **決死抗戰** 결사항전

▷ **臨戰無退** 임전무퇴　전장(戰場)에 나아가 물러나지 않음을 이르는 말

* 出典: 後漢書(후한서) 馬援傳(마원전)

冠蓋相望 관개상망 갓 관 | 덮을 개 | 서로 상 | 바랄 망

관(冠)을 쓰고 일산(日傘: 蓋[개])을 받친 사신(使臣)의 수레가 앞과 뒤에서 서로의 덮개를
바라본다는 뜻. 즉 수레가 앞뒤에서 서로 잇달아 왕래(往來)가 그치지 않음을 비유하는 말

【유의어】 **冠蓋相續** 관개상속, **冠蓋相屬** 관개상촉

▷ **車水馬龍** 거수마룡   수레와 말의 왕래가 많아 매우 떠들썩한 상황. 행렬이 성대함

* 出典: 史記(사기)

關鍵 관건 빗장·자물쇠 관 | 열쇠 건

문빗장과 자물쇠를 아울러 이르는 말. 어떤 사물이나 문제 해결의 가장 중요한 부분을 비유

【유의어】 **要領** 요령, **裘領** 구령, **鈐鍵** 검건, **腜腓** 매비, **肯綮** 긍경
　　　　 輗軏 예월   수레와 수레를 연결하여 고정(固定)하는 쐐기 = **三寸之轄** 삼촌지할
　　　　 核心 핵심   사물의 가장 중심이 되는 부분이나 요점

觀過知仁 관과지인 볼 관 | 허물·과실 과 | 알 지 | 어질 인

과실을 보고 어짊을 안다는 뜻, 사람의 과실(過失)은 군자와 소인에 따라 서로 다르다는 말
즉 잘못한 내용을 보고 그 사람이 어진 성품인지 아닌지를 안다는 말

군자(君子)의 과오는 관대(寬待)한데서 나오고, 소인(小人)의 과오는 잔인(殘忍)한데서 나오는
것이므로, 그 과오(過誤)를 보고 인(仁)·불인(不仁), 군자·소인을 알 수 있음을 비유하는 말
즉 군자는 용서(容恕)하고, 소인은 복수(復讎)한다는 말

* 出典: 論語(논어)

管窺錐指 관규추지 대롱·피리 관 | 엿볼 규 | 송곳 추 | 가리킬·손가락 지

대나무 대롱으로 엿보고 송곳이 가리키는 그 뾰족한 끝을 본다는 뜻
1. 학식(學識)이나 견문(見聞)이 매우 좁음을 비유하는 말
2. 자신의 견해(見解)나 의견(意見)을 겸손(謙遜)하게 낮추어 하는 말

【유의어】 **通管窺天** 통관규천, **用管窺天** 용관규천, **管中窺豹** 관중규표
　　　　 少見多怪 소견다괴, **管中窺天** 관중규천
　　　　 淺學菲才 천학비재   학식이 얕고 재주가 변변치 않음. 자기의 학식을 겸손하게 이름

* 出典: 莊子(장자)

冠履顚倒 관리전도 갓 관 | 신발 리 | 꼭대기·엎어질 전 | 거꾸러질 도

갓과 신발의 위치가 서로 바뀌었다는 뜻, 상·하(上·下)의 위치(位置)가 거꾸로 됨을 비유하는 말

【유의어】 **冠履倒易** 관리도역, **主客顚倒** 주객전도, **本末顚倒** 본말전도
　　　　 客反爲主 객반위주, **乙丑甲子** 을축갑자, **刖趾適屨** 월지적구

* 出典: 後漢書(후한서)

寬猛相濟 관맹상제 너그러울 관 | 사나울 맹 | 서로 상 | 건널 제

관용(寬容)과 엄한 징벌(懲罰: 맹[猛])을 함께 시행(施行)한다는 뜻, 사람을 다스릴 때 너그러움과
엄격(嚴格)함이 서로 조화(調和)를 이루어야 함을 이르는 말

유의어 寬以濟猛 관이제맹, 猛以濟寬 맹이제관

* 出典: 左傳(좌전)

盥漱 관수 낯 씻을·대야 관 | 양치질할 수

1. 세수하고 양치질을 함   2. 손과 얼굴 씻는 일을 두루 이르는 말

유의어 頮濯 회탁

▷ 盥水 관수 손을 씻음 = 洗手 세수, 盥洗 관세

▷ 盥櫛 관즐 낯을 씻고 머리를 빗음 = 梳洗 소세, 巾櫛 건즐

▷ 盥櫛衣帶 관즐의대 세수하고 머리 빗고 의관을 정제함

寬仁大度 관인대도 너그러울 관 | 어질 인 | 큰 대 | 법도·제도 도

마음이 너그럽고 인자(仁慈)하며 도량(度量)이 큼을 뜻하고 다른 사람의 허물까지도 포용(包容)할 줄
아는 너그러운 인품(人品)을 지닌 사람을 칭찬(稱讚)하는 말로 사용함

▷ 寬容 관용 너그럽게 용서(容恕)하고 받아들임

▷ 寬待 관대 너그럽게 대접(待接)함

▷ 款待 관대 친절(親切)히 대하거나 정성(精誠)껏 대접함

* 出典: 史記(사기)

官猪腹痛 관저복통 벼슬 관 | 돼지 저 | 배 복 | 아플 통

관가(官家)에 있는 돼지[猪: 저]가 배앓이를 한다는 뜻, 자기와 아무런 관계가 없는 사람이 당하는
고통(苦痛)을 비유하는 말

▷ 돼지: 猪 저, 猪 저, 豚 돈, 亥 해, 豕 시, 彘 체

▷ 官界 관계 국가의 각 기관이나 그 관리들의 활동분야 = 宦海 환해, 官街 관가

* 出典: 旬五志(순오지)

管中窺豹 관중규표 대롱 관 | 가운데 중 | 엿볼 규 | 표범 표

대롱의 구멍을 통하여 표범을 엿 본다는 뜻
1. 세상을 보는 시야(視野)와 견문(見聞)이 매우 좁음을 비유하는 말
2. 자신의 견해(見解)나 의견(意見)을 겸손(謙遜)하게 말하는 경우에 사용

[좁은 구멍으로 보면 표범의 아름다운 전체무늬를 보지 못하고 극히 일부분만 보게 된다는 말]

『유의어』 管窺錐指 관규추지, 通管窺天 통관규천, 用管闚天 용관규천
　　　　管中窺天 관중규천, 少見多怪 소견다괴, 淺學菲才 천학비재

* 出典: 晉書(진서) 王獻之傳(왕헌지전)

觀天望氣 관천망기　볼 관 | 하늘 천 | 바랄 망 | 기운 기

하늘을 보고 기상상태를 예측(豫測)한다는 뜻, 구름의 모양, 바람의 변화, 대기의 움직임 등
여러 자연현상의 변화(變化)를 보고 날씨의 변화를 예측(豫測)하는 것을 이르는 말

▷ 天氣 천기　하늘에 나타난 조짐(兆朕). 하늘의 기상(氣象). 일기(日氣). 날씨.

▷ 先入觀 선입관　어떤 대상에 대해 이미 마음속에 가지고 있는 고정(固定)적인
　　　　　　　　관념(觀念)이나 견해(見解) = 先入見 선입견, 先入感 선입감

管鮑之交 관포지교　대롱·피리 관 | 절인물고기 포 | 사귈 교

중국 제(齊)나라 때 관중(管仲)과 포숙아(鮑叔牙)의 사귐, 우정(友情)이 아주 돈독(敦篤)하여
허물없는 친구사이를 비유하는 말

『유의어』 刎頸之交 문경지교, 膠漆之交 교칠지교, 水魚之交 수어지교
　　　　伯牙絶絃 백아절현, 高山流水 고산유수, 水魚 수어, 魚水親 어수친
　　　　知音 지음, 知己 지기, 心友 심우, 淡交 담교

『반의어』 市道之交 시도지교
　　　　　시장과 길거리에서 이루어지는 교제. 즉 이익이 있으면 서로 합하고,
　　　　　이익이 없으면 헤어지는 시정(市井)의 장사꾼과 같은 교제(交際)

　　　　　炎涼世態 염량세태
　　　　　세력 있을 때는 아첨(阿諂)하며 따르고 권세가 없어지면 푸대접하는 세상인심.

* 出典: 史記(사기)

冠婚喪祭 관혼상제　갓 관 | 혼인할 혼 | 죽을 상 | 제사 제

冠禮 관례　아이가 어른이 되는 예식 [남자는 갓을 쓰고, 여자는 쪽을 짐]= 成人式 성인식
婚禮 혼례　부부 관계(關係)를 맺는 서약(誓約)을 하는 의식(儀式)
　　　　　　= 婚禮式 혼례식, 洞房華燭 동방화촉, 華燭之典 화촉지전
喪禮 상례　상중(喪中)에 지키는 모든 예절(禮節) = 凶禮 흉례
祭禮 제례　제사(祭祀)의 예법(禮法)이나 예절

刮垢磨光 괄구마광　닦을·긁을 괄 | 때 구 | 갈 마 | 빛 광

때를 벗기고 갈고 닦아내어 광채를 냄, 사람의 결점(缺點)을 고쳐서 장점을 발휘(發揮)하게 함

▷ 垢穢 구예　때가 묻어 더러움

* 出典: 韓愈(한유) 進學篇(진학편)

刮目相對 괄목상대　긁을·비빌 괄 | 눈 목 | 서로 상 | 대할 대

눈을 비비고 다시 보며 상대를 대한다는 뜻, 오랜만에 만나서 학식(學識)이나 업적(業績)에 있어서 상대가 놀랄 정도로 발전(發展)한 것을 두고 비유하여 이르는 말

〔유의어〕 刮目 괄목, 日就月將 일취월장, 日進月步 일진월보
日將月就 일장월취, 將就 장취, 日就 일취

* 出典: 三國志(삼국지) 吳志(오지) 呂蒙傳注(여몽전주)

狂談悖說 광담패설　미칠 광 | 말씀 담 | 어그러질 패 | 말씀 설

이치(理致)에 맞지 아니하고 도의(道義)에도 벗어나는 말

〔유의어〕 狂言妄說 광언망설, 詭辯 궤변
▷ 淫談悖說 음담패설　음탕(淫蕩)하고 상스러운 이야기
▷ 悖戾 패려　말·행동이나 성질이 도리에 어긋나고 사나움
▷ 悖惡 패악　도리에 어긋나고 흉악(凶惡)함

光明正大 광명정대　빛 광 | 밝을 명 | 바를 정 | 큰 대

말과 행동이 떳떳하고 정당함

〔유의어〕 正大光明 정대광명, 公明正大 공명정대, 大公至平 대공지평
公明 공명, 公正 공정, 至公 지공, 至公至平 지공지평
至公無私 지공무사　지극히 공평하고 사사로움이 없음
▷ 耿光 경광　밝은 빛, 높은 덕
▷ 閃光 섬광　순간적으로 강렬하게 번쩍이는 빛 = 閃火 섬화

狂言綺語 광언기어　미칠 광 | 말씀 언 | 비단 기 | 말씀 어

이치(理致)에 맞지도 않고 화려(華麗)하게 수식(修飾)한 말, 사람의 흥미(興味)를 유발(誘發)하기 위해 교묘(巧妙)하게 수식(修飾)한 말을 이름
[일반적으로 소설(小說)·대본(臺本)·각본(脚本)등 과대(誇大)하게 꾸민 글 등을 말함]
▷ 佯狂 양광　거짓으로 미친 체함 / 狂亂 광란　미친 듯이 날뜀

* 出典: 白氏文集(백씨문집)

光陰如箭 광음여전　빛·양달 광 ｜ 그늘·응달 음 ｜ 같을 여 ｜ 화살 전

세월(歲月)은 쏜 살같이 빨리 지나가서 한번 지나가면 다시 돌아오지 않음을 비유하는 말
시간을 소중히 여기고 아껴 쓰라는 말

『유의어』　光陰如矢 광음여시,　光陰流水 광음유수,　歲月流水 세월유수

　　　　　光陰如逝水 광음여서수,　光陰如水 광음여수,　兎走烏飛 토주오비

▷　光陰 광음　해와 달, 낮과 밤, 시간이나 세월을 비유

曠日彌久 광일미구　빌·밝을 광 ｜ 날 일 ｜ 두루·오랠 미 ｜ 오랠 구

세월을 헛되이 보내며 오래도록 일을 질질 끈다는 말

『유의어』　曠日持久 광일지구,　虛送歲月 허송세월,　愒時 개시

▷　曠野 광야　아득하게 너른 벌판 ＝ 荒野 황야

▷　彌勒佛 미륵불　미륵보살

* 出典: 戰國策(전국책) 趙策(조책)

光風霽月 광풍제월　빛 광 ｜ 바람 풍 ｜ 갤 제 ｜ 달 월

비가 갠 뒤의 청량(淸涼)하게 부는 바람과 맑고 선명하게 비추는 달, 즉 마음이 넓고
쾌활(快活)하며 아무런 거리낌이 없는 시원한 인품을 비유하는 말
[황정견(黃庭堅)이 주돈이(周敦頤)의 인품(人品)을 평가(評價)한 고사에서 유래]

『유의어』　霽月光風 제월광풍,　淸風明月 청풍명월

　　　　　明鏡止水 명경지수　맑은 거울과 고요한 물, 즉 맑고 고요한 심경(心境)을 이름.

　　　　　雲心月性 운심월성　구름 같은 마음과 달 같은 성품, 무욕의 맑고 깨끗한 마음

* 出典: 宋書(송서) 周敦頤傳(주돈이전)

槐夢 괴몽　홰나무 괴 ｜ 꿈 몽

괴안국(槐安國)의 꿈, 한때의 허망한 부귀영화(富貴榮華)를 비유하는 말

당(唐)나라의 순우분(淳于棼)이 술에 취하여 남쪽으로 뻗어있는 홰나무(槐: 괴)밑에서 잠이
들었는데, 괴안국(槐安國)으로 부터 극진한 영접(迎接)을 받아 20년 동안 부귀영화(富貴榮華)를
누리는 꿈을 꾸었다는 고사에서 유래

『유의어』　槐安夢 괴안몽,　一場春夢 일장춘몽,　南柯一夢 남가일몽

　　　　　一炊之夢 일취지몽,　榮枯一炊 영고일취,　邯鄲之夢 한단지몽

怪常罔測 괴상망측　기이할 괴 ｜ 항상 상 ｜ 없을 망 ｜ 잴·헤아릴 측

괴이(怪異)하고 이상(異常)하며 추측(推測)이 불가능할 정도(程度)로 이치에 맞지 않는다는 말

▷ 不可思議 불가사의 마음으로 헤아릴 수 없는 오묘(奧妙)한 이치(理致)

觥籌交錯 굉주교착　뿔잔 굉 | 산가지·헤아릴 주 | 사귈 교 | 섞일 착

벌로 먹이는 술잔들과 술잔수를 세는 산(算)가지가 뒤섞인다는 뜻, 연회가 매우 성대함을 비유

「유의어」 杯盤狼藉 배반낭자, 秉燭夜遊 병촉야유, 卜晝卜夜 복주복야

長夜之飮 장야지음 날이 새도 창을 가리며 불을 켜놓고 며칠이고 계속되는 술자리

▷ 觥酌 굉작 술을 마심 / 酬酌 수작 술잔을 주고받음, 말을 주고받음

▷ 籌辦 주판 형편(形便)이나 사정(事情)을 헤아려 일을 처리함

= 忖度 촌탁, 料度 요탁, 揣摸 췌모, 絜矩 혈구

* 出典: 歐陽脩(구양수) 醉翁亭記(취옹정기)

矯角殺牛 교각살우　바로잡을 교 | 뿔 각 | 죽일 살 | 소 우

쇠뿔을 바로 잡으려다 소를 죽인다는 뜻으로 사소한 결점(缺點)이나 흠을 고치려다 수단(手段)이 지나쳐 도리어 일을 그르침의 비유

「유의어」 矯枉過直 교왕과직, 矯枉過正 교왕과정

捄弊生弊 구폐생폐 폐해를 바로 잡으려다가 도리어 폐단을 일으킨다는 말

小貪大失 소탐대실 작은 것을 탐내다가 큰 것을 잃음

嬌客 교객　아리따울 교 | 손(님) 객

아리따운 손님이라는 뜻, 사위를 달리 이르는 말

「유의어」 百年之客 백년지객, 半子 반자, 壻郎 서랑, 東床 동상, 東廂 동상

▷ 贅壻 췌서 데릴사위 = 率壻 솔서, 豫壻 예서, 豫婿 예서

▷ 嬌態 교태 아름답고 아양 부리는 자태 = 嬌姿 교자

蛟龍得水 교룡득수　교룡 교 | 용 룡 | 얻을 득 | 물 수

교룡(蛟龍)이 물[= 승천의 기회]을 얻었다는 뜻, 영웅호걸(英雄豪傑)이 좋은 기회를 만남의 비유

「유의어」 如魚得水 여어득수, 千載一遇 천재일우, 雲蒸龍變 운증용변

風雲之會 풍운지회 영웅호걸이 시기(時機)를 타서 뜻을 이룰 좋은 기회

▷ 蛟龍 교룡 때를 만나지 못해 뜻을 이루지 못하는 영웅호걸

* 出典: 北史(북사) 楊大眼傳(양대안전)

驕兵必敗 교병필패 교만할 교 | 군사 병 | 반드시 필 | 패할·무너질 패

자기 군대의 힘만 믿고 교만(驕慢)하여 적을 무시하고 위엄(威嚴)만 보이는 군대는 전쟁에서 반드시
패배(敗北)한다는 말

『유의어』 兵驕者滅 병교자멸, 輕敵必敗 경적필패 적을 얕보면 반드시 패함

『반의어』 哀兵必勝 애병필승 비분(悲憤)에 찬 군대(軍隊)는 반드시 승리(勝利)함

　　　　 三戶亡秦 삼호망진

　　　　 초나라가 다 망하고 세집만 남아도 그 억울함으로 진나라를 무너뜨릴 수 있다는 말로
　　　　 작은 힘일지라도 큰 결심을 하면 어떠한 난관(難關)도 극복(克服)한다는 말

▷ 驕肆 교사 교만(驕慢)하고 방자(放恣)함

巧不若拙 교불약졸 공교할 교 | 아닐 불 | 같을 약 | 졸할 졸

교묘(巧妙)한 것은 서툰 것만 못하다는 뜻, 약삭빠른 잔꾀보다는 우직한 진실함이 오히려
더 귀중(貴重)하다는 말

▷ 拙劣 졸렬 옹졸하고 천하여 서투름

喬松之壽 교송지수 높을 교 | 소나무 송 | 어조사 지 | 목숨 수

교송(喬松)의 수명(壽命)이라는 뜻, 사람이 장수(長壽)하는 것을 비유하는 말

교(喬)는, 주(周)나라시대의 신선 왕자교(王子喬)
송(松)은, 신농씨(神農氏) 무렵의 신선 적송자(赤松子) 둘 다 신선으로 장수함

『유의어』 松喬之壽 송교지수

* 出典: 戰國策(전국책)

巧言令色 교언영색 공교할 교 | 말씀 언 | 하여금 영·령 | 빛 색

아첨(阿諂)하는 말과 알랑거리는 태도(態度)라는 뜻, 남의 환심(歡心)을 사려고 아첨(阿諂)하는
교묘(巧妙)한 말과 남 보기 좋게 꾸미는 비굴(卑屈)한 얼굴빛을 형용(形容)하는 말

『유의어』 愉色婉容 유색완용 얼굴빛을 기쁘게 하고 태도를 부드럽게 함

『반의어』 剛毅木訥 강의목눌 심성(心性)이 착하고 언행(言行)이 바른 사람을 비유하는 말

　　　　 誠心誠意 성심성의 참되고 성실(誠實)한 마음과 뜻

▷ 巧言令色 鮮矣仁 교언영색 선의인 교언영색은 어짊[仁: 인]이 적다는 말

▷ 巧妙 교묘 ↔ 拙劣 졸렬

* 出典: 論語(논어) 學而篇(학이편)

矯枉過正 교왕과정   바로잡을 교 | 굽을 왕 | 지나칠 과 | 바를 정

굽은 것을 바로 잡으려다가 알맞은 정도를 지나쳐서 오히려 더 나쁘게 됨을 비유하는 말

▶ 유의어   矯枉過直 교왕과직, 矯角殺牛 교각살우, 捄弊生弊 구폐생폐

▷ 枉臨 왕림   남이 자기가 있는 곳으로 옴의 경칭 = 枉駕 왕가, 枉顧 왕고

＊ 出典: 後漢書(후한서) 仲長統(중장통)

敎子採薪 교자채신   가르칠 교 | 아들·자식 자 | 캘 채 | 섶·땔나무 신

자식(子息)에게 땔나무 해오는 법을 가르친다는 뜻, 근시안적인 안목을 지양(止揚)하고,
장기적인 안목(眼目)으로 근본적인 대책(對策)을 마련한다는 말의 비유

▷ 敎唆 교사   남을 꾀거나 부추기어 못된 짓을 하게 함 = 使嗾 사주

▷ 薪柴 신시   장작과 섶나무

＊ 出典: 續孟子(속맹자)

翹足而待 교족이대   우뚝할 교 | 발 족 | 말이을 이 | 기다릴 대

발뒤꿈치를 들고 서서 이제나저제나 하고 기다린다는 뜻, 또는 곧 바라는 기회가 온다는 말의 비유

▶ 유의어   翹望 교망   발돋움하여 바라본다는 뜻. 몹시 기다린다는 말
      延頸擧踵 연경거종, 延頸企踵 연경기종
      목을 길게 빼고 발뒤꿈치를 들고 힘들게 기다림
      鶴首苦待 학수고대   학의 목처럼 길게 빼고 몹시 힘들고 애타게 기다림

▷ 翹楚 교초   여럿 가운데서 뛰어남, 뛰어난 인물 = 白眉 백미, 壓卷 압권

＊ 出典: 史記(사기)

膠柱鼓瑟 교주고슬   아교 교 | 기둥 주 | 북 고 | 큰 거문고·비파 슬

비파나 거문고의 기러기발을 아교(阿膠)로 붙여 놓고 거문고를 탄다는 뜻(한 가지 소리만 남),
고지식하여 전혀 융통성이 없거나 고집불통을 나타낼 때 쓰는 말 또는 소용없는 행위

▷ 雁足 안족   기러기발[현악기(絃樂器)의 줄을 고르는 기구]

▷ 膠着 교착   단단히 달라붙음, 변동(變動)이 없음. 고정(固定)됨

＊ 出典: 史記(사기) 藺相如傳(인상여전)

巧遲拙速 교지졸속   공교할 교 | 더딜·늦을 지 | 졸할 졸 | 빠를 속

전쟁을 할 때 교묘(巧妙)한 전략(戰略)을 짜느라 지체(遲滯)하는 것보다 좀 덜 준비되었더라도
제때에 공격(攻擊)하여 속전속결(速戰速決)로 끝내는 것이 더 낫다는 말

「유의어」 **兵聞拙速** 병문졸속 전쟁은 졸렬(拙劣)하여도 빨리 끝내야 한다는 말

▷ **巧遲不如拙速** 교지불여졸속 (에서 유래) 교지는 졸속만 못하다

▷ **巧遲** 교지 교묘한 전략을 따지다가 때를 놓치는 것

▷ **拙速** 졸속 전략이 완벽하지 않더라도 속전속결하는 것

▷ **遲滯** 지체 때를 늦추거나 질질 끎. 의무 이행(履行)을 정당한 이유 없이 지연(遲延)하는 일

* 出典: 孫子(손자)

交淺言深 교천언심 사귈 교 | 얕을 천 | 말씀 언 | 깊을 심

사귐은 얕으나 말은 깊다는 뜻, 사귄지는 오래지 않으나 서로 심중(心中)을 털어놓고
이야기함을 비유하는 말

「유의어」 **傾蓋如故** 경개여고, **傾蓋如舊** 경개여구

「반의어」 **白頭如新** 백두여신 백발(白髮)이 되도록 오래 사귀어도 친함이 없음

▷ **淺薄** 천박 학문이나 생각이 얕거나 말과 행동이 상스러움

▷ **甚深** 심심 마음의 표현 정도가 매우 깊고 간절(懇切)함

* 出典: 戰國策(전국책)

膠漆之交 교칠지교 아교 교 | 옻 칠 | 어조사 지 | 사귈 교

아교(膠)와 옻칠(漆)처럼 아주 친밀(親密)하여 서로 떨어 질레야 떨어질 수 없는 사귐을 비유
[당(唐)나라의 시인 백거이(白居易)가 친구 원미지(元微之)에게 보낸 편지에서 유래]

「유의어」 **膠漆之心** 교칠지심, **管鮑之交** 관포지교, **水魚之交** 수어지교

* 出典: 元微之(원미지) 白氏文集(백씨문집)

狡兔三窟 교토삼굴 교활할 교 | 토끼 토 | 석 삼 | 굴 굴

교묘한 토끼는 미리 세 개의 숨을 굴을 파놓는다는 뜻, 사람이 교묘(巧妙)하게 숨어
재난(災難)을 잘 피함을 비유하는 말

「유의어」 **兔營三窟** 토영삼굴 토끼가 위기(危機)를 피하려고 세 개의 굴을 파 놓음

▷ **狡猾** 교활 간사(奸詐)하고 꾀가 많음 = **狡獪** 교쾌

▷ **洞窟** 동굴 자연적으로 생긴 깊고 넓은 큰 굴 = **洞穴** 동혈

* 出典: 史記(사기) 孟嘗君列傳(맹상군열전)

教學相長 교학상장 가르칠 교 | 배울 학 | 서로 상 | 길·어른 장

가르치고 배우면서 서로 성장(成長)한다는 뜻, 스승은 학생에게 가르침으로써 성장(成長)하고

학생은 스승에게 배움으로써 진보(進步)한다는 말

⌐유의어⌐ **斅學半** 효학반 가르침 반 배움 반. 남을 가르치는 일은 나에게도 공부가 된다는 말

▷ **敎誨** 교회 잘 가르쳐 지난날의 잘못을 깨우치게 함

* 出典: 禮記(예기)

口角流沫 구각유말 입구 | 뿔·모퉁이 각 | 흐를 유 | 거품 말

입가(口角: 구각)에서 거품이 흐른다는 뜻, 논쟁(論爭)을 심하게 한다는 말의 비유

⌐유의어⌐ **口角飛沫** 구각비말, **激論** 격론, **甲論乙駁** 갑론을박, **論駁** 논박

▷ **呶呶不休** 노노불휴 마구 떠듦. 수다스럽게 입을 놀림

▷ **口角春風** 구각춘풍 입가(口角: 구각)에서 봄바람이 분다는 뜻,
　　　　　　　　　　좋은 말재주로 남을 칭찬하여 즐겁게 해 줌을 비유하는 말

鳩居鵲巢 구거작소 비둘기 구 | 살 거 | 까치 작 | 새집 소

비둘기는 자기 집을 짓지 않고 까치집에서 산다는 뜻으로
1. 아내가 남편의 집을 자기 집으로 삼는 것을 비유
2. 남의 집을 빌려 사는 것을 비유

▷ **烏鵲橋** 오작교 칠월칠석날 견우와 직녀를 위해 까마귀와 까치가 은하(銀河)에 놓는 다리

▷ **巢窟** 소굴 범죄자(犯罪者)나 악한(惡漢)들의 무리가 모이는 본거지 = **巢穴** 소혈

* 出典: 詩經(시경)

究竟涅槃 구경열반 연구할 구 | 마침내 경 | 개흙 열 | 쟁반 반

모든 번뇌(煩惱)를 완전히 소멸(消滅)시키고 최상의 깨달음을 얻은 경지에 이른 열반(涅槃)으로
곧 부처의 경지(境地)를 이르는 말 또는 승려의 죽음

⌐유의어⌐ **大般涅槃** 대반열반, **無上涅槃** 무상열반, **涅槃** 열반
　　　　　　　모든 번뇌에서 벗어난, 영원한 진리를 깨달은 경지 또는 승려의 죽음

▷ **究竟不淨** 구경부정 사람이 죽어서 파묻히면 흙이 되고, 벌레가 먹으면 똥이 되고,
　　　　　　　　　불에 타면 재가 되는 등 신체의 종말(終末)이 깨끗하지 못하다는 불교의 말

九曲肝腸 구곡간장 아홉 구 | 굽을 곡 | 간 간 | 창자 장

아홉 번 굽이굽이 구부러진 창자라는 뜻, 굽이굽이 사무친 마음속이나 시름 많은 마음속을 비유

▷ **高山九曲歌** 고산구곡가 율곡(栗谷) 이이(李珥)가 지은 시조(時調)

▷ **曲說** 곡설 한쪽으로 치우쳐 바르지 못한 이론

救過不贍 구과불섬 건질·구제할 구 | 허물 과 | 아닐 불 | 넉넉할 섬

과거(過去)의 잘못을 구제(救濟)하는데 시간이 부족하다는 뜻으로
자신의 잘못을 바로 잡는 일조차 충분(充分)하지 못함을 비유하는 말

▷ **救恤** 구휼   빈민(貧民)·이재민(罹災民)에게 금품을 주어 구제(救濟)함

▷ **贍賑** 섬진   재물을 주어 도와 줌

* 出典: 史記(사기)

舊官名官 구관명관   예·오랠 구 | 벼슬 관 | 이름 명

구관(舊官)이 명관(名官)이라는 뜻
1. 나중 사람을 겪어 봄으로써 먼저 사람이 좋은 사람임을 알게 된다는 말
2. 무슨 일이든지 경험(經驗)이 많거나 익숙한 사람이 더 잘하는 법이라는 말

救國干城 구국간성   구원할·건질 구 | 나라 국 | 방패·범할 간 | 성 성

나라를 구하는 방패(防牌)와 성(城), 나라를 수호(守護)하는 믿음직한 군인이나 군대(軍隊)

『유의어』 干城 간성, 干城之材 간성지재

▷ **棟梁** 동량   마룻대와 들보. 한 집안이나 한 나라의 기둥이 될 만한 인재 = **棟梁之材**

▷ **干戈** 간과   병장기(兵仗器). 무기(武器). 전쟁(戰爭) = **干戚** 간척

舊弓新矢 구궁신시   예·옛 구 | 활 궁 | 새 신 | 화살 시

오래된 활[弓: 궁]과 새 화살[矢: 시]
어울리지 않을 것 같은 이 둘이 만나 목표(目標)를 더 잘 맞힌다는 고사에서 유래

▷ **盧弓盧矢** 노궁노시   까만 칠을 한 활과 화살. 정벌의 권한을 상징[천자가 제후에게 하사]

九年面壁 구년면벽   아홉 구 | 해 년 | 낯·얼굴 면 | 벽 벽

구년 동안 벽(壁)을 바라보았다는 뜻, 오랫동안 홀로 좌선(坐禪)하여 득도(得道)함을 비유하는 말
달마(達磨)대사가 숭산(嵩山)의 소림사(少林寺)에서 9년 동안 벽을 마주 대하고 좌선하여 도를
터득(攄得)한 일

『유의어』 面壁九年 면벽구년, 愚公移山 우공이산, 鐵杵磨針 철저마침
    水滴穿石 수적천석, 山溜穿石 산류천석

* 出典: 五燈會元(오등회원) 東土祖師篇(동토조사편)

瞿曇之敎 구담지교   놀라서볼 구 | 흐릴 담 | 가르칠 교

불교(佛敎)를 달리 이르는 말 또는 석가모니의 가르침

▷ **瞿曇** 구담 성도(成道)하기 전의 석가(釋迦)를 말함

▷ **聃丘** 담구 노자(老子)와 공자(孔子)

求道於盲 구도어맹 구할 구 | 길 도 | 어조사 어 | 눈멀·소경 맹

맹인(盲人)에게 길을 묻는다는 뜻, 방법이 잘못되어 있기 때문에 아무런 효과도 없음을 비유

▷ **盲目** 맹목 사리판단에 어두운 눈 또는 보여도 보지 못한다는 뜻

* 出典: 韓愈(한유) 答陳生書(답진생서)

求同存異 구동존이 구할 구 | 같을 동 | 있을 존 | 다를 이

서로의 입장이 다른 점은 인정(認定)하면서 공동의 이익(利益)을 위해 함께 추구(追求)
한다는 뜻, 중국이 한국의 사드배치에는 반대 입장이 분명하지만[잠시 현안문제를 미루고]
우선 실리적으로 경제 등 다른 분야에서는 협력을 강화(強化)하자는 말

[주은래 당시, 중국의 외교원칙: 중국의 시진핑(習近平) 주석(主席)이 인용발언]

▷ **和而不同** 화이부동 남과 화목하게 지내면서 휩쓸리지 않고 자신의 중심을 지킴

求同化異 구동화이 구할 구 | 같을 동 | 될 화 | 다를 이

공동의 이익을 추구하되 이견(異見)이 있는 부분까지 공감대(共感帶)를 확대(擴大)한다는 뜻,
한국의 사드문제와 관련(關聯)해 중국 측과 전략(戰略)적 소통(疏通)을 강화하겠다는 의지를 밝힘

[한국의 대통령이 입장을 중국에 화답(和答)]

▷ **化異** 화이 서로 다른 점을 상대의 주장에 따름(化: 화)

▷ **和異** 화이 서로 다른 점을 상대와 뜻을 맞추어(和: 화) 좋은 결과를 도출(導出)함

口頭三昧 구두삼매 입 구 | 머리 두 | 석 삼 | 어두울 매

경문(經文)의 글귀만 읽고 참된 선리(禪理)를 닦지 않는 수도(修道)

【유어어】 **口頭禪** 구두선, **口頭辨** 구두변, **口皮禪** 구피선

▷ **三昧** 삼매 잡념(雜念)을 버리고 한 가지에만 마음을 집중(集中)시키는 경지

▷ **蒙昧** 몽매 어리석고 사리에 어두움

臼頭深目 구두심목 절구 구 | 머리 두 | 깊을 심 | 눈 목

절구머리에 움푹 들어간 눈이라는 뜻, 못생긴 여자를 비유하는 말

【유어어】 **醜女** 추녀, **薄色** 박색, **醜醜婦** 추추부, **東施** 동시

刻畫無鹽 각화무염, 無鹽醜女 무염추녀

▷ 臼杵 구저 절구와 절굿공이

▷ 反目 반목 서로 사이가 좋지 않고 미워함

裘領 구령 갖옷(가죽옷) 구 | 옷깃·거느릴 령

갖옷[裘 = 가죽옷]의 깃[領: 령]이라는 뜻, 사물의 가장 긴요(緊要)하고 으뜸이 되는
골자(骨子)나 이치(理致)를 비유하는 말

유의어 喉衿 후금 목구멍과 옷깃, 가장 중요한 곳

肯綮 긍경 사물의 핵심(核心)이나 일의 관건(關鍵)이 되는 부분

關鍵 관건 문빗장과 열쇠. 문제 해결(解決)의 가장 중요한 부분

核心 핵심, 要領 요령, 鈐鍵 검건, 輗軏 예월, 三寸之轄 삼촌지할

鷗鷺忘機 구로망기 갈매기 구 | 해오라기 로 | 잊을 망 | 틀·기계 기

바닷가에서 갈매기와 해오라기 노는 것을 보며 세상일을 잊는다는 뜻, 은둔(隱遁)하며 살면서
속세(俗世)의 일을 잊음

▷ 隱遁 은둔 세상일을 피해 숨음

劬勞之恩 구로지은 수고할 구 | 일할·힘쓸 로 | 어조사 지 | 은혜 은

자기를 낳아 고생하며 기른 부모의 은혜(恩惠)

유의어 卵翼之恩 난익지은, 卵育之恩 난육지은

劬勞之感 구로지감 부모의 은덕(恩德)을 생각하는 마음

舐犢之情 지독지정, 舐犢之愛 지독지애
어미 소가 송아지를 혀로 핥아 준다는 뜻, 자식에 대한 부모의 지극한 사랑

▷ 劬勞日 구로일 자기를 낳아서 기르느라고 부모가 애쓰기 시작한 날 = 생일

丘里之言 구리지언 언덕 구 | 마을 리 | 어조사 지 | 말씀 언

민간(民間)에서 떠도는 촌스러운 말
1. 항간(巷間)에 떠도는 속된 말   2. 근거(根據)없이 떠도는 터무니없는 말

유의어 街談巷說 가담항설, 道聽塗說 도청도설

浮言浪說 부언낭설, 浮言流說 부언유설, 流言蜚語 유언비어

▷ 丘山 구산 언덕과 산 = 岡巒 강만

* 出典: 莊子(장자) 則陽篇(칙양편)

狗馬之心 구마지심 개 구 | 말 마 | 어조사 지 | 마음 심

개나 말이 그 주인에게 바치는 충성심. 자기의 진심을 낮추어 겸손하게 이르는 말

유의어 犬馬之勞 견마지로, 犬馬之誠 견마지성, 犬馬之役 견마지역

犬馬之心 견마지심 임금이나 나라에 충성을 다하는 신하나 백성의 마음

* 出典: 漢書(한서)

狗猛酒酸 구맹주산 개 구 | 사나울 맹 | 술 주 | 초(醋)·실 산

술집에서 기르는 개가 사나우면 찾아오는 손님들이 개를 무서워하여 술집에 들어오지
못하게 되면 술이 시어져 결국 팔지 못한다는 뜻, 즉 조정(朝廷)에 간신배(奸臣輩)가 있으면
어진 신하가 등용(登用)되지 못함을 비유하는 말

유의어 酒酸不售 주산불수, 猛狗之患 맹구지환

* 出典: 韓非子(한비자) 外儲說(외저설) 右上

口無完人 구무완인 입 구 | 없을 무 | 완전할 완 | 사람 인

그 입에 오르면 온전한 사람이 없다는 뜻으로 누구를 만나든지 결점만을 들추어 나쁘게
말한다는 말 또는 그런 결점(缺點)만 들추는 사람을 욕(辱)하는 말

▷ 口傳心授 구전심수 말로 전하고 마음으로 가르친다는 뜻으로
일상생활을 통하여 저절로 몸에 배도록 가르침을 일컫는 말.

狗尾續貂 구미속초 개 구 | 꼬리 미 | 이을 속 | 담비 초

개꼬리로 담비꼬리를 이음. 즉 담비꼬리가 모자라 개꼬리로 잇는다는 뜻
1. 좋은 것이 부족하여 나쁜 것으로 뒤를 잇는다는 말
2. 훌륭한 인물이 없어 자질부족의 사람을 고관대작(高官大爵)에 등용(登用)시킴을 비유하는 말

유의어 續貂之譏 속초지기 쓸 만한 인물이 없어 그만 못한 사람을 등용함을 비웃는 말

* 出典: 晉書(진서) 趙王倫傳(조왕륜전)

口蜜腹劍 구밀복검 입 구 | 꿀 밀 | 배 복 | 칼 검

입에는 꿀이 있고 뱃속에는 칼이 있다는 뜻, 말로는 친한 체하나 속으로는 해칠 생각을
가짐을 비유하는 말

유의어 口有蜜復有劍 구유밀복유검, 笑裏藏刀 소리장도, 笑中刀 소중도

陽奉陰違 양봉음위, 綿裏藏針 면리장침 겉으로는 부드러움 속은 흉악함

噂沓背憎 준답배증 만나서는 친한체하며 추켜올려 이야기하고 돌아서서는 욕함

面從腹背 면종복배　겉으로는 복종하는 체하면서 마음속으로는 배반함

蛇心佛口 사심불구　뱀 같은 흉악한 심보에 부처님 같은 말씀

* 出典: 新唐書(신당서) 資治通鑑(자치통감) 唐紀(당기)

毆槃捫燭 구반문촉　때릴·칠 구 | 쟁반 반 | 어루만질 문 | 촛불 촉

장님이 쟁반을 두드리고 초를 어루만져 본 것만으로 태양(太陽)에 대해 아는 척 말한다는 뜻,
확실하지 않은 것을 남의 말만 듣고 지레짐작으로 이렇다 저렇다 논하지 말라는 말

【유어】 群盲撫象 군맹무상, 群盲評象 군맹평상, 鐘盤燭籥 종반촉약
　　　 矮子看戲 왜자간희, 矮人觀場 왜인관장

* 出典: 蘇東坡(소동파) 日喩(일유)

狗飯橡實 구반상실　개 구 | 밥 반 | 상수리나무 상 | 열매 실

개밥의 도토리라는 속담(俗談)에서 유래(由來)한 말로, 따돌림을 당하거나 외톨이가 되는 것을 비유

【유어】 道傍苦李 도방고리　길가에 있는 맛이 쓴 자두. 안 먹음. 사람들에게 버림받음

* 出典: 東言解(동언해)

口腹之計 구복지계　입 구 | 배 복 | ~의 지 | 꾀 계

입(口: 구)과 배(腹: 복)에 대한 계책이라는 뜻, 즉 먹고 살아가는 계책(計策)이나 방법(方法)

【유어】 糊口策 호구책, 糊口之計 호구지계, 糊口之方 호구지방
　　　 糊口之策 호구지책　겨우 먹고 살아가는 방책 = 生計 생계

* 出典: 松南雜識(송남잡지)

救死不瞻 구사불첨　건질·구원할 구 | 죽을 사 | 아닐 불 | 볼 첨

죽음을 피해보려고 다른 것은 돌아볼 겨를이 없다는 뜻, 자신의 곤란(困難)이 극도(極度)에 달하여
다른 일을 돌아볼 겨를이 없음을 비유

【유어】 吾鼻三尺 오비삼척　내 코가 석 자, 자기 사정이 급해서 남을 돌볼 겨를이 없음

九死一生 구사일생　아홉 구 | 죽을 사 | 하나 일 | 날 생

아홉 번 죽을 고비에서 한번 살아남. 죽을 고비를 여러 차례 넘기고 겨우 살아남을 비유

【유어】 百死一生 백사일생, 萬死一生 만사일생, 虎口餘生 호구여생
　　　 十生九死 십생구사, 起死回生 기사회생, 饑死僅生 기사근생

* 出典: 離騷(이소)

口尙乳臭 구상유취 입구 | 오히려 상 | 젖 유 | 냄새 취

입에서 아직 젖 냄새가 난다는 뜻, 말이나 행동이 유치(幼稚)함을 얕잡아 이르는 말

> **유의어** 黃口乳臭 황구유취, 黃口小兒 황구소아, 黃口乳兒 황구유아
> 襁褓小兒 강보소아, 襁褓幼兒 강보유아 / 襁褓 강보 포대기

▷ 黃口 황구 부리가 누른 새 새끼. 곧 어린아이를 비유. 유치(幼稚)하다는 말

▷ 口舌 구설 시비(是非)하거나 헐뜯는 말

▷ 銅臭 동취 동전에서 나는 냄새라는 뜻으로
재물을 자랑하거나 돈으로 출세한 사람을 비웃는 말

* 出典: 史記(사기) 高祖紀(고조기)

具膳飱飯 구선손반 갖출 구 | 반찬·선물선 | 저녁밥 손 | 밥 반

반찬(飯饌)을 다 갖추고 밥을 먹는다는 말

▷ 適口充腸 적구충장 훌륭한 음식(飮食)이 아니라도 입에 맞으면 배를 채움

▷ 晩食當肉 만식당육 배가 고플 때는 무엇을 먹든지 고기처럼 맛있다는 말. 시장이 반찬

▷ 膳賜 선사 존경(尊敬)·축하(祝賀)·애정(愛情)의 뜻으로 남에게 선물을 줌

* 出典: 千字文(천자문)

救世濟民 구세제민 건질 구 | 인간 세 | 건널 제 | 백성 민

어지러운 세상을 구원(救援)하고 고통(苦痛)받는 백성을 구제(救濟)함

> **유의어** 救世 구세, 經世濟民 경세제민

▷ 救恤 구휼 빈민(貧民)·이재민(罹災民)에게 금품을 주어 구제함

▷ 饋恤 궤휼 가난한 사람들에게 물건을 주어 구제(救濟)함

鳩首會議 구수회의 비둘기구 | 머리 수 | 엉길 응 | 의논할 의

비둘기가 무리를 지어 머리를 맞대고 모이를 먹듯이 여러 명이 머리를 맞대고 의논함[그런 회의]

> **유의어** 鳩首凝議 구수응의

▷ 鳲鳩 시구 뻐꾸기와 비둘기

九十春光 구십춘광 아홉구 | 열 십 | 봄 춘 | 빛 광

석 달 동안의 화창(和暢)한 봄 날씨, 노인의 마음이 청년(靑年)처럼 젊음을 이르는 말

> **유의어** 老當益壯 노당익장, 老益壯 노익장
> 늙었지만 의욕이나 기력은 점점 좋아짐[또는 그런 상태]
>
> 白髮靑春 백발청춘 머리는 백발, 마음은 청춘

口若懸河 구약현하 입 구 ㅣ 같을 약 ㅣ 매달 현 ㅣ 물 하

입에서 나오는 말이 마치 폭포수가 쏟아지는 것 같다는 뜻, 거침없이 말을 잘하는 것을 비유함

진(晉)나라 때 곽상(郭象)은 논쟁을 벌일 때마다 풍부한 지식을 바탕으로 이치를 논하였다. 왕연(王練)이 "곽상의 말을 듣고 있으면 마치 흐르는 물이 큰 물줄기로 쏟아져 마르지 않는 것과 같다"고 말한 고사에서 유래

> **유의어** 口如懸河 구여현하, 懸河之辯 현하지변, 懸河雄辯 현하웅변
>
> 靑山流水 청산유수 푸른 산에 맑은 물이라는 뜻으로
> 막힘없이 말을 잘하거나 그렇게 하는 말의 비유.

* 出典: 晉書(진서) 郭象傳篇(곽상전편)

九牛一毛 구우일모 아홉 구 ㅣ 소 우 ㅣ 하나 일 ㅣ 터럭 모

아홉 마리의 소 들 중에 박힌 하나의 털, 대단히 많은 것 중에 아주 적은 것의 비유

> **유의어** 滄海一滴 창해일적, 大海一粟 대해일속, 大海一滴 대해일적
>
> 蒼海一粟 창해일속 넓고 큰 바다 가운데 한 알의 좁쌀. 아주 작음

* 出典: 漢書(한서) 司馬遷傳(사마천전)

口耳之學 구이지학 입 구 ㅣ 귀 이 ㅣ 어조사 지 ㅣ 배울 학

남에게 들은 것을 자기의 생각이나 이해(理解)가 없이 그대로 남에게 전하는 정도가 고작인 학문

> **유의어** 記誦之學 기송지학, 記問之學 기문지학

▷ 率口而發 솔구이발 입에서 나오는 대로 함부로 말을 지껄임. 경솔(輕率)하게 말을 함

▷ 口碑傳承 구비전승 문자가 없어 사용하지 못하던 상황에서 말로 이어져 계승되는 일

* 出典: 荀子(순자) 勸學篇(권학편)

求田問舍 구전문사 구할 구 ㅣ 밭 전 ㅣ 물을 문 ㅣ 집 사

논밭과 살림할 집을 구하는 데만 마음을 쓴다는 뜻, 자기 일신상의 이익(利益)에만 마음을 쓸 뿐 국가의 대사(大事)를 돌보지 아니함을 비유하는 말

▷ 寄宿舍 기숙사 학교나 공장에 딸려 있어 학생이나 직원들이 함께 자고 먹고 사는 집

* 出典: 魏志(위지)

求全之毁 구전지훼 구할 구 | 온전할 전 | 어조사 지 | 헐 훼

몸과 마음을 닦아 행실을 온전히 하려다가 도리어 뜻밖에 남에게서 듣는 비방(誹謗)

▷ **誹毁 비훼** 남을 헐뜯어서 명예(名譽)를 상하게 함

▷ **求則得之 구즉득지** 무엇을 구하면 곧 이를 얻을 수 있음

▷ **舍則失之 사즉실지** 놓으면 잃는다는 말

* 出典: 孟子(맹자)

九折羊腸 구절양장 아홉 구 | 꺾을 절 | 양 양 | 창자 장

아홉 번 꺾어진 양의 창자라는 뜻
1. 꼬불꼬불하고 험한 산길을 비유   2. 세상이 복잡(複雜)하여 살아가기 어렵다는 말

『유의어』 九曲羊腸 구곡양장, 九折 구절

▷ **嶢崎 요기** 복잡(複雜)하고 곡절(曲折)이 많음

▷ **崎嶇 기구** 산길이 험함. 세상살이가 순탄(順坦)하지 못하고 가탈이 많음

▷ **屈折 굴절** 휘어서 꺾임. 생각·말 등이 어떤 것에 영향을 받아 본래의 모습과 달라짐

九鼎大呂 구정대려 아홉 구 | 솥 정 | 큰 대 | 음율 려

구정[九鼎: 아홉 개의 솥]과 대려[大呂: 큰 종] = 鼎呂 정려
1. 귀중한 보물(寶物)과 막중한 지위(地位)를 이르는 말
2. 천하를 호령(號令)하는 권력과 국가의 음악을 상징(象徵)

▷ **九鼎 구정** 하(夏)나라 우왕(禹王)이 만들어 하(夏)·은(殷)·주(周) 3대에 전한 보배로운 솥

▷ **大呂 대려** 주나라 대묘(大廟)에 바친 큰 종(鐘)으로 주나라 때의 귀중한 보물(寶物)

▷ **同鼎食 동정식** 한솥밥을 먹음. 한집에서 같이 사는 것을 비유적으로 이르는 말

* 出典: 史記(사기) 平原君傳(평원군전)

口誅筆伐 구주필벌 입 구 | 벨 주 | 붓 필 | 칠 벌

입(口: 구)으로 베고 붓(筆: 필)으로 친다는 뜻, 말과 글로 남의 죄악(罪惡)을 폭로(暴露)하는 일

▷ **筆禍 필화** 발표한 글이 법적·사회적 물의(物議)를 일으켜 받는 화

▷ **筆鋒 필봉** 붓의 위세, 문장 또는 서화의 위세

九重宮闕 구중궁궐 아홉 구 | 겹칠·무거울 중 | 집·담 궁 | 대궐·문 궐

아홉 번 겹겹이 쌓은 담 안의 깊은 궁궐(宮闕). 임금이 계신 대궐(大闕)

『유의어』 九重深處 구중심처, 九重 구중

▷ 宮垣 궁원   궁 주위에 쌓아 올린 담

▷ 垣墙 원장   담

屨賤踊貴 구천용귀   신 구 │ 값쌀·천할 천 │ 뛸·춤출 용 │ 비쌀·귀할 귀

구[屨: 보통 신발]는 값이 싸고 용[踊: 발 잘린 사람의 신발]은 비싸다는 뜻,
세상에 죄인이 너무 많음을 비유하는 말

▷ 貴賤 귀천   부귀와 빈천. 귀함과 천함. 귀한 사람과 천한 사람

▷ 舞踊 무용   음악에 맞추어서 몸을 움직여 감정과 의지를 표현하는 예술. 댄스

* 出典: 左傳(좌전)

九天直下 구천직하   아홉 구 │ 하늘 천 │ 곧을 직 │ 아래 하

하늘에서 땅을 향하여 일직선으로 곧장 떨어진다는 뜻, 어떤 일이 거침없이 빨리 진행됨을
비유하는 말

【유의어】 一瀉千里 일사천리   한 번에 천 리에 다다름. 어떤 일이 거침없이 빨리 진행됨

* 出典: 李白(이백)의 詩(시)

舊態依然 구태의연   예·옛 구 │ 모양 태 │ 의지할 의 │ 그럴 연

예전모습[舊態: 구태]이 조금도 변하거나 발전(發展)한 데가 없이 그대로 라는 뜻으로
주로 부정적인 의미로 사용됨

▷ 舊習 구습   예로부터 내려오는 낡은 풍속(風俗)과 습관(習慣)

▷ 依賴 의뢰   남에게 의지(依支)함. 남에게 부탁(付託)함

捄弊生弊 구폐생폐   건질·흙파올릴 구 │ 해질 폐 │ 날 생 │ 해질 폐

폐해(弊害)를 바로 잡으려다가 도리어 다른 폐단(弊端)을 일으킨다는 말

【유의어】 矯枉過直 교왕과직, 矯枉過正 교왕과정, 矯角殺牛 교각살우

▷ 積弊 적폐   오랫동안 쌓여 뿌리박힌 폐단(弊端)

購捕贖良 구포속량   살 구 │ (사로)잡을 포 │ 속바칠·바꿀 속 │ 어질·좋을 량

조선시대에 범인을 고발(告發)하여 잡게 하는 공을 세움으로써 노비(奴婢)의 신분을 벗어나
양인(良人)의 신분을 얻던 일

▷ 代贖 대속   남의 죄를 대신하여 당하거나 대신 속죄(贖罪)함

▷ 納贖 납속   죄를 면하고자 돈을 바침. 속전(贖錢)을 바침

久旱逢甘雨 구한봉감우 오랠 구 | 가물 한 | 만날 봉 | 달 감 | 비 우

오랜 가뭄(旱魃: 한발)끝에 비가 온다는 뜻, 인생(人生)에서 가장 기쁜 일을 맞이함의 비유

『유의어』 苦盡甘來 고진감래   고생 끝에 즐거움이 찾아옴

▷ 七年大旱 칠년대한   중국 은(殷)나라 탕왕(湯王) 때의 큰 가뭄

▷ 久闊 구활   오랫동안 소식이 없거나 만나지 못함 = 隔阻 격조, 積阻 적조

▷ 逢變 봉변   뜻밖의 변이나 망신스러운 일을 당함

口血未乾 구혈미건 입 구 | 피 혈 | 아닐 미 | 마를 건

입에 묻은 피가 아직 마르지 않았다는 뜻, 서로 피를 나누어 마시며 맹세할 때 입에 묻은 피가
아직 채 마르지도 않았다는 말로, 맹세한지 얼마 안 됨을 비유하는 말

▷ 歃血同盟 삽혈동맹   희생(犧牲)을 잡아 서로 그 피를 마시며 서약을 지킨다는 맹세를 함

▷ 犧牲 희생   천지신명이나 묘사(廟社)에 제사지낼 때 제물로 바치는 산 짐승 = 牲牢 생뢰

* 出典: 春秋左氏傳(춘추좌씨전)

口禍之門 구화지문 입 구 | 재앙 화 | ~의 지 | 문 문

입은 재앙(災殃)을 불러들이는 문(門)이라는 뜻, 말을 삼가고 경계(警戒)하라는 말

『유의어』 駟馬難追 사마난추, 駟不及舌 사불급설, 言多必失 언다필실
舌底有斧 설저유부, 禍從口生 화종구생, 禍從口出 화종구출
舌斬身刀 설참신도   혀는 몸을 베는 칼. 항상 말조심

* 出典: 풍도(馮道)가 지은 설시(舌詩)에서 유래. 全唐詩(전당시)

救火投薪 구화투신 건질 구 | 불 화 | 던질 투 | 섶나무 신

불을 끈답시고 섶나무를 던진다는 뜻, 폐해(弊害)를 없앤다고 한 일이 어리석은 생각과
성급(性急)한 행동으로 인하여 오히려 그 해를 더 크게 만드는 것을 비유하는 말

『유의어』 負薪救火 부신구화, 抱薪救火 포신구화, 以火救火 이화구화

* 出典: 鄧析子(등석자)

鞠躬盡瘁 국궁진췌 굽힐·국문할 국 | 몸·자신 궁 | 다할·다될 진 | 병들 췌

마음과 몸을 다하여 나랏일에 이바지한다는 말

『유의어』 鞠躬盡力 국궁진력, 粉骨碎身 분골쇄신
粉身糜骨 분신미골   몸이 가루가 되고 뼈가 문드러지도록 이바지한다는 말

▷ **鞠躬** 국궁　윗사람이나 위패(位牌)앞에서 존경(尊敬)의 뜻으로 몸을 굽힘

▷ **推鞠** 추국　의금부(義禁府)에서 임금의 특명에 따라 중죄인을 신문(訊問)하던 일

▷ **親鞠** 친국　임금이 역모·왕실사건 등에 연루된 중죄인을 친히 신문(訊問)하던 일

▷ **拿鞠** 나국　죄인을 잡아다 국청(鞠廳)에서 신문하던 일

* 出典: 諸葛亮(제갈량) 後出師表(후출사표)

國亂思良相 국난사양상　나라 국 | 어지러울 난 | 생각 사 | 어질 량 | 서로 상

나라가 어지러우면 함께 난을 평정(平定)할 어진 재상(宰相)을 생각하게 된다는 말

『유의어』 **家貧思賢妻** 가빈사현처, **家貧思良妻** 가빈사양처
　　　　집이 어려우면 함께 가난을 타개(打開)할 어진 아내를 생각함

▷ **國儲** 국저　왕세자 = **太子** 태자, **貳極** 이극

* 出典: 推句(추구)

國步艱難 국보간난　나라 국 | 걸음 보 | 어려울 간·난

나라의 발걸음이 어렵다는 뜻. 나라의 운명(運命)이 매우 어둡고 어려움을 비유 = **國難** 국난

▷ **國利民福** 국리민복　국가의 이익(利益)과 국민의 행복(幸福)

▷ **福祉** 복지　행복한 삶. 행복하게 살 수 있는 사회 환경(環境)

* 出典: 詩經(시경)

國士無雙 국사무쌍　나라 국 | 선비 사 | 없을 무 | 쌍·짝 쌍

한 나라 안에서 학식과 능력을 견줄 자가 없는 사람 즉 뛰어난 인재나 출중(出衆)한 선비를 말함

▷ **國粹** 국수　나라와 겨레의 고유(固有)한 정신이나 물질상의 장점

* 出典: 史記(사기) 淮陰侯列傳(회음후열전)

國士遇之國士報之 국사우지국사보지

나라 국 | 선비 사 | 만날 우 | 어조사 지 | 나라 국 | 선비 사 | 갚을 보 | 어조사 지

나를 국사[國士: 나라에서 높이 받드는 선비]의 예로 대우(待遇)하면 나도 국사의 예(禮)로
나라에 보답(報答)하겠다는 말

▷ **士爲知己者死** 사위지기자사　선비는 자기를 알아주는 사람을 위하여 죽음

▷ **女爲悅己者容** 여위열기자용　여인은 자기를 기쁘게 해주는 남자를 위하여 화장을 함

▷ **名緣義輕** 명연의경　목숨을 의에 연연하여 가볍게 여기다.
　　　　　　　　　　즉 의로움을 위해서는 죽음도 불사한다는 말

▷ **人生感意氣** 인생감의기

사람의 생은 의지와 용기에 감동한다는 뜻. 즉 자기를 알아주는 사람을 만나면
더 이상 자신의 공명은 문제 삼지 않으며 기꺼이 그를 위하여 죽어도 좋다는 말

國憂民恤 국우민휼 근심할 우 | 백성 민 | 불쌍히 여길·구휼할 휼

나랏일을 염려(念慮)하고 백성들의 고통(苦痛)스런 삶을 불쌍히 여김

『유의어』 **憂民恤** 우민휼, **憂國民恤** 우국민휼, **憂國恤民** 우국휼민

▷ **矜恤** 긍휼 불쌍히 여김 또는 가엾게 여겨 돌보아 줌

跼蹐 국척 구부릴 국 | 살금살금 걸을 척

간신(奸臣)들이 국정(國政)을 농단(壟斷)하고 어지럽혀, 뜻있는 선비가 오히려 몸을 굽히고
조심스럽게 걸으며, 화를 당할까 두려워 겁을 내어 매사(每事)에 조심하고 몸을 움츠림
또는 황송(惶悚)하여 몸을 굽힘

하늘이 비록 높다고 하지만 머리가 하늘에 닿을까 두려워 몸을 움츠리지 않을 수 없고
땅이 비록 두껍다고 하지만 밑으로 꺼질까 두려워 감히 발을 조심해 내딛지 않을 수 없다는 말

『유의어』 **跼縮** 국축

國泰民安 국태민안 나라 국 | 클·태평할 태 | 백성 민 | 편안할 안

나라가 태평(太平)하고 백성(百姓)이 살기가 평안(平安)함

『유의어』 **太平聖代** 태평성대, **堯舜時代** 요순시대, **道不拾遺** 도불습유

▷ **國威宣揚** 국위선양 나라의 위세(威勢)를 세계(世界)로 널리 떨침

群輕折軸 군경절축 무리 군 | 가벼울 경 | 꺾을 절 | 굴대 축

아무리 가벼운 것이라도 많이 모이면 수레의 굴대(軸: 축)를 부러뜨릴 수 있다는 뜻, 아무리
적은 힘이라도 단결(團結)하면 강적(強敵)을 물리칠 수 있음을 비유하는 말

『유의어』 **羣輕折軸** 군경절축, **叢輕折軸** 총경절축, **折箭** 절전

積羽沈舟 적우침주 새털 같이 가벼운 것도 많이 쌓이면 배를 침몰시킨다는 뜻

* 出典: 史記(사기)

群鷄一鶴 군계일학 무리·떼·동아리 군 | 닭·가금(家禽) 계 | 하나 일 | 학·두루미 학

무리 지어 있는 닭 가운데 한 마리의 학(鶴). 즉 여러 평범한 사람들 가운데 있는 유독(惟獨)
뛰어난 한 인물이 섞여있는 것을 비유하는 말

[유의어] 鷄群一鶴 계군일학, 鷄群孤鶴 계군고학, 白眉 백미
　　　　　囊中之錐 낭중지추, 穎脫而出 영탈이출, 壓卷 압권
　　　　　鐵中錚錚 철중쟁쟁　여러 쇠붙이 중에서도 유난히 맑은 소리를 낸다는 뜻으로
　　　　　　　　　　　　　　　같은 무리 가운데서도 가장 뛰어난 사람을 이르는 말.

* 出典: 晉書(진서) 嵇紹傳(혜소전)

群盲撫象 군맹무상　무리 군 | 소경·눈멀 맹 | 어루만질 무 | 코끼리 상

여러 명의 소경이 서로 다른 위치에서 커다란 코끼리의 몸을 만진다는 뜻,
사물을 좁은 소견(所見)과 주관(主觀)으로 잘못 판단(判斷)함을 비유하는 말. 어리석음

[유의어] 群盲評象 군맹평상, 毆槃捫燭 구반문촉

* 出典: 涅槃經(열반경)

軍不厭詐 군불염사　군사 군 | 아닐 불 | 싫어할 염 | 속일 사

군사(軍事)에서는 적을 속이는 간사(奸詐)한 꾀도 꺼리지 않는다는 뜻, 죽느냐 사느냐하는
전쟁(戰爭)이나 승부(勝負)에서는 수단(手段)과 방법(方法)을 가리지 않고 이겨야 한다는 말

[유의어] 兵不厭詐 병불염사

▷ 軍糧 군량　군대의 양식 = 兵糧 병량, 餉饋 향궤

▷ 詐欺 사기　이익을 취하기 위하여 나쁜 꾀로 남을 속임

君射臣決 군사신결　임금 군 | 궁술·쏠 사 | 신하 신 | 깍지 낄 결

임금이 활쏘기를 좋아하면 신하는 깍지를 낀다는 뜻, 윗사람이 즐겨하면 아랫사람이 본을
받음의 비유 즉 윗사람이 무언가를 하면 아랫사람이 반드시 따라한다는 말

▷ 角指 깍지　활시위를 잡아당길 때 엄지손가락의 아랫마디에 끼는 뿔로 된 기구

* 出典: 荀子(순자)

群雄割據 군웅할거　무리 군 | 수컷·영웅 웅 | 벨 할 | 의거할 거

여러 영웅(英雄)이 세력을 다투어 땅을 갈라 점령(占領)하고 서로 버티고 위세(威勢)를 떨치고 있는
형국(形局)

▷ 對峙 대치　서로 맞서서 버팀

▷ 雌雄 자웅　암수. 강약·승부(勝負)·우열(優劣) 등의 비유

君子務本 군자무본　임금 군 | 아들 자 | 힘쓸 무 | 근본 본

학식(學識)과 덕행(德行)이 높은 군자는 사물의 근본(根本)을 닦기에 힘쓴다는 말

▷ **義務** 의무　사람으로서 마땅히 하여야 할 일. 법률로 정한 강제로 해야 할 일

▷ **君舟民水** 군주민수　임금은 배, 백성은 물 = **君舟人水** 군주인수

＊ 出典: 論語(논어) 學而篇(학이편)

君子不器 군자불기　임금 군 ∣ 아들 자 ∣ 아닐 불 ∣ 그릇 기

군자(君子)는 형태가 고정(固定)되고 국한된 그릇[器: 기]과는 달라 세상의 모든 분야의 일을
원만(圓滿)하게 처리하고 적응(適應)할 수 있음을 비유하는 말

▷ **君子** 군자　학식과 덕행 또는 벼슬이 높은 사람. 아내가 자기 남편을 일컫던 말

＊ 出典: 論語(논어) 爲政篇(위정편)

君子三樂 군자삼락　임금 군 ∣ 아들 자 ∣ 석 삼 ∣ 즐거울 락

군자의 세 가지 즐거움

1. 부모님이 두 분 모두 살아계시고 형제가 무고(無故)한 것
2. 하늘과 사람에게 부끄러워할 것이 없는 것
3. 천하의 뛰어난 인재를 가르치는 것

『유의어』 **人生三樂** 인생삼락, **三樂** 삼락

＊ 出典: 孟子(맹자) 盡心章(진심장)

君子豹變 군자표변　임금 군 ∣ 아들 자 ∣ 표범 표 ∣ 변할 변

군자(君子)는 표범(豹一)처럼 변한다는 뜻, 가을에 새로 나는 표범의 털이 뚜렷하고 아름다운
것처럼, 군자는 허물[過: 과]을 즉시 고쳐 올바로 행함이 빠르고 뚜렷하며 선(善)으로 옮겨가는
행위가 아름답게 빛남을 비유하는 말

▷ **大人虎變** 대인호변　대인은 호랑이처럼 변한다는 뜻. 즉 천하를 혁신(革新)하고
　　　　　　　　　　　　　　세상의 폐해(弊害)를 제거(除去)하여 모든 것이 새로워지게 만듦

▷ **小人革面** 소인혁면　소인은 변화가 별로 없으므로 단지 얼굴빛만을 고칠 뿐이라는 말

＊ 出典: 論語(논어) 子路篇(자로편)

君舟民水 군주민수　임금 군 ∣ 배 주 ∣ 백성 민 ∣ 물 수

임금은 배 백성은 물이라는 뜻, 즉 물은 배를 띄우기도 하고 뒤집기도 한다는 말
민심(民心)은 천심(天心)으로써 정치(政治)를 잘하면 임금을 돕기도 하지만,
학정(虐政)을 하면 임금을 폐위(廢位)시킬 수도 있다는 말

『유의어』 **君舟人水** 군주인수, **君舟臣水** 군주신수

君者舟也 군자주야　임금은 배요

庶人者水也 서인자주야   백성은 강물이다

水能載舟 수능재주   강물은 능히 배를 띄우지만

亦能覆舟 역능복주   또한 능히 배를 뒤집기도 한다.

▷ **庶人** 서인, **庶民** 서민, **黎民** 여민, **百姓** 백성, **黔首** 검수, **黔黎** 검려
  아무 벼슬이나 신분적(身分的) 특권(特權)이 없는 일반(一般)사람

* 出典: 荀子(순자: 기원전 3세기 중국의 사상가) 王制篇(왕제편)

群策群力 군책군력 무리 군 | 꾀 책 | 힘 력

수많은 사람들의 지혜(智慧)와 힘. 많은 사람이 책략(策略)을 같이 도모(圖謀)하고 힘을
모으며 지혜와 능력(能力)을 쏟는 것을 말함

▷ **群衆心理** 군중심리

  많은 사람이 모여 있을 때 자제력을 잃고 쉽사리 흥분하거나 다른 사람의 언동에
  휩쓸리는 일시적이고 특이한 심리상태로, 충동(衝動)적이고 무책임한 언동을 하는
  경향(傾向)이 있음 = **大衆心理** 대중심리, **模倣心理** 모방심리

▷ **衆智** 중지   여러 사람의 지혜

* 出典: 揚子法言(양자법언)

軍行旅進 군행여진 군사 군 | 다닐 행 | 군사·나그네 여(려) | 나아갈 진

군대(軍隊)가 전쟁터로 나아감 [**旅** 여·려 = **旅團** 여단(군대 編制[편제]의 단위)]

[유의어] **出征** 출정   군사를 보내어 정벌(征伐)함

  征伐 정벌   적이나 죄 있는 무리를 무력으로 침 = **征討** 정토

掘墓鞭屍 굴묘편시 팔 굴 | 무덤 묘 | 채찍 편 | 주검 시

묘를 파헤쳐 시체(屍體)에 매질을 한다는 뜻, 통쾌(痛快)한 복수(復讐) 또는 지나친 행동을 비유
오(吳)나라로 망명한 자서(子胥)가 마침내 뜻을 이루어 초(楚)나라로 쳐들어가 자신을
죽이려했던 평왕(平王)의 무덤을 파헤치고 시체에 매질을 하여 분(憤)을 풀었다는 고사에서 유래

▷ **剖棺斬屍** 부관참시   관(棺)을 쪼개어 시체(屍體)의 목을 벰

▷ **省墓** 성묘   조상의 산소를 찾아 돌봄 = **看山** 간산, **參墓** 참묘

* 出典: 伍子胥(오자서)

掘井取水 굴정취수 팔 굴 | 우물 정 | 가질·취할 취 | 물 수

우물[井: 정]을 파서 물을 얻겠다는 뜻, 가뭄[旱魃: 한발]이 들어 어려운 시기에 하늘만
쳐다보며 맥 놓고 있지 않고 직접 우물을 파서 물을 얻겠다는 말. 즉 어려운 시기(時期)를 만나면

적극적(積極的)으로 일에 대처(對處)하겠다는 말

屈指計日 굴지계일 굽힐·굽을 굴 | 손가락·가리킬지 | 셈할·꾀 계

손가락을 꼽아가며 날짜를 계산(計算)하여 그날을 기다림. 그날이 오기만을 학수고대(鶴首苦待)함

【유의어】 屈指時日 굴지시일, 屈指計數 굴지계수

▷ 屈指 굴지   여럿 가운데서 손가락을 꼽아가며 셀 만큼 아주 뛰어남

窮寇莫追 궁구막추 궁할·다할 궁 | 도적 구 | 없을 막 | 쫓을 추

궁지(窮地)에 몰린 도적(盜賊)을 쫓지 말라는 뜻, 곤란(困難)한 지경에 몰린 사람을 모질게
다루면 오히려 해를 입게 되는 경우(境遇)가 있으니 건드리지 말라는 말

【유의어】 窮寇勿追 궁구물추, 窮寇勿追 궁구물박, 窮狗莫追 궁구막추

窮鼠莫追 궁서막추   궁지에 몰린 쥐는 더 이상 쫓지 말라는 말

* 出典: 孫子(손자)

窮年累世 궁년누세 다할·궁할·궁구할 궁 | 해 년 | 여러 누루 | 인간 세

궁년(窮年)은 자기의 한평생, 누세(累世)는 자손대대를 뜻하는 말로 본인의 한평생과 자손의
대대손손을 이르는 말

▷ 雲仍 운잉   운손(雲孫)과 잉손(仍孫). 구름같이 많고 거듭되어 온, 먼 후손을 이름

* 出典: 荀子(순자) 榮辱篇(영욕편)

窮變通久 궁변통구 다할·궁할·궁구할 궁 | 변할 변 | 통할 통 | 오랠 구

궁(窮)하면 변(變)하게 되고 변하게 되면 두루두루 통(通)해서 오래 간다는 말

▷ 窮則變 變則通 通則久 궁즉변 변즉통 통즉구 (에서 유래)
   궁(窮: 어려움)해서 궁리(窮理: 연구)하면 변화가 생기고, 변화(變化= 易: 역)가 생기면
   통(通)하는 길이 보이고 통하면 오래가리라

* 出典: 周易(주역)

窮鼠齧猫 궁서설묘 궁할 궁 | 쥐 서 | 깨물 설 | 고양이 묘

궁지(窮地)에 몰린 쥐가 악을 쓰고 고양이에게 덤벼들어 물어뜯는다는 뜻, 약자라도 궁지에
몰리면 강자에게 필사적으로 반항(反抗)한다는 말

【유의어】 困獸猶鬪 곤수유투, 禽困覆車 금곤복거, 鳥窮則啄 조궁즉탁

獸窮則攫 수궁즉확   짐승은 궁지에 몰리면 앞발을 휘두르며 덤빈다는 말

* 出典: 중국 전한의 환관이 편찬한 鹽鐵論(염철론) 詔聖篇(조성편)

窮心覓得 궁심멱득 다할·궁구할 궁 | 마음 심 | 찾을 멱 | 얻을 득

온갖 궁리(窮理) 끝에 겨우 찾아 얻었다는 뜻, 있는 힘을 다 하여 마침내 목적(目的)을
달성(達成)함을 비유하는 말

유의어 窮思覓得 궁사멱득

▷ 木覓山 목멱산 옛날 서울의 남산

窮餘之策 궁여지책 궁할·다할 궁 | 남을 여 | ~의 지 | 꾀 책

궁한 끝에 나는 한 꾀라는 뜻, 막다른 골목에서 그 국면을 타개(打開)해 보려고 궁한 나머지
억지로 짜낸 계책(計策)

유의어 窮餘一策 궁여일책

羅雀掘鼠 나작굴서
그물을 펴서 참새를 잡고 굴을 파서 쥐를 잡는다는 뜻으로
즉 궁지에 몰려 할 수 있는 모든 일을 다 해보는 것을 비유하는 말

▷ 苦肉策 고육책, 苦肉之策 고육지책, 苦肉之計 고육지계
적을 속이기 위하여 자신의 괴로움을 무릅쓰고 꾸미는 계책

窮鳥入懷 궁조입회 궁할 궁 | 새 조 | 들 입 | 품안·가슴 회

쫓기던 새가 도리어 사람의 품으로 날아든다는 뜻, 사람도 처지가 궁하면 적(敵)에게
의지(依支)한다는 말로 막바지에 몰린 사람에게는 인정을 베풀어 도와 주어야한다는 말

▷ 懷抱 회포 마음속에 품은 생각이나 정(情)

▷ 窮蟄 궁칩 생활이 궁하고 어려워 나다니지 않고 집안에 죽치고 들어앉아 있음

* 出典: 顔氏家訓(안씨가훈)

眷顧之恩 권고지은 돌볼 권 | 돌아볼 고 | 어조사 지 | 은혜 은

돌보아 주고 보살펴준 은혜(恩惠)

유의어 睠顧之恩 권고지은

權謀術數 권모술수 권세·저울추 권 | 꾀할 모 | 꾀 술 | 셈 수

목적달성을 위해서는 인정(人情)이나 도덕(道德)을 무시하고, 권세(權勢)·모략(謀略)·중상(中傷)등
온갖 수단(手段)과 방법(方法)을 가리지 않고 쓰는 술책(術策)

유의어 權謀術策 권모술책

▷ 復權 복권 법률상 일정한 자격이나 권리를 상실(喪失)한 사람이 이를 다시 찾음

權不十年 권불십년 권세권 | 아닐불 | 열십 | 해년

권세는 십 년을 가지 못한다는 뜻, 아무리 권세가 높다 해도 머지않아 끝날 때가 있음을 비유

[유의어] 勢不十年 세불십년

花無十日紅 화무십일홍, 花無十日紅勢無十年過 화무십일홍세무십년과

月滿則虧 월만즉휴, 日中則而月滿則虧 일중즉이월만즉휴

月盈則食 월영즉식, 日中則昃月盈則食 일중즉측월영즉식

勸善懲惡 권선징악 권할권 | 착할선 | 혼낼·벌줄징 | 악할악

착한 행실을 권장(勸獎)하고 악한 행실을 징계(懲戒)함

[유의어] 彰善懲惡 창선징악, 勸懲 권징, 懲勸 징권, 懲勵 징려, 勸誡 권계

▷ 勸勉 권면 알아듣도록 권하고 격려(激勵)하여 힘쓰게 함

▷ 勸酒 권주 술을 권함 = 侑觴 유상

* 出典: 春秋左氏傳(춘추좌씨전)

捲土重來 권토중래 말을권 | 흙토 | 거듭중 | 올래

흙먼지를 (말아)날리며 다시 돌아온다는 뜻
1. 한 번 패(敗)하였다가 세력을 회복(回復)하여 다시 쳐들어옴
2. 어떤 일에 실패(失敗)한 뒤 다시 힘을 회복하여 재차(再次) 착수(着手)함

항우(項羽)가 유방(劉邦)과의 결전에서 패하여 오강(烏江)근처에서 자결(自決)한 것을 두고,
두목(杜牧)이라는 시인이 그곳을 찾아와서 지은 7언 절구의 시(詩) '제오강정(題烏江亭)'에서 유래

[유의어] 臥薪嘗膽 와신상담 섶에 누워 쓸개를 맛봄. 괴로움과 어려움을 참고 견딤

七顚八起 칠전팔기 일곱 번 넘어지고 여덟 번 일어남. 실패해도 굴하지 않음

死灰復燃 사회부연 다 탄 재가 다시 불이 붙었다는 말. 세력을 잃었던 사람이 다시
세력을 잡음. 또는 곤경에 처했던 사람이 훌륭하게 됨을 비유하는 말

東山再起 동산재기, 再起東山 재기동산 동산에서 다시 일어난다는 뜻

* 出典: 杜牧(두목)의 詩 題烏江亭(제오강정)

几杖之座 궤장지좌 안석궤 | 지팡이장 | 어조사지 | 자리좌

노인을 우대(優待)하여 특별(特別)히 베푼 자리

▷ 耆老宴 기로연 조선시대에 임금이 70세 이상의 원로 문신들을 위로하고 예우하던 잔치

▷ 靑藜杖 청려장 명아줏대로 만든 지팡이[임금이 장수하신 신하와 노인에게 하사]

▷ 座下 좌하 편지에서, 상대의 이름 뒤에 쓰는 높임말 = 座前 좌전

▷ 几筵 궤연, 靈室 영실, 殯室 빈실, 殯所 빈소, 喪廳 상청
죽은 사람의 영궤(靈几)와 혼백·신주(神主)를 모셔 두는 곳

龜鑑 귀감 거북 귀 / 터질 균 / 나라이름 구 ㅣ 거울 감

거북의 등과 거울. 사물의 본보기. 자신을 돌아보고 거울로 삼아 본받을 만한 모범(模範)

[유의어] 殷鑑 은감　은(殷)나라는 전대(前代)의 하(夏)나라가 멸망한 것을 교훈으로
　　　　　　　　　　삼으라는 뜻, 거울삼아 경계하여야 할 전례(前例)를 이르는 말

　　　　芳躅 방촉　옛사람의 훌륭한 행적(行績)

　　　　軌躅 궤촉　수레바퀴 자국. 전인(前人)이 남긴 모범(模範)

▷ 鑑賞 감상　예술작품(藝術作品)을 음미(吟味)하고 이해(理解)함

▷ 龜裂 균열　거북의 등딱지 무늬 모양으로 갈라져 터짐. 친한 사이에 틈이 생김

歸去來辭 귀거래사 돌아갈 귀 ㅣ 갈 거 ㅣ 올 래 ㅣ 말씀 사

자연(自然)과 더불어 사는 전원생활(田園生活)의 즐거움을 동경(憧憬)하는 내용(內容)

중국 진(晉)나라의 시인 도연명(陶淵明)이 지은 사부(辭賦)로, 벼슬을 내어놓고 고향으로
돌아갈 때 지은 것으로 유명함

▷ 歸依 귀의　돌아가 몸을 의지함. 부처와 불법(佛法)과 승가(僧伽)로 돌아가 믿고 의지함

▷ 歸安養 귀안양　죽음 = 入寂 입적

▷ 歸巢本能 귀소본능　동물이 서식처나 둥지 등에서 멀리 다른 곳으로 갔다가
　　　　　　　　　　되돌아오는 성질 = 歸巢性 귀소성

貴鵠賤鷄 귀곡천계 귀할 귀 ㅣ 고니 곡 ㅣ 천할 천 ㅣ 닭 계

고니를 귀(貴)하게 여기고 닭을 천(賤)하게 여긴다는 뜻, 먼데 있는 것을 귀히 여기고 가까운데
있는 것을 천하게 여기는 것이 인지상정(人之常情)이라는 말 또는 어리석음

[유의어] 貴耳賤目 귀이천목, 家鷄野雉 가계야치, 貴古賤今 귀고천금

▷ 貴中 귀중　편지나 물품 등을 받을 단체나 기관의 이름 다음에 쓰는 높임말

歸馬放牛 귀마방우 돌아갈 귀 ㅣ 말 마 ㅣ 놓을 방 ㅣ 소 우

군대에서 전쟁 시에 사용하던 말을 돌려보내고 소를 풀어놓는다는 뜻, 다시는 전쟁을 하지
않겠다는 것으로 평화시대가 온 것을 비유하는 말

은(殷)나라 주왕(紂王)을 정벌하고 돌아온 무왕(武王)이 전쟁에 사용한 말과 소를 돌려주었다는
고사에서 유래

『유의어』 賣劍買牛 매검매우, 賣劍買犢 매검매독, 終戰 종전

倒置干戈 도치간과, 倒載干戈 도재간과, 弭兵 미병

櫜弓 고궁 활을 활집에 넣음. 전쟁이 끝났음을 달리 이르는 말

▷ 駟馬 사마 하나의 수레를 끄는 네 필의 말 또는 네 필의 말이 끄는 마차

* 出典: 尙書(상서) 武成篇(무성편)

龜毛兔角 귀모토각 거북 귀 | 터럭·털 모 | 토끼 토 | 뿔 각

거북의 털과 토끼의 뿔. 절대로 있을 수 없는 일이나 불가능한 일을 비유하는 말

『유의어』 兔角龜毛 토각귀모, 乾木水生 간목수생 마른나무에서 물이 난다는 뜻

百年河淸 백년하청, 河淸難俟 하청난사, 千年一淸 천년일청
아무리 기다려도 어떤 일이 이루어지기 어려움을 이르는 말

羝乳 저유 숫양에게서 젖이 난다는 뜻. 불가능한 일을 비유

* 出典: 搜神記(수신기)

龜背刮毛 귀배괄모 거북 귀 / 땅이름 구 / 터질 균 | 등 배 | 긁을·비빌 괄 | 털 모

거북이의 등에서 (없는)털을 깎겠다는 뜻, 불가능한 것을 무리하게 하려고 하는 어리석음을 비유하는 말. 즉 말이 안 되는 짓을 하겠다는 말

『유의어』 緣木求魚 연목구어, 上山求魚 상산구어, 與虎謨皮 여호모피

與羊謨肉 여양모육 양을 꼬여 산채로 그 양의 고기를 달랜다는 뜻. 안 됨

與狐謨皮 여호모피 여우를 꼬여 그 여우의 가죽을 얻겠다는 뜻. 어리석음

▷ 蓍龜 시귀 점칠 때 쓰는 가새풀과 거북

▷ 背囊 배낭 물건을 담아 등에 지도록 만든 주머니[가죽이나 헝겊 등으로 만듦]

貴耳賤目 귀이천목 귀할 귀 | 귀 이 | 천할 천 | 눈 목

귀[耳: 이]를 귀하게 여기고 눈[目: 목]을 천하게 여긴다는 뜻, 어리석음.
먼 곳의 소문(所聞)을 귀하게 여기고 가까운 데서 제 눈으로 직접 본 것을 천하게 여긴다는 말

『유의어』 貴古賤今 귀고천금 옛것을 귀하게 여기고 지금 것을 천하게 여긴다는 말

家鷄野雉 가계야치 집에 있는 닭은 천하게 여기고 들에 있는 꿩은 귀하게 생각함

貴鵠賤鷄 귀곡천계 고니는 귀히 여기고 닭은 천하게 여김

* 出典: 晉書(진서) 張衡·東京賦(장형·동경부)

規矩準繩 규구준승 그림쇠·법 규 | 곱자·자 구 | 수준기·평평할 준 | 먹줄·새끼줄 승

1. 목수(木手)가 건축(建築)에 사용하는 4개의 필수 도구, 그림쇠·자·수준기·먹줄
2. 일상생활에서 마땅히 지켜야 할 기준(基準)과 법도(法度). 삶의 본보기

유의어 規矩 규구, 繩矩 승구, 規範 규범, 規則 규칙, 法道 법도

▷ 規矩 규구 지름이나 선(線)의 거리를 재는 기구(器具) = 그림쇠와 곱자

▷ 水準器 수준기 면이 평평한가를 재거나 기울기를 조사(調査)하는 데 쓰는 기구

▷ 捕繩 포승 죄인을 잡아 묶는 노끈

* 出典: 淮南子(회남자)

橘中之樂 귤중지락 귤나무 귤 | 가운데 중 | 어조사 지 | 즐거울 락

바둑의 별칭 또는 바둑을 두는 즐거움을 이르는 말

중국 파촉(巴蜀)지방의 감귤(柑橘)나무에 유난히 큰 귤이 열려, 정성스럽게 가꾼 후에
조심스럽게 그 귤(橘)을 반으로 쪼개어 보니, 그 속에서 좌·우 두 쌍(雙)의 노인들이
바둑을 두고 있더라는 고사에서 유래

▷ 手談 수담 바둑 또는 바둑 두는 일을 일컫는 말 / 博奕 박혁 장기와 바둑

▷ 陳皮 진피 말린 귤껍질[오래 묵을수록 약효가 좋다고 하여 한방에서 붙인 이름]

* 出典: 幽冥錄(유명록)

橘化爲枳 귤화위지 귤나무 귤 | 될 화 | 할 위 | 탱자 지

강남의 귤(橘)을 강북에 옮겨 심었더니 탱자가 되더라는 뜻, 사람도 환경(環境)에 따라
기질(氣質)이 변한다는 말. 사람은 환경이 중요하며 그 지배(支配)를 받는다는 뜻

유의어 南橘北枳 남귤북지, 墨子悲染 묵자비염, 墨子泣絲 묵자읍사
三徙 삼사, 三遷之敎 삼천지교, 孟母三遷 맹모삼천

▷ 柑橘 감귤 귤, 밀감의 총칭

▷ 移徙 이사 사는 곳을 다른 데로 옮김

* 出典: 晏子春秋(안자춘추)

隙駒光陰 극구광음 틈 극 | 말·망아지 구 | 빛 광 | 그늘·응달 음

문틈으로 휙 지나가는 말을 보는 것처럼 세월이 빠르게 지나간다는 뜻, 인생이 덧없고 빠르게
지나감을 비유하는 말

유의어 白駒過隙 백구과극, 過隙白駒 과극백구, 石火光陰 석화광음
光陰如箭 광음여전 세월은 쏜 화살과 같아서 한번 지나면 다시 돌아오지 않음

▷ 電光石火 전광석화 번갯불이나 부싯돌의 불. 극히 짧은 시간. 아주 신속한 동작.

▷ 光陰 광음 빛과 그림자. 해와 달, 낮과 밤, 시간(時間), 세월(歲月)

▷ 伺隙 사극   기회나 틈을 엿봄

克己復禮 극기복례 <small>이길 극 | 몸 기 | 돌아올 복 | 예도 례</small>

자기를 극복(克服)하고 예(禮)로 돌아간다는 뜻, 자기의 욕심을 누르고 착한 본성의 예도를
회복(回復)한다는 말 = 克復 극복

▷ 克己 극기   자기의 감정(感情)이나 욕심(慾心)을 의지(意志)로 눌러 이김

▷ 克服 극복   악조건(惡條件)이나 고생 따위를 이겨 냄. 적을 이겨 굴복(屈服)시킴

▷ 巳 뱀 사 = 蛇 사 / 已 이미 이 = 旣 기 / 己 몸 기 = 身 신, 躬 궁, 軀 구

* 出典: 論語(논어) 顔淵篇(안연편)

克己奉公 극기봉공 <small>이길 극 | 몸 기 | 받들 봉 | 공평할 공</small>

자기 자신의 개인적인 욕망(欲望)을 억누르고 국가와 사회의 발전(發展)을 위해서 일하는 것

유의어 滅私奉公 멸사봉공   개인의 욕심을 버리고 공공의 이익을 위하여 힘씀

　　　　大義滅親 대의멸친   큰 도리를 지키기 위해서는 부모나 형제도 돌보지 않음

▷ 奉仕 봉사   국가나 사회 또는 남을 위해 헌신적으로 일함

▷ 奉審 봉심   왕명을 받들어 능(陵)이나 종묘(宗廟)를 보살피던 일

* 出典: 論語(논어)

極樂淨土 극락정토 <small>다할 극 | 즐거울 락 | 맑을 정 | 흙 토</small>

아미타불이 살고 있다는 정토(淨土). 불과(佛果)를 얻은 사람이 죽어서 다시 태어나는 곳을
말하며, 불교에서 말하는 내세(來世)의 이상세계

유의어 西方淨土 서방정토, 西方極樂 서방극락, 西方世界 서방세계

　　　　極樂安養淨土 극락안양정토, 極樂 극락, 淨土 정토

　　　　安養界 안양계, 安樂國 안락국, 無量淸淨土 무량청정토

▷ 極樂往生 극락왕생   죽어서 극락세계(極樂世界)에 다시 태어남= 往生極樂 왕생극락

▷ 安養 안양   마음을 편안하게 가지고 몸을 쉬게 함. 안양정토(安養淨土)

克伐怨慾 극벌원욕 <small>이길 극 | 자랑할·칠 벌 | 원망할 원 | 욕심 욕</small>

1. 남을 이기려고 하는 일(= 승벽: 勝癖)
2. 자기를 내세워 자랑하는 일(= 자만: 自慢)
3. 남을 원망하고 화내는 일(= 원망: 怨望)
4. 자기 욕심을 부리고 탐내는 일(= 탐욕: 貪慾)등의 네 가지 악덕(惡德)

▷ 下剋上 하극상 계급(階級)이나 신분이 낮은 사람이 예의(禮儀)나 규율(規律)을 무시하고 윗사람을 꺾고 오름.

* 出典: 論語(논어)

郤詵一枝 극선일지 고을이름·틈 극 ㅣ (말)많을 선 ㅣ 하나 일 ㅣ 가지 지

1. 사람됨이 청수(淸秀)하고 출중(出衆)하면서도 겸손(謙遜)함
2. 자신의 벼슬을 대수롭지 않은 출세(出世)로 표현하는 겸손함

진(晉)나라의 극선(郤詵)이 무제(武帝)에게 대답하기를, 자기의 대책이 천하제일이라고는 하나 오히려 계림(桂林)의 일지(一枝)요 곤산(崑山)의 편옥(片玉)과 같다고 겸손하게 말한 옛 고사에서 온 말

『유의어』 桂林一枝 계림일지, 崑山片玉 곤산편옥, 郤詵 극선

* 出典: 蒙求의 標題(몽구의 표제)

極惡無道 극악무도 다할 극 ㅣ 악할 악 ㅣ 없을 무 ㅣ 길 도

더할 나위 없이 악하고 도리에 완전히 어긋남

『유의어』 惡逆無道 악역무도 비길 데 없이 악독하고 도리에 어긋남

凶惡無道 흉악무도 성질이 거칠고 사나우며 도리에 어그러짐

大逆無道 대역무도 사람의 도리에 몹시 어그러짐 = 大逆不道 대역부도

隙穴之臣 극혈지신 틈 극 ㅣ 구멍·소굴 혈 ㅣ 어조사 지 ㅣ 신하 신

1. 궁 안에 있으면서 은밀(隱密)하게 적(敵)과 내통(內通)하는 자
2. 임금의 틈을 엿보는 반역(叛逆)의 뜻을 품은 신하(臣下)

『유의어』 背反者 배반자 믿음과 의리(義理)를 저버리고 돌아선 자

第五列 제5열 내부에서 외부의 반대세력에 호응(呼應)하는 집단 = 제 5부대

* 出典: 韓非子(한비자)

勤無價寶 근무가보 부지런할 근 ㅣ 없을 무 ㅣ 값 가 ㅣ 보배 보

부지런함은 값을 매길 수 없는 보물이라는 뜻, 부지런히 일하는 것은 헤아릴 수 없이 큰 보배라는 말

『유의어』 勤爲無價寶 근위무가보, 勤爲無價之寶 근위무가지보

* 出典: 明心寶鑑(명심보감) 順命篇(순명편)

近墨者黑 근묵자흑 가까울 근 | 먹 묵 | 놈 자 | 검을 흑

먹을 가까이하면 검어진다는 뜻, 나쁜 사람을 가까이하면 그 나쁜 버릇에 물들기 쉽다는 말
즉 나쁜 환경(環境)에서 자란 사람은 그 환경의 영향(影響)을 받아 불량(不良)해진다는 말

유의어 近朱者赤 근주자적

南橘北枳 남귤북지, 橘化爲枳 귤화위지
남쪽 땅의 귤나무를 북쪽에 옮겨 심으면 탱자나무로 변한다는 뜻
사람도 그 처해있는 환경(環境)에 따라 선하게도 악하게도 된다는 말

반의어 麻中之蓬 마중지봉 삼밭에 난 쑥, 쑥이 삼을 닮아 똑바로 꼿꼿이 자람.
좋은 환경에서 자란 사람은 그 환경의 영향을 받아 선량해진다는 말

芹誠 근성 미나리 근 | 정성 성

미나리를 바치는 정성이라는 뜻, 어떤 일에 정성(精誠)을 다하여 바치는 마음을 이르는 말
[예전에 한 충성스런 농부가 임금에게 향기로운 미나리(芹: 근)를 바쳤다는 고사에서 유래]

유의어 獻芹 헌근

▷ 芹宮 근궁 공자(孔子)를 모신 사당 = 文廟 문묘, 聖廟 성묘, 孔子廟 공자묘

近說遠來 근열원래 가까울 근 | 기쁠 열 / 달랠 세 / 말씀 설 | 멀 원 | 올 래

가까이 있는 사람을 기쁘게 하면 먼데 있는 사람이 찾아온다는 뜻, 정치를 잘하여 백성들이
은혜(恩惠)에 감복(感服)하여 기뻐하면 굳이 애쓰지 않아도 먼 곳에 있는 백성들이 그 소문을 듣고
흠모(欽慕)하여 찾아온다는 말로, 임금의 덕택(德澤)이 온 천하에 두루 널리 미침을 이르는 말

유의어 近者說遠者來 근자열원자래 (에서 유래)

近悅遠來 근열원래, 近者悅遠者來 근자열원자래

▷ 遊說 유세 자기의견 또는 자기 소속정당 등의 주장(主張)을 선전(宣傳)하며 돌아다님

▷ 說明 설명 어떤 일의 내용(內容)·이유(理由)·의의(意義)등을 상대가 알기 쉽게 밝혀서 말함

* 出典: 論語(논어) 子路篇(자로편)

近憂遠慮 근우원려 가까울 근 | 근심할 우 | 멀 원 | 생각할·근심할 려

가까이는 근심하고 먼 곳은 염려(念慮)함. 근심이 끝이 없음

유의어 憂慮 우려 1. 근심하거나 걱정함 2. 근심과 걱정

內憂外患 내우외환 안팎에서 염려(念慮)하고 근심함

▷ 遠交近攻 원교근공 먼 나라와 친교를 맺고 이웃 나라를 공략하는 일
중국 전국 시대에 범저(范雎)가 주창한 외교 정책

勤將補拙 근장보졸 부지런할 근 | 장차 장 | 기울·채울 보 | 졸할 졸

어떤 일을 처음 하게 되어 서투르다면 부지런하고 열심히 해서 부족한 것을 보충해야 한다는 말

▷ **拙劣** 졸렬　옹졸하고 천하여 서투름

▷ **甕拙** 옹졸　성질이 너그럽지 못하고 소견(所見)이 좁음

* 出典: 白居易(백거이: 唐[당]나라 시인·정치가, 호는 樂天[낙천])

近朱者赤 근주자적 가까울 근 | 붉을 주 | 놈 자 | 붉을 적

붉은 색을 가까이하면 붉어진다는 뜻, 나쁜 사람과 사귀면 나쁘게 변하기 쉽다는 말로서
사람은 자기의 주위환경(周圍環境)에 영향을 받게 마련이므로 주변과 교제가 중요하다는 말

【유의어】 **近墨者黑** 근묵자흑　먹을 가까이 하면 검어진다는 말

南橘北枳 남귤북지, **橘化爲枳** 귤화위지
강남의 귤을 강북에 심으면 탱자가 됨. 사람도 환경에 따라 변함. 환경이 중요

墨子悲染 묵자비염, **墨子泣絲** 묵자읍사
묵자가 하얀 실을 보고 다른 색으로 물들일 수 있음을 알고 울었다는 뜻

* 出典: 史記(사기)

近親相姦 근친상간 가까울 근 | 친할 친 | 서로 상 | 간음할 간

촌수(寸數)가 가까운 일가 사이의 남녀가 성관계(性關係)를 함

【유의어】 **相避** 상피　가까운 친척(親戚) 관계인 남녀가 성적(性的) 관계를 맺는 일

禽犢之行 금독지행, **禽犢之淫** 금독지음
짐승과 같은 짓이라는 뜻. 친족의 사이에서 일어난 음행(淫行)

謹賀新年 근하신년 공손할·삼갈 근 | 하례·경축 하 | 새 신 | 해 년

삼가 새해를 축하(祝賀)한다는 뜻, 새해의 복을 비는 인사(人事)말로 사용함

【유의어】 **恭賀新年** 공하신년

▷ **送舊迎新** 송구영신　묵은해를 보내고 새해를 맞음 = **送迎** 송영

▷ **謹愼** 근신　말이나 행동을 삼가고 조심(操心)함 또는 벌로 일정한 기간
　　　　　　　등교·집무·출근을 하지 않고 말이나 행동을 삼감

禽困覆車 금곤복거 새 금 | 곤할·괴로울 곤 | 엎을·뒤집힐 복 | 수레 거

새도 곤경(困境)에 빠져 발악(發惡)하면 수레를 뒤엎는다는 뜻, 약자라도 궁지에 몰리면
살기위하여 온몸의 기를 써서 발악(發惡)하며 큰 힘을 낼 수 있음을 비유하는 말

困獸猶鬪 곤수유투, 獸窮則攫 수궁즉확　짐승이 궁지에 몰리면 덤벼듦
　　　　窮寇莫追 궁구막추　궁지에 몰린 적이나 원수를 모질게 다루지 말라는 뜻.
　　　　鳥窮則啄 조궁즉탁　새가 궁지에 몰리면 도리어 상대방을 쪼며 덤빔
　　　　人窮則詐 인궁즉사　사람이 궁지에 몰리면 거짓말을 한다는 말
　　　　馬窮則跌 마궁즉질　말이 궁지에 몰리면 발길질을 하며 날뜀

＊ 出典: 史記(사기)

金科玉條 금과옥조　황금·쇠 금 | 조목·과정 과 | 구슬 옥 | 가지·조목 조

황금(黃金)으로 만든 법(法)과 옥(玉)으로 만든 조항(條項)
즉 소중히 여기고 반드시 지켜야 할 규칙(規則)이나 교훈(敎訓)을 비유하는 말

▷ 條理 조리　글이나 말 등의 앞뒤가 들어맞고 체계(體系)가 서는 갈피 = 頭緖 두서

▷ 科目 과목　가르치거나 배워야 할 지식 등을 세분하여 계통(系統)을 세운 영역(領域)

金冠朝服 금관조복　황금·쇠 금 | 갓 관 | 조정·아침 조 | 옷 복

조선시대에 벼슬아치가 입었던 금관과 조복

▷ 文武百官 문무백관　모든 문관(文官)과 무관(武官)

▷ 紗帽冠帶 사모관대　사모와 관대[지금은 전통 혼례나 폐백 때 씀]

▷ 戴冠 대관　대관식에서, 임금이 왕관(王冠)을 받아 씀

金口木舌 금구목설　황금·쇠 금 | 입 구 | 나무 목 | 혀 설

예전에 교령[敎令: 임금의 명령]을 발표할 때 목탁(木鐸)을 치며 주의(注意)를 환기(喚起)시키는
종이라는 뜻, 훌륭한 언설(言說)로 사회를 가르쳐 이끌어 나가는 지도자(指導者)를 비유하는 말

木鐸 목탁　세상을 깨우쳐 바르게 인도할 지도자

＊ 出典: 論語(논어)

禽犢之行 금독지행　새·날짐승 금 | 송아지 독 | 어조사 지 | 다닐 행

날짐승이나 송아지의 행동, 짐승 같은 못된 짓 즉 친족(親族)사이의 음탕한 짓을 비유

禽犢之淫 금독지음, 近親相姦 근친상간, 相避 상피

▷ 禽獸 금수　1. 날짐승과 길짐승. 모든 짐승을 이르는 말
　　　　　　2. 행실(行實)이 무례(無禮)하고 추잡(醜雜)한 사람

金縢之詞 금등지사　황금·쇠 금 | 노·꿰맬 등 | 어조사 지 | 말씀 사

쇠줄로 단단히 봉(封)하여 비서(祕書)를 넣어두는 상자(箱子)라는 뜻, 억울(抑鬱)하거나
비밀(祕密)스런 일을 글로 남겨 후세에 그 진실을 전하고자 할 때 쓰는 말

『유의어』 金縢文書 금등문서, 金縢文件 금등문건, 金縢 금등

金蘭之契 금란지계   황금·쇠 금 │ 난초 란 │ 어조사 지 │ 맺을·약속 계

쇠처럼 단단하고 난초향기처럼 그윽하고 두터운 우정(友情)

『유의어』 金蘭之交 금란지교, 金蘭之誼 금란지의, 芝蘭之交 지란지교

▷ 契約 계약   일정한 법률적 효과를 발생시키기 위해
둘 이상의 의사표시의 합치에 의해 성립하는 법률 행위.

* 出典: 易經(역경) 繫辭上傳(계사상전)

錦鱗玉尺 금린옥척   비단 금 │ 비늘 린 │ 구슬 옥 │ 자 척

비단을 두른 듯 화려하고 크기가 한 자 정도 되는 아름다운 물고기를 형용하는 말

▷ 咫尺 지척   아주 가까운 거리
▷ 人魚 인어   상반신은 사람과 같고, 하반신은 물고기와 같다는 상상속의 바다동물

金迷紙醉 금미지취   황금·쇠 금 │ 미혹할 미 │ 종이 지 │ 취할 취

금종이에 정신이 미혹(迷惑)되고 취(醉)한다는 뜻, 지극히 사치(奢侈)스런 호화생활을 비유하는 말
송(宋)나라의 도곡(陶谷)이 편찬한 청이록(淸異錄)이라는 책에, 당(唐)나라 말엽의
명의(名醫)인 맹부(孟斧)라는 자가 자기 집에 금종이로 도배(塗褙)를 했다는 고사에서 유래

『유의어』 錦衣玉食 금의옥식   비단옷과 흰 쌀밥, 호화롭고 사치스러운 생활을 비유

爨桂 찬계   계수나무를 땔감으로 사용. 호화(豪華)로운 생활을 비유

錦上添花 금상첨화   비단 금 │ 위 상 │ 더할 첨 │ 꽃 화

비단 위에 꽃을 보탠다는 뜻, 좋은 일에 또 좋은 일이 더하여짐을 이르는 말

『반의어』 雪上加霜 설상가상, 雪上加雪 설상가설, 前虎後狼 전호후랑

▷ 添削 첨삭   시문·답안 등의 일부를 보충(補充)하거나 삭제(削除)하여 고침 = 增刪 증산
▷ 錦繡江山 금수강산   비단에 수를 놓은 듯이 아름다운 산천. 즉 우리나라의 산천을 비유

* 出典: 王安石(왕안석)의 시 卽事(즉사)

金石盟約 금석맹약   황금·쇠 금 │ 돌 석 │ 맹세할 맹 │ 맺을·약속 약

쇠와 돌같이 아무리 오랜 세월이 지나도 결코 변치 않는 굳은 약속(約束)을 비유하는 말

유의어 金石相約 금석상약, 金石之約 금석지약

金石牢約 금석뇌약　금석같이 굳은 언약. 서로의 언약이 굳음

金石爲開 금석위개　황금·쇠 금 ｜ 돌 석 ｜ 할 위 ｜ 열 개

쇠와 돌을 열리게 한다는 뜻, 정신을 집중(集中)하여 전력을 다하면 어떤 일에도 성공(成功)할 수 있다는 말

유의어 中石沒鏃 중석몰촉, 中石沒矢 중석몰시, 射石爲虎 사석위호

立石矢 입석시　화살을 쏘아 서있는 돌을 꿰뚫다. 정신집중

精神一到何事不成 정신일도하사불성　정신을 집중하면 무슨 일이든 할 수 있음

* 出典: 新序(신서) 雜事(잡사) 4편

今昔之感 금석지감　이제 금 ｜ 예·옛 석 어조사 지 ｜ 느낄 감

지금과 옛날을 비교(比較)할 때 세상변화의 차이(差異)가 너무 심하여 저절로 일어나는 느낌

유의어 隔世之感 격세지감　다른 세대를 만난 것처럼 몹시 달라진 느낌

▷ 遙昔 요석　먼 옛날. 옛날 옛날에

金石之交 금석지교　황금·쇠 금 ｜ 돌 석 ｜ 어조사 지 ｜ 사귈 교

쇠와 돌처럼 변함없는 굳은 사귐을 말함

유의어 金石牢約 금석뇌약, 金石相約 금석상약, 金石盟約 금석맹약

金石之約 금석지약　금석처럼 굳고 변함없는 언약(言約)

▷ 金剛山食後景 금강산식후경　재미있는 일도 우선 배가 불러야 흥이 난다는 말

金城湯池 금성탕지　황금·쇠 금 ｜ 성 성 ｜ 끓을 탕 ｜ 못 지

쇠로 성곽(城郭)을 쌓고 성 둘레의 해자(垓字)에 뜨거운 물을 채워 적이 공격하기 어렵게 만든 방비(防備)가 견고(堅固)한 성

유의어 鐵甕城 철옹성, 鐵甕 철옹, 鐵甕山城 철옹산성, 湯池鐵城 탕지철성

難攻不落 난공불락　공격하기가 어려워 좀처럼 함락되지 않음

金城鐵壁 금성철벽　견고하고 빈틈이 없는 성 또는 사물을 비유적으로 일컫는 말

▷ 垓子 해자　적의 침입을 막기 위해 성 밖을 둘러 파서 못으로 만든 곳 = 垓字 해자

* 出典: 漢書(한서) 蒯通傳(괴통전)

今是昨非 금시작비 이제 금 | 옳을 시 | 어제 작 | 아닐 비

오늘은 옳고 어제는 그르다는 뜻,
지난날의 잘못을 지금에서야 비로소 깨달음을 비유하는 말

[유의어] 昨非今是 작비금시

* 出典: 陶潛(도잠 = 陶淵明[도연명])의 歸去來辭(귀거래사)

今始初聞 금시초문 이제 금 | 처음·비로소 시 | 처음 초 | 들을 문

이제야 비로소 처음으로 들음

[유의어] 今時初聞 금시초문 바로 지금 처음으로 들음

▷ 如是我聞 여시아문 나는 이와 같이 들었다는 뜻

琴瑟 금실 거문고 금 | 비파·큰 거문고 슬·실

금슬[= 거문고와 비파]의 조화(調和)라는 뜻, 다정(多情)한 부부간의 사랑을 비유하는 말

[유의어] 琴瑟之樂 금실지락, 琴瑟相和 금슬상화, 如鼓琴瑟 여고금슬

連理 연리, 比翼 비익, 連理枝 연리지, 比翼鳥 비익조

錦心繡口 금심수구 비단 금 | 마음 심 | 수놓을 수 | 입 구

비단결 같은 고운 마음과 수를 놓은 듯 아름다운 입이라는 뜻
1. 훌륭한 착상(着想)과 아름다운 말   2. 글을 짓는 재주가 탁월(卓越)함의 비유

▷ 錦繡江山 금수강산 비단(緋緞)에 수를 놓은 듯이 아름다운 우리나라 산천(山川)

* 出典: 柳宗元(유종원: 唐宋八大家[당송팔대가], 하동선생)

金玉敗絮 금옥패서 황금·쇠 금 | 구슬 옥 | 무너질 패 | 솜 서

금옥과 헌솜이라는 뜻, 겉모양만 화려(華麗)하고 내면은 추악(醜惡)함을 비유하는 말

[유의어] 金玉其外敗絮其中 금옥기외패서기중 (에서 유래)
겉은 금옥(金玉)으로 장식(裝飾)하고 속은 패서[敗絮: 헌솜]로 채움

沐猴而冠 목후이관 의관은 훌륭하나 마음은 사람답지 못함

人面獸心 인면수심 얼굴은 사람 마음은 짐승

錦衣尙褧 금의상경 비단 금 | 옷 의 | 오히려 상 | 홑옷 경

비단옷을 입고 그 위에 허름한 홑옷을 덧입는다는 뜻, 군자(君子)는 높은 학식(學識)과 덕망(德望)을

갖추었더라도 남 앞에서 가볍게 뽐내거나 드러내서는 안 됨을 비유적으로 이르는 말

『유의어』 衣錦絅衣 의금경의, 衣錦褧衣 의금경의

▷ 崇尙 숭상 높여 소중히 여김

錦衣夜行 금의야행 비단 금 | 옷 의 | 밤 야 | 다닐 행

비단옷을 입고 컴컴한 밤길을 다닌다는 뜻
1. 생색(生色)이 나지 않음   2. 아무런 보람이 없는 일을 함
3. 입신출세(立身出世)하고도 고향(故鄕)으로 돌아가지 않음의 비유

『유의어』 夜行被繡 야행피수, 衣錦夜行 의금야행, 繡衣夜行 수의야행

『반의어』 錦衣晝行 금의주행   비단옷을 입고 낮에 다님. 자랑하고 보란 듯이 나다님

* 出典: 史記(사기) 項羽本紀(항우본기)

錦衣玉食 금의옥식 비단 금 | 옷 의 | 구슬 옥 | 밥·먹을 식

비단옷을 입고 윤기 나는 흰 쌀밥을 먹는다는 뜻, 호화(豪華)롭고 사치(奢侈)스러운 생활을
일컫는 말

『유의어』 好衣好食 호의호식, 金迷紙醉 금미지취, 饡桂 찬계

『반의어』 惡衣惡食 악의악식, 粗衣惡食 조의악식, 粗衣粗食 조의조식

錦衣還鄕 금의환향 비단 금 | 옷 의 | 돌아올 환 | 고향·시골 향

비단옷을 입고 고향(故鄕)에 돌아온다는 뜻, 출세(出世)하여 고향에 돌아옴을 비유하는 말
즉 성공(成功)하여 사람들의 환영(歡迎)을 받으며 고향으로 개선(凱旋)하는 장면(場面)

『유의어』 錦歸 금귀, 衣錦歸鄕 의금귀향, 衣錦之榮 의금지영

* 出典: 史記(사기) 項羽本紀(항우본기)

金枝玉葉 금지옥엽 황금·쇠 금 | 가지 지 | 구슬 옥 | 잎 엽

금(金)으로 만든 나뭇가지와 옥(玉)으로 만든 나뭇잎, 임금의 자손이나 집안 또는 귀한 자손의 비유

『유의어』 瓊枝玉葉 경지옥엽, 愛之重之 애지중지, 掌中寶玉 장중보옥

▷ 枝葉末端 지엽말단 사소(些少)한 것 또는 중요하지 않은 것

及瓜而代 급과이대 이를·미칠 급 | 오이 과 | 말 이을 이 | 대신할 대

오이가 익을 무렵이 되면 교체 해준다는 뜻,
임기(任期)를 마치면 다른 자리로 옮겨주겠다고 하고 약속을 지키지 않음

『유의어』 瓜期 과기, 瓜時而代 과시이대, 瓜代 과대

▷ 瓜分 과분 오이를 나누듯이, 왕이 신하에게 토지를 분배(分配)함

▷ 瓜瓞 과질 큰 오이와 작은 오이 즉, 자손(子孫)이 번성(繁盛)함의 비유

* 出典: 春秋左氏傳(춘추좌씨전)

汲水功德 급수공덕 물길을급 | 물수 | 공공 | 덕덕

물을 긷는 아낙네가 목마른 나그네에게 두레박으로 우물물을 길어 마시게 한 착한 공덕(功德)

▷ 汲婦 급부 물을 긷는 아낙네

▷ 樵童 초동 땔나무를 하는 아이

急轉直下 급전직하 급할급 | 구를 전 | 곧을 직 | 아래 하

어떤 상황(狀況)이 급하게 변하여 아래로 곧바로 떨어진다는 뜻, 어떤 일의 사태(事態)나
형세(形勢)가 걷잡을 수 없으리만큼 매우 안 좋은 방향으로 급하게 전개(展開)됨의 비유

『유의어』 轉落 전락, 顚墜 전추 굴러 떨어짐, 나쁜 상태(狀態)에 빠짐

▷ 急難之朋 급난지붕 급하고 어려울 때 도와주는 친구

▷ 轉轉 전전 이리저리 돌아다님

肯綮 긍경 뼈 사이 살 긍 | 힘줄 붙은 곳 경

힘줄이 살에 붙어 있는 곳. 긍(肯)은 뼈에 붙은 살, 경(綮)은 뼈와 살이 이어진다는 뜻,
사물의 핵심(核心)이나 일의 관건(關鍵)이 되는 중요부분을 비유하는 말

『유의어』 喉衿 후금 목구멍과 옷깃, 중요한 곳

裘領 구령 갖옷의 깃, 중요한 곳

關鍵 관건 문빗장과 열쇠. 문제 해결의 가장 중요한 부분

三寸之轄 삼촌지할, 輗軏 예월, 核心 핵심, 要領 요령, 鈐鍵 검건

掎角之勢 기각지세 끌·당길 기 | 뿔 각 | 어조사 지 | 기세 세

달아나는 사슴을 잡을 때 한명은 뒤에서 발을 잡고 다른 한명은 앞에서 뿔을 잡아당긴다는 말
1. 앞뒤에서 적을 몰아칠 수 있는 양면작전(兩面作戰)의 형세(形勢)를 비유
2. 두 영웅(英雄)이 할거(割據)하여 천하(天下)를 두고 다투는 것을 비유

『유의어』 掎角 기각, 逐鹿 축록, 角逐 각축 서로 이기려고 경쟁함

中原逐鹿 중원축록, 犄角之勢 의각지세, 兩雄割據 양웅할거

鹿死誰手 녹사수수 사슴이 누구의 손에 죽는가? 즉 누가 패권을 잡는가?

* 出典: 左傳(좌전) 襄公(양공) 14년

氣高萬丈 기고만장 | 기운 기 | 높을 고 | 일만 만 | 어른·길이단위 장
기운이 만장이나 높이 치솟아 뻗치었다는 뜻, 거들먹거리며 우쭐하여 뽐내는 기세가 대단함을
비유하는 말

『유의어』 豪氣萬丈 호기만장, 豪氣滿發 호기만발, 傲慢放恣 오만방자

　　　　 氣焰萬丈 기염만장　기세나 호기가 몹시 대단함

箕裘之業 기구지업 | 키 기 | 갖옷 구 | 어조사 지 | 업 업
키[箕: 기]와 가죽옷[裘: 구]을 만드는 일이라는 뜻, 선대(先代)에서부터 전해져 내려오는
가업(家業)으로, 선대의 업을 완전히 이어받음을 비유하는 말

▷　業報 업보　선악의 행업(行業)으로 말미암은 과보(果報)

* 出典: 禮記(예기)

己飢己溺 기기기닉 | 몸·자기 기 | 굶주릴 기 | 빠질 닉
자기가 굶주리고 자기가 물에 빠진 듯이 여긴다는 뜻, 다른 사람의 고통을 자기의 고통으로
생각하고 그들의 고통(苦痛)을 덜어주기 위해 최선(最善)을 다함을 비유하는 말

『유의어』 人溺己溺 인닉기닉, 人飢己飢 인기기기

▷　飢饉 기근, 饑饉 기근, 飢餓 기아, 饑餓 기아

　　 飢乏 기핍, 饑荒 기황, 餒饉 뇌근　흉년(凶年)으로 먹을 양식이 없어 굶주림

* 出典: 孟子(맹자) 離婁上(이루상)

技能妖術 기능요술 | 재주 기 | 능할 능 | 요사할 요 | 꾀·재주 술
고도(高度)로 숙련(熟練)된 손기술을 가지고 사람의 눈을 속이는 요술(妖術)

『유의어』 技術妖術 기술요술, 魔術 마술, 妖術 요술

▷　야바위: 속임수로 돈을 따먹는 중국 노름의 하나

騎驢覓驢 기려멱려 | 말탈 기 | 나귀 려 | 찾을 멱 | 나귀 려
나귀를 타고 나귀를 찾아다닌다는 뜻, 가까이에 있는 것을 도리어 먼 데서 구한다는 말로
근본(根本)을 잊고서 다른 곳에서 구하는 어리석음을 비유하는 말

『유의어』 騎牛覓牛 기우멱우　소를 타고 소를 찾아다님. 어리석음

　　　　 燈下不明 등하불명　등잔 밑, 즉 가까이 있는 것이 도리어 알아내기 어려움

▷ **蹇驢 건려** 다리를 저는 나귀. 즉 쓸모없는 인물을 비유하는 말

* 出典: 黃庭堅(황정견)의 詩(시)

騏驎老劣駑馬 기린노열노마

천리마 기 ㅣ 얼룩 말 린 ㅣ 늙을 노·로 ㅣ 못할 열·렬 ㅣ 둔한 말 노 ㅣ 말 마

기린[騏驎: 천리마]도 늙으면 노마[駑馬: 느린 말]보다 못하다는 뜻, 영웅호걸(英雄豪傑)도
늙으면 보통사람만도 못하다는 말

「유의어」 老卽騏驎不如駑馬 노즉기린불여노마

　　　　 騏驎之衰駑馬先之 기린지쇠노마선지

▷ **騏驎 기린** 하루에 천 리를 달린다는 말 = 千里馬 천리마, 駿馬 준마

麒麟兒 기린아 　기린 기 ㅣ 기린 린 ㅣ 아이 아

상상속의 상서(祥瑞)로운 짐승인 기린(麒麟)같은 사람
재주와 지혜가 뛰어나 장래(將來)가 촉망(屬望)되는 젊은이를 비유하는 말

「유의어」 有望株 유망주　1. 어떤 분야(分野)에서 발전(發展)할 가망(可望)이 많은 사람
　　　　　　　　　　 2. 시세(時勢)가 오를 가망이 있는 주식(株式)

▷ **麒麟 기린** 성인(聖人)이 세상에 나올 전조(前兆)로 나타난다는 상상의 상서로운
　　　　　　동물[생명이 있는 것은 밟지도 먹지도 않는다 함]

己卯士禍 기묘사화 　천간 기 ㅣ 지지 묘 ㅣ 선비 사 ㅣ 재앙 화

기묘년 즉, 조선 중종(中宗) 14년(1519)에 일어난 사화(士禍)

남곤(南袞)·심정(沈貞)등의 수구파(守舊派)가 반대파이자 이상 정치를 주장하던
조광조(趙光祖)·김정(金淨)등의 신진파(新進派)를 죽이거나 귀양 보낸 사건

▷ **士禍 사화** 조선 때, 조신(朝臣) 및 선비들이 정치적 반대파에게 몰려 참혹한 화를 입던 일

記問之學 기문지학 　기억할 기 ㅣ 물을 문 ㅣ 어조사 지 ㅣ 배울 학

고서(古書)와 같은 책을 단순히 읽거나 외기만 할뿐 제대로 이해(理解)하지 못하는 학문

「유의어」 記誦之學 기송지학

　　　　 口耳之學 구이지학
　　　　 귀로 들은 것을 그대로 남에게 이야기하는, 조금도 자기의 것으로 만들지 못한 학문.

▷ **箚記 차기** 책을 읽으며 느끼는 바를 바로바로 적어놓음

* 出典: 禮記(예기) 學記篇(학기편)

驥服鹽車 기복염거 천리마 기 | 일할·옷·입을 복 | 소금 염 | 수레 거

천리마가 소금수레를 끈다는 뜻, 유능한 인물이 자기를 알아주는 사람을 만나지 못해 천한
일에 종사(從事)함을 비유하는 말

「유의어」 伯樂一顧 백락일고, 使驥捕鼠 사기포서, 大材小用 대재소용

牛鼎烹鷄 우정팽계 소를 삶는 큰솥에 닭을 삶는다는 말. 알아주지 않음

割鷄牛刀 할계우도, 割鷄焉用牛刀 할계언용우도
닭을 잡는데 어찌 소 잡는 칼을 쓰겠는가?

牛驥同皁 우기동조 소와 천리마를 한우리에 함께 넣음. 대단히 냉대(冷待)함

* 出典: 戰國策(전국책)

饑不擇食 기불택식 주릴 기 | 아닐 불 | 가릴 택 | 밥·먹을 식

굶주린 사람은 먹을 것을 가리지 않는다는 뜻, 빈곤(貧困)한 사람은 대수롭지 않은 은혜에도
크게 감격(感激)한다는 말

「유의어」 飢不擇食 기불택식

寒不擇衣 한불택의 추운사람은 옷을 가리지 않는다는 말

▷ 饑穰 기양 흉년과 풍년을 아울러 이르는 말 = 飢穰 기양

▷ 饑戶 기호 흉년으로 인하여 굶는 집 = 飢戶 기호

起死回生 기사회생 일어날 기 | 죽을 사 | 돌·돌아올 회 | 날 생

거의 죽을 뻔 하다가 다시 살아남

「유의어」 九死一生 구사일생, 百死一生 백사일생, 十生九死 십생구사

虎口餘生 호구여생, 饑死僅生 기사근생

▷ 蜂起 봉기 벌떼처럼 떼를 지어 곳곳에서 세차게 일어남

* 出典: 呂氏春秋(여씨춘추) 別類篇(별류편)

箕山之志 기산지지 키 기 | 뫼 산 | 어조사 지 | 뜻·마음 지

기산(箕山)에서 지조(志操)를 굳게 지킨다는 뜻, 속세의 때를 묻히지 않고 은둔(隱遁)해 사는
선비의 고결(高潔)한 뜻을 비유하는 말

허유(許由)가 요(堯)임금이 자기에게 천하를 물려주겠다는 말을 듣고 귀가 더러워졌다며
기산(箕山)에 숨어살며, 영수(潁水)에서 더러워진 귀를 씻었다는 고사에서 유래

「유의어」 許由巢父 허유소부, 箕山之節 기산지절, 箕山潁水 기산영수

* 出典: 漢書(한서)

奇想天外 기상천외　기이할 기 | 생각할 상 | 하늘 천 | 바깥 외

착상(着想)이나 생각이 보통 사람이 쉽게 생각할 수 없을 정도로 놀랍도록 기발(奇拔)하고 엉뚱함

▷ **想像 상상**　경험하지 못한 일을 마음속으로 그리며 미루어 생각함

▷ **着想 착상**　어떤 일이나 창작의 실마리가 될 만한 생각이나 구상(構想) 등을 잡음

▷ **奇拔 기발**　매우 놀랍게 재치가 있고 뛰어남

羈紲之僕 기설지복　굴레 기 | 고삐 설 | 어조사 지 | 종·마부 복

기설(羈紲)은 굴레와 고삐라는 뜻, 임금의 행차(行次)에 말고삐를 쥐고 모시는 사람

〔유의어〕 馬夫 마부, 말驅從 말구종

▷ **羈紲 기설, 羈縻 기미, 勒紲 늑설, 轡勒 비륵, 羈絆 기반**
굴레와 고삐. 자유를 속박(束縛)하거나 억압(抑壓)함

▷ **轡銜 비함**　고삐와 재갈. 자유를 속박(束縛)하거나 억압(抑壓)함

▷ **從僕 종복**　사내종. 줏대 없이 남이 시키는 대로 따라서 하는 사람의 비유

* 出典: 左傳(좌전)

技成眼昏 기성안혼　재주 기 | 이룰 성 | 눈 안 | 흐릴 혼

기술(技術)을 다 배우고 나니 눈이 어둡다는 뜻, 아무리 좋은 기술도 늙어지면
무용지물(無用之物)이 됨을 비유하는 말

〔유의어〕 技纔成眼有眚 기재성안유생　기술을 겨우 다 익히고 나니 눈병이 난다는 뜻

▷ **眼目 안목**　사물을 보고 분별(分別)하는 견식(見識) = **面眼 면안**

▷ **昏迷 혼미**　의식이 흐림. 정세 등이 분명하지 않고 불안정함. 어리석어 사리에 어두움

* 出典: 旬五志(순오지)

欺世盜名 기세도명　속일 기 | 세상·인간 세 | 훔칠 도 | 이름 명

세상 사람을 속이고 허명(虛名)을 드러낸다는 말

▷ **虛名 허명**　실속 없는 헛된 명성(名聲) = **空名 공명, 浮名 부명**

▷ **詐欺 사기**　이익을 취하기 위하여 나쁜 꾀로 남을 속임

己所不欲勿施於人 기소불욕물시어인

자기 기 | 바 소 | 아닐 불 | 하고자할 욕 | 말 물 | 베풀 시 | 어조사 어 | 사람 인

자기가 하고 싶지 않은 일을 다른 사람에게도 시키지 말라는 말

▷ 施惠 시혜　은혜를 베풂. 또는 그 은혜

* 出典: 論語(논어) 衛靈公篇(위령공편)

騎獸之勢 기수지세　말 탈 기 | 짐승 수 | 어조사 지 | 기세 세
짐승의 등을 타고 달리는 형세라는 뜻, 하던 일을 중도(中途)에서 그만둘 수 없는 형세를 비유

【유의어】 騎虎之勢 기호지세, 騎虎難下 기호난하
　　　호랑이를 타고 달리는 형세. 하던 일을 중도에서 그만둘 수 없는 경우를 비유하는 말

　　　虎尾難放 호미난방
　　　잡았던 호랑이의 꼬리는 놓기가 어렵다는 뜻.[꼬리를 놓는 순간 물려죽음]
　　　일단 위험한 일에 손을 대버리면 그만두기도 어렵고 계속하기도 어렵다는 말

▷ 騎馬欲率奴 기마욕솔노　말을 타면 종을 거느리고 싶어함. 욕심은 끝이 없다는 말

起承轉結 기승전결　일어날 기 | 이을 승 | 구를 전 | 맺을 결
한시작법(漢詩作法)에서 시문(詩文)을 짓는 격식으로 기(起)는 시(詩)를 시작하는 부분, 승(承)은
그것을 이어받아 전개하는 부분, 전(轉)은 시의(詩意)를 한번 돌려 전환(轉換)하는 부분, 결(結)은
전체 시의(詩意)를 끝맺는 마지막 과정(過程)

[각종 논문·논설문·연설문 등의 글을 짜임새 있게 짓는 형식에도 해당(該當)됨]

▷ 起首 기수　어떤 사실의 기초 = 根源 근원

奇岩絕壁 기암절벽　기이할 기 | 바위 암 | 끊을 절 | 벽 벽
기이(奇異)한 모양의 바위와 깎아지른 듯 한 낭떠러지

▷ 奇岩怪石 기암괴석　기묘(奇妙)한 바위와 괴상(怪狀)하게 생긴 돌

氣焰萬丈 기염만장　기운 기 | 불꽃 염 | 일만 만 | 어른·길이단위 장
거들먹거리는 기세나 호기가 몹시 대단하여 멀리까지 뻗침

【유의어】 氣高萬丈 기고만장, 豪氣萬丈 호기만장, 傲慢放恣 오만방자
　　　豪氣滿發 호기만발　꺼드럭거리며 뽐내는 기운이 온몸에 차서 겉으로 드러남

旣往不咎 기왕불구　이미 기 | 갈 왕 | 아닐 불 | 허물 구
이미 다 지나간 일의 잘못은 더 이상 탓하지 아니함

【유의어】 旣往之事不咎 기왕지사불구, 已往之事勿咎 이왕지사물구
　　　來者可追 내자가추
　　　이미 지난 일은 어쩔 수 없으나, 앞으로의 일은 조심(操心)하면

지금까지와 같은 과실(過失)을 범하지 않을 수 있음을 이르는 말

* 出典: 論語(논어)

既往之事 기왕지사 <small>이미 기 | 갈 왕 | 어조사 지 | 일·섬길 사</small>

이미 다 지나간 일(이제 와서 어찌할 수 없는 일)

『유의어』 已往之事 이왕지사, 已過之事 이과지사

▷ 往復 왕복 갔다가 돌아옴. 전진과 후퇴 = 往返 왕반

杞憂 기우 <small>구기자나무 기 | 근심할 우</small>

기(杞)나라 사람의 걱정이라는 뜻, 공연히 앞일에 대하여 쓸데없는 걱정을 함의 비유

옛날 기(杞)나라에 살던 어떤 사람이 "만일 하늘이 무너지면 어디로 피해야 좋을 것인가?" 하고 침식(寢食)을 잊고 걱정했다는 고사에서 유래. 어리석은 짓

『유의어』 杞人之憂 기인지우

▷ 憂慮 우려 근심하거나 걱정함. 또는 그 근심과 걱정

* 出典: 列子(열자) 天瑞篇(천서편)

氣韻生動 기운생동 <small>기운 기 | 운·음운 운 | 날 생 | 움직일 동</small>

글씨나 그림의 기품(氣品)이 넘치고 정취(情趣)가 생생하게 약동(躍動)하는듯한 화법. 즉 뛰어난 예술품에 대하여 이르는 말[천지만물이 지니는 생생한 느낌을 표현하는 것]

▷ 韻律 운율

시문(詩文)의 음성적(音聲的) 형식. 음의 장단·강약·고저 또는 같은 음, 비슷한 음을 규칙적으로 반복 배열하여 음악적인 느낌을 주는 일. 외형률과 내재율이 있음. 리듬.

* 出典: 輟耕錄(철경록)

棄爾幼志 기이유지 <small>버릴 기 | 너(2인칭) 이 | 어릴 유 | 뜻 지</small>

그대[爾: 이]는 동심(童心)을 버리라고 경계(警戒)한 말

▷ 自暴自棄 자포자기 절망(絕望)에 빠져 자신을 포기(抛棄)하고 돌아보지 않음

▷ 爾 이, 汝 여, 子 자 너(2인칭), 그대, 자네, 당신

起翦頗牧用軍最精 기전파목용군최정

<small>일어날 기 | 자를 전 | 자못 파 | 칠 목 | 쓸 용 | 군사 군 | 가장 최 | 정할 정</small>

백기(白起)와 왕전(王翦)은 진(秦)나라 장수(將帥)요 염파(廉頗)와 이목(李牧)은 조(趙)나라 장수(將帥)인데, 그들은 용병술(用兵術)이 탁월(卓越)하여 군사(軍士)를 부리는데 있어서

전혀 빈틈이 없다는 말

▷ **起臥** 기와   일어남과 누움, 일상적인 생활상태 = **坐作** 좌작

* 出典: 千字文(천자문)

氣絶招風 기절초풍 기운 기 | 끊을 절 | 부를 초 | 바람 풍

기절(氣絶)하거나 까무러칠 정도로 몹시 놀라 질겁함

▷ **氣怯** 기겁   갑자기 놀라거나 겁에 질려 숨이 막히는 듯함

▷ **昏絶** 혼절   정신이 아찔하여 까무러침

旣定事實 기정사실 이미 기 | 정할 정 | 일 사 | 열매 실

이미 결정(決定)되어 있는 사실 또는 이미 정해진 일

▷ **保留** 보류   당장 처리하지 않고, 뒤로 미룸 = **留保** 유보

▷ **旣得權** 기득권   특정한 자연인 또는 법인이 정당한 절차를 밟아 법규에 의해 얻은 권리

基調演說 기조연설 터·기초 기 | 고를·조절할 조 | 펼 연 | 말씀 설

1. 국회·전당대회·학회 등에서 대표가 그 모임의 기본취지나 정책·방향 등에 대하여 설명하는 연설
2. 국제회의(國際會議)에서 각국 대표가 기본정책 등을 설명(說明)하는 연설

▷ **肇基** 조기   토대를 닦음

氣盡脈盡 기진맥진 기운 기 | 다할·끝날 진 | 맥·혈맥 맥

기운과 정력(精力)을 다 써버려 힘이 없어 맥이 풀렸다는 뜻, 자기 몸조차 가누지 못할
지경으로 죽기 일보직전이라는 말

유의어 **氣盡力盡** 기진역진, **勢窮力盡** 세궁역진

▷ **刀折矢盡** 도절시진   칼도 부러지고 화살도 다 떨어짐. 더 이상 싸울 방도가 없음

▷ **騅不逝** 추불서   전장에서 말(추: 騅)이 더 이상 앞으로 나아가지 않는다는 뜻

氣體候一向萬康 기체후일향만강

기운 기 | 몸 체 | 물을 후 | 하나 일 | 향할 향 | 일만 만 | 편안 강

기력(氣力)과 건강(健康)은 한 결 같이 편안(便安)하신지요.
[웃어른께 편지(便紙)로 안부(安否) 물을 때 쓰는 높임말]

▷ **下氣怡聲** 하기이성   숨소리를 낮추고 말소리를 부드럽게 함

基軸通貨 기축통화 터기 | 굴대 축 | 통할 통 | 재화 화

국제간의 결제(決濟)나 금융거래의 기본이 되는 화폐(貨幣)

▷ **決濟** 결제　증권(證券)이나 대금의 수수(授受)에 의해서 매매(賣買)당사자 간의 거래(去來)
　　　　　　관계를 끝맺음

▷ **決裁** 결재　부하가 제출(提出)한 안건(案件)을 상관이 검토(檢討)하여 승인(承認)함

▷ **金融** 금융　돈의 융통(融通). 경제상 자금의 수요(需要)와 공급(供給)의 관계

旗幟鮮明 기치선명 기기 | 기치 | 뚜렷할·고울 선 | 밝을 명

깃발의 색깔이 선명하다는 뜻, 언행(言行)·의견(意見)·태도(態度)·입장(立場)이 뚜렷함의 비유

▷ **旗幟** 기치　어떤 목적(目的)을 위하여 표명(表明)하는 태도(態度)나 주장(主張)

祁奚薦讎 기해천수 성할 기 | 어찌 해 | 천거할 천 | 원수 수

기해(祁奚)가 원수(怨讎)를 추천(推薦)했다는 뜻, 자기 후임에 원수(怨讎)인 해호(解狐)를
천거(薦擧)했다는 말. 즉 나랏일에 공평무사(公平無私)하여 사심(私心)이 없음을 비유하는 말

기해(祁奚)는 춘추시대 진(晉)나라 도공(悼公)의 신하로 사람을 추천하는 데에 공정하여 인재만
적당하면 원수든 아들이든 가리지 않고 추천(推薦)했다는 고사에서 유래

▷ **薦擧** 천거　인재를 어떤 자리에 추천하는 일 = **擧薦** 거천, **推薦** 추천

▷ **毛遂自薦** 모수자천　모수라는 자가 어떤 임무에 자기 자신을 추천했다는 말

▷ **祁寒** 기한　매우 심한 추위 = **嚴寒** 엄한, **酷寒** 혹한

* 出典: 春秋左氏傳(춘추좌씨전)

騎虎之勢 기호지세 말탈 기 | 범 호 | 어조사 지 | 형세·기세 세

호랑이등을 타고 달리다가 도중에 내리게 되면 오히려 잡혀 먹히는 형세라는 뜻, 일을 계획하고
시작한 이상 도중에 중단(中斷)해서도 안 되며 또한 그만둘 수도 없는 상태를 비유하는 말

┌ **유의어** ┐ **騎虎難下** 기호난하, **騎獸之勢** 기수지세

　　　　虎尾難放 호미난방　일단 붙잡은 호랑이의 꼬리는 놓기가 어렵다는 뜻으로
　　　　　　　　　　위험한 일에 손을 대면 그만두기도 어렵고 계속하기도 어려움을 비유적으로 이르는 말

* 出典: 隋書(수서) 獨孤皇后傳(독고황후전)

奇貨可居 기화가거 기이할 기 | 재화 화 | 옳을·좋을 가 | 살·있을 거

진기(珍奇)한 물건은 사서 잘 간직할 만하다는 뜻
1. 지금 사 두었다가 후일 되팔 때 큰 이득(利得)을 볼 수 있다는 말
2. 좋은 기회(機會)를 놓치지 말라는 말

유의어 勿失好機 물실호기, 時不待人 시불대인

▷ **奇蹟** 기적　상식으로는 이해할 수 없는 아주 기이한 일. 신의 힘으로 행해졌다고 믿는 일

* 出典: 史記(사기) 呂不韋列傳(여불위열전)

棄灰之刑 기회지형　버릴 기 | 재 회 | 어조사 지 | 형벌 형

길에 재를 버린 사람까지도 형벌(刑罰)을 내린다는 뜻, 법이 엄격하고 융통성(融通性)이 없으며
죄에 비하여 형벌(刑罰)이 가혹(苛酷)하다는 말

유의어 蹊田奪牛 혜전탈우, 田主奪之牛 전주탈지우
소를 몰고 남의 논밭을 가로질러갔다고 해서 그 벌로 소를 빼앗음.
가벼운 죄에 비하여 처벌(處罰)이 지나치게 무겁다는 말

반의어 蒲鞭之罰 포편지벌, 蒲鞭之政 포편지정
부들포로 만든 채찍의 형벌(刑罰)이라는 뜻, 형식적으로만 처벌(處罰)하고 실지(實地)는
욕(辱)만 보이자는 벌로, 관용(寬容)의 정치(政治)를 이르는 말. 즉 솜방망이 처벌(處罰)

▷ **抛棄** 포기　1. 하던 일을 도중에 그만두어 버림
　　　　　2. 자기의 권리·자격이나 물건 등을 내던져 버림

* 出典: 史記(사기) 李斯傳(이사전)

拮据黽勉 길거민면　일할 길 | 일할 거 | 힘쓸·맹꽁이 민 | 힘쓸 면

몹시 바쁘게 힘써서 일함. 매사에 부지런히 일하고 애를 쓴다는 말

▷ **勤勉** 근면　부지런히 일하며 힘씀
▷ **据置** 거치　공채·사채·예금 등을 일정한 기간 상환 또는 지급하지 않음

拮抗作用 길항작용　일할 길 | 겨룰·막을 항 | 지을 작 | 쓸 용

생물체의 어떤 현상에 대하여 두 요인(要因)이 동시에 작용하면서 서로 그 효과(效果)를
줄이는 작용(作用)

유의어 對抗作用 대항작용

▷ **拮抗** 길항　서로 버티어 대항(對抗)함
▷ **抵抗** 저항　1. 어떤 힘이나 압력(壓力)에 굴하지 않고 맞서서 버팀
　　　　　2. 물체의 운동 방향과 반대의 방향(方向)으로 작용하는 힘

吉凶禍福 길흉화복　길할 길 | 흉할 흉 | 재앙 화 | 복 복

세상에 존재하는 좋은 일, 나쁜 일, 불행한 일과 행복한 일을 말함
즉 사람의 운수(運數)를 이르는 말

▷ **取吉避凶** 취길피흉 길하면 취하고 흉하면 피한다는 말

▷ **煞 살** 사람을 해치거나 물건을 깨뜨리는 독하고 모진 기운[악귀의 짓]

▷ **急煞** 급살 갑자기 닥쳐오는 재액(災厄) =

▷ **橫厄** 횡액 뜻밖에 닥쳐오는 재액 = **橫來之厄** 횡래지액

奈落 나락 <small>나락·어찌 나(내) | 떨어질 락</small>

구원(救援)할 수 없는 마음의 구렁텅이. 벗어나기 어려운 절망(絕望)적 상황(狀況)을 비유하는 말

「유의어」 那落 나락, 地獄 지옥

深淵 심연 깊은 못. 좀처럼 헤어나기 힘든 깊은 구렁

羅雀掘鼠 나작굴서 <small>새그물·벌릴 나(라) | 참새 작 | 팔 굴 | 쥐 서</small>

그물을 펴서 참새를 잡고 굴을 파서 쥐를 잡는다는 뜻, 궁지(窮地)에 몰려 할 수 있는 모든
일을 다해보는 것을 비유하는 말

「유의어」 渴而穿井 갈이천정, 臨渴掘井 임갈굴정, 大寒索裘 대한색구

窮餘之策 궁여지책 궁한 나머지 생각다 못해 짜낸 계책 = 窮餘一策 궁여일책

* 出典: 唐書(당서)

落款 낙관 <small>떨어질 낙(락) | 정성·조항 관</small>

서예가·화가·예술가 등이 글씨나 그림 등을 완성한 뒤 작품에 자기의 이름이나 아호·날짜 등을
쓰고 도장을 찍는 일로, 자필의 증거나 작품이 완성되었음을 표시하는 행위

[낙성관지(落成款識)의 준말. 음각자(陰刻字)를 관(款), 양각자(陽刻字)를 지(識)라고 함]

▷ 定款 정관 사단법인·주식회사의 조직과 업무 등에 관한 기본규칙. 또는 그것을 적은 문서

▷ 烙印 낙인 불에 달구어 찍는 쇠도장. 다시 씻기 어려운 불명예스러운 판정이나 평가

▷ 捺印 날인 도장을 찍음 = 捺章 날장

▷ 拇印 무인 손도장 = 指章 지장

落膽喪魂 낙담상혼 <small>떨어질 낙·락 | 쓸개·담력 담 | 잃을·죽을 상 | 넋 혼</small>

몹시 놀라거나 마음이 상해서 넋을 잃음

「유의어」 喪魂落膽 상혼낙담, 落心千萬 낙심천만, 落魄 낙백

▷ 氣塞昏絕 기색혼절 숨이 막혀 까무러침 = 昏絕 혼절

▷ 茫然自失 망연자실 멍하니 정신이 나간 듯함

落帽之辰 낙모지신 <small>떨어질 낙 | 모자 모 | 어조사 지 | 날 신</small>

1. 작은 예절(禮節)에 얽매이지 않고 소탈(疏脫)하면서도 활달(豁達)한 문인의 풍모(風貌)를 비유
2. 음력 9월 9일 중양절(重陽節)을 달리 이르는 말

중국 진(晉)나라 때 정서대장군 환온(桓溫)이 베푼 용산(龍山)의 연회(宴會)에서 흥에 겨워 놀던
참군(參軍) 맹가(孟嘉)의 관모(官帽)가 땅바닥에 떨어진 고사에서 유래

[유의어] 龍山落帽 용산낙모, 孟嘉落帽 맹가낙모, 落帽之孟嘉 낙모지맹가

* 出典: 晉書(진서) 孟嘉傳(맹가전)

落木寒天 낙목한천 떨어질 낙·락 | 나무 목 | 찰 한 | 하늘 천
나뭇잎이 다 떨어진 겨울의 춥고 쓸쓸한 풍경(風景)

▷ 零落 영락   시들어 떨어짐, 쇠락(衰落)함
▷ 朔風 삭풍   겨울철에 북쪽에서 불어오는 찬바람(= 칼바람)
▷ 落照 낙조   지는 해 주위의 붉은 빛 = 夕陽 석양, 斜陽 사양, 仄日 측일

落心千萬 낙심천만 떨어질 낙·락 | 마음 심 | 일천 천 | 일만 만
마음이 천길만길 떨어진다는 뜻, 바라던 일을 이루지 못하여 마음이 몹시 상함을 비유하는 말

[유의어] 落膽喪魂 낙담상혼, 落膽 낙담, 落魄 낙백

▷ 落落長松 낙락장송   가지가 길게 축축 늘어지고 오래된 키가 큰 소나무
▷ 松楸 송추   산소 둘레에 심는 나무의 총칭(總稱)

洛陽紙價 낙양지가 물이름 낙·락 | 볕 양 | 종이 지 | 값 가
낙양(洛陽)땅의 종이 값이 오른다는 뜻, 책을 많이 만드느라 종이가 귀해져 종이 값이 비싸짐
어떤 사람의 저서(著書)가 호평(好評)을 얻어 매우 잘 팔림을 비유하는 말

[유의어] 洛陽紙貴 낙양지귀, 洛陽紙價貴 낙양지가귀, 洛陽紙價高 낙양지가고

* 出典: 晉書(진서) 文苑傳(문원전)

絡繹不絶 낙역부절 이을·읽을 낙·락 | 풀어낵 역 | 아닐 부·불 | 끊을 절
실이 이어져 끊어지지 않는다는 뜻, 왕래(往來)가 잦아 소식(消息)이 끊이지 않음의 비유

[유의어] 絡繹 낙역, 連絡不絶 연락부절   연락(소식)이 끊이지 않음
[반의어] 連絡杜絶 연락두절, 消息斷切 소식단절   연락(소식)이 끊김

落葉歸根 낙엽귀근 떨어질 낙·락 | 잎 엽 | 돌아갈 귀 | 뿌리 근
나뭇잎이 떨어져 뿌리로 돌아간다는 뜻, 결국은 자기가 본래 태어났거나 자란 곳으로
되돌아감을 비유하는 말

▷ 歸鄕 귀향   고향(故鄕)으로 돌아옴(감) / 落鄕 낙향   시골로 거처를 옮기거나 이사함
▷ 歸省 귀성   객지(客地)에서 부모를 뵈러 고향에 돌아가거나 돌아옴

▷ **歸京** 귀경　서울로 돌아오거나 돌아감

* 出典: 傳燈錄(전등록)

落月屋梁 낙월옥량　떨어질 낙·락 | 달 월 | 집 옥 | 들보 량

지는 달이 지붕을 비춘다는 뜻, 벗이나 고인(故人)에 대한 생각이 간절(懇切)함을 비유하는 말

꿈속에서 벗을 만나 함께 놀다 깨어보니, 벗은 간데없고 지붕위에 싸늘한 달빛만이 흩어져 있었다는 고사에서 유래

▷ **陋屋** 누옥　좁고 지저분한 집 또는 자기 집을 낮추어 일컫는 말

▷ **陋醜** 누추　지저분하고 더러움

* 出典: 杜甫(두보) 夢李白(몽이백)

樂而忘憂 낙이망우　즐거울 낙(락) | 말 이을(그리고) 이 | 잊을 망 | 근심할 우

삶을 즐거워하며 시름을 잊는다는 뜻, 도를 행하기를 즐거워하여 가난 등의 근심을 잊어버림

『유의어』 樂而無憂 낙이무우

▷ **憂慮** 우려　근심하거나 걱정함 또는 그 근심과 걱정

▷ **享樂** 향락　쾌락(快樂)을 누림

▷ **湛樂** 담락　오래도록 즐김. 평화롭고 화락하게 즐김

* 出典: 論語(논어)

樂而不淫 낙이불음　즐거울 낙·락 | 말 이을(그러나) 이 | 아닐 불 | 음란할 음

즐기되 음탕(淫蕩)하지는 않는다는 뜻, 즐겁게 놀지만 도를 지나치지 않는다는 말

▷ **哀而不傷** 애이불상　슬퍼하되 마음에 해롭도록 정도를 지나치지 아니함

▷ **哀而不悲** 애이불비　속으로는 슬프지만 겉으로 슬픔을 나타내지 않음

▷ **淫亂** 음란　음탕하고 난잡함

* 出典: 論語(논어) 八佾篇(팔일편)

樂而思蜀 낙이사촉　즐거울 낙(락) | 말 이을 이 | 생각할 사 | 나라이름 촉

타향(他鄕)의 생활이 즐거워 고향생각을 하지 못한다는 뜻, 눈앞의 즐거움에 빠져 근본(根本)을 망각(忘却)하는 잘못을 지적(指摘)하는 말

촉한(蜀漢)의 유선(劉禪)이 위(魏)나라에 항복(降伏)하여, 위나라의 실력자 사마소(司馬昭)가 잔치를 벌이자, 촉의 신하들은 망국의 슬픔으로 통한(痛恨)의 눈물을 흘렸으나 유선은 희희낙락 잔치를 즐기고 있었다. 이를 지켜본 사마소가 유선을 경멸(輕蔑)하며 묻기를 당신의 나라 촉나라가 그립지 않느냐고 했더니, 유선이 답하기를 이곳 위나라에서의 생활이 즐거우니 촉나라가

생각나지 않는다고 말한 고사에서 유래

落穽下石 낙정하석　떨어질 낙·락 | 함정·허방다리 정 | 떨어뜨릴·아래 하 | 돌 석

함정(陷穽)에 빠진 사람에게 돌을 떨어뜨린다는 뜻, 곤경(困境)에 빠진 사람을 구해주기는커녕
도리어 해롭게 함을 비유하는 말

[유의어] 下穽投石 하정투석

▷ **陷穽 함정**　남을 어려움에 빠뜨리려는 계략의 비유. 짐승 잡는 깊은 구덩이

▷ **落張不入 낙장불입**　화투·투전·트럼프 등에서, 판에 한번 내어 놓은 패는 물리기 위하여
　　　　　　　　　　　　 다시 집어들이지 못함 = 落點不入 낙점불입

* 出典: 韓愈(한유: 柳宗元[유종원]의 죽음을 哀悼[애도]하는 墓誌銘[묘지명])

落筆點蠅 낙필점승　떨어질 낙·락 | 붓 필 | 점 점 | 파리 승

실수(失手)로 붓을 떨어뜨려 생긴 점 자국을 파리로 그려내 자칫 망칠 뻔한 그 그림을 살려냄
즉 화가(畫家)의 절묘(絕妙)한 솜씨를 비유하는 말

오(吳)나라의 화가 조불흥(曹不興)이 오왕(吳王) 손권(孫權)의 명을 받아 병풍(屛風)에 그림을
그릴 때에, 실수로 붓을 떨어뜨려 그만 점이 찍히고 말았다. 즉시 붓의 흔적(痕迹)을 따라
교묘하게 파리로 바꾸어 그렸는데, 손권이 진짜 파리인줄 알고 손가락으로 튕겼다는 고사에서 유래

▷ **落點 낙점**
　1. 여러 후보 가운데 마땅한 사람을 고름(선택)
　2. 임금이 이조(吏曹)에서 추천(推薦)한 세 후보자 중 한명의 이름 위에 점을 찍던 일

落花流水 낙화유수　떨어질 낙·락 | 꽃 화 | 흐를 유 | 물 수

흐르는 물에 떨어지는 꽃이라는 뜻으로 주로 가는 봄의 경치(景致)를 비유하는 말
1. 살림이나 세력이 약해져 보잘것없이 쇠퇴(衰退)해 감을 비유하는 말
2. 떨어지는 꽃은 물이 흐르는 데로 흐르기를 바라고, 흐르는 물은 떨어지는 꽃을 띄워 흐르기를
　 바란다는 뜻에서, 남·여가 서로 그리워하는 애틋한 정을 비유하는 말
3. 춘앵전(春鶯囀)이나 처용무(處容舞)에서, 두 팔을 한 번씩 뿌리는 춤사위

▷ **落空 낙공**　계획, 희망 등이 수포로 돌아감

* 出典: 訪隱者不遇(방은자불우: 중국 唐[당]나라 시인 高邊[고변]이 지은 시)

難攻不落 난공불락　어려울 난 | 칠 공 | 아닐 불 | 떨어질 락

공격하기가 어려워 결코 함락(陷落)되지 않는다는 뜻, 대항(對抗)하는 힘이 워낙 강하여 다루기
어려운 대상을 비유하는 말

[유의어] 鐵甕城 철옹성, 鐵甕山城 철옹산성, 鐵甕 철옹

金城湯池 금성탕지, 金城鐵壁 금성철벽, 湯池鐵城 탕지철성

[반의어] 摧堅陷陣 최견함진　견고(堅固)한 적의 진(陣)을 쳐서 무너뜨림

難忘之恩 난망지은　어려울 난 | 잊을 망 | 어조사 지 | 은혜 은
잊을 수 없는 은혜나 은덕(恩德). 남에게 큰 은혜나 덕을 입었을 때 고마움의 뜻으로 이르는 말

[유의어] 不忘之恩 불망지은, 難忘之澤 난망지택

鏤骨銘心 누골명심, 銘肌鏤骨 명기누골

刻骨難忘 각골난망　은혜가 뼈에 새길 만큼 커서 잊혀지지 않음

白骨難忘 백골난망　죽어 백골이 되어도 그 은덕을 잊을 수 없다는 말

難伯難仲 난백난중　어려울 난 | 맏·우두머리 백 | 버금·둘째 중
누구를 맏형이라 하고 누구를 둘째 형이라 하기가 어렵다는 뜻, 두 사물이 우열(優劣)을 가리기 힘들 정도로 비슷함

[유의어] 莫上莫下 막상막하　누가 더 낫고 더 못함의 차이(差異)가 거의 없음

龍虎相搏 용호상박, 互角之勢 호각지세, 難兄難弟 난형난제

伯仲之間 백중지간, 伯仲之勢 백중지세, 伯仲勢 백중세

卵上加卵 난상가란　알 난·란 | 위 상 | 더할 가
알 위에 알을 포개어 올려놓는다는 뜻, 아무리 어려운 일이라도 정성(精誠)이 지극(至極)하면 하늘이 감동(感動)함을 비유하는 말

옛날에 한 관리가 귀양을 가게 되었는데, 그 부인에게 이르기를 알 위에 알을 포갤 수 있다면 몰라도 아마 살아서 돌아오지 못할 것 같다고 말하고 떠났는데, 그날 이후 매일 그의 아내가 알을 포개지게 해달라고 기원(祈願)하였다. 어느 날 민가를 순시(巡視)하던 임금이 그 부인의 축원(祝願) 소리를 듣고 정성(精誠)에 감동(感動)하여 귀양 간 남편(男便)을 풀어주었다는 고사에서 유래

[유의어] 至誠感天 지성감천, 至極精誠 지극정성

* 出典: 醒睡稗說(성수패설)

爛商討論 난상토론　문드러질·빛날 난(란) | 헤아릴·장사 상 | 칠·벌할 토 | 말할·논할 론
여러 사람이 모여 개별사안을 낱낱이 거론(擧論)하고 충분(充分)히 생각하여 토론(討論)함

[유의어] 爛商討議 난상토의, 爛商公議 난상공의, 爛商熟議 난상숙의

熟談 숙담, 爛商公論 난상공론　여러 사람이 모여 충분(充分)히 의논함

▷ 剿討 초토　도둑의 무리를 쳐서 물리침

▷ 商店 상점　물건을 파는 가게 = 廛肆 전사, 商廛 상전, 商鋪 상포

亂臣賊子 난신적자　어지러울 난·란 ｜ 신하 신 ｜ 도둑 적 ｜ 어조사·아들 자

1. 나라를 어지럽게 하는 신하(臣下)와 부모를 해치는 자식(子息)
2. 임금을 배반(背反)하는 불충(不忠)한 무리

『유의어』 奸臣賊子 간신적자　간사한 신하와 불효한 자식

　　　　無父無君 무부무군　어버이도 임금도 몰라보는 막 돼먹은 사람

▷ 攪亂 교란　마음이나 상황 등을 뒤흔들어 어지럽게 함

▷ 戡亂 감란　난리를 평온하게 진정시킴

▷ 撥亂 발란　어지러운 세상을 평정함

* 出典: 孟子(맹자) 滕文公(등문공) 하편

蘭艾同焚 난애동분　난초 난 ｜ 쑥 애 ｜ 같을 동 ｜ 불사를 분

난초와 쑥을 함께 불태운다는 뜻, 군자와 소인의 구별 없이 함께 재액(災厄)을 당한다는 말

『유의어』 玉石俱焚 옥석구분　옥과 돌이 함께 태워짐. 선악의 구별 없이 함께 화를 당함

　　　　玉石同碎 옥석동쇄　옥과 돌이 함께 부서짐. 선악의 구별 없이 함께 화를 당함

▷ 艾年 애년　머리털이 약쑥같이 희어진다는 뜻. 쉰 살 = 知天命 지천명

爛若披錦 난약피금　빛날 난·란 ｜ 같을 약 ｜ 펼칠·나눌 피 ｜ 비단 금

고운 무늬가 마치 비단을 덮어놓은 것 같다는 뜻, 빛나는 문체의 문장(文章)을 비유하는 말

손흥공(孫興公)이 반악(潘岳)의 문장을 칭찬하면서 "현란(絢爛)하기가 마치 비단을 펼쳐 두른듯하여 아름답지 않은 부분이 없다"고 말한 고사에서 유래

『유의어』 蘭若披錦 無處不鮮 난약피금 무처불선 (에서 유래)

▷ 披露宴 피로연　결혼·출생·각종 축하연(祝賀宴) 등을 널리 알리는 뜻으로 베푸는 연회

* 出典: 世說新語(세설신어)

暖衣飽食 난의포식　따뜻할 난 ｜ 옷 의 ｜ 배부를·물릴 포 ｜ 밥·먹을 식

옷을 따뜻이 입고 음식을 배불리 먹음

『유의어』 暖飽 난포, 錦衣玉食 금의옥식, 好衣好食 호의호식

『반의어』 惡衣惡食 악의악식, 粗衣惡食 조의악식, 麤衣惡食 추의악식

* 出典: 孟子(맹자) 滕文公上(등문공상)

卵翼之恩 난익지은 알 난·란 | 날개 익 | 어조사 지 | 은혜 은

알을 까서 날개로 품어 길러준 은혜. 자기를 낳아 길러준 어버이의 은혜(恩惠)를 비유

유의어 卵育之恩 난육지은, 劬勞之恩 구로지은 자기를 낳아 기른 부모의 은혜(恩惠)

舐犢之情 지독지정, 舐犢之愛 지독지애

어미 소가 송아지를 혀로 핥아 준다는 뜻. 자식에 대한 부모의 지극한 사랑을 이르는 말

▷ 左翼 좌익 새나 비행기의 왼쪽 날개. 급진적이거나 사회주의적·공산주의적인 경향

* 出典: 左傳(좌전)

蘭姿蕙質 난자혜질 난초 난·란 | 맵시·모양 자 | 혜초·향풀 혜 | 바탕 질

난초의 자태(姿態)와 혜초의 자질(資質)

여자의 아름다운 자태(姿態)와 뛰어난 자질(資質)을 비유하는 말

유의어 氷姿玉質 빙자옥질 얼음같이 맑고 깨끗한 살결과 구슬같이 아름다운 자질

▷ 蘭蕙 난혜 난초(蘭草)와 혜초(蕙草), 향기로운 풀. 군자(君子)와 현인(賢人)을 비유

蘭亭殉葬 난정순장 난초 난(란) | 정자 정 | 따라죽을 순 | 장사지낼 장

난정첩(蘭亭帖)을 같이 묻어달라는 뜻, 서화(書畫)나 도자기 등의 물건을 사랑하는 마음이 두터움

당(唐)나라 태종(太宗)이, '왕희지(王羲之)의 난정첩(蘭亭帖)'을 몹시 좋아하여 자기가 죽을 때 관에 함께 넣어 달라고 한 고사에서 유래

▷ 副葬品 부장품 장사(葬事)지낼 때, 시체(屍體)와 함께 묻는 물건의 총칭

* 出典: 尙書故實(상서고실)

蘭摧玉折 난최옥절 난초 난·란 | 꺾을 최 | 구슬 옥 | 꺾을·부러질 절

난초(蘭草)가 꺾이고 옥(玉)이 부서진다는 뜻, 현인(賢人)·재자(才子)·가인(佳人)의 죽음을 비유함

▷ 易簀 역책 학덕(學德)이 높은 선비의 죽음이나 임종(臨終)을 이르는 말.
증자(曾子)가 임종 시에 삿자리를 바꾸어 깔았다는 고사에서 유래

▷ 玉碎 옥쇄 옥처럼 아름답게 부서진다는 뜻, 명예나 충절을 위해 깨끗이 죽음.

▷ 瓦全 와전 아무 보람 없이 헛되이 삶을 이어 감

* 出典: 世說新語(세설신어)

難解難入 난해난입 어려울 난 | 풀·놓아줄 해 | 들 입

이해(理解)하기도 어렵고 깨달음에 들기도 어렵다는 뜻

법화경(法華經)의 뜻이 심오(深奧)하여 깨우치기 어렵다는 말

▷ 難澁 난삽 말이나 문장이 부드럽지 못하면서 어렵고 까다로움 = 硬澁 경삽

* 出典: 法華經(법화경)

難兄難弟 난형난제 어려울 난 | 맏 형 | 아우 제

누구를 형이라 하고 누구를 아우라 하기 어렵다는 뜻, 누가 더 낫고 더 못하다고
할 수 없을 정도로 서로 비슷비슷함

『유의어』 難伯難仲 난백난중, 春蘭秋菊 춘란추국, 優劣難分 우열난분

　　　　　伯仲之間 백중지간, 伯仲之勢 백중지세, 伯仲勢 백중세, 伯仲 백중
　　　　　재주나 실력, 기술 등이 서로 비슷하여 우열(優劣)을 가리기 힘듦 또는 그런 형세

▷ 詰難 힐난　트집을 잡아 거북할 만큼 따지고 듦

▷ 非難 비난　남의 잘못이나 흠을 책잡아 나쁘게 말함 ↔ 稱讚 칭찬

* 出典: 世說新語(세설신어)

難化之氓 난화지맹 어려울 난 | 될 화 | 어조사 지 | 백성 맹

지배(支配)에 순응(順應)하지 않아서 통치(統治)하여 교화(敎化)시키기 어려운 백성을 이르는 말

『유의어』 難化之民 난화지민　바른길로 이끌기가 어려운 백성(百姓)

▷ 難上之木勿仰 난상지목물앙　오르지 못할 나무 쳐다보지도 마라[단념하라]

▷ 蒼氓 창맹　세상의 모든 사람 = 蒼生 창생

涅而不緇 날이불치 (검은)물들일 날 | 말 이을 이 | 아닐 불 | 검을·검은 비단 치

아주 흰 것은 검게 물들여도 검어지지 않는다는 뜻
1. 어진사람은 쉽게 악(惡)에 물들지 아니함을 비유하는 말
2. 군자는 외계(外界)의 변동에 마음의 중심이 흔들리지 않는다는 말 = 不動心 부동심

▷ 磨而不磷 마이불린　지극히 단단한 것은 갈아도 닳지 않는다는 말

▷ 緇侶 치려　검은 옷의 무리. 즉 승려 = 髡褐 곤갈, 磊客 취객

▷ 渝涅 투날　흰색이 검게 변함. 즉 처음 지녔던 마음이 변함

▷ 捏造 날조　사실이 아닌 것을 사실인 것처럼 거짓으로 꾸밈

* 出典: 論語(논어) 陽貨篇(양화편)

南柯一夢 남가일몽 남녘 남 | 자루·가지 가 | 하나 일 | 꿈 몽

남쪽으로 뻗은 나뭇가지를 베고 자다가 꾼 꿈, 덧없는 꿈이나 한때의 헛된 부귀영화를 비유

『유의어』 邯鄲之夢 한단지몽, 邯鄲之枕 한단지침, 邯鄲夢枕 한단몽침

　　　　　一炊之夢 일취지몽, 榮枯一炊 영고일취, 盧生之夢 노생지몽

南柯之夢 남가지몽, 南柯夢 남가몽, 槐安夢 괴안몽, 槐夢 괴몽

* 出典: 南柯記(남가기) 異聞集(이문집: 明[명]나라 湯顯祖[탕현조]가 지은 戲曲[희곡])

南郭濫吹 남곽남취 남녘 남 | 성곽 곽 | 넘칠 남·람 | 불 취

남곽(南郭)이라는 자가 함부로 분다는 뜻으로
1. 무능하고 실력이 없는 사람이 재능이 있는 체하고 어떤 지위(地位)에 붙어있음
2. 학예(學藝)에 전문지식(專門知識)도 없는 사람이 함부로 날뛰는 것을 비유하는 말

제(齊)나라 때에 남곽(南郭)이라는 자가 생황(笙簧)을 불 줄도 모르면서 악사(樂士)들 틈에
끼어 있다가 진위(眞僞)를 가리려고 한 사람씩 불게 시키자 도망(逃亡)쳤다는 고사에서 유래

『유의어』 濫吹 남취

* 出典: 韓非子(한비자) 內儲說(내저설) 상편

南橘北枳 남귤북지 남녘 남 | 귤나무 귤 | 북녘 북 | 탱자나무 지

강남의 귤을 강북에 옮겨 심으면 탱자가 된다는 뜻, 사람은 사는 곳의 환경에 따라 선하게도 되고
악하게도 됨. 즉 환경(環境)의 중요성을 일깨우는 말

『유의어』 橘化爲枳 귤화위지, 近墨者黑 근묵자흑, 近朱者赤 근주자적
　　　　 孟母三遷 맹모삼천, 墨子悲染 묵자비염, 三徙 삼사
　　　　 麻中之蓬 마중지봉 삼밭에 난 쑥. 구부러진 쑥이 삼밭에 나면 저절로 꼿꼿해짐

* 出典: 晏子春秋(안자춘추) 內雜(내잡) 하편

南箕北斗 남기북두 남녘 남 | 키 기 | 북녘 북 | 별이름·말 두

남기성과 북두성이라는 뜻, 이름은 키(箕: 기)와 말(斗: 두)이지만 백성의 실제생활에는 아무런
도움이 안 된다는 말. 즉 이름만 그럴듯하고 실속이 없어 유명무실함을 비유하는 말

남쪽의 기성(箕星)은 키(箕: 기)이지만 쌀을 까불지 못하고, 북쪽의 북두성(北斗星)은
말(斗: 두)이지만 곡식을 되지 못한다는 고사에서 유래

『유의어』 有名無實 유명무실, 喪頭服色 상두복색, 華而不實 화이부실

* 出典: 詩經(시경) 小雅大東(소아대동)

男女有別 남녀유별 사내 남 | 계집 녀 | 있을 유 | 나눌·다를 별

유교사상(儒敎思想)에서 남녀의 사이에는 분별(分別)이 있어야 함을 이르는 말

▷ 男女七歲不同席 남녀칠세부동석
　　유교(儒敎)의 옛 가르침에서, 일곱 살이 되면 남녀의 구별(區別)을 엄히 하여야 한다는 말

▷ 南男北女 남남북녀 남쪽 지방은 남자가 잘생기고 북쪽 지방은 여자가 아름답다는 말

南蠻鴃舌 남만격설　남녘 남 | 오랑캐 만 | 때까치·왜가리 격 | 혀 설

남쪽 오랑캐들의 말은 때까치가 지껄이는 것 같다는 뜻, 알아들을 수 없는 외국인의 말을
얕잡아 일컫는 말

[맹자(孟子)가 남방의 초(楚)나라 출신인 허행(許行)의 언동(言動)을 비난(非難)한 고사에서 유래]

유의어 鴃舌 격설　때까치가 지껄이는 말, 알아들을 수 없는 외국인의 말을 얕잡아 이름

* 出典: 孟子(맹자)

南蠻北狄 남만북적　남녘 남 | 오랑캐 만 | 북녘 북 | 오랑캐 적

남쪽에 있는 오랑캐와 북쪽에 있는 오랑캐. 중화를 중심으로 주변(周邊)의 미개한 오랑캐 족

유의어 蠻貊之邦 만맥지방　만족과 맥족의 나라. 문명하지 못한 백성들이 사는 나라

東夷西戎 동이서융　동쪽에 있는 오랑캐와 서쪽에 있는 오랑캐

南面 남면　남녘 남 | 낯·얼굴 면

얼굴[面: 면]을 남(南)쪽으로 향(向)한다는 뜻. 즉 임금이 되어 나라를 다스린다는 말의 비유

[임금이 얼굴을 남쪽을 향해 보면서 북쪽을 향해 보는 신하와 대면(對面)한 고사에서 유래]

유의어 南面出治 남면출치

반의어 北面 북면　북쪽을 향한다는 뜻, 신하가 북면(北面)하여 임금을 섬김을 비유하는 말

男負女戴 남부여대　사내 남 | 등에 질 부 | 계집 녀 | 머리에 일 대

남자는 등에 짐을 지고 여자는 머리에 짐을 인다는 뜻, 가난한 사람이나 재난(災難)을 당한
사람들이 살 곳을 찾아 이리저리 떠돌아다니는 것을 이르는 말

유의어 遊離乞食 유리걸식, 流離丐乞 유리개걸　정처 없이 떠돌며 빌어먹음

朝秦暮楚 조진모초

아침에는 북쪽의 진(秦)나라, 저녁에는 남쪽의 초(楚)나라로 간다는 뜻으로 일정한
주거가 없이 유랑(流浪)하거나 또는 이편에 붙었다 저편에 붙었다 함을 비유하는 말

攬轡澄淸 남비징청　잡을 남(람) | 고삐·재갈 비 | 맑을 징 | 맑을 청

말의 고삐를 잡고, 천하를 깨끗이 한다는 뜻으로
1. 재상(宰相)이 되어 어지러운 천하(天下)를 바로잡으려는 큰 뜻을 비유하는 말
2. 처음으로 관직에 나아갈 때에, 어지러운 정치를 바로잡겠다는 큰 뜻을 품고 부임(赴任)함

유의어 攬轡 남비　고삐를 잡는다는 말로 출발(出發)을 뜻함

▷ 登車攬轡慨然有澄淸天下之志 등거남비개연유징청천하지지 (에서 유래)

▷ 筮仕 서사 처음으로 벼슬을 함

▷ 仕非爲貧 사비위빈 벼슬은 가난이나 면하려고 하는 것은 아니다.
　　　　　　　　　　　즉 벼슬은 천하에 도를 펴기 위해서 해야 한다는 말

濫觴 남상　넘칠 남(람) | 잔(술잔) 상

술잔[觴: 상]을 띄운다[濫: 남]는 뜻, 사물의 처음이나 기원(起源)을 비유하는 말

양자강(揚子江)같은 큰 하천도 그 근원(根源)은 겨우 술잔을 띄울 만큼 가늘게 흐르는
작은 시냇물에서 비롯됐다는 고사에서 유래

【유의어】 嚆矢 효시 우는살[= 소리 내는 화살]. 전쟁이 시작됨을 알리는 첫 화살

　　　　 權輿 권여 저울대와 수레바탕. 저울은 저울대를 수레는 바탕을 먼저 만듦

▷ 侑觴 유상 술을 권함 = 勸酒 권주

南船北馬 남선북마　남녘 남 | 배 선 | 북녘 북 | 말 마

중국의 남쪽은 강이 많아 배를 이용하고 북쪽은 산이 많아 말을 이용한다는 데서,
늘 쉬지 않고 바쁘게 여행(旅行)하거나 돌아다님을 비유하는 말

【유의어】 北馬南船 북마남선, 南行北走 남행북주, 津梁 진량

　　　　 東奔西走 동분서주, 東馳西走 동치서주, 馳騁 치빙, 戛過 알과

　　　　 孔席不暖 공석불난, 墨突不黔 묵돌불검, 過門不入 과문불입

男兒須讀五車書 남아수독오거서

사내 남 | 아이 아 | 모름지기 수 | 읽을 독 | 다섯 오 | 수레 거 | 글 서

남자는 모름지기 다섯 수레에 실을 만한 많은 책(册)을 읽어야 한다는 뜻

▷ 五車書 오거서, 五車之書 오거지서, 汗牛充棟 한우충동

* 出典: 杜工部詩集(두공부시집)

南轅北轍 남원북철　남녘 남 | 끌채 원 | 북녘 북 | 바퀴자국 철

수레의 끌채는 남쪽을 향하고 있는데 바퀴는 북쪽으로 굴러간다는 뜻, 마음과 행동이 일치하지
않고 모순(矛盾)됨을 비유하는 말

【유의어】 北轅適楚 북원적초 수레의 멍에는 북쪽으로 하고 남쪽으로 간다는 말. 상반됨

* 出典: 白居易(백거이) 新樂府(신악부)

藍田生玉 남전생옥 　쪽 남·람 | 밭 전 | 날 생 | 구슬 옥

남전(藍田)에서 옥(玉)이 난다는 뜻, 명문가문에서 인물이 나고, 어진 어버이 슬하(膝下)에서 훌륭한
자제(子弟)가 난다는 말. 즉 왕대밭에서 왕대가 난다는 말. 부자(父子)를 함께 칭송할 때 쓰는 말

[남전(藍田)은 아름다운 옥(玉)으로 유명한 중국 진나라 때의 현(縣)]

* 出典: 三國志(삼국지)

男尊女卑 남존여비 　사내 남 | 높을 존 | 계집 녀 | 낮을 비

남자는 귀하고 여자는 천하다는 뜻, 사회적 지위나 권리에 있어 남자가 여자보다 우대받는 일

『반의어』 女尊男卑 여존남비 　여자가 귀하고 남자는 천함

▷ 男女平等 남녀평등 　남자와 여자가 법률적 권리(權利)나 사회적 대우(待遇)에 있어서
　　　　　　　　　　　　성별에 따라 차별(差別)이 없음 = 男女同等 남녀동등

* 出典: 列子(열자) 天瑞篇(천서편)

南風不競 남풍불경 　남녘 남 | 바람 풍 | 아닐 불 | 겨룰·다툴 경

남방의 음악은 미약(微弱)하고 생기가 없다는 뜻, 세력(勢力)을 크게 떨치지 못할 것이라는 말

춘추시대 초(楚)나라의 영윤(令尹) 자경이 군사를 거느리고 정(鄭)나라로 쳐들어갔으나 자전과
자서는 방비를 튼튼히 하였다. 초나라의 출병 소식을 들은 진(秦)나라의 악관(樂官) 사광(師曠)이
말하기를 "내가 간혹 남방(楚: 초)의 노래, 북방(鄭: 정)의 노래를 부르는데 남방(楚: 초)의 음조는
미약하고 생기가 없도다."[南風不競多死聲 남풍불경다사성] 하여, 초나라의 노래를 들어보니
음조가 미약하고 생기가 없는 걸로 봐서, 초군은 반드시 멸망할 것이라고 예측(豫測)한 말에서 유래

* 出典: 春秋左氏傳(춘추좌씨전) 南風(남풍)

南行北走 남행북주 　남녘 남 | 다닐·갈 행 | 북녘 북 | 달릴·도망칠 주

남쪽으로 가고 북쪽으로 달린다는 뜻, 몹시 바쁘게 돌아다님을 이르는 말

『유의어』 東行西走 동행서주, 東奔西走 동분서주, 東馳西走 동치서주

南船北馬 남선북마, 過門不入 과문불입, 孔席不暖 공석불난

馳騁 치빙, 津梁 진량, 戞過 알과, 墨突不黔 묵돌불검

狼多肉少 낭다육소 　이리 낭(랑) | 많을 다 | 고기 육 | 적을 소

이리는 많은데 고기는 적다는 뜻, 돈은 적은데 나누어줄 사람이 많아 분배(分配)하는데
어려움이 많다는 말

▷ 虎 호 호랑이 / 狐 호 여우 / 豹 표 표범 / 狼 랑·狽 패 이리

▷ 貉 학·貂 초 담비 / 狗 구·犬 견 개 / 雄 웅·羆 비 곰

▷ 狼狽 낭패   일이 실패로 돌아가 매우 딱하게 됨

廊廟之器 낭묘지기   행랑 낭(랑) | 사당 묘 | 어조사 지 | 그릇 기

낭묘(廊廟)에 앉아서 정사(政事)를 돌볼 그릇, 즉 세상이치에 통달(通達)하여 편안히 묘당(廟堂)에
앉아서 천하(天下)의 정무(政務)를 보살필만한 큰 인물로 재상(宰相)감을 이르는 말

『유의어』 將相之器 장상지기, 呑舟之魚 탄주지어, 大廈棟梁 대하동량

干城之才 간성지재, 蓋世之才 개세지재, 命世之才 명세지재

* 出典: 三國志(삼국지) 蜀書(촉서)

狼子野心 낭자야심   이리 낭·랑 | 아들 자 | 들 야 | 마음 심

이리의 야수(野獸)같은 성질. 흉측(凶測)한 마음과 모반(謀反)하는 성질은 길들인다 해도 고치기가
힘들다는 말. 마찬가지로 신의(信義)가 없고 흉악(凶惡)한 사람은 쉽게 교화(敎化)할 수 없을 뿐만
아니라 은혜(恩惠)를 베풀어도 결국은 배신(背信)당한다는 의미

▷ 豺狼 시랑   승냥이와 이리

▷ 虎狼 호랑   범과 이리. 욕심이 많고 잔인(殘忍)한 사람의 비유

囊中之錐 낭중지추   주머니 낭 | 가운데 중 | 어조사 지 | 송곳 추

주머니 속에 들어있는 송곳은 그 끝이 뾰족하여 주머니를 뚫고 나오는 것과 마찬가지로
포부(抱負)와 역량이 있는 사람은 많은 사람 속에 섞여있어도 저절로 남의 눈에 띈다는 의미

『유의어』 錐囊 추낭, 錐處囊中 추처낭중

穎脫 영탈, 穎脫而出 영탈이출

出衆 출중, 群鷄一鶴 군계일학, 鷄群孤鶴 계군고학

▷ 囊橐 낭탁   주머니와 전대. 어떤 물건을 자기의 차지로 만듦[자기가 가짐]

* 出典: 史記(사기) 平原君傳(평원군전)

囊中取物 낭중취물   주머니 낭 | 가운데 중 | 가질 취 | 물건 물

주머니 속에 지닌 물건을 꺼낸다는 뜻, 아주 쉬운 일 또는 손쉽게 얻을 수 있음을 비유하는 말

『유의어』 探囊取物 탐낭취물

藥籠中物 약롱중물, 自家藥籠中物 자가약롱중물
자기 집 약장속의 물건. 자기 수중에 있어서 필요하면 언제든 손쉽게 얻을 수 있음

如反掌 여반장   마치 손바닥을 뒤집는 것처럼 어떤 일이 매우 쉽다는 뜻

郎廳坐起 낭청좌기   사내 낭·랑 | 관청 청 | 앉을 좌 | 일어날 기

벼슬이 낮은 낭관(郎官)이 멋대로 나서서 좌기(坐起) 한다는 뜻, 낮은 벼슬아치가 백성들에게
더 모질고 악랄(惡辣)하게 군다는 말

▷ 坐起 좌기   관청(官廳)의 우두머리가 출근(出勤)하여 백성의 일을 처리(處理)함

狼狽 낭패   이리 낭(랑) | 이리 패

바라던 일이 실패(失敗)하거나 기대에 어긋나, 매우 딱한 처지(處地)가 됨을 비유하는 말

낭패(狼狽)는 전설상의 동물로 낭(狼)은 뒷다리가 짧고 패(狽)는 앞다리가 짧은 이유로
두 녀석이 서로 의지(依支)하며 함께 행동해야 하는데 어려움이 많았다는 고사에서 유래

유의어 狼狽不堪 낭패불감

　　　　　蹉躓 접치   발을 헛디뎌 넘어지고 엎어짐. 어떤 일이 실패로 돌아감

　　　　　蹉跌 차질   발을 헛디뎌 넘어짐. 어떤 계획이나 일 등이 실패로 돌아감

　　　　　跛行 파행   절뚝거리며 걸음. 어떤 계획이나 일 등이 실패로 돌아감

　　　　　挫折 좌절   마음이나 기운이 꺾임. 어떤 계획이나 일 등이 실패로 돌아감

乃武乃文 내무내문   이에 내 | 호반·군셀 무 | 글월·무늬 문

문무(文武)를 겸비(兼備)했다는 뜻, 천자(天子)의 높은 덕(德)을 칭송(稱頌)하는 말

유의어 允文允武 윤문윤무, 上文右武 상문우무

▷ 文 문: 천지를 경위(經緯)하는 것

▷ 武 무: 세상의 화란(禍亂)을 평정(平定)하는 것

* 出典: 書經(서경)

內省不疚 내성불구   안 내 | 살필 성 | 아닐 불 | 가책을 느낄(오랜 병) 구

자신을 되돌아보아 마음에 조금도 부끄러울 것이 없다는 뜻, 마음이 결백(潔白)함을 이르는 말

유의어 俯仰不愧 부앙불괴   땅을 굽어보나 하늘을 우러러보나 부끄러움이 없음

▷ 三省吾身 삼성오신   날마다 세 번씩 자신의 행동을 돌아보며 반성함

▷ 省察 성찰   자기의 마음을 반성하여 살핌

▷ 愼獨 신독   홀로 있을 때에도 도리에 어긋남이 없도록 언행을 삼감

* 出典: 論語(논어)

內聖外王 내성외왕   안 내 | 성인(聖人) 성 | 바깥 외 | 임금 왕

안으로는 수양(修養)이 깊은 성인(聖人)이요 밖으로는 어진정치를 하는 임금의 덕을 갖춘 사람으로
곧 학식(學識)과 덕행(德行)을 겸비(兼備)함을 이르는 말

유의어 內潤外朗 내윤외랑

▷ 文武兼全 문무겸전 문무를 다 갖추고 있음 = 文武雙全 문무쌍전

* 出典: 莊子(장자) 天下篇(천하편)

內疏外親 내소외친 안 내 | 멀·트일 소 | 바깥 외 | 친할 친
마음속으로는 소홀(疏忽)히 하고 겉으로는 친한 척 함

▷ 疏漏 소루 생각이나 행동 등이 꼼꼼하지 않고 거칠음
▷ 內人 나인 궁궐 안에서 왕과 왕비를 가까이 모시던 내명부(內命婦)의 총칭
▷ 內侍 내시 내시부(內侍府) 관원. 불알이 없는 사내 = 嬖宦 폐환

* 出典: 韓詩外傳(한시외전)

內憂外患 내우외환 안 내 | 근심할 우 | 바깥 외 | 근심 우
내부에서 일어나는 근심과 외부로부터 받는 걱정이라는 뜻, 나라 안팎의 여러 가지 어려운
사태(事態)를 비유하여 이르는 말

유의어 近憂遠慮 근우원려

▷ 憂患 우환 근심이나 걱정이 되는 일. 병으로 인한 걱정

* 出典: 國語(국어) 晉語篇(진어편) / 管子(관자) 戒篇(계편)

內柔外剛 내유외강 안 내 | 부드러울 유 | 바깥 외 | 굳셀 강
속은 부드럽고, 겉으로는 굳셈

유의어 外剛內柔 외강내유 겉으로는 강하게 보이나 속은 부드러움
　　　　色厲內荏 색려내임 겉으로는 엄격하나 내심으로는 부드러움

반의어 外柔內剛 외유내강 겉은 부드럽고, 속은 굳셈

▷ 剛柔兼全 강유겸전 굳세고 부드러운 성품을 겸하여 갖춤

內潤外朗 내윤외랑 안 내 | 윤택할·젖을 윤 | 바깥 외 | 밝을 랑
옥의 광택(光澤)이 안에 함축(含蓄)된 것을 내윤(內潤)이라하고 겉으로 발(發)하는 것을
외랑(外朗)이라고 한다는 뜻, 즉 재주와 덕망(德望)을 겸비(兼備)한 인물을 비유하는 말

유의어 內聖外王 내성외왕

▷ **潤澤 윤택** 윤기 나는 광택, 살림이 넉넉함

* 出典: 世說(세설)

來者可追 내자가추 올 내·래 | 놈 자 | 옳을·좋을 가 | 쫓을 추

이미 지나간 일은 어찌할 도리가 없으나 장차(將次) 다가올 일은 조심(操心)하면 전과 같은
과실(過失)을 범하지 않을 수 있다는 말

『유의어』 **旣往不咎** 기왕불구, **旣往之事不咎** 기왕지사불구

已往勿咎 이왕물구, **已往之事勿咎** 이왕지사물구

▷ **追伸 추신** 편지 등에서 글을 덧붙일 때 그 글머리에 쓰는 말 = **追申 추신**

* 出典: 論語(논어)

內殿菩薩 내전보살 안 내 | 대궐·큰집 전 | 보살 보·살

내전(內殿)에 앉아있는 보살(菩薩). 다 알면서도 모르는 체하고 가만히 시치미를 떼고 있는 사람

▷ **菩薩 보살** 부처의 다음가는 성인(聖人) = **菩提薩埵** 보리살타

▷ **佛陀 불타** 부처, 석가모니, 석가

▷ **菩提樹 보리수** 석가가 그 아래에서 도를 깨달아 정각(正覺)을 성도(成道)했다는 나무

內助之功 내조지공 안 내 | 도울 조 | 어조사 지 | 공·공로 공

안에서 돕는 공이란 뜻, 아내가 집안일을 현명(賢明)하게 잘 다스려 남편(男便)이 바깥일을
잘 할 수 있도록 도와줌

『유의어』 **內助之賢** 내조지현, **內助** 내조, **內輔** 내보

▷ **功勳 공훈** 나라나 사회를 위해 세운 큰 공로

* 出典: 三國志(삼국지)

內淸外濁 내청외탁 안 내 | 맑을 청 | 바깥 외 | 흐릴 탁

속은 맑으나 겉은 흐리다는 뜻으로
1. 어지러운 세상을 살아가려면 마음은 맑게 가지면서도 행동은 흐린 것처럼 하여야 한다는 말
2. 군자(君子)가 난세(亂世)를 만나 몸을 온전(穩全)히 보존(保存)하려면 속인(俗人)처럼 처세해야
   한다는 말

『유의어』 **明哲保身** 명철보신 총명하고 일을 잘 처리하여 자기 몸을 보전(保全)함

▷ **處身 처신** 세상을 살아감에 있어 가져야 할 몸가짐이나 행동

* 出典: 通俗編(통속편)

冷暖自知 냉난자지 차가울 냉·랭 | 따뜻할 난 | 스스로 자 | 알 지

물이 차가운지 따뜻한지는 그 물을 마셔본 자만이 안다는 뜻, 자기의 일은 남이 말하기
전에 자기 스스로 먼저 안다는 말. 귀신(鬼神)은 속여도 자기 자신은 못 속인다는 말

『유의어』 **靴裏動指頭** 화리동지두   신발 속에서 발가락을 움직임[본인은 알고 있음]

▷ **冷酷** 냉혹   차갑고 혹독함

▷ **冷却** 냉각   식어서 차게 됨. 관계가 멀어지거나 분위기가 차가워짐 ↔ **加熱** 가열

* 出典: 傳燈錄(전등록)

冷竈 냉조 차가울 냉·랭 | 부엌 조

차가운 부엌[= 부뚜막]. 밥을 짓지 못할 정도로 형편(形便)이 매우 어려움을 비유하는 말

『유의어』 **貧素** 빈소, **桑戶** 상호, **簍乏** 구핍, **窘乏** 군핍, **蓬戶** 봉호, **蓬門** 봉문
　　　　 窮乏 궁핍, **貧困** 빈곤, **貧窮** 빈궁, **困窮** 곤궁, **捲樞** 권추, **殼苦** 각고

▷ **竈王** 조왕   부엌을 맡은 신. 늘 부엌에 있으면서 모든 길흉(吉凶)을 판단한다고 함

▷ **饑溺** 기닉   굶주림에 빠져 헤어나지 못한다는 뜻, 지극히 어려운 살림을 비유

▷ **廚房** 주방   음식을 만들거나 차리는 방 = **燒廚房** 소주방 (에서 유래)

冷汗三斗 냉한삼두 차가울 냉·랭 | 땀 한 | 석 삼 | 말(용량의 단위) 두

식은땀을 서 말이나 흘린다는 뜻, 몹시 부끄럽거나 두려워함을 비유하는 말

『유의어』 **戰戰慄慄** 전전율률, **戰戰兢兢** 전전긍긍   몹시 두려워 벌벌 떨며 조심함
　　　　 不寒而慄 불한이율   춥지도 않은데 떨린다는 말
　　　　 赧愧 난괴   몹시 부끄러워함

怒甲移乙 노갑이을 성낼 노 | 첫째천간 갑 | 옮길 이 | 둘째천간 을

갑(甲)에게서 당한 노여움을 을(乙)에게 옮긴다는 뜻, 어떤 사람에게서 당한 노여움을 애꿎은
다른 사람에게 화풀이한다는 뜻. 즉 종로에서 빰맞고 한강에서 분풀이 함

『유의어』 **怒甲乙移** 노갑을이, **怒室色市** 노실색시

『반의어』 **不遷怒** 불천노   노여움을 옮기지 않음

▷ **憤怒** 분노   분개(憤慨)하여 몹시 성을 냄

▷ **移徙** 이사   사는 곳을 다른 데로 옮김

老嫗能解 노구능해 늙을 노·로 | 할미 구 | 능할 능 | 풀 해

나이든 할머니도 능히 이해(理解)할 수 있다는 뜻, 글을 쉽게 쓰려고 매우 힘쓰는 것을 말함

유의어 老嫗能解 노온능해, 老嫗都解 노온도해, 老嫗都解 노구도해

* 出典: 白居易(백거이)

盧弓盧矢 노궁노시 화로·밥그릇 노(로) | 활 궁 | 화살 시

까만 칠을 한 활과 화살, 정벌(征伐)의 권한(權限)을 상징(象徵)함

고대 중국에서 큰 공이 있는 제후(諸侯)에게 천자(天子)가 검은 활과 화살을 하사(下賜)한
고사에서 유래

유의어 斧鉞 부월 작은 도끼와 큰 도끼. 출정하는 대장에게 임금이 손수 하사함

* 出典: 書經(서경)

怒氣衝天 노기충천 성낼 노 | 기운 기 | 찌를 충 | 하늘 천

노여움이 하늘을 찌를 듯이 화가 머리끝까지 나있음

유의어 怒氣撑天 노기탱천, 憤氣撑天 분기탱천, 怒發大發 노발대발
髮衝冠 발충관, 怒髮衝冠 노발충관, 頭髮上指 두발상지
憤氣衝天 분기충천 분한 마음이 하늘을 찌를 듯이 북받쳐 오름

▷ 怒濤 노도 성난 듯이 밀려오는 큰 물결. 무서운 기세로 달려 나가는 무리를 비유

呶呶不休 노노불휴 지껄일 노 | 아닐 불 | 쉴 휴

쉬지 않고 지껄인다는 뜻, 수다스럽게 입을 놀림을 비유하는 말

유의어 口角流沫 구각유말, 口角飛沫 구각비말 입에 거품 나게 떠듦
呶呶發明 노노발명 여러 말을 지껄이며 구차(苟且)하게 변명(辨明)함

▷ 發明 발명 죄나 잘못이 없음을 말하여 밝힘 = 辨明 변명, 辨白 변백

* 出典: 韓愈(한유) 言箴(언잠)

老萊之戲 노래지희 늙을 노·로 | 명아주 래 | 어조사 지 | 놀이 희

자식이 아무리 나이가 들어도 자식에 대한 부모의 마음은 여전(如前)하므로, 자식은 변함없이
부모에게 효도(孝道)해야 함을 비유하는 말

춘추시대(春秋時代) 초나라사람 노래자(老萊子)가 칠십의 나이에도 불구하고 무늬 있는
색동저고리(= 斑衣: 반의)를 입은 동자(童子)의 모습을 하고 부모 앞에서 재롱(才弄)을 부려
부모에게 자식(子息)의 늙음을 잊게 해드리며 효도한 고사에서 유래

【유의어】 斑衣之戲 반의지희, 老萊斑衣 노래반의

　　　　陸續懷橘 육적회귤　육적이 부모에게 드리려고 가슴에 귤을 품고가다. 효도함

　　　　割股療親 할고요친　자기 허벅지의 살을 베어 부모를 먹여 치료함. 극진한 효도

▷ 跪乳 궤유　새끼양이 무릎을 꿇고 젖을 먹음, 자식(子息)이 어버이에게 효도(孝道)함을 비유

路柳墻花 노류장화　길 노·로 | 버들 류 | 담 장 | 꽃 화

아무나 쉽게 꺾을 수 있는 길가의 버들과 담 밑의 꽃. 창녀(娼女)나 기생(妓生)을 비유함

▷ 紅裙 홍군　붉은 치마라는 뜻, 예기(藝妓) 또는 미인

▷ 紅燈街 홍등가　붉은 등이 켜져 있는 거리. 즉 유곽(遊廓: 창녀들이 몸을 팔던 집)이나
　　　　　　　　기생집·술집 등이 늘어선 거리= 酒肆靑樓 주사청루

駑馬十駕 노마십가　둔한 말 노 | 말 마 | 열 십 | 멍에·천자의 수레 가

느리고 둔한 말도 준마(駿馬)의 하룻길을 열흘에는 갈 수 있다는 뜻, 둔하고 재능이 부족한
사람도 열심히 노력(努力)하면 훌륭한 사람이 될 수 있음의 비유

▷ 一駕 일가　말이 수레를 끌고 다니는 하루 동안의 노정

▷ 十駕 십가　말이 수레를 끌고 다니는 열흘간의 노정(路程)

▷ 駑蹇 노건　둔한 말이 다리를 절음. 즉 느리고 둔함

* 出典: 荀子(순자) 修身篇(수신편)

老馬之智 노마지지　늙을 노·로 | 말 마 | 어조사 지 | 슬기·지혜 지

늙은 말의 지혜(智慧)라는 뜻, 하찮은 미물(微物)일지라도 저마다 장기나 장점을 가지고 있다는 말
때로는 쓸모없이 보이는 사람도 유용할 때가 있다는 말. 또는 경험(經驗)많은 사람이 갖춘 지혜

제(齊)나라 환공(桓公)이 전쟁을 마치고 관중(管仲)·습붕(隰朋)과 더불어 지름길로 돌아오다가
그만 길을 잃어 헤매고 있을 때 관중이 나서서 짐이나 싣고 부리던 늙은 말을 앞장세워 길을
찾아 돌아왔다는 고사에서 유래

【유의어】 老馬識途 노마식도, 老馬知途 노마지도

▷ 老鍊 노련　어떤 일에 경험(經驗)이 많아 익숙하고 능란(能爛)함

▷ 耆老所 기로소　조선시대 때 일흔 살이 넘는 정이품(正二品) 이상의
　　　　　　　　　문관(文官)들을 예우하기 위해 세운 기구

* 出典: 韓非子(한비자) 說林篇(세림편)

怒目疾視 노목질시　성낼 노 | 눈 목 | 병·빠를 질 | 볼 시

미워하여 성난 눈으로 쳐다 봄

▷ **疾言遽色** 질언거색　빠른 말소리와 급히 서두르는 얼굴빛. 당황(唐惶)하는 말투나 태도

▷ **憤怒** 분노　분개(憤慨)하여 몹시 성을 냄

魯般之巧 노반지교　미련할 노·로 | 일반 반 | 어조사 지 | 재주 교

노반(魯般)은 노(魯)나라 때의 유명한 목수 공수반(公輸般), 즉 노반처럼 손재주가 있어
기계(機械) 등 무엇이든 잘 만드는 재주를 비유하는 말

[공수반이 후세에 공인(工人)의 제신(祭神)이 된 고사에서 유래]

[유의어] **魯般雲梯** 노반운제　초왕(楚王)의 명을 받아 송(宋)나라를 칠 때 운제를 만들어서
　　　　　　　　　　　성위에 올라간 것을 묵자(墨子)가 방어(防禦)했다는 고사

▷ **雲梯** 운제　성(城)을 공격(攻擊)할 때나 정찰(偵察)할 때 사용하는 긴 사다리

▷ **墨翟之守** 묵적지수　묵적의 지킴. 성의 수비(守備)가 견고함. 자기의 주장을 굳게 지킴.

* 出典: 孟子(맹자)

怒發大發 노발대발　성낼 노 | 필·쏠 발 | 큰 대

몹시 노하여 펄펄 뛰며 성을 냄

[유의어] **髮衝冠** 발충관, **怒髮衝冠** 노발충관, **頭髮上指** 두발상지
　　　　　　怒氣撑天 노기탱천, **憤氣撑天** 분기탱천, **憤氣衝天** 분기충천
　　　　　　怒氣衝天 노기충천, **髮植穿冠** 발식천관, **怒發大聲** 노발대성

* 出典: 史記(사기) 藺相如傳(인상여전)

爐邊情談 노변정담　화로 노·로 | 가장자리 변 | 뜻 정 | 말씀 담

화롯가에 둘러앉아 서로 한가롭게 주고받는 이야기

[유의어] **爐邊談話** 노변담화, **爐邊談** 노변담

▷ **談話文** 담화문　공직자가 어떤 문제에 대한 견해(見解)나 태도(態度)를 밝히기 위해
　　　　　　　　공식적으로 발표(發表)하는 글

路不拾遺 노불습유　길 노(로) | 아닐 불 | 주울 습 / 열 십 | 남길·끼칠 유

백성들이 길에 떨어진 물건도 주워가지 않는다는 뜻, 법이 잘 지켜져 나라가 평화(平和)롭고
풍속(風俗)이 아름다우며 백성(百姓)들이 정직(正直)하다는 말

[유의어] **道不拾遺** 도불습유, **太平聖代** 태평성대, **太平煙月** 태평연월
　　　　　　康衢煙月 강구연월　태평한 시대의 큰 길거리의 평화로운 풍경(風景)

▷ **隘路** 애로　좁고 험한 길이라는 뜻, 일을 진행하는 데 방해(妨害)가 되는 점을 말함

= 支障 지장, 障礙 장애, 障害 장해, 不便 불편

▷ **輅路 노로** 수레가 다닐 수 있는 큰 길 = 新作路 신작로

* 出典: 孔子家語(공자가어)

老士宿儒 노사숙유 늙을 노·로 | 선비 사 | 묵을·잘 숙 | 선비 유

수많은 경서(經書)를 섭렵(涉獵)하고 많은 제자들을 가르쳐온 나이가 많고 학식(學識)과
덕망(德望)이 높은 선비

『유의어』 **老師宿儒 노사숙유, 鴻儒 홍유, 宏碩 굉석, 鉅儒 거유, 巨儒 거유**

▷ **儒賢 유현** 유학에 정통(精通)하고 언행이 바른 선비

勞思逸淫 노사일음 일할 노(로) | 생각할 사 | 편안할 일 | 음란할 음

일을 하면 착하고 좋은 생각을 지니게 되고 안일(安逸)한 생활을 하면 나쁜 마음을 가지게 되어
방탕(放蕩)해 진다는 말

중국 춘추시대 때 노나라의 대부 공보문백(公父文伯)이 대궐에서 귀가할 때 그의 어머니가
집에서 일을 하고 있었는데 이를 보고 아들이 주위에서 자신을 무능한 아들이라고 비웃을까봐
어머니의 일을 만류(挽留)하자 현모양처(賢母良妻)였던 그의 어머니가 아들을 나무라며 위와 같이
노사일음을 거론하며 아들을 타일렀다는 말에서 유래함

▷ **勞使和合 노사화합** 노동자(勞動者)와 사용자(使用者)가 서로 협력(協力)과
조화(調和)를 꾀하는 것

▷ **淫談悖說 음담패설** 음탕하고 상스러운 이야기

老生常談 노생상담 늙을 노·로 | 서생 생 | 항상 상 | 말씀 담

늙은 서생이 항상 하는 이야기라는 말이라는 뜻, 노인들의 고루(固陋)한 이론(理論)이나 또는
평범(平凡)하고 상투(常套)적인 말을 늘어놓을 때 비꼬아 하는 말

▷ **老獪 노회** 경험(經驗)이 많고 교활(狡猾)함 ↔ **純眞 순진** 마음이 순박하고 진실하다

* 出典: 世說新語(세설신어) 規箴篇(규잠편)

盧生之夢 노생지몽 화로 노·로 | 날 생 | 어조사 지 | 꿈 몽

노생[= 한단지몽을 꾼 사람]의 꿈이란 뜻
1. 인생의 영고성쇠(榮枯盛衰)는 한바탕 꿈처럼 덧없음을 비유하는 말
2. 한때의 헛된 부귀영화(富貴榮華)를 비유하는 말

『유의어』 **南柯一夢 남가일몽, 邯鄲之夢 한단지몽, 槐安夢 괴안몽**

一場春夢 일장춘몽, 一炊之夢 일취지몽, 黃粱夢 황량몽

老少不定 노소부정 늙을 노·로 | 젊을 소 | 아닐 부 | 정할 정

노인도 소년도 언제 죽을지 정해지지 않았다는 뜻, 사람의 목숨은 덧없어 죽음에는 노소(老少)의 순서(順序)가 따로 없고 언제 죽음이 닥쳐올지 아무도 모르니 불경(佛經)을 열심히 외우라는 말

▷ 老少同樂 노소동락 늙은이와 젊은이가 함께 즐김, 나이를 의식(意識)하지 않고
　　　　　　　　　　 모든 이가 함께 어울리는 화목(和睦)한 모습을 비유

* 出典: 觀心略要集(관심약요집: 일본 승려[僧侶] 겐신[源信]의 말)

怒蠅拔劍 노승발검 성낼 노 | 파리 승 | 뺄 발 | 칼 검

성가시게 구는 파리를 보고 화를 내며 칼을 빼어들고 휘두른다는 뜻으로
1. 사소(些少)한 일에 걸핏하면 화를 잘 냄을 비유하는 말
2. 보잘 것 없는 작은 일에 지나치게 큰 대책(對策)을 세움

유의어 見蚊拔劍 견문발검, 見蚊拔劒 견문발검　모기를 보고 칼을 뺌

怒室色市 노실색시 노할 노 | 집 실 | 빛 색 | 시장·저자 시

집안에서의 노여움을 시장에서 드러낸다는 뜻, 종로에서 뺨 맞고 한강에서 눈 흘긴다는 말

유의어 怒甲移乙 노갑이을, 怒甲乙移 노갑을이

반의어 不遷怒 불천노　노여움을 옮기지 않음

▷ 震怒 진노　존엄한 존재 즉 왕, 황제 등이 몹시 노함

▷ 瞋怒 진노　성을 내며 노여워 함

* 出典: 史記(사기)

勞心焦思 노심초사 힘쓸 노·로 | 마음 심 | 탈·애태울 초 | 생각할 사

몹시 마음을 쓰며 애를 태움

유의어 焦心苦慮 초심고려, 勞思 노사, 焦思 초사, 焦慮 초려
　　　　 輾轉反側 전전반측, 萬端愁心 만단수심　여러 가지 근심 걱정

▷ 焦土 초토　불에 타서 검게 된 땅. 황폐(荒廢)해지고 못 쓰게 된 상태

* 出典: 孟子(맹자) 滕文公上(등문공상)

奴顔婢膝 노안비슬 사내종 노 | 얼굴 안 | 계집종 비 | 무릎 슬

사내종의 비굴(卑屈)한 얼굴과 계집종의 설설 기는 무릎이라는 뜻, 상대에게 지나치게 굽실굽실하며 비굴(卑屈)한 태도(態度)를 비유하여 이르는 말

유의어 巧言令色 교언영색, 阿諛苟容 아유구용　남에게 아첨하여 구차스럽게 굶

▷ 奴婢 노비　사내종과 계집종 = 僮御 동어, 僕婢 복비

▷ 臧獲 장획　종(남의 집에서 대대로 천한 일을 하던 사람)

▷ 哭婢 곡비　양반의 장례(葬禮)때 곡(哭)을 하며 행렬의 앞에 가던 여자 종

* 出典: 抱朴子(포박자)

魯陽之戈 노양지과 　미련할 노·로 | 볕 양 | 어조사 지 | 창 과

노양공(魯陽公)의 창이란 뜻, 위세(威勢)가 대단함을 비유하는 말

중국 전국시대 초(楚)나라 노양공이 한(韓)나라와 한창 격전(激戰)중에 해가 넘어가려하자
창을 들어 해를 부르니 해가 그의 명령대로 삼사(三舍)나 뒷걸음 쳤다는 고사에서 유래

▷ 三舍 삼사　군대가 3일간 이동하는 거리로 약 60Km 정도

▷ 戈 과 = 槍 창, 戟 극, 矛 모　창 ↔ 盾 순, 干 간　방패

▷ 弋 주살 익, 戎 장창 융, 戌 개 술 , 戍 변방 수

* 出典: 淮南子(회남자)

魯魚亥豕 노어해시 　미련할 노·로 | 물고기 어 | 돼지 해·시

魯(노)와 魚(어), 亥(해)와 豕(시)는 글자모양이 비슷해 글자를 잘못 쓰는 오류(誤謬)를 범하기
쉽다는 말로 무식함을 비유하는 말

[유의어] 魯魚之誤 노어지오, 魯魚之謬 노어지류, 魯魚 노어

　　　　烏焉成馬 오언성마, 魯魚帝虎 노어제호, 魯魚烏焉 노어오언

　　　　魚魯不辨 어로불변　어(魚)자와 노(魯)자를 구별하지 못함. 아주 무식함의 비유

▷ 豕喙 시훼　돼지주둥이. 인상에 욕심이 많아 보이는 사람

* 出典: 孔子家語(공자가어) 子解篇(자해편) / 呂氏春秋(여씨춘추) 察傳篇(찰전편)

勞燕分飛 노연분비 　때까치·일할 노 | 제비 연 | 나눌 분 | 날 비

때까치와 제비가 서로 나뉘어 날아간다는 뜻, 사람 사이의 이별(離別)을 비유적으로 이르는 말

[유의어] 燕雁代飛 연안대비, 燕鴻之歎 연홍지탄

▷ 東飛伯勞西飛燕 黃姑織女時相見 동비백로서비연 황고직녀시상견
　　때까치는 동편으로 날고 제비는 서편으로 날아가니 견우와 직녀도 이 무렵 서로 만나리라

▷ 燕雀 연작　제비와 참새 또는 도량(度量)이 좁은 사람

* 出典: 古樂府(고악부)

老媼能解 노온능해 　늙을 노·로 | 할미 온 | 능할 능 | 풀 해

179

늙은 할머니도 이해(理解)할 수 있을 만큼 글을 쉽게 쓰는 것. 할머니조차도 알아본다는 말

유의어 老媼都解 노온도해, 老嫗都解 노구도해, 老嫗能解 노구능해

▷ 老公 노공　나이 지긋한 귀인. 노인의 경칭 = 老翁 노옹, 尊翁 존옹

* 出典: 趙翼(조익: 중국 淸[청]나라 시인 겸 학자)의 甌北詩話(구북시화)

勞而無功 노이무공　일할·힘쓸 노(로) ｜ 말 이을 이 ｜ 없을 무 ｜ 공 공

온갖 애만 쓰고 공을 이룸이 없음을 이르는 말. 애쓴 보람이 없음

유의어 徒勞無功 도로무공　헛되이 애만 쓰고 공을 들인 보람이 없음

徒勞無益 도로무익　헛수고만 하고 아무런 이로움이 없음

萬事休矣 만사휴의　모든 일이 헛수고로 돌아감

* 出典: 莊子(장자) 天運篇(천운편) / 管子(관자) 形勢篇(형세편)

老益壯 노익장　늙을 노(로) ｜ 더할 익 ｜ 씩씩할·장할 장

늙었어도 젊은이다운 패기가 변하지 않고 오히려 굳건함을 말함. 늙을수록 더욱 뜻을 굳게 해야 한다는 의미도 있음

유의어 老當益壯 노당익장, 白髮靑春 백발청춘

▷ 老鍊 노련　어떤 일에 경험(經驗)이 많아 익숙하고 능란(能爛)함 ↔ 未熟 미숙

▷ 韶顔 소안　젊은이처럼 자신감과 생기가 넘치는, 노인의 환한 얼굴 = 韶容 소용

▷ 矍鑠 확삭　노인이 늙었어도 눈동자가 초롱초롱하고 기력(氣力)이 왕성함

* 出典: 後漢書(후한서) 馬援傳(마원전)

老莊思想 노장사상　늙을 노(로) ｜ 풀 성할 장 ｜ 생각할 사 ｜ 생각할 상

무위자연(無爲自然)을 도덕(道德)의 표준으로 하며 허무(虛無)를 우주(宇宙)의 근원(根源)으로 삼는 노자(老子)와 장자(莊子)의 사상을 이르는 말

▷ 玄學 현학　이론이 깊고 어려워 깨닫기 힘든 학문. 노장(老莊)의 학문.

▷ 老獪 노회　경험(經驗)이 많고 교활(狡猾)함

老婆心 노파심　늙을 노(로) ｜ 할미 파 ｜ 마음 심

할머니가 걱정하는 친절하고 자애(慈愛)로운 마음. 걱정하는 마음의 정도가 지나침을 비유하는 말

유의어 老婆心切 노파심절 (에서 유래)

▷ 娑婆 사바　중생이 고통을 참고 견뎌야 하는 이 세상 ↔ 彼岸 피안

= 俗世 속세, 紅塵 홍진, 黃塵 황진, 腥塵 성진, 囂塵 효진, 此岸 차안

* 出典: 傳燈錄(전등록)

碌碌之輩 녹록지배 돌 모양·많은 돌·푸른 돌 녹(록) | 어조사 지 | 무리·동류 배

녹록(碌碌)은 흔해빠진 작은 돌멩이로 평범한 것을 뜻하는 말. 곧 특별(特別)히 두드러진데 없는 평범(平凡)한 사람을 이르는 말

【유의어】 甲男乙女 갑남을녀, 匹夫匹婦 필부필부　평범한 남녀

張三李四 장삼이사, 常鱗凡介 상린범개, 樵童汲婦 초동급부

▷　徒輩 도배　함께 어울려 나쁜 짓을 하는 패거리

綠林豪傑 녹림호걸 푸를 녹(록) | 수풀 림 | 호걸 호 | 뛰어날 걸

푸른 숲속의 호걸(豪傑), 즉 화적(火賊)이나 도둑떼들을 이르는 말

【유의어】 綠林客 녹림객, 綠林豪客 녹림호객, 盜跖 도척

無本大商 무본대상, 不汗黨 불한당, 梁上君子 양상군자

▷　綠林 녹림　푸른 숲에 숨어 살던 도둑의 소굴(巢窟)

* 出典: 後漢書(후한서) 劉玄劉盆子列傳(유현유분자열전)

綠鬢紅顔 녹빈홍안 푸를 녹(록) | 살쩍·귀밑머리 빈 | 붉을 홍 | 얼굴 안

윤이 나는 검은 귀밑머리와 탄력 있고 발그레한 얼굴, 홍조(紅潮)를 띤 젊고 아름다운 여자의 얼굴을 형용(形容)하는 말

【유의어】 玉鬢紅顔 옥빈홍안, 雲鬢花容 운빈화용, 朱脣皓齒 주순호치

丹脣皓齒 단순호치　붉은 입술과 흰 이의 뜻, 아름다운 여자를 비유.

▷　綠鬢溜去金釵多 皓腕肥來銀釧窄 녹빈류거금차다 호완비래은천착
검은 머리에는 여러 개의 금비녀가 번지르르하고 흰 팔은 통통하여 은팔찌가 꽉 끼임

* 出典: 白居易(백거이) 鹽商婦(염상부)

鹿死誰手 녹사수수 사슴 녹(록) | 죽을 사 | 누구 수 | 손 수

사슴이 누구의 손에 의해 죽는가? 라는 뜻
1. 누가 천하(天下)의 주인이 될 것인가?　또는 누가 패권을 잡을 것인가?
2. 승패(勝敗)를 결정(決定)하지 못하는 것을 이르는 말

【유의어】 中原逐鹿 중원축록, 中原之鹿 중원지록, 兩雄割據 양웅할거

角逐戰 각축전, 犄鹿 기록, 犄角 기각, 犄角之勢 기각지세

逐鹿 축록 사냥꾼이 사슴을 쫓음. 제위(帝位)나 정권 등을 얻으려고 다투는 일

* 出典: 晉書(진서)

綠楊芳草 녹양방초   초록빛 녹(록) | 버들 양 | 꽃다울 방 | 풀 초

푸르게 우거진 버드나무와 향기로운 풀. 봄과 여름철에 우거진 나무와 활짝 핀 꽃을
가리키는 말로, 자연(自然)의 아름다움을 형용(形容)하는 말

▷ **芳年 방년**   여자의 스무 살 안팎의 꽃다운 나이 = **妙齡 묘령, 芳齡 방령**

綠陰芳草 녹음방초   초록빛 녹(록) | 그늘 음 | 꽃다울 방 | 풀 초

짙고 푸르게 우거진 숲과 향기로운 풀, 여름철의 짙고 무성(茂盛)한 숲속의 자연경관을 이르는 말

▷ **綠水靑山 녹수청산**   푸른 물과 푸른 산, 산골짜기에 흐르는 맑은 물 = **靑山綠水**

綠衣紅裳 녹의홍상   초록빛 녹(록) | 옷 의 | 붉을 홍 | 치마 상

연두저고리에 다홍치마라는 뜻, 곱게 차려입은 젊은 여자의 옷차림을 이르는 말

▷ **輕裘肥馬 경구비마**   가볍고 따뜻한 갖옷과 살진 말. 부귀(富貴)한 사람의 외출차림

▷ **綠衣使者 녹의사자**   푸른 옷을 입은 사자(使者), 앵무(鸚鵡)새의 이칭(異稱)

* 出典: 開元天寶遺事(개원천보유사)

論功行賞 논공행상   논할 논(론) | 공 공 | 베풀·다닐 행 | 상줄·기릴 상

공적(功績)의 크고 작음 등을 비교(比較)·검토(檢討)하여 거기에 상응(相應)하도록 알맞게
상(賞)을 주는 일

『유의어』 **論功行賞各有差 논공행상각유차** (에서 유래)

▷ **信賞必罰 신상필벌**   상벌을 공정(公正)하고 엄중히 함을 이르는 말

▷ **褒賞 포상**   칭찬(稱讚)하고 장려(獎勵)하여 상을 줌

▷ **論劾 논핵**   잘못을 따지고 꾸짖음 = **臺彈 대탄**

* 出典: 三國志(삼국지)

弄假成眞 농가성진   희롱할 농(롱) | 거짓 가 | 이룰 성 | 참 진

장난삼아 한 것이 진심으로 한 것 같이 됨

『유의어』 **假弄成眞 가롱성진**

▷ **弄談 농담**   실없이 놀리거나 장난으로 하는 말

▷ **假裝 가장**   태도를 거짓으로 꾸밈. 임시로 변장함

隴斷 농단 언덕·고개 농(롱) | 끊을 단

깎아 세운 듯 높은 언덕이라는 뜻, 이익(利益)이나 권리(權利)를 독차지함을 비유하는 말

어떤 사람이 시장근처의 높은 곳(隴斷: 농단)에 올라가 사방(四方)을 살펴보고 자기 물건을 팔기에 적당한 곳으로 가서 상업상의 이익을 독점(獨占)하였다는 고사에서 유래

유의어 壟斷 농단, 壟斷之術 농단지술, 隴斷之術 농단지술

▷ 隴畝 농무 논과 밭 = 田畓 전답, 田土 전토

▷ 買占賣惜 매점매석 어떤 상품이 물건 값이 오를 것을 예상하여 한꺼번에 많이 사 두고 되도록 팔지 않으려는 일[천천히 되팔아 가격을 올리려는 상술]

* 出典: 孟子(맹자)

籠絡 농락 대바구니 농(롱) | 묶을·줄·고삐 락

대나무로 엮어 만든 새장 속에 발을 묶인 새라는 뜻, 남을 교묘(巧妙)한 꾀로 속여 가두어 속박(束縛)해놓고 제 마음대로 놀리거나 이용(利用)함을 비유하는 말

유의어 牢籠 뇌롱 우리속의 가축과 대로 엮은 새장 속의 새

▷ 籠絆 농반 새를 대나무로 엮어 만든 새장 속에 가두고 발을 묶었다는 뜻, 얽매어 묶고 자유(自由)를 구속(拘束)함을 비유하는 말

= 囹圄 영어, 束縛 속박, 桎梏 질곡, 足鎖 족쇄

▷ 闔闢 합벽 닫고 엶. 마음대로 사람을 교묘하게 농락함을 비유하는 말

弄兵潢池 농병황지 희롱할 농(롱) | 군사 병 | 웅덩이 황 | 못 지

아이들이 장난감 병장기를 가지고 물이 괴어 있는 못에서 장난한다는 뜻, 하는 일이 아이들 장난 같거나 또는 몹시 소란(騷亂)스러움을 형용하는 말

▷ 戲弄 희롱 말·행동으로 실없이 놀리는 짓

▷ 簸弄 파롱 희롱하여 놀림 = 調戲 조희

▷ 潢池 황지 물이 괴어 있는 못

* 出典: 漢書(한서)

弄瓦之慶 농와지경 희롱할 농(롱) | 실패·기와 와 | 어조사 지 | 경사 경

딸을 낳은 기쁨

중국에서 딸을 낳으면 흙으로 만든 실패를 장난감으로 주었다는 고사에서 유래

유의어 弄瓦之喜 농와지희, 弄瓦 농와

반의어 弄璋之慶 농장지경, 弄璋之喜 농장지희, 充閭之慶 충려지경

* 出典: 詩經(시경)

農爲政本 농위정본 농사 농 | 할 위 | 정사 정 | 근본 본

농업은 정치(政治)의 근본(根本)이고 나라의 기본(基本)이라는 말

유의어 農者天下之大本 농자천하지대본
농사는 천하의 가장 큰 근본(根本)이 되는 중요한 일. 즉 농업을 장려(獎勵)하는 말

▷ 農夫餓死枕厥種子 농부아사침궐종자 농부는 굶어죽더라도 종자는 베고 죽는다는 말

* 出典: 帝範(제범)

弄璋之慶 농장지경 희롱할 농(롱) | 규옥·반쪽 홀 장 | 어조사 지 | 경사 경

아들을 낳은 경사(慶事). 즉 남아선호사상을 반영(反映)

중국에서 아들을 낳으면 구슬의 덕을 본받으라는 뜻으로 규옥(圭玉)으로 된 장난감을
주었다는 고사에서 유래

유의어 弄璋之喜 농장지희, 充閭之慶 충려지경

반의어 弄瓦之慶 농와지경, 弄瓦 농와, 弄瓦之喜 농와지희

* 出典: 詩經(시경)

籠鳥戀雲 농조연운 대바구니 농(롱) | 새 조 | 그리워할 연 | 구름 운

새장에 갇힌 새가 구름을 그리워한다는 뜻으로
1. 속박(束縛)당한 몸이 자유(自由)를 그리워함을 비유
2. 고향(故鄕)생각이 간절(懇切)함을 비유

유의어 看雲步月 간운보월, 望雲之情 망운지정

▷ 籠鳥 농조 새장 안의 새[얽매여 자유가 없는 몸] = 籠中鳥 농중조

▷ 戀戀 연연 집착(執着)하여 잊지 못함 또는 애틋하게 그리움

▷ 戀愛 연애 남녀가 서로 애틋하게 그리워하며 사랑함

* 出典: 鶡冠子(갈관자)

隴蜀 농촉 고개이름·땅이름 농 | 나라이름 촉

이미 농(隴)땅을 얻고 다시 촉(蜀)땅을 바란다는 뜻, 사람의 욕심(慾心)은 만족(滿足)할
줄 몰라서 한이 없음 또는 물릴 줄 모르는 인간의 욕심을 비유하는 말

유의어 平隴望蜀 평롱망촉, 望蜀之歎 망촉지탄, 得隴望蜀 득롱망촉
借廳借閨 차청차규, 借廳入室 차청입실, 車魚之歎 거어지탄
望蜀 망촉, 溪壑 계학, 谿壑之慾 계학지욕

雷同附和 뇌동부화 <small>우레 뇌(뢰) | 같을 동 | 붙을 부 | 화할 화</small>

우레 소리에 맞추어 천지만물이 함께 울린다는 뜻, 자기 생각이나 주장(主張)이 없이 남의 의견(意見)에 동조(同調)한다는 말

┌유의어┐ 附和雷同 부화뇌동, 附和隨行 부화수행, 追友江南 추우강남

　　　 旅進旅退 여진여퇴, 隨衆逐隊 수중축대, 滿場一致 만장일치

　　　 附付雷同 부부뇌동, 阿附雷同 아부뇌동, 阿附迎合 아부영합

┌반의어┐ 和而不同 화이부동　조화(調和)를 이루나 휩쓸리지는 않음

* 出典: 論語(논어) 子路篇(자로편)

賴亂勿計利 뇌란물계리 <small>의뢰할 뇌(뢰) | 어지러울 란 | 말 물 | 꾀 계 | 이로울·날카로울 리</small>

어지러운 상황(狀況)에 처했을 때에는 이익을 따져서는 안 된다는 뜻, 혼란(混亂)한 틈을 타 자신의 이익(利益)을 구하면 곧 자신에게도 해(害)로 돌아온다는 말

▷ 利權 이권　이익(利益)을 얻을 수 있는 권리(權利)

▷ 銳利 예리　칼날이 날카로움 또는 관찰력이나 판단력이 날카롭고 정확함

* 出典: 春秋宣公(춘추선공) 12년 周史佚(주사일)

雷厲風飛 뇌려풍비 <small>우레 뇌(뢰) | 갈·숫돌 려 | 바람 풍 | 날 비</small>

일을 해치우는 솜씨가 벼락같이 날쌔고 빠름 또는 엄한 명령(命令)

┌유의어┐ 雷勵風飛 뇌려풍비, 雷勵風行 뇌려풍행

▷ 雷聲霹靂 뇌성벽력　천둥소리와 벼락

▷ 風流 풍류　속된 일을 떠나 풍치가 있고 멋스럽게 노는 일 = 花鳥風月 화조풍월

* 出典: 唐書(당서)

雷逢電別 뇌봉전별 <small>우레 뇌(뢰) | 만날 봉 | 번개 전 | 이별할 별</small>

우레[= 천둥]처럼 만났다가 번개처럼 헤어진 진다는 뜻
1. 잠깐 만났다가 곧 헤어짐을 이르는 말
2. 홀연(忽然) 상봉(相逢)했다가 홀연 이별(離別)하는 일

▷ 袂別 메별　헤어짐 = 作別 작별, 別離 별리, 分袖相別 분수상별

惱殺 뇌쇄 <small>괴로워 할 뇌 | 감할·빠를 쇄 / 죽일 살</small>

아름다운 여자가 자신의 용모로 남자를 매혹시켜 괴롭힘

▷ 魅惑 매혹　남의 마음을 호려 현혹(眩惑)하게 함

▷ **蠱惑** 고혹　아름다움이나 매력에 홀려 정신을 못 차림

▷ **煩惱** 번뇌　마음이나 몸을 괴롭히는 모든 망념(妄念: 욕망·노여움·어리석음 등)

罍恥 뇌치　술독 뇌(뢰) | 부끄러울 치

작은 술병이 비어있음은 큰 술항아리의 부끄러움이라는 뜻으로 직책(職責)과 소임(所任)을
다하지 못하여 부끄러워함을 비유하는 말

부유(富裕)하고 많이 가진 자가 가난하고 없는 자들에게 나누어주고 돌보아주지 못한 것은
위정자(爲政者)의 부끄러움이라는 말

┌유의어┐ **瘝素** 관소　**尸祿** 시록, **叨竊** 도절, **鵜翼** 제익

　　　相伴大臣 상반대신, **伴食大臣** 반식대신, **伴食宰相** 반식재상

　　　尸位素餐 시위소찬　직책을 다하지 못하면서 자리만 차지하고 녹(祿)만 받아먹는 일

　　　竊位者 절위자　능력도 없이 자리만 차지하고 녹(祿)만 받아먹는 벼슬아치

＊ 出典: 詩經(시경) 小雅(소아) 蓼莪章(육아장)

屢見不鮮 누견불선　여러·창문 누(루) | 볼 견 | 아닐 불 | 신선할·고울 선

자주 대하니 신선(新鮮)함이 없다는 뜻, 너무 자주 보아 전혀 새롭지 않음의 비유

▷ **生鮮** 생선　말리거나 절이지 않은 잡은 그대로의 물고기 = **鮮魚** 선어, **生魚** 생어

＊ 出典: 史記(사기) 酈生陸賈列傳(역생육가열전)

鏤骨銘心 누골명심　새길 누(루) | 뼈 골 | 새길 명 | 마음 심

뼈에 새기고 마음에 간직한다는 뜻, 마음속에 깊이 간직하여 잊지 아니한다는 말

┌유의어┐ **刻骨銘心** 각골명심, **刻骨難忘** 각골난망, **鈒鏤** 삽루

　　　銘肌鏤骨 명기누골, **白骨難忘** 백골난망, **結草報恩** 결초보은

▷ **座右銘** 좌우명　늘 옆에 갖추어 두고 가르침으로 삼는 말이나 문구

＊ 出典: 書言故事(서언고사)

累卵 누란　포갤 누(루) | 알·계란 란

달걀을 쌓아 층층이 포개어 놓는다는 뜻, 달걀이 굴러 떨어지면 즉시 깨져버리는 몹시
아슬아슬하고 위태로운 상태를 비유하는 말

┌유의어┐ **累卵之危** 누란지위, **累卵之勢** 누란지세, **危如累卵** 위여누란

　　　危如一髮 위여일발, **危機一髮** 위기일발, **危如朝露** 위여조로

　　　竿頭之勢 간두지세, **百尺竿頭** 백척간두, **風前燈火** 풍전등화

* 出典: 史記(사기) 范雎蔡澤列傳(범수채택열전)

鏤塵吹影 누진취영 새길 누(루) | 먼지·티끌 진 | (입으로)불 취 | 그림자 영

먼지에 새기고 그림자를 입으로 분다는 뜻으로 도저히 불가능한 일을 이르는 말

1. 도저히 있을 수 없거나 이루어질 수 없는 일. 말도 안 됨
2. 쓸데없는 헛된 노력(努力)을 이르는 말. 소용없는 일. 황당무계함

유의어
憑空捉影 빙공착영 허공(虛空)에 의지(依支)해 그림자를 잡는다는 뜻

捕風捉影 포풍착영 바람을 잡고 그림자를 붙든다는 뜻. 있을 수 없는 일

繫風捕影 계풍포영 바람을 잡아매고 그림자를 잡음 = 繫影捕風 계영포풍

陋巷簞瓢 누항단표 더러울 누(루) | 거리 항 | 대광주리 단 | 표주박 표

누항에 사는 사람의 한 그릇의 밥과 한 바가지의 물. 소박(素朴)한 시골살림 또는 청빈(淸貧)한
선비의 생활(生活)을 비유하는 말

유의어
簞食瓢飮 단사표음, 一簞食一瓢飮 일단사일표음

簞瓢陋巷 단표누항, 簞食豆羹 단사두갱

安貧樂道 안빈낙도 가난함 속에서도 편안한 마음으로 도(道)를 즐김

▷ 鄙陋 비루 행동(行動)이나 성질(性質)이 고상(高尙)하지 못하고 더러움

▷ 固陋 고루 낡은 습관(習慣)에 젖어 고집이 세고 새로운 것을 잘 받아들이지 않음

▷ 陋醜 누추 지저분하고 더러움

▷ 鄙俚 비리 풍속(風俗)이나 언어(言語) 등이 상스러움

* 出典: 論語(논어) 顔淵篇(안연편)

訥言敏行 눌언민행 말더듬거릴 눌 | 말씀 언 | 민첩할 민 | 다닐 행

더듬는 말과 민첩(敏捷)한 행동이라는 뜻, 말하기는 쉬워도 행(行)하기는 어려우므로
군자(君子)는 모름지기 말은 느려도 행동은 민첩(敏捷)해야 함을 이르는 말

▷ 訥辯 눌변 더듬거리는 서툰 말솜씨 = 訥言 눌언

▷ 語訥 어눌 말을 더듬어 유창(流暢)하게 하지 못함

▷ 敏捷 민첩 재빠르고 날쌤 = 迅速 신속 ↔ 遲鈍 지둔 굼뜨고 미련함

* 出典: 論語(논어) 里仁篇(이인편)

勒于金石 늑우금석 새길·굴레 늑(륵) | ~에(어조사) 우 | 쇠 금 | 돌 석

그 사람의 공덕(功德)을 쇠와 돌, 즉 종정비갈(鐘鼎碑碣)에 새겨 후세에 길이길이 전함

『유의어』 刻于金石 각우금석

▷ 鐘鼎碑碣 종정비갈   종(鐘)·솥(鼎: 정)·비석(碑碣: 비갈)

▷ 勒約 늑약   억지로 맺은 조약(條約)

陵谷之變 능곡지변   큰 언덕 능(릉) | 골 곡 | 어조사 지 | 변할 변

높은 언덕이 깊은 골짜기가 되고 깊은 골짜기가 높은 언덕으로 변한다는 뜻, 세상일의
극심(極甚)한 변천(變遷)을 비유하는 말

『유의어』 白雲蒼狗 백운창구, 白衣蒼狗 백의창구, 東海揚塵 동해양진
　　　　 桑海之變 상해지변, 滄桑之變 창상지변, 桑滄之變 상창지변
　　　　 桑田蒼海 상전창해, 滄海桑田 창해상전, 桑田碧海 상전벽해

* 出典: 詩經(시경)

凌摩絳霄 능마강소   업신여길 능(릉) | 문지를 마 | 짙게 붉을 강 | 하늘 소

곤어(鯤魚)가 자라면 붕새로 변하여 한번 날면 구만리 장천(長天)에까지 이른다는 뜻,
사람도 큰 뜻을 품고 노력(努力)하면 위대(偉大)한 인물(人物)이 될 수 있다는 말

▷ 遊鯤獨運 凌摩絳霄 유곤독운 능마강소
　　곤어(鯤魚)는 붕새로 변하여 홀로 자유롭게 노닐다가 붉게 타오르는 일출(日出)을 넘어
　　유유(悠悠)히 날아간다는 말

▷ 凌蔑 능멸   업신여겨 깔봄

▷ 摩天樓 마천루   하늘을 찌를 듯이 높이 솟은 건물

* 出典: 千字文(천자문)

能書不擇筆 능서불택필   능할 능 | 글 서 | 아닐 불 | 가릴 택 | 붓 필

글쓰기에 달통(達通)한 사람은 붓을 가리지 않는다는 뜻, 일에 능통(能通)한 사람은
도구(道具)나 재료(材料)를 탓하지 않는다는 말

『유의어』 投筆成字 투필성자   붓을 아무렇게나 던져도 글씨가 잘 써진다는 말

* 出典: 唐書(당서)

能手能爛 능수능란   능할 능 | 손 수 | 빛날·썩어문드러질 란

어떤 일에 썩 익숙한 솜씨와 재주

▷ 多才多能 다재다능   재주가 많고 능력이 풍부하다

▷ 能小能大 능소능대   크고 작은 일을 능하게 잘 처리함. 남들과 사귀는 수완(手腕)이 좋음

▷ 爛商 난상   충분히 의논함 또는 그런 의논

凌煙閣勳臣 능연각훈신 능가할 능(릉) | 연기 연 | 집 각 | 공 훈 | 신하 신

나라에 공로(功勞)가 지대(至大)한 신하를 비유하는 말

당태종(唐太宗)이 정관(貞觀)의 치(治) 17년에 능연각(凌煙閣)에 24명의 훈신[勳臣: 개국공신]의
초상(肖像)을 그려 걸어놓고 그 공로(功勞)를 인정(認定)한 고사에서 유래

▷ 開國功臣 개국공신　새로 나라를 세울 때에 공훈이 많은 신하

凌雲之志 능운지지 능가할 능(릉) | 구름 운 | 어조사 지 | 뜻 지

사람의 포부(抱負)가 높은 구름을 훨씬 뛰어넘는다는 뜻

1. 구름(= 벼슬)을 깔보는 듯 속세(俗世)의 명리(名利)를 떠나서 초탈(超脫)하려는 마음
2. 큰 뜻을 펼치기 위하여 높은 벼슬에 오르고자 하는 뜻

『유의어』 陵雲之志 능운지지, 靑雲之志 청운지지, 幕天席地 막천석지

　　　　　靑雲之交 청운지교, 桑蓬之志 상봉지지

▷ 凌霄志 능소지　하늘보다 더 높고 큰 뜻 / 凌霄花 능소화　능소화나무

* 出典: 後漢書(후한서)

能者多勞 능자다로 능할 능 | 놈 자 | 많을 다 | 일할·힘쓸 로

유능한 사람일수록 찾는 사람이 많아 해야 할 일이 더 많다는 뜻, 남보다 더 수고하거나 필요
이상의 일을 하게 됨을 비유하는 말

『유의어』 甘泉先渴 감천선갈, 甘井先渴 감정선갈　단 우물이 먼저 마름

▷ 飛將數奇 비장수기　재능이 많은 사람이 불행한 처지에 놓인 것을 비유하는 말

▷ 食少事煩 식소사번　먹을 것은 적은데 할 일은 많음[제갈량의 처지]

* 出典: 莊子(장자)

陵遲處斬 능지처참 언덕 능(릉) | 더딜 지 | 곳 처 | 벨 참

대역죄(大逆罪)나 패륜(悖倫)을 저지른 죄인을 처형(處刑)한 뒤 시신(屍身)의 머리·몸통·팔·다리
등을 토막 쳐서 각지에 돌려 보이는 극형(極刑)

『유의어』 凌遲處斬 능지처참, 凌遲 능지, 陵遲 능지

　　　　　陵遲處死 능지처사, 凌遲處死 능지처사

▷ 陵遲 능지　천천히 언덕을 오르내리듯 서서히 고통(苦痛)을 주는 형벌(刑罰)

▷ 掘墓鞭屍 굴묘편시　묘(墓)를 파헤치고 시신(屍身)에 채찍질을 가함

▷ 剖棺斬屍 부관참시　관(棺)을 쪼개어 시체(屍體)의 목을 벰 = 斬屍 참시

多岐亡羊 다기망양 많을 다 | 갈림길 기 | 달아날 망 | 양 양

갈림길 속에 또 갈림길이 있어서 양이 어느 길로 도망갔는지 알 수 없어 결국 잃어버린다는 뜻
1. 학문(學問)의 길이 여러 갈래로 나뉘어 있어서 진리(眞理)를 얻기 어려움을 토로(吐露)하는 말
2. 일을 하는데 있어서 방침(方針)이 많아 도리어 어찌 할 바를 몰라 갈팡질팡함

『유의어』 亡羊之歎 망양지탄, 亡羊歎 망양탄, 亡羊 망양

▷ 岐路 기로 갈림길 / 世路 세로 세상을 살아가는 길

* 出典: 列子(열자) 說符篇(설부편)

多難興邦 다난흥방 많을 다 | 어려울 난 | 일어날 흥 | 나라 방

많은 어려운 일을 겪고 나서야 나라를 일으킨다는 뜻, 어려움을 극복(克服)하고 노력해야 큰일을
성취(成就)할 수 있다는 말

『유의어』 八年風塵 팔년풍진 유방(劉邦)이 8년 고생 끝에 항우(項羽)를 멸(滅)했다는 말

八年兵火 팔년병화 승부가 오랫동안 결정되지 않음의 비유. 항우(項羽)와
유방(劉邦)간 싸움의 결판이 8년 걸린 데서 나온 말

* 出典: 晉書(진서)

多多益善 다다익선 많을 다 | 더할 익 | 좋을·착할 선

많으면 많을수록 더욱더 좋다는 뜻

한(漢)나라의 장수(將帥) 한신(韓信)이 한고조(漢高祖)와 장수의 역량(力量)에 대해서 이야기할
때 고조는 10만 명을 거느릴 수 있지만, 자신은 병사(兵士)가 많으면 많을수록 좋다고 대답한
고사에서 유래, 또한 자신은 병사중의 장수이지만, 고조(高祖: 劉備[유비])는 장수만 10만 명을
거느리는 장수(將帥)중의 장수라고 추켜세워 준 고사에서 유래

『유의어』 多多益益辦 다다익익변

▷ 多少不計 다소불계 수효(數爻)나 양(量)의 많고 적음을 헤아리지 아니함

* 出典: 史記(사기) 准陰侯列傳(회음후열전)

多聞博識 다문박식 많을 다 | 들을 문 | 넓을 박 | 알 식

보고 들은 것이 많고 지식(知識)이 넓음

『유의어』 博覽強記 박람강기 책을 널리 많이 읽고 기억을 잘함

博學多識 박학다식 학식이 넓고 아는 것이 많음

涉獵 섭렵 물을 건너[산을 넘어] 찾아다닌다는 뜻. 온갖 책을 널리 읽거나
여기저기 찾아다니며 여러 일을 경험함을 이르는 말

遍歷 편력 이곳저곳을 널리 돌아다님 또는 여러 가지 경험을 함 = 遍踏 편답

多士濟濟 다사제제 _{많을 다 | 선비 사 | 건널·구제할 제}

여러 선비가 모두 뛰어나다는 뜻, 훌륭한 인재가 많음을 비유하는 말 = 濟濟多士 제제다사

유의어 車載斗量 거재두량 물건을 수레에 싣고 말로 됨. 인재가 흔하고 귀하지 않음

十步芳草 십보방초 열 걸음 내에 아름다운 꽃과 풀이 있음. 인재가 도처에 있음

* 出典: 詩經(시경)

多才多能 다재다능 _{많을 다 | 재주 재 | 능할 능}

재주가 많고 능력도 출중하다는 뜻, 뛰어난 능력을 갖춘 사람을 이르는 말

▷ 多事多難 다사다난 일이 많기도 하고 어려움도 많음 = 多事多端 다사다단

▷ 多言數窮 다언삭궁 말이 많으면 자주 곤란(困難)한 처지(處地)에 빠짐

多賤寡貴 다천과귀 _{많을 다 | 천할 천 | 적을 과 | 귀할 귀}

물건이 많으면 가치가 적어지고 적으면 가치가 커진 다는 뜻, 모든 물건은 많고 적음에 따라 그 가치가 결정된다는 말

▷ 稀少價値 희소가치 희소하기 때문에 인정(認定)되는 가치

* 出典: 管子(관자)

斷金之契 단금지계 _{끊을 단 | 쇠 금 | 어조사 지 | 맺을·약속 계}

쇠라도 자를 만큼 굳은 약속이라는 뜻, 매우 두터운 우정(友情)을 비유하는 말

유의어 斷金之交 단금지교, 刎頸之交 문경지교, 水魚之交 수어지교

膠漆之交 교칠지교 아교와 옻칠처럼 매우 친밀(親密)하여 떨어질 수 없는 교분

斷機之敎 단기지교 _{끊을 단 | 틀·기계 기 | 어조사 지 | 가르칠 교}

베의 날을 끊음으로써 가르침을 한다는 뜻, 학문을 중도(中途)에 포기(抛棄)하면 짜고 있던 베를 끊는 것과 마찬가지로 아무런 쓸모가 없어진다는 가르침

맹자가 학문을 포기하고 집에 돌아오자 맹모(孟母)가 짜고 있던 베를 끊어 쓸모없게 된 것을 보여주며 학문도 이와 같이 도중에 그만두면 아무런 소용이 없다고 훈계(訓戒)했다는 고사에서 유래

유의어 斷機之戒 단기지계, 孟母斷機 맹모단기, 三遷之敎 삼천지교

三遷 삼천, 三徙 삼사, 斷機 단기

孟母三遷之敎 맹모삼천지교, 孟母三遷 맹모삼천
맹자의 어머니가 세 번이나 이사를 해가며 맹자를 제대로 가르치려고 애쓰심

* 出典: 列女傳(열녀전) 母儀傳(모의전) 鄒孟軻母(추맹가모)

單刀直入 단도직입 홑·혼자 단 | 칼 도 | 곧을 직 | 들 입

칼 한 자루만 들고 혼자서 적진(敵陣)으로 곧장 쳐들어간다는 뜻
1. 여러 말을 늘어놓지 아니하고 핵심(核心)을 바로 말함
2. 서론(序論) 없이 직접 본론(本論)으로 들어간다는 말

『유의어』 去頭截尾 거두절미

▷ 徒費脣舌 도비순설   공연히 말만 많이 하고 아무 보람이 없음

單獨一身 단독일신 홑·혼자 단 | 홀로 독 | 하나 일 | 몸 신

일가친척(一家親戚)이 없는 단지 혼자의 몸

『유의어』 四顧無託 사고무탁, 四顧無親 사고무친   의지할 데가 도무지 없음

孑孑單身 혈혈단신   의지할 데 없이 외로운 홀몸

無依無托 무의무탁   몸을 의지하고 맡길 곳이 없음. 몹시 가난하고 외로운 상태

孤身隻影 고신척영   몸 붙일 곳 없이 떠도는 외로운 홀몸

隻手 척수   한쪽 손. 썩 외로운 처지를 비유 = 孤縱 고종

斷爛朝報 단란조보 끊을 단 | 빛날 란 | 조정(朝廷) 조 | 알릴 보

여러 조각이 난 조정(朝廷)의 기록(記錄)이라는 뜻으로 토막 나고 일관성 없는 기사밖에 실려 있지 않은, 즉 틀에 박힌 단편적인 보도(報道)라는 말

왕안석(王安石)이 춘추(春秋)를 주해(註解)하여 천하(天下)에 뜻을 펴려고 했으나, 이미 손신로의 춘추경해(春秋經解)가 먼저 나왔다. 이제 자신이 만들어봤자 손신로(孫莘老)의 것보다 못할 것이라고 판단(判斷)되어 마침내, 왕안석이 '춘추(春秋)'를 헐뜯어 '단란조보(斷爛朝報)'라 하여 학관(學官)에도 넣지도 않고 공거(貢擧)에도 사용하지 않으며 폄하(貶下)한 고사에서 유래

『유의어』 斷爛書 단란서

▷ 春秋 춘추   공자(孔子)가 엮은 역사책(歷史冊)

▷ 學官 학관   교육을 맡아보던 기관. 또는 벼슬아치

▷ 貢擧 공거   고대 중국에서, 각 지방의 우수한 인재를 추천해서 등용하던 제도

* 出典: 宋史(송사)

單文孤證 단문고증 홑 단 | 글월·무늬 문 | 외로울 고 | 증거 증

한 쪽의 문서(文書), 한 개의 증거라는 뜻, 불충분한 증거(證據)를 이르는 말

『반의어』 博引旁證 박인방증   널리 예(例)를 인용(引用)하고 두루 증거(證據)를 보여 논함

▷ 論證 논증   1. 옳고 그름의 이유(理由)를 들어 밝힘 또는 그 근거(根據)나 이유

2. 몇 가지 전제(前提)를 바탕으로 논리적인 추론(推論)에 따라
한 명제(命題)가 참이라는 것을 증명(證明)하는 일

簞食豆羹 단사두갱 대광주리 단 | 밥 사 / 식 | 제기이름 두 | 국 갱

대나무 밥그릇에 담은 밥과 제기(祭器)에 떠놓은 국, 변변치 못한 소박한 음식을 비유하는 말

유의어 一簞食一豆羹 일단사일두갱 덜렁 밥 한 그릇에 국 한 그릇뿐

薄酒山菜 박주산채 맛이 없는 술과 산나물, 남에게 대접하는 술과 안주의 겸칭

▷ 羹粥 갱죽 시래기 따위의 채소류를 넣고 멀겋게 끓인 죽. 매우 가난함

* 出典: 孟子(맹자)

簞食瓢飲 단사표음 대광주리 단 | 밥 사 / 식 | 표주박 표 | 마실 음

대나무로 만든 도시락밥과 표주박에 담은 물, 소박(素朴)하고 청빈(淸貧)한 생활의 비유

유의어 簞瓢 단표, 簞瓢陋巷 단표누항, 陋巷簞瓢 누항단표

一簞一瓢 일단일표, 一簞食一瓢飲 일단사일표음

淸貧樂道 청빈낙도 청렴결백하고 가난하게 사는 것을 옳은 것으로 여김

安貧樂道 안빈낙도 가난 속에서도 편안한 마음으로 도(道)를 즐김

▷ 佩瓢 패표 쪽박을 참. 즉 빌어먹는 것을 비유하는 말

* 出典: 論語(논어) 雍也篇(옹야편)

簞食壺漿 단사호장 대광주리 단 | 밥 사 / 식 | 병·단지 호 | 미음(음료) 장

도시락밥과 병에 넣은 마실 것이라는 뜻, 가난한 사람들의 거친 음식
1. 길을 떠날 때 준비(準備)하는 간단한 음식물
2. 백성들이 자기를 구해준 군대(軍隊)에게 주기위하여 마련한 음식

유의어 一簞食一豆羹 일단사일두갱, 簞食豆羹 단사두갱

▷ 氷壺 빙호 얼음을 넣은 항아리. 즉 아주 깨끗하고 맑은 마음을 비유하는 말

* 出典: 孟子(맹자) 梁惠王章句下篇(양혜왕장구하편)

斷袖之嬖 단수지폐 끊을 단 | 소매 수 | 어조사 지 | 사랑할 폐

임금이 자기의 옷소매를 자르는 사랑이라는 뜻, 동성애를 비유 또는 동성애자에 대한 지극한
사랑을 이르는 말

예쁜 소년이 임금과 동침을 하는데, 임금이 먼저 잠에서 깼다, 그런데 마침 그 어린 소년이
임금의 옷소매를 베고 잠이 들었다. 임금은 사랑하는 그 어린 동성애자가 잠에서 깨지 않도록
자신의 옷소매를 칼로 잘라버리고 잠자리에서 조용히 일어났다는 고사에서 유래

『유의어』 同性愛 동성애, 同性戀愛 동성연애

▷ 嬖臣 폐신 임금에게 아부(阿附)해서 신임을 받는 신하

▷ 嬖妾 폐첩 아양을 떨어 귀염을 받는 첩

▷ 嬖宦 폐환 내시부(內侍府) 관원 = 內侍 내시, 宦官 환관

＊ 出典: 漢書(한서) 董賢傳(동현전)

丹脣皓齒 단순호치 붉을 단 ‖ 입술 순 ‖ 흴 호 ‖ 이빨 치

붉은 입술과 가지런한 하얀 이라는 뜻, 젊은 여자의 아름다운 얼굴을 형용하는 말

『유의어』 明眸皓齒 명모호치, 朱脣皓齒 주순호치, 朱脣白齒 주순백치

▷ 丹楓 단풍 늦가을에 식물의 잎이 붉고 누르게 변하는 일

丹崖靑壁 단애청벽 붉을 단 ‖ 벼랑 애 ‖ 푸를 청 ‖ 벽 벽

붉은 빛의 벼랑과 푸른 바위절벽이라는 뜻
1. 높고 아름다운 벼랑[= 절벽]이기는 하나 오래 쳐다보기는 어렵다는 말
2. 인품이 비범(非凡)하고 고결(高潔)하여 쉽사리 뵙기 어려운 사람을 비유하는 말

『유의어』 斷崖靑壁之銘 단애청벽지명 (에서 유래)

▷ 丹靑 단청 대궐이나 절 등의 벽·기둥·천장 등에 여러 가지 빛깔로
그림과 무늬를 그림. 또는 그 그림이나 무늬

＊ 出典: 書言故事(서언고사)

斷長補短 단장보단 끊을 단 ‖ 긴 장 ‖ 기울 보 ‖ 짧을 단

긴 것을 잘라서 짧은 것을 보충한다는 뜻, 장점이나 넉넉한 부분에서 단점이나 부족한 것을
보충(補充)함을 이르는 말

『유의어』 絶長補短 절장보단, 截長補短 절장보단, 以長補短 이장보단

▷ 斷趾 단지 옛날 형벌의 하나로 발뒤꿈치를 자르던 일.
[가벼운 죄는 왼발 뒤꿈치, 무거운 죄는 오른 발 뒤꿈치를 잘랐음]

斷章取義 단장취의 끊을 단 ‖ 글 장 ‖ 가질 취 ‖ 뜻·옳을 의

남의 글에서 그 글 전체의 뜻과는 상관없이 자기가 필요한 부분만을 인용(引用)하여 자기 마음대로
해석(解釋)하여 사용(使用)함을 비유하는 말

▷ 盜用 도용 남의 것을 몰래 훔쳐 씀

▷ 剽竊 표절 남의 시가·문장 등의 글귀를 몰래 따다 자기 것인 것처럼 발표함

* 出典: 春秋左氏傳(춘추좌씨전) 襄公(양공)

簞瓢陋巷 단표누항 대광주리 단 | 표주박 표 | 더러울 누(루) | 거리 항

한 바구니의 밥을 먹고 한 바가지의 물을 마시며, 누항(陋巷)에 산다는 말
소박(素朴)한 시골살림 또는 청빈(淸貧)한 선비의 생활(生活)을 비유

【유의어】 簞食瓢飮 단사표음, 一簞食一瓢飮 일단사일표음, 陋巷簞瓢 누항단표
　　　　　安貧樂道 안빈낙도　가난 속에서도 편안한 마음으로 도(道)를 즐김

▷ 陋名 누명　억울(抑鬱)하게 뒤집어쓴 불명예(不名譽) = 汚名 오명
▷ 鄙陋 비루　행동이나 성질이 너절하고 더럽다
▷ 巷陌 항맥　도회지의 거리

斷港絶潢 단항절황 끊을 단 | 도랑·지류·항구 항 | 끊을 절 | 웅덩이 황

흘러갈 곳이 끊어진 지류(支流)와 이어질 곳이 없는 웅덩이, 연락이 끊어짐을 비유하는 말

【유의어】 杜絶 두절, 連絡杜絶 연락두절, 消息杜絶 소식두절

* 出典: 韓愈(한유)

獺祭 달제 수달 달 | 제사 제

시문(詩文)을 지을 때 많은 참고 서적을 벌여 놓는 일. 즉 사방에 책을 늘어놓는다는 말
수달이 제사를 지내는 것처럼 물고기를 잡아서 넓은 바위위에 죽 늘어놓는다는 말

▷ 祈雨祭 기우제　하지(夏至)가 지나도록 비가 오지 않을 때에 비 오기를 빌던 제사.

達八十 달팔십 통달할·이를 달 | 여덟 팔 | 열 십

나이 팔십(八十: 여든)에 뜻을 이루었다는 뜻, 이 후의 호화(豪華)로운 삶을 뜻하는 말

[중국의 강태공(姜太公)이 80살에 정승(政丞)이 되어 호화로운 생(生)을 살았다는 고사에서 유래]

【반의어】 窮八十 궁팔십　강태공이 관직에 오르기까지 80년을 가난하게 산 데서 유래

膽大心小 담대심소 쓸개 담 | 큰 대 | 심장·마음 심 | 작을 소

쓸개(膽: 담)는 크게 심장(心臟)은 작게라는 뜻, 담대(膽大)하면서도 치밀(緻密)한
주의(注意)력을 가져야 한다는 말로 문장(文章)을 지을 때의 마음가짐을 비유하는 말

▷ 麤枝大葉 추지대엽　거친 나뭇가지와 커다란 잎이란 뜻, 글을 쓰거나 지을 때에 작은
　　　　　　　　　　것에 얽매이지 않고 느긋하고 대범(大汎)하게 붓을 놀림을 비유

* 出典: 舊唐書(구당서) 方伎傳(방기전) 孫思邈(손사막)

膽大於身 담대어신 쓸개 담 | 큰 대 | ~보다(비교급) 더 | 몸 신

쓸개가 몸보다 크다는 뜻, 사람이 담력(膽力)이 매우 큼을 말함

『유의어』 膽如斗大 담여두대, 大膽無雙 대담무쌍, 勇猛無雙 용맹무쌍

▷ 肝膽 간담 간과 쓸개. 속마음

* 出典: 唐書(당서)

淡石花醢 담석화해 묽을 담 | 돌 석 | 꽃 화 | 젓갈·절임 해

물굴젓[= 국물을 많이 낸 굴젓]

▷ 石花 석화 굴 = 牡蠣 모려

▷ 醢 해 젓갈[= 물고기 절임]. 또는 인체를 소금에 절이는 형벌(刑罰)

▷ 菹醢 저해 김치와 젓갈. 또는 죄지은 사람의 시체로 젓을 담그던 일

▷ 醯醢之辨 혜해지변 식혜(食醯)와 식해(食醢)의 혜자와 해자는 분별할 줄 알아야
실력을 인정할 수 있음

談笑自若 담소자약 말씀 담 | 웃을 소 | 스스로 자 | 같을 약

태연(泰然)하게 담소(談笑)를 즐긴다는 말로 위험에 처하였음에도 의연(毅然)하게 대처(對處)하는
모습을 비유하는 말

『유의어』 言笑自若 언소자약

泰然自若 태연자약 마음에 어떠한 충동을 받아도 움직임이 없이 천연스러움.

▷ 宂談 용담 군소리

* 出典: 三國志(삼국지) 吳書(오서) 甘寧傳(감녕전)

淡水之交 담수지교 맑을 담 | 물 수 | 어조사 지 | 사귈 교

맑은 물의 사귐이라는 뜻으로
1. 담박(淡泊)하고 변함이 없는 우정(友情)을 비유
2. 교양(敎養)이 있는 군자(君子)의 교제(交際)를 비유

『유의어』 芝蘭之交 지란지교, 金蘭之交 금란지교, 金蘭之契 금란지계
벗 사이의 맑고도 고귀(高貴)한 사귐

高山流水 고산유수
높은 산과 흐르는 물, 미묘한 음악. 거문고 소리, 지기(知己)

* 出典: 莊子(장자) 外篇(외편) 山木(산목) 第 12

膽如斗大 담여두대 쓸개 담 | 같을 여 | 말 두 | 큰 대

담(쓸개= 담력[膽力])이 한 말들이 말처럼 크다는 뜻, 배짱이 대단히 두둑함을 비유하는 말

유의어 膽大於身 담대어신, 大膽無雙 대담무쌍, 勇猛無雙 용맹무쌍

▷ 斗斛 두곡 곡식을 되는 말과 휘

* 出典: 三國志(삼국지)

談天彫龍 담천조룡 말씀 담 | 하늘 천 | 새길 조 | 용 룡

변론(辯論)이나 문장(文章)이 원대(遠大)하고 고상(高尙)함을 이르는 말

전국시대 추연(騶衍)과 추석(騶奭)의 고사에서 유래하는 말로, 천상(天象)의 조화(造化)를
이야기하고 용(龍)을 조각(彫刻)한다는 뜻

유의어 談天雕龍 담천조룡

▷ 彫像 조상 조각한 상. 조각상

▷ 彫塑 조소 재료를 깎고 새기거나 빚어서 어떤 형상을 만드는 일 = **조각과 소조**

* 出典: 史記(사기)

談虎虎至 담호호지 말씀 담 | 범 호 | 이를·다다를 지

호랑이도 제 말 하면 온다는 뜻, 이야기를 하던 그 사람이 마침 그 자리에 나타남을 말하며
남에 대하여 이러쿵저러쿵 함부로 말하지 말라는 말

유의어 談人人至 담인인지 사람도 제 말하면 온다는 말

▷ 自 자 ~~ 至 지 ~~에서 ~~까지

幢竿支柱 당간지주 기 당 | 장대 간 | 지탱할 지 | 기둥 주

절의 문 앞에 세우는 기(幢: 당)를 다는 짐대(竿: 간)를 받쳐 세우는 좌우 두 개의 기둥

▷ 幢竿 당간 당(幢)을 달아 세우는 대(臺)

▷ 幢 당 절문 앞에 세우는 불화(佛畫)를 그린 기

堂狗風月 당구풍월 서당·집 당 | 개 구 | 바람 풍 | 달 월

서당에서 기르는 개조차도 계속(繼續)해서 글 읽는 소리를 들으면 풍월(風月)을 읊는다는 뜻
1. 한 분야(分野)에서 오래되면 노력하지 않더라도 얼마간의 경험(經驗)과 지식(知識)을 얻게 됨
2. 무식한 자라도 유식한자와 어울리면 다소 감화(感化)를 받음

유의어 堂狗三年吠風月 당구삼년폐풍월 (에서 유래)

▷ 風月 풍월 맑은 바람과 밝은 달에 대하여 시를 짓고 즐겁게 놂

= 吟風弄月 음풍농월, 吟風咏月 음풍영월

▷ 高堂 고당 남의 부모의 높임말. 남을 높여 그의 집을 이르는 말

當機立斷 당기입단 마땅 당 | 틀·기계 기 | 설 립 | 끊을 단

중요한 시기(時機)를 만났을 때 조금도 망설임 없이 바로 그 자리에서 결단(決斷)을 내린다는 말

* 出典: 春秋左氏傳(춘추좌씨전)

▷ 機會 기회 어떤 일을 하기에 알맞은 시기나 경우

黨同伐異 당동벌이 무리 당 | 같을 동 | 칠 벌 | 다를 이

일의 옳고 그름은 따져보지도 않고 뜻이 같으면 한패가 되고 그렇지 않으면 공격(攻擊)함

『유의어』 同黨伐異 동당벌이, 黨利黨略 당리당략, 黨閥 당벌

▷ 不問曲直 불문곡직 옳고 그름을 따지지 않음

▷ 是非曲直 시비곡직 옳고 그르고 굽고 곧음 = 是非善惡 시비선악

▷ 黨利黨略 당리당략 정당의 이익(利益)이나 정당의 계략(計略)

* 出典: 後漢書(후한서) 黨同傳(당동전)

螳螂拒轍 당랑거철 사마귀 당·랑 | 막을 거 | 수레바퀴(자국) 철

사마귀가 자기 앞으로 다가오는 수레에 맞서서 대항(對抗)한다는 뜻, 제 분수를 모르고 강자에게 반항(反抗)하는 무모(無謀)한 행동거지(行動擧止)

장자(莊子)에 나오는 말로, 옛날 중국 제나라의 장공(莊公)이 사냥을 나가는데 사마귀가 피하지 않고 수레바퀴를 멈추려는 듯 앞발을 들어 덤볐다는 고사에서 유래

『유의어』 以卵擊石 이란격석, 以卵投石 이란투석, 不自量力 부자양력
　　　　螳螂之斧 당랑지부, 螳臂當車 당비당거, 螳螂力 당랑력

* 出典: 莊子(장자) 人間世篇(인간세편)

螳螂窺蟬 당랑규선 사마귀 당·랑 | 엿볼 규 | 매미 선

사마귀가 매미를 잡으려고 기회를 엿보고 있다는 뜻, 눈앞의 이익에만 사로잡혀 바로 자기 뒤에 닥친 위험을 깨닫지 못하는 상태를 비유하는 말

사마귀가 매미를 덮치려고 기회를 엿보는 데에만 정신이 팔려, 참새가 뒤에서 자기를 노리고 있는 것을 몰랐다는 고사에서 유래

『유의어』 螳螂捕蟬 黃雀在後 당랑포선 황작재후 (에서 유래)
　　　　螳螂在後 당랑재후, 螳螂搏蟬 당랑박선

▷ **蟬脫 선탈**　매미가 허물을 벗는다는 뜻으로
　　　　　　낡은 인습(因習)이나 속박(束縛)에서 벗어남을 이르는 말

* 出典: 後漢書(후한서)

當壚 당로　당할·마땅 당 | 주막·검은흙 로(노)
술독을 맡았다는 뜻, 선술집의 술청에 앉아 술을 팖을 비유하는 말

전한(前漢)의 사마상여(司馬相如)가 자기의 처 탁문군(卓文君)을 술독을 둔 곳에 앉혀놓고
술을 팔게 하였다는 고사에서 유래

▷ **壚頭 노두**　주막(酒幕), 술집

▷ **木壚 목로**　선술집에서, 널빤지로 좁고 기다랗게 만든 상

當意卽妙 당의즉묘　마땅 당 | 뜻 의 | 곧 즉 | 묘할 묘
1. 그 자리에서 잘 적응(適應)하고 재치(才致)있게 행동함
2. 임기응변(臨機應變)으로 경우에 맞게 말을 잘 골라 표현함

▷ **臨機應變 임기응변**　그때그때 처한 형편에 맞추어 그 자리에서 결정하거나 처리함

▷ **奧妙 오묘**　심오하고 미묘함

▷ **當然之事 당연지사**　일의 앞뒤 사정을 놓고 판단할 때에
　　　　　　　　　　마땅히 그렇게 하여야 하거나 되리라고 여겨지는 일

大喝一聲 대갈일성　큰 대 | 꾸짖을 갈 | 하나 일 | 소리 성
크게 외쳐 꾸짖는 한마디의 소리 = 大聲一喝 대성일갈

▷ **恐喝 공갈**　윽박지르며 을러댐 / **喝取 갈취**　위협(威脅)해서 억지로 빼앗음

* 出典: 水滸傳(수호전)

大驚失色 대경실색　큰 대 | 놀랄 경 | 잃을 실 | 빛 색
크게 놀라 얼굴빛이 하얗게 질리는 것을 말함

[유의어] 大驚失性 대경실성, 魂飛魄散 혼비백산, 落膽喪魂 낙담상혼
茫然自失 망연자실　너무 놀라서 멍하니 정신이 나간 듯함
啞然失色 아연실색　너무 놀라서 말문이 막히고 얼굴빛이 변함

大巧若拙 대교약졸　큰 대 | 공교할 교 | (마치 ~와)같을 약 | 못할·졸할 졸
큰 기교(技巧)는 마치 졸렬(拙劣)한 것과 같다는 뜻, 아주 교묘(巧妙)한 재주를 가진 사람은

그 재주를 자랑하지 아니하므로 언뜻 보기에는 서툴러 보인다는 말

『유의어』 大智如愚 대지여우, 大智若愚 대지약우

▷ 大公無私 대공무사 매우 공평하여 사사로운 정에 얽매이지 않고
객관적인 입장에서 공평하게 일을 처리하는 것을 가리킴

* 出典: 老子(노자)

大器晚成 대기만성 큰 대 ㅣ 그릇 기 ㅣ 늦을 만 ㅣ 이룰 성

큰 그릇을 만드는 데에는 오랜 시간이 걸린다는 뜻, 크게 될 인물은 오랜 공적(功績)을 쌓아 늦게
이루어짐을 비유하는 말

『유의어』 大器難成 대기난성 큰 그릇을 만들기는 어렵다는 뜻

▷ 什器 집기 집 안이나 사무실에서 쓰는 온갖 기구 = 什物 집물

* 出典: 老子(노자) 41章(장) / 三國志(삼국지) 魏書(위서) 崔琰傳(최염전)

大膽無雙 대담무쌍 큰 대 ㅣ 담력 담 ㅣ 없을 무 ㅣ 쌍 쌍

담력(膽力)이 어디에 비할 데가 없이 크다는 뜻, 담력이 강하여 두려움이 없는 경우에 쓰는 말

『유의어』 膽大於身 담대어신, 膽如斗大 담여두대, 勇猛無雙 용맹무쌍

代代孫孫 대대손손 대신할 대 ㅣ 자손·손자 손

대대로 이어져 내려오는 자손(子孫)

『유의어』 子子孫孫 자자손손, 世世孫孫 세세손손, 子孫萬代 자손만대

雲仍 운잉 운손[雲孫: 구름 같이 많은 자손]과 잉손[仍孫: 거듭되어 많은 자손].
먼 후손(後孫)을 이르는 말

▷ 奕世 혁세 거듭된 여러 대 = 代代 대대

大道廢焉有仁義 대도폐언유인의

큰 대 ㅣ 길 도 ㅣ 폐할 폐 ㅣ 어찌 언 ㅣ 있을 유 ㅣ 어질 인 ㅣ 옳을 의

큰 도(道家) 무너지자 인의(仁義)가 있다는 뜻, 사람이 인위적(人爲的)인 도덕(道德)과
윤리(倫理)에 얽매이면서부터 참된 진리(眞理)를 잊었다는 말

▷ 大道 대도 자연의 원리(原理) 또는 자연의 이치(理致)

▷ 焉 어찌 언 安 어찌 안 何 어찌 하

* 出典: 老子(노자) 18장

大同團結 대동단결　큰 대 | 같을 동 | 덩어리 단 | 맺을 결

서로 다른 당파(黨派)나 여러 집단들이 같은 목적을 이루기 위해 작은 차이(差異)를 버리고 뜻을 같이하여 크게 한 덩어리로 뭉침

유의어 一致團結 일치단결

　　　　一心同體 일심동체　한마음 한 몸. 곧 서로 굳게 결합함

　　　　衆心成城 중심성성　뭇사람의 마음이 일치하면 성벽같이 굳어짐을 비유하는 말

▷　大同小異 대동소이　크게 보면 별 차이(差異)없이 서로 비슷비슷하다는 말

大同世界 대동세계　큰 대 | 같을 동 | 인간·세상 세 | 지경·경계 계

유가(儒家)에서 말하는 이상세계(理想世界)

유의어 小國寡民 소국과민, 武陵桃源 무릉도원, 壺中天地 호중천지

　　　　別世界 별세계, 別天地 별천지, 別乾坤 별건곤, 壺中天 호중천

▷　大明天地 대명천지　환하게 아주 밝은 세상

* 出典: 禮記(예기) 禮運篇(예운편)

戴盆望天 대분망천　머리일 대 | 동이 분 | 바랄 망 | 하늘 천

동이(= 항아리)를 머리에 이고 하늘을 보려한다는 뜻, 즉 두 가지 일을 동시(同時)에 병행(並行)할 수 없다는 말

▷　推戴 추대　윗사람으로 떠받듦

▷　委囑 위촉　일을 맡겨 부탁(付託)함 ↔ 解囑 해촉　위촉한 자리에서 물러나게 함

▷　盆栽 분재　화초나 나무 등을 화분(花盆)에 심어 가꿈

* 出典: 漢書(한서)

大聲痛哭 대성통곡　큰 대 | 소리 성 | 아플 통 | 울·곡할 곡

큰소리로 몹시 슬프게 곡(哭)을 함

유의어 放聲大哭 방성대곡

▷　痛哭 통곡　소리를 높여 슬피 욺 = 慟哭 통곡

大乘佛敎 대승불교　큰 대 | 탈 승 | 부처 불 | 가르칠 교

많은 사람을 구제(救濟)하여 태우는 큰 수레. 일체(一切)의 중생을 제도(濟度)하려는 진보적인 민중(民衆)불교로 삼론종·법상종·화엄종·천태종·진언종·율종·선종 등이 있다

『반의어』 小乘佛敎 소승불교 수행(修行)을 통한 개인의 해탈(解脫)을 가르치는 교법

對岸之火 대안지화 대할 대 | 언덕·기슭 안 | 어조사 지 | 불 화
강 건너 불, 어떤 일이 자기와는 아무런 관계(關係)도 없다는 듯이 관심(關心)이 없음을 이르는 말

『유의어』 袖手傍觀 수수방관 팔짱을 끼고 보고만 있다는 뜻으로 간섭(干涉)하거나
　　　　　　　　　　　　　거들지 않고 그대로 버려둠을 이르는 말.

　　　　置之度外 치지도외 내버려 두고 문제(問題)로 삼지 않음

　　　　吾不關焉 오불관언 나는 상관(相關)하지 않음. 또는 그러한 태도(態度)

　　　　度外視 도외시 가외의 것으로 봄. 안중(眼中)에 두지 않고 무시(無視)함

▷ 彼岸 피안 이승의 번뇌를 해탈하여 열반의 세계에 도달하는 일 = 到彼岸 도피안

大言壯語 대언장어 큰 대 | 말씀 언 | 씩씩할·장할 장 | 말씀 어
제 분수(分數)에 맞지 않는 말을 허세(虛勢)부리며 지껄임

『유의어』 大言壯談 대언장담, 豪言壯談 호언장담 분수에 맞지 않는 말을 희떱게 지껄임

　　　　虛張聲勢 허장성세 실속은 없으면서 허세(虛勢)만 떠벌림

　　　　號曰百萬 호왈백만 실상은 얼마 되지 않는 것을 많다고 과장(誇張)함

大逆無道 대역무도 큰 대 | 거스를·배반할 역 | 없을 무 | 길 도
사람의 도리(道理)를 거스르는 행위(行爲). 예전에는 주로 임금에 대한 배반(背叛)과 부모에 대한
패륜(悖倫)을 뜻했음 = 大逆不道 대역부도

▷ 沙中偶語 사중우어 신하가 몰래 모반(謀反)을 꾸밈 = 逆謀 역모

▷ 逆睹 역도 앞일을 미리 내다봄 = 先見 선견, 豫見 예견

* 出典: 漢書(한서)

對牛彈琴 대우탄금 대할 대 | 소 우 | 탄알 탄 | 거문고 금
소귀에 거문고 소리를 들려준다는 뜻, 어리석은 사람에게 깊은 이치(理致)를 알려주어도
소용(所用)이 없음을 이르는 말. 쓸데없는 짓

『유의어』 牛耳讀經 우이독경, 牛耳誦經 우이송경

　　　　　如風過耳 여풍과이, 馬耳東風 마이동풍, 牛前彈琴 우전탄금

▷ 對峙 대치 서로 맞서서 버팀

▷ 彈劾 탄핵 고위 공직자 등의 위법에 대하여 국회의 소추에 따라
　　　　　　　헌법 재판소의 심판으로 해임하거나 처벌하는 일

* 出典: 南朝(남조) 梁(양)나라 僧祐(승우)의 弘明集(홍명집)

大義滅親 대의멸친 큰 대 | 옳을 의 | 멸할·없앨 멸 | 친할 친

대의(大義)를 위해서는 친족(親族)도 멸(滅)한다는 뜻, 국가나 사회의 대의(大義)를 위해서는 부모나
형제의 사사로운 정(情)을 돌보지 않는다는 말

유의어 滅私奉公 멸사봉공, 奉公滅私 봉공멸사
　　　개인의 욕심(慾心)을 버리고 공공의 이익(利益)을 위하여 힘씀

* 出典: 春秋左氏傳(춘추좌씨전) 隱公(은공) 34年條(년조)

大義名分 대의명분 큰 대 | 옳을 의 | 명성·이름 명 | 나눌 분

1. 사람으로서 마땅히 지키고 행해야할 도리(道理)나 본분(本分)
2. 떳떳한 명목(名目)으로 어떤 일을 꾀하는 데 내세우는 합당한 구실(口實)이나 이유(理由)

▷ 尊王攘夷 존왕양이　임금을 숭상(崇尙)하고 오랑캐를 물리침

代人捉刀 대인착도 대신할 대 | 사람 인 | 잡을 착 | 칼 도

다른 사람을 대신하여 검을 잡았다는 뜻, 남을 대신하여 일을 하거나 역할을 바꾸어 일을 행함

흉노(匈奴)의 사신(使臣)이 위(威)나라 무제(武帝 = 曹操[조조])를 만나러 왔을 때
위나라의 무제는 대신(大臣)으로 하여금 흉노의 사신을 접견(接見)하게 하고 자신은 칼을 잡고
시위(侍衛)처럼 서 있었다는 고사에서 유래

* 出典: 世說新語(세설신어) 容止篇(용지편)

待人春風 대인춘풍 기다릴·대접할 대 | 사람 인 | 봄 춘 | 바람 풍

남을 대할 때에는 봄바람과 같이 부드럽고 상냥하게 대한다는 말

유의어 四面春風 사면춘풍, 四時春風 사시춘풍, 두루춘풍

▷ 持己秋霜 지기추상　자기 스스로는 가을 서릿발처럼 엄정하게 처신(處身)함

* 出典: 菜根譚(채근담)

大人虎變 대인호변 큰 대 | 사람 인 | 범·호랑이 호 | 변할 변

대인(大人)은 호랑이처럼 변한다는 뜻, 호랑이 털이 가을이 되면 그 무늬가 뚜렷해지듯이
훌륭한 사람은 변혁의 시기에 스스로를 새롭게 하여 큰 변화(變化)를 이룰 수 있음을 비유하는 말

반의어 小人革面 소인혁면　소인은 변혁의 시기에 낯빛을 바꾸기에 급급하다는 말

유의어 君子豹變 군자표변　군자는 가을이 되면 표범의 털가죽이 아름답게 변하듯, 자기
　　　　　　　　　　　　　자신의 잘못을 알게 되면 즉시 고쳐 선(善)으로 향한다는 말

* 出典: 易經(역경)

大慈大悲 대자대비 큰 대 | 사랑할 자 | 슬플 비

넓고 커서 끝이 없는 부처와 보살의 자비(慈悲)라는 뜻, 관세음보살이 중생(衆生)을 사랑하고 긍휼(矜恤)히 여기는 마음을 비유

『유의어』 慈悲 자비, 大慈悲 대자비, 大慈悲心 대자비심

▷ 慈堂 자당 남의 어머니의 존칭 = 大夫人 대부인, 萱堂 훤당, 北堂 북당

大材小用 대재소용 큰 대 | 재목 재 | 작을 소 | 쓸·부릴 용

큰 재목이 작게 쓰이고 있다는 뜻
1. 제 능력을 모두 발휘(發揮)할 수 있는 조건(條件)이 안 됨
2. 역설(逆說)적으로 큰 재목은 큰일에 쓰여야 한다는 말

『유의어』 使驥捕鼠 사기포서, 驥服鹽車 기복염거, 牛鼎烹鷄 우정팽계

伯樂一顧 백락일고, 牛驥同皁 우기동조 소와 천리마를 한우리에 넣음

割鷄焉用牛刀 할계언용우도, 牛刀割鷄 우도할계
닭을 잡는데 어찌 소 잡는 칼을 쓰겠는가? 소 잡는 칼로 닭을 잡음

* 出典: 南宋(남송)때 陸游(육유)의 詩(시)

對症下藥 대증하약 대할 대 | 증세 증 | 아래 하 | 약 약

증세(症勢)에 맞게 약(藥)을 써야한다는 뜻, 문제의 핵심(核心)을 바로 보고 대처(對處)해야 한다는 말 [화타(華佗)가 증상이 똑같은 두 사람에게 각기 다른 처방을 한 고사에서 유래]

『유의어』 對症治療 대증치료

▷ 療飢 요기 시장기를 겨우 면할 정도로 조금 먹음

▷ 對蹠 대척 어떤 사물이나 현상을 비교해 볼 때 서로 정반대가 됨

▷ 俞扁之術 유편지술 유부(俞蚹)와 편작(扁鵲)의 술법. 이름난 의사의 훌륭한 치료법

* 出典: 三國志(삼국지) 魏書(위서) 華佗傳(화타전)

大智如愚 대지여우 큰 대 | 지혜 지 | 같을 여 | 어리석을 우

큰 지혜(智慧)를 가지고 있는 사람은 공명정대(公明正大)하여 잔재주를 부리지 않으므로 언뜻 보기에는 어리석어 보인다는 말

『유의어』 大巧若拙 대교약졸, 大智若愚 대지약우

▷ 智慧 지혜 사물의 도리나 이치를 잘 분별(分別)하는 정신능력. 슬기

▷ 愚昧 우매 어리석고 사리에 어두움 = 愚鈍 우둔

* 出典: 蘇軾(소식)의 詩句(시구)

戴天之讎 대천지수 머리일 대 | 하늘 천 | 어조사 지 | 원수 수

같은 하늘아래 함께 살 수 없는 원수(怨讎)

『유의어』 不俱戴天 불구대천, 不俱戴天之讎 불구대천지수

不共戴天 불공대천, 不共戴天之讎 불공대천지수

罔赦之罪 망사지죄 용서할 수 없는 큰 죄

勿揀赦前 물간사전 용서(容恕)받지 못할 큰 죄

▷ 戴冠式 대관식 제왕(帝王)이 왕관(王冠)을 쓰고 왕위에 올랐음을 널리 알리는 의식

* 出典: 禮記(예기) 曲禮篇(곡례편)

大廈棟梁 대하동량 큰 대 | 큰집 하 | 용마루·마룻대 동 | 들보 량

큰집을 지을 때 쓰는 기둥과 대들보, 국가의 중요한 임무(任務)를 맡을 뛰어난 인재를 비유

『유의어』 棟樑之臣 동량지신, 棟梁之材 동량지재, 棟梁之器 동량지기

棟梁 동량, 廊廟之器 낭묘지기, 將相之器 장상지기, 干城之材 간성지재

▷ 桴棟 부동 기둥, 마룻대와 용마루, 사물의 중심축

* 出典: 淮南子(회남자)

大寒索裘 대한색구 큰 대 | 찰 한 | 찾을 색 | 갖옷 구

혹한(酷寒)이 다가오자 갖옷[裘= 가죽옷]을 구한다는 뜻, 사전에 미리 대비하지 못하고 일이
닥친 뒤에 허둥거린다는 말

『유의어』 渴而穿井 갈이천정, 亡羊補牢 망양보뢰, 亡牛補牢 망우보뢰

安居危思 안거위사, 羅雀掘鼠 나작굴서, 有備無患 유비무환

* 出典: 揚子法言(양자법언)

大海一粟 대해일속 큰 대 | 바다 해 | 하나 일 | 조 속

넓고 넓은 바다에 떨어뜨린 좁쌀 한 톨, 매우 작음 또는 보잘것없는 존재(存在)를 비유

『유의어』 蒼海一粟 창해일속, 滄海一滴 창해일적, 九牛一毛 구우일모

大海一滴 대해일적 넓은 바다에 떨어뜨린 물 한 방울. 너무 미미함

* 出典: 蘇軾(소식) 前赤壁賦(전적벽부)

德無常師 덕무상사 덕·큰 덕 | 없을 무 | 항상 상 | 스승 사

덕(德)을 닦는 데는 일정한 스승이 없다는 뜻, 마주치는 사람과 환경(環境) 등 모든 것이 수행에 도움이 됨을 비유하는 말. 즉 세상의 모든 것이 나의 스승이 될 수 있다는 가르침

- ▷ **德** 덕 인간으로서의 도리를 행하려는 어질고 올바른 마음이나 훌륭한 인격
- ▷ **師表** 사표 학식·덕행이 높아 남의 모범(模範)이 될 만한 사람
- ▷ **積德之家必有餘慶** 적덕지가필유여경 덕을 쌓는 집에 반드시 경사가 따른다
- ▷ **積惡之家必有餘殃** 적악지가필유여앙 악을 쌓는 집에 반드시 재앙이 따른다

* 出典: 書經(서경)

德本財末 덕본재말 덕·큰 덕 | 근본 본 | 재물 재 | 끝·지엽(枝葉) 말

사람이 삶을 살아가는데 있어서 덕(德)이 근본(根本)이고 재물(財物)은 사소(些少)한 것이라는 말

『유의어』 **德者本也 財者末也** 덕자본야 재자말야 (에서 유래)

* 돈 버는 방법...

1. **先愼乎德** 선신호덕 돈 벌기에 앞서 사람들에게 덕을 베풀어라
2. **有德此有人** 유덕차유인 덕을 베풀다보면 어느새 사람들이 모여들기 마련이며
3. **有人此有土** 유인차유토 사람들이 모여들면 어떤 영역(領域)이 만들어질 것이며
4. **有土此有財** 유토차유재 영역이 만들어지면 돈은 저절로 들어오게 되어있다

* 出典: 大學(대학)

德輶如毛 덕유여모 덕·큰 덕 | 가벼울(가벼운 수레) 유 | 같을 여 | 털·터럭 모

덕은 깃털처럼 가볍다는 뜻, 도덕(道德)을 실천(實踐)하는 것은 가벼운 깃털을 드는 것처럼 용이(容易)한 일이라는 말

- ▷ **福輕乎羽** 복경호우 복은 새의 깃털보다도 가볍다.
  복이라는 것은 자기가 어떻게 마음먹느냐에 달렸다는 말
- ▷ **一切唯心造** 일체유심조 세상사 모든 것이 오로지 마음먹기에 달렸다는 말

* 出典: 詩經(시경)

德必有隣 덕필유린 덕·큰 덕 | 반드시 필 | 있을 유 | 이웃 린

덕이 있으면 반드시 같이하는 사람과 따르는 사람이 있어 외롭지 않다는 말

『유의어』 **德不孤** 덕불고, **德不孤必有隣** 덕불고필유린 (에서 유래)

- ▷ **近隣** 근린 가까운 곳 또는 가까운 이웃

▷ 隣提 인제 금실 좋은 부부 = 鴛鴦 원앙

* 出典: 論語(논어) 里仁篇(이인편)

陶犬瓦鷄 도견와계 질그릇 도 | 개 견 | 기와 와 | 닭 계

흙으로 구워 만든 개와 기와로 만든 닭, 겉모습만 그럴듯하고 아무 쓸모가 없는 사람의 비유

유의어 枯木朽株 고목후주, 冢中枯骨 총중고골, 樗櫟散木 저력산목

酒袋飯囊 주대반낭, 飯囊酒袋 반낭주대, 行尸走肉 행시주육

鼠肝蟲臂 서간충비 쥐의 간과 벌레의 발. 쓸모없고 하찮은 사람이나 물건을 비유

樗櫟之材 저력지재 참나무와 가죽나무 재목이라는 뜻

▷ 陶鈞 도균 질그릇을 만드는 물레. 임금이 천하(天下)를 경영(經營)함을 비유

* 出典: 金樓子(금루자)

韜光養晦 도광양회 감출 도 | 빛 광 | 기를 양 | 그믐·어둠 회

자신의 재능(才能)이나 학식(學識)을 드러내지 않고 참고 기다린다는 뜻, 1980년대 중국의
대외정책을 일컫는 용어

빛을 감추고 밖에 비치지 않도록 한 뒤, 어둠속에서 은밀(隱密)히 힘을 기른다는 뜻으로
약자가 모욕(侮辱)을 참고 견디면서 힘을 키울 때 인용(引用)하는 말

유의어 韜晦 도회, 遵養時晦 준양시회

櫝玉 독옥 궤에 갈무리한 아름다운 옥. 감추어 둔 재능을 비유하는 말

卷懷 권회 말아서 품에 넣는다는 뜻. 자신의 재능을 숨기고 드러내지 않음

▷ 有所作爲 유소작위 문제(= 일)가 생기면 적극적으로 개입(介入)하여 하고 싶은 대로
한다는 뜻. 2002년 이후 중국의 대외정책

▷ 主動作爲 주동작위 제 할일을 주도적으로 한다(시진핑)

圖窮匕見 도궁비현 꾀할·그림 도 | 다할·궁할 궁 | 비수 비 | 나타날 현

일이 탄로(綻露)나고 음모(陰謀)가 발각(發覺)됨을 뜻함

진(秦)나라의 왕(王), 정[政: 훗날 진시황]을 암살(暗殺)할 계획을 꾸미던 형가(荊軻)라는
자객(刺客)이 진왕(秦王)에게 지도를 선물(膳物)했는데, 진왕이 그 지도(地圖)를 풀어볼 때
지도안에 암살하려고 감추었던 비수(匕首)가 실수로 떨어져 실패(失敗)했다는 고사에서 유래

유의어 圖窮匕首見 도궁비수현, 馬脚露出 마각노출, 綻露 탄로

* 出典: 史記(사기) 刺客列傳(자객열전)

圖南 도남 꾀할·그림 도 | 남녘 남

붕(鵬)새가 북해(北海)에서 남해(南海)를 향해 날개를 펴고 날아가려고 기도(企圖)한다는 뜻
웅대(雄大)한 일을 계획(計劃)하고 있음을 비유적으로 이르는 말. 큰일을 기획함

[붕새: 상상의 큰 새로 날개 길이만 3천 리에, 한 번 날개 짓에 9만 리를 난다고 함]

【유의어】 鵬翼 붕익 붕새의 날개. 앞으로 할 큰 사업이나 계획을 비유하는 말

▷ 鵬程萬里 붕정만리 앞길이 매우 멀고도 넒 또는 전도가 양양한 장래를 비유한 말

跳梁跋扈 도량발호 뛸 도 | 들보 량 | 밟을 발 | 뒤따를 호

나쁜 무리들이 권세(權勢)나 세력(勢力)을 제멋대로 휘두르며 함부로 날뜀을 비유하는 말

【유의어】 飛揚跋扈 비양발호, 跋扈 발호, 橫行闊步 횡행활보

▷ 跳躍 도약 뛰어오름, 급격(急擊)한 진보·발전의 단계(段階)로 접어듦

徒勞無功 도로무공 헛될·무리 도 | 일할·힘쓸 로 | 없을 무 | 공 공

헛되이 애만 쓰고 공을 들인 보람이 없음을 비유하는 말. 즉 헛된 수고를 함

【유의어】 徒勞 도로, 徒勞無益 도로무익, 勞而無功 노이무공
善供無德 선공무덕 부처에게 공양(供養)을 잘하여도 공덕(功德)이 없다는 뜻

▷ 徒跣 도선 맨발

屠龍之技 도룡지기 죽일·잡을 도 | 용 룡 | 어조사 지 | 재주 기

용(龍)을 잡는 기술(技術). 즉 기술은 높으나 쓸데없는 재주를 비유하는 말
1. 용은 이 세상에 없는 동물이므로 쓸모없는 기술(技術)의 비유
2. 자기의 재주를 낮잡아 얘기하는 겸손(謙遜)한 표현 또는 어리석은 재주

전국시대 주평만(朱泙漫)이라는 자가 지리익(支離益)이라는 자에게서 용을 죽이는 방법을
배우느라 천금이나 되는 가산을 탕진(蕩盡)해가며 3년 만에 그 기술을 전수(傳受) 받았지만,
정작 그 재주를 쓸데가 없었다는 고사에서 유래

▷ 屠戮 도륙 사람이나 짐승을 무참(無慘)하게 마구 죽임 = 屠殺 도살, 殺戮 살육

* 出典: 莊子(장자) 列禦寇篇(열어구편)

桃李成蹊 도리성혜 복숭아 도 | 자두 리 | 이룰 성 | 지름길 혜

도리[桃李: 복숭아와 자두]는 꽃이 곱고 열매가 맛이 좋아 오라고 하지 않아도 찾아오는 사람이
많아 그 나무아래는 길이 저절로 생긴다는 뜻, 덕이 있는 자는 말이 없이 잠자코 있어도 그
덕을 사모(思慕)하는 많은 사람들이 따르게 된다는 말

【유의어】 桃李不言下自成蹊 도리불언하자성혜 (에서 유래)

▷ 淵藪 연수　못과 숲. 못에 물고기가 모여들고 숲에 짐승과 새들이 모여 드는 것과
　　　　　　　마찬가지로 많은 사물이나 사람이 모여 듦을 비유하는 말

* 出典: 史記(사기)

倒履相迎 도리상영　거꾸로·넘어질 도 | 신발 리 | 서로·얼굴·재상 상 | 맞이할 영
신발을 거꾸로 신고나가 손님을 맞이한다는 뜻, 반가운 마음에 허둥지둥 손님을 영접함의 비유

【유의어】 倒履迎之 도리영지, 倒履迎客 도리영객

▷ 迎接 영접　손님을 맞아서 접대(接待)함 ↔ 餞送 전송　전별(餞別)하여 보냄

▷ 倒壞 도괴　넘어지거나 무너짐[넘어뜨리거나 무너뜨림] = 倒潰 도궤

▷ 顚倒 전도　위치·차례가 뒤바뀌어 거꾸로 됨. 엎어져서 넘어짐

* 出典: 漢書(한서)

道謨是用 도모시용　길 도 | 꾀(할) 모 | 옳을 시 | 쓸·행할 용
집을 짓는데 길가는 사람에게 의견을 물으면 생각이 모두 달라 집을 지을 수 없다는 뜻
주관(主觀)없이 남의 의견만 좇는 사람은 성공(成功)할 수 없음을 이르는 말

【유의어】 作舍道傍 작사도방, 作舍道傍三年不成 작사도방삼년불성
　　　　　　길가에 집짓기라는 뜻, 이론(異論)이 많아 얼른 결정 짓지 못함을 이르는 말

▷ 謨士 모사　책략(策略)을 잘 쓰는 사람. 계책에 능한 사람 = 策士 책사

* 出典: 詩經(시경)

屠門戒殺 도문계살　죽일·잡을 도 | 문 문 | 경계할 계 | 죽일 살
푸줏간에서 가축 죽이기를 꺼려한다는 뜻, 도저히 있을 수 없는 일을 비유함

【유의어】 屠門談佛 도문담불　푸줏간에서 불도(佛道)를 논함. 말도 안 됨. 있을 수 없음

▷ 屠門 도문　푸줏간, 정육점 = 屠肆 도사, 懸房 현방

▷ 白丁 백정　소·돼지 잡는 일을 업으로 삼는 사람

▷ 戒嚴 계엄　군사적인 필요나 사회 안녕(安寧)과 질서 유지(維持)를 위해 일정한 지역의
　　　　　　　행정권과 사법권의 전부나 일부를 군이 맡아 다스리는 일

* 出典: 旬五志(순오지)

道傍苦李 도방고리　길 도 | 곁 방 | 쓸 고 | 자두 리
길옆에 있는 맛이 쓴 자두열매라는 뜻, 사람들이 찾지 않음. 결국 버림받음

1. 남에게 버림받음을 비유하는 말
2. 사람들에게 버려진 것은 나름의 이유(理由)가 있다는 말

┌유의어┐ **狗飯橡實** 구반상실 개밥의 도토리. 한쪽으로 치워버림. 상대안함. 버림받음

▷ **仳離** 비리 여자가 남자에게 버림받음. 헤어져 흩어짐 = **離散** 이산 헤어져 흩어짐

* 出典: 晉書(진서) 王戎傳(왕융전)

道不拾遺 도불습유 길 도 | 아닐 불 | 주울 습 | 남을·후세에 전할 유

길거리에 떨어진 물건(物件)을 주워가지 않는다는 뜻
1. 형벌(刑罰)을 엄격(嚴格)하게 시행(施行)하면 나라가 잘 다스려진다는 말
2. 법이 엄히 시행(施行)되면 풍속(風俗)이 아름다워진다는 말

┌유의어┐ **塗不拾遺** 도불습유, **路不拾遺** 노불습유, **不拾遺** 불습유
　　　　　堯舜之節 요순지절, **堯舜時節** 요순시절, **太平聖代** 태평성대
　　　　　堯舜時代 요순시대 요와 순임금이 덕으로 천하를 다스리던 태평한 시대

┌반의어┐ **網漏吞舟** 망루탄주 법령(法令)이 관대(寬待)하면 큰 죄를 짓고도 빠져나감

▷ **收拾** 수습 흐트러진 물건을 거두어 정돈(整頓)함. 어수선한 사태를 거두어 바로잡음

* 出典: 孔子家語(공자가어) / 史記(사기)

徒費脣舌 도비순설 헛될·무리 도 | 쓸·소비할 비 | 입술 순 | 혀 설

헛되이 입술과 혀만 수고하게 했다는 뜻
1. 공연히 말만 많이 하고 아무런 보람이 없음의 비유
2. 부질없이, 보람 없는 말만 늘어놓는다는 말

▷ **徒費** 도비 보람 없이 헛되이 사용 = **徒消** 도소, **徒銷** 도소, **浪費** 낭비

▷ **徒勞** 도로 헛되이 수고함. 보람 없이 애씀

▷ **赭徒** 자도 붉은 옷을 입은 무리 즉 죄수(罪囚)

┌반의어┐ **去頭截尾** 거두절미 머리와 꼬리를 자름. 요점만 간단히 말함
　　　　　單刀直入 단도직입 혼자서 칼을 휘두르며 거침없이 적진으로 쳐들어간다는 뜻으로
　　　　　　　　　　여러 말을 늘어놓지 아니하고 요점을 바로 말함을 이르는 말

桃三李四 도삼이사 복숭아 도 | 석 삼 | 자두 이(리) | 넉 사

복숭아나무는 3년, 자두나무는 4년이 지나야 비로소 열매를 맺을 수 있다는 뜻, 무슨 일이든
이루어지는 데에는 그에 상응(相應)하는 시간(時間)이 필요하다는 말. 때를 기다리라는 말

▷ **蟠桃** 반도 삼천 년 만에 한 번씩 열매를 맺는다는, 선경(仙境)에 있다는 복숭아

陶冶 도야　질그릇·빚어만들·기뻐할 도 | 쇠 불릴·풀무 야

도기(陶器)를 빚어 만드는 일과 쇠[鐵: 철]를 주조(鑄造)하는 일이라는 뜻, 훌륭한 인격(人格)을 갖추려고 몸과 마음을 닦음. 즉 수양(修養)함을 비유하는 말

[유의어] 人格陶冶 인격도야　인격을 수양함

▷ 薰陶 훈도　덕으로 사람을 감화(感化)함

▷ 陶醉 도취　술이 얼근히 취함. 어떤 것에 마음이 끌려 홀린 듯이 빠져 듦

盜亦有道 도역유도　훔칠 도 | 또 역 | 있을 유 | 길 도

도둑에게도 또한 도둑 나름의 도(道)가 있다는 말

도척(盜跖)이 말하기를 어떤 집의 소장품을 추측하는 것은 성(聖), 남보다 먼저 들어가는 것은 용(勇), 맨 나중에 나오는 것은 의(義), 훔칠 것의 가부(可否)를 아는 것은 지(智), 훔친 물건의 공평한 분배(分配)는 인(仁)이라 했다고 말한 고사에서 유래

[유의어] 陋規 누규　악행의 규칙[나쁜 짓을 할 때에도 나름의 규칙이 있다는 말]

▷ 盜跖 도척　춘추시대 노(魯)나라의 큰 도둑. 악한(惡漢)의 대명사

▷ 跖蹻 척교　고대 중국에서, 대도(大盜)의 두 대명사(代名詞)인 노(魯)나라의 '도척(盜跖)'과 초(楚)나라의 '장교(莊蹻)'를 이르는 말

檮杌 도올　등걸·그루터기 도 | 가지 없는 나무·위태로울 올

1. 전설상의 악수[惡獸: 사나운 짐승]. 성질이 사나워 싸울 때 물러서는 법이 없음
2. 전설상의 흉악(凶惡)한 인물로 악인의 대명사. 가르쳐서 고칠 수도 없는 사람의 비유
3. 춘추시대 초나라의 역사책 이름

[악수(惡獸: 사나운 짐승)의 이름을 선택한 것은 악을 기록하여 훗날의 경계를 삼고자함]

형태(形態)는 인간의 얼굴에 커다란 호랑이의 몸 그리고 40센티미터의 긴 털로 덮여 있다. 멧돼지의 엄니에 꼬리만 무려 5미터나 된다. 전욱(顓頊)이라는 고대왕의 피를 이어받았으나, 흉포(凶暴)하여 악행만 일삼으며 죽을 때까지 싸우는 성격(性格)이다. 사람들의 충고(忠告) 나 의견(意見)을 전혀 듣지 않기 때문에 난훈[難訓: 가르칠 수 없음]이라는 별명(別名)을 가짐

▷ 杌樗 올저　앙상한 가죽나무. 재목(材木)이 못되고 장래성(將來性)이 없음을 비유하는 말

桃園結義 도원결의　복숭아 도 | 동산 원 | 맺을 결 | 옳을 의

복숭아나무가 무성한 정원(庭園)에서 형제의 결의(結義)를 맺는다는 뜻, 사사로운 욕심이나 야망(野望)을 앞세우지 않고 대의명분(大義名分)에 생사(生死)의 뜻을 같이하는 것을 말함

삼국지연의(三國志演義)에 나오는 말로, 중국 촉(蜀)나라의 유비(劉備)·관우(關羽)·장비(張飛)가 도원(桃園)에서 의형제를 맺었다는 고사에서 유래

[유의어] 結義兄弟 결의형제, 盟兄弟 맹형제

* 出典: 三國志演義(삼국지연의)

悼二將歌 도이장가 슬퍼할 도 | 둘 이 | 장수·장차 장 | 노래 가

두 장수(將帥)를 애도(哀悼)하는 노래라는 뜻, 고려 제16대 왕 예종(睿宗)이 지은 8구체 향가(鄕歌)로써 예종 15년(1120) 서경[西京: 평양] 팔관회(八關會)에서 고려의 개국공신인 신숭겸(申崇謙)과 김낙(金諾) 두 장수(將帥)의 공을 추도(追悼)하기 위하여 지음

▷ 哀悼 애도   사람의 죽음을 슬퍼함 = 哀戚 애척

▷ 軫悼 진도   임금이 슬퍼하여 애도함

▷ 軫念 진념   1. 임금이 마음을 써서 신하나 백성의 사정을 걱정하여 근심함
              2. 윗사람이 아랫사람의 사정을 걱정하여 헤아려 줌.

* 出典: 平山申氏(평산신씨) 高麗大師壯節公遺事(고려대사장절공유사)

刀折矢盡 도절시진 칼 도 | 꺾을 절 | 화살 시 | 다할·다될 진

칼은 부러지고 화살은 다 떨어졌다는 뜻, 칼과 화살을 다 써버려서 더 이상 싸워나갈 방도가 없음을 비유하는 말

【유의어】 氣盡脈盡 기진맥진   기운과 정력을 다 써서 힘이 없어짐

         氣盡力盡 기진역진, 勢窮力盡 세궁역진

         山窮水盡 산궁수진, 山盡水窮 산진수궁, 山盡海渴 산진해갈

▷ 矢服 시복   화살을 넣어두는 통. 돼지가죽으로 만들고 띠는 사슴가죽을 사용

* 出典: 後漢書(후한서)

陶朱猗頓 도주의돈 질그릇 도 | 붉을 주 | 불깐 개 의 | 조아릴 돈

도주(陶朱)와 의돈(猗頓)같이 큰 부자라는 뜻, 막대(莫大)한 재산이나 돈이 많은 부자를 비유
[도주(陶朱)는 춘추시대 월(越)나라의 범여(范蠡). 의돈(猗頓)은 노국(魯國)의 부호(富豪)]

【유의어】 陶朱之富 도주지부, 猗頓之富 의돈지부, 陶猗 도의

         陶朱猗頓之富 도주의돈지부, 甲富 갑부, 首富 수부

▷ 財閥 재벌   재계(財界)에서, 여러 개의 기업을 소유(所有)하며 강력한 재력과
             거대한 자본(資本)을 가지고 있는 자본가·기업가의 무리

* 出典: 史記(사기) 殖貨列傳(식화열전)

盜憎主人 도증주인 훔칠·도둑 도 | 미워할 증 | 주인 주 | 사람 인

도둑은 주인을 미워한다는 뜻, 도둑은 주인이 있으면 도둑질을 할 수 없기 때문에 그 주인을 미워한다는 말

1. 사람은 자기와 반대 입장(立場)에 있는 사람을 미워한다는 말
2. 사람은 자기 형편(形便)에 맞지 않으면 이를 싫어한다는 말

▷ **憎惡** 증오 몹시 미워함 / **嫌惡** 혐오 싫어하고 미워함

▷ **愛憎** 애증 사랑과 미움

* 出典: 春秋左氏傳(춘추좌씨전)

到處春風 도처춘풍 이를 도 | 곳 처 | 봄 춘 | 바람 풍

이르는 곳마다 봄바람처럼 부드럽다는 뜻
1. 좋은 얼굴로 남을 대하여 사람들에게 호감을 사려고 처신(處身)하는 사람
2. 가는 곳마다 일이 순조(順調)롭거나 기분 좋은 일이 있다는 말

[유의어]　四面春風 사면춘풍, 四時春風 사시춘풍

無骨好人 무골호인 줏대가 없이 두루뭉술하고 순하여 남의 비위를 잘 맞추는 사람

▷ **到記** 도기 1. 모임에 모인 사람의 이름을 적어 놓던 장부
　　　　　　　2. 성균관 유생의 출석을 보기 위하여 식당에 드나든 횟수를 적던 책

道聽塗說 도청도설 길 도 | 들을 청 | 길·칠할 도 | 말씀 설

길에서 듣고 그 길에서 말한다는 뜻. 또는 길거리에 떠도는 뜬소문(所聞)

[길거리에서 들은 이야기를 깊이 생각하지 않고 그 길에서 다른 사람에게 아는 체하며 말함]

[유의어]　街談巷說 가담항설, 街談巷語 가담항어, 街談巷議 가담항의

街說巷談 가설항담, 丘里之言 구리지언 근거(根據)가 없는 터무니없는 말

▷ **流言蜚語** 유언비어 아무 근거(根據)없이 널리 퍼진 소문. 뜬소문(所聞)

* 出典: 論語(논어) 陽貨篇(양화편)

倒置干戈 도치간과 거꾸로·넘어질 도 | 둘 치 | 방패 간 | 창 과

무기(武器)를 거꾸로 놓는다는 뜻, 전쟁이 끝나고 세상이 평화로워졌음을 비유하는 말

[유의어]　倒載干戈 도재간과, 弭兵 미병, 囊弓 고궁, 終戰 종전

歸馬放牛 귀마방우 전쟁에 썼던 말과 소를 놓아주거나 돌려보낸다는 뜻

賣劍買牛 매검매우, 賣劍買犢 매검매독 검을 팔아 송아지를 산다는 말

▷ **据置** 거치 그대로 둠. 채무(債務)의 상환(償還)을 일정기간 유예(猶豫)함

▷ **干戈** 간과 병장기(兵仗器)의 총칭. 무기(武器). 전쟁(戰爭)

▷ **顚倒** 전도 1. 엎어져서 넘어짐 2. 위치(位置)나 순서(順序)가 뒤바뀌어 거꾸로 됨

* 出典: 史記(사기)

塗炭之苦 도탄지고 진흙·칠할 도 | 숯 탄 | 어조사 지 | 괴로울·쓸 고

진구렁에 빠지고 숯불에 타는 괴로움이라는 뜻, 가혹(苛酷)한 정치(政治)로 말미암아
백성(百姓)이 심한 고통(苦痛)을 겪는 것을 비유하는 말

유의어
塗炭 도탄

割剝之政 할박지정　고을 원이 백성의 재물을 갈취(喝取)하는 나쁜 정사

苛斂誅求 가렴주구　세금을 혹독하게 거두고 재물을 강제로 빼앗음

苛政猛於虎 가정맹어호　세금을 혹독하게 거두는 것은 호랑이 보다 무서움

▷ 白骨徵布 백골징포　조선 말엽에, 죽은 사람의 이름을 군적(軍籍)과
　　　　　　　　　　 세금대장에 올려놓고 군포(軍布)를 징수(徵收)하던 일

▷ 黃口簽丁 황구첨정　조선 말엽에, 어린아이를 군적에 올려 군포를 징수하던 일

▷ 煉炭 연탄　석탄과 몇몇 재료(材料)를 섞어 굳혀서 만든 연료(燃料)

* 出典: 書經(서경) 仲虺之誥篇(중훼지고편)

到彼岸 도피안 이를 도 | 저·저사람 피 | 언덕·기슭 안

태어나고 죽는 현실의 괴로움에서 번뇌(煩惱)와 고통(苦痛)이 없는 경지인 피안으로 건넌다는
뜻으로 열반에 이르고자하는 보살(菩薩)의 온갖 수행(修行)을 비유하여 이르는 말

유의어
波羅蜜 바라밀, 波羅蜜多 바라밀다
　　　　현실(現實)의 생사(生死)의 차안(此岸)에서 열반의 피안(彼岸)으로 건넌다는 뜻

▷ 彼岸 피안　이승의 번뇌를 해탈(解脫)하여 열반의 세계에 도달하는 일 ↔ 此岸 차안

▷ 涅槃 열반　모든 번뇌에서 벗어난, 영원(永遠)한 진리(眞理)를 깨달은 경지 = 滅度 멸도

倒行逆施 도행역시 거꾸로·넘어질 도 | 다닐 행 | 거스를 역 | 베풀 시

거꾸로 행하고 거슬러서 시행(施行)한다는 뜻. 차례나 순서(順序)를 바꾸어서 행한다는 말
일을 함에 있어서 순리(順理)와 정도(正道)에서 벗어나 억지로 강행하는 폐해(弊害)를
지적(指摘)하는 말

▷ 罵倒 매도　심하게 욕하거나 꾸짖음

▷ 施惠 시혜　은혜를 베풂. 또는 그 은혜

▷ 倒葬 도장　거꾸로 장사(葬事)지냄. 즉 자손의 묘를 조상의 묘 윗자리에 쓰는 것을 말함

▷ 偸葬 투장　남의 산이나 묏자리에 몰래 자기 집안의 묘를 쓰는 일

* 出典: 史記(사기)

獨當一面 독당일면 홀로 독 | 마땅 당 | 하나 일 | 낯·겉 면

혼자서 한 부분이나 한 방면(方面)을 담당(擔當)한다는 뜻, 독자적(獨自的)으로 중요한 일을
책임(責任)질 만큼 한부분의 임무(任務)를 맡기에 충분(充分)한 재능(才能)이 있다는 말

* 出典: 漢書(한서) 張良傳(장량전)

獨立不羈 독립불기 홀로 독 | 설 립 | 아닐 불 | 굴레·고삐 기

1. 독립(獨立)하여 남에게 속박(束縛)되지 아니함
2. 남에게 구속(拘束)되거나 조종(操縱)되지 아니하고 자기 소신(所信)대로 일을 처리(處理)함

〖유의어〗　偶儻不羈 척당불기　뜻이 크고 기개가 있어 남에게 매이지 않음

▷　羈縻 기미　굴레와 고삐. 속박(束縛)하거나 견제(牽制)함을 비유하는 말 ＝ 羈絆 기반

* 출처: 표준국어대사전

獨不將軍 독불장군 홀로 독 | 아닐 불 | 장수 장 | 군사 군

혼자서는 장군(將軍)이 못 된다는 뜻, 무슨 일이든 자기 생각대로 혼자 처리하는 사람의 비유
즉 일을 할 때에는 남과 의논(議論)하고 협조(協助)해야 성취된다는 말

〖유의어〗　獨掌難鳴 독장난명, 孤掌難鳴 고장난명
　　　　　　　외손뼉만으로는 소리가 울리지 않는다는 뜻. 혼자서는 일을 이루기가 어려움
　　　　　　　맞서는 사람이 없으면 싸움이 일어나지 않는다는 뜻

讀書亡羊 독서망양 읽을 독 | 글 서 | 달아날·잃을 망 | 양 양

글을 읽는데 정신이 팔려서 들에서 먹이고 있던 양을 잃어버렸다는 뜻, 해야 될 일에는 뜻이
없고 다른 생각만 하다가 낭패(狼狽)를 본다는 말

* 出典: 莊子(장자) 外篇(외편) 騈拇篇(변무편)

讀書百遍義自見 독서백편의자현

읽을 독 | 글 서 | 일백 백 | 두루 편 | 뜻·옳을 의 | 스스로 자 | 나타날·뵈올 현 / 볼 견

뜻이 어려운 글귀도 자꾸 되풀이하여 읽으면 저절로 깨우친다는 뜻
1. 학문(學問)을 열심히 탐구(探究)하면 뜻한 바를 이룸
2. 무엇이든 끈기를 가지고 노력(努力)하면 목적(目的)하는 바를 이룸

▷　遍歷 편력　이곳저곳을 널리 돌아다님. 여러 가지 경험(經驗)을 함 ＝ 遍踏 편답

* 出典: 三國志(삼국지) 魏略(위략)

讀書三到 독서삼도 읽을 독 | 글 서 | 석 삼 | 이를 도

독서(讀書)를 하는 세 가지 방법. 정신(精神)을 하나로 가다듬고 반복(反復), 숙독(熟讀)하면 그
내용(內容)을 깨우칠 수 있다는 말. 즉 구도(口到), 안도(眼到), 심도(心到) ＝ 三到 삼도

1. 입으로 다른 말을 아니 하고 책만 읽는 구도(口到)
2. 눈으로 다른 것을 보지 않고 책만 보는 안도(眼到)
3. 읽거나 본 내용을 마음속에 깊이 새기는 심도(心到)

* 出典: 中國(중국) 宋(송나라) 朱熹(주희)

讀書三昧 독서삼매 읽을 독 | 글 서 | 석 삼 | 어두울·새벽 매

다른 생각은 하지 않고 오직 책 읽기에만 골몰(汨沒)함

▷ 三昧 삼매 잡념을 버리고 한 가지에만 마음을 집중시키는 경지 = 三昧境 삼매경

▷ 讀書三餘 독서삼여 독서하기에 알맞은 세 가지 여가(餘暇). 1. 겨울 2. 밤 3. 비 올 때

▷ 燈火可親 등화가친 서늘한 가을밤은 등불을 가까이하여 글 읽기에 좋다는 뜻

* 出典: 三國志(삼국지)

讀書尙友 독서상우 읽을 독 | 글 서 | 숭상할·오히려 상 | 벗 우

책을 읽음으로써 옛 현인(賢人)들과 벗이 될 수 있다는 말

▷ 開卷有益 개권유익 책을 펴서 읽으면 유익하다 = 開卷有得 개권유득

▷ 崇尙 숭상 높여 소중히 여김

* 出典: 孟子(맹자) 萬章下(만장하)

獨守空房 독수공방 홀로 독 | 지킬·정조 수 | 빌·없을 공 | 방 방

아내가 남편 없이 혼자 지냄. 즉 (밤에) 여자가 혼자서 빈 방을 지킴

『유의어』 獨宿空房 독숙공방

▷ 寡婦 과부 남편이 죽어서 혼자 사는 여자 = 寡守 과수. 未亡人 미망인

▷ 獨占 독점 개인이나 단체가 시장을 지배하고 이익을 독차지함 ↔ 均霑 균점

* 出典: 白居易(백거이) 上陽白髮人(상양백발인)

獨眼龍 독안룡 홀로 독 | 눈 안 | 용 룡

외눈박이[獨眼: 독안] 용(龍)이라는 뜻, 애꾸눈으로 용기가 출중(出衆)하고 덕이 높은 사람을 비유하여 말하는 말 [전쟁에서 한쪽 눈을 잃은 후당(後唐)의 태조(太祖) 이극용(李克用)을 말함]

▷ 蹲龍 준룡 웅크리고 앉아있는 용. 공자(孔子)의 이칭

▷ 眼中釘 안중정 눈엣가시[몹시 미워 항상 눈에 거슬리는 사람]

獨也靑靑 독야청청 홀로 독 | 어조사·또 야 | 푸를 청

겨울 산에 홀로 푸르게 서있는 커다란 소나무. 홀로 우뚝 서서 푸르고 푸르다는 뜻

1. 엄혹(嚴酷)한 시절 남들이 모두 절개(節槪)를 꺾는 상황에서도 홀로 굳세게 절개를 지키고
   있음을 비유적으로 이르는 말
2. 의지(意志)가 굳고 결연(決然)한 인물을 비유하는 말

▷ 靑史 청사 역사(歷史).[옛날, 푸른 대나무 껍질에 사실(史實)을 기록한 데서 유래]

* 參考: 成三問(성삼문: 死六臣[사육신])의 時調(시조)

獨掌難鳴 독장난명 홀로 독 | 손바닥 장 | 어려울 난 | 울·소리낼 명

외손뼉만으로는 소리가 울리지 않는다는 뜻

1. 혼자의 힘만으로 어떤 일을 이루기 어렵다는 말. 협조하라는 말
2. 상대 없이는 싸움이 일어나지 않음의 비유. 둘이 똑같다는 말

「유의어」 孤掌難鳴 고장난명

　　　　獨不將軍 독불장군 무슨 일이든 자기 생각대로 혼자 처리하는 사람

▷ 掌握 장악 손안에 잡아 쥔다는 뜻. 무엇을 마음대로 할 수 있게 됨

篤志家 독지가 도타울·신실할 독 | 뜻 지 | 지체·집·전문가 가

도탑고 친절(親切)한 마음을 가진 사람
자선(慈善)사업이나 사회사업에 물심양면(物心兩面)으로 참여(參與)하여 지원(支援)하는 사람

▷ 敦篤 돈독 도탑고[인정이나 사랑이 많고 깊다] 성실함

頓首百拜 돈수백배 조아릴 돈 | 머리 수 | 일백 백 | 절·감사할 배

머리가 땅에 닿도록 수도 없이 계속(繼續) 절을 함. 고마워함

[백배(百拜)는 백번 절한다는 것이 아니라 그만큼 많이 한다는 뜻]

「유의어」 叩頭謝恩 고두사은 머리가 땅에 닿도록 숙이고 받은 은혜를 고마워함

　　　　百拜謝禮 백배사례 거듭 절을 하며 고마움의 뜻을 나타냄

　　　　百拜致謝 백배치사, 百拜頓首 백배돈수

▷ 歲拜 세배 섣달그믐이나 정초에 웃어른께 인사로 하는 절 = 歲謁 세알

頓悟頓修 돈오돈수 조아릴 돈 | 깨달을 오 | 닦을 수

단박에 깨치고(悟: 오) 단박에 닦는다(修: 수)는 뜻, 즉 단박에 깨쳐서 구경각(究竟覺)에 이르러
더 이상 수행(修行)할 것이 없이 통달(通達)한 경지를 이르는 말

▷ 究竟覺 구경각 궁극적(窮極的)이고 완전한 지혜(智慧)를 얻는 경지

▷ **頓呼法 돈호법**　사람이나 사물의 이름을 불러 주의(注意)를 환기시키는 수사법(修辭法)

頓悟漸修 돈오점수　조아릴 돈 | 깨달을 오 | 점점·차차 점 | 닦을 수

불교에서 돈오(頓悟) 즉 문득 깨달음의 경지에 이르기 까지는 반드시 점진(漸進)적인
수행(修行)단계가 따른다는 뜻, 단박에 깨우쳤다 할지라도 아직 부족(不足)하기 때문에
지속(持續)적인 수행(修行)을 해야 한다는 말

▷ **豁然大悟 활연대오**　마음이 활짝 열리듯이 크게 깨달음을 얻는 일

▷ **査頓 사돈**　혼인한 두 집의 부모들·같은 항렬이 되는 사람끼리 서로 부르는 말

豚蹄一酒 돈제일주　돼지 돈 | 발굽 제 | 하나 일 | 술 주

돼지발굽과 술 한 잔이라는 뜻, 작은 성의를 베풀고 너무 큰 것을 얻으려고 할 때 빗대어 하는 말
즉 자기가 원하는 바를 얻기 위해서는 그에 상응(相應)하는 노력과 투자(投資)를 해야 한다는 말

▷ **仰天大笑 앙천대소**　하늘을 쳐다보고 크게 웃는다는 뜻으로 웃음이 터져
　　　　　　　　　　　　나오거나 어이가 없어서 크게 웃는다는 말

▷ **以鰕釣鯉 이하조리**　새우미끼로 잉어를 낚는다.
　　　　　　　　　　　　즉 적은 밑천으로 큰 이득을 얻는다는 비유의 말

▷ **口蹄疫 구제역**　소나 돼지 등의 동물이 잘 걸리는 바이러스성 전염병(傳染病)

＊ 出典: 史記(사기) 滑稽列傳(골계열전: 淳于髠[순우곤])

突不燃不生烟 돌불연불생연

굴뚝·갑자기 돌 | 아닐 불 | 불사를 연 | 아닐 불 | 날 생 | 연기 연

아니 땐 굴뚝에 연기 날까? '원인(原因)없이 결과(結果)없다'는 말로 어떤 소문이든지 반드시 그런
소문이 날만한 이유(理由)가 있다는 말

▷ **追突 추돌**　기차·자동차 등이 뒤에서 들이받음

▷ **衝突 충돌**　차·사물·의견·이해가 서로 정면으로 맞부딪침

＊ 出典: 靑莊館全書(청장관전서)

東家食西家宿 동가식서가숙　동녘 동 | 집 가 | 밥 식 | 서녘 서 | 잘 숙

동쪽 집에서 밥 먹고 서쪽 집에서 잠을 잔다는 뜻, 일정한 거처(居處)없이 떠돌아다니며
얻어먹고 지낸다는 말

「유의어」　門前乞食 문전걸식, 遊離乞食 유리걸식, 流離丐乞 유리개걸
　　　　　求乞 구걸, 沙鉢農事 사발농사, 佩瓢 패표　쪽박을 참. 구걸한다는 말
　　　　　浮萍轉蓬 부평전봉, 浮萍草 부평초, 東家宿西家食 동가숙서가식
　　　　　정처 없이 떠돌아다니며 얻어먹는 신세의 비유

東家之丘 동가지구　동녘 동 | 집 가 | 어조사 지 | 공자·언덕 구

이웃에 사는 유명(有名)한 사람을 미처 알아보지 못함을 비유하는 말

동쪽 이웃집에 사는 공자(孔子)를 어리석은 사람으로 잘못 알아보고
동가구[東家丘: 동쪽 집에 사는 구씨]라고 함부로 불렀다는 고사에서 유래

[공자의 이름은 丘(구) / 字는 仲尼(중니)] = 東家丘 동가구

〖유의어〗　家有名士三十年不知 가유명사삼십년부지　한집에서 유명인을 몰라봄

* 出典: 孔子家語(공자가어)

同價紅裳 동가홍상　같을 동 | 값 가 | 붉을 홍 | 치마 상

같은 값이면 다홍치마(紅裳: 홍상 = 붉은 치마)라는 뜻, 같은 값이면 품질(品質)과 빛깔이
좋은 것을 택한다는 말

▷　霓裳 예상　무지개처럼 아름다운 치마, 신선의 옷 / 암무지개: 예(霓)

▷　紅裙 홍군　붉은 치마, 예기(藝妓) 또는 미인(美人) / 치마: 군(裙)

▷　紅裳 홍상　붉은 치마, 처녀(處女) / 靑裳 청상　푸른 치마, 기생

▷　靑孀 청상 젊은 과부 = 靑孀寡婦 청상과부

同苦同樂 동고동락　같을 동 | 괴로울 고 | 즐길·즐거울 락

고생도 같이하고 즐거움도 함께한다는 뜻, 어떤 상황(狀況)하에서도 운명(運命)을 함께하는
사이를 비유하는 말

〖유의어〗　生死苦樂 생사고락　살고 죽고 괴롭고 즐겁고 즉 모든 삶과 운명을 함께함

　　　　　一蓮托生 일련탁생　좋든 나쁘든 행동·운명을 같이함

　　　　　同甘共苦 동감공고, 甘苦與共 감고여공
　　　　　기쁨과 괴로움을 함께한다는 말 [같이 좋고 함께 괴로움]

▷　老少同樂 노소동락　노인과 젊은이가 함께 즐김

同工異曲 동공이곡　같을 동 | 기술·장인 공 | 다를 이 | 곡조·굽을 곡

같은 재주에 다른 곡조(曲調)라는 뜻, 재주나 솜씨는 같지만 표현된 내용이나 맛이 다름

〖유의어〗　同工異體 동공이체, 同巧異曲 동교이곡, 同巧異體 동교이체

* 出典: 韓愈(한유) 進學解(진학해)

東郭履 동곽리　동녘 동 | 성곽·둘레 곽 | 신발 리

동곽(東郭)의 신발이라는 뜻, 매우 가난한 처지(處地)를 말함 또는 매우 초라한 행색(行色)

동곽(東郭 = 東方朔[동방삭])선생이 격식(格式)을 갖추느라 신발이라고 신기는 신었는데, 그 신발이라는 것이 밑창이 다 닳아 없어져서 발바닥으로 땅을 밟았다는 고사에서 유래

『유의어』 弊衣破冠 폐의파관, 弊衣破笠 폐의파립, 敝袍破笠 폐포파립
해진 옷과 부서진 갓이라는 뜻으로 초라한 차림새의 비유

衣結屨穿 의결구천, 衣履弊穿 의리폐천, 襤褸 남루

* 出典: 史記(사기) 滑稽列傳(골계열전) 東郭先生傳(동곽선생전)

彤管貽 동관이   붉을·붉은 칠할 동 | 대롱·피리 관 | 줄·끼칠 이

붉은 색의 붓대[彤管: 동관]를 전(傳 = 貽[이])한다는 뜻, 옛날에 여자가 남자에게 글(書畫[서화])을 써 보내어 은근한 연모(戀慕)의 정(情)을 전하는 것을 비유적으로 이르는 말

▷ 彤管 동관   붉은 색의 붓대. 후궁(後宮)에서 기록을 맡은 궁녀가 주로 사용. 부인(婦人)들의 서화[書畫: 글씨와 그림]를 비유하여 이르는 말

▷ 彤闈 동위   붉게 칠한 대궐의 작은 문이라는 뜻, 궁중(宮中)을 달리 이르는 말
= 彤庭 동정, 宮殿 궁전, 宮闕 궁궐

▷ 秋波 추파   가을의 물처럼 맑은 여인의 눈짓으로 남자에게 은근한 정을 나타냄

▷ 投梭 투사   베를 짜는 북을 던진다는 뜻으로 음탕한 마음을 품은 남자를 여자가 거절함을 일컫는 말

同根連枝 동근연지   같을 동 | 뿌리 근 | 이을 연(련) | 가지 지

같은 뿌리와 잇닿은 나뭇가지라는 뜻으로 형제자매(兄弟姉妹)를 비유하는 말

『유의어』 同氣 동기, 兄弟姉妹 형제자매

▷ 兄弟 형제   형과 아우 = 昆弟 곤제

▷ 姉妹 자매   손위 누이와 손아래 누이 = 女兄弟 여형제

同氣相求 동기상구   같을 동 | 기운 기 | 서로 상 | 구할 구

1. 기풍(氣風)을 같이하는 사람은 서로 동류(同類)를 찾아 모임
2. 마음이 맞는 사람끼리는 서로 찾아 친하게 모임

『유의어』 同病相憐 동병상련, 同聲相應 동성상응, 同舟相救 동주상구

類類相從 유유상종   같은 무리끼리 서로 어울려 사귐

草綠同色 초록동색   풀빛과 녹색은 같은 빛깔. 같은 처지의 사람과 어울리거나 기움

人以群分 인이군분   사람은 같은 무리끼리 모임

物以類聚 물이유취   물건은 종류대로 모임. 악한들이 한데 모여 흉계를 꾸밈

* 出典: 易經(역경)

棟梁之器 동량지기 마룻대·용마루 동 | 들보 량 | 어조사 지 | 그릇 기

마룻대와 들보 역할을 할 만한 큰 그릇이라는 뜻, 나라의 중임을 맡을 만한 큰 인재의 비유

> **유의어** 棟梁 동량, 棟梁之材 동량지재, 大廈棟梁 대하동량
>
> 干城 간성, 干城之材 간성지재, 廊廟之器 낭묘지기

▷ 桴棟 부동 기둥, 마룻대와 용마루, 사물의 중심축

* 出典: 吳越春秋(오월춘추) 句踐入臣外傳(구천입신외전)

同流合汚 동류합오 같을 동 | 흐를 류 | 합할 합 | 더러울 오

세상의 흐름에 동조(同調)하고 더러운 것과도 합류(合流)한다는 뜻, 세속(世俗)에 빌붙어
야합(野合)하며 정의(正義)를 돌보지 않는 것을 비유하는 말

> **유의어** 同乎流俗 合乎汚世 동호유속 합호오세 (에서 유래)

▷ 汚染 오염 더럽게 물듦 / 汚泥 오니 더러운 흙. 특히 오염물질을 포함한 진흙

* 出典: 孟子(맹자) 盡心章句下(진심장구하)

凍梨 동리 얼 동 | 배 리

얼은 배처럼 노인의 피부에 검은 꽃이 피고 추레해짐을 비유하는 말. 사람나이 90세를 말함

> **유의어** 九旬 구순, 九秩 구질, 卒壽 졸수 마치는 나이(90세)

▷ 鷄皮鶴髮 계피학발 피부는 닭의 살갗처럼 거칠고 머리털은 학의 날개처럼
　　　　　　　　　　　　희다는 뜻, 매우 늙은 노인을 가리키는 말

▷ 凍餓 동아 헐벗고 굶주림 / 梨花 이화 배나무의 꽃

▷ 凍結 동결 추위나 냉각으로 얼어붙음. 사업·계획·활동 등이 중단됨

同文同軌 동문동궤 같을 동 | 글월 문 | 수레·바퀴 궤

각 나라의 문자(文字)가 같고 수레 만드는 법이 같다는 뜻, 문자와 도량형(度量衡)이 통일 됨.
한 천자(天子)가 천하를 통일(統一)함을 비유하는 말 [예: 秦始皇 진시황]

> **유의어** 車同軌書同文 거동궤서동문, 車同軌 거동궤, 書同文 서동문

▷ 軌跡 궤적 수레바퀴가 지나간 자국. 바큇자국. 선인(先人)의 행적

* 出典: 中庸(중용)

東問西答 동문서답 동녘 동 | 물을 문 | 서녘 서 | 대답할 답

동쪽을 묻는 데 서쪽을 대답한다는 뜻, 묻는 말에 대하여 전혀 엉뚱한 대답의 비유

『유의어』 問東答西 문동답서

▷ 批答 비답   임금이 상주문(上奏文)에 대하여 말미(末尾)에 적는, 가(可)·부(否)의 대답

洞房華燭 동방화촉   골·동굴 동 / 꿰뚫을 통 | 방 방 | 꽃·꽃필 화 | 촛불 촉

신부(新婦)의 방에 촛불이 아름답게 비친다는 뜻, 혼례(婚禮)를 치르고 신랑(新郎)이 신부의 방에서
첫날밤을 치르는 의식(儀式)으로 부부관계의 출발(出發)을 이르는 말로 혼인식을 말함

『유의어』 婚姻式 혼인식, 結婚式 결혼식, 婚禮式 혼례식
　　　　 華燭洞房 화촉동방, 嫁娶 가취   시집가고 장가듦

▷ 洞燭 통촉   다른 사람의 사정 등을 밝게 살핌 = 亮察 양찰

* 出典: 庾信(유신)

同病相憐 동병상련   같을 동 | 병(질병) 병 | 서로 상 | 불쌍히 여길 련(연)

같은 병을 앓는 사람끼리 서로 가엾게 여긴다는 뜻, 어려운 처지(處地)에 있는 사람끼리 서로
불쌍히 여겨 동정(同情)하고 돕게 마련이라는 말

『유의어』 同氣相求 동기상구, 同舟相救 동주상구, 同聲相應 동성상응
　　　　 同憂相救 동우상구, 類類相從 유유상종, 草綠同色 초록동색

▷ 可憐 가련   가엾고 불쌍하다 = 惻隱 측은, 憐憫 연민

* 出典: 吳越春秋(오월춘추)

東奔西走 동분서주   동녘 동 | 달릴·달아날 분 | 서녘 서 | 달릴·도망칠 주

동쪽으로 달리고 서쪽으로 뛰어간다는 뜻, 동에 번쩍 서에 번쩍 사방으로 이리저리 몹시
바쁘게 돌아다님을 비유하는 말

『유의어』 東馳西走 동치서주, 東西奔走 동서분주, 東走西奔 동주서분
　　　　 東閃西忽 동섬서홀, 南船北馬 남선북마, 北馬南船 북마남선
　　　　 奔走 분주, 奔放 분방, 馳騁 치빙, 津梁 진량

凍氷寒雪 동빙한설   얼·추울 동 | 얼음 빙 | 차가울·찰 한 | 눈·씻을 설

얼어붙은 얼음과 차가운 눈이라는 뜻
한겨울 매서운 추위를 비유하는 말로써 엄혹한 현실의 어려움을 비유

『유의어』 冬將軍 동장군, 嚴冬雪寒 엄동설한, 北風寒雪 북풍한설
　　　　 酷寒 혹한, 凍寒 동한, 嚴寒 엄한, 冱寒 호한
　　　　 隆冬 융동, 嚴冬 엄동, 寒波 한파

[반의어] 和風暖陽 화풍난양 솔솔 부는 화창한 바람과 따스한 햇볕이라는 뜻
따뜻한 봄 날씨를 이르는 말로써 평화로운 현실을 비유

▷ 凍土 동토　언 땅, 얼어붙은 땅. 인간의 자유를 극도로 억압(抑壓)해서 사상이나
행동이 부자유스러운 곳을 비유한 말

東山高臥 동산고와　동녘 동 | 뫼 산 | 높을 고 | 누울 와

동산(東山)에서 베개를 높이 베고 누워있다는 뜻, 속세(俗世)의 번잡(煩雜)함을 피하여 산중에
은거(隱居)함을 비유하는 말

진(晉)나라 때 사안(謝安)이 속진(俗塵)을 피하여 절강성(浙江省) 동산에 은거(隱居)했다는
고사에서 유래

[유의어] 悠悠自適 유유자적, 悠然自適 유연자적, 安閑自適 안한자적
物外閑人 물외한인, 物外閒人 물외한인, 風月主人 풍월주인
風塵表物 풍진표물, 風塵外物 풍진외물, 俗塵外物 속진외물

＊ 出典: 世說新語(세설신어) 言語篇(언어편)

東山再起 동산재기　동녘 동 | 뫼 산 | 다시·제차·두 재 | 일어날 기

동산(東山)에서 다시 일어난다는 뜻, 물러나거나 실패(失敗)한 사람이 다시 일어나 세상에 떨치고
나옴을 비유하는 말

진(晉)나라 때 사안(謝安)이 일찍이 동산으로 은퇴(隱退)했다가 다시 벼슬을 받고 크게
출세(出世)한 고사에서 유래

[유의어] 再起東山 재기동산, 臥薪嘗膽 와신상담, 死灰復燃 사회부연
捲土重來 권토중래　한 번 패하였다가 세력을 회복(回復)하여 다시 쳐들어옴

＊ 出典: 晉書(진서)

同床異夢 동상이몽　같을 동 | 상·평상 | 다를 이 | 꿈 몽

같은 침상(寢牀)에서 서로 다른 꿈을 꾼다는 뜻
1. 겉으로는 같이 행동하면서 속으로는 각기 딴 생각을 함의 비유
＝ 同牀異夢 동상이몽, 同牀各夢 동상각몽, 同床各夢 동상각몽
2. 겉으로는 지지(支持)하고 받드는 척하면서 속으로는 반대(反對)함 또는 배반함
＝ 噂沓背憎 준답배증, 面從腹背 면종복배, 陽奉陰違 양봉음위

東西古今 동서고금　동녘 동 | 서녘 서 | 예·옛 고 | 이제·지금 금

동양과 서양, 옛날과 지금을 통틀어 이르는 뜻. 언제 어디서나 = 古今東西 고금동서

▷ 古往今來 고왕금래　옛날과 지금 = 古今 고금

▷ 東西南北 동서남북　동쪽·서쪽·남쪽·북쪽 곧 사방을 뜻하는 말

冬扇夏爐 동선하로　겨울 동 | 부채 선 | 여름 하 | 화로 로

겨울의 부채(扇: 선)와 여름의 화로(火爐)라는 뜻, 격(格)이나 철에 맞지 아니하여 쓸모없이 된 사물을 비유하는 말 또는 무용지물(無用之物)

【유의어】 冬扇 동선, 夏爐冬扇 하로동선, 冬扇夏曆 동선하력
　　　　 秋風扇 추풍선, 秋扇 추선, 無用之物 무용지물

【반의어】 夏扇冬曆 하선동력　여름 부채 겨울 달력 즉, 철에 맞는 선물

同姓同本 동성동본　같을 동 | 성 성 | 근본 본

성(姓)과 본관(本貫)이 같은 씨족[= 겨레붙이]을 말함

【유의어】 宗親 종친, 宗族 종족, 本宗 본종, 本族 본족, 同宗 동종

▷ 同名異人 동명이인　같은 이름을 가진 서로 다른 사람

▷ 同庚 동경　같은 나이. 나이가 같은 사람 = 同甲 동갑

同聲相應 동성상응　같을 동 | 소리 성 | 서로 상 | 응할 응

같은 소리끼리는 서로 응하여 울린다는 뜻, 같은 무리끼리는 서로 통하고 모인다는 말

【유의어】 同氣相求 동기상구, 同病相憐 동병상련, 類類相從 유유상종
　　　　 同舟相救 동주상구　같은 배를 탄 사람끼리 서로 돕는다는 뜻
　　　　 草綠同色 초록동색　풀빛과 녹색은 같은 색. 같은 처지의 사람끼리 어울림

同心同德 동심동덕　같을 동 | 마음 심 | 덕·큰 덕

모든 사람들이 한 마음 한 뜻으로 공동의 목표를 위해 힘쓰고 노력하는 것을 비유

【유의어】 同心合力 동심합력, 同心同力 동심동력, 一致團結 일치단결
　　　　 一心同體 일심동체, 一心一德 일심일덕, 大同團結 대동단결

▷ 同鼎食 동정식　같은 솥 밥을 먹음. 가족과 같은 사람. 가족

* 出典: 尙書(상서) 泰書(태서)

同惡相助 동악상조 같을 동 | 악할 악 | 서로 상 | 도울 조

악인도 악한 일을 이루기 위해서는 악한 동류(同類)끼리 서로 돕는다는 뜻

유의어 物以類聚 물이유취　물건이란 종류별(種類別)로 모이게 마련으로
끼리끼리 논다는 말[부정적인 내용에 사용]

* 出典: 史記(사기)

同業相仇 동업상구 같을 동 | 일·업 업 | 서로 상 | 원수 구

함께 일을 하면 원수(怨讎)가 된다는 뜻, 동업자는 이해관계로 서로 원수가 되기 쉽다는 비유

▷ 讎仇 수구　원수[怨讎 : 원한이 맺힐 정도로 자기에게 해를 끼친 사람 또는 집단]

▷ 相剋 상극　오행설에서, 금(金)은 목(木)을, 목(木)은 토(土)를, 토(土)는 수(水)를, 수(水)는
화(火)를, 화(火)는 금(金)을 각각 이김을 이르는 말

* 出典: 素書(소서)

冬溫夏凊 동온하정 겨울 동 | 따뜻할 온 | 여름 하 | 서늘할 정·청

부모의 잠자리를 겨울에는 따뜻하게 여름에는 서늘하게 한다는 뜻, 자식(子息)으로서 부모(父母)를
잘 섬겨 효도(孝道)함을 일컫는 말

유의어 朝夕定省 조석정성, 問安視膳 문안시선, 定省 정성
昏定晨省 혼정신성, 溫凊晨省 온정신성, 扇枕溫席 선침온석

童牛角馬 동우각마 뿔안난·아이 동 | 소 우 | 뿔 각 | 말 마

뿔이 없는 송아지와 뿔이 있는 말이라는 뜻, 세상의 이치(理致)나 도리(道理)에 어긋남의 비유

유의어 童牛角馬 不今不古 동우각마 불금불고 (에서 유래)
뿔이 없는 송아지와 뿔이 있는 말은 지금도 없고 예전에도 없었다.

▷ 童貞 동정　이성(異性)과 성교(性交)없이 지키고 있는 순결(純潔)

▷ 童妾 동첩　나이 어린 첩 또는 동기[童妓: 어린 기생]출신의 첩

* 出典: 太玄經(태현경)

同而不和 동이불화 같을 동 | 말 이을(그러나) 이 | 아닐 불 | 화할 화

겉으로는 동의(同意)를 표시하면서도 내심은 그렇지 않은 하찮은 소인배의 교제(交際)

유의어 附和雷同 부화뇌동, 雷同附和 뇌동부화

반의어 和而不同 화이부동 서로 조화(調和)를 이루나 부화뇌동하지 않는 군자의 교제

* 出典: 論語(논어)

東夷 동이 · 西戎 서융 · 南蠻 남만 · 北狄 북적

동녘 동 | 서녘 서 | 남녘 남 | 북녘 북 | 오랑캐 이·융·만·적

중국이 자신의 나라를 세상의 중심(中華: 중화)이라 여기고 동서남북(東西南北) 사방(四方)의 나라를 모두 오랑캐로 지칭(指稱)한데서 유래함

* 夷(이)·戎(융)·蠻(만)·狄(적) 모두 오랑캐

棟折榱崩 동절최붕

마룻대·용마루 동 | 꺾을 절 | 서까래 최 | 무너질 붕

마룻대가 부러지면 서까래도 함께 무너진다는 뜻, 위에 있는 사람이 망하면 아래 있는 사람도 함께 망한다는 말

[유의어] 上濁下不淨 상탁하부정 윗물이 흐리면 아랫물도 깨끗하지 못하다는 뜻

巢毁卵破 소훼난파, 覆巢破卵 복소파란
새둥지가 엎어지면(깨지면) 그 안에 있던 알도 함께 깨진다는 뜻으로
국가나 사회 또는 조직이나 집단이 무너지면 그 구성원도 피해를 입는다는 말

* 出典: 春秋左氏傳(춘추좌씨전)

凍足放尿 동족방뇨

얼 동 | 발 족 | 놓을·내칠 방 | 오줌·소변 뇨

언 발에 오줌 누기라는 뜻으로 한때의 어리석은 임시방편(臨時方便)의 계책을 비유하는 말

[유의어] 姑息之計 고식지계, 彌縫策 미봉책

臨時方便 임시방편, 臨時變通 임시변통, 臨時處變 임시처변

下石上臺 하석상대, 上下撑石 상하탱석, 目前之計 목전지계

揚湯止沸 양탕지비, 颺湯止沸 양탕지비, 以湯止沸 이탕지비

▷ 屎尿 시뇨 똥과 오줌 / 便 똥·오줌 변 糞 똥 분 屎 똥 시

同族相殘 동족상잔

같을 동 | 겨레 족 | 서로 상 | 죽일·남을 잔

같은 겨레끼리 서로 싸우고 죽임

[유의어] 骨肉相爭 골육상쟁, 骨肉相戰 골육상전, 同族相爭 동족상쟁

共倒同亡 공도동망 같이 쓰러지고 함께 망함

[반의어] 共存共榮 공존공영 함께 존재(存在)하고 함께 번영(繁榮)함

▷ 殘忍 잔인 인정이 없고 모짊 / 殘滓 잔재 찌꺼기 = 殘渣 잔사

同舟相救 동주상구

같을 동 | 배 주 | 서로 상 | 건질·구원할 구

같은 배를 탄 사람끼리 서로 돕는다는 뜻, 운명이나 처지가 같아지면 아는 사람이나 모르는
사람이나 서로 돕게 된다는 말

유의어 同氣相求 동기상구, 同聲相應 동성상응, 同病相憐 동병상련

類類相從 유유상종, 草綠同色 초록동색

* 出典: 孫子(손자) 九地篇(구지편)

動輒見敗 동첩견패　움직일 동 ｜ 문득·갑자기 첩 ｜ 볼 견 ｜ 깨뜨릴·패할 패

무슨 일이든지 해보려고 움직이기만 하면 번번이 낭패(狼狽)를 보고 손해(損害)를 입는다는 말

유의어 東敗西喪 동패서상　동쪽에서 패하고 서쪽에서 잃는다는 뜻, 가는 곳마다
실패(失敗)하거나 망(亡)함

▷ 動輒得謗 동첩득방　무엇을 하려고만 하면 남에게 비난(非難)을 받음

東推西貸 동추서대　동녘 동 ｜ 손 내밀·옮을·밀 추 ｜ 서녘 서 ｜ 빌릴 대

이곳저곳 여러 곳에서 빚을 짐

유의어 東取西貸 동취서대, 東西貸取 동서대취

東衝西突 동충서돌　동녘 동 ｜ 찌를 충 ｜ 서녘 서 ｜ 부딪힐·갑자기 돌

동쪽으로 충돌(衝突)하고 서쪽으로 돌진(突進)한다는 뜻
1. 여러 곳을 닥치는 대로 공격(攻擊)함
2. 아무사람이나 구분(區分)하지 않고 함부로 맞닥뜨림

유의어 左衝右突 좌충우돌, 左右衝突 좌우충돌, 右往左往 우왕좌왕

之東之西 지동지서, 天方地軸 천방지축, 天方地方 천방지방

東海揚塵 동해양진　동녘 동 ｜ 바다 해 ｜ 날릴 양 ｜ 티끌·먼지 진

동해바다에서 티끌이 날린다는 뜻, 동해바다가 육지(陸地)로 변하여 먼지가 이는 것처럼
세상일의 변화(變化)가 매우 심함을 비유하는 말

유의어 桑田碧海 상전벽해, 滄海桑田 창해상전, 碧海桑田 벽해상전

白雲蒼狗 백운창구, 陵谷之變 능곡지변, 高岸深谷 고안심곡

桑海之變 상해지변, 滄桑之變 창상지변, 滄桑 창상

董狐之筆 동호지필　바를 동 ｜ 여우 호 ｜ 어조사 지 ｜ 붓 필

동호(董狐)라는 사람의 붓, 역사(歷史)를 기록함에 있어서 사실(事實)을 숨기지 아니하고

있는 그대로 써서 후세(後世)에 남기는 일을 이르는 말

춘추시대 진(晉)나라의 사관(史官)이었던 동호(董狐)가 위세(威勢)를 두려워하지 않고 사실을
직필(直筆)하였다는 고사에서 유래

「유의어」 太史之簡 태사지간 태사[太史: 역사가]의 역사기록. 즉 역사적 사실을 직필함

　　　　 春秋筆法 춘추필법 대의명분을 밝혀 세우는 사필(史筆)의 논법

▷ 骨董品 골동품 1. 오래되고 희귀(稀貴)한 세간이나 미술품
　　　　　　　　　 2. 오래되었을 뿐이고 가치도 쓸모도 없게 된 물건이나 사람의 비유

* 出典: 春秋左氏傳(춘추좌씨전) 宣公二年條(선공2년조)

冬烘先生 동홍선생 겨울 동 | 불쬘·횃불 홍 | 먼저 선 | 날 생

겨울에 방안에 앉아서 불만 쬐고 있는 훈장(訓長)이라는 뜻으로 학문에만 열중(熱中)하여
세상물정(世上物情)에 어두운 사람을 비유하는 말

「유의어」 白面書生 백면서생 글만 읽고 세상일에는 경험이 없는 사람

　　　　 儒生 유생, 儒者 유자, 靑衿 청금 유학을 공부하는 선비

　　　　 泮蛙 반와 성균관 개구리라는 뜻. 자나 깨나 책만 읽는 사람을 농으로 일컫는 말

▷ 隆冬 융동 몹시 추운 겨울 = 嚴冬 엄동

杜口裹足 두구과족 막을·닫아 걸 두 | 입 구 | 쌀(보자기) 과 | 발 족

입을 다물고 발을 동여 싸맨다는 뜻으로 반대(反對)하면서도 반대한다고 말하지도 못하고
또한 남을 따르지도 않으며, 그렇다고 자기 소신(所信)껏 하지도 못한다는 말

세상일에 대해서 함부로 말하다가 화(禍)를 당할 수도 있는 까닭에 입 밖에 내기를 꺼려
자주 찾아가던 사이에도 발길을 뚝 끊어 버린다는 말로 세상인심이 각박(刻薄)하게
돌변(突變)할 수 있음을 비유하는 말

▷ 裹革 과혁 1. 전사자의 시체를 싸는 말가죽   2. 전쟁에서 죽은 병사의 시체

* 出典: 史記(사기)

斗南一人 두남일인 북두성·말 두 | 남녘 남 | 하나 일 | 사람 인

북두성 남쪽의 단 한사람. 온 천하에서 가장 으뜸가는 훌륭한 인물을 비유하는 말

「유의어」 泰山北斗 태산북두, 山斗 산두, 泰斗 태두

　　　　 萬夫之望 만부지망 천하의 만인이 우러러 사모(思慕)함 또는 그런 사람

　　　　 百世之師 백세지사 후세까지 모든 사람의 스승으로 존경을 받을 만한 훌륭한 사람

▷ 師表 사표 학식·덕행이 높아 남의 모범이 될 만한 사람.

* 出典: 唐書(당서)

頭童齒闊 두동치활
머리 두 | 대머리·아이 동 | 이빨 치 | 트일·넓을 활

머리가 벗겨지고 이가 빠져 사이가 벌어진다는 뜻, 늙은 사람의 얼굴모양을 형용(形容)한 말

▷ 鷄皮鶴髮 계피학발 피부는 닭의 살갗같이 거칠고 머리털이 학의 날개처럼 희다는 뜻, 노인을 형용하는 말

▷ 凍梨 동리 언 배 껍질 같은 색에 검은 반점이 있는 노인의 피부를 형용하는 말. 90세.

* 出典: 韓愈(한유) 進學解(진학해)

杜門不出 두문불출
막을 두 | 문 문 | 아닐 불 | 날·나타날 출

1. 집에만 틀어박혀 세상 밖에 나가지 않음
2. 집에서 은거(隱居)하면서 관직(官職)에 나아가지 아니하거나 사회의 일을 하지 아니함

▷ 蟄居 칩거 집 안에만 죽치고 있음 = 蟄伏 칩복 / 隱遁 은둔 세상일을 피해 숨음

▷ 杜門洞 두문동 경기도 개풍군 광덕산 서쪽 골짜기

* 出典: 杜門洞實記(두문동실기)

頭髮上指 두발상지
머리 두 | 터럭 발 | 위 상 | 가리킬·손가락 지

머리털이 위로 곤두선다는 뜻, 심하게 화가 난 모습을 형용(形容)하는 말

[유의어] 髮植穿冠 발식천관, 怒氣撑天 노기탱천, 憤氣撑天 분기탱천
怒髮衝冠 노발충관, 怒氣衝天 노기충천, 憤氣衝天 분기충천

* 出典: 史記(사기) 項羽(항우)

斗折蛇行 두절사행
말 두 | 꺾을 절 | 뱀 사 | 다닐 행

북두칠성처럼 꺾여 구부러진 모양과 뱀이 꼬불꼬불 기어가는 모양처럼 도로(道路)나 강(江)같은 것이 꼬불꼬불하다는 말

▷ 蛇行川 사행천 강이 구불구불 휜 상태로 흐르는 지형 또는 현상

* 出典: 柳宗元(유종원)의 詩(시)

杜漸防萌 두점방맹
막을 두 | 점점 점 | 막을·둑 방 | 싹·움 맹

점(漸)은 사물의 처음, 맹(萌)은 싹이라는 뜻, 어떤 일의 시작(始作)을 막거나 싹이 나오지 못하게 막는다는 말. 즉 좋지 못한 일의 조짐(兆朕)이 보였을 때 즉시 그 해로운 것을 제거(除去)해야 더 큰 해를 막을 수 있다는 말

[유의어] 毫毛斧柯 호모부가, 曲突徙薪 곡돌사신
拔本塞源 발본색원 나쁜 일의 근원(根源)을 아주 없애 버림

▷ **萌芽** 맹아   새로 트는 싹. 사물의 시초(始初)를 비유 = **嫩芽** 눈아

＊ 出典: 後漢書(후한서)

斗酒不辭 두주불사   말 두 | 술 주 | 아닐 불 | 말·말씀 사

말술도 사양(辭讓)하지 않는다는 뜻으로 주량(酒量)이 매우 큼 또는 술을 매우 잘 마심

『유의어』 **酒鍾不辭** 주종불사   술이라면 청(淸)·탁(濁)을 가리지 않고 많이 마심

▷ **按酒** 안주   술 마실 때 곁들여 먹는 음식 = 술안주

▷ **縱酒** 종주   몸을 가누지 못할 정도로 술을 많이 마심

▷ **酗酒** 후주   술에 취하여 정신없이 말하거나 행동함 = **酒酊** 주정

＊ 出典: 史記(사기) 項羽本紀(항우본기)

杜撰 두찬   막을·성 두 | 지을 찬

두묵(杜黙)이 시(詩)를 지었다는 뜻, 전거(典據)가 불확실하거나 격식에 맞지 않는 시문(詩文)을 비유하는 말

두묵(杜黙)이 시(詩)를 짓는데 율(律)에 맞지 않는 것이 많았다. 그 때문에 격(格)에 맞지 않는 시(詩)나 문장(文章)을 두찬[杜撰: 두묵이 지은 것]이라고 말 한 고사에서 유래

＊ 出典: 宋(송)나라 王楙(왕무)의 野客叢書(야객총서)

頭寒足熱 두한족열   머리 두 | 찰 한 | 발 족 | 더울 열

머리는 차게 하고 발은 따뜻하게 한다는 뜻, 동양의학에서는 이렇게 해야 건강에 좋다고 함

▷ **劈頭** 벽두   1. 글의 첫머리   2. 일의 첫머리

▷ **寒波** 한파   겨울철에 한랭 전선의 급속한 이동으로 기온이 급격히 내려가는 현상

鈍筆勝聰 둔필승총   둔할 둔 | 붓 필 | 이길 승 | 총명할·귀밝을 총

둔(鈍)한 붓이 총명(聰明)함을 능가(凌駕)한다는 뜻으로 서툰 글이라도 기록(記錄)을 하는 것이 기억(記憶)하고 있는 것 보다 낫다는 말[기억은 불확실하고 기록은 정확하다는 말]

＊ 出典: 茶山(다산) 丁若鏞(정약용)

得過且過 득과차과   얻을 득 | 지날·허물 과 | 또 차 | 지날·허물 과

그럭저럭 지내면서 되는대로 살아가자는 뜻, 별로 하는 일 없이 한가(閑暇)하게 세월을 보냄

중국 오대산에 다리 넷에 날개가 달린 괴상한 짐승의 울음소리가 '得過且過 得過且過 득과차과 득과차과[그럭저럭 지내자]' 하는 것처럼 들린다고 해서 그 이름을 한호충(寒號蟲) 또는 한호조(寒號鳥)라고 말한 고사에서 유래

* 出典: 元(원)나라 陶宗儀(도종의) 南村輟耕錄(남촌철경록)

得隴望蜀 득롱망촉 얻을 득 | 나라이름·언덕 롱 | 바랄 망 | 나라이름 촉

농(隴)나라를 얻고 촉(蜀)나라까지 원한다는 뜻으로 사람의 마음은 만족(滿足)할 줄 모르고
욕심(慾心)이 끝이 없다는 말

1. 후한(後漢)의 광무제(光武帝)가 농(隴: 롱)나라를 평정한 후 다시 촉(蜀)나라까지 원했다는
   고사에서 유래

2. 위(魏)나라 조조는 농(隴[롱])땅을 수중에 넣고 촉(蜀)나라까지 욕심을 내지는 않았다는데서 유래

〔유의어〕 谿壑之慾 계학지욕, 谿壑 계학, 車魚之歎 거어지탄

望蜀之歎 망촉지탄, 平隴望蜀 평롱망촉, 望蜀 망촉

借廳入室 차청입실, 借廳借閨 차청차규　마루를 빌려 쓰다가 안방까지 차지함

騎馬欲率奴 기마욕솔노　말을 타면 노비를 거느리고 싶다는 말. 끝없는 욕심

* 出典: 三國志(삼국지) 後漢書(후한서) 光武紀(광무기) 獻帝紀(헌제기)

得魚忘筌 득어망전 얻을 득 | 물고기 어 | 잊을 망 | 통발 전

물고기를 잡고나면 통발은 잊어버린다는 뜻으로 목적(目的)을 이루고 나면 그때까지
수단(手段)으로 삼았던 사물은 무용지물(無用之物)이 됨을 비유하는 말

〔유의어〕 捨筏登岸 사벌등안　강을 건넌 후, 뭍(= 언덕)에 오르기 위해서 뗏목을 버림

兔死狗烹 토사구팽　토끼를 잡았으니, 이제 사냥개마저 삶아먹음

▷ 筌蹄 전제　물고기 잡는 통발과 토끼 잡는 올무, 목적달성을 위한 방편이나 수단

▷ 筍梁 구량　통발과 어량(魚梁), 즉 물고기 잡는 설비(設備)

* 出典: 莊子(장자) 外物篇(외물편)

得意忘形 득의망형 얻을 득 | 뜻 의 | 잊을 망 | 모양 형

뜻을 얻어 형상(形狀)을 잊어버린다는 뜻, 뜻을 이루어 매우 기뻐서 본래 자기가 어떤 모양을
하고 있었는지 자신마저도 잊어버렸다는 말로써 매우 기뻐하는 태도를 말함. 또는 뜻을 이루어
우쭐거리며 뽐내는 모양을 비유하기도 함

〔유의어〕 意氣揚揚 의기양양, 得意揚揚 득의양양
뜻한 바를 이루어 만족(滿足)한 마음이 얼굴에 나타난 모양 또는 우쭐거리며 뽐냄

手舞足蹈 수무족도　너무 좋아서 어찌할 바를 몰라 춤추며 날뜀

〔반의어〕 自激之心 자격지심　자기가 한 일에 대해 스스로 미흡(未洽)하게 여기는 마음

▷ 得一忘十 득일망십　한 가지를 얻고 열 가지를 잊어버린다는 뜻, 기억력이 나쁨

* 出典: 晉書(진서) 阮籍傳(완적전)

得意揚揚 득의양양 얻을 득 | 뜻 의 | 날릴·오를 양

뜻한 바를 이루어 우쭐거리며 뽐내는 모양을 형용(形容)하는 말

「유의어」 得意忘形 득의망형

手舞足蹈 수무족도 손과 발이 춤춘다는 뜻으로 몹시 좋아서 날뜀

意氣揚揚 의기양양 뜻한 바를 이루어 만족한 마음이 얼굴에 나타난 모양

「반의어」 自激之心 자격지심 자기가 한 일에 대해 스스로 미흡(未洽)하게 여기는 마음

* 出典: 史記(사기) 管晏列傳(관안열전)

登高而招 등고이초 오를 등 | 높을 고 | 말 이을(그리고) 이 | 부를 초

높은 곳에 올라 큰소리로 부르면 먼 곳에 있는 사람도 잘 볼 수 있으므로
1. 효과(效果)를 높이기 위하여 사물을 잘 이용(利用)한다는 말
2. 배움에 의해 높은 깨달음을 얻음을 비유하는 말

▷ 招待 초대 어떤 모임에 와 줄 것을 청함. 사람을 불러서 대접함

* 出典: 荀子(순자)

登高自卑 등고자비 오를 등 | 높을 고 | ~로부터·스스로 자 | 낮을 비

높은 곳에 올라가려면 낮은 곳에서부터 시작(始作)한다는 뜻으로
1. 일을 하는 데에는 반드시 아래로부터 차례를 밟아서 위로 올라가야 한다는 말
2. 지위(地位)가 높아질수록 더욱 겸손(謙遜)하게 자신을 낮추어야 한다는 말

▷ 眼高手卑 안고수비 마음은 크고 눈은 높으나 재주가 없어 따르지 못한다는 뜻
▷ 亢龍有悔 항룡유회 하늘 끝까지 올라간 용이 내려갈 길 밖에 없음을 알고 후회함

登樓去梯 등루거제 오를 등 | 다락·높은 곳 루 | 가져갈·갈 거 | 사다리 제

높은 곳에 오르게 하고 사다리를 치워버린다는 뜻, 사람을 꾀어서 어려운 처지에 빠지게 한다는 말

「유의어」 上樹拔梯 상수발제, 上樓去梯 상루거제

上樓擔梯 상루담제, 上樓儋梯 상루담제

勸上搖木 권상요목 나무에 오르게 하고 흔들어 떨어뜨린다는 뜻으로 남을 부추겨
어떤 일을 시켜놓고 낭패(狼狽)를 보도록 방해(妨害)한다는 말

▷ 雲梯 운제 예전에, 성(城)을 공격할 때 썼던 키 큰 사다리 / 梯索 제삭 줄사다리

* 出典: 宋南雜識(송남잡지)

登龍門 등용문 오를 등 | 용 용(룡) | 문 문

용문(龍門)에 오른다는 뜻으로
1. 어려운 관문(關門)을 통과(通過)하여 크게 입신출세(立身出世)함
2. 운명(運命)을 결정(決定)짓는 중요한 시험(試驗)에 통과(通過)함을 비유하는 말

용문(龍門)은 황하(黃河)상류에 있는 급류(急流)로 잉어[鯉魚: 이어]가 거기에 거슬러 올라가야
용이 될 수 있다는 전설(傳說)에서 유래

『유의어』 鯉登龍門 이등용문   잉어가 용문에 오름, 시험(試驗)에 합격(合格)함

『반의어』 點額 점액   잉어의 이마에 점이 찍힘, 시험에 낙방(落榜)함
[잉어가 용문에 오르려다 못 오르고 떨어지며 밑에 있는 바위에 이마를 부딪쳐 깨져 점이 생김]

落榜 낙방   시험(試驗)·선거(選擧)·모집(募集) 등에 떨어짐

名落孫山 명락손산, 孫山之外 손산지외
손산(孫山)의 이름이 마지막이다. 라는 뜻으로 과거(科擧)에 붙지 못하고 떨어졌다는 말

* 出典: 後漢書(후한서) 李膺傳(이응전)

燈下不明 등하불명   등불·등잔 등 | 아래 하 | 아닐 불 | 밝을 명

등잔 밑이 어둡다는 뜻, 가까이 있는 물건이나 사람을 잘 찾지 못한다는 말로 가까이 있는
것이 오히려 더 알아내기 어렵다는 말

『유의어』 騎驢覓驢 기려멱려   나귀를 타고 있으면서 나귀를 찾아다님

騎牛覓牛 기우멱우   소를 타고 있으면서 소를 찾아다님

* 出典: 東言解(동언해)

燈火可親 등화가친   등불·등잔 등 | 불 화 | 좋을·옳을 가 | 친할 친

등불을 가까이 할 수 있다는 뜻, 가을밤은 시원하고 상쾌하므로 등불을 가까이 하여 글 읽기에
매우 좋음을 비유하는 말

▷ 讀書三餘 독서삼여   독서에 알맞은 세 가지 여가(餘暇). 곧 겨울, 밤, 비 올 때

▷ 天高馬肥 천고마비   하늘은 높고 말이 살찐다는 뜻, 가을이 썩 좋은 절기임을 일컫는 말.

* 出典: 韓愈(한유) 符讀書城南(부독서성남)

馬脚露出 마각노출 말 마 | 다리 각 | 드러날·이슬 노(로) | 날 출

말의 다리가 드러남. 숨기던 일의 정체(正體)가 탄로(綻露)났다는 말

연극(演劇)에서, 말의 다리로 분장(扮裝)한 사람이 잘못해서 자기도 모르는 사이에 다리가 드러나 정체(正體)가 탄로난데서 유래함

유의어 圖窮匕見 도궁비현, 圖窮匕首見 도궁비수현, 綻露 탄로

▷ 脚光 각광　무대(舞臺)앞 아래쪽에서 배우(俳優)만을 비추는 조명(照明)으로,
　　　　　　　사회적 관심(關心)이나 주목(注目)을 끄는 일의 비유 = 풋라이트(footlight)

▷ 露蹤 노종　행색을 드러냄. 암행어사가 출두함

麻姑搔癢 마고소양 삼 마 | 시어미 고 | 긁을 소 | 가려울 양

마고(麻姑)라는 손톱이 긴 선녀(仙女)가 가려운 데를 시원하게 긁어준다는 뜻, 일이 뜻대로 되어 만족(滿足)함을 비유하는 말

채경(蔡京)이라는 자가 마고선녀의 긴 손톱을 보고 등을 긁으면 시원하고 좋겠다고 생각한 고사에서 유래

유의어 麻姑搔痒 마고소양, 麻姑爬癢 마고파양, 麻姑爬痒 마고파양

반의어 隔靴搔癢 격화소양, 隔鞋搔癢 격혜소양, 隔靴爬癢 격화파양
　　　　　신을 신고 발바닥을 긁음. 즉 시원하지 않음. 성에 차지 않음. 만족하지 않음

▷ 麻屨 마구　미투리(삼이나 노 등으로 짚신처럼 삼은 신) = 麻鞋 마혜

* 出典: 神仙傳(신선전) 麻姑(마고)

摩拳擦掌 마권찰장 문지를 마 | 주먹 권 | 비빌 찰 | 손바닥 장

1. 주먹과 손바닥을 서로 마주대하고 비빈다는 뜻으로 잔뜩 벼르고 있다는 말
2. 잔뜩 기운을 모아서 돌진(突進)할 태세(態勢)를 갖추고 기회(機會)를 엿봄

▷ 摩擦 마찰　두 물체가 서로 맞닿아 비벼짐
　　　　　　　이해(理解)나 의견(意見)이 맞지 않아 서로 충돌(衝突)하는 일
　　　　　　　= 軋轢 알력, 葛藤 갈등, 不和 불화

摩壘 마루 문지를 마 | 진·성채 루

적의 성루(城壘)에 접근(接近)한다는 뜻, 다른 사람의 시문(詩文)이 옛 대가(大家)의 수준(水準)에 필적(匹敵)함을 칭찬(稱讚)하여 이르는 말

▷ 摩天樓 마천루　하늘을 찌를 듯이 높이 솟은 큰 건물을 비유하여 이르는 말

▷ 干雲蔽日 간운폐일　구름을 침범(侵犯)하고 해를 덮음. 하늘을 찌를 듯이 높이 솟은
　　　　　　　　　　　큰 나무를 비유하여 이르는 말

▷ 堡壘 보루　적의 침입을 막기 위해 돌·콘크리트 등으로 만든 견고한 구축물 = 堡砦 보채

磨斧作針 마부작침 갈 마 | 도끼 부 | 지을 작 | 바늘 침

[오랜 시간]숫돌에 도끼를 갈아 바늘로 만든다는 뜻, 작은 노력(努力)이라도 오래도록 끈기 있게
계속하면 마침내 큰일을 이룰 수 있다는 말

유의어　磨斧爲針 마부위침, 磨斧爲鍼 마부위침, 水滴穿石 수적천석

　　　　　磨杵作針 마저작침, 愚公移山 우공이산, 山溜穿石 산류천석

　　　　　磨斧作鍼 마부작침, 磨鐵杵而成針 마철저이성침

* 出典: 唐書(당서)

馬首是瞻 마수시첨 말 마 | 머리 수 | 옳을 시 | 볼 첨

말머리가 가는 방향(方向)을 보라는 뜻, 한 사람의 지휘(指揮)에 따라 조금도 흐트러짐 없이
질서정연(秩序整然)하게 행동(行動)하는 것을 말함

춘추시대 12개국과 연합하여 진(秦)나라 공격에 나섰을 때 총지휘를 맡은 진(晉)의 장군
순언(荀偃)은 '오직 나의 말머리가 향하는 쪽을 보고 따라오라(= 唯余馬首是瞻 유여마수시첨)'고
명령(命令)을 했다는 고사에서 유래

유의어　馬首東 마수동　말머리를 동쪽으로 향하고 걸어감

　　　　　一絲不亂 일사불란　질서(秩序)가 정연(整然)해서 조금도 흐트러지지 않음

* 出典: 春秋左氏傳(춘추좌씨전)

馬耳東風 마이동풍 말 마 | 귀 이 | 동녘 동 | 바람 풍

말의 귓가에 동풍(東風)이 불어 스친다는 뜻, 남의 말·비평(批評)·의견(意見) 등을 조금도
귀담아 듣지 아니하고 그냥 흘려버림을 이르는 말

유의어　牛耳誦經 우이송경, 對牛彈琴 대우탄금, 如風過耳 여풍과이

　　　　　牛耳讀經 우이독경　쇠귀에 경 읽기, 어떤 방법을 써도 아무런 소용이 없음

* 出典: 李白(이백) 答王十二寒夜獨酌有懷(답왕십이한야독작유회)

摩頂放踵 마정방종 문지를 마 | 정수리 정 | 놓을 방 | 발꿈치 종

정수리부터 갈아 닳아져서 발꿈치까지 이른다는 뜻
1. 자기를 돌보지 않고 남을 깊이 사랑함을 비유하는 말
2. 온몸을 바쳐서 남을 위하여 희생(犧牲)함을 비유하는 말

유의어　粉骨碎身 분골쇄신, 犬馬之勞 견마지로

　　　　　糜軀碎首 미구쇄수, 碎首灰塵 쇄수회진, 粉身糜骨 분신미골

　　　　　汗馬之勞 한마지로　전쟁터에서 힘을 다하여 싸워 이긴 공로(功勞)

* 出典: 孟子(맹자)

禡祭 마제 마제 마 | 제사 제

출병(出兵)할 때 그 군대(軍隊)가 머무르는 곳에서 군신(軍神)에게 무운(武運)을 빌던 제사

▷ **纛祭** 둑제 군대를 출정(出征)시킬 때 군령권(軍令權)을 상징하는 둑(纛)에 지내는
　　　　　　　국가제사로 유일하게 병조판서와 무관들이 주관(主管)함

▷ **軷祭** 발제 노신(路神)에게 지내는 제사

▷ **路祭** 노제 상여(喪輿)가 장지(葬地)로 가는 도중에 고인(故人)의 생시 행적(行蹟)이 깃들어
　　　　　　　있는 곳이나 친구·친척집 앞 등 길에서 간단히 지내는 제사 = **親奠** 친전

▷ **籩豆** 변두 제사 때 사용(使用)하는 그릇인 변(籩)과 두(豆)를 아울러 이르는 말

▷ **祭需** 제수 제사에 사용하는 여러 가지 재료(材料) = **祭物** 제물

麻中之蓬 마중지봉 삼 마 | 가운데 중 | 어조사 지 | 쑥 봉

삼밭에 나는 쑥이라는 뜻, 구부러진 쑥도 삼밭에 나면 저절로 꼿꼿이 자라듯이, 좋은 환경에
있거나 선한사람과 사귀면 자연히 주위(周圍)의 감화(感化)를 받아 선인(善人)이 된다는 말

「반의어」 南橘北枳 남귤북지, 橘化爲枳 귤화위지, 墨子悲染 묵자비염
　　　　　近墨者黑 근묵자흑, 近朱者赤 근주자적, 墨子泣絲 묵자읍사

▷ **麻莖** 마경 삼대 / **蓬艾** 봉애 다북쑥

* 出典: 荀子(순자) 勸學篇(권학편)

馬革裹屍 마혁과시 말 마 | 가죽 혁 | 쌀 과 | 주검 시

말가죽으로 시신(屍身)을 싸서 담는다는 뜻, 전쟁터에서 죽음
또는 죽음을 각오하고 전쟁에 나가는 용장(勇將)의 각오(覺悟)를 비유하는 말

「유의어」 裹革之尸 과혁지시, 裹革之屍 과혁지시, 裹革 과혁
　　　　　臨戰無退 임전무퇴 전장(戰場)에 나아가 물러나지 않음을 이르는 말[세속오계]
　　　　　兵死地也 병사지야 죽을 각오(覺悟)로 전쟁(戰爭)에 임(臨)해야 한다는 말

馬好替乘 마호체승 말 마 | 좋을 호 | 바꿀 체 | 탈 승

말[驛馬: 역마]도 갈아타는 것이 좋다는 뜻
예전 것도 좋기는 하지만 새것으로 바꾸어 보는 것도 또 다른 즐거움이라는 말

▷ **替代** 체대 어떤 일을 서로 번갈아 가며 대신함 = **交代** 교대, **交迭** 교질

▷ **驛馬煞** 역마살 한곳에 머물러 지내지 못하고 늘 분주하게 떠돌아다니도록 된 액운(厄運)

▷ **搭乘** 탑승 배나 비행기, 열차 등에 올라탐

* 出典: 東言解(동언해)

藐姑射山 막고야산 멀 막 / 아득할 묘 | 시어미 고 | 산 이름 야 | 쏠 사 | 뫼 산

전설에서 북해(北海)의 바다 속에 있다고 전해지는 불로불사(不老不死)의 신선(神仙)들이 사는 곳을
이르는 말로써 무위(無爲)의 도를 갖춘 자유인(自由人)이 사는 곳을 가리키는 말

유의어 藐姑射之山 막고야지산, 武陵桃源 무릉도원, 理想鄉 이상향, 仙境 선경
別乾坤 별건곤, 別天地 별천지, 別世界 별세계, 壺中天地 호중천지

* 出典: 莊子(장자) 逍遙遊篇(소요유편)

莫無可奈 막무가내 없을 막 | 없을 무 | 옳을·좋을 가 | 어찌 내

일을 어떻게 감당(堪當)할 수 있는 수단과 방법이 없어서 꼼짝 못하게 되는 것을 비유하는 말로
도무지 어찌 해볼 도리가 없는 것을 말함

유의어 莫可奈何 막가내하, 無可奈何 무가내하, 無可奈 무가내
無可如何 무가여하, 不可奈何 불가내하

▷ 奈落 나락   지옥. 벗어나기 어려운 절망적 상황을 비유하여 이르는 말 = 那落 나락

莫上莫下 막상막하 없을 막 | 위 상 | 없을 막 | 아래 하

누구를 위라고 하고 누구를 아래라고하기 어렵다는 뜻, 누가 더 낫고 못함의 차이(差異)가 거의
없어 구별(區別)하기 어렵다는 말

유의어 難兄難弟 난형난제, 龍虎相搏 용호상박, 優劣難分 우열난분
伯仲之勢 백중지세, 互角之勢 호각지세, 春蘭秋菊 춘란추국
五十步笑百步 오십보소백보, 五十步百步 오십보백보
五十笑百 오십소백   오십 보나 백 보나 도망가긴 마찬가지라는 말
大同小異 대동소이   거의 같고 조금 다름. 서로 비슷비슷함

莫逆之友 막역지우 없을 막 | 거스를 역 | 어조사 지 | 벗 우

벗이 하고자 하는 바를 거스르지 않으며 생사조차도 같이할 수 있는 친밀(親密)한 벗

유의어 斷金之契 단금지계, 斷金之交 단금지교   지극히 친밀(親密)한 우정
管鮑之交 관포지교   관중과 포숙아처럼 아주 친한 친구 사이의 교제
刎頸之交 문경지교   서로를 위해 목이 베어져 죽어도 좋은 진짜 친구

* 出典: 莊子(장자) 大宗師篇(대종사편)

幕天席地 막천석지 막·휘장 막 | 하늘 천 | 자리 석 | 땅 지

하늘을 장막(帳幕)으로 삼고 땅을 자리로 삼는다는 뜻, 천지를 자기의 거처(居處)로 삼을
정도로 품은 뜻이 웅대(雄大)함

유의어　陵雲之志 능운지지, 凌雲之志 능운지지, 靑雲之志 청운지지

　　　　　靑雲之交 청운지교, 桑蓬之志 상봉지지, 天地一幕席 천지일막석

▷ 寞天寂也 막천적야　쓸쓸하고 적적함을 이르는 말 = 寂寞江山 적막강산

▷ 序幕 서막　연극(演劇)의 시작이 되는 첫 막. 어떤 일의 시작(始作)

* 出典: 劉伶(유령) 酒德頌(주덕송)

幕後交涉 막후교섭　막·휘장 막 | 뒤 후 | 사귈 교 | 건널 섭

막사(幕舍)뒤에서 교섭(交涉)함. 겉으로 드러나지 아니하게 은밀(隱密)히 하는 물밑교섭

▷ 交涉 교섭　어떤 일을 이루기 위하여 서로 의논하고 절충(折衷)함

▷ 跋涉 발섭　산을 넘고 물을 건너서 길을 감. 여러 곳을 두루 돌아다님

▷ 涉獵 섭렵　온갖 책을 널리 읽거나 여기저기 찾아다니며 여러 일을 경험(經驗)함

滿腔血誠 만강혈성　찰 만 | 속 빌 강 | 피 혈 | 정성 성

꽉 찬 마음속에서 진심(眞心 = 血[혈])으로 우러나오는 정성(精誠)

▷ 滿喫 만끽　음식을 마음껏 먹고 마신다는 뜻, 욕망(欲望)을 마음껏 만족(滿足)시킴을 비유

▷ 腔腸動物 강장동물　원시적인 다세포 동물의 하나(말미잘·산호 등)

萬頃蒼波 만경창파　일만 만 | 밭이랑 경 | 푸를 창 | 물결 파

백만 이랑의 푸른 물결이라는 뜻, 한없이 광활(廣闊)한 푸른 물결의 비유

유의어　萬里滄波 만리창파, 萬頃波 만경파, 一碧萬頃 일벽만경

　　　　　茫茫大海 망망대해　한없이 크고 넓은 바다

▷ 頃刻 경각　눈 깜빡할 사이. 극히 짧은 시간 = 刹那 찰나, 瞬息 순식

萬古風霜 만고풍상　일만 만 | 예·옛 고 | 바람 풍 | 서리 상

오랜 세월(歲月)동안 온갖 어려움을 겪어 온 숱한 고생(苦生)

유의어　萬古風雪 만고풍설, 千辛萬苦 천신만고, 千苦萬難 천고만난

　　　　　艱難辛苦 간난신고, 艱難苦楚 간난고초, 山戰水戰 산전수전

▷ 風霜 풍상　바람과 서리, 세상의 모진고난(苦難) = 風雪 풍설

▷ 萬古不變 만고불변　아주 오랜 세월동안 변하지 아니함

萬口成碑 만구성비 _{일만 만 | 입 구 | 이룰 성 | 비석·돌기둥 비}

만인(萬人)의 입이 비(碑)를 이룬다는 뜻, 여러 사람이 칭찬하는 것은 송덕비(頌德碑)를 세우는 것과 같다는 말로, 만인이 칭찬(稱讚)하면 명성(名聲)이 길이길이 전한다는 말. 선정을 베풂

유의어 甘棠之愛 감당지애, 甘棠遺愛 감당유애, 甘棠愛 감당애
감당나무를 사랑함. 선정(善政)을 베푼 위정자(爲政者)를 사랑함

合浦珠還 합포주환 합포에 구슬이 다시 돌아옴. 지방관이 선정을 베풂

攀轅臥轍 반원와철 수레의 멍에를 끌어당기고 바퀴아래에 드러누움. 善政을 베풂

▷ 口碑 구비 1. 비석에 새긴 것처럼 오래도록 전해 내려온 말이라는 뜻,
2. 대대로 말로 전하여 내려오는 것을 이르는 말

▷ 碑石 비석 돌로 만든 비. 빗돌 = 貞珉 정민

蠻貊之邦 만맥지방 _{남방오랑캐 만 | 북방오랑캐 맥 | 어조사 지 | 나라 방}

중국 북쪽과 남쪽에 사는 오랑캐의 나라라는 뜻, 미개(未開)한 나라를 이르는 말

유의어 南蠻北狄 남만북적, 東夷西戎 동이서융

* 出典: 論語(논어)

滿面喜色 만면희색 _{찰 만 | 낯 면 | 기쁠 희 | 빛 색}

얼굴에 가득 차 있는 기쁜 빛. 흡족함

유의어 喜色滿面 희색만면, 喜喜樂樂 희희낙락 매우 기뻐하고 즐거워함

滿目荒涼 만목황량 _{찰 만 | 눈 목 | 거칠 황 | 서늘할 량}

눈에 띄는 것이 모두 황폐(荒廢)하여 거칠고 쓸쓸하다는 말

▷ 納涼 납량 여름에 더위를 피하여 서늘한 기운을 느낌
▷ 荒涼 황량 황폐(荒廢)하여 거칠고 쓸쓸함
▷ 荒唐 황당 말이나 행동이 허황하고 터무니없음
▷ 唐惶 당황 놀라거나 다급하여 어찌할 바를 모름 = 唐慌 당황

萬病通治 만병통치 _{일만 만 | 병·질병 병 | 통할 통 | 다스릴 치}

한 가지 처방(處方)으로 세상의 온갖 병을 다 고침. 어떤 한 가지 대책이 여러 경우에 두루 효력을 나타냄을 비유하는 말

유의어 百病通治 백병통치

▷ 酒百藥之長 주백약지장 술은 모든 약의 으뜸. 애주가들이 술을 기려 이르는 말

萬不得已 만부득이 일만 만 | 아닐 부 | 얻을 득 | 이미 이
매우 부득이 함. 아주 마지못해 하는 수 없음

『유의어』 不可不得 불가부득

▷ 萬 만 매우[부득이를 강조] / 不得已 부득이 마지못해 하는 수 없이

▷ 萬機親覽 만기친람 임금이 모든 정사를 친히 보살핌

萬夫之望 만부지망 일만 만 | 지아비 부 | ~의 지 | 바랄 망
온 세상의 사람들이 우러러 사모(思慕)함(또는 그런 인물[人物])

『유의어』 泰斗 태두, 山斗 산두, 泰山北斗 태산북두
세상 사람들에게서 존경(尊敬)을 받는 사람의 비유

斗南一人 두남일인 천하에 으뜸가는 현인(賢人)

師表 사표 학식·덕행이 높아 세상의 귀감(龜鑑)이 될 만한 인물

* 出典: 易經(역경)

萬不成說 만불성설 일만 만 | 아닐 불 | 이룰 성 | 말씀 설
말이 도무지 사리(事理)에 맞지 않음 또는 모든 것이 말이 안 됨

『유의어』 語不成說 어불성설, 不成說 불성설 말이 조금도 사리(事理)에 맞지 않음

語不近理 어불근리 말이 이치(理致)에 맞지 않음

▷ 遊說 유세 자기의견이나 자기의 소속정당(所屬政黨) 등의 주장을 선전(宣傳)하며 돌아다님

萬死無惜 만사무석 일만 만 | 죽을 사 | 없을 무 | 아낄 석
만 번 죽여도 아까울 것이 없을 만큼 죄(罪)가 큼

『유의어』 萬戮猶輕 만륙유경 만 번 죽여도 오히려 그 벌(罰)이 가벼움

勿揀赦前 물간사전 은사(恩赦)를 입지 못할 무거운 죄

▷ 哀惜 애석 슬프고 아까움 / 惜別 석별 서로 애틋하게 이별(離別)함

▷ 天人共怒 천인공노 하늘과 사람이 함께 노한다는 뜻으로 누구나 분노(憤怒)할 만큼
증오(憎惡)스럽거나 도저히 용납(容納)될 수 없음의 비유

萬事瓦解 만사와해 일만 만 | 일 사 | 기와 와 | 풀 해

한 가지 잘못으로 모든 일이 다 실패(失敗)로 돌아감

유의어 萬事休矣 만사휴의, 勞而無功 노이무공, 徒勞無益 도로무익

徒勞無功 도로무공   헛되이 애만 쓰고 공을 들인 보람이 없음

▷ 瓦解 와해   기와가 깨진다는 뜻, 조직이나 계획 등이 산산이 무너져 흩어짐

▷ 瓦全 와전   아무 보람 없이 헛되이 삶을 이어 감 ↔ 玉碎 옥쇄

萬事亨通 만사형통   일만 만 | 일 사 | 형통할 형 | 통할 통

모든 일이 뜻한 바대로 잘 이루어짐

유의어 萬事如意 만사여의, 所願成就 소원성취, 亨通 형통

▷ 運數大通 운수대통   복된 운이 크게 트여 이루어짐

▷ 疏通 소통   막히지 않고 잘 통함. 생각하는 바가 서로 통함

萬事休矣 만사휴의   일만 만 | 일 사 | 쉴 휴 | 어조사 의

한 가지 잘못으로 모든 일이 헛수고로 돌아감

유의어 徒勞無功 도로무공, 勞而無功 노이무공

萬事瓦解 만사와해   한 가지 잘못으로 모든 일이 다 틀어져 버림

徒勞無益 도로무익   헛되이 수고만 하고 아무런 이로움이 없음

▷ 休憩室 휴게실   잠깐 동안 머물러 쉬도록 설비(設備)한 공간

* 出典: 宋史(송사) 荊南高氏世家(형남고씨세가)

萬壽無疆 만수무강   일만 만 | 목숨 수 | 없을 무 | 지경·끝 강

건강(健康)과 장수(長壽)를 기원(祈願)할 때 쓰는 말로 아무 탈 없이 오래오래 살도록 바란다는 말

유의어 萬世無疆 만세무강, 壽考無疆 수고무강, 壽便 수편, 壽考 수구

壽福康寧 수복강녕   오래 살고 복을 누리며 건강(健康)하고 평안(平安)함

▷ 疆域 강역   강토의 구역 또는 국경 / 畎疆 견강   논밭의 경계 = 疆場 강역

萬乘天子 만승천자   일만 만 | 수레·탈 승 | 하늘 천 | 아들 자

많은 군대(軍隊)를 거느린 천자(天子) 또는 황제(皇帝) [1승(乘)은 4필(匹)의 말이 끄는 전차(戰車)]

유의어 萬乘之尊 만승지존   천자나 황제를 높이어 일컫는 말

▷ 搭乘 탑승   배나 비행기, 열차 등에 올라탐 / 陪乘 배승   높은 사람을 모시고 탐

晚時之歎 만시지탄   늦을 만 | 때 시 | ~의 지 | 탄식할 탄

때늦은 한탄(恨歎)이라는 뜻, 시기(時期)가 늦어 기회(機會)를 놓친 것이 원통(冤痛)해서
탄식(歎息)하는 말

【유의어】 晚時之嘆 만시지탄, 後時之歎 후시지탄

晚食當肉 만식당육   늦을 만 | 밥·먹을 식 | 마땅 당 | 고기 육

밥 먹을 때를 놓쳐 배고플 때 밥을 늦게 먹으면 고기처럼 맛있다는 뜻,
즉 시장이 반찬(飯饌)이라는 말

▷ 飽飫烹宰 飢厭糟糠 포어팽재 기염조강
    배가 부르면 고기도 물리고 배가고프면 술지게미나 쌀겨 같은 거친 음식이라도 만족함

* 出典: 千字文(천자문)

滿身瘡痍 만신창이   찰 만 | 몸 신 | 부스럼 창 | 상처 이

1. 온몸이 성한 데가 없이 상처(傷處)투성이가 됨
2. 어떤 일이 아주 형편없이 엉망이 됨을 비유적으로 이르는 말

【유의어】 百孔千瘡 백공천창   갖가지 폐단(弊端)으로 엉망진창이 됨

萬牛難回 만우난회   일만 만 | 소 우 | 어려울 난 | 돌·돌아올 회

만 마리의 소가 끌어도 돌려 세우기 어렵다는 뜻, 도저히 설득하기 어려운 고집(固執)이 센
사람을 비유하여 이르는 말

【유의어】 固執不通 고집불통, 甕固執 옹고집, 碧昌牛 벽창우
    고집이 세어 융통성이 없음 또는 그런 사람

▷ 挽回 만회   바로잡아 돌이킴

滿場一致 만장일치   찰 만 | 마당 장 | 하나 일 | 이를·도달할 치

장내(場內)에 모인 모든 사람들의 의견(意見)이 하나같이 모두 똑같다는 말

【유의어】 渾然一致 혼연일치, 異口同聲 이구동성, 如出一口 여출일구
    異口同音 이구동음, 衆口同聲 중구동성, 衆口一辭 중구일사

萬丈瀑布 만장폭포   일만 만 | 어른·길 장 | 폭포 폭 | 베·펼 포

만 길이나 되는 매우 높은 데서 떨어지는 폭포

▷ 萬丈 만장   실제의 길이가 아니라 길다는 것을 강조하는 말 = 萬仞 만인

慢藏誨盜 만장회도 게으를 만 | 감출 장 | 가르칠 회 | 훔칠·도둑 도

곳간의 문단속(門團束)을 잘하지 않는 것은 도둑에게 도둑질하라고 가르치는 것과 같다는 말

▷ 無盡藏 무진장 한없이 많음. 덕이 넓어 끝이 없음/ 怠慢 태만 게으르고 느림

▷ 教誨 교회 잘 가르쳐 지난날의 잘못을 깨우치게 함

萬全策 만전책 일만 만 | 온전할 전 | 어조사 지 | 꾀 책

모든 대비(對備)에 아주 안전하거나 완전한 계책(計策)

유의어 萬全之計 만전지계, 萬全之策 만전지책

* 出典: 後漢書(후한서) 劉表傳(유표전)

萬折必東 만절필동 일만 만 | 꺾을 절 | 반드시 필 | 동녘 동

황허(黃河)는 아무리 굽이가 많아도 반드시 동쪽으로 흘러간다는 뜻으로
충신의 절개(節槪)는 꺾을 수 없음을 이르는 말. 결국은 본뜻대로 된다는 말

유의어 百折不回 백절불회, 百折不屈 백절불굴, 不撓不屈 불요불굴
　　　　어떤 역경(逆境)과 어려움에도 좌절(挫折)하지 않는 불굴(不屈)의 정신(精神)

▷ 挫折 좌절 마음이나 기운이 꺾임. 어떤 계획이나 일 따위가 실패로 돌아감

滿朝百官 만조백관 찰 만 | 조정·아침 조 | 일백 백 | 벼슬 관

조정(朝廷)의 모든 벼슬아치

유의어 滿廷諸臣 만정제신, 滿朝 만조, 文武百官 문무백관 모든 문관과 무관

蠻觸之爭 만촉지쟁 오랑캐(남쪽) 만 | 닿을 촉 | 어조사 지 | 다툴 쟁

작은 나라끼리의 다툼 또는 시시한 일로 싸움하는 것을 비유하는 말

달팽이의 왼쪽 뿔에 사는 만(蠻)씨와 오른쪽 뿔에 사는 촉(觸)씨가 있어 서로 싸웠다는
고사에서 유래

유의어 蝸角觝 와각저, 蝸角之爭 와각지쟁, 蝸角之勢 와각지세
　　　　달팽이의 더듬이 위에서 싸움. 하찮은 일로 승강이하는 짓이나 작은 나라끼리의 싸움

晩翠 만취 늦을 만 | 푸를·비취색·물총새 취

늦겨울에도 변하지 아니하는 푸른빛. 늙어서도 지조(志操)를 바꾸지 아니함을 비유하는 말

▷ 晩餐 만찬 손님을 초대(招待)하여 함께 먹는 저녁식사 = 夕餐 석찬

▷ **翡翠** 비취　치밀(緻密)하고 짙은 푸른색의 윤이 나는 보석구슬
장신구·장식품 등으로 씀 = **翡翠玉** 비취옥

萬波息笛 만파식적　일만 만 | 물결 파 | 쉴·숨 쉴 식 | 피리 적

이 피리를 불면, 성난 바다의 파도(波濤)가 잠잠해지며 적군과 역질(疫疾)이 물러가고 병이 낫고
모든 근심과 걱정이 사라지며 나라가 평안(平安)해졌다고 함

신라 때 전설상의 피리로 신라 문무왕이 죽어서 된 해룡(海龍)과 김유신이 죽어서 된 천신(天神)이
합심하여 용을 시켜서 보낸 대나무로 만들었다는 고사에서 유래

▷ **霧笛** 무적　안개가 끼었을 때 경고신호로 울리는 고동. 등대(燈臺)나 배에 장치(裝置)함

▷ **洞簫** 퉁소　입으로 부는 악기의 한 가지[세로로 붐]

＊ 出典: 三國史記(삼국사기: 金富軾[김부식]) 三國遺事(삼국유사: 僧[승] 一然[일연])

萬壑千峰 만학천봉　일만 만 | 골·구렁 학 | 일천 천 | 봉우리 봉

첩첩으로 겹쳐진 깊고 큰 골짜기와 수많은 산봉우리

[유의어] 千峰萬壑 천봉만학　수많은 산봉우리와 산골짜기

　　　　 疊疊山中 첩첩산중　첩첩이 겹친 산속

▷ **溝壑** 구학　구렁(땅이 움쑥하게 팬 곳). 한번 빠지면 헤어나기가 힘든 어려운 환경을 비유

萬化方暢 만화방창　일만 만 | 될 화 | 바야흐로 방 | 펼·화창할 창

따뜻한 봄날이 되어 온갖 생물(生物)이 나서 자람

▷ **百花齊放** 백화제방　많은 꽃이 일제히 핌. 온갖 학문·예술·사상 등이 각기 자기주장을 펼

▷ **陽春佳節** 양춘가절　따뜻하고 좋은 봄철

▷ **和暢** 화창　날씨나 바람이 온화하고 맑음

萬彙群象 만휘군상　일만 만 | 무리 휘 | 무리·떼 군 | 모양·코끼리 상

우주(宇宙)에 수없이 존재(存在)하는 온갖 사물(事物)과 현상(現象)

[유의어] 森羅萬象 삼라만상, 天地萬物 천지만물, 宇宙萬物 우주만물

▷ **語彙** 어휘　어떤 일정한 범위 안에서 사용되는 낱말의 수효(數爻)나 그 낱말의 전체

末大必折 말대필절　끝 말 | 큰 대 | 반드시 필 | 꺾을 절

초목(草木)의 가지와 잎이 커지면 줄기[幹: 간]가 부러진다는 뜻, 지손(支孫)이 강성해지면
종가(宗家)를 멸망(滅亡)시킨다는 말

유의어 **尾大不掉** 미대부도, **尾大難掉** 미대난도, **尾掉** 미도
　　　　꼬리가 커서 흔들기 어렵다는 뜻. 일의 끝이 크게 벌어져서 처리하기 어려움

▷ **屈折** 굴절　휘어서 꺾임. 생각·말 등이 어떤 것에 영향을 받아 본래의 모습과 달라짐

▷ **末梢** 말초　나뭇가지의 끝에서 갈려 나간 잔가지. 사물의 끝 부분. ↔ **根幹** 근간

* 出典: 春秋左氏傳(춘추좌씨전)

秣馬利兵 말마이병 꼴·말먹이 말 | 말 마 | 날카로울·이로울 이(리) | 군사 병

말에게 먹이를 먹이고 병장기(兵仗器)를 날카롭게 간다는 뜻으로 전쟁(戰爭)을 준비(準備)함

* 出典: 春秋左氏傳(춘추좌씨전)

網開三面 망개삼면 그물 망 | 열 개 | 석 삼 | 낯·겉 면

그물의 삼면(三面)을 열어 놓았다는 뜻, 어질고 관대(寬待)한 은덕(恩德)이 짐승에게까지 미침을
이르는 말

중국 은(殷)나라 탕왕(湯王)이 사냥을 할 때 빙 둘러친 그물의 삼면(三面)을 열어 금수(禽獸)가
자유롭게 달아날 수 있도록 했다는 고사에서 유래

유의어 **網開一面** 망개일면　그물의 한 면을 열어 놓음

▷ **漁網** 어망　물고기를 잡는 데 쓰는 그물 = **魚網** 어망

* 出典: 史記(사기)

亡國之音 망국지음 망할 망 | 나라 국 | ~의 지 | 노래·소리 음

나라를 망칠 저속(低俗)하고 잡스러운 음악(音樂)이라는 말

유의어 **亡國之聲** 망국지성, **玉樹後庭花** 옥수후정화, **後庭花** 후정화

　　　　鄭衛之音 정위지음, **鄭衛桑間** 정위상간, **桑間濮上** 상간복상

▷ **亡種** 망종　몹쓸 종자란 뜻으로 행실이 아주 좋지 못한 사람을 욕으로 이르는 말.

* 出典: 韓非子(한비자) 十過篇(십과편)

亡國之歎 망국지탄 망할 망 | 나라 국 | ~의 지 | 탄식할 탄

고국(故國)의 멸망(滅亡)을 한탄(恨歎)함

유의어 **亡國之嘆** 망국지탄, **亡國之恨** 망국지한

　　　　麥秀之嘆 맥수지탄, **黍離之歎** 서리지탄, **黍離之嘆** 서리지탄

▷ **亡命** 망명　혁명(革命)의 실패 또는 기타 정치적인 이유(理由)로 박해(迫害)를 피하여
　　　　　　　　외국으로 몸을 피함을 이르는 말 = **亡命逃走** 망명도주

亡戟得矛 망극득모 잃어버릴·망할 망 | 창 극 | 얻을 득 | (자루가 긴)창 모

두 갈래로 갈라진 창인 극(戟)을 잃어버리고 자루가 긴 창인 모(矛)를 얻었다는 뜻으로
잃어버리고 얻음이 엇비슷하여 별로 이득(利得)이 없다는 말

▷ 矛盾 모순 말이나 행동 또는 사실의 앞뒤가 서로 맞지 않음 = 撞着 당착

* 出典: 呂氏春秋(여씨춘추)

罔極之痛 망극지통 없을·그물 망 | 다할 극 | 어조사 지 | 아플 통

다함이 없는 고통이라는 뜻으로 어버이나 임금에게 상서(祥瑞)롭지 못한 일이 생겨 한 없이
슬프다는 말

『유의어』 罔極 망극 [보통 임금이나 어버이의 상사(喪事)에 쓰는 말]

[성은(聖恩)이 망극(罔極)하옵니다: 임금의 은혜가 너무나 커서 갚을 길이 없사옵니다.]

忘年之友 망년지우 잊을 망 | 해 년 | 어조사 지 | 벗 우

나이 차이(差異)를 문제 삼지 않고 허물없이 사귀는 벗. 특히 연소(年少)자의 재덕을 인정하여
연장(年長)자가 하는 말

『유의어』 忘年之交 망년지교, 忘年交 망년교, 忘年友 망년우

* 出典: 陳書(진서)

網漏吞舟 망루탄주 그물 망 | 샐 루 | 삼킬 탄 | 배 주

그물이 찢어져 새면 배도 삼킬만한 큰 물고기조차 빠져나간다는 뜻, 즉 법령(法令)이 지나치게
관대(寬待)하면 큰 죄를 짓고도 법망(法網)을 피(避)할 수 있게 되어 국가의 기강(紀綱)이
바로 서지 않음을 비유하는 말

『반의어』 網目不疎 망목불소 그물코가 허술하지 않음. 법률이 세밀하게 만들어 졌음의 비유

▷ 吞舟 탄주 배를 삼켜버릴 정도의 큰 고기, 큰 인물, 대 악인 = 吞舟之魚 탄주지어

▷ 漏泄 누설 기체나 액체 등이 밖으로 샘. 비밀이 밖으로 새어 나감 = 漏洩 누설

▷ 晷漏 귀루 해시계와 물시계

* 出典: 史記(사기) 酷吏傳(혹리전)

忙裏偸閑 망리투한 바쁠 망 | 속 리 | 훔칠 투 | 한가할 한

바쁜 중에도 잠시(暫時)의 틈을 내어 즐거이 논다는 말, 한가한 시간을 훔친다는 말

『유의어』 忙中偸閑 망중투한, 偸閑 투한

▷ 忙中閑 망중한 바쁜 가운데에 잠깐 얻어낸 틈[= 한가함]

▷ 偸葬 투장　남의 산이나 묘(墓)자리에 몰래 자기 집안의 묘를 쓰는 일을 말함

▷ 偸斫 투작　산의 나무를 몰래 벰 = **盜伐** 도벌, **盜斫** 도작

▷ 偸香 투향　향(香)을 훔친다는 뜻　1. 남녀 간에 사사로이 정을 통함을 비유하는 말
　　　　　　　　　　　　　　　　　2. 악한 일을 저지르면 자연히 드러남을 비유하는 말

茫茫大海 망망대해　아득할 망 | 큰 대 | 바다 해
한없이 크고 넓은 바다

유의어 萬頃蒼波 만경창파, 萬里蒼波 만리창파, 茫茫大洋 망망대양
　　　한없이 넓고 푸른 바다나 호수의 물결

▷ 茫昧 망매　모호함. 분명하지 아니함

望梅解渴 망매해갈　바랄 망 | 매실 매 | 풀 해 | 목마를 갈
매실은 맛이 시기 때문에 생각만하여도 입안에 침이 돌아 갈증(渴症)이 해갈(解渴)된다는 뜻
공상(空想)이나 상상(想像)만으로도 잠시(暫時) 마음의 위안(慰安)을 얻음을 비유하는 말

유의어 望梅止渴 망매지갈, 梅林止渴 매림지갈

▷ 梅霖 매림　매화나무 열매가 익을 무렵의 장마라는 뜻 = **梅雨** 매우

* 出典: 世說新語(세설신어) 假譎篇(가휼편)

罔赦之罪 망사지죄　없을 망 | 용서할 사 | 어조사 지 | 허물·죄 죄
용서(容恕)할 수 없을 정도의 큰 죄(罪) = **罔赦** 망사

유의어 萬死無惜 만사무석　만 번 죽어도 아까울 것이 없음
　　　　　勿揀赦前 물간사전　사면을 행할 때 은사(恩赦)를 입지 못할 중죄(重罪)

▷ 赦免 사면　죄를 용서(容恕)하여 형벌(刑罰)을 면제(免除)함[일반사면과 특별사면]

亡羊得牛 망양득우　잃을·달아날 망 / 없을 무 | 양 양 | 얻을 득 | 소 우
양을 잃어버리고 소를 얻었다는 뜻, 작은 것을 잃고 큰 것을 얻어 손해(損害)를 본 것이 아니라
오히려 이익(利益)이 된다는 말

▷ 亡種 망종　몹쓸 종자(種子)라는 뜻, 행실이 아주 좋지 못한 사람을 욕(辱)으로 하는 말

▷ 亡失 망실　잃어버려서 없어짐 / **紛失** 분실　물건(物件)등을 잃어버림

▷ 逃亡 도망　피하여 달아남. 쫓겨 달아남 / **敗亡** 패망　싸움에 져서 망함

▷ 以羊易牛 이양역우　양으로 소와 바꾼다는 뜻으로
　　　　　　　　　　작은 것을 가지고 큰 것 대신(代身)으로 쓰는 일을 이르는 말

* 出典: 淮南子(회남자)

亡羊補牢 망양보뢰 잃을·달아날 망 | 양 양 | 기울·보수할 보 | 우리 뢰

양을 잃어버리고 우리를 고친다는 뜻, 소 잃고 외양간 고친다는 말
이미 어떤 일을 실패(失敗)한 뒤에 후회(後悔)해도 아무 소용이 없다는 말

『유의어』 亡牛補牢 망우보뢰, 失牛補屋 실우보옥, 噬臍莫及 서제막급

▷ 大牢 대뢰 나라에서 제사지낼 때 소를 통째로 바치던 일 = 太牢 태뢰

* 出典: 戰國策(전국책) 楚策(초책)

亡羊之歎 망양지탄 잃을·달아날 망 | 양 양 | 어조사 지 | 탄식할 탄

달아난 양을 찾다가 여러 갈래 갈림길에 이르러 길을 잃고 결국 양을 잃어버리고 탄식한다는 뜻
1. 학문의 길이 여러 갈래여서 진리(眞理)를 얻기 어렵다는 말
2. 방침(方針)이 많아 어찌할 바를 몰라 갈팡질팡 한다는 말

『유의어』 亡羊歎 망양탄, 亡羊之嘆 망양지탄, 多岐亡羊 다기망양

* 出典: 戰國策(전국책)

望洋之歎 망양지탄 바랄 망 | 큰 바다 양 | 어조사 지 | 탄식할 탄

넓은 바다를 바라보며 막막한 마음에 하는 한탄(恨歎)이라는 뜻
1. 다른 사람이 이룩한 위대(偉大)한 일을 보고 자신의 미흡(未洽)함을 부끄러워 함
2. 자신의 역부족(力不足)으로 어떤 일에 미치지 못할 때에 하는 탄식을 비유하는 말

『유의어』 望洋之嘆 망양지탄

▷ 輿望 여망 개인·사회에 대한 많은 사람의 기대(期待)를 받음 = 衆望 중망

* 出典: 莊子(장자) 秋水篇(추수편)

茫然自失 망연자실 아득할 망 | 그러할 연 | 스스로 자 | 잃을 실

인간의 상식으로 도저히 받아들이기 어려운 일을 당하여 멍하니 정신을 잃고 우두커니 있는 모양

▷ 啞然失色 아연실색 뜻밖의 일에 너무 놀라서 말도 안 나오고 얼굴빛이 하얗게 변함

▷ 啞 벙어리 아 / 聾 귀머거리 롱 / 盲 소경 맹 / 眇 애꾸눈 묘 / 蹇 (다리)절 건

* 出典: 莊子(장자)

望雲之情 망운지정 바랄 망 | 구름 운 | 어조사 지 | 뜻 정

객지에서 고향(故鄕)쪽의 구름을 바라보는 정(情). 객지에서 고향에 계신 어버이를 그리워하는
자식의 마음

『유의어』 望雲之懷 망운지회, 白雲孤飛 백운고비, 看雲步月 간운보월

　　　　鴇羽之嗟 보우지차, 陟岵陟屺 척호척기, 陟岵 척호, 陟屺 척기

羈鳥戀舊林 기조연구림 새장에 갇힌 새가 옛날에 놀던 숲을 그리워함

* 出典: 唐書(당서) 狄仁傑(적인걸)

亡子計齒 망자계치 죽을·망할 망 | 아들·자식 자 | 셈 계 | 나이·이빨 치

죽은 자식 이빨[= 나이] 세기라는 뜻으로 이미 지나간 일을 돌이켜 애석(哀惜)하게 생각해봐야
소용이 없음을 비유하는 말. 쓸데없는 짓. 어리석은 짓

▷ 別無所用 별무소용 별로 소용이 없음

▷ 年齒 연치 나이의 높임 말 = 年歲 연세, 春秋 춘추

芒刺在背 망자재배 까끄라기·털끝·바늘 끝 망 | 찌를 자 / 척 | 있을 재 | 등·뒤 배

껄끄럽고 따가운 가시를 등에 짊어지고 있다는 뜻, 주위(周圍)에 꺼려하고 두려운 존재가 있어서
마음이 조마조마하여 편치 않음을 이르는 말

【유의어】 坐不安席 좌불안석, 如坐針席 여좌침석 바늘방석에 앉은 것 같다는 뜻

* 出典: 漢書(한서) 霍光傳(곽광전)

妄自尊大 망자존대 망령될 망 | 스스로 자 | 높을·우러러볼 존 | 큰 대

망령되이 스스로를 크게 높인다는 뜻, 도리에 어긋나고 분별도 없이 함부로 잘난 체함을 비유

【유의어】 自尊妄大 자존망대

▷ 妄靈 망령 늙거나 정신(精神)이 흐려서 말이나 행동(行動)이 정상(正常)을 벗어남

* 出典: 後漢書(후한서) 馬援傳(마원전)

罔知所措 망지소조 없을·아닐 망 | 알·깨달을 지 | 바·자리·위치 소 | 둘 조

조치(措置)할 바를 알지 못한다는 뜻으로 너무 당황(唐慌)하거나 급하여 어찌할 바를 모르고
갈팡질팡한다는 말

【유의어】 罔措 망조, 罔知攸措 망지유조, 彷徨失措 방황실조

　　　　右往左往 우왕좌왕, 左衝右突 좌충우돌, 東衝西突 동충서돌

▷ 罔有擇言 망유택언 말하는 것이 모두 법에 합당(合當)해 골라서 버릴 것이 없다는 말

▷ 措置 조치 문제나 사태를 해결하기 위해 필요한 대책을 세움(대책) = 措處 조처

望塵莫及 망진막급 바랄·보름 망 | 티끌·먼지 진 | 없을·막을 막 | 미칠·이를 급

먼지[塵: 진]만 바라볼 뿐 먼지를 일으키며 달려가는 수레를 내가 미처 따라잡지 못한다는 뜻
1. 사람을 만나려고 애를 쓰며 쫓아갔지만 결국 만나지 못함을 비유하는 말

2. 간절(懇切)히 원(願)하던 바를 이루지 못함을 비유하는 말. 뜻을 이루지 못함을 비유

동한시대에 조고라는 현령(縣令)이 근처를 지나는 조자를 만나려고 따라갔으나, 멀리서 조자의 수레가 멀찌감치 빨리 지나가며 일으키는 먼지만 바라보았다는 고사에서 유래

『유의어』 望塵不及 망진불급

▷ 足脫不及 족탈불급　맨발로 뛰어도 따라가지 못한다는 뜻으로
　　　　　　　　　　　능력·역량·재질 등의 차이(差異)가 현격(懸隔)함을 이르는 말

* 出典: 南史(남사: 唐[당]나라 때 李延壽[이연수]가 編纂[편찬]한 역사서)

望蜀之歎 망촉지탄　바랄 망 | 나라이름 촉 | 어조사 지 | 탄식할 탄

이미 농(隴)땅을 얻고 다시 촉(蜀)땅을 얻고 싶어 하는 탄식(歎息)이라는 뜻, 인간(人間)의 욕심(慾心)은 한이 없음 또는 물릴 줄 모르는 인간의 욕심을 비유하는 말

『유의어』 隴蜀 농촉, 得隴望蜀 득롱망촉, 車魚之歎 거어지탄
　　　　 溪壑 계학, 谿壑之慾 계학지욕, 借廳入室 차청입실
　　　　 望蜀 망촉, 平隴望蜀 평롱망촉, 借廳借閨 차청차규

望風而靡 망풍이미　바랄 망 | 바람 풍 | 말 이을 이 | 쓰러질 미

멀리 있는 적의 강한 기세를 보고 이쪽에서 놀라서 미리 쓰러진다는 뜻
1. 소문을 듣고 놀라서 맞서보려고도 하지 않고 달아남을 비유하는 말
2. 높은 덕망(德望)을 듣고 우러러 흠모(欽慕)하여 반항(反抗)하거나 거역(拒逆)하려는 마음을
　 버리고 스스로 따라와 복종(服從)한다는 말

▷ 風靡 풍미　바람에 몰려 초목(草木)이 쓰러지듯이, 어떤 현상(現象)이나 사조(思潮)가
　　　　　　 널리 사회(社會)에 퍼짐을 비유하는 말

* 出典: 漢書(한서)

賣劍買牛 매검매우　팔 매 | 칼 검 | 살 매 | 소 우

검을 팔아 소를 산다는 뜻, 전쟁을 그만두고 고향으로 돌아가 농사를 지으니 평화스런 세상이 도래(到來)함을 비유하는 말

『유의어』 賣劍買犢 매검매독　검을 팔아 송아지를 산다는 말
　　　　 歸馬放牛 귀마방우, 弭兵 미병, 櫜弓 고궁, 終戰 종전
　　　　 倒置干戈 도치간과, 倒載干戈 도재간과　무기를 거꾸로 놓음

* 出典: 漢書(한서)

賣官賣職 매관매직　팔 매 | 벼슬 관 | 팔 매 | 직분·벼슬 직

돈이나 재물을 받고 벼슬과 직위(職位)를 판다는 말

『유의어』 賣官 매관, 賣職 매직, 賣官鬻爵 매관육작

▷ 獵官 엽관 금품·연줄 등 온갖 방법을 동원하여 관직을 얻음

▷ 納贖 납속 죄를 면하고자 돈을 바침. 속전(贖錢)을 바침

買櫝還珠 매독환주 살 매 | 궤 독 | 돌아올 환 | 구슬 주

상자[櫝: 독]만 사고 구슬[珠: 주]은 돌려보냄. 정작 중요한 속을 놔두고 겉만 산다는 뜻
1. 호화(豪華)롭게 꾸민 겉포장에 현혹(眩惑)되어 정말 중요한 실체(實體)를 잃는다는 의미
2. 표현(表現)의 화려(華麗)함에 현혹(眩惑)되어 내용(內容)의 중요성을 잊는다는 의미

『유의어』 買匵還珠 매갑환주, 買櫃還珠 매궤환주, 得匵還珠 득갑환주

* 出典: 韓非子(한비자) 外儲說左上(외저설좌상)

埋頭沒身 매두몰신 묻을 매 | 머리 두 | 가라앉을·빠질 몰 | 몸 신

머리를 묻고 몸을 빠뜨린다는 뜻
1. 바쁜 일에 파묻혀 헤어나지 못함   2. 일에 열중(熱中)하여 물러설 줄을 모름

『유의어』 沒頭 몰두, 沒入 몰입, 汨沒 골몰, 夢寐之間 몽매지간

▷ 埋沒 매몰 파묻거나 파묻힘

▷ 埋葬 매장 시체나 유골을 땅에 묻음. 못된 짓을 한 사람을 사회에서 용납하지 못하게 함

罵詈雜言 매리잡언 욕할 매 | 꾸짖을 리 | 섞일 잡 | 말씀 언

상대에게 온갖 잡소리로 욕을 해대며 큰소리로 꾸짖는다는 말

『유의어』 罵倒 매도 심하게 욕하거나 꾸짖음 = 詰責 힐책, 罵詈 매리, 詈罵 이매

▷ 唾罵 타매 경멸(輕蔑)하여 침을 뱉으며 욕을 해댐

▷ 痰唾 담타 가래와 침. 가래 섞인 침

* 出典: 史記(사기)

脢腓 매비 등심·등살 매 | 장딴지 비

등살[脢: 매]과 장딴지[腓: 비]. 매우 중요함 또는 서로 떨어질 수 없는 관계를 비유하는 말
[부부(夫婦)의 결합(結合)을 상징(象徵)하는 주역(周易) 함괘(咸卦)의 효사(爻辭)에서 유래]

『유의어』 連理 연리, 比翼 비익, 連理比翼 연리비익, 比翼連理 비익연리
　　　　　 琴瑟 금실, 鴛鴦 원앙, 鴛鴦契 원앙계
　　　　　 水魚之交 수어지교, 膠漆之交 교칠지교

買死馬骨 매사마골 살 매 | 죽을 사 | 말 마 | 뼈 골

죽은 말의 뼈를 산다는 뜻으로
1. 귀중한 것을 손에 넣기 위해서는 먼저 희생(犧牲)하고 공을 들여야 한다는 말
2. 하찮은 인재라도 중용(重用)하면 유능한 인재가 자연히 모인다는 말

춘추전국시대에 연(燕)나라 소왕(昭王)이 천리마를 얻기 위해 죽은 천리마의 뼈를 비싸게 주고 샀더니, 그 소문이 널리 퍼져 천리마를 가진 사람들이 하나 둘씩 나타나 천리마를 쉽게 구할 수 있었다는 고사에서 유래

> **[유의어]** 死馬骨五百金 사마골오백금, 千金買骨 천금매골, 買駿馬骨 매준마골

賣鹽逢雨 매염봉우 팔 매 | 소금 염 | 만날 봉 | 비 우

소금(鹽: 염)을 팔다가 비를 만난다는 뜻, 뜻밖에 만나는 불운으로 매사에 어려움을 만나 제대로 되는 일 없음을 비유하는 말

> **[유의어]** 鷄卵有骨 계란유골 달걀에도 뼈가 있음[= 곯은 달걀]. 매사에 운이 없음

* 出典: 宋南雜識(송남잡지: 조선후기의 학자 趙在三[조재삼]의 저서)

買占賣惜 매점매석 살 매 | 차지할 점 | 팔 매 | 아낄 석

물건 값이 오를 것을 예상(豫想)하여 어떤 상품을 한꺼번에 많이 사 두었다가 값이 오른 뒤에 조금씩 아껴가며 비싸게 판다는 말

▷ 隴斷 농단 이익(利益)이나 권리(權利)를 독차지함 = 壟斷 농단

▷ 閟惜 비석 숨기고 아낌. 감추어 두고 소중하게 돌봄

* 出典: 許生傳(허생전)

梅妻鶴子 매처학자 매화 매 | 아내 처 | 학 학 | 아들 자

매화(梅花)를 아내[妻: 처]로 삼고 학(鶴)을 자식(子息)으로 여긴다는 말
속세(俗世)를 떠나 유유자적(悠悠自適)하게 생활하는 것을 비유하는 말

> **[유의어]** 悠然自適 유연자적, 安閑自適 안한자적, 風月主人 풍월주인
> 風塵表物 풍진표물, 風塵外物 풍진외물, 俗塵外物 속진외물
> 物外閑人 물외한인, 物外閒人 물외한인, 東山高臥 동산고와

> **[반의어]** 妻城子獄 처성자옥 처는 성(城)이요 자식은 감옥(監獄). 나를 가두는 곳

* 出典: 詩話總龜(시화총귀)

每況愈下 매황유하 매양 매 | 모양·상황 황 | 더욱·나을 유 | 아래 하

갈수록 상황(狀況)이 나빠지거나 악화(惡化)됨을 비유하는 말

동곽자(東郭子)와 장자(莊子)의 대화에서 나온 고사로 처음엔 매하유황(每下愈況)이었던 말이 나중엔 매황유하(每況愈下)로 바뀌고 뜻이 달라졌기에 갈수록 상황이 나빠짐을 이르는 말

* 每下愈況 매하유황

돼지의 살찐 정도를 알아보려면 살이 찌지 않은 아래쪽 다리를 살펴볼수록 오히려 쌀 찐 정황(情況)을 더 잘 알 수 있다는 비유로 도(道)는 어느 한곳에 한정된 것이 아니라 어디에나 있다는 말. 즉 도는 없는 곳이 없다는 말

* 出典: 莊子(장자) 知北遊篇(지북유편)

麥丘邑人 맥구읍인　보리 맥 | 언덕 구 | 고을 읍 | 사람 인

맥구읍(麥丘邑)의 사람이란 뜻, 곧고 슬기로워 인생의 바른길을 인도(引導)할 수 있는 현명(賢明)한 노인을 비유하는 말

제(齊)나라 환공(桓公)이 맥구(麥丘)로 사냥을 나갔다가 우연히 범상치 않은 한 노인을 만나, 자기를 축원(祝願)해 달라는 청을 했는데, 환공이 그 노인의 축원의 말에서 큰 깨달음을 얻고 노인을 맥구의 읍장(邑長)으로 임명(任命)했다는 고사에서 유래

* 出典: 新序(신서) 雜事篇(잡사편)

麥秀之歎 맥수지탄　보리 맥 | 이삭·빼어날 수 | 어조사 지 | 탄식할 탄

잘 자란 보리이삭을 보고 탄식한다는 뜻, 고국(故國)의 멸망(滅亡)을 탄식(歎息)함

기자(箕子)가 은(殷)나라가 망한 뒤 폐허(廢墟)가 된 궁궐터에 보리와 기장이 무심하게 잘 자라는 것을 보고 망국(亡國)을 한탄(恨歎)했다는 고사에서 유래

[유의어] 黍離之歎 서리지탄, 黍離之嘆 서리지탄
亡國之歎 망국지탄, 亡國之恨 망국지한
麥秀黍油 맥수서유　보리의 이삭과 윤기 나는 기장 즉 고국의 멸망을 탄식함

▷ 麥穗 맥수　보리이삭. 망국의 비탄과 자취 = 麥秀 맥수

* 出典: 史記 宋微子世家(송미자세가)

盲龜遇木 맹귀우목　소경·눈멀 맹 | 거북 귀 | 만날 우 | 나무 목

눈먼 거북이 떠내려 오는 나무를 우연히 만났다는 뜻, 어려운 지경에 뜻밖의 행운(幸運)을 만남

[유의어] 盲龜浮木 맹귀부목, 盲龜值浮木 맹귀치부목, 千載一遇 천재일우

▷ 文盲 문맹　배우지 못해서 글을 읽거나 쓸 줄을 모름 또는 그런 사람

* 出典: 阿含經(아함경)

孟母斷機 맹모단기　맏 맹 | 어미 모 | 끊을 단 | 틀 기

맹자의 어머니가 아들이 학업을 중단하고 돌아왔을 때 짜던 베를 칼로 잘라서 훈계한 고사(故事)

253

『유아어』 **孟母斷機之敎** 맹모단기지교 (에서 유래)

孟母三遷 맹모삼천 맏 맹 | 어미 모 | 석 삼 | 옮길 천

맹자(孟子)의 어머니가 세 번 이사(移徙)했다는 뜻, 자식교육에 정성(精誠)을 다함의 비유

[사람은 생활환경이 제일중요함. (1. 묘지 2. 시장 3. 글방) 등으로 세 번 이사(移徙)]

『유아어』 **三徙** 삼사, **三遷之敎** 삼천지교, **孟母三遷之敎** 맹모삼천지교

南橘北枳 남귤북지, **橘化爲枳** 귤화위지

麻中之蓬 마중지봉 삼밭에 난 쑥이란 뜻으로 좋은 환경에서 자란 사람은
　　　　　　　　　　그 환경의 영향을 받아 선량해진다는 말

* 出典: 列女傳(열녀전) 母儀傳(모의전)

萌芽 맹아 움·싹 맹 | 싹(틀)·조짐이 보일 아

식물(植物)에 새로 트는 싹이라는 뜻, 사물의 시초(始初)가 되는 것을 비유하는 말

『유아어』 **嫩芽** 눈아　새로 나오는 싹. 어린 싹

濫觴 남상　양쯔 강(揚子江)같이 큰 하천도 그 근원(根源)은 술잔을 띄울 만큼
　　　　　　가늘게 흐르는 시냇물이었다는 뜻에서, 사물의 처음이나 시작을 일컬음

嚆矢 효시　우는살[전쟁의 시작을 알리는 소리 나는 화살]. 어떤 사물의 맨 처음의 비유

權輿 권여　저울대와 수레바탕. 저울은 저울대부터, 수레는 수레바탕부터 만든다는 말

盲人摸象 맹인모상 소경·눈멀 맹 | 사람 인 | 더듬을·만질 모 | 코끼리 상

장님이 코끼리(象: 상)를 만진다는 뜻, 문제나 상황을 전체적으로 보지 못하고 자기가 알고
있는 부분만 고집한다는 말로 사물이나 진리(眞理)를 자기의 좁은 소견(所見)과 주관(主觀)으로
잘못 판단함을 비유하는 말

『유아어』 **群盲撫象** 군맹무상, **群盲評象** 군맹평상, **井底之蛙** 정저지와

甌槃捫燭 구반문촉, **矮子看戲** 왜자간희, **井中之蛙** 정중지와

* 出典: 涅槃經(열반경)

盲者正門 맹자정문 소경·눈멀 맹 | 놈 자 | 바를 정 | 문 문

맹인(盲人)이 정문을 바로 찾아 들어간다는 뜻, 우둔(愚鈍)하고 미련한 사람이 어쩌다가
이치(理致)에 맞는 일을 하였을 경우(境遇)를 이르는 말

『유아어』 **盲者直門** 맹자직문, **盲人直門** 맹인직문, **盲人正門** 맹인정문

▷ **盲啞** 맹아　시각 장애인과 언어 장애인 / **聾啞** 농아　청각 장애인과 언어 장애인

猛虎伏草 맹호복초 사나울 맹 | 범 호 | 엎드릴 복 | 풀 초

사나운 호랑이가 풀숲에 엎드려있다는 뜻, 영웅(英雄)은 일시적으로 숨어 있지만 때가 되면
반드시 나타난다는 말

『유의어』 臥龍鳳雛 와룡봉추, 龍駒鳳雛 용구봉추, 不飛不鳴 불비불명

▷ 猛虎出林 맹호출림　사나운 호랑이가 숲에서 나온다는 뜻, 용맹(勇猛)하고 성급한
　　　　　　　　　　　　　성격(性格)의 사람을 일컫는 말. 평안도 사람의 성격을 비유하는 말

綿裏藏針 면리장침 솜 면 | 속 리 | 감출 장 | 바늘 침

솜 속에 바늘을 감추어 꽂는다는 뜻, 겉(= 얼굴)은 부드러운듯하나 속(= 마음)은 아주 흉악(凶惡)함

『유의어』 陽奉陰違 양봉음위, 面從腹背 면종복배, 面從後言 면종후언
　　　　　　보는 앞에서는 복종하는 체하면서 뒤에서 이러쿵저러쿵 말을 하며 헐뜯고 욕함

笑裏藏刀 소리장도, 笑中刀 소중도　웃음 속에 칼이 있다는 뜻

表裏不同 표리부동　마음이 음충맞아 겉과 속이 다름

蛇心佛口 사심불구　뱀의 (사악한) 마음과 부처님의 (관대한) 입

噂沓背憎 준답배증, 口蜜腹劍 구밀복검

* 出典: 跋東坡書(발동파서: 중국 元[원]나라의 화가&서예가인 趙孟頫[조맹부]의 저서)

面壁九年 면벽구년 앞·향할 면 | 벽 벽 | 아홉 구 | 해 년

벽(壁)을 마주하고 앉아 9년이라는 뜻, 달마대사가 숭산(崇山)의 소림사(少林寺)에서 9년 동안
벽(壁)을 마주 대하고 좌선(坐禪)하여 도를 터득(攄得)한 일. 마침내 큰일을 이룸

『유의어』 九年面壁 구년면벽, 愚公移山 우공이산, 水滴穿石 수적천석

磨斧作針 마부작침, 磨斧爲針 마부위침, 鐵杵磨針 철저마침

山溜穿石 산류천석　산에서 꾸준히 떨어지는 물방울이 바위를 뚫는다는 말

* 出典: 五燈會元(오등회원) 東土祖師篇(동토조사편)

麵市鹽車 면시염거(차) 밀가루 면 | 저자 시 | 소금 염 | 수레 거(차)

밀가루 뿌린 시장터와 소금 실은 수레. 눈이 많이 내린 시장의 풍경(風景)을 묘사(描寫)함

人疑迷麵市 인의미면시　사람들은 장터에 밀가루를 뿌렸는가? 의심하고

馬似困鹽車 마사곤염거　말들은 마치 소금수레 끄는 듯 곤혹(困惑)해 하네

* 出典: 李義山(이의산) 詠雪(영설)

免牆 면장 면할·벗어날 면 | 담·경계 장

마치 담벼락을 마주 대하고 있는 듯, 앞이 내다보이지 않는 답답한 상황을 면한다는 뜻

사람이 공부(工夫)를 해야 비로소 세상 물정(物情)을 알게 되어 말귀도 트이고 생각이 밝아져서 마치 좁은 방구석에서 담벼락을 마주 대하고 있는 듯, 답답한 상황에서 벗어날 수 있다는 말

『유의어』 **免面牆** 면면장 (에서 유래)

▷ **面牆** 면장   담벼락을 마주 대하고 있는 것처럼 앞이 내다보이지 않는다는 뜻으로, 무식함을 비유하는 말.

▷ **參考:** 알아야 면장[面長: 면의 행정을 주관하는 공무원]을 하지. → 위의 뜻이 와전(訛傳)됨

▷ **面壁九年** 면벽구년   달마대사(達磨大師)가 숭산(嵩山)의 소림사(少林寺)에서 9년 동안 벽(壁)을 마주 대(對)하고 좌선(坐禪)하여 도(道)를 깨달은 일

* 典據: 論語(논어) 陽貨篇(양화편)

面張牛皮 면장우피   앞·낮 면 | 베풀 장 | 소 우 | 가죽 피

얼굴에 쇠가죽을 발랐다는 뜻, 몹시 뻔뻔스럽다는 말

『유의어』 **鐵面皮** 철면피, **寡廉鮮恥** 과렴선치, **强顔** 강안, **厚顔** 후안, **顔厚** 안후
      厚顔無恥 후안무치   뻔뻔스럽고 부끄러움이 없음

▷ **面紅耳赤** 면홍이적   얼굴이 귀밑까지 붉어질 만큼 부끄러워 함
        = **赧愧** 난괴, **羞赧** 수난

面從腹背 면종복배   앞·낮 면 | 좇을 종 | 배 복 | 등 배

겉으로는 복종(服從)하는 체하면서 내심으로는 배반(背反)함

『유의어』 **面從後言** 면종후언, **噂沓背憎** 준답배증, **陽奉陰違** 양봉음위
      表裏不同 표리부동, **笑中刀** 소중도, **笑裏藏刀** 소리장도
      口蜜腹劍 구밀복검   입에는 꿀이 있고 배 속에는 칼이 있다는 뜻
      蛇心佛口 사심불구   마음은 간악하되 입으로는 착한 말을 꾸밈

滅門之禍 멸문지화   멸망할 멸 | 문 문 | 어조사 지 | 재앙 화

한 가문(家門)이 화(禍)를 당하여 사라지는 재난(災難). 멸문을 당하는 재앙(災殃)

『유의어』 **滅族之禍** 멸족지화, **滅門之患** 멸문지환

▷ **湮滅** 인멸   흔적(痕迹)도 없이 모두 없어짐 또는 그렇게 없앰 = **湮沒** 인몰

滅私奉公 멸사봉공   멸할 멸 | 개인 사 | 받들 봉 | 공공 공

개인의 사사로운 욕심을 버리고 공공(公共)의 이익(利益)을 위하여 힘씀

유의어 奉公滅私 봉공멸사, 先公後私 선공후사, 克己奉公 극기봉공

大義滅親 대의멸친 큰 도리를 지키기 위해서는 부모나 형제도 돌보지 않음

반의어 私利私慾 사리사욕, 私利私腹 사리사복 개인의 사사로운 이익과 욕심

明見萬里 명견만리 밝을 명 | 볼 견 | 일만 만 | 마을 리

만리(萬里)밖의 일을 환하게 살펴서 알고 있다는 뜻. 관찰력·판단력 등이 매우 정확(正確)하고
총명(聰明)함을 비유하는 말

▷ 坐見千里 立見萬里 좌견천리 입견만리
   앉아서 천리(千里)밖을 보고 서서 만리(萬里)밖을 본다는 말. 즉 선견지명이 있음

▷ 飛耳長目 비이장목 멀리 있는 것을 보는 귀와 눈. 예리한 관찰력 또는 책

▷ 洞察力 통찰력 사물을 통찰하는 능력. 즉 전체를 환하게 꿰뚫어 보는 능력

▷ 慧眼 혜안 사물의 본질(本質)을 꿰뚫어 보는 안목(眼目)과 식견(識見)

* 出典: 後漢書(후한서)

明鏡高懸 명경고현 밝을 명 | 거울 경 | 높을 고 | 매달 현

맑은 거울[鏡: 경]이 높게 매달려있다는 뜻
1. 사리(事理)에 밝거나 판결(判決)이 공정(公正)함을 일컫는 말
2. 시비(是非)를 분명(分明)하게 따지는 공평무사(公平無私)한 법관(法官)

[명경은 진(秦)나라에 있던 거울로, 사람의 마음까지도 비추었다는 고사에서유래]

유의어 秦鏡高懸 진경고현

▷ 懸案 현안 해결되지 않은 채 남아 있는 문제나 의안. 걸려있는 문제

* 出典: 西京雜記(서경잡기)

明鏡不疲 명경불피 밝을 명 | 거울 경 | 아닐 불 | 지칠 피

맑은 거울은 사람의 모습을 아무리 비추어도 피로(疲勞)하지 않음과 마찬가지로
밝은 슬기는 아무리 써도 마르지 않음을 비유하는 말

▷ 闡明 천명 사실(事實)이나 의사(意思), 입장(立場) 등을 분명하게 드러내서 밝힘

▷ 疲困 피곤 몸이나 마음이 지쳐 고달픔

▷ 明鏡臺 명경대 저승의 길 입구에 있다는 거울 = 業鏡臺 업경대
   (생전에 행한 착한 일과 악한 일을 있는 그대로 비춘다 함)

* 出典: 世說(세설)

明鏡止水 명경지수 밝을 명 | 거울 경 | 그칠 지 | 물 수

맑게 비추는 거울과 정지(停止)되어 고요한 물이라는 뜻, 가식(假飾)과 사념(邪念)이 없는 깨끗한 마음을 비유하는 말. 즉 맑고 고요한 심경(心境) 또는 그런 사람

[유의어] 雲心月性 운심월성 구름 같은 마음과 달 같은 성품이라는 뜻

光風霽月 광풍제월 비가 갠 뒤 시원한 바람과 밝은 달

▷ 明澄 명징 깨끗하고 맑음

▷ 沮止 저지 어떤 행동을 막아서 하지 못하게 함

▷ 坎止 감지 일을 처리하기 어려워 도중에 그만 둠

* 出典: 莊子(장자) 德充符篇(덕충부편)

名過其實 명과기실 이름 명 | 허물·지날 과 | 그 기 | 열매 실

이름만 좋고 실제(實際)는 그만하지 못하다는 뜻으로 빛 좋은 개살구라는 말

[유의어] 有名無實 유명무실, 華而不實 화이부실, 外華內貧 외화내빈

喪頭服色 상두복색 상여(喪輿)를 꾸미기 위해 둘러치는 오색 비단의 휘장(揮帳)

[반의어] 名不虛傳 명불허전 명성(名聲)이나 명예(名譽)는 헛되이 전해지는 것이 아님

▷ 名簿 명부 어떤 일에 관련된 사람의 이름·주소·직업·전화번호 등을 기록한 장부

銘肌鏤骨 명기누골 새길 명 | 살 기 | 새길 누(루) | 뼈 골

살갗에 새기고 뼈에 새긴다는 뜻, 마음에 깊이 간직하고 잊지 않겠다는 말

[유의어] 鏤骨銘心 누골명심, 刻骨銘心 각골명심, 刻骨難忘 각골난망

白骨難忘 백골난망 죽어 백골이 되어도 남에게 입은 은덕(恩德)을 잊을 수 없음

▷ 銘酒 명주 특별한 제조법으로 빚어 고유(固有)한 상표(商標)가 붙은 좋은 술

▷ 座右銘 좌우명 늘 옆에 갖추어 두고 가르침으로 삼는 말이나 문구(文句)

▷ 鈒鏤 삽루 금 또는 은을 기물위에 박아 넣음. 즉 화려하고 사치스러움

* 出典: 顏氏家訓(안씨가훈)

名落孫山 명락손산 이름 명 | 떨어질 락(낙) | 자손 손 | 뫼 산

손산(孫山)의 이름이 마지막에 있다는 뜻, 시험(試驗)에 합격하지 못하고 낙방(落榜)함을 비유

송나라의 손산(孫山)이 친구와 함께 과거(科擧)를 치렀는데, 자신의 이름이 합격명단(合格名單)의 맨 마지막에 있고 친구의 이름은 끝까지 안보여 떨어졌다는 고사에서 유래

[유의어] 孫山之外 손산지외, 落榜 낙방

點額 점액　시험에 낙방함[이마에 점이 찍힘, 잉어의 이마에 상처가 남]

『반의어』　及第 급제, 合格 합격, 登龍門 등용문, 鯉登龍門 이등용문

* 出典: 過庭錄(과정록)

名列前茅 명렬전모 이름 명 | 벌릴 렬 | 앞 전 | 띠 모

이름이나 서열(序列)이 앞에 있다는 말로 성적(成績)이 뛰어나 시험(試驗)에서 수석(首席)을 차지함을 비유하는 말

『유의어』　壯元 장원, 壯元及第 장원급제, 首席合格 수석합격

▷　前茅 전모　척후병(斥候兵)이 선봉(先鋒)에서 신호(信號)용 깃발로 사용한 것

▷　隊列 대열　줄을 지어 늘어선 행렬. 어떤 활동을 할 목적으로 모인 무리

▷　茅塞 모색　띠 풀이 나서 막힘. 즉 마음이 욕심 때문에 막힘. 어리석음의 비유

* 出典: 春秋左氏傳(춘추좌씨전)

冥冥之志 명명지지 어두울·깊숙할 명 | 어조사 지 | 뜻 지

마음속 깊이 간직하여 외부에 드러내지 않고 힘쓴다는 뜻

▷　冥想 명상　눈을 감고 고요히 생각함 = 瞑想 명상

▷　默想 묵상　묵묵히 마음속으로 생각함

▷　冥府 명부　사람이 죽어서 간다는 곳. 저승. = 冥途 명도
　　　　　　　사람이 죽은 뒤에 심판을 받는다는 곳 = 冥曹 명조

* 出典: 荀子(순자) 勸學篇(권학편)

明眸皓齒 명모호치 밝을 명 | 눈동자 모 | 흴 호 | 이빨 치

맑고 아름다운 눈동자와 하얀 치아(齒牙)라는 뜻, 미인의 모습을 형용(形容)하는 말

『유의어』　丹脣皓齒 단순호치, 朱脣皓齒 주순호치, 朱脣白齒 주순백치
　　　　　傾國之色 경국지색, 傾國 경국, 解語花 해어화
　　　　　月宮姮娥 월궁항아　전설(傳說)에서 월궁에 산다는 선녀

▷　雙眸 쌍모 두 눈 = 兩眼 양안

* 出典: 杜甫(두보)의 詩(시) 哀江頭(애강두)

明目張膽 명목장담 밝을 명 | 눈 목 | 베풀 장 | 담력·쓸개 담

눈을 크게 뜨고 담력(膽力)을 강하게 가진다는 뜻. 어떤 일을 두려워하지 않고 용기(勇氣)를 내어 추진함을 비유하는 말

▷ 肝膽 간담 간과 쓸개. 속마음의 비유

* 出典: 宋書(송서) 劉安世傳(유안세전)

名門巨族 명문거족 이름 명 | 문 문 | 클 거 | 겨레 족

이름난 가문(家門)과 크게 번창(繁昌)한 집안

『유의어』 名門貴族 명문귀족, 名門世族 명문세족, 名門家 명문가

勢道家 세도가 세도를 부리는 사람 또는 그런 집안

▷ 名望 명망 명성과 인망. 즉 세상에 널리 떨친 이름과 세상 사람이 우러르고 따르는 덕망

名不虛傳 명불허전 이름 명 | 아닐 불 | 빌 허 | 전할 전

명성(名聲)이나 명예(名譽)가 헛되이 전해지는 것이 아니라 다 그만한 까닭이 있다는 말

『유의어』 名不虛得 명불허득

『반의어』 名過其實 명과기실 이름만 나고 실제(實際)는 그만하지 못함

有名無實 유명무실, 華而不實 화이부실, 喪頭服色 상두복색

▷ 空虛 공허 속이 텅 빔. 실속이 없이 헛됨

鳴蟬潔飢 명선결기 울 명 | 매미 선 | 깨끗할 결 | 주릴 기

매미는 성품(性品)이 고결(高潔)하여 굶더라도 깨끗함을 취하고 더러운 것은 먹지 않는다는 말

▷ 蟬脫 선탈 매미가 허물을 벗음. 낡은 인습이나 속박에서 벗어남을 비유하는 말

▷ 高潔 고결 성품(性品)이 고상하고 순결(純潔)함

* 出典: 抱朴子(포박자)

命世之才 명세지재 목숨·명령할 명 | 인간·세상 세 | 어조사 지 | 재주 재

한 시대를 바로잡아 구원할만한 걸출(傑出)한 인재를 이르는 말. 맹자(孟子)의 이칭(異稱)

『유의어』 命世之雄 명세지웅, 命世之英 명세지영, 命世才 명세재

蓋世之才 개세지재, 棟梁之器 동량지기, 大廈棟梁 대하동량

不世之才 불세지재 세상에 보기 드문 큰 재주[또는 그런 재주를 가진 사람]

▷ 稟命 품명 상관의 명령을 받음

* 出典: 漢書(한서) 楚元王列傳(초원왕열전)

名實相符 명실상부 이름 명 | 열매 실 | 서로 상 | 부절·부신 부

이름(名: 명)과 실상(實相)이 서로 꼭 들어맞는다는 말. 겉과 속, 상표와 품질, 명성과 실력,
포장(包裝)과 내용(內容)등이 걸맞을 때 사용하는 말

『반의어』 有名無實 유명무실, 外華內貧 외화내빈, 華而不實 화이부실

名過其實 명과기실   이름만 나고 실제는 그만하지 못함

▷ 符節 부절   石(석)·竹(죽)·玉(옥) 등으로 만들어 신표(信標)로 삼던 물건

明若觀火 명약관화 밝을 명 | 같을 약 | 볼 관 | 불 화

밝기가 마치 (그믐 밤에) 횃불 보는 것 같다는 뜻, 의심할 여지(餘地)없이 매우 분명하다는 말

『유의어』 觀火 관화, 明明白白 명명백백, 不言可知 불언가지

不問可知 불문가지   묻지 않아도 알 수 있음

不言可想 불언가상   말을 하지 않아도 능히 짐작(斟酌)할 수가 있음

命緣義輕 명연의경 목숨 명 | 인연·묶을 연 | 옳을 의 | 가벼울 경

목숨을 의(義)에 연연하여 가볍게 여긴다는 뜻, 의로움을 위해서는 목숨도 아끼지 않는다는 말

『유의어』 士爲知己者死 사위지기자사   선비는 자기를 알아주는 사람을 위하여 죽는다는 말

女爲悅己者容 여위열기자용   여인은 자기를 기쁘게 해주는 남자를 위하여 화장함

國士遇之國士報之 국사우지국사보지   국사로 대우하면 국사로 보답한다는 말

▷ 人生感意氣 인생감의기   사람의 생은 의지(意志)와 용기(勇氣)에 감동(感動)한다는 뜻
즉 나를 알아주는 사람이 있다면 그를 위해 기꺼이 목숨을 바쳐도 좋다는 말

* 出典: 後漢書(후한서)

明月爲燭 명월위촉 밝을 명 | 달 월 | 할 위 | 촛불 촉

방안에 비치는 밝은 달빛을 촛불로 삼는다는 뜻. 즉 밝은 달빛으로 촛불을 대신한다는 말

▷ 熒燭 형촉   반짝거리는 작은 촛불 / 華燭 화촉   혼례의식에서의 등화(燈火)

* 出典: 唐書(당서)

命在頃刻 명재경각 목숨 명 | 있을 재 | 잠깐·기울 경 | 시각·새길 각

목숨(命: 명)이 경각(頃刻)에 달려있다는 뜻, 목숨이 눈 깜짝할 동안에 끊어질 지경의 위험한 상황

『유의어』 命在朝夕 명재조석, 釜中之魚 부중지어, 魚遊釜中 어유부중

涸轍鮒魚 학철부어, 車轍鮒魚 거철부어, 危若朝露 위약조로

▷ 頃刻 경각 눈 깜빡할 사이. 극히 짧은 시간 = 刹那 찰나, 瞬息 순식, 須臾 수유

名正言順 명정언순 이름 명 | 바를 정 | 말씀 언 | 좋을·순할 순

어떤 일이나 행위가 명분(名分)과 의리(義理)에 정당하고 말이 사리(事理)에 맞는다는 말

▷ 正名思想 정명사상 명을 바로잡는다는 뜻, 주로 명실(名實)관계에 대한 정치·윤리적 개념

▷ 例: 君君 臣臣 父父 子子 군군 신신 부부 자자
　　　임금은 임금답고 신하는 신하답고 아비는 아비답고 자식은 자식다워야 한다는 말

* 出典: 論語(논어) 子路篇(자로편)

名從主人 명종주인 이름 명 | 좋을 종 | 주인·임금 주 | 사람 인

사물의 이름은 원래 주인이 붙인 이름을 따른다는 뜻. 즉 사물의 명칭은 현지의 호칭(呼稱)법에 따라야 함을 비유하는 말

▷ 釣名慾 조명욕 명예(名譽)를 탐(貪)내어 구하는 욕심

* 出典: 春秋穀梁傳(춘추곡량전) 桓公(환공) 二年條(2년조)

明珠闇投 명주암투 밝을 명 | 구슬 주 | 어두울·숨을 암 | 던질 투

밝게 빛나는 귀한구슬을 어둠속에서 던져준다는 뜻. 좋은 일도 절차와 도리에 맞게 해야 함
1. 귀중한 물건도 도리에 어긋난 방법으로 남에게 주면 도리어 원망을 듣게 된다는 말
2. 남을 도울 때도 방법이 나쁘면 도리어 원망(怨望)을 사게 된다는 말

* 出典: 史記(사기) 鄒陽傳(추양전)

明珠彈雀 명주탄작 밝을 명 | 구슬 주 | 어두울·숨을 암 | 던질 투

새를 잡는데 보배로운 구슬을 총알로 사용한다는 뜻, 작은 것을 탐(貪)내다가 큰 것을 손해(損害) 보게 됨을 이르는 말

【유의어】 小貪大失 소탐대실, 以珠彈雀 이주탄작

　　　　隨珠彈雀 수주탄작 수후(隨侯)의 귀한 구슬로 하찮은 새를 잡는다는 말

▷ 孔雀 공작 꿩과의 공작새 / 黃雀 황작 꾀꼬리. 참새

▷ 彈奏 탄주 남의 죄상(罪狀)을 밝혀 아룀
　　　　　가야금이나 바이올린 등의 현악기를 연주함.

* 出典: 莊子(장자) 讓王篇(양왕편)

明察秋毫 명찰추호 밝을 명 | 살필 찰 | 가을 추 | 터럭·가는 털 호

눈이 아주 밝고 예리(銳利)해서 가을날 가늘어진 짐승의 털까지도 분별(分別)할 수 있다는 뜻

사리(事理)가 분명해 지극히 사소(些少)한 일에 대해서도 빈틈없이 살핀다는 말

▷ 秋毫 추호　가을철에 가늘어진 짐승의 털, 몹시 적음의 비유 = 毫釐 호리

▷ 觀形察色 관형찰색　안색(顔色)을 자세히 살핌 또는 사물을 자세히 관찰(觀察)함

* 出典: 孟子(맹자) 梁惠王上篇(양혜왕상편)

明窓淨几 명창정궤　밝을 명 │ 창 창 │ 깨끗할 정 │ 책상·안석 궤

햇빛이 잘 드는 창문 밑에 놓여있는 깨끗한 책상(冊床)이라는 뜻
1. 말끔하게 정돈(整頓)된 서재(書齋)의 모습
2. 차분하고 정갈한 마음으로 공부(工夫)할 수 있는 환경(環境)

▷ 窻蟾 창섬　창문(窓門)에 비치는 달빛

* 出典: 歐陽脩(구양수) 試筆(시필)

明哲保身 명철보신　밝을 명 │ 총명할·밝을 철 │ 지킬 보 │ 몸 신

총명(聰明)하고 사리(事理)에 밝아 일을 잘 처리(處理)하여 자기 몸을 보전(保全)함

『유의어』 內淸外濁 내청외탁, 保身之策 보신지책, 保身策 보신책

▷ 處世術 처세술　사람들과 교제(交際)하며 세상을 살아가는 수단(手段)

* 出典: 書經(서경) 說命篇(열명편) / 詩經(시경) 大雅(대아) 烝民篇(증민편)

蓂莢 명협　달력 풀·명협 명 │ 풀 열매·콩꼬투리 협

달력(月曆) 풀 또는 책력(冊曆) 풀

요(堯)임금 때 났었다는 전설상의 상서로운 풀로, 초하루부터 보름까지 하루에 한 잎씩 났다가, 열엿새부터 그믐까지 하루에 한 잎씩 떨어지고 작은달에는 마지막 한 잎이 시들어 마르기만 하고 떨어지지 않았다는 고사에서 유래

* 出典: 白虎通(백호통)

毛骨悚然 모골송연　털·터럭 모 │ 뼈 골 │ 두려워할 송 │ 그러할 연

아주 끔찍한 일을 당하거나 볼 때 두려워 몸이나 털이 곤두선다는 말

▷ 罪悚 죄송　죄(罪)스러울 정도로 황송함

▷ 惶悚 황송　분에 넘쳐 고맙고도 송구함

▷ 悚懼 송구　마음에 두렵고 거북한 느낌

* 出典: 畵鑒(화감) 唐畫(당화)

冒沒廉恥 모몰염치　무릅쓸 모 │ 빠질 몰 │ 청렴할 염(렴) │ 부끄러울 치

염치(廉恥)없는 줄을 뻔히 알면서도 이를 무릅쓰고 일을 행함

[유의어] 冒廉 모렴, 冒沒 모몰

▷ 廉恥 염치 체면을 차릴 줄 알며 부끄러움을 아는 마음 / 羞恥 수치 부끄러움

冒白刃 모백인 무릅쓸 모 | 흰 백 | 칼날 인

서슬 퍼런 칼날을 무릅쓴다는 뜻으로 죽음을 두려워하지 않는다는 말

▷ 冒萬死 모만사 만 번 죽기를 무릅쓴다는 뜻, 온갖 어려움을 무릅씀의 비유

▷ 冒頭 모두 말이나 문장의 첫머리 = 虛頭 허두 ↔ 末尾 말미

謀事在人成事在天 모사재인성사재천

꾀할 모 | 일 사 | 있을 재 | 사람 인 | 이룰 성 | 일 사 | 있을 재 | 하늘 천

일을 해결해보려고 방법을 도모(圖謀)하는 것은 사람이지만 그 일이 이루어지느냐의 여부(與否)는 하늘에 달려있다는 말

▷ 盡人事待天命 진인사대천명 = 修人事待天命 수인사대천명
  인간(人間)으로서 해야 할 일을 다 하고 나서 하늘의 명(命)을 기다림

▷ 謀猷 모유 원대한 꾀

▷ 謀陷 모함 나쁜 꾀를 써서 남을 어려운 처지에 빠지게 함

▷ 謀利輩 모리배 온갖 수단과 방법으로 자신의 이익만을 꾀하는 사람이나 무리

* 出典: 諸葛亮(제갈량) 三國志演義(삼국지연의: 나관중 著)

茅塞頓開 모색돈개 띠(풀) 모 | 막힐 색 / 변방 새 / 깨질·조아릴 돈 | 열 개

일을 해결해보려고 잡초로 막혔던 길이 터지듯 문득 깨치다. 갑자기 알게 되다

[유의어] 頓開茅塞 돈개모색

▷ 茅塞 모색 띠 풀이 나서 막힘. 즉 마음이 욕심 때문에 막힘. 어리석음의 비유

毛遂自薦 모수자천 털·터럭 모 | 이룰·마칠 수 | 스스로 자 | 천거할 천

모수(毛遂)가 스스로 자기를 추천(推薦)한다는 뜻, 어떤 일에 자기가 적임자(適任者)라고 자기 스스로 자신을 추천(推薦)함을 비유하는 말

춘추전국시대에 조(趙)나라 평원군(平原君)이 초(楚)나라에 구원을 청하기 위하여 사신(使臣)을 물색(物色)할 때에, 모수(毛遂)가 나서서 자신이 적임자라며 스스로 주장하고 추천(推薦)했다는 고사에서 유래

▷ 薦擧 천거 인재를 어떤 자리에 추천(推薦)하는 일 = 推薦 추천

▷ **物色** 물색　어떤 기준에 알맞은 사람이나 물건, 장소 등을 찾아 고름

* 出典: 史記(사기) 平原君傳(평원군전)

矛盾 모순 (자루가 긴)창 모 | 방패·숨을 순

창(槍)과 방패(防牌)라는 뜻, 두 가지의 이치(理致)가 서로 어긋나 맞지 아니함을 비유하는 말
즉 어떤 사람의 말과 행동이 앞뒤가 서로 맞지 아니하다는 말

초(楚)나라의 어떤 상인이 창(槍)과 방패(防牌)를 팔 때에, "이 창은 어떤 방패로도 막지 못하는
창이라고 말하고 저 방패는 어떤 창으로도 뚫지 못하는 방패"라고 말하니, 구경하던 어떤 사람이
그렇다면 이 창으로 저 방패를 뚫어보라 하니 그 상인이 할 말을 잃었다는 고사에서 유래

【유의어】 **矛盾撞着** 모순당착, **自己矛盾** 자기모순, **自家撞着** 자가당착

▷ **劍楯** 검순　칼과 방패를 아울러 이르는 말

* 出典: 韓非子(한비자)

暮夜無知 모야무지 저물 모 | 밤 야 | 없을 무 | 알 지

깊은 밤중에 하는 일이라서 보고 듣는 사람이 없기 때문에 아무도 알 사람이 없다는 것을
뜻하는 말. 즉 남모르게 선물(膳物)이나 뇌물(賂物)을 주는 행위를 비유하는 말

【유의어】 **暮夜懷金** 모야회금, **暮夜苞苴** 모야포저

▷ **苞苴** 포저　예전에, 물건을 싸고 물건 밑에 까는 것이라는 뜻에서, 뇌물(賂物)로 보내는
물건을 이르는 말

▷ **賄賂** 회뢰　뇌물을 주거나 받는 행위 또는 뇌물 = **賂物授受** 뇌물수수

* 出典: 後漢書(후한서) 楊震傳(양진전)

冒雨剪韭 모우전구 무릅쓸 모 | 비 우 | 자를·가위 전 | 부추 구

비가 오는데도 불구하고 부추[韭: 구]를 속아서 손님을 대접(待接)한다는 뜻, 깊고 두터운
우정(友情)을 비유하여 이르는 말

【유의어】 **冒雨剪韭** 모우전구

　　　　 夢中相尋 몽중상심　꿈속에서 서로 찾음. 꿈속에서조차 보고 싶어 함

▷ **韭葅** 구저　부추김치

* 出典: 郭林宗別傳(곽임종별전)

母猿斷腸 모원단장 어미 모 | 원숭이 원 | 끊을 단 | 창자 장

어미 원숭이의 끊어진 창자. 창자가 끊어지는 것 같은 큰 슬픔을 비유하는 말 = **斷腸** 단장

진(晉)나라 환온(桓溫)이 촉(蜀)나라를 치려고 양자강 계곡을 배로 지날 때 한 병사가

새끼원숭이를 사로잡아 오자 어미원숭이가 비통하게 울며 뒤 쫓아와서는 배위로 뛰어 들어와 죽었는데, 자기 배를 움켜쥐고 죽어있었다. 환온이 이를 이상하게 여겨 병사로 하여금 어미 원숭이의 배를 갈라보니 어미의 창자가 토막토막 끊어져 있었다는 고사에서 유래

毛義奉檄 모의봉격　털·터럭 모 ㅣ 옳을 의 ㅣ 받들 봉 ㅣ 격문 격

모의(毛義)가 격문(檄文)을 보고 반갑게 받든다는 뜻, 효도로 받들음

모의(毛義)라는 사람의 집이 가난하고 노모(老母)가 계셨는데, 그를 임관(任官)한다는 부[府: 관청]의 부름을 받았다. 그는 본시 벼슬에는 뜻이 없었으나 노모(老母)를 기뻐하게 하기 위하여 부름을 받들고 희색(喜色)이 만면(滿面)하여 집에 갔는데, 평소 그의 지조(志操)를 흠모(欽慕)하여 집에 와있던 장봉(張奉)에게 하찮은 벼슬에 희희낙락(喜喜樂樂)하는 지조 없는 인물이라고 오해(誤解)를 산 고사에서 유래

> **[유의어]** 家貧親老 가빈친로, 奉檄之喜 봉격지희, 三釜之養 삼부지양
> 　　　　　願乞終養 원걸종양, 割股療親 할고요친, 烏鳥私情 오조사정

▷ 檄文 격문　널리 일반에게 어떤 사실을 알려 부추기기 위한 글

* 出典: 後漢書(후한서)

蟊賊 모적　해충 모 ㅣ 도둑 적

해충(害蟲)같은 도적(盜賊). 백성의 재물을 빼앗거나 좀먹는 탐관오리(貪官汚吏)를 비유하는 말

> **[유의어]** 稂莠 낭유　성현(聖賢)·양민(良民)을 해치는 자
> 　　　　　蟊食 모식　해충(害蟲)이 농작물의 뿌리를 갉아먹는다는 뜻으로 탐관오리(貪官汚吏)가 백성의 재물을 약탈(掠奪)함을 비유하는 말

毛皮之附 모피지부　털·터럭 모 ㅣ 가죽 피 ㅣ 어조사 지 ㅣ 붙을 부

가죽도 없는데 털이 붙는다는 뜻, 즉 가죽[= 중요한 일]이 있어야 그 위에 털[= 사소한 일]이 붙어 있을 수 있다는 이치로 털을 세울 수 있는 가죽이 우선 있어야 한다는 말

1. 중요한 일은 처리하지 않으면서 사소(些少)한 일만 해결하려는 우매(愚昧)함을 비유
2. 근본(根本)적인 문제는 뒷전이고 지엽(枝葉)적인 문제만 해결하려는 어리석음을 비유

▷ 附屬 부속　주되는 일·물건에 딸려서 붙음

* 出典: 左氏傳(좌씨전) 僖公(희공) 十四年條(14년조)

木鷄養到 목계양도　나무 목 ㅣ 닭 계 ㅣ 기를 양 ㅣ 이를 도

싸움닭이 나무 닭처럼 훈련되었다는 뜻, 일이 훌륭하게 완성되었다는 말
1. 사람이 수양(修養)을 쌓아 침착(沈着)하고 차분하게 되었다는 말
2. 수양(修養)을 쌓아 덕(德)이 높고 점잖은 사람을 비유하는 말

유의어 木鷄 목계, 木人石心 목인석심

匪石之心 비석지심 돌처럼 단단하여 어떤 일에 쉽게 동요(動搖)하지 않는 마음

淵嶽 연악 깊은 못과 큰 산. 침착(沈着)하고 흔들림이 없음을 비유하는 말

不動心 부동심 마음이 외계(外界)의 충동(衝動)을 받아도 흔들리지 않음

堅忍不拔 견인불발 굳게 참고 견뎌 마음이 흔들리지 않음

* 出典: 莊子(장자) 達生篇(달생편)

目光如炬 목광여거 눈목 | 빛광 | 같을 려 | 횃불 거

눈빛이 횃불과 같이 빛난다. 노기를 띤 눈 빛. 사람을 노리고 쳐다봄을 이르는 말

유의어 睢睢盱盱 휴휴우우 눈을 부릅뜨는 거만(倨慢)하고 방자(放恣)한 태도

瞋目 진목 두 눈을 부릅뜸

木本水源 목본수원 나무 목 | 근본 본 | 물 수 | 근원 원

나무의 밑동[= 근본]과 물의 근원(根源)이란 뜻, 자식 된 자는 자기 몸의 근원(根源)인 부모를
생각해야 한다는 말

유의어 飮水思源 음수사원 물을 마실 때 수원(水源)을 생각함. 근본(根本)을 잊지 않음.

* 出典: 春秋左氏傳(춘추좌씨전)

目不識丁 목불식정 눈목 | 아닐 불 | 알식 / 적을 지 | 고무래 정

간단한 글자인 '丁(정)'자를 눈으로 보고 있으면서도 그것이 '고무래: 정(丁)' 字인 줄을
알지 못한다는 뜻, 글자를 전혀 모름 또는 까막눈

유의어 一字無識 일자무식, 一字不識 일자불식, 判無識 판무식, 全無識 전무식

一文不知 일문부지, 一文不通 일문불통, 不識之無 불식지무

魚魯不辨 어로불변 어(魚)자와 노(魯)자를 구별하지 못함. 아주 무식함

* 出典: 新唐書(신당서) 張宏靖傳(장굉정전)

目不忍見 목불인견 눈목 | 아닐 불 | 참을 인 | 볼 견

눈앞에 벌어진 상황(狀況)이 차마 눈뜨고는 볼 수 없을 정도로 딱해 보이거나 참혹(慘酷)하다는 말

유의어 不忍見 불인견, 不忍正視 불인정시

▷ 忍耐 인내 괴로움이나 어려움을 참고 견딤 = 堪耐 감내

▷ 目光如炬 목광여거 눈빛이 횃불과 같이 빛남.
　　　　　　　　　노기(怒氣)를 띤 눈빛 또는 뜻이 높고 원대(遠大)함

木石不傳 목석불부 나무 목 | 돌 석 | 아닐 불 | 붙을·스승 부

나무에도 돌에도 붙일 데가 없다는 뜻, 가난하고 외로우며 의지(依支)할 곳이 없음을 비유하는 말

> **유의어** 木石難傳 목석난부, 木石難得 목석난득, 孤身隻影 고신척영
>
> 孤立無援 고립무원, 孤城落日 고성낙일, 孤縱 고종, 隻手 척수
>
> 孤獨單身 고독단신, 孑孑單身 혈혈단신, 單獨一身 단독일신

▷ 木石 목석 나무나 돌처럼 감정이 무디고 무뚝뚝한 사람을 비유하는 말

目食耳視 목식이시 눈 목 | 밥·먹을 식 | 귀 이 | 볼 시

눈으로 먹고 귀로 본다는 뜻, 실속보다 겉치레만 따름을 비유하는 말
즉 맛있는 음식보다 겉보기에 아름다운 음식(飲食)을 더 좋아하고
몸에 맞는 옷보다 남에게 들은 유행(流行)하는 의복을 더 좋아한다는 말

* 出典: 司馬光(사마광)의 迂書(우서)

木偶人衣 목우인의 나무 목 | 인형·짝 우 | 사람 인 | 옷 의

나무인형에 옷을 입힌다는 뜻, 쓸데없는 일을 함의 비유

▷ 木偶 목우 나무로 만든 사람의 형상(形象) = 木人 목인

▷ 土俑 토용 흙으로 만든 허수아비 / 傀儡 괴뢰 꼭두각시. 망석중이. 허수아비

* 出典: 史記(사기)

木人石心 목인석심 나무 목 | 사람 인 | 돌 석 | 마음 심

나무로 만든 사람과 돌 같은 마음. 의지(意志)가 굳어 권력(權力), 부귀(富貴), 여색(女色) 등
어떠한 유혹(誘惑)에도 마음이 흔들리지 않는 사람

[진나라 무제(武帝)때의 권신(權臣) 가충(賈充)이 하통(夏統)의 인물됨을 평가한 말에서 유래]

> **유의어** 堅忍不拔 견인불발, 匪石之心 비석지심, 木鷄養到 목계양도
>
> 不動心 부동심, 淵嶽 연악
>
> 木鷄 목계 나무로 만들어진 닭. 상대의 온갖 도발에도 동요하지 않고 평정을 유지함

* 出典: 晉書(진서) 夏統傳(하통전)

目指氣使 목지기사 눈 목 | 가리킬·손가락 지 | 기운 기 | 부릴 사

눈짓으로 지시(指示)하고 기색(= 낯빛)으로 사람을 부린다는 뜻, 사람을 경멸(輕蔑)하며
위세(威勢)를 떨면서 함부로 부리는 일

> **유의어** 頤指氣使 이지기사 턱으로 지시하고 기색이나 몸짓으로 부림 = 頤使 이사

▷ 目前之計 목전지계 앞날을 멀리 내다보지 못하고 눈앞의 일만 생각하는 계책(計策)

▷ 使役 사역 남을 부려서 일을 시킴. 남에게 어떤 동작을 하게 하는 것을 나타내는 어법.

＊ 出典: 漢書(한서)

目睫之間 목첩지간 눈 목 ｜ 속눈썹 첩 ｜ 어조사 지 ｜ 사이 간

눈과 속눈썹 사이라는 뜻, 아주 가까운 거리나 시간

『유의어』 指呼之間 지호지간 손짓해 부를 만한 가까운 거리

一衣帶水 일의대수 옷의 띠만큼 폭이 매우 좁은 강. 매우 가까움

咫尺 지척 아주 가까운 거리

▷ 交睫 교첩 눈을 붙임, 잠깐 잠을 잠 = 接目 접목 / 眉睫 미첩 눈썹과 눈

＊ 出典: 後漢書(후한서)

木鐸 목탁 나무 목 ｜ 방울·풍경(風磬) 탁

나무를 둥글게 깎고 속을 파서 방울처럼 만들어 고리 모양의 손잡이를 단 기구(器具)로,
세상 사람들을 각성(覺醒)시키고 가르쳐 바르게 인도(引導)하는 사람 또는 기관(機關)을 비유함

목탁(木鐸)은 중국에서 불교(佛敎)가 전래되기 이전부터 사용했는데, 백성들에게 절기(節氣)에
따른 농사일을 알리기 위해 지방관리(官吏)는 매년 봄이 되면 커다란 방울을 치면서 마을을
돌아다니며 '봄이 왔으니 씨를 뿌려라' 하고 알렸는데 그 방울속의 혀가 나무로 되어있었으므로
목탁(木鐸)이라고 하였다는 고사에서 유래

沐猴而冠 목후이관 머리감을 목 ｜ 원숭이 후 ｜ 말 이을(그리고) 이 ｜ 갓 관

원숭이를 목욕(沐浴)시켜 관(冠)을 씌었다는 뜻, 의관(衣冠)은 그럴듯하지만 생각과 행동이
사람답지 못하다는 말. 즉 겉만 번드르르하고 실제(實際)는 그렇지 않음을 비유하는 말

천도(遷都)를 하면 안 된다는 측근(側近)의 말을 무시하고 항우(項羽)가 천도를 고집할 때
간의대부(諫議大夫) 한생(韓生)이 항우의 겉 다르고 속 다른 인물됨을 저평가(低評價)한 말
[한생에게 목후이관 같은 인물이라는 평을 듣자, 모욕(侮辱)을 당했다고 생각한 항우는 한생을
죽이고 뒤이어 항우 역시 해하지전(垓下之戰)에서 패하여 자결(自決)하고 만다]

『유의어』 人面獸心 인면수심 사람의 얼굴을 하고 있으나 마음은 짐승과 같다는
뜻으로 마음이나 행동이 몹시 흉악(凶惡)함을 이르는 말

羊頭狗肉 양두구육 상점에 양의 대가리를 내걸고 개고기를 판다는 뜻,
겉으로는 훌륭하게 내세우나 속은 변변찮음의 비유

金玉敗絮 금옥패서 겉은 금과 옥으로 화려, 속은 썩은 솜처럼 추악(醜惡)함

▷ 猴 후, 猿 원, 狙 저 원숭이

＊ 出典: 史記(사기) 項羽本紀(항우본기)

蒙網捉魚 몽망착어 입을·뒤집어쓸 몽 | 그물 망 | 잡을 착 | 물고기 어

그물을 제대로 던져야 고기가 걸리는 법인데 그물을 던지다 머리에 뒤집어쓰고도 고기를 잡았다는 뜻으로 요행(僥倖)히 운(運)이 매우 좋았음을 이르는 말

▷ **捕捉** 포착 꼭 붙잡음. 기회나 정세를 알아차림. 문제·의미·단서 등을 발견함

* 出典: 旬五志(순오지)

夢寐之間 몽매지간 꿈 몽 | 잠잘 매 | 어조사 지 | 사이 간

꿈을 꾸고 잠을 자는 동안이라는 뜻, 잊지 못하거나 이룰 수 없는 일에 지나치게 몰두(沒頭)함을 비유하는 말

『유의어』 **夢寐間** 몽매간, **寤寐不忘** 오매불망, **埋頭沒身** 매두몰신

日久月深 일구월심 날이 오래고 달이 깊어 감, 세월이 흐를수록 더해감

夢想不到 몽상부도 꿈 몽 | 생각할 상 | 아닐 부 | 이를 도

꿈에도 생각하지 못한다는 뜻, 전혀 뜻밖의 일을 당했을 경우(境遇)를 비유하는 말

『유의어』 **千萬夢外** 천만몽외, **誠是意外** 성시의외, **千萬意外** 천만의외

意外之事 의외지사, **心外之事** 심외지사, **曾所不意** 증소불의

夢外之事 몽외지사 꿈속에서 조차 생각하지 못한 천만 뜻밖의 일

夢中相尋 몽중상심 꿈 몽 | 가운데 중 | 서로 상 | 찾을 심

몹시 그리워서 꿈속에서조차 서로를 찾는다는 뜻, 매우 친밀(親密)한 관계(關係)를 이르는 말

『유의어』 **冒雨翦韭** 모우전구, **冒雨剪韭** 모우전구

▷ **尋牛圖** 심우도 불교 선종에서 인간의 본성을 찾는 것을 소를 찾는 과정에 비유하여
그린 그림 10단계의 수행단계를 소와 동자에 비유하여 도해

* 出典: 書言故事(서언고사)

夢中占夢 몽중점몽 꿈 몽 | 가운데 중 | 점칠 점 | 꿈 몽

꿈속에서 꿈을 꾼 그 꿈을 점친다는 뜻, 사람의 인생(人生)이 덧없음을 이르는 말

『유의어』 **夢中又占其夢** 몽중우점기몽 (에서 유래)

夢幻泡影 몽환포영 꿈과 허깨비. 거품과 그림자. 덧없는 인생 = **幻影** 환영

▷ **泡沫** 포말 물거품[= 주로 파도가 밀려와 해안가 바위에 부딪혀 생김]

* 出典: 莊子(장자)

蒙塵 몽진 <small>입을·덮어쓰울 몽 | 먼지·티끌 진</small>

먼지를 머리에 뒤집어쓴다는 뜻, 임금이 난리(亂離)를 피하여 거처를 안전한 곳으로 옮김

[유의어] 播遷 파천 임금이 도성을 떠나 다른 곳으로 피란하던 일[예: 俄館播遷(아관파천)]

去邠 거빈 임금이 전란(戰亂)을 피해 서울을 버리고 다른 곳으로 옮겨 가는 것

▷ 避難 피난 재난(災難)을 피해 멀리 옮겨 감

▷ 避亂 피란 난리(亂離)를 피해 있는 곳을 옮김[예: 壬辰倭亂(임진왜란)]

▷ 塵埃 진애 지저분한 티끌과 먼지 또는 세상의 속된 것을 비유하여 일컫는 말

▷ 緇塵 치진 세속의 더러운 때

▷ 塵囂 진효 속세의 소란함과 번거로움. 속세의 귀찮음 = 囂埃 효애

夢幻泡影 몽환포영 <small>꿈 몽 | 허깨비 환 | 거품 포 | 그림자 영</small>

꿈과 허깨비, 거품과 그림자라는 뜻, 사람의 인생이 덧없는 허상(虛像)과 같다는 말

[유의어] 泡沫 포말, 夢中占夢 몽중점몽, 漚泡 구포

▷ 幻影 환영 감각의 착오(錯誤)로 사실이 아닌 것이 사실로 보이는 환각(幻覺)현상

▷ 幻滅 환멸 이상이나 환상이 깨어짐 또는 그때 느끼는 허무함이나 쓰라린 마음

* 出典: 金剛經(금강경)

猫鼠同處 묘서동처 <small>고양이 묘 | 쥐 서 | 같을 동 | 곳 처</small>

고양이와 쥐가 같은 곳에 함께 있음. 즉 경찰과 도둑이 한패가 되어 부정을 저지르는 것을 말함

[유의어] 猫鼠同眠 묘서동면 고양이와 쥐가 함께 잠을 잠. 上·下가 함께 부정한 짓을 함

▷ 鼠竊狗偸 서절구투 쥐나 개처럼 몰래 물건을 훔친다는 뜻, 좀도둑을 이르는 말

* 出典: 唐書(당서)

眇視跛履 묘시파리 <small>애꾸 묘 | 볼 시 | 절음발이 파 | 밟을 리</small>

애꾸[眇: 묘]가 환히 보려고 절음발이[跛: 파]가 먼 길을 가려한다는 뜻, 역량(力量)과 덕이 부족한 사람이 분에 넘치는 일을 하려다가 도리어 화(禍)를 자초(自招)함을 이르는 말

▷ 跛行 파행 절뚝거린다는 뜻으로 일·계획 등이 순조롭게 진행되지 않음을 비유하는 말

▷ 盲眇 맹묘 보지 못하는 병

* 出典: 易經(역경) 履卦(이괘)

猫項懸鈴 묘항현령 <small>고양이 묘 | 목 항 | 매달 현 | 방울 령</small>

고양이 목에 방울 달기라는 뜻, 실행 할 수 없는 헛된 논의(論議)를 이르는 말

쥐가 고양이의 습격(襲擊)을 막기 위한 수단으로, 고양이의 목에 방울을 달기로 의논(議論)하여 결정하였으나, 감히 나서는 쥐가 없어 실행불가능으로 끝났다는 우화(寓話)에서 유래

【유의어】 猫頭懸鈴 묘두현령

▷ 項鎖 항쇄 옥(獄)에서 중죄인의 목에 씌우던 형구(刑具). 목에 씌우는 칼

* 出典: 宋世琳(송세림)의 禦眠楯(어면순)

無價大寶 무가대보 없을 무 | 값 가 | 큰 대 | 보배 보

값을 헤아릴 수 없을 만큼 매우 귀한 보물(寶物)

【유의어】 無價之寶 무가지보, 無價寶 무가보, 天下之寶 천하지보

* 出典: 三國遺事(삼국유사)

無稽之言 무계지언 없을 무 | 상고할·머무를 계 | 어조사 지 | 말씀 언

전혀 근거(根據)가 없는 엉터리 이야기

【유의어】 荒唐無稽 황당무계 말이나 행동이 거칠고 터무니없음

　　　　 荒誕無稽 황탄무계, 荒唐之言 황당지언

▷ 無稽之言勿聽 무계지언물청 엉터리 이야기는 듣지 말라

▷ 虛無孟浪 허무맹랑 터무니없이 허황(虛荒)하고 실상(實相)이 없음

▷ 滑稽 골계 익살(남을 웃기려고 일부러 우습게 하는 말이나 몸짓)

* 出典: 書經(서경) 大禹篇(대우편)

無骨好人 무골호인 없을 무 | 뼈 골 | 좋을 호 | 사람 인

뼈가 없이 좋은 사람. 줏대가 없이 두루뭉술하고 순하여 남의 비위(脾胃)를 잘 맞추는 사람

【유의어】 四面春風 사면춘풍, 四時春風 사시춘풍, 好好先生 호호선생

　　　　 無等好人 무등호인 더할 나위 없이 사람됨이 좋은 사람

無愧於心 무괴어심 없을 무 | 부끄러워할 괴 | 어조사 어 | 마음 심

언행(言行)이 공명정대(公明正大)하여 마음에 조금도 부끄러울 것이 없음

▷ 慙愧 참괴 매우 부끄럽게 여김 = 慙羞 참수

▷ 赧愧 난괴 부끄러워하여 얼굴을 붉힘

無窮無盡 무궁무진 없을 무 | 다할·궁할·궁리할 궁 | 다할·끊을·죽을 진

끝이 없고 다함이 없음. 한(限)이 없고 끝이 없음

> 【유의어】 無窮 무궁, 無盡 무진, 無盡藏 무진장

▷ 窮則變 變則通 궁즉변 변즉통, 窮變通 궁변통
  궁[窮: 어려움]해서 궁리[窮理: 연구]하면 변화가 생기고
  변화[變化= 易: 역]가 생기면 통[通: 해결]하는 길이 보인다는 말

無念無想 무념무상 없을 무 | 생각할 념 | 생각할 상

무아[無我: 자신의 존재를 잊음]의 경지에 이르러 일체(一切)의 상념(想念)을 떠남

> 【유의어】 物我一體 물아일체 외물(外物)과 자아(自我), 객관과 주관 또는 물질계와
>   정신계가 하나가 됨 또는 그런 경지

  物心一如 물심일여 사물과 마음이 구분(區分)없이 하나의 근본으로 통합됨

  主客一體 주객일체 나와 나 이외(以外)의 대상이 하나가 됨

無累之人 무루지인 없을 무 | 묶을·여러 루 | 어조사 지 | 사람 인

어떤 일에도 관련을 갖지 않으며, 모든 욕심에서 벗어난 사람. 즉 온갖 물욕(物慾)으로부터 완전히 벗어난 대자유인

▷ 無爲自然 무위자연
  인위적인 것이 없고 있는 그대로의 자연. 자연에 순응(順應)하는 이상적인 경지

* 出典: 淮南子(회남자)

武陵桃源 무릉도원 호반·굳셀 무 | 언덕 릉(능) | 복숭아 도 | 근원 원

무릉(武陵)의 복숭아꽃이 핀 수원지(水源地). 세상과 따로 떨어진 이상향(理想鄕)을 이르는 말

진(晋)나라 때 무릉(武陵)에 사는 한 어부가 복숭아꽃이 핀 수원지(水源地)를 따라 걸어 올라가다가 무릉 근처의 어떤 굴속에서, 난리를 피하여 온 진(秦)나라의 사람들을 만났는데, 그곳에서 그들은 매우 살기가 좋아 바깥세상으로 나와 보지도 않고 살아서 그 동안 굴 밖 세상의 많은 변천(變遷)과 또한 많은 세월이 지난 줄도 몰랐다는 고사에서 유래

> 【유의어】 別有天地 별유천지, 別天地 별천지, 桃源境 도원경, 桃園鄕 도원향
>   別有乾坤 별유건곤, 別乾坤 별건곤, 別世界 별세계
>   仙境 선경, 仙界 선계, 仙鄕 선향, 桃源 도원, 仙寰 선환
>   壺中天地 호중천지, 壺中天 호중천, 一壺天 일호천, 壺天 호천
>   小國寡民 소국과민, 大同世界 대동세계, Utopia 유토피아

▷ 踵武 종무 뒤를 이음

* 出典: 陶淵明(도연명)의 桃花源記(도화원기)

舞馬之災 무마지재 춤출 무 | 말 마 | 어조사 지 | 재앙 재

춤추는 말의 재앙(災殃)이라는 뜻, 말이 춤추는 꿈을 꾸면 화재가 발생한다는 데서 나온 말로 '화재(火災)'를 달리 비유하여 이르는 말

【유의어】 馬舞之災 마무지재, 馬舞災 마무재, 回祿之災 회록지재

回祿 회록 오회(吳回)와 육종(陸終). 전설상 화재를 맡아 다스린다는 불의 신

▷ 八佾舞 팔일무 나라의 큰 제사 때 악생(樂生) 64명이 좌우 8열로 정렬해 춤을 추는, 규모가 큰 문무(文舞)나 무무(武舞).

* 出典: 晉書(진서) 藝術傳(예술전)

毋望之福 무망지복 말(금지)·없을 무 | 바랄 망 | 어조사 지 | 복 복

바라는 바도 아니었는데, 뜻밖에 얻은 행복(幸福)

【유의어】 毋妄之福 무망지복, 僥倖 요행 = 徼幸, 徼倖

▷ 橫財 횡재 뜻밖에 재물을 얻음 ↔ 橫厄 횡액 뜻밖에 닥쳐오는 재액(災厄)

* 出典: 史記(사기) 春申君傳(춘신군전)

無病自灸 무병자구 없을 무 | 병 병 | 스스로 자 | 뜸 구

병도 없는데 스스로 뜸질을 한다는 뜻, 긁어 부스럼. 즉 불필요한 일에 정력을 낭비(浪費)하여 화(禍)를 자초(自招)한다는 말

공자(孔子)가 도척(盜跖)이 청하지도 않았는데, 스스로 도척의 소굴(巢窟)을 방문하여 인의도덕(仁義道德)을 논(論)하려다가 오히려 도척에게 큰 봉변(逢變)을 당한 고사에서 유래

▷ 無病長壽 무병장수 병 없이 건강(健康)하게 오래 삶

▷ 鍼灸 침구 침과 뜸 / 韓藥 한약 한방(韓方)에서 쓰는 의약[주로 풀뿌리·열매·나무껍질]

* 出典: 莊子(장자) 雜篇(잡편) 盜跖篇(도척편)

無服之殤 무복지상 없을 무 | 상복·옷 복 | 어조사 지 | 일찍죽을 상

1. 나이 어려서 죽음[7세 이하: 상복(喪服)없이 하는 상례(喪禮)]
2. 상례(喪禮)의 형식은 갖추지 않으나 마음으로 애통(哀痛)해함

【유의어】 無服之喪 무복지상, 心喪 심상

▷ 彭殤 팽상 700년을 산 팽조(彭祖)와 어려서 죽은 상자(殤子). 장수(長壽)와 요절(夭折) 즉 수명(壽命)의 장단(長短: 길고 짧음)을 비유하는 말

* 出典: 禮記(예기)

無本大商 무본대상 없을 무 | 근본 본 | 큰 대 | 장사·헤아릴 상

밑천 없이 장사하는 큰 상인이라는 뜻, '도둑'을 비꼬아 일컫는 말

『유의어』 梁上君子 양상군자, 盜跖 도척, 跖蹻 척교, 山賊, 산적, 火賊 화적
綠林豪傑 녹림호걸, 綠林豪客 녹림호객, 綠林客 녹림객

無不干涉 무불간섭 없을 무 │ 아닐 불 │ 범할·방패 간 │ 건널·다닐 섭
남의 일에 함부로 참견(參見)하고 간섭(干涉)하지 않는 일이 없음

▷ 博物君子 無不干涉 박물군자 무불간섭 (에서 유래)
　온갖 사물에 널리 잘 아는 사람이 무슨 일에나 참견(參見)하지 않는 일이 없다는 말

▷ 參見 참견　자기와 상관없는 일 등에 끼어들어 아는 체하거나 간섭(干涉)함

▷ 干涉 간섭　남의 일에 부당(不當)하게 참견함

無不通知 무불통지 없을 무 │ 아닐 불 │ 통할 통 │ 알 지
무슨 일이든지 다 통하여 모르는 것이 없음

『유의어』 無不通達 무불통달　모든 것을 통달함. 모르는 것이 없음
無所不知 무소부지　알지 못하는바가 없음

無比一色 무비일색 없을 무 │ 견줄 비 │ 하나 일 │ 얼굴빛·용모 색
견줄 데가 없는 오직 하나의 미모(美貌), 천하제일의 미인(美人)

『유의어』 天下一色 천하일색, 天下絕色 천하절색, 萬古絕色 만고절색
絕世美人 절세미인, 絕世佳人 절세가인, 絕代佳人 절대가인
國香 국향, 解語花 해어화, 月宮姮娥 월궁항아, 一笑千金 일소천금

無私無偏 무사무편 없을 무 │ 개인·사사(私事) 사 │ 없을 무 │ 치우칠 편
개인적인 욕심이나 치우침이 없이 매우 공평(公平)함

『유의어』 不偏不黨 불편부당, 無偏無黨 무편무당

▷ 偏頗 편파　한쪽으로 치우쳐 공평하지 못함

▷ 無辭可答 무사가답　사리가 바르고 떳떳하여 더 이상 따질 말이 없음

* 出典: 文中子(문중자)

巫山雲 무산운 무당 무 │ 뫼 산 │ 구름 운
무산의 구름, 남녀 간의 은밀한 정교(情交)나 밀회(密會)로 한때의 덧없는 달콤한 꿈

특히, 미인과의 침석(枕席: 잠자리)을 말하기도 함

초(楚)나라 양왕(襄王)이 낮잠을 자다가, 꿈속에서 무산의 신녀(神女)를 만나
정교(情交: 남녀 간에 색정[色情]을 주고받는 교제)를 누렸다는 고사에서 유래

[유의어] 巫山之夢 무산지몽, 巫山之雲 무산지운, 巫山之雨 무산지우

巫山夢 무산몽, 巫山雨 무산우, 朝雲暮雨 조운모우

雲雨之情 운우지정, 雲雨之樂 운우지락, 雲雨樂 운우락

구름과 비가 만나 천둥과 번개가 침. 남녀 간의 육체적(肉體的)인 쾌락(快樂)을 비유

▷ 巫覡 무격 무당(= 女)과 박수. 여자 무당과 남자 무당

無常迅速 무상신속 없을 무 | 항상 상 | 빠를 신 | 빠를 속

세상의 변천(變遷)이 매우 빠름. 세월(歲月)과 수명(壽命)의 덧없음을 이르는 말

▷ 無常出入 무상출입 거리끼지 않고 아무 때나 드나듦
▷ 無常 무상 정함이 없음. 때가 없음. 모든 것이 덧없음

無所不在 무소부재 없을 무 | 바·곳 소 | 아닐 부 | 있을 재

1. 있지 않은 데가 없이 어디든지 다 존재(存在)함
2. 하나님의 적극적인 품성(品性)의 하나로 그 존재와 섭리(攝理)가 미치지 않는 곳이 없음

▷ 無味乾燥 무미건조 1. 재미나 멋 또는 흥미나 맛이 없고 메마름
                      2. 깔깔하고 딱딱하며 운치(韻致)가 없음

* 出典: 天主敎(천주교) 經典(경전)

無所不至 무소부지 없을 무 | 바·곳 소 | 아닐 부 | 이를 지

다다르지 아니하는 곳이 없음. 이르지 않은 곳이 없음

▷ 無所不知 무소부지 알지 못하는바가 없음

無所不爲 무소불위 없을 무 | 바·곳 소 | 아닐 불 | 할 위

무엇이든 하지 못하는 바가 없음. 주로 강한 권력이나 부정적인 표현에 사용

[유의어] 無所不能 무소불능, 生殺與奪 생살여탈, 左之右之 좌지우지, 左右 좌우

▷ 窮無所不爲 궁무소불위 궁(窮)하면 예의나 염치를 가리지 않고 무엇이든 다한다는 말
                          [사흘을 굶으면 남의 집 담도 넘는다. 즉 도둑질도 한다는 말]

無始無終 무시무종 없을 무 | 처음 시 | 없을 무 | 끝 종

시작도 없고 끝도 없다는 뜻, 불변의 진리(眞理) 또는 윤회(輪廻)의 무한성을 비유하는 말

〔반의어〕 **有始有終** 유시유종　처음도 있고 끝도 있음, 시작한 일을 끝까지 마무리함을 이름

▷ **始終如一** 시종여일　처음부터 끝까지 변함없이 한결같음 = **終始如一** 종시여일

無信不立 무신불립　없을 무 | 믿을 신 | 아닐 불 | 설 립

믿음[信: 신]이 없으면 설[立: 립]수 없다는 뜻. 사람은 신의(信義)가 없으면 올바르게 살아갈 수 없음을 이르는 말. 즉 사람은 모두 죽음을 피할 수 없지만, 믿음이 없이는 살아갈 수 없고 또한 백성의 믿음이 없이는 나라가 제대로 서지 못한다고 공자가 자공에게 설파(說破)

[정치나 개인의 관계(關係)에서 믿음과 의리(義理)의 중요성을 강조(強調)하는 말]

政治의 三要素

足食 족식　식량(食糧)을 풍족(豐足)하게 준비(準備)하고

足兵 족병　군대(軍隊)를 튼튼하게 잘 정비(整備)하고

民信 민신　백성(百姓)의 신뢰(信賴)를 얻는 일

▷ **無辜** 무고　아무런 잘못이나 허물이 없음

* 出典: 論語(논어) 顏淵篇(안연편: 孔子[공자]와 子貢[자공]의 대화)

務實力行 무실역행　힘쓸·일 무 | 열매 실 | 힘 역(력) | 다닐 행

공리공론(空理空論)을 배척(排斥)하며 참되고 성실하도록 힘써 행할 것을 강조하는 사상(思想)

▷ **非誠無成** 비성무성　참되지 않으면 이루지 못함 또는 참되면 이루지 못할 것이 없음

▷ **眞實無妄** 진실무망　참되고 거짓이 없음

▷ **實踐躬行** 실천궁행　실제로 몸소 이행(履行)함

貿易障壁 무역장벽　바꿀·교역할 무 | 바꿀·교환할 역 / 쉬울 이 | (가로)막을 장 | 벽 벽

국가 간의 경쟁(競爭)에서 자국 상품을 보호하고 교역조건을 유리하게하며 국제수지(國際收支)를 개선(改善)하기 위하여 정부(政府)가 인위적(人爲的)으로 취하는 법적·제도적 조치

[관세, 할당제, 환제한 등이 있음]

▷ **容易** 용이　어렵지 않고 매우 쉬움

無厭足心 무염족심　없을 무 | 싫어할 염 | 족할 족 | 마음 심

싫증이 나지 않고 만족(滿足)하는 마음, 어떤 일에 대하여 그칠 줄 모르는 열의(熱意)를 말함

▷ **無盡藏** 무진장　다함이 없이 굉장(宏壯)히 많음. 덕(德)이 넓어 끝이 없음.
　　　　　　　　닦고 또 닦아도 다함이 없는 법의(法義) = **無窮無盡** 무궁무진

▷ **厭世** 염세 세상을 괴롭고 귀찮은 것으로 여겨 비관함 ↔ **樂天** 낙천

無用之用 무용지용 없을 무 │ 쓸 용 │ 어조사 지 │ 쓸 용

쓸모없는 것의 쓸모라는 뜻, 언뜻 보기에 쓸모없어 보이는 것이 오히려 더 큰 구실을 한다는 말
장자가 산길을 가노라니 가지와 잎이 무성한 큰 나무가 있었다. 바라보고 있는데, 나무꾼이
그 나무는 베려고 하지를 않았다. 장자가 그 까닭을 물으니 "아무 짝에도 소용이 없기 때문에"
라고 말한다. 이 말을 들은 장자가 이 나무는 쓸모가 없어서 타고난 수명을 다하게 되고 오히려
유용지물(有用之物)이 된다고 말하면서, 이와 마찬가지로 아무짝에도 쓸모가 없는 것처럼
보이는 것이 실상 보다 더 쓸모 있게 되는 것이 있으며, 이것이 무용지용(無用之用)이라는 말

『유의어』 **無用大用** 무용대용, 굽은 나무가 선산(先山)지킨다

▷ **無用之物** 무용지물 아무짝에도 쓸데없는 물건이나 사람

* 出典: 莊子(장자) 人間世篇(인간세편)

無爲徒食 무위도식 없을 무 │ 할 위 │ 헛될·무리 도 │ 밥 식

1. 하는 일 없이 헛되이 먹기만 하는 것
2. 게으르거나 아무런 능력(能力)이 없는 사람을 비유하는 말

▷ **徒輩** 도배 함께 어울려 나쁜 짓을 하는 패거리

▷ **歹徒** 대도 나쁜 사람

▷ **赭徒** 자도 붉은 무리들, 죄수들

無爲而治 무위이치 없을 무 │ 할 위 │ 어조사(그러나) 이 │ 다스릴 치

하는 것이 없어도 다스려진다는 뜻, 성인(聖人)의 덕이 지극히 커서 아무런 일을 하지 않아도
천하(天下)가 저절로 잘 다스려지는 이상적인 정치(政治)

『유의어』 **無爲之治** 무위지치, **無爲而化** 무위이화

* 出典: 論語(논어) 衛靈公篇(위령공편)

無爲而化 무위이화 없을 무 │ 할 위 │ 그러나 이 │ 될 화

인위적인 노력(努力)을 하지 않아도 스스로 변화(變化)함. 성인(聖人)의 덕이 크면 클수록
그만큼 더 많은 백성(百姓)들이 스스로 따라서 감화(感化)됨

『유의어』 **無爲而治** 무위이치, **無爲之治** 무위지치

* 出典: 老子(노자) 五十七章(57장)

無爲自然 무위자연 없을 무 │ 할 위 │ 스스로 자 │ 그러할 연

1. 인위(人爲)적인 것이 없고 있는 그대로의 자연(自然)
2. 자연에 순응(順應)하는 이상적(理想的)인 경지(境地)

▷ 無主空山 무주공산   주인 없는 빈산 또는 인가(人家)도 인기척도 전혀 없는 쓸쓸한 산

* 出典: 老子(노자)

撫育之道 무육지도   어루만질 무 | 기를 육 | 어조사 지 | 길·이치 도

잘 보살피고 어루만져 고이 기르는 도리(道理)

『유의어』 撫育之恩 무육지은

▷ 撫摩 무마   1. 손으로 어루만짐
2. 마음을 달래어 어루만짐 = 慰撫 위무
3. 분쟁(紛爭)이나 사건(事件)등을 어물어물 덮어 버림 = 糊塗 호도

▷ 綏撫 수무   편안(便安)하게 하고 어루만져 달램

▷ 宣撫 선무   지방이나 점령지의 주민에게 정부 또는 본국의 본뜻을 이해시켜 민심을 안정시키는 일

無依無托 무의무탁   없을 무 | 의지할 의 | 없을 무 | 맡길 탁

몸을 의지(依支)하고 맡길 곳이 없다는 뜻, 몹시 가난하고 고독(孤獨)한 상태를 비유하는 말

『유의어』 無依無託 무의무탁, 四顧無託 사고무탁, 四顧無親 사고무친, 孤蹤 고종
單獨一身 단독일신, 孤身隻影 고신척영, 木石不傅 목석불부, 隻手 척수
孤獨單身 고독단신, 孑孑單身 혈혈단신   의지(依支)할 데 없이 외로운 홀몸

無人之境 무인지경   없을 무 | 사람 인 | 어조사 지 | 지경·장소 경

1. 사람이 살지 않는 외진 곳

『유의어』 無人境 무인경, 疊疊山中 첩첩산중

2. 아무것도 거칠 것이 없는 판

『유의어』 眼下無人 안하무인, 傍若無人 방약무인

▷ 無人不知 무인부지   소문(所聞)이 널리 퍼져서 모르는 사람이 없음

▷ 不知何歲月 부지하세월   언제 될지 그 기한(期限)을 알지 못함

無腸公子 무장공자   없을 무 | 창자 장 | 공변될 공 | 아들 자

창자[= 배알]가 없는 공자[公子: 지체 높은 집안의 자제]라는 뜻
1. 담력(膽力)이나 기개(氣槪)가 없는 사람을 비웃는 말

2. 창자가 없는 동물이라는 뜻으로 게[蟹: 해]의 다른 이름

* 出典: 抱朴子(포박자)

無錢旅行 무전여행   없을 무 | 돈 전 | 나그네·군사 여(려) | 다닐 행

여비(旅費)없이 길을 떠나 얻어먹거나 품을 팔면서 하는 여행(旅行)

▷ 無賃乘車 무임승차   차비(車費)를 내지 않고 차타는 것을 말함

▷ 無錢取食 무전취식   값을 치를 돈도 없이 남이 파는 음식을 먹음

無知蒙昧 무지몽매   없을 무 | 알 지 | 어리석을 몽 | 어두울 매

지식(知識)이 없고 사리(事理)에 어두움

【유의어】 無知朦昧 무지몽매, 蒙昧 몽매   어리석고 사리에 어두움

▷ 無知莫知 무지막지   무지(無知)하고 상스러우며 우악스러움

▷ 無酌定 무작정   미리 정한 것이 없음. 좋고 나쁨을 가릴 겨를이 없음

無偏無黨 무편무당   없을 무 | 치우칠 편 | 없을 무 | 무리 당

공평(公平)해서 어느 편으로도 치우치지 않고 특정(特定)무리에도 속하지 않음

【유의어】 不偏不黨 불편부당, 無私無偏 무사무편

▷ 偏頗 편파   한쪽으로 치우쳐 공평하지 못함

▷ 黨派 당파   정치적 목적이나 주의·주장·이해를 같이하는 사람들이 뭉쳐 이룬 단체

無風地帶 무풍지대   없을 무 | 바람 풍 | 땅 지 | 띠 대

바람이 불지 않는 지역(地域)이라는 뜻, 다른 곳의 재난(災難)이나 번거로움이 미치지 않아 평화(平和)롭고 안전(安全)한 곳의 비유

▷ 無恙 무양   병이나 탈이 없다는 뜻, 모든 일이 평온무사(平穩無事)함을 가리키는 말

▷ 帶狀疱疹 대상포진   1. 바이러스의 감염(感染)으로 일어나는 수포(水疱)성 질환(疾患)
                 2. 몸에 띠 모양[帶狀= 대상]으로 수포가 생기며 열이 남

無恒産無恒心 무항산무항심   없을 무 | 항상 항 | 낳을 산 | 마음 심

항산(恒産)이 없으면 항심(恒心)이 없다는 뜻, 즉 생활(生活)이 안정(安定)되지 않으면 바른 마음을 견지[堅持: 굳게 지킴]하기 어렵다는 말

▷ 恒産 항산   생활(生活)할 수 있는 일정한 재산[生業: 생업·수입]

▷ 恒心 항심   늘 지니고 있어 변함이 없는 떳떳한 마음

【반의어】 有恒産有恒心 유항산유항심　항산(恒産)이 있으면 항심(恒心)이 있다

* 出典: 孟子(맹자)

無後爲大 무후위대　없을 무 | 뒤 후 | 할 위 | 큰 대

자손(後孫)을 두지 못한 것이 가장 큰 불효(不孝)라는 말

不孝三千無後爲大 불효삼천무후위대
불효에 삼천 가지가 있는데, 후손을 두지 못한 것이 가장 큰 불효

不孝有三無後爲大 불효유삼무후위대
불효에 세 가지가 있는데, 후손을 두지 못한 것이 가장 큰 불효

* 出典: 孟子(맹자) 離婁下篇(이루하편)

無毁無譽 무훼무예　없을 무 | 헐 훼 | 없을 무 | 기릴 예

욕(辱)할 것도 없고 칭찬(稱讚)할 것도 없음

▷ 毁譽 훼예　헐뜯음과 칭찬(稱讚)함
▷ 誹毁 비훼　남을 헐뜯어서 명예(名譽)를 상하게 함
▷ 褒貶 포폄　칭찬과 나무람. 시비선악(是非善惡)을 판단(判斷)해 결정함

墨突不黔 묵돌불검　먹 묵 | 굴뚝·부딪칠 돌 | 아닐 불 | 검을 검

묵자(墨子)의 굴뚝[突: 돌]이 검어질 새가 없다는 뜻, 너무 바빠서 한자리에 앉아있을
여유(餘裕)가 없다는 말

【유의어】 席不暇暖 석불가난, 孔席墨突 공석묵돌, 孔席不暖 공석불난
　　　　　墨子無黔突 묵자무검돌, 孔子不暖席 공자불난석
　　　　　不遑啓處 불황계처, 過門不入 과문불입, 戞過 알과

* 出典: 墨子(묵자)

黙擯對處 묵빈대처　잠잠할 묵 | 물리칠 빈 | 대할 대 | 곳 처

말없이 물리친다는 뜻, 말과 왕래(往來)를 일체 끊어 죄를 지은 자가 스스로 부끄러움과
참회(懺悔)를 느낄 수 있도록 하는 불교의 계율(戒律)중 하나

▷ 擯不與言 빈불여언　아주 배척(排斥)해 버리고 말도 아니함
▷ 黙黙不答 묵묵부답　입을 꾹 다문 채 잠자코 대답이 없음 = 黙黙無言 묵묵무언
▷ 黙祕權 묵비권　피고·피의자가 자기에게 불리한 진술(陳述)을 거부(拒否)할 수 있는 권리

墨守 묵수　먹 묵 | 지킬 수

자기 의견(意見)이나 주장(主張)을 굽히지 않고 끝까지 지킴

춘추시대(春秋時代), 송(宋)나라의 묵자(墨子)가 초(楚)나라와의 내기에서, 초(楚)나라의
내기공격(攻擊)을 아홉 번이나 물리치며 성을 잘 지켜 실제 전쟁(戰爭)을 막았다는 고사에서 유래

『유의어』 墨守成規 묵수성규, 墨翟之守 묵적지수

* 出典: 墨子(묵자) 公輸般篇(공수반편)

墨子悲染 묵자비염　먹 묵 | 어조사·아들 자 | 슬플 비 | 물들일 염

묵자가 하얀 실을 보고 어떤 색으로도 물들일 수 있음을 알고 슬퍼했다는 뜻, 사람은
습관(習慣)이나 환경(環境)에 따라 그 성품(性品)이 착해지기도 하고 악해지기도 한다는 말

『유의어』 墨子泣絲 묵자읍사, 近墨者黑 근묵자흑, 近珠者赤 근주자적
　　　　 南橘北枳 남귤북지, 橘化爲枳 귤화위지, 麻中之蓬 마중지봉

▷ 汚染 오염　더럽게 물듦

刎頸之交 문경지교　목 벨 문 | 목 경 | 어조사 지 | 사귈 교

친구대신 목이 잘려 죽는 한이 있더라도 약속(約束)을 믿어주는 그런 우정(友情)이라는 뜻,
생사(生死)를 같이할 수 있는 아주 가까운 사이 또는 그런 친구

『유의어』 刎頸之友 문경지우, 管鮑之交 관포지교, 水魚之交 수어지교

▷ 刎頸 문경　목을 벤다는 뜻, 해고(解雇) 또는 해직함 = Pink Mail

* 出典: 史記(사기) 藺相如列傳(인상여열전)

文過飾非 문과식비　무늬·글월 문 | 허물·지날 과 | 꾸밀 식 | 아닐 비

허물도 꾸미고 잘못도 꾸민다는 뜻, 잘못이 있음에도 뉘우침도 없이 숨길뿐만 아니라 도리어
잘난 체함의 비유

『유의어』 文過遂非 문과수비

▷ 護疾忌醫 호질기의 = 諱疾忌醫 휘질기의
　 병을 감추고 의사 만나기를 회피함. 자신의 결점을 감추고 남의 충고를 듣지 않는다는 말

聞過則喜 문과즉희　들을 문 | 허물·지날 과 | 곧 즉 | 기쁠 희

자신에게 허물이 있는 것을 남에게 지적받고 기뻐한다는 뜻, 자신의 잘못에 대한 비판(批判)을
기꺼이 받아들임을 비유하는 말

『유의어』 聞過色喜 문과색희

▷ 過勿憚改 과물탄개, 過則勿憚改 과즉물탄개
　 허물이 있으면 즉시 고치기를 꺼리지 말라는 뜻, 사람은 누구나 잘못하기 마련이므로,

잘못을 했을 때 그것을 즉시 고치지 않는 것이 오히려 더 큰 허물이라는 말

＊ 出典: 孟子(맹자) 公孫丑篇(공손추편)

文恬武嬉 문념무희 무늬·글월 문 | 편안할 념 | 호반 무 | 즐길 희

문관들은 편안하게 지내고 무관들은 놀고 지낸다는 뜻, 정부관리(文官·武官)가 안일(安逸)에
빠져 제 직분(職分)을 지키지 않아 정치(政治)가 퇴폐(頹廢)함을 이르는 말

▷ 怠慢 태만 게으르고 느림 = 過怠 과태

▷ 恬逸 염일 마음이 편안(便安)하고 자유로움

＊ 出典: 韓愈(한유) 平淮西碑(평회서비)

文武兼全 문무겸전 무늬·글월 문 | 호반·굳셀 무 | 겸할 겸 | 온전할 전

학문(學問)과 무예(武藝)를 둘 다 갖춤

『유의어』 文武兼備 문무겸비, 文武雙全 문무쌍전

上文右武 상문우무 문무(文武)를 모두 숭상(崇尙)함. 문무(文武)를 겸비한자

文房四友 문방사우 무늬·글월 문 | 방 방 | 녁 사 | 벗 우

문인의 서재(書齋)에 꼭 있어야 할 네 가지 문방구(文房具)
지[紙: 종이], 필[筆: 붓], 묵[墨: 먹], 연[硯: 벼루]

『유의어』 文房四寶 문방사보, 文房四侯 문방사후, 四友 사우, 四寶 사보

▷ 硯滴 연적 벼룻물을 담는 작은 그릇 = 水滴 수적, 硯水 연수

▷ 閨房 규방 부녀자가 거처하는 방. 안방. 침실. 부부의 침실

文心雕龍 문심조룡 무늬·글월 문 | 마음 심 | 아로새길·독수리 조 | 용 룡(용)

중국 양(梁)나라의 유협(劉勰)이 지은 남북조시대의 문학비평서

▷ 斲雕 착조 아로새겨 꾸민 것을 깎아 없애버림, 퇴폐(頹廢)한 풍속을 다스려 없앤다는 말

問安視膳 문안시선 물을 문 | 편안할 안 | 볼 시 | 반찬·선물 선

웃어른께 안부(安否)를 여쭙고 반찬의 맛을 살핀다는 뜻, 웃어른을 잘 모시고 받듦의 비유

『유의어』 溫淸晨省 온정신성, 扇枕溫席 선침온석, 朝夕定省 조석정성

冬溫夏淸 동온하정 겨울에는 따뜻하게, 여름에는 서늘하게 부모님께 효도함

定省 정성, 昏定晨省 혼정신성 아침저녁으로 부모의 안부(安否)를 물어서 살핌

▷ **膳賜** 선사 존경·축하·애정의 뜻으로 남에게 선물을 줌

* 出典: 資治通鑑(자치통감)

蚊蚋負山 문예부산 모기 문 | 모기 예 | 짊어질 부 | 뫼 산

모기가 산을 짊어진다는 뜻, 역량(力量)이나 능력이 부족한자가 국사(國事)나 중대한 일을
감당(堪當)할 수 없음을 비유하는 말. 감당할 수 없음. 결국 일을 망침

『유의어』 **折足覆餗** 절족복속 솥발이 부러져 먹으려고 솥에 삶던 나물을 쏟음. 일을 망침

▷ **男負女戴** 남부여대 남자는 등에 지고 여자는 머리에 인다는 뜻으로 가난한 사람들이
　　　　　　　　　　　　　　살 곳을 찾아 이곳저곳 떠돌아다니는 것을 이르는 말.

▷ **蠅** 승: 파리 | **蝨** 슬: 이 | **牀蝨** 상슬·**蝎** 갈: 빈대 | **蚤** 조: 벼룩

　　蜈蚣 오공·**蝍** 즉: 지네 | **螽** 종 메뚜기, 황충 | **蛭** 질 거머리

* 出典: 莊子(장자)

門外漢 문외한 문·문간 문 | 바깥 외 | 사나이·한수 한

어떤 일에 전문적(專門的)인 지식(知識)이 없거나 직접(直接) 관계가 없는 사람

『반의어』 **專門家** 전문가 어떤 분야에 대한 전문적인 지식·기술 또는 경험을 가진 자

▷ **無賴漢** 무뢰한 일정한 직업(職業)이 없이 돌아다니며 불량한 짓을 하는 남자

▷ **癡漢** 치한 여자를 괴롭히거나 희롱(戲弄)하는 남자 = **色漢** 색한, **癡人** 치인

▷ **冷血漢** 냉혈한 인정(人情)이 없고 냉혹(冷酷)한 남자

文苑黼黻 문원보불 무늬·글월 문 | 나라동산 원 | 수놓은 예복 보·불

조선전기 이래의 관각(館閣: 弘文館[홍문관]·藝文閣[예문각])의 문장(文章)을 모은 책(册)
제 22대 정조(正祖) 11년(1787)에 간행(刊行). 45권 22책으로 구성(構成)

▷ **黼黻** 보불 1. 임금이 예복(禮服)으로 입는 하의(下衣)인 곤상(袞裳)자락에 수놓은,
　　　　　　　　　　도끼[斧鉞: 부월]와 아('亞')자 모양의 무늬.

　　　　　　　2. 화려(華麗)한 문양(文樣)을 수놓은 예복(禮服)

　　　　　　　3. 화려(華麗)한 문사(文辭: 문장에 나타난 말)

▷ **祕苑** 비원 금원[禁苑: 대궐 안의 동산] 또는 서울 창덕궁 안에 있는 궁원(宮苑)

文人相輕 문인상경 무늬·글월 문 | 사람 인 | 서로 상 | 가벼울 경

문인들이 서로 경멸(輕蔑)한다는 뜻, 문인은 교만(驕慢)한 기운이 강해서 남을 깔보는
버릇이 있고 자칭 대가(大家)라고 생각하며 타 문인을 경멸하는 경향(傾向)이 있다는 말

　▷ **文廟** 문묘 공자(孔子)를 모신 사당(祠堂) = **芹宮** 근궁, **聖廟** 성묘, **孔子廟** 공자묘

* 出典: 典論(전론)

聞一知十 문일지십 <small>들을 문 | 하나 일 | 알 지 | 열 십</small>

하나를 들으면 열 가지를 미루어 앎, 지극히 총명(聰明)함

유의어 一覽輒記 일람첩기 　한번 보면 다 기억함. 총명함을 이르는 말

반의어 得一忘十 득일망십 　한 가지를 알면 열 가지를 잊어버림(기억력이 좋지 못함)

* 出典: 論語(논어) 公冶長(공야장)

門墻桃李 문장도리 <small>문 문 | 담 장 | 복숭아 도 | 오얏·자두 리(이)</small>

스승이 길러낸 제자들과 그의 문하생을 말함, 스승이 길러낸 제자들이 도처(到處)에 있다는 말

유의어 滿門桃李 만문도리, 桃李滿門 도리만문, 桃李門前 도리문전

　　　泗上弟子 사상제자 　공자(孔子)의 제자

▷ 門墻 문장 　스승의 문하(門下) / 桃李 도리 　스승이 길러낸 뛰어난 제자

* 出典: 論語(논어) 子張篇(자장편) 子貢(자공) / 說苑(설원: 劉向[유향] 著[저])

門前乞食 문전걸식 <small>문 문 | 앞 전 | 빌 걸 | 밥 식</small>

이 집 저 집 집집마다 돌아다니며 빌어먹음

유의어 求乞 구걸, 佩瓢 패표 　쪽박을 참, 빌어먹음의 비유

　　　沙鉢農事 사발농사 　밥그릇에 농사를 지음. 밥을 빌어먹는 일의 비유

　　　遊離乞食 유리걸식, 流離丐乞 유리개걸, 浮萍轉蓬 부평전봉

門前薄待 문전박대 <small>문 문 | 앞 전 | 깔볼·엷을 박 | 대할·기다릴 대</small>

문 앞에서 내쫓아 버릴 듯이 찾아온 사람을 인정(人情)없이 모질게 대함

▷ 忽待 홀대 　소홀(疏忽)히 대접(待接)함 / 厚待 후대 　후하게 대접함[또는 그런 대접]

▷ 歡待 환대 　반겨서 정성껏 후하게 접대(接待)함

▷ 待人春風 持己秋霜 대인춘풍 지기추상

　　다른 사람에게는 봄바람처럼 따뜻하게 대하고 자기에게는 가을의 찬 서리처럼 대한다는 말

門前成市 문전성시 <small>문 문 | 앞 전 | 이룰 성 | 저자·시장 시</small>

대문 앞이 저자[市= 시장]를 이룬다는 뜻, 세도가(勢道家)나 부잣집 문 앞이 방문객(訪問客)으로
시장을 이루다시피 북적거림을 비유하여 이르는 말

유의어 門庭若市 문정약시, 車水馬龍 거수마룡, 冠蓋相望 관개상망, 成市 성시

반의어 門前雀羅 문전작라, 門外可設雀羅 문외가설작라

* 出典: 漢書(한서) 鄭崇傳(정숭전)

門前沃畓 문전옥답 _{문 문 | 앞 전 | 기름질 옥 | 논 답}

집 가까이에 있는 기름진 논이라는 뜻, 많은 재산을 비유하는 말

유의어 門前沃土 문전옥토

▷ 肥沃 비옥 땅이 걸고 기름짐 = 肥饒 비요

▷ 反畓 번답 밭을 논으로 만듦 ↔ 反田 번전   논을 밭으로 만듦

▷ 坰畓 경답 바닷가에 둑을 쌓고 만든 논

門前雀羅 문전작라 _{문 문 | 앞 전 | 참새 작 | 그물·벌릴 라}

대문 밖에 새 그물을 쳐놓을 만큼 손님들의 발길이 뚝 끊어짐을 뜻하는 말로
권세(權勢)가 없어지거나 돈이 떨어지면 방문객(訪問客)들의 발걸음이 끊어진다는 말

유의어 門外可設雀羅 문외가설작라 (에서 유래)

반의어 門前成市 문전성시, 門庭若市 문정약시

　　　門前成市 거수마룡, 冠蓋相望 관개상망, 成市 성시

車水馬龍 거수마룡, 冠蓋相望 관개상망, 成市 성시

* 出典: 史記(사기) 汲鄭列傳(급정열전)

問鼎輕重 문정경중 _{물을 문 | 솥 정 | 가벼울 경 | 무거울 중}

솥(鼎: 정)의 크기와 무게를 묻는다는 뜻, 정(鼎)은 세 개의 발과 두 개의 귀가 달린 구리로
제작(製作)한 큰 솥으로 천하(天下 = 王權[왕권])또는 천하를 차지하려는 야욕(野慾)을 상징
즉 솥이 가벼우면 솥을 들어 옮긴다는 말로 왕권이 약하면 왕권을 찬탈(簒奪)하겠다는 말

1. 솥의 크기와 무게가 어느 정도인지 묻는다는 것은 왕위(王位)를 노리는 야망(野望)이 있다는 말
2. 권위(權威)의 절대성을 상실(喪失)했을 때 흔히 상황(狀況)을 떠보는 말로 사용(使用)함
3. 상대의 실력이나 내부사정을 잘 알고 그의 약점을 이용(利用)한다는 것

유의어 問鼎 문정, 問鼎之輕重 문정지경중, 問鼎之大小輕重 문정지대소경중

* 出典: 左氏傳(좌씨전) 楚(초)나라 莊王(장왕)

文質彬彬 문질빈빈 _{무늬·글월 문 | 바탕 질 | 빛날 빈}

외견(外見)이 아름답고 내용이 충실(充實)하여 내외(內外)가 잘 조화(造化)를 이룬 상태를 말함
군자[君子: 학식과 덕행이 높은 사람]를 형용하는 말

孔子 曰: 바탕이 꾸밈보다 나으면 촌스럽고 꾸밈이 바탕보다 좋으면 내용 없이 번드르르해진다

『유의어』 質文兼備 질문겸비, 文質炳煥 문질병환, 文質相炳煥 문질상병환

▷ 彬彬 빈빈 윤기(潤氣)가 나면서 조화(調和)로운 모양을 이르는 말

* 出典: 論語(논어) 雍也篇(옹야편)

文筆盜賊 문필도적 무늬·글월 문 | 붓 필 | 훔칠 도 | 도적 적

남의 글이나 저술(著述)한 내용을 그대로 베껴 사용(使用)하여 마치 자기가 지은 것처럼 하는 사람

『유의어』 膝甲盜賊 슬갑도적, 生呑活剝 생탄활박, 剽竊 표절, 剿說 초설

▷ 竊盜 절도 남의 재물을 훔침 또는 그런 사람

▷ 強盜 강도 폭행·협박 등의 수단으로 남의 재물을 빼앗는 도둑

勿揀赦前 물간사전 말·없을 물 | 가릴 간 | 용서할 사 | 앞 전

은사(恩赦)나 사면(赦免)을 입지 못할 만큼 큰 죄(罪). 즉 사면령에도 해당(該當)되지 않는 큰 죄

『유의어』 勿論赦前 물론사전, 大逆無道 대역무도, 大逆不道 대역부도

▷ 恩赦 은사 나라에 경사(慶事)가 있을 때 죄가 가벼운 죄인을 석방(釋放)하던 일

▷ 赦免 사면 죄를 용서(容恕)하여 형벌(刑罰)을 면제함[일반사면·특별사면]

勿忘在莒 물망재거 말·없을 물 | 잊을 망 | 있을 재 | 주나라제후이름 거

거(莒)땅에서 고생(苦生)하며 있던 때를 잊지 말라는 뜻, 과거(過去)의 고난(苦難)과 역정(歷程)을
잊지 말고 항상 경계(警戒)하라는 말

▷ 備忘錄 비망록 잊지 않으려고 적어 둔 기록이나 책자. 메모

▷ 勿輕小事 물경소사 작은 일이라도 가벼이 여기지 말라는 뜻,
　　　　　　　　　　매사를 소홀(疏忽)이 하지 말고 정성(精誠)을 다하라는 가르침

* 出典: 史記(사기) 田單列傳(전단열전)

物薄情厚 물박정후 물건 물 | 엷을 박 | 정할 정 | 두터울 후

사람을 사귀는데 있어서 비록 선물(膳物)이나 음식대접은 소홀(疏忽)할 수 있어도, 정(情)만은
두터워야 함을 이르는 말

『유의어』 物薄而情厚 물박이정후 (에서 유래)

『반의어』 門前薄待 문전박대 문 앞에서 내쫓아 버릴 듯이 인정 없고 모질게 대함

▷ 厚誼 후의 두터운 정 = 厚情 후정

▷ **薄情** 박정　인정이나 동정심이 없고 쌀쌀함

物腐蟲生 물부충생 　물건 물 | 썩을 부 | 벌레 충 | 날 생

물건(物件)이란 반드시 먼저 썩은 뒤에야 벌레가 생긴다는 뜻으로
1. 내부에 약점(弱點)이 생기면 곧 외부의 침입(侵入)이 발생한다는 말
2. 머리 좋은 자가 힘센 자에게 이간책(離間策)을 써서 이긴다는 말

▷ **物故** 물고　사회적 저명인사·명사(名士)의 죽음 또는 죄 지은 사람을 죽임
▷ **腐敗** 부패　정신·정치·사상·의식 등이 타락(墮落)함 또는 물건이 썩음

* 出典: 蘇軾(소식) 范增論(범증론)

物色比類 물색비류 　물건 물 | 빛 색 | 견줄 비 | 무리 류

같은 종류(種類)의 물건(物件)을 비교(比較)해서 연구(硏究)하는 것을 말함
1. 물색(物色)은 제물(祭物)로 바친 동물의 털 색깔. '물색하다'는 말은 여기에서 비롯되었음
2. 비류(比類)는 물건의 비슷함을 비교(比較)하여 서로 견주어 보는 것

▷ **物色** 물색　어떤 기준(基準)에 알맞은 사람을 찾거나 물건을 고름

* 出典: 禮記(예기)

勿失好機 물실호기 　말 물 | 잃을 실 | 좋을 호 | 틀 기

놓칠 수 없는 절호(絕好)의 기회(機會). 한 번 지난 때는 두 번 다시 오지 아니하므로
기회(機會)를 잃지 말라는 말

【유의어】 時不可失 시불가실, 時不待人 시불대인　때는 사람을 기다리지 않음

物心兩面 물심양면 　물건 물 | 나음 심 | 두 량 | 낯·면 면

물질(物質)적인 면과 정신(精神)적인 면의 두 방면(方面)

▷ **物議** 물의　어떤 인물 또는 단체의 처사에 대하여 많은 사람들이 이러쿵저러쿵 서로 다른
　　　　　비판(批判)이나 불평하는 상태 = **物論** 물론

物我一體 물아일체 　물건 물 | 나 아 | 하나 일 | 몸 체

외물(外物)과 자아(自我), 객관과 주관 또는 물질계와 정신계가 하나가 된다는 말로 어떤
대상(對象)에 완전히 몰입(沒入)된 경지

【유의어】 主客一體 주객일체　나와 나 이외의 대상이 하나가 됨
　　　　 渾然一體 혼연일체　생각·행동·의지 등이 완전히 하나가 됨
　　　　 物心一如 물심일여　사물과 마음이 구분 없이 하나의 근본(根本)으로
　　　　　　　　　　　　　　통합(統合)되어 조화된 경지를 이르는 말

物外閑人 물외한인 물건 물 │ 바깥 외 │ 한가할 한 │ 사람 인

세상사의 번잡(煩雜)을 피해 한가(閑暇)하게 지내는 사람

유의어 物外閒人 물외한인, 風月主人 풍월주인, 東山高臥 동산고와
風塵表物 풍진표물, 風塵外物 풍진외물, 俗塵外物 속진외물
悠然自適 유연자적, 安閑自適 안한자적, 梅妻鶴子 매처학자
悠悠自適 유유자적 속세를 떠나 아무 속박 없이 자유롭고 마음 편히 삶

物以類聚 물이유취 물건 물 │ 써 이 │ 무리 유(류) │ 모일 취

1. 물건(物件)이란 비슷한 것들 끼리 종류별(種類別)로 모이게 마련이라는 뜻
2. 악당(惡黨)들이 끼리끼리 한데 모여 흉계(凶計)를 꾸민다는 말[부정적 의미가 강함]

유의어 類類相從 유유상종 같은 무리끼리 서로 어울려 사귐
▷ 聚落 취락 인간이 집단적으로 생활하는 장소. 인가가 모여 있는 곳

* 出典: 周易(주역) 繫辭篇(계사편) / 戰國策(전국책) 齊策(제책)

物情騷然 물정소연 물건 물 │ 뜻 정 │ 시끄러울 소 │ 그러할 연

세상이 어수선하고 시끄러워 마음의 안정(安靜)을 얻지 못한다는 말

▷ 騷客 소객 문인(文人)이나 시인(詩人) = 騷人 소인
▷ 喧騷 훤소 뒤떠들어서 소란(騷亂)함
▷ 騷動 소동 여럿이 법석을 떪. 여럿이 떠들어 댐

* 出典: 後漢書(후한서)

勿照之明 물조지명 말 물 │ 비칠 조 │ 어조사 지 │ 밝을 명

일부러 애써서 비치는 것이 아니라 자연히 빛나는 광명(光明)

▷ 照明 조명 1. 무대(舞臺)효과·촬영(撮影)효과를 높이기 위해 광선(光線)을 비춤
　　　　　　　2. 일정한 관점(觀點)에서 어떤 대상(對象)을 바라봄
▷ 勿取以貌 물취이모 외모를 보고 사람을 판단(判斷)하지 말라

微官末職 미관말직 작을 미 │ 벼슬 관 │ 끝 말 │ 직분·벼슬 직

지위(地位)가 아주 낮은 벼슬 또는 그런 지위에 있는 사람

유의어 微末之職 미말지직, 末端 말단 사람·일·부서 등의 맨 아래
▷ 微行 미행 신분(身分)을 숨기고 다닌다는 뜻, 임금[또는 고관]이 몰래 어떤 일을
　　　　　　 살피기 위해서 남루(襤褸)한 옷차림을 하고 주변을 속이며 다님을 비유

糜軀碎首 미구쇄수 죽·문드러질 미 | 몸 구 | 부술 쇄 | 머리 수

몸이 문드러지고 머리가 가루가 된다는 뜻, 몸이 부서지도록 있는 힘을 다하여 정성(精誠)을
드리며 노력(努力)함을 비유(比喩)하는 말

유의어　粉骨碎身 분골쇄신, 粉身糜骨 분신미골, 糜軀 미구

全力投球 전력투구, 靡不用極 미불용극, 犬馬之勞 견마지로

專心專力 전심전력　온 마음과 온 힘을 한곳에 다 기울임

不遺餘力 불유여력　있는 힘을 다함, 힘을 남기지 않음

殫竭心力 탄갈심력　마음과 힘을 다 쏟음

▷ 軀 구, 躬 궁, 己 기, 身 신, 體 체　모두 몸을 나타내는 말

未能免俗 미능면속 아닐 미 | 능할 능 | 면할 면 | 풍속·속될 속

아직도 속된 습관(習慣)을 버리지 못했다는 뜻
1. 속세(俗世)와의 인연(因緣)을 끊어내지 못함을 비유하는 말
2. 한번 물든 속물근성(俗物根性)은 버리기 어렵다는 말

▷ 未嘗不 미상불　아닌 게 아니라 과연 = 未嘗非 미상비

* 出典: 世說新語(세설신어) 任誕篇(임탄편)

尾大難掉 미대난도 꼬리 미 | 큰 대 | 어려울 난 | 흔들 도

꼬리가 커서 흔들기 어렵다는 뜻, 일의 끝이 크게 벌어져서 처리(處理)하기가 어려움을 말함

유의어　尾掉 미도, 尾大不掉 미대부도, 末大必折 말대필절

Wag the dog(왝 더 독)

* 出典: 春秋左氏傳(춘추좌씨전)

未亡人 미망인 아닐 미 | 망할·죽을 망 | 사람 인

남편이 죽고 홀로 남은 여자라는 뜻, 아직 남편을 따라 죽지 못한 사람이라는 말

유의어　寡婦 과부, 寡宅 과댁, 寡女 과녀, 寡守 과수, 홀어미

* 주의: 본인만 사용 可, 타인(他人)이 사용(使用)하면 큰 실례(失禮)

▷ 未安 미안　마음이 편치 않음 또는 남에게 대해 부끄럽고 겸연쩍음

眉目秀麗 미목수려 눈썹 미 | 눈 목 | 빼어날 수 | 고울·아름다울 려

눈썹과 눈이 빼어나게 아름답다는 뜻, 얼굴이 수려(秀麗)한 미인을 비유하는 말

『유의어』 八字靑山 팔자청산, 八字春山 팔자춘산, 蠑蛾 진아, 倩盼 천반

▷ 蛾眉 아미　초승달 모양으로 길게 굽은 미인의 눈썹

▷ 眉目 미목　눈썹과 눈 또는 얼굴 모습 = 眉睫 미첩

▷ 黛眉 대미　눈썹연필로 그린 그림

* 出典: 漢書(한서) / 詩經(시경)

彌縫策 미봉책　오랠·두루 미 | 꿰맬 봉 | 꾀·채찍 책

꿰매어 깁는 계책이라는 뜻, 잘못된 일을 근본적으로 고치지 않고 임시로 처리하는 것을 말함

1. 눈가림만 하는 임시방편(臨時方便)의 계책
2. 결점(缺點)·실패(失敗)등을 감추기에 급급한 계책(計策)

『유의어』 彌縫之策 미봉지책, 苟且彌縫 구차미봉, 彌縫 미봉

上下撑石 상하탱석, 上石下臺 상석하대, 下石上臺 하석상대

臨時變通 임시변통, 臨時方便 임시방편, 臨時處變 임시처변

姑息之計 고식지계, 凍足放尿 동족방뇨, 目前之計 목전지계

* 出典: 春秋左氏傳(춘추좌씨전) 桓公(황공) 五年條(5년조)

靡不用極 미불용극　쓰러질·쏠릴 미 | 아닐 불 | 쓸 용 | 다할 극

어떤 일을 하는데 있어서 마음과 몸을 다 바쳐 노력(努力)한다는 말

『유의어』 糜軀 미구, 糜軀碎首 미구쇄수, 粉身糜骨 분신미골

全力投球 전력투구　투수가 타자를 상대로 모든 힘을 다하여 공을 던짐

專心專力 전심전력　온 마음과 온 힘을 한곳에 다 기울임

粉骨碎身 분골쇄신　뼈가 가루가 되고 몸이 부서진다는 뜻. 정성으로 노력

▷ 宸極 신극　천자(天子)의 지위(地位). 천자의 거소(居所)

美辭麗句 미사여구　아름다울 미 | 말씀 사 | 아름다울 여(려) | 말씀 구

아름답게 표현(表現)된 말과 아름다운 말로 꾸민 듣기 좋은 글귀

▷ 修辭學 수사학 = Rhetoric(레토릭)

사상이나 감정 등을 효과적·미적으로 표현할 수 있도록 문장과 언어의 사용법을 연구하는 학문

尾生之信 미생지신　꼬리 미 | 날 생 | 어조사 지 | 믿을 신

미생의 목숨을 건 두터운 믿음. 우직(愚直)하여 융통성(融通性) 없이 약속(約束)만을 굳게 지킴

춘추시대에 미생(尾生)이라는 남자가 어떤 여인과 다리 밑에서 만나자고 한 약속을 지키기

위해 기다리는데 마침 큰비가 내려 홍수(洪水)가 났는데도 물을 피하지 않고 다리 난간을
붙들고 매달리면서 기다리다가 마침내 떠내려가 익사(溺死)했다는 고사에서 유래

▷ 尾行 미행 1. 남의 뒤를 몰래 따라감.
　　　　　　 2. 수사관 등이 용의자나 요시찰인의 뒤를 밟으며 몰래 그 행동을 감시하는 일

* 出典: 史記(사기) 蘇秦傳(소진전)

未成一簣 미성일궤 아닐 미 | 이룰 성 | 하나 일 | 삼태기 궤

산을 만들 때에 마지막 한삼태기의 흙을 덜 얹어 산이 이루어지지 못한다는 뜻, 마지막 노력을
소홀(疏忽)히 하면 지금껏 애써 해오던 일이 물거품이 된다는 말

『유의어』 功虧一簣 공휴일궤, 九仞功虧一簣 구인공휴일궤

▷ 河海不擇細流 하해불택세류 강과 바다는 조그만 개울물의 물조차도 마다하지 않는다.
　　　　　　　　　　　　　　 큰 뜻을 가진 사람은 넓은 도량(度量)과 마음씨를 지녀야 함을 이르는 말

▷ 泰山不辭土壤 태산불사토양 큰 산은 한줌의 흙이라도 사양(辭讓)하지 않는다.
　　　　　　　　　　　　　　 큰 뜻을 가진 사람은 넓은 도량과 마음씨를 지녀야 함을 이르는 말

▷ 海不讓水 해불양수 바다는 어떠한 물도 사양하지 않는다.
　　　　　　　　　　 큰 뜻을 가진 사람은 모든 사람을 차별하지 말고 포용(包容)하라는 말

* 出典: 論語(논어)

微吟緩步 미음완보 작을 미 | 읊을 음 | 느릴 완 | 걸음 보

작은 소리로 읊조리며 천천히 거니는 것

『유의어』 逍遙吟詠 소요음영 슬슬 거닐며 나직이 시를 읊조림

▷ 呻吟 신음 병이나 고통으로 앓는 소리를 냄. 고통이나 괴로움으로 고생하며 허덕임

▷ 緩急 완급 느림과 빠름. 일의 급함과 급하지 않음

美意延年 미의연년 아름다울 미 | 뜻 의 | 끌 연 | 해 년

아름다운 마음이 삶의 세월을 연장(延長)한다는 뜻, 마음을 즐겁게 가지면 장수(長壽)함을 비유

▷ 延人員 연인원 어떤 일에 동원된 인원을, 그 일을 하루에 완성하는 것으로 하여,
　　　　　　　　 일(日)수를 인(人)수로 환산한 총 인원수 = 延人數 연인수

* 出典: 荀子(순자)

美人薄命 미인박명 아름다울 미 | 사람 인 | 엷을 박 | 목숨 명

미인은 팔자가 사납거나 불행해서 수명(壽命)이 짧다는 말. 즉 단명(短命)한다는 말

『유의어』 佳人薄命 가인박명, 紅顔薄命 홍안박명

▷ **薄雪** 박설　자국눈[겨우 발자국이 날 정도로 적게 내린 눈]

▷ **薄氷** 박빙　살얼음. 근소(僅少)한 차이(差異)를 비유적으로 이르는 말

米珠薪桂 미주신계　쌀 미 | 구슬 주 | 섶·땔나무 신 | 계수나무 계

식량은 주옥(珠玉)보다 비싸고 땔감은 계수나무 보다 비싸다는 뜻으로 생활필수품(生活必需品)의
물가(物價)가 천정부지(天井不知)로 치솟아 백성의 생활이 지극히 힘들다는 말

유의어 **食玉炊桂** 식옥취계　먹느니 주옥(珠玉)이요, 불 때는 것은 계수(桂樹)나무라
　　　　　　　　　　　　　물가(物價)가 비싸 생활(生活)의 어려움을 토로(吐露)하는 말

▷ **騰貴** 등귀　물건 값이 뛰어오름 = **昂騰** 앙등

▷ **天井不知** 천정부지　천정(天井)을 모른다는 뜻, 물가(物價)가 한없이 오르기만 함을 이름

* 出典: 戰國策(전국책: 劉向[유향] 저) 楚策(초책)

未曾有 미증유　아닐 미 | 일찍 증 | 있을 유

지금까지 한 번도 있어 본적이 없음. 처음 벌어진 일이라 그 유례(類例)를 찾을 수 없는 놀라운
사건(事件)이나 일을 묘사(描寫)하는 데 사용(使用)하는 말

유의어 **未嘗有** 미상유

　空前 공전　비교(比較)할만한 것이 그 이전에는 없었음

　曠古 광고　전례(前例)가 없음

　破天荒 파천황　천지(天地)가 아직 열리지 않은 혼돈(混沌·渾沌)의 상태(狀態)인
　　　　　　　　　천황(天荒)을 깨고 새 세상을 만든다는 말

　前古未聞 전고미문, **前代未聞** 전대미문, **前人未踏** 전인미답
　이제까지는 전혀 들어본 적이 없는 놀라운 사건이나 새로운 일을 가리키는 표현

　空前絶後 공전절후, **曠前絶後** 광전절후, **前無後無** 전무후무
　비교할 만한 것이 이전에도 없고 이후에도 없음

▷ **破僻** 파벽　양반이 없는 시골에서 인재가 나와 본디의 미천(微賤)한 상태를 벗어남

▷ **未嘗不** 미상불　아닌 게 아니라 과연 = **未嘗非** 미상비

* 出典: 楞嚴經(능엄경: 불교경전)

迷津寶筏 미진보벌　미혹할 미 | 나루 진 | 보배 보 | 뗏목 벌

어느 배를 타야할지 몰라 갈 길을 헤매는 나루터에서 옳은 길을 인도하는 **훌륭한 배**라는 뜻
삶에 가르침을 주고 옳은 길을 인도(引導)하는 **훌륭한 책**을 비유하는 말

유의어 **暗衢明燭** 암구명촉　어두운 거리에 밝은 등불, 삶의 지혜를 제공(提供)하는 책

▷ 迷惑 미혹 1. 무엇에 홀려 정신을 차리지 못함   2. 정신이 헷갈려서 갈팡질팡 헤맴

▷ 昏迷 혼미 1. 정신이 헛갈리고 흐리멍덩함   2. 정세 등이 불안정함

美風良俗 미풍양속 아름다울 미 | 바람 풍 | 어질 양(량) | 풍속 속

아름답고 좋은 풍속(風俗)이나 기풍(氣風)

[유의어] 良風美俗 양풍미속

▷ 風俗 풍속 예로부터 그 사회(社會)에 전해오는 의·식·주 및 생활습관(習慣)

▷ 風流 풍류 속된 일을 떠나 풍치가 있고 멋스럽게 노는 일 = 花鳥風月 화조풍월

▷ 選良 선량 1. 뛰어난 인물을 뽑음 또는 그 인물 2. 국회의원의 별칭(別稱)

民膏民脂 민고민지 백성 민 | 살찔·기름 고 | 기름·비게 지

백성(百姓)의 기름. 즉 백성의 피와 땀이라는 뜻, 백성에게서 과다(過多)하게 거둔 조세(租稅)나
재물(財物)을 비유하는 말

[유의어] 血稅 혈세 가혹(苛酷)한 조세(租稅)

膏血 고혈 기름과 피. 몹시 고생(苦生)해서 얻은 이익(利益)이나 재산을 비유한 말

民貴君輕 민귀군경 백성 민 | 귀할 귀 | 임금·세자 군 | 가벼울 경

백성은 존귀(尊貴)하고 임금은 가볍다는 뜻, 백성을 귀하게 여겨 선정(善政)을 베풀라는 말의 비유
백성[民: 민]은 존귀(尊貴)하고 사직(社稷)은 그 다음으로 중요(重要)하며,
임금[君: 군]은 가볍다고[輕: 경]말한 고사에서 유래

▷ 民族中興 민족중흥 쇠잔(衰殘)해진 민족이 다시 번영(繁榮)을 이룩함

▷ 以民爲天 이민위천 백성(百姓)을 하늘같이 소중(所重)히 여김

* 出典: 孟子(맹자) 盡心篇(진심편)

密雲不雨 밀운불우 빽빽할 밀 | 구름 운 | 아닐 불 | 비 우

구름은 짙게 끼어있으나 비는 아직 오지 않는다는 뜻으로
1. 어떤 일의 징조(徵兆)만 보이고 아직 그 일은 이루어지지 않고 있음
2. 위에서 내리는 은택(恩澤)이 아래까지 골고루 내려지지 않음. 아래에서 은택을 받지 못함

▷ 密贐 밀신 노자(路資) 명목(名目)으로 몰래 주는 금품

▷ 雲雨 운우 구름과 비. 남녀 간의 육체적인 관계

▷ 緊密 긴밀 관계가 매우 가깝고 밀접함 ↔ 疏遠 소원

* 出典: 周易(주역) 小畜卦(소축괘)의 卦辭(괘사)

蜜月 밀월 꿀밀 | 달월

꿀같이 달콤한 달[月: 월]이라는 뜻으로

1. 결혼직후의 즐겁고 달콤한 시기(時期)를 비유하는 말
2. 정권초기 여야(與野)가 서로 협력하는 시기[보통 처음 6개월 정도]

▷ **蜜月旅行 밀월여행** 신혼부부가 함께 가는 여행 = **新婚旅行 신혼여행**

▷ **蜜蠟 밀랍** 꿀벌이 벌집을 만들기 위해 분비(分泌)하는 물질

博古知今 박고지금　넓을 박 | 옛 고 | 알 지 | 이제 금

널리 옛일을 알면 이치(理致)를 깨닫게 되어 오늘날에 벌어지는 일도 알게 된다는 말

[유의어]　溫故知新 온고지신　옛것을 익히고 미루어 새것을 앎

　　　　　法古創新 법고창신　옛것을 본받아 새로운 것을 창조함. 즉 거듭난다는 말

▷　東西古今 동서고금　동양과 서양, 옛날과 지금을 통틀어 이르는 말로,
　　　　　　　　　　　어디서나, 언제나의 뜻 = 古今東西 고금동서

博覽强記 박람강기　넓을 박 | 볼 람 | 강할 강 | 기억할·기록할 기

동서고금(東西古今)의 책(册)을 두루 읽고 많은 내용(內容)을 기억(記憶)함

[유의어]　博學多識 박학다식, 多聞博識 다문박식

　　　　　博聞强記 박문강기, 積書勝金 적서승금, 汗牛充棟 한우충동

　　　　　涉獵 섭렵　물을 건너 찾아다님. 온갖 책을 널리 읽고 여러 일을 경험(經驗)함

▷　閱覽 열람　책이나 문서 등을 죽 훑어보거나 조사(調査)하여 봄

▷　親覽 친람　임금이나 귀인이 몸소 관람(觀覽)함

薄利多賣 박리다매　엷을 박 | 이로울·날카로울 리 | 많을 다 | 팔 매

하나하나의 이익(利益)은 적게 보는 대신 물량(物量)을 많이 팔아서 큰 이익(利益)을 남기려는
판매정책(販賣政策)

▷　利潤 이윤　장사 등을 하여 남은 돈 = 利益 이익

▷　賣買 매매　물건을 팔고 사는 일

博文約禮 박문약례　넓을 박 | 글월 문 | 맺을 약 | 예도 례

지식(知識)은 널리 구하고 행동(行動)은 예의(禮儀)에 맞게 하라는 말

널리 학문을 닦아 사리에 밝고 이것을 실행함에 예의로 하여 정도에 벗어나지 않게 함을 말함

* 出典: 論語(논어)

博物君子 박물군자　넓을 박 | 물건 물 | 임금 군 | 아들 자

온갖 사물(事物)에 대해 잘 아는 사람, 정통(精通)한 사람

[유의어]　博識家 박식가, 萬物博士 만물박사

* 出典: 春秋左氏傳(춘추좌씨전) 昭公元年篇(소공원년편)

薄氷如臨 박빙여림 얇을 박 | 얼음 빙 | 같을 여 | 임할 림

살얼음을 밟는 것처럼 위태(危殆)롭다는 말

유의어 如履薄氷 여리박빙, 涉于春氷 섭우춘빙, 薄氷 박빙   살얼음. 근소한 차이

博士買驢 박사매려 넓을 박 | 선비 사 | 살 매 | 나귀 려

박사(博士)가 나귀를 산다는 뜻으로 문사(文辭)는 화려(華麗)하나 핵심(核心)이 없다는 말
즉 학자(學者)는 실제 사회물정(社會物情)에 어둡다는 비유의 말

박사가 나귀를 사는데 계약서를 3장이나 쓰면서도 계약서에는 나귀[驢: 려]라는 글자가
없었다는 고사에서 유래. 즉 핵심(核心)을 놓친다는 말

유의어 三紙無驢 삼지무려

　　　 博士買驢 書券三紙 未有驢字 박사매려 서권삼지 미유려자

* 出典: 顏氏家訓(안씨가훈)

撲朔迷離 박삭미리 비빌·칠 박 | 초하루 삭 | 미혹할 미 | 떠날 리

수토끼는 앞발을 잘 비비고 암토끼는 눈을 잘 감는 특징이 있지만 둘이 함께 달려 갈 때는 토끼의
암수 구별(區別)이 분명(分明)하지 않다는 뜻으로
1. 남자인지 여자인지 구별이 분명하지 않음을 이르는 말
2. 일이 서로 복잡(複雜)하게 얽혀 구분(區分)하기 힘든 경우를 비유

목란(木蘭)이라는 여자가 남장(男裝)을 하고 아버지대신 전쟁터에 나갔는데, 처음에는 남자
동료(同僚)들이 목란이 여자라는 정체(正體)를 알아채지 못했다는 고사에서 유래

* 出典: 木蘭辭(목란사)

博施濟衆 박시제중 넓을 박 | 베풀 시 | 구제할·건널 제 | 무리 중

백성(百姓)들에게 널리 사랑과 은혜(恩惠)를 베풀고 많은 사람을 구제(救濟)한다는 말

▷ 施惠 시혜   은혜(恩惠)를 베풂 또는 고맙게 베풀어 주는 신세(身世)나 혜택(惠澤)

* 出典: 論語(논어) 雍也篇(옹야편: 孔子[공자]와 子貢[자공]의 대화)

博愛主義 박애주의 넓을 박 | 사랑 애 | 주인·임금 주 | 옳을·바를·뜻 의

인종적 편견(偏見)이나 국가적 이기심 등을 버리고 인류(人類)전체의 복지(福祉)증진을 위하여
온 인류(人類)가 서로 인종·종교·신분 등의 차별(差別)을 초월(超越)하고 평등(平等)하게 사랑해야
한다는 주의

유의어 四海同胞主義 사해동포주의

璞玉渾金 박옥혼금
옥돌·옥덩어리 박 │ 구슬 옥 │ 흐릴·섞일 혼 │ 쇠 금

갈지(다듬지) 않은 옥(玉)과 제련(製鍊)하지 않은 쇠[金: 금]
1. 성품(性品)이 소박(素朴)하고 꾸밈이 없는 사람을 비유
2. 바탕이 좋아 겉을 꾸미지 아니함의 비유

* 出典: 晉書(진서) 山濤傳(산도전)

博而不精 박이부정
넓을 박 │ 그러나 이 │ 아닐 부 │ 자세할·정할 정

독서를 함에 있어 정독(精讀)의 중요성을 강조하는 말로써 여러 방면으로 널리 알되 깊거나
자세(仔細)하지 못하다는 말

▷ 不求甚解 불구심해　독서(讀書)할 때 글의 대강(大綱)의 뜻만 알고 내용(內容)을
깊이 이해(理解)하려고 노력(努力)하지 않는다는 말

博引旁證 박인방증
넓을 박 │ 끌 인 │ 두루·곁 방 │ 증거 증

1. 널리 예(例)를 들어 그것을 증거(證據)로 사물을 설명(說明)함. 충분(充分)한 증거
2. 널리 예(例)를 인용(引用)하고 전거(典據)를 제시(提示)함

【반의어】 單文孤證 단문고증　한 개의 증거. 즉 불충분(不充分)한 증거(證據)

▷ 典據 전거　말이나 문장(文章)등의 근거(根據)가 되는 문헌(文獻)상의 출처(出處)

拍掌大笑 박장대소
칠 박 │ 손바닥 장 │ 큰 대 │ 웃음 소

손뼉을 치며 크게 웃음

▷ 滿堂哄笑 만당홍소　한자리에 모인 모든 사람들이 흡족(洽足)해하며 크게 웃음
▷ 拍手喝采 박수갈채　감동(感動)을 표현하기 위해 양손으로 손뼉을 치며 소리를 질러
칭찬(稱讚)·감사(感謝)·환영(歡迎)·찬성(贊成) 등을 나타냄

▷ 抱腹絶倒 포복절도　배를 그러안고 넘어질 정도로 웃음
▷ 腰折腹痛 요절복통　하도 우스워 허리가 꺾이고 배가 아플 지경임

博學多識 박학다식
넓을 박 │ 배울 학 │ 많을 다 │ 알 식 / 적을 지

학식(學識)이 넓고 아는 것이 많음

【유의어】 多聞博識 다문박식, 博覽强記 박람강기, 涉獵 섭렵
無所不知 무소부지, 無不通知 무불통지

▷ 博奕 박혁　장기와 바둑

盤溪曲徑 반계곡경
소반·밑받침 반 │ 시내 계 │ 굽을·휠 곡 │ 지름길·곧을 경

굽이굽이 서려있는 계곡과 구불구불한 길이라는 뜻으로 일을 하는데 있어서 바른길을 좇아서
순리(順理)를 따르지 않고 잘못된 방법으로 무리(無理)하게 한다는 말. 즉 정도(正道)를 밟지 않고
그릇되고 억지스런 방법(方法)으로 일을 처리(處理)한다는 말

『유의어』 旁岐曲徑 방기곡경

『반의어』 行不由徑 행불유경 길을 가는데 지름길을 취하지 아니하고 큰 길로 간다는 뜻으로
행동을 공명정대하게 함을 비유하는 말

反求諸己 반구저기 되돌릴 반 | 구할 구 | 어조사(~에게서) 저 | 자기·몸 기

일을 돌이켜보며 그 잘못된 일의 원인(原因)을 자기에게서 찾는다는 뜻, 반성(反省)하여 자신을
고쳐나간다는 말

▷ 反求 반구 어떤 일의 원인(原因)등을 자기 자신에게서 찾음
▷ 省察 성찰 자기의 마음을 반성(反省)하여 살핌
▷ 反駁 반박 남의 의견이나 비난(非難)에 대하여 맞서 공격(攻擊)함

* 出典: 孟子(맹자) / 中庸(중용)

盤根錯節 반근착절 소반 반 | 뿌리 근 | 섞일 착 | 마디 절

굽이굽이 서려있는 뿌리와 얼크러진 마디라는 뜻으로
1. 처리(處理)하기가 매우 어려운 사건(事件). 일이 서로 맞물려 뒤엉켜있음
2. 어떤 세력(勢力)이 깊이 뿌리박고 있어 흔들리지 아니함. 제거(除去)하기 어려움

『유의어』 盤錯 반착

* 出典: 後漢書(후한서) 虞詡傳(우후전)

飯囊酒袋 반낭주대 밥 반 | 주머니 낭 | 술 주 | 자루 대

밥을 담는 주머니와 술을 담는 자루라는 뜻으로 술과 음식을 축내며 해야 할 일은 하지 않는
쓸모없는 사람을 비유하는 말

『유의어』 酒袋飯囊 주대반낭, 飯坑酒囊 반갱주낭, 陶犬瓦鷄 도견와계
樗櫟之材 저력지재, 樗櫟散木 저력산목, 樗櫟 저력
塚中枯骨 총중고골, 枯木朽株 고목후주
行尸走肉 행시주육 살아 있는 송장이요 걸어 다니는 고깃덩이. 쓸모없음

▷ 囊橐 낭탁 남의 것을 자기 것으로 만들다. 제가 차지하다

反對給付 반대급부 되돌릴 반 | 대할 대 | 넉넉할·줄 급 | 부칠·줄 부

어떤 일에 대응(對應)하여 얻게 되는 이익(利益)으로

1. 쌍무계약(雙務契約)에서, 한쪽의 급부에 대하여 다른 쪽이 이행(履行)하는 급부(給付)
2. 매매(賣買)에서, 물건의 양도(讓渡)에 따른 대금(代金)의 지급(支給)

▷ 反轉 반전 반대방향으로 구른다는 뜻, 일의형세·위치·방향·순서 등이 뒤바뀌어 반대로 됨

▷ 反骨 반골 세상의 풍조·권세·권위 등을 좇지 않고 저항하는 기질(사람) = 叛骨 반골

▷ 返戾 반려 도로 돌려줌. 되돌아오거나 감 = 返還 반환

攀龍附鳳 반룡부봉 더위잡을 반 | 용 룡(용) | 붙을·기댈 부 | 봉새·봉황 봉
용(龍)의 비늘을 휘어잡고 봉황(鳳凰)의 날개에 붙어간다는 뜻으로
1. 성인(聖人)을 따라서 덕(德)을 이루기를 원한다는 말
2. 권력가(權力家)나 임금을 좇아서 공명(功名)을 세우고 싶다는 말

『유의어』 附驥尾 부기미, 蒼蠅附驥尾 창승부기미 쉬파리가 천리마의 꼬리에 붙어감

▷ 攀緣 반연 기어 올라감. 세력 있는 사람에게 의지(依支)하여 출세(出世)함
* 出典: 漢書(한서)

反面教師 반면교사 되돌릴 반 | 낯·면 면 | 가르칠 교 | 스승 사
다른 사람이나 사건의 부정적인 측면에서 교훈(教訓)을 얻는다는 뜻, 앞으로는 그와 같이 되지 않기
위한 본보기로 삼는다는 말. 즉 상대의 나쁜 점을 보고 그처럼 안한다는 말

▷ 他山之石 타산지석
　　다른 산의 나쁜 돌이라도 자기의 구슬을 다듬는 데 소용(所用)이 된다는 뜻으로
　　다른 사람의 하찮은 언행일지라도 자기의 지덕(知德)을 연마하는 데 도움이 된다는 말

▷ 反間計 반간계 적의 첩자(諜者)를 이용하여 적을 제압(制壓)하는 계책
* 出典: 毛澤東(모택동: 마오쩌둥) 중국문화대혁명(1960년대)

半面之分 반면지분 반 반 | 낯·면 면 | 어조사 지 | 나눌·구별할 분
얼굴만 약간 알 정도의 교분. 교제(交際)가 아직 두텁지 못한 사이

『유의어』 半面之識 반면지식, 半面識 반면식

　　　一面識 일면식 서로 한 번 만난 일이 있어, 안면(顔面)이 약간 있는 일
* 出典: 後漢書(후한서)

班門弄斧 반문농부 나눌 반 | 문 문 | 희롱할 농(롱) | 도끼 부
목장(木匠)의 시조(始祖)라는 '노반(魯班)'의 문 앞에서 도끼 다루는 솜씨를 자랑한다는 뜻으로
전문가(專門家)앞에서 얄팍한 재주를 뽐내는 것을 말함. 즉 함부로 까불다가 다치지 말고
남을 높이고 자기를 낮추는 겸손(謙遜)한 태도를 견지(堅持)하라는 말

『유의어』 孔子門前賣孝經 공자문전매효경　공자의 문 앞에서 효경을 판다는 말

▷　班列 반열　품계나 신분, 등급의 차례 = 班次 반차

* 出典: 明(명)나라 梅之渙(매지환)의 題李白墓詩(제이백묘시)

斑駁之歎 반박지탄 　얼룩무늬 반 | 논박할·얼룩말 박 | 어조사 지 | 탄식할 탄

편파(偏頗)적이고 공정(公正)하지 못함에 대한 한탄(恨歎) = 斑駁之嘆 반박지탄

▷　斑駁 반박　여러 빛깔이 뒤섞여 아롱진 모양 또는 서로 같지 않은 모양
▷　反駁 반박　남의 의견이나 비난(非難)에 대하여 맞서 공격(攻擊)함
▷　攻駁 공박　남의 잘못을 따지고 공격함

反覆無常 반복무상 　되돌릴 반 | 뒤집힐 복 | 없을 무 | 항상·불변의 도 상

말과 행동이 이랬다저랬다 하여 일정(一定)하지 않거나 일정한 주장(主張)이 없음을 이르는 말

▷　反芻 반추　소나 양 등의 동물이 먹은 것을 되 내어 씹는 짓으로, 어떤 일을
　　　　　　　되풀이하여 음미(吟味)하고 생각함을 비유하는 말 = 되새김질
▷　無常 무상　정함이 없음. 때가 없음. 모든 것이 덧없음
▷　叛服無常 반복무상　배반(背叛)했다가 복종(服從)했다가 하여 그 태도(態度)가
　　　　　　　　　　　 일정(一定)하지 아니함

半部論語 반부논어 　반 반 | 나눌 부 | 논할 논 | 말씀 어

반 권의 논어. 자신의 지식(知識)을 겸손(謙遜)하게 이르거나 학문(學問)의 중요함을
비유적으로 표현한 말

산동(山東)사람 조보(趙普)라는 인물이 있었는데 송(宋)나라 태조 조광윤(趙光胤)을 도와 천하를
통일했다. "논어의 절반지식으로 태조께서 천하를 평정하시는 일을 도왔으며, 나머지 절반의
지식으로 폐하(陛下)께서 천하를 잘 다스리도록 돕고 있습니다."라고 말한 고사에서 유래

『유의어』 半部論語治天下 반부논어치천하 (에서 유래)

▷　論語 논어　공자(孔子)와 그의 제자들의 말과 행동을 기록한 유교의 경전(經典)

* 出典: 羅大經(나대경)의 鶴林玉露(학림옥로)

反噬 반서 　되돌릴 반 | 씹을 서

기르던 짐승이 은혜를 잊고 도리어 주인을 물어 해친다는 뜻으로 은혜를 원수(怨讎)로 갚음
1. 은혜(恩惠)를 베풀어준 사람을 도리어 해침을 비유하는 말
2. 피의자(被疑者)가 자기를 고발(告發)한 사람을 공모자라 주장(主張)하여 끌고 들어감

▷　以血洗血 이혈세혈　피를 피로 씻음. 거듭 나쁜 짓을 함. 더욱 더러워짐

▷ **狴噬** 안서   체포(逮捕)되어 감옥(監獄)에 갇힘을 비유하는 말

▷ **搏噬** 박서   움켜쥐고 씹어 먹음

伴食宰相 반식재상 <small>짝·따를 반 | 밥 식 | 재상 재 | 재상·얼굴·서로 상</small>

곁에 모시고 밥을 먹는 재상이라는 뜻으로 유능한 재상(宰相)옆에 붙어서 그저 자리만 차지하고 있는 무능한 재상을 비꼬아서 하는 말

『유의어』 相伴大臣 상반대신, 伴食大臣 반식대신

　　　　尸祿 시록, 儡恥 뇌치, 叨竊 도절, 瘰素 관소, 鵜翼 제익

　　　　尸位素餐 시위소찬   직책을 다하지 못하면서 자리만 차지하고 녹(祿)만 받아먹는 일

　　　　竊位者 절위자   능력도 없이 자리만 차지하고 녹만 받아먹는 벼슬아치

▷ **伴侶** 반려   짝이 되는 동무

▷ **伴奏** 반주   노래나 기악 연주를 돕기 위해 옆에서 다른 악기를 연주함.

* 出典: 唐書(당서) 盧懷愼傳(노회신전)

半信半疑 반신반의 <small>반 반 | 믿을 신 | 의심할 의</small>

1. 어떤 사실(事實)을 판단(判斷)하기 어려워 반쯤은 믿고 반쯤은 의심(疑心)함
2. 한편으로는 믿으면서도 한편으로는 혹시(或是)나 하고 의심함

▷ **信疑** 신의   믿음과 의심(疑心) / **信義** 신의   믿음과 의리(義理)

半身不隨 반신불수 <small>반 반 | 몸 신 | 아닐 불 | 따를 수</small>

몸의 반쪽[혹은 일부]이 따라주지 못한다는 뜻으로 병이나 사고(事故)로 인하여 몸의 절반이 마비(痲痺)되는 일 또는 그러한 사람

『유의어』 半身痲痺 반신마비, 片側痲痺 편측마비, 片痲痺 편마비

▷ **隨筆** 수필   일정한 형식을 따르지 않고 느낌이나 체험(體驗)을 생각나는 대로
　　　　　　　 따라서 쓴 산문(散文)형식의 글

反掖之寇 반액지구 <small>되돌릴 반 | 겨드랑이·낄 액 | 어조사 지 | 도둑 구</small>

겨드랑이 밑에서 모반(謀叛)하는 적이라는 뜻, 내란(內亂)을 비유하는 말

『유의어』 蕭牆之禍 소장지화, 蕭牆之變 소장지변, 自中之亂 자중지란

　　　　內訌 내홍, 內紛 내분, coup(d'État) 쿠(데타)

▷ **反目** 반목   서로 사이가 좋지 않고 미워함 ↔ **和睦** 화목, **和穆** 화목

▷ **寇偸** 구투   남의 나라에 쳐들어와서 난폭한 짓, 도둑질을 함

泮蛙 반와 학교·물가 반 | 개구리 와

성균관[成均館= 學校: 학교] 개구리, 자나 깨나 글만 읽는 사람을 농(弄)으로 일컫는 말

[유의어] 青青子衿 청청자금, 青衿 청금 유학을 공부하는 선비 = 儒生 유생

冬烘先生 동홍선생 겨울에 불 만 쬐는 훈장. 학문에 몰두하여 세상물정을 모름

白面書生 백면서생 글만 읽고 세상일에는 경험(經驗)이 없는 사람

▷ 泮村 반촌 성균관 근처동네를 말함 / 雨蛙 우와 청개구리

▷ 氷泮 빙반 얼음이 녹는 시기, 봄날

攀轅臥轍 반원와철 더위잡을 반 | 수레끌채 원 | 누울 와 | 수레바퀴자국 철

수레의 끌채에 매달리고 수레바퀴의 앞에 드러누워서 수레의 진행을 방해 한다는 뜻으로
임기(任期)를 마치고 떠나가는 훌륭한 지방관리가 떠나지 말고 더 오래 오래 자기네 고을에
남아있기를 바라는 고을백성들의 흠모(欽慕)하는 마음을 비유하는 말

[유의어] 萬口成碑 만구성비 많은 사람이 칭찬하는 것은 송덕비를 세우는 것과 같다는 말

甘棠之愛 감당지애, 甘棠遺愛 감당유애, 甘棠愛 감당애
감당나무를 사랑함. 선정(善政)을 베푼 위정자를 흠모(欽慕)하는 정.
주나라 초기 소공석(召公奭)이라는 관리의 이야기로 그는 백성들이 관아를 오지 않고
자기 일을 잘 하도록 자기가 백성을 친히 찾아다니면서 감당나무[= 팥배나무]아래에서
송사(訟事)를 판결(判決)하거나 정사(政事)를 처리(處理)하였음. 즉 찾아가는 서비스

* 出典: 漢書(한서)

斑衣之戲 반의지희 얼룩무늬 반 | 옷 의 | 어조사 지 | 놀이 희

반의[색동저고리 = 때때옷]를 입고 놀이를 한다는 뜻으로 자식(子息)이 늙어서도 어린양 하며
부모에게 효도(孝道)를 다함을 비유하는 말

춘추시대 초(楚)나라사람 노래자(老萊子)가 칠십의 나이에도 불구하고 반의(斑衣)를 입고
어린동자의 모습으로 재롱(才弄)을 부려 부모에게 자식이 늙어 감을 잊게 해드린 고사에서 유래

[유의어] 老萊之戲 노래지희, 啜菽飮水 철숙음수, 百里負米 백리부미

烏鳥私情 오조사정, 願乞終養 원걸종양, 綵衣之年 채의지년

綵衣以娛親 채의이오친, 戲綵娛親 희채오친
색동옷을 입고 어버이를 즐겁게 한다는 말

▷ 斑衣 반의 여러 빛깔의 옷감으로 만든 어린아이들의 때때 옷. 색동저고리

* 出典: 唐(당)나라 李瀚(이한)이 지은 蒙求(몽구)의 高士傳(고사전)

半子之名 반자지명 반 반 | 아들 자 | 어조사 지 | 이름 명

절반의 아들이라는 뜻, 사위를 달리 이르는 말. 즉 사위[壻: 서]를 거의 아들처럼 여긴다는 말

유의어 半子 반자, 嬌客 교객, 百年之客 백년지객, 佳壻 가서, 佳婿 가서
　　　　壻郎 서랑, 令壻 영서, 東床 동상, 東廂 동상, 東牀 동상

▷ 翁壻 옹서　장인과 사위 / 贅壻 췌서　데릴사위 = 贅郎 췌랑

▷ 姑婦 고부　시어머니와 며느리 / 姑舅 고구　시어머니와 시아버지

反哺之孝　반포지효　되돌릴 반 | 먹일 포 | 어조사 지 | 효도 효

까마귀 새끼가 성장해서 늙은 어미에게 먹이를 되물어다 주는 효성. 어버이 은혜(恩惠)에 대한
자식의 지극(至極)한 효도(孝道)를 말함

유의어 反哺報恩 반포보은, 烏鳥私情 오조사정, 願乞終養 원걸종양
　　　　斑衣之戲 반의지희, 老萊之戲 노래지희, 斑衣戲 반의희
　　　　啜菽飮水 철숙음수, 綵衣以娛親 채의이오친, 跪乳 궤유
　　　　百里負米 백리부미, 負米養親 부미양친　멀리서 쌀을 지고와 부모를 모심
　　　　行傭供母 행용공모　날품을 팔아 어머니를 모심

▷ 反哺 반포　안 갚음[까마귀가 커서 되 물어다 먹임. 자식이 커서 부모를 봉양(奉養)하는 일]

* 出典: 李密(이밀) 陳情表(진정표)

班荊道故　반형도고　나눌 반 | 가시나무 형 | 길 도 | 옛 고

옛 친구(親舊)를 만나 허물없이 옛정을 나눈다는 말. 옛 친구를 만나 옛날이야기를 한다는 말
초(楚)나라의 오거(伍擧)와 공손귀생(公孫貴生)은 정(鄭)나라의 도읍 부근에서 만나, 형초(荊草)를
깔고 앉아 함께 음식을 나누어 먹으면서 다시 고향에 돌아갈 것에 대해 이야기한 고사에서 유래
[班荊相與食, 而言復故 반형상여식, 이언복고에서 유래]

유의어 班荊道舊 반형도구

▷ 邂逅 해후　오랫동안 헤어졌다가 우연(偶然)히 다시 만남

▷ 遭遇 조우　신하가 뜻에 맞는 임금을 만남. 우연히 서로 만남. = 遭逢 조봉

* 出典: 春秋左氏傳(춘추좌씨전) 襄公(양공)

反禍爲福　반화위복　되돌릴 반 | 재앙 화 | 할 위 | 복 복

화(禍)가 바뀌어 도리어 복(福)이 된다는 뜻, 아무리 불행(不幸)한 일이라도 꾸준한
노력(努力)과 강인(强忍)한 의지(意志)로 힘쓰면 불행을 행복(幸福)으로 바꿀 수 있다는 말

유의어 轉禍爲福 전화위복
　　　　塞翁之馬 새옹지마, 塞翁馬 새옹마
　　　　모든 것은 변화가 많아서 인생의 길흉화복을 예측(豫測)할 수 없다는 뜻

拔本塞源 발본색원 빼·뽑을 발 | 근본 본 | 막을 색 | 근원 원

뿌리를 뽑아내고 샘물의 원천(源泉)을 막는다는 뜻으로 나쁜 일의 근원(根源)을 아주 없애 버려서
다시는 그런 일이 생기지 않도록 함

유의어 剪草除根 전초제근, 毫毛斧柯 호모부가, 曲突徙薪 곡돌사신

桑土綢繆 상토주무, 防患未然 방환미연, 星火燎原 성화요원

▷ 茅塞 모색　길이 띠[茅: 모]로 인하여 막힌다는 뜻. 마음이 물욕(物慾)에 가려져
어리석고 무지한 처신(處身)을 하게 됨을 비유하는 말[ex: 뇌물수수 등]

* 出典: 春秋左氏傳(춘추좌씨전) 昭公(소공) 九年條(9년조)

發憤忘食 발분망식 필·쏟을 발 | 분할·결낼 분 | 잊을 망 | 밥(먹을) 식

끼니를 걸러 가며 어떤 일에 열중(熱中)하여 노력함. 공자의 학문태도를 말함

유의어 日昃之勞 일측지로, 晝而繼夜 주이계야, 自强不息 자강불식

不解衣帶 불해의대, 不撤晝夜 불철주야, 不眠不休 불면불휴

不知寢食 부지침식, 廢寢忘餐 폐침망찬　침식(寢食)을 잊고 일에 몰두함

▷ 發靷 발인　장례(葬禮)때 상여(喪輿)가 집에서 떠남 또는 그런 절차(節次)

▷ 發越 발월　깨끗하고 훤칠함

* 出典: 論語(논어: 孔子[공자]와 子路[자로]의 대화)

拔山蓋世 발산개세 빼·뽑을 발 | 뫼 산 | 덮을 개 | 인간·세상 세

힘은 산을 뽑을 만큼 세고 기개(氣槪)는 세상을 덮을 정도로 웅대(雄大)하다는 말

항우(項羽)가 마지막 결전장인 해하(垓下)에서, 한나라의 군사에게 포위(包圍)되었을 때
사방에서 들려오는 초나라의 노래[= 四面楚歌: 사면초가]를 듣고 읊었다는 시의 한 구절

유의어 蓋世之才 개세지재, 力拔山氣蓋世 역발산기개세 (에서 유래)

▷ 拔山擧鼎 발산거정　힘은 산을 뽑을만하며 무거운 솥도 거뜬히 들어 올린다는 뜻으로
항우(項羽)는 체구(體軀)가 크고 힘이 장사라는 말

▷ 選拔 선발　많은 가운데에서 고름

* 出典: 史記(사기: 司馬遷[사마천]) 項羽本紀(항우본기)

發祥地 발상지 필·쏟을 발 | 상서로울·복 상 | 따·땅 지

1. 역사상 큰 가치가 있는 사업이나 문화가 처음으로 일어난 땅 = Mecca 메카
2. 나라를 세운 임금이 난 땅

▷ Mecca 메카 1. 이슬람교의 창시자인 마호메트의 탄생지로 이슬람교 최고의 성지(聖地)
2. 어떤 분야의 중심이 되어 사람들의 동경(憧憬)·숭배(崇拜)의 대상이 되는 곳

發軔 발인 필·쏠 발 | 쐐기나무·바퀴고임나무 인

수레가 떠나감. 어떤 일을 시작(始作)함을 비유적으로 이르는 말

▷ **勃發** 발발 전쟁(戰爭)이나 큰 사건(事件) 등이 갑자기 일어남

▷ **發靷** 발인 장례(葬禮)에서 상여(喪輿)가 빈소(殯所)를 떠나 묘지로 향하는 절차(節次)

▷ **遣奠祭** 견전제 발인(發靷)할 때 문 앞에서 지내는 제사 = **路奠** 노전, **遣奠** 견전

發縱指示 발종지시 필·쏠 발 | 풀어줄·놓을 종 | 가리킬 지 | 보일 시

무엇을 어떻게 하라고 방법(方法)을 가르쳐 보임을 이르는 말

매어 놓았던 사냥개를 풀어 짐승이 있는 쪽을 손으로 가리키며 잡아오게 한다는 뜻에서 나온 말

▷ **發軔** 발인 수레가 떠나감. 어떤 일이 시작됨을 비유적으로 이르는 말

▷ **縱走** 종주 능선을 따라 산을 걸어 많은 산봉우리를 넘어가는 일

* 出典: 史記(사기)

髮衝冠 발충관 터럭 발 | 찌를 충 | 갓 관

머리카락이 곤두서서 관(冠)을 밀어 올린다는 뜻, 노여움이 극도(極度)에 달함을 비유하는 말

[유의어] **怒髮衝冠** 노발충관, **怒氣撐天** 노기탱천, **憤氣衝天** 분기충천
憤氣撐天 분기탱천, **怒氣衝天** 노기충천, **頭髮上指** 두발상지

▷ **折衝** 절충 적의 창끝을 꺾어 막는다는 뜻으로
외교나 기타(其他)의 교섭(交涉)에서 담판(談判)하거나 흥정하는 일.

▷ **折衷** 절충 서로 다른 견해나 관점을 어느 편으로도 치우치지 않게 조절하여 알맞게 함.

* 出典: 史記(사기)

拔萃抄錄 발췌초록 뺄·뽑을 발 | 모일 췌 | 뽑을·베낄 초 | 기록할 록

여럿 가운데서 뛰어난 것을 뽑아 간단히 적어둔 것

▷ **拔萃** 발췌 글 가운데에서 필요하거나 중요한 부분만을 뽑아냄 = **拔群** 발군

▷ **抄錄** 초록 필요한 것만 뽑아서 적음 또는 그러한 기록 = **抄記** 초기

▷ **拔錨** 발묘 내렸던 닻을 거두어 올림 배가 떠남을 가리키는 말 ↔ **投錨** 투묘

跋扈 발호 밟을·넘을 발 | 뒤따를 호

큰 물고기가 통발을 뛰어넘어 밖으로 나온다는 뜻, 민초(民草)를 짓밟고 권세만을 따른다는 말.
대신(大臣)이 권세(權勢)나 세력을 제멋대로 휘두르며 임금을 무시하고 함부로 날뜀을 비유

『유의어』 跋扈將軍 발호장군　　세력이 강성하여 제어(制御)하기 힘든 장군을 비유

　　　　　下剋上 하극상　　계급(階級)이나 신분이 낮은 사람이 예의나 규율(規律)을
　　　　　　　　　　　　　　무시하고 윗사람을 꺾고 오른다는 말

▷ 跋涉 발섭　산을 넘고 물을 건너서 길을 감. 여러 곳을 두루 돌아다님

▷ 扈從 호종　임금이 탄 수레를 호위하여 따르던 일(사람)

▷ 통발　대나무로 만든 물고기 잡는 기구(機具)

跋胡疐尾 발호치미　밟을 발 | 턱 밑살·오랑캐 호 | 발끝 채일 치 | 꼬리 미

늙은 이리가 앞으로 갈 때는 턱밑에 늘어진 살[胡: 호]을 밟고 뒤로 갈 때는 꼬리[尾: 미]를 밟고
넘어진다는 뜻. 앞으로 나아가지도 못하고 뒤로 물러날 수도 없는 난처한 상황을 비유하는 말

『유의어』 跋前疐後 발전지후, 跋前疐後 발전치후, 前跋後疐 전발후치, 跋疐 발치
　　　　　進退兩難 진퇴양난, 進退維谷 진퇴유곡, 進退幽谷 진퇴유곡

▷ 狼跋其胡 載疐其尾 낭발기호 재치기미 (에서 유래)

▷ 跋文 발문　책 끝에 본문내용의 대강이나 발간경위에 관계된 사항을 간략하게 적은 글

＊ 出典: 詩經(시경)

旁岐曲徑 방기곡경　두루·곁 방 | 갈림길 기 | 굽을 곡 | 지름길 경

옆으로 난 샛길과 구불구불한 길, 많은 사람들이 다니는 큰길이 아니라는 말. 즉 어떤 일을
바른길을 좇아서 정당하고 순리대로 하지 않고 그릇된 수단을 써서 억지로 함을 비유하는 말

『유의어』 盤溪曲徑 반계곡경

『반의어』 行不由徑 행불유경　길을 가는데 지름길을 취하지 아니하고 큰 길로 간다는 뜻으로
　　　　　　　　　　　　　　　행동을 공명정대(公明正大)하게 함을 비유하는 말

▷ 岐路 기로　갈림길

▷ 捷徑 첩경　지름길. 어떤 일에 이르기 쉬운 방편 ＝ 蹊徑 혜경, 王道 왕도

放飯流歠 방반유철　놓을 방 | 밥 반 | 흐를 유(류) | 마실·홀짝거릴 철

많은 밥을 입에 넣고 게걸스럽게 국물을 훌쩍훌쩍 소리를 내며 흘리면서 들이마신다는 뜻으로
예의(禮儀)에 벗어난 야만(野蠻)적인 식사태도(食事態度)를 이르는 말

▷ 放漫 방만　일·생각 등이 맺고 끊는 데가 없이 야무지지 못하고 제멋대로 풀어져 엉성함

▷ 佐飯 자반　생선을 소금에 절인 반찬감 또는 그것을 굽거나 쪄서 조리한 반찬(飯饌)

▷ 放下着 방하착　마음에 담고 있는 집착(執着)등 모든 번뇌(煩惱)를 내려놓음

＊ 出典: 孟子(맹자) 盡心下篇(진심하편)

坊坊曲曲 방방곡곡 동네·저자 방 | 마을·굽을·곡조 곡

한 군데도 빠짐없는 모든 곳. 동네마다 마을마다

［유의어］ 曲曲 곡곡 마을 마다 / 到處 도처 이르는 곳 마다

▷ 歪曲 왜곡 사실과 다르게 해석(解釋)하거나 그릇되게 함

▷ 曲學 곡학 정도(正道)를 벗어난 학문

放聲大哭 방성대곡 놓을 방 | 소리 성 | 큰 대 | 울 곡

목을 놓아 큰소리로 몹시 슬프게 우는 것

［유의어］ 大聲痛哭 대성통곡, 放聲痛哭 방성통곡

▷ 哭泣 곡읍 소리를 내어 섧게 욺

▷ 哭婢 곡비 양반 댁 장례(葬禮)때 행렬(行列)의 앞에서 곡(哭)하며 가던 여자 종

▷ 是日也放聲大哭 시일야방성대곡 이 날에 목 놓아 통곡(痛哭)하노라
　 [을사조약(乙巳條約)의 부당성에 대한 장지연의 논설: 1905년 11월 20일자 황성신문]

傍若無人 방약무인 곁 방 | 같을 약 | 없을 무 | 사람 인

곁에 아무도 없는 것처럼 아무런 거리낌 없이 함부로 말하고 행동하는 태도(態度)

［유의어］ 眼下無人 안하무인, 眼中無人 안중무인, 傲慢放恣 오만방자

　 傲慢不遜 오만불손 건방지고 거만(倨慢)하여 겸손(謙遜)한 데가 없음

▷ 傍點 방점 1. 글 가운데에서, 보는 사람의 주의(注意)를 끌기 위하여
　　　　　　　글자의 위나 옆 또는 아래에 찍는 점
　　　　　　2. 옛글에서, 글자의 왼편에 점을 찍어 성조(聲調)를 표시하는 부호(符號)

▷ 傍證 방증 사실을 증명할 수 있는 증거(證據)가 되지는 않지만, 주변(周邊)의 상황을
　　　　　　밝힘으로써 범죄(犯罪)의 증명에 간접적(間接的)으로 도움이 되는 증거.

* 出典: 史記(사기) 刺客列傳(자객열전)

魴魚赬尾 방어정미 방어 방 | 물고기 어 | 붉을 정 | 꼬리 미

방어(魴魚)의 꼬리는 본래 흰색이지만 피로(疲勞)해지면 붉어진다는 뜻으로
1. 백성(百姓)들의 고역(苦役)을 방어의 꼬리 색으로 비유하는 말
2. 백성(百姓)들이 고역으로 부담(負擔)이 크고 피로(疲勞)가 심하다는 말

▷ 魴鰥 방환 방어와 환어. 낡은 통발로는 방어와 환어를 잡기 힘듦[詩經: 시경]
　　　　　　품행(品行)이 단정하지 못하고 다루기 힘든 여자를 비유하는 말

▷ 赬玉盤 정옥반 붉은 옥쟁반. 태양을 비유하는 말

* 出典: 詩經(시경) 周南汝墳(주남여분)

方柄圓鑿 방예원조   모·각 방 | 장부(자루) 예 | 둥글 원 | 구멍 조 / 뚫을 착

네모난 자루에 둥근 구멍. 두 개의 사물이 서로 맞지 않음을 비유하는 말
양쪽의 의견이 일치하지 않음 또는 충신과 간신의 의견이 서로 다른 것을 말함

유의어 圓鑿方柄 원조방예, 圓孔方木 원공방목, 圓蓋方底 원개방저

方底圓蓋 방저원개, 圓鑿方柄 원착방예, 柄鑿 예조

반의어 函蓋相應 함개상응   상자와 뚜껑이 서로 잘 맞음[동일체로 조화(調和)를 이룸]

▷ 穿鑿 천착   구멍을 뚫고 끝까지 캐낸다는 뜻, 학문(學問)을 깊이 연구(研究)함을 비유

* 出典: 史記(사기)

方長不折 방장부절   모 방 | 긴 장 | 아닐 부 | 꺾을 절

한창 자라는 초목(草木)을 꺾지 않는다는 뜻, 앞길이 창창한 젊은이나 잘 되어가는 사업에 대해
헤살을 놓지 않음 [헤살: 짓궂게 훼방(毁謗)함 또는 그런 짓]

▷ 煞 살   사람을 해치거나 물건을 깨뜨리는 독하고 모진 기운[악귀의 짓]

▷ 夭折 요절   젊은 나이에 죽음 = 夭死 요사, 夭陷 요함

方底圓蓋 방저원개   모 방 | 밑·바닥 저 | 둥글 원 | 뚜껑·덮을 개

바닥이 네모진 그릇에 둥그런 뚜껑이라는 뜻, 서로 맞지 않아 일이 어긋남을 이르는 말

유의어 方柄圓鑿 방예원조   모난 자루와 둥근 구멍 = 柄鑿 예조

圓孔方木 원공방목   둥근 구멍과 모난 자루

圓蓋方底 원개방저, 方底圓蓋 방저원개, 圓鑿方柄 원조방예

▷ 圓蓋 원개   둥근 덮개 또는 하늘을 이르는 말

▷ 底邊 저변   밑바탕을 이루는 부분. 밑변

* 出典: 顔氏家訓(안씨가훈)

放逐鄕里 방축향리   내칠·놓을 방 | 쫓을·물리칠 축 | 마을·시골 향 | 마을 리

조선시대 때 나라에서 벼슬을 삭탈(削奪)하고 제 고향(故鄕)으로 내쫓던 형벌(刑罰)

▷ 毁家黜洞 훼가출동   집을 헐어내고 동네 밖으로 쫓아낸다는 뜻. 행실이 나쁘고
미풍양속을 어지럽힌 사람의 집을 헐어버리고 동네 밖으로 내쫓아 징계하던 방법

▷ 削奪官職 삭탈관직   죄지은 사람의 벼슬과 품계를 빼앗고 벼슬아치의 명부에서
이름을 지우던 일.

▷ 封庫罷職 봉고파직   어사나 감사가 부정을 저지른 한 고을의 원을 파면시키고
관가의 창고를 봉해 잠그던 일 = 封庫罷黜 봉고파출

▷ **放縱** 방종 아무 거리낌 없이 자기 마음대로 행동함 = **恣肆** 자사

防患未然 방환미연 막을 방 | 근심 환 | 아닐 미 | 그러할 연

화(禍)를 당하기 전에 재앙(災殃)을 미연(未然)에 방지(防止)함

「유의어」 **未然防止** 미연방지, **曲突徙薪** 곡돌사신, **有備無患** 유비무환

　　　毫毛斧柯 호모부가, **桑土綢繆** 상토주무

　　　星火燎原 성화요원 작은 불씨가 퍼지면 넓은 들을 태운다는 뜻. 작은 일이라도
　　　　　　　　　　처음에 그르치면 나중에 큰 사고로 될 수 있음을 경계하는 말

▷ **憂患** 우환 근심이나 걱정이 되는 일. 병으로 인한 걱정

* 出典: 周易(주역)

彷徨失措 방황실조 거닐 방 | 노닐 황 | 잃을 실 | 둘 조

너무 당황(唐惶)하거나 급하여 어찌할 바를 모르고 갈팡질팡함

「유의어」 **右往左往** 우왕좌왕, **東衝西突** 동충서돌

　　　左衝右突 좌충우돌, **左右衝突** 좌우충돌

　　　罔知所措 망지소조 너무 당황하거나 급하여 어찌할 바를 모르고 허둥지둥함

▷ **彷徨** 방황 일정한 목적(目的)이나 방향(方向)이 없이 헤맴

▷ **措置** 조치 문제나 사태를 해결하기 위해 필요한 대책을 세움 = **措處** 조처

蚌鷸之爭 방휼지쟁 조개 방 | 도요새 휼 | 어조사 지 | 다툴 쟁

조개[蚌: 방]와 도요새[鷸: 휼]가 서로 다투다가 둘 다 어부(漁夫)에게 잡혔다는 뜻으로
대립하는 두 세력이 다투다가 결국 구경하던 제 삼자만 득이 되는 싸움을 비유하는 말

「유의어」 **鷸蚌之爭** 휼방지쟁, **田夫之功** 전부지공, **犬免之爭** 견토지쟁

　　　漁父之利 어부지리, **漁夫之利** 어부지리, **漁人之功** 어인지공

　　　坐收漁人之功 좌수어인지공 다툼질하는 틈을 타서 수고하지 않고 공을 거둠

▷ **蚌蛤** 방합 민물조개

* 出典: 戰國策(전국책) 燕策(연책)

杯盤狼藉 배반낭자 잔 배 | 소반 반 | 어지러워질·이리 낭(랑) | 깔개·평계할 자

술잔과 접시들이 어지럽게 널 부러져있다는 뜻, 잔치가 파할 무렵이나 파한 뒤의 어지러운
술자리를 비유하는 말

유의어 秉燭夜遊 병촉야유, 長夜之飮 장야지음, 觥籌交錯 굉주교착

卜晝卜夜 복주복야 1. 절도가 없이 밤낮을 가리지 않고 술을 마시며 즐기는 것
2. 절제(節制)하지 않고 밤낮으로 노는 사람

▷ 慰藉 위자 위로(慰勞)하고 도와줌

▷ 藉勢 자세 자기나 남의 세력을 믿고 세도(勢道)를 부림

* 出典: 史記(사기) 滑稽列傳(골계열전)

排山壓卵 배산압란 물리칠 배 | 뫼 산 | 누를 압 | 알 란

산을 떠밀어서 달걀을 눌러 깨뜨린다는 뜻, 강대한 힘을 가지고 약소한 것을 가볍게
물리친다는 말. 즉 일이 아주 쉬움을 이르는 말

유의어 泰山壓卵 태산압란 큰 산[= 위엄]이 알을 누르는 것의 비유

如反掌 여반장 손바닥을 뒤집듯 매우 쉬움

▷ 摧枯拉朽 최고납후 마른나무를 꺾고 썩은 나무를 부러뜨린다.
상대를 쉽게 굴복(屈服)시킴을 비유하는 말

* 出典: 晉書(진서)

杯水車薪 배수거신 잔 배 | 물 수 | 수레 거 | 섶·땔나무 신

땔나무를 실은 수레에 불이 붙었는데, 겨우 한 잔의 물을 끼얹어 끄려한다는 뜻으로
1. 효과(效果)가 미미하여 거의 아무런 소용(所用)이 없음을 이르는 말
2. 능력이 모자라 도저히 일을 감당(堪當)할 수 없음의 비유

유의어 杯水救車 배수구거, 杯水輿薪 배수여신, 漢江投石 한강투석

紅爐點雪 홍로점설, 以卵擊石 이란격석, 以卵投石 이란투석

紅爐上一點雪 홍로상일점설   빨갛게 달아오른 화로 위의 눈 한 송이라는 뜻으로
큰일을 하는 데 아무런 도움이 되지 않음을 이르는 말

* 出典: 孟子(맹자)

背水陣 배수진 등·뒤 배 | 물 수 | 줄·진칠 진

적과 대치(對峙)한 상황(狀況)에서 강이나 바다를 등지고 치는 진법(陣法)으로, 죽기를 각오(覺悟)한
결사항전(決死抗戰) 의지의 표현

한(漢)나라의 한신(韓信)장군이 강을 등지고 진(陣)을 쳐서 병사들이 뒤로 물러설 곳을 없게
만든 뒤에 죽을힘을 다하여 싸우도록 독려(督勵)한 결과, 결국 조(趙)나라의 군사들을 물리쳐
전투(戰鬪)에서 승리(勝利)한 고사에서 유래

유의어 背水之陣 배수지진

濟河焚舟 제하분주　강을 건넌 후에 그 배를 태워버림. 결사항전의 의지

捨量沈舟 사량침주, 捨糧沈舟 사량침주, 捨糧沈船 사량침선
식량을 버리고 배를 침몰시킴. 결사항전의 의지

破釜沈舟 파부침주, 破釜沈船 파부침선
밥해 먹을 솥을 깨뜨리고 돌아갈 때 탈 배를 침몰시킨다는 뜻, 죽을 각오로 싸움에 임함

▷　背景 배경　뒤쪽경치. 무대 뒷벽에 꾸민 장치. 뒤에서 돌보아 주는 힘. 주위 여건이나 환경

* 出典: 史記(사기) 淮陰侯列傳(회음후열전)

背恩忘德 배은망덕　등·뒤 배 ｜ 은혜 은 ｜ 잊을 망 ｜ 덕·큰 덕

남한테 입은 은덕(恩德)을 잊고 저버린다는 말

반의어 結草報恩 결초보은　죽어 혼령(魂靈)이 되어도 은혜(恩惠)를 잊지 않고 갚음

白骨難忘 백골난망, 不忘之恩 불망지은　잊을 수 없는 은혜

刻骨難忘 각골난망　은혜가 뼈에 새길 만큼 커서 잊혀 지지 않음

▷　背任 배임　자기의 임무(任務)를 저버림

▷　有分數 유분수　마땅히 지켜야 할 분수가 있음

▷　橫領 횡령　공금이나 남의 재물을 불법으로 가로챔

杯中蛇影 배중사영　잔 배 ｜ 가운데 중 ｜ 뱀 사 ｜ 그림자 영

술잔 속에 비친 뱀 그림자라는 뜻(실제는 벽에 걸려있는 활[弓: 궁]이었음)
1. 공연히 헛것을 보고 혼자 마음속으로 놀라서 괜히 의심하며 속을 썩이는 것
2. 자기 스스로 의혹(疑惑)된 마음이 생겨 속을 썩이며 고민(苦悶)하는 일

유의어 杯弓蛇影 배궁사영, 竊鈇之疑 절부지의

疑心生暗鬼 의심생암귀　의심이 생기면 귀신이 생긴다는 뜻으로 의심으로 인한
　　　　　　　　　　　　망상 또는 선입견으로 인한 판단착오를 비유한 말

▷　影幀 영정　사람의 얼굴을 그린 족자(簇子). 영상(影像)

▷　影印 영인　책 등의 내용을 사진으로 찍어 복제(複製)하여 인쇄(印刷)하는 일.

* 出典: 晉書(진서) 樂廣傳(악광전) / 應邵(응소)의 風俗通(풍속통)

倍稱之息 배칭지식　곱·갑절 배 ｜ 저울·일컬을 칭 ｜ 어조사 지 ｜ 이자·쉴 식

이자가 빌린 돈의 갑절[= 두 배]이 된다는 뜻으로 비싼 이자(利子)를 말함

▷　倍 배　이자가 원금의 갑절이 되는 경우 / 稱 칭　이자가 원금과 같아지는 경우

유의어 高利貸金 고리대금　부당하게 비싼 이자(利子)를 받는 돈놀이

百家爭鳴 백가쟁명   일백 백 | 집 가 | 다툴 쟁 | 울 명

수많은 학자와 논객이 자기의 학설(學說)이나 주장을 자유롭게 발표(發表)하며 논쟁(論爭)하는 일

1956년, 중국 공산당이 정치투쟁을 위하여 내세운 슬로건. 즉 마르크스주의는 다른 사상과 경쟁(競爭)하면서 지도적 위치를 차지해야 한다고 주장(主張)

> **유의어**   百花齊放 백화제방
>> 많은 꽃이 일제(一齊)히 핀다는 뜻. 온갖 학문·예술·사상 등이 각기 자기주장을 폄

▷ 諸子百家 제자백가   춘추전국시대(春秋戰國時代)의 여러 학파(學派)를 통틀어 이르는 말

百計無策 백계무책   일백 백 | 꾀 계 | 없을 무 | 꾀 책

어려운 일을 당하여 그 일을 해결(解決)해보려고 온갖 꾀를 다 써 봐도 소용(所用)이 없음 즉 온갖 계책(計策)이 모두 다 소용이 없음

> **유의어**   計無所出 계무소출, 百藥無效 백약무효

▷ 束手無策 속수무책   손이 묶여 어찌 해볼 도리가 없음. 꼼짝 못함

白骨難忘 백골난망   흰 백 | 뼈 골 | 어려울 난 | 잊을 망

죽어서 백골(白骨)이 되어도 은덕(恩德)을 잊을 수 없다는 뜻으로 남에게 큰 은혜나 덕을 입었을 때 고마움의 뜻으로 이르는 말

> **유의어**   結草報恩 결초보은   죽어 혼령(魂靈)이 되어도 은혜를 잊지 않고 갚음
>> 不忘之恩 불망지은   잊을 수 없는 은혜(恩惠)
>> 鏤骨銘心 누골명심, 刻骨銘心 각골명심, 刻骨難忘 각골난망

百孔千瘡 백공천창   일백 백 | 구멍 공 | 일천 천 | 상처·종기 창

옷에 수없이 뚫린 구멍과 몸에 생긴 온갖 상처(傷處)라는 뜻, 온갖 폐단(弊端)과 결함(缺陷)으로 엉망진창이 된 모양 [백(百)과 천(千)은 매우 많다는 뜻으로 사용]

> **유의어**   滿身瘡痍 만신창이   온몸이 상처투성이가 됨 또는 어떤 사물이 엉망이 됨

▷ 穿孔 천공   구멍을 뚫음. 또는 구멍이 뚫림

白駒過隙 백구과극   흰 백 | 말·망아지 구 | 지날·허물 과 | 틈 극

인생(人生)이나 세월(歲月)이 덧없이 빠르게 지나간다는 말

인생은 좁은 문틈으로 흰 말이 휙 지나가는 것을 언 듯 보는 것과 같다는 말에서 유래

> **유의어**   石火光陰 석화광음, 石火光中 석화광중, 隙駒光陰 극구광음
>> 過隙白駒 과극백구, 隙駒 극구, 隙駟 극사, 光陰如箭 광음여전

* 出典: 莊子(장자) 知北遊篇(지북유편) / 史記(사기) 留侯世家(유후세가)

百年佳約 백년가약　일백 백 ｜ 해 년 ｜ 아름다울 가 ｜ 묶을·약속할 약

젊은 남녀가 결혼(結婚)하여 평생 함께할 것을 굳게 다짐하는 아름다운 언약(言約)

【유의어】　百年言約 백년언약, 百年之約 백년지약, 百年佳期 백년가기

百年大計 백년대계　일백 백 ｜ 해 년 ｜ 큰 대 ｜ 계획·꾀 계

먼 앞날을 내다보고 미리 세우는 크고 중요한 계획(計劃)

【유의어】　百年之計 백년지계, 萬年之計 만년지계

▷　長久之計 장구지계, 長久之策 장구지책, 長計 장계
　　어떤 일이 오래 계속(繼續)되기를 꾀하는 계획

百年之客 백년지객　일백 백 ｜ 해 년 ｜ 어조사 지 ｜ 손·손님 객

아무리 스스럼이 없어져도 늘 깍듯하게 대해야하는 어려운 손님이라는 뜻, '사위'를 가리키는 말

【유의어】　百年佳客 백년가객, 嬌客 교객, 壻郎 서랑, 東床 동상
　　　　　　半子之名 반자지명, 半子 반자　아들과 같다는 뜻, 사위

百年河淸 백년하청　일백 백 ｜ 해 년 ｜ 물·황하 하 ｜ 맑을 청

아무리 오랜 세월(歲月)이 지나도 일이 해결(解決)될 가망(可望)이 없음을 비유하는 말
[황하(黃河)가 늘 흐려 맑을 때가 없었다는 고사에서 유래]

【유의어】　黃河千年一淸 황하천년일청, 千年一淸 천년일청
　　　　　　황하의 흐린 물이 천 년에 한 번 맑아진다는 말

　　　　　　河淸難俟 하청난사　황하가 맑아지기를 기다리기 어려움[안 맑아짐]

　　　　　　不知何歲月 부지하세월　언제 될지 그 기한(期限)을 알지 못함
* 出典: 春秋左氏傳(춘추좌씨전) 襄王(양왕) 八年條(8년조)

百年偕老 백년해로　일백 백 ｜ 해 년 ｜ 함께 해 ｜ 늙을 로

부부(夫婦)가 되어 한평생(平生) 사이좋게 지내고 함께 늙음

【유의어】　百年同樂 백년동락, 百年偕樂 백년해락
　　　　　　一蓮托生 일련탁생　죽은 뒤 함께 극락정토에서 같은 연꽃 위에 왕생(往生)함
　　　　　　偕老同穴 해로동혈　살아서는 함께 늙고 죽어서는 한 무덤에 묻힌다는 뜻
* 出典: 詩經(시경) 擊鼓(격고)

白頭如新 백두여신 흰 백 | 머리 두 | 같을 여 | 새 신

머리가 백발(白髮)이 되도록 오래 사귀었지만, 서로가 마음을 깊이 알지 못하여 새로 사귄 사람
같다는 뜻. 즉 오랫동안 사귀어온 사이지만 서로간의 정이 두텁지 못하다는 말

『반의어』 傾蓋如故 경개여고 일산(日傘)을 기울이며 처음만나 인사만 해도 오랜 친구 같음

* 出典: 史記(사기) 鄒陽傳(추양전)

伯樂一顧 백락일고 만·우두머리 백 | 즐길 락 | 하나 일 | 돌아볼 고

백락(伯樂)이라는 명마감정사가 한번 돌아본다는 뜻으로 명마(名馬)도 백락(伯樂)을 만나야
비로소 세상에 알려진다는 말로써 아무리 출중한 인물이라 할지라도 자기를 알아주는 선배를
만나야 비로소 능력을 발휘(發揮)할 수 있다는 말

백락(伯樂)은 주(周)나라 때 사람으로 말을 잘 감정(鑑定)했는데, 아무리 명마(名馬)라 할지라도
백락을 만나 인정(認定)받지 못하면 소금수레를 끌 뿐이었다는 고사에서 유래

『유의어』 驥服鹽車 기복염거, 使驥捕鼠 사기포서, 大材小用 대재소용

▷ 世有伯樂然後有千里馬 세유백락연후유천리마 (에서 유래)
　세상에 백락이 먼저 있고 뒤에 천리마가 있음[알아봐 주는 선배가 먼저 있어야한다는 말]

* 出典: 戰國策(전국책) 燕策(연책)

白龍魚服 백룡어복 흰 백 | 용 룡 | 물고기 어 | 옷·입을 복

흰 용이 물고기의 옷을 입는다는 뜻, 신분이 높고 귀한사람이 남루(襤褸)한 서민(庶民)의 옷을
입고 남모르게 미행(微行)하는 것을 비유하는 말

『유의어』 微服潛行 미복잠행, 微行 미행 미복(微服)으로 남모르게 다님

▷ 微服 미복 지위가 높은 사람이 무엇을 몰래 살피러 다닐 때 입는 남루(襤褸)한 옷

▷ 魚變成龍 어변성룡 물고기가 변하여 용이 됨, 곤궁하던 사람이 갑자기 부귀해짐

* 出典: 史記(사기) 伍子胥列傳(오자서열전)

白面書生 백면서생 흰 백 | 낯·면 면 | 글 서 | 날 생

희고 고운 얼굴에 글만 읽는 사람이라는 뜻, 세상일에 경험(經驗)이 없고 물정(物情)도 모르고
방에 처박혀 오로지 글만 읽는 사람을 비유하는 말

『유의어』 儒生 유생, 儒者 유자, 靑衿 청금, 冬烘先生 동홍선생

泮蛙 반와 성균관개구리[푸른색 옷을 입음]. 책 만 읽는 선비

* 出典: 宋書(송서) 沈慶之傳(심경지전)

百聞不如一見 백문불여일견 일백 백 | 들을 문 | 아닐 불 | 같을 여 | 볼 견

315

백번 듣는 것이 한번 보는 것만 못하다는 뜻, 무슨 일이든 실제로 경험(經驗)해야 확실히 알 수 있다는 말[직접 봐야 알게 되고 믿게 된다는 말]

▷ 不如 불여 ~와 같지 않음 = 不若 불약

▷ 百伶百俐 백령백리 매우 영리하고 민첩(敏捷)함

* 出典: 漢書(한서) 趙充國傳(조충국전)

白眉 백미 흰 백 | 눈썹 미

흰 눈썹이라는 뜻, 여럿 중에 가장 뛰어난 인물(人物)이나 훌륭한 작품(作品)을 비유하는 말

중국 촉한(蜀漢), 마씨(馬氏)의 다섯 형제가 다 재주가 뛰어났는데 그중에서도 눈썹 속에 흰 털이 난 마량(馬良)이 가장 뛰어났다는 고사에서 유래 [馬氏五常, 白眉最良 마씨오상, 백미최량]

유의어 馬良白眉 마량백미, 出衆 출중, 拔群 발군, 鐵中錚錚 철중쟁쟁

群鷄一鶴 군계일학, 鷄群一鶴 계군일학, 鷄群孤鶴 계군고학

壓卷 압권 가장 뛰어난 부분. 어떤 서책 가운데서 가장 잘 지은 대목이나 시문(詩文)

翹楚 교초 잡목 무더기 속에 높이자란 가시나무라는 뜻으로
여럿가운데서 우뚝 뛰어남 또는 그런 사람이나 사물

* 出典: 三國志(삼국지) 蜀志馬良傳(촉지마량전)

白髮三千丈 백발삼천장 흰 백 | 머리털·터럭 발 | 석 삼 | 일천 천 | 길(사람의 키) 장

근심으로 허옇게 센 머리털의 길이가 삼천장이나 된다는 뜻으로
1. 수심(愁心)으로 덧없이 늙어가는 것을 한탄(恨歎)하는 말
2. 백발(白髮)이 길다는 것을 과장(誇張)한 표현
[중국문학의 과장(誇張)된 표현으로 널리 인용(引用)되는 문구이다]

▷ 丈 장 길이의 단위. 보통 어른의 키(길) 또는 한 자[尺: 척]의 열 배로 약 3m에 해당함

▷ 髮 발 터럭, 머리털 鬚 수 수염, 동물의 입가에 난 털 鬢 빈 살쩍, 귀밑 털

* 出典: 李白(이백: 당나라 시인·詩仙) 秋浦歌(추포가)

白璧微瑕 백벽미하 흰 백 | 둥근·아름다운 옥 벽 | 작을 미 | 티·흠 하

흰 구슬에 있는 작은 흠이라는 뜻. 옥의 티. 훌륭한 사람이나 좋은 물건에 흠이 약간 있다는 말

유의어 白玉微瑕 백옥미하, 白玉之微瑕 백옥지미하

瑕玉 하옥 흠이 있는 구슬. 옥의 티라는 뜻으로
1. 작은 흠을 제거(除去)하려다 오히려 전체를 망치는 경우(境遇)
2. 필요 없는 일을 하여 오히려 사태(事態)를 악화(惡化)시킴을 비유

▷ 完璧 완벽 흠이 없는 구슬, 결점(缺點)이 없이 완전함

▷ **瑕疵** 하자　흠. 결점. 법률 또는 당사자가 예상한 상태나 성질이 결여되어 있는 일.

▷ **瑕瑜** 하유　옥의 티와 광채. 즉 결점과 미덕

白沙在泥 不染自陋 백사재니 불염자루

흰 백 | 모래 사 | 있을 재 | 진흙 니 | 아닐 불 | 물들일 염 | 스스로 자 | 더러울 루

흰 모래가 진흙과 같이 있으면 물들이지 않아도 자연히 더러워진다는 말

【유의어】 **白沙在泥 不染自汚** 백사재니 불염자오

白沙在泥 與之皆黑 백사재니 여지개흑
흰모래가 진흙과 함께 있으니 모두 검게 보임[환경·습관이 인생에 중대한 영향을 끼침]

墨子悲染 묵자비염, **墨子泣絲** 묵자읍사
묵자가 하얀 실에는 어떤 색이라도 물들일 수 있다는 것을 알고 슬퍼했다는 말로,
사람들은 평소의 습관(習慣)에 따라 그 성품과 인생의 성공 여부가 결정 된다는 뜻

▷ **汚泥** 오니　더러운 흙. 특히, 오염 물질을 포함(包含)한 진흙

* 出典: 小學(소학)

百世之師 백세지사　일백 백 | 인간 세 | 어조사 지 | 스승 사

덕과 학문이 높아 후세까지 세세토록 모든 사람의 스승으로 숭앙(崇仰)되며 세인의 존경(尊敬)을
받는 훌륭한 사람

【유의어】 **萬夫之望** 만부지망　천하의 만인이 우러러 사모함(그런 인물)

泰山北斗 태산북두, **泰斗** 태두, **山斗** 산두
세상 사람들에게서 존경을 받는 사람의 비유

師表 사표　학식·덕행이 높아 남의 모범이 될 만한 사람

* 出典: 孟子(맹자)

白壽 백수　흰 백 | 목숨 수

사람의 나이 99세(歲)를 이르는 말

[百(백)에서 위의 一(일)을 빼면 白(백: 흰)자가 되고 숫자 99가 되는데서 유래]

▷ **上壽** 상수 100세 / **望百** 망백 91세 / **米壽** 미수 88세 / **喜壽** 희수 77세

▷ **卒壽** 졸수, **九旬** 구순 90세 / **傘壽** 산수, **八旬** 팔순 80세

從心 종심, **古稀** 고희, **七旬** 칠순 70세 / **耳順** 이순, **六旬** 육순 60세

知天命 지천명, **知命** 지명, **艾年** 애년 50세 / **不惑** 불혹 40세

而立 이립 30세 / **弱冠** 약관 20세 / **志學** 지학 15세

▷ **享年** 향년　한평생을 살아 누린 나이. 곧, 돌아가신 분의 나이

▷ 芳年 방년 여자의, 이십 세 전후의 꽃다운 나이 = 芳齡 방령

▷ 妙齡 묘령 여자의 꽃다운 나이, 곧 스무 살 안팎의 나이

白手乾達 백수건달 흰 백 | 손 수 | 마를·하늘 건 | 통달할 달
하는 일도 없고 돈도 한 푼 없이 건들거리며 놀고먹는 난봉꾼

유의어 乾達 건달 건들거리며 난봉을 부리고 돌아다니는 사람

▷ 先達 선달 문·무과에 급제하고 아직 벼슬하지 않은 사람[예: 봉이 김 선달]

▷ 閑良 한량 돈 잘 쓰고 잘 노는 사람

白首北面 백수북면 흰 백 | 머리 수 | 북녘 북 | 낮·면 면
흰머리를 한 늙은이가 북쪽을 향한다는 뜻, 나이가 들어도 재주와 덕이 부족한 사람은 스승 앞에서 북향(北向)하고 앉아서 가르침을 받아야한다는 말로 학문은 나이의 제한이 없으므로 백발노인이라도 모를 때는 배워야한다는 말

▷ 北面 북면 북쪽을 본다는 뜻. 제자로서 스승에게 배움 또는 신하로서 임금을 섬김

▷ 南面 남면 임금이 남쪽을 본다는 뜻, 군주(君主)가 되어 나라를 다스림

* 出典: 文中子(문중자)

白水眞人 백수진인 흰 백 | 물 수 | 참 진 | 사람 인
돈[錢: 전]의 별칭 또는 후한이 새로이 등장(登場)할 것을 예언(豫言)한 참언(讖言)

왕망[王莽: 중국 전한말의 정치가]때 돈을 화천(貨泉)이라고 하였는데, 천(泉)자를 파자(破字)하면 백수(白水)가 되고 화(貨)자를 파자하면 진인(眞人) 비슷한 글자가 된다는 고사에서 유래

* 出典: 後漢書(후한서)

伯牙絶絃 백아절현 맏·우두머리 백 | 어금니 아 | 끊을 절 | (악기)줄 현
백아(伯牙)가 거문고 줄을 끊었다는 뜻, 자기를 알아주는 참다운 벗의 죽음을 슬퍼함의 비유

춘추시대 때 백아는 거문고를 잘 연주했고 그의 벗 종자기(鍾子期)는 그 거문고 노래 소리를 듣고 백아의 심정을 알아맞출 정도로 서로를 이해하고 좋아했는데, 종자기가 죽어 거문고 소리를 듣고 알아주는 사람이 없게 되자, 백아는 절망(絶望)하여 거문고의 줄을 끊어버리고 다시는 거문고를 타지 않았다는 고사에서 유래

유의어 知音 지음, 人琴俱亡 인금구망, 高山流水 고산유수

膈肝 격간 가슴과 간. 가장 친한 친구사이를 비유하는 말

* 出典: 列子(열자) 湯問篇(탕문편) / 呂氏春秋(여씨춘추)

白眼視 백안시 흰백 | 눈안 | 볼시

눈의 흰자위를 드러내어 흘겨본다는 뜻, 남을 업신여기거나 냉대(冷待)하며 흘겨봄

중국 진(晉)나라 때 완적(阮籍)이라는 자가 반갑지 않은 손님은 백안(白眼)으로 대하고
반가운 손님은 청안(靑眼)으로 대하였다는 고사에서 유래

반의어 靑眼視 청안시 좋은 마음으로 보는 따뜻한 시선(視線)

* 出典: 晉書(진서)

白魚入舟 백어입주 흰백 | 물고기어 | 들입 | 배주

적군(敵軍)의 항복(降伏)을 의미함

주(周)나라의 무왕(武王)이 은(殷)나라의 주왕(紂王)을 치려고 강을 건널 때 흰 물고기가 배에
뛰어 들었는데, 이것이 은나라의 주왕이 항복(降伏)할 징조(徵兆)라고 여겼던 고사에서 유래
[백색은 항복의 색이며, 적군이 항복(降伏)하고 복종(服從)한다는 말]

유의어 不攻自破 불공자파 [적의 성(城)이나 진지(陣地)를] 치지 않아도 제 스스로 깨어짐.

* 出典: 史記(사기)

白雲孤飛 백운고비 흰백 | 구름운 | 외로울고 | 날비

흰 구름이 외롭게 떠다닌다는 뜻, 고향(故鄕)을 멀리 떠나온 자식이 어버이를 그리워하는 마음

유의어 望雲之情 망운지정, 望雲之懷 망운지회 어버이를 그리워하는 마음

陟岵陟屺 척호척기, 陟岵 척호

看雲步月 간운보월 구름을 바라보고 달빛 아래를 거닒. 객지에서 가족을 생각함

鴇羽之嗟 보우지차 백성이 싸움터에 나가 있어 그 어버이를 봉양하지 못하는 탄식

* 出典: 唐書(당서)

白雲蒼狗 백운창구 흰백 | 구름운 | 푸를창 | 개구

흰 구름이 순식간에 푸른 개로 변한다는 뜻, 세상만사가 변화무쌍(變化無雙)함을 이르는 말

유의어 白衣蒼狗 백의창구, 滄桑之變 창상지변, 陵谷之變 능곡지변, 陵谷 능곡

桑田碧海 상전벽해, 桑田蒼海 상전창해, 碧海桑田 벽해상전

* 出典: 杜甫(두보: 唐[당]나라 시인·詩聖[시성])의 可嘆(가탄)

伯兪泣杖 백유읍장 맏백 | 대답할·그러할유 | 울읍 | 지팡이장

백유(伯兪)가 매를 맞고 운다는 뜻, 매를 맞던 어느 날 문득 늙고 쇠약해진 어머니의 모습을
깨닫고 슬퍼했다는 말로 효심을 일컫는 말

백유가 성장하여 잘못한 일이 있어 모친께 종아리에 회초리를 맞는데, 어릴 때처럼 매가
아프지 않아 문득 어머님이 늙고 힘이 쇠하여진 것을 알고 슬퍼하여 울었다는 고사에서 유래

『유의어』 伯兪之孝 백유지효, 伯兪之泣 백유지읍

王延之孝 왕연지효 중국 진(晉)나라 사람으로 효성이 지극했음
부모님께 여름에는 부채질을 해드리고 겨울에는 자기 몸으로 이부자리를 데워드린 일

冬溫夏淸 동온하정 부모님의 잠자리를 겨울에는 따뜻하게, 여름에는 서늘하게
한다는 뜻으로 부모를 잘 섬겨 효도함을 일컫는 말

* 出典: 說苑(설원: 劉向[유향] 著[저]) 建本篇(건본편)

白衣民族 백의민족 흰 백 ǀ 옷 의 ǀ 백성 민 ǀ 겨레 족

예로부터 흰옷을 즐겨 입고 흰색을 숭상(崇尙)한 오랜 전통에서 유래(由來)한 우리민족의 별칭
'한민족(韓民族)'을 달리 일컫는 말

『유의어』 白民 백민, 白衣同胞 백의동포, 東方禮儀之國 동방예의지국

▷ 海東 해동 발해(渤海)의 동쪽에 있는 나라. 곧, 예전에 우리나라를 일컫던 말
▷ 槿域 근역 무궁화나무가 많은 땅. 우리나라'를 일컫는 말 = 槿花鄕 근화향
▷ 白書 백서 정부가 정치·경제·외교 등에 관한 실정(實情)이나 시책(施策)을 발표하는 보고서
[영국정부가 공식보고서에 흰 표지를 사용한데서 유래 = White Paper]

白衣從軍 백의종군 흰 백 ǀ 옷 의 ǀ 좇을 종 ǀ 군사 군

흰옷을 입고 군대(軍隊)를 따라간다는 뜻, 벼슬이 없는 말단군인으로 군대를 따라 전쟁터에
나간다는 말

▷ 白衣 백의 흰옷, 벼슬이 없음 = 布衣 포의
▷ 白日夢 백일몽 대낮에 꾸는 꿈, 충족(充足)되지 못한 욕망(欲望)을 충족시키기 위하여
비현실적인 세계를 상상(想像)하는 것을 이르는 말

伯夷叔齊 백이숙제 맏·우두머리 백 ǀ 오랑캐·큰활 이 ǀ 아재비 숙 ǀ 가지런할 제

중국 주(周)나라의 전설적(傳說的)인 형제성인(兄弟聖人)
1. 형(兄) 백이(伯夷)와 동생(弟: 제) 숙제(叔齊)
2. 고지식하고 융통성(融通性)이 없으며 혼자서 청렴(淸廉)한 체하는 사람을 비유하기도 함

무왕(武王)이 은(殷)나라 주왕(紂王)을 정벌(征伐)하고 주(周)나라를 건국하자, 백이(伯夷),
숙제(叔齊) 두 형제는 주(周)나라의 곡식을 먹는 것을 부끄러워하여 수양산(首陽山)에 숨어
들어가 고사리를 캐서 먹고 살다 굶어죽었다는 고사에서 유래

『유의어』 淸節之士 청절지사, 節義之士 절의지사

白刃可蹈 백인가도 흰 백 │ 칼날 인 │ 옳을·좋을 가 │ 밟을 도

번쩍거리는 날카로운 칼날도 능히 밟을 수 있다는 뜻, 용기(勇氣)가 있으면 아무리 어려운 일도
능히 헤쳐 나아갈 수 있다는 말

▷ 冒白刃 모백인 번쩍이는 칼날도 두려워하지 않고 적중에 용감히 뛰어 듦을 비유하는 말

* 出典: 中庸(중용)

伯仁由我 백인유아 맏 백 │ 어질 인 │ 말미암을 유 │ 나 아

백인이 나로 말미암아 죽다. 백인을 직접 죽이지는 않았지만 죽은 사람에 대한 책임(責任)이
커서 죄책감(罪責感)을 느낀다는 말. 남의 잘못이 아니라 나의 탓으로 돌림[내 책임]

『유의어』 伯仁由我而死 백인유아이사, 由我之歎 유아지탄, 誰怨孰尤 수원숙우

誰怨誰咎 수원수구 누구를 원망(怨望)하고 누구를 탓하겠느냐는 뜻으로
남을 원망하거나 탓할 것이 없음을 이르는 말

* 出典: 晉書(진서)

百戰老將 백전노장 일백 백 │ 싸움 전 │ 늙을 노(로) │ 장수·장차 장

1. 수많은 싸움을 치른 노련(老鍊)한 장수(將帥)
2. 세상 풍파(風波)를 수없이 겪은 노련한 사람

『유의어』 百戰老卒 백전노졸

先病者醫 선병자의 먼저 앓아본 사람이 의사. 경험자가 남을 인도할 수 있음

山戰水戰 산전수전 산에서도 싸우고 물에서도 싸웠다는 뜻, 세상살이를
하면서 온갖 어려운 일을 다 겪었음을 비유하는 말

▷ 老 로(노): 경험이 풍부하다, 잘 익었다, 원숙하다, 그윽하다, 낡았다, 늙었다

百折不屈 백절불굴 일백 백 │ 꺾을 절 │ 아닐 불 │ 굽힐 굴

백 번 꺾여도 굴(屈)하지 않는다는 뜻, 어떠한 난관(難關)에도 결코 굽히지 않음의 비유

『유의어』 百折不撓 백절불요

七顚八起 칠전팔기 여러 번 실패해도 굴하지 않고 노력함을 이르는 말

不撓不屈 불요불굴 한번 먹은 마음이 흔들리거나 굽힘이 없음

* 出典: 後漢書(후한서)

栢舟之操 백주지조 잣나무 백 │ 배 주 │ 어조사 지 │ 절개·잡을 조

백주(栢舟)의 지조(志操)라는 뜻, 남편(男便)을 일찍 여읜 아내[妻: 처]가 개가(改嫁)하지 않고
절개(節槪)를 지킨다는 말

위국(衛國)의 세자 공백(共伯)이 뜻하지 않게 요절(夭折)하자, 그의 아내 공강(共姜)이
'柏舟(백주)'라는 시를 지어 맹세(盟誓)하고 절개(節槪)를 지킨 고사에서 유래

『유의어』 牝馬之貞 빈마지정 암말의 정조(貞操)

不事二夫 불사이부, 烈女不更二夫 열녀불경이부

不更二夫 불경이부, 貞女不更二夫 정녀불경이부

『반의어』 奪志 탈지 정절(貞節)을 지키는 과부(寡婦)를 개가(改嫁)시킴

▷ 靑孀寡婦 청상과부 젊어서 과부가 된 여자 = 靑孀寡守 청상과수

* 出典: 詩經(시경) 鄘風篇(용풍편)

白晝搶奪 백주창탈 흰 백 | 낮 주 | 빼앗을 창 | 빼앗을 탈
대낮에 폭력(暴力)을 휘둘러 남의 물건(物件)을 강제(強制)로 빼앗음

▷ 搶奪 창탈 폭력을 써서 남의 것을 억지로 빼앗음 = 掠奪 약탈, 劫奪 겁탈

▷ 劫奪 겁탈 폭력을 써서 부녀자와 성 관계를 맺음 = 強姦 강간, 劫姦 겁간

▷ 簒奪 찬탈 왕위(王位)·국가(國家)·주권(主權) 등을 빼앗음

伯仲叔季 백중숙계 맏 백 | 버금 중 | 젊을·어릴 숙 | 끝 계
네 형제의 순서(順序)를 말하는 것으로 伯(백)은 맏이, 仲(중)은 둘째, 叔(숙)은 셋째,
季(계)는 막내를 이르는 말

▷ 季氏 계씨 성년이 된 남의 남동생을 높여 일컫는 말 = 弟氏 제씨

* 出典: 禮記(예기) 檀弓上篇(단궁상편)

伯仲之勢 백중지세 맏 백 | 버금 중 | 어조사 지 | 기세·형세 세
누구를 형이라 하고 누구를 아우라 하기 어렵다는 뜻, 서로 우열(優劣)을 가리기 힘든 형세를
이르는 말

『유의어』 伯仲 백중, 伯仲勢 백중세, 伯仲之間 백중지간, 難兄難弟 난형난제

莫上莫下 막상막하 더 낫고 더 못함의 차이가 거의 없음

龍虎相搏 용호상박 용과 범이 서로 싸운다는 뜻, 강자끼리 서로 싸움을 이르는 말

互角勢 호각세, 互角之勢 호각지세, 春蘭秋菊 춘란추국

* 出典: 魏(위)나라 文帝(문제) 曹丕(조비)의 典論(전론)

白地曖昧 백지애매 흰 백 | 땅 지 | 희미할·흐릴 애 | 어두울·새벽 매
까닭 없이 죄를 뒤집어쓰고 억울(抑鬱)하게 재앙(災殃)을 당함의 비유

▷ 白地 백지   생판[= 아무 턱도 없이] 또는 농사가 안되어 거둘 것이 없는 땅

▷ 曖昧 애매   희미(稀微)하여 분명(分明)하지 않음

▷ 模糊 모호   말이나 태도(態度)가 흐리터분하여 분명하지 않음

百尺竿頭 백척간두   일백 백 | 자 척 | 장대 간 | 꼭대기·머리 두

백 자나 되는 높은 장대 위에 올라섰다는 뜻, 매우 위태(危殆)롭고 어려운 지경을 이르는 말

[유의어] 竿頭之勢 간두지세, 竿頭 간두, 危機一髮 위기일발

累卵之危 누란지위, 累卵之勢 누란지세, 危如累卵 위여누란

風前燈燭 풍전등촉, 風前燈火 풍전등화, 焦眉之急 초미지급

▷ 百尺竿頭進一步 백척간두진일보   더 이상 갈 수 없는 마지막 한계점에서 거기서
한걸음만 더 내딛는다면 새로운 세계가 열린다는 의미를 담고 있음

* 出典: 景德傳燈錄(경덕전등록: 송나라 도원이 저술한 불교서적)

百川歸海 백천귀해   일백 백 | 내 천 | 돌아갈 귀 | 바다 해

모든 하천(河川)의 근원(根源)은 다르지만 결국 바다로 흘러 한 곳으로 모인다는 뜻
1. 민심(民心)이나 대세(大勢)의 향방(向方)이 한곳으로 모인다는 말
2. 문장쓰기에서, 어떤 일을 추론(推論)할 때 먼저 갖가지 예증(例證)을 들어 논(論)하고
마지막으로 이를 종합하여 결론(結論)짓는 작문법

[유의어] 殊途同歸 수도동귀, 異途同歸 이도동귀, 異路同歸 이로동귀

萬法歸一 만법귀일   모든 법(法)은 하나(= 마음)로 돌아간다.

* 出典: 淮南子(회남자) 氾論訓篇(범론훈편)

百八煩惱 백팔번뇌   일백 백 | 여덟 팔 | 괴로워할 번 | 괴로워할 뇌

사람이 지닌 108가지의 번뇌(煩惱)라는 뜻, 일반적으로 사람의 마음속에 있는 무수(無數)한
번뇌를 이르는 말

눈·귀·코·입·몸·뜻(마음)의 6관(六官)에 각각 고(苦)·락(樂)·불고불락(不苦不樂)이 있어 18가지가 되고
거기에 탐(貪)·무탐(無貪)이 있어 36가지가 되며, 이것을 다시 과거·현재·미래로 각각 풀면 모두
108가지가 됨(6×3×2×3 = 108)

[유의어] 百八結 백팔결, 百八結業 백팔결업, 百八念珠 백팔염주, 百八 백팔

▷ 煩惱 번뇌   마음과 몸을 괴롭히는 모든 망념[妄念: 욕망·노여움·어리석음 등]

百骸俱痛 백해구통   일백 백 | 뼈 해 | 함께 구 | 아플 통

백 군데의 뼈마디가 함께 아프다는 뜻, 온몸의 뼈마디가 쑤셔 아프지 않은 곳이 없다는 말

▷ 殘骸 잔해 썩거나 타다가 남은 뼈. 부서지거나 못 쓰게 되어 남은 물체
▷ 俱存 구존 부모가 모두 살아 계심 ↔ 俱沒 구몰 부모가 모두 세상을 떠남

百害無益 백해무익 일백 백 | 해로울·해칠 해 | 없을 무 | 더할 익

백가지가 해롭고 이로운 것은 전혀 없다는 뜻, 해롭기만 하고 전혀 이로울 것이 없다는 말

▷ 徒勞無益 도로무익 헛되이 수고만 하고 아무런 이득(利得)이 없음
▷ 徒勞無功 도로무공 헛되이 애만 쓰고 공을 들인 보람이 없음

百花齊放 백화제방 일백 백 | 꽃 화 | 같을·가지런할 제 | 놓을 방

백 개의 많은 꽃이 일제(一齊)히 핀다는 뜻, 온갖 학문이나 예술, 사상 등이 각기 자기주장을 열렬히 펼침을 비유하는 말

유의어 百家爭鳴 백가쟁명 많은 학자·지식인 등의 활발(活潑)한 논쟁과 토론(討論)

繁文縟禮 번문욕례 번거로울 번 | 글월 문 | 화문놓을 욕 | 예도 례

글(文: 문)도 번거롭고 예(禮)까다롭다는 뜻, 불필요한 형식과 절차. 번거롭고 까다로운 규칙(規則)과 절차(節次), 예절(禮節) 등을 이르는 말

유의어 繁縟 번욕, 레드 테이프[Red Tape: 공문서를 붉은 띠로 묶은 데서 유래]
▷ 繁忙 번망 번거롭고 매우 바쁨 = 煩忙 번망 ↔ 閑散 한산, 閑暇 한가

翻雲覆雨 번운복우 날·뒤칠 번 | 구름 운 | 뒤집힐 복 | 비 우

갑자기 구름이끼고 비가 온다는 뜻, 변화가 무쌍함. 인정(人情)이 쉽게 변하는 것을 비유함

유의어 炎涼世態 염량세태 세력 있을 때는 아첨하며 따르고 권세가 없어지면 푸대접함
附炎棄寒 부염기한, 甘吞苦吐 감탄고토, 世態炎涼 세태염량
▷ 翻手作雲覆手雨 번수작운복수우
손을 뒤집어 구름을 짓고 다시 손을 뒤집어 비를 만든다[쉽게 변함]
▷ 翻覆 번복 이리저리 뒤집힘. 이리저리 뒤쳐서 고침 = 飜覆 번복

伐性之斧 벌성지부 칠·벨 벌 | 성품 성 | 어조사 지 | 도끼 부

천부(天賦)의 본바탕인 양심(良心)을 끊는 도끼라는 뜻, 사람의 마음을 탐(貪)하게 하여 성명(性命)을 잃게 하는 것. 즉 여색(女色)과 요행(僥倖)을 이르는 말

* 出典: 呂氏春秋(여씨춘추) 本性篇(본성편)

伐齊爲名 벌제위명 칠 벌 | 같을·제나라 제 | 할 위 | 이름 명

제(齊)나라를 공격(攻擊)하나 사실 이름만 있다는 뜻, 겉으로는 어떤 일을 하는 체하면서
사실은 딴 짓을 한다는 말의 비유

전국시대 연(燕)나라 장수 악의(樂毅)가 제(齊)나라를 칠 때 제나라 장수 전단(田單)이
반간계(反間計)를 써서, 악의는 제나라를 정복(征服)한다는 명분만 내세우고 속으려는 제나라의
왕이 되려고 획책(劃策)한다며 소문을 퍼뜨리자, 연나라 왕이 이 소문을 믿고 악의를 의심하여
공격을 중지(中止)시키며 악의를 불러들여서 제나라가 전화(戰禍)를 모면(謀免)했다는 고사에서 유래

凡聖一如 범성일여 무릇·모두 범 | 성스러울 성 | 하나 일 | 같을 여

범부(凡夫)와 성자(聖者)는 구별이 있으나 그 본성(本性)은 일체(一切) 평등함

『유의어』 凡聖不二 범성불이, 聖俗一如 성속일여, 自他不二 자타불이

▷ 非凡 비범 매우 뛰어남. 불범(不凡)함 ↔ 平凡 평범

* 出典: 涅槃經(열반경)

法古創新 법고창신 법 법 | 옛 고 | 비롯할 창 | 새 신

옛것을 본받아 새로운 것을 창조(創造)한다는 뜻, 옛것에 토대(土臺)를 두되 그것을 시대에 맞게
변화(變化)시킬 줄 알고 새것을 만들어 가되 근본(根本)을 잃지 않아야 한다는 말

『유의어』 溫故知新 온고지신   옛것을 익히고 미루어 새것을 앎

　　　　博古知今 박고지금   널리 옛일을 알면 오늘날의 일도 알게 됨.
　　　　　　　　　　　　　즉 인간사는 동서고금이 비슷하다는 말

▷ 創造 창조 전에 없던 것을 처음으로 만듦 ↔ 模倣 모방

* 出典: 燕巖(연암) 朴趾源(박지원)

辟邪進慶 벽사진경 물리칠·임금 벽 | 간사할 사 | 나아갈 진 | 경사 경

사귀(邪鬼)를 내쫓고 경사(慶事)스러운 일을 맞이함

『유의어』 破邪顯正 파사현정, 斥邪衛正 척사위정, 衛正斥邪 위정척사

▷ 辟左右 벽좌우   밀담(密談)을 하려고 좌우(左右)의 곁에 있는 사람을 물리침
▷ 辟疆 벽강   천자(天子)·군주에게만 전용하여 이르던 칭호(稱號). 강토를 개척한다는 뜻
▷ 邪慝 사특   요사(妖邪)스럽고 간특(奸慝)함. 못되고 악함

便同一室 변동일실 똥 변 / 편할 편 | 같을 동 | 하나 일 | 집 실

변소(便所)를 같이 쓰는 한집이라는 뜻, 이웃과 아주 가까워 한집안이나 마찬가지라는 말

▷ 便利 편리   편하고 이로우며 이용하기 쉬움

▷ 便宜 편의　형편(形便)이나 조건(條件) 등이 편하고 좋음

▷ 糞尿 분뇨　똥과 오줌 = 屎尿 시뇨

弁髦 변모　고깔 변 | 다팔머리·긴 털 모

변과 모라는 뜻, 쓸데없는 물건을 비유하는 말
변(弁)은 관례 때에 한번 만 쓰는 치포관(緇布冠). 모(髦)는 동자(童子)의 더펄머리로
관례(冠禮)가 끝나면 모두 소용(所用)이 없어진다는 고사에서 유래

【유의어】 敝蹻 폐갹　해진 짚신, 쓸모없는 물건

▷ 冠禮 관례　옛날에 아이가 어른이 되는 예식[남자는 갓을 쓰고 여자는 쪽을 짐]

變化無雙 변화무쌍　변할 변 | 될 화 | 없을 무 | 쌍·짝 쌍

변하는 정도(程度)가 비할 데 없이 심하다는 말. 변화(變化)가 심해서 이루 다 헤아리기 어려움

【유의어】 變化無窮 변화무궁, 變化難測 변화난측

▷ 變曲點 변곡점　굴곡(屈曲)의 방향(方向)이 바뀌는 자리를 나타내는 곡선(曲線)위의 점.
　　　　　　　　대변혁(大變革)의 전환점(轉換點)을 비유 = 分水嶺 분수령

別無長物 별무장물　다를·나눌 별 | 없을 무 | 남을·긴 장 | 물건·만물 물

장물(長物)은 여분(餘分)이라는 뜻, 필요(必要)한 것 이외(以外)에는 갖지 않는다는 말로
물욕(物慾)이 없는 검소(儉素)한 생활(生活)을 비유하는 말

▷ 別無神通 별무신통　별로 신통(神通)할 것이 없음

▷ 贓物 장물　범죄행위(犯罪行爲)로 부당하게 얻은 남의 물건

▷ 辨別 변별　옳고 그름이나 좋고 나쁨을 가림

* 出典: 世說新語(세설신어) 德行篇(덕행편)

別有乾坤 별유건곤　다를·나눌 별 | 있을 유 | 하늘 건 | 땅 곤

이 세상에서 볼 수 없는 아주 좋은 다른 세상(世上)

【유의어】 別乾坤 별건곤, 別天地 별천지, 別有天地 별유천지
　　　　　別世界 별세계, 別有世界 별유세계, 仙境 선경,
　　　　　壺中天地 호중천지, 壺中天 호중천, 武陵桃源 무릉도원, 桃源 도원

兵家常事 병가상사　군사 병 | 집 가 | 항상 상 | 일 사

전쟁(戰爭)에서 이기고 지는 것은 흔히 있는 일이므로 이겨도 교만(驕慢)하지 말고 져도 기가

꺾이지 말라는 말로 격려(激勵)와 분발(奮發), 위로(慰勞)와 훈계(訓戒)를 뜻하는 말

〔유의어〕 勝敗兵家之常事 승패병가지상사, 勝負兵家常勢 승부병가상세

▷ 兵塵 병진 전장(戰場)에서 일어나는 티끌, 전쟁의 어수선하고 어지러운 분위기를 비유

* 出典: 唐書(당서) 裵度傳(배도전)

兵貴神速 병귀신속 군사 병 | 귀할·소중할 귀 | 귀신 신 | 빠를 속

군대(軍隊)는 귀신(鬼神)처럼 빨리 움직이는 것이 제일 중요함 = 兵尙神速 병상신속

▷ 事貴迅速 사귀신속 일은 빨리 할수록 좋음

▷ 兵站 병참 군대의 전투력을 유지(維持)하고 작전을 지원(支援)하기 위한 군수품의
보급·정비·운반·위생·건설 등을 담당하는 기관 또는 일체(一切)기능의 총칭

* 出典: 魏志(위지)

丙吉牛喘 병길우천 남녘·셋째십간 병 | 길할 길 | 소 우 | 숨찰 천

전한(前漢)의 명재상(名宰相) 병길(丙吉)이 길을 가다가 소[牛: 우]가 헐떡거리는 것을 보자
시후[時候: 사시의 절후]가 조화(調和)를 잃은 것을 알아채고 천하(天下)의 정치(政治)에
더욱 주의(注意)한 고사에서 유래

〔유의어〕 丙吉憂牛喘 병길우우천, 丙吉問牛喘 병길문우천

丙吉問牛 병길문우, 問牛 문우, 問牛喘 문우천

丙吉不問橫道死人而憂牛喘 병길불문횡도사인이우우천
병길(丙吉)이 길에 쓰러져 죽어있는 사람을 보고는 그 이유를 묻지 않고 오히려
미물인 소가 헐떡거리는 것을 보고는 근심하였다는 말

* 出典: 蒙求(몽구: 李瀚[이한] 著) / 三國志(삼국지)

兵不厭詐 병불염사 군사 병 | 아닐 불 | 싫어할 염 | 속일 사

용병(用兵)에 있어서는 속임수를 꺼리지 않는다는 뜻, 전쟁에서는 모든 방법으로 적군을 속여
승리(勝利)해야 함을 비유하는 말

〔유의어〕 軍不厭詐 군불염사, 聲東擊西 성동격서

▷ 詐欺 사기 이익을 취하기 위하여 나쁜 꾀로 남을 속임

▷ 兵聞拙速 병문졸속 용병함에는 졸렬(拙劣)하여도 빠른 것이 좋음

* 出典: 韓非子(한비자) 難一(난일)

兵死地也 병사지야 군사 병 | 죽을 사 | 땅 지 | 어조사 야

전쟁(戰爭)을 하면 병사(兵士)는 죽게 마련이라는 뜻. 역설적(逆說的)으로 죽을 각오(覺悟)로

전쟁에 임해야 살아남을 수 있다는 말

[유의어] 臨戰無退 임전무퇴

死生決斷 사생결단 죽음과 삶을 생각하지 않고 끝장을 내려고 함

馬革裹屍 마혁과시, 裹革之屍 과혁지시, 裹革 과혁

말가죽에 싼 시신, 전쟁에서 싸우다 죽은 병사의 시체

生則死 死則生 생즉사 사즉생, 必生則死 必死則生 필생즉사 필사즉생

살고자 하면 죽을 것이고 죽고자하면 살 것이다

▷ 肝腦塗地 간뇌도지 　참혹(慘酷)한 죽음을 당하여 간과 뇌가 으깨어졌다는 뜻으로
　　　　　　　　　　　나라를 위하여 목숨을 돌보지 않고 있는 힘을 다해 싸움

* 出典: 史記(사기) 廉頗(염파) 藺相如(인상여) 列傳(열전)

病入膏肓 병입고황 　병 병 | 들 입 | 염통밑·기름 고 | 명치끝 황

병이 몸속 깊이 고황(膏肓)에 들어 고치기 어렵게 됐다는 뜻
1. 병이 위중(危重)하여 치료(治療)가 불가능한 상태가 됨
2. 고치기 어려운 오류(誤謬)에 비유하는 말

[유의어] 病入骨髓 병입골수 　병이 골수[骨髓: 뼛속]에 까지 듦

▷ 骨髓 골수 　뼛골, 뼛속, 요점. 골자, 마음속 깊은 곳

▷ 持病 지병 　오래되어 고치기 어려운 병 = 痼疾 고질

▷ 膏肓 고황 　심장(心臟)과 횡격막(橫隔膜)의 사이로 사람 몸의 제일 깊은 곳을 비유

* 出典: 春秋左氏傳(춘추좌씨전)

秉燭夜遊 병촉야유 　잡을 병 | 촛불 촉 | 밤 야 | 놀 유

촛불을 밝히고 밤이 깊도록 놀며 즐긴다는 뜻, 인생은 유한(有限)하고 세월은 쉬이 지나기
마련이므로 낮은 물론 밤에도 촛불을 밝히며 잔치를 베풀고 놀 것이라는 말

[유의어] 炳燭夜遊 병촉야유, 卜晝卜夜 복주복야, 杯盤狼藉 배반낭자

▷ 秉鉞 병월 　도끼를 잡음. 무장이 정권을 잡음을 비유하는 말

病風傷暑 병풍상서 　병 병 | 바람 풍 | 상처·다칠 상 | 더울 서

바람에 병(病)들고 더위에 상(傷)한다는 뜻, 세상의 온갖 고생에 쪼들리는 삶을 비유하는 말

[유의어] 艱難辛苦 간난신고, 艱難苦楚 간난고초, 千苦萬難 천고만난

▷ 病弊 병폐 　오랜 동안 조직이나 사물의 내부에 생긴 폐해(弊害)

▷ 避暑 피서 　더위를 피하여 시원한 곳으로 옮김 ↔ 避寒 피한

▷ **病從口入禍從口出** 병종구입화종구출
　　병은 음식을 조심하지 않아서 생기고 화는 말을 조심하지 않아서 생긴다는 말

輔車相依 보거상의 덧방나무·도울 보 │ 수레 거 │ 서로 상 │ 의지할·기댈 의
수레의 덧방나무와 바퀴처럼 서로 떨레야 뗄 수 없는 사이, 긴밀한 관계를 유지(維持)하면서
서로 돕고 의지함을 이르는 말로 이해관계(利害關係)가 매우 깊은 사이

> **유의어** **脣齒輔車** 순치보거, **脣齒之國** 순치지국
>
> **脣亡齒寒** 순망치한　입술이 없으면 이가 시리다는 뜻,
> 　　　　　　　　　　　　한쪽이 망하면 다른 한 쪽도 온전하기 어렵다는 말
>
> **輔車相依** 보차상의　보는 광대뼈, 차는 잇몸으로 서로 의지하는 관계

* 出典: 春秋左氏傳(춘추좌씨전)

補過拾遺 보과습유 기울·보수할 보 │ 허물·지날 과 │ 주울 습 │ 남길·끼칠 유
임금의 잘못을 바로잡아 고치게 한다는 뜻, 천자(天子)의 부덕(不德)한 점을 보좌(輔佐)함

▷ **寄與補裨** 기여보비　이익(利益)을 주고 모자람을 보탬

▷ **補塡** 보전　부족(不足)이나 결손(缺損)을 메워 보충(補充)함 = **塡補** 전보

* 出典: 漢書(한서)

輔國安民 보국안민 도울·덧방나무 보 │ 나라 국 │ 편안 안 │ 백성 민
나랏일을 돕고 백성(百姓)을 편안(便安)하게 한다는 뜻

최제우(崔濟愚)가 동학(東學)을 창도(唱導)할 때에 외세(外勢)로부터 국권(國權)을 지킬 것을
강조한 계책(計策)에서 유래

* 出典: 東經大全(동경대전: 崔濟愚[최제우]) 布德文(포덕문)

菩提 보리 (범어)보리 보 │ (범어)보리 리
1. 불교 최고의 이상인 불타 정각(正覺)의 지혜(智慧)
2. 불타 정각의 지혜(智慧)를 얻기 위해 닦는 도 또는 불과(佛果)에 이르는 길

▷ **菩提樹** 보리수　석가가 그 아래에서 보리[菩提= 道]를 깨달았다는 나무

▷ **菩薩** 보살　1. 부처의 다음가는 성인(= 菩提薩埵 보리살타)
　　　　　　　　2. 여자 불(佛)신도를 대접(待接)해 부르는 말
　　　　　　　　3. 보살할미의 준말[머리를 깎지 않고 절에서 사는 여신도]

步武堂堂 보무당당 걸음 보 │ 굳셀·호반 무 │ 서로 상 │ 집 당
걸음걸이가 씩씩하고 위엄(威嚴)이 있음

「유의어」 龍行虎步 용행호보 용이나 호랑이의 행보. 위풍당당한 행보

威風堂堂 위풍당당 풍채(風采)나 기세가 위엄(威嚴)이 있고 씩씩함

▷ 步 보 한 걸음 / 武 무 반걸음 / 驅步 구보 뛰어감. 달음박질

報本反始 보본반시 갚을·알릴 보 | 근본 본 | 돌아갈·되돌릴 반 | 처음 시

천지(天地)에 보답(報答)하고 처음으로 돌아간다는 뜻, 천지와 선조(先祖)의 은혜(恩惠)에
보답(報答)함

▷ 原始反本 원시반본 처음 출발한 근본 원점(原點)으로 되돌아옴

* 出典: 禮記(예기) 郊特牲傳(교특생전)

報賽 보새 갚을·알릴 보 | 굿할 새

해마다 가을 농사(農事)를 마친 뒤 신의 은덕(恩德)에 감사를 드리기 위하여 드리는 제사

「유의어」 秋收感謝節 추수감사절
기독교(基督敎) 신도(信徒)들이 한 해에 한 번씩 가을 곡식을 거둔 뒤에 하나님께
감사제(祭)를 올리는 날[미국에서는 11월 넷째 목요일을 지정함]

▷ 賽錢 새전 신불[神佛: 신령과 부처] 앞에 참배(參拜)할 때 드리는 돈

輔時救難 보시구난 도울·덧방나무 보 | 때 시 | 구원할 구 | 어려울 난

시대를 도와서 환난(患難)을 구한다는 말로써 잘못된 곳을 바로잡고 미치지 못하는 곳을
보필(輔弼)함

▷ 輔弼 보필 임금이 정사(政事)하는 것을 보좌(輔佐)함 또는 윗사람의 일을 도움

* 出典: 三國遺事(삼국유사) 卷一(권일) 味鄒王(미추왕) 竹葉軍(죽엽군)

鴇羽之嗟 보우지차 느시·능에 보 | 깃·날개 우 | 어조사 지 | 탄식할 차

느시(능에·너새)깃의 탄식(歎息)이라는 뜻, 백성(百姓)이 전쟁(戰爭)이나 부역(賦役)에
동원(動員)되어 부모(父母)를 봉양(奉養)할 수 없어 불효함을 탄식(歎息)한다는 말

「유의어」 鴇羽之嘆 보우지탄

北山之感 북산지감 나랏일에 힘쓰느라 부모 봉양을 제대로 못해 슬퍼함

▷ 鴇羽 보우 출정한 병사들이 고향에 계신 늙으신 부모님을 공양하지 못하는
슬픈 마음을 기러기와 비슷하게 생긴 너새에 비유하여 읊음

▷ 鴇合 보합 너새(느시)가 다른 새와 교미함. 남녀가 음란(淫亂)함을 비유

* 出典: 詩經(시경) 鴇羽(보우)

報怨以德 보원이덕 갚을·알릴 보 | 원망할 원 | 써 이 | 덕·큰 덕

원한(怨恨)이 있는 자에게 은덕(恩德)으로써 갚는다는 뜻, 앙갚음 하지 말고 원한을 은덕으로 되돌려주라는 말

유의어 以德報怨 이덕보원

반의어 以血洗血 이혈세혈　피를 피로 갚는다는 말[= 더욱 더러워 짐]

▷ 報賽 보새　추수(秋收) 뒤 신(神)의 은덕(恩德)에 대한 감사제사

▷ 報酬 보수　근로의 대가로 주는 돈이나 물품. 고마움에 보답함

普天率土 보천솔토 널리·두루 보 | 하늘 천 | 거느릴·이끌 솔 | 흙 토

하늘과 땅을 덮고 있는 온 세상을 이르는 말

유의어 普天之下 率土之濱 보천지하 솔토지빈 (에서 유래)
하늘을 두루 덮고 있는 밑과 육지가 이어져 있는 끄트머리. 곧 천하를 이르는 말

八紘 팔굉　여덟 방위의 멀고 너른 범위. 곧 온 세상 = 八極 팔극. 八荒 팔황

* 出典: 詩經(시경)

普遍妥當 보편타당 널리·두루 보 | 두루 편 | 온당할 타 | 마땅·당할 당

두루 통하며 특별(特別)하지 않고 사리(事理)에 맞아 타당(妥當)함

▷ 普遍 보편　널리 두루 미치거나 통함 ↔ 特殊 특수　특별히 다름

▷ 妥當 타당　형편이나 이치에 마땅함

▷ 妥協 타협　두 편이 서로 좋도록 조정(調停)하여 협의함

寶貨難售 보화난수 보배 보 | 재물 화 | 어려울 난 | 팔 수

값비싼 보물은 쉽게 팔리지 않는다는 뜻, 뛰어난 인물(人物)은 기량(器量)이 크므로 남에게 쉽사리 등용(登用)되기 어렵다는 말

▷ 大器難成 대기난성　큰 그릇은 완성되기 어렵다는 말

▷ 寶齡 보령　임금의 나이를 높여 이르는 말 = 寶曆 보력, 寶算 보산

▷ 寶典 보전　귀중한 법전. 귀중한 책.

* 出典: 論衡(논형: 後漢[후한]의 王充[왕충] 著)

覆車之戒 복거지계 뒤집힐·넘어질 복 | 수레 거 | 어조사 지 | 경계할 계

앞 수레가 엎어지는 것을 보고 뒤 수레의 경계(警戒)를 삼는다는 뜻. 즉 앞사람의 실패(失敗)를 거울삼아 뒷사람이 스스로 경계(警戒)함을 비유하는 말

前覆後戒 전복후계, 前車覆後車戒 전거복후거계

殷鑑不遠 은감불원, 以古爲鑑 이고위감, 學于古訓 학우고훈

不踏覆轍 부답복철, 前車可鑑 전거가감

▷ 覆轍 복철, 前轍 전철　앞서간 사람의 실패의 자취

* 出典: 後漢書(후한서) 竇武傳(두무전) / 漢書(한서) 賈誼傳(가의전)

福輕乎羽 복경호우　복 복 | 가벼울 경 | 어조사(비교급: ~ 보다 더) 호 | 깃 우

복은 새털보다도 가벼운 것 이라는 뜻, 자기의 마음 여하(如何)에 따라 행복(幸福)을 찾을 수 있음

유의어 一切唯心造 일체유심조　모든 것은 마음가짐에 달려있다는 말

運用之妙在一心 운용지묘재일심, 運用之妙存乎一心 운용지묘존호일심
사물을 운용하는 오묘(奧妙)함은 마음속에 있다는 말

* 出典: 莊子(장자)

福過災生 복과재생　복 복 | 지나칠·실수 과 | 재앙 재 | 날 생

복(福)이 너무 지나치면 도리어 재앙(災殃)이 된다는 말

유의어 福過禍生 복과화생

▷ 福祉 복지　행복(幸福)한 삶, 행복하게 살 수 있는 사회 환경

▷ 過猶不及 과유불급　정도를 지나침은 미치지 못한 것과 같다는 뜻

伏龍鳳雛 복룡봉추　엎드릴 복 | 용 룡 | 봉새 봉 | 병아리·새새끼 추

엎드려있는 용(龍)과 봉황(鳳凰)의 새끼라는 뜻, 아직 세상에 알려지지 않은 뛰어난 인물(人物)을
비유하는 말

유의어 臥龍鳳雛 와룡봉추, 龍駒鳳雛 용구봉추

▷ 伏龍 복룡　제갈공명(諸葛孔明) = 臥龍 와룡

▷ 鳳雛 봉추　방사원(龐士元) = 鳳兒 봉아

* 出典: 三國志(삼국지)

伏魔殿 복마전　엎드릴 복 | 마귀 마 | 전각·궁궐·큰집 전

마귀(魔鬼)가 숨어 있는 전각(殿閣)이라는 뜻, 나쁜 일이나 음모(陰謀)가 끊임없이 행해지는
악(惡)의 근거지(根據地)라는 말

유의어 伏魔之殿 복마지전

▷ 魔 마 일이 꼬이게 헤살을 부리는 요사스러운 장애물 또는 이겨 내기 어려운 장벽

▷ 殿堂 전당 학문·예술 등 그 분야(分野)에서 가장 권위(權威) 있는 기관(機關)

伏慕區區 복모구구 엎드릴 복 | 사모할 모 | 지경·나눌 구

주로 한문(漢文)투의 편지글에서 '엎드려 사모(思慕)하는 마음이 그지없나이다.' 라는 뜻

[유의어] 伏慕無任 복모무임

伏慕區區不任下誠之至 복모구구불임하성지지
엎드려 정성을 다하여 그리워하는 마음이 그지없습니다. 몹시 그립습니다.

▷ 上白是 상백시 사뢰어 올림 = 上書 상서 웃어른에게 글을 올림

▷ 餘不備禮 여불비례 예를 다 갖추지 못했다는 뜻[편지 끝에 씀] = 餘不備 여불비

覆巢破卵 복소파란 엎어질 복 | 새집·깃들일 소 | 깨질 파 | 알·계란 란

새의 둥지가 엎어져 그 속의 알이 깨진다는 뜻, 어버이가 재앙(災殃)을 당하면 자식도 상처(傷處)를
입는다는 말 또는 조직·단체 등이 무너지면 그 구성원도 함께 망한다는 말

[유의어] 覆巢餘卵 복소여란, 巢毁卵破 소훼난파

棟折榱崩 동절최붕 마룻대가 부러지니, 서까래가 함께 무너진다는 말

上濁下不淨 상탁하부정 윗물이 흐리면 아랫물도 깨끗할 수 없음

▷ 巢窟 소굴 범죄자나 악한(惡漢)들의 무리가 모이는 본거지 = 巢穴 소혈

覆水不返盆 복수불반분 엎어질 복 | 물 수 | 아닐 불 | 돌아올 반 | 동이 분

한번 쏟은 물은 다시 그릇에 담을 수 없다는 뜻
1. 한번 헤어진 부부(夫婦)가 다시 결합(結合)할 수 없다는 말
2. 한번 저질러진 일은 다시 되돌릴 수 없음을 의미(意味)하는 말

[유의어] 覆水不收 복수불수, 覆水不返 복수불반, 覆杯之水 복배지수

破鏡再不照 파경재부조 깨진 거울은 다시 비출 수 없음

破器相接 파기상접, 破器相從 파기상종
깨어진 그릇 조각을 다시 맞춘다는 뜻, 원상회복 안 됨. 쓸데없이 애씀을 이르는 말

墮甑不顧 타증불고 깨진 시루는 돌아보지 않음. 아쉬워해봐야 소용없음. 단념함

落張不入 낙장불입 화투·투전·트럼프 따위에서, 판에 한번 내어 놓은
패는 물리기 위하여 다시 집어 들이지 못함

落點不入 낙점불입 바둑에서, 한번 놓은 돌은 물리기 위해 다시 집어들지 못함

華不再揚 화불재양 한번 떨어진 꽃잎은 다시 가지에 올라붙어 매달릴 수 없음

흘러간 세월은 다시 돌아오지 않는다는 말

* 出典: 拾遺記(습유기: 王嘉[왕가]가 중국의 전설을 주워서 모은 志怪書[지괴서])

腹心之友 복심지우 배복 | 마음 심 | 어조사 지 | 벗 우

마음이 맞는 친한 친구, 허물없는 친구

『유의어』 伯牙絶絃 백아절현, 高山流水 고산유수, 知己之友 지기지우

　　　 莫逆之友 막역지우, 知音 지음 　서로 허물없이 마음이 통하는 친한 벗

▷ 腹背之毛 복배지모 　배와 등에 난 털이라는 뜻, 있으나 없으나 별로 쓸모가 없다는 말

* 出典: 漢書(한서)

複雜多端 복잡다단 겹칠·겹옷 복 | 섞일 잡 | 많을 다 | 끝·바를 단

일이 두루 뒤섞여 갈피를 잡기 어려움

『유의어』 複雜多岐 복잡다기

▷ 端緒 단서 　문제(問題)를 해결(解決)하는 방향(方向)의 첫 부분

▷ 尖端 첨단 　뾰족한 끝. 시대사조나 학문·유행 등의 맨 앞장

腹藏遺物 복장유물 배복 | 감출·간직할 장 | 남길·끼칠 유 | 물건 물

불상의 뱃속에 든 사리, 불경 같은 유물(遺物) 또는 문화재(文化財)

▷ 藏書 장서 　책을 간직해 둠. 또는 그 책 = 藏本 장본

▷ 笥腹 사복 　뱃속에 책 상자가 들어있음. 학식이 풍부하다는 말

▷ 遺詔 유조 　임금의 유언

▷ 遺訓 유훈 　죽은 사람이 생전에 남긴 훈계 = 遺戒 유계

卜晝卜夜 복주복야 점·점칠 복 | 낮 주 | 밤 야

1. 낮과 밤의 길흉(吉凶)을 점치는 것
2. 밤낮을 가리지 않고 절제(節制)없이 술 마시며 노는 것

『유의어』 秉燭夜遊 병촉야유, 炳燭夜遊 병촉야유

　　　 杯盤狼藉 배반낭자 　술자리가 파한 뒤 술잔과 접시가 어지럽게 흩어져있는 모양

▷ 卜筮 복서 　산가지와 귀갑을 태워 길흉을 점침 = 筮卜 서복, 占筮 점서, 占 점

▷ 卜債 복채 　점을 쳐 준 값으로 점쟁이에게 주는 돈

▷ 賽錢 새전 　신불(神佛) 앞에 참배(參拜)할 때 드리는 돈. 또는 돈을 드림

* 出典: 春秋左氏傳(춘추좌씨전)

伏地不動 복지부동 엎드릴 복 | 땅 지 | 아닐 부 | 움직일 동

땅에 엎드려 움직이지 않는다는 뜻, 마땅히 해야 할 일이나 업무를 처리하는데 몸을 사림을 비유

▷ **伏線 복선** 소설·희곡·영화대본(臺本) 등에서, 앞으로 일어날 사건(事件)에 대해 미리 넌지시 암시(暗示)하는 서술(敍述)방법

▷ **仆伏 부복** 넘어져 엎드림

本末顚倒 본말전도 근본 본 | 끝·지엽 말 | 엎드러질·이마 전 | 넘어질 도

일의 처음과 끝이 뒤바뀌었다는 뜻, 일의 경중(輕重)·선후(先後)·완급(緩急) 등이 서로 뒤바뀜

〔유의어〕 **本末轉倒 본말전도, 主客顚倒 주객전도, 客反爲主 객반위주**

冠履顚倒 관리전도, 乙丑甲子 을축갑자, 刖趾適屨 월지적구

削足適屨 삭족적구, 削足適履 삭족적리, 削足而適履 삭족이적리

발을 깎아서 신에 맞춤. 본말과 주객이 뒤바뀜. 불합리한 방법을 억지로 적용함

本然之性 본연지성 근본 본 | 그러할 연 | 어조사 지 | 성품·성질 성

사람이 본디부터 타고난 심성(心性)이라는 뜻, 지극히 착하고 조금도 사리사욕(私利私慾)이 없는 천부자연(天賦自然)의 심성

〔유의어〕 **天命之性 천명지성, 天地之性 천지지성**

▷ **氣質之性 기질지성** 본연지성과 대비되는 후천적인 혈기(血氣)의 성

▷ **性情 성정** 성질과 심정. 타고난 본성. 성품

* 出典: 朱子語類(주자어류)

本第入納 본제입납 근본 본 | 집·차례 제 | 들 입 | 들일·바칠 납

본집으로 들어가는 편지, 자기 집으로 편지할 때에 편지겉봉의 자기 이름 뒤에 쓰는 말

▷ **收納 수납** 돈이나 물품(物品) 등을 받아 거두어들임

▷ **滯納 체납** 세금(稅金) 등 내야할 것을 기한까지 내지 못하고 밀림

奉檄之喜 봉격지희 받들 봉 | 격문·편지 격 | 어조사 지 | 기쁠 희

임명장(任命狀)을 받들고 집에 가는 기쁨이라는 뜻, 부모를 모시고 사는 사람이 그 고을의 수령(守令)이 되는 기쁨

〔유의어〕 **家貧親老 가빈친로, 毛義奉檄 모의봉격, 三釜之養 삼부지양**

▷ **檄文 격문** 널리 일반에게 알려 부추기기 위한 글 = **檄 격, 檄書 격서**

封庫罷職 봉고파직 봉할 봉 | 곳집·창고 고 | 방면할·마칠 파 | 직분·벼슬 직

어사(御史)나 감사(監司)가 부정(不正)을 저지른 고을의 수령(守令)을 파면(罷免)시키고 관가(官家)의
창고(倉庫)를 봉(封)해 잠그던 일

유의어 封庫罷黜 봉고파출, 封庫 봉고

　　　削奪官職 삭탈관직, 削奪官爵 삭탈관작, 削職 삭직, 削奪 삭탈
　　　죄인의 벼슬과 품계를 빼앗고 벼슬아치의 명부에서 이름을 지우던 일

　　　放逐鄕里 방축향리, 放逐 방축
　　　조선시대 때 벼슬을 삭탈하고 제 고향으로 내쫓던 형벌

▷ 封物 봉물 예전에, 지방에서 중앙으로 올리던 물품(物品)

▷ 金一封 금일봉 주로 격려금·기부금. 금액을 밝히지 않고 종이에 싸서 봉하여 주는 상금

蓬頭亂髮 봉두난발 쑥 봉 | 머리 두 | 어지러울 난(란) | 머리털·터럭 발

머리털이 쑥대강이처럼 헙수룩하게 마구 흐트러짐

유의어 蓬頭突鬢 봉두돌빈

▷ 鬢髮 빈발 살쩍[= 귀밑머리]과 머리털 / 蓬艾 봉애 다북쑥

蓬萊弱水 봉래약수 쑥·흐트러질 봉 | 명아주 래 | 약할 약 | 물 수

봉래(蓬萊)는 봉래산으로 동쪽 바다에 있고 약수(弱水)는 서쪽 땅을 흐르는 강으로 이 사이가
30만리 멀리 떨어져 있어 아주 큰 차이(差異)가 있음을 비유하는 말

유의어 天壤之差 천양지차, 天淵之差 천연지차 하늘과 연못 간의 차이

　　　雲泥之差 운니지차 구름과 진흙의 차이. 서로 간의 매우 심한 차이(差異)

반의어 一衣帶水 일의대수, 目睫之間 목첩지간 눈과 속눈썹간의 사이

　　　指呼之間 지호지간 손짓해 부를 만한 가까운 거리

▷ 弱水 약수 신선이 살았다는 전설속의 강. 강폭이 3천리나 되며 부력(浮力)이 약하여
　　　기러기 털조차 띄우지 못하고 가라앉는다고 하며 죽어서나 건널 수 있는 강이라고도 함

＊ 出典: 太平廣記(태평광기)

鳳麟芝蘭 봉린지란 봉새 봉 | 기린 린 | 지초 지 | 난초 란(난)

봉황(鳳凰)·기린(麒麟)과 같이 잘난 남자와 지초(芝草)·난초(蘭草)와 같이 예쁜 여자라는 뜻,
아름다운 젊은 남녀를 비유하는 말

유의어 才子佳人 재자가인, 佳人才子 가인재자 재주 있는 젊은 남자와 아름다운 여자

▷ 善男善女 선남선녀 착한 남자와 여자. 곧, 착하고 어진 사람들. 불법에 귀의한 남녀

▷ 鳳雛 봉추　봉황의 새끼. 아직 세상에 드러나지 않은 영웅 = 鳳兒 봉아

* 出處: 新春感懷(신춘감회: 麗末鮮初[여말선초]의 文臣[문신] 偰長壽[설장수] 著)

鳳毛麟角 봉모인각　봉새 봉 | 털 모 | 기린 인(린) | 뿔 각

봉황(鳳凰)의 털과 기린(麒麟)의 뿔이란 뜻, 희귀(稀貴)한 물건이나 뛰어난 인재를 비유하는 말

▷ 麒麟 기린　성인이 이 세상에 나올 징조로 나타난다고 하는 상서로운 동물.
　　　　　　몸은 사슴 같고 발굽과 갈기는 말과 같으며 빛깔은 오색이라고 함

▷ 鳳凰 봉황　상상의 상서로운 새. 닭의 머리, 뱀의 목, 제비의 턱, 거북의 등, 물고기의 꼬리
　　　　　　모양을 함. 몸과 날개 빛은 오색이 찬란하며, 오음(五音)의 소리를 냄

▷ 騏驎 기린　하루에 천 리를 달린다는 말 = 駿馬 준마

▷ 頭角 두각　짐승의 머리에 난 뿔. 뛰어난 학식이나 재능 등을 비유 = 見頭角 현두각

* 出典: 南史(남사) 謝招宗傳(사초종전)

封豕長蛇 봉시장사　클·봉할 봉 | 돼지 시 | 긴 장 | 뱀 사

무엇이든 먹어치우는 큰 돼지(豕: 시)와 먹이를 씹지 않고 통째로 집어 삼키는 긴 뱀(蛇: 사)
탐욕(貪慾)스러운 악인(惡人)이나 잔혹(殘酷)한 행위(行爲)를 비유하는 말

▷ 豕喙 시훼　돼지주둥이, 욕심이 많은 사람

▷ 豕牢 시뢰　돼지우리

▷ 長蛇陣 장사진　한 줄로 길게 벌인 군진(軍陣). 많은 사람이 줄을 지어 길게 늘어선 모양

* 出典: 春秋左氏傳(춘추좌씨전: 孔子[공자]의 春秋[춘추]를 左丘明[좌구명]이 해석한 책)

逢人輒說 봉인첩설　만날 봉 | 사람 인 | 번번이·문득 첩 | 말씀 설

만나는 사람마다 붙들고 지껄이며 소문(所聞)을 널리 퍼뜨림

[유의어] 逢人卽說 봉인즉설

▷ 增衍附益 증연부익　더 늘려서 보태어 말함

▷ 逢變 봉변　뜻밖의 변이나 망신(亡身)스러운 일을 당함 또는 그 변

蓬戶甕牖 봉호옹유　쑥 봉 | 지게·외짝 문 호 | 독·옹기 옹 | 창·창문 유

쑥대로 엮어 만든 문과 깨진 항아리(甕器: 옹기) 조각으로 만든 창문(窗門)이라는 뜻
매우 허술하고 가난한 삶의 모습을 형용(形容)하는 말

[유의어] 桑樞甕牖 상추옹유, 甕牖繩樞 옹유승추, 棬樞 권추

　　　　上雨旁風 상우방풍　위에서는 비가 새고 옆으로는 바람이 들이침

上漏下濕 상루하습　비가 새고 습기가 차오름. 허술하고 가난한 집의 비유

* 出典: 淮南子(회남자)

浮家泛宅 부가범택　뜰·떠오를 부 ㅣ 집 가 ㅣ 뜰·띄울 범 ㅣ 집 택

1. 배(船: 선)를 집으로 삼고 물위에 떠다니며 하는 살림살이
2. 배(船: 선)속에 지은 집에서 생활(生活)하는 것을 이르는 말

▷ **浮動票** 부동표　정세나 분위기에 따라 지지하는 후보나 정당이 변화할 가능성이 있는 표

* 出典: 新唐書(신당서) 隱逸傳(은일전)

附肝附膽 부간부담　붙을 부 ㅣ 간 간 ㅣ 붙을·기댈 부 ㅣ 쓸개 담

간(肝)에 붙었다 쓸개(膽: 담)에 붙었다 한다는 뜻, 아무 줏대도 없이 형세(形勢)에 따라 이리
붙었다 저리 붙었다하는 기회주의자(機會主義者)를 말함

『유의어』 寄肝寄膽 기간기담

▷ **附帶** 부대　기본이 되는 것에 곁 달아서 덧붙임(ex: 부대비용)

▷ **肝膽** 간담　간과 쓸개 또는 속마음

▷ **增衍附益** 증연부익　더 늘려서 보태어 말함

婦姑勃谿 부고발계　며느리 부 ㅣ 시어미 고 ㅣ 성낼·노할 발 ㅣ 대단할·시내 계

며느리와 시어미가 서로 심하게 싸운다는 뜻, 고부(姑婦)가 집에 각자의 공간이 없으면
고부(姑婦)간에 서로 다투기 마련이라는 말

▷ **姑婦** 고부　시어머니와 며느리

▷ **翁壻** 옹서　장인과 사위 / **贅壻** 췌서　데릴사위

* 出典: 莊子(장자) 外物篇(외물편)

剖棺斬屍 부관참시　쪼갤 부 ㅣ 관·널 관 ㅣ 벨 참 ㅣ 주검·시체 시

무덤을 파헤치고 관을 꺼내어 시체를 베거나 목을 잘라 길거리에 내걸어 추시(追施: 나중에
실시함)한다는 뜻, 죽은 후에 큰 죄가 드러난 사람에게 내리던 극형(極刑)

▷ **掘墓鞭屍** 굴묘편시　묘(墓)를 파헤쳐 시체(屍體)에 매질을 함

▷ **棺槨** 관곽　시체를 넣는 속 널과 겉 널

▷ **剖檢** 부검　해부(解剖)하여 검사(檢查)함
　　　　　　　사망원인 등을 조사하기 위하여 사후(死後) 검진을 함[또는 그 일]

富貴浮雲 부귀부운 부유할 부 | 귀할 귀 | 뜰·떠오를 부 | 구름 운

사람의 부귀는 뜬구름과 같이 덧없는 것이어서, 부정한 방법으로 재산을 축적(蓄積)하고
지위를 높여도 다 소용(所用)이 없고 헛되다는 말

『유의어』 浮雲富貴 부운부귀, 浮雲朝露 부운조로, 雪泥鴻爪 설니홍조
　　　　 浮生如夢 부생여몽, 浮生若夢 부생약몽

▷ 浮浪 부랑　일정한 주거(住居)나 직업(職業)이 없이 이리저리 떠돌아다님

* 出典: 論語(논어)

富貴榮華 부귀영화 부유할 부 | 귀할 귀 | 영화·꽃필 영 | 꽃·화려할 화

재산(財産)이 많고 지위(地位)가 높으며 귀하게 되어 세상에 이름을 빛냄

『유의어』 富貴功名 부귀공명　재산이 많고 지위가 높으며 공을 세워 이름을 떨침
　　　　 立身揚名 입신양명, 立身出世 입신출세, 出世 출세
　　　　 사회적으로 높은 지위에 오르거나 유명해져 세상에 이름을 드날림

▷ 富國強兵 부국강병　부유(富裕)한 나라와 강한 군대(軍隊)를 이르는 말

富貴在天 부귀재천 부유할 부 | 귀할 귀 | 있을 재 | 하늘 천

부유(富裕)함과 귀(貴)함은 하늘에 달려있음

▷ 人命在天 인명재천　사람의 목숨은 하늘에 달려 있다는 뜻,
　　　　　　　　　　목숨의 장단(長短)은 사람의 힘으로 어쩔 수 없다는 말
▷ 貴下 귀하　편지에서, 상대방을 높여 받는 사람 이름 밑에 붙여 쓰는 말
　　　　　　대화에서, 상대방을 높여 이름 대신 부르는 말

▷ 貴中 귀중　편지나 물품 등을 받을 단체나 기관의 이름 아래에 쓰는 높임말

負笈從師 부급종사 질·짊어질 부 | 책 상자 급 | 좇을 종 | 스승 사

책 상자[= 책 보따리]를 지고 스승을 찾아서 공부하러 집을 떠난다는 뜻, 학문을 위해서라면
먼 거리라도 스승을 찾아가서 배운다는 말

▷ 行常帶經 행상대경　외출 시 항상 경서(經書)를 지니고 다님
▷ 帶經而鋤 대경이서　늘 경서를 지니고 다니면서 농사를 지음
▷ 枕經藉書 침경자서　경서를 베고 경서를 깔고 잠을 잠
▷ 瀉瓶 사병　병속의 물을 한 방울도 남기지 않고 그대로 다른 병에 쏟아붓는다는
　　　　　　뜻으로 스승이 제자에게 교법(教法)을 조금도 남김없이 전수(傳授)하는 것을 말함

* 出典: 史記(사기)

附驥尾 부기미 붙을 부 | 천리마 기 | 꼬리 미

천리마(驥: 기)의 꼬리(尾: 미)에 붙어간다는 뜻
1. 좀 부족한 사람이라도 현인(賢人)의 뒤를 따라가면 작은 공명(功名)이라도 이룰 수 있다는 말
2. 큰 인물의 힘을 빌려 출세(出世)하거나 능력을 발휘(發揮)하는 것

유의어 蒼蠅附驥尾 창승부기미, 蒼蠅附驥尾而致千里 창승부기미이치천리
　　　　창승[蒼蠅: 쉬파리]이 혼자서는 열 걸음 밖에 못 날지만, 천리마의 꼬리에
　　　　붙어 가면 하루에 천리를 갈 수 있다는 장창(張敞)의 편지에서 유래

　　　　攀龍附鳳 반룡부봉　훌륭한 임금을 좇아서 공명(功名)을 세움

▷ 登攀 등반　험한 산이나 높은 곳의 정상 따위에 기어오름

* 出典: 後漢書(후한서: 前漢 末[전한 말] 張敞[장창]) / 史記(사기) 伯夷傳(백이전)

不得其位 부득기위 아닐 부 | 얻을 득 | 그 기 | 자리·품위 위

훌륭한 소질(素質)과 실력을 갖추고도 그 실력을 펼쳐 보일 적당(適當)한 지위(地位)를 얻지 못함

유의어 不得其所 부득기소

▷ 不在其位 不謨其政 부재기위 불모기정
　　그 자리에 있지 않으면 그 정사(政事)에 참견하지 마라[孔子: 공자]

不得不然 부득불연 아닐 부 | 얻을 득 | 아닐 불 | 그러할 연

1. 하지 않을 수 없게 상황(狀況)이 되어있음
2. 어찌 할 수 없음. 그렇게 될 수 밖에 없음

유의어 不得不 부득불, 不可不得 불가부득, 萬不得已 만부득이

　　　　不得已 부득이　마지못해 하는 수 없이. 마지못하여

▷ 不大不小 부대불소, 非大非小 비대비소
　　크지도 않고 작지도 않고 적당(適當)히 알맞음

* 出典: 孟子(맹자)

不得要領 부득요령 아닐 부 | 얻을 득 | 구할 요 | 옷깃·가장중요한곳 령

요령(要領)을 얻을 수 없다는 뜻, 말이나 글 또는 일의 골자(骨子)나 주요내용(主要內容)을
알 수 없음을 이르는 말

유의어 要領不得 요령부득

▷ 要領 요령　사물의 요긴하고 으뜸 되는 골자나 줄거리

* 出典: 漢書(한서)

駙馬都尉 부마도위　곁마·부마 부 | 말 마 | 도움·거느릴 도 | 벼슬·위로할 위

천자(天子)가 타는 수레에 딸린 말을 타는 사람에게 주는 칭호(稱號)라는 뜻
임금의 사위를 비유하는 말

> **[유의어]** 駙馬 부마, 都尉 도위, 國壻 국서　임금의 사위. 여왕의 남편
>
> 粉侯 분후　중국 송(宋)나라 때 임금의 사위(부마도위를 속되게 이르는 말)

剖腹藏珠 부복장주　가를·쪼갤 부 | 배 복 | 감출 장 | 구슬 주

자기 배를 가르고 그 속에 구슬을 감춘다는 뜻, 재물에 눈이 어두워 자기 몸이 망가지는 것도
모르는 어리석음을 비유. 즉 재물을 소중히 여기면 생명과 영예(榮譽)를 모두 잃는다는 말

> **[유의어]** 剖身藏珠 부신장주　몸을 가르고 배속에 구슬을 감춤. 결국 죽으며 모두 잃음
>
> 割股啖腹 할고담복　자기의 넓적다리 살을 베어 자기가 먹음. 결국 모두 잃음

* 出典: 資治通鑑(자치통감: 司馬光[사마광] 著) 唐紀(당기: 태종정관원년조)

扶桑 부상　도울·곁 부 | 뽕나무 상

중국 전설에서 해가 뜨는 동쪽바다에 있다고 믿는 신성(神聖)한 상상(想像)의 나무
즉 해가 뜨는 동쪽 바다를 비유하여 이르는 말

> **[유의어]** 暘谷 양곡, 東海 동해
>
> **[반의어]** 咸池 함지　해가 진다고 하는 서쪽의 큰 못 = 昧谷 매곡, 西海 서해

浮生若夢 부생약몽　뜰·떠오를 부 | 날·삶 생 | (마치 ~와)같을 약 | 꿈 몽

뜬 인생이 마치 꿈과 같다는 말로써 인생의 허무(虛無)함을 비유하는 말

> **[유의어]** 浮雲朝露 부운조로, 浮生如夢 부생여몽, 富貴浮雲 부귀부운
>
> ▷ 浮薄 부박　천박(淺薄)하고 경솔(輕率)함

浮石沈木 부석침목　뜰·떠오를 부 | 돌 석 | 가라앉을·잠길 침 | 나무 목

바위를 물에 띄우고 나무를 물속에 가라앉힌다는 뜻, 있을 수 없는 일로써 선(善)과 악(惡)이
거꾸로 뒤바뀜을 비유하는 말

뭇사람의 포폄[褒貶: 칭찬과 나무람]이 바위를 물에 띄우기도 하고 나무를 물속에 가라앉히기도
한다는 고사에서 유래. 즉 여론(輿論)의 무서움

> **[유의어]** 積毁銷骨 적훼소골　비방(誹謗)하고 참언(讒言)하면 골육간의 정도 끊어진다는 말
>
> 衆口鑠金 중구삭금　뭇사람의 말은 쇠도 녹인다는 뜻, 여론의 무서움
>
> 三人成虎 삼인성호, 市虎 시호

근거 없는 말도 퍼뜨리는 사람이 많으면 끝내는 사실로 믿게 됨을 이르는 말

▷ 浮沈 부침　물에 떠오름과 잠김. 성(盛)함과 쇠(衰)함 또는 시세의 변천을 뜻함

膚受之愬 부수지소　살갗·피부 부 | 받을 수 | 어조사 지 | 하소연할 소

1. 살을 찌르는 통렬(痛烈)한 하소연. 살을 에는 참소(讒訴)
2. 알지 못하는 사이에 물이 스며들 듯 서서히 남을 참소하는 일. 교묘한 중상모략(中傷謀略)

『유의어』　膚受之言 부수지언

　　　　　浸潤之讒 침윤지참　물이 차츰차츰 스며들 듯이, 상대가 부지불식간에 깊숙이
　　　　　　　　　　　　　　　　믿도록 서서히 하는 참소(讒訴)

　　　　　含沙射影 함사사영　소인이 음험한 수단을 사용하여 몰래 남을 해침을 비유

　　　　　積毀銷骨 적훼소골　여러 사람이 헐뜯어 비방하면 뼈도 녹아 없어진다는 말

* 出典: 論語(논어) 顔淵篇(안연편)

負乘致寇 부승치구　질·짊어질 부 | 탈·오를 승 | 보낼·이를 치 | 도둑·원수 구

일을 감당할 능력도 안 되면서 높은 자리에 앉아서 재앙을 자초하는 일을 비유하는 말

▷ 折足覆餗 절족복속　솥발을 부러뜨려 음식을 엎지른다는 뜻, 나라를 다스리는 큰일에
　　　　　　　　　　　　소인을 등용하면 그 중책을 감당하지 못해 나라를 위태하게 한다는 말

▷ 蚊蚋負山 문예부산　모기가 산을 짊어진다는 뜻, 역량이나 능력이 부족한자가
　　　　　　　　　　　　나라를 다스리는 일을 맡으면 감당하기 어려움을 비유하는 말

負薪救火 부신구화　질·짊어질 부 | 섶·땔나무 신 | 구원할 구 | 불 화

섶(= 땔나무)을 등에 지고 불을 끈다는 뜻, 재난(災難)을 구하려다가 자기도 말려들어 손해(損害)를
입거나 돌이킬 수 없는 화(禍)를 자초(自招)하여 자멸(自滅)함의 비유

『유의어』　抱薪救火 포신구화, 救火投薪 구화투신, 以火救火 이화구화

▷ 負絏之勞 부설지로　귀양 가는 사람을 귀양지로 데리고 가는 수고

負薪之憂 부신지우　질·짊어질 부 | 섶·땔나무 신 | 어조사 지 | 근심할 우

산에서 땔나무를 구해 짊어지고 와야 하는데, 병이 들어 나무하러 갈 수가 없어 걱정이라는 뜻
자기의 병을 겸손(謙遜)하게 일컫는 말

『유의어』　負薪憂 부신우, 採薪之憂 채신지우

▷ 抱負 포부　마음속에 지닌 앞날에 대한 계획이나 희망(希望)

▷ 負米養親 부미양친　멀리서 쌀을 메고 와서 부모를 봉양함

* 出典: 禮記(예기) 曲禮下篇(곡례하편)

俯仰不愧 부앙불괴 구부릴 부 | 우러를 앙 | 아닐 불 | 부끄러워할 괴

굽어보나 우러러보나 부끄러움이 없다는 뜻, 하늘을 우러러보나 땅을 굽어보나 양심(良心)에
부끄러움이 없다는 말

[유의어] 俯仰無愧 부앙무괴, 俯仰不愧於天地 부앙불괴어천지

▷ 俯瞰 부감　높은 곳에서 아래를 내려다봄 ＝ 俯觀 부관, 下瞰 하감

* 出典: 孟子(맹자) 盡心章 (진심장)

浮言浪說 부언낭설 뜰·떠오를 부 | 말씀 언 | 물결·파도 낭(랑) | 말씀 설

아무 근거(根據)없이 널리 퍼진 뜬소문(所聞)

[유의어] 流言蜚語 유언비어, 浮言流說 부언유설

　　　　丘里之言 구리지언　촌스러운 말. 속된말. 근거 없는 터무니없는 말

▷ 搜所聞 수소문　세상에 떠도는 소문을 두루 찾아 살핌

附炎棄寒 부염기한 붙을·기댈 부 | 불탈 염 | 버릴 기 | 찰 한

권세를 떨칠 때는 그 사람을 따르다가 그 사람의 권세가 쇠하면 버리고 떠난다는 뜻
인정(人情)과 세태의 경박(輕薄)함을 비유하는 말

[유의어] 炎涼世態 염량세태, 世態炎涼 세태염량

　　　　세력 있을 때는 아첨하며 따르고 권세가 없어지면 푸대접하는 세상인심

　　　　甘呑苦吐 감탄고토　달면 삼키고 쓰면 뱉는다는 뜻

▷ 附逆 부역　국가에 반역하는 일에 동조하거나 가담함

浮雲朝露 부운조로 뜰·떠오를 부 | 구름 운 | 아침·조정 조 | 이슬·드러날 로

바람 불면 사라지는 뜬구름과 해가 뜨면 사라지는 아침이슬, 덧없는 인생과 세상을
비유하는 말

[유의어] 浮生若夢 부생약몽, 浮生如夢 부생여몽, 危若朝露 위약조로

　　　　雪泥鴻爪 설니홍조, 人生無常 인생무상, 富貴浮雲 부귀부운

▷ 浮浪兒 부랑아　부모나 보호자의 곁을 떠나 일정하게 사는 곳과 하는 일 없이
　　　　　　　　떠돌아다니는 아이

* 出典: 周書(주서)

斧鉞之下 부월지하 작은 도끼 부 | 큰 도끼 월 | 어조사 지 | 아래 하

왕권(王權)의 상징(象徵)으로 삼았던 작은 도끼와 큰 도끼의 아래라는 뜻
제왕(帝王)의 지위(地位)와 위엄(威嚴)을 상징하여 이르는 말

▷ **斧鉞** 부월　통솔권(統率權)을 상징(象徵)하는 작은 도끼와 큰 도끼

▷ **秉鉞** 병월　부월[斧鉞 = 도끼]을 잡는다는 뜻, 무장(武將)이 병권(兵權)을 잡는다는 말

▷ **鬼斧** 귀부　귀신의 도끼, 신기한 연장이나 훌륭한 세공(細工)을 비유

扶危定傾 부위정경　도울 부 ㅣ 위태할 위 ㅣ 정할 정 ㅣ 기울 경

위기(危機)를 맞아 잘못됨을 바로잡고 기울어 가는 나라를 바로 세움

▷ **傾注** 경주　물·액체 등을 붓거나 쏟음. 마음이나 힘을 한곳에만 기울임

▷ **傾倒** 경도　기울어 넘어짐. 마음을 기울여 사모(思慕)하거나 열중함

* 出典: 周書(주서) 李基傳(이기전)

婦有長舌 부유장설　여자·며느리 부 ㅣ 있을 유 ㅣ 긴 장 ㅣ 혀 설

부녀자가 말이 많으면 화(禍)의 발단이 된다는 뜻, 부녀자들이 모이면 말이 많고 떠들썩하다는 말

▷ **長舌** 장설　긴 혀, 말이 많음 = **多辯** 다변

▷ **言多必失** 언다필실　말이 많으면 반드시 실수(失手)가 있다는 말

▷ **多言數窮** 다언삭궁　말을 많이 하면 실수를 하게되어 자주 궁지에 몰린다는 말

* 出典: 詩經(시경) 大雅篇(대아편)

負扆 부의　질 부 ㅣ 병풍·칸막이 의

천자(天子)의 지위(地位)에 오름을 이르는 말

천자(天子)가 도끼모양[斧鉞: 부월]의 수(繡)를 놓은 병풍(屏風 = 扆[의])을 뒤로하고 신하를
대한 역사에서 유래

『유의어』 **宸極** 신극　대궐의 용마루[= 屋脊: 옥척]. 임금의 지위(地位)를 높여 이르는 말

　　　　 聖祚 성조, **帝祚** 제조, **帝位** 제위, **輔宸** 보신
　　　　 제왕의 거처. 즉 제왕(帝王)의 자리를 나타내는 다양한 용어

▷ **扆座** 의좌　천자의 자리[= 천자가 거처 하는 곳]

▷ **斧鉞** 부월　작은 도끼와 큰 도끼
　　　　　　[출정(出征)하는 대장 또는 군직(軍職)을 띤 사람에게 임금이 손수 주던 것임]

不自量力 부자양력　아닐 부 ㅣ 스스로 자 ㅣ 헤아릴 양 ㅣ 힘 력

스스로의 힘을 헤아리지 못한다는 뜻, 자신의 분수를 모르고 섣부르게 행동하는 것을 이르는 말

『유의어』 **螳螂拒轍** 당랑거철, **螳螂之斧** 당랑지부, **螳臂當車** 당비당거

　　　　 以卵擊石 이란격석, **以卵投石** 이란투석

螳螂力 당랑력　사마귀가 수레바퀴를 막는 힘. 아주 미약한 힘이나 병력

* 出典: 左氏傳(좌씨전) 隱公(은공) 11年條(년조)

父慈子孝 부자자효　아비 부 | 사랑할 자 | 아들·자식 자 | 효도 효

부모는 자녀에게 자애(慈愛)로워야 하고 자녀(子女)는 부모에게 효도(孝道)를 다해야 한다는 말

▷　**慈悲** 자비　남을 사랑하고 가엾게 여김. 중생의 고통을 덜어 주고 안락하게 해 주는 일

▷　**父執尊長** 부집존장　아버지와 나이가 비슷한 어른을 두고 이르는 말. 아버지 친구 뻘

* 出典: 禮記(예기) 禮運篇(예운편)

父傳子傳 부전자전　아비 부 | 전할 전 | 아들·자식 | 전할 전

대대(代代)로 아버지가 아들에게 전한다는 뜻, 부모의 성품, 행동, 습관 등을 이어받는다는 말

『유의어』　**父子相傳** 부전상전, **父傳子承** 부전자승

▷　**父風母習** 부풍모습　아버지의 풍채(風采)와 어머니의 모습이라는 뜻,
　　　　　　　　　　자식(子息)이 생김새나 행동, 말 등이 부모(父母)를 골고루 닮음

▷　**知子莫如父** 지자막여부, **知臣莫如君** 지신막여군
　　　자식을 아는데 그 아버지 만한이가 없고 신하를 아는데 그 임금만한이가 없다는 말

不足懸齒牙 부족현치아　아닐 부 | 족할·발 족 | 매달 현 | 이 치 | 어금니 아

치아(齒牙)사이에 두기에도 부족(不足)하다는 뜻, 어떤 사건이나 일에 대해 논(論)할 때
문제(問題)삼을 필요조차 없거나 대꾸할 만한 가치(價値)가 없다는 말

『유의어』　**不足置齒牙間** 부족치치아간

▷　**爪牙** 조아　손톱과 어금니. 자기에게 매우 필요한 사람이나 물건의 비유
　　　　　　　적을 막고 임금을 호위(護衛)하는 충성스런 신하의 비유

▷　**年齒** 연치　나이의 높임말 = **年歲** 연세, **春秋** 춘추

* 出典: 史記(사기) 劉敬叔孫通列傳(유경숙손통열전)

釜中生魚 부중생어　가마솥 부 | 가운데 중 | 날 생 | 물고기 어

[오랫동안 밥을 짓지 못하여]솥 안에 물고기가 저절로 생겨난다는 뜻으로 살림이 매우
궁핍(窮乏)함의 비유. 후한의 범염(范冉)이 가난하여 종종 끼니를 굶은 고사에서 유래

『유의어』　**釜中生魚范萊蕪** 부중생어범래무 (에서 유래)

　　　　　甑塵釜魚 증진부어　시루에 먼지가 앉았고 가마솥에는 물고기가 논다는 말

* 出典: 後漢書(후한서) 范冉傳(범염전)

釜中之魚 부중지어　가마솥 부 ㅣ 가운데 중 ㅣ 어조사 지 ㅣ 물고기 어

가마솥 안에 들어있는 물고기. 밑에서 불만 때면 곧 죽을 목숨
1. 장차 삶아져 죽을지도 모르고 솥 안에서 유유히 헤엄치는 물고기
2. 얼마 남지 않은 목숨. 대단히 위급(危急)한 상황(狀況)에 처함을 비유

유의어 魚遊釜中 어유부중, 遊於釜中 유어부중, 俎上之肉 조상지육

不免鼎俎 불면정조　솥에 삶아지고 도마에 오르는 것을 면치 못함

轍鮒之急 철부지급, 車轍鮒魚 거철부어, 涸轍鮒魚 학철부어
수레바퀴 자국에 괸 물에 있는 붕어. 위급한 처지에 있거나 몹시 고단하고 옹색한 사람

負重致遠 부중치원　질 부 ㅣ 무거울 중 ㅣ 이를·다다를 치 ㅣ 멀 원

무거운 물건을 짊어지고 먼 곳까지 간다는 뜻, 중요한 직책(職責)을 맡음의 비유

▷ 負擔 부담　어떤 일을 맡아 의무(義務)나 책임(責任)을 짐

▷ 致賀 치하　남이 한 일에 대해 고마움이나 칭찬의 뜻을 표시함
　　　　　　　[주로 윗사람이 아랫사람에게 함]

* 出典: 三國志(삼국지) 蜀書(촉서) 龐統傳(방통전)

不卽不離 부즉불리　아닐 부 ㅣ 가까울·곧 즉 ㅣ 아닐 불 ㅣ 떼놓을·떠날 리

두 관계가 붙지도 아니하고 떨어지지도 아니한다는 뜻
1. 멀지도 가깝지도 좋지도 나쁘지도 않은 사이
2. 따르지도 배반(背反)하지도 아니 함. 찬성(贊成)도 반대도 아니 함

▷ 不可近不可遠 불가근불가원　가까이할 수도 멀리할 수도 없음

不知甘苦 부지감고　아닐 부 ㅣ 알 지 ㅣ 달 감 ㅣ 쓸 고

맛이 단지도 쓴지도 알지 못한다는 뜻, 극히 알기 쉬운 이치(理致)도 알지 못함을
이르는 말로 매우 어리석음을 비유하는 말

유의어 菽麥不辨 숙맥불변　콩과 보리를 분간하지 못한다는 뜻, 어리석고 못난 사람

魚魯不辨 어로불변　어(魚)자와 로(魯)자를 구분하지 못한다는 뜻, 매우 무식함

目不識丁 목불식정　‘丁’자를 보고도 그것이 ‘고무래’인 줄을 알지 못한다는
　　　　　　　뜻으로 ‘글을 읽을 줄 모름. 매우 무식함

▷ 甘吞苦吐 감탄고토　달면 삼키고 쓰면 뱉는다는 뜻으로
　　　　　　　제 비위에 맞으면 좋아하고 맞지 않으면 싫어한다는 말

* 出典: 墨子(묵자)

不知去處 부지거처 아닐 부 | 알 지 | 갈 거 | 곳·장소 처

간 곳을 알 수 없다는 말. 있는 곳을 모름

『유의어』 不知處 부지처, 不知何處 부지하처 어디에 있는지를 모름

不知其數 부지기수 아닐 부 | 알 지 | 그 기 | 셈·수효 수

너무 많아서 그 수를 알지 못한다는 뜻, 헤아릴 수 없이 많음

『유의어』 不勝枚擧 불승매거, 不可勝數 불가승수 하도 많아서 셀 수가 없음

▷ 無量數 무량수 헤아릴 수 없는 가장 큰 수. 불가사의의 만 배가 되는 수

不知端倪 부지단예 아닐 부 | 알 지 | 시초·바를 단 | 끝·어린아이 예

일의 처음과 끝을 알 수 없음

▷ 端倪 단예 일의 시초(始初)와 끝(終: 종)

▷ 端緖 단서 문제를 해결(解決)하는 방향의 첫 부분

* 出典: 莊子(장자)

不知寢食 부지침식 아닐 부 | 알 지 | 잠잘 침 | 밥 식

자고 먹는 것을 모른다는 뜻, 어떤 일에 골몰(汩沒)하거나 근심이 깊어서 침식(寢食)을 잊을 정도

『유의어』 發憤忘食 발분망식 어떤 일에 열중하여 끼니까지 잊고 힘씀

不撤晝夜 불철주야 (어떤 일을 하는데) 밤낮을 가리지 아니함

自强不息 자강불식 스스로 힘써 몸과 마음을 가다듬는 것을 쉬지 않음

晝而繼夜 주이계야, 不解衣帶 불해의대, 日昃之勞 일측지로

不知何歲月 부지하세월 아닐 부 | 알 지 | 어찌 하 | 해·년 세 | 달 월

어떤 일이 언제 이루어질지 그 기한(期限)을 알지 못함

『유의어』 百年河淸 백년하청, 千年一淸 천년일청 가능하지 않은 일을 바람

河淸難俟 하청난사 황하(黃河)가 맑아지기를 기다리는 것이 어렵다

俯察仰觀 부찰앙관 구부릴 부 | 살필 찰 | 우러를 앙 | 볼 관

아래를 살피고 위를 올려다본다는 뜻

1. 아랫사람의 형편(形便)을 두루 굽어 살피고 윗사람을 존경(尊敬)하는 마음으로 우러러 본다는 말
2. 땅을 굽어보며 지리(地理)를 살피고 하늘을 우러러보며 천문(天文)을 본다는 말

▷ **俯瞰** 부감　높은 곳에서 내려다봄. 감시 = **俯觀** 부관, **俯視** 부시

▷ **仰望** 앙망　우러러 바람[주로 편지글에 씀]

夫唱婦隨 부창부수　남편 부 ㅣ 부를 창 ㅣ 아내 부 ㅣ 따를 수

남편(男便)이 주장(主張)하고 아내가 이에 따른다는 뜻, 이것이 가정(家庭)에서
부부화합(夫婦和合)의 도리(道理)라는 말

【유의어】 **男唱女隨** 남창여수, **唱隨** 창수, **倡隨** 창수, **一夫從事** 일부종사
　　　　 女必從夫 여필종부　아내는 반드시 남편의 뜻을 따라야 함

【반의어】 **女唱男隨** 여창남수, **女唱** 여창

▷ **夫婦** 부부　남편과 아내 = **伉儷** 항려, **配偶** 배우, **配匹** 배필

▷ **牝牡** 빈모　암수[암컷과 수컷] = **雌雄** 자웅　암수, 승부(勝負)

▷ **夫婦戰刀割水** 부부전도할수　부부싸움은 칼로 물 베기

* 出典: 千字文(천자문)

赴湯蹈火 부탕도화　갈·다다를 부 ㅣ 끓을 탕 ㅣ 밟을·뛸 도 ㅣ 불 화

끓는 물이나 타오르는 불속에도 마다하지 않고 들어간다는 뜻, 즉 물불을 가리지 않고 위험(危險)을
무릅쓰고 용감(勇敢)하게 뛰어든다는 말

【유의어】 **赴湯投火** 부탕투화, **赴湯冒火** 부탕모화
　　　　 暴虎馮河 포호빙하　맨손으로 범을 때려잡고 걸어서 황하(黃河)를 건넘. 무모함
　　　　 死而無悔 사이무회　죽어도 후회(後悔)하지 않는다는 말

▷ **赴任** 부임　임명(任命)이나 발령(發令)을 받아 근무(勤務)할 곳으로 감

* 出典: 漢書(한서)

浮萍轉蓬 부평전봉　뜰·떠오를 부 ㅣ 부평초 평 ㅣ 구를·옮길 전 ㅣ 쑥 봉

물위에 떠다니는 부평초와 이리저리 굴러다니는 쑥대, 먹고 살 도리가 없어서 정처(定處)없이
떠돌아다니는 낙오(落伍)된 신세(身世)를 비유하는 말

【유의어】 **東家食西家宿** 동가식서가숙, **東家宿西家食** 동가숙서가식
　　　　 男負女戴 남부여대, **門前乞食** 문전걸식, **佩瓢** 패표　쪽박을 참. 동냥
　　　　 流離丐乞 유리개걸, **遊離乞食** 유리걸식　정처 없이 떠돌며 빌어먹음
　　　　 浮萍草 부평초　물위에 떠있는 풀(= 개구리밥)이라는 뜻,
　　　　　　　　　　 정처(定處)없이 떠돌아다니는 신세(身世)를 비유하는 말

負荊請罪 부형청죄 <small>질 부 | 가시나무 형 | 청할 청 | 죄·허물 죄</small>

등을 찌르는 가시나무[荊: 형]를 짊어지고 죄(罪)를 청한다는 뜻, 자신의 잘못을 인정(認定)하고
처벌(處罰)을 자청(自請)한다는 말

▷ **席藁待罪** 석고대죄, **席藁待命** 석고대명
　거적을 깔고 엎드려서 임금의 처분(處分)이나 명령(命令)을 기다리던 일

▷ **荊棘** 형극　나무의 온갖 가시, 가시밭길 또는 고난(苦難)의 길을 비유

* 出典: 史記(사기) 廉頗藺相如列傳(염파인상여열전)

附和雷同 부화뇌동 <small>붙을 부 | 화할 화 | 우레 뇌(뢰) | 같을 동</small>

우레(= 천둥)소리에 붙어 섞여 함께 소리 지른다는 뜻. 즉 자기의 소리가 천둥소리에 묻혀
분별이 안 됨. 자신의 뚜렷한 소신(所信)없이 그저 남이 하는 대로 따라하는 것을 비유하는 말

유의어 **雷同附和** 뇌동부화, **雷同** 뇌동, **附同** 부동
　　　附和隨行 부화수행, **同而不和** 동이불화, **隨衆逐隊** 수중축대
　　　潝潝訿訿 흡흡자자, **潝訿** 흡자　많은 사람이 부화뇌동함을 이르는 말
　　　旅進旅退 여진여퇴　일정한 주견이나 절개가 없이 남이 하는 대로 덩달아 행동함
　　　追友江南 추우강남　친구 따라 강남 간다는 말

▷ **雷聲霹靂** 뇌성벽력　천둥소리와 벼락

* 出典: 禮記(예기) 曲禮篇(곡례편)

負暄 부훤 <small>질·짊어질 부 | 따뜻할 훤</small>

등에 내려 쪼이는 따뜻한 봄볕, 부귀(富貴)를 부러워하지 아니하는 만족한 마음을 비유하는 말

송(宋)나라의 한 충성스러운 농부(農夫)가 봄볕에 등을 쬐면서, 세상에 이보다 더 좋고
따스한 것은 없으리라는 생각에, 이 좋은 봄볕을 임금도 쬐어보시라고 아뢰었다는 고사에서 유래

▷ **春煦** 춘후　봄볕의 따뜻함
▷ **寒暄** 한훤　날씨(일기)의 춥고 따뜻함

北馬南船 북마남선 <small>북녘 북 | 말 마 | 남녘 남 | 배 선</small>

북쪽은 산(山)이 많아 말을 이용하고 남쪽은 강(江)이 많아 배를 이용하여 돌아다닌 데서,
늘 쉬지 않고 여행(旅行)을 하거나 바삐 돌아다님을 비유하는 말

유의어 **南船北馬** 남선북마, **南行北走** 남행북주
　　　東奔西走 동분서주, **東馳西走** 동치서주　이리저리 바쁘게 돌아다님
　　　東閃西忽 동섬서홀　동에서 번쩍, 서에서 번쩍한다는 뜻으로
　　　　　　　　　　　여기저기 바쁘게 돌아다님의 비유

* 出典: 淮南子(회남자)

北邙山 북망산 <small>북녘 북 | 산 이름 망 | 뫼 산</small>

공동묘지처럼 무덤이 많이 모여 있는 곳. 사람이 죽으면 으레 묻히는 곳의 대명사
[중국의 북망산(北邙山)에 무덤이 많았다는 역사에서 유래]

유의어 北邙山川 북망산천, 共同墓地 공동묘지

北門之歎 북문지탄 <small>북녘 북 | 문 문 | 어조사 지 | 탄식할 탄</small>

북문은 궁궐(宮闕)의 상징어, 북문에서의 한탄(恨歎)이라는 뜻
1. 궁한 나머지 어쭙잖은 벼슬길에 나서기는 하였으나 뜻대로 성공하지 못하여 그 곤궁(困窮)함을
   한탄(恨歎)함을 비유하는 말
2. 어리석은 임금을 만나 뜻을 펴지 못함을 비유하는 말

* 出典: 世說新語(세설신어)

北山之感 북산지감 <small>북녘 북 | 뫼 산 | 어조사 지 | 느낄·고맙게 여길 감</small>

북산은 궁궐(宮闕)의 상징어, 북산에서 느끼는 감회(感懷)라는 뜻, 나랏일에 힘쓰느라고
부모봉양(奉養)을 제대로 못하는 것을 슬퍼함. 효도(孝道)

유의어 鴇羽之嗟 보우지차, 鴇羽之嘆 보우지탄
　　　　백성이 싸움터에 나가 있어 그 어버이를 봉양하지 못하는 탄식. 효도

* 出典: 詩經(시경) 小雅篇 北山(소아편 북산)

北轅適楚 북원적초 <small>북녘 북 | 수레끌채 원 | 갈·맞을 적 | 초나라 초</small>

수레의 끌채[= 멍에]를 북쪽으로 향하게 하고 남쪽의 초(楚)나라를 가려한다는 뜻
의도(意圖)하는 바와 행(行)하는 바가 서로 상반(相反)됨을 비유하는 말. 어리석음. 모순

유의어 南轅北轍 남원북철 　수레의 끌채는 남을 향하고 바퀴는 북으로 간다는 말

北窓三友 북창삼우 <small>북녘 북 | 창 창 | 석 삼 | 벗 우</small>

선비들이 서재(書齋)에서 늘 가까이 하던 세 가지 벗, 거문고(琴: 금)·술(酒: 주)·시(詩)를 아울러
이르는 말

▷ 友誼 우의 　친구 사이의 정의(情誼)

▷ 同窓 동창 　한 학교에서 함께 공부한 사이

* 出典: 白居易(백거이) 北窓三友詩(북창삼우시)

粉骨碎身 분골쇄신 가루 분 | 뼈 골 | 부술 쇄 | 몸 신

뼈가 가루가 되고 몸이 부서진다는 뜻, 몸이 으스러지도록 수고를 아끼지 않고 노력하겠다는 말

『유의어』 **粉身靡骨** 분신미골, **粉身碎骨** 분신쇄골
靡不用極 미불용극 마음과 몸을 다 바쳐 어떤 일에 노력함
糜軀碎首 미구쇄수 몸이 문드러지고 머리가 가루가 된다는 말
碎首灰塵 쇄수회진 머리를 부서뜨려 재와 티끌이 됨
摩頂放踵 마정방종 정수리부터 발꿈치까지 갈아 닳아짐. 온몸을 바쳐 희생함
不遺餘力 불유여력 있는 힘을 다함. 힘을 남기지 않음
死而後已 사이후이 죽은 뒤에야 그만둠. 곧 살아 있는 한 끝까지 힘씀

憤氣撑天 분기탱천 성낼 분 | 기운 기 | 버틸 탱 | 하늘 천

분한 마음이 하늘을 찌를 듯이 격렬(激烈)하게 북받쳐 오름

『유의어』 **撑天** 탱천, **衝天** 충천, **憤氣衝天** 분기충천, **怒氣衝天** 노기충천
頭髮上指 두발상지 몹시 화가나 머리털이 위로 곤두선다는 말
怒發大發 노발대발 몹시 노하여 펄펄 뛰며 성을 냄

分段生死 분단생사 나눌 분 | 구분·단위 단 | 살·날 생 | 죽을 사

업인(業因)에 따라 목숨의 길고 짧음이 결정되는, 범부(凡夫)의 생사(生死)를 뜻하는 말로
보통사람들의 수명(壽命)의 장단(長短)을 비유하는 말

『유의어』 **彭殤** 팽상, **壽夭** 수요, **壽蚤** 수조, **壽短** 수단, **壽夭長短** 수요장단

『반의어』 **變易生死** 변역생사 삼계(三界)의 괴로움을 벗어난 성자(聖者)가 성불(成佛)할 때
까지 받는 생사[신체와 수명을 자유자재로 변화시킨다고 하여 변역(變易)이라함]

奔放自在 분방자재 달릴 분 | 놓을 방 | 스스로 자 | 있을 재

일반적인 규정(規定)이나 규칙(規則)에 따르지 않고 제멋대로 함

『유의어』 **自由奔放** 자유분방 체면·관습·격식에 얽매이지 아니하고 행동이 자유로움
放縱 방종 아무 거리낌 없이 자기 마음대로 행동(行動)함

粉白黛黑 분백대흑 가루 분 | 흰 백 | 눈썹먹·눈썹그릴 대 | 검을 흑

얼굴에 분을 희게 바르고 눈썹을 먹으로 까맣게 칠한다는 뜻, 화장(化粧) 또는 화장한 미인의
얼굴을 비유하는 말

『유의어』 **粉白黛綠** 분백대록, **粉黛** 분대

黛眉 대미　눈썹먹으로 그린 눈썹, 또는 그런 미인

▷ **粉飾** 분식　실제보다 좋게 보이려고 사실을 숨기고 거짓으로 꾸밈

▷ **輕粉** 경분　영화 제일수은 = **汞粉** 홍분

* 出典: 戰國策(전국책)

焚書坑儒 분서갱유 　불사를 분 | 글·책 서 | 구덩이 갱 | 선비 유

중국 진시황(秦始皇)이 정치적 비판(批判)을 막고 학자들을 탄압(彈壓)하기 위해 의약서·복서(卜筮)·농서(農書)에 관한 것을 제외(除外)한, 모든 서적(書籍)을 불태우고 수많은 유생(儒生)과 학자들을 구덩이에 파묻어 생매장(生埋葬)시킨 사건

『유의어』 **坑儒焚書** 갱유분서, **秦火** 진화, **焚書** 분서, **學問彈壓** 학문탄압

* 出典: 史記(사기) 秦始皇紀(진시황기)

分袖相別 분수상별 　나눌 분 | 소매 수 | 서로 상 | 나눌·헤어질 별

소맷자락을 떼고 서로 헤어진다는 뜻, 이별(離別)을 이르는 말

『유의어』 **分袖分袂** 분수분메, **袖別** 수별, **袂別** 메별, **惜別** 석별

▷ **生離死別** 생리사별　살아서는 멀리 떨어져 있고 죽어서는 아주 이별(離別)함

粉身靡骨 분신미골 　가루·분바를 분 | 몸 신 | 쓰러질·쏠릴 미 | 뼈 골

몸이 가루가 되게 하고 뼈를 부러뜨림 죽기를 각오(覺悟)하고 모든 정성(精誠)과 힘을 다함

『유의어』 **粉骨碎身** 분골쇄신, **粉身碎骨** 분신쇄골, **粉靡** 분미

碎首灰塵 쇄수회진, **靡軀碎首** 미구쇄수, **死而後已** 사이후이

摩頂放踵 마정방종, **不遺餘力** 불유여력, **靡不用極** 미불용극

* 出典: 三國史記(삼국사기)

枌楡 분유 　(흰)느릅나무 분 | 느릅나무 유

느릅나무라는 뜻, 고향(故鄕)을 비유하는 말

한고조(漢高祖)가 고향인 풍(豊)에서 느릅나무를 심어 토지의 신(神)으로 삼은 고사에서 유래

『유의어』 **桑梓** 상자　담 밑에 뽕나무와 가래나무를 심어서 자손에게 남겨 양잠과 기구(器具)를 만들게 하였다는 뜻, '조상 대대로의 고향(집)'을 일컫는 말 – 시경(詩經) –

▷ **屺岵** 기호　부모(父母) = **怙恃** 호시[믿고 의지함], **爹娘** 다낭, **爺孃** 야양

糞土之言 분토지언 똥 분 | 흙 토 | 어조사 지 | 말씀 언
똥과 흙 같은 무가치한 말. 들을 가치도 없고 이치(理致)에 닿지도 않는 터무니없는 말

▷ 虛無孟浪 허무맹랑 터무니없이 허황(虛荒)하고 실상(實相)이 없음

▷ 糞尿 분뇨 똥과 오줌 = 屎尿 시뇨

不可救藥 불가구약 아닐 불 | 옳을·좋을 가 | 구원할 구 | 약 약
치료약(治療藥)을 구할 수 없다는 뜻으로 즉 해결책을 찾을 수 없다는 말
1. 어떤 일이 만회(挽回)할 수 없을 지경에 달했음을 뜻함
2. 나쁜 습관을 고칠 방법이나 악(惡)한사람을 구제(救濟)할 길이 전혀 없음을 비유하는 말

▷ 萬病通治 만병통치 한 가지 약이 여러 가지 병을 모두 고칠 수 있음.
또는 어떤 대책(對策)이 여러 경우에 두루 효력(效力)을 나타냄

* 出典: 詩經(시경) 大雅(대아) 板篇(판편)

不可不念 불가불념 아닐 불 | 옳을·좋을 가 | 아닐 불 | 생각할 념(염)
꼭 마음에 두고 생각함, 절대로 잊어서는 안 됨

【유의어】 銘心 명심 잊지 않도록 마음속에 새겨 둠 = 刻心 각심, 銘肝 명간

鏤骨銘心 누골명심, 刻骨銘心 각골명심 마음속 깊이 새겨서 잊지 아니함

▷ 無念無想 무념무상 무아(無我)의 경지에 이르러 일체의 상념(想念)이 없음

不可思議 불가사의 아닐 불 | 옳을·좋을 가 | 생각할 사 | (의)논할 의
사람의 생각으로는 헤아릴 수 없는 오묘(奧妙)한 이치(理致). 즉 이상야릇하다는 말

▷ 怪常罔測 괴상망측 괴상하고 이상하다

▷ 駭怪罔測 해괴망측 말할 수 없이 괴이하다

▷ 不可究詰 불가구힐 내용이 복잡(複雜)하고 미묘(微妙)하여 진상(眞相)을 밝힐 수가 없음

不暇草書 불가초서 아닐 불 | 겨를 가 | 풀 초 | 글 서
초서를 쓸 때는 점과 획을 일일이 쓰지 않으나 이것마저 쓸 겨를이 없을 정도로 매우 바쁨을 비유

【유의어】 過門不入 과문불입, 過門 과문, 席不暇暖 석불가난

孔席墨突 공석묵돌, 東閃西忽 동섬서홀, 墨突不黔 묵돌불검

東馳西走 동치서주, 東奔西走 동분서주, 南船北馬 남선북마

戞過 알과 친한 사람의 문 앞을 지나며 바빠서 들르지 않고 그냥 지나감
또는 사물이나 글을 볼 때 어느 부분을 빠뜨리고 그냥 지나침

* 出典: 晉書(진서)

不可抗力 불가항력 아닐 불 | 옳을·좋을 가 | 막을·겨룰 항 | 힘 력(역)

인간의 힘으로는 저항(抵抗)할 수 없는 힘이라는 뜻, 외부의 사건에서 사회통념상의 주의(注意)나 예방(豫防)의 방법으로는 방지(防止)할 수 없는 일을 비유하는 말

유의어 天災地變 천재지변 지진이나 홍수 등 자연현상으로 인해 생기는 큰 재앙

▷ 不可形言 불가형언 말이나 글로는 어떻게 이루 다 형용(形容)할 수가 없음

不覺技痒 불각기양 아닐 불 | 깨달을 각 | 재주 기 | 가려울 양

가려움을 견디는 것보다 더 힘들 정도로 자신의 재주를 뽐내 보이고 싶어 안달하는 마음을 이르는 말. 즉 재주를 뽐내고자 하는 마음이 가려움을 참기보다 더 어렵다는 말

유의어 技痒難忍 기양난인, 不堪伎癢 불감기양

* 出典: 風俗通義(풍속통의: 後漢 末[후한 말] 應邵[응소] 著) 聲音篇(성음편)

不刊之書 불간지서 아닐 불 | 책 펴낼 간 | 어조사 지 | 책·글 서

길이길이 전해질 불후(不朽)의 양서(良書)

▷ 稀觀書 희구서 후세에 까지 남아 전하는 것이 썩 드문 책

▷ 出刊 출간 서적이나 그림 등을 인쇄(印刷)해서 세상에 내놓음 = 出版 출판

不敢請固所願 불감청고소원

아닐 불 | 감히·구태여 감 | 청할 청 | 진실로·굳을 고 | 바 소 | 바랄 원

감히 청하지는 못하나 원래부터 몹시 바라던 바라는 뜻으로 먼저 나서서 행동하지는 못하지만 진심(眞心)으로 원하는 일을 일컫는 말

▷ 勇敢 용감 용기가 있으며 씩씩하고 기운참

不更二夫 불경이부 아닐 불 | 고칠 경 | 두 이 | 남편·지아비 부

한 여인이 정절(貞節)을 굳게 지켜 두 남편(男便)을 섬기지 아니함

유의어 一夫從事 일부종사 한 남편(男便)만을 섬김

忠臣不事二君 충신불사이군, 貞女不更二夫 정녀불경이부
충신은 두 임금을 섬기지 않고 정녀는 두 남편을 두지 않는다

▷ 更迭 경질 어떤 직위(職位)의 사람을 다른 사람으로 바꿈

不顧廉恥 불고염치　아닐 불 ┃ 돌아볼 고 ┃ 청렴할 염(렴) ┃ 부끄러워할 치

염치(廉恥)를 돌아보지 아니함

『유의어』 廉恥不顧 염치불고

▷ 廉恥 염치　체면을 차릴 줄 알며 부끄러움을 아는 마음

▷ 羞恥 수치　부끄러움

不共戴天 불공대천　아닐 불 ┃ 함께 공 ┃ 머리에 일 대 ┃ 하늘 천

하늘을 함께 이지 못한다는 뜻, 한 하늘아래에서 같이 살 수 없는 원한(怨恨)이 깊이 맺힌
원수(怨讐)를 비유하는 말

『유의어』 戴天之怨讐 대천지원수, 不共戴天之讐 불공대천지수

　　　　不俱戴天之讐 불구대천지수, 不俱戴天 불구대천

▷ 戴冠 대관　대관식에서, 임금이 왕관을 받아 씀

不攻自破 불공자파　아닐 불 ┃ 칠 공 ┃ 스스로 자 ┃ 깨질 파

치지 않았는데 저절로 깨진다는 뜻, 적군의 성(城)이나 진지(陣地)등을 공격하지 않아도
제 스스로 무너짐을 비유하는 말

『유의어』 白魚入舟 백어입주　흰 물고기가 배에 뛰어 듦. 적군(敵軍)이 스스로 항복(降伏)함

不愧屋漏 불괴옥루　아닐 불 ┃ 부끄러워할 괴 ┃ 집 옥 ┃ 서북모퉁이·샐 루

옥루(屋漏)는 방의 어두운 구석이라는 뜻, 군자(君子)는 사람이 안보는 곳에서도 행동을 신중히
하고 경계(警戒)하므로 귀신(鬼神)에게 조차 부끄럽지 아니하다는 말. 즉 하늘을 우러러 한 점
부끄러움이 없다는 말

『유의어』 不欺闇室 불기암실, 不侮闇室 불모암실

　　　　愼獨 신독　홀로 있을 때에도 도리에 어긋남이 없도록 언행을 삼감

* 出典: 詩經(시경) 大雅抑篇(대아억편)

不教而誅 불교이주　아닐 불 ┃ 가르칠 교 ┃ 말 이을 이 ┃ 벨·죄인 죽일 주

아랫사람에게 교육은 제대로 시키지 않고 일을 잘못하면 사람만 가볍게 죽인다는 뜻
평소(平素)의 교육(教育)을 강조(強調)하는 말

『유의어』 不教而殺 불교이살

▷ 誅殺 주살　죄를 물어 죽임

* 出典: 論語(논어)

不求甚解 불구심해 아닐 불 | 구할 구 | 심할·지나칠 심 | 풀·납득될 해

독서(讀書)할 때 대강(大綱)의 뜻만 알고 글의 내용(內容)을 깊이 이해(理解)하려고 노력(努力)하지 않는 것을 이르는 말

▷ 博而不精 박이부정　여러 방면으로 널리 알되 깊거나 자세(仔細)하지 못하다는 뜻
　　　　　　　　　　　독서를 함에 있어 정독(精讀)의 중요성을 강조하는 말

▷ 開卷有得 개권유득　책을 펴 글을 읽으면 새로운 지식을 얻음 = 開卷有益 개권유익

* 出典: 陶淵明(도연명) 五柳先生傳(오류선생전)

不倦不懈 불권불해 아닐 불 | 게으를 권 | 아닐 불 | 게으를 해

싫증을 내지도 않고 게을리 하지도 아니한다는 말

▷ 倦怠 권태　어떤 일이 시들해져서 생기는 게으름이나 싫증
▷ 懈怠 해태　어떤 법률행위를 해야 할 기일을 이유 없이 넘겨 책임을 다하지 않는 일
▷ 懶怠 나태　행동·성격 등이 느리고 게으름

不軌之心 불궤지심 아닐 불 | 길·궤도 궤 | 어조사 지 | 마음 심

법이나 도리(道理)에 어긋나는 마음, 반역(反逆)을 꾀하는 마음을 비유하는 말

【유의어】 謀反 모반, 逆謀 역모, 沙中偶語 사중우어

▷ 軌範 궤범　어떤 일을 판단하거나 행동하는 데에 본보기가 되는 규범이나 법도
▷ 儀軌 의궤　나라에서 큰일을 치를 때 후세에 참고하기 위하여 그 일의 전말·경과·경비 등을
　　　　　　　자세하게 기록한 책.

不期而會 불기이회 아닐 불 | 기약할 기 | 어조사 이 | 모일 회

기약(期約)은 없지만 언젠가 뜻하지 않은 때에 우연(偶然)히 서로 만남

▷ 邂逅 해후　오랫동안 헤어졌다가 우연히 다시 만남
▷ 遭遇 조우　신하가 뜻에 맞는 임금을 만남. 우연히 서로 만남

不念舊惡 불념구악 아닐 불 | 생각할 념 | 예·오랠 구 | 악할 악 / 미워할 오

남의 잘못이나 개인적인 원한(怨恨)등 지나간 일 들을 마음속에 담아두지 않음을 이르는 말

▷ 惡漢 악한　악독한 짓을 하는 사람 = 惡黨 악당, 兇漢 흉한
▷ 憎惡 증오　몹시 미워함

* 出典: 論語(논어) 公冶長篇(공야장편)

不能不已 불능불이 아닐 불 | 능할 능 | 아닐 불 | 그칠·이미 이

그만두지 않을 수 없음

▷ 已 이미: 이 / 巳 뱀: 사 / 己 몸: 기 / 巴 땅이름: 파

佛頭著糞 불두착분 부처 불 | 머리 두 | 붙을 착 / 분명할·지을 저 | 똥 분

부처님 불상(佛像)의 머리에 붙은 똥이라는 뜻
1. 착한 사람이 경멸(輕蔑)이나 모욕(侮辱)당함을 비유하는 말
2. 훌륭한 저서(著書)에 졸렬(拙劣)한 서문(序文)이라는 뜻

【유의어】 佛頭着糞 불두착분, 佛頭放糞 불두방분, 佛頭戴糞 불두대분

* 出典: 景德傳燈錄(경덕전등록) 如會禪師篇(여회선사편)

弗慮胡獲 불려호획 아닐 불 | 생각할 려 | 어찌 / 턱 밑살 호 | 얻을·잡을 획

생각함이 없이 어찌 얻을 수 있겠는가? 즉 깊이 생각하지 않으면 좋은 결과를 얻지 못한다는 말

▷ 弗爲胡成 불위호성 실천(實踐)함이 없이 어찌 이룰 수 있겠는가? 즉 실천해야 이룸
▷ 考慮 고려 생각하고 헤아려 봄 / 思慮 사려 여러 가지 일에 대해 깊게 생각함
▷ 配慮 배려 도와주거나 보살펴 주려고 마음을 씀

* 出典: 書經(서경)

不老長生 불로장생 아닐 불 | 늙을 로(노) | 긴 장 | 살·날 생

늙지 않고 오래 삶

▷ 不老不死 불로불사 늙지도 않고 죽지도 않음
▷ 長生不死 장생불사 오래 살아 죽지 않음
▷ 不老草 불로초 먹으면 늙지 않는다는 풀[선경(仙境)에 있다고 함]

紱麟 불린 인끈·걸칠 불 | 기린 린

기린(麒麟) 뿔에 인끈(印—)을 묶는다는 뜻으로 생일(生日)을 축하(祝賀)할 때 사용하는 말
공자(孔子)가 출생 전(前)에, 공자의 어머니께서 옥서(玉書)를 물고 나타난
기린(麒麟)의 뿔에, 수(繡)놓인 비단(緋緞)끈을 묶어 주었다는 고사에서 유래

【유의어】 誕降 탄강, 誕辰 탄신, 生辰 생신, 晬辰 수신, 劬勞 구로

▷ 玉書 옥서 신선(神仙)이 전하는 글
▷ 父 부: 叔梁紇 숙량흘 / 母 모: 顔徵在 안징재
▷ 麒麟 기린 성인(聖人)이 세상에 나올 전조(前兆)로 나타난다는 상상의 상서로운

동물[생명이 있는 것은 밟지도 먹지도 않는다 함]

▷ 紱冕 불면   지위가 높은 벼슬이나 관리를 이르는 말

不立文字 불립문자   아닐 불 | 설 립 | 글월·무늬 문 | 글자·문자 자

불도의 깨달음은 문자로 가르침을 세우지 않는다는 의미로, 마음에서 마음으로 전한다는 말
진리(眞理)는 언어와 문자를 초월(超越)함

유의어   拈華微笑 염화미소, 拈華示衆 염화시중
　　　　　석가모니가 연꽃을 들어 대중에게 보였을 때 마하가섭(摩訶迦葉)만이
　　　　　그 뜻을 깨닫고 미소 지었다는 데서, 마음에서 마음으로 전하는 일

　　　　　敎外別傳 교외별전   부처의 가르침을 말이나 글에 의하지 않고 바로 마음에서
　　　　　　　　　　　　　마음으로 전하여 진리를 깨닫게 하는 일.

　　　　　心心相印 심심상인, 以心傳心 이심전심   마음과 마음으로 뜻이 통함

▷ 無信不立 무신불립   믿음이 없으면 일어설 수 없다는 뜻. 정치나 개인의 관계에서
　　　　　　　　　　믿음과 의리의 중요성을 강조하는 말 [出典: 論語(안연편)]

不忘之恩 불망지은   아닐 불 | 잊을 망 | 어조사 지 | 은혜 은

잊을 수 없는 큰 은혜(恩惠)

유의어   鏤骨銘心 누골명심, 銘肌鏤骨 명기누골, 難忘之恩 난망지은
　　　　　刻骨難忘 각골난망, 白骨難忘 백골난망, 結草報恩 결초보은

▷ 恩寵 은총   1. 특별한 은혜와 사랑   2. 하나님의 인류(人類)에 대한 사랑

不眠不休 불면불휴   아닐 불 | 잠잘 면 | 아닐 불 | 쉴 휴

자지도 않고 쉬지도 않는다는 뜻으로 쉬지 않고 힘써 일함을 비유하는 말

유의어   廢寢忘餐 폐침망찬, 廢寢忘食 폐침망식, 發憤忘食 발분망식
　　　　　日昃之勞 일측지로, 晝而繼夜 주이계야, 自强不息 자강불식
　　　　　不解衣帶 불해의대, 不撤晝夜 불철주야, 不知寢食 부지침식

▷ 睡眠 수면   잠을 자는 일. 활동을 쉬는 상태의 비유

* 出典: 列子(열자)

不問可知 불문가지   아닐 불 | 물을 문 | 옳을·좋을 가 | 알 지

묻지 않아도 옳고 그름을 능히 알 수 있다는 말

유의어   觀火 관화, 明若觀火 명약관화, 明明白白 명명백백

不言可想 불언가상 말을 하지 않아도 능히 짐작(斟酌)할 수가 있음

不言可知 불언가지 말을 하지 않아도 능히 알 수가 있음

不問曲直 불문곡직 아닐 불 | 물을 문 | 굽을·곡조 곡 | 곧을·바를 직

굽어있는지 곧게 뻗어있는지 묻지도 않는다는 뜻으로 옳고 그름을 따지지 아니함을 비유하는 말

『유의어』 不問曲折 불문곡절, 曲直不問 곡직불문

▷ 必有曲折 필유곡절 반드시 무슨 까닭이 있음 = 必有事端 필유사단

* 出典: 史記列傳(사기열전) 李斯傳(이사전)

不問馬 불문마 아닐 불 | 물을 문 | 말 마

말에 대해서는 묻지 않는다는 뜻, 아무리 소중한 것일지라도 사람의 생명(生命)보다 소중한
것은 없다는 말 [사람이 만물의 영장. 사람이 가장 중요함]

공자(孔子)가 조정(朝廷)에서 일을 마치고 집에 돌아와 보니, 마구간에 불이 났던
사실을 알게 되었다. 이에 대해 공자는 누구 다친 사람은 없는가? 하고 물어보고는 말에
대해서는 더 이상 묻지 않았다는 고사에서 유래

* 出典: 論語(논어) 鄕黨篇(향당편)

不伐己長 불벌기장 아닐 불 | 자랑할·칠 벌 | 자기·몸 기 | 나을 장

자기의 장점(長點)을 자랑하지 말라는 뜻, 겸손(謙遜)한 자세를 견지(堅持)하라는 말

『반의어』 不說人短 불설인단 남의 단점(短點)을 발설(發說)하지 마라

▷ 伐 자랑할: 벌 = 矜 자랑할: 긍

▷ 討伐 토벌 병력을 동원하여 반란(叛亂)의 무리를 쳐서 없앰

* 出典: 北齊書(북제서) 陸卬傳(육인전)

不辨菽麥 불변숙맥 아닐 불 | 분별할 변 | 콩 숙 | 보리 맥

콩[菽: 숙]과 보리[麥: 맥]를 구별(區別)하지 못한다는 뜻, 사리분별을 못하고 세상물정에 어두운
사람을 비유하는 말

『유의어』 菽麥 숙맥, 菽麥不辨 숙맥불변

▷ 麥穗 맥수 보리이삭 = 麥秀 맥수

* 出典: 春秋左氏傳(춘추좌씨전)

不分皂白 불분조백 아닐 불 | 구별할·나눌 분 | 검을·하인·마구간 조 | 흰·사뢸 백

검거나 희거나, 착하거나 나쁘거나, 잘나거나 못나거나를 가리지 않는다는 말

유의어 不分靑紅皁白 불분청홍조백
　　　　푸르거나 붉거나 검거나 희거나 무엇이든 상관없음

不飛不鳴 불비불명　아닐 불 | 날 비 | 아닐 불 | 울 명

새가 삼년동안 꼼짝 않고 날지도 울지도 않는다는 뜻, 뒷날에 큰일을 하기 위하여 침착(沈着)하게
때를 기다림을 비유하는 말

유의어 不蜚不鳴 불비불명, 三年不蜚 삼년불비, 一鳴驚人 일명경인

　　　　三年不飛不鳴 삼년불비불명, 三年不動不飛不鳴 삼년부동불비불명

* 出典: 呂氏春秋(여씨춘추) 重言篇(중언편: 楚[초]나라 莊王[장왕]의 고사)

不費之惠 불비지혜　아닐 불 | 쓸·비용 비 | 어조사 지 | 은혜·사랑 혜

자기에게 손해(損害)될 것이 없어도 남에게는 이익(利益)이 될 만하게 베풀어 주는 은혜

▷ 　惠存 혜존　받아 간직해 주십시오. 라는 뜻
　　　　　　　　[자기의 저서(著書)나 작품(作品)을 증정(贈呈)할 때 상대방 이름 아래에 씀]

不事二君 불사이군　아닐 불 | 섬길·일 사 | 둘·두마음 이 | 임금·세자 군

한 신하(臣下)가 두 임금을 섬기지 아니함

유의어 忠臣不事二君 충신불사이군　충신은 두 임금을 섬기지 않음

　　　　烈女不更二夫 열녀불경이부　열녀는 두 남편을 두지 않음

* 出典: 史記(사기) 田單傳(전단전)

不說人短 불설인단　아닐 불 | 말씀 설 | 사람 인 | 흉·허물 단

다른 사람의 단점(短點)을 발설(發說)하지 마라

반의어 不伐己長 불벌기장　자기의 장점(長點)을 자랑하지 마라

* 出典: 北齊書(북제서) 陸印傳(육인전)

不世之才 불세지재　아닐 불 | 인간 세 | 어조사 지 | 재주 재

세상에 보기 드문 큰 재주 또는 그런 재주를 가진 사람

유의어 蓋世之才 개세지재, 不世出 英雄 불세출 영웅

　　　　命世才 명세재, 命世之才 명세지재, 間世之材 간세지재

拂鬚塵 불수진 떨칠·떨어낼 불 | 수염·까끄라기 수 | 먼지·티끌 진

남의 수염(鬚髥)에 붙은 먼지를 털어준다는 뜻으로 윗사람이나 권력자에게 환심(歡心)을 사려고
아첨(阿諂)하거나 비굴(卑屈)한 태도를 비유하는 말

[유의어] 阿諂 아첨, 阿諛 아유, 諂諛 첨유, 阿附 아부 남의 비위를 맞추어 알랑거림

阿諛苟容 아유구용 남에게 아첨(阿諂)하여 구차(苟且)스럽게 굶

奴顔婢膝 노안비슬 남자노비의 굽실거리는 얼굴과 여자노비의 설설 기는 무릎

* 出典: 宋史(송사) 寇準傳(구준전)

不勝枚擧 불승매거 아닐 불 | 이길 승 | 낱·줄기 매 | 들 거

너무 많아서 이루 다 헤아릴 수 없음

[유의어] 不知其數 부지기수, 不可勝數 불가승수, 無量數 무량수

不審之責 불심지책 아닐 불 | 살필·자세할 심 | 어조사 지 | 책임·꾸짖을 책

자세(仔細)히 살피지 못한 것에 대한 책임(責任)을 짐

▷ **不審檢問 불심검문** 경찰관이 수상(殊常)하다고 짐작(斟酌)되는 사람을 거리에서
갑자기 조사(調査)하는 일

▷ **審査 심사** 자세히 조사(照査)해서 등급(等級)이나 당락(當落)등을 결정(決定)함

不言之化 불언지화 아닐 불 | 말씀 언 | 어조사·갈 지 | 될·고쳐질·되어질 화

말로 하지 않고 덕(德)으로써 가르쳐 자연(自然)스레 주는 감화(感化)

[유의어] 薰陶 훈도 덕(德)으로 사람을 감화(感化)함

▷ **德化 덕화** 덕행(德行)으로 교화(敎化)시킴

▷ **薰化 훈화** 훈도(薰陶)해서 좋은 길로 인도(引導)함

* 出典: 晉書(진서)

不易流行 불역유행 아닐 불 | 바뀔 역 / 쉬울 이 | 흐를 유(류) | 다닐·갈 행

바꾸지 않으면서 변한다는 뜻으로 변함없는 원칙(原則)을 지키면서도 시대(時代)와 상황(狀況)에
맞추어 혁신(革新)함을 이르는 말

불역(不易)은 예술의 본질이 시대를 초월(超越)해 불변(不變)하는 것임을, 유행(流行)은 예술의
표현방식이 시대에 따라 끊임없이 변화함을 나타내는 말로, 이 두 가지가 동시(同時)에
하나의 원리(原理)를 바탕으로 맞물려 돌아가야 한다는 말

▷ **變易 변역** 고쳐서 바꿈 / **容易 용이** 어렵지 않고 매우 쉬움

不撓不屈 불요불굴 아닐 불 | 휠·구부러질 요(뇨) | 굽을·굽힐 굴

휘지도 않고 굽히지도 않는다는 뜻, 한번 먹은 마음이 흔들리거나 굽히지 않고 어떠한 난관(難關)도 뚫고 꿋꿋이 견디어 나감 또는 대쪽 같이 곧고 올바른 성품을 비유

유의어 百折不屈 백절불굴, 百折不撓 백절불요, 七顚八起 칠전팔기

▷ 不要不急 불요불급 중요(重要)하지도 않고 급하지도 아니하다는 뜻

* 出典: 班固(반고)가 지은 漢書(한서: 漢[한]나라 成帝[성제]와 王商[왕상]의 장마에 관한 대화)

不辱君命 불욕군명 아닐 불 | 욕되게 할 욕 | 임금 군 | 분부·명령 명

외국에 사신(使臣)으로 가서 임금의 명(命)을 욕(辱)되게 하지 않는다는 뜻으로
사신(使臣)으로서 맡은 바 임무(任務)를 훌륭히 처리(處理)함을 말함

▷ 凌辱 능욕 남을 업신여겨 욕보임 또는 여자를 강간하여 욕보임 = 陵辱 능욕

▷ 不穩 불온 1. 온당하지 않음 2. 치안(治安)을 해칠 우려(憂慮)가 있음

* 出典: 論語(논어)

不遠千里 불원천리 아닐 불 | 멀 원 | 일천 천 | 거리·마을 리

천 리 길도 멀다고 여기지 않는다는 뜻. 아무리 먼 길이라도 마다않고 달려가는 것을 이르는 말

유의어 不遠萬里 불원만리, 不遠千里而來 불원천리이래

* 出典: 孟子(맹자) 梁惠王上(양혜왕상) 何必曰利章(하필왈리장)

不違農時 불위농시 아닐 불 | 어길 위 | 농사 농 | 때 시

농사철을 어기지 않는다는 뜻, 농사철을 놓치지 않고 알맞은 시기에 농사를 짓도록 하는 것

▷ 違反 위반 법령·약속·명령·계약 등을 어기거나 지키지 않음 = 違背 위배

▷ 相違 상위 서로 틀림. 서로 어긋남 ↔ 共鳴 공명 남의 사상·감정·행동에 공감함

* 出典: 孟子(맹자) 梁惠王 上篇(양혜왕 상편)

不爲福先 불위복선 아닐 불 | 할 위 | 복 복 | 먼저 선

복(福)을 얻는데 있어서 남보다 앞서게 되면 미움을 받게 되므로, 남보다 앞서서 복을 차지하려고 하지 않는다는 말

▷ 不要怕 不要悔 불요파 불요회 두려워 말고 후회(後悔)하지마라

* 出典: 莊子(장자) 刻意篇(각의편)

不爲酒困 불위주곤 아닐 불 | 할 위 | 술 주 | 곤할 곤

술에 대취(大醉)하여 난폭(亂暴)한 짓을 하지 않는다는 뜻, 즉 술로 인하여 곤경(困境)을 겪는 일을 하지 않는다는 말

▷ **困難** 곤란 사정이 매우 딱하고 어려움. 또는 그런 일

* 出典: 論語(논어) 子罕篇(자한편)

弗爲胡成 불위호성 아닐 불 ǀ 할 위 ǀ 어찌·오랑캐 호 ǀ 이룰 성

실천하지 않는다면 어찌 이룰 수 있겠는가? 무슨 일이든 몸을 움직여 실천해야 이룰 수 있다는 말

『유의어』 **弗慮胡獲** 불려호획 생각함이 없이 어찌 얻을 수 있겠는가?[못 얻는다는 말]

* 出典: 書經(서경)

不遺餘力 불유여력 아닐 불 ǀ 남길·끼칠·전할 유 ǀ 남을 여 ǀ 힘 력

있는 힘을 남기지 않는다는 뜻으로 모든 힘을 다 기울인다는 말

『유의어』 **粉身靡骨** 분신미골, **粉身碎骨** 분신쇄골, **粉骨碎身** 분골쇄신
糜軀碎首 미구쇄수, **碎首灰塵** 쇄수회진, **摩頂放踵** 마정방종
全力投球 전력투구, **靡不用極** 미불용극, **犬馬之勞** 견마지로
專心專力 전심전력, **殫竭心力** 탄갈심력 마음과 힘을 다 쏟음

* 出典: 戰國策(전국책) 趙策篇(조책편) / 史記(사기) 虞卿列傳(우경열전)

不意之變 불의지변 아닐 불 ǀ 뜻 의 ǀ 어조사 지 ǀ 변고·재앙 변

뜻밖에 당한 변고[變故: 갑작스러운 재앙(災殃)이나 사고(事故)]

『유의어』 **橫厄** 횡액, **橫來之厄** 횡래지액, **急煞** 급살
意外之事 의외지사, **意外之變** 의외지변
毋望之禍 무망지화, **无望之禍** 무망지화 뜻밖에 당하는 재화
靑天霹靂 청천벽력 맑게 갠 하늘에서 치는 날벼락이란 뜻으로
뜻밖에 일어난 큰 변고나 갑자기 생긴 큰 사건의 비유

不因人熱 불인인열 아닐 불 ǀ 인할 인 ǀ 사람 인 ǀ 더울 열

사람의 열로써 밥을 짓지 않는다는 뜻으로
1. 남에게 은혜(恩惠)를 입는 것을 떳떳이 여기지 않는다는 말
2. 독립(獨立)하여 남의 힘을 빌리지 않음을 비유하는 말

『반의어』 **因人成事** 인인성사 남의 힘을 얻어 어떤 일을 이룸

▷ **獨立不羈** 독립불기 독립하여 어떤 것에도 매이지 아니함

▷ **熾熱** 치열   열도(熱度)가 매우 높음

▷ **熾烈** 치열   기세·세력 등이 거센 불길처럼 맹렬함

不忍正視 불인정시 아닐 불 | 참을 인 | 바를 정 | 볼 시
차마 눈 뜨고 똑바로 볼 수가 없음을 비유하는 말

『유의어』 **目不忍見** 목불인견, **不忍見** 불인견

▷ **忍耐** 인내   괴로움이나 어려움을 참고 견딤 = **堪耐** 감내

▷ **慘酷** 참혹   비참(悲慘)하고 끔찍함. 잔인(殘忍)하고 무자비함

不入虎穴不得虎子 불입호혈부득호자
아닐 불 | 들 입 | 범 호 | 굴·구멍 혈 | 아닐 부 | 얻을 득 | 범 호 | 아들 자
호랑이 굴에 들어가지 않고는 호랑이 새끼를 잡을 수 없다는 뜻, 즉 모험(冒險)을 하지 않고는 큰일을 할 수 없다는 말

『유의어』 **不入虎穴焉得虎子** 불입호혈언득호자

不入虎穴安得虎子 불입호혈안득호자
호랑이 굴에 들어가지 않고서 어찌 호랑이 새끼를 얻을 수 있겠는가?

▷ **何** 어찌 하 **焉** 어찌 언 **安** 어찌 안

▷ **乳虎** 유호   새끼를 낳아 젖을 먹일 때의 암컷 범. 범의 성질이 가장 사나운 때라고 함.
즉 성질(性質)이 대단히 사나운 사람을 비유하는 말

* 出典: 後漢書(후한서)

不次擢用 불차탁용 아닐 불 | 뒤이을·버금 차 | 뽑을 탁 | 쓸 용
관계[官階: 벼슬의 등급]의 차례를 밟지 않고 특별히 발탁(拔擢)하여 관직에 임명함(= 초고속승진)

▷ **爲人設官** 위인설관   어떤 사람을 위해 일부러 벼슬자리를 마련함

▷ **拔擢** 발탁   많은 사람 가운데 필요한 사람을 뽑아 씀

不撤晝夜 불철주야 아닐 불 | 거둘 철 | 낮 주 | 밤 야
어떤 일에 몰두(沒頭)하여 밤낮을 가리지 아니하고 힘씀을 비유하는 말

『유의어』 **不分晝夜** 불분주야, **夜以繼晝** 야이계주, **晝而繼夜** 주이계야

晝夜長川 주야장천   밤낮으로 쉬지 않고 흐르는 시냇물. 즉 계속 일을 한다는 말

不解衣帶 불해의대   옷(衣帶 의대)을 벗지 아니하고 계속 일을 함

日昃之勞 일측지로　점심도 거르고 해가 기울도록 하는 노력

自强不息 자강불식　스스로 힘써 몸과 마음을 가다듬는 것을 쉬지 않음

廢寢忘食 폐침망식, 廢寢忘餐 폐침망찬　침식(寢食)을 잊고 일에 몰두(沒頭)함

發憤忘食 발분망식, 不知寢食 부지침식　일에 열중하여 끼니까지 잊고 힘씀

不肖 불초　아닐 불 | 닮을 초

닮지 않았다는 뜻, 어버이의 덕망(德望)이나 유업(遺業)을 이어받지 못한 그런 못나고 어리석은
사람이라는 말로 부모에 대하여 자기의 겸칭(謙稱)

『유의어』 不肖子 불초자, 不肖小子 불초소자, 不肖小生 불초소생

▷ 肖像畫 초상화　사람의 얼굴이나 모습을 그린 그림

▷ 小生 소생　윗사람에게 자기를 낮추어 이르는 말 = 小人 소인

▷ 寡人 과인　덕이 적은 사람이라는 뜻. 임금이 자기를 낮추어 일컫던 말 = 朕 짐

▷ 不佞 불녕　재능(才能)이 없음. 자기를 경손(謙遜)하게 이르는 말

＊ 出典: 孟子(맹자) 萬章篇(만장편) 上(상)

不恥下問 불치하문　아닐 불 | 부끄러워할 치 | 아래 하 | 물을 문

자기가 모르는 것을 손아래 사람이나 지위나 학식이 자기보다 못한 사람에게 묻는 것에
대하여 부끄러워하지 아니한다는 말

『유의어』 下問不恥 하문불치

孔子穿珠 공자천주　공자가 [촌부(村婦)에게 방법을 물어] 구슬에 실을 꿰다

▷ 羞恥 수치　부끄러움 / 恥辱 치욕　수치와 모욕

＊ 出典: 論語(논어) 公冶長篇(공야장편)

不偏不黨 불편부당　아닐 불 | 치우칠 편 | 아닐 부 | 무리 당

어느 한쪽으로 치우치거나 특정무리에 소속(所屬)되지 않음. 즉 공평(公平)해서 어느 편으로도
치우치지 않는다는 말

『유의어』 無偏無黨 무편무당, 無私無偏 무사무편

▷ 偏黨 편당　한쪽 당파에 치우침 또는 한쪽 편의 당파

＊ 出典: 呂氏春秋(여씨춘추)

不避風雨 불피풍우　아닐 불 | 피할 피 | 바람 풍 | 비 우

바람과 비를 피(避)하지 않는다는 뜻, 악조건(惡條件)을 무릅쓰고 일을 함의 비유

즉 불굴의 의지를 발동하여 임무를 완수하고자 함

▷ **不蔽風雨** 불폐풍우 집이 허술하여 바람과 비를 가리지 못함[몹시 가난함]

▷ **風霜** 풍상 바람과 서리. 많이 겪은 세상의 고난.

▷ **避暑** 피서 시원한 곳으로 옮겨 더위를 피함

不學無識 불학무식 아닐 불 | 배울 학 | 없을 무 | 알 식 / 적을 지

배우지 못해 아는 것이 없음

유의어 一字無識 일자무식, 一字不識 일자불식, 判無識 판무식
一文不知 일문부지, 一文不通 일문불통, 全無識 전무식

▷ **標識** 표지 다른 것과 구별해서 알게 해 주는 표시나 특징 = **標幟** 표치

不寒而慄 불한이율 아닐 불 | 찰 한 | 말 이을 이 | 두려워할·떨릴 율(률)

춥지도 않은데 떤다는 뜻, 어떤 생각이나 상황 하에서 몹시 두려워함을 비유하는 말

유의어 戰戰兢兢 전전긍긍, 戰戰慄慄 전전율률, 戰慄 전율
汗流浹背 한류협배 땀이 흘러 온 등을 적심
相驚伯有 상경백유 백유(伯有)라는 이름만 들어도 서로 기겁을 하고 놀람

* 出典: 史記(사기) 酷吏列傳(혹리열전)

不解衣帶 불해의대 아닐 불 | 풀 해 | 옷 의 | 띠 대

옷의 띠를 풀지 않는다는 뜻, 옷을 벗지 않고 잠시도 쉬지 않으며 일에 힘씀

유의어 不撤晝夜 불철주야, 晝而繼夜 주이계야, 發憤忘食 발분망식
自强不息 자강불식, 日昃之勞 일측지로, 不知寢食 부지침식
夜以繼晝 야이계주, 廢寢忘食 폐침망식, 廢寢忘餐 폐침망찬

* 出典: 漢書(한서)

不遑啓處 불황계처 아닐 불 | 급할 황 | 책상다리할·열 계 | 곳 처

너무 바빠 집안에서 편히 쉴 틈이 없다는 뜻

유의어 席不暇暖 석불가난, 過門不入 과문불입, 孔席墨突 공석묵돌
墨突不黔 묵돌불검, 不暇草書 불가초서, 孔席不暖 공석불난

▷ **啓蒙** 계몽 지식수준이 낮거나 인습에 젖은 사람을 가르쳐서 깨우침 = **啓明** 계명

▷ **遑急** 황급 몹시 어수선하고 급함

* 出典: 詩經(시경) 小雅(소아)

不朽功績 불후공적 아닐 불 | 썩을 후 | 공 공 | 공적·길쌈 적

썩어 없어지지 않는 불멸(不滅)의 훌륭한 업적(業績)

▷ 不朽 불후   썩지 않음, 오래도록 없어지지 않음 = 不滅 불멸

▷ 朽木糞牆 후목분장

썩은 나무는 조각(彫刻)할 수 없고 썩은 벽은 다시 칠할 수 없다는 뜻으로
어떤 일을 하려는 의지와 기개(氣槪)가 없는 사람은 가르칠 수 없다는 말

崩城之痛 붕성지통   무너질 붕 | 성 성 | 어조사 지 | 아플·괴로울 통

성벽(城壁)이 무너져 내리는 슬픔이라는 뜻, 남편[夫: 부]의 죽음을 아내[妻: 처]가 슬퍼함

진시황(秦始皇)때 제(齊)나라의 범기량(范杞梁)이 부역(賦役)을 갔는데, 그의 아내
맹강녀(孟姜女)가 서늘한 여름옷을 지어 남편을 찾아갔으나, 범기량은 이미 죽었고 시신(屍身)은
어디에 있는지 모른다고 한다. 죽은 남편이 불쌍하고 서러운 마음에 성 밑에서 통곡(痛哭)을 하니,
성벽(城壁)이 무너지며 남편의 유해(遺骸)가 드러났다는 고사에서 유래(由來)

[반의어] 叩盆之嘆 고분지탄   아내의 죽음을 남편이 한탄함 = 鼓盆之痛 고분지통

▷ 割半之痛 할반지통   몸의 반쪽을 베어 내는 고통(苦痛)이란 뜻으로
형제자매(兄弟姊妹)가 죽은 슬픔을 비유적으로 이르는 말.

▷ 崩壞 붕괴   허물어져 무너짐 = 崩潰 붕궤, 崩頹 붕퇴

崩御 붕어   무너질 붕 | 임금·다스릴 어

임금이 무너졌다는 뜻, 임금이 세상을 떠남. 천자가 세상을 떠남

[유의어] 昇遐 승하, 登遐 등하, 仙馭 선어, 徂落 조락, 殂落 조락

賓天 빈천, 上僊 상선[= 上仙 상선], 逝去 서거[사거(死去)의 높임말]

龍馭 용어   임금이 죽음, 임금이 백성을 다스림

▷ 涅槃 열반   1. 덕(德)이 높은 승려(僧侶)가 죽음
2. 모든 번뇌(煩惱)에서 벗어난, 영원한 진리(眞理)를 깨달은 경지
= 解脫 해탈, 度脫 도탈, 入寂 입적, 寂滅 적멸, 滅度 멸도

鵬程萬里 붕정만리   붕새 붕 | 길·한도 정 | 일만 만 | 거리·마을 리

붕새가 날아갈 길이 만리(萬里)라는 뜻
1. 가야할 머나먼 길 또는 창창한 앞길을 비유
2. 원대한 사업이나 계획을 비유
3. 전도가 양양한 장래(將來)를 비유

[유의어] 前程萬里 전정만리, 前途萬里 전도만리, 前途揚揚 전도양양

▷ 鵬圖 붕도　붕새의 도모(圖謀). 원대한 계획·한없이 큰 포부(抱負)를 비유 = 雄圖 웅도

▷ 鯤鵬 곤붕　상상속의 큰 물고기 곤어(鯤魚)와 붕조(鵬鳥). 매우 큰 사물(동물)을 비유

* 出典: 莊子(장자) 逍遙遊篇(소요유편)

比肩接踵 비견접종　나란히 할·견줄 비 | 어깨 견 | 접할·가까이할 접 | 발꿈치 종

어깨가 나란히 서로 맞닿고 발뒤꿈치가 부딪힌다는 뜻, 서로 몸이 닿을 정도로 사람들이 많아서
매우 붐빈다는 말

[유의어] 比肩繼踵 비견계종, 比肩隨踵 비견수종, 人山人海 인산인해

　　立錐餘地 입추여지　송곳 끝을 세울 만큼의 땅이 있다는 말(매우 좁음)

▷ 櫛比 즐비　많은 것이 빗살처럼 가지런하고 빽빽하게 늘어서 있다.

▷ 踵武 종무　뒤를 이음

* 出典: 晏子春秋(안자춘추) 內篇雜下(내편잡하: 晏子[안자]와 楚王[초왕]과의 대화)

匪寇婚媾 비구혼구　비적 비 | 도둑 구 | 혼인할 혼 | 화친할 구

도적(盜賊)질 하려는 악의(惡意)를 품고 온 것이 아니라 청혼(請婚)하려는 호의(好意)에서
왔다는 뜻, 도둑놈인줄 알았는데 알고 보니 진짜 임자라는 말

▷ 婚姻 혼인　남녀가 부부(夫婦)가 되는 일 = 結婚 결혼, 婚娶 혼취

* 出典: 易經(역경) 睽卦(규괘)

非禮之禮 비례지례　아닐 비 | 예도 례(예) | 어조사 지 | 예도 례(예)

얼핏 보기에는 예의(禮儀)에 어긋나지 않은 듯이 보이나 실제(實際)로는 예의에 어긋난다는 말

▷ 禮儀凡節 예의범절　일상생활의 모든 예의(禮儀)와 절차(節次)

▷ 過恭非禮 과공비례　지나친 공손(恭遜)은 오히려 예의(禮儀)에 벗어남

* 出典: 孟子(맹자) 離婁下篇(이루하편)

非命橫死 비명횡사　아닐 비 | 목숨 명 | 가로·옆 횡 | 죽을 사

뜻밖의 재앙(災殃)이나 사고(事故)로 제 명(命)대로 살지 못하고 죽음

[유의어] 橫來之厄 횡래지액, 橫厄 횡액, 非命慘死 비명참사, 非命 비명

　　急煞 급살　갑자기 닥쳐오는 재액(災厄), 갑자기 죽음

▷ 縊死 액사　목을 매어 죽음 = 縊死 의사, 絞死 교사

非夢似夢 비몽사몽 _{아닐 비 | 꿈 몽 | 같을 ·비슷할 사 | 꿈 몽}

꿈인지 생시인지 분간(分揀)할 수 없는 어렴풋한 상태

［유의어］ 似夢非夢 사몽비몽

▷ 似而非 사이비 겉은 비슷하나 속은 완전히 다름

▷ 白日夢 백일몽 대낮에 꾸는 꿈. 실현될 수 없는 헛된 공상을 이르는 말.

誹謗之木 비방지목 _{헐뜯을 비 | 헐뜯을 방 | 어조사 지 | 나무 목}

헐뜯는 나무라는 뜻, 백성이 임금에게 고통(苦痛)을 호소(呼訴)하고 소원(所願)을 고(告)하는
나무기둥

옛날 중국의 성군 요(堯)임금이, 사방에 네 개의 나무기둥을 세우고 그 중앙에 큰 북을
걸어두고 누구든 불만(不滿)이 있는 백성은 그 북을 울린 후에 나무기둥에 사연(事緣)을 적어
붙여놓으면, 임금이 그 내용을 보고 참고하여 선정(善政)을 베풀 수 있었다는 고사에서 유래

［유의어］ 申聞鼓 신문고 조선 태종(太宗)때 대궐 문루(門樓)에 매달아 백성이 원통(冤痛)한
일을 하소연할 때 치게 하던 북

▷ 誹謗 비방 남을 헐뜯어 말함 = 誹訕 비산, 訾謷 자오, 訾短 자단

* 出典: 淮南子(회남자)

悲憤慷慨 비분강개 _{슬플 비 | 분할·성낼 분 | 슬플·강개할 강 | 분개할 개}

의(義)롭지 못한 일이나 잘못되어 가는 세태(世態)를 보고 원통(冤痛)하고 분해서 의분(義憤)이
북받침을 비유하는 말

우국지사(憂國之士)나 난세(亂世)의 충신(忠臣)들이 잘못된 세상을 보고 울분(鬱憤)을
표출할 때 사용하는 말

［유의어］ 慨然 개연 억울(抑鬱)하고 원통(冤痛)하여 몹시 분(憤)함

慨痛 원통 분하고 억울함. 몹시 원망스러움

▷ 義憤 의분 불의를 보고 일으키는 분노 / 鬱憤 울분 답답하고 분함

臂不外曲 비불외곡 _{팔 비 | 아닐 불 | 바깥 외 | 굽을 곡}

팔이 밖으로 굽지 않음. 즉 팔은 안으로 굽는다는 뜻, 어떤 일을 판단(判斷)할 때
선악(善惡)·시비(是非)를 떠나 자기와 가까운 사람에게 정(情)이 끌리기 마련이라는 말

▷ 歪曲 왜곡 사실과 다르게 해석(解析)하거나 그릇되게 함

▷ 猿臂 원비 원숭이의 팔. 길고 힘이 세어 활쏘기에 좋은 팔을 비유하는 말

* 出典: 碧巖錄(벽암록)

比比有之 비비유지 견줄·나란히 할 비 | 있을 유 | 어조사·갈 지

어떤 일이나 현상이 드물지 아니하고 흔히 있음

* **君子周而不比** 군자주이불비 군자는 친밀하게 지내되 사리사욕을 위하여 결탁하지 않음

  小人比而不周 소인비이불주 소인은 사리사욕을 위하여 결탁(結託)하되 친밀함이 없음

  [周 주: 친밀하다. 보편(普遍) / 比 비: 결탁하다. 편당(偏黨)   * 出典: 論語(위정편)]

  주(周)와 비(比) 둘 다 사람과 친하다는 뜻. 주는 공적(公的), 비는 사적(私的) 관계임

卑辭重幣 비사중폐 낮을 비 | 말씀 사 | 정중할·무거울 중 | 비단·폐백 폐

말을 정중(鄭重)히 하고 예물을 후(厚)하게 한다는 뜻

1. 임금이 어진 재상(宰相)을 초빙(招聘)하는 방법
2. 작은 나라가 큰 나라를 섬기는 최고의 예절(禮節)
3. 자신의 말을 낮추어 공손히 하여 상대로 하여금 우쭐하게 하고 예물을 후(厚)하게 바쳐 상대의 마음을 사로잡는 협상전략(協商戰略)
4. 고려 태조(太祖)가 지방호족(豪族)들에게 사용한 일종의 회유정책(懷柔政策)

【유의어】 重幣卑辭 중폐비사, 卑辭厚幣 비사후폐, 卑辭厚禮 비사후례

▷ 幣帛 폐백 1. 신부가 처음 시부모를 뵙고 큰절을 하고 올리는 물건[대추·포 등]
          2. 혼인(婚姻) 때 신랑(新郎)이 신부 집에 보내는 예물
          3. 임금을 알현(謁見)할 때 바치거나 또는 제사 때 신에게 바치는 물건

匪石之心 비석지심 아닐·비적 비 | 돌 석 | 어조사 지 | 마음 심

내 마음은 돌이 아니므로 굴려서 바꾸지 못한다는 뜻, (나는) 길거리의 돌멩이처럼 함부로 굴러다닐 수 없으며, 확고부동(確固不動)하게 지조를 지키겠다는 결연한 마음을 비유하는 말

【유의어】 堅忍不拔 견인불발, 不動心 부동심, 木人石心 목인석심, 木鷄 목계

* 出典: 詩經(시경) 邶風 柏舟篇(패풍 백주편)

飛蛾赴火 비아부화 날 비 | 나방 아 | 나아갈·다다를 부 | 불 화

나방이 불속으로 날아 들음. 스스로 위험(危險)한 곳으로 뛰어 들어가 멸망(滅亡)을 자초(自招)함

【유의어】 飛蛾投火 비아투화, 飛入火夏虫 비입화하충
       夜蛾赴火 야아부화, 夜蛾投火 야아투화

▷ 飛火 비화 튀어 날아 들어와 박히는 불똥, 어떤 좋지 않은 일의 영향(影響)이
          직접 관계가 없는 다른 데에까지 번짐을 비유하는 말
          즉 불똥이 저쪽에서 이쪽으로 튀어 불이 번진다는 말

* 出典: 梁書(양서: 唐[당]나라 姚思廉[요사렴] 著) 到漑傳(도개전)

飛揚跋扈 비양발호 날비 | 오를·날릴 양 | 넘을·밟을 발 | 따를 호

날아오르고 밟고 뛴다는 뜻, 날랜 새가 멋대로 날아오르고 큰 물고기가 함부로 날뛰는 것처럼
신하와 관리들이 함부로 행동하며 국법을 지키지 아니하는 일

『유의어』 跳梁跋扈 도량발호, 跋扈 발호, 橫行闊步 횡행활보, 橫行 횡행

* 出典: 北史(북사)

比屋可封 비옥가봉 견줄·나란히 할 비 | 집 옥 | 옳을·좋을 가 | 봉할 봉

집집마다 가히 표창(表彰)할만한 인물이 많다는 뜻, 백성들이 성인의 덕에 교화(敎化)되어
어진사람들이 많다는 말

『유의어』 堯舜時代 요순시대, 堯舜時節 요순시절, 堯舜之節 요순지절
道不拾遺 도불습유, 路不拾遺 노불습유, 比屋而可封 비옥이가봉

* 出典: 論衡(논형)

脾胃難定 비위난정 지라 비 | 밥통 위 | 어려울 난 | 정할 정

비위(脾胃)가 뒤집혀 가라앉지 않는다는 뜻, 밉살스런 꼴을 보고 배알이 꼴려 아니꼽다는 말

▷ 脾胃 비위 비장(脾臟)과 위(胃), 아니꼬움을 견디는 힘
▷ 反胃 번위 위경(胃經)의 탈의 하나. 구역질이 나고 먹은 것을 마구 토함 = 胃癌 위암

髀肉之嘆 비육지탄 넓적다리 비 | 고기 육 | 어조사 지 | 탄식할 탄

넓적다리에 살이 붙음을 탄식(歎息)한다는 뜻으로 장부(丈夫)가 뜻을 펴지 못하고
허송세월(虛送歲月) 하는 것을 한탄(恨歎)함

영웅(英雄: 유비[劉備])이 때를 만나지 못해 말을 타고 전장(戰場)에 나가지 못하여,
넓적다리에 헛되이 살만 찌는 것을 보고 한탄했다는 고사에서 유래

* 出典: 三國志(삼국지: 劉備[유비]가 劉表[유표]와의 대화에서 한말)

匪夷所思 비이소사 아닐·도적 비 | 무리·오랑캐 이 | 바 소 | 생각할 사

평범(平凡)한 사람으로서는 헤아리지 못할 비범(非凡)한 생각

▷ 發想 발상 어떤 생각을 해냄 또는 그 생각
▷ 着想 착상 어떤 일이나 창작의 실마리가 될 만한 생각이나 구상 등을 잡음.

* 出典: 易經(역경)

飛耳長目 비이장목 날비 | 귀 이 | 긴 장 | 눈 목

멀리 있는 것을 듣고 보는 귀와 눈이라는 뜻, 학문이나 사물에 대한 관찰력 넓고

예리(銳利)하다는 말 또는 책(册)을 이르기도 함

[유의어] 長目飛耳 장목비이

▷ 明見萬里 명견만리 관찰력·판단력 등이 매우 정확(正確)하고 뛰어남

▷ 坐見千里立見萬里 좌견천리입견만리 앉아서 천리, 서서 만리 밖을 내다봄

▷ 洞察 통찰 전체(全體)를 환하게 내다봄. 예리(銳利)하게 꿰뚫어 봄

* 出典: 管子(관자)

比翼連理 비익연리 견줄·나란히 할 비 │ 날개 익 │ 이을 연(련) │ (나무)결 리

암수의 외짝 새가 서로 만나 한 쌍의 날개를 이루고(比翼: 비익) 서로 다른 나무의 가지가 만나 한 결을 이루듯이(連理: 연리), 부부사이가 화락(和樂)하고 서로 깊이 사랑함을 비유하는 말

[중국전설의 비익조(比翼鳥)와 연리지(連理枝)에서 유래]

[유의어] 連理比翼 연리비익, 比翼 비익, 連理 연리

比翼鳥 비익조, 連理枝 연리지, 比目魚 비목어

琴瑟 금실, 琴瑟之樂 금실지락, 如鼓琴瑟 여고금슬
부부간의 화목(和睦)한 즐거움

鴛鴦 원앙, 鴛鴦契 원앙계 금실이 좋은 부부의 비유

[반의어] 共命鳥 공명조 몸 하나에 머리가 두 개인 상상의 새로서, 하나가 죽으면
나머지 하나도 따라 죽는 공동체의 생명을 가진 새

* 出典: 白居易(백거이) 長恨歌(장한가: 唐玄宗[당현종]과 楊貴妃[양귀비]의 悲戀[비련])

非一非再 비일비재 아닐 비 │ 하나 일 │ 아닐 비 │ 두·다시 재

같은 현상이나 일이 한 둘이 아니고 매우 많음

▷ 非理 비리 올바른 이치(理致)나 도리(道理)에 어그러지는 일

▷ 非難 비난 남의 잘못이나 흠을 책잡아 나쁘게 말함 ↔ 稱讚 칭찬

飛潛同置 비잠동치 날 비 │ 자맥질할·잠길 잠 │ 같을 동 │ 둘 치

하늘을 날고 물에 잠긴다는 상반된 내용의 표현이 한 작품에 있다는 뜻, 한시를 지을 때 좋은 작품을 얻기 위한 기본적인 수사법으로. 대구[對句: 운율의 반복]와 대조[對照: 내용이 상반]를 이루는 표현을 말함

▷ 置簿 치부 금전·물품의 출납을 기록함. 마음속으로 그렇다고 여김 = 看做 간주

飛將數奇 비장수기 날 비 │ 장수 장 │ 셈 수 │ 기이할·뛰어날 기

재주는 출중(出衆)하나 불운한 사람을 뜻하는 말, 재주가 많으면 어려움도 많게 된다는 말

중국 한(漢)나라 때 이광(李廣)장군이 재주는 출중하나 어려움을 자주 겪었다는 고사에서 유래

▷ **飛將** 비장: 이광 장군 / **數奇** 수기: 운수가 사납다

▷ **甘井先竭** 감정선갈, **甘泉先竭** 감천선갈
　　물맛이 좋은 우물은 빨리 마른다는 뜻으로 재주가 뛰어난 사람은 일찍 쇠함을 비유하는 말

▷ **能者多勞** 능자다로　능력이 있는 사람일수록 남보다 더 가외 수고를 함

▷ **食少事煩** 식소사번　먹는 것은 적은데 일은 번거로우니 어디 오래 살겠소.
　　　　　　　　　　　[사마의가 제갈공명의 사신에게 공명을 평가한 말: 삼국지]

鼻下政事 비하정사　코 비 | 아래 하 | 정사 정 | 일 사

코 밑에 닥친 일에 관한 정사(政事). 하루하루 겨우 먹고 살아가는 일을 비유적으로 이르는 말

유의어　**鼻下公事** 비하공사

　　糊口策 호구책, **糊口之策** 호구지책, **糊口之計** 호구지계
　　입에 풀칠할 정도로　겨우 먹고 살아가는 방책

　　口腹之計 구복지계　먹고 살 계책이나 방법 = **生計** 생계

飛黃騰達 비황등달　날 비 | 누를 황 | 오를 등 | 이를·통달할 달

비황[飛黃: 전설적인 말]이 갑자기 위로 날아오른다는 뜻, 지위(地位)가 갑자기 상승하여
부귀(富貴)와 권력(權力)을 얻게 되는 일을 비유하는 말

유의어　**飛黃騰踏** 비황등답

▷ **沸騰** 비등　액체(液體)가 끓어오름. 또는 물이 끓듯 여론(輿論)이 떠들썩하여짐

▷ **騰貴** 등귀　물건 값이 뛰어오름

▷ **飛虎** 비호　나는 듯이 빨리 달리는 범. 동작이 몹시 날래고 용맹스러움의 비유

牝鷄司晨 빈계사신　암컷 빈 | 닭 계 | 맡을 사 | 새벽 신

암탉이 수탉을 제치고 새벽을 알리는 일을 맡는다는 뜻(암탉은 울지 못함. 새벽을 알리지 못함)
1. 부인이 남편을 제치고 집안일을 마음대로 처리(處理)한다는 말(일이 제대로 안됨)
2. 여성이 정권을 쥐고 정국(政局)을 어지럽히는 일을 말함

유의어　**牝鷄之晨** 빈계지신

▷ **牝鷄司晨惟家之塞** 빈계사신유가지색　암탉이 새벽을 맡으면 집안의 운수가 막힘

牝馬之貞 빈마지정　암컷 빈 | 말 마 | 어조사 지 | 곧을·정조 정

암말(牝馬: 빈마)의 절개(節概 = 貞[정]). 정조(貞操)를 지킴. 암말은 유순(柔順)한 덕(德)을 지녀

힘든 일을 잘 참아내어 마침내 성공(成功)하는 것을 말함

유의어 栢舟之操 백주지조 남편이 일찍 죽은 여자가 절개를 지킴 = 守節 수절

匪石之心 비석지심 내 마음은 돌이 아니므로 굴려서 바꿀 수 없음. 확고부동함

堅忍不拔 견인불발, 不動心 부동심, 確固不拔 확고불발

반의어 奪志 탈지 정절(貞節)을 지키는 과부(寡婦)를 다시 시집가게 함

= 再婚 재혼, 再醮 재초, 改嫁 개가, 虜嫁 갱가

擯不與言 빈불여언 물리칠 빈 | 아닐 불 | 줄·더불어 여 | 말씀 언

아주 배척(排斥)해 버리고 말도 아니함

▷ 黙擯對處 묵빈대처 말과 왕래를 일체 끊어 죄지은 자가 스스로 참회(懺悔)하도록 시킴

貧者一燈 빈자일등 가난할 빈 | 놈 자 | 하나 일 | 등잔·등불 등

가난한 사람이 바친 하나의 등. 물질의 많고 적음보다 정성(精誠)이 소중함을 비유하는 말

왕(王)이 부처에게 바친 백 개의 등은 밤사이에 모두 꺼졌으나 가난한 노파(老婆) 난타(難陀)가 정성(精誠)으로 바친 한 개의 등은 꺼지지 않았다는 고사에서 유래

유의어 長者萬燈 장자만등 부자(富者)가 바친 만개의 등. 대단한 정성(精誠)

▷ 貧窶 빈구 가난하여 초췌함

賓至如歸 빈지여귀 손(님) 빈 | 이를 지 | 같을 여 | 돌아올 귀

손님으로 남의 집에 갔는데 제집에 돌아 온 것 같다는 뜻, 손님으로 온 사람이 마치 자기 집에 돌아 온 것 같이 걱정 없이 안전하고 편안(便安)한 대접(待接)을 받는다는 말

▷ 歸依 귀의 돌아가 몸을 의지함. 부처와 불법(佛法)과 승가(僧伽)로 돌아가 믿고 의지함.

▷ 來賓 내빈 회장·식장 등에 공식으로 초대(招待)받아 찾아온 손님

貧賤之交 빈천지교 가난할 빈 | 천할 천 | 어조사 지 | 사귈 교

가난하고 천(賤)할 때 가깝게 사귄 사이 또는 그런 벗

유의어 布衣之交 포의지교 벼슬하기 前 선비시절에 사귐 또는 그런 벗

▷ 貧賤之交不可忘 빈천지교불가망 가난하고 천할 때 사귄 벗은 훗날 잊으면 안 됨

牝黃牡驪 빈황모려 암컷 빈 | 누를 황 | 수컷 모 | 검은말 려

사물(事物)을 제대로 인식(認識)하려면 그 실질(實質)을 파악(把握)하여야 한다는 말

진(秦)나라 때 천리마(千里馬)를 알아보는 구방고[九方皐: 백락의 제자]라는 사람이 평상시
말의 색깔(黃·黑[황·흑])과 암수(牝·牡[빈·모])조차도 구별(區別)하지 못했으나, 천기(天機)로
말의 상(相)만을 보고 명마(名馬)를 잘 골라냈다는 고사에서 유래

▷ 牝黃 빈황[암컷에 황색], 牡驪 모려[수컷에 검은색]

▷ 牝牡 빈모　짐승의 암컷과 수컷, 암수 = 雌雄 자웅

憑空捉影 빙공착영　기댈·의거할 빙 | 빌·하늘 공 | 잡을 착 | 그림자 영
허공(虛空)에 의지(依支)해 그림자를 잡는다는 뜻, 허망(虛妄)한 언행 또는 이루어질 가망(可望)이
없음을 비유한 말

[유의어] 繫影捕風 계영포풍, 繫風捕影 계풍포영　바람을 잡아매고 그림자를 붙듦

鏤塵吹影 누진취영　먼지에 새기고 그림자를 입으로 분다는 뜻

捕風捉影 포풍착영　바람을 잡고 그림자를 붙든다는 뜻, 허황한 말이나 행동

▷ 憑藉 빙자　1. 남의 힘을 빌려서 의지함　2. 말막음을 위하여 핑계로 내세움

▷ 恃憑 시빙　믿고 의지함 = 恃賴 시뢰

氷姿玉質 빙자옥질　얼음 빙 | 모양·맵시 자 | 구슬 옥 | 바탕 질
얼음같이 맑고 깨끗한 살결과 옥(玉)같이 아름다운 자질(資質) [매화(梅花)의 이칭(異稱)]

[유의어] 仙姿玉質 선자옥질　신선(神仙)의 자태(姿態)에 옥의 바탕

▷ 姿態 자태　고운 몸가짐과 맵시 또는 모양이나 모습

▷ 資質 자질　타고난 성품이나 소질. 어떤 분야의 일에 대한 능력이나 실력의 정도

▷ 氷泮 빙반　얼음이 녹는 시기. 봄날

聘丈 빙장　부를·찾아갈 빙 | 어른(키) 장
아내의 아버지를 높이는 말 또는 장인 (丈人)의 높임 말

[유의어] 聘父 빙부, 岳父 악부, 岳丈 악장, 嶽父 악부, 嶽公 악공

[반의어] 聘母 빙모　아내의 어머니를 높이는 말 = 丈母 장모, 岳母 악모, 妻母 처모

▷ 招聘 초빙　예를 갖춰 불러 맞아들임 = 徵聘 징빙

▷ 報聘 보빙　답례(答禮)로 외국을 방문함

▷ 舅 구　시아버지 / 姑 고　시어머니 / 婦 부 며느리 / 壻 서 사위

氷淸玉潤 빙청옥윤　얼음 빙 | 맑을 청 | 구슬 옥 | 윤날·젖을 윤

얼음같이 맑고 구슬같이 윤이 난다는 뜻, 장인과 사위의 인물됨이 다 같이 뛰어남을 이르는 말

▷ **翁婿** 옹서 장인과 사위 / **姑婦** 고부 시어머니와 며느리

氷炭不相容 빙탄불상용 얼음 빙 | 숯 탄 | 아닐 불 | 서로 상 | 받아들일 용

얼음과 숯불은 성질이 정반대이어서 서로 용납(容納)하지 못한다는 뜻, 사물이 서로 화합(和合)하기 어려움을 비유하는 말. 즉 절대로 서로 어울리지 못한다는 말

[유의어] **氷炭之間** 빙탄지간, **不和** 불화, **不協和音** 불협화음

軋轢 알력 수레바퀴가 삐걱거린다는 뜻, 의견이 서로 충돌(衝突) 됨

葛藤 갈등 칡과 등나무가 서로 얽히는 것과 같이, 개인이나 집단 간에 목표나 이해관계 등이 상반되어 서로 적대시(敵對視)하거나 또는 불화하는 일

氷壺秋月 빙호추월 얼음 빙 | 병·투호 호 | 가을 추 | 달 월

얼음을 넣은 항아리와 가을 달이라는 뜻, 청렴(淸廉)하고 결백(潔白)한 마음을 이르는 말

[유의어] **純眞無垢** 순진무구, **至高至純** 지고지순

天眞爛漫 천진난만 말이나 행동에 아무런 꾸밈이 없이 자연스러움 그자체임

徙家忘妻 사가망처 옮길 사 | 집 가 | 잊을 망 | 아내 처

이사(移徙)갈 때 아내를 잊고 두고 간다는 뜻
1. 평소(平素)에 무엇인가를 잘 잊어버림을 이르는 말[건망증이 심함]
2. 의리(義理)를 분별(分別)하지 못하는 어리석은 사람을 비유

『유의어』 徙宅忘妻 사택망처

▷ 健忘症 건망증 기억력 장애(障礙). 잘 기억하지 못하는 증상(症狀)

* 出典: 孔子家語(공자가어) 賢君篇(현군편)

蛇蝎視 사갈시 뱀 사 | 전갈 갈 | 볼 시

뱀이나 전갈(全蠍)보듯이 한다는 뜻으로 어떤 것을 끔찍이 싫어함을 비유하는 말

▷ 長蛇陣 장사진

  1. 많은 사람이 줄을 지어 길게 늘어선 모양을 이르는 말
  2. 예전에 병법에서, 한 줄로 길게 벌인 군진(軍陣)의 하나

▷ 蛇蝎 사갈 뱀과 전갈. 남을 해치는 사람을 비유

▷ 螫蝎 석갈 독침으로 쏘는 전갈. 몹시 두려운 일이나 악랄(惡辣)한 사람을 비유

四顧無親 사고무친 넉 사 | 돌아볼 고 | 없을 무 | 친할 친

사방을 둘러보아도 친척(親戚)이 없다는 뜻, 의지(依支)할만한 사람이 전혀 없어 외롭고 고독(孤獨)하다는 말

『유의어』 四顧無託 사고무탁, 無依無托 무의무탁, 孤身隻影 고신척영
      孑孑單身 혈혈단신, 孤獨單身 고독단신, 單獨一身 단독일신
      孤立無依 고립무의, 孤立無援 고립무원, 孤城落日 고성낙일
      無援孤立 무원고립, 四顧無人 사고무인, 孤縱 고종
      隻手 척수 한쪽 손. 썩 외로운 처지를 비유

▷ 回顧 회고 뒤를 돌아다봄. 과거를 돌이켜 생각함

死孔明走生仲達 사공명주생중달

죽을 사 | 구멍 공 | 밝을 명 | 달아날 주 | 날 생 | 버금 중 | 이를 달

죽은 공명(孔明)이 산 중달(仲達 = 司馬懿[사마의])을 도망치게 한다는 뜻, 죽은 뒤에도 적이 두려워할 정도로 뛰어난 장수(將帥)를 비유하는 말
[죽은 제갈량(諸葛亮)이 살아있는 사마중달(司馬仲達)을 도망치게 한 고사에서 유래]

『유의어』 死諸葛走生仲達 사제갈주생중달

▷ **前無後無諸葛武侯** 전무후무제갈무후

　　전에도 제갈공명만한 자가 없었고 또한 후에도 제갈무후만한 자가 나타나지 않을 것이다.

* 出典: 三國志(삼국지)

射空中鵠 사공중곡　쏠 사 | 빌·하늘 공 | 가운데 중 | 고니 곡

공중에다 무턱대고 활을 쏘았는데 고니[鵠: 곡]를 맞혔다는 뜻, 멋모르고 한 일이 우연히 잘
들어맞아 성공(成功)함을 비유하는 말

유의어 盲人直門 맹인직문, 盲者直門 맹자직문, 盲者正門 맹자정문
　　맹인이 정문을 바로 찾아 들어간다는 뜻으로 우둔(愚鈍)하고 미련한 사람이 어찌하다가
　　이치(理致)에 맞는 일을 하였을 경우를 이르는 말

▷ **正鵠** 정곡　과녁의 한복판이 되는 점, 목표(目標)나 핵심(核心)의 비유

* 出典: 旬五志(순오지)

師曠之聰 사광지총　스승 사 | 밝을·빌 광 | 어조사 지 | 귀 밝을 총

사광의 귀가 밝고 예민(銳敏)하여 미묘(微妙)한 소리까지도 잘 분별(分別)함을 이르는 말
중국 춘추시대 진(晉)나라의 악사 사광(師曠)이 앞은 볼 수 없지만, 음조(音調)를 듣고 잘
판단(判斷)했다는 고사에서 유래

▷ **曠野** 광야　아득하게 너른 벌판 = 荒野 황야
▷ **師事** 사사　스승으로 섬김. 스승으로 삼고 가르침을 받음
▷ **師儒** 사유　도를 가르치는 유생(儒生)

* 出典: 孟子(맹자) / 樂學軌範(악학궤범)

事貴神速 사귀신속　일 사 | 귀할·소중할 귀 | 귀신 신 | 빠를 속

일은 신속(迅速)히 처리(處理)하는 것이 중요하다는 말

▷ **兵貴神速** 병귀신속　용병(用兵)을 하는 데는 신속(迅速)해야 한다는 말

捨近取遠 사근취원　버릴 사 | 가까울 근 | 가질·취할 취 | 멀 원

가까운 것을 버리고 먼 것을 취한다는 뜻, 일의 순서(順序)나 차례를 바꾸어 함을 일컫는 말
1. 먼저 해야 할 일은 나중에 하고 나중에 해야 할 일을 먼저 한다는 것
2. 가까이 해야 할 사람은 멀리하고 멀리 해야 할 사람은 가까이 한다는 말

▷ **遠交近攻** 원교근공　먼 나라와 친교(親交)를 맺고 이웃 나라를 공략(攻略)하는 일
　　　　　　　　　　　　　　　　　　－ 중국 전국시대에 범저[范雎]가 주창[主唱]한 외교정책 －

▷ **不可近不可遠** 불가근불가원　가까이할 수도 멀리할 수도 없음

舍己從人 사기종인　버릴·집 사 | 자기·몸 기 | 쫓을 종 | (다른)사람 인

자신의 이전행위를 버리고 타인의 선행(善行)을 본받아 행함. 즉 남의 좋은 언행을 거울삼아
나의 언행을 바로잡는다는 말

유의어　舍短取長 사단취장, 捨短取長 사단취장
　　　　　단점은 버리고 장점은 취한다는 뜻. 즉 장단(長短)을 가려 격식에 맞춘다는 말

▷　取捨選擇 취사선택　취할 것과 버릴 것을 가림, 취할 것은 취하고 버릴 것은 버림

* 出典: 李滉(이황) 退溪集(퇴계집)

使驥捕鼠 사기포서　하여금·부릴 사 | 천리마 기 | 잡을 포 | 쥐 서

천리마(千里馬)로 하여금 쥐(鼠: 서)를 잡게 시킨다는 뜻, 아무리 유능(有能)한 사람도 자기의
능력을 알아주는 사람을 만나지 못해 임용되지 못하면 무능(無能)해진다는 말

유의어　驥服鹽車 기복염거, 伯樂一顧 백락일고, 大材小用 대재소용
　　　　　牛鼎烹鷄 우정팽계, 牛驥同皁 우기동조, 大器小用 대기소용
　　　　　割鷄焉用牛刀 할계언용우도, 牛刀割鷄 우도할계
　　　　　닭을 잡는데 어찌 소 잡는 칼을 쓰겠는가. 소 잡는 칼로 닭을 잡는데 사용함

* 出典: 莊子(장자)

捨短取長 사단취장　버릴 사 | 짧을·허물 단 | 가질 취 | 길·나을 장

단점은 버리고 장점은 취한다는 뜻. 즉 장단(長短)을 가려 격식에 맞춘다는 말

유의어　舍短取長 사단취장, 舍己從人 사기종인

▷　絶長補短 절장보단　장점으로 단점이나 부족한 것을 보충(補充)함

▷　淘汰 도태　물건을 물에 넣고 일어서 쓸데없는 것을 흘려버리고 좋은 것만 가림.

▷　適者生存 적자생존　환경(環境)에 적응(適應)하는 생물만이 살아남고
　　　　　　　　　　그렇지 못한 것은 도태되어 사라지는 현상.

* 出典: 漢書(한서)

四端七情 사단칠정　넉 사 | 바를·끝 단 | 일곱 칠 | 뜻 정

성리학(性理學)의 철학적 개념(概念) 가운데 하나

四端 사단　사람의 본성(本性)에서 우러나오는 네 가지 마음씨

인(仁)에서　우러나오는　측은지심(惻隱之心)

의(義)에서　우러나오는　수오지심(羞惡之心)

예(禮)에서　우러나오는　사양지심(辭讓之心)

지(智)에서 우러나오는 시비지심(是非之心)

七情 칠정　사람이라면 누구나 가지고 있는 일곱 가지의 자연적 감정(感情)
즉, 기쁨·노여움·슬픔·두려움·사랑·미움·욕심

희(喜)·노(怒)·애(哀)·구(懼)·애(愛)·오(惡)·욕(欲)

＊出典: 孟子(맹자)

事大主義 사대주의　섬길·일 사 ┃ 큰 대 ┃ 주인 주 ┃ 옳을 의

주체성이 없이 세력이 강한 나라나 권력가(權力家)를 받들어 섬기며 자신의 존립(存立)을
유지(維持)하려는 주의

▷　**事人如天** 사인여천　천도교에서, 한울님을 공경하듯이 사람도 그처럼 대해야 한다는 일

▷　**事大交隣主義** 사대교린주의
1. 큰 나라를 받들어 섬기고 이웃 나라와 화평하게 사귀는 외교상의 한 방책
2. 조선 초기에, 중국의 명나라를 섬기고 왜나 여진 등과는 탈 없이 지내고자 했던 외교정책

捨量沈舟 사량침주　버릴 사 ┃ 양식·헤아릴 량 ┃ 잠길 침 ┃ 배 주

강(江)을 건넌 뒤 식량을 버리고 배를 침몰(沈沒)시킨다는 뜻, 죽음을 불사(不辭)하고
전쟁이나 어떤 일에 대처(對處)하는 각오(覺悟)를 이르는 말

「유의어」　**捨糧沈舟** 사량침주, **捨量沈船** 사량침선

　　　　背水之陣 배수지진, **背水陣** 배수진　강이나 바다를 등지고 치는 진

　　　　破釜沈舟 파부침주, **破釜沈船** 파부침선, **沈船破釜** 침선파부
　　　　솥을 깨뜨리고 배를 침몰시킴. 밥도 안 해먹고 배를 타고 되돌아가지도 않겠다는 말

　　　　濟河焚舟 제하분주　강을 건넌 뒤 다시 타고 돌아올 배를 태워버림

　　　　馬革裹屍 마혁과시　말가죽으로 자기 주검을 쌈. 살아서 돌아오지 않겠다는 말

＊出典: 史記(사기)

思慮分別 사려분별　생각할 사 ┃ 생각할 려 ┃ 나눌·구분할 분 ┃ 나눌·다를 별

여러 가지 일과 각각의 사물에 대한 옳고 그름을 제분수대로 잘 구별(區別)함을 말함

「유의어」　**熟慮斷行** 숙려단행

　　　　隱忍自重 은인자중　마음속으로 참고 견디며 몸가짐을 조심함

「반의어」　**輕擧妄動** 경거망동　경솔(輕率)하여 생각 없이 망령(妄靈)되게 행동함

▷　**思考方式** 사고방식　어떤 문제에 대해 생각하고 판단(判斷)하는 방식이나 태도(態度)

私利私慾 사리사욕 개인·사사 사 │ 이로울 리 │ 욕심 욕

사사로운 이익(利益)과 욕심(慾心)

유의어 私利私腹 사리사복

반의어 公利民福 공리민복, 國利民福 국리민복

駟馬難追 사마난추 사마(四馬) 사 │ 말 마 │ 어려울 난 │ 따를 추

사마(駟馬)라도 소문이 퍼지는 속도(速度)를 따라잡지 못한다는 뜻, 소문(所聞)은 순식간(瞬息間)에 퍼지니 말조심 하라는 말

유의어 駟不及舌 사불급설, 舌底有斧 설저유부

禍從口生 화종구생, 禍從口出 화종구출, 口禍之門 구화지문

一言而非駟馬不能追 일언이비사마불능추

▷ 駟馬 사마 4필(1乘[승])의 말이 끄는 수레로, 당시에는 제일 빠른 교통수단

* 出典: 宋(송)나라 歐陽脩(구양수)의 筆說(필설)

四面楚歌 사면초가 녁 사 │ 면·낯 면 │ 초나라 초 │ 노래 가

사방(四方)에서 들리는 초(楚)나라의 노래, 적(敵)에게 둘러싸인 상태 또는 누구의 도움도 받을 수 없는 고립(孤立)상태에 빠짐을 이르는 말

초(楚)나라 항우(項羽)가, 사면을 포위(包圍)하고 있는 한(漢)나라 군사 쪽에서 들려오는 초나라의 노랫소리를 듣고 자기의 초나라 군사가 이미 한나라에 다 항복(降伏)한 줄 알고 놀랐다는 고사에서 유래

유의어 進退維谷 진퇴유곡, 進退兩難 진퇴양난, 孤立無援 고립무원, 楚歌 초가

木石不傅 목석불부 나무에도 돌에도 붙일 데가 없음. 의지할 곳이 없는 처지

孤城落日 고성낙일 고립된 성과 지는 해, 세력이 다하고 매우 외로운 처지

* 出典: 史記(사기) 項羽本紀(항우본기)

四面春風 사면춘풍 녁 사 │ 면·낯 면 │ 봄 춘 │ 바람 풍

두루 봄바람이라는 뜻, 누구에게나 좋게 대한다는 말

유의어 四時春風 사시춘풍, 到處春風 도처춘풍

無骨好人 무골호인 줏대가 없이 두루뭉술하고 순하여 남의 비위를 잘 맞추는 사람

徙木之信 사목지신 옮길 사 │ 나무 목 │ 어조사 지 │ 믿을 신

위정자(爲政者)가 나무 옮기기로 백성의 신뢰를 얻었다는 뜻, 즉 약속(約束)을 지켜 백성
들로부터 신뢰(信賴)를 받아야함을 비유하는 말

진(秦)나라의 상앙(商鞅)이라는 재상(宰相)이 법령을 개정(改定)하려 할 때 새 법령을 잘 믿지
않으려는 백성들이 믿음을 가질 수 있도록 수도(首都) 남문의 큰 나무를 북문으로 옮기는 자에게
큰 상금을 주겠노라는 약속을 하였는데, 처음에는 옮기려는 자가 없다가 그냥 한번 해보자하고
반신반의(半信半疑)하면서 옮기는 자가 나타나자, 약속대로 포상(褒賞)하여 백성이 법령을
신뢰(信賴)할 수 있도록 하였다는 고사에서 유래

▐유의어▌ 移木之信 이목지신, 季札繫劍 계찰계검, 季札掛劍 계찰괘검
　　　　　尾生之信 미생지신, 季布一諾 계포일낙, 一諾千金 일락천금

* 出典: 史記(사기) 商君列傳(상군열전)

思無邪 사무사　생각할 사 ㅣ 없을 무 ㅣ 간사할 사

생각이 바르므로 마음에 조금도 사악(邪惡)함이 없다는 말. 그릇됨이 없음
[공자(孔子)가 시경(詩經) 305편을 산정(刪定)한 후 한말]

▷ 刪定 산정　글의 글자나 구절을 깎고 다듬어 잘 정리함 = 刪修 산수
▷ 妖邪 요사　요망(妖妄)하고 간사(奸詐)함
▷ 詩經 시경　사서오경(四書五經)의 하나. 중국 최고(最古)의 시집, 대부분 민요로 구성
　　　　　　　주(周)나라 초기부터 춘추시대까지의 시 305편을 수록함.
　　　　　　　공자(孔子)가 편찬(編纂)하고 후에 정현(鄭玄)이 주해(註解)를 붙임

斯文亂賊 사문난적　이·이것 사 ㅣ 글월 문 ㅣ 어지러울 난(란) ㅣ 도둑·도적 적

성리학(性理學)에서, 주자의 교리(敎理)를 따르지 않고 사상(思想)에 어긋나는 언행을 하는 사람을
이르는 말

문왕(文王)과 주공(周公)이 남긴 학문과 사상을 사문(斯文)이라 하는데,
공자(孔子) 자신은 천명(天命)으로 사문(斯文)을 이어받았다고 자부(自負)한 고사에서 유래

▷ 斯文 사문　이 학문, 이 도(道), 유학의 도의나 문화, 유학자
▷ 斯界 사계　그 사회(社會) 또는 그 전문분야(專門分野)

娑婆 사바　범어 사 ㅣ 범어 바

중생(衆生)이 고통(苦痛)을 참고 견디며 살아가야 하는 복잡(複雜)하고 어지러운 이 세상

▐유의어▌ 紅塵 홍진, 俗世 속세, 世俗 세속, 俗塵 속진, 此岸 차안
　　　　　黃塵 황진, 囂塵 효진, 腥塵 성진, 飆塵 표진, 飈塵 표진
▐반의어▌ 彼岸 피안　이승의 번뇌(煩惱)를 해탈(解脫)하여 열반(涅槃)의 세계에 도달하는 경지
　　　　　仙界 선계, 仙境 선경, 仙鄉 선향
　　　　　武陵桃源 무릉도원　세속을 떠난 별천지[도연명(陶淵明)의 도화원기(桃花源記)]

事半功倍 사반공배 일·섬길 사 | 반 반 | 공 공 | 곱·갑절 배

일은 절반밖에 안했는데 공은 두 배라는 뜻, 들인 노력(努力)은 적고 얻은 성과(成果)는 큼을
비유하는 말. 노력에 비해 공이 큼. 불합리 하다는 말

* 出典: 孟子(맹자) 公孫丑上(공손추상) 管仲晏子章(관중안자장)

沙鉢農事 사발농사 모래 사 | 바리때 발 | 농사 농 | 일·섬길 사

밥사발에 짓는 농사라는 뜻, 밥을 빌어먹음의 비유

『유의어』 門前乞食 문전걸식, 浮萍轉蓬 부평전봉, 佩瓢 패표, 求乞 구걸
遊離乞食 유리걸식, 流離丐乞 유리개걸 정처 없이 떠돌며 빌어먹음

▷ 鉢盂 발우 바리때(절에서 사용하는 승려의 공양그릇)

沙鉢通文 사발통문 모래 사 | 바리때 발 | 통할 통 | 글월 문

호소문(呼訴文)이나 격문(檄文)등을 쓸 때에 누가 주모자인지 모르게 하기 위하여 서명(署名)에
참여(參與)한 사람들의 이름을 사발모양으로 둥글게 삥 돌려 적은 통문

▷ 衣鉢 의발 가사(袈裟)와 바리때. 승려가 죽을 때 자신의 가사와 바리때를 후계자에게
전하던 일에서, 스승이 전하는 교법(敎法)이나 불교의 깊은 뜻을 이르는 말

捨筏登岸 사벌등안 버릴 사 | 뗏목 벌 | 오를 등 | 언덕 안

뗏목[筏: 벌]을 버리고 기슭[岸: 안]에 오른다는 뜻, 강을 건널 때는 뗏목이 유용했으나
뭍에 도착(到着)하여 강기슭에 오를 때는 더 이상 필요 없으므로 버린다는 말
즉 목표(目標)를 이루고 나면 수단(手段)은 더 이상 필요 없으므로 버린다는 말

『유의어』 兔死狗烹 토사구팽 토끼가 잡혀 죽으면 사냥개는 쓸모없게 되어 삶아 먹힌다는 뜻
得魚忘筌 득어망전 물고기를 잡고나면 통발을 잊는다는 뜻
得意忘言 득의망언 뜻을 얻었으면 말은 잊는다는 뜻
모두 필요할 때는 쓰고 필요하지 않을 때는 야박(野薄)하게 버리는 경우를 이르는 말

* 出典: 金剛經(금강경)

瀉瓶 사병 쏟을·쏟아 부을 사 | 병·단지·항아리 병

한 병의 물을 한 방울도 흘리지 않고 그대로 다른 병에 쏟아 붓는다는 뜻으로
스승이 제자에게 교법을 조금도 남김없이 전해주는 것을 비유해 이르는 말

▷ 親炙 친자 스승에게 가까이해서 가르침을 직접 받음
▷ 私淑 사숙 가르침을 직접 받지는 않았으나 그 사람의 인격이나 학문을 본으로 삼고 배움.

▷ **師事** 사사　스승으로 섬김. 스승으로 삼고 가르침을 받음

▷ **傾倒** 경도　기울여 담긴 것을 다 쏟음. 마음을 기울여 사모하거나 열중함.

四分五裂 사분오열　넉 사 | 나눌 분 | 다섯 오 | 찢어질·찢을 열(렬)

1. 넷으로 나뉘고 다섯으로 갈기갈기 찢어짐
2. 질서(秩序)없이 어지럽게 여러 갈래로 흩어짐
3. 천하(天下)가 나뉘어져 심히 어지러워짐

「유의어」 **三分五裂** 삼분오열, **群雄割據** 군웅할거

▷ **四捨五入** 사사오입　반올림. 근사 값을 구하는 경우에 4는 버리고 5는 올림

* 出典: 戰國策(전국책) 魏策(위책)

駟不及舌 사불급설　사마(駟馬) 사 | 아닐 불 | 미칠·이를 급 | 혀 설

아무리 빠른 사마(駟馬)라도 혀를 놀려서 하는 소문이 퍼지는 속도는 따라잡지 못한다는 뜻
즉 나쁜 소문(所聞)은 순식간에 퍼지는 것이므로 말을 조심(操心)하라는 말

「유의어」 **駟馬難追** 사마난추, **舌底有斧** 설저유부

　　　　禍從口生 화종구생, **禍從口出** 화종구출, **口禍之門** 구화지문

▷ **舌禍** 설화　1. 강연이나 연설 등이 법률에 저촉되거나 남을 화나게 하여 받는 재난
　　　　　　2. 남의 험담이나 중상 따위로 입는 재난.

* 出典: 論語(논어) 顔淵篇(안연편)

死不瞑目 사불명목　죽을 사 | 아닐 불 | 눈감을 명 | 눈 목

한(恨)이 많아 죽어서도 눈을 편히 감지 못함. 죽는데 눈을 감지 못함

「유의어」 **死不顧目** 사부전목　죽을 때조차도 마음에 맺힌 걱정이 있어 편히 죽지 못함

▷ **瞑想** 명상　눈을 감고 고요히 생각함 = **冥想** 명상

▷ **賜死** 사사　죽일 죄인을 대우(待遇)하여 사약(賜藥)을 내려 스스로 죽게 하던 일

邪不犯正 사불범정　간사할 사 | 아닐 불 | 범할·욕보일 범 | 바를 정

요사(妖邪)스럽고 바르지 못한 것이 감히 바른 것을 범하지 못함. 곧 정의(正義)가 반드시
승리(勝利)한다는 말

「유의어」 **事必歸正** 사필귀정　모든 일은 반드시 바른길로 돌아감

　　　　破邪顯正 파사현정　사견(邪見)·사도(邪道)를 파괴해서 정법(正法)을 드러냄.

　　　　衞正斥邪 위정척사, **斥邪衞正** 척사위정

조선 후기에, 정학(正學)·정도(正道)로서의 주자학을 지키고 사학(邪學)·사도(邪道)로서의
천주교를 물리치려던 주장

▷ 邪惡 사악　간사(奸詐)하고 악(惡)함

* 出典: 隋唐嘉話(수당가화) 太平廣記(태평광기)

闍鼻多法 사비다법　사리 사 / 망루·성문 도 ｜ 코 비 ｜ 많을 다 ｜ 법·도리 법
불교식으로 시신(屍身)을 화장(火葬)하는 법

『유의어』 茶毘法 다비법, 焚燒法 분소법, 闍毘法 사비법, 闍維法 사유법

仕非爲貧 사비위빈　벼슬할·섬길 사 ｜ 아닐 비 ｜ 할 위 ｜ 가난할 빈
벼슬은 곤궁(困窮)함을 면하려고 하는 것이 아니라는 뜻, 관리(官吏)가 된 자는 가난이나
면해보려고 벼슬을 하면 아니 된다는 말로, 관리가 된 자는 천하에 도(道)와 덕(德)을
펴려는 포부(抱負)를 갖고 벼슬해야 함을 이르는 말

▷ 仕樣 사양　품목(品目). 설계구조
▷ 攬轡澄淸 남비징청　말의 고삐를 잡고 천하를 깨끗이 한다는 뜻으로 처음 관직을 받아
　　　　　　　　　　　나아갈 때 어지러운 정치를 바로잡겠다는 큰 뜻을 품고 부임함을 비유

* 出典: 孟子(맹자)

砂上樓閣 사상누각　모래 사 ｜위 상 ｜ 다락 누(루) ｜ 집·문설주 각
모래 위에 지은 누각(樓閣)이라는 뜻, 어떤 일이나 사물의 기초(基礎)가 튼튼하지 못하여 오래
견디지 못할 일이나 물건을 이르는 말. 정책(政策)이나 사상(思想)에 있어서도 그 기반(基盤)이
단단하지 못한 경우(境遇)에 사용함

『유의어』 沙上樓閣 사상누각

▷ 蜃氣樓 신기루, 空中樓閣 공중누각, 海市 해시
　1. 이무기가 토해낸 기운이 만들어 놓은 건물
　2. 빛의 굴절현상에 의하여 공중이나 땅위에 무엇인가 있는 것처럼 보이는 현상
　3. 홀연히 나타나 짧은 시간동안 유지되다가 사라지는 아름답고 환상적인 현상

泗上弟子 사상제자　물이름 사 ｜ 위 상 ｜ 아우 제 ｜ 아들 자
공자의 제자(弟子). 공자의 문하생(門下生)
공자가 회수(淮水)의 지류인 사수(泗水)변에서 제자를 가르쳤다는 고사에서 유래

『유의어』 滿門桃李 만문도리, 桃李滿門 도리만문
　　　　　門墻桃李 문장도리, 桃李門前 도리문전

▷ 門墻 문장 스승의 문하(門下) / 桃李 도리 스승이 길러낸 뛰어난 제자

▷ 泗水 사수 중국 산동 성을 흐르는 강으로 곡부(曲阜)와 가까움

* 出典: 史記(사기)

死生關頭 사생관두 죽을 사 | 날·살 생 | 빗장 관 | 머리 두

죽느냐 사느냐의 매우 위태(危殆)로운 고비

유의어 生死關頭 생사관두

▷ 死生決斷 사생결단 죽고 사는 것을 생각하지 않고 끝장을 내려고 함

▷ 生死 생사 사는 일과 죽는 일. 삶과 죽음 / 關頭 관두 가장 중요한 지경

捨生取義 사생취의 버릴 사 | 날·살 생 | 취할·가질 취 | 옳을 의

목숨을 버리고 의(義)를 좇는다는 뜻, 목숨을 버릴지언정 옳은 일을 함을 이르는 말

유의어 殺身成仁 살신성인, 殺身立節 살신입절

▷ 捨生之心 사생지심 자기의 목숨을 버리면서까지 희생(犧牲)하려는 마음

* 出典: 孟子(맹자) 告子(고자)

四書五經 사서오경 넉 사 | 글 서 | 다섯 오 | 글 경

사서와 오경 즉 유가(儒家)의 기본적인 경전(經典)의 총칭

▷ 四書 사서 논어(論語)·맹자(孟子)·중용(中庸)·대학(大學)

▷ 五經 오경 시경(詩經)·서경(書經)·주역(周易)·예기(禮記)·춘추(春秋)

▷ 書如其人 서여기인 글씨는 그 사람과 같다는 뜻으로
글씨 속에 그 사람의 인품과 인격이 있다는 뜻

▷ 經綸 경륜 포부를 가지고 일을 조직적으로 계획함. 또는 그 포부나 계획.
나라를 다스림. 또는 나라를 다스리는 데 필요한 경험과 능력.

射石爲虎 사석위호 쏠 사 | 돌 석 | 할 위 | 범 호

바위를 범[虎: 호]인줄 알고 한 번에 죽이겠다는 일념으로 화살을 쏘았더니 바위에 박혔다는 뜻
집중하면 바위도 뚫음. 한 가지 집념(執念)을 굳게 가지면 안 되는 일이 없다는 말

유의어 中石沒鏃 중석몰촉, 中石沒矢 중석몰시, 立石矢 입석시

精神一到 何事不成 정신일도 하사불성, 金石爲開 금석위개

* 出典: 呂氏春秋(여씨춘추)

捨小取大 사소취대 버릴 사 | 작을 소 | 취할·가질 취 | 큰 대
작은 것을 버리고 큰 것을 취한다는 뜻
1. 큰 것을 얻기 위하여 작은 것을 희생(犧牲)할 줄 알아야 한다는 말
2. 작은 이익(利益)을 탐(貪)하지 않고 크고 중요한 것에 의미를 둔다는 말

[반의어] 小貪大失 소탐대실　작은 것을 탐내다가 큰 것을 잃음

惜指失掌 석지실장　손가락을 아끼려다 손바닥을 잃음

▷ 取捨選擇 취사선택　취할 것과 버릴 것을 가림

私淑 사숙 사사·개인 사 | 사모할·맑을 숙
직접 가르침을 받을 수는 없으나 마음속으로 존경하는 어떤 사람의 인격이나 학문을 본으로
삼고 배움 [사(私)는 은밀히 또는 남몰래 마음속으로, 숙(淑)은 사모하다 또는 본을 삼다]

[반의어] 親炙 친자　스승에게서 직접 가르침을 전수받음
▷ 瀉瓶 사병　한 병의 물을 한 방울도 흘리지 않고 그대로 다른 병에 쏟아 붓는다는 뜻으로
　　　　　　스승이 제자에게 교법을 조금도 남김없이 전해주는 것을 비유해 이르는 말
▷ 師事 사사　스승으로 섬김. 스승으로 삼고 가르침을 받음
▷ 傾倒 경도　기울여 담긴 것을 다 쏟음. 마음을 기울여 사모하거나 열중함.
▷ 淑女 숙녀　교양(敎養)·예의(禮儀)·품격(品格)을 갖춘 여인을 아름답게 이르는 말

死僧習杖 사승습장 죽을 사 | 중 승 | 익힐 습 | 지팡이·몽둥이 장
죽은 중의 볼기를 친다는 뜻, 저항(抵抗)할 힘이 없는 사람에게 폭행(暴行)을 가하거나
위엄(威嚴)을 부림을 비유. 약자에게 권위(權威)를 보임
▷ 僧侶 승려　출가하여 불도를 닦는 사람. 중 = 髡客 취객, 髡頭 곤두
▷ 棍杖 곤장　죄를 다스릴 때 볼기를 치던 형구[刑具 = 刑罰(형벌)]

四時長春 사시장춘 넉 사 | 때 시 | 길 장 | 봄 춘
사철 어느 때나 늘 봄빛 같음 또는 늘 잘 지냄을 비유하는 말
▷ 四時春風 사시춘풍　누구에게나 좋게 대하여 호감을 사는 일 = 두루춘풍

捨身供養 사신공양 버릴 사 | 몸 신 | 이바지할 공 | 기를 양
보리(菩提)를 위해 손·발·살 또는 전신을 부처나 보살에게 바침
▷ 菩提 보리　불타 정각(正覺)의 지혜(智慧)를 얻기 위해 닦는 도
▷ 捨身行 사신행　목숨을 아끼지 않고 닦는 수행(修行)

▷ 捨身成道 사신성도 속세(俗世)를 떠나 불문(佛門)에 들어가 도를 이룸

蛇身人首 사신인수 뱀 사 | 몸 신 | 사람 인 | 머리 수

뱀의 몸에 사람의 머리, 중국 상고시대의 제왕(帝王) 복희씨(伏羲氏)의 괴상(怪狀)한 모양을 비유

▷ 伏羲氏 복희씨 고대 중국 전설상의 제왕. 삼황오제의 한 사람
　　　　　　　　　　팔괘를 처음 만들고 그물을 발명하여 고기 잡는 방법을 가르침

蛇心佛口 사심불구 뱀 사 | 마음 심 | 부처 불 | 입 구

뱀의 마음과 부처의 입이란 뜻, 마음은 간악(奸惡)하면서 입으로는 착한 말을 꾸밈

[유의어] 口蜜腹劍 구밀복검, 陽奉陰違 양봉음위, 噂沓背憎 준답배증
　　　　　面從腹背 면종복배, 面從後言 면종후언, 笑裏藏刀 소리장도
　　　　　佛口蛇心 불구사심, 陽奉陰違 양봉음위, 笑中刀 소중도

▷ 蛇蝎視 사갈시 뱀이나 전갈을 보듯이 함. 어떤 것을 끔찍이 싫어함을 비유하는 말

四十初襪 사십초말 넉 사 | 열 십 | 처음 초 | 버선 말

나이 마흔에 첫 버선, 즉 뒤늦게 늙어서야 비로소 일을 제대로 해본다는 말

어떤 아내가 남편나이 40세에 처음 버선을 지어서 남편이 그 버선을 신고 출근(出勤)했는데
하도 볼품이 없어서 주위(周圍)에 놀림을 받았다는 옛날 어느 부부의 일화(逸話)에서 유래

▷ 鞋襪 혜말 신과 버선 / 洋襪 양말 맨발에 신도록 실이나 섬유로 짠 것

▷ 芒鞋 망혜 미투리, 짚신[볏짚으로 삼은 신] = 麻鞋 마혜, 繩鞋 승혜

* 出典: 松南雜識(송남잡지)

使羊將狼 사양장랑 하여금·부릴 사 | 양 양 | 거느릴 장 | 이리 랑

양으로 하여금 이리의 무리를 이끌게 한다는 뜻, 약자를 앞세워 강자의 무리를 이끌게 한다는 말

[유의어] 羊將狼 양장랑

▷ 豺狼 시랑 승냥이와 이리 / 羆熊 비웅 곰, 용사(勇士) / 靑鼠毛 청서모(청설모)

▷ 虎狼 호랑 범과 이리라는 뜻으로 욕심이 많고 잔인한 사람의 비유

▷ 使令 사령 명령하여 일을 시킴. 관아(官衙)에서 심부름하던 사람

* 出典: 史記(사기)

士爲知己者死 사위지기자사

선비 사 | 할 위 | 알 지 | 몸·자기 기 | 놈 자 | 죽을 사

선비는 자기를 알아주는 이를 위하여 죽는다는 뜻, 선비는 자기의 인격(人格)을 존중하여 주는
사람을 위하여 기꺼이 목숨을 버려 그 지우(知遇)에 보답(報答)한다는 말

⌈유의어⌋ 女爲悅己者容 여위열기자용
여인은 자기를 기쁘게 해주는 남자를 위하여 화장을 한다는 말

國士遇之國士報之 국사우지국사보지
자기를 국사로 대우해주면 국사로 갚는다는 말. 즉 대우에 걸맞게 처신한다는 말

▷ **知遇** 지우   자기의 인격·학식을 알아보고 남이 후히 대우(待遇)함

* 出典: 史記(사기) 豫讓傳(예양전)

事有終始 사유종시 일 사 ㅣ 있을 유 ㅣ 끝 종 ㅣ 처음·비로소 시

모든 일에는 처음과 끝이 있음

▷ **有始有終** 유시유종   처음도 있고 끝도 있다는 뜻, 시작한 일을 끝까지 마무리함을 이름

▷ **始終一貫** 시종일관, **終始一貫** 종시일관   처음부터 끝까지 한결같이 함

= **始終如一** 시종여일, **終始如一** 종시여일

▷ **事實無根** 사실무근   사실에 근거(根據)가 없음. 사실과 다름. 터무니없음

▷ **事犯** 사범   법적인 처벌을 받을 만한 행위 또는 그런 행위를 한 사람

* 出典: 大學(대학)

死而無悔 사이무회 죽을 사 ㅣ 말 이을(그러나) 이 ㅣ 없을 무 ㅣ 뉘우칠 회

죽어도 후회(後悔)하지 않는다는 뜻, 무모(無謀)한 행동을 비유하는 말

⌈유의어⌋ 赴湯蹈火 부탕도화, **赴湯投火** 부탕투화, **赴湯冒火** 부탕모화
끓는 물이나 타오르는 불길 속에도 마다하지 않고 들어간다는 뜻으로
물불을 가리지 않고 위험(危險)을 무릅쓰고 용감(勇敢)하게 뛰어든다는 말

暴虎馮河 포호빙하   맨손으로 범을 때려잡고 걸어서 황하(黃河)를 건넌다는 뜻,
용기(勇氣)는 있으나 무모(無謀)함을 이르는 말

* 出典: 論語(논어)

死而不亡 사이불망 죽을 사 ㅣ 말 이을(그러나) 이 ㅣ 없을 무 ㅣ 망할·없어질 망

죽어도 죽지 않는다는 뜻, 몸은 죽어도 유덕은 잊혀 지지 않는 것이 바로 오래 사는 것이라는 말

⌈유의어⌋ 流芳百世 유방백세   훌륭한 명성(名聲)이 후세에 길이길이 전함

死且不朽 사차불후   몸은 죽어도 썩지 않는다는 뜻. 명성만은 후세에 길이 전함

竹帛垂名 죽백수명, **垂名竹帛** 수명죽백, **名傳千秋** 명전천추
이름이 역사책에 실려 후세에 길이길이 전하여진다는 말

山高水長 산고수장　산은 높이 솟고 큰 강은 길게 흐른다는 뜻으로
인자(仁者)나 군자(君子)의 덕이 뛰어남을 비유한 말

『만의어』 遺臭萬年 유취만년　더러운 이름을 후세에 오래도록 남김

* 出典: 老子(노자)

似而非 사이비　같을 사 | 말 이을(그러나) 이 | 아닐 비

겉으로 보기에는 비슷한 것 같으나 실지(實地)로는 아주 다른 가짜. 겉과 속이 완전 다름

『유의어』 似是而非 사시이비, 似而非者 사이비자

魚目燕石 어목연석　물고기의 눈과 중국 연산(燕山)에서 나는 돌은
구슬과 비슷하기는 하나, 구슬은 아니라는 뜻

▷ 類似 유사　서로 비슷함 / 恰似 흡사　거의 같을 정도로 비슷함 = 酷似 혹사

* 出典: 孟子(맹자) 盡心章下(진심장하)

事已至此 사이지차　일 사 | 이미 이 | 이를 지 | 이·이것 차

일이 이미 여기까지 이르렀다는 뜻, 후회(後悔)해도 소용(所用)없음을 비유하는 말

『유의어』 後悔莫及 후회막급, 噬臍莫及 서제막급, 晩時之歎 만시지탄

死後藥方文 사후약방문, 死後淸心丸 사후청심환

死而後已 사이후이　죽을 사 | 말 이을 이 | 뒤 후 | 이미 이

죽은 뒤에야 일을 그만둔다는 뜻, 살아 있는 한 있는 힘을 다하여 그 일에 끝까지 힘씀

『유의어』 碎首灰塵 쇄수회진, 靡不用極 미불용극, 摩頂放踵 마정방종, 糜軀 미구

粉身靡骨 분신미골, 糜軀碎首 미구쇄수, 殫竭心力 탄갈심력

不遺餘力 불유여력　힘을 남기지 않음. 즉 있는 힘을 다함

粉骨碎身 분골쇄신　뼈가 가루가 되고 몸이 부서진다는 뜻

* 出典: 三國志(삼국지: 諸葛亮[제갈량])

斯人斯疾 사인사질　이것·이 사 | 사람 인 | 병 질

'이런 아까운 인물이 이런 병에 걸리다니!' 라는 뜻
중병에 걸린 사람을 문안(問安)하거나 죽은 사람을 조문(弔問)하는 경우에 주로 쓰이는 말

▷ 易簀 역책　학덕(學德)이 높은 선비의 죽음이나 임종(臨終)을 이르는 말
[증자(曾子)가 죽을 때 삿자리를 바꾸어 깔았다는 고사에서 유래]

▷ 蘭摧玉折 난최옥절　난초가 꺾이고 옥이 부서짐. 현인(賢人)이나 가인(佳人)의 죽음

▷ 玉碎 옥쇄 옥처럼 아름답게 부서짐. 명예나 충절을 위해 깨끗이 죽음 ↔ 瓦全 와전

* 出典: 論語(논어) 雍也篇(옹야편)

射人先射馬 擒賊先擒王 사인선사마 금적선금왕
쏠 사 | 사람 인 | 먼저 선 | 말 마 | 사로잡을 금 | 도둑 적 | 먼저 선 | 임금 왕

사람을 쏘려면 먼저 그 사람이 탄 말을 쏘고 도적(盜賊)을 잡으려면 먼저 두목(頭目: 王)을
잡으라는 말

▷ 七縱七擒 칠종칠금, 縱擒 종금
   일곱 번 놓아주고 일곱 번 사로잡는다는 뜻. 삼국지에서 제갈공명이 적장 맹획을
   마음대로 잡았다 놓아주었다 함을 이르는 말

▷ 逮捕 체포 1. 죄인을 쫓아가서 잡음   2. 검사·사법 경찰관 등이 법관이 발부하는
               영장에 따라 피의자를 잡아서 일정 기간 억류(抑留)하기 위한 강제 수단.

* 出典: 杜甫(두보) 前出塞(전출새) 9수

獅子奮迅 사자분신 사자 사 | 아들 자 | 떨칠 분 | 빠를 신
사자(獅子)가 성낸 듯 세찬기세로 돌진(突進)한다는 뜻, 어떤 목표에 대해 맹렬(猛烈)한 기세로
있는 힘을 다하여 싸운다는 말

『유의어』 獅子奮迅之勢 사자분신지세

▷ 興奮 흥분 감정(感情)이 북받쳐 일어남 또는 그 감정

▷ 迅速 신속 날쌔고 빠름 = 敏捷 민첩 재빠르고 날쌤

獅子吼 사자후   사자 사 | 아들 ·어조사 자 | 울·아우성 칠 후
사자[獅子: 맹수의 왕]의 울부짖음
1. 크게 부르짖으며 열변(熱辯)을 토(吐)하는 연설(演說)
2. 부처의 위엄(威嚴)있는 설법에 모든 짐승이 두려워하고 굴복(屈伏)함을 비유하는 말

▷ 猊下 예하 승려에게 보내는 서장(書狀)의 한 옆에 써서 경의를 나타내는 말

▷ 雄辯 웅변 조리가 있고 힘차게 거침이 없이 당당하게 말함(그런 말이나 연설)

使錢如水 사전여수 하여금·부릴 사 | 돈 전 | 같을 여 | 물 수
돈을 아끼지 않고 흥청망청 물 쓰듯 함. 물 쓰듯 돈을 씀

▷ 使嗾 사주 남을 부추겨 좋지 않은 일을 시킴 = 唆囑 사촉, 教唆 교사

▷ 화수분: 재물이 자꾸 생겨 아무리 써도 줄지 않음을 이르는 말

事齊事楚 사제사초 섬길 사 | 제나라 제 | 섬길 사 | 초나라 초

제(齊)나라를 섬겨야 할지 초(楚)나라를 섬겨야 할지, 중간에 끼어서 이러지도 저러지도 못하는 난처(難處)한 경우를 비유하는 말

유의어 間於齊楚 간어제초, 鯨戰蝦死 경전하사

* 出典: 孟子(맹자) 梁惠王章句篇(양혜왕장구편)

蛇足 사족 뱀 사 | 발 족

뱀의 발이라는 뜻, 쓸데없는 짓을 비유하는 말. 쓸데없는 행위로 일을 망침

친구들과 뱀을 그리는 내기에서, 뱀을 다 그리고 나서 시간이 남아 없는 발까지 덧붙여 그려 넣어 오히려 내기에서 졌다는 고사에서 유래. 즉 쓸데없는 군일을 하여 도리어 잘못됨을 비유

유의어 畫蛇添足 화사첨족

▷ 蛟蛇 교사 구렁이나 이무기[대망: 大蟒]를 통틀어 이르는 말

四柱八字 사주팔자 넉 사 | 기둥 주 | 여덟 팔 | 글자·문자 자

사주[四柱: 年·月·日·時]의 간지(干支)가 되는 여덟 글자. 사주(四柱)에 따라 운명(運命)이 정해져 있다고 믿어 '타고난 운수(運數)'라는 뜻

▷ 天干 천간 갑(甲)·을(乙)·병(丙)·정(丁)·무(戊)·기(己)·경(庚)·신(辛)·임(壬)·계(癸)

▷ 地支 지지 자(子)·축(丑)·인(寅)·묘(卯)·진(辰)·사(巳)·오(午)·미(未)·신(申)·유(酉)·술(戌)·해(亥)

死中求活 사중구활 죽을 사 | 가운데 중 | 구할 구 | 살 활

죽을 고비에서 한 가닥 살길을 찾아낸다는 뜻, 난국(難局)을 타개(打開)하기 위해 위험한 상태에 감히 뛰어듦을 이르는 말

유의어 死中求生 사중구생

▷ 活路 활로 고난을 헤치고 살아 나갈 수 있는 길

▷ 打開 타개 어렵거나 막힌 일을 처리(處理)하여 해결(解決)의 길을 엶

* 出典: 後漢書(후한서)

沙中偶語 사중우어 모래 사 | 가운데 중 | 짝·인형 우 | 말씀 어

신하(臣下)들이 임금을 폐위(廢位)시킬 역모(逆謀: 반역을 꾀함)를 꾸밈

한(漢)고조 때 벼슬을 얻지 못한 신하들이 모래밭에 앉아서 마주보고 역모(逆謀)를 꾸몄다는 고사에서 유래

유의어 謀反 모반 국가나 조정 또는 군주를 배반하여 군사를 일으킴 = 內亂罪 내란죄

不軌之心 불궤지심 법이나 도리에 벗어나는 마음 또는 반역을 꾀하는 마음

▷ 沙汰 사태 산비탈이나 언덕의 암석과 토양이 지진이나 **충격(衝擊)** 등으로 붕괴(崩壞)하여
떨어지거나 미끄러져 무너져 내려앉는 일

* 出典: 史記(사기)

使之聞之 사지문지 부릴·하여금 사 | 어조사 지 | 들을 문 | 어조사·이(것) 지
이것을 다른 사람에게 시켜서 이것을 또 다른 남이 듣게 한다는 뜻
자기의 뜻을 다른 사람(A)을 시켜 간접적으로 또 다른 사람(B)에게 전한다는 말

▷ 勞使 노사 노동자[고용인: 雇傭人]와 사용자[고용인: 雇用人]

巳進申退 사진신퇴 여섯째 지지 사 | 나아갈 진 | 아홉째지지 신 | 물러날 퇴
조선시대 때 벼슬아치들이 아침 사시[巳時: 오전 9~11시]에 출근하고
저녁 신시[申時: 오후 3~5시]에 퇴근하던 일

▷ 出處進退 출처진퇴 벼슬에 나아가고 집안에 들어앉고 나아가고 물러나는 처세술

死且不避 사차불피 죽을 사 | 또·장차 차 | 아닐 불 | 피할 피
죽을지언정 피하지 아니한다는 뜻
1. 죽는 한이 있어도 피할 수는 없음
2. 죽음도 피하지 않는데 다른 것은 말할 필요조차 없음. 물러서지 않음

▷ 事此不避 사차불피 문체(文體)에서 이일을 피할 수 없음

▷ 轢死 역사 기차·자동차 등에 치여 죽음

死且不朽 사차불후 죽을 사 | 또·장차 차 | 아닐 불 | 썩을 후
죽더라도 썩지 않는다는 뜻, 몸은 죽어 없어져도 명성(名聲)만은 후세에 길이 전함을 비유

【유의어】 死而不亡 사이불망, 流芳百世 유방백세, 山高水長 산고수장
垂名竹帛 수명죽백 이름이 역사책에 실려 후세에 길이 전해짐

【유의어】 遺臭萬年 유취만년 더러운 이름을 후세에 오래도록 남김

* 出典: 春秋左氏傳(춘추좌씨전)

四通八達 사통팔달 넉 사 | 통할 통 | 여덟 팔 | 이를·통달할 달
1. 길이 이리저리 사방으로 편리(便利)하게 통한다는 뜻
= 四通五達 사통오달, 四達五通 사달오통
2. 모르는 것이 없는 박식(博識)한 사람을 말함

= 萬物博士 만물박사, 無不通知 무불통지, 博學多識 박학다식

博物君子 박물군자 온갖 사물에 대해 잘 아는 사람

事必歸正 사필귀정 일 사 | 반드시 필 | 돌아갈 귀 | 바를 정

무슨 일이든 모든 일은 반드시 바른 이치(理致)대로 돌아감

「유의어」 因果應報 인과응보 과거나 전생의 선악(善惡)의 업(業) 인연(因緣)에 따라서
뒷날 길흉화복(吉凶禍福)의 갚음을 받게 됨을 이르는 말

邪不犯正 사불범정 정의(正義)는 반드시 이긴다는 말

破邪顯正 파사현정 사견(邪見)·사도(邪道)를 파괴해서 정법(正法)을 드러냄

種瓜得瓜 종과득과, 種豆得豆 종두득두 원인이 있으면 결과가 생김

四海兄弟 사해형제 넉 사 | 바다 해 | 맏·형 형 | 아우 제

사해(四海)란 곧 온 천하(天下)를 가리키는 뜻, 천하의 모든 사람들은 모두 형제요 동포(同胞)라는
말

「유의어」 四海同胞 사해동포

▷ 僑胞 교포 외국에 정착(定着)하여 그 나라 국민으로 살고 있는 동포(同胞)

* 出典: 論語(논어) 顏淵篇(안연편)

四海爲家 사해위가 넉 사 | 바다 해 | 할 위 | 집 가

1. 온 천하를 다 제집으로 삼는다는 뜻 또는 임금의 업적(業績)이 매우 큼을 비유하는 말
2. 세상 어디에도 집은 있다는 뜻, 천하를 떠돌아 다녀서 일정하게 머무는 곳이 없음을 비유하는 말

* 出典: 史記(사기)

死灰復燃 사회부연 죽을 사 | 재 회 | 다시 부 | 불사를·불탈 연

꺼진 재가 다시 불타오른다는 뜻
1. 세력을 잃었던 사람이 다시 득세(得勢)함 = 再起 재기
2. 곤경(困境)에 처해 있던 사람이 다시 훌륭하게 됨을 비유하는 말

「유의어」 捲土重來 권토중래 한 번 패하였다가 세력을 회복하여 다시 쳐들어옴

東山再起 동산재기, 再起東山 재기동산
동산에서 다시 일어난다는 뜻으로 실패한 사람이 재기하여 다시 세상에 나옴

臥薪嘗膽 와신상담, 嘗膽 상담
섶에 누워 쓸개를 맛본다는 뜻으로 원수를 갚거나 마음먹은 일을 이루려고
괴로움과 어려움을 참고 견딤.

▷ **七顚八起** 칠전팔기　일곱 번 넘어지고 여덟 번 일어난다는 뜻으로
　　　　　　　　　　　　　여러 번 실패(失敗)해도 굴하지 않고 노력함을 이르는 말.

* 出典: 史記(사기) 韓長孺列傳(한장유열전)

死後藥方文 사후약방문　죽을 사 | 뒤 후 | 약 약 | 의술·모 방 | 글월 문
죽은 뒤에 약방문을 쓴다는 뜻, 이미 때를 놓치고 난 뒤에 기울이는 헛된 노력을 비유하는 말

유의어 後悔莫及 후회막급, 後悔莫甚 후회막심, 噬臍莫及 서제막급
　　　亡羊補牢 망양보뢰, 亡牛補牢 망우보뢰, 死後淸心丸 사후청심환
　　　事已至此 사이지차　일이 이미 여기까지 이름. 후회해도 소용없음

* 出典: 旬五志(순오지)

削足適履 삭족적구　깎을 삭 | 발 족 | 맞을·갈 적 | 신 구
발을 깎아 신에 맞춘다는 뜻, 신을 발에 맞추어 골라 신지 않고 발을 깎아 신에 맞춘다는 말로
순서를 뒤바꾸고 불합리하게 처리하는 어리석은 행위를 비유하는 말. 즉 말도 안 되는 일

유의어 刖趾適屨 월지적구, 削足適履 삭족적리, 冠履顚倒 관리전도
　　　客反爲主 객반위주, 主客顚倒 주객전도, 本末顚倒 본말전도
　　　주인과 손의 위치가 서로 뒤바뀐다는 뜻, 사물의 경중·선후·완급 등이 서로 뒤바뀜

▷ **削除** 삭제　깎아서 없애거나 지워 버림 ↔ **添加** 첨가　덧붙임. 더 넣음

削奪官職 삭탈관직　깎을 삭 | 빼앗을 탈 | 벼슬 관 | 직분·벼슬 직
죄지은 사람의 벼슬과 품계(品階)를 빼앗고 벼슬아치의 명부(名簿)에서 그 이름을 지우던 일

유의어 削職 삭직, 封庫 봉고, 削奪官爵 삭탈관작, 封庫罷黜 봉고파출
　　　封庫罷職 봉고파직　어사(御史)나 감사가, 부정을 저지른 한 고을의 원을
　　　　　　　　　　　　파면(罷免)시키고 관가의 창고를 봉해 잠그던 일
　　　放逐鄕里 방축향리　조선시대 때 벼슬을 삭탈하고 제 고향으로 내쫓던 형벌

▷ **添削** 첨삭　시문·답안 등의 일부를 보충하거나 삭제하여 고침 = **增刪** 증산, **添竄** 첨찬

山鷄野鶩 산계야목　뫼 산 | 닭 계 | 들 야 | 집오리 목
산에 있는 닭, 즉 꿩과 들오리라는 뜻. 성미가 거칠고 사나운 동물로 자기 마음대로 하기를
좋아하고 남의 말을 듣지 않는 사람을 비유하는 말

▷ **雉** 꿩: 치 / **鷺** 해오라기: 로 / **鵝** 거위: 아 **鴨** 압 **鳧** 부: 오리 / **鷹** 매: 응
▷ **山砦** 산채　산에 돌이나 목책 등을 둘러쳐 만든 진터 또는 산적들의 소굴 = **山寨** 산채

山高水長 산고수장 뫼산 | 높을고 | 물수 | 길장

산은 높고 물은 유유(悠悠)히 흐른다는 뜻, 군자(君子)의 인품이 고귀하고 절조(節操)가 있음

군자의 덕행이 높고 한없이 오래 전하여 내려오는 것을, 산의 우뚝 솟음과 유유히 흐르는
큰 강에 비유해 이르는 말

유의어 流芳百世 유방백세, 流芳後世 유방후세, 垂名竹帛 수명죽백
　　　 死而不亡 사이불망, 萬古流芳 만고유방, 竹帛垂名 죽백수명
　　　 死且不朽 사차불후　몸은 죽어 없어져도 명성만은 후세에 길이 전함

▷ 悠長 유장　길고 오래다. 급하지 않고 느릿함 ↔ 性急 성급　성미가 팔팔하고 급함

山窮水盡 산궁수진 뫼산 | 다할궁 | 물수 | 다될진

산이 앞을 가로 막고 물줄기가 끊어져 더 나아갈 길이 없다는 뜻, 막다른 궁지(窮地)에 다다름을
비유하는 말

유의어 山盡水窮 산진수궁, 山盡海渴 산진해갈
　　　 刀折矢盡 도절시진　칼이 부러지고 화살 다 써서 떨어짐

▷ 無窮無盡 무궁무진　한이 없고 끝이 없음

▷ 山祇 산기　산신령(山神靈) = 山君 산군, 山靈 산령, 山神 산신

山溜穿石 산류천석 뫼산 | 방울져 떨어질·처마물 류 | 뚫을천 | 돌석

산에서 방울져 떨어지는 작은 물방울이 바위를 뚫는다는 뜻, 작은 노력이라도 끈기 있게 계속하면
큰일을 이룰 수 있다는 말

유의어 水滴穿石 수적천석, 點積穿石 점적천석
　　　 愚公移山 우공이산　우공이 태산을 옮긴다는 말. 끈기를 갖고 계속 행한다는 말
　　　 鐵杵磨鍼 철저마침　쇠공이를 갈아 바늘을 만듦. 끈기를 갖고 계속 행한다는 말
　　　 積土成山 적토성산　흙이 쌓여 산을 이룬다. 티끌모아 태산
　　　 積水成淵 적수성연　물이 모여 못을 이룬다. 티끌모아 태산

* 出典: 鶴林玉露(학림옥로: 宋[송]나라 羅大經[나대경])

山上垂訓 산상수훈 뫼산 | 위상 | 드리울수 | 가르칠훈

예수가 갈릴리 호숫가에 있는 산 위에서, 그리스도인으로서 갖추어야 할 덕에 관하여 행한
설교(說敎)

유의어 山上寶訓 산상보훈

▷ **垂簾** 수렴　발을 드리움. 발을 내림

▷ **家訓** 가훈　집안 어른이 자손들에게 주는 가르침 ＝ **家敎** 가교, **庭誥** 정고

傘壽 산수　우산 산 | 목숨 수

우산(雨傘)의 나이라는 뜻, 사람나이 팔십(80)세를 이르는 말

[유의어] 八旬 팔순, 八耋 팔질, 八秩 팔질, 杖朝 장조

▷ **傘 산**: 八과 十 사이에 사람[人: 인]이 있는 모양에서 유래함

▷ **半壽** 반수　절반의 나이, 81세. **半**을 파자(破字)하면 **八十一**이 되는데서 유래

▷ **耄耋** 모질　나이가 들어 늙음. 나이 들어 늙은 사람

▷ **耆耈** 기구　늙은이(60세~90세)

山陽聞笛 산양문적　뫼 산 | 볕 양 | 들을 문 | 피리 적

산양 땅에서 피리소리를 듣고 옛 생각을 함. 즉 옛 친구를 그리워하는 마음

진(晉)나라의 향수(向秀)가 고향인 산양(山陽)땅을 지나가다가 누군가의 피리소리를 듣고
문득 어린 시절 같이 놀던 벗들을 그리워하며 사구부(思舊賦)라는 시(詩)를 지었다는 고사에서 유래

▷ **霧笛** 무적　안개가 끼었을 때 경고신호로 울리는 고동[등대나 배에 장치함]

＊ 出典: 晉書(진서) 向秀傳(향수전)

山紫水明 산자수명　뫼 산 | 자줏빛 자 | 물 수 | 밝을 명

산은 자줏빛으로 선명(鮮明)하고 물은 맑다는 뜻, 산수의 경치(景致)가 썩 아름다움을 이르는 말

[유의어] 山明水紫 산명수자, 山明水麗 산명수려
山明水淸 산명수청, 山紫水麗 산자수려, 山紫秀麗 산자수려

山戰水戰 산전수전　뫼 산 | 싸움 전 | 물 수 | 싸움 전

산에서도 싸우고 물에서도 싸웠다는 뜻, 세상의 온갖 고난(苦難)을 다 겪어 세상일에 경험(經驗)이
많음을 비유하는 말

[유의어] 百戰老將 백전노장, 百戰老卒 백전노졸　세상일에 노련한 사람
艱難苦楚 간난고초, 艱難辛苦 간난신고　갖은 고초를 다 겪음
千辛萬苦 천신만고, 千苦萬難 천고만난　온갖 고난을 이르는 말

山海珍味 산해진미　뫼 산 | 바다 해 | 보배·맛좋은 음식 진 | 맛·뜻 미

산과 바다의 산물을 다 갖추어 아주 잘 차린 진귀(珍貴)한 음식이란 뜻, 온갖 귀한 재료로 만든
맛좋은 음식을 비유하는 말

[유의어]　山珍海味 산진해미, 山珍海錯 산진해착, 山珍海饌 산진해찬

　　　　　　珍羞盛饌 진수성찬, 珍羞華饌 진수화찬, 水陸珍饌 수륙진찬

　　　　　　膏粱珍味 고량진미, 龍味鳳湯 용미봉탕, 海陸珍味 해륙진미

▷　正味 정미　전체의 무게에서 그릇이나 포장 등의 무게를 뺀 순수한 내용물만의 무게

殺身成仁 살신성인　죽일 살 | 몸 신 | 이룰 성 | 어질 인

자신의 몸을 죽여 인(仁)을 이룬다는 뜻, 자기의 몸을 희생(犧牲)하여 옳은 도리를 행함

[유의어]　捨生取義 사생취의　목숨을 버리고 의를 좇는다는 뜻으로
　　　　　　　　　　　　　목숨을 버리더라도 옳은 일을 함의 일컬음.

　　　　　殺身立節 살신입절　자기 몸을 희생(犧牲)하여 절개(節槪)를 세움

▷　殺到 쇄도　한꺼번에 세차게 몰려듦 = 遝至 답지, 輻輳 폭주

* 出典: 論語(논어) 衛靈公篇(위령공편)

三綱五倫 삼강오륜　석 삼 | 벼리 강 | 다섯 오 | 인륜 륜

三綱 삼강　유교도덕에서 기본이 되는 세 가지 강령
　　　　　곧 임금과 신하, 부모와 자식, 남편과 아내 사이에 마땅히 지켜야 할 도리

君爲臣綱 군위신강　임금은 신하의 근본

父爲子綱 부위자강　어버이는 자식의 근본

夫爲婦綱 부위부강　남편은 부인의 근본

五倫 오륜　유학에서 사람이 지켜야 할 다섯 가지의 도리

君臣有義 군신유의　임금과 신하 사이의 도리는 의리에 있음

父子有親 부자유친　아버지와 아들 사이의 도(道)는 친애에 있음

夫婦有別 부부유별　부부 사이에는 서로 침범치 못할 인륜의 구별이 있음

長幼有序 장유유서　윗사람과 아랫사람 사이에는 엄격한 차례와 질서가 있음

朋友有信 붕우유신　벗 사이의 도리는 믿음에 있음

▷　三綱領 삼강령　사서(四書)의 하나인 대학(大學)의 근본정신인 세 강령

　1. 明明德 명명덕　명덕(明德: 밝고 공명한 덕행)을 밝힘

　2. 新民 신민　백성을 새롭게 함

3. 止於至善 지어지선　지선(至善: 지극히 착한경지)에 그치게 함

▷　八條目 팔조목　수기치인(修己治人) 하는 8가지 조목

　　　格物 격물, 致知 치지, 誠意 성의, 正心 정심

　　　修身 수신, 齊家 제가, 治國 치국, 平天下 평천하

三顧草廬 삼고초려　석삼 | 돌아볼 고 | 풀 초 | 농막집 려

세 번 초막(草幕)을 방문(訪問)했다는 뜻, 군주가 인재를 영입(迎入)하기 위해 친히 몸을 낮추고
인내(忍耐)하고 노력(努力)하며 찾아 나선다는 말

촉한(蜀漢)의 유비(劉備)가 남양(南陽)에 은거(隱居)하고 있던 제갈공명(諸葛孔明)의 초가집으로
세 번이나 거듭 찾아가 군사(軍師)로 초빙(招聘)한 고사에서 유래

유의어 草廬三顧 초려삼고, 吐哺握髮 토포악발, 握髮吐哺 악발토포

　　　一饋十起 일궤십기　한 끼 밥을 먹는 동안에도 손님이 찾아오면 열 번이라도 일어남

▷　廬幕 여막　궤연(几筵)옆이나 무덤 가까이에 지어 놓고 상제(喪制)가 거처하는 초막(草幕)

▷　蘧廬 거려　역참을 지나는 사람들이 쉬어갈 수 있도록 마련한집 = 旅館 여관

* 出典: 三國志(삼국지) 蜀志(촉지) 諸葛亮傳(제갈량전)

三國鼎立 삼국정립　석삼 | 나라국 | 솥정 | 설립

세 나라가 솥의 세발처럼 우뚝 서있다는 뜻, 삼국이 서로 견제(牽制)하고 대립(對立)함을 이르는 말
1. 중국 후한 말의 위(魏)·촉(蜀)·오(吳)의 삼국대립
2. 고대의 우리나라 고구려(高句麗)·백제(百濟)·신라(新羅)의 삼국대립

유의어 三國鼎足 삼국정족, 三分鼎立 삼분정립

　　　천하(天下)를 셋으로 나누어 세 나라가 균형(均衡)을 이루어 정립(鼎立)함

▷　鼎足 정족　솥발

三年不蜚 삼년불비　석삼 | 해 년 | 아닐 불 | 날·바퀴 비

삼 년 동안 한 번도 날지 아니한다는 뜻, 후일에 웅비(雄飛)할 기회를 기다림을 비유하는 말

춘추시대 오패(五霸)의 한사람인 초(楚)나라 장왕(莊王)이 일부러 3년에 걸쳐 주색(酒色)으로
나날을 보내면서 간신과 충신을 분별하고 국정에 임하자마자 간신을 처단(處斷)하고 충신을
등용하여 단 번에 나라의 기강(紀綱)을 바로 잡았다는 고사에서 유래

유의어 不飛不鳴 불비불명, 不蜚不鳴 불비불명, 一鳴驚人 일명경인

　　　三年不飛不鳴 삼년불비불명, 三年不動不飛不鳴 삼년부동불비불명

　　　三年不蜚不鳴 삼년불비불명, 三年不飛又不鳴 삼년불비우불명

▷ 驚天動地 경천동지 하늘과 땅, 즉 세상을 몹시 놀라게 함

* 出典: 呂氏春秋(여씨춘추) 審應覽(심응람)

森羅萬象 삼라만상 수풀 삼 | 벌릴 라 | 일만 만 | 코끼리·모양 상

우주(宇宙)에 존재(存在)하는 온갖 사물(事物)과 현상(現象)

[유의어] 萬彙群象 만휘군상, 天地萬物 천지만물, 宇宙萬物 우주만물

▷ 網羅 망라 물고기나 새를 잡는 그물이란 뜻, 널리 구하여 모두 받아들임의 일컬음

* 出典: 法句經(법구경)

三令五申 삼령오신 석 삼 | 명령 령 | 다섯 오 | 거듭할 신

세 번 명령하고 다섯 번 신칙(申飭)한다는 뜻. 즉 거듭 거듭 영을 내려 훈계(訓戒)하는 것을 말함

▷ 申飭 신칙 단단히 타일러서 조심시킴

▷ 勅令 칙령 임금의 명령 = 勅命 칙명, 勅旨 칙지

* 出典: 史記(사기) 孫子·吳起列傳(손자·오기열전)

三昧境 삼매경 석 삼 | 새벽·동틀·어두울 매 | 지경 경

잡념(雜念)을 떠나서 오직 하나의 대상(對象)에만 정신을 집중(集中)하는 경지(境地)

[유의어] 三昧 삼매, 精神一到 정신일도, 專念 전념, 汨沒 골몰

▷ 讀書三昧 독서삼매 오직 책 읽기에만 골몰(汨沒)함

三面六臂 삼면육비 석 삼 | 낯 면 | 여섯 육 | 팔 비

얼굴이 셋, 팔이 여섯이라는 뜻, 혼자서 여러 사람 몫의 일을 함을 비유 또는 장사(壯士)

[유의어] 八面六臂 팔면육비 얼굴이 여덟, 팔이 여섯 즉, 장사(壯士)

三頭六臂 삼두육비 머리가 셋, 팔이 여섯 즉, 장사(壯士)

三釜之養 삼부지양 석 삼 | 가마솥 부 | 어조사 지 | 봉양·기를 양

삼부(三釜)를 받아서 봉양(奉養)한다는 뜻, 박(薄)한 봉록(俸祿)을 받아 부모님께 효도할 수 있는 즐거움을 비유하는 말

[유의어] 毛義奉檄 모의봉격, 奉檄之喜 봉격지희

家貧親老 가빈친로, 負米養親 부미양친, 百里負米 백리부미

▷ 三釜 삼부 곡식으로, 엿 말 넉 되[= 여섯 말 네 되]

▷ **跪乳** 궤유　새끼양이 무릎을 꿇고 젖을 먹는다는 뜻, 자식(子息)이 어버이에게
효도(孝道)함을 비유

* 出典: 莊子(장자)

參商之歎 삼상지탄　석 삼 | 장사·헤아릴 상 | 어조사 지 | 탄식할 탄
서쪽의 별인 삼성(參星)과 동쪽의 별인 상성(商星)이 서로 멀리 떨어져 있어 만날 수 없듯이
두 사람이 멀리 떨어져 있어 서로 만나기 어려운 것에 대한 탄식(嘆息)을 이르는 말

【유의어】　**渭樹江雲** 위수강운　멀리 떨어져있는 벗이 서로 그리워 함

燕鴻之歎 연홍지탄　제비는 따뜻한 곳을 찾아, 기러기는 추운 곳을 찾아 날아가서
늘 서로 길이 어긋나서 만나지 못함을 탄식하는 말

▷ **相思病** 상사병　이성을 그리워하여 생기는 마음의 병 = **花風病** 화풍병

* 參考: 杜甫(두보) 贈衛八處士(증위팔처사)

三省吾身 삼성오신　석 삼 | 살필 성 | 나(자기) 오 | 몸 신
날마다 세 번씩 자신을 돌아보며 반성(反省)하고 몸가짐을 바르게 함

1. 남을 위하여 일을 도모함에 이를 성실히 하지 않았는가?
2. 친구와 더불어 사귐에 믿음 있게 하지 않았는가?
3. 가르침을 받은 것을 제대로 복습하여 익히지 않았는가?

▷ **省察** 성찰　자기의 마음을 반성(反省)하여 살핌
▷ **省墓** 성묘　조상의 산소를 찾아 돌봄 = **看山** 간산, **參墓** 참묘

* 出典: 論語(논어: 증자) 學而篇(학이편)

三水甲山 삼수갑산　석 삼 | 물 수 | 첫째천간 갑 | 뫼 산
함경남도의 삼수(三水)와 갑산(甲山)이라는 곳이 지세가 험하고 교통(交通)이 불편한 오지(奧地)라는
뜻으로 몹시 어려운 지경 또는 자기에게 곧 닥칠 어떤 위험을 비유하는 말

[산수갑산(山水甲山)의 원말]

▷ **奧地** 오지　해안이나 도시에서 멀리 떨어진 대륙 내부의 땅 = 두메산골, 두메

三旬九食 삼순구식　석 삼 | 열흘 순 | 아홉 구 | 밥 식
삼순(三旬 = 30일, 한 달)에 아홉 번 밥을 먹는다는 뜻, 몹시 가난하고 빈궁(貧窮)한 생활을
비유하는 말

【유의어】　**釜中生魚** 부중생어　오랫동안 밥을 짓지 못하여 솥 안에 물고기가 생겨났다는 뜻

朝薺暮鹽 조제모염　아침에는 냉이를 먹고 저녁에는 소금을 씹음

甑塵釜魚 증진부어　시루에는 먼지가 쌓이고 솥에는 물고기가 생길지경의 가난

蓬戸甕牖 봉호옹유, **甕牖繩樞** 옹유승추, **桑樞甕牖** 상추옹유

* 出典: 陶淵明(도연명) 擬古詩(의고시)

三十六計 삼십육계 　석삼 | 열십 | 여섯육 | 꾀·계책계

36가지의 계책(計策)이라는 뜻, 여러 계책 중에서 피하는 것이 가장 좋은 계책이라는 비유 곤란(困難)할 때는 기회를 봐서 도망(逃亡)치는 것이 몸의 안전(安全)을 지키는 최상(最上)의 방법이라는 말

「유의어」 三十六計走爲上計 삼십육계주위상계

　　　　三十六計走爲上策 삼십육계주위상책

* 出典: 資治通鑑(자치통감)

三人成虎 삼인성호 　석삼 | 사람인 | 이룰성 | 범호

세 사람이 말을 맞추면 시장에 호랑이가 나왔다는 거짓말도 꾸밀 수 있다는 뜻 근거(根據) 없는 말도 여러 사람이 말하면 곧이 듣게 됨을 비유. 여론(輿論)의 위력(威力)

「유의어」 市虎 시호, 三人成市虎 삼인성시호

　　　　投杼疑 투저의, 投杼踰牆 투저유장, 曾參殺人 증삼살인

　　　　衆口鑠金 중구삭금　뭇사람의 말은 쇠도 녹임, 여론의 큰 힘을 비유하는 말

* 出典: 戰國策(전국책) 魏策(위책)

三人行 必有我師 삼인행 필유아사

석삼 | 사람인 | 다닐행 | 반드시필 | 있을유 | 나아 | 스승사

세 사람이 같이 길을 가면 그중에 반드시 나의 스승이 있다는 뜻, 세 사람이 어떤 일을 하면 좋은 것은 본(本)을 받고 나쁜 것은 경계(警戒)하게 되므로 선악(善惡)간에 반드시 스승이 될 만한 사람이 있다는 말

▷　一字師 일자사　한 글자를 바로잡아 고쳐준 스승, 핵심(核心)을 짚어주는 스승을 비유

* 出典: 論語(논어)

三日遊街 삼일유가 　석삼 | 날일 | 놀유 | 거리가

과거(科擧)에 급제(及第)한 사람이 어사화를 꽂고 거리놀이를 하는 풍습으로 사흘 동안 거리를 돌며 시험관, 선배급제자, 일가친척 등을 방문하던 축하행사를 이르는 말

* 出典: 柳得恭(유득공) 京都雜誌(경도잡지)

三日天下 삼일천하 석삼 | 날일 | 하늘천 | 아래하

삼일동안만 천하가 내 세상이라는 뜻
1. 짧은 기간 동안 정권(政權)을 잡았다가 곧 밀려남을 비유하는 말
2. 조선말기 김옥균 등 개화당이 갑신정변(甲申政變)으로 3일 동안 정권을 잡은 일

『유의어』 五日京兆 오일경조   닷새 동안만 경조윤(京兆尹: 서울시장[市長]) 벼슬을 함

三從之道 삼종지도 석삼 | 좇을종 | 어조사지 | 길도

고대사회에서 여자가 지켜야 했던 세 가지 법도(法度). 즉 어려서는 아버지를 시집가서는 남편을
남편이 죽은 후에는 아들을 따라야한다는 고대사회의 도덕률(道德律)

『유의어』 三從之義 삼종지의, 三從之德 삼종지덕, 三從之托 삼종지탁, 三從 삼종
　　　　三從依托 삼종의탁, 三從之禮 삼종지례, 三從之法 삼종지법

* 出典: 禮記(예기) 儀禮 喪服傳(의례 상복전)

三紙無驢 삼지무려 석삼 | 종이지 | 없을무 | 나귀려

세 장의 종이를 사용했으나 나귀 려(驢)자 하나 못 쓴다는 뜻, 허세(虛勢)를 부릴 뿐 실제 재주는
없는 사람을 비유하는 말

『유의어』 博士買驢 박사매려   박사가 나귀를 사는 계약서에 '나귀' 라는 글자를 안 썼다는 말

▷ 驢年 여년   나귀의 해라는 뜻, 지지(地支)의 십이지(十二支)가운데 나귀의 해는 없으므로
　　　　　　 끝내 만날 기약(期約)이 없음을 비유하는 말

▷ 驢漢 여한   나귀 같은 사나이. 즉 어리석고 둔한남자를 비유하는 말

* 出典: 顔氏家訓(안씨가훈) 勉學篇(면학편)

三枝之禮 삼지지례 석삼 | 가지지 | 어조사지 | 예도례

세 번째 가지의 예의(禮義)라는 뜻, 사람은 마땅히 부모를 공경(恭敬)해야 함을 비유하는 말
[비둘기는 예의를 지켜 어미 새가 앉은 자리에서 세 번째 가지 아래에 앉는다는 고사에서 유래]

『유의어』 三枝禮 삼지례

* 出典: 慈元抄(자원초)

三徵七辟 삼징칠벽 석삼 | 부를징 | 일곱칠 | 임금·물리칠벽

세 번 천자(天子)가 부르고 일곱 번 주군(州郡)에서 부른다는 뜻, 초야(草野)에 묻혀 있는 선비를
조정(朝廷)이나 지방관아에서 벼슬을 시키려고 자주 부르던 일

『유의어』 徵辟 징벽   임금이 초야(草野)에 묻혀있는 선비를 예를 갖춰 불러서 벼슬을 시킴

▷ **繍招** 훈초   은사(隱士)를 관직에 초빙(招聘)함을 이르는 말

▷ **招聘** 초빙   예를 갖춰 불러 맞아들임 = **徵聘** 징빙

* 出典: 晉書(진서)

三尺秋水 삼척추수 석삼 | 자척 | 가을추 | 물수

날이 시퍼런 장검(長劍)을 비유하여 이르는 말

▷ **三尺** 삼척   칼의 길이

▷ **秋水** 추수   칼날의 번쩍거리는 빛을 형용(가을 강에서 일렁이며 비추이던 물빛)]

▷ **秋風扇** 추풍선   1. 가을철의 부채라는 뜻으로 철이 지나서 쓸모없이 된 물건의 비유.
   2. 이성의 사랑을 잃은 사람의 비유 = **秋扇** 추선

▷ **三尺童子** 삼척동자   세상물정 모르는 철부지 어린아이를 말함

* 出典: 漢書(한서)

三遷之敎 삼천지교 석삼 | 옮길천 | 어조사지 | 가르칠교

생활환경이 자녀교육에 있어 매우 중요함을 이르는 말[1. 묘지 2. 시장 3. 서당]
맹자(孟子)의 어머니가 아들의 교육을 위하여 세 번 이사(移徙)했다는 고사에서 유래

「유의어」 三徙 삼사, 孟母三遷之敎 맹모삼천지교, 孟母三遷 맹모삼천

  麻中之蓬 마중지봉   삼밭에 난 쑥이란 뜻, 좋은 환경(環境)에서 자란 사람은
  그 환경의 영향(影響)을 받아 선량(善良)해진다는 말.

「반의어」 近墨者黑 근묵자흑, 近朱者赤 근주자적
  [환경이 중요] 나쁜 사람과 사귀면 물들어 잘못되기 쉽다는 말.

  橘化爲枳 귤화위지, 南橘北枳 남귤북지
  강남의 귤을 강북에 심으면 탱자가 된다는 뜻으로 환경의 지배를 받는다는 말

  墨子悲染 묵자비염, 墨子泣絲 묵자읍사
  묵자가 하얀 실을 보고 어떤 색으로도 물들일 수 있음을 알고 슬퍼함

* 出典: 列女傳(열녀전: 劉向[유향] 著)

三寸之舌 삼촌지설 석삼 | 마디촌 | 어조사(~보다 더: 비교급) 지 | 혀설

세치의 혀라는 뜻, 뛰어난 말재주를 비유

「유의어」 三寸舌 삼촌설, 三寸不爛之舌 삼촌불란지설

  三寸之舌彊於百萬之師 삼촌지설강어백만지사
  세치의 혀가 백만 군대보다도 더 강하다는 말(師[사]: 군사, 군대의 단위)

▷ **蘇秦張儀** 소진장의, **靑山流水** 청산유수, **懸河之辯** 현하지변

막힘없이 말을 잘하거나 그렇게 하는 말의 비유.

* 出典: 史記(사기) 平原君列傳(평원군열전)

三寸之轄 삼촌지할 석 삼 | 마디 촌 | 어조사 지 | 비녀장·다스릴 할

수레의 비녀장[轄: 할]은 겨우 세치에 불과하지만 이것이 없으면 수레는 작동할 수 없다는 뜻
사물의 요점 또는 가장 중요한 곳을 말함

유의어
   輗軏 예월

   關鍵 관건   문빗장과 자물쇠. 문제해결의 가장 중요한 부분 = **鈐鍵** 검건

   要領 요령   사물의 요긴(要緊)하고 으뜸 되는 골자(骨子)나 줄거리

   肯綮 긍경   사물의 핵심. 또는 일의 관건(關鍵)이 되는 중요부분의 비유

   裘領 구령   갖옷의 깃이라는 뜻으로 가장중요한 곳

   喉衿 후금   목구멍과 옷깃이라는 뜻, 가장 중요한 곳

   核心 핵심   사물의 가장 중심이 되는 부분이나 요점

   急所 급소   조금만 다쳐도 생명에 지장을 주는 중요한 부분. 사물의 가장 중요한 곳

* 出典: 淮南子(회남자)

三秋之思 삼추지사 석 삼 | 가을 추 | 어조사 지 | 생각할 사

하루가 삼년 같이 생각됨, 몹시 사모(思慕)하여 기다리는 마음이 간절(懇切)함을 비유

유의어
   一日三秋 일일삼추, **一日如三秋** 일일여삼추   하루가 삼년 같음

   一刻三秋 일각삼추, **一刻如三秋** 일각여삼추   일각(15분)이 삼년 같음

   鶴首苦待 학수고대   학의 머리를 길게 빼고 보듯이 몹시 애타게 기다림

   翹足而待 교족이대   발돋움 하고 서서 이제나저제나 하고 기다림

* 出典: 詩經(시경)

三戶亡秦 삼호망진 석 삼 | 집·지게 호 | 망할 망 | 진나라 진

초(楚)나라가 다 망하고 세집만 남아도 그 억울함으로 진(秦)나라를 무너뜨릴 수 있다는 뜻
작은 힘 일지라도 큰 결심을 하면 어떠한 난관(難關)도 이겨낼 수 있다는 것을 비유하는 말

유의어
   哀兵必勝 애병필승   비분(悲憤)에 차있는 병사는 반드시 승리(勝利)함

반의어
   驕兵必敗 교병필패, **輕敵必敗** 경적필패
   상대를 얕보는 교만(驕慢)한 군대는 반드시 패배(敗北)함

* 出典: 史記(사기) 項羽本紀(항우본기)

三皇五帝 삼황오제 석 삼 | 임금 황 | 다섯 오 | 임금 제

중국고대의 전설적인 제왕(帝王)을 말하며 이들로부터 중국 역사(歷史)가 시작(始作)되었다고 하는
설화(說話)속의 인물들

▷ 삼황(三皇): 수인씨(燧人氏)·복희씨(伏羲氏)·신농씨(神農氏)

▷ 오제(五帝): 황제(黃帝)·전욱(顓頊)·제곡(帝嚳)·요(堯)·순(舜)

歃血同盟 삽혈동맹 마실 삽 | 피 혈 | 같을 동 | 맹세할 맹

희생(犧牲)을 잡아 서로 그 피를 들이마셔 입술을 벌겋게 하고 서약(誓約)을 꼭 지킨다는
단심(丹心)을 신(神)에게 맹세하는 일

【유의어】 同盟歃血 동맹삽혈, 血盟 혈맹

▷ 口血未乾 구혈미건 맹세할 때 입에 묻힌 피가 아직 마르지 않았음(오래되지 않음)

▷ 執牛耳 집우이 소의 귀를 잡는다는 뜻, 한 동맹(同盟)의 맹주(盟主= 霸者[패자])가 됨
　　　　　　　　동맹을 한다는 맹세(盟誓)의 의미로 제물로 바치는 소의 귀를 잡고 칼로 베어 흐르는
　　　　　　　　피를 마시는데, 맨 처음 마시는 자가 제후 간에 패자(霸者)가 된다는 증좌(證左)임

喪家之狗 상가지구 죽을·잃을 상 | 집 가 | 어조사 지 | 개 구

초상(初喪)집의 개라는 뜻[흥선 대원군이 정권을 잡기 전의 별명]
1. 별다른 대접을 받지 못하고 버려진 사람을 깔보는 표현
2. 초라하게 여위고 수척(瘦瘠)한 사람을 비유하는 말 = 皮骨相接 피골상접

▷ 賻喪 부상 초상집에 돈이나 물건을 보냄 = 賻儀 부의

▷ 喪失 상실 잃어버림, 없어지거나 사라짐

* 出典: 史記(사기)

桑間濮上 상간복상 뽕나무 상 | 사이 간 | 강이름 복 | 위 상

음란(淫亂)한 음악, 망국(亡國)의 음악

중국 하남성의 복수(濮水)강가의 뽕나무 숲속에서 남녀 간에 유행(流行)했다는 고사에서 유래

【유의어】 亡國之音 망국지음, 亡國之聲 망국지성, 濮上之音 복상지음
　　　　　桑間之音 상간지음, 桑濮之音 상복지음, 靡靡之樂 미미지악

▷ 濮水 복수 남녀가 밀회(密會)하던 음란(淫亂)한 장소

* 出典: 禮記(예기)

相驚伯有 상경백유 서로 상 | 놀랄 경 | 맏·우두머리 백 | 있을 유

춘추시대 때 정(鄭)나라 사람들은 성질이 난폭한 백유(伯有)라는 사람의 이름만 들어도 벌벌
떨었다는 고사에서 유래한 말로, 있지도 않은 일에 놀라서 두려워하며 어쩔 줄 모름을 비유하는 말

유의어 戰戰慄慄 전전율률, 戰慄 전율　몸을 벌벌 떨며 두려워함

戰戰兢兢 전전긍긍, 戰兢 전긍　몹시 두려워 벌벌 떨며 조심함

汗流浹背 한류협배　땀이 흘러 온 등을 적심

不寒而慄 불한이율　춥지도 않은데 (무서워)떨린다는 말

* 出典: 左傳(좌전)

傷弓之鳥 상궁지조　다칠 상 | 활 궁 | 어조사 지 | 새 조

활에 상처(傷處)를 입은 새, 활에 상처를 입은 새는 구부러진 나무만 봐도 놀란다는 뜻
1. 어떤 일에 봉변(逢變)을 당한 뒤에 뒷일을 경계(警戒)함을 비유하는 말
2. 한번 놀란 사람이 조그만 일에도 겁을 내어 위축(萎縮)됨을 비유하는 말

유의어 驚弓之鳥 경궁지조, 懲羹吹菜 징갱취채, 懲羹吹韲 징갱취제

風聲鶴唳 풍성학려　겁에 질린 사람이 바람소리와 학 울음소리에 놀람

因噎廢食 인열폐식　목이 메일까봐 음식을 먹지 않겠다는 말

草木皆兵 초목개병　겁에 질려 산의 풀과 나무까지도 적병으로 보인다는 말

吳牛喘月 오우천월, 吳牛見喘月 오우견천월
　더위에 지친 오나라의 물소가, 달을 보고도 해인가? 하고 놀랐다는 말

* 出典: 戰國策(전국책)

賞奇析疑 상기석의　상줄 상 | 기이할 기 | 가를·쪼갤 석 | 의심할 의

기이(奇異)한 문장을 감상하면서 의심나는 부분을 토의(討議)하여 밝혀 풀어나간다는 뜻
훌륭한 작품을 감상(鑑賞)하고 미묘(微妙)한 부분은 서로 따져가며 논의(論議)함을 말함

▷ 鑑賞 감상　예술작품을 음미(吟味)하고 이해(理解)함

▷ 懷疑 회의　의심을 품음. 인식의 확실성을 부인(否認)하고 진리의 절대성을 의심함

▷ 賞善罰惡 상선벌악　선을 기려 상을 주고 악을 저주(咀呪)하여 벌을 줌

* 出典: 陶淵明(도연명) 移居二首(이거이수)

喪頭服色 상두복색　죽을·잃을 상 | 머리 두 | 옷·입을 복 | 빛 색

상여(喪輿)를 꾸미기 위해 둘러치는 오색 비단의 휘장(徽章)
겉은 번지르르하나 속은 보잘 것 없는 일이나 사람의 비유

유의어 有名無實 유명무실, 外華內貧 외화내빈, 虛禮虛飾 허례허식

華而不實 화이부실　꽃은 화려하게 피었으나 중요한 열매가 없다는 말

上樓擔梯 상루담제 위상 | 다락루 | 멜담 | 사다리제

높은 누(樓)에 오르게 하고 사다리를 메고 간다는 뜻, 사람을 속여서 끌어들여 궁지(窮地)에 몰아넣음을 비유하는 말

『유의어』　上樓儋梯 상루담제, 上樓去梯 상루거제, 登樓去梯 등루거제

　　　　　上樹拔梯 상수발제　나무에 오르게 하고 사다리를 치움

　　　　　勸上搖木 권상요목　나무에 오르게 하고 나무를 흔듦

▷　梯索 제삭　줄사다리

* 出典: 世說新語(세설신어)

上漏下濕 상루하습 위상 | 샐루 | 아래하 | 축축할·젖을습

지붕에서 비가 새고 밑에서 습기가 올라온다는 뜻, 집이 허술하고 매우 가난함의 비유

『유의어』　上雨旁風 상우방풍, 桑戶甕牖 상호옹유, 椦樞 권추

　　　　　蓬戶甕牖 봉호옹유, 甕牖繩樞 옹유승추, 桑樞甕牖 상추옹유

▷　漏落 누락　마땅히 기록되어야 할 것이 기록에서 빠짐(빠뜨림)

* 出典: 莊子(장자)

常鱗凡介 상린범개 항상상 | 물고기·비늘린 | 평범할범 | 조개·딱지·끼일개

흔한 물고기와 널린 조개라는 뜻, 평범한 사람을 말함

『유의어』　匹夫匹婦 필부필부, 甲男乙女 갑남을녀, 張三李四 장삼이사

　　　　　碌碌之輩 녹록지배　흔해빠진 것(= 자갈)들, 평범한 사람들

　　　　　樵童汲婦 초동급부　땔나무를 하는 아이와 물을 긷는 아낙네, 평범한 사람들

▷　片鱗 편린　한 조각의 비늘이라는 뜻, 사물의 극히 작은 한 부분을 이르는 말.

桑麻之交 상마지교 뽕나무상 | 삼마 | 어조사지 | 사귈교

뽕나무와 삼나무를 벗 삼아 지낸다는 뜻, 권세(權勢)와 영달(榮達)의 길을 버리고 전원(田園)에 은거(隱居)하여 시골 농사꾼들과 소박(素朴)하게 사귀며 지냄

『유의어』　桑麻交 상마교

* 出典: 杜甫(두보) 奇薛三郞中璩(기설삼랑중거)

喪明之痛 상명지통 잃을·죽을상 | 밝을명 | 어조사지 | 아플통

울다가 눈이 멀 정도로 슬프다는 뜻, 아들이 죽은 슬픔을 비유적으로 이르는 말

[공자의 제자인 자하가 서하(西河)에서 아들을 잃고 슬피 울다가 눈이 멀었다는 고사에서 유래]

『유의어』 抱痛西河 포통서하, 西河之痛 서하지통
부모가 자식(子息)을 잃고 슬퍼함을 이르는 말

▷ 沮喪 저상   기운을 잃음

常目在之 상목재지   항상 상 | 눈 목 | 있을 재 | 어조사 지

항상 눈이 그곳에 있다는 뜻, 늘 주의(注意)깊게 눈여겨보게 된다는 의미

▷ 要視察人 요시찰인   사상·보안 문제 등과 관련하여 행정당국(當局)이나
경찰이 감시(監視)가 필요하다고 인정(認定)한 사람

上文右武 상문우무   위 상 | 글월 문 | 오를 우 | 호반·군셀 무

문(文)과 무(武)를 모두 숭상(崇尚)한다는 말

『유의어』 文武兼全 문무겸전, 文武兼備 문무겸비, 文武雙全 문무쌍전
문무(文武: 문식[文識]과 무략[武略])를 모두 갖추었다는 말

允文允武 윤문윤무 乃武乃文 내무내문
문무(文武)의 덕을 모두 갖추었음. 문무를 겸비한 천자(天子)의 덕을 칭송(稱頌)하는 말

* 出典: 後漢書(후한서)

桑蓬之志 상봉지지   뽕나무 상 | 쑥 봉 | 어조사 지 | 뜻 지

뽕나무와 쑥에 담긴 뜻, 남자가 천하(天下)를 위하여 공명(功名)을 세우고자 하는 큰 뜻을 비유
고대 중국에서 아들을 낳으면 뽕나무 활에 쑥대 화살로 천지사방을 쏘면서 성공을 축원한데서 유래

『유의어』 桑弧 상호, 桑弧蓬矢 상호봉시

凌雲之志 능운지지, 陵雲之志 능운지지, 青雲之志 청운지지
높은 지위에 오르고자하는 마음 또는 초탈(超脫)하여 속세를 벗어나려는 마음

幕天席地 막천석지   하늘을 장막(帳幕)으로 삼고 땅을 자리로 삼음. 웅대한 포부

* 出典: 禮記(예기)

上奉下率 상봉하솔   위 상 | 받들 봉 | 아래 하 | 거느릴 솔

위로는 부모(父母)를 봉양(奉養)하고 아래로는 처자(妻子)를 거느림

『유의어』 奉率 봉솔

▷ 扶養家族 부양가족   자기가 부양하고 있는 가족 = 食率 식솔, 眷率 권솔

▷ 比率 비율   어떤 수나 양의, 다른 수나 양에 대한 비교 값

相思不見 상사불견 서로 상 | 사랑할·생각할 사 | 아닐 불 | 볼 견

남녀가 서로 그리워하면서도 만나지 못함

『유의어』 相思病 상사병, 花風病 화풍병

이성을 몹시 그리워하는 마음에 사로잡혀 생기는 마음의 병

參商之歎·參商之嘆 삼상지탄

멀리 떨어져 있는 삼성(參星)과 상성(商星)처럼 두 사람이 떨어져 있어
서로 만나기 어려움을 한탄(恨歎)하는 말

牽牛織女 견우직녀

上山求魚 상산구어 위 상 | 뫼 산 | 구할 구 | 물고기 어

산에 올라가 물고기를 구한다는 뜻. 도저히 불가능한 일을 시도함. 천하에 어리석음
1. 당치도 않은데 가서 되지도 않을 것을 원한다는 말
2. 도저히 불가능한 일을 시도하려고 하는 어리석음을 비유하는 말

『유의어』 與羊謀肉 여양모육, 與虎謀皮 여호모피, 與狐謀皮 여호모피

緣木求魚 연목구어 나무에 올라가 물고기를 구함. 도저히 불가능한 일을 하려고 함

相鼠有皮 상서유피 서로·바탕 상 | 쥐 서 | 있을 유 | 가죽 피·비

쥐를 보아도 가죽이 있다는 뜻, 예절을 모르는 사람을 비난(非難)할 때 쓰는 말

쥐를 보면 사람처럼 있을 것은 다 있어도 역시 더러운 쥐라는 뜻, 사람이 무례(無禮)하면
더러운 쥐와 다르지 않다는 비유[= 쥐는 예절을 모른다는 말]

『유의어』 相鼠之刺 상서지자 무례하다는 비난(相[상]은 視[시]의 의미)

▷ 鹿皮 녹비 사슴의 가죽

* 出典: 詩經(시경) 國風(국풍) 第4 鄘風(용풍)

上善若水 상선약수 위 상 | 착할 선 | 같을 약 | 물 수

지극히 착한 것[= 도덕적인 것]은 마치 물과 같다는 말

세상의 모든 것들은 위로만 오르려고 하는데 비하여 물은 아래로만 내려가는 겸손함을 가져
만물을 이롭게 하면서도 다투지 아니하고 막히면 돌아가고 파인 곳을 만나면 채운 뒤에 지나가며
많은 사람들이 싫어하는 더러운 곳에도 처하니 그러한 까닭으로 도에 가깝다는 비유

▷ 柔能制剛 유능제강, 柔能勝剛 유능승강 부드러운 것이 능히 굳센 것을 이김

* 出典: 老子(노자) 8章

上援下推 상원하추 위 상 | 당길·도울 원 | 아래 하 | 밀 추

윗자리에 있는 자는 아랫사람을 끌어올려 주고 아랫사람은 윗사람을 추대(推戴)하여 벼슬에
나아감을 이르는 말

▷ **推戴 추대** 윗사람으로 떠 받듦

▷ **推薦 추천** 적합한 인물을 책임지고 소개(紹介)함

* 出典: 禮記(예기) 儒行篇(유행편)

桑梓 상자 뽕나무 상 | 가래나무 자(재)

여러 대 조상(祖上)의 무덤이 있고 조상 대대로 살아온 고향(집)을 비유하는 말

집 담 밑에, 양잠(養蠶)에 쓰이는 뽕나무와 기구(器具)를 만드는데 쓰이는 가래나무를 심어,
자손(子孫)들에게 생업(生業)을 잇게 도와주고 조상(祖上)을 생각하게 했다는 고사에서 유래

『유의어』 **桑梓之鄕 상자지향, 故鄕 고향, 枌楡 분유**

▷ **桑柘 상자** 뽕나무와 메뽕나무

* 出典: 詩經(시경)

上梓 상재 위 상 | 가래나무 재(자)

도서(圖書)를 출간(出刊)하는 일. 도서출판(圖書出版)

梓는 가래나무를 뜻하며 재질이 굳고 좋아 예로부터 글을 새기는 판목(版木)으로 많이 사용하였다.
이런 연유로 가래나무에 각자(刻字)하는 일을 상재라 하고 지금까지도 도서출판의 의미로 사용함

『유의어』 **出刊 출간, 出版 출판** 서적이나 그림 등을 인쇄해서 세상에 내어놓음

象箸玉杯 상저옥배 상아·코끼리 상 | 젓가락 저 | 구슬 옥 | 잔 배

상아(象牙)로 만든 젓가락과 옥으로 만든 술잔이라는 뜻으로 사치(奢侈)스럽고 방탕(放蕩)한
생활을 상징(象徵)하며 더 나아가 하찮고 작은 낭비(浪費)가 나라를 망치는 사치로 이어질 수
있으니 경계(警戒)하라는 뜻으로 확대(擴大)됨

중국 상(商)나라의 마지막 임금인 주왕(紂王)은 상아로 젓가락을 만들게 하였는데, 주왕의 숙부인
기자(箕子)가 이를 두고 "젓가락이 나라를 망친다."고 걱정했다는 고사에서 유래

▷ **享樂 향락** 쾌락(快樂)을 누림

* 出典: 韓非子(한비자) 喩老篇(유로편)

桑田碧海 상전벽해 뽕나무 상 | 밭 전 | 푸를 벽 | 바다 해

뽕나무 밭이 변하여 푸른 바다가 되었다는 뜻, 세상의 변천(變遷)이 몰라볼 정도로 심함을 비유

碧海桑田 벽해상전, 高岸深谷 고안심곡, 桑海之變 상해지변

白雲蒼狗 백운창구, 東海揚塵 동해양진, 陵谷之變 능곡지변

滄海桑田 창해상전, 滄桑之變 창상지변, 桑滄之變 상창지변, 滄桑 창상

桑田變成海 상전변성해, 桑海 상해, 桑碧 상벽, 隔世之感 격세지감

* 出典: 神仙傳(신선전) 麻姑仙女(마고선녀) / 代悲白頭翁(대비백두옹: 唐[당]시인 劉廷芝[유정지])

桑樞甕牖 상추옹유 뽕나무 상 | 지도리 추 | 독 옹 | 창 유

뽕나무로 된 지게문과 깨진 항아리 조각으로 만든 봉창이라는 뜻, 매우 허술하고 가난한 집을 비유하는 말

上漏下濕 상루하습, 上雨旁風 상우방풍, 椦樞 권추

桑戶甕牖 상호옹유, 蓬戶甕牖 봉호옹유, 甕牖繩樞 옹유승추

* 出典: 莊子(장자) 讓王篇(양왕편)

象齒焚身 상치분신 코끼리 상 | 이빨 치 | 불사를 분 | 몸 신

코끼리는 상아(象牙)를 갖고 있기 때문에 자기 몸을 불사른다는 뜻. 즉 상아 때문에 죽임을 당함
사람은 많은 재물(= 돈)을 갖고 있기 때문에 도리어 화(= 죽임)를 당한다는 말

懷璧有罪 회벽유죄　범부(凡夫)는 원래 죄가 없지만 귀한 옥을 갖고 있으면
그 것이 죄가 된다는 말[사람은 분수에 맞게 살아야 함]

▷ 印象 인상　어떤 대상에 대해서 마음에 새겨지는 느낌

* 出典: 春秋左氏傳(춘추좌씨전)

上濁下不淨 상탁하부정 위 상 | 흐릴 탁 | 아래 하 | 아닐 불 | 깨끗할 정

윗물이 흐리면 아랫물도 깨끗하지 못하다는 뜻, 윗사람의 행실이 바르지 않으면 아랫사람도
행실이 바르지 못하다는 말. 위에 선자가 먼저 모범(模範)을 보이라는 말

▷ 不淨 부정　깨끗하지 못함 또는 꺼리고 피하는 불길한 일[예: 부정 탄다]

▷ 不正 부정　바르지 못함. 옳지 못함

▷ 不貞 부정　부부가 서로의 정조를 지키지 않음

▷ 不定 부정　일정하지 않음. 정해지지 않음

▷ 否定 부정　그렇지 않다고 단정함

桑土綢繆 상토주무 뽕나무 상 | 흙 토 | 얽힐 주 | 얽을 무

새가 폭풍우(暴風雨)가 오기 전에 뽕나무 뿌리를 물어다가 새 둥지의 구멍을 꼼꼼하게 막는다는

뜻으로 미물조차도 천재지변으로부터 환난(患難)을 미연(未然)에 방지(防止)함을 이르는 말

유의어 未雨綢繆 미우주무, 綢繆牖戶 주무유호

비가 오기 전에 올빼미가 둥지의 문을 닫아 얽매맴 화가 싹트기 전에 미연에 방지함

曲突徙薪 곡돌사신 굴뚝을 구부리고 아궁이 근처의 땔감을 옮김

毫毛斧柯 호모부가 수목을 어릴 때 베지 않으면 후일 도끼를 쓰게 된다는 말

防患未然 방환미연, 未然防止 미연방지, 有備無患 유비무환

▷ 綢繆 주무 미리 빈틈없이 꼼꼼하게 준비함, 동여 맴

* 出典: 詩經(시경) 豳風(빈풍)

上通天文 下達地理 상통천문 하달지리

위 상 │ 통할 통 │ 하늘 천 │ 글월 문 │ 아래 하 │ 통달할 달 │ 땅 지 │ 다스릴 리

위로는 천문(天文)에 통달(通達)하고 아래로는 지리(地理)의 이치(理致)를 깨닫는다는 말
즉 천지만물의 이치(理致)를 환히 꿰뚫음을 이르는 말

▷ 中察人事 중찰인사 하늘과 땅 사이에서 벌어지는 인간사를 살핌

▷ 通達 통달 막힘없이 환히 통함. 도(道)에 깊이 통함

霜風高節 상풍고절 서리 상 │ 바람 풍 │ 높을 고 │ 절개·마디 절

어떠한 난관(難關)이나 곤경(困境)에 처하여도 결코 굽히지 않는 서릿발 같은 높은 절개(節槪)

유의어 雪中松柏 설중송백, 歲寒松柏 세한송백

傲霜孤節 오상고절 서릿발 속에서도 굴하지 않는 절개(節槪). 국화(菊花)의 이칭

▷ 風霜 풍상 바람과 서리. 살면서 겪어온 세상의 많은 고초(苦楚)

▷ 霜雹 상박 서리와 우박

上下撑石 상하탱석 위 상 │ 아래 하 │ 버틸·버팀목 탱 │ 돌 석

윗돌 빼서 아랫돌 괴고 아랫돌 빼서 윗돌을 괸다는 뜻, 몹시 꼬이는 일을 당하여
임시변통(臨時變通)으로 이리저리 용케 맞추어 나감을 이르는 말

유의어 下石上臺 하석상대 아랫돌을 빼서 윗돌을 괴고 윗돌을 빼서 아랫돌을 괸다는 뜻

凍足放尿 동족방뇨 언 발에 오줌 누기. 한때 도움이 될 뿐이고 효력이 바로 사라짐

目前之計 목전지계 앞날을 내다보지 못하고 눈앞에 보이는 한때만을 생각하는 꾀

姑息之計 고식지계, 姑息策 고식책 당장 편한 것만 택하는 꾀나 방법

彌縫策 미봉책, 臨時方便 임시방편, 臨時變通 임시변통

눈가림만 하는 일시적인 대책

鬺湯止沸 양탕지비, 揚湯止沸 양탕지비
끓는 물을 퍼냈다 부어서 끓는 것을 막으려 한다는 뜻

桑弧蓬矢 상호봉시 뽕나무 상 | 활 호 | 쑥 봉 | 화살 시

뽕나무 활과 쑥대로 만든 화살이라는 뜻, 남자가 세상을 위하여 큰 뜻을 세움의 비유

고대 중국에서는 아들을 낳으면 뽕나무로 만든 활[弧: 호]과 쑥대로 만든 살[矢: 시]로
천지사방을 쏘면서 성공을 축원(祝願)한데서 유래

『유의어』 桑蓬之志 상봉지지, 凌雲之志 능운지지, 陵雲之志 능운지지, 桑弧 상호
青雲之志 청운지지, 青雲之交 청운지교, 幕天席地 막천석지

▷ 弧矢 호시　나무로 만든 활과 화살

* 出典: 禮記(예기)

喪魂落膽 상혼낙담 잃을·죽을 상 | 넋 혼 | 떨어질 낙(락) | 담력·쓸개 담

몹시 놀라거나 마음이 상해서 넋을 잃고 실의에 빠짐

『유의어』 落膽喪魂 낙담상혼, 魂飛魄散 혼비백산, 大驚失色 대경실색
魂不附身 혼불부신, 魂不附體 혼불부체, 氣塞昏絶 기색혼절

上和下睦 상화하목 위 상 | 화할 화 | 아래 하 | 화목할 목

위는 아래를 사랑하고 아래는 위를 공경(恭敬)함으로써 서로 화목(和睦)함

▷ 夫唱婦隨 부창부수　지아비가 이끌면 지어미는 따름

▷ 上下之分 상하지분　윗사람과 아랫사람의 분별(分別)

▷ 不和 불화　서로 화합하지 못함. 서로 사이좋게 지내지 못함 = 不睦 불목

* 出典: 千字文(천자문)

上火下澤 상화하택 위 상 | 불 화 | 아래 하 | 못 택

위에는 불, 아래는 연못이라는 뜻, 불이 위에 놓이고 못이 아래에 놓인 모습으로, 사물들이 서로
이반(離反)하고 분열(分裂)하는 현상을 상징[즉 불은 위로 오르고 물은 아래로 내려가는 성질]

* 出典: 周易(주역)

上厚下薄 상후하박 위 상 | 두터울 후 | 아래 하 | 엷을 박

윗사람에게는 후하고 아랫사람에게는 박하다는 뜻, 윗사람에게는 실수(失手)도 눈감아주며
아부(阿附)를 잘하고 아랫사람에게는 실수를 용납(容納)하지 않으며 모질게 대함

『반의어』 下厚上薄 하후상박 아랫사람에게 후하고 윗사람에게는 박함

▷ 損上剝下 손상박하 나라(上)에 해를 끼치고 백성(下)의 재물을 빼앗음

▷ 厚誼 후의 두터운 정

塞翁之馬 새옹지마 변방 새 / 막힐 색 | 늙은이 옹 | 어조사 지 | 말 마

변방(邊方)에 사는 노인의 말이라는 뜻, 인생의 길흉화복(吉凶禍福)은 늘 바뀌어 변화가 많아 미래(未來)의 일을 알 수가 없다는 말 [인간사 행복과 불행은 순환된다는 말]

『유의어』 人間萬事塞翁之馬 인간만사새옹지마 (에서 유래)

塞翁禍福 새옹화복, 塞翁得失 새옹득실, 塞翁馬 새옹마

轉禍爲福 전화위복, 禍轉爲福 화전위복, 反禍爲福 반화위복

禍福糾繆 화복규묵 화와 복은 꼬아놓은 새끼줄과 같음. 행복과 불행은 일체

黑牛生白犢 흑우생백독 검은 소가 흰 송아지를 낳음

▷ 尊翁 존옹 남자 노인을 높여 이르는 말 = 老公 노공

* 出典: 淮南子(회남자) 人間訓(인간훈)

色厲內荏 색려내임 빛 색 | 거칠·숫돌 려 | 안 내 | 부드러울·들깨 임

1. 겉으로는 엄격(嚴格)해 보이나 속마음은 부드러움 또는 미약(微弱)함
2. 겉 다르고 속 다르다는 말. 겉모습은 번지르르한데 속은 의뭉스러운 소인배로 도둑과 같다는 말

『유의어』 外剛內柔 외강내유, 內柔外剛 내유외강

威而不猛 위이불맹 위엄이 있으면서도 무섭지 않고 부드러움

『반의어』 外柔內剛 외유내강, 內剛外柔 내강외유

▷ 野荏 야임 들깨 / 荏苒 임염 세월이 흐름. 사물이 점진적으로 변화함

▷ 厲階 여계 재앙을 가져오는 실마리 = 禍端 화단

* 出典: 論語(논어) 陽貨篇(양화편)

色如死灰 색여사회 빛 색 | 같을 여 | 죽을 사 | 재 회

얼굴색이 마치 불 꺼진 잿빛[灰色: 회색]과 같다는 뜻, 마치 죽은 사람의 얼굴처럼 얼굴에 희노애락(喜怒哀樂)의 감정표현이 전혀 없음을 비유하는 말

▷ 無表情 무표정 아무 표정이 없음

▷ 灰色分子 회색분자 소속·주의·노선 등이 뚜렷하지 않은 사람

* 出典: 莊子(장자)

索隱行怪 색은행괴 찾을 색 / 동아줄 삭 | 숨길 은 | 다닐 행 | 기이할·의심할 괴

1. 궁벽(窮僻)스러운 것을 캐내고 괴이(怪異)한 일을 함
2. 괴벽(怪癖)스러운 짓을 함

▷ **戒愼恐懼** 계신공구 경계하고 삼가고 두려워하고 위태로이 여김

▷ **隱遁** 은둔 세상일을 피해 숨음

▷ **駭怪** 해괴 매우 괴이함. 놀랄 만큼 괴상함

* 出典: 中庸(중용)

色卽是空空卽是色 색즉시공공즉시색

빛 색 | 곧 즉 | 옳을 시 | 빌·하늘 공

색(色)은 곧 공(空)이요 공(空)은 곧 색(色)이라는 뜻, 있고 없음은 서로 상대(相對)하기 때문에 생겨난 것으로 이 세상의 모든 것은 실체가 없는 현상에 지나지 않지만 그 현상의 하나하나가 그대로 실체라는 말

[유의어] **色不異空空不異色** 색불이공공불이색
색이 공과 다르지 않으며 공이 색과 다르지 않음

* 出典: 般若心經(반야심경)

生口不網 생구불망 날·살 생 | 입 구 | 아닐 불 | 거미줄·그물 망

산입에 거미줄을 치지는 아니한다는 뜻, 아무리 곤궁(困窮)해도 그럭저럭 먹고 살수 있다는 말 또는 생활이 어렵더라도 좌절(挫折)하거나 절망(絕望)하지 말고 최선(最善)을 다해보라는 말

▷ **天網** 천망 악한사람을 잡기위해 하늘에 쳐놓았다는 그물.
[그물코가 크고 성기기는 하나 절대로 놓치는 일은 없다고 함]

生寄死歸 생기사귀 날·살 생 | 맡길·부칠 기 | 죽을 사 | 돌아갈 귀

삶은 잠깐 머무는 것이고 죽음은 되돌아가는 것이라는 뜻, 사람이 사는 것은 세상에 잠깐 동안 머물러 있음에 지나지 않는 것이고 죽는 것은 본래의 곳으로 되돌아가는 것이라는 말

[유의어] **逆旅過客** 역려과객 세상은 여관(旅館) 인생은 나그네

▷ **寄生** 기생 스스로 생활하지 않고 남에게 의지(依支)하여 생활함

* 出典: 淮南子(회남자)

生面不知 생면부지 날·살 생 | 낯·면 면 | 아닐 불 | 알 지

태어나서 만나 본 적이 없어 전혀 모르는 사람

[유의어] **初面不知** 초면부지 처음으로 얼굴을 대하여 아는 바가 없음

生面 생면　처음으로 만났다는 뜻 = 初面 초면
▷　生面大責 생면대책　일의 내용을 잘 알지도 못하고 근거(根據)도 없이
상관(相關)없는 사람을 그릇 책망(責望)하는 일을 이르는 말

生巫殺人 생무살인 날·살 생 | 무당 무 | 죽일 살 | 사람 인
선무당이 사람 잡는다는 뜻
1. 미숙(未熟)한 사람이 일을 그르침을 비유하는 말
2. 기술과 경험(經驗)이 일천한 사람이 젠체하다가 도리어 화를 초래(招來)함

▷　巫覡 무격　무당(女)과 박수(= 남자무당)

* 出典: 東言解(동언해)

生不如死 생불여사 날·살 생 | 아닐 불 | 같을 여 | 죽을 사
살아 있음이 차라리 죽느니만 못하다는 뜻, 생활형편이 몹시 곤란(困難)한 지경(地境)의 비유

【유의어】 衣結履穿 의결구천, 一裘一葛 일구일갈, 甑塵釜魚 증진부어
三旬九食 삼순구식　삼십 일 동안에 아홉 끼니를 먹는다는 뜻
朝薺暮鹽 조제모염　아침에는 냉이를 먹고 저녁에는 소금을 씹어 먹음
釜中生魚 부중생어　오랫동안 밥을 짓지 못하여 솥 안에 물고기가 생김

▷　不如 불여　~함 만 같지 못하다 = 不若 불약

生死苦樂 생사고락 날·살 생 | 죽을 사 | 쓸·괴로울 고 | 즐거울 락
삶과 죽음 괴로움과 즐거움을 뜻하는 말로 보통 오랜 기간 함께 지내면서 같이 지내 옴을 비유

【유의어】 同苦同樂 동고동락　괴로움도 즐거움도 함께 함

▷　生三死七 생삼사칠
사람이 태어난 뒤의 사흘(= 3일)동안과, 죽은 뒤의 이레(= 7일)동안에 함부로 사람에게
보이면 부정(不淨)을 타서 좋지 않다고 하여 주변(周邊)과의 접촉(接觸)을 꺼리는 일

生死肉骨 생사육골 날·살 생 | 죽을 사 | 고기·살 육 | 뼈 골
죽은 사람을 살려내어 뼈에 살을 붙인다는 뜻, 큰 은혜를 베푼다는 말 또는 큰 은혜를 입는다는 말

【유의어】 生死骨肉 생사골육, 生死而肉骨 생사이육골

▷　再生之恩 재생지은　죽게 된 목숨을 살려 준 은혜

* 出典: 春秋左氏傳(춘추좌씨전)

417

生殺與奪 생살여탈　날·살 생 ｜ 죽일 살 ｜ 줄·더불어 여 ｜ 빼앗을 탈

사람을 살리기도 하고 죽이기도 하며 목숨을 주기도 하고 빼앗기도 한다는 뜻, 무슨 일이든지
자기 마음 내키는 대로 할 수 있음을 비유

유의어 生死與奪 생사여탈, 左之右之 좌지우지, 左右 좌우

　　　　無所不爲 무소불위, 無所不能 무소불능　못할 일이 없음

* 出典: 韓非子(한비자) 三守篇(삼수편)

生而知之 생이지지　날·살 생 ｜ 어조사 이 ｜ 알 지 ｜ 어조사 지

태어나면서부터 저절로 앎. 배우지 않아도 스스로 깨달아 앎

▷　學而知之 학이지지　배워서 앎

▷　困而知之 곤이지지　공부(工夫)하여 고생(苦生)한 끝에 무엇인가를 앎

▷　不問可知 불문가지　묻지 않아도 알 수 있음

生者必滅 생자필멸　날·살 생 ｜ 놈·것 자 ｜ 반드시 필 ｜ 멸망할 멸

태어난 것은 반드시 죽는 다는 뜻, 인생과 존재의 무상(無常)함을 이르는 말

유의어 盛者必衰 성자필쇠, 雪泥鴻爪 설니홍조, 人生無常 인생무상

　　　　日月盈昃 일월영측, 月滿則虧 월만즉휴

生呑活剝 생탄활박　날·살 생 ｜ 삼킬 탄 ｜ 살 활 ｜ 벗길 박

산채로 삼키고 산채로 껍질을 벗긴다는 뜻, 남의 글을 송두리째 인용(引用)한다는 말

유의어 文筆盜賊 문필도적, 膝甲盜賊 슬갑도적, 剿說 초설

　　　　剽竊 표절　남의 시가·문장 등의 글귀를 몰래 따다 자기 것인 것처럼 발표함

▷　引用 인용　남의 말이나 글 가운데서 필요한 부분을 끌어다 씀

▷　援用 원용　자기의 주장이나 학설을 세우기 위해 어떤 사실이나 문헌·관례 등을 끌어다 씀

鼠肝蟲臂 서간충비　쥐 서 ｜ 간 간 ｜ 벌레 충 ｜ 팔 비

쥐의 간과 벌레의 발이란 뜻, 쓸모없고 하찮은 사람이나 물건을 비유하는 말

유의어 樗櫟之材 저력지재, 樗櫟散木 저력산목, 行尸走肉 행시주육

　　　　酒袋飯囊 주대반낭, 飯囊酒袋 반낭주대, 陶犬瓦鷄 도견와계

　　　　塚中枯骨 총중고골　무덤 속의 마른 뼈. 핏기가 없이 뼈만 남은 사람의 비유

入

枯木朽株 고목후주   마른나무와 썩은 나무 등걸. 쓸모없는 사람을 비유함

▷ 厠鼠 측서   뒷간의 쥐란 뜻으로 지위를 얻지 못한 사람의 비유

▷ 田鼠 전서   두더지

西瓜皮舐 서과피지   서녘 서 | 오이·외 과 | 가죽 피 | 핥을 지

수박의 겉을 혀로 핥는다는 뜻
1. 일이나 물건(物件)의 내용(內容)도 모르면서 겉만 아는 척한다는 말
2. 일을 충실(忠實)하게 하지 않고 대충대충 건성으로 하여 실속이 없다는 말

유의어 走馬看山 주마간산
　　　　　말을 타고 달리며 산천을 구경함. 자세(仔細)히 살피지 않고 대충 보고 지나감

▷ 一知半解 일지반해   하나쯤 알고 반쯤 깨닫는다는 뜻, 아는 것이 적음을 이르는 말

曙光 서광   새벽 서 | 빛 광

새벽에 동틀 무렵의 빛. 기대하는 일에 대한 희망(希望)의 징조(徵兆)를 비유하는 말

유의어 拂曙 불서, 拂曉 불효, 晨光 신광, 曉色 효색, 胐晨 비신, 曉晨 효신
　　　　　黎明 여명   희미하게 밝아 오는 빛. 갓밝이. 어둑새벽. 희망의 빛 = 黎旦 여단

▷ 胐魄 비백   초승달

胥動浮言 서동부언   서로·모두·다 서 | 움직일 동 | 뜰·떠오를 부 | 말씀 언

거짓말을 퍼뜨려 민심을 선동(煽動)한다는 말

유의어 流言蜚語 유언비어, 浮言浪說 부언낭설, 浮言流說 부언유설
　　　　　아무 근거(根據)없이 널리 퍼진 소문. 뜬소문.

▷ 煽動 선동   남을 부추겨 일을 일으키게 함
▷ 浮標 부표   물 위에 띄워 어떤 표적으로 삼는 물건 = 부이(buoy)

黍離之歎 서리지탄   기장 서 | 떼놓을·떠날 리 | 어조사 지 | 탄식할 탄

나라가 멸망하여 궁궐터에 기장만이 자라 황폐(荒廢)해진 것을 보고 하는 탄식이라는 뜻, 세상의
영고성쇠(榮枯盛衰)와 부귀영화(富貴榮華)의 무상(無常)함을 탄식(歎息)하며 이르는 말

유의어 黍離 서리, 黍離之嘆 서리지탄, 麥秀之嘆 맥수지탄
　　　　　亡國之歎 망국지탄, 亡國之恨 망국지한   나라가 망하여 없어진 것에 대한 한탄
　　　　　麥秀黍油 맥수서유   보리의 이삭과 윤기 나는 기장, 고국의 멸망을 탄식함

419

西方淨土 서방정토　서녘 서 | 방위·모 방 | 깨끗할 정 | 흙 토

서쪽 십만억토(十萬億土)를 지나면 있다는 아미타불(阿彌陀佛)의 세계

유의어　西方極樂 서방극락, 西方世界 서방세계, 極樂世界 극락세계

極樂淨土 극락정토　아미타불(阿彌陀佛)이 살고 있다는 정토(淨土)

書不借人 서불차인　글 서 | 아닐 부 | 빌릴 차 | 사람 인

책을 아껴 남에게 빌려주지 않음

▷ 書如其人 서여기인　글씨는 곧 그 사람의 인격(人格)을 반영(反映)한다는 말

▷ 賃借 임차　돈을 주고 물건을 빌리는 일 ↔ 賃貸 임대　돈을 받고 물건을 빌려 주는 일

▷ 借款 차관　자국정부나 기업·은행 등이 외국정부나 국제기구에서 자금을 빌려 옴

西施顰目 서시빈목　서녘 서 | 베풀 시 | (눈살)찡그릴 빈 | 눈 목

서시가 눈살을 찌푸린다는 뜻, 함부로 흉내 내다가 남의 웃음거리가 됨을 말함

춘추시대 월(越)나라의 미인 서시(西施)가 가슴앓이로 괴로워서 자주 가슴에 손을 얹고 얼굴을 찡그리자 그것을 보고 동시(東施)라는 못 생긴 여자가 아름다운 여자는 저러는가 보다 하고 서시를 따라 흉내를 내다가 뭇 사람들의 웃음거리가 되었다는 말

유의어　西施捧心 서시봉심, 西施顰目 서시빈목, 東施效矉 동시효빈

東施效矉 동시효빈, 顰蹙 빈축　얼굴을 찡그림. 남을 비난하거나 미워함

效矉 효빈　덩달아 남의 흉내를 내거나, 남의 결점을 장점으로 알고 본받음

鼠竊狗偸 서절구투　쥐 서 | 훔칠 절 | 개 구 | 훔칠 투

쥐나 개처럼 몰래 물건을 훔친다는 뜻, 좀도둑을 비유하는 말

유의어　鼠竊 서절, 狗偸 구투, 蟻寇 의구, 竊盜 절도　남의 재물을 훔침

▷ 鼠蹊 서혜　샅(사타구니)

▷ 偸葬 투장　남의 눈을 속여 타인의 묘지 또는 산림에 매장하는 행위 = 暗葬 암장

▷ 寇偸 구투　남의 나라에 쳐들어와서 난폭한 짓, 도둑질을 함

▷ 泰山鳴動鼠一匹 태산명동서일필

　태산이 떠나갈 듯이 요동치더니 튀어나온 것은 쥐 한 마리뿐이라는 뜻으로
　예고만 떠들썩하고 실제의 그 결과는 보잘 것 없음을 비유하는 말

噬臍莫及 서제막급　씹을 서 | 배꼽 제 | 없을 막 | 미칠·이를 급

이미 저지른 잘못에 대해 후회(後悔)해도 소용(所用)없다는 말

사람에게 사로잡힌 사향노루가 자기가 잡힌 이유(理由)를 곰곰이 생각해보니, 평소에 자신이 자랑스럽게 생각하던 배꼽에서 나는 향기 때문이었다는 것을 뒤늦게 깨닫고 후회하며 자기의 배꼽을 물어뜯으려 했다는 고사에서 유래[배꼽에 닿지 않아 못 물어뜯음]

『유의어』 後悔莫及 후회막급, 亡羊補牢 망양보뢰, 事已至此 사이지차
　　　　噬臍 서제, 死後淸心丸 사후청심환, 死後藥方文 사후약방문

▷ 臍帶 제대　탯줄 = 臍緒 제서

* 出典: 春秋左氏傳(춘추좌씨전)

釋階登天 석계등천　풀·벗을 석 | 사다리·섬돌 계 | 오를 등 | 하늘 천

사다리를 버리고 하늘에 오르려고 한다는 뜻, 도저히 불가능한 일을 비유하는 말

『유의어』 釋階而登天 석계이등천, 上山求魚 상산구어, 緣木求魚 연목구어
　　　　與狐謨皮 여호모피, 與虎謨皮 여호모피. 與羊謨肉 여양모육
　　　　龜背刮毛 귀배괄모　거북 등에서 털을 깎음, 불가능한 일을 시도함

▷ 雲梯 운제　예전에, 성(城)을 공격할 때 썼던 높은 곳을 오르는 사다리

▷ 難上之木勿仰 난상지목물앙　오르지 못할 나무는 쳐다보지도 마라

▷ 階 섬돌 계 陛 섬돌 폐 阼 동편섬돌 조

* 出典: 楚辭(초사)

席藁待罪 석고대죄　자리 석 | 짚·마를 고 | 기다릴 대 | 죄·허물 죄

[죄를 인정하고] 거적을 깔고 엎드려서 임금의 처분(處罰)이나 명령(命令)을 기다림

『유의어』 席藁待命 석고대명

▷ 負荊請罪 부형청죄　자신의 잘못을 인정하고 사죄함[가시나무를 등에 지고 때려 달라는 말]

▷ 席次 석차　자리의 차례 또는 성적의 차례

▷ 멍석말이　옛날 권세가에서 백성들에게 가한 사형(私刑) = 덕석말이

碩果不食 석과불식　클 석 | 실과·열매 과 | 아닐 불 | 밥·먹을 식

과실나무에 달린 가장 큰 과실은 따 먹지 않고 다시 종자로 쓴다는 뜻, 자기만의 욕심을 버리고 자손에게 복을 줌을 이르는 말

▷ 碩學 석학　학식이 많고 학문이 깊음 또는 그런 사람. 대학자

▷ 碩座敎授 석좌교수　기업이나 개인이 기부(寄附)한 기금(基金)으로 연구 활동을 하도록
　　　　　　　　　　대학에서 지정(指定)한 교수

* 出典: 周易(주역) 剝卦(박괘)

席卷之勢 석권지세 자리 석 | 말·책 권 | 어조사 지 | 기세·형세 세

멍석(= 자리)을 말아 가듯이 무서운 기세로 세차고 거침없이 세력을 쫙쫙 넓혀 나감

유의어 席卷 석권

破竹之勢 파죽지세, 勢如破竹 세여파죽
적을 거침없이 물리치고 쳐들어가는 당당한 기세

燎原之火 요원지화 빠르게 번지는 벌판의 불길이라는 뜻
무서운 기세로 퍼져 가는 세력을 비유하는 말

釋根灌枝 석근관지 풀 석 | 뿌리 근 | 물댈 관 | 가지 지

뿌리는 내버려두고 가지에 물을 준다는 뜻, 근본을 무시하고 지엽적인 것에만 힘을 쓴다는 말

▷ 灌漑 관개 농사에 필요한 물을 끌어 논밭에 대는 일
▷ 釋明 석명 사실을 설명하여 밝힘
오해나 비난 등에 대해서, 사정을 설명하고 양해를 구함

* 出典: 淮南子(회남자)

席不暇暖 석불가난 자리 석 | 아닐 불 | 겨를·틈 가 | 따뜻할 난

앉은 자리가 따뜻할 겨를이 없다는 뜻, 자리나 거처를 자주 옮겨가며 매우 바쁘게 활동함을
이르는 말

유의어 東馳西走 동치서주, 東奔西走 동분서주, 墨突不黔 묵돌불검
南船北馬 남선북마, 南行北走 남행북주, 孔席墨突 공석묵돌
不遑啓處 불황계처, 過門不入 과문불입, 戛過 알과

▷ 餘暇 여가 겨를. 틈

* 出典: 韓愈(한유) 諍臣論(쟁신론)

釋眼儒心 석안유심 풀 석 | 눈 안 | 선비·유학 유 | 마음 심

석가모니(釋迦牟尼)의 눈과 공자(孔子)의 마음이라는 뜻, 자비(慈悲)롭고 인애(仁愛)가 깊음을
비유하여 이르는 말

유의어 一視同仁 일시동인 누구나 평등하게 똑같이 사랑함. 만민평등. 무차별 사랑

▷ 註釋 주석 낱말이나 문장의 뜻을 쉽게 풀이함
▷ 保釋 보석 일정한 보증금을 받고 형사 피고인을 구류(拘留)에서 풀어 주는 일

石田耕牛 석전경우 돌 석 | 밭 전 | 밭갈 경 | 소 우

자갈밭을 가는 소라는 뜻, 함경도 사람의 인내심(忍耐心) 강하고 부지런한 성격을 평한 말

▷ **泥田鬪狗** 이전투구　강인한 성격의 함경도 사람을 이르는 말

　[三峯(삼봉) 鄭道傳(정도전)이 함경도 사람들의 특징을 평한 말]

▷ **耕** 밭갈 경　**佃** 밭갈 전　**犁** 밭갈 리 / 쟁기 려

惜指失掌 석지실장　아낄 석 ｜ 손가락 지 ｜ 잃을 실 ｜ 손바닥 장

손가락을 아끼려다가 손바닥마저 잃는다는 뜻, 작은 일에 연연하다 큰일을 그르치게 됨을 말함

『유의어』 矯角殺牛 교각살우　굽은 소의 뿔을 똑바로 고치려다가 소를 죽인다는 뜻

　　　　矯枉過直 교왕과직　잘못을 바로잡으려다가 지나쳐 오히려 나쁘게 됨

　　　　小貪大失 소탐대실　작은 것을 탐내다가 큰 것을 잃음

『반의어』 捨小取大 사소취대　작은 것을 버리고 큰 것을 취한다는 뜻,

　　　　　　1. 큰 것을 얻기 위하여 작은 것을 희생(犧牲)할 줄 알아야 한다는 말

　　　　　　2. 작은 이익을 탐(貪)하지 않고 크고 중요한 것에 의미(意味)를 둔다는 말

▷ **矯正** 교정　틀어지거나 굽은 것 또는 결점(缺點) 등을 바로잡음

石破天驚 석파천경　돌 석 ｜ 깨질 파 ｜ 하늘 천 ｜ 놀랄 경

돌이 깨지자 하늘이 놀란다는 뜻

1. 환상적인 음률(音律)이나 아름다운 음악(音樂)을 비유함

2. 기발(奇拔)한 생각이나 뜻밖의 일로써 다른 사람을 놀라게 하는 것을 이르는 말

▷ **驚天動地** 경천동지　세상을 몹시 놀라게 함

▷ **破綻** 파탄　일이나 계획 등이 원만히 해결되지 않고 중도에서 그릇됨

　　　　　　회사 등의 재정이 지급정지 상태가 됨. 찢어져 터짐

* 出典: 李賀(이하)의 李憑公侯引(이빙공후인)

碩學鴻儒 석학홍유　클 석 ｜ 배울 학 ｜ 클·큰기러기 홍 ｜ 선비·유학 유

학문(學問)이 깊고 넓은 대학자. 유학자(儒學者)

『유의어』 碩學 석학, 鴻儒 홍유, 宏碩 굉석, 宏儒 굉유

　　　　巨儒 거유, 鉅儒 거유, 大儒 대유, 碩儒 석유

▷ **碩座** 석좌　석학(碩學)을 모시는 자리. 학식이 깊고 인망이 높은 분을 모시려는 의미

* 出典: 晉書(진서)

石火光陰 석화광음　돌 석 ｜ 불 화 ｜ 빛 광 ｜ 그늘 음

부싯돌이 맞부딪칠 때에 불이 번쩍하고 이는 것과 같이 빠른 세월을 비유하는 말

유의어 石火光中 석화광중, 歲月流水 세월유수 세월은 흐르는 물과 같음

光陰如箭 광음여전 세월은 쏜 화살과 같아서 한번 지나면 다시 돌아오지 않음

白駒過隙 백구과극, 過隙白駒 과극백구, 隙駒光陰 극구광음, 駒隙 구극
흰 망아지가 빨리 달리는 것을 문틈으로 본다는 뜻, 인생이나 세월이 덧없음을 비유

旋乾轉坤 선건전곤 돌·회전할 선 | 하늘·마를 건 | 구를·회전할 전 | 땅 곤

천지(天地)를 뒤집는다는 뜻, 나라의 나쁜 풍습(風習)을 대번에 크게 고침
또는 천하(天下)의 난(亂)을 평정(平定)함

유의어 撥亂 발란 어지러운 세상을 평정(平定)함

▷ 旋律 선율 가락[소리의 길이와 높낮이의 어울림] = 律呂 율려

▷ 乾坤 건곤 하늘과 땅 = 天地 천지, 堪輿 감여, 覆載 복재

▷ 凱旋 개선 싸움에서 이기고 돌아옴 = 凱陣 개진

先見之明 선견지명 먼저 선 | 볼 견 | 어조사 지 | 밝을 명

앞을 내다보는 안목이라는 뜻, 장래(將來)를 미리 예측(豫測)하는 날카로운 견식(見識)을 비유

▷ 明見萬里 명견만리 관찰력·판단력이 매우 뛰어남[밝은 지혜로 만리 밖을 내다봄]

▷ 坐見千里 좌견천리 앉아서 천리 밖을 내다봄

▷ 立見萬里 입견만리 서서 만리 밖을 내다봄

▷ 洞察 통찰 전체를 환하게 내다봄. 예리(銳利)하게 꿰뚫어 봄

* 出典: 後漢書(후한서)

先景後事 선경후사 먼저 선 | 빛·볕·경치 경 | 뒤 후 | 일·섬길 사

한시(漢詩)를 지을 때 앞 구절에는 자연의 경치(景致)를 묘사(描寫)하고 뒷 구절에는 작자의
정서(情緖)나 심정을 표현하는 한시(漢詩)의 전형적인 시상(詩想) 전개법

유의어 先景後敍 선경후서, 先景後情 선경후정

▷ 先塋 선영 조상의 무덤이 있는 곳 = 先山 선산, 先墓 선묘

先考 선고 먼저 선 | 상고할·살펴볼 고

돌아가신 자기 아버지를 남에게 높여 이르는 말

유의어 先親 선친, 先君 선군, 先人 선인

[반의어] 先妣 선비　돌아가신 자기 어머니를 남에게 높여 이르는 말 ＝ 前妣 전비

▷ 顯考 현고　돌아가신 아버지의 신주(神主)나 축문 첫머리에 쓰는 말

▷ 顯妣 현비　돌아가신 어머니의 신주(神主)나 축문 첫머리에 쓰는 말

▷ 詳考 상고　꼼꼼하게 따져서 참고(參考)하거나 검토(檢討)함

▷ 宣告 선고　공판정(公判廷)에서 재판장이 판결(判決)을 알리는 일

善供無德 선공무덕　착할 선 | 바칠 공 | 없을 무 | 덕·큰 덕
부처님께 공양(供養)을 잘 드려도 공덕(功德)이 없다는 뜻으로 남을 위해 힘써 일했으나 그것에 대한 대가(代價)가 없음을 개탄(慨歎)하여 이르는 말

[유의어] 徒勞無益 도로무익　헛되이 수고만 하고 아무런 이익(利益)이 없음

徒勞無功 도로무공, 勞而無功 노이무공, 徒勞阿彌陀佛 도로아미타불

先公後私 선공후사　먼저 선 | 공 공 | 뒤 후 | 개인·사사 사
공적인 일을 먼저 하고 사사(私事)로운 일을 뒤로 미룸

▷ 先斬後啓 선참후계　먼저 처형(處刑)하고 뒤에 임금에게 아룀

▷ 先驅者 선구자　일이나 사상에서 다른 사람보다 앞선 사람

▷ 公私多忙 공사다망　공적·사적인 일 등으로 매우 바쁨

璇璣玉衡 선기옥형　별이름·옥 선 | 별이름·구슬 기 | 구슬 옥 | 저울대 형
고대 중국에서 천체(天體)의 운행(運行)과 위치(位置)를 관측(觀測)하던 기구(器具)

선(璇)은 미주(美珠), 기(璣)는 기(機), 형(衡)은 횡(橫)으로 횡소(橫簫)를 말함

즉 선(璇)을 기(璣)로 하고 옥(玉)을 형(衡)으로 한 천문측도(天文測度)의 용기(用器)

[유의어] 璿璣玉衡 선기옥형

渾天儀 혼천의, 渾儀器 혼의기, 渾儀 혼의

지난날, 천체의 운행과 위치를 관측(觀測)하던 기구(器具)

▷ 銓衡 전형　인물의 됨됨이나 재능 등을 시험하여 뽑음 ＝ 選考 선고

善男善女 선남선녀　착할·잘할·올바를 선 | 사내 남 | 착할 선 | 계집 녀
성품(性品)이 착한 남자와 여자, 즉 착하고 어진 평범(平凡)한 사람들

1. 곱게 단장(丹粧)을 한 남자와 여자들

2. 불법(佛法)에 귀의(歸依)한 남녀. 신심(信心)이 깊은 사람들

▷ 男女老少 남녀노소　남자와 여자와 늙은이와 젊은이. 곧 모든 사람의 비유

先禮後學 선례후학 먼저 선 | 예도 례 | 뒤 후 | 배울 학

먼저 예의를 배운 뒤에 학문(學問)을 하라는 뜻, 학문보다 예의(禮儀)가 먼저라는 말

유의어 繪事後素 회사후소 먼저 바탕을 마련하고 나중에 그림을 그림

▷ 繪畫 회화 여러 가지 선(線)이나 색채(色彩)로 평면상에 형상을 그려 낸 것 = 그림

禪問答 선문답 선·봉선 선 | 물을 문 | 대답·팥 답

1. 참선(參禪)하는 사람들끼리 진리(眞理)를 찾기 위해 주고받는 대화(對話)
2. 하는 일과 상관(相關)없이 한가로이 주고받는 이야기를 놀림조로 이르는 말

▷ 受禪 수선 임금의 자리를 물려받음

▷ 讓位 양위 임금의 자리를 물려줌 = 禪讓 선양, 禪位 선위

先發制人 선발제인 먼저 선 | 필·쏠 발 | 제압할 제 | 사람·타인 인

1. 상대의 의도(意圖)를 알아차려서 어떤 불행한 사태(事態)가 발생하기 전에, 이쪽에서 미리
   조치(措置)하여 상대를 먼저 제압(制壓)한다는 말
2. 일을 할 때 남보다 먼저 착수(着手)하면 남보다 앞선다는 말

유의어 先則制人 선즉제인, 先制攻擊 선제공격

반의어 後則制於人 후즉제어인 후발(後發)하면 남에게 제압(制壓)당한다는 말

▷ 制人 제인 남을 제압함 / 制於人 제어인 남에게 제압당함

▷ 邀擊 요격 공격(攻擊)해 오는 대상을 기다리고 있다가 도중(途中)에서 맞받아침

▷ 原點打擊 원점타격 상대방이 공격 개시한 바로 그 지점을 그대로 타격한다는 말

先病者醫 선병자의 먼저 선 | 병 병 | 놈·것 자 | 의사·의원 의

먼저 병을 앓아본 사람이 의사(醫師)라는 뜻, 경험(經驗)있는 사람이 남을 도울 수 있다는 말

유의어 百戰老將 백전노장 수많은 싸움을 치른 노련한 장수(將帥)

百戰老卒 백전노졸 온갖 어려운 일을 많이 겪은 노련한 사람

山戰水戰 산전수전 산에서도 싸우고 물에서도 싸웠다는 뜻으로 세상살이를
하면서 모진 풍파(風波)를 다 겪었음을 비유하는 말

先聲奪人 선성탈인 먼저 선 | 소리 성 | 빼앗을 탈 | 사람·타인 인

1. 먼저 이쪽이 강하다는 거짓소문(所聞)을 퍼뜨려 상대의 기세(氣勢)를 제압(制壓)함
2. 아군의 성위(聲威)를 떨쳐 적군의 간담(肝膽)을 서늘하게 함

▷ 奪還 탈환 빼앗겼던 것을 도로 빼앗음 = 奪回 탈회

▷ 聲明 성명　어떤 사항(事項)에 관한 견해(見解)나 의견을 공개적으로 발표(發表)하는 일

先聲後實 선성후실 먼저 선 | 소리 성 | 뒤 후 | 열매 실

먼저 말로써 놀라게 하고 실력은 뒤에 가서 보여준다는 뜻으로 먼저 이쪽에서 성세(聲勢)를
떨쳐 적을 놀라게 하여 물리쳐 보고 만약 그래도 물러나지 않으면 그때 가서 만부득이 한
경우에만 교전(交戰)을 실행함[되도록이면 싸우지 않고 이겨보려고 노력한다는 말]

유의어 兵貴先聲後實 병귀선성후실 (에서 유래)
전쟁에서는 선성후실을 귀하게 여김. 즉 전쟁을 할 때 적에게 공갈(恐喝) 등을 하여
싸우지 않고 이길 방법을 모색(摸索)하고 부득이한 경우에만 무력전쟁을 한다는 말

▷ 着實 착실　사람이 허튼 데가 없이 진실(眞實)함

* 出典: 史記(사기)

先始於隗 선시어외 먼저 선 | 처음·비롯할 시 | 어조사 어 | 험할·나라이름 외

먼저 곽외(郭隗)부터 시작(始作)하라는 뜻으로 가까이 있는 사람이나 처음 말한 사람부터
시작하라는 말

왕께서 현인(賢人)을 맞이하여 정치(政治)를 잘하고 싶다면 먼저 가까이 있는 하찮은
저 곽외(郭隗)부터 잘 대우(待遇)하라는 뜻. 큰일을 하려면 우선 손쉬운 일부터 하라는 말

유의어 先從隗始 선종외시, 先從自始 선종자시, 請自隗始 청자외시
買死馬骨 매사마골, 買駿馬骨 매준마골, 千金買骨 천금매골
死馬骨五百金 사마골오백금　죽은 천리마의 말뼈를 오백 금을 주고 산다는 말

* 出典: 戰國策(전국책) 燕策 昭王(연책 소왕)

羨魚無網 선어무망 부러워할 선 / 무덤길 연 | 물고기 어 | 없을 무 | 그물 망

그물도 없으면서 물고기를 얻고 싶어 한다는 뜻, 얻을 수단(手段)도 없으면서 무엇인가 얻기를
바라는 것은 불가능한 일을 이루려고 하는 것과 같다는 말

유의어 釋階登天 석계등천, 上山求魚 상산구어, 臨淵羨魚 임연선어
緣木求魚 연목구어　나무에 올라가서 물고기를 구하듯, 불가능한 일을 하려고 함

▷ 羨望 선망　부러워하여 바람
▷ 羨道 연도　널길[고분(古墳)의 입구에서 시체를 안치(安置)한 방까지 이르는 길]

先憂後樂 선우후락 먼저 선 | 근심할 우 | 뒤 후 | 즐거울·즐길 락

근심할 일은 남보다 먼저 근심하고 즐거워할 일은 남보다 나중에 즐거워한다는 뜻
군자(君子)나 지사(志士), 선비나 仁人[인인: 어진 사람]의 마음씨를 이르는 말

▷ **憂慮** 우려 근심하거나 걱정함. 또는 그 근심과 걱정

▷ **娛樂** 오락 쉬는 시간에 갖가지 방법으로 기분을 즐겁게 하는 일

* 出典: 古文眞寶(고문진보)

善游者溺 선유자닉 잘할·착할 선 | 헤엄칠 유 | 놈 자 | 빠질·잠길 닉

수영(水泳)을 잘하는 사람이 물에 빠져죽는다는 말로 자기의 재주를 믿고 자만(自慢)하다가 도리어 그 재주로 재앙(災殃)을 당한다는 말

▷ **溺愛** 익애 흠뻑 빠져 지나치게 귀여워함

▷ **游泳** 유영 물속에서 헤엄치며 놂

▷ **宇宙游泳** 우주유영
   우주비행사가 우주선 밖의 우주공간에 나와 무중력(無重力)상태에서 행동하는 일

* 出典: 韓非子(한비자)

先意順旨 선의순지 먼저 선 | 뜻 의 | 순할·좇을 순 | 뜻·맛 지

먼저 남의 의중을 알아차리고 그 뜻을 따른다는 뜻, 처음에는 자식이 부모의 심중을 헤아리는 효도(孝道)의 의미로 사용되었으나, 나중에는 다른 사람의 의중을 헤아려 아부(阿附)하는 것으로 변질(變質)됨

『유의어』 先意承旨 선의승지, 承意順旨 승의순지

▷ **宗旨** 종지 1. 한 종교나 종파(宗派)의 중심이 되는 가르침
            2. 주장되는 요지(要旨)나 근본이 되는 중요한 뜻

▷ **順序** 순서 정해 놓은 차례

* 出典: 擊蛇笏銘(격사홀명: 宋[송]의 유학자 石介[석개] 著) / 禮記(예기) 祭儀篇(제의편)

先義後利 선의후리 먼저 선 | 옳을 의 | 뒤 후 | 이로울·날카로울 리

1. 먼저 도리(道理)를 생각하고 뒤에 이익(利益)을 생각한다는 뜻, 장사의 기본태도를 말함
2. 먼저 인의(仁義)에 따르고 나중에 명리(名利)를 생각한다는 말

『유의어』 見利思義 견리사의 눈앞에 이익(利益)이 보일 때 먼저 의리(義理)를 생각함

▷ **義憤** 의분 불의(不義)를 보고 일으키는 분노(憤怒)

▷ **利害關係** 이해관계 서로 이익(利益)과 손해(損害)가 미치는 사이의 관계

* 出典: 孟子(맹자)

先入爲主 선입위주 먼저 선 | 들 입 | 할 위 | 주인·임금 주

먼저 들은 바를 믿고 나중에 들은 것은 여간해서 믿지 않는다는 뜻으로

사람이란 먼저 들은 말을 믿고 중요하게 여기는 것이 인지상정(人之常情)이라는 말

▷ **先入觀 선입관** 어떤 대상에 대해 이미 마음속에 가지고 있는 고정적인 관념이나 견해

▷ **先塋 선영** 조상(祖上)의 무덤이 있는 곳 = **先山 선산, 先墓 선묘**

* 出典: 漢書(한서)

仙姿玉質 선자옥질 신선 선 | 맵시·모양 자 | 구슬 옥 | 바탕 질

신선(神仙)의 자태(姿態)에 옥의 바탕(質: 질)이라는 뜻, 용모(容貌)도 아름다운데 기품(氣品)도 탁월(卓越)한 미인의 자태(姿態)

[유의어] **氷姿玉質 빙자옥질** 얼음같이 맑고 깨끗한 살결과 구슬같이 아름다운 자질 '매화(梅花)'의 이칭(異稱)

▷ **謫仙 적선** 1. 천상에서 벌(罰)을 받고 인간계로 쫓겨 귀양내려온 신선(神仙)
2. 대시인(大詩人)의 미칭(美稱). 뛰어난 시인
3. 중국 당나라의 시인인 이백(李白)의 미칭(美稱) = **詩仙 시선**

善自爲謀 선자위모 잘할·착할 선 | 스스로 자 | 할 위 | 꾀할·계책 모

자기 자신을 위한 일을 잘 꾸민다는 뜻, 자기의 속셈을 잘 차리는 사람을 비유하는 말

[유의어] **我田引水 아전인수** 제 논에 물대기. 자기에게만 이롭게 함

▷ **謀反 모반** 국가나 조정 또는 군주를 배반하여 군사를 일으킴[지금의 내란죄에 해당함]

* 出典: 南齊書(남제서) 王僧虔傳(왕승건전)

先斬後啓 선참후계 먼저 선 | 목벨 참 | 뒤 후 | 장계·열 계

먼저 목을 베고 후에 장계(狀啓)를 올린다는 뜻, 군율(軍律)을 어긴 자를 먼저 처형(處刑)하고 나중에 임금에게 장계(狀啓)를 올려 보고함

▷ **斬首 참수** 목을 벰 = **斬頭 참두, 馘首 괵수**

▷ **狀啓 장계** 왕명으로 지방에 나간 관원이 글로 써서 올리던 보고(報告)

▷ **啓蒙 계몽** 지식수준이 낮거나 인습에 젖은 사람을 가르쳐서 깨우침 = **啓明 계명**

扇枕溫席 선침온석 부채 선 | 베개 침 | 따뜻할 온 | 자리 석

여름에는 부채로 시원하게 해드리고 겨울에는 자기의 체온(體溫)으로 부모님의 이부자리를 따뜻하게 해드린다는 뜻으로 부모에게 극진(極盡)히 효도(孝道)함을 이르는 말

[유의어] **扇枕溫衾 선침온금, 朝夕定省 조석정성, 定省 정성**

　　　　昏定晨省 혼정신성, 溫凊晨省 온정신성, 冬溫夏凊 동온하정

王延之孝 왕연지효, 問安視膳 문안시선

▷ **煽動** 선동 남을 부추겨 좋지 못한 어떤 일이나 행동에 나서도록 함

* 出典: 東觀漢記(동관한기)

蟬脫 선탈 매미 선 | 벗을·벗길 탈

매미가 허물을 벗는다는 뜻, 낡은 인습(因習)이나 형식(形式)에서 벗어남을 비유하는 말

『반의어』 **因循姑息** 인순고식 낡은 인습(因習)이나 폐단(弊端)에서 벗어나지 못함

　　　　　　陳套 진투 시대에 뒤진 낡은 투 = **古式** 고식

▷ **蟬鳴** 선명 매미가 욺. 귀찮게 지껄이는 소리를 비유 / **晩蟬** 만선 철늦게 우는 매미

▷ **翼蟬冠** 익선관 임금이 평상복으로 집무(執務)를 볼 때에 쓰던 관

▷ **逸脫** 일탈 어떤 영역 또는 본디의 목적이나 길, 규범, 조직 등에서 빠져 벗어남

仙風道骨 선풍도골 신선 선 | 풍채·바람 풍 | 길·도인 도 | 뼈 골

신선(神仙)의 풍채(風采)와 도인(道人)의 골격(骨格)이란 뜻, 고아(高雅)하고 남달리 뛰어난
풍채(風采)를 비유하여 이르는 말

『유의어』 **琨玉秋霜** 곤옥추상 아름다운 옥과 가을서리. 고상하고 엄숙한 인품의 비유

　　　　　　雲中白鶴 운중백학 구름 속을 나는 두루미. 고상한 기품(氣品)의 소유자

　　　　　　雲上氣稟 운상기품 구름 위를 걷듯, 속됨을 벗어난 고상한 기질과 성품

　　　　　　玉骨仙風 옥골선풍 살빛이 희고 고결(高潔)해서 신선과 같은 풍채(風采)

先花後果 선화후과 먼저 선 | 꽃 화 | 뒤 후 | 실과·열매 과

먼저 꽃이 피고 나중에 열매가 맺힌다는 뜻, 먼저 딸을 낳고 뒤에 아들을 낳음

▷ **花果** 화과 꽃과 열매 / **草木** 초목 풀과 나무 / **水石** 수석 물과 돌

▷ **結果** 결과 1. 열매를 맺음 2. 어떤 원인(原因)으로 결말(結末)이 생김

雪泥鴻爪 설니홍조 눈·씻을 설 | 진흙 니(이) | 큰기러기·클 홍 | 손톱 조

진흙위에 쌓인 눈에 찍힌 기러기의 발자국이 눈이 녹으면 흔적(痕迹)도 없이 사라지듯이 인생의
발자취 역시 눈 녹듯이 사라져가는 무상(無常)함을 비유하는 말

『유의어』 **生者必滅** 생자필멸, **盛者必衰** 성자필쇠, **人生無常** 인생무상
　　　　　　생명(生命)이 있는 것은 반드시 죽음. 인생(人生)이 덧없음

▷ **爪牙** 조아 손톱과 어금니. 매우 필요한 사람이나 물건. 임금을 호위하는 신하

▷ 鴻雁 홍안　큰 기러기와 작은 기러기 = 鴻鴈 홍안
* 出典: 蘇軾(소식: 蘇東坡[소동파], 唐宋八大家[당송팔대가])의 詩(시)

舌芒於劍 설망어검　혀 설 | 가시·봉(鋒)·까끄라기 망 | 어조사 어 | 칼 검
혀[舌: 설]가 칼[劍: 검]보다 더 날카롭다는 뜻, 사건(事件)을 논하는 논봉(論鋒)이 날카로움을 이르는 말

▷ 論鋒 논봉　언론(言論)에 밝히는 평론(評論)·논평(論評)등이 날카로움
▷ 筆鋒 필봉　붓의 위세. 즉 글을 써내려가는 위세(威勢)를 비유
▷ 鴃舌 격설　때까치가 지껄이는 말이라는 뜻으로
　　　　　　알아들을 수 없는 외국인의 말을 낮잡아 일컫는 말

挈缾之智 설병지지　손에 들·끌 설 | 두레박·물장군 병 | 어조사 지 | 슬기·지혜 지
두레박으로 물을 긷는 지혜. 작은 지혜를 발휘(發揮)해서라도 맡은바 책임을 다하겠다는 말
두레박으로 물 긷는 일을 맡은 사람도 남에게 함부로 두레박을 빌려 주지 않는 법이다.
즉 두레박으로 물 긷는 것 같은 작은 일이라도 일단 책임을 맡았으면 남에게 함부로 책임을
떠넘기지 않고 책임(責任)을 완수(完遂)한다는 말

▷ 未挈家 미설가　지방관이 특별지역에 부임(赴任)할 때 가족을 데리고 가지 못하던 일
▷ 끌다: 挈 설 / 牽 견 / 引 인 / 曳 예
* 出典: 三國志(삼국지) 田豫列傳(전예열전)

雪上加霜 설상가상　눈·씻을 설 | 위 상 | 더할 가 | 서리 상
눈 위에 또 서리가 덮인다는 뜻, 난처한 일이나 불행한 일이 잇따라 일어남을 이르는 말

[유의어] 雪上加雪 설상가설　눈 위에 또 눈이 덮인다는 뜻
　　　　前虎後狼 전호후랑　앞문에는 호랑이 뒷문에는 이리
　　　　波瀾重疊 파란중첩　물결위에 물결이 인다는 뜻. 일의 진행에 난관이 많음
[반의어] 錦上添花 금상첨화　비단 위에 꽃을 더 보탠다는 뜻
▷ 露 이슬 로 霰 싸라기 눈 산 雹 우박 박 電 번개 전 雷 우레 뢰 霹 벼락 벽
* 出典: 傳燈錄(전등록)

設心做意 설심주의　세울·베풀 설 | 마음 심 | 지을·만들 주 | 뜻·정취 의
마음을 세우고 뜻을 짓는다는 뜻으로 계획(計劃)적으로 간사(奸詐)한 꾀를 꾸밈의 비유
▷ 看做 간주　상태·모양·성질 등을 그렇다고 여김 = 置簿 치부

▷ 設使 설사 가정해서 말하여. 가령, 그렇다손 치고 = 設令 설령, 設或 설혹

說往說來 설왕설래 말씀 설 / 달랠 세 / 기뻐할 열 | 갈 왕 | 올 래

이쪽의 말이 가고 저쪽의 말이 온다는 뜻, 서로 의견이 달라 변론(辯論)을 주고받으며
옥신각신[= 옳으니 그르니 하고 서로 말다툼]함

유의어 言往言來 언왕언래, 言往說來 언왕설래, 言三語四 언삼어사

言去言來 언거언래 여러 말을 주고받음 또는 말다툼

甲論乙駁 갑론을박 서로 자기주장을 내세우고 상대방의 주장을 반박(反駁)함

▷ 遊說 유세 자기 의견 또는 자기 소속(所屬) 정당 등의 주장을 선전(宣傳)하며 돌아다님

▷ 近說遠來 근열원래 가까운데 있는 사람을 기쁘게 해주면 먼 곳의 사람들이 찾아온다.

舌底有斧 설저유부 혀 설 | 밑·바닥 저 | 있을 유 | 도끼 부

혀 밑에 도끼가 들어있어 자기를 해침. 말을 잘못하면 자기가 한말이 화근이 되어 도리어 자기가
큰 화를 당한다는 말. 즉 말조심 하라는 말

유의어 駟不及舌 사불급설, 駟馬難追 사마난추

言多必失 언다필실 말이 많아지면 반드시 실수가 따른다는 말

口禍之門 구화지문, 禍從口生 화종구생, 禍從口出 화종구출
화는 입으로부터 나옴. 즉 말을 삼가 하라는 말

舌斬身刀 설참신도 혀는 몸을 베는 칼. 즉 항상 말을 조심하라는 말

▷ 舌禍 설화 남의 험담(險談)이나 중상(中傷)등으로 입는 재난(災難)
강연(講演)·연설 등이 법률에 저촉(抵觸)되거나 남을 화나게 하여 받는 재난

▷ 底引網 저인망 바다 밑바닥으로 그물을 끌고 다니면서 물고기를 잡음 = 트롤망

▷ 斧扆 부의 병풍(屛風)을 등진다는 뜻으로 천자가 조정에서 정사(政事)를 펼침을 비유

雪中松柏 설중송백 눈·씻을 설 | 가운데 중 | 소나무 송 | 잣나무 백

눈 속의 소나무와 잣나무, 눈 속에서도 늘 푸름. 높고 굳은 절조(節操)의 선비를 비유하는 말

유의어 歲寒松柏 세한송백, 傲霜孤節 오상고절 국화(菊花)를 비유

霜風高節 상풍고절 곤경에 처하여도 굽히지 않는, 서릿바람 같은 높은 절개(節槪)

▷ 雪中四友 설중사우 눈[雪: 설]속의 네 가지 벗이라는 뜻으로 겨울에도 즐길 수 있는
네 가지 꽃을 비유. 즉 옥매(玉梅)·납매(臘梅)·다매(茶梅)·수선(水仙)

▷ 落落長松 낙락장송 가지가 길게 축축 늘어진 키가 큰 소나무

* 出典: 射枋得(사방득)의 詩(시)

雪中送炭 설중송탄 눈·씻을 설 | 가운데 중 | 보낼 송 | 숯·석탄 탄

추운 겨울 날씨에 땔감을 보낸다는 뜻으로 급하고 어려운 처지에 있는 사람에게 긴급(緊急)하게
도움을 준다는 말

▷ 雪辱 설욕　과거의 치욕(恥辱)을 씻어낸다는 뜻, 다시 겨루는 승부(勝負)에 이겨
　　　　　　　전에 패배(敗北)했던 부끄러움을 씻고 명예(名譽)를 회복(回復)함의 비유

▷ 柴炭 시탄　땔나무와 숯 = 薪炭 신탄

▷ 煉炭 연탄　석탄을 주원료(主原料)로 하여 만든 연료[燃料: 땔감]

* 出典: 宋史(송사) 太宗紀(태종기)

纖纖玉手 섬섬옥수 가늘·고운비단 섬 | 구슬 옥 | 손 수

가늘고도 보드라운 아름다운 여인의 손

▷ 纖細 섬세　곱고 가늘음, 아주 찬찬하고 세밀(細密)함

▷ 玉手 옥수　여자의 아름답고 고운 손 또는 임금의 손 = 御手 어수　임금의 손

▷ 纖維 섬유　실 모양의 고(高)분자 물질[천연·인조·합성의 세 섬유로 구별]

* 出典: 詩經(시경) 魏風葛屨(위풍갈구)

葉公好龍 섭공호룡 성·고을이름 섭 / 잎 엽 | 공작·제후 공 | 좋을 호 | 용 룡

섭공(葉公)이 용(龍)을 좋아한다는 뜻으로
1. 겉으로는 좋아한다고 떠들고 다니지만 실제 속으로는 두렵고 무서워함
2. 겉으로는 좋아하는 척 하지만 진심은 그렇지 않음

섭공(葉公)은 춘추시대 초(楚)나라의 섭(葉)이라는 지방을 다스렸던 영주(領主)인데, 용을
매우 좋아한다고 늘 말을 떠벌이며 다녔다고 한다. 하늘에 있던 용(龍)이 그 말을 듣고 반가운
마음에 섭공을 찾아갔더니 반기기는커녕 깜짝 놀라서 그만 기겁(氣怯)을 하며 혼비백산(魂飛魄散)
줄행랑쳤다는 고사에서 유래

* 出典: 新序(신서: 劉向[유향] 著) 雜事篇(잡사편)

涉獵 섭렵 건널·돌아다닐 섭 | 사냥할 렵(엽)

물을 건너고 산을 넘어 찾아다닌다는 뜻, 온갖 책을 널리 읽거나 여기저기 찾아다니며
다양(多樣)한 일을 경험(經驗)하고 견문(見聞)을 넓히는 일을 이르는 말

[유의어] 博覽强記 박람강기, 博學多識 박학다식, 多聞博識 다문박식

博踏 편답, 遍歷 편력　이곳저곳을 널리 돌아다님. 여러 가지 경험을 함

畋漁 전어　사냥과 물고기 잡이. 널리 섭렵(涉獵)함을 비유하여 이르는 말

跋涉 발섭　산 넘고 물 건너 길을 다님[= 여러 곳을 두루 돌아다님]

▷ 川獵 천렵 냇물에서 놀이로 하는 고기잡이

▷ 弋獵 익렵 날짐승을 활로 쏘아잡고 길짐승을 쫓아가 잡음

▷ 狩獵 수렵 사냥 / 獵銃 엽총 사냥총

▷ 獵奇 엽기 비정상적이고 괴이(怪異)한 일이나 사물에 흥미가 끌려 쫓아다니는 일

涉于春氷 섭우춘빙 건널 섭 | 어조사 우 | 봄 춘 | 얼음 빙

봄철에 얼음 위를 걸어서 건넌다는 뜻, 당장에라도 깨질 수 있어 매우 위험(危險)하다는 말

유의어 如履薄氷 여리박빙, 薄氷如臨 박빙여림

危如累卵 위여누란 달걀을 쌓은 것같이 위태롭다는 뜻으로 매우 위험한 일

危如朝露 위여조로 아침이슬은 해가 뜨면 곧 사라짐. 위기(危機)가 임박함

虎尾春氷 호미춘빙 범의 꼬리잡기와 봄철의 얼음 위를 걷기. 매우 위험함

* 出典: 書經(서경)

成功者退 성공자퇴 이룰 성 | 공·공훈 공 | 놈 자 | 물러날 퇴

공을 이룬 사람은 물러남이 마땅하다는 뜻, 성공(成功)한자는 물러날 때를 알아야 한다는 말

유의어 功遂身退 공수신퇴, 成功身退 성공신퇴, 成功者去 성공자거

功成身退 공성신퇴 공을 이룬 뒤에 그 자리에서 물러남

▷ 功勳 공훈 나라나 사회를 위해 세운 큰 공로(功勞) = 勳功 훈공

* 出典: 史記(사기) 范雎·蔡澤列傳(범수·채택열전)

聲東擊西 성동격서 소리 성 | 동녘 동 | 칠·부딪칠 격 | 서녘 서

동쪽에서 소리를 내고 실제로는 서쪽에서 적을 친다는 뜻, 적을 유인(誘引)하여 이쪽을
공격하는 척 하다가 그 반대쪽을 치는 전술로 기발(奇拔)하게 속이며 공략(攻略)한다는 말

유의어 聲言擊東 其實擊西 성언격동 기실격서 (에서 유래)
동쪽을 친다고 소리를 내고 실제로는 서쪽의 적을 친다는 뜻

兵不厭詐 병불염사, 軍不厭詐 군불염사
군사(軍事)에서는 적을 속이는 간사한 꾀도 꺼리지 않음, 속여서라도 이겨야함

▷ 狙擊 저격 몰래 숨어서 특정인물이나 목표를 겨냥하여 쏨

▷ 邀擊 요격 공격해 오는 대상을 기다리고 있다가 도중에서 맞받아침

* 出典: 通典의 兵典(통전의 병전: 唐[당]나라 杜佑[두우] 著)

星羅雲布 성라운포 별 성 | 벌릴·새그물 라 | 구름 운 | 베 포

별이 비단처럼 펼쳐져있고 구름이 베처럼 퍼져 있다는 뜻, 사물이 여기저기 도처(到處)에 많이
흩어져 있는 것을 비유하는 말

▷ 星宿 성수 모든 별자리의 별 = 辰宿 진수

▷ 綾羅 능라 두꺼운 비단과 얇은 비단 = 綾緞 능단

▷ 羅針盤 나침반, 羅針儀 나침의, 針盤 침반, 나침판
　　자침(磁針)이 남북을 가리키는 특성을 이용하여 방향을 알 수 있게 만든 기구

＊ 出典: 班固(반고: 東漢[동한]의 역사가)의 西都賦(서도부)

聲聞過情 성문과정　소리 성 | 들을 문 | 지날·허물 과 | 뜻 정

명성(名聲)이 실제(實際)를 앞선다는 뜻, 어떤 사람의 명성과 평판(評判)이 실제보다 높음

▷ 名不虛傳 명불허전 명성(名聲)은 헛되이 전해지지 않음

▷ 聲討 성토 여러 사람이 모여 부정(不正)과 불의(不義)를 만천하(滿天下)에 공개하며
　　　　　　소리 높여 비판(批判)하고 규탄(糾彈)함을 이르는 말

＊ 出典: 孟子(맹자)

盛水不漏 성수불루　담을·성할 성 | 물 수 | 아닐 불 | 샐 루

가득찬 물이 조금도 새지 않는다는 뜻, 빈틈이 없음
사물이 빈틈없이 꽉 짜여 졌거나 매우 정밀(精密)하다는 말

『유의어』 徹頭徹尾 철두철미, 周到綿密 주도면밀, 用意周到 용의주도
　　　　 徹上徹下 철상철하 위에서부터 아래까지 꿰뚫듯 훤함

▷ 漏泄 누설 기체나 액체(液體) 등이 밖으로 샘. 비밀(祕密)이 밖으로 새어 나감

性猶湍水 성유단수　성품 성 | 오히려·망설일·원숭이 유 | 여울·소용돌이 단 | 물 수

사람의 본성(本性)은 여울물과도 같아 동으로 트면 동쪽으로 흐르고 서로 트면 서쪽으로 흐르듯이
사람은 상황(狀況)에 따라 천성(天性)적으로 착하게도 될 수 있고 악하게도 될 수 있으므로
사람의 본성(本性) 그 자체는 착하지도 않고 악하지도 않다며 고자(告子)가 주장

▷ 猶豫 유예 할까 말까 망설여 일을 결행하지 않음 또는 시일을 미루거나 늦춤

▷ 湍流 단류 급하고 세차게 흐르는 물

＊ 出典: 孟子(맹자)

盛者必衰 성자필쇠　성할 성 | 놈 자 | 반드시 필 | 쇠할·약할 쇠 / 상복 최

융성(隆盛)한 것은 반드시 쇠퇴(衰退)한다는 말

『유의어』 月滿則虧 월만즉휴, 日月盈昃 일월영측, 權不十年 권불십년

生者必滅 생자필멸 생명이 있는 것은 반드시 죽음

強弩之末 강노지말 힘찬 화살도 마지막에는 힘이 없어 비단조차 뚫지 못함

勢無十年過 세무십년과 권세는 십년을 가지 못함

花無十日紅 화무십일홍 열흘 붉은 꽃이 없다는 뜻, 한 번 성한 것은
　　　　　　　　　　　　　얼마 가지 않아 반드시 쇠해짐을 이르는 말

▷ 榮枯盛衰 영고성쇠 인생이나 사물의 성하고 쇠함이 서로 뒤바뀌는 현상

▷ 絺衰 격최 거친 갈포로 만든 상복(喪服)

* 出典: 仁王經(인왕경)

誠中形外 성중형외　정성 성 | 가운데 중 | 모양 형 | 바깥 외

1. 진실(眞實)한 마음과 참된 생각은 꾸미지 않아도 저절로 겉으로 드러남
2. 심중에 생각하고 있는 것은 비록 숨기려고 해도 겉으로 나타나는 법이라는 말

『유의어』 誠於中形於外 성어중형어외 (에서 유래)

▷ 誠心誠意 성심성의 참되고 성실(誠實)한 마음과 뜻
　＝ 誠心 성심, 丹念 단념, 誠款 성관, 懇意 간의

▷ 致誠 치성 1. 있는 정성을 다함 2. 신이나 부처에게 지성으로 빎

* 出典: 大學(대학) 誠意章(성의장)

腥塵 성진　비릴 성 | 먼지·티끌 진

비린내[腥: 성]나는 속세[俗世 = 塵(진: 먼지)]. 어지러운 이 세상(世上)을 비유하는 말

『유의어』 娑婆 사바 중생(衆生)이 갖가지 고통(苦痛)을 참고 견뎌야 하는 이 세상

黃塵 황진 누른 빛깔의 흙먼지. 번거롭고 속된 세상의 비유

紅塵 홍진 햇빛에 비치어 벌겋게 이는 티끌. 번거롭고 속된 세상의 비유

此岸 차안 생사(生死)의 고통(苦痛)이 있는 세계. 곧 이 세상

俗塵 속진 속세의 티끌이라는 뜻으로 세상의 여러 가지 번잡(煩雜)한 일

俗界 속계, 囂塵 효진, 塵囂 진효, 飆塵 표진, 颷塵 표진

『반의어』 彼岸 피안 이승의 번뇌(煩惱)를 해탈(解脫)하여 열반(涅槃)의 세계에 도달하는 경지

仙境 선경 1. 신선이 산다는 곳 2. 경치(景致)가 신비스럽고 그윽한 곳의 비유

仙界 선계, 仙鄕 선향, 武陵桃源 무릉도원, 桃源 도원

別天地 별천지, 別有天地 별유천지, 別乾坤 별건곤, 別世界 별세계

城下之盟 성하지맹 성·재 성 | 아래 하 | 어조사 지 | 맹세 맹

성 밑까지 쳐 들어온 적군과 어쩔 수없이 맺는 맹약(盟約). 패전국(敗戰國)이 적군에게
항복(降伏)하고 맺는 굴욕(屈辱)적인 강화(講和)의 맹약

▷ 籠城 농성　1. 적에게 둘러싸여 성문(城門)을 굳게 닫고 성을 지킴
　　　　　　　2. 어떤 목적(目的)을 위하여 줄곧 한자리를 떠나지 않고 시위(示威)함

▷ 城堞 성첩　성가퀴[성위에 낮게 쌓은 담: 몸을 숨겨 적을 감시하거나 공격하는 곳]

* 出典: 春秋左氏傳(춘추좌씨전) 桓公(환공) 12年條(년조)

城狐社鼠 성호사서 성·재 성 | 여우 호 | 단체·토지의 신 사 | 쥐 서

성곽(城郭)에 굴을 파고 사는 여우[狐: 호]와 토지 묘에 굴을 파고 사는 쥐[鼠: 서]라는 뜻
임금 곁에 있는 간신(奸臣)의 무리나 관청(官廳: 철 밥통)같이 안전한 세력에 기대어
나쁜 짓을 하는 무리. 즉 권력에 빌붙어 나쁜 짓을 저지르는 관리(官吏)들을 비유하는 말

『유의어』 稷狐社鼠 직호사서

▷ 宗廟 종묘　조선시대 때 역대 임금과 왕비의 위패(位牌)를 모시던 왕실의 사당

▷ 社稷 사직　1. 나라 또는 조정(朝廷)　2. 토지 신[社 사]과 곡식 신[稷 직]

* 出典: 晉書(진서) 謝鯤傳(사곤전: 謝鯤[사곤]과 王敦[왕돈]과의 대화에서 유래)

星火燎原 성화요원 별 성 | 불 화 | 화톳불·횃불 요(료) | 들·벌판 원

별빛같이 작은 불씨가 퍼지면 마침내 넓은 들판도 태운다는 뜻. 즉 사소(些少)한 일을
방치(放置)하면 후일 커다란 재앙(災殃)이 된다는 말

『유의어』 毫毛斧柯 호모부가, 防患未然 방환미연, 未然防止 미연방지
　　　　　曲突徙薪 곡돌사신　굴뚝의 방향을 돌려놓고 땔감을 저쪽으로 치워놓음

▷ 星宿 성수　1. 고대 중국에서, 하늘에 떠 있는 별을 이십팔수로 나눈 것
　　　　　　　2. 모든 별자리의 별. = 辰宿 진수

▷ 燎原之火 요원지화　빠르게 번지는 벌판의 불길이라는 뜻으로
　　　　　　　　　　　무서운 기세로 퍼져 가는 세력 등을 비유하는 말

* 出典: 書經(서경)

世降俗末 세강속말 인간·세상 세 | 내릴 강 / 항복할 항 | 풍속·속될 속 | 끝·꼭대기 말

세상이 내려갈수록 못되어져서 풍속(風俗)이 매우 어지러움

『유의어』 末世 말세, 末流 말류, 季世 계세
　　　　　정치(政治)·도덕(道德)·풍속(風俗)등이 아주 쇠퇴(衰頹)한 시대

▷ 歲歲年年 세세연년　매년(每年)을 강조하는 말 = 年年歲歲 연년세세

▷ **誕降** 탄강　임금이나 성인(聖人)이 태어남

▷ **降伏** 항복　싸움에서 자신이 진 것을 상대에게 인정하고 굴복함 = **降服** 항복

世亂識忠臣 세란식충신　인간 세 | 어지러울 란 | 알 식 | 충성 충 | 신하 신

세상이 어지러워진 연후에 비로소 누가 충신(忠臣)인지 알 수 있다는 말

『유의어』　**歲寒然後知松栢之後彫也** 세한연후지송백지후조야

　　歲寒然後知松栢之節 세한연후지송백지절
　　날씨가 추워진 뒤에야 송백이 늦게 시듦[= 절개]을 안다는 말

　　家貧顯孝子 가빈현효자　집이 가난해야 효자가 드러난다는 말

▷ **處世** 처세　1. 사람들과 어울려 세상에서 살아가는 일
　　　　　　　2. 시대의 흐름을 따르고 남들과 사귀면서 살아가다

* 出典: 唐書(당서)

洗踏足白 세답족백　씻을 세 | 밟을 답 | 발 족 | 흰 백

상전(上典)의 빨래를 하다 보니 종(隸僕: 예복)의 발뒤꿈치가 희어진다는 뜻, 남을 위하여
한일이 자신에게도 얼마간의 이득(利得)이 있음을 비유하는 말

▷ **洗心** 세심　마음에 남아있는 나쁜 생각[惡: 악]을 씻어내고 청정(淸淨)하게 한다는 말

▷ **洗滌** 세척　깨끗이 씻음 = **洗淨** 세정

▷ **洗練** 세련　1. 말이나 글이 어색한 데가 없이 능숙하고 매끈하게 다듬어짐
　　　　　　　2. 모습과 용모가 환하고 말쑥함 ↔ **稚拙** 치졸

* 出典: 旬五志(순오지)

世世相傳 세세상전　인간 세 | 서로 상 | 전할 전

여러 대를 두고 전하여 내려옴. 대를 이어 전함

▷ **奕世** 혁세, **代代孫孫** 대대손손, **世世孫孫** 세세손손　대대로 이어 내려오는 자손

▷ **雲仍** 운잉　운손(雲孫)과 잉손(仍孫). 즉 먼 후손을 이르는 말
　　　　　　[雲孫(운손): 구름같이 많은 자손, 仍孫(잉손): 거듭되어 많은 자손]

▷ **世系** 세계　조상으로부터 대대로 내려오는 계통

▷ **奕世** 혁세　거듭된 여러 대 = **代代** 대대

▷ **蚤世** 조세　젊은 나이에 죽음 = **夭折** 요절, **夭死** 요사, **夭陷** 요함, **早世** 조세

世俗五戒 세속오계　인간 세 | 풍속·속될 속 | 다섯 오 | 경계할 계

신라시대 화랑(花郎)이 지켜야했던 다섯 가지 계율(戒律)로써, 그 당시 신라인들의 시대정신을 당대의 석학(碩學)인 원광법사가 탁월(卓越)한 식견(識見)을 발휘(發揮)하여 구체적으로 정리·표현함

1. **事君以忠** 사군이충　임금을 충성(忠誠)으로 섬김
2. **事親以孝** 사친이효　어버이를 효도(孝道)로 섬김
3. **交友以信** 교우이신　벗을 사귀는 데 믿음을 바탕으로 함
4. **臨戰無退** 임전무퇴　전장(戰場)에 나아가 물러나지 않음
5. **殺生有擇** 살생유택　함부로 살생(殺生)하지 말아야 함. 살생을 가려서 함

〔유의어〕　花郎五戒 화랑오계

* 出典: 圓光法師(원광법사) 新羅 眞平王(신라 진평왕)

歲時風俗 세시풍속　해 세 | 때 시 | 풍속·바람 풍 | 풍속 속

옛날부터 한 사회의 생활전반에 걸쳐 전해오는 계절(季節)에 따라 치르는 행사(行事)나 습관(習慣)

▷ **歲時記** 세시기　일 년 중, 철을 따라서 행해지는 여러 가지 민속행사를 적어 놓은 책

▷ **歲時風俗圖** 세시풍속도　일상생활 장면(場面)이나 사철의 풍속(風俗)을 그린 그림

▷ **辭歲** 사세　묵은해를 보냄 = 送年 송년, 送舊迎新 송구영신

勢如破竹 세여파죽　형세·기세 세 | 같을 여 | 깨뜨릴 파 | 대나무 죽

기세(氣勢)가 마치 대나무를 쪼개는듯하다는 뜻, 적군을 거침없이 물리치고 쳐들어가는 기세

〔유의어〕　破竹之勢 파죽지세

席卷之勢 석권지세, 席卷 석권
멍석을 말아서 감아 나아가듯이 무서운 기세로 영토를 휩쓸거나 세력 범위를 넓힘

燎原之火 요원지화　빠르게 번지는 벌판의 불길. 무서운 기세로 퍼져 가는 세력

▷ **藉勢** 자세　자기나 남의 세력을 믿고 세도(勢道)를 부림

* 出典: 晉書(진서) 杜預傳(두예전)

洗耳恭聽 세이공청　씻을 세 | 귀 이 | 공손할·조심할 공 | 들을 청

귀를 씻고 공손(恭遜)히 남의 말을 귀담아 듣는다는 뜻,
1. 다른 사람이 하는 말을 잘 듣는다는 말
2. 남의 말을 비웃는 경우(境遇)나 흔히 농담(弄談)으로 사용

〔유의어〕　潁川洗耳 영천세이, 傾聽 경청　귀를 기울여 들음

▷ **耳目口鼻** 이목구비　귀·눈·입·코 또는 얼굴의 생김새

▷ **洗腦** 세뇌　본디 품었던 생각을 잊게 하고 특정한 사상·주의 등을 주입(注入)시켜

그 내용을 따르게 하는 일

* 出典: 高士傳(고사전)

歲寒三友 세한삼우 해세 | 찰한 | 석삼 | 벗우

겨울철의 세 벗(松竹梅: 송죽매)이라는 뜻, 추위에 잘 견디는 소나무·대나무·매화나무
[동양화(東洋畫)의 화제(畫題: 그림의 이름이나 제목)]

▷ **寒波 한파** 겨울철에 한랭전선의 급속한 이동으로 기온이 급격히 내려가는 현상

▷ **歲暮 세모** 세밑[한 해의 마지막 때. 섣달그믐께]

▷ **蚤歲 조세** 연초[한 해의 첫머리] = 年始 연시, 年頭 연두, 歲初 세초

歲寒松柏 세한송백 해세 | 찰한 | 소나무송 | 잣나무백

소나무와 잣나무는 추운 계절에도 잎이 지지 않는다는 뜻, 어떤 역경(逆境)속에서도 변하지
않는 굳은 절개(節槪)를 의미함

[유의어]
雪中松柏 설중송백 눈 속의 소나무와 잣나무. 높고 굳은 절개를 일컫는 말

霜風高節 상풍고절 곤경에 처하여도 굽히지 않는, 서릿바람 같은 높은 절개

傲霜孤節 오상고절 서릿발 속에서도 굴하지 않고 외로이 지키는 절개[국화]

落落長松 낙락장송 가지가 길게 축축 늘어지고 키가 우뚝 큰 소나무로
지조(志操)와 절개(節槪)가 굳은 사람의 표상(表象)

▷ **歲寒然後知松栢之後彫也 세한연후지송백지후조야** (에서 유래)
날씨가 추워진 뒤에라야 송백이 늦게 시듦(節槪: 절개)을 알게 된다는 말

* 出典: 論語(논어) 子罕(자한)

素車白馬 소거백마 흰·바탕소 | 수레거 | 흰백 | 말마

흰 포장(布帳)을 두른 수레와 흰 말이라는 뜻, 고대 중국에서 적에게 항복(降伏)할 때나
흉사(凶事)나 상사(喪事)를 당했을 때에 사용하던 거마(車馬)

1. 대개 문상(問喪)·장송(葬送)의 뜻으로 사용
2. 친구(親舊)의 죽음을 애도(哀悼)하는 마음을 비유함
3. 범식(范式)과 장소(張邵)처럼 죽어서도 보고 싶은 절친(切親)한 친구사이를 비유함

[유의어] **白馬素車 백마소거**

▷ **素服 소복** 흰옷. 하얗게 차려입은 옷. 흔히 상복(喪服)으로 입음

* 出典: 後漢書[후한서: 범식(范式)과 장소(張邵)의 고사에서 유래]

少見多怪 소견다괴 적을소 | 볼견 | 많을다 | 기이할괴

본 바가 적은 사람은 사소(些少)한 것도 신기하고 괴이(怪異)하게 생각되는 일이 많다는 뜻
견문(見聞)이 좁거나 생각이 좁은 어리석은 사람을 비웃는 말

유의어
管中窺豹 관중규표 　대롱의 작은 구멍으로 표범을 봄. 견문이 매우 좁음을 비유
坐井觀天 좌정관천 　우물 속에 앉아 하늘을 봄, 견문이 매우 좁음을 비유
井中之蛙 정중지와, 井底之蛙 정저지와 　우물 안 개구리. 견문이 좁음
蜀犬吠日 촉견폐일 　촉나라 개가 해를 보면 짖음[촉나라는 대개 날씨가 흐림]
越犬吠雪 월견폐설 　월나라 개가 눈을 보고 짖음[월나라는 눈이 거의 오지 않음]
　　　　즉 식견(識見)이 좁은 사람이 선하고 어진사람을 오히려 비난(非難)하고 의심한다는 말

* 出典: 弘明集(홍명집) 理惑論(이혹론)

小國寡民 소국과민 　작을 소 | 나라 국 | 적을 과 | 백성 민

작은 나라에 적은 백성(百姓)의 수라는 뜻, 노자(老子)가 그린 이상사회 또는 이상국가(理想國家)

유의어
夜警國家 야경국가 　외적방어·국내치안·자유·국민의 재산보호 등
　　　　　　　　　　최소한의 임무만을 행하는 국가

반의어
富國强兵 부국강병 　나라를 부유(富裕)하게 하고 군대(軍隊)를 강하게 함

▷ 大同社會 대동사회, 大同世界 대동세계
　　유가(儒家)에서 말하는 이상사회. 대도(大道)가 행해지는 이상세계

▷ 寡人 과인 　덕이 적은 사람, 임금이 자기를 낮추어 일컫던 말 = 朕 짐

* 出典: 老子(노자) 80章(장)

蕭規曹隨 소규조수 　맑은대쑥 소 | 법 규 | 나라이름 조 | 따를 수

소하(蕭何)가 만든 법규(法規)를 조참(曹參)이 따른다는 뜻, 앞사람이 만들어 놓은 제도(制度)를
뒷사람이 바꾸지 않고 그대로 집행(執行)한다는 말

선임인 소하(蕭何)는 한(漢)나라의 법령과 제도를 제정(制定)하고 후임인 조참(曹參)은
소하가 만든 정책(政策)과 법령(法令)을 바꾸지 않고 그대로 집행(執行)하였다는 고사에서 유래

▷ 蕭颯 소삽 　바람이 차고 쓸쓸함
▷ 規則 규칙 　여러 사람이 지키기로 정한 법칙
▷ 隨筆 수필 　일정한 형식을 따르지 않고 느낌이나 체험을 생각나는 대로 쓴 산문 형식의 글.

* 出典: 楊雄(양웅)의 解嘲(해조)

小隙沈舟 소극침주 　작을 소 | 틈·구멍 극 | 가라앉을·잠길 침 | 배 주

작은 틈으로 물이 새어들어 배가 가라앉는다는 뜻, 작은 일을 게을리 하면 큰 재앙(災殃)이
닥침을 비유하는 말

〖유의어〗 千里之堤潰于蟻穴 천리지제궤우의혈
천리나 되는 큰 방죽도 개미구멍으로 무너짐

千丈之堤以螻蟻之穴潰 천장지제이누의지혈궤
천길 높은 둑도 땅강아지나 개미의 조그만 구멍으로 인해 무너짐

▷ 小康狀態 소강상태　소란(騷亂)이나 혼란(混亂)등이 잠잠해진 약간 편안(便安)한 상태

* 出典: 列子(열자)

巢林一枝 소림일지　둥지·새집 소 | 수풀 림 | 하나 일 | 가지 지

새집 하나있는 숲과 나뭇가지 하나라는 뜻, 규모(規模)가 작은 집으로 분수(分數)에 맞게
만족(滿足)하고 사는 것을 비유하는 말

〖유의어〗 安貧樂道 안빈낙도, 安分知足 안분지족, 安閑自足 안한자족
가난 속에서도 편안한 마음으로 도(道)를 즐김

簞食瓢飮 단사표음, 簞瓢陋巷 단표누항, 陋巷簞瓢 누항단표
도시락밥과 표주박에 든 물이라는 뜻, 소박(素朴)하고 청빈(淸貧)한 생활의 비유

▷ 巢窟 소굴　범죄자(犯罪者)나 악한(惡漢)들의 무리가 모이는 본거지 = 巢穴 소혈

* 出典: 莊子(장자)

笑門萬福來 소문만복래　웃음 소 | 문 문 | 일만 만 | 복 복 | 올 래

웃는 문으로 만복(萬福)이 들어온다는 뜻, 화목(和睦)한 집안에 많은 복(福)이 깃든다는 말

〖유의어〗 家和萬事成 가화만사성　집이 화목하면 만사가 O·K라는 말

▷ 掃門萬福來 소문만복래　집안을 깨끗이 청소(淸掃)하면 만복(萬福)이 들어온다는 말

▷ 掃除 소제　청소[淸掃: 쓸고 닦아서 깨끗이 함]

燒眉之急 소미지급　불사를 소 | 눈썹 미 | 어조사 지 | 급할 급

눈썹에 불이 붙은 것같이 급하다는 뜻, 잠시도 늦출 수 없는 매우 위급한 상황을 비유

〖유의어〗 焦眉之急 초미지급, 燃眉之急 연미지급

燒眉 소미, 焦眉 초미, 燃眉 연미

累卵之勢 누란지세, 累卵之危 누란지위, 危如累卵 위여누란
달걀을 포개놓아 당장에라도 굴러 떨어져 깨질 것 같은 위험(危險)한 형세

素服丹粧 소복단장　흴·바탕 소 | 옷 복 | 붉을·붉게 칠할 단 | 단장할 장

흰옷을 아래위로 곱게 차려 입고 얼굴과 머리를 맵시 있게 꾸밈

▷ 丹粧 단장　얼굴·머리·옷차림·건물·거리 등을 곱게 꾸밈

▷ 端裝 단장　단정(端整)하게 차림

▷ 緇素 치소　검은 옷과 흰 옷. 승려와 속인

笑比河淸 소비하청　웃음 소 | 견줄·나란히 할 비 | 물·황하 하 | 맑을 청

웃음을 보기가 맑은 황하(黃河)를 보는 것만큼이나 어렵다는 뜻, 사람이 근엄(謹嚴)하여
좀처럼 웃지 않음을 비유하는 말[황하는 늘 뿌옇게 흐려있음]

▷ 嚴肅 엄숙　분위기나 의식이 장엄하고 정숙함. 말과 행동이 위엄 있고 정중(鄭重)함

▷ 靜肅 정숙　조용하고 엄숙함

▷ 比較 비교　두 개 이상의 사물(事物)을 견주어 봄 = 比量 비량

* 出典: 宋史(송사)

小乘佛敎 소승불교　작을 소 | 수레·탈 승 | 부처 불 | 가르칠 교

각자 자기 자신의 개인수행(修行)을 통하여 개인의 해탈(解脫)을 가르치는 교법인
소승[小乘: 작은 수레]을 주지(主旨)로 하는 불교 유파(流派)

『반의어』 大乘佛敎 대승불교　많은 사람을 구제(救濟)하여 태우는 큰 수레[大乘: 대승],
일체의 중생을 제도(濟度)하려는 진보적인 민중불교

▷ 搭乘 탑승　배나 비행기(飛行機), 열차(列車) 등에 올라탐

小心翼翼 소심익익　작을 소 | 마음 심 | 날개 익

마음을 작게 하고 공경(恭敬)한다는 뜻
1. 대단히 세심(細心)하게 조심(操心)하고 삼간다는 말
2. 마음이 작고 약하여 작은 일에도 겁을 내는 모양

▷ 左翼 좌익　급진적이거나 사회주의적·공산주의적인 경향(傾向) ↔ 右翼 우익

▷ 魚翅 어시　물고기의 지느러미

* 出典: 詩經(시경)

霄壤之差 소양지차　하늘 소 | 땅 양 | 어조사 지 | 어긋날·틀림 차

하늘과 땅 사이의 차이(差異)라는 뜻, 사물들의 차이가 서로 엄청나게 큼을 가리키는 말

『유의어』 霄壤之間 소양지간, 霄壤之判 소양지판
天壤之差 천양지차, 天壤之間 천양지간, 天壤之判 천양지판
天地之差 천지지차, 天淵之差 천연지차, 雲泥之差 운니지차

逍遙吟詠 소요음영　거닐·노닐 소 | 거닐·멀 요 | 읊을 음 | 읊을 영

자유롭게 이리저리 슬슬 거닐며 나직이 시(詩)를 읊조림

[유의어] 微吟緩步 미음완보　작은 소리로 읊조리며 천천히 거니는 것

▷ 吟遊 음유　시를 지어 읊으며 여기저기 떠돌아다님

▷ 吟味 음미　시가(詩歌)·사물 또는 개념의 내용이나 속뜻을 깊이 새기어 느끼거나 생각함

* 出典: 不憂軒集(불우헌집: 丁克仁[정극인]) 賞春曲(상춘곡)

笑而不答 소이부답　웃음 소 | 말 이을 이 | 아닐 부 | 대답할 답

다만 웃을 뿐 답하지 않음. 말 대신 웃음으로 답하는 모습을 비유하는 말
남에게 질문을 받고 대답하기 싫거나 곤란할 때의 태도. 유유자적한 심경의 상태

▷ 笑而不答心自閑 소이부답심자한 (에서 유래)
　　빙그레 웃고 답하지 않으니 마음이 절로 한가롭다

▷ 問答 문답　질문(質問)과 대답(對答). 또는 서로 묻고 대답함

* 出典: 시인 이백의 山中問答[산중문답]

騷人墨客 소인묵객　떠들 소 | 사람 인 | 먹 묵 | 손 객

시문(詩文)과 서화(書畫)를 일삼는 사람이라는 뜻, 시인·서예가·문사(文士)·화가 등
문예(文藝)적이고 풍류(風流)를 아는 사람들을 비유하는 말

▷ 騷擾 소요　많은 사람들이 떠들썩하게 들고 일어나서 폭행(暴行)·협박(脅迫)·파괴(破壞)
　　행위 등을 함으로써 공공질서를 문란(紊亂)하게 하는 것을 말함

* 出典: 楚(초)나라 屈原(굴원)이 읊은 離騷(이소)에서 유래

小人閒居爲不善 소인한거위불선

작을 소 | 사람 인 | 한가할 한 | 살 거 | 할 위 | 아닐 불 | 착할 선

소인은 한가로이 혼자 있으면 좋지 못한 일을 한다는 뜻, 소인은 남이 보지 않는 것을
기화(奇貨)로 못된 짓을 한다는 말

▷ 奇貨 기화　뜻밖의 이익(利益)을 얻을 수 있는 기회(機會)

[반의어] 愼獨 신독　홀로 있을 때에도 도리에 어긋남이 없도록 언행을 삼감

* 出典: 大學(대학) 誠意(성의)

蕭牆之變 소장지변　맑은 대쑥 소 | 담·칸막이 장 | 어조사 지 | 변고·변할 변

병풍(屛風)사이의 변(變)이라는 뜻,
내부에서 일어난 변란(變亂: 쿠데타) 또는 형제간의 싸움을 말함

유의어 蕭牆之亂 소장지란, 蕭牆之憂 소장지우

自中之亂 자중지란 같은 무리 속에서 일어나는 싸움

兄弟鬩墻 형제혁장 형제가 한(집안) 담장 안에서 싸움

反掖之寇 반액지구 겨드랑이 밑에서 모반하는 적 = 內亂 내란

內訌 내홍 내부에서 저희끼리 일으키는 분쟁(紛爭) = 內紛 내분

▷ 蕭牆 소장 임금과 신하가 대면하는 곳에 세운 병풍(屛風) 또는 담장

笑中刀 소중도 웃음 소 | 가운데 중 | 있을 유 | 칼 도

웃음 속에 칼이 숨어 있다는 뜻, 겉으로는 웃고 있으나 속으로는 상대를 해칠 음흉(陰凶)한 마음을 숨기고 있다는 말

유의어 笑中有刀 소중유도, 笑中有劍 소중유검, 笑裏藏刀 소리장도

蛇心佛口 사심불구 뱀의 마음 부처의 입. 간악(奸惡)함

綿裏藏針 면리장침 솜 속에 바늘을 감추어 꽂음[겉은 부드러움 속은 흉악함]

陽奉陰違 양봉음위 보는 데서는 순종하는 체하고 속으로는 배반할 마음을 먹음

噂沓背憎 준답배증 만나서는 추켜세우고 헤어지면 욕을 함

面從腹背 면종복배 겉으로는 복종하는 체하면서 마음속으로는 배반함

口蜜腹劍 구밀복검 입에는 꿀이 있고 배 속에는 칼이 있다는 뜻
말로는 친한 체하나 속으로는 해칠 생각을 가짐을 이르는 말

▷ 媚笑 미소 아양을 떨며 아첨(阿諂)하듯이 곱게 웃음

▷ 嗤笑 치소 빈정거리는 웃음 / 癡笑 치소 어리석은 웃음

* 出典: 舊唐書(구당서) 李義府傳(이의부전)

蘇秦張儀 소진장의 깨어날·차조기 소 | 진나라 진 | 베풀 장 | 거동·예의 의

소진(蘇秦)과 장의(張儀). 언변(言辯)이 좋은 사람을 비유하여 이르는 말

[중국 전국시대의 모사(謀士), 소진(蘇秦)과 장의(張儀)처럼 구변이 좋은 사람을 비유하는 말]

유의어 見我舌 견아설, 視吾舌 시오설 내 혀를 보라[언변에 자신이 있다는 말]

吾舌尚在 오설상재 나의 혀가 살아 있소?[혀만 살아있다면 재기 할 수 있다는 말]

▷ 合從策 합종책 소진(蘇秦)이 주장
여섯 나라가 연합하여 진(秦)나라의 침략을 저지(沮止)하기 위한 외교술

▷ 連橫策 연횡책 장의(張儀)가 주장
진(秦)나라가 하나씩하나씩 여섯 제후국의 연합(聯合)을 깨뜨리기 위한 외교술

▷ 蘇生 소생 거의 죽어 가다가 다시 살아남 = 甦生 소생, 回生 회생

▷ **蘇息** 소식 거의 끊어질 듯 막혔던 숨통이 트이면서 숨을 돌려 쉼

小貪大失 소탐대실 작을 소 | 탐할 탐 | 큰 대 | 잃을 실
작은 것을 탐내다가 큰 것을 잃음

「유의어」 貪小失大 탐소실대, 惜指失掌 석지실장, 矯角殺牛 교각살우

矯枉過直 교왕과직 잘못을 바로잡으려다가 정도가 지나쳐 오히려 나쁘게 됨

「반의어」 捨小取大 사소취대 작은 것을 버리고 큰 것을 취한다는 뜻
1. 큰 것을 얻기 위하여 작은 것을 희생할 줄 알아야 한다는 말
2. 작은 이익을 탐하지 않고 크고 중요한 것에 의미를 둔다는 말

▷ **貪慾** 탐욕 지나치게 탐하는 욕심

▷ **遺失** 유실 잘 간수하지 못하여 돈이나 물건을 잃어버림. 떨어뜨림

所向無敵 소향무적 바·곳 소 | 향할 향 | 없을 무 | 원수 적
나아가는 곳마다 맞서 싸울 적이 없다는 뜻, 어디를 가나 대적할 상대가 없다는 말

「유의어」 天下無敵 천하무적 세상에 대적(對敵)할 만한 사람이 없음

仁者無敵 인자무적 어진 사람에게는 적이 없음. 仁보다 강한 무기는 없음

* 出典: 三國志(삼국지) 吳書 周瑜傳(오서 주유전)

巢毀卵破 소훼난파 둥지·새집 소 | 헐 훼 | 알 난(란) | 깨질·깰 파
새집이 부서지면 그 안에 있는 알도 함께 깨진다는 뜻, 국가나 사회, 조직(組織)이나 집단(集團)이 무너지면 그 구성원인 국민과 조직원도 함께 큰 불행을 겪게 됨을 비유하는 말

「유의어」 覆巢破卵 복소파란, 覆巢餘卵 복소여란

棟折榱崩 동절최붕 마룻대가 무너지면 서까래도 함께 무너진다는말

▷ **巢窟** 소굴 범죄자(犯罪者)·악한(惡漢)들의 무리가 모이는 본거지 = 巢穴 소혈

▷ **圮毀** 비훼 무너지고 헐어서 못쓰게 됨

* 出典: 後漢書(후한서) 鄭孔荀列傳(정공순열전)

屬纊 속광 붙일·이을 속 | (고운)솜 광
고운 솜을 코밑이나 입에 대어 숨을 쉬나 알아본다는 뜻, 사람의 임종(臨終)을 비유하는 말

옛날 중국에서, 고운 솜을 가지고 죽어가는 사람의 코나 입에 대어 호흡(呼吸)의 기운을 검사(檢査)하였다는 고사에서 유래

「유의어」 纊息 광식 임종(臨終)무렵의 숨결. 코와 입에 솜을 대어 숨이 남아있는지를 확인

臨終 임종　부모가 돌아가실 때 그 곁에 지키고 있음. 죽음을 맞이함

▷ 易簀 역책　학식(學識)과 덕망(德望)이 높은 사람의 임종

▷ 蘭摧玉折 난최옥절　난초(蘭草)가 꺾이고 옥이 부서진다는 뜻으로
　　　　　　　　　　현인(賢人)이나 가인(佳人)의 죽음을 비유하여 이르는 말

▷ 蘇息 소식　거의 끊어질 듯 막혔던 숨통이 트이면서 숨을 돌려 쉼

速成疾亡 속성질망　빠를 속 | 이룰 성 | 빠를·병 질 | 망할·죽을 망
급(急)하게 이루어진 것은 쉽게 망(亡)한다는 말

『유의어』 速成速敗 속성속패

▷ 欲速不達 욕속부달　일을 서두르면 도리어 이루지 못함

▷ 疾走 질주　빨리 달림 / 疾病 질병　신체의 온갖 기능의 장애(障礙)

束手無策 속수무책　묶을 속 | 손 수 | 없을 무 | 꾀·채찍 책
손을 묶여 어떠한 계책도 세울 수 없음을 뜻하며 어쩔 도리(道理)가 없어 꼼짝 못한다는 말

『유의어』 束手 속수　손을 묶음. 다른 방도가 없음

▷ 百計無策 백계무책　있는 꾀를 다 써도 소용이 없음 ＝ 計無所出 계무소출

▷ 收束 수속　1. 모아서 한데 묶음　2. 거두어들여 다잡음

束脩之禮 속수지례　묶을 속 | 육포·길 수 | 어조사 지 | 예도 례
묶은 육포(肉脯)를 올리는 예의(禮儀)라는 뜻
예전에 제자(弟子)가 되려고 스승을 처음 찾아뵐 때에 드리는 작은 예물(禮物)

『유의어』 束脩 속수　포개어서 묶은 포(脯). 옛날의 예물. 입학(入學)할 때 내는 돈

▷ 禮儀 예의　남과의 관계에서 지켜야 하는 존경심의 표현과 삼가야 하는 말과 몸가짐

▷ 負笈從師 부급종사　책 상자를 짊어지고 먼 곳의 스승을 찾아서 공부(工夫)하러 감

＊ 出典: 論語(논어) 述而篇(술이편)

速戰速決 속전속결　빠를 속 | 싸움 전 | 빠를 속 | 결단할·터질 결
빨리 싸워서 빨리 끝낸다는 뜻
1. 싸움을 오래 끌지 않고 빨리 끝장을 냄
2. 어떤 일을 빨리 진행하여 속(速)히 끝냄을 비유하는 말

『유의어』 短期戰 단기전　짧은 기간에 승패(勝敗)를 판가름하는 싸움

『반의어』 **長期戰** 장기전, **持久戰** 지구전 오랫동안 끌어가며 싸우는 싸움

束之高閣 속지고각 묶을 속 | 어조사 지 | 높을 고 | 문설주·집 각

묶어서 높은 시렁에 얹어 둔다는 뜻, 한쪽에 치워 놓고 관심을 갖지 아니한다는 말

『유의어』 **束諸高閣** 속저고각 / 諸 저: ~에(= 於[어] 어조사)

▷ **高閣** 고각 벽에 매달은 서가(書架)

▷ **高堂** 고당 남의 집(= 부모)을 높여 이르는 말 = **椿萱** 춘훤

▷ **入閣** 입각 내각의 한 사람이 됨

* 出典: 晉書(진서) 庾翼傳(유익전)

續貂之譏 속초지기 이을 속 | 담비 초 | 어조사 지 | 비웃을 기

담비(貂: 초)의 꼬리가 모자라 개 꼬리로 잇는 것을 비웃는다는 뜻, 쓸 만한 인물(人物)이 없어 그보다 못한 사람이 뒤를 이어 등용(登用)됨을 비웃는 말

『유의어』 **狗尾續貂** 구미속초 훌륭한 것 뒤에 하찮은 것이 그 뒤를 이음

▷ **譏弄** 기롱 실없는 말로 놀림 / **欺弄** 기롱 속이어 농락(籠絡)함

▷ **手續** 수속 어떤 일을 수행(遂行)하거나 처리하기 위해 거쳐야 하는 과정이나 단계

孫康映雪 손강영설 자손·손자 손 | 편안할 강 | 비칠 영 | 눈·씻을 설

진(晋)나라의 손강(孫康)이 몹시 가난하여 겨울밤 눈[雪: 설]에 반사(反射)되는 그 빛으로 공부(工夫)했다는 뜻으로 어려운 환경(環境)에서도 열심히 공부(工夫)함을 비유하는 말

『유의어』 **螢雪之功** 형설지공, **螢窓雪案** 형창설안 반딧불 빛과 눈빛을 이용하여 공부함

車胤盛螢 차윤성형, **車胤聚螢** 차윤취형 차윤이 반딧불 빛으로 공부함

晝耕夜讀 주경야독 낮에는 농사짓고[논밭을 갈고] 밤에는 글을 읽는다는 뜻

晴耕雨讀 청경우독 갠 날은 논밭을 갈고 비 오는 날은 책을 읽는다는 뜻

* 出典: 蒙求(몽구: 後晉[후진]의 李瀚[이한] 著)

損上剝下 손상박하 덜 손 | 위 상 | 벗길 박 | 아래 하

위에는 손해(損害)를 끼치고 아래로는 껍질을 벗긴다는 뜻, 나라에 해를 끼치고 백성의 재물을 빼앗음을 비유하는 말

▷ **損傷** 손상 명예·체면·가치가 떨어짐. 병이 들거나 다침

▷ **毀損** 훼손 체면이나 명예를 손상함. 헐거나 깨뜨려 쓰지 못하게 함

▷ **剝皮** 박피　껍질이나 가죽을 벗김

巽與之言 손여지언　부드러울 손 | 줄·더불어 여 | 어조사 지 | 말씀 언
부드러운 말이라는 뜻으로 남의 마음을 거스르지 않는 온화(溫和)한 말

▷ **巽風** 손풍　동남풍[부드러운 바람: 동남쪽 → 서북쪽]

▷ **與黨** 여당　현재 정권을 잡고 있는 정당. 집권당(執權黨) ↔ **野黨** 야당

* 出典: 論語(논어)

損者三樂 손자삼요　덜·잃을 손 | 놈 자 | 석 삼 | 좋아할 요
사람에게 손해(損害)되는 세 가지[몸에 해로운 세 가지를 좋아함]

1. **驕樂** 교락　교만(驕慢)하고 분에 넘치게 사치(奢侈)를 즐김 = **樂驕樂** 요교락

2. **佚遊** 일유　일하지 않고 한가(閑暇)하게 노는 것을 즐김 = **樂佚遊** 요일유

3. **宴樂** 연락　잔치를 베풀고 주색(酒色)을 즐김 = **樂宴樂** 요연락

* 出典: 論語(논어)

損者三友 손자삼우　덜·잃을 손 | 놈 자 | 석 삼 | 벗 우
사귀면 손해(損害)가 되는 세 종류(種類)의 벗

『유의어』　**三損友** 삼손우

1. **便辟** 편벽　남의 비위(脾胃)를 잘 맞추어 아첨(阿諂)하는 벗 = **友偏僻** 우편벽

2. **善柔** 선유　착하기는 하지만 줏대가 없는 벗 = **友善柔** 우선유

3. **便佞** 편녕　말만 번드르르 잘하고 성실(誠實)하지 못한 벗 = **友便佞** 우편녕

『반의어』　**益者三友** 익자삼우, **三益友** 삼익우
　　　　사귀어 이로운 세 가지 벗[정직한 사람, 믿음직한 사람, 견문이 넓은 사람]

* 出典: 論語(논어) 季氏篇(계씨편)

率口而發 솔구이발　거느릴 솔 / 비율·헤아릴 률 | 입 구 | 어조사 이 | 필·쏠 발
입에서 나오는 대로 마구 지껄이는 말

▷ **輕擧妄動** 경거망동　경솔(輕率)하여 생각 없이 망령(妄靈)되게 행동함

▷ **率直淡白** 솔직담백　거짓으로 꾸미지 않고 진실(眞實)하며 맑고 밝음

▷ **率先垂範** 솔선수범　남보다 앞장서서 행동하여 몸소 다른 사람의 본(本)보기가 됨을 말함

率獸食人 솔수식인 거느릴·이끌 솔 | 짐승 수 | 먹을·밥 식 | 사람 인

짐승을 끌어다가 사람을 먹게 한다는 뜻, 폭정(暴政)으로 백성들에게 고통(苦痛)을 줌의 비유

궁궐주방(宮闕廚房)에는 고기가 있는데 들에는 굶어 죽은 백성들의 시체(屍體)가 있다면 이것은
짐승을 몰아다가 사람을 잡아 먹는 것과 다름이 없다고 말한 고사에서 유래

▷ **禽獸 금수**　날짐승과 길짐승 곧 모든 짐승. 행실이 무례하고 추잡(醜雜)한 사람

▷ **獸醫師 수의사**　가축(家畜)의 병을 진찰(診察)하고 치료(治療)하는 의사

* 出典: 孟子(맹자) 梁惠王上(양혜왕상)

松喬之壽 송교지수 소나무 송 | 높을 교 | 어조사 지 | 목숨·오래 살 수

적송자(赤松子)와 왕지교(王之喬)의 수명, 오래 삶(長壽: 장수)을 비유적으로 이르는 말

고대 중국의 전설상의 인물인 적송자(赤松子)와 왕지교(王之喬) 두 사람이 모두 신선(神仙)으로
장수(長壽)하였다는 고사에서 유래

「유의어」　**喬松之壽 교송지수**

▷ **壽宴 수연**　장수를 축하하는 잔치[옛날에 보통 환갑잔치를 말함]

* 出典: 戰國策(전국책)

送舊迎新 송구영신 보낼 송 | 옛 구 | 맞을 영 | 새 신

옛것을 보내고 새것을 맞이한다는 뜻, 묵은해를 보내고 새해를 맞는다는 말 = 送迎 송영

▷ **除夜 제야**　섣달 그믐날 밤 = **除夕 제석**

▷ **歡迎 환영**　오는 사람을 기쁜 마음으로 반갑게 맞음

▷ **祗迎 지영**　백관(百官)이 임금의 환행[還幸 = 환궁(還宮)]을 공경(恭敬)하여 맞음
　　↔ **祗送 지송**　백관(百官)이 임금의 거가(車駕)를 공경하여 보냄

▷ **餞送 전송**　전별하여 보냄 ↔ **迎接 영접**　손님을 맞아서 접대함

松都契員 송도계원 소나무 송 | 도읍 도 | 맺을 계 | 인원·수효 원

'송도계(松都契)의 일원(一員)'이라는 뜻, 하찮은 지위(地位)나 세력을 믿고 남을 함부로
멸시(蔑視)하는 사람을 비유함 [조선전기, 한명회(韓明澮)와 관련된 고사에서 유래]

▷ **松楸 송추**　산소 둘레에 심는 나무의 총칭

▷ **跋扈 발호**　권세나 세력을 제멋대로 휘두르며 함부로 날뜀

▷ **松都三絶 송도삼절**　조선시대 때 개성(開城)의 세 가지 뛰어난 존재.
　　　　　　　　　　　곧, 서경덕(徐敬德), 황진이(黃眞伊), 박연폭포(朴淵瀑布)

* 出典: 竹窓閑話(죽창한화: 李德泂[이덕형] 著)

松茂柏悅 송무백열 소나무 송 | 우거질 무 | 잣·측백 백 | 기쁠 열

소나무가 무성(茂盛)하면 잣(측백)나무가 기뻐한다는 뜻, 벗이 잘되는 것을 함께 기뻐해 줌의 비유

유의어 松茂栢悅 송무백열

반의어 蕙焚蘭悲 혜분난비 혜란이 불에 타면 난초가 슬퍼함. 벗의 불행을 슬퍼함의 비유

兎死狐悲 토사호비, 兎死狐泣 토사호읍, 狐死兎悲 호사토비

松柏之質 송백지질 소나무 송 | 잣·측백 백 | 어조사 지 | 바탕 질

소나무와 잣나무의 바탕이라는 뜻, 강건(剛健)한 체질(體質)을 비유하는 말

[소나무와 잣나무는 서리를 맞고도 더욱더 무성해지는데서 유래]

반의어 蒲柳之質 포류지질 부들포와 버드나무의 바탕이라는 뜻, 몸이 잔약(孱弱)해서
병(病)에 걸리기 쉬운 체질(體質)이라는 말

▷ 溶質 용질 용매에 용해하여 용액을 만드는 물질[ex: 바닷물에 포함된 염분]
↔ 溶媒 용매 용질을 녹여 용액을 만드는 물질[ex: 바닷물 중의 염분을 뺀 물]

* 出典: 世說新語(세설신어) 言語篇(언어편)

宋襄之仁 송양지인 송나라 송 | 도울 양 | 어조사 지 | 어질 인

송(宋)나라 양공(襄公)의 어짊이라는 뜻, 어리석게도 쓸데없는 인정(人情)을 베풀다가 도리어
큰 낭패(狼狽)를 당함의 비유

춘추(春秋)시대에 송(宋)나라의 양공(襄公)이 초(楚)나라와의 전쟁 중에, 적이 포진(布陣)하기
전에 공격(攻擊)해야 한다는 공자목이(公子目夷)의 진언(進言)을 받아들이지 않고
적이 포진할 때 까지 기다려줬다가 오히려 정비(整備)된 초(楚)나라 군대에게 패배(敗北)하여
세상 사람들의 비웃음을 샀다는 고사에서 유래

▷ 仁 인 남을 사랑하고 어질게 행동하는 일[어짊·착함·박애(博愛: 무차별 사랑)]

* 出典: 十八史略(십팔사략)

灑灑落落 쇄쇄낙락 뿌릴·씻을 쇄 | 떨어뜨릴·떨어질 낙(락)

물을 쫙쫙 뿌리고 툭툭 떨어버린다는 뜻, 성격(性格)이나 태도(態度), 언동(言動)등이 사물에
집착(執着)하지 않고 소탈(疏脫)하며 시원시원함

유의어 洒洒落落 쇄쇄낙락, 灑落 쇄락, 洒落 쇄락

豪放磊落 호방뇌락 기개(氣槪)가 장(壯)하고 도량(度量)이 넓고 큼

磊磊落落 뇌뢰낙락 뇌뢰와 낙락이 합쳐진 말로 자잘한 일에 얽매이지 않는
활달(豁達)하고 호탕(豪宕)한 마음씨를 나타내는 말

▷ 瀟灑 소쇄 산뜻하고 깨끗함

碎首灰塵 쇄수회진 부술·깨뜨릴 쇄 | 머리 수 | 재 회 | 티끌·먼지 진

머리를 부스러뜨려 재와 티끌을 만든다는 뜻, 있는 힘을 다하고 온갖 정성(精誠)을 드림의 비유

[유의어] 粉身靡骨 분신미골, 糜軀碎首 미구쇄수, 至極精誠 지극정성

粉骨碎身 분골쇄신　뼈가 가루가 되고 몸이 부서진다는 뜻으로, 정성으로 노력함

死而後已 사이후이　죽은 뒤에야 그만둠. 곧 살아 있는 한 끝까지 힘씀

犬馬之勞 견마지로　윗사람 또는 임금이나 나라에 충성(忠誠)을 다하는 자신의
　　　　　　　　　　노력(努力)을 겸손(謙遜)하게 일컫는 말

▷ 裂肝碎首 열간쇄수　간(肝)을 찢고 머리를 부숨, 곧 지독한 화(禍)를 비유하는 말

▷ 碎氷船 쇄빙선　얼어붙은 바다나 강의 얼음을 깨뜨려 부수고 뱃길을 내는 배

* 出典: 三國史記(삼국사기) 卷 第七(권 제7) 新羅本紀(신라본기)

洒心自新 쇄심자신 시원할·물 뿌릴 쇄 | 마음 심 | 스스로 자 | 새 신

마음을 툭툭 털어내고 스스로 기분을 새롭게 한다는 말

[유의어] 灑心自新 쇄심자신

心機一轉 심기일전　어떤 계기로 이제까지 품었던 생각과 마음가짐을 완전히 바꿈

氣分轉換 기분전환　우울·불쾌·슬픔·분노 등의 부정적인 감정 상태를
　　　　　　　　　　좋은 쪽으로 돌림

▷ 日新又日新 일신우일신　나날이 더욱 새로워짐

* 出典: 漢書(한서)

手脚慌忙 수각황망 손 수 | 다리 각 | 어리둥절할 황 | 바쁠 망

손발을 어찌할 바를 모른다는 뜻, 뜻밖의 일에 놀라고 당황하여 어찌할 바를 모르고 쩔쩔 맴

▷ 荒唐 황당　말이나 행동이 허황(虛荒)하고 터무니없다

▷ 唐慌 당황　놀라거나 다급하여 어찌할 바를 모름 = 唐惶 당황

▷ 手腕 수완　손회목[손목의 잘록하게 들어간 곳]. 일을 꾸미거나 치러 나가는 재간을 비유

▷ 剡手 염수　날카로운 손[= 칼 끝]이라는 뜻, 민첩(敏捷)한 솜씨를 비유

▷ 忙中閑 망중한　바쁜 가운데에 잠깐 얻어낸 겨를

數間斗屋 수간두옥 셈 수 / 자주 삭 / 좁은 그물 촉 | 사이 간 | 말·별이름 두 | 집·지붕 옥

두 서너 칸밖에 안 되는 아주 작은 오두막집. 몇 칸 되지 않는 작은 초가(草家)

[유의어] 數間茅屋 수간모옥, 數間草屋 수간초옥

草家三間 초가삼간, 三間草家 삼간초가, 三間草屋 삼간초옥

[반의어] 高臺廣室 고대광실　높은 지대(址臺)위에 지은 크고 좋은 집

▷　一間斗屋 일간두옥　한 칸밖에 안 되는 제일 좁고 작은 오막살이집

▷　頻數 빈삭　거듭되는 횟수가 매우 잦음

▷　數罟 촉고　코를 촘촘하게 떠서 만든 그물

壽考無疆 수고무강　목숨 수 | 상고할·생각할 고 | 없을 무 | 지경·끝 강

목숨이 다함이 없다는 뜻, 장수(長壽)를 기원(祈願)하는 말

[유의어] 萬壽無疆 만수무강, 萬世無疆 만세무강
　　　　아무 탈 없이 오래 삶[건강과 장수를 기원할 때 사용하는 말]

　　　　壽福康寧 수복강녕　오래 살고 복을 누리며 건강(健康)하고 평안(平安)함

▷　壽宴 수연　장수(長壽)를 축하(祝賀)하는 잔치[옛날에, 보통 환갑잔치] = 壽筵 수연

首丘初心 수구초심　머리 수 | 언덕 구 | 처음 초 | 마음 심

여우가 죽을 때 자기가 태어나 놀던 언덕을 그리워하며 머리를 그쪽으로 둔다는 뜻으로
죽을 때라도 근본을 잊지 않는다는 말, 고향(故鄕)을 그리워하는 마음을 비유하는 말

[유의어] 狐死首丘 호사수구, 首丘 수구, 丘首 구수

　　　　胡馬望北 호마망북, 胡馬依北風 호마의북풍

▷　首魁 수괴　못된 짓을 하는 무리의 우두머리 = 魁首 괴수, 頭目 두목

▷　梟首 효수　죄인의 목을 베어 높은 곳에 매달 던 형벌(刑罰)

* 出典: 禮記(예기) 檀弓上篇(단궁상편)

隨機應變 수기응변　따를 수 | 때·계기 기 | 응할 응 | 변할 변

기회(機會)에 따르고 변화(變化)에 응(應)한다는 뜻, 그때그때 처한 상황에 따라 적절(適切)히
일을 처리(處理)함

[유의어] 隨機而變 수기이변, 隨時應變 수시응변, 隨時變通 수시변통

　　　　臨時應變 임시응변, 臨時處變 임시처변, 臨時排布 임시배포

　　　　厲揭 여게　옷을 걷고 개울을 건넌다는 뜻, 임기응변으로 세상을 살아간다는 말

▷　隨時節中 수시절중　때에 따라 알맞게 조절함

▷　隨處作主立處皆眞 수처작주입처개진
　　　머무르는 곳마다 주인이 되어라. 서있는 그 곳이 참된 자리이다.

* 出典: 無準師範禪師語錄(무준사범선사어록: 徑山師範[경산사범] 禪師[선사])

修己治人 수기치인 닦을 수 | 몸·자기 기 | 다스릴 치 | 사람·타인 인

자신의 몸과 마음을 닦은 후에 남을 교화(敎化)함을 말함

『유의어』 修己安人 수기안인

▷ **爲己之學** 위기지학   자기(自己)의 인격완성을 위한 학문

▷ **爲人之學** 위인지학   타인[他人: 세상 다스리는 일]을 위한 학문

▷ **修學** 수학   학문을 연마함 / **修道** 수도   도를 닦음

▷ **修習** 수습   학업이나 실무 등을 배워 익힘

* 出典: 大學(대학) 八條目(팔조목)

殊途同歸 수도동귀 다를·죽일 수 | 길 도 | 같을 동 | 돌아갈 귀

가는 길은 다르나 돌아가는 바는 같음

『유의어』 殊路同歸 수로동귀

▷ **同工異曲** 동공이곡   솜씨나 재주는 같으나 그 취지나 내용이 다름 ＝ **同工異體**

▷ **歸依** 귀의   돌아가 몸을 의지함. 부처와 불법(佛法)과 승가(僧伽)로 돌아가 믿고 의지함

▷ **特殊** 특수   특별히 다름 / **特需** 특수   특별한 상황에서 발생하는 수요(需要)

* 出典: 易經(역경)

水到魚行 수도어행 물 수 | 이를 도 | 물고기 어 | 다닐 행

물이 흐르면 자연히 물고기가 다닌다는 뜻, 무슨 일이건 때가되면 저절로 이루어진다는 말

『유의어』 水到渠成 수도거성   물이 흐르면 자연히 도랑이 생김

　　　　水到船浮 수도선부   물이 흐르면 배는 저절로 물에 뜨게 되어있음

▷ **水剌** 수라   궁중에서 임금에게 올리는 메를 높여 이르는 말

▷ **到着** 도착   목적지에 다다름 ↔ **出發** 출발   목적지를 향해 나아감

垂頭喪氣 수두상기 드리울 수 | 머리 두 | 잃을·죽을 상 | 기운 기

머리를 수그리고 기운을 잃는다는 뜻, 근심걱정으로 풀이 죽고 맥이 풀려 기세(氣勢)가 꺾인 모습을 비유하는 말

『유의어』 低頭喪氣 저두상기, 垂首喪氣 수수상기, 士氣低下 사기저하

　　　　沮喪 저상   기운을 잃음

* 出典: 韓愈(한유) 送窮門(송궁문) / 宦官(환관) 韓全誨(한전회)의 고사

垂簾聽政 수렴청정 드리울 수 | 발·주렴 렴(염) | 들을 청 | 정사 정

발(簾: 렴)을 드리우고 정견(政見)을 듣는다는 뜻, 대리정치. 임금이 어린 나이로 즉위(卽位)하였을 때 성인이 될 때까지 (대)왕대비가 어린 임금을 도와 정사(政事)를 돌보던 일

[(대)왕대비가 신하를 접견(接見)할 때 그 앞에 발(簾: 렴)을 늘여 놓고 마주대한 일에서 유래]

『유의어』 垂簾之政 수렴지정

▷ 攝政 섭정 임금을 대신하여 정치(政治)함

▷ 居攝 거섭 어린 임금을 대신하여 섭정함

▷ 傾聽 경청 귀를 기울여 들음

▷ 翠簾 취렴 푸른 대오리로 엮어 만든 발

水陸珍味 수륙진미 물 수 | 뭍 육 | 맛좋은 음식·보배 진 | 맛·뜻 미

물과 뭍에서 나는 갖가지 진귀(珍貴)한 산물로, 온갖 맛이 좋은 음식(飮食)을 비유

『유의어』 山海珍味 산해진미, 山珍海味 산진해미, 山珍海錯 산진해착
산과 바다에서 나는 갖가지 진귀한 산물로 잘 차린 맛이 좋은 음식

珍羞盛饌 진수성찬, 珍羞華饌 진수화찬 푸짐하게 잘 차린 맛있는 음식

膏粱珍味 고량진미, 膏粱 고량 기름진 고기와 좋은 곡식으로 만든 맛있는 음식

食前方丈 식전방장 사방 10자나 되는 상에 음식(飮食)을 차림
갖가지 진귀(珍貴)한 음식이 상(床)에 가득하다는 말

龍味鳳湯 용미봉탕, 水陸珍饌 수륙진찬

▷ 軟着陸 연착륙 무리하게 결말을 짓지 않고 사전에 협의하여 신중하게 일을 진행함의 비유

睟面盎背 수면앙배 윤이 날·바로 볼 수 | 낯·얼굴 면 | 넘칠·성한 모양·동이 앙 | 등·뒤 배

맑은 눈동자를 하고 깨끗하고 반지르르 윤기(潤氣)가 도는 얼굴과 탐스럽고 기운이 넘치는 등(背: 배)이라는 뜻으로 밝고 화평(和平)한 기운이 그대로 겉으로 들어 남을 비유하는 말
즉 덕성(德性)이 있어 보이는 사람의 생김새를 형용(形容)하는 말

▷ 背囊 배낭 물건을 담아 등에 지도록 만든 주머니[가죽 또는 헝겊으로 만듦]

▷ 盆 동이 분 甕 독(항아리) 옹 鼎 솥 정 甑 시루 증 瓢 박 표 器 그릇 기

手舞足蹈 수무족도 손 수 | 춤출 무 | 발·족할 족 | 밟을 도

너무 좋아서 어쩔 줄 모르고 날뜀[손이 춤추고 발도 날뛴다는 뜻]

『유의어』 歡呼雀躍 환호작약 기뻐서 크게 소리치며 펄쩍펄쩍 날뜀

欣喜雀躍 흔희작약 너무 좋아 펄쩍펄쩍 뛰면서 기뻐함

▷ **舞蹈會** 무도회   여러 사람이 사교(社交)춤을 추는 모임 = 댄스파티

▷ **劍手** 염수   날카로운 칼끝. 즉 민첩한 솜씨

* 出典: 孟子(맹자) 離婁(이루)

數米而炊 수미이취   셈 수 / 자주 삭 | 쌀 미 | 말 이을 이 | 불멜 취

쌀알을 세어서 밥을 지음. 곧 하는 짓이 번거롭고 잘 달아서 보람이 적음.
또는 인색(吝嗇)하거나 곤궁(困窮)함

유의어 **秤薪而爨** 칭신이찬   땔감의 무게를 저울로 달아서 땐다는 뜻. 인색(吝嗇)함

반의어 **鐘鳴鼎食** 종명정식, **擊鐘鼎食** 격종정식
종을 울려 사람을 모아 솥을 걸고 큰상을 벌여 놓고 밥을 먹는다는 뜻으로
부귀한 집의 생활을 가리키는 말. 또한 사치(奢侈)스럽고 호사스런 생활을 함

▷ **自炊** 자취   밥을 직접 지어 먹으면서 생활함

* 出典: 莊子(장자)

壽福康寧 수복강녕   목숨 수 | 복 복 | 편안할 강 | 편안할 녕(영)

오래 살고 복을 누리며 건강(健康)하고 평안(平安)함. 건강과 장수(長壽)를 기원(祈願)

유의어 **萬壽無疆** 만수무강, **萬世無疆** 만세무강, **壽考無疆** 수고무강
壽便 수편   장수하고 편안함

▷ **安寧** 안녕   아무 탈 없이 편안함. 인사말

手不釋卷 수불석권   손 수 | 아닐 불 | 풀·놓을 석 | 책·두르르 말 권

손에서 책을 놓지 않는다는 뜻, 늘 책(册)을 가까이하여 학문(學問)을 열심히 한다는 말

유의어 **螢雪之功** 형설지공, **晝耕夜讀** 주경야독, **晴耕雨讀** 청경우독
刺股懸梁 자고현량, **懸梁刺股** 현량자고, **螢窓雪案** 형창설안
行常帶經 행상대경   외출(外出)할 때 항상 경서(經書)를 지니고 다님
帶經而鋤 대경이서   늘 경서를 지니고 다니면서 농사(農事)를 지음
枕經藉書 침경자서   경서(經書)를 베고 책을 깔고 잠을 잠

* 出典: 吳志(오지)

首鼠兩端 수서양단   머리 수 | 쥐 서 | 두 양(량) | 끝·바를 단

구멍 속에서 머리를 내민 쥐(鼠: 서)가 나갈까 말까 망설인다는 뜻, 머뭇거리며 진퇴(進退)나
거취(去就)를 결정(決定)하지 못하는 모양을 비유하는 말. 우물쭈물함. 망설임

유의어 左顧右眄 좌고우면, 左顧右視 좌고우시, 左瞻右顧 좌첨우고
左右顧眄 좌우고면, 左眄右顧 좌면우고, 首鼠 수서
躊躇 주저　머뭇거리며 망설임
狐疑不決 호의불결　여우가 의심이 많아 결단(決斷)을 내리지 못함
優柔不斷 우유부단　어물어물하며 결단을 내리지 못함

* 出典: 史記(사기) 魏其武安侯列傳(위기무안후열전)

漱石枕流 수석침류　양치질할 수 | 돌 석 | 베개·잠잘 침 | 흐를 류(유)

돌로 양치를 하고 흐르는 물을 베개로 삼는다는 뜻. 어리석음. 억지를 부림
잘못이나 틀린 것을 인정(認定)하지 않고 억지를 부려서라도 끝끝내 이기려고 고집(固執)을 부림

사실은 흐르는 물로 양치를 하고 돌로 베개를 삼는다고 해야 맞는 말인데, 위의 말은 논리나
행동이 틀렸음에도 불구하고 자기가 옳다고 억지 부리는 것을 남이 비아냥대며 꼬집는 말임

유의어 枕流漱石 침류수석
郢書燕說 영서연설　영 나라 글을 연나라 사람이 설명. 이치에 맞지 않는 일
推舟於陸 추주어륙　뭍에서 배를 밀음. 고집을 부려 밀고 나가려함. 어리석음
指鹿爲馬 지록위마　모순(矛盾)된 것을 우겨서 남을 속이려는 짓의 비유
牽强附會 견강부회　사리에 맞지 않은 말을 억지로 끌어다 붙여 자기에게
　　　　　　　　유리(有利)하도록 함

▷ 盥漱 관수　낯 씻고 양치질 함

* 出典: 晉書(진서) 孫楚傳(손초전)

袖手傍觀 수수방관　소매 수 | 손 수 | 곁·옆 방 | 볼 관

소매에 손을 넣은 채 옆에서 보고만 있다는 뜻, 어떤 일을 당하여 관여(關與)하거나 거들지 않고
그대로 내버려둠을 비유하는 말

유의어 垂裳 수상　옷소매를 늘어뜨리고 팔짱을 낌, 아무 일도 하지 않음을 비유
吾不關焉 오불관언　나는 상관(相關)하지 않음 또는 그러한 태도(態度)
對岸之火 대안지화　강 건너 언덕에 난 불. 나하고 상관없음
置之度外 치지도외　내버려 두고 문제로 삼지 않음
度外視 도외시　안중에 두지 않고 무시함

▷ 袖箚 수차　임금을 뵙고 직접 바치던 상소(上疏)
▷ 領袖 영수　여러 사람들 중의 우두머리

修飾邊幅 수식변폭　고칠·닦을 수 | 꾸밀 식 | 변두리·끝 변 | 폭·변두리 폭

수식(修飾)은 겉모양을 꾸민다는 뜻이고 변폭(邊幅)은 피륙의 가장자리를 뜻하는 말로 중요하지 않은 겉치레에만 신경 씀을 비유하는 말. 즉 허례허식(虛禮虛飾)

『유의어』 外華內貧 외화내빈, 喪頭服色 상두복색, 華而不實 화이부실

　　　　有名無實 유명무실　이름만 그럴듯하고 실속은 없음

▷ 修繕 수선　낡거나 헌 물건(物件)을 손보아 고침

▷ 營繕 영선　건축물(建築物) 등을 새로 짓거나 수리(修理)함

▷ 粧飾 장식　겉을 매만져 꾸밈. 또는 그 꾸밈새

* 出典: 後漢書(후한서) 馬援傳(마원전)

水魚之交 수어지교　물 수 | 물고기 어 | 어조사 지 | 사귈 교

물과 물고기의 사귐이라는 뜻, 임금과 신하 또는 부부관계처럼 서로 간에 매우 친밀하여 어느 하나가 없으면 안 되는 절대로 떨어질 수 없는 필요한 사귐을 비유하는 말

『유의어』 水魚之親 수어지친, 魚水之親 어수지친, 魚水之交 어수지교

　　　　膠漆之交 교칠지교, 膠漆之心 교칠지심

　　　　아교와 옻칠처럼 아주 친밀하여 떨어 질레야 떨어질 수 없는 교분

* 出典: 三國志(삼국지: 劉備[유비]와 諸葛亮[제갈량]의 관계를 비유)

誰怨誰咎 수원수구　누구 수 | 원망할 원 | 책망할·허물 구

누구를 원망하며 누구를 탓할까라는 뜻, 어떤 일의 좋지 않은 결과(結果)에 대해 자신을 탓해야지 남을 원망(怨望)하거나 책망(責望)할 것이 없음을 비유하는 말

『유의어』 誰怨孰尤 수원숙우

　　　　伯仁由我 백인유아, 伯仁由我而死 백인유아이사

　　　　백인이 나 때문에 죽다[= 백인의 죽음은 나의 책임]

繡衣夜行 수의야행　비단 수 | 옷 의 | 밤 야 | 다닐 행

비단(緋緞)옷을 입고 밤길을 걷는다는 뜻으로

1. 영광(榮光)스러운 일을 남에게 알리지 않음을 이르는 말

2. 아무런 보람이 없는 행동을 일컫는 말

『유의어』 錦衣夜行 금의야행, 夜行被繡 야행피수, 衣錦夜行 의금야행

『반의어』 錦衣晝行 금의주행　비단옷을 입고 낮에 다님

▷ 錦繡江山 금수강산　비단에 수를 놓은 듯이 아름다운 산천. 우리나라

豎子不足與謀 수자부족여모

아이·더벅머리 수 | 아들 자 | 아닐 부 | 족할·발 족 | 더불어 여 | 꾀할·꾀 모

어리고 경험(經驗)이 부족(不足)한 사람과는 큰일을 함께 도모(圖謀)할 수 없다는 말
즉 애송이와 더불어 큰일을 꾀할 수 없다는 말

항우(項羽)가 유방(劉邦)을 붙잡고 천하를 통일할 수 있는 절호(絶好)의 기회(機會)에,
노회(老獪)한 유방이 제시한 귀한 구슬선물을 받고 만족(滿足)하여 오히려 유방을 살려서
돌려보내자, 항우의 젊음과 어리석음을 개탄(慨歎)하며 책사(策士) 범증(范增)이 뇌까린 말

▷ **豎童 수동** 심부름하는 더벅머리 아이

▷ **智謀 지모** 슬기로운 계책(計策) = 智術 지술

* 出典: 史記(사기) 項羽本紀(항우본기)

水滴穿石 수적천석 물 수 | 물방울 적 | 뚫을 천 | 돌 석

작은 물방울이라도 끊임없이 떨어지면 결국(結局)에는 바위에 구멍을 뚫는다는 뜻, 작은
노력(努力)이라도 끈기 있게 계속(繼續)하면 큰일을 이룰 수 있다는 말

[유의어] 山溜穿石 산류천석, 愚公移山 우공이산, 鐵杵磨鍼 철저마침
點積穿石 점적천석, 積土成山 적토성산, 積水成淵 적수성연
積小成大 적소성대 작은 것도 쌓이면 크게 됨. 적은 것도 쌓이면 많아짐

▷ **穿孔 천공** 구멍을 뚫음[구멍이 뚫림]

▷ **穿鑿 천착** 학문을 깊이 연구(硏究)함 또는 억지로 이치(理致)에 닿지 않는 말을 함

守株待兎 수주대토 지킬 수 | 그루터기·나무밑동 주 | 기다릴 대 | 토끼 토

나무그루터기를 지켜보며 토끼를 기다린다는 뜻
1. 한 가지 일에만 얽매여 발전(發展)을 모르는 어리석음
2. 고지식하고 융통성(融通性)이 없어 구습(舊習)과 전례(前例)만 고집하는 어리석은 사람을 비유

중국 송(宋)나라의 한 농부가 우연히 토끼가 나무그루터기에 부딪쳐 죽은 것을 잡은 후,
또 그와 같이 토끼를 잡을 수 있지 않을까 하는 생각에서 농사는 팽개치고 나무그루터기만
지키고 앉아 있다가 세상 사람들의 웃음거리가 되었다는 고사에서 유래

[유의어] 刻舟求劍 각주구검, 守株 수주, 株守 주수

▷ **守錢奴(虜) 수전노** 돈을 모을 줄만 알고 쓸 줄 모르는 사람을 낮잡아 이르는 말

* 出典: 韓非子(한비자) 五蠹篇(오두편)

隨衆逐隊 수중축대 따를 수 | 무리 중 | 추종할·쫓을 축 | 무리·떼 대

무리를 따르고 대열(隊列)을 쫓는다는 뜻, 자기의 뚜렷한 주관(主觀)이 없이 여러 사람의 틈에

끼어 덩달아 행동함을 말함

유의어 附和雷同 부화뇌동, 雷同附和 뇌동부화, 附和隨行 부화수행
일정한 주견(主見)이 없이 남의 의견(意見)에 따라 같이 행동함

追友江南 추우강남   친구 따라 강남 간다[친구가 강남에 가니 그냥 따라감]

旅進旅退 여진여퇴   남이 하는 대로 나아갔다가 물러났다가 덩달아 행동함

▷ 隊伍 대오   군대의 항오(行伍). 군대 행렬의 줄

▷ 逐出 축출   쫓아내거나 몰아냄

壽則多辱 수즉다욕 목숨 수 | 곧 즉 | 많을 다 | 욕될 욕

오래 살면 살수록 그만큼 욕(辱)되는 일이 많다는 뜻, 오래 살수록 고생(苦生)이나 망신(亡身)이
그만큼 더 많음을 이르는 말

유의어 壽辱多 수욕다

▷ 恥辱 치욕   수치와 모욕 / 榮辱 영욕   영예(榮譽)와 치욕(恥辱)

▷ 侮辱 모욕   깔보고 욕되게 함 / 汚辱 오욕   명예를 더럽히고 욕되게 함

▷ 屈辱 굴욕   남에게 억눌리어 업신여김을 받음

▷ 眉壽 미수   오래 삶 = 長壽 장수

* 出典: 莊子(장자) 天地篇(천지편)

水淸無大魚 수청무대어 물 수 | 맑을 청 | 없을 무 | 큰 대 | 물고기 어

물이 맑으면 큰 고기가 없다는 뜻, 물이 너무 맑으면 큰 물고기가 그 몸을 감출 곳이 없어
그곳에 살기 어려운 것과 마찬가지로, 사람이 너무 똑똑하거나 엄격(嚴格)하면 남들이 꺼려하여
벗이나 동지(同志)가 되어 가까이하거나 함께하기 어렵다는 말

유의어 水淸無魚 수청무어, 水淸魚不棲 수청어불서
물이 맑으면 그 몸을 숨길 데가 없어 고기가 살수 없다는 말

水至淸則無魚 人至察則無徒 수지청즉무어 인지찰즉무도
물이 너무 맑으면 고기가 살 수 없고 사람이 너무 따지고 들면 동지(同志)가 없다는 말

曲高和寡 곡고화과   사람의 재능이 너무 높으면 따르는 무리가 적다는 말

* 出典: 後漢書(후한서: 班超傳[반초전])

隋侯之珠 수후지주 수나라 수 | 임금·제후 후 | 어조사 지 | 구슬 주

수후(隋侯)의 구슬. 옛날 수나라 임금 수후(隋侯)가 뱀을 살려준 공으로 뱀에게 얻었다는 보주(寶珠)
[변화(卞和)의 화씨지벽과 함께 천하의 귀중한 두 보배]

유의어 和氏之璧 화씨지벽, 隋珠 수주, 隋和之材 수화지재

明月之珠 명월지주, 明月珠 명월주

▷ 夜光珠 야광주, 夜光玉 야광옥, 夜光明珠 야광명주, 夜明珠 야명주
중국 고대에, 어두운 밤에도 스스로 빛을 낸다고 전해지던 귀중(貴重)한 보석(寶石)

* 出典: 淮南子(회남자)

菽麥不辨 숙맥불변 콩 숙 | 보리 맥 | 아닐 불 | 분별할 변
콩인지 보리인지 분별(分別)하지 못한다는 뜻, 세상물정을 모르는 어리석은 사람을 비유

유의어 菽麥 숙맥

目不識丁 목불식정 낫 놓고 기역자도 모른다는 뜻. 매우 무식함

魚魯不辨 어로불변 어(魚)자와 노(魯)자를 구별하지 못한다는 뜻, 아주 무식

▷ 麥秋 맥추 보리가 익는 철 또는 보릿가을 / 蕎麥 교맥 메밀

▷ 辨別力 변별력 사물의 옳고 그름이나 좋고 나쁨을 가리는 능력

熟不還生 숙불환생 익을 숙 | 아닐 불 | 돌아올 환 | 날 생
한번 익힌 음식은 다시 날것으로 되돌아갈 수 없다는 뜻. 일을 되 돌이킬 수 없다는 말
1. 장만한 음식(飮食)을 손님에게 권할 때 쓰는 말
2. 이왕 장만한 음식은 먹어 치울 수밖에 없다는 말

▷ 熟知 숙지 익히 앎, 충분히 앎 = 稔知 임지, 熟悉 숙실, 練悉 연실

▷ 覆水不返盆 복수불반분 한번 쏟은 물은 다시 그릇에 담을 수 없다.
한번 헤어진 부부가 다시 결합할 수 없음을 비유한 말

▷ 破鏡不再照 파경부재조 한번 깨진 거울은 본디대로 비출 수 없다.
한번 헤어진 부부는 다시 맺어지기 어렵다는 말

宿虎衝鼻 숙호충비 잠잘·묵을 숙 | 범 호 | 찌를 충 | 코 비
잠자는 범[虎: 호]의 코를 찌른다는 뜻, 공연히 가만히 있는 사람을 건드려서 화(禍)를
자초(自招)하거나 일을 불리(不利)하게 만든다는 말

유의어 打草驚蛇 타초경사 풀을 두드려 뱀을 놀래 킨다. 화를 자초함

▷ 宿願 숙원 오래전부터 품어온 염원(念願)이나 소망(所望)

▷ 宿昔 숙석 그리 멀지 않은 옛날

▷ 髮衝冠 발충관 머리카락이 곤두서서 관을 밀어올림. 몹시 화가 남을 비유

夙興夜寐 숙흥야매 이를 숙 | 일어날 흥 | 밤 야 | 잠잘 매
아침 일찍 일어나고 밤늦게 잠자리에 든다는 뜻, 아침 일찍부터 밤늦게까지 책임(責任)을

다하기 위해 부지런히 힘써 노력(努力)하는 모습을 비유하는 말

유의어 不撤晝夜 불철주야 밤낮을 가리지 아니하고 힘써 애쓴다는 말

　　　　發憤忘食 발분망식 어떤 일에 열중(熱中)하여 끼니까지 잊고 힘씀

▷ 夢寐 몽매 잠을 자면서 꿈을 꿈 / 夢幻 몽환 꿈과 환상

▷ 夙昔 숙석 좀 오래된 옛날

* 出典: 詩經(시경) 衛風(위풍) / 漢書(한서)

蓴羹鱸膾 순갱노회 순채 순 | 국 갱 | 농어 노(로) | 회·저민 날고기 회

순채국[蓴羹: 순갱]과 농어회[鱸膾: 노회]. 고향(故鄉)을 잊지 못하고 그리워하는 정을 비유하는 말

중국 진(晉)나라의 장한(張瀚)이 순채국과 농어회를 먹고 싶어 관직을 그만두고 귀향(歸鄉)
했다는 고사에서 유래. 즉 고향이 그리워 돌아가고 싶다는 말

▷ 膾炙 회자 회와 구운 고기, 널리 사람들의 입에 자주 오르내린다는 말

▷ 羹粥 갱죽 시래기 따위의 채소류를 넣고 멀겋게 끓인 죽. 가난한 사람의 식사

* 出典: 晉書(진서)

郇公廚 순공주 나라이름 순 | 제후 공 | 부엌 주

순국공(郇國公) 위척(韋陟)의 부엌, 맛있는 음식 또는 음식 맛이 좋은 집을 비유

순국공(郇國公) 위척(韋陟)의 부엌에는 항상 맛좋은 안주(按酒)와 진미(珍味)가 있었다는
고사에서 유래한 말

유의어 郇庖 순포 순국공의 부엌. 즉 맛있는 음식을 비유하는 말

▷ 廚房 주방 음식을 만들거나 차리는 방. 부엌 = 燒廚房 소주방

* 出典: 世說新語(세설신어)

脣亡齒寒 순망치한 입술 순 | 잃을·망할 망 | 이빨 치 | 찰·추울 한

입술이 없으면 이가 시리다는 뜻, 이해관계가 밀접(密接)한 관계의 어느 한쪽이 망하면 다른 한쪽도
그 영향(影響)을 받아 온전(穩全)하기 어려움의 비유. 즉 서로 없어서는 안 될 밀접(密接)한 관계

유의어 輔車脣齒 보거순치, 脣齒輔車 순치보거, 輔車 보거

　　　　脣齒之國 순치지국 입술과 치아[= 이빨]처럼 이해관계가 밀접한 두 나라

　　　　輔車相依 보거상의 수레의 덧방나무와 바퀴처럼 서로 뗄레야 뗄 수 없다는 뜻

▷ 酷寒 혹한 몹시 심한 추위 = 嚴寒 엄한, 沍寒 호한, 祁寒 기한

* 出典: 春秋左氏傳(춘추좌씨전) 僖公五年條(희공5년조)

純眞無垢 순진무구 순수할 순 | 참·그대로 진 | 없을 무 | 때·티끌 구

순수(純粹)하고 진실(眞實)하며 때 묻지 않았음을 이르는 말
1. 티 없이 순진(純眞)함을 비유 2. 죄(罪) 없이 깨끗함을 비유

유의어　天眞爛漫 천진난만　조금도 꾸밈없이 아주 순진하고 참됨

　　　　至高至純 지고지순　더할 수 없이 고결(高潔)하고 순수(純粹)함

　　　　氷壺秋月 빙호추월　청렴(淸廉)하고 결백한 마음[얼음 항아리와 가을 달]

반의어　垢穢 구예　때가 묻어 더러움

順天者興 逆天者亡 순천자흥 역천자망

좇을·순할 순 | 하늘 천 | 놈 자 | 일어날 흥 | 거스를 역 | 하늘 천 | 놈 자 | 망할·달아날·죽을 망

하늘의 도리(道理)에 순응(順應)하는 자는 흥(興)하고 하늘의 도리(道理)에 거역(拒逆)하는 자는
망(亡)한다는 뜻, 매사(每事)를 순리(順理)에 따라 행하라는 가르침

▷　順理 순리　도리나 이치에 순종(順從)함 또는 마땅한 이치나 도리

▷　逆鱗 역린　임금의 진노(震怒). 용이라는 동물은 평상시에는 타고 다닐 정도로 유순하지만,
　　　　　　만약에 용의 턱 아래에 있는 거슬러 난 비늘을 건드리게 되면 곧바로 죽임을
　　　　　　당한다는 전설에서 나온 말

＊ 出典: 孟子(맹자) / 明心寶鑑(명심보감)

脣齒輔車 순치보거 입술 순 | 이빨 치 | 덧방나무·도울 보 | 수레 거

순망치한(脣亡齒寒)과 보거상의(輔車相依)를 합친 말, 서로 없어서는 안 될 밀접(密接)한 관계

유의어　脣齒之國 순치지국, 輔車脣齒 보거순치, 輔車相依 보거상의

　　　　鳥之兩翼 조지양익　새의 양 날개. 서로 없어서는 안 될 밀접(密接)한 관계

　　　　脣亡齒寒 순망치한　입술이 없으면 이가 시림. 이해관계가 밀접한 사이에서 한쪽이
　　　　　　　　　　　망하면 다른 한쪽도 온전(穩全)하기 어려움을 이르는 말

順風滿帆 순풍만범 좇을·순할 순 | 바람 풍 | 찰·가득할 만 | 돛 범

순조(順調)로운 바람이 온 돛에 가득하다는 뜻, 활짝 펼친 돛이 뒤에서 부는 바람을 받아 배가
앞으로 잘 나가는 모양(模樣)을 형용(形容)하는 말

▷　順航 순항　순조롭게 항행(航行)함. 일이 순조(順調)롭게 진행됨의 비유

▷　順理 순리　1. 도리나 이치에 순종(順從)함 2. 마땅한 이치나 도리

▷　帆船 범선　돛단배[돛: 바람의 힘으로 나아가기 위하여, 배 위에 세운 기둥에 높게 매달아 펼친 천]

述而不作 술이부작 지을·펼 술 | 그러나 이 | 아닐 부 | 지을 작

저술한 것이지 창작한 것이 아니라는 뜻, 자신의 저술(著述)이나 창작(創作)을 두고 저자(著者)가
겸손(謙遜)의 뜻으로 하는 말

▷ **編著 편저** 편집(編輯)해서 저술(著述)함

▷ **陳述 진술** 자세(仔細)하게 말함

* 出典: 論語(논어) 述而篇(술이편)

崇祖尙門 숭조상문 높을 숭 | 조상 조 | 높일 상 | 문 문

조상(祖上)을 높여 숭배(崇拜)하고 문중(門中)을 소중하게 위함

▷ **崇祖敦睦 숭조돈목** 조상을 숭상하고 일가친척이 사이가 좋고 화목(和睦)함

▷ **崇尙 숭상** 높여 소중(所重)히 여김 / **尙武 상무** 무예를 중히 여겨 숭상함

▷ **敦篤 돈독** 도탑고 성실(誠實)함

膝甲盜賊 슬갑도적 무릎 슬 | 갑옷 갑 | 훔칠 도 | 도둑 적

남의 글이나 저술(著述)을 베껴 마치 자기가 지은 것처럼 하는 사람

무릎을 덮는 바지 옷인 슬갑(膝甲)을 훔쳤으나, 용도를 몰라 머리에 쓰고 다니다가
남들에게 비웃음을 샀다는 고사에서 유래

[유의어] **文筆盜賊 문필도적, 剿說 초설**

剽竊 표절 남의 시가·문장 등의 글귀를 몰래 따다 자기 것인 것처럼 발표함

生呑活剝 생탄활박 산채로 삼키고 산채로 껍질을 벗긴다는 뜻으로
남의 시문(詩文)을 송두리째 인용(引用)함을 비유하는 말

▷ **膝甲 슬갑** 추위를 막기 위해 무릎까지 내려오게 입는 겉옷

▷ **膝下 슬하** 무릎의 아래, 부모의 곁 또는 부모의 따뜻한 보살핌 아래를 비유

* 出典: 洪萬鍾(홍만종) 旬五志(순오지)

乘望風旨 승망풍지 탈·수레 승 | 바랄 망 | 바람 풍 | 뜻 지

망루(望樓)에 올라 바람결을 헤아린다는 뜻, 윗사람이나 남의 눈치를 보아가며 알아서 비위(脾胃)를
잘 맞춘다는 뜻. 즉 속된 표현으로 알아서 먼저 긴다는 말

[유의어] **拂鬚塵 불수진** 수염(鬚髥)의 먼지를 털어준다는 뜻. 윗사람의 환심(歡心)을 사려고
아첨(阿諂)하거나 윗사람에 대한 비굴(卑屈)한 태도를 비유하는 말

阿附 아부, 阿諂 아첨, 阿諛 아유, 諂諛 첨유
윗사람이나 이해관계자의 비위(脾胃)를 맞추거나 환심(歡心)을 사려고 알랑거림

▷ **搭乘 탑승** 배나 비행기, 버스, 전철, 열차 등 탈것에 올라탐

乘勝長驅 승승장구 탈·수레 승 | 이길 승 | 긴·오랠 장 | 몰·달릴 구

승리(勝利)를 타고 오래도록 달린다는 뜻, 싸움에 이긴 기세(氣勢)를 타고 계속해서 적을
몰아침을 비유하는 말

▷ 出奇制勝 출기제승 기묘(奇妙)한 계략(計略)을 써서 승리(勝利)함

▷ 陪乘 배승 높은 사람을 모시고 차에 탐 / 陪行 배행 윗사람을 모시고 따라감

▷ 驅逐 구축 어떤 세력(勢力)이나 해로운 것 따위를 몰아 쫓아냄

乘風破浪 승풍파랑 탈·수레 승 | 바람 풍 | 깨뜨릴 파 | 물결 랑

바람을 타고 거센 파도(波濤)를 헤쳐 나간다는 뜻
1. 원대(遠大)한 포부(抱負)가 있음을 비유하는 말
2. 뜻한 바를 이루기 위해 온갖 난관(難關)을 극복(克服)하고 나아감을 비유하는 말

『유의어』 青雲萬里 청운만리 입신출세를 위한 원대한 포부를 비유하는 말

鴻鵠之志 홍곡지지 홍곡의 뜻, 원대한 포부(抱負)

願乘長風破萬里浪 원승장풍파만리랑, 長風波浪 장풍파랑
거센 바람을 타고 만리의 거센 물결을 헤쳐 나가고 싶다고 포부(抱負)를 밝힌,
종각(宗慤)이라는 인물의 고사에서 유래

* 出典: 宋書(송서) 南史(남사) 宗慤傳(종각전)

時機尚早 시기상조 때 시 | 기회·때 기 | 오히려·숭상할 상 | 이를 조

시기(時機)가 아직 이르다는 뜻, 어떤 일을 하기에 아직 때가 되지 않았음을 이르는 말

『반의어』 時宜適切 시의적절 그 당시(當時)의 사정(事情)이나 요구(要求)에 아주 잘 맞음

▷ 時政得失 시정득실 그때그때에 행하는 정사(政事)의 득과 실[잘잘못]

市道之交 시도지교 시장·저자 시 | 길 도 | 어조사 지 | 사귈 교

시장과 길거리에서 이루어지는 교제(交際), 이익(利益)이 있으면 만나고 이익이 없으면
헤어지는 오로지 이익만을 위한 시정(市井)의 장사꾼과 같은 교제를 비유

『유의어』 炎涼世態 염량세태, 世態炎涼 세태염량, 附炎棄寒 부염기한
뜨거웠다가 차가와지는 세태, 즉 권세가 있으면 아첨(阿諂)하여 따르고 몰락(沒落)하면
냉대(冷待)하는 의리(義理)나 지조(志操)가 없는 세상의 인심을 비유하는 말

『반의어』 管鮑之交 관포지교 아주 친한 친구 사이[춘추시대 관중과 포숙아의 교제]

刎頸之交 문경지교 생사를 같이할 수 있는 아주 가까운 사이. 또는 그런 친구.

* 出典: 史記(사기)

時不可失 시불가실　때 시 | 아닐 불 | 옳을·좋을 가 | 잃을·잘못할 실

때를 잃어버리지 말라는 뜻, 기회(機會)는 한번 지나가면 다시 잡기 어려움을 비유하는 말

유의어 勿失好機 물실호기　좋은 기회(機會)를 놓치지 말라는 말

　　　時不待人 시불대인　때는 사람을 기다리지 않음. 기회를 놓치지 말라는 말

▷ 紛失 분실　물건을 잃어버림 ↔ 拾得 습득　주인 잃은 물건을 주워서 얻음

* 出典: 尙書(상서) 泰誓篇(태서편)

是非曲直 시비곡직　옳을·바를·바로잡을 시 | 아닐·부정할 비 | 굽을·사악할 곡 | 곧을·바를 직

옳고 그르고 굽고 곧음의 뜻, 도리(道理)에 맞는 것과 어긋나는 것을 말함

유의어 是非善惡 시비선악　옳고 그름과 선함과 악함

▷ 不問曲直 불문곡직　굽었는지 곧은지 묻지 않음. 옳고 그름을 따지지 않음

▷ 曲折 곡절　복잡(複雜)한 사정(事情)이나 이유(理由). 까닭.

▷ 非理 비리　올바른 이치(理致)나 도리에 어그러지는 일

視死如歸 시사여귀　볼 시 | 죽을 사 | 같을 여 | 돌아갈 귀

죽음을 고향(故鄕)에 돌아가는 것처럼 여긴다는 뜻. 즉 죽음을 두려워하지 않고 오히려
편안(便安)히 여긴다는 말

유의어 視死若歸 시사약귀

　　　視死如生 시사여생　죽음을 살아있음과 같이 본다는 말. 즉 죽음을 삶처럼 생각함

▷ 恝視 괄시　업신여겨 하찮게 대함 = 恝待 괄대

▷ 歸依 귀의　돌아가 몸을 의지(依支)함

屍山血海 시산혈해　주검 시 | 뫼 산 | 피 혈 | 바다 해

시체(屍體)로 산을 이루고 피[血: 혈]가 바다같이 흐른다는 뜻, 전쟁(戰爭)이나 재난(災難)으로 인한
사상(死傷)자의 수와 핏물이 어마어마함의 비유

▷ 人山人海 인산인해　사람의 산 사람의 바다. 사람이 수없이 많이 모인 상태

▷ 海印 해인　바다가 만상(萬狀)을 비춤과 같이, 일체(一切)를 깨달아 아는 부처의 지혜(智慧)

是是非非 시시비비　옳을·바를·바로잡을 시 | 아닐·부정할 비

옳은 것은 옳다, 그른 것은 그르다는 뜻, 여러 가지 잘잘못. 서로 옳으니 그르니 따지며 다툼

유의어 曰可曰否 왈가왈부　어떤 일에 대해 옳다거니 그르다거니 말함

是非 시비 잘잘못. 옳음과 그름 또는 옳으니 그르니 하는 말다툼

▷ 涇渭 경위 사리(事理)의 옳고 그름과 시비(是非)의 분간(分揀). 중국에서 경수(涇水)의
　　　　　　강물은 흐리고 위수(渭水)의 강물은 맑아 뚜렷이 구별(區別)된다는 고사에서 유래

▷ 經緯 경위 직물의 날줄과 씨줄. 어떤 일이 진행되어 온 과정(過程)

＊ 出典: 荀子(순자)

鰣魚多骨 시어다골 준치 시 | 물고기 어 | 많을 다 | 뼈 골

준치[鰣魚: 시어]는 (맛은 좋은데)가시가 많다는 뜻, 좋은 일의 한편에는 불편한 일이 있음을
비유하는 말

유의어 好事多魔 호사다마 좋은 일에는 흔히 방해(妨害)되는 일이 많음

寸善尺魔 촌선척마 1. 좋은 일은 적고 나쁜 일은 많다는 말
　　　　　　　　　　　2. 좋은 일에는 반드시 나쁜 일이 따른다는 말

▷ 多事多難 다사다난 여러 가지 일이 많기도 하고 어려움도 많음

尸位素餐 시위소찬 주검 시 | 자리 위 | 흴·바탕 소 | 먹을·밥 찬

제사지낼 때 신위(神位)대신 앉아있는 시동(尸童)의 공짜 밥. 재덕(才德)이나 공로(功勞)도 없고
직분(職分)도 다하지 못하면서 자리만 차지하고 녹(祿)만 받아먹음을 비아냥거리며 이르는 말

유의어 伴食宰相 반식재상, 竊位者 절위자, 叨竊 도절

尸祿 시록, 尸素 시소, 素餐 소찬, 瘝素 관소, 鵜翼 제익

罍恥 뇌치 술독이 술독에 술이 없음을 부끄러워 함[제 소임을 다 못한다는 말]

▷ 尸童 시동 제사(祭祀)를 지낼 때 신위(神位)대신 앉던 아이

▷ 尸解 시해 몸만 남겨두고 혼백(魂魄)이 빠져나가서 신선(神仙)이 되는 일[道敎]

＊ 出典: 漢書(한서) 朱雲傳(주운전)

市井雜輩 시정잡배 시장·저자 시 | 우물 정 | 섞일 잡 | 무리·동류 배

빈둥빈둥 놀면서 방탕(放蕩)한 생활을 일삼으며 시정에 떠돌아다니는 점잖지 못한 잡된 무리

유의어 浮浪輩 부랑배 부랑자(浮浪者)의 무리

徒輩 도배 함께 어울려 나쁜 짓을 하는 패거리

▷ 市井 시정 인가가 많이 모인 곳. 시정의 장사치 = 坊間 방간

▷ 閑良 한량 돈 잘 쓰고 잘 노는 사람

▷ 白手乾達 백수건달 돈 한 푼 없이 빈둥거리며 놀고먹는 건달

始終一貫 시종일관 처음·비롯할 시 | 끝·마칠 종 | 하나 일 | 꿸·통과할 관

처음부터 끝까지 하나로 꿴다는 뜻, 어떤 일을 할 때 처음부터 끝까지 한 결 같이 관철함의 비유

[유의어] 始終如一 시종여일, 終始一貫 종시일관, 首尾一貫 수미일관

初志一貫 초지일관 처음에 먹은 마음을 끝까지 밀고 나감

一以貫之 일이관지 한 이치(理致)로 모든 일을 꿰뚫음

試行錯誤 시행착오 시험할 시 | 다닐·행할 행 | 섞일·어지러울 착 | 그릇할 오

학습 원리의 하나. 학습자가 어떤 목표(目標)나 과제(課題)를 해결할 방법을 모르는 채
본능·습관 등에 따라 시행과 착오를 되풀이하다가 우연(偶然)히 성공한 동작을 계속(繼續)함으로써
점차(漸次) 시간을 절약(節約)하여 목표에 도달(到達)할 수 있다는 원리

▷ 試驗 시험   1. 재능·실력·지식 등의 수준이나 정도를 일정한 절차에 따라 알아봄
2. 사물의 성질·기능 등을 실지로 경험하여 봄

市虎 시호 저자(시장) 시 | 범(호랑이) 호

시장(市場)에 호랑이가 나타났다는 뜻. 있을 수 없는 일. 믿을 수 없는 일.
근거(根據)없는 말도 퍼뜨리는 사람이 많으면 끝내는 사실로 믿게 됨을 비유하는 말

[유의어] 三人成市虎 삼인성시호, 三人成虎 삼인성호
거짓말도 여러 사람이 하면 곧이 듣게 된다는 말

曾參殺人 증삼살인 여러 사람이 무고(誣告)하면 거짓도 참이 된다는 말

投杼踰牆 투저유장 베 짜는 북을 집어던지고 담을 넘어 달려간다는 말

衆口鑠金 중구삭금 뭇사람의 말은 쇠도 녹임[여론(輿論)의 힘]

積毀銷骨 적훼소골 뭇사람의 말은 뼈도 녹임[여론(輿論)의 힘]

▷ 闤市 홍시 번화한 거리, 번화가(繁華街)

時和年豊 시화연풍 때 시 | 화할 화 | 해 연(년) | 풍년들·풍성할 풍

나라가 태평(太平)하고 풍년(豊年)이 든다는 말

[유의어] 時和年豊 시화연풍, 時和歲豊 시화세풍

太平聖代 태평성대 현명한 지도자가 다스리는 태평한 세상이나 시대

太平煙月 태평연월 태평하고 안락(安樂)한 세월

康衢煙月 강구연월 태평한 시대의 큰 길거리의 평화로운 풍경(風景)

* 出典: 毛詩正義(모시정의) 小雅篇(소아편) / 晉書(진서) 食貨志(식화지)

食少事煩 식소사번 밥 식 | 적을 소 | 일 사 | 번거로울·괴로워할 번

먹을 것은 적은데 할 일은 많다는 뜻, 몸을 돌보지 않고 수고를 많이 하는데 비해서 얻는 것이
적고 헛되이 바쁘기만 하다는 말

삼국시대 사마의[司馬懿 = 사마중달]가 제갈량[諸葛亮 = 제갈공명]의 인물됨을 평가한
고사에서 유래. 식소사번(食少事煩)이었던 제갈량은 결국 54세에 병사함

▷ 狼多肉少 낭다육소 이리는 많은데 고기는 적다는 뜻으로
　　　　　　　　　　　　금액(金額)은 적은데 분배(分配)를 원하는 사람은 많다는 말

▷ 煩悶 번민 속을 태우고 괴로워함 / 煩惱 번뇌 마음이 시달려서 괴로움

* 出典: 三國志(삼국지)

食言 식언 먹을·밥 식 | 말씀 언

자기 입 밖에 낸 말을 다시 먹어버림, 약속(約束)한 말대로 지키지 않음을 비유하는 말

[유의어] 一口三舌 일구삼설, 一簧兩舌 일황양설, 一口兩舌 일구양설

一口二言 일구이언 한 입으로 두 말을 한다는 뜻으로
　　　　　　　　　　한 가지 일에 대해 말을 이랬다저랬다 한다는 말

▷ 食率 식솔 한 집안에 딸린 식구 = 眷率 권솔

▷ 昃食 측식 정오가 지나서 아침을 먹음. 정무에 부지런히 힘씀을 비유하는 말

▷ 同鼎食 동정식 한솥밥을 먹음. 한집에서 같이 삶을 비유 = 食口 식구

* 出典: 書經(서경) 湯誓(탕서: 탕임금의 약속)

識字憂患 식자우환 알 식 / 기록할 지 | 글자 자 | 근심할 우 | 근심·병 환

학식(學識)이 있는 것이 오히려 근심이 된다는 뜻, 도리를 알고 있는 까닭으로 오히려 불리하게
되었음을 이르는 말. 즉 모르는 게 약

▷ 眼識 안식 1. 사물의 선악·가치를 분별하는 안목(眼目)과 식견(識見)
　　　　　　　2. 물체의 모양·빛깔 등을 분별(分別)하는 작용

▷ 憂慮 우려 근심과 걱정

* 出典: 蘇東坡(소동파) 石蒼舒醉墨堂(석창서취묵당)

食指動 식지동 밥·먹을 식 | 손가락 지 | 움직일 동

먹을 생각이 간절(懇切)해서 집게손가락이 저절로 움직인다는 뜻
맛난 음식에 구미(口味)가 당김. 군침이 돎 또는 야심(野心)을 품는다는 말의 비유

▷ 野心 야심 무엇을 이루어 보려고 마음속으로 품고 있는 욕망이나 소망

▷ 指摘 지적 1. 손가락질해 가리킴   2. 허물을 들추어 폭로(暴露)함

* 出典: 春秋左氏傳(춘추좌씨전)

宸極 신극 대궐·집 신 | 용마루·다할 극

대궐의 용마루[屋脊: 옥척]라는 뜻, 임금의 지위(地位)를 높여 이르는 말

유의어 聖祚 성조, 帝祚 제조, 帝位 제위, 黼宸 보신, 負扆 부의, 寶位 보위
　　　제왕의 거처. 즉 제왕(帝王)을 이르는 말

▷ 宸襟 신금　대궐(大闕)의 옷깃이라는 뜻, 임금의 마음을 비유하는 말

▷ 宸藻 신조　임금이 손수 글씨를 씀 = 御筆 어필, 御書 어서

▷ 御眞 어진　임금의 화상[畫像: 사람의 얼굴을 그림으로 그린 형상]

▷ 襟度 금도　남을 포용(包容)할 만한 도량(度量)

信命者亡壽夭 신명자무수요

믿을 신 | 목숨·운수 명 | 놈·것 자 | 잊을·없을 무 / 망할·죽을 망 | 목숨·수명 수 | 일찍 죽을·어릴 요

천명(天命)을 믿는 자는 생사(生死)를 안중(眼中)에 두지 아니하므로, 장수(長壽)하거나
요절(夭折)하거나 조금도 괘념[掛念: 마음에 걸림]치 않는다는 말

▷ 天命 천명　타고난 수명. 하늘의 명령. 천자의 명령

▷ 彭殤 팽상　오래 삶과 일찍 죽음 = 壽夭 수요, 壽夭長短 수요장단

▷ 長壽 장수　오래 삶 = 耋壽 미수

▷ 夭折 요절　젊은 나이에 죽음 = 夭死 요사, 早死 조사, 蚤世 조세

* 出典: 列子(열자)

信賞必罰 신상필벌 밝힐·믿을 신 | 상줄 상 | 반드시 필 | 벌줄·죄 벌

공(功)이 있는 사람에게는 반드시 상(賞)을 주고 죄(罪)가 있는 사람에게는 반드시 벌(罰)을 준다는
뜻으로 상벌(賞罰)을 공정(公正)하고 엄중(嚴重)히 함을 이르는 말

▷ 信之無疑 신지무의　굳게 믿고 전혀 의심하지 않는다는 말

▷ 論功行賞 논공행상　공적(功績)에 따라 상(賞)을 주는 일

▷ 褒貶 포폄　칭찬과 나무람. 시비선악을 판단(判斷)해 결정함

申申當付 신신당부 거듭할·이야기할 신 | 마땅 당 | 줄·부탁할 부

거듭 거듭하여 간곡(懇曲)히 하는 당부(當付)

유의어 申申付託 신신부탁　되풀이하여 간곡(懇曲)히 하는 부탁

▷ 當付 당부　말로 단단히 부탁함

▷ 付託 부탁 어떤 일을 해 달라고 청하거나 맡김 = 請託 청탁

▷ 分付 분부 윗사람이 아랫사람에게 명령을 내림 또는 그 명령(命令)

▷ 申告 신고 국민이 법률상의 의무로서 행정관청에 일정한 사실을 진술·보고하는 일

身言書判 신언서판 몸신 | 말씀 언 | 글 서 | 판단할·나눌 판

인물을 선택(選擇)하는 기준으로 삼던 네 가지. 중국 당대(唐代)의 관리 선정(選定)의
네 가지 기준조건

1. 身(신): 몸가짐   2. 言(언): 말솜씨   3. 書(서): 문장·글씨   4. 判(판): 판단력

▷ 身手 신수 사람의 얼굴에 나타난 건강 색 또는 용모(容貌)와 풍채(風采)

▷ 身土不二 신토불이 몸과 태어난 땅은 둘이 아니고 하나라는 뜻, 자기가 사는 땅에서
　　　　　　　　　　　　 생산된 농산물이 자기 체질(體質)에 잘 맞는다는 말

▷ 書如其人 서여기인 글씨는 바로 그 사람의 인품이나 인격을 표현하는 것이라는 말

伸冤雪恥 신원설치 펼신 | 원통할 원 | 씻을·눈 설 | 부끄러워할 치

가슴에 맺힌 원한(怨恨)을 풀고 치욕(恥辱)을 씻어 버림

『유의어』 雪憤伸冤 설분신원, 伸冤雪憤 신원설분, 伸雪 신설, 雪恥 설치

　　　　雪辱 설욕 승부(勝負)에 이겨 전에 패배(敗北)했던 부끄러움을 씻고 명예를 되찾음

▷ 追伸 추신 편지 등에서 글을 덧붙일 때 그 글머리에 쓰는 말 = 追申 추신, 追啓 추계

▷ 欠伸 흠신 하품과 기지개

身體髮膚 신체발부 몸 신 | 몸 체 | 머리털·터럭 발 | 피부·살갗·겉껍질 부

몸과 머리털과 피부(皮膚)라는 뜻. 즉 몸 전체를 이르는 말

▷ 受之父母 수지부모 부모에게서 신체발부(身體髮膚: 몸)를 받음
　　[부모에게서 물려받은 몸을 소중히 여기는 것이 효도(孝道)의 시작이라는 말]

▷ 鮫膚 교부 소름[춥거나 두려울 때 피부에 오돌토돌 돋는 것]

▷ 鞠躬 국궁 윗사람이나 위패(位牌)앞에서 존경(尊敬)의 뜻으로 몸을 굽힘

＊ 出典: 孝經(효경: 孔子[공자]) 開宗明義章(개종명의장)

神出鬼沒 신출귀몰 귀신 신 | 날 출 | 귀신 귀 | 숨을·빠질 몰

귀신(鬼神)처럼 나타났다 귀신처럼 사라진다는 뜻, 그 움직임을 쉽게 알 수 없을 만큼
자유자재(自由自在)로 나타나고 사라짐

『유의어』 忽顯忽沒 홀현홀몰 문득 나타났다 홀연히 없어짐

出沒無雙 출몰무쌍 나타났다 없어졌다 하는 것이 비길 데 없을 만큼 심함

▷ 汨沒 골몰 다른 생각을 할 여유(餘裕)없이 한 일에만 온 정신(精神)을 쏟음

▷ 鬼胎 귀태 귀신에게서 태어난 아이, 불구의 태아라는 뜻에서,
즉 걱정하는 것 또는 마음속에 두려움을 품는 것

▷ 鬼神 귀신 죽은 사람의 넋. 사람에게 화복(禍福)을 준다는 신령

* 出典: 淮南子(회남자) 兵略訓(병략훈)

腎虛腰痛 신허요통 콩팥 신 │ 약할·빌 허 │ 허리·중요한 곳 요 │ 아플 통

1. 신장(腎臟)의 기능(機能)이 허약(虛弱)하여 허리가 아픈 증상(症狀)
2. 지나친 방사[房事 = sex]로 인하여 허리가 아픈 증상(症狀)

▷ 腎臟 신장 척추(脊椎)동물의 오줌 배설(排泄)기관
사람에게는 척추 양쪽에 한 쌍이 있는데 강낭콩 모양으로 생김

實事求是 실사구시 열매·속 실 │ 일·섬길 사 │ 구할 구 │ 옳을·바를 시

사실에 토대(土臺)를 두어 진리를 탐구(探究)하려는 태도. 정확(正確)한 고증(考證)을 바탕으로 하는
과학적(科學的)이고 객관적(客觀的)인 학문태도를 이르는 말

[중국 청나라의 고증학(考證學)과 조선시대 실학파(實學派)의 학문을 말함]

▷ 實不下手 실불하수 실지로는 손도 대보지 못함 = 實不着手 실불착수

* 出典: 漢書(한서) 卷(권)53 河間獻王德傳(하간헌왕덕전)

實陳無諱 실진무휘 참·속 실 │ 펼칠·묵을 진 │ 없을 무 │ 숨길·거리낄 휘

사실(事實)대로 진술(陳述)하고 숨기는 바가 없다는 말

『유의어』 從實直告 종실직고, 吐盡肝膽 토진간담 간과 쓸개를 다 토함(숨김이 없음)
以實告知 이실고지, 以實直告 이실직고 사실 그대로 고함

▷ 諱 휘 돌아간 높은 어른의 생전(生前)의 이름 = 諱字 휘자

▷ 忌諱 기휘 1. 꺼리어 싫어함 2. 꺼리거나 두려워하여 피함

▷ 陳設 진설 제사나 잔치 때, 상 위에 음식을 법식(法式)에 따라 차림

心廣體胖 심광체반 마음 심 │ 넓을 광 │ 몸 체 │ 살찔·희생(犧牲)반쪽 반

마음이 너그러우면 몸이 편해져 살이 찌며 풍채(風采)가 좋아진다는 말

▷ 富 부는 집을 윤택하게 하고 德 덕은 몸을 윤택(潤澤)하게 한다

▷ 心地 심지 마음의 본바탕. 마음자리 = 心田 심전

▷ 心曲 심곡　간절하고 애틋한 마음 = 衷曲 충곡

▷ 廣場 광장　많은 사람이 모이거나 만날 수 있게 만들어 놓은 너른 장소

＊ 出典: 大學(대학)

心機一轉 심기일전　마음 심 ┃ 틀·기회 기 ┃ 하나 일 ┃ 변할·구를 전

어떤 계기(契機)에 의하여 지금까지 품었던 생각과 마음가짐을 새롭게 완전히 바꾸는 것

유의어 灑心自新 쇄심자신　마음을 툭툭 털어내고 스스로 기분을 새롭게 한다는 말

氣分轉換 기분전환　우울·불쾌·슬픔·분노 등의
부정적인 감정 상태를 좋은 쪽으로 돌림

▷ 心竅 심규　마음속 깊은 곳

▷ 心證 심증　1. 마음에 받는 인상(印象)
2. 법관이 소송(訴訟)사건 심리(審理)에서 얻은 인식(認識)이나 확신(確信)

深謀遠慮 심모원려　깊을 심 ┃ 헤아림·꾀 모 ┃ 멀 원 ┃ 생각할 려

깊은 헤아림과 먼 장래(將來)를 내다보는 생각

유의어 百年大計 백년대계, 萬年之計 만년지계

▷ 配慮 배려　도와주거나 보살펴 주려고 마음을 씀

▷ 熟慮 숙려　곰곰이 잘 생각함 = 熟思 숙사, 熟考 숙고

▷ 謀猷 모유　원대(遠大)한 계획(計劃)

▷ 深解義趣 심해의취　깊이 뜻을 이해(理解)함

深思熟考 심사숙고　깊을 심 ┃ 생각할 사 ┃ 익을 숙 ┃ 생각할·상고할 고

1. 깊이 생각하고 고찰(考察)함　　2. 신중(愼重)을 기하여 곰곰이 생각함

유의어 深思熟慮 심사숙려

冥想 명상　눈을 감고 고요히 생각함 = 瞑想 명상

▷ 甚深 심심　마음의 표현정도가 매우 깊고 간절(懇切)함

深山幽谷 심산유곡　깊을 심 ┃ 뫼 산 ┃ 그윽할·숨을 유 ┃ 골짜기·골 곡

깊은 산속의 으슥한 골짜기. 두메산골

유의어 深深山川 심심산천　아주 깊은 산골짜기

疊疊山中 첩첩산중　첩첩(疊疊)이 겹친 산속

▷ **幽玄** 유현　사물의 이치 또는 아취(雅趣)가 헤아리기 어려울 만큼 깊고 오묘(奧妙)함

▷ **疊疊** 첩첩　겹겹이 포개진 모양 = **重重疊疊** 중중첩첩

心心相印 심심상인　마음 심 | 서로 상 | 인상(印相)·도장 인

마음에서 마음으로 전한다는 뜻, 말없이 묵묵한 가운데 서로 마음이 통한다는 말

[유의어] **拈華微笑** 염화미소, **拈華示衆** 염화시중
석가모니가 연꽃을 들어 대중에게 보였을 때 마하가섭(摩訶迦葉)만이
그 뜻을 이해하고 미소를 지어 보였다는 데서, 마음에서 마음으로 전하는 일

敎外別傳 교외별전, **以心傳心** 이심전심, **不立文字** 불립문자
부처의 가르침을, 말이나 글에 의하지 않고 바로 마음에서 마음으로 전하고
통하여 진리(眞理)를 깨닫게 하는 일

▷ **海印** 해인　바다가 만상을 비춤과 같이, 일체(一切)를 깨달아 아는 부처의 지혜(智慧)

心在鴻鵠 심재홍곡　마음 심 | 있을 재 | 큰기러기 홍 | 고니 곡

마음은 홍곡(鴻鵠)에 있다는 뜻, 공부(工夫)를 하는데 마음은 콩밭에 있다는 말

바둑을 두면서 마음속으로는 "기러기나 고니가 날아오면 활로 쏘아 잡아야지"라고
생각한다면 그 바둑의 결과가 어찌되겠느냐는 맹자(孟子)의 말씀. 즉 학문(學問)을 할 때에는
잡념(雜念)을 먹지 말라는 말

▷ **心境** 심경　마음의 상태 = **意態** 의태

▷ **鴻鵠** 홍곡　1. 큰 기러기와 고니　　　2. 큰 인물의 비유

* 出典: 孟子(맹자) 告子章句上(고자장구상)

十年寒窓 십년한창　열 십 | 해 년 | 찰·궁할 한 | 창문·창 창

십년 동안 사람이 찾아온 적이 없는 쓸쓸한 창문, 오랫동안 두문불출(杜門不出)하고
열심히 공부(工夫)한 세월(歲月)을 비유하는 말

[유의어] **十年窓下** 십년창하

▷ **杜門不出** 두문불출　집안에만 틀어박혀 세상 밖으로 나가지 않음

▷ **十年減壽** 십년감수　목숨이 10년이나 줄어들었다는 뜻
위험(危險)한 고비를 겪거나 또는 죽을 뻔 했을 때 하는 말

▷ **凍氷寒雪** 동빙한설　얼어붙은 얼음과 차가운 눈이라는 뜻으로, 매서운 추위

* 出典: 劉祁(유기) 歸潛志(귀잠지)

十目所視 십목소시　열 십 | 눈·그물 코 목 | 바·곳 소 | 볼 시

열사람의 눈이 보고 있다는 뜻, 여러 사람들이 잘 알고 있어 세상 사람들을 속일 수 없음을
비유하는 말

〔유의어〕 衆目環視 중목환시, 衆人環視 중인환시　여러 사람이 에워싸고 지켜봄

　　　　十手所指 십수소지　뭇사람들이 쳐다보며 손가락질을 함

▷　視野 시야　1. 시력이 미치는 범위(範圍)　2. 지식(知識)이나 사려(思慮)가 미치는 범위

* 出典: 大學(대학)

十伐之木 십벌지목　열 십 ｜ 벨·칠 벌 ｜ 어조사 지 ｜ 나무 목

열 번 찍어 넘어가지 않는 나무가 없다는 뜻
1. 아무리 어려운 일이라도 끊임없이 계속 노력(努力)하면 뜻을 이룬다는 말
2. 심지(心志)가 굳은 사람이라도 여러 번 유인(誘引)하면 마음이 움직여 결국 설득(說得)된다는 말

〔유의어〕 十斫木無不顚 십작목무부전, 愚公移山 우공이산

　　　　磨鐵杵而成針 마철저이성침, 鐵杵成針 철저성침

▷　濫伐 남벌　나무를 함부로 베어 냄

▷　盜伐 도벌　산의 나무를 몰래 벰 = 盜斫 도작, 偸斫 투작

▷　討伐 토벌　병력을 동원하여 반란(叛亂)의 무리를 쳐서 없앰

▷　征伐 정벌　적이나 죄 있는 무리를 무력으로 침 = 征討 정토

十步芳草 십보방초　열 십 ｜ 걸음 보 ｜ 향기 풀·꽃다울 방 ｜ 풀 초

열 걸음도 채 걷기 전에 아름다운 꽃과 풀이 있다는 뜻, 세상에는 도처(到處)에
훌륭한 인물(人物)이 많다는 말

〔유의어〕 車載斗量 거재두량　물건이나 인재가 흔해서 귀하지 않음의 비유

　　　　多士濟濟 다사제제, 濟濟多士 제제다사　훌륭한 많은 선비

▷　草書 초서　서체(書體)의 하나. 전서(篆書)와 예서(隸書)를 간략하게 한 것으로
　　　　　　　행서(行書)를 더 풀어 점획을 줄여서 흘려 쓴 글씨. 즉 풀처럼 거친 글씨

▷　綠楊芳草 녹양방초　푸른 버드나무와 향기로운 풀

* 出典: 說苑(설원: 한[漢]나라 유향[劉向] 著)

十生九死 십생구사　열 십 ｜ 살·날 생 ｜ 아홉 구 ｜ 죽을 사

열 번 살고 아홉 번 죽는다는 뜻, 수차례 죽을 고비를 넘기고 위태로운 지경에서 겨우 벗어남

〔유의어〕 百死一生 백사일생, 萬死一生 만사일생, 虎口餘生 호구여생

　　　　起死回生 기사회생　거의 죽을 뻔했다가 다시 살아남

幾死僅生 기사근생　죽을 뻔했다가 겨우 살아남

九死一生 구사일생　죽을 고비를 여러 차례 넘기고 겨우 살아남

十匙一飯 십시일반　열 십 | 숟가락 시 | 하나 일 | 밥 반

열 사람이 한 술씩 보태면 한 사람 먹을 밥이 된다는 뜻. 즉 여러 사람이 힘을 합하면
한사람을 돕기는 쉽다는 말

『유의어』 患難相恤 환난상휼, 患難相救 환난상구, 相扶相助 상부상조
[향약의 네 가지 덕목 가운데 하나]어려운 일이 생겼을 때 서로 도와줌

捐廩補弊 연름보폐　공익을 위하여 벼슬아치들이 녹봉의 일부를 덜어 보태던 일

▷ 挹注 읍주　이쪽 것을 가져다 저쪽 것을 채움 또는 남는 것을 덜어서 모자란 곳을 채움

▷ 匙箸 시저　수저[= 숟가락과 젓가락]

▷ 矜恤 긍휼　불쌍히 여김. 가엾게 여겨 돌보아 줌

十日之菊 십일지국　열 십 | 날 일 | 어조사 지 | 국화 국

국화는 음력 9월 9일이 절정기인데 9월 10일의 국화라는 뜻, 이미 때가 지난 것을 비유하는 말

『유의어』 秋扇 추선, 秋風扇 추풍선　가을철의 부채라는 뜻. 철이 지나 쓸모없음을 비유

六日菖蒲 육일창포　창포는 음력 5월 5일이 절정(絶頂)인데, 5월 6일 창포라는 말

▷ 菖蒲 창포　여러해살이 풀. 음력 5월 5일 단오(端午)날이 절정(絶頂)

▷ 菊花 국화　지조(志操)와 절개(節槪)를 상징하는 꽃

十顚九倒 십전구도　열 십 | 구를·꼭대기 전 | 아홉 구 | 거꾸러질·넘어질 도

열 번 구르고 아홉 번 거꾸러진다는 뜻. 수없이 실패(失敗)를 거듭하여 몹시 고생함을 비유

『유의어』 七顚八倒 칠전팔도　일곱 번 구르고 여덟 번 거꾸러진다는 뜻. 계속 실패함

『반의어』 七顚八起 칠전팔기　일곱 번 넘어지고 여덟 번 일어남. 불굴(不屈)의 노력

▷ 共倒同亡 공도동망　같이 쓰러지고 함께 망함

▷ 共存共榮 공존공영　함께 존재(存在)하고 함께 번영(繁榮)함. 함께 잘 살아감

▷ 顚倒 전도　1. 엎어져서 넘어지거나 넘어뜨림　2. 위치나 차례가 뒤바뀌어 거꾸로 됨

十中八九 십중팔구　열 십 | 가운데 중 | 여덟 팔 | 아홉 구

열개 가운데 여덟 개나 아홉 개. 거의 예외 없이 틀림없음

『유의어』 十常八九 십상팔구

▹ **十字砲火 십자포화** 앞뒤 좌우에서 쏘는 집중 포격(砲擊) = **十字火 십자화**

▹ **砲擊 포격** 대포에 의한 공격

十寒一曝 십한일폭 열 십 | 찰·추울 한 | 하나 일 | (햇빛)쬘 폭

열흘 동안 춥다가 하루 동안 볕을 쬔다는 뜻

1. 일이 꾸준하게 진행(進行)되지 못하고 중간에 자주 끊김을 비유하는 말
2. 선인군자(善人君子)를 만날 때는 적고 악인소인(惡人小人)을 만날 때는 많다는 비유

유의어 **一曝十寒 일폭십한**

* 出典: 孟子(맹자) 告子上(고자상)

我歌査唱 아가사창　나 아 ｜ 노래·노래할 가 ｜ 사돈·조사할 사 ｜ 노래·부를 창

내가 부를 노래를 사돈(査頓)이 부른다는 속담의 한역(漢譯). 사돈 남 말하네. 입장이 바뀜
즉 나에게 책망(責望)을 들어야 할 사람이 도리어 나를 책망(責望)을 한다는 말

유의어 賊反荷杖 적반하장　도둑이 도리어 매를 든다는 뜻[= 입장이 거꾸로 됨]

主客顚倒 주객전도, 客反爲主 객반위주　손님이 도리어 주인 노릇을 함

▷ 査頓 사돈　혼인(婚姻)을 하여 척분(戚分)의 관계가 이루어진 양쪽 집안사람들

▷ 歌謠 가요　일반 대중이 즐기어 부르는 노래

兒女之債 아녀지채　아들·아이 아 ｜ 딸·계집 녀(여) ｜ 어조사 지 ｜ 빚·부채(負債) 채

자식들에게 드는 교육비(敎育費)나 혼인비(婚姻費)등의 제반(諸般) 비용

▷ 債 채　모면(謀免)할 수 없는 부채(負債). 즉 반드시 사용되어야 하는 비용(費用)

▷ 負債 부채　남에게 빚을 짐 ↔ 償還 상환　빚을 갚음

阿耨達池 아누달지　언덕·신음소리 아 ｜ 김맬·호미 누(뇩) ｜ 이를 달 ｜ 못·연못 지

인도(印度)의 설산(雪山) 히말라야의 북쪽에 있는 연못. 아누달(阿耨達)용왕이 이곳에 살면서
찬물을 흘러내려 섬부주(贍部洲)를 윤택(潤澤)하고 비옥(肥沃)하게 한다고 함

유의어 無熱惱池 무열뇌지, 無熱池 무열지

▷ 耒耨 뇌누　쟁기와 호미. 즉 농기구를 말함

阿房羅刹 아방나찰　언덕 아 ｜ 방·집 방 ｜ 벌릴·새그물 나(라) ｜ 절·짧은시간 찰

지옥(地獄)에서 죄인을 괴롭히는 옥졸(獄卒)

소머리에 사람의 손을 가지고 있고 발에는 소 발굽이 달려있다고 하며 산을 뽑아 들 만한
힘에 강철로 만든 장창(長槍)을 들고 서 있다고 함

유의어 阿房 아방, 牛頭羅刹 우두나찰, 馬頭羅刹 마두나찰

▷ 寺刹 사찰　절[불상을 모시고 불도를 수행하는 승려들이 거처하면서 교법을 펴는 집]

▷ 刹那 찰나　1. 지극히 짧은 시간　2. 어떤 일이나 상태가 이루어지는 바로 그때

阿鼻叫喚 아비규환　언덕 아 ｜ 코 비 ｜ 부르짖을·울 규 ｜ 부를·외칠 환

아비지옥(阿鼻地獄)과 규환지옥(叫喚地獄). 차마 눈뜨고 보지 못할 심한 참상(慘狀)의 비유

1. 많은 사람이 지옥(地獄)같은 고통(苦痛)을 못 이겨 울부짖는 소리
2. 지진·대형화재 등 뜻하지 않은 사고(事故)가 발생하여 많은 사람들이 괴로워하는 극심(極甚)한
   참상(慘狀)을 비유

▷ 阿鼻地獄 아비지옥, 無間地獄 무간지옥, 無間奈落 무간나락
　　팔열지옥(八熱地獄)의 하나. 한 겁(劫)동안 끊임없이 지독(至毒)한 고통을 받는다고 함

▷ 叫喚地獄 규환지옥　팔열지옥(八熱地獄)의 하나. 가마솥에서 삶아지거나 불 속에 던져져
　　괴로움에 견디지 못하고 울부짖는다고 함

阿修羅場 아수라장　언덕·소리 지를 아 | 닦을·고칠 수 | 벌릴·새그물 라 | 마당 장

아수라왕(阿修羅王)이 제석천(帝釋天)과 싸운 마당. 전란(戰亂)이나 천재지변(天災地變), 대형사고,
큰 싸움 등으로 혼란(混亂)에 빠진 장소를 비유하여 이르는 말

『유의어』 修羅場 수라장

▷ 阿修羅 아수라　악귀(惡鬼)의 세계에서 싸우기를 좋아하는 귀신 = 修羅 수라

▷ 網羅 망라　물고기나 새를 잡는 그물. 널리 구하여 모두 받아들인다는 말

啞然失色 아연실색　벙어리 아 | 그러할 연 | 잃을 실 | 빛 색

뜻밖의 일에 너무 놀라서 말문이 막히고 얼굴빛이 하얗게 질려 변해지는 것을 말함

『유의어』 大驚失色 대경실색, 魂飛魄散 혼비백산, 氣塞昏絶 기색혼절

▷ 茫然自失 망연자실　멍하니 정신이 나간 듯함

▷ 聾啞 농아　청각 장애인과 언어 장애인[듣지 못하고 말하지 못하는 사람]

▷ 盲啞 맹아　시각 장애인과 청각 장애인[보지 못하고 듣지 못하는 사람]

阿諛苟容 아유구용　아첨할 아 | 아첨할 유 | 구차할 구 | 얼굴·담을 용

남에게 잘 보이려고 구차(苟且)하게 아첨(阿諂)함. 알랑방귀를 뀜

『유의어』 拂鬚塵 불수진　윗사람의 수염에 붙은 먼지를 털어준다는 뜻. 환심을 삼

巧言令色 교언영색　환심을 사려고 아첨하는 교묘한 말과 보기 좋게 꾸민 얼굴빛

奴顔婢膝 노안비슬　사내종이 고개 숙이고 계집종이 무릎으로 설설 기며 굽실거림

阿諛 아유, 阿附 아부, 阿諂 아첨, 諂諛 첨유, 佞媚 영미
　　알랑거리며 남의 비위(脾胃)를 맞춤. 알랑방귀를 뀜

* 出典: 史記(사기)

我田引水 아전인수　나 아 | 밭 전 | 끌·당길 인 | 물 수

제 논에 물대기. 자기의 이익(利益)만을 먼저 생각하고 행동하는 태도(態度)

『유의어』 摟搜 누수　이익이 될 만한 것은 모조리 긁어모음. 자신의 이익만을 챙김

善自爲謨 선자위모　자신을 위한 일을 잘 꾸밈. 자기에게 이로운 일을 잘 만듦

▷ **我腹旣飽不察奴飢** 아복기포불찰노기
제배 부르면 종 배고픈 줄 모른다는 뜻으로 형편(形便)이나 처지(處地)가 좋은 사람은
남의 딱한 사정을 잘 알지 못한다는 말

▷ **飽享** 포향 흡족하게 누림

▷ **湺田** 표전 논[물을 대어 벼를 심어 가꾸는 땅] = **水田** 수전, **畓** 답

握髮吐哺 악발토포 쥘 악 | 머리털·터럭 발 | 토할 토 | 먹을·먹일 포

1. 훌륭한 인물(人物)을 잃을까 염려(念慮)하는 위정자(爲政者)의 마음
2. 민심을 수렴(收斂)하고 정무(政務)를 보살피기에 잠시(暫時)도 편안(便安)함이 없음

주공(周公)이 식사(食事)할 때나 머리를 감을 때 내객(來客)이 있으면 씹던 음식을 뱉어버리고
감고 있던 머리를 한 손으로 거머쥐고 손님을 영접(迎接)하였다는 고사에서 유래

┌유의어┐ **吐哺握髮** 토포악발, **吐哺捉髮** 토포착발

握髮 악발, **吐哺** 토포, **吐握** 토악, **握沐** 악목

一饋十起 일궤십기 한 끼의 식사도중에 열 번이나 일어나 내객을 맞이함

▷ **把握** 파악 1. 손으로 잡아 쥠   2. 어떤 대상의 내용이나 본질을 확실히 이해함

▷ **嘔吐** 구토 먹은 음식물을 토함. 게워냄 = **吐逆** 토역

▷ **哺乳** 포유 어미가 제 젖으로 새끼를 먹여 기름

惡事走千里 악사주천리 악할 악 | 일 사 | 달릴 주 | 일천 천 | 거리·마을 리

나쁜 일은 천리를 달린다는 뜻, 나쁜 소문은 아무리 숨기려 해도 멀리까지 쉽게 알려진다는 말

┌유의어┐ **惡事千里** 악사천리, **惡事行千里** 악사행천리, **惡事傳千里** 악사전천리

┌반의어┐ **好事不出門** 호사불출문 좋은 일은 문밖으로 퍼져 나가지 않음[소문이 잘 안남]

▷ **疾走** 질주 빨리 달림

▷ **走狗** 주구 사냥할 때 부리는 개. 앞잡이[남의 시킴을 받고 꼬나풀이 되어 움직이는 사람]

* 出典: 北宋瑣言(북송쇄언: 宋[송]나라 孫光憲[손광헌] 著) / 景德傳燈錄(경덕전등록)

惡逆無道 악역무도 악할 악 | 거스를 역 | 없을 무 | 길 도

비길 데 없이 악독(惡毒)하고 인간의 도리(道理)에 완전히 어긋남

┌유의어┐ **大逆無道** 대역무도, **大逆不道** 대역부도
대역으로 사람의 도리에 몹시 어그러짐. 또는 그런 행위

極惡無道 극악무도 최고로 악독하고 인간의 도리에 완전히 어긋남

▷ **悖逆** 패역 도리에 어긋나고 순리(順理)를 거스름

惡衣惡食 악의악식 악할 악 | 옷 의 | 악할 악 | 밥 식

맛없는 음식을 먹고 허름한 옷을 입음[그런 음식이나 옷]

유의어 粗衣惡食 조의악식, 粗衣粗食 조의조식, 麤衣惡食 추의악식

반의어 好衣好食 호의호식 좋은 옷을 입고 좋은 음식을 먹음

　　　　暖衣飽食 난의포식 따뜻이 입고 배불리 먹음

　　　　錦衣玉食 금의옥식 비단옷과 흰 쌀밥, 호화롭고 사치스러운 생활을 비유

▷　衣食住 의식주 인간생활의 세 가지 기본 요소(要素)인, 옷과 음식과 집

* 出典: 論語(논어) 里仁篇(이인편)

惡戰苦鬪 악전고투 악할 악 | 싸움 전 | 괴로울 고 | 싸움 투

강력한 적을 만나 불리한 상황(狀況)과 악조건(惡條件)을 무릅쓰고 죽을힘을 다하여 고되게 하는
싸움 또는 곤란(困難)한 상태에서 괴로워하면서도 계속(繼續)하여 노력(努力)하는 것을 말함

유의어 苦戰 고전, 苦鬪 고투, 奮鬪 분투

　　　　孤軍奮鬪 고군분투
　　　　1. 도움을 받지 못하는 고립된 군대가 많은 수의 적군과 용감하게 잘 싸움
　　　　2. 남의 도움을 받지 않고 적은 인원으로 힘에 벅찬 일을 잘해나감

▷　惡化一路 악화일로 상태·성질·관계 등이 자꾸 나쁘게 되어감

* 出典: 三國志演義(삼국지연의)

安居危思 안거위사 편안할 안 | 살 거 | 위태할 위 | 생각할 사

평안(平安)할 때에 어려움이 닥칠 것을 잊지 말고 미리 대비(對備)해야 함

유의어 居安思危 거안사위, 未然防止 미연방지, 防患未然 방환미연

　　　　蚤絶姦萌 조절간맹 간사한 싹을 일찍 끊어냄. 화근(禍根)을 미연에 방지함

　　　　桑土綢繆 상토주무 새가 폭풍우가 치기 전에 뽕나무를 물어다 둥지의 구멍을 막음

　　　　曲突徙薪 곡돌사신 굴뚝을 꼬불꼬불하게 만들고 아궁이 근처의 땔감을 옮김

　　　　毫毛斧柯 호모부가 수목을 어릴 때 베지 않으면 마침내 도끼를 사용하게 된다는 말

眼高手卑 안고수비 눈 안 | 높을 고 | 손 수 | 낮을 비

눈[理想: 이상]은 높고 손[實踐: 실천]은 낮다는 뜻
1. 뜻은 크고 이상(理想)은 높으나 실력(實力)이 없어 미치지 못한다는 말
2. 이상(理想)만 높고 실천(實踐)이 따르지 못함의 비유

유의어 眼高手低 안고수저

▷ **登高自卑** 등고자비 낮은 곳에서부터 높이 올라가듯이, 모든 일에 반드시 차례를
　　　　　　　　　　밟아야 함 또는 지위가 높아질수록 자신을 낮추어 겸손해야함

▷ **審美眼** 심미안 아름다움을 살펴 찾는 안목(眼目)

* 出典: 杜甫(두보)의 春望(춘망)

鴈門紫塞 안문자새 　기러기 안 ┃ 문 문 ┃ 자줏빛 자 ┃ 성채(城砦)·변방 ·요새 새 / 막힐 색

안문관(鴈門關)과 자새(紫塞). 중국 북쪽의 유명한 4개 지역 소개(紹介)

1. **鴈門關** 안문관 기러기도 넘지 못한다는 높은 산에 있는 관문

2. **紫塞** 자새 자줏빛 요새(要塞)인 만리장성(萬里長城)

3. **鷄田** 계전 주(周)나라 문왕(文王)과 진(秦)나라 목공(穆公)이 암탉을 얻고 왕이
　　　　　　　　되었다는 변방(邊方)의 광막(廣漠)한 지역

4. **赤城** 적성 옛날 치우(蚩尤)가 살았다는 곳

▷ **要塞** 요새 군사적으로 중요한 곳에 건설한 방어시설(防禦施設). 즉 군사적 요충지(要衝地)

* 出典: 千字文(천자문)

安分知足 안분지족 　편안할·어찌 안 ┃ 나눌 분 ┃ 알 지 ┃ 족할·발 족

편안(便安)한 마음으로 제 분수(分數)를 지키며 만족(滿足)함을 앎

『유의어』 安分自足 안분자족, 安閑自適 안한자적

　　　　　江湖歌道 강호가도 자연(自然)을 예찬(禮讚)하고 자연과 더불어 살아갈 것을
　　　　　　　　　　　　　　노래하는 시가문학(詩歌文學)

▷ **江湖** 강호 강과 호수. 세상. 속세(俗世)를 떠난 선비가 살던 시골이나 자연

▷ **分數** 분수 1. 신분에 맞는 한도 2. 사물을 분별하는 슬기 3. 도달할 수 있는 한계

▷ **足下** 족하 같은 또래에서, 편지 받는 사람의 이름 밑에 써서 존칭어로 쓰는 말

安貧樂道 안빈낙도 　편안할 안 ┃ 가난할 빈 ┃ 즐길 낙(락) ┃ 길 도

가난에 구애(拘礙)됨 없이 편안(便安)한 마음으로 도(道)를 즐기는 청빈(淸貧)한 생활

『유의어』 淸貧樂道 청빈낙도

　　　　　巢林一枝 소림일지 새가 작은 나뭇가지에 살 듯이 작은집에 살면서 만족함의 비유

　　　　　簞食瓢飮 단사표음 도시락밥과 표주박에 든 물, 소박한 생활·청빈한 생활의 비유

　　　　　簞瓢陋巷 단표누항, 陋巷簞瓢 누항단표, 簞瓢 단표
　　　　　도시락과 표주박에 담긴 물과 누추한 마을. 소박한 시골살림 또는 청빈한 선비의 생활

* 出典: 孔子(공자)

雁書 안서 <small>기러기 안 | 글·편지·책 서</small>

기러기의 편지(便紙)라는 뜻, 먼 곳에서 온 소식(消息)이나 편지(便紙)를 비유하는 말

[기러기 다리에 편지를 묶어서 주고받던 고사에서 유래]

> **유의어** 雁信 안신, 書札 서찰, 片楮 편저
>
> 鯉素 이소 잉어의 뱃속에 흰 비단에 쓴 편지가 들어있었다는 고사에서 유래
>
> 回鯉 회리 물음이나 편지에 대답함. [춘추시대, 월나라 왕 구천의 가신 범려가
> 잉어의 배를 따고 그 속에 편지를 넣었다는 고사에서 유래]

▷ 羔雁 고안 새끼 양과 기러기. 경대부(卿大夫)의 폐백(幣帛)을 이르던 말

安心立命 안심입명 <small>편안할 안 | 마음 심 | 설 입(립) | 목숨·명령 명</small>

불성(佛性)을 깨닫고 삶과 죽음을 초월(超越)함으로써 마음의 평화(平和)를 얻음

> **유의어** 安堵 안도 사는 곳에서 평안(平安)히 지냄 또는 어떤 일이 잘 진행되어 마음이 놓임

▷ 安否 안부 편안한지 어떤 지에 대한 소식(消息). 또는 인사로 편안 여부(與否)를 묻는 일

▷ 運命 운명 모든 것을 지배하는 초인간적인 힘에 의하여 이미 정하여져 있는 목숨이나 처지

▷ 宿命 숙명 태어날 때부터 타고난 운명. 피(避)할 수 없는 운명(運命)

眼中之人 안중지인 <small>눈 안 | 가운데 중 | 어조사 지 | 사람·타인 인</small>

눈 속에 담고 있는 사람. 친애(親愛)하는 사람이나 늘 생각하며 한번 만나보고 싶은 사람

> **유의어** 眼中人 안중인

▷ 眼中有妓 안중유기 눈 속에 기생(妓生)이 있음.
　　　　　　　　　　　[겉으로는 기생을 좋아하는 척해도 마음속으로는 관심이 없음]

▷ 心中有妓 심중유기 마음속에 기생(妓生)이 있음.
　　　　　　　　　　　[겉으로는 기생을 싫어하는 척해도 마음속으로는 원하고 있음]

▷ 眼中釘 안중정 눈에 박힌 못이라는 뜻, 눈엣가시 또는 거추장스러운 존재나
　　　　　　　　　몹시 눈에 거슬리는 사람을 비유하는 말

* 出典: 杜甫(두보) 短歌行贈王郞司直(단가행증왕랑사직)

眼下無人 안하무인 <small>눈 안 | 아래 하 | 없을 무 | 사람·타인 인</small>

눈 아래에 사람이 없다는 뜻, 눈에 뵈는 게 없음

1. 방자(放恣)하고 교만(驕慢)하여 남을 업신여김을 이르는 말
2. 태도(態度)가 몹시 거만(倨慢)하여 남을 사람같이 대하지 않는 것

> **유의어** 眼中無人 안중무인, 傲慢放恣 오만방자, 傲慢 오만

傍若無人 **방약무인** 곁에 사람이 없는 것처럼 거리낌 없이 함부로 말하고 행동함

▷ 無視 **무시** 사물의 존재나 가치를 알아주지 아니함. 사람을 업신여김

▷ 蔑視 **멸시** 업신여기거나 하찮게 여겨 깔봄

安閑自適 안한자적 편안할 안 | 한가할 한 | 스스로 자 | 갈·만날 적

평화(平和)롭고 한가(閑暇)하여 마음 내키는 대로 즐김

『유의어』 東山高臥 동산고와, 淸閑之歡 청한지환

悠悠自適 유유자적 속세를 떠나 아무 속박(束縛)도 없이 자기 마음대로 편히 삶

梅妻鶴子 매처학자 매화를 아내로 삼고 학을 자식으로 여김. 자연친화적 삶

物外閑人 물외한인 세상사의 번잡(煩雜)을 피해 지내는 사람

閑雲野鶴 한운야학 한가히 떠도는 구름과 들에 노니는 학
구속(拘束)이 없는 한가로운 생활로 유유자적하는 경지

雁行避影 안행피영 기러기 안 | 다닐 행 | 피할 피 | 그림자 영

기러기처럼 걷고 그림자를 피한다는 뜻으로 스승을 공경(恭敬)하는 제자의 마음가짐을 비유

스승과 함께 걸을 때 기러기처럼 스승을 앞질러 걷지 않고 혹여 스승의 그림자라도 밟을까
염려(念慮)하여 스승의 그림자를 피해서 걸었다는 고사에서 유래

『유의어』 程門立雪 정문입설 스승의 집 앞에서 많은 눈이 쌓이는 시간동안 가르침을 기다림

函丈 함장 스승을 달리 이르는 말. 스승과의 관계에서 존경(尊敬)의 표현으로, 서로
한 장[10자 = 3m]의 거리를 사이에 두고 위치(位置)했다는 고사에서 유래

* 出典: 莊子(장자) 天道篇(천도편: 老子[노자]와 四成綺[사성기]의 대화)

軋轢 알력 삐걱거릴 알 | 삐걱거릴·차에 치일 력(역)

수레바퀴가 어긋나 삐걱거린다는 뜻, 의견이 서로 충돌(衝突)되거나 사이가 좋지 않음을 비유

『유의어』 葛藤 갈등 칡과 등나무가 서로 얽히는 것과 같이
1. 개인이나 집단사이에 목표·이해관계 등으로 적대시 또는 불화하는 일
2. 상반(相反)하는 것이 양보(讓步)하지 않고 서로 대립(對立)함

不和 불화, 不睦 불목 서로 화합하지 못함. 서로 사이좋게 지내지 못함

『반의어』 和睦 화목 서로 뜻이 맞고 정다움

融和 융화 서로 어울려 화목(和睦)하게 됨

▷ 轢死 역사 기차·자동차 등 탈것에 치여 죽음

揠苗助長 알묘조장 뽑을 알 | 싹·어린 벼 묘 | 도울 조 | 늘일·긴·어른 장

갓 심은 묘를 뽑아 올려 성장(成長)을 도우려한다는 뜻, 빨리 이익(利益)을 보려다가 오히려
손해(損害)당하여 낭패(狼狽)를 초래(招來)한다는 말. 극히 어리석은 짓
곡식을 빨리 자라게 하려고 어린모를 위로 뽑아 들어 올렸으나 오히려 그 때문에 뿌리가 들려
모두 말라죽어 손해(損害)를 보게 된다는 뜻

유아어 揠苗 알묘, 助長 조장, 拔苗助長 발묘조장, 拔苗 발묘

　　　　欲速不達 욕속부달 일을 서두르면 도리어 이루지 못함

▷ 拙速 졸속 어설프고 빠름. 또는 그런 태도

謁聖及第 알성급제 아뢸 알 | 성인 성 | 미칠·이를 급 | 차례 제

임금이 성균관(成均館) 문묘(文廟)에 참배[參拜 = 謁聖: 알성]한 뒤 실시(實施)한
과거시험(科擧試驗)에 합격(合格)하던 일

▷ 謁聖試 알성시 임금이 성균관(成均館) 문묘(文廟)에 알성(謁聖)하고 나서
　　　　　　　　　실시하던 과거(科擧) = 謁聖科 알성과

▷ 謁見 알현 왕이나 지체 높은 사람을 찾아 뵘

▷ 謁廟 알묘 종묘(宗廟)나 사당(祠堂)에 배알(拜謁)함

暗衢明燭 암구명촉 어두울 암 | 네거리 구 | 밝을 명 | 촛불 촉

어두운 거리에 밝은 등불이라는 뜻, 혼탁(混濁)한 세상을 살아가는데 지혜(智慧)를 제공하는 책

유아어 迷津寶筏 미진보벌
　　　　길을 헤매는 나루에서 갈 길을 알려주는 훌륭한 배. 삶에 가르침을 주는 책을 비유

▷ 迷惑 미혹 무엇에 홀려 정신을 차리지 못함 또는 정신이 헷갈려서 갈팡질팡 헤맴

▷ 明暗 명암 1. 밝음과 어둠 2. 기쁜 일과 슬픈 일 3. 색의 농담(濃淡)이나 밝은 정도

暗中摸索 암중모색 어두울 암 | 가운데 중 | 더듬어 찾을 모 | 찾을 색 / 동아줄 삭

어둠속에서 물건 등을 더듬어 찾는다는 뜻

유아어 暗索 암색

1. 확실(確實)히 알지 못하는 것을 어림짐작(斟酌)으로 찾아내려함
2. 은밀(隱密)한 가운데 일의 실마리나 해결책(解決策)을 찾아내려함

▷ 暗暗裡 암암리 남이 모르는 사이. 즉 아무도 모르게, 은밀히

▷ 暗澹 암담 1. 어두컴컴하고 쓸쓸함 2. 희망이 없고 막연함

▷ 索道 삭도 공중에 건너지른 강철선에 운반차를 달고 사람·물건 등을 나르는 장치

* 出典: 隋唐嘉話(수당가화)

暗行御史 암행어사 어두울 암 | 다닐 행 | 어거할·임금 어 | 속관·사관 사

자기의 정체(正體)를 숨기고 지방을 순행(巡行)하는 어사(御史)

조선시대, 임금의 특명으로 지방관의 치적(治績)과 비위(非違)를 탐문(探問)하고 백성의
어려움을 살펴서 개선(改善)하는 일을 하도록, 비밀(秘密)히 파견(派遣)하던 특별관리(官吏)

유의어 御史 어사

▷ 露蹤 노종   행색(行色)을 드러낸다는 뜻, 어사출두(御史出頭)를 이르는 말

▷ 暗鬪 암투   서로 적의(敵意)를 품고 드러나지 않게 다툼

▷ 潛行 잠행   1. 남이 모르게 숨어서 오고 가거나 비밀리에 함   2. 물속에 잠기어 감

▷ 暗躍 암약   어둠 속에서 날고뛴다는 뜻으로 세상에 알려지지 않도록
이면에서 활동함을 이르는 말 = 暗中飛躍 암중비약

壓卷 압권 누를 압 | 책·답안지 권

1. 여러 서책(書册)중에서 가장 잘 된 책
2. 여러 답안지 중에서 제일 뛰어난 것[여럿 중에서 가장 뛰어난 것]
3. 같은 책 속에서 잘 지은 대목이나 시문(詩文)

옛날 과거시험에서, 장원급제한 사람의 답안지를 모든 응시자의 시험지 위에 두었는데
그렇게 되면 그 시험지가 밑에 있는 시험지를 누른다하여 압권(壓卷)이라고 했음
권(卷)은 책이라는 뜻이지만, 답안지(答案紙)를 뜻하기도 했음

유의어 白眉 백미   흰 눈썹. 여럿 중에서 가장 뛰어난 인물이나 훌륭한 작품을 비유

出衆 출중   여러 사람 가운데서 특별히 두드러짐

拔群 발군   여럿 가운데에서 특별(特別)히 뛰어남

翹楚 교초   잡목무더기 속에 높이자란 가시나무라는 뜻으로
여럿 가운데서 단연 뛰어남(또는 그런 사람)

群鷄一鶴 군계일학, 鷄群一鶴 계군일학, 鷄群孤鶴 계군고학
닭 무리 속의 한 마리 학이라는 뜻, 많은 평범한 사람 가운데서 뛰어난 사람을 이름

鐵中錚錚 철중쟁쟁   여러 쇠붙이 중에서도 유난히 맑은 소리를 낸다는 뜻으로
같은 무리 가운데서도 가장 뛰어난 사람을 이르는 말

壓縮銷殘 압축소잔 누를 압 | 줄·줄일 축 | (쇠)녹일 소 | 해칠·손상할·죽일 잔

어떤 사물이 눌리어 쪼그라들고 쇠가 자연히 녹이 슬어 없어지듯이 그렇게 힘없이 사그라짐

반의어 興奮伸張 흥분신장   북받치는 감정으로 세력을 늘려 넓게 펴거나, 멀리 뻗쳐나감

▷ 殘骸 잔해   썩거나 타다가 남은 뼈. 부서지거나 못 쓰게 되어 남은 물체

▷ 收縮 수축   부피나 규모가 줄어듦 ↔ 膨脹 팽창   부피나 규모(規模)가 늘어남

▷ 抑壓 억압　자기의 뜻대로 행동하지 못하게 억지로 억누름

* 出典: 獨立宣言書(독립선언서)

殃及池魚 앙급지어　재앙 앙 ｜ 미칠·이를 급 ｜ 못 지 ｜ 물고기 어

재앙(災殃)이 근처 못에 있는 물고기에 이른다는 뜻, 엉뚱하게 당하는 재난을 비유하여 이르는 말
성문 주변(周邊)에 불이 나서 근처(近處)의 연못물을 퍼 다가 불을 껐는데, 불을 끄느라 연못에
있던 물이 없어지는 바람에 엉뚱하게 물고기가 말라죽는 화(禍)를 당했다는 고사에서 유래

［유의어］ 池魚之殃 지어지앙

横來之厄 횡래지액, 横厄 횡액　뜻밖에 닥쳐오는 재액(災厄)

魚網鴻離 어망홍리　물고기 그물에 기러기가 걸렸다는 뜻. 엉뚱한 재난을 당함

▷ 災殃 재앙　뜻하지 않은 불행한 변고 또는 천변지이(天變地異)로 말미암은 불행한 사고

▷ 殃禍 앙화　어떤 일로 인하여 생기는 재난. 죄의 앙갚음으로 받는 재앙(災殃)

* 出典: 呂氏春秋(여씨춘추) 必己篇(필기편)

仰望不及 앙망불급　우러를 앙 ｜ 바랄 망 ｜ 아닐 불 ｜ 미칠·이를 급

우러러 바라보아도 미치지 못함

［유의어］ 足脫不及 족탈불급　맨발로 뛰어도 따라가지 못함

▷ 不狂不及 불광불급　미치지 않으면 미치지 못함. 즉 집중(集中)해야 뜻을 이룬다는 말

▷ 仰望 앙망　간절한 마음으로 우러러 바람[편지글] = 仰願 앙원, 仰見 앙견

▷ 偃仰 언앙　편안하게 한가로이 지냄

仰釜日晷 앙부일구　우러를 앙 ｜ 가마·큰솥 부 ｜ 날 일 ｜ 해 그림자 구(귀)

조선세종 16년(1434)에 만든 해시계. 가마솥 모양의 용기안쪽에 이십사절기를 나타내는 눈금을
새기고 북극(北極)을 가리키는 바늘을 꽂아 그 바늘의 그림자가 가리키는 눈금을 읽어 시각(時刻)을
알 수 있게 만듦

［유의어］ 仰釜日影 앙부일영

▷ 影印本 영인본　원본을 사진(寫眞)이나 기타 과학적 방법으로 복제(複製)한 인쇄물

▷ 晷刻 구각　잠깐 동안 = 寸刻 촌각, 寸陰 촌음, 寸時 촌시

▷ 晷漏 귀루　1. 해시계와 물시계　2. 시각을 이르는 말

▷ 自擊漏 자격루　조선 세종 때 물이 밑으로 흐르는 원리(原理)를 이용하여 스스로
　　　　　　　　　　소리를 내서 시간을 알리도록 만든 시계(時計)의 한 가지

仰天大笑 앙천대소 <small>우러를 앙 | 하늘 천 | 큰 대 | 웃음 소</small>

하늘을 쳐다보고 크게 웃음, 터져 나오는 웃음을 참을 수 없거나 그냥 어이가 없어서 '허허'거리며 크게 웃는다는 말

- ▷ 呵呵大笑 가가대소   소리를 내어 크게 껄껄거리며 웃음
- ▷ 拍掌大笑 박장대소   손뼉을 치며 크게 웃음
- ▷ 破顔大笑 파안대소   즐거운 표정으로 얼굴이 일그러지도록 크게 웃음
- ▷ 豚蹄一酒 돈제일주   작은 성의(誠意)를 보이고 큰 이익(利益)을 보려는 것을 비유하는 말

哀乞伏乞 애걸복걸 <small>슬플·불쌍히 여길 애 | 빌·구할 걸 | 엎드릴·굴복할 복</small>

슬프게 빌고 또 엎드려 빈다는 뜻, 소원(所願)이나 요구(要求)등을 들어달라고 애처롭게 하소연 하면서 엎드려 간절히 빌고 또 빎. 손발이 닳도록 빌고 또 빈다는 말

- ▷ 哀悼 애도   사람의 죽음을 슬퍼함 = 哀戚 애척
- ▷ 求乞 구걸   남에게 돈·먹을거리 등을 달라고 빎

曖昧模糊 애매모호 <small>희미할·흐릴 애 | 어두울·어리석을 매 | 본뜰·법 모 | 풀·풀칠할 호</small>

애매(曖昧)하고 모호(模糊)하다는 뜻, 말이나 태도(態度)등이 분명하지 아니하고 흐지부지함

- ▷ 曖昧 애매   여명[黎明: 새벽]의 어둑한 모습. 희미함
- ▷ 模糊 모호   선명(鮮明)하지 않고 흐릿한 모습. 흐릿함
- ▷ 諱之祕之 휘지비지   남을 꺼려 끝을 분명하게 맺지 못하고 얼버무려 넘김

哀兵必勝 애병필승 <small>슬플 애 | 군사 병 | 반드시 필 | 이길 승</small>

전력이 대등(對等)한 전쟁에서, 비분(悲憤)에 차있는 병사들이 전력을 다해 싸우기 마련이므로 반드시 승리(勝利)하게 된다는 말

- **[유의어]** 三戸亡秦 삼호망진   비분(悲憤)에 찬 세집의 각오(覺悟)만으로도 진나라를 멸망(滅亡)시킬 수 있다는 말
- **[반의어]** 驕兵必敗 교병필패   교만(驕慢)한 군사(軍士)는 반드시 패배(敗北)함
  - 輕敵必敗 경적필패   적을 얕보면 반드시 패함
- ▷ 哀兵之計 애병지계   아군병사를 분노하게 만들어 전장에 내보내 승리를 도모하는 계책

* 出典: 老子道德經(노자도덕경) 第 69章

哀而不悲 애이불비 <small>슬플 애 | 그러나 이 | 아닐 불 | 슬플 비</small>

마음은 슬프지만 겉으로는 슬픔을 보이지는 않는다는 뜻, 애절(哀切)하지만 슬퍼하지 않음

▷ 樂而不流 낙이불류　즐거워도 넘치지[= 음탕하지] 아니함

▷ 樂而忘憂 낙이망우　즐겨서 시름을 잊음. 도를 행하기를 즐겨 가난 등의 근심을 잊음

▷ 慈悲 자비　남을 사랑하고 가엾게 여김. 부처님의 중생(衆生)에 대한 사랑

* 出典: 新羅 眞興王(신라 진흥왕) 于勒(우륵: 우륵이 제자들과 음악에 관한 대화중에서)

愛之重之 애지중지　사랑 애 | 어조사 지 | 무거울 중 | 어조사 지

매우 사랑하고 귀중(貴重)하게 여김

유의어 金枝玉葉 금지옥엽, 瓊枝玉葉 경지옥엽
임금의 자손이나 집안 또는 귀한 자손(子孫)

掌中寶玉 장중보옥　손바닥에 꼭 쥐고 있는 보옥. 가장 귀하고 소중한 것

惹起鬧端 야기요단　이끌 야 | 일어날 기 | 시끄러울 요(뇨·료) | 끝·바를 단

까닭 없이 생트집 잡고 서로 시비(是非)의 실마리를 끌어 일으킴

유의어 惹端 야단　떠들썩하고 부산하게 일을 벌임. 소리를 높여 마구 꾸짖는 일

惹鬧 야료　생트집을 잡고 함부로 떠들어 댐

惹起 야기　일이나 사건(事件) 등을 끌어 일으킴

▷ 若 같을 약　惹 이끌 야　匿 숨길 닉　慝 사특할·간특할 특

野壇法席 야단법석　들 야 | 단·제단 단 | 법 법 | 자리 석

야외(野外)에 세운 단(壇)에서 크게 불법을 베푸는 강좌(講座). 즉 실내가 좁아 야외에 자리를
마련하여 부처님의 말씀을 듣는 자리 또는 많은 사람이 한데 모여서 함부로 떠들고 시끄러운 판

▷ 亂場 난장　여러 사람이 함부로 떠들고 뒤엉켜 뒤죽박죽이 된 곳 = 난장판

▷ 野合 야합　부부가 아닌 남녀가 서로 정을 통함 또는 좋지 못한 목적으로 서로 어울림

▷ 野蒜 야산　달래

▷ 講壇 강단　강의(講義)나 강연(講演), 설교(說敎) 할 때 올라서게 만든 자리

* 出典: 佛敎大辭典(불교대사전)

夜郎自大 야랑자대　밤 야 | 사내 랑 | 스스로 자 | 큰 대

야랑(夜郎)이 스스로 크다고 한다는 뜻, 용렬(庸劣)하거나 우매(愚昧)한 무리 가운데서 세력이 가장
강하여 잘난 체하고 뽐낸다는 말로, 자기 역량(力量)을 모르고 위세(威勢)를 부린다는 말

한(漢)나라 때 서남쪽의 오랑캐 중에서 야랑국(夜郎國)이 가장 세력이 강하여 오만(傲慢)했다는
고사에서 유래. 한나라가 볼 때 "그래봤자 너희는 변방(邊方)의 오랑캐"라고 얕잡아보는 말

▷ **新郎** 신랑　곧 결혼할 남자나 갓 결혼한 남자 ↔ **新婦** 신부

* 出典: 史記(사기) 西南夷列傳(서남이열전)

夜以繼晝 야이계주　밤 야 ｜ 써 이 ｜ 이을 계 ｜ 낮 주

밤에도 낮을 이어 일하고 공부한다는 뜻, 밤낮의 구분 없이 쉬지 않고 열심히 공부나 일을
함의 비유

［유의어］　晝而繼夜 주이계야, 夜以繼日 야이계일

　　　　發憤忘食 발분망식, 不解衣帶 불해의대, 不撤晝夜 불철주야

　　　　日昃之勞 일측지로, 自强不息 자강불식, 晝夜長川 주야장천

　　　　廢寢忘餐 폐침망찬, 廢寢忘食 폐침망식　침식(寢食)을 잊고 일에 몰두함

夜行被繡 야행피수　밤 야 ｜ 다닐 행 / 항렬 항 ｜ 이불·입을 피 ｜ 비단·수놓을 수

비단옷을 입고 밤길에 다닌다는 뜻. 비단의 아름다운 색이 밤에는 보이지 않음
1. 공명(功名)이 세상에 알려지지 않음을 비유
2. 아무런 보람이 없는 행동을 일컫는 말로 비유하기도 함

［유의어］　錦衣夜行 금의야행, 衣錦夜行 의금야행, 繡衣夜行 수의야행

［반의어］　錦衣晝行 금의주행　비단옷을 입고 낮에 다님. 비단의 아름다운 색이 잘 눈에 띔

▷ **富貴不歸故鄕 如夜行被繡 誰知之者** 부귀불귀고향 여야행피수 수지지자
　　부귀를 이루고도 귀향하지 않는 것은 비단옷을 입고 밤길을 걷는 것과 같으니 누가 알아주겠는가?

* 出典: 史記(사기)

藥籠中物 약롱중물　약 약 ｜ 대그릇 롱 ｜ 가운데 중 ｜ 사물·물건 물

약상자(藥箱子)속의 약(藥)이라는 뜻
1. 항상 곁에 두는 꼭 필요한 인물(部下: 부하)이나 물건을 비유
2. 자기의 수중(手中)에 있어서 필요(必要)하면 언제든지 쓸 수 있는 물건

［유의어］　藥籠之物 약롱지물

　　　　爪牙 조아　1. 손톱과 어금니
　　　　　　　　　 2. 자기에게 꼭 필요한 사람이나 물건의 비유
　　　　　　　　　 3. 적을 막고 임금을 호위(護衛)하는 신하의 비유

▷ **欌籠** 장롱　옷가지를 넣어두는 장과 농(籠)

* 出典: 唐書(당서)

藥房甘草 약방감초　약·고칠 약 ｜ 방·집 방 ｜ 달 감 ｜ 풀 초

한약을 지을 때 감초가 거의 모든 처방(處方)에 들어간다는 데서
1. 무슨 일에나 빠지지 않고 끼는 사람을 비유하는 말
2. 어떤 일이든지 두루 통(通)하는 사람을 비유하는 말

『유의어』 八方美人 팔방미인

▷ 椒房 초방   후춧가루를 바른 왕후의 방. 왕비나 왕후가 거처하는 방이나 궁전
　　　　　　　　[후추나무는 온기가 있고 열매가 많은 식물로서, 자손이 많이 퍼지라는 뜻]

約法三章 약법삼장 　맺을 약 | 법 법 | 석 삼 | 글·문장 장

한(漢)나라 초기의 법. 법을 세 조목(三條目)만 둔다는 약속(約束). 법을 최대한 간소화(簡素化)함
간단(間斷)하고 단순(單純)하여 어느 누구든지 지키기 쉬운 법을 말함

한(漢)나라 고조가 진(秦)나라 군사를 격파(擊破)하고 함양(咸陽)땅에 들어가서 지방의
유력자들과 약속(約束)한 세 조항(條項)의 법으로, 사람을 살해(殺害)한 자는 사형에 처하고
사람을 상해(傷害)하거나 남의 물건을 훔친 자는 각각 상응하는 처벌(處罰)을 한다는 간단한 내용

『유의어』 法三章 법삼장

▷ 綽約 작약   몸매가 가날프고 아름다움, 즉 단아하고 예쁨

▷ 憲章 헌장   어떤 사실(事實)에 대하여 약속(約束)을 이행(履行)하기 위하여 정한 규범(規範)

* 出典: 史記(사기) 高祖本紀(고조본기) / 漢書(한서) 高帝紀(고제기)

藥石之言 약석지언 　약 약 | 돌 석 | 어조사 지 | 말씀 언

병(病)을 고치는 약(藥)과 침(鍼)같은 말이라는 뜻, 남의 잘못을 훈계(訓戒)하여 그것을 바로잡는데
도움이 되는 말

『유의어』 頂上一鍼 정상일침, 藥石 약석, 藥言 약언, 苦言 고언, 忠言 충언

　　　　頂門一鍼 정문일침   정수리에 침을 놓음, 따끔한 충고나 교훈을 이르는 말

　　　　箴言 잠언   교훈(敎訓)이 되고 경계(警戒)가 되는 짧은 말
　　　　　　　　구약성서 가운데 한 편. 솔로몬 왕의 경계와 교훈을 내용으로 함

『반의어』 甘言 감언, 美言 미언   남의 비위(脾胃)에 듣기 좋은 달콤한 말

▷ 巧言 교언   교묘(巧妙)하게 꾸며 대는 말 = 巧語 교어

▷ 石 석   한방에서는 침(鍼)을 석(石)이라고 함

* 出典: 唐書(당서)

弱水 약수 　약할 약 | 물 수

속세(俗世)와 멀리 떨어져 선경(仙境)에 있다는 전설(傳說)의 강

이승에는 존재(存在)하지 않는 강으로 폭이 3000리에 달하고 부력(浮力)이 약하여 기러기 털조차

띄우지 못할 정도, 그 어떤 것도 강위에 띄우거나 강위를 건널 수도 없음
곧 사람은 죽어야만 건널 수 있고 또한 한번 건너가면 되돌아 올 수 없다는 전설의 강

▷ **이승** 지금 살고 있는 세상 = **今生** 금생, **今世** 금세, **此世** 차세, **此生** 차생

▷ **저승** 사람이 죽어 그 혼령이 가서 산다는 세상 = **黃泉** 황천, **冥府** 명부, **冥曹** 명조

弱肉强食 약육강식 약할 약 | 고기 육 | 강할 강 | 먹을 식

약한 자가 강한 자에게 먹힌다는 뜻, 생존경쟁(生存競爭)의 살벌(殺伐)함
1. 약한 자는 결국 강한 자에게 멸망(滅亡)당함을 이르는 말
2. 강한 자가 약한 자를 희생(犧牲)시켜 번영(繁榮)한다는 말

[유의어] **優勝劣敗** 우승열패 나은 자가 이기고 못한 자가 지는 일

適者生存 적자생존 환경(環境)에 적응(適應)하는 생물(生物)만이 살아남고,
그렇지 못한 것은 도태(淘汰)되어 사라지는 현상

* 出典: 韓愈(한유) / 韓昌黎集(한창려집) 送浮屠文暢師序(송부도문창사서)

羊羹雖美衆口難調 양갱수미중구난조

양 양 | 국 갱 | 비록 수 | 맛좋을·아름다울 미 | 무리·많은 사람 중 | 입 구 | 어려울 난 | 조절할·고를 조

양고기 국이 비록 맛이 좋다고 하지만 뭇사람의 입맛을 맞추기는 어렵다는 뜻, 양고기 국이
문제가 아니라 세상 사람들의 입맛이 각기 달라, 모두의 입맛을 맞추기는 어렵다는 말
즉 무슨 일이든 세상 사람들 모두를 충족(充足)시키기는 어렵다는 말의 비유

▷ **雖 수** 비록, 비록 ~라 하더라도, 비록 ~일지라도

▷ **羹 갱** 무와 다시마 등을 넣어 끓인 국. 주로 제사에 쓰는 국 = **메탕**

▷ **調劑 조제** 여러 가지 약품을 적절(適切)히 조합(調合)하여 약을 만듦

* 出典: 明心寶鑑(명심보감) 省心篇(성심편)

良賈深藏 양고심장 어질 양(량) | 팔·장사 고 | 깊을 심 | 감출 장

훌륭한 상인은 좋은 물건을 깊이 숨겨두고 진열대에 내어놓지 않는다는 뜻으로
덕이 높은 현인(賢人)은 학식이나 재능을 숨기고 함부로 자랑하지 않는다는 말

[유의어] **良賈深藏若虛** 양고심장약허, **深藏若虛** 심장약허

大智如愚 대지여우, **大智若愚** 대지약우, **大智不異愚** 대지불이우
큰 지혜를 가지고 있는 사람은 공명정대(公明正大)하여 잔재주를 부리지 않으므로
언뜻 보기에는 어리석게 보인다는 말

* 出典: 史記(사기) 老莊申韓傳(노장신한전)

良禽擇木 양금택목 어질·좋을 양(량) | 날짐승·새 금 | 가릴·고를 택 | 나무 목

어진(= 현명한) 새는 좋은 나뭇가지를 가려 앉는다는 말 또는 가려서 둥지를 튼다는 뜻,
1. 현명(賢明)한 선비는 훌륭한 군주(君主)를 가려서 섬긴다는 말
2. 현명한 사람은 자기의 재능을 키워줄 훌륭한 인물을 잘 선택하여 섬긴다는 말

▷ **選良 선량** 탁월(卓越)한 인물을 뽑음. 주로 선거(選擧)에 당선된 국회의원을 지칭

▷ **擇日 택일, 擇吉 택길, 涓吉 연길, 諏吉 추길**
　어떤 일을 치르거나 길을 떠날 때 좋은 날짜를 고름

▷ **禽獸 금수** 1. 날짐승과 길짐승. 곧, 모든 짐승   2. 행실이 무례하고 추잡한 사람

* 出典: 春秋左氏傳(춘추좌씨전) 哀公(애공) 11年條(년조)

羊頭狗肉 양두구육 양 양 | 머리 두 | 개 구 | 고기 육

현방[懸房: 정육점]에서 양 머리를 내어 걸고 개고기를 판다는 뜻. 겉모양은 그럴 듯하지만
속은 변변치 못한 것으로 속임수를 쓰는 물건이나 행동을 비유하는 말

[유의어]　**表裏不同 표리부동** 마음이 음충맞아 겉과 속이 다름

羊質虎皮 양질호피, 沐猴而冠 목후이관
본바탕은 아름답지 않으면서 겉모양만 꾸밈을 가리키는 말

人面獸心 인면수심 사람의 얼굴을 하고 있으나 마음은 짐승과 같다는 뜻,
　　　　　　　　　　마음이나 행동이 몹시 흉악(凶惡)함을 이르는 말

懸羊頭 賣狗肉 현양두 매구육 양머리를 걸고 개고기를 팜

懸羊頭 賣馬肉 현양두 매마육 양머리를 걸고 말고기를 팜

* 出典: 晏子春秋(안자춘추) 內篇(내편)

兩豆塞耳不聞雷霆 양두색이불문뇌정

두 양(량) | 콩 두 | 막을 색 / 변방 새 | 귀 이 | 아닐 불 | 들을 문 | 우레 뇌(뢰) | 천둥소리·번개 정

콩 두개로 귀를 막으면 세찬 천둥소리도 들리지 않는다는 뜻, 즉 마음에 물욕(物慾)이 생기면
도리(道理)를 분별(分別)하지 못하게 되어 사람이 잘못된 행동을 하게 된다는 말

[유의어]　**一葉蔽目 일엽폐목, 一葉障目 일엽장목**

一葉蔽目 不見泰山 일엽폐목 불견태산
나뭇잎 하나로 눈을 가리면 태산(泰山)도 보이지 않는다. 물욕이 지혜를 가린다는 말

▷ **霹靂 벽력** 벼락[공중의 전기와 땅 위의 물체 사이에 방전(放電)하는 현상]

▷ **兩棲 양서** 물속과 뭍의 양편에서 삶 = **兩捿 양서**

▷ **雷管 뇌관** 포탄이나 탄환 등의 화약을 점화하는 데 쓰는 발화용(發火用) 금속관

* 出典: 鶡冠子(할관자)

禳辟符 양벽부 제사이름·빌 양 | 물리칠·임금·허물 벽 | 부신(符信)·부절 부

재앙(災殃)과 액운(厄運)을 물리치는 부적(符籍)

▷ **符籍** 부적　재앙(災殃)을 물리치기 위해 붉은색으로 글씨를 쓰거나
　　　　　　　그림을 그려 몸에 지니거나 집에 붙이는 종이 = **神符** 신부

▷ **符節** 부절　돌(石)·대나무(竹) 등으로 만들어 신표(信標)로 삼던 물건

▷ **禳災** 양재　신령(神靈)이나 귀신(鬼神)에게 빌어서 재앙(災殃)을 물리침

陽奉陰違 양봉음위　볕·양지 양 | 받들 봉 | 그늘·음지 음 | 어길·멀리할 위

1. 보는 앞에서는 순종(順從)하고 뒤돌아서서는 딴마음을 먹음
2. 겉으로는 받드는 체하고 속으로는 배반(背反)할 마음을 품음

【유의어】
綿裏藏針 면리장침　솜 속에 바늘을 감추어 꽂음. 겉은 부드러우나 속은 흉악

噂沓背憎 준답배증　면전에서는 추켜올려 세우고 돌아서서는 욕을 함

面從腹背 면종복배　겉으로는 복종하는 체하면서 마음속으로는 배반함

口蜜腹劍 구밀복검　입에는 꿀이 있고 배 속에는 칼이 있다는 뜻. 말로는
　　　　　　　　　친한 체하나 속으로는 해칠 생각을 가짐을 이르는 말

笑中刀 소중도, 笑裏藏刀 소리장도
웃음 속에 칼이 있다는 뜻. 겉으로 웃으면서 속으로는 해칠 마음을 품음

兩鳳齊飛 양봉제비　두 양(량) | 봉새 봉 | 가지런할·같을 제 | 날 비

두 마리의 봉새가 함께 나란히 날아간다는 뜻, 형제(兄弟)가 함께 영달(榮達)함의 비유

북제(北齊)의 최릉(崔陵)이 그의 아우 중문(仲文)과 함께 같은 날에 재상(宰相)이 된 고사에서 유래

【유의어】 兩鳳連飛 양봉연비, 兩鳳廷飛 양봉정비

▷ **兩者擇一** 양자택일　두 가지 가운데서 하나를 선택(選擇)함 = **二者擇一** 이자택일

▷ **鳳凰** 봉황　수컷을 봉(鳳), 암컷을 황(凰)이라 함. 상상의 상서(祥瑞)로운 새

梁上君子 양상군자　들보·징검다리 양(량) | 위 상 | 제후·임금 군 | 아들·어조사 자

대들보 위에 숨어있는 군자라는 뜻, 몰래 집안에 들어온 도둑을 미화(美化)한 말

【유의어】
綠林豪傑 녹림호걸, 綠林豪客 녹림호객, 綠林客 녹림객

不汗黨 불한당, 明火賊 명화적, 火賊 화적

無本大商 무본대상　밑천 없이 장사하는 큰 장수라는 뜻, '도둑'을 비꼬는 말

▷ **棟梁** 동량　마룻대와 들보. 한 집안이나 한 나라의 기둥이 될 만한 인재

* 出典: 後漢書(후한서) 陳寔傳(진식전)

兩手執餠 양수집병　두 양(량) | 손 수 | 잡을 집 | 떡 병

양 손에 떡을 쥐고 있다는 뜻
1. 둘 다 가지기도 어렵고 버리기도 어려운 난처한 경우(境遇)를 이르는 말
2. 한꺼번에 두 가지 좋은 일이 생겨 무엇부터 먼저 해야 할지 모르는 행복한 경우를 비유

▷ 兩手据地 양수거지　1. 절을 한 뒤에 두 손을 바닥에 대고 꿇어 엎드림
　　　　　　　　　　　 2. 두 손을 마주잡고 공손(恭遜)히 옆에 서있음

▷ 執事 집사　주인 옆에 있으면서 그 집일을 맡아보는 사람. 교회 직분의 하나[= 그 사람]

▷ 熬餠 오병　떡볶이 / 甑餠 증병　시루떡

良藥苦口 양약고구　어질 양(량) | 약·고칠 약 | 쓸·괴로울 고 | 입·어귀 구

좋은 약은 입에 쓰다는 뜻, 옳은 말은 귀에 거슬리나 자신의 처신에는 이롭다는 말

【유의어】 良藥苦口 利於病 양약고구 이어병
　　　　좋은 약은 입에 쓰지만 병에는 효험(效驗)이 좋다는 말

　　　　忠言逆耳 利於行 충언역이 이어행
　　　　충언(忠言)은 귀에 거슬리지만 자신의 처신(處身)에는 이롭다는 말

▷ 苦悶 고민　괴로워하고 애를 태움 / 苦惱 고뇌　괴로워하고 번뇌(煩惱)함

羊質虎皮 양질호피　양 양 | 바탕 질 | 범 호 | 가죽 피(비)

양의 몸에 호랑이 가죽을 걸침, 빛 좋은 개살구
1. 겉모습은 화려하나 그에 걸 맞는 실력이나 실속은 갖추지 못함
2. 본질(本質)이 바뀌지 않는 한 변화(變化)될 수 없음을 비유하는 말

【유의어】 沐猴而冠 목후이관　원숭이가 머리를 감고 관을 썼다는 뜻. 사람답지 못함
　　　　羊頭狗肉 양두구육　양머리를 걸고 개고기를 팖. 사실과 다름
　　　　人面獸心 인면수심　사람의 얼굴, 짐승의 마음. 마음이나 행동이 몹시 흉악함
　　　　表裏不同 표리부동　마음이 음충맞아 겉과 속이 다름

▷ 鹿皮 녹비　사슴의 가죽

* 出典: 法言(법언: 漢[한]나라 때 揚雄[양웅] 著) / 後漢書(후한서)

量體裁衣 양체재의　헤아릴 양(량) | 몸 체 | 마름질할·옷 지을 재 | 옷 의

몸에 맞게 옷을 짓는다는 뜻[몸의 크기와 특징을 실제로 자로 재어 옷을 만든다는 말]
1. 어떤 일을 처한 형편(形便)에 딱 맞게 처리(處理)하여야 함을 비유
2. 실제상황을 고려(考慮)하여 적합(適合)하게 일을 처리함의 비유

【유의어】 稱體裁衣 칭체재의　몸에 맞춰 옷을 지음. 누울 자리를 봐가며 발을 뻗음

▷ **裁斷** 재단　마름질[옷감이나 재목 등을 치수에 맞추어 재거나 자르는 일]

▷ **決裁** 결재　상관이 부하가 제출(提出)한 안건(案件)을 검토(檢討)하여 승인(承認)함

▷ **商量** 상량　헤아려 생각함

* 出典: 張融傳(장융전: 南齊書[남제서] 著)

陽春佳節 양춘가절　볕 양 | 봄 춘 | 아름다울 가 | 절기·마디 절

만물이 소생(蘇生)하는 따뜻한 봄날의 좋은 시절(時節)

[유의어] **和風暖陽** 화풍난양　솔솔 부는 화창(和暢)한 바람과 따스한 햇볕,
　　　　　　　　　　　　　따뜻한 봄 날씨를 이르는 말

[반의어] **嚴冬雪寒** 엄동설한　눈 내리는 깊은 겨울의 심한 추위

凍氷寒雪 동빙한설, **冬將軍** 동장군, **嚴寒** 엄한, **酷寒** 혹한, **祁寒** 기한
얼어붙은 얼음과 차가운 눈이라는 뜻으로, 매서운 추위를 이르는 말

揚湯止沸 양탕지비　오를·날릴 양 | 끓을·넘어질 탕 | 그칠·멈출·발 지 | 끓을·끓일 비

끓는 물을 잠시 퍼냈다 다시 부어서 끓는 것을 막으려한다는 뜻
1. 잠깐 곤경(困境)에서 벗어나기는 하나 근본적인 해결책(解決策)은 못 된다는 말
2. 임시방편(臨時方便)으로 일을 처리하는 것을 말함

[유의어] **以湯止沸** 이탕지비, **目前之計** 목전지계, **凍足放尿** 동족방뇨

臨時變通 임시변통, **臨時處變** 임시처변, **彌縫之策** 미봉지책

下石上臺 하석상대, **上下撑石** 상하탱석, **彌縫策** 미봉책

姑息之計 고식지계, **姑息策** 고식책　당장 편한 것만 택하는 꾀나 방법

▷ **沸騰點** 비등점　끓는점 ↔ **氷點** 빙점　어는점

▷ **煮沸** 자비　물이나 기름 등이 펄펄 끓음. 또는 펄펄 끓임

* 出典: 呂氏春秋(여씨춘추) 季春紀 盡數篇(계춘기 진수편)

兩敗俱傷 양패구상　두 양(량) | 패할·썩을 패 | 함께 구 | 상처·다칠 상

서로 싸우다가 쌍방(雙方)이 다 패(敗)하고 상처(傷處)를 입음
즉 양쪽 모두에게 손해(損害)만 주는 무의미(無意味)한 다툼을 비유하는 말

개와 토끼가 몇 날 며칠을 쫓고 쫓기다가 결국 둘 다 지쳐 쓰러지자 그것을 지켜보던
농부(農夫)가 손쉽게 두 마리를 다 잡았다는 우화(寓話)에서 유래됨

[유의어] **犬免之爭** 견토지쟁, **田父之功** 전부지공
　　　　　개와 토끼의 다툼이라는 뜻, 양자의 싸움에 제삼자가 이익을 봄을 이르는 말

漁父之利 어부지리, **漁翁之利** 어옹지리, **漁人之功** 어인지공

쌍방이 다투는 사이에 제삼자가 애쓰지 않고 가로챈 이득

蚌鷸之爭 방휼지쟁, **蚌鷸相爭** 방휼상쟁
도요새와 조개가 다투다가 둘 다 같이 어부에게 잡히고 말았다는 뜻으로
제삼자만 이롭게 하는 다툼을 이르는 말.

卞莊刺虎 변장자호   변장자(= 사람이름)가 호랑이를 찔러 죽였다는 뜻.
변장자가 두 마리의 호랑이가 싸우는 것을 지켜보다가 마지막에 살아남은
한 놈을 칼로 찔러 손쉽게 두 마리를 모두 잡았다는 고사에서 유래

楊布之狗 양포지구 버들 양 | 베·펼 포 | 어조사 지 | 개 구

겉모습이 변한 것을 보고 속까지 변해버렸다고 판단(判斷)하는 사람을 일컫는 말

양포(楊布)라는 사람이 흰 옷을 입고 외출했다가 도중에 비를 맞아 검은 옷으로 갈아입고 집에
돌아왔는데, 그 집의 개가 주인인 자기를 몰라보고 짖자 양포가 개를 때리려고 할 때 그의 형
양주(楊朱)가 말하기를 [너의 개가 나갈 때는 흰 옷을 입고 나갔다가 검은 옷을 입고 돌아온다면
너 역시 괴이하게 여기지 않겠느냐며] 동생 양포를 나무랐던 일화(逸話)에서 유래

* 出典: 列子(열자) 說符篇(설부편)

養虎遺患 양호유환 기를·양육할 양 | 범 호 | 남길·끼칠 유 | 근심·병 환

범을 길러서 뒷날 화근(禍根)을 남긴다는 뜻
1. 화근(禍根)이 될 것을 길러서 후환(後患)을 자초(自招)한다는 말
2. 은혜(恩惠)를 베풀어준 이로부터 도리어 해를 입게 됨을 이르는 말

『유의어』 養虎後患 양호후환

▷ **反噬** 반서 1. 기르던 짐승이 주인을 해침   2. 은혜(恩惠)를 원수(怨讎)로 갚음

▷ **宿患** 숙환 오래 묵은 병 / **持病** 지병 고질[痼疾 = 오래되어 고치기 어려운 병]

▷ **遺志** 유지 죽은 사람이 생전(生前)에 이루지 못하고 남긴 뜻

* 出典: 史記(사기) 項羽本紀(항우본기)

禳禍求福 양화구복 빌·푸닥거리할 양 | 재앙 화 | 구할 구 | 복 복

재앙(災殃)을 물리치고 복(福)을 기구(祈求)함

▷ **祈福** 기복 복을 빎 / **祈禱** 기도 신명(神明)에게 빎

▷ **祈求** 기구 원(願)하는 바가 실현(實現)되도록 빌고 바람

▷ **求道** 구도 종교적(宗敎的) 깨달음이나 진리(眞理)를 추구(追究)함

魚東肉西 어동육서 물고기 어 | 동녘 동 | 고기 육 | 서녘 서

제상(祭床)에 음식을 진설(陳設)할 때 어찬(魚饌)은 동쪽에 육찬(肉饌)은 서쪽에 놓는 일

▷ 紅東白西 홍동백서   붉은 과실은 동쪽, 흰 과실은 서쪽

▷ 左脯右醯 좌포우혜   왼쪽에 포, 오른쪽에 식혜(食醯)를 차리는 격식

▷ 棗栗梨柿 조율이시   왼쪽부터 대추·밤·배·감의 순서로 차리는 격식

▷ 頭東尾西 두동미서   생선머리는 동쪽 꼬리는 서쪽을 향하게 함

▷ 左飯右羹 좌반우갱   왼쪽에 밥(메), 오른쪽에 국(탕)을 차리는 격식

▷ 生東熟西 생동숙서   날것은 동쪽에, 익힌 것은 서쪽에 차리는 격식

▷ 左考右妣 좌고우비   왼쪽에는 선고(先考), 오른쪽에는 선비(先妣)를 모시는 격식

魚頭肉尾 어두육미   물고기 어 ㅣ 머리 두 ㅣ 고기·살·과육 육 ㅣ 꼬리·등 뒤 미

물고기는 머리가 맛있고 짐승고기는 꼬리가 맛있다는 뜻
즉 짐승들의 각각 맛있다는 부위(部位)를 말함

『유의어』 魚頭鳳尾 어두봉미, 魚頭一味 어두일미

▷ 魚翅 어시   물고기의 지느러미

▷ 魚酢 어초   생선 젓

魚魯不辨 어로불변   물고기 어 ㅣ 미련할·노둔할 로 ㅣ 아닐 불 ㅣ 분별할 변

魚(어)자와 魯(로)자도 구별 못한다는 뜻, 매우 무식(無識)함을 비유하는 말

『유의어』 菽麥不辨 숙맥불변   콩과 보리조차 구별 못하는 어리석은 사람의 비유

不學無識 불학무식   배우지 못해 아는 것이 없음

一字無識 일자무식, 判無識 판무식, 全無識 전무식
1. 한글자도 아는 게 없음 2. 어떤 분야에 대해 아는 바가 전혀 없음을 비유한 말

目不識丁 목불식정   '丁' 자를 보고도 그것이 '고무래'인 줄을 알지 못한다는
뜻으로, '글을 읽을 줄 모름. 또는 그런 사람'을 이르는 말

魚網鴻離 어망홍리   물고기 어 ㅣ 그물 망 ㅣ 큰기러기 홍 ㅣ 떼놓을·떠날 리

물고기를 잡으려고 쳐 놓은 그물에 기러기가 걸렸다는 뜻
1. 구하는 것이 아닌 딴것을 얻었을 때 이르는 말
2. 남의 일로 엉뚱하게 화(禍)를 입게 되었음을 비유하는 말

『유의어』 漁網鴻離 어망홍리

殃及池魚 앙급지어, 池魚之殃 지어지앙
못의 물로 불을 끄니 물이 없어져 물고기가 죽는다는 뜻, 즉 뜻밖에 당하는 재앙(災殃)

橫來之厄 횡래지액   뜻밖에 닥쳐오는 재액(災厄) = 橫厄 횡액

* 出典: 詩經(시경) 邶風(패풍) 新臺篇(신대편)

魚目燕石 어목연석 물고기 어 | 눈 목 | 제비 연 | 돌 석

물고기의 눈과 중국 연산(燕山)에서 나는 돌. 두 가지가 옥과 비슷하나 옥(玉)은 아니라는 말
1. 허위(虛僞)를 진실로, 우인(愚人)을 현인(賢人)으로 잘못 봄
2. 거짓이 진실(眞實)을 왜곡(歪曲)하고 어지럽힘을 비유하는 말

물고기의 눈과 중국 연산(燕山)에서 나는 돌은 구슬[玉: 옥]과 비슷하기는 하나
진짜 구슬(玉)은 아니라는 고사에서 유래

> **유의어** 魚目 어목, 魚眼 어안
> 似而非 사이비, 似是而非 사시이비, 似而非者 사이비자
> 겉은 비슷하나 속은 완전히 다름

魚目混珠 어목혼주 물고기 어 | 눈 목 | 섞을·섞일 혼 | 구슬·진주·보석 주

물고기의 눈알과 진주가 함께 섞여있다 라는 뜻으로
1. 가짜와 진짜가 마구 뒤섞여 구분(區分) 할 수 없는 상태(狀態)를 비유
2. 열등(劣等)한 것과 우수(優秀)한 것, 천한 것과 귀한 것이 뒤섞여 있는 상태를 비유

> **유의어** 魚目混珍 어목혼진, 魚目似珠 어목사주
> 玉石混淆 옥석혼효, 玉石同櫃 옥석동궤, 玉石同匱 옥석동궤
> 옥과 돌이 한데 섞여 있다는 뜻으로 좋은 것과 나쁜 것이 뒤섞임. 구분하기 어려움

> ▷ 混沌 혼돈, 渾沌 혼돈
> 1. 하늘과 땅이 아직 나뉘지 않은 상태 2. 사물의 구별이 확실하지 않음. 또는 그런 상태

* 出典: 韓詩外傳(한시외전)

語無常論 어무상론 말씀 어 | 없을 무 | 항상 상 | 논할 론

개념 또는 관념의 항상성을 부정(否定)하는 인도철학의 한 체계(體系). 사람의 귀에 들리는
물리적·표면적인 면을 강조(強調)함

> **유의어** 聲無常論 성무상론

> ▷ 觀念 관념 어떤 일에 대하여 가지는 생각이나 견해. 인식이나 의식내용
> ▷ 槪念 개념 사물현상에 대한 일반적인 지식. 여러 관념을 종합한 하나의 관념

語無倫脊 어무윤척 말씀 어 | 없을 무 | 순서·인륜 윤 | 조리·등골뼈 척

말에 순서(順序)와 줄거리가 없음

> ▷ 倫理 윤리 사람이 마땅히 행하거나 지켜야 할 도리(道理)
> ▷ 脊椎 척추 등골뼈로 이루어진 등마루. 척주(脊柱)

魚變成龍 어변성룡 물고기 어 | 변할 변 | 이룰 성 | 용 룡

물고기가 변하여 용이 된다는 뜻, 개천에서 용 난다. 커다란 변신을 함
1. 아주 곤궁(困窮)하던 사람이 부귀(富貴)를 누리게 됨을 비유하는 말
2. 어릴 적에 보잘것없던 사람이 성장(成長)하여 큰 인물이 됨을 비유하는 말

▷ **變裝** 변장 본래 모습을 알아볼 수 없게 옷차림이나 얼굴·머리 모양 등을 다르게 꾸밈

▷ **逢變** 봉변 뜻밖의 변이나 망신(亡身)스러운 일을 당함. 또는 그 변(變)

漁夫之利 어부지리 물고기잡을 어 | 장정·지아비 부 | 어조사 지 | 이로울 리

어부의 이익이라는 뜻, 둘이 다투는 틈을 타서 엉뚱한 제 삼자가 이익을 가로챔을 이르는 말

유의어 **漁父之利** 어부지리, **漁人之功** 어인지공, **坐收漁人之功** 좌수어인지공
田夫之功 전부지공 밭에 앉아있던 농부가 힘들이지 않고 이득(利得= 토끼)을 봄
犬免之爭 견토지쟁 개와 토끼의 다툼. 결국 둘 다 쓰러짐. 제삼자가 주워서 가져감
蚌鷸之爭 방휼지쟁 도요새와 조개가 서로 다투다가 둘 다 어부에게 잡힘
卞莊刺虎 변장자호 변장자(= 사람이름)가 호랑이를 찔러 죽였다는 뜻.
　　　　　　　　　변장자가 두 마리의 호랑이가 싸우는 것을 지켜보다가, 마지막에 살아남은
　　　　　　　　　한 놈을 칼로 찔러 손쉽게 두 마리를 모두 잡았다는 고사에서 유래

* 出典: 戰國策(전국책) 燕策(연책)

語不成說 어불성설 말씀 어 | 아닐 불 | 이룰 성 | 말씀 설 / 달랠 세 / 기쁠 열

말이 말로 이루어지지 않는다는 뜻, 말이 이치(理致)에 맞지 않는다는 말

유의어 **不成說** 불성설, **萬不成說** 만불성설, **語不近理** 어불근리

▷ **語錄** 어록 위인(偉人)이나 유명인들이 한 말을 모은 기록(記錄)

魚水之親 어수지친 물고기 어 | 물 수 | 어조사 지 | 친할 친

물고기와 물의 관계처럼 아주 친밀해서 떨어질 수 없는 사이. 임금과 신하의 친밀(親密)한 사이
또는 서로 사랑하는 부부사이

유의어 **水魚之交** 수어지교, **水魚之親** 수어지친, **魚水之交** 어수지교
　　　　　물과 물고기의 관계처럼 결코 서로 떨어질 수 없는 사이[ex: 유비와 제갈량의 관계]
管鮑之交 관포지교 관중과 포숙아의 우정. 깊은 신뢰(信賴)를 바탕으로 하는 교제
膠漆之交 교칠지교, **膠漆之心** 교칠지심
　　　　　아교와 옻칠의 사귐. 즉 아주 친밀(親密)하여 떨어 질레야 떨어질 수 없는 교분(交分)

御用 어용 임금 어 | 쓸 용

임금이 쓴다는 뜻으로 조정[朝廷 = 정부]의 정치적 앞잡이 노릇을 하는 것을 이르는 말

[유의어] 走狗 주구 사냥할 때 부리는 개. 앞잡이[남의 사주(使嗾)를 받고 끄나풀 노릇을 함]

▷ 御極 어극 임금의 자리에 오름 = 馭極 어극, 卽位 즉위, 登極 등극, 在位 재위
登位 등위, 登祚 등조, 卽祚 즉조, 負扆 부의

▷ 御命 어명 임금의 명령(命令) = 王命 왕명, 峻命 준명

▷ 御前會議 어전회의 임금 앞에서 중신(重臣)들이 모여 국가대사를 의논하던 회의

▷ 鈐璽 검새 임금의 옥새(玉璽)를 찍음

魚遊釜中 어유부중 물고기 어 | 놀·여행할 유 | 가마·큰솥 부 | 가운데 중

물고기가 가마솥 안에서 노닌다는 뜻, 죽음이 임박(臨迫)한 줄도 모르고 있는 사람을 비유하는 말로
현 상황(狀況)이 극히 위험(危險)한 상태를 말함[밑에서 불만 때면 곧 삶아짐]

[유의어] 釜中之魚 부중지어, 累卵之勢 누란지세, 危如累卵 위여누란

轍鮒之急 철부지급, 車轍鮒魚 거철부어, 涸轍鮒魚 학철부어
수레바퀴 자국에 괸 물에 있는 붕어. 위급한 처지에 있거나 몹시 고단하고 옹색한 사람

▷ 釜中生魚 부중생어 매우 가난함[밥을 안 해먹어 빈 솥에 저절로 물고기가 생김]

* 出典: 後漢書(후한서)

於異阿異 어이아이 어조사 어 | 다를 이 | 언덕 아 | 다를 이

'어(於)' 다르고 '아(阿)' 다르다는 뜻 (於[어]와 阿[아]는 音借[음차]. 의미 없음)
같은 내용의 말이라도 말하기에 따라 사뭇 달라짐을 비유하는 말

▷ 異端 이단 1. 전통(傳統)이나 권위(權威)에 반항(反抗)하는 주장이나 이론
2. 시류(時流)에 어긋나는 사상(思想) 및 학설(學說)

▷ 異議 이의 1. 달리하는 주장(主張) 2. 다른 의견이나 의논(議論)

* 出典: 東言解(동언해)

抑强扶弱 억강부약 누를 억 | 강할 강 | 도울 부 | 약할 약

강한 자를 억누르고 약한 자를 도와줌

[반의어] 抑弱扶强 억약부강 약한 자를 억누르고 강한 자를 도와줌

▷ 抑壓 억압 자기의 뜻대로 행동하지 못하게 억지로 억누름

▷ 抑制 억제 ↔ 促進 촉진 재촉하여 빨리 나아가게 함

▷ 扶腋 부액 곁부축[남의 겨드랑이를 붙들어 걸음을 돕는 일]

* 出典: 三國志(삼국지) 魏志(위지)

億萬長者 억만장자 억 억 | 일만 만 | 클·맏 장 | 놈·것 자

헤아리기 어려울 만큼 어마어마한 재산(財產)을 가진 사람

『유의어』 甲富 갑부, 首富 수부, 陶朱猗頓 도주의돈

　　　　 財閥 재벌　강력한 재력과 거대한 자본을 가지고 있는 자본가·기업가의 무리

▷　百萬長者 백만장자　재산이 썩 많은 사람. 큰 부자

億兆蒼生 억조창생 억 억 | 조·조짐 조 | 푸를·무성할 창 | 날·살·태어날 생

수많은 백성(百姓) 또는 수많은 사람들이라는 말

『유의어』 億萬蒼生 억만창생

　　　　 人山人海 인산인해　사람이 수없이 많이 모인 상태

▷　億丈 억장　썩 높은 것. 또는 그 높이[ex: 억장이 무너진다]

▷　兆朕 조짐　어떤 일이 생길 기미[幾微: 낌새]가 보이는 현상

億千萬劫 억천만겁 억 억 | 일천 천 | 일만 만 | 겁 겁

무한(無限)한 시간(時間) 또는 영원(永遠)한 세월(歲月)

『유의어』 億劫 억겁, 永劫 영겁　무한하게 오랜 시간. 또는 그 세상

　　　　 劫 겁　시간의 단위로 가장 길고 영원하며, 계산할 수 없는 무한히 긴 시간
　　　　　　　 [천지가 한 번 개벽(開闢)한 때부터 다음 개벽할 때까지의 동안]

『유의어』 瞬息 순식, 瞬間 순간, 瞬息間 순식간, 須臾 수유

　　　　 刹那 찰나　1. 지극히 짧은 시간　2. 어떤 일이나 상태가 이루어지는 바로 그때

　　　　 彈指 탄지　1. 손톱이나 손가락을 튕김　2. 극히 짧은 시간

抑何心情 억하심정 누를 억 | 어찌 하 | 마음 심 | 뜻·본성 정

도대체 무슨 심정이냐 라는 뜻, 도대체 무슨 생각으로 그리 하는지 도무지 상대의 마음을
알 수 없음을 비유하는 말

[상대에게, 도대체 왜 그러느냐고 따지거나 또는 부정적인 질문을 할 때 사용(使用)]

『유의어』 抑何心腸 억하심장

▷　情 정　1. 느끼어 일어나는 마음의 작용(作用)　2. 사랑이나 친근감을 느끼는 마음

▷　何必 하필　어찌하여 꼭 그렇게. 다른 방도도 있는데 왜? / 何 하　어찌, 무엇, 얼마

焉敢生心 언감생심 어찌 언 | 감히·구태여 감 | 날 생 | 마음 심

어찌 감히 그런 생각을 할 수 있는가? 감히 그런 마음을 먹을 수 없다는 뜻을 강조하는 말

[역설적·부사적 표현으로 주로 부정적의미로 사용됨]

> **유의어** 敢不生心 감불생심, 不敢生心 불감생심, 安敢生心 안감생심
>
> 不敢生意 불감생의 힘에 부쳐 감히 할 생각을 내지 못함

▷ **果敢 과감** 과단성(果斷性)이 있고 용감(勇敢)함

言去言來 언거언래 말씀 언 | 갈 거 | 말씀 언 | 올 래

1. 서로 여러 말을 주고받음 또는 말다툼[言爭: 언쟁]
2. 서로 변론(辯論)하느라 옥신각신함[= 옳으니 그르니 하고 서로 다툼]

> **유의어** 言往說來 언왕설래, 言往言來 언왕언래, 言三語四 언삼어사
>
> 說往說來 설왕설래 서로 변론(辯論)해서 말로 옥신각신함
>
> 甲論乙駁 갑론을박 서로 자기주장을 내세우고 상대방의 주장을 반박(反駁)함

▷ **辯論 변론** 1. 사리(事理)를 밝혀 옳고 그름을 따짐
　　　　　　　2. 소송(訴訟) 당사자나 변호인이 법정(法廷)에서 하는 진술(陳述)

▷ **去來 거래** 1. 돈을 주고받거나 물품(物品)을 사고 파는 일
　　　　　　　2. 이웃과의 친분(親分) 관계를 이루기 위하여 오고 감
　　　　　　　3. 서로 자기의 이익에 도움이 될 사물이나 행위를 교환(交換)하는 일

言近旨遠 언근지원 말씀 언 | 가까울 근 | 뜻·맛좋을 지 | 멀 원

말은 가깝고 뜻은 멀다는 말, 말은 알아듣기 쉬우나 그 뜻은 깊고 심오(深奧)함의 비유

> **유의어** 言近而旨遠 언근이지원

▷ **言則是也 언즉시야** 말인즉 옳다는 뜻. 즉 상대의 말을 긍정(肯定)함
　　　　　　　　　　　 말하는 것을 들어보니 사리(事理)에 맞는다는 말

▷ **言多必失 언다필실** 말이 많아지면 반드시 실수(失手)가 따른다는 말

▷ **多言數窮 다언삭궁** 말을 많이 하면 자주 궁지(窮地)에 몰린다는 말

▷ **御旨 어지** 임금의 뜻

* 出典: 孟子(맹자)

言語道斷 언어도단 말씀 언 | 말씀 어 | 길 도 | 끊을 단

말의 길이 끊어짐. 즉 말문이 막힌다는 뜻

너무나 어이가 없어서 기가 막혀 말로써 나타낼 수가 없다는 말

유의어 言語同斷 언어동단, 言語道過 언어도과, 名言道斷 명언도단, 道斷 도단

▷ 間斷 간단 잠시(暫時) 그치거나 끊어짐

* 出典: 瓔珞經(영락경)

言中有骨 언중유골 말씀 언 | 가운데 중 | 있을 유 | 뼈 골

말 속에 뼈가 있다는 뜻, 예사로운 말속에 단단한 속뜻이 있고 날카로운 풍자(諷刺)나 암시가 있음

유의어 言中有言 언중유언, 言中有響 언중유향

말 속에 말[울림]이 있다는 뜻, 예사로운 말 속에 어떤 풍자나 암시(暗示)가 들어 있음

言外之意 언외지의, 言中之意 언중지의 말에 나타나 있지 않은 뜻

반의어 言中有意 언중유의 말속에 직접적(直接的)인 뜻이 있음

▷ 談言微中 담언미중 완곡(婉曲)하게 상대방의 급소(急所)를 찌르는 말

言行相反 언행상반 말씀 언 | 다닐 행 | 서로·재상·얼굴 상 | 되돌릴 반

말과 행동이 서로 어긋난다는 말

유의어 言行相詭 언행상궤

반의어 言行一致 언행일치 말과 행동이 같거나 또는 말한 대로 실행한다는 말

▷ 知行一致 지행일치 지식(知識)과 행동(行動)이 일치함

* 出典: 荀子(순자)

嚴冬雪寒 엄동설한 혹독할·엄할 엄 | 겨울 동 | 눈·씻을 설 | 찰·얼 한

몹시 추운 겨울철, 눈 내리기 전후(前後)의 심한 추위

유의어 凍氷寒雪 동빙한설 얼어붙은 얼음과 차가운 눈이라는 뜻, 매서운 추위

冬將軍 동장군 혹독(酷毒)한 겨울 추위의 비유

嚴寒 엄한, 酷寒 혹한, 祁寒 기한

반의어 陽春佳節 양춘가절, 和風暖陽 화풍난양 따뜻한 봄 날씨

▷ 飢寒 기한 굶주리고 헐벗어 배고프고 추움 = 饑寒 기한

▷ 寒暄 한훤 추위와 더위. 계절(季節)의 문안(問安)인사

掩目捕雀 엄목포작 가릴·닫을 엄 | 눈·눈여겨 볼 목 | 사로잡을 포 | 참새 작

눈을 가리고 참새를 잡으려 한다는 뜻, 자기의 눈을 가리면 참새도 자기를 볼 수 없을 꺼라
생각하여 그때 잡겠다는 말로 어리석은 자신만의 얕은꾀로 남을 속이려 함을 비유하는 말

閉目捕雀 폐목포작

齊人攫金 제인확금 앞뒤 가리지 않고 자기 이익만을 챙기려함[금을 훔쳐 도망감]

掩耳盜鐘 엄이도종, 掩耳盜鈴 엄이도령, 掩耳偸鈴 엄이투령
귀를 가리고 방울[종]을 훔친다는 뜻, 다 드러난 것을 얕은꾀로 남을 속이려고 함의 비유

嚴父慈母 엄부자모 혹독할·엄할 엄 | 아비 부 | 사랑할·어머니 자 | 어미 모
엄(嚴)한 아버지와 자애(慈愛)로운 어머니라는 뜻, 아버지는 자식을 엄하게 가르치고 어머니는
자식(子息)을 깊은 사랑으로 보살펴야 함을 이르는 말

▷ 春府丈 춘부장, 椿府丈 춘부장, 春府 춘부
남의 아버지를 높여 부르는 말

　　↔ 嚴親 엄친 남에게 자기 아버지를 높여 일컫는 말

▷ 慈堂 자당, 萱堂 훤당, 北堂 북당, 令堂 영당, 大夫人 대부인
남의 어머니를 높여 부르는 말

　　↔ 慈親 자친 남에게 자기 어머니를 높여 이르는 말

掩耳盜鈴 엄이도령 가릴 엄 | 귀 이 | 훔칠 도 | 방울 령
귀를 막고 방울(鈴: 령)을 훔친다는 뜻, 방울소리가 자기에게 들리지 않으면 남도 듣지 못할 거라고
생각하는 어리석은 생각을 이르는 말. 즉 얕은꾀로 남을 속이려고 함의 비유

掩耳盜鐘 엄이도종, 掩耳偸鈴 엄이투령

掩目捕雀 엄목포작, 閉目捕雀 폐목포작

齊人攫金 제인확금 제나라 사람이 금을 훔친다는 뜻. 앞뒤 가리지 않고
　　　　　　　　　자기 이익만을 챙기는 것을 비유하는 말

▷ 掩蔽 엄폐 가려서 숨김 / 隱蔽 은폐 덮어 감추거나 가리어 숨김

嚴妻侍下 엄처시하 혹독할·엄할 엄 | 아내 처 | 모실 시 | 아래·내릴 하
무서운 아내를 모시고 산다는 뜻, 아내에게 쥐여사는 남편의 처지를 조롱(嘲弄)하는 말

▷ 恐妻家 공처가 아내에게 눌려 지내는 남편(男便)

▷ 恐怖 공포 무서움과 두려움

▷ 妻妾 처첩 아내와 첩[본처 외에 데리고 사는 여자 = 별방, 부실, 소실, 측실]

▷ 侍墓 시묘 부모의 거상(居喪)중에 그 무덤 옆에서 움막을 짓고 3년간 사는 일

厲揭 여게 건널·갈 여(려) | 들·걸 게
옷을 걷고 강을 건넌다는 뜻, 물이 깊으면 허리까지 걷고 얕으면 무릎까지 걷는다는 말

그때그때 상황에 따라 임기응변(臨機應變)하여 적절히 처세(處世)함을 비유하는 말

[여(厲)는 물이 깊어 옷을 허리띠까지 걷는 일 / 게(揭)는 물이 얕아 옷을 무릎까지 걷는 일]

유의어 隨機 수기, 應變 응변

隨機應變 수기응변　그때그때의 기회(機會)에 따라 일을 적절히 처리함

臨機應變 임기응변　그때그때 처한 형편에 맞추어 그 자리에서 결정하여 처리함

臨時變通 임시변통, 臨時方便 임시방편, 臨時處變 임시처변

▷ 揭揚 게양　기(旗) 등을 높이 걺

如鼓琴瑟 여고금슬　같을 여 | 북 고 | 거문고 금 | 비파·큰거문고 슬

거문고와 비파의 화음(和音)이 잘 어울리듯, 부부사이가 다정(多情)하고 화목(和睦)하다는 말

유의어 琴瑟 금실, 琴瑟之樂 금실지락　부부간의 화목한 즐거움

鴛鴦 원앙, 鴛鴦契 원앙계, 鴛鴦之契 원앙지계

원앙이 서로 사이가 좋은데서 화목하고 금실이 좋은 부부를 비유하는 말

鐘鼓之樂 종고지락　부부가 종과 북을 치며 즐긴다는 뜻으로 화목함의 비유

連理枝 연리지, 比翼鳥 비익조, 連理 연리, 比翼 비익

連理比翼 연리비익, 比翼連理 비익연리

비익조(比翼鳥)와 연리지(連理枝)라는 뜻으로, 부부가 매우 화목함을 이르는 말

* 出典: 詩經(시경)

餘桃之罪 여도지죄　남을 여 | 복숭아 도 | 어조사 지 | 허물·죄 죄

먹다 남은 복숭아를 임금께 드린 죄. 지금은 총애(寵愛)를 받는 일이 훗날 죄(罪)를 초래(招來)하는 원인(原因)이 된다는 말로, 애정(愛情)과 증오(憎惡)의 변화(變化)가 심한 것을 비유하는 말

유의어 餘桃罪 여도죄

餘桃啗君 여도담군　자기가 먹다 남은 복숭아를 (감히)임금께 가져다 먹임

加膝墜淵 가슬추연　기분이 좋으면 무릎에 앉히고 나쁘면 못에 던져 버림. 변덕

▷ 剩餘 잉여　쓰고 난 나머지 = 餘剩 여잉

▷ 罪囚 죄수　교도소(矯導所)에 갇힌 죄인 = 囚人 수인

* 出典: 韓非子(한비자) 說難(세난: 彌子瑕[미자하]의 고사)

膂力過人 여력과인　등골뼈 여(려) | 힘 력 | 넘을·초월할 과 | 사람 인

완력(腕力)이나 근육(筋肉). 즉 육체적인 힘이 남보다 뛰어남을 비유하는 말

▷ 肱膂 굉려　팔뚝과 등뼈. 임금이 가장 신임하는 신하 = 股肱 고굉

▷ **腕力** 완력　주먹심 또는 몸으로 압도(壓倒)하는 힘

▷ **過失** 과실　잘못이나 허물 = **過謬** 과류

如履薄氷 여리박빙　같을 여 | 밟을·신발 리 | 엷을 박 | 얼음 빙
살얼음을 밟는 것과 같다는 뜻, 아슬아슬하고 극히 위험(危險)함을 이르는 말

> **유의어**　**薄氷如臨** 박빙여림, **涉于春氷** 섭우춘빙, **虎尾春氷** 호미춘빙, **履氷** 이빙
>
> **累卵** 누란, **累卵之危** 누란지위, **危如累卵** 위여누란
> 쌓아 놓은 알. 곧, 위태로운 형편의 비유
>
> **百尺竿頭** 백척간두, **竿頭之勢** 간두지세, **竿頭** 간두
> 대막대기 끝에 선 것 같은 아주 위태로운 형세. 매우 위태롭고 어려운 지경을 이르는 말

▷ **履歷** 이력　지금까지 거쳐 온 학업·직업 등의 내력

* 出典: 詩經(시경)

黎明 여명　검을 여(려) | 밝을 명
희미하게 날이 새는 빛. 또는 그런 무렵. 희망의 빛. 어둑새벽. 갓밝이

> **유의어**　**黎旦** 여단, **旦明** 단명, **昧旦** 매단, **昧爽** 매상, **朏晨** 비신
> 새벽 녘, 동틀 무렵, 날이 샐 무렵
>
> **遲明** 지명　날이 밝기를 기다림. 즉 날이 샐 무렵

▷ **未明** 미명　날이 채 밝지 않아 어두운 상태
▷ **微明** 미명　희미하게 밝음
▷ **黃昏** 황혼　뉘엿뉘엿 어두워질 무렵

與民同樂 여민동락　더불어·줄 여 | 백성 민 | 같을 동 | 즐거울·즐길 락
백성(百姓)과 즐거움을 함께 한다는 뜻. 백성과 동고동락(同苦同樂)하는 통치자의 자세(姿勢)를 의미함

> **유의어**　**與民偕樂** 여민해락

▷ **與民樂** 여민락　조선시대에, 임금의 거둥 때나 궁중의 잔치 때 연주하던 아악의 한 가지
▷ **與信** 여신　금융(金融)기관에서 고객(顧客)에게 돈을 빌려 주는 일

餘不備禮 여불비례　남을 여 | 아닐 불 | 갖출 비 | 예도 례
나머지는 예를 다 갖추지 못했다는 뜻, 한문 투의 편지(便紙)에서 끝인사 대신 쓰는 말

> **유의어**　**餘不備** 여불비, **不備** 불비

▷ 餘纖一縷 **여섬일루** 마지막 남은 한 가닥의 실오라기.
   즉 아직 실 낱 같은 희망(希望)이 남아있음을 비유하는 말

▷ 具備 **구비** 필요(必要)한 것을 빠진 것 없이 모두 갖춤

▷ 贏餘 **영여** 남은 재물

厲世摩鈍 **여세마둔** 힘쓸·떨칠·갈 여(려) | 인간 세 | 갈·문지를 마 | 무딜·둔할 둔

세상의 기풍(氣風)을 북 돋우고 둔한 자질(資質)을 갈고 닦게 한다는 뜻으로 보통의 세상
사람들을 격려(激勵)하여 인재(人材)가 되도록 도와줌을 비유하는 말

『유의어』 礪世磨鈍 여세마둔

▷ 厲色 **여색** 노여운 낯빛

▷ 愚鈍 **우둔** 어리석고 둔함

▷ 撫摩 **무마** 1. 마음을 달래어 어루만짐 2. 분쟁이나 사건 등을 어물어물 덮어 버림

* 出典: 漢書(한서)

與世推移 **여세추이** 더불어·줄 여 | 인간 세 | 밀·옮을 추 | 옮길·피할 이

시대(時代)나 세상의 변화(變化)에 융통성(融通性)있게 적응(適應)하며 변화(變化)해간다는 뜻
세상이 흐리면 흐린 대로 맑으면 맑은 대로 따라가는 성인(聖人)의 법도를 이르는 말

▷ 滄浪之水淸兮 可以濯吾纓 **창랑지수청혜 가이탁오영**
  滄浪之水濁兮 可以濯吾足 **창랑지수탁혜 가이탁오족**
  [창랑의 물이 맑으면 나의 갓끈을 씻고 창랑의 물이 흐리면 나의 발을 씻으리라...]

『유의어』 與世浮沈 여세부침

『반의어』 守株待兔 수주대토, 刻舟求劍 각주구검
   한 가지 일에만 매달려 발전(發展)을 모르는 어리석음을 비유하는 말. 미련함

▷ 推移 **추이** 일이나 형편(形便)이 시간(時間)이 지남에 따라 변해 감

▷ 浮沈 **부침** 물에 뜸과 가라앉음. 성(盛)함과 쇠(衰)함 또는 시세(時勢)의 변천(變遷)

▷ 移徙 **이사** 사는 곳을 다른 데로 옮김

* 出典: 韓非子(한비자) / 漁父辭(어부사: 楚[초]나라 屈原[굴원]과 漁父[어부]의 대화)

如是我聞 **여시아문** 같을 여 | 이·옳을 시 | 나 아 | 들을 문

"이와 같이 나는 들었다"는 뜻으로 불교경전 첫머리에 붙이는 말

제자 아난(阿難)이 불경을 편찬(編纂)할 때 모든 경전(經典)의 첫머리에 붙인 말로 자기 임의로
한 것이 아니라 석가모니로부터 직접들은 내용을 믿고 기록하여 전하는 것임을 분명히 밝힌다는 말

▷ 是非 **시비** 옳음과 그름. 옳으니 그르니 하는 말다툼

▷ 如來 여래　진리의 세계에서 중생구제를 위해 이 세상에 왔다는 뜻에서, 부처의 존칭

▷ 我 아 吾 오 己 기 自 자 나, 저 ↔ 女 여 汝 여 爾 이 彼 피　너, 당신

呂氏春秋 여씨춘추　음율·나라이름 여(려) | 성 씨 | 봄 춘 | 가을 추

진나라의 여불위(呂不韋)가 학자들에게 편찬(編纂)하게한 사론서(史論書). 여람(呂覽)이라고도 함

▷ 一字千金 일자천금　한 글자를 보태거나 덜면 천금(千金)을 준다는 말

▷ 春秋 춘추　봄과 가을, 나이, 일 년, 세월(歲月), 역사(歷史)

▷ 氏 씨　1. 이름대신 높여 일컫는 말
　　　　　2. 옛날에 부인은 이름이 없고 성(姓)뒤에 씨(氏)자를 붙여 이름을 대신함

與羊謀肉 여양모육　더불어·줄 여 | 양 양 | 꾀·꾀할 모 | 고기·동물의 살 육

양에게 자기의 살(양고기)을 내 놓으라고 꼬인다는 뜻, 근본적으로 이룰 수 없는 일을 비유하는 말

［유의어］
與狐謀皮 여호모피　여우에게 산채로 가죽을 벗어 달라고 꾀는 말[불가능한 일]

與虎謀皮 여호모피　호랑이에게 산채로 가죽을 벗어 달라고 꾀는 말[불가능한 일]

上山求魚 상산구어　산에 올라가 물고기를 구한다는 말[없음, 불가능한 일]

緣木求魚 연목구어　나무위에서 물고기를 구한다는 말[없음, 불가능한 일]

釋階登天 석계등천, 釋階而登天 석계이등천　사다리를 버리고 하늘에 오르려함

▷ 陰謀 음모　좋지 못한 일을 몰래 꾸밈. 또는 그런 꾀 = 陰計 음계

如魚得水 여어득수　같을 여 | 물고기 어 | 얻을 득 | 물 수

물고기가 마치 물을 얻은 것과 같다는 뜻, 마음에 맞는 사람을 얻거나 자신에게 매우 적합(適合)한
환경(環境)이나 기회(機會)를 만남의 비유

[유비(劉備)가 삼고초려(三顧草廬)후 제갈량(諸葛亮)을 얻었을 때 한말에서 유래]

［유의어］
蛟龍得水 교룡득수　교룡이 물을 얻음. 영웅이 때를 얻음

雲蒸龍變 운증용변　물이 증발하여 구름이 되고 뱀이 변하여 용이 됨. 때를 얻음

千載一遇 천재일우, 千歲一時 천세일시
천 년에 한 번 만난다는 뜻으로, 좀처럼 만나기 어려운 기회를 이르는 말

風雲之會 풍운지회　1. 영명(英明)한 군주와 어진 신하가 서로 만나는 일
　　　　　　　　　　2. 영웅호걸이 시기(時機)를 타서 뜻을 이룰 좋은 기회

* 出典: 三國志(삼국지) 蜀書(촉서) 諸葛亮傳(제갈량전)

如蟻偸垤 여의투질　같을 여 | 개미 의 | 훔칠 투 | 개밋둑 질(절)

개미가 개밋둑 쌓듯 한다는 뜻으로 금탑(金塔)을 쌓는다는 말
1. 조금씩 모아서 나중에 크게 공(功)을 이룬다는 말
2. 조금씩이라도 근검(勤儉)하게 꾸준히 재산(財產)을 모은다는 말

유의어 積塵成山 적진성산, 積土成山 적토성산　먼지(흙)가 쌓여 산을 이룸

積水成淵 적수성연　물이 모여 못을 이룸

塵合泰山 진합태산　작은 물건도 많이 모이면 큰 것이 됨. 티끌 모아 태산

積小成大 적소성대　작은 것도 쌓이면 크게 됨 또는 많아짐

▷ 偸安 투안　눈앞의 안일(安逸)을 탐(貪)함

▷ 蟻寇 의구　좀도둑[자질구레한 물건을 훔치는 도둑]

* 出典: 旬五志(순오지)

如鳥數飛 여조삭비　같을 여 | 새 조 | 자주 삭 / 촘촘할 촉 / 셈 수 | 날 비

학습(學習)은 새가 자주 날개 짓을 하며 나는 법을 배우는 것과 같다는 뜻, 학문(學問)도 이와 같이 때때로 배우고 익히라는 말

유의어 學而時習之 학이시습지　배우고 때때로 그것[= 학문]을 익히라는 뜻

▷ 多言數窮 다언삭궁　말이 많으면 자주 궁색해짐. 말을 적게 하고 속을 지키라는 말

▷ 頻數 빈삭　거듭되는 횟수(回數)가 매우 잦다

▷ 數罟 촉고　눈을 썩 잘게 떠서 촘촘하게 만든 그물

* 出典: 論語(논어) 學而篇(학이편)

如坐針席 여좌침석　같을 여 | 앉을 좌 | 바늘 침 | 자리·깔개 석

바늘방석에 앉은 것 같다는 뜻으로 마음이 몹시 두렵고 불안함을 이르는 말

유의어 芒刺在背 망자재배　가시나무를 등에 짊어지고 있음. 마음이 편치 않음

坐不安席 좌불안석　앉은 자리가 편하지 않음

▷ 坐禪 좌선　고요히 앉아서 참선(參禪)함

▷ 席次 석차　자리·성적(成績)의 차례 = 席順 석순

旅進旅退 여진여퇴　무리·군사·여행할·나그네 여(려) | 나아갈 진 | 물러날 퇴

자기의 소신(所信)이나 줏대 없이 다수(多數)가 하는 대로, 덩달아 앞으로 나아갔다가 뒤로 물러났다가 하며 행동(行動)한다는 말

유의어 雷同 뇌동, 附和雷同 부화뇌동, 雷同附和 뇌동부화
자기의 주견(主見)없이 남의 의견을 좇아 함께 어울림

附和隨行 부화수행, 隨衆逐隊 수중축대, 追友江南 추우강남

▷ 旅行 여행 일이나 유람(遊覽)의 목적으로 다른 고장이나 외국에 가는 일

* 出典: 禮記(예기)

如出一口 여출일구 같을 여 | 날 출 | 하나 일 | 입·어귀 구

여러 사람의 말이 한입에서 나오는 것처럼 똑같다는 말

유의어 異口同聲 이구동성, 異口同音 이구동음, 衆口同音 중구동음
　　　　여러 사람의 말이 한 결 같이 똑같다는 말

▷ 衆口難防 중구난방 뭇사람의 말을 이루 다 막기가 어렵다는 뜻

▷ 非常口 비상구 위급(危急)한 일이 생겼을 때 급히 피하기 위해 마련한 출입구

* 出典: 戰國策(전국책)

如厠二心 여측이심 같을 여 | 뒷간 측 | 둘·두 이 | 마음 심

화장실(化粧室)갈 때 마음과 올 때 마음이 다르다는 뜻, 긴하게 필요하면 다급하게 굴다가
그 일이 끝나면 마음이 변하여 언제 봤냐는 식의 비유

유의어 如厠二心 여측이심, 上圊歸心離去時 상청귀심이거시

▷ 厠鼠 측서 뒷간의 쥐, 지위(地位)를 얻지 못한 사람을 낮잡아 비유하는 말

如風過耳 여풍과이 같을 여 | 바람 풍 | 지날·허물 과 | 귀 이

바람이 귀를 스치듯 여긴다는 뜻, 관심도 흥미도 없음. 남의 말을 귀담아 듣지 않는 태도를 비유

유의어 對牛彈琴 대우탄금, 牛前彈琴 우전탄금 소에게 가야금 소리를 들려줌
　　　　牛耳讀經 우이독경, 牛耳誦經 우이송경 소에게 불경을 읽어줌
　　　　馬耳東風 마이동풍 말의 귀에 동풍이 스침. 남의 말을 귀담아듣지 않음
　　　　吾不關焉 오불관언 나는 상관(相關)하지 않음 또는 그러한 태도(態度)

* 出典: 南史(남사)

女必從夫 여필종부 여자·계집 여(녀) | 반드시 필 | 좇을·따를 종 | 남편·지아비 부

아내는 반드시 남편(男便)의 뜻을 따라야 한다는 말

▷ 一夫從事 일부종사 아내는 한 남편(男便)만을 섬김 = 不更二夫 불경이부

▷ 夫唱婦隨 부창부수 남편의 주장(主張)에 아내가 따라줌. 그 남편에 그 아내

▷ 烈女不更二夫 열녀불경이부 열녀는 두 남편을 두지 않음

▷ 忠臣不事二君 충신불사이군 충신은 두 임금을 섬기지 않음

與狐謀皮 여호모피 더불어·줄 여 ㅣ 여우 호 ㅣ 꾀 모 ㅣ 가죽 피

여우에게 살아있는 채로 자기의 가죽을 벗어 내어 놓으라고 꼬인다는 뜻으로
근본적(根本的)으로 이룰 수 없는 일을 말함. 말도 안 됨. 어리석음

『유의어』 與虎謀皮 여호모피, 上山求魚 상산구어

　　　 釋階登天 석계등천 　사다리를 버리고 하늘에 오르려함. 불가능한 일

　　　 與羊謀肉 여양모육 　양에게 산채로 양고기를 달라고 한다는 말. 불가능한 일

　　　 緣木求魚 연목구어 　나무에 올라가서 물고기를 구하려함. 불가능함. 어리석음

* 出典: 太平御覽(태평어람) 卷(권) 208

逆旅過客 역려과객 맞을·거스를·배반할·허물 역 ㅣ 나그네·군사 려 ㅣ 지날 과 ㅣ 손 객

1. 지나가는 길손과 같이 아무 관계도 없는 사람을 비유하는 말
2. 세상은 여관(旅館), 인생은 나그네. 즉 덧없는 인생의 무상(無常)함을 비유하는 말

夫天地者萬物之逆旅 부천지자만물지역려 　무릇 천지란 만물이 잠시 머무는 여관(旅館)

　光陰者百代之過客 광음자백대지과객 　세월(歲月)이란 늘 있는 나그네

▷ **夫 부** 무릇[문장을 이끄는 부사] / **逆 역** 나그네를 마중 / **逆旅 역려** 여관(旅館)

▷ **顧客 고객** 1. 물건을 사러 오는 손님 2. 단골손님

▷ **旅客 여객** 여행(旅行)하는 사람. 나그네. 길손

逆鱗 역린 거스를·배반할·허물 역 ㅣ 비늘·물고기 린

용의 턱밑에 거꾸로 난 비늘[鱗: 린]이란 뜻으로 임금의 진노(震怒)를 말함

용이라는 동물은 평소에 등에 올라타고 다닐 정도로 유순(柔順)한 동물이지만,
만약, 용의 턱 아래에 길이가 한자[= 30센티미터]정도 되는 거꾸로 난 비늘을 건드리게 되면
용이 크게 노해 죽임을 당한다는 전설(傳說)에서 나온 말

『유의어』 攖鱗 영린

▷ **叛逆 비역** 반란(叛亂)을 일으킴 = 反亂 반란, 遘逆 구역, 叛逆 반역

▷ **片鱗 편린** 한 조각의 비늘이라는 뜻으로 사물의 극히 작은 한 부분을 이르는 말

▷ **錦鱗魚 금린어** 쏘가리

* 出典: 韓非子(한비자) 說難篇(세난편)

櫟翁稗說 역옹패설 상수리나무 역(력) ㅣ 늙은이 옹 ㅣ 피 패 ㅣ 말씀 설

고려(高麗)때 이제현(李齊賢)이 시화(詩話)·사화(史話)·시사(時事)를 기술한 책으로, 대부분 시(詩)에
대한 논의중심으로 되어있어 일종의 시(詩) 비평서(批評書)로 간주(看做)됨. 4권 1책으로 구성

▷ **稗官雜記** 패관잡기　조선 중기 어숙권(魚叔權)이 지은 수필집(隨筆集)

▷ **櫟樗** 역저, **樗櫟** 저력, **樗櫟之材** 저력지재
상수리나무와 가죽나무, 쓸모없는 인물 또는 자신을 쓸모없는 재목에 비유하는 겸사(謙辭)

▷ **尊翁** 존옹　남자 노인을 높여 이르는 말

易地思之 역지사지 <small>바꿀 역 / 쉬울 이 ｜ 처지·땅 지 ｜ 생각할 사 ｜ 어조사·이(지시대명사) 지</small>
상대방의 처지(處地)에서 생각하라는 뜻. 즉 나의처지를 상대방의 처지로 바꾸어서 생각함

｢유의어｣ **推己及人** 추기급인, **絜矩之道** 혈구지도

忖度 촌탁　남의 마음을 미루어 헤아림 ＝ **料度** 요탁

▷ **惠諒** 혜량　남이 나를 헤아려 살펴서 이해하여 주기를 바람(주로 편지)

▷ **海諒** 해량　바다처럼 넓은 마음으로 양해(諒解)하여 주기를 바람. 용서(容恕)를 구함

▷ **海量** 해량　바다처럼 넓은 도량(度量)으로 헤아려 주기를 바람. 용서를 구함

＊出典: 孟子(맹자) 離婁篇(이루편)

易簀 역책 <small>바꿀 역 / 쉬울 이 ｜ 살평상·대자리 책</small>
살평상[＝ 삿자리]을 바꾼다는 뜻, 학덕이 높은 사람의 죽음이나 임종을 비유하여 이르는 말
증자(曾子)가 죽을 때에 임박(臨迫)하여 삿자리를 바꾸어 깔았다는 고사에서 유래

｢유의어｣ **臨終** 임종　죽음을 맞이함. 부모가 돌아가실 때 그 곁에 지키고 있음 ＝ **終身**

屬纊 속광, **纊息** 광식
옛날 임종 시에, 고운 솜을 코나 입에 대어보며 호흡(呼吸)의 기운을 검사(檢査)하던 일

▷ **蘭摧玉折** 난최옥절　난초(蘭草)가 꺾이고 옥(玉)이 부서진다는 뜻으로
현인(賢人)이나 가인(佳人)의 죽음을 비유하는 말

▷ **斷末魔** 단말마　인간의 숨이 끊어질 때 느끼는 최후(最後)의 모진 고통(苦痛)을 비유

＊出典: 禮記(예기) 檀弓篇(단궁편)

延頸擧踵 연경거종 <small>늘일 연 ｜ 목 경 ｜ 들 거 ｜ 발꿈치 종</small>
목을 늘이고 발뒤꿈치를 들어 올린다는 뜻으로 사람이 찾아오기만을 고대(苦待)함의 비유

｢유의어｣ **延頸企踵** 연경기종

翹足而待 교족이대　발돋움을 하고 기다린다는 뜻, 곧 바라는 기회가 옴

鶴首苦待 학수고대　학처럼 목을 길게 빼고 몹시 애타게 기다림

▷ **延拖** 연타　일을 끌어서 미루어 나감

▷ **延人員** 연인원　어떤 일에 동원된 인원을, 그 일을 하루에 완성하는 것으로 하여,

일수를 인수(人數)로 환산한 총인원수 = 延人數 연인수

* 出典: 呂氏春秋(여씨춘추)

輦轂下 연곡하 손수레·가마 연(련) | 바퀴(수레 바퀴통) 곡 | 아래 하
임금의 가마와 임금이 탄 수레바퀴 아래라는 뜻으로 왕도[王都: 왕궁이 있는 도시]를 말함

【유의어】 轂下 곡하, 京 경(서울)

▷ 輦轝 연여 임금이 타는 연(輦)과 지친(至親)이 타는 여(轝)
▷ 輦輿 연여 천자(天子)가 타는 수레
▷ 轂擊 곡격 수레의 바퀴가 서로 부딪힌다는 뜻, 왕래(往來)가 많아 몹시 붐빈다는 말
▷ 下輦臺 하련대 임금이 연[輦: 가마]을 멈추고 내리는 대(臺)

捐金沈珠 연금침주 버릴 연 | 황금·금 금 | 잠길·가라앉을 침 | 구슬 주
금을 산에 버리고 구슬을 연못에 빠뜨린다는 뜻, 재물을 가벼이 보고 부귀(富貴)를 탐하지 않는다는 말[귀한 물질인 금과 구슬을 버림으로써 인간으로서 고귀한 정신적인 면을 지킴]

【유의어】 捐金於山 沈珠於淵 연금어산 침주어연 (에서 유래)
        見金如石 견금여석 황금보기를 돌 같이하다 [고려 말 최영 장군]
▷ 兄弟投金 형제투금 형제가 우연히 주운 황금을 갖지 않고 버림으로써 우애를 지킴
* 出典: 班固(반고) 東都賦(동도부)

鉛刀一割 연도일할 납 연 | 칼 도 | 하나 일 | 나눌·벨 할
납[鉛: 연]으로 만든 칼로 한번 벤다는 뜻. 즉 두 번 쓰지는 못함
비록 변변치 못한 칼이지만 한 번은 벨 수 있다는 겸손(謙遜)의 말
1. 자기의 힘이 미약(微弱)하다고 겸손(謙遜)하게 이르는 말
2. 우연(偶然)히 얻게 된 공명(功名)이나 영예(榮譽)

▷ 鉛黛 연대 흰 분과 눈썹연필 또는 화장품(化粧品)을 비유하는 말
▷ 割賦 할부 내야 할 돈을 여러 번에 나누어 냄
* 出典: 後漢書(후한서) 班超傳(반초전)

連絡杜絶 연락두절 이을 연 | 이을·얽을 락 | 막을·팥배나무 두 | 끊을 절
교통(交通)·통신(通信)·왕래(往來) 등이 막히거나 끊어져 연락(連絡)이 안 됨

【유의어】 斷港絶潢 단항절황, 杜絶 두절
【반의어】 絡繹不絶 낙역부절, 連絡不絶 연락부절

교통(交通)·통신(通信)·왕래(往來)가 잦아 소식(消息)이 끊이지 않음

▷ 門前雀羅 문전작라 찾아오는 사람이 없어, 문 앞에 새그물을 칠 정도임

▷ 杜門不出 두문불출 집에만 틀어박혀 세상 밖에 나가지 않음

連絡不絶 연락부절 이을 연 | 이을·얽을 락 | 아닐 부 | 끊을 절

교통(交通)·통신(通信)·왕래(往來)가 잦아 소식(消息)이 끊이지 않음

유의어 絡繹不絶 낙역부절

반의어 斷港絶潢 단항절황, 杜絶 두절, 連絡杜絶 연락두절
교통(交通)·통신(通信)·왕래(往來) 등이 막히거나 끊어져 연락(連絡)이 안 됨

▷ 門前成市 문전성시 찾아오는 사람이 많아 집 문 앞이 시장을 이루다시피 함

▷ 轂擊肩摩 곡격견마 수레의 바퀴통이 서로 부딪히고 사람의 어깨가 닿아 스친다는
뜻으로 거리가 번화(繁華)함을 이르는 말

捐廩補弊 연름보폐 버릴 연 | 곳집·쌀광 름 | 기울·보수할 보 | 폐단 폐

옛날에 벼슬아치들이 공익(公益)을 위하여 녹봉(祿俸)의 일부를 덜어 내어 보태던 일

유의어 捐廩 연름
十匙一飯 십시일반 열 사람이 밥 한 술씩 보태면 한 사람 먹을 분량이 된다는 뜻

▷ 義捐金 의연금 자선(慈善)이나 공익(公益)을 위해 내는 돈

▷ 廩庫 늠고 쌀을 넣어두는 곳집

連理比翼 연리비익 이을 연 | 결·다스릴 리 | 나란히 할·견줄 비 | 날개 익

서로 다른 나뭇가지가 만나 한 결을 이루고[連理枝: 연리지], 외짝 새가 서로 만나 한 쌍의 날개를
이루듯이[比翼鳥: 비익조], 부부(夫婦)사이가 아주 다정(多情)하고 화목(和睦)함을 비유하는 말
[연리지(連理枝) 비익조(比翼鳥)에서 유래]

유의어 比翼連理 비익연리, 連理 연리, 比翼 비익, 琴瑟 금실
比翼鳥 비익조, 連理枝 연리지, 比目魚 비목어
琴瑟之樂 금실지락, 如鼓琴瑟 여고금슬, 琴瑟相和 금슬상화
鐘鼓之樂 종고지락, 二姓之樂 이성지락

반의어 共命鳥 공명조 몸 하나에 머리가 두 개인 상상의 새로서, 하나가 죽으면
나머지 하나도 함께 따라 죽는 운명공동체의 생명을 가진 새

緣木求魚 연목구어 연줄·인연 연 | 나무 목 | 구할 구 | 물고기 어

나무 위에 올라가 물고기를 구한다는 뜻으로 목적을 달성(達成)하기 위하여 취하는 수단(手段)이
잘못되어 도저히 성공(成功)이 불가능함을 비유하는 말[실현 불가능 한 일 또는 어리석음]

『유의어』 上山求魚 상산구어, 與羊謀肉 여양모육

　　　　　與虎謀皮 여호모피, 與狐謀皮 여호모피, 釋階登天 석계등천

▷　夤緣 인연　덩굴이 줄을 타고 뻗어 올라감. 또는 권세(權勢)에 빌붙어 이익을 꾀함

▷　攀緣 반연　더 높이 기어 올라감. 세력 있는 사람에게 의지하여 출세함. 속된 인연에 끌림.

＊ 出典: 孟子(맹자) 梁惠王篇(양혜왕편)

年富力强 연부역강 해 연(년) | 세찰·충분할·부자 부 | 힘 역(력) | 강할 강

나이가 젊고 기운이 왕성(旺盛)함. 기운이 짱짱함

『유의어』 春秋鼎盛 춘추정성　제왕(帝王)의 나이가 한창 젊음. 제왕의 한창때

▷　富强 부강　백성(百姓)이 부유(富裕)하고 군사(軍士)가 강함

鳶飛魚躍 연비어약 솔개 연 | 날 비 | 물고기 어 | 뛸·뛰어오를 약

하늘에는 솔개가 날고 바다에는 물고기가 뛰며 논다는 뜻, 온갖 생물이 자연스럽게 생을 즐기며
천지와의 조화(造化)를 이루는 것이 자연의 오묘(奧妙)한 도(道)라는 말

▷　飛躍 비약　급격(急擊)히 발전하거나 향상(向上)됨. 순서(順序)를 밟지 않고 나아감

▷　跳躍 도약　1. 뛰어오름 2. 급격한 진보(進步)·발전(發展)의 단계(段階)로 접어듦

▷　鷗 솔개 치 鷹 매 응 梟 올빼미 효 鵲 까치 작 雀 참새 작 燕 제비 연

▷　魚翅 어시　물고기 지느러미

＊ 出典: 詩經(시경) 大雅(대아) 旱麓篇(한록편)

淵藪 연수 못 연 | 숲(덤불)·늪 수

못과 숲이라는 뜻으로 많은 사람이나 사물이 모이는 곳을 말함
못에는 물고기가 모여들기 마련이고 숲에는 짐승과 새들이 자연히 모여드는 것과 마찬가지로,
사물이나 사람이 많이 모여든다는 말

『유의어』 淵叢 연총

　　　　　闐委 전위　사람이나 사물이 많이 모여 듦을 이르는 말

　　　　　螽結 종결　메뚜기 떼가 모여 듦. 사람이 무수하게 집결(集結)함을 비유하는 말

　　　　　蜉結 부결　하루살이처럼 모여 듦. 많은 사람이 들끓음을 이르는 말

　　　　　蟻賊 아적　개미떼같이 새까맣게 모인 도둑의 무리. 헤아릴 수없이 많음

▷ 桃李不言 下自成蹊 도리불언 하자성혜, 桃李成蹊, 도리성혜
　도리[= 복숭아와 자두]는 자기 스스로 오라고 말하지 않아도 [꽃이 곱고 열매가 맛있어]
　자연히 사람들의 왕래(往來)가 많아, 그 나무 아래에는 저절로 길이 생긴다는 말

燕雁代飛 연안대비　제비 연 | 기러기 안 | 대신할 대 | 날 비

제비가 날아올 때 기러기는 날아가고 기러기가 날아올 때 제비가 날아가 서로 교체(交遞)하여
각각 반대로 날아가 못 만나듯이 사람의 일이 서로 어긋나 좀처럼 만나기 어렵다는 말

『유의어』　燕鴻之歎 연홍지탄　제비와 기러기처럼, 길이 어긋나서 서로 만나지 못함을 탄식
　　　　　　勞燕分飛 노연분비　때까치와 제비가 서로 엇갈려 날아감. 길이 어긋나 만나지 못함

▷ 替代 체대　어떤 일을 서로 번갈아 가며 대신함 = 遞代 체대, 交代 교대

▷ 燕尾服 연미복　제비의 꼬리처럼 보이는 남자용 서양예복
　　　　　[저고리의 앞은 허리아래가 없고 뒤는 두 갈래로 내려와 마치 제비의 꼬리처럼 생겼음]

* 出典: 淮南子(회남자)

燕窩 연와　제비 연 | 움집 와

해안(海岸)의 바위틈에서 사는 제비[= 金絲燕: 금사연]둥지. 제비가 물고기나 해조(海藻)를 물어다가
자기의 끈적끈적한 침을 발라 만든 둥지로, 중국요리의 고급 국거리임

『유의어』　燕巢 연소　제비둥지

▷ 金絲燕 금사연　제빗과의 새. 여느 제비보다 조금 작음

▷ 窩藏 와장　범인(犯人)을 숨겨주고 재워주는 일 = 隱匿 은닉

▷ 渦中 와중　1. 물이 소용돌이[渦: 와]치며 흐르는 가운데
　　　　　　　2. 어떤 일 등이 시끄럽고 어지럽게 벌어진 가운데

燕雀安知鴻鵠之志 연작안지홍곡지지

제비 연 | 참새 작 | 어찌 안 | 알 지 | 큰기러기 홍 | 고니 곡 | 어조사 지 | 뜻 지

제비나 참새 따위가 어찌 기러기나 고니의 큰 뜻을 알겠느냐? (설의법: 모른다)
평범(平凡)한 사람이 영웅(英雄)의 큰 뜻을 알 리가 없다는 말의 비유

『유의어』　燕雀不知鴻鵠之知 연작부지홍곡지지

▷ 燕雀 연작　1. 제비와 참새　2. 소인배(小人輩). 도량(度量)이 좁은 사람

▷ 鴻鵠 홍곡　1. 기러기와 고니　2. 영웅호걸(英雄豪傑), 도량(度量)이 큰 인물

* 出典: 史記(사기) 陳涉世家(진섭세가: 陳勝[진승]과 吳廣[오광]의 최초 농민봉기에서 유래)

吮疽之仁 연저지인　빨·핥을 연 | 등창·(악성)종기 저 | 어조사 지 | 어질·자애 인

1. 장군(將軍)이 자기의 부하(部下)를 지극히 사랑하는 어진마음
2. 목적달성(目的達成)을 위하여 베푸는 가면적(假面的)인 사랑을 비유하는 말

주(周)나라의 오기(吳起)라는 장수(將帥)가 전장(戰場)에서 자기부하의 종기(腫氣)를 입으로 직접
빨아서 병을 고쳐주었다는 고사에서 유래[그 결과 그 병사는 감동하여 전투에서 죽음으로 보답함]

유의어 絕纓之會 절영지회, 絕纓之宴 절영지연
　　　　　 갓끈을 끊고 즐기는 연회(宴會)라는 뜻으로 남의 잘못을 관대(寬待)하게 용서(容恕)해
　　　　　 주거나 어려운 일에서 구해주면 반드시 좋은 보답(報答)이 따름을 비유하는 말

* 出典: 史記(사기) 吳起列傳(오기열전)

煙霞痼疾 연하고질　연기 연 | 노을(놀)·아득할 하 | 고질병 고 | 병·빠를 질

고요한 산수의 경치(景致)를 몹시 사랑하고 즐기는 고질(痼疾)과도 같은 성벽[性癖: 굳어진 버릇]

유의어 煙霞之癖 연하지벽

　　　　 泉石膏肓 천석고황　산수(山水)를 사랑하는 것이 너무 정도에 지나쳐 마치 불치의
　　　　　　　　　　　　　　　 고질(痼疾)과 같다는 뜻으로 벼슬길에 나서지 않음을 이르는 말

▷ 煙霞 연하　안개와 노을, 고요한 산수의 경치(景致). 자연(自然)

▷ 痼疾 고질　오래되어 고치기 어려운 병 = 持病 지병

▷ 膏肓 고황　심장과 횡격막의 사이. 사람의 몸속 가장 깊은 곳으로 병이 낫지 않음을 비유

* 出典: 唐書(당서) 田遊岩傳(전유암전: 당나라 고종과 전유암의 대화)

燕鴻之歎 연홍지탄　제비 연 | 큰기러기 홍 | 어조사 지 | 탄식할 탄

제비와 기러기의 탄식(歎息), 길이 서로 어긋나 만나지 못해 탄식(歎息)함을 비유하는 말
가을에 여름새인 제비는 남쪽으로 날아가고 겨울새인 기러기는 북쪽으로 날아가서 길이 서로
어긋나 만나지 못함을 탄식함

유의어 燕雁代飛 연안대비, 勞燕分飛 노연분비

　　　　 參商之歎 삼상지탄　멀리 떨어져 있는 삼성(參星)과 상성(商星)처럼 두 사람이
　　　　　　　　　　　　　　　 떨어져 있어 서로 만나기 어려움을 한탄(恨歎)하는 말

　　　　 渭樹江雲 위수강운　위수(渭水)에 있는 나무와 위수를 멀리 지나 강수(江水)위에
　　　　　　　　　　　　　　　 떠있는 구름이라는 뜻으로 멀리 떨어져 있는 벗이 서로 그리워하는 말로 쓰임

▷ 燕賀 연하　제비가, 사람이 집을 지으면 제집도 생기겠다하고 좋아하며 축하한다는 뜻에서,
　　　　　　　 남이 집을 짓거나 새집으로 이사할 때 같이 기뻐하며 축하(祝賀)해 주는 말

涅槃 열반　음역·개흙 열(녈) | 음역·쟁반 반

중의 죽음. 특히 덕이 높은 승려(僧侶)의 죽음. 또는 모든 번뇌(煩惱)의 얽매임에서 벗어나고
영원(永遠)한 진리(眞理)를 깨달아 불생불멸(不生不滅)의 법을 체득(體得)한 경지

유의어 니르바나(Nirvana = 열반[音譯: 음역])

　　解脫 해탈, **入寂** 입적, **寂滅** 적멸, **滅度** 멸도, **入滅** 입멸, **度脫** 도탈
　　굴레나 얽매임에서 벗어남. 번뇌·속박에서 벗어나 근심이 없는 편안한 심경에 이름

　　自解 자해　스스로의 힘으로 굴레나 구속(拘束)에서 벗어남

▷ **涅** 개흙[검은 개펄 흙]: 열(녈) / 검은색으로 물들일: 날

▷ **波羅蜜多** 바라밀다　보살(菩薩)의 수행. 현실의 생사의 차안(此岸)에서 열반의
　　　　　　　　　　　피안(彼岸)으로 건넌다는 뜻 = **波羅蜜** 바라밀

恬淡退守 염담퇴수 편안할 염(념) | 맑을·묽을 담 | 물러날 퇴 | 지킬 수
세상의 명리와 벼슬을 탐(貪)하지 않고 담박(淡泊)한 마음으로 세상의 뒤편에 물러나 있음을 비유

유의어 **恬退** 염퇴, **退嬰** 퇴영　뒤로 물러나서 움직이지 않음

▷ **恬謐** 염밀　마음이 편안하고 고요함

▷ **恬逸** 염일　마음이 편안하고 자유로움

▷ **恬然** 염연　욕심이 없어 마음이 흔들리지 않고 화평함 = **恬雅** 염아

閻羅大王 염라대왕 마을·마을 문 염 | 벌릴·새그물 라 | 큰 대 | 임금 왕
지옥에서 십팔장관(十八將官)과 팔만옥졸(八萬獄卒)을 거느리며 죽은 자의 영혼(靈魂)을 다스리고
사람의 생전의 행위를 심판(審判)하여 상벌(賞罰)을 내리는 지옥(地獄)의 대왕

유의어 **閻羅** 염라, **閻魔** 염마, **閻魔大王** 염마대왕

▷ 참고: 리그베다 야마천[최초의 인간으로서 죽음을 경험한 자이며 지옥의 왕]

▷ **玉皇上帝** 옥황상제　도가(道家)에서 말하는 하느님 = **天皇** 천황, **玉帝** 옥제

▷ **龍王** 용왕　바다에 살며 비와 물을 맡고 불법(佛法)을 수호하는 용 가운데의 임금

炎涼世態 염량세태 불탈·뜨거울 염 | 서늘할 량 | 인간 세 | 모양·태도 태
뜨거웠다가 차가워지는 세태라는 뜻, 권세(權勢)가 있으면 아첨(阿諂)하여 따르고 몰락(沒落)하면
냉대[冷待: 푸대접]하는, 의리(義理)나 지조(志操)가 없는 세상의 인심(人心)을 이르는 말

유의어 **世態炎涼** 세태염량, **附炎棄寒** 부염기한

　　飜雲覆雨 번운복우, **市道之交** 시도지교

　　甘呑苦吐 감탄고토　제 비위에 맞으면 좋아하고 맞지 않으면 싫어한다는 말

▷ **納涼** 납량　여름철에 더위를 피하여 서늘한 바람을 쐬는 것

▷ **潦炎** 요염　장마철의 무더위 = **潦熱** 요열

▷ 炎天 염천 불볕더위 = 熱天 열천, 暴炎 폭염, 袢燠 번욱, 燠暑 욱서

厭世主義 염세주의 싫어할 염 | 인간 세 | 주인·임금 주 | 옳을 의

세계나 인생을 불행(不幸)하고 비참(悲慘)한 것으로 보아 싫어하며, 개혁(改革)이나 진보(進步)는 불가능하다고 보는 경향(傾向)이나 태도(態度)

「유의어」 厭世 염세, 悲觀 비관, 悲觀主義 비관주의

「반의어」 樂天主義 낙천주의, 樂觀主義 낙관주의, 樂觀 낙관, 樂天 낙천
세상과 인생을 희망적(希望的)으로 보는 생각이나 사상(思想)

斂膝端坐 염슬단좌 거둘 염(렴) | 무릎 슬 | 단정할·끝 단 | 앉을 좌

무릎을 거두어 모으고 옷자락을 바로 하여 단정(端整)히 앉음

「유의어」 斂膝危坐 염슬위좌, 斂膝跪坐 염슬궤좌

▷ 膝下 슬하 무릎의 아래라는 뜻으로 부모의 곁 또는 부모의 보살핌 아래

▷ 膝蓋骨 슬개골 무릎 앞 한가운데에 둥글게 덮고 있는 종지[작은 그릇] 모양의 뼈

▷ 收斂 수렴 돈·물품·조세(租稅)를 거두어들임 또는 의견·주장·여론 등을 한데 모음

▷ 端拱危坐 단공위좌 단정히 팔짱을 끼고 똑바로 앉음

拈華微笑 염화미소 집을·집어들 염(념·접) | 꽃·빛날 화 | 작을 미 | 웃음 소

꽃을 집어 들고 살며시 웃음을 띤다는 뜻, 말로 하지 않고 마음에서 마음으로 뜻을 전하는 일을 비유하는 말 [연꽃은 진흙 속에 살지만 꽃과 잎에는 진흙이 묻지 않듯이, 불자(佛子) 역시 세속(世俗)의 추(醜)함에 물들지 말고 오직 선(善)을 행하라는 뜻으로 단지 꽃을 들어 보임]

석가모니가 영산회(靈山會)에서 연꽃 한 송이를 대중에게 보이자, 마하가섭만이 그 뜻을 깨닫고 미소(微笑)로 답하여 보임으로써 오직 그에게 불교의 진리를 전해주었다고 하는 고사에서 유래

「유의어」 拈花示衆 염화시중, 心心相印 심심상인, 不立文字 불립문자
以心傳心 이심전심, 敎外別傳 교외별전

▷ 拈語 염어 불가에서, 옛사람의 이야기를 해석(解釋)하고 비평(批評)하는 일

▷ 拈衣 염의 스승에게서 물려받은 법의를 착용. 즉 스승의 법맥이나 법통을 이음을 상징

榮枯盛衰 영고성쇠 꽃필·영화 영 | 마를·시들 고 | 성할 성 | 쇠할·약해질 쇠

꽃이 피고(榮) 시들고(枯) 성(盛)하고 쇠(衰)한다는 뜻으로
1. 천지(天地)의 시운(時運)이 끊임없이 변화(變化)하고 순환(循環)하는 일
2. 인생이나 사물의 번성(繁盛)하고 쇠락(衰落)함이 서로 뒤바뀌는 현상

유의어 興亡盛衰 흥망성쇠　흥하고 망함과 성하고 쇠함[순환 됨]

禍福糾纆 화복규묵　화와 복이 꼬아놓은 노끈처럼 얽혀있다는 뜻으로
　　　　　　　　　화와 복이 얽혀있어 서로 번갈아 나타나며 순환된다는 말

榾菀 고울　시듦과 우거짐, 인생과 사물의 성쇠(盛衰)와 영욕(榮辱)을 비유

榮枯一炊 영고일취 꽃필·영화 영 ｜ 마를·시들 고 ｜ 하나 일 ｜ 불 땔·밥할 취

인생(人生)에서 꽃이 피고 시드는 것이 밥 한번 짓는 순간(瞬間)처럼 덧없고 부질없다는 말
당(唐)나라 소년 노생(盧生)이 도사(道士)인 여옹(呂翁)의 베개를 빌려 베고 잠깐 잠이 들어
부귀영화를 누리며 80세까지 산 꿈을 꾸었는데, 깨어보니 아까 주인이 짓던 조밥이 아직
채 익지도 않았더라는 고사에서 유래

유의어 一炊之夢 일취지몽, 一場春夢 일장춘몽, 南柯一夢 남가일몽

邯鄲夢枕 한단몽침, 邯鄲之枕 한단지침, 邯鄲夢 한단몽

盧生之夢 노생지몽, 槐安夢 괴안몽, 黃粱夢 황량몽

▷ 自炊 자취　밥을 직접 지어 먹으면서 생활함

▷ 榮轉 영전　더 좋은 자리나 직위로 옮기는 일 = 陞遞 승체 ↔ 左遷 좌천

永久不變 영구불변 길·오랠 영 ｜ 오랠 구 ｜ 아닐 불 ｜ 변할 변

오래도록 변하지 아니함. 영원(永遠)히 변치 않음

유의어 永遠不滅 영원불멸, 永遠不變 영원불변

▷ 天長地久 천장지구　하늘과 땅은 영구(永久)히 변함이 없음

▷ 持久力 지구력　오래 견디어 내는 힘

零零瑣瑣 영령쇄쇄 떨어질·영락할 영(령) ｜ 옥가루·자질구레할 쇄

보잘것없이 매우 자질구레함

유의어 零瑣 영쇄, 零碎 영쇄, 零零碎碎 영령쇄쇄　아주 잘게 부스러짐

▷ 零落 영락　초목(草木)의 잎이 시들어 떨어짐
　　　　　　　세력이나 살림이 줄어서 아주 보잘것없이 됨 = 落魄 낙백

▷ 瑣談 쇄담　자질구레한 이야기 = 瑣言 쇄언

盈滿之咎 영만지구 찰·가득할 영 ｜ 찰·가득할 만 ｜ 어조사 지 ｜ 허물·재앙 구

가득차면 기울고 넘치는 허물이 생긴다는 뜻으로 만사(萬事)가 다 이루어지면 도리어 화(禍)를
가져오게 될 수 도 있다는 말. 즉 어떤 일이 잘되었을 때 조심(操心)하라는 말

유의어 亢龍有悔 항룡유회, 月滿則虧 월만즉휴, 日月盈昃 일월영측

花無十日紅 화무십일홍　열흘 붉은 꽃이 없음, 한 번 성한 것은 반드시 곧 쇠해짐

勢無十年過 세무십년과, 勢無十年 세무십년
세도가 10년을 못 간다는 뜻. 권세와 영화가 오래 계속되지 못하니 처신을 잘하라는 말

權不十年 권불십년　권세는 십 년을 가지 못한다는 뜻, 아무리 권세가 높다 해도
　　　　　　　　　　　오래가지 못한다는 말. 끝이 있으니 처신(處身)을 잘하라는 말

▷ 懺咎 참구　잘못(허물)을 뉘우침

* 出典: 後漢書(후한서)

郢書燕說 영서연설　땅이름 영 ｜ 글 서 ｜ 나라이름·제비 연 ｜ 말씀 설

영(郢)나라의 글을 연(燕)나라 사람이 설명(說明)한다는 뜻, 이치에 맞지 않는 것을 끌어다 붙여
억지로 이치(理致)에 꿰맞춘다는 말. 즉 말이 안 되는 짓거리를 억지로 한다는 말

유의어 漱石枕流 수석침류, 推舟於陸 추주어륙

指鹿爲馬 지록위마, 以鹿爲馬 이록위마
윗사람을 농락(籠絡)하여 권세(權勢)를 마음대로 함을 가리키는 말

牽强附會 견강부회　사리(事理)에 맞지 않은 말을 억지로 끌어다 붙여
　　　　　　　　　　자기에게 유리(有利)하도록 함

* 出典: 韓非子(한비자)

伶牙俐齒 영아이치　영리할 영 ｜ 어금니 아 ｜ 똑똑할 이(리) ｜ 이빨 치

영리한 어금니와 똑똑한 이빨이라는 뜻으로 썩 좋은 말솜씨를 비유하여 이르는 말

유의어 懸河口辯 현하구변, 懸河之辯 현하지변, 懸河雄辯 현하웅변
물이 높은 곳에서 아래로 세차게 내려흐르듯 거침없이 잘하는 말

靑山流水 청산유수　푸른 산위에서 흘러내리는 맑은 물, 막힘없이 말을 잘함

蘇秦張儀 소진장의　소진(蘇秦)과 장의(張儀)처럼 구변(口辯)이 좋은 사람

達辯 달변, 能辯 능변

▷ 百伶百俐 백령백리　매우 영리하고 민첩(敏捷)함

獰惡無道 영악무도　모질·사나울 영(녕) ｜ 악할 악 ｜ 없을 무 ｜ 길 도

모질고 사납기가 이를 데 없이 심함. 매우 악랄(惡辣)함. 최고 악질(惡質)

▷ 暴惡無道 포악무도　말할 수 없이 사납고 악독(惡毒)함

▷ 悖惡 패악　도리에 어긋나고 흉악(凶惡)함

▷ 獰風 영풍　몹시 사나운 바람

永安託孤 영안탁고　길·오랠 영 | 편안할 안 | 부탁할·맡길 탁 | 고아·외로울 고

죽어가면서 자신이 믿는 인물(人物)에게 자식(子息)을 맡기며 후사(後事)를 부탁(付託)한다는 말

영안(永安)땅에서 유비(劉備)가 제갈량(諸葛亮)에게 자신이 죽으면 자식인 유선[後王: 후왕]을
부탁(付託)한다는 고사에서 유래

> **유의어** 遺詔 유조, 顧命 고명　임금이 유언으로 나라의 뒷일을 부탁(付託)함
>
> 遺言 유언　죽음에 이르기 직전(直前)에 남기는 말

▷ 請託 청탁　청하여 부탁함. 또는 그 부탁(付託)

* 出典: 三國志(삼국지)

英雄豪傑 영웅호걸　빼어날 영 | 수컷·뛰어날 웅 | 호걸 호 | 호걸·뛰어날 걸

영웅(英雄)과 호걸(豪傑)을 함께 이르는 말. 난세(亂世)를 극복(克服)하고 세상을 평정할 인물

▷ 英雄 영웅　지혜(智慧)와 용기(勇氣)가 뛰어나고 어려운 일을 해내는 사람

▷ 豪傑 호걸　지혜와 용기가 뛰어나고 기개(氣槪)와 풍모(風貌)가 있는 사람

▷ 雌雄 자웅　1. 암수[짐승의 암컷과 수컷] = 牝牡 빈모

　　　　　　　2. 강약(强弱)·승부(勝負)·우열(優劣) 등의 비유

穎脫而出 영탈이출　뾰족한 끝·이삭 영 | 벗을 탈 | 말 이을 이 | 날·나타날 출

뾰족한 송곳 끝이 주머니를 뚫고 나온다는 뜻으로 뛰어나고 훌륭한 재능이 자연스레 밖으로
드러남을 비유하는 말

> **유의어** 穎脫 영탈
>
> 囊中之錐 낭중지추, 錐處囊中 추처낭중, 錐囊 추낭
> 주머니 속의 송곳. 재능이 뛰어난 사람은 숨어 있어도 남의 눈에 저절로 드러난다는 뜻

▷ 穎敏 영민　영특하고 민첩함 = 英敏 영민, 穎悟 영오 ↔ 愚鈍 우둔

* 出典: 史記(사기) 平原君列傳(평원군열전)

藝文類聚 예문유취　법·재주·끝·심을 예 | 글월 문 | 무리 유(류) | 모을·무리 취

당(唐)나라 구양순(歐陽詢)이 칙명(勅命)을 받들어 편찬(編纂)한 백과사전류(百科事典類)의 책

▷ 勅命 칙명　임금의 명령 = 勅令 칙령, 勅旨 칙지

▷ 編纂 편찬　여러 가지 자료(資料)를 모아 체계적(體系的)으로 정리(整理)해서 책을 만듦

▷ 聚落 취락　인간이 집단적(集團的)으로 생활하는 장소 또는 인가가 모여 있는 곳

▷ 類似 유사　서로 비슷함

曳尾塗中 예미도중 끌 예 ｜ 꼬리 미 ｜ 길·칠할 도 ｜ 가운데 중

진흙 속에서 꼬리를 끌고 다님. 벼슬을 하지 않고 필부(匹夫)로 한가롭게 지낸다는 말

장자(莊子)가 재상(宰相)자리를 제의 받았을 때 "거북이가 죽어서 점치는데 쓰여 귀하게
대접(待接)받기보다는, 평범하게 살아서 진흙 속에서 꼬리를 끌고 다니기를 더 바랄 것"이라는
비유의 말을 하며 벼슬을 거부(拒否)한 고사에서 유래

유의어 　塗中曳尾 도중예미

▷ 　曳引 예인　배에 줄을 매어 다른 배를 끎

▷ 　牽引 견인　끌어당김 = 牽曳 견예

▷ 　拘引 구인　1. 사람을 강제(強制)로 잡아 끌고 감
　　　　　　　　2. 법원이 신문(訊問)을 위해서 피고인·증인 등을 강제적으로 데리고 가는 일

＊ 出典: 莊子(장자) 秋水篇(추수편: 莊子[장자]가 宰相[재상]자리를 拒絕[거절]할 때 한말)

禮尙往來 예상왕래 예도 예(례) ｜ 숭상할 상 ｜ 갈 왕 ｜ 올 래

**예의(禮儀)는 서로 왕래(往來)하며 교제(交際)함을 귀히 여김. 서로 방문(訪問)하여 왕래하는 것을
존숭(尊崇)한다는 말**

왕(往)은 남에게 물건(物件)을 가지고 가서 인사하는 시혜(施惠)
래(來)는 상대방이 답례(答禮)하러 오는 보답(報答)에 해당(該當)되는 말

유의어 　施報 시보　시혜(施惠)와 보답(報答)

▷ 　禮見 예현　예의(禮儀)를 갖추어 만나는 것

▷ 　崇尙 숭상　높여 소중(所重)히 여김

＊ 出典: 禮記(예기) 曲禮上(곡례상)

禮儀凡節 예의범절 예도 예(례) ｜ 예의·거동 의 ｜ 무릇·모든 범 ｜ 마디 절

일상생활(日常生活)에서 갖추어야할 모든 예의(禮義)와 절차(節次)

유의어 　에티켓[etiquette]　사교(社交)상의 마음가짐이나 몸가짐. 불문율(不文律: 동업자 간)
　　　　　매너[manners]　예의(禮儀)와 예절 또는 행동방식이나 자세(姿勢)

▷ 　禮義廉恥 예의염치　예절(禮節)·의리(義理)·청렴(淸廉)한 마음과 수치(羞恥)를 아는 태도

▷ 　儀軌 의궤　나라에서 큰일을 치를 때 후세(後世)에 참고(參考)하기 위하여 그 일의
　　　　　　　전말(顚末)·경과(經過)·경비(經費) 등을 자세(仔細)하게 기록(記錄)한 책

熬苦椒醬 오고초장 볶을·마음 졸일 오 ｜ 쓸 고 ｜ 산초나무 초 ｜ 젓갈·장 장

볶은 고추장[= 고추장에 참기름·설탕·쇠고기·기타양념 등을 넣고 볶음]

▷ 　熬餠 오병　떡볶이 / 甑餠 증병　시루떡

▷ 肉醬 육장　쇠고기를 잘게 썰어서 간장에 조린 반찬 = 장조림
▷ 椒房 초방　후추 가루를 바른 방. 왕비나 왕후가 거처(居處)하는 방
　　[후추나무는 온기가 있고 열매가 많은 식물로서 자손이 많이 퍼지라는 뜻]

五穀百果 오곡백과　다섯 오 | 곡식·양식 곡 | 일백 백 | 실과·열매 과
벼·보리·콩·조·기장 등 다섯 가지를 대표(代表)로 하여 온갖 곡식(穀食)과 과실(果實)을 이르는 말

▷ 穀食 곡식　사람의 식량이 되는 쌀·보리·콩·조·수수 등의 총칭 = 穀物 곡물
▷ 果實 과실　과수(果樹)에 열리는 열매
▷ 糧穀 양곡　양식(糧食: 삶에 필요한 먹을거리)으로 쓰는 곡식

五里霧中 오리무중　다섯 오 | 거리·마을 리 | 안개 무 | 가운데 중
짙은 안개가 5리(五里)나 길게 끼어 있는 그 속에 있다는 뜻
1. 어떤 일에 대하여 방향(方向)이나 갈피를 잡을 수 없어 매우 혼란(混亂)스러운 상황(狀況)을 비유
2. 마음이 어지러워 어찌 할 바를 모름

▷ 霧散 무산　안개가 걷히듯 흩어져 사라짐 또는 어떤 일이 흐지부지 취소(取消)됨을 비유
▷ 霧笛 무적　안개 끼었을 때 경고신호로 울리는 고동[등대나 배에 장치함]
▷ 靄 아지랑이 애 露 이슬 로 霜 서리 상 雪 눈 설 雹 우박 박 霰 싸라기 눈 산

* 出典: 後漢書(후한서) 張楷傳(장해전)

傲慢放恣 오만방자　거만할 오 | 게으를·오만할 만 | 놓을 방 | 방자할 자
건방지게 남을 업신여기고 제멋대로 행동함[오만 + 방자]

유의어
傲慢不遜 오만불손　오만(傲慢)하여 겸손(謙遜)한 데가 없음
眼下無人 안하무인, 眼中無人 안중무인
눈 아래에 사람이 없다는 뜻으로, 방자하고 교만하여 남을 업신여김을 이르는 말
傍若無人 방약무인　곁에 사람이 없는 것처럼 거리낌 없이 함부로 말하고 행동함
傲慢 오만　건방지고 거만(倨慢)함 ↔ 謙遜 겸손
放恣 방자　꺼리거나 삼가는 태도가 없이 무례하고 건방짐
驕肆 교사　교만(驕慢)하고 방자(放恣)함
偃蹇 언건　거드름을 피우며 거만(倨慢)함 = 偃然 언연

寤寐不忘 오매불망　잠깰 오 | 잠잘 매 | 아닐 불 | 잊을 망
자나 깨나 잊지 못한다는 뜻, 사랑하는 사람을 그리워하거나 걱정·근심 또는 어떤 생각이 많아 잠

못 드는 것을 비유하는 말

『유의어』 寤寐思服 오매사복, 晝夜不忘 주야불망

輾轉不寐 전전불매, 輾轉反側 전전반측
누워서 마음에 둔 여인생각이나 많은 고민에 이리저리 뒤척거리며 잠을 이루지 못함

▷ 君子好逑 窈窕淑女 군자호구 요조숙녀   군자의 좋은 짝[配匹: 배필]은 요조숙녀

▷ 備忘錄 비망록   잊지 않으려고 적어 둔 기록이나 책자 = 메모

* 出典: 詩經(시경) 關雎(관저)

奧密稠密 오밀조밀 속·깊을 오 | 빽빽할 밀 | 빽빽할 조 | 빽빽할 밀

1. 솜씨나 재간(才幹)이 정교(精巧)하고 매우 세밀(細密)한 모양
2. 마음 씀씀이가 꼼꼼하고 매우 자상(仔詳)한 모양

▷ 稠密 조밀   촘촘하고 빽빽함

▷ 深奧 심오   사상(思想)과 이론(理論)이 깊고 오묘(奧妙)함

▷ 奧妙 오묘   심오(深奧)하고 미묘(微妙)함

吾不關焉 오불관언 나 오 | 아닐 불 | 관계할·관문 관 | 이에·여기·어찌 언

나는 그 일에 상관(相關)하지 않는다는 태도(態度). 모르는 체함. 신경 쓰기 싫음

『유의어』 無關心 무관심   관심(關心)이나 흥미(興味)가 없음

度外視 도외시   가외(加外)의 것으로 봄. 안중(眼中)에 두지 않고 무시함

置之度外 치지도외   내버려 두고 문제(問題)로 삼지 않음

對岸之火 대안지화   강 건너 불. 어떤 일이 자기에게는 관계없는 듯 무관심함

袖手傍觀 수수방관   팔짱을 끼고 보고만 있다는 뜻으로 간섭(干涉)하거나
거들지 않고 그대로 버려둠을 이르는 말

吾鼻三尺 오비삼척 나 오 | 코 비 | 석 삼 | 자 척

내 코[= 콧물]가 석자라는 속담으로 큰 일 났다는 뜻.
자기 사정(事情)이 너무도 급해 남을 돌볼 겨를이 없음을 비유하는 말

『유의어』 吾鼻涕垂三尺 오비체수삼척   내 콧물이 석자나 빠져 길게 매달려있음[절박함]

救死不瞻 구사불첨   몹시 곤란(困難)하여 다른 일을 돌아볼 겨를이 없음

朝不慮夕 조불려석   형세가 절박하여 아침에 저녁 일을 헤아리지 못한다는 뜻

日暮途遠 일모도원, 日暮途窮 일모도궁
1. 날은 저물고 갈 길은 멀다   2. 늙고 쇠약해서 앞날이 얼마 남지 않음의 비유

▷ 鼻祖 비조, 始祖 시조, 元祖 원조
  1. 한 겨레의 맨 처음이 되는 조상　2. 어떤 학문이나 기술 등을 처음 연 사람

▷ 喙長三尺 훼장삼척　주둥이가 석 자라도 변명(辨明)할 수가 없다는 뜻으로
                              허물이 드러나서 숨길 수가 없음을 이르는 말

* 出典: 旬五志(순오지)

烏飛梨落 오비이락　까마귀 오 | 날 비 | 배 이(리) | 떨어질 락

나뭇가지에 앉아있던 까마귀가 날자마자 멀쩡하게 달려있던 배가 땅에 떨어진다는 뜻으로
즉, 우연(偶然)히 어떤 일이 공교(工巧)롭게 동시에 발생하여 마치 다른 일과 관계된 것처럼
억울(抑鬱)하게 남에게 의심(疑心)을 받거나 난처한 처지(處地)가 됐을 때 하는 말

「유의어」 瓜田李下 과전이하, 瓜田不納履 과전불납리, 李下不整冠 이하부정관
          오이 밭에서 신발 끈을 고쳐 매지 말고 자두나무 아래에서 갓을 고쳐 쓰지 말라는 뜻
          남에게 의심(疑心)을 받을 만한 일은 하지 말라는 말. 쓸데없이 오해사면서 살지 마라

▷ 仆地據鬚 부지거수　넘어지는 서슬에 수염(鬚髥)을 잡는다는 뜻으로
                       즉 우연(偶然)히 일이 겹쳐 의심을 받는다는 뜻의 속담(俗談)

傲霜孤節 오상고절　거만할 오 | 서리 상 | 홀로 고 | 절개·마디 절

서릿발같이 심한 추위 속에서도 굴하지 않고 홀로 꼿꼿하다는 뜻으로 절개(節槪)있는 선비·충신
또는 국화(菊花)를 말함

「유의어」 霜風高節 상풍고절　곤경에 처하여도 굽히지 않는, 서릿바람 같은 높은 절개
          雪中松柏 설중송백　눈 속의 소나무와 잣나무라는 뜻, 높고 굳은 절개를 일컫는 말
          歲寒松柏 세한송백　추운시절의 소나무와 잣나무, 어지러운 시대에도
                            변치 않는 선비의 굳은 지조(志操)와 절개(節槪)
          獨也靑靑 독야청청　홀로 푸르고 푸르다는 뜻. 높은 절개(節槪)를 비유

▷ 傲慢 오만　건방지고 거만(倨慢)함

▷ 驕慢 교만　잘난 척하고 뽐내며 건방짐

▷ 倨慢 거만　잘난 체하고 남을 업신여김

五色玲瓏 오색영롱　다섯 오 | 빛 색 | 옥소리 영(령) | 옥소리 롱(농)

여러 가지 빛깔이 한데 섞여 찬란(燦爛)함

「유의어」 五彩玲瓏 오채영롱
          輝煌燦爛 휘황찬란　광채(光彩)가 빛나서 눈이 부시다
          豪華燦爛 호화찬란　눈부시도록 빛나고 호화로움

▷ **玲瓏 영롱**   1. 광채(光彩)가 찬란(燦爛)함   2. 구슬이 울리는 소리가 맑고 산뜻함

吾舌尙在 오설상재   나오 | 혀 설 | 바랄·오히려 상 | 있을 재

나의 혀는 아직 살아있다. 비록 지금은 고문(拷問)을 당해 몸이 다 망가졌어도 혀만 살아
있다면, 아직도 천하(天下)를 움직여 뜻을 펼 힘과 기회(機會)가 있다는 비유의 말

전국시대 때 장의(張儀)의 말로, 그는 혀[言辯: 언변] 하나로 진나라의 재상(宰相)이
되어 연횡책(連橫策)을 주장하며 소진(蘇秦)이 이룩한 합종책(合從策)을 깨고 이겨서
진나라의 세력을 더욱 공고(鞏固)히 하였다

유의어   **視吾舌 시오설, 見我舌 견아설**
  내 혀가 있는지 보라[아직 혀가 붙어 있다면 재기할 희망이 있다는 말]

  蘇秦張儀 소진장의   소진(蘇秦)과 장의(張儀)처럼 언변이 좋은 사람의 비유

* 出典: 史記(사기) 張儀列傳(장의열전: 장의가 소진에게 매를 맞은 사건)

五十步百步 오십보백보   다섯 오 | 열 십 | 걸음 보 | 일백 백

오십 보 도망간 자가 백보 도망간 자를 비웃는다는 뜻, 조금 낮고 못한 정도(程度)의 차이는 있으나
본질적으로는 거의 차이(差異)가 없다는 말

유의어   **五十笑百 오십소백, 五十步笑百步 오십보소백보**

  大同小異 대동소이, 小異大同 소이대동
  거의 같고 조금 다름 또는 서로 비슷비슷함

* 出典: 孟子(맹자) 梁惠王上篇(양혜왕상편)

五言金城 오언금성   다섯 오 | 글·말씀 언 | 금·황금 금 | 성·재 성

오언시(五言詩)가 굳센 성(城)과 같다는 뜻, 금성탕지(金城湯池)처럼 잘 지은 오언시(五言詩) 또는
능숙(能熟)하게 오언시(五言詩)를 잘 지음

유의어   **五言長城 오언장성**   오언시가 만리장성(萬里長城)과 같음. 매우 잘 지은 오언시

五言絶句 오언절구   다섯 오 | 글·말씀 언 | 끊을 절 | 글귀 구

한시(漢詩)에서 기(起)·승(承)·전(轉)·결(結)의 4구(句)로 구성(構成)되며 한 구가 다섯 글자로 된
절구. 중국 당나라 때 성행(盛行)함

유의어   **五言詩 오언시**

五言律詩 오언율시
기승전결의 8구로 구성되며, 한 구(句)가 다섯 글자로 된 율시(律詩)

七言絶句 칠언절구   기승전결의 4구로 구성되며, 한 구(句)가 일곱 글자로 된 절구(絶句)

七言律詩 칠언율시 　기(起)·승(承)·전(轉)·결(結)의 8구(句)로 구성되며
한 구(句)가 일곱 글자로 된 율시(律詩)

吾亦不知 오역부지 　나 오 ｜ 또·또한 역 ｜ 아닐 부 ｜ 알 지
나 또한 알지 못함, 나도 역시(亦是) 알지 못함

▷ 吾 오, 我 아, 予 여 　나, 우리: 1인칭 / 吾等 오등 　우리들
▷ 爾 이, 你 니, 汝 여, 女 여 　너, 당신, 임자, 그대: 2인칭
▷ 此 차 　이(사람: 근칭), 이것: 3인칭 / 彼 피 　그(사람: 원칭), 저것: 3인칭
▷ 亦是 역시 　또한. 전에 생각했던 대로. 전과 마찬가지로. 아무리 생각해도

吳牛喘月 오우천월 　오나라 오 ｜ 소 우 ｜ 숨찰 천 ｜ 달 월
오(吳)나라의 소가 달을 보고 숨을 헐떡인다는 뜻으로 간이 작아 별것도 아닌 일에 지레 겁먹고
허둥거리는 사람을 두고 이르는 말

오우[吳牛: 오나라의 물소]가 더위를 두려워한 나머지 밤에 뜨는 달을 보고도 해인가? 하고
잘못 알고 더위에 겁먹어 지레 숨을 헐떡거리며 두려워했다는 고사에서 유래

유의어 吳牛見喘月 오우견천월

懲羹吹菜 징갱취채, 懲羹吹虀 징갱취제, 草木皆兵 초목개병

傷弓之鳥 상궁지조, 驚弓之鳥 경궁지조
화살을 맞아 한 번 혼이 난 새는 구부러진 나무만 봐도 놀란다는 뜻으로
항상 의심과 두려운 마음을 갖는 것을 이르는 말

風聲鶴唳 풍성학려 　바람소리와 학 울음소리에도 놀란다는 뜻으로
겁에 질린 사람이 하찮은 일에도 놀람을 가리키는 말

因噎廢食 인열폐식 　목이 멜까봐 음식을 먹지 않음. 사소한 장애(障礙)를 두려워함

* 出典: 世說新語(세설신어) 言語篇(언어편)

烏雲之陣 오운지진 　까마귀 오 ｜ 구름 운 ｜ 어조사 지 ｜ 진칠·방비 진
까마귀가 흩어지고 구름이 모이는 것과 같이 집산(集散)이 신속(迅速)하고 출몰(出沒)변화가
무궁(無窮)하며 자유자재(自由自在)한 진법(陣法)을 비유하는 말

유의어 烏雲山兵 오운산병 　고산거석(高山巨石)위에서 펼치는 오운지진(烏雲之陣)

烏雲澤兵 오운택병 　저습지(低濕地)·수택(水澤)에서 펼치는 오운지진

▷ 烏有 오유 　들판에 까마귀만 있다는 뜻, 불에 다 타버려 아무것도 없음 = 焦土 초토

* 出典: 六韜(육도) 豹韜篇(표도편) 烏雲山兵條(오운산병조)

吳越同舟 오월동주 오나라 오 | 월나라·넘을 월 | 같을 동 | 배 주

서로 적의(敵意)를 품은 사람이 우연히 한자리에 있게 된 경우나 또는 그런 경우에서도 서로 우선 협력(協力)해야 하는 상황(狀況)

천하의 원수지간인 오나라 병사와 월나라 병사가 한배를 타고 서로 싸우고 있다고 가정(假定)해보자 그런데 마침 그때 큰 풍랑(風浪)이 불어 배가 뒤집힐지도 모르는 상황이라면 그 두 나라 병사들은 일단 싸움을 멈추고 합심하여 먼저 풍랑(風浪)을 이겨 내야 할 것이라는 말

> 【유의어】 吳越之思 오월지사, 吳越之爭 오월지쟁

* 出典: 孫子(손자) 九地篇(구지편)

五日京兆 오일경조 다섯 오 | 날 일 | 서울 경 | 조(수)·조짐 조

5일 동안 서울시장(市長)을 했다는 뜻, 어떤 일이 오래 계속(繼續)되지 못하는 일의 비유

중국 한(漢)나라의 장창(張敞)이라는 사람이 경조윤[京兆尹: 서울시장]에 임명(任命)되었다가 5일 만에 면직(免職)되었던 고사에서 유래

> 【유의어】 三日天下 삼일천하
> 구한말, 김옥균·서재필·박영효 등 개화파가 갑신정변으로 단 3일 동안 정권을 잡은 사건 [짧은 기간 동안 정권을 잡았다가 곧 밀려남을 의미하는 말]

▷ 京兆尹 경조윤　한성판윤. 현 서울시장
▷ 長安令 장안령　포도대장. 현 서울경찰청장
▷ 任免權 임면권　직무(職務)를 맡기거나 그만두게 할 권한(權限)

* 出典: 漢書(한서) 張敞傳(장창전)

五臟六腑 오장육부 다섯 오 | 오장·내장 장 | 여섯 육(륙) | 장부·육부 부

오장(五臟)과 육부(六腑) 즉, 우리 몸속 내장(內臟)의 총칭(總稱)

> 【유의어】 臟腑 장부

▷ 五臟 오장: 간장(肝腸), 심장(心臟), 비장(脾臟), 폐장(肺臟), 신장(腎臟)
▷ 六腑 육부: 대장(大腸), 소장(小腸), 위장(胃腸), 쓸개(膽: 담), 방광(膀胱), 삼초(三焦)

烏鳥私情 오조사정 까마귀 오 | 새 조 | 사사·개인 사 | 뜻·정 정

까마귀가 새끼였을 적에 어미가 길러준 은혜(恩惠)를 갚는 사사로운 정(情)이라는 뜻으로 자식이 성장(成長)하여 부모에게 효성(孝誠)을 다하려는 지극(至極)한 마음을 비유하는 말

> 【유의어】 烏鳥之情 오조지정, 反哺之孝 반포지효, 反哺報恩 반포보은
> 王祥得鯉 왕상득리, 割股療親 할고요친, 願乞終養 원걸종양

懷橘遺親 회귤유친[육적], **搤虎救親** 액호구친[양향]

* 出典: 陳情表(진정표: 晉[진]나라 때 李密[이밀] 著)

五風十雨 오풍십우 다섯 오 | 바람 풍 | 열 십 | 비 우

닷새에 한 번씩 바람이 불고 열흘 만에 한 번씩 비가 온다는 뜻으로
1. 기후(氣候)가 고르고 순조(順調)로워 풍년(豊年)이 든다는 말
2. 정치(政治)가 잘 되어 세월이 태평무사(太平無事)함을 비유하는 말

[유의어] 十風五雨 십풍오우, 康衢煙月 강구연월, 太平煙月 태평연월

雨順風調 우순풍조 비 오고 바람 부는 것이 때와 분량(分量)이 알맞다는 뜻.
즉 농사에 알맞게 기후(氣候)가 순조(順調)로움을 이르는 말

* 出典: 論衡(논형: 중국 漢[한]나라 때의 思想家[사상가] 王充[왕충] 著)

吳下阿蒙 오하아몽 오나라 오 | 아래 하 | 언덕 아 | 입을·어리석을 몽

오나라 때 오군(吳郡)이라는 촌구석에 있을 때의 그 여몽[呂蒙 = 아몽: 阿蒙]이라는 뜻으로
무용(武勇)은 있으나 학식(學識)이 없는, 즉 무식한 사람을 놀림조로 이르는 말

중국 삼국시대 '노숙(魯肅)'이라는 오나라 장수가, 불학무식한 '여몽(呂蒙)'장군을 놀린 말에서
비롯되었음. 이후 여몽장군은 각성하고 수불석권하여 마침내 만나는 이마다 괄목상대하였음

[유의어] 非復吳下阿蒙 비부오하아몽 오나라 때의 어리석은 그 여몽이 아니라는 말

▷ 刮目相對 괄목상대 눈을 비비고[= 씻고] 상대를 다시 쳐다봄. 사람이 달라짐.
과거에 비해 학식이 장족(長足)의 발전을 하여 놀랐다는 말

▷ 手不釋卷 수불석권 손에서 책을 놓지 않고 늘 글을 읽음

▷ 啓蒙 계몽 지식수준이 낮거나 인습에 젖은 사람을 가르쳐서 깨우침 = 啓明 계명

* 出典: 三國志(삼국지) 吳書 呂蒙傳(오서 여몽전)

烏合之卒 오합지졸 까마귀·검을 오 | 합할 합 | 어조사 지 | 군사·무리·마칠 졸

들판의 까마귀처럼 무질서하게 떼를 지어 모여 있는 병사들이라는 뜻, 임시로 여기저기서
모여들어서 규율(規律)이나 질서(秩序)가 없는 병졸(兵卒)이나 군중(群衆)

[유의어] 烏合之衆 오합지중, 瓦合之卒 와합지졸

▷ 三足烏 삼족오 태양 속에 산다는 세 발 가진 까마귀 또는 태양의 이칭(異稱)

▷ 烏騅馬 오추마 검은 털 바탕에 흰 털이 섞인, 항우(項羽)가 탔다는 준마(駿馬)

* 出典: 後漢書(후한서) 耿龕傳(경감전)

嗚呼痛哉 오호통재 슬플 오 | 부를 호 | 아플 통 | 어조사 재

아, 슬프고 원통(冤痛)하다! 라는 뜻, 슬플 때나 탄식(嘆息)할 때 하는 말

> **유의어** 嗚呼哀哉 오호애재   아, 슬프도다!

  嗚呼 오호, 痛哉 통재, 哀哉 애재

▷ 蟬鳴 선명   매미가 욺. 귀찮게 자꾸 지껄이는 소리를 비유하는 말

▷ 大聲痛哭 대성통곡   큰 소리로 목 놓아 슬피 욺 = 嗚咽 오열   목메어 욺

玉骨仙風 옥골선풍 구슬 옥 | 뼈 골 | 신선 선 | 풍채·바람 풍
옥(玉)처럼 살결이 희고 고결(高潔)한 골격(骨格)에 신선(神仙)의 풍채(風采)라는 뜻

> **유의어** 琨玉秋霜 곤옥추상   아름다운 옥과 가을서리. 고상하고 엄숙한 인품의 비유

  雲中白鶴 운중백학   구름 속을 나는 흰 두루미. 고상하고 고결한 기품의 소유자

  雲上氣稟 운상기품   속됨을 벗어난 고상한 기질(氣質)과 성품(性品)

  仙風道骨 선풍도골   신선의 풍채와 도인의 골격, 뛰어나게 고아한 풍채

▷ 玉碎 옥쇄   옥[귀한 것]이 부서짐, 명예(名譽)나 충절(忠節)을 위해 깨끗이 죽는다는 말

↔ 瓦全 와전   기와[천한 것]가 온전함. 아무런 보람도 없이 헛되이 삶을 이어간다는 말

玉鬢紅顔 옥빈홍안 구슬 옥 | 귀밑털·살쩍 빈 | 붉을 홍 | 얼굴 안
아름다운 귀밑머리와 발그레한 얼굴, 탄력(彈力)있는 젊은 여인의 아리따운 모습을 형용(形容)

> **유의어** 玉鬢 옥빈, 綠衣紅顔 녹의홍안

  絕世佳人 절세가인, 絕代佳人 절대가인, 絕世美人 절세미인
  이 세상에서는 견줄 사람이 없을 정도로 뛰어나게 아름다운 여자

  雪膚花容 설부화용   눈같이 흰 살결과 꽃같이 아름다운 얼굴, 미인의 용모

  雲鬢花容 운빈화용   머리털이 탐스럽고 얼굴이 꽃같이 아름다움, 미인의 용모

  花容月態 화용월태   꽃다운 얼굴과 고운 자태, 미인의 용모

屋上屋 옥상옥 집 옥 | 위 상 | 집 옥
지붕 위에 또 지붕을 얹는다는 뜻, 쓸데없는 짓. 어떤 일을 부질없이 거듭하는 것을 이르는 말

> **유의어** 屋上架屋 옥상가옥, 疊牀架屋 첩상가옥

  牀上安牀 상상안상   마루위에 또 마루를 놓는다는 뜻. 쓸데없는 일

  疊床架屋 첩상가옥   침대위에 침대를 또 겹쳐놓고 지붕위에 지붕을 또 얹음

玉石俱焚 옥석구분 구슬 옥 | 돌 석 | 함께·갖출 구 | 불사를 분

옥과 돌이 함께 불에 탄다는 뜻, 좋은 것과 나쁜 것의 구분 없이 함께 불태워 없애버린다는 말
즉 선악(善惡)의 구별(區別) 없이 옳은 사람이나 그른 사람이나 함께 재앙(災殃)을 당함의 비유

유의어 玉石同碎 옥석동쇄 옥과 돌을 함께 부수어 버림. 함께 재앙(災殃)을 당함의 비유

蘭艾同焚 난애동분 난초와 쑥을 함께 태워버림. 함께 재앙(災殃)을 당함의 비유

▷ 櫝玉 독옥 궤짝에 잘 챙겨 간수한 아름다운 옥. 감추어둔 재능을 비유하는 말

* 出典: 書經(서경) 夏書((하서) 胤征篇(윤정편)

玉石混淆 옥석혼효 구슬 옥 | 돌 석 | 섞을 혼 | 뒤섞일 효

옥과 돌이 한군데에 뒤섞여 있다는 뜻, 착한 것과 악한 것이 뒤섞여있어 좋고 나쁨, 현우(賢愚)를
구분(區分)하지 못하게 되는 것

유의어 玉石同匱 옥석동궤, 玉石同櫃 옥석동궤
옥과 돌이 한 궤짝에 들어있음. 한데 뒤섞여있어 좋고 나쁨, 현우를 구분하기 어려움

魚目混珠 어목혼주 물고기의 눈이 진주와 섞임. 가짜와 진짜를 가리기 어려움

▷ 混淆 혼효 여러 가지의 것이 뒤섞임[뒤섞음]

* 出典: 楚辭(초사)

沃野千里 옥야천리 기름질 옥 | 들 야 | 일천 천 | 거리·마을 리

기름진 들판이 천리(千里)에 달한다는 뜻, 끝없이 펼쳐져 있는 비옥(肥沃)한 들판의 비유

유의어 金城千里 금성천리, 天府之國 천부지국

▷ 門前沃畓 문전옥답 집 가까이에 있는 기름진 논

* 出典: 戰國策(전국책) 秦策(진책) / 史記(사기) 留侯世家(유후세가)

屋烏之愛 옥오지애 집 옥 | 까마귀 오 | 어조사 지 | 사랑 애

지붕위의 까마귀를 사랑한다는 뜻으로 연인(戀人)에 대한 깊은 애정(愛情)을 표현하는 말
어떤 사람을 사랑하면 그이의 집 지붕에 앉아있는 까마귀까지도 사랑스럽게 보인다는
말로써 그 사람을 깊이 사랑하는 것을 비유하는 말

▷ 金屋 금옥 아름답고 훌륭하게 지은 집

* 出典: 說苑(설원)

屋下架屋 옥하가옥 집 옥 | 아래 하 | 시렁·횃대 가 | 집 옥

지붕 밑에 또 지붕을 만든다는 뜻으로 쓸데없는 짓.
1. 선인(先人)이 이미 이루어 놓은 일을 후인(後人)이 부질없이 되풀이만 해서 발전(發展)하지
   못했음을 비유하는 말

2. 독창성(獨創性)없이 전시대의 것들을 모방(模倣)만 하는 것을 경멸(輕蔑)해 이르는 말

[유의어] 屋下蓋屋 옥하개옥, 牀下安牀 상하안상

▷ 架空 가공   1. 시설물을 공중에 설치함   2. 실제로 있는 것이 아니고 상상으로 꾸며 냄

* 出典: 世說新語(세설신어: 劉義慶[유의경] 著)

溫故知新 온고지신 익힐·따뜻할 온 | 옛 고 | 알 지 | 새 신

옛 것을 익히고 그것을 토대(土臺)로 새 것을 알아간다는 뜻. 옛 학문(學問)을 연구(研究)하고
그것을 바탕으로 현실 문제(問題)를 처리(處理)할 수 있는 새로운 학문을 이해(理解)하여야
비로소 남의 스승이 될 자격(資格)이 있다는 말

[유의어] 博古知今 박고지금   널리 옛일을 알면 미루어 오늘날의 일도 알게 됨

法古創新 법고창신   옛것을 본받아 새로운 것을 창조(創造)한다는 뜻으로 옛것에
토대(土臺)를 두되 그것을 변화(變化)시킬 줄 알고
새것을 만들어 가되 근본(根本)을 잃지 않아야 한다는 말

▷ 故人 고인   죽은 사람 또는 돌아가신 분

* 出典: 論語(논어) 爲政篇(위정편)

溫凊晨省 온정신성 익힐·따뜻할 온 | 서늘할 정(청) | 새벽 신 | 살필 성

겨울에는 따뜻하고 여름에는 시원하게 부모님의 잠자리를 돌보아 드리고 아침저녁으로
안부(安否)를 살피는 일을 말함. 즉 정성을 다하여 부모님을 모시고 보살펴드림을 비유하는 말

[유의어] 冬溫夏凊 동온하정, 扇枕溫席 선침온석
겨울에는 따뜻하게, 여름에는 서늘하게 한다는 뜻으로, 부모를 잘 섬겨 효도함

問安視膳 문안시선   웃어른께 문안(問安)을 올리고 차려드릴 반찬(飯饌)을 살핌

昏定晨省 혼정신성, 朝夕定省 조석정성, 定省 정성
아침저녁으로 부모(父母)의 안부(安否)를 물어서 살핌

▷ 三省吾身 삼성오신   날마다 나의 행실을 세 번씩 살피고 반성(反省)하며 조심한다는 뜻

▷ 溫恭 온공   온화하고 공손하다

兀然獨坐 올연독좌 우뚝할·머리 벗어질 올 | 그러할 연 | 홀로 독 | 앉을 좌

우뚝하게 홀로 단정(端正)히 앉아 있음

▷ 坐禪 좌선   고요히 앉아서 참선(參禪)함

▷ 兀頭 올두   대머리 = 禿頭 독두

▷ 兀鷹 올응   높이 날고 있는 매

甕牖繩樞 옹유승추 　독 옹 | 창 유 | 줄·새끼 승 | 지도리 추

깨진 항아리의 주둥이로 창을 하고 새끼로 문을 달았다는 뜻으로 매우 가난한 집을 형용하는 말

『유의어』　桑樞甕牖 상추용유, 蓬戶甕牖 봉호용유

　　　　　 椿樞 권추　나무를 구부려 만든 문지도리, 거처가 누추하거나 형편이 곤궁함을 비유

　　　　　 家徒壁立 가도벽립, 家徒四壁 가도사벽
　　　　　 방안이 네 벽뿐 이라는 뜻, 집안형편이 매우 어렵다는 것을 비유하는 말

　　　　　 上雨旁風 상우방풍　위로부터 비가 새고 옆으로부터 바람이 들이치는 허물어진 집

　　　　　 上漏下濕 상루하습　위에서는 비가 새고 밑에서는 습기가 차오름. 허술하고 가난함

* 出典: 賈誼(가의) 過秦論(과진론)

蝸角之爭 와각지쟁 　달팽이 와 | 뿔 각 | 어조사 지 | 다툴 쟁

달팽이 뿔[蝸角 와각: 매우 좁은 지경]위에서의 싸움이라는 뜻으로
1. 하찮은 일로 서로 자기주장을 고집하여 옥신각신함　2. 작은 나라끼리의 싸움

『유의어』　蝸角觝 와각저, 蝸角之勢 와각지세, 蝸牛角上之爭 와우각상지쟁

　　　　　 蠻觸之爭 만촉지쟁　달팽이 뿔 위에 사는 만씨와 촉씨의 싸움. 시시한 일로 다툼

▷　紛爭 분쟁　말썽을 일으켜 시끄럽고 복잡하게 다툼

* 出典: 莊子(장자) 則陽篇(칙양편)

臥龍鳳雛 와룡봉추 　누울 와 | 용 룡(용) | 봉새 봉 | 병아리 추

누워 있는 용(龍)과 봉황(鳳凰)의 새끼라는 뜻, 초야(草野)에 묻혀서 아직 세상에 알려지지 않은
큰 인물을 비유하는 말
누워있는 용은 장차 풍운(風雲)을 만나 하늘로 올라가는 힘을 가지고 있고 봉황의 새끼는
장차 자라서 봉황(鳳凰)이 될 것이므로 때를 기다리는 영웅호걸(英雄豪傑)을 비유하는 말

『유의어』　伏龍鳳雛 복룡봉추, 龍駒鳳雛 용구봉추, 鳳雛 봉추, 鳳兒 봉아

　　　　　 臥龍 와룡　엎드려 있는 용. 초야에 묻혀서 세상에 알려지지 않은 큰 인물의 비유

　　　　　 伏龍 복룡　숨어 있는 용. 은거(隱居)하는 재사(才士)나 준걸(俊傑)

* 出典: 資治通鑑(자치통감)

瓦釜雷鳴 와부뇌명 　기와 와 | 가마·큰솥 부 | 우레 뇌(뢰) | 울 명

기왓가마가 우레 같은 소리를 내면서 끓는다는 뜻, 제대로 배우지도 못한 사람이 많이 아는
체하고 과장(誇張)해가며 큰 소리로 지껄인다는 말

빈 수레가 요란(搖亂)하다는 말로 현자(賢者)가 때와 자리를 얻지 못하고 우매(愚昧)한 자가
높은 자리에 중용(重用)됨을 비유하는 말. 시끄러움

▷ **瓦礫** 와력 깨진 기와조각과 자갈, 하찮은 물건이나 사람을 비유

▷ **瓦全** 와전 하찮은 기왓장 상태로 온전함. 아무 보람 없이 헛되이 삶을 이어 감

▷ **雷奔電激** 뇌분전격 우레가 빠르게 달리고 번개가 맹렬(猛烈)하다는 뜻으로
　　　　　　　　　　　일이 요란(擾亂)스럽게 갑자기 일어남을 비유하여 이르는 말

臥薪嘗膽 와신상담 누울 와 | 섶·땔나무 신 | 맛볼 상 | 쓸개·담력 담

섶을 깔고 잠을 자고 쓸개를 맛본다는 뜻으로 원수(怨讎)를 갚거나 결심(決心)한 바를 이루려고
현재의 온갖 괴로움을 참고 견딤을 비유하여 이르는 말

춘추시대 오(吳)나라의 왕 부차(夫差)가 아버지의 원수를 갚기 위하여 장작더미위에서 잠을 자며
월(越)나라의 왕 구천(句踐)에게 복수(復讎)할 것을 맹세했고, 그리하여 부차에게 패배(敗北)한
월나라 왕 구천이 다시 쓸개를 핥으면서 오나라의 왕 부차에게 복수를 다짐했다는 고사에서 유래

[유의어] **嘗膽** 상담

　　　　捲土重來 권토중래 한 번 패하였으나 세력을 회복(回復)하여 다시 쳐들어옴

　　　　漆身吞炭 칠신탄탄
　　　　몸에 옻칠을 하고 타는 숯 덩어리를 삼킴. 즉 고육책으로 자기 몸을 나병(癩病)환자나
　　　　벙어리로 위장(僞裝)하여 상대를 속이며 복수[復讎: 앙갚음]의 때를 기다린다는 말

▷ **未嘗不** 미상불 아닌 게 아니라 과연 = **未嘗非** 미상비

▷ **薪米** 신미 땔나무와 쌀. 즉 생활(生活)의 재료(材料)

* 出典: 史記(사기) 越王句踐世家(월왕구천세가)

玩物喪志 완물상지 놀·희롱할 완 | 물건 물 | 잃을 ·죽을 상 | 뜻 지

아끼고 좋아하는 물건을 가지고 노는데 정신이 팔려 소중(所重)한 자기의 본심을 잃어버림을 비유
즉 하찮은 물건(物件)에 대한 집착(執着)으로 큰 뜻을 잃어버린다는 말

▷ **玩好之物** 완호지물 신기하고 보기 좋은 물건 = **玩具** 완구

▷ **玩賞** 완상 즐겨 구경함

▷ **喪失** 상실 잃어버림. 없어지거나 사라짐

* 出典: 書經(서경) 旅獒(여오)

完璧 완벽 완전할 완 | 구슬 벽

흠이 없는 완전한 옥구슬이라는 뜻으로 완전무결(完全無缺)함을 비유하는 말
[원래는 고리모양의 보옥(寶玉)을 무사히 끝까지 지킨다는 뜻]

[유의어] **天衣無縫** 천의무봉 하늘의 직녀(織女)가 짜 입은 옷은 솔기가 없음. 완전무결함

　　　　盡善盡美 진선진미, **盡善完美** 진선완미
　　　　착함과 아름다움이 더할 나위 없음. 곧, 완전무결함

完全無缺 완전무결, 完全無欠 완전무흠 결점(缺點)이나 부족(不足)함이 없음

반의어 白璧微瑕 백벽미하 흰 옥구슬에 있는 작은 흠[흠이 약간 있음]

* 出典: 史記(사기) 藺相如列傳(인상여열전)

完璧歸趙 완벽귀조 완전할 완 | 구슬 벽 | 돌아갈 귀 | 조나라 조

구슬을 완전한 상태로 조(趙)나라로 다시 돌려보낸다는 뜻으로 빌린 물건(物件)을 완전한 상태로
원래(元來) 주인에게 돌려주는 것을 비유하는 말

전국시대 진(秦)나라의 소양왕(昭襄王)이 조(趙)나라의 인상여(藺相如)에게 자기의 15개 성(城)과
'화씨의 벽[璧: 구슬]'을 바꾸자고 제안하여 인상여(藺相如)가 구슬을 갖고 진나라로 바꾸러 갔으나
소양왕(昭襄王)이 생각을 바꾸어 거짓말을 하고 있다는 것을 알아채고 목숨을 걸고 기지(奇智)를
발휘(發揮)하여 화씨의 구슬을 고스란히 도로 찾아서 조나라로 돌려보냈다는 고사에서 유래

* 出典: 史記(사기) 藺相如列傳(인상여열전)

玩火自焚 완화자분 놀·희롱할 완 | 불 화 | 스스로 자 | 불사를 분

불을 가지고 놀다가 자신이 그 불에 태워진다는 뜻으로 무모(無謀)한 방법으로 남을 헤치려다
결국(結局) 자신이 피해(被害)당함을 비유하는 말. 칼 가진 자 칼로 망한다는 말

무력(武力)이란 불과 같은 것이어서 단속(團束)하지 않으면 장차 자신이 그 불속에 타게 될
것이라는 노(魯)나라 중중(衆仲)의 고사에서 유래

▷ 玩人喪德 완인상덕 남을 희롱(戲弄)하거나 가지고 놀면 덕을 잃게 됨. 자신을 망침

▷ 焚香 분향 제사나 예불의식에서, 향을 피움 = 燒香 소향

* 出典: 春秋左氏傳(춘추좌씨전) 隱公(은공) 4年條(4년조)

曰可曰否 왈가왈부 말할·가로 왈 | 옳을·좋을 가 | 말할·가로 왈 | 아닐 부

어떤 이는 가(可)하다고 말하고 또 어떤 이는 부(否)하다고 말한다는 뜻, 어떤 일에 대하여 옳거니
그르니 하며 옥신각신하며 말함을 비유하는 말

유의어 說往說來 설왕설래, 言往說來 언왕설래

甲論乙駁 갑론을박 서로 자기주장을 내세우고 상대방의 주장을 반박(反駁)함

▷ 可否 가부 옳고 그름. 찬성(贊成)과 반대(反對)

王道 왕도 임금 왕 | 길 도

유가(儒家)가 이상(理想)으로 삼는 정치사상(政治思想)으로써 인의(仁義)를 근본(根本)으로
천하(天下)를 다스리는 도리(道理)

반의어 霸道 패도 인의(仁義)를 무시하고 무력(武力)이나 권모술수(權謀術數)로 다스리거나

공리(功利)를 탐(貪)하는 일

▷ **道德** 도덕　인륜(人倫)의 대도(大道). 마땅히 지켜야 할 도리(道理)와 행위(行爲)

▷ **無恒産無恒心** 무항산무항심
일정한 재산이나 생업이 없으면 흔들리거나 변하지 않는 굳건한 마음도 있을 수 없음

* 出典: 孟子(맹자)

王祥得鯉 왕상득리　임금 왕 | 상서로울 상 | 얻을 득 | 잉어 리

왕상(王祥)이 잉어[鯉魚: 이어]를 얻었다는 뜻으로 효성(孝誠)이 지극(至極)함을 비유하는 말

서진(西晉)시대에 태보[台輔: 정일품]의 벼슬을 지낸 왕상(王祥)이 어려서부터 효성이 지극했는데, 그의 계모(繼母)가 병환(病患)으로 누워 한겨울에 생선을 먹고 싶어 했을 때 생선을 구할 길이 없어 꽁꽁 얼어붙은 강위의 얼음판에 옷을 벗고 자기의 체온으로 얼음을 녹여서 잡으려고 빙판에 누었는데 갑자기 두껍게 얼었던 얼음이 갈라지며 잉어 두 마리가 뛰어올랐다는 고사에서 유래

[유의어] 王祥之孝 왕상지효, 王祥鯉魚 왕상리어
臥氷求鯉 와빙구리, 叩氷求鯉 고빙구리, 剖氷得鯉 부빙득리

王侯將相 왕후장상　임금 왕 | 제후 후 | 장수 장 | 재상 상

제왕(帝王)·제후(諸侯)·장수(將帥)·재상(宰相)의 통칭. 지배계급(支配階級)

▷ **公卿大夫** 공경대부　삼공(三公)·구경(九卿)·대부(大夫)의 총칭 곧, 벼슬이 높은 사람들

▷ **高官大爵** 고관대작　지위가 높고 훌륭한 벼슬 또는 그 지위(地位)의 사람

▷ **出將入相** 출장입상　전장(戰場)에서는 장수(將帥), 조정(朝廷)에서는 재상(宰相)이 됨

矮者看戱 왜자간희　키 작을 왜 | 놈 자 | 볼 간 | 놀이·연극 희

키 작은 사람의 연극(演劇)보기. 키 작은 사람이 키 큰 사람들 틈에서 구경은 제대로 하지 못하고 앞사람의 이야기만 듣고 자기가 본 것처럼 말한다는 말. 즉 자신은 사실을 제대로 모르면서 남들이 그렇다고 하니까 덩달아 따라서 그렇다고 하는 것을 비유하는 말

[유의어] 矮人觀場 왜인관장, 矮人看場 왜인간장, 矮人看戱 왜인간희

▷ **戱劇** 희극　익살[남을 웃기려고 일부러 우습게 하는 말이나 몸짓]을 부리는 연극(演劇)

▷ **看做** 간주　상태·모양·성질 따위가 그렇다고 여김 = **置簿** 치부

* 出典: 朱子語類(주자어류)

猥褻 외설　함부로·뒤섞일 외 | 속옷·더러울·무람없을 설

사람의 성욕(性慾)을 함부로 자극(刺戟)해서 난잡(亂雜)함

▷ **褻翫** 설완　가까이 두고 즐겨 구경함 / **褻狎** 설압　버릇없이 행동함

▷ **猥濫** 외람 하는 짓이 분수(分數)에 지나침 또는 분에 넘침

▷ **褻瀆** 설독 하느님을 모욕(侮辱)하는 일

▷ **鄙褻之言** 비설지언 야비(野鄙)하고 더러운 말

外柔內剛 외유내강 바깥 외 | 부드러울 유 | 안 내 | 굳셀 강

겉은 부드럽고 순한 듯하나 속은 꿋꿋하고 곧음

유의어 **內剛外柔** 내강외유, **剛柔兼全** 강유겸전

반의어 **外剛內柔** 외강내유, **內柔外剛** 내유외강

　　　　色厲內荏 색려내임 겉으로는 엄격하나 내심으로는 부드러움

遼東豕 요동시 멀 요(료) | 동녘 동 | 돼지 시

요동(遼東)의 돼지[豕: 시]라는 뜻, 견문(見聞)이 좁은 사람이 남이 보면 별로 이상하거나 대단한
것도 아닌 것을 가지고 저 혼자 득의양양(得意揚揚)하여 잘난 체함을 비유하는 말

옛날 요동(遼東)의 어떤 집에서 흰 돼지새끼가 태어나므로 그 주인이 기이(奇異)하게 여겨 임금께
바친다고 가져가다가 하동(河東)땅에 이르니 흰 돼지가 집집마다 있는 것을 보고 부끄러워 되돌아온
고사에서 유래

유의어 **遼東之豕** 요동지시

▷ **豕喙** 시훼 돼지주둥이, 욕심꾸러기

▷ **容喙** 용훼 간섭[干涉: 남의 일에 부당하게 참견함]하여 말참견 함 = **開喙** 개훼

▷ **遼遠** 요원 아득히 멂

* 出典: 後漢書(후한서) 朱浮傳(주부전)

要領不得 요령부득 구할 요 | 옷깃·가장 요긴한 곳 령 | 아닐 부 | 얻을 득

사물의 가장 중요한 부분(部分)을 잡을 수 없다는 뜻, 말이나 글에서 목적(目的)과 줄거리가
뚜렷하지 않아 핵심(核心)을 잡을 수 없음을 비유하는 말

유의어 **不得要領** 부득요령

▷ **要領** 요령 1. 사물(事物)의 요긴(要緊)하고 으뜸 되는 골자(骨子)나 줄거리
　　　　　　　　2. 경험(經驗)으로 터득(攄得)한 일을 하는 묘한 이치(理致)
　　　　　　　　3. 어물어물해서 넘기는 잔꾀

▷ **領袖** 영수 옷깃과 옷소매. 국가나 어떤 조직·단체·기관의 최고우두머리를 비유하는 말

▷ **要諦** 요체 중요한 점 = **核心** 핵심, **要點** 요점, **急所** 급소, **骨子** 골자

* 出典: 史記(사기) 大宛傳(대원전: 張騫[장건]에 관한 고사)

樂山樂水 요산요수 좋아할 요 / 즐길 락 / 풍류 악 | 뫼 산 | 물 수

산을 좋아하고 물을 좋아한다는 뜻으로 어진 자는 산을 좋아하고 지혜로운 자는 물을 좋아함

유의어 仁者樂山 知者樂水 인자요산 지자요수 (에서 유래)
어진 사람은 의리(義理)에 만족(滿足)해서 행동이 신중(愼重)하고 덕이 두터워 그 마음이
산과 비슷하므로 산을 좋아하고, 슬기로운 사람은 사리(事理)에 밝아 막힘이 없는 것이
흐르는 물과 같아서 늘 물을 가까이하며 즐긴다는 말

▷ 山水畵 산수화 동양화에서, 자연(自然)의 풍경(風景)을 제재(題材)로 하여 그린 그림

* 出典: 論語(논어) 雍也篇(옹야편)

堯舜時代 요순시대 요임금 요 | 순임금 순 | 때 시 | 대신할·번갈아할 대

요(堯)임금과 순(舜)임금이 덕으로 천하를 다스리던 시절이란 뜻, 온 나라가 태평(太平)한 시대를
일컫는 말. 뛰어난 군주의 치세를 일컬음, 치세(治世)의 모범(模範)

요(堯)임금과 순(舜)임금은 중국 고대 전설상의 두 성군(聖君)이며 하(夏)나라의 우왕(禹王)과
은(殷)나라의 탕왕(湯王)을 합쳐서 네 임금을 성군(聖君) 요순우탕(堯舜禹湯)이라 칭하기도 한다.

유의어 堯舜時節 요순시절, 堯舜之節 요순지절, 康衢煙月 강구연월

太平聖代 태평성대, 太平煙月 태평연월, 太平聖歲 태평성세

▷ 堯明舜哲 요명순철 요임금처럼 현명(賢明)하고 순임금처럼 총명(聰明)함

燎原之火 요원지화 횃불 요(료) | 들·벌판 원 | 어조사 지 | 불 화

벌판을 태우며 빠르게 번져 나가는 불길이라는 뜻, 무서운 기세(氣勢)로 뻗어 나아가는 세력을
막을 수 없음을 비유하여 이르는 말

유의어 破竹之勢 파죽지세, 勢如破竹 세여파죽
기세(氣勢)가 매우 맹렬하여 감히 대항(對抗)할 만한 적이 없다는 뜻

席卷之勢 석권지세, 席卷 석권
멍석자리를 말아가듯이, 세력이 빠르고 거침없이 휩쓸어 나가는 기세

▷ 星火燎原 성화요원 사소(些少)한 일을 방치(放置)하면 후일 커다란 재앙(災殃)이 됨

* 出典: 書經(서경) 盤庚篇(반경편)

夭折 요절 어릴·왕성할 요 | 꺾을·부러질 절

젊은 나이에 죽음. 어릴 때 죽음. 단명(短命)함

유의어 夭死 요사, 夭陷 요함, 早死 조사, 短命 단명

早世 조세, 蚤世 조세, 蚤夭 조요

반의어 長壽 장수, 壽壽 미수 오래 삶

▷ **天命** 천명 타고난 수명(壽命). 하늘의 명령(命令). 천자의 명령

▷ **壽夭** 수요, **壽短** 수단, **脩短** 수단, **壽夭長短** 수요장단, **彭殤** 팽상
　오래 삶과 일찍 죽음. 장수(長壽)와 단명(短命)

窈窕淑女 요조숙녀 그윽할 요 | 정숙할 조 | 맑을 숙 | 여자·계집 녀

그윽하고 조용하며 정숙(貞淑)한 여인. 말과 행동(行動)이 품위(品位)가 있고 정숙한 여자

▷ **君子好逑 窈窕淑女** 군자호구 요조숙녀
　군자의 좋은 배우자(配偶者)는 요조숙녀라는 말

▷ **君子** 군자 1. 학식과 덕행이 높은 사람 2. 벼슬이 높은 사람을 일컫던 말

▷ **窈窕** 요조 여자의 행동(行動)이 얌전하고 정숙(貞淑)함

▷ **紳士淑女** 신사숙녀
　예의(禮儀)가 바르고 교양(敎養)있는 남자와 품위(品位)있고 정숙(貞淑)한 여자

▷ **紳士道** 신사도 신사로서 품위(品位)를 유지(維持)하기 위해 지켜야 할 도리

* 出典: 詩經(시경) 周南關雎(주남관저)

瑤池鏡 요지경 아름다운 옥 요 | 못 지 | 거울·비출 경

1. 확대경을 장치(裝置)하고 그 속의 여러 가지 재미있는 그림을 돌리면서 구경하는 장치나 장난감
2. 알쏭달쏭하고 복잡(複雜)하여 이해(理解)할 수 없는 묘한 세상사(世上事)를 비유하는 말

신선(神仙)이 산다는 구슬연못에서 유래하며 천태만상(千態萬象)의 세태(世態)를 뜻하는 말

▷ **咸池** 함지 해가 진다고 하는 서쪽의 큰 못 ↔ **扶桑** 부상 해가 뜨는 동쪽 바다

▷ **鏡中美人** 경중미인 거울 속에 비친 미인. 실속 없는 일을 비유하는 말

搖之不動 요지부동 흔들릴 요 | 어조사 지 | 아닐 부 | 움직일 동

흔들어도 꿈쩍도 하지 않는다는 뜻, 결코 자신의 뜻을 굽히지 않는 고집 센 모습을 비유

「유의어」 堅忍不拔 견인불발, 堅忍至終 견인지종

　　　匪石之心 비석지심, 木人石心 목인석심, 木鷄 목계

　　　不動心 부동심 마음이 외계(外界)의 충동(衝動)을 받아도 흔들리지 않음

▷ **搖籃** 요람 젖먹이를 흔들어서 잠재우는 채롱 또는 사물의 발생지 = Mecca 메카

▷ **不動産** 부동산 토지·가옥·임야와 같이 이동(移動)할 수 없는 재산(財産)

欲蓋彌彰 욕개미창 하고자할 욕 | 덮을·덮개 개 | 더욱·오랠 미 | 드러날·밝을 창

덮으려고 하면 할수록 오히려 더욱더 그 사실이 잘 드러난다는 뜻으로 진상(眞相)을 감추려고
하면 할수록 더욱 더 밝게 드러난다는 말

춘추시대(春秋時代) 주(邾)나라 대부 흑굉(黑肱)이 노(魯)나라에 투항(投降)하여 그가 다스렸던
남(濫)땅이 노(魯)나라에 편입(編入)되었다, 공자는 흑굉으로 인하여 [영토의 변동]이라는 큰 사건이
발생하였기 때문에 불의를 징벌(懲罰)하기 위하여 '흑굉(黑肱)'이라는 이름을 역사(歷史)에
남겨야한다고 주장하고 그의 이름을 춘추[春秋= 역사]에 기록하였다는 고사에서 유래

▷ **蓋然性** 개연성 절대적으로 확실하지 않으나 아마 그럴 것이라고 생각되는 성질

▷ **表彰** 표창 남의 훌륭한 일을 세상에 드러내어 밝힘

* 出典: 春秋左氏傳(춘추좌씨전) 昭公(소공) 31年條(년조)

欲巧反拙 욕교반졸 하고자할 욕 | 공교할 교 | 되돌릴 반 | 졸할·못할 졸

잘 만들어 보려고 너무 기교(技巧)를 부리다가 도리어 졸렬(拙劣)한 결과를 초래한다는 뜻으로
너무 잘하려고 하면 오히려 잘 되지 아니함을 비유하여 이르는 말

▷ **欲求不滿** 욕구불만 하고자 하는 바가 방해(妨害)받아 만족스럽지 않은 상태

▷ **巧拙** 교졸 교묘함과 졸렬함. 익숙함과 서투름

▷ **稚拙** 치졸 유치(幼稚)하고 졸렬함 / **拙劣** 졸렬 옹졸하고 천하여 서투름

▷ **拙速** 졸속 어설프고 빠름 또는 그런 태도

欲燒筆硯 욕소필연 하고자할 욕 | 사를·불태울 소 | 붓 필 | 벼루 연

붓과 벼루를 태워버리고 싶다는 뜻으로 남이 지은 탁월(卓越)한 시문(詩文)을 보고 자신의 글
솜씨는 그에 미치지 못함을 알고 마음이 상하여 탄식(歎息)하는 말

▷ **紙筆硯墨** 지필연묵 종이·붓·벼루·먹, 문방사우(文房四友), 문방사보(文房四寶)

▷ **燃燒** 연소 불이 붙어 탐. 물질이 산소와 화합할 때 많은 빛과 열을 내는 현상

* 出典: 晉書(진서)

欲速不達 욕속부달 하고자할 욕 | 빠를 속 | 아닐 부 | 이를·통달할 달

빨리하고자 하면 도달하지 못한다는 뜻, 어떤 일을 급하게 서두르면 도리어 이루지 못한다는 말

▷ **速成疾亡** 속성질망, **速成速敗** 속성속패
　　급하게 이루어진 것은 쉬 결딴남

▷ **欲取先予** 욕취선여 [무엇 인가]얻고자 한다면 내가 먼저 주어야한다는 말

* 出典: 論語(논어) 子路篇(자로편)

用管闚天 용관규천 쓸·도구 용 | 대롱 관 | 엿볼·훔쳐볼 규 | 하늘 천

대롱구멍으로 하늘을 엿본다는 뜻, 좁은 식견(識見)으로는 광대(廣大)한 세상의 모습을 제대로
파악(把握)할 수 없다는 말, 어리석음

유의어 通管窺天 통관규천, 管中窺豹 관중규표, 少見多怪 소견다괴

以指測海 이지측해 손가락으로 바닷물의 깊이를 잰다는 뜻. 어리석음

以蠡測海 이려측해, 蠡測 여측
표주박으로 바닷물의 양을 잰다는 뜻. 지극히 어리석음

* 出典: 史記(사기) 扁鵲(편작) 倉公列傳(창공열전)

龍頭蛇尾 용두사미 _{용 용(룡) | 머리 두 | 뱀 사 | 꼬리 미}
용의 머리와 뱀의 꼬리라는 뜻, 처음에는 거창(巨創)했으나 끝이 부진(不振)한 현상을 이르는 말

유의어 豪言壯談 호언장담, 大言壯談 대언장담, 大言壯語 대언장어
분수에 맞지 않는 말을 희떱게 지껄임. 또는 그 말

作心三日 작심삼일 결심(決心)이 굳지 못하여 사흘을 가지 못함

號曰百萬 호왈백만 실상(實狀)은 얼마 되지 않는 것을 많다고 과장(誇張)함

泰山鳴動鼠一匹 태산명동서일필
태산이 떠나갈 듯이 요동(搖動)하게 하더니 막상 뛰어나온 것은 생쥐 한마리 뿐이었다는
뜻으로 예고(豫告)만 떠들썩하고 그 결과(結果)는 보잘것없음을 비유하는 말

* 出典: 碧巖錄(벽암록: 宋[송]나라 圜悟克勤[환오극근] 著)

龍門點額 용문점액 _{용 용(룡) | 문 문 | 점 점 | 이마 액}
잉어가 용문(龍門)에 뛰어오르다가 실패해서 떨어질 때 이마가 깨져 상처[= 점] 가 난다는 뜻,
과거(科擧)에 낙방함 또는 시험(試驗)에 떨어짐을 비유하는 말

용문에 올라간 잉어[鯉魚: 이어]는 용이 되고 못 올라간 잉어는 떨어질 때 밑에 있는 바위에
부딪혀 이마가 깨지며 상처가 생겨[= 점이 찍혀] 되돌아갔다는 고사에서 유래

유의어 點額 점액, 落榜 낙방, 脫落 탈락

반의어 登龍門 등용문, 鯉登龍門 이등용문, 合格 합격, 通過 통과

▷ 額面 액면 말이나 글로 표현(表現)된 그대로의 모습

* 出典: 贈崔侍郎(증최시랑: 唐[당]나라 李白[이백]의 詩)

龍味鳳湯 용미봉탕 _{용 용(룡) | 맛·뜻 미 | 봉새 봉 | 끓일·끓인물 탕}
용 고기로 맛을 낸 요리(料理)와 봉새로 끓인 탕, 매우 맛이 좋은 음식을 가리키는 말

유의어 佛跳牆 불도장, 膏粱 고량, 粱肉 양육

珍羞華饌 진수화찬, 珍羞盛饌 진수성찬, 膏粱珍味 고량진미
水陸珍味 수륙진미, 水陸珍饌 수륙진찬, 海陸珍味 해륙진미

山珍海味 산진해미, 山珍海錯 산진해착, 山珍海饌 산진해찬

山海珍味 산해진미　산과 바다에서 나는 갖가지 진귀한 산물로 잘 차린 음식

龍飛鳳峙 용비봉치　용 용(룡) | 날 비 | 봉새 봉 | 우뚝 솟을·언덕 치

용(龍)처럼 날고 봉황(鳳凰)처럼 우뚝 선다는 뜻, 명성(名聲)이 세상에 높이 드러남을 이르는 말

〔유의어〕 出世 출세, 立身出世 입신출세　성공해서 세상에 이름을 떨침

立身揚名 입신양명　출세해서 세상에 이름을 드날림

▷ 對峙 대치　서로 맞서서 버팀

▷ 龍馭 용어　임금이 죽음, 임금이 백성을 다스림, 임금의 마차를 몲

龍蛇飛騰 용사비등　용 용(룡) | 뱀 사 | 날 비 | 오를 등

용이 날아오르고 뱀이 뛰어오른다는 뜻, 용과 뱀이 거칠게 꿈틀거리듯 아주 활기(活氣)있고
힘찬 필력(筆力)을 비유하는 말

〔유의어〕 飛鳥驚蛇 비조경사, 飛鳥出林 비조출림, 驚蛇入草 경사입초

長杠大筆 장강대필　힘 있고 웅대한 글

〔반의어〕 平沙落雁 평사낙안　모래펄에 날아와 살포시 앉은 기러기처럼, 글씨나
문장(文章)이 매끈하게 잘 되었음을 비유하는 말

▷ 騰貴 등귀　물건 값이 뛰어오름 = 上騰 상등 ↔ 下落 하락

▷ 長蛇陣 장사진　많은 사람이 줄을 지어 길게 늘어선 모양(模樣)을 이르는 말

勇往邁進 용왕매진　날랠·용맹할 용 | 갈 왕 | 갈·힘쓸 매 | 나아갈 진

거리낌 없이 힘차며 용감(勇敢)하고 씩씩하게 똑바로 나아감

〔유의어〕 勇往直進 용왕직진, 勇往直前 용왕직전, 勇猛精進 용맹정진

龍行虎步 용행호보　용이나 호랑이의 행보, 위풍당당(威風堂堂)한 행동을 비유

步武堂堂 보무당당　걸음걸이가 씩씩하고 위엄(威嚴)이 있음

▷ 突進 돌진　거침없이 세차게 곧장 나아감

▷ 驀進 맥진　좌우(左右)를 돌아볼 겨를이 없이 힘차게 나아감

用意周到 용의주도　쓸·도구 용 | 뜻 의 | 두루·골고루 주 | 세밀할·주밀할 도

1. 어떤 일을 하는데 빈틈이 없이 마음의 준비(準備)가 되어있음
2. 무슨 일에 있어서든지 주의(注意)와 준비가 완벽(完璧)하여 실수(失手)가 없다는 말

ㅇ

[유의어] 徹頭徹尾 철두철미　처음부터 끝까지 철저(徹底)하게

徹上徹下 철상철하　위에서부터 아래까지 꿰뚫듯 훤함

周到綿密 주도면밀　주의가 두루 미쳐 자세하고 빈틈이 없음

盛水不漏 성수불루　물을 담아도 새지 않을 만큼 사물이 잘 짜여 빈틈이 없음

勇將手下無弱兵 용장수하무약병

날랠 용 | 장수 장 | 손 수 | 아래 하 | 없을 무 | 약할 약 | 군사 병

용감(勇敢)한 장수(將帥)밑에는 약한 병사(兵士)가 없다는 뜻. 장수가 용감해야 병사도 용감함

[유의어] 勇將下無弱兵 용장하무약병

勇將手下無弱卒 용장수하무약졸, 勇將下無弱卒 용장하무약졸

用之則爲虎 不用則爲鼠 용지즉위호 불용즉위서

쓸 용 | 어조사 지 | 곧 즉 | 할 위 | 범 호 | 아닐 불 | 쓸 용 | 곧 즉 | 할 위 | 쥐 서

사람이 중책(重責)을 맡으면 범[虎: 호]같은 위세(威勢)가 있으나 그렇지 않으면 쥐[鼠: 서]처럼
숨게 된다는 말. 즉 자리가 사람을 만든다는 말

▷ 廁鼠 측서　뒷간의 쥐라는 뜻으로 지위를 얻지 못한 사람의 비유

* 出典: 東方朔(동방삭)의 客難(객난)

用錐指地 용추지지　쓸 용 | 송곳 추 | 가리킬 지 | 땅 지

송곳으로 넓은 땅을 가리켜 봤자 한 점뿐 이라는 뜻, 조그마한 식견(識見)으로 큰 이치(理致)를
깨달으려 함을 비유하는 말. 어리석은 짓

[유의어] 以指測海 이지측해, 以蠡測海 이려측해, 蠡測 여측

管中窺豹 관중규표, 通管窺天 통관규천

少見多怪 소견다괴　본 것이 적으면 신기한 일이 많다. 견문이 좁음을 비웃는 말

* 出典: 莊子(장자)

龍虎相搏 용호상박　용 용(룡) | 범 호 | 서로 상 | 칠·잡을 박

용(龍)과 범[虎: 호]이 서로 치고 박고 싸운다는 뜻, 실력과 힘이 비슷한 두 영웅 또는 강자끼리
서로 싸움함을 비유하는 말

[유의어] 龍拏虎擲 용나호척　용은 잡아채고 호랑이는 던짐. 둘이 맞붙어 싸움

龍攘虎搏 용양호박　용은 밀치고 호랑이는 때림. 격전(激戰)을 형용하는 말

互角之勢 호각지세　소의 양 뿔의 크기가 비슷함. 역량이 서로 비슷비슷한 위세

伯仲之勢 백중지세, 伯仲勢 백중세　서로 우열(優劣)을 가리기 힘든 형세

優劣難分 우열난분, 春蘭秋菊 춘란추국, 兩雄相爭 양웅상쟁

* 出典: 李白(이백)의 詩(시) 古風(고풍)

愚公移山 우공이산　어리석을 우 | 공(삼인칭) 공 | 옮길 이 | 뫼 산

우공(愚公)이 산을 옮긴다는 뜻, 남들이 보기에 무모(無謀)하고 어리석어 보이는 어려운 일이라도 끊임없이 노력(努力)하면 반드시 이루어진다는 말

【유의어】　面壁九年 면벽구년, 山溜穿石 산류천석, 水滴穿石 수적천석

磨斧作針 마부작침, 磨斧爲針 마부위침, 磨杵作針 마저작침

積水成淵 적수성연, 積塵成山 적진성산, 積土成山 적토성산

積小成大 적소성대　작은 것도 쌓이면 크게 됨. 적은 것도 쌓이면 많아짐

* 出典: 列子(열자) 湯問篇(탕문편)

憂國衷情 우국충정　근심할 우 | 나라 국 | 속마음 충 | 뜻·정 정

나랏일을 근심하고 염려(念慮)하는 참된 마음

▷ 烈士 열사　나라가 어려울 때 절의(節義)를 굳게 지키며 목숨을 바쳐 싸운 사람

▷ 義士 의사　나라와 민족을 위하여 의로운 행동으로 목숨을 바친 사람[무기 사용]

牛驥同皂 우기동조　소 우 | 천리마 기 | 같을 동 | 마구간·하인 조

느린 소와 천리마[驥: 기]를 한 마구간에 둔다는 뜻, 천하의 준재(俊才)를 평범한 사람과 똑같이 취급(取扱)한다는 말로 인재를 대단히 냉대(冷待)함을 비유하는 말

【유의어】　使驥捕鼠 사기포서　천리마로 하여금 쥐를 잡게 시킨다는 말. 대단히 냉대함

驥服鹽車 기복염거　천리마로 하여금 소금수레를 끌게 함. 대단히 냉대함

伯樂一顧 백락일고　명마도 백락을 만나야 세상에 알려진다는 말

牛刀割鷄 우도할계　소 우 | 칼 도 | 벨·나눌 할 | 닭 계

소 잡는 칼을 닭 잡는데 쓴다는 뜻, 작은 일을 하는 데 어울리지 않게 큰 도구(道具)를 씀의 비유 장차 큰일을 할 인물(人物)을 몰라보고 하찮은 일을 맡긴다는 말

【유의어】　割鷄焉用牛刀 할계언용우도　닭을 잡는데 어찌 소 잡는 칼을 쓰겠는가?

大材小用 대재소용, 大器小用 대기소용, 牛鼎烹鷄 우정팽계

▷ 割引 할인　일정한 값에서 얼마를 깎아 줌

↔ 割增 할증　일정한 액수(額數)에 얼마를 더 얹음

* 出典: 論語(논어) 陽貨篇(양화편)

愚蒙等誚 우몽등초 어리석을 우 | 어리석을·입을 몽 | 무리·다수 등 | 꾸짖을 초

어리석은 사람들조차도 자신의 부족함을 꾸짖을 정도라는 뜻. 즉 자신이 부족하고 변변치 못하다는
겸손(謙遜)의 표현을 이르는 말

> **[유의어]** 淺學菲才 천학비재, 淺學短才 천학단재, 菲才 비재
> 학식(學識)이 얕고 재주가 변변하지 않다는 뜻, 겸손한 표현
>
> 孤陋寡聞 고루과문 하등(何等)의 식견(識見)도 재능(才能)도 없음

▷ 愚昧 우매 어리석고 사리에 어두움

▷ 啓蒙 계몽 지식수준(知識水準)이 낮거나 인습(因習)에 얽매인 사람을 가르쳐서 깨우침

▷ 愚問賢答 우문현답 어리석은 질문(質問)에 대한 현명(賢明)한 대답(對答)

* 出典: 千字文(천자문)

雨順風調 우순풍조 비 우 | 순할·좇을 순 | 바람 풍 | 고를·조절할 조

비 오고 바람 부는 것이 때와 분량(分量)이 알맞다는 뜻으로 기후(氣候)가 농사(農事)에
알맞게 순조(順調)로우며 태평한 모양을 이르는 말

> **[유의어]** 十風五雨 십풍오우, 五風十雨 오풍십우, 康衢煙月 강구연월
> 天下泰平 천하태평, 太平聖代 태평성대, 太平煙月 태평연월

▷ 風伯 풍백 바람을 관장하는 신(神)

▷ 雨師 우사 비를 관장하는 신(神) / 雲師 운사 구름을 관장하는 신(神)

▷ 祈雨祭 기우제 하지(夏至)가 지나도록 비가 오지 않을 때에 비 오기를 빌던 제사

優勝劣敗 우승열패 뛰어날 우 | 이길 승 | 못할 열 | 패할·무너질 패

나은 자가 이기고 못한 자가 진다는 뜻으로
강한 자는 번성(繁盛)하고 약한 자는 쇠멸(衰滅)함. 생존경쟁(生存競爭)을 말함

> **[유의어]** 適者生存 적자생존, 自然淘汰 자연도태, 自然選擇 자연선택

▷ 優劣 우열 우수(優秀)함과 열등(劣等)함

▷ 劣等感 열등감 용모·능력 등에서 남보다 못하다는 느낌 ↔ 優越感 우월감

迂餘曲折 우여곡절 에돌·멀 우 | 남을 여 | 굽을 곡 | 꺾을 절

여러 가지로 뒤얽힌 복잡(複雜)한 사정(事情)이나 경우(境遇)

> **[유의어]** 波瀾曲折 파란곡절, 波瀾萬丈 파란만장, 波瀾重疊 파란중첩

▷ 迂餘 우여　상황(狀況)이 그렇게 된 처지(處地)

▷ 曲折 곡절　굽히고 꺾인 좋지 않은 상황(狀況), 복잡(複雜)한 내막(內幕)이나 사정

▷ 迂回 우회　멀리 돌아서 감 = 迂廻 우회, 迂路 우로 ↔ 直進 직진　곧게 나아감

▷ 捷徑 첩경　지름길. 어떤 일에 이르기 쉬운 방편 = 王道 왕도, 蹊徑 혜경

牛往馬往 우왕마왕　소 우 | 갈 왕 | 말 마 | 갈 왕

소가 가고 말도 간다는 뜻, 소 갈 데 말 갈 데 다 따라다닌다는 말로
사람이 함부로 갈 데 안갈 데 못 가리고 온갖 곳을 무턱대고 쫓아다님을 비유하는 말

▷ 牛步萬里 우보만리　소처럼 꾸준하고 천천히 걸어서 만리를 간다는 뜻
　　　　　　　　　　사람도 우직하고 꾸준해야 큰일을 이룰 수 있다는 말

▷ 往復 왕복　갔다가 돌아옴 ↔ 片道 편도　가고 오는 길 가운데 어느 한쪽

右往左往 우왕좌왕　오를 우 | 갈 왕 | 왼 좌 | 갈 왕

좌(左)로 갔다가 우(右)로 갔다가 한다는 뜻으로 이리저리 갈팡질팡 하며 일이나 나아갈
방향(方向)을 종잡지 못하는 모양(模樣)을 비유하는 말

【유의어】 左往右往 좌왕우왕, 東衝西突 동충서돌, 左衝右突 좌충우돌
　　　　 之東之西 지동지서, 天方地軸 천방지축, 千方地方 천방지방

迂儒救火 우유구화　멀(물정에 어두움) 우 | 선비 유 | 건질·구원할 구 | 불 화

어리석은 선비가 불을 끄려한다는 뜻, 세상물정에 어두운 선비가 집에 불이 난 것 같은 긴급한
상황에서도 예절과 원칙을 고수(固守)하다가, 결국 일을 그르치는 어리석은 행동을 비유하는 말

자기 집 지붕에 불이나 옆집으로 사다리를 빌리러 가는데 의관을 정제(整齊)하고 찾아가서
서로 안부를 묻는 등 격식과 예절을 다 갖추고 한참 후에 방문 목적을 설명하니 집주인이 깜짝
놀라며 그런 이야기를 이제야 하시면 어떻게 하냐며 꾸짖었다는 고대 중국의 이야기에서 유래

▷ 迂叟 우수　1. 세상물정(物情)에 어두운 늙은이　　2. 노인이 자기를 낮추어 하는 말

▷ 迂廻 우회　멀리 돌아서 감 = 迂回 우회

▷ 儒林 유림　유학(儒學)을 공부(工夫)하는 사람들. 또는 그들의 사회 = 士林 사림

* 出典: 燕書(연서: 明[명]나라 宋濂[송렴]의 산문집)

優柔不斷 우유부단　넉넉할·뛰어날 우 | 순할·부드러울 유 | 아닐 부 | 끊을·가를 단

마음이 순하고 어물어물하여 결단(決斷)을 내리지 못해 이러지도 저러지도 못함을 비유하는 말

【유의어】 首鼠兩端 수서양단, 首鼠 수서
　　　　 쥐가 구멍에서 밖으로 머리를 내밀고 나갈까 말까 망설인다는 뜻으로,

머뭇거리며 진퇴(進退)나 거취(去就)를 얼른 결정짓지 못하는 상태를 이르는 말.

躊躇 주저 머뭇거리며 망설임

狐疑不決 호의불결, **左瞻右顧** 좌첨우고

左顧右眄 좌고우면, **左顧右視** 좌고우시, **左右顧眄** 좌우고면

▷ **優劣** 우열 우수(優秀)함과 열등(劣等)함

牛耳讀經 우이독경 소 우 | 귀 이 | 읽을 독 | 글·책 경

쇠귀[牛耳: 우이]에 불경(佛經)을 읽어준다는 뜻, 아무리 가르치고 일러주어도 알아듣지 못하거나
효과(效果)가 없음을 비유하는 말. 무관심함

【유의어】 **牛耳誦經** 우이송경 쇠귀에 경 읽기

對牛彈琴 대우탄금 소 앞에서 거문고를 탐. 아둔한 자에게는 소용없는 일

如風過耳 여풍과이 바람이 귀를 스치듯 여김. 남의 말을 귀담아 듣지 않음

馬耳東風 마이동풍 말의 귀에 동풍. 곧 남의 말을 귀담아듣지 않고 곧 흘려버림

▷ **虎視牛步** 호시우보 호랑이처럼 예리(銳利)하고 소같이 꾸준함

* 出典: 耳談續纂(이담속찬: 茶山[다산] 丁若鏞[정약용] 著)

遇賊爭死 우적쟁사 만날 우 | 도둑 적 | 다툴 쟁 | 죽을 사

도적을 만나 서로 자기가 대신 죽겠다고 다툰다는 뜻. 목숨과도 바꾸지 않는 형제애를 비유함

1. 강굉(姜肱)형제가 도적(盜賊)을 만나 죽게 되었을 때 서로 자기가 죽겠다고 다퉜다는 말
2. 한(漢)나라 조효(趙孝)는 아우인 예(禮)가 적의 포로(捕虜)가 된 것을 애통(哀痛)히 여겨
   자박[自縛: 스스로 몸을 묶음]하고 적에게 가서 아우 대신 자기를 죽여 달라고 하니,
   적이 그 우애(友愛)에 감동(感動)하여 두 사람 모두 석방(釋放)했다는 말

【유의어】 **田宅與弟** 전택여제, **兄疫不去** 형역불거, **兄友弟恭** 형우제공

壎篪相和 훈지상화, **棣鄂之情** 체악지정, **壎豆** 빈두, **篪壎** 지훈

【반의어】 **煮豆燃萁** 자두연기, **兄弟鬩墻** 형제혁장, **同族相殘** 동족상잔

骨肉相爭 골육상쟁, **骨肉相殘** 골육상잔, **同族相爭** 동족상쟁

▷ **不遇** 불우 1. 살림이나 처지가 딱하고 어려움 = **坎軻, 坎坷** 감가
              2. 재능이나 포부(抱負)를 가지고 있으면서도 때를 만나지 못하여 불운함

* 出典: 後漢書(후한서) 趙孝傳(조효전)

牛鼎烹鷄 우정팽계 소 우 | 솥 정 | 삶을 팽 | 닭 계

소를 삶는 큰 솥에 닭을 삶는다는 뜻, 큰 인재를 알맞은 곳에 쓰지 못하고 소소한 일을 맡기는
경우(境遇)를 비유하는 말

유의어 伯樂一顧 백락일고, 使驥捕鼠 사기포서, 驥服鹽車 기복염거

大材小用 대재소용, 大器小用 대기소용, 牛驥同皁 우기동조

牛刀割鷄 우도할계, 割鷄焉用牛刀 할계언용우도
소 잡는 칼로 닭을 잡는다는 뜻, 작은 일을 하는 데 어울리지 않게 큰 기구를 씀의 비유

▷ 鼎談 정담　세 사람이 솥발같이 벌려 마주 앉아 하는 이야기

▷ 鼎足 정족　솥발

▷ 烹宰 팽재　삶아 익히고 칼로 저며 맛있게 만든 고기요리

* 出典: 後漢書(후한서) 文苑列傳(문원열전)의 邊讓傳(변양전)

羽化登仙 우화등선　깃·깃털 우 | 될 화 | 오를 등 | 신선 선
사람의 몸에 날개가 돋쳐 신선(神仙)이 되어 하늘로 올라간다는 뜻으로
1. 번잡(煩雜)한 세상일에서 벗어나 즐거운 상태　2. 거나하게 술에 취해 도연(陶然)한 모습

유의어 羽化 우화　번데기가 날개를 달고 나방으로 변하는 것. 대 자연인으로 변신

▷ 陶然 도연　술에 취해 거나함, 감흥(感興)이 북받쳐 누를 길이 없음

▷ 醉仙 취선　술에 취해 세상사에 구애(拘礙)됨이 없는 사람을 멋스럽게 이르는 말

* 出典: 蘇東坡(소동파 = 蘇軾[소식]) 前赤壁賦(전적벽부)

雨後竹筍 우후죽순　비 우 | 뒤 후 | 대·대나무 죽 | 죽순 순
비온 뒤에 여기저기 많이 솟는 죽순[竹筍: 대나무의 어리고 연한 싹]이라는 뜻으로
어떤 일이나 현상(現狀)이 한때에 갑자기 무성(茂盛)하게 생겨남의 비유

▷ 竹簡 죽간　중국에서, 문자를 기록하던 대나무 조각 또는 댓조각을 엮어서 만든 책

▷ 竹林七賢 죽림칠현　중국 진(晉)나라 초기에 노자·장자의 무위(無爲)사상을 숭상(崇尙)해서
죽림(竹林)에 모여 청담(淸談)을 나누던 일곱 선비.
곧, 산도(山濤)·왕융(王戎)·유영(劉伶)·완적(阮籍)·완함(阮咸)·혜강(嵇康)·상수(向秀)

▷ 濛雨 몽우 이슬비, 細雨 세우 가랑비, 驟雨 취우 소나기, 梅雨 매우 장마

旭日昇天 욱일승천　아침 해 욱 | 날 일 | 오를 승 | 하늘 천
아침의 태양(太陽)이 하늘로 떠오르는 기상(氣像)처럼 기운차게 앞으로 쭉쭉 뻗어 나아간다는 말

유의어 乘勝長驅 승승장구　싸움에 이긴 여세(餘勢)를 타서 계속(繼續) 몰아부쳐 나아감

燎原之火 요원지화　빠르게 번지는 벌판의 불길, 무서운 기세로 퍼져 가는 세력

破竹之勢 파죽지세　대나무 쪼개듯 거침없이 물리치고 쳐들어가는 당당한 기세

반의어 西山落日 서산낙일　서산에 지는 해. 힘이나 형세가 기울어 멸망하게 된 판국

秋風落葉 추풍낙엽　가을바람에 땅에 떨어져 흩어져 나뒹구는 낙엽

支離滅裂 지리멸렬　갈가리 흩어지고 찢겨 갈피를 못 잡음. 패퇴(敗頹)함

雲泥之差 운니지차　구름 운 | 진흙 니 | 어조사 지 | 어긋날 차

구름과 진흙 사이의 차이(差異)라는 뜻으로 서로 간의 차이가 대단히 심함을 이르는 말

[유의어] 天壤之差 천양지차, 天壤之判 천양지판, 天壤之間 천양지간
天淵之差 천연지차, 霄壤之間 소양지간, 霄壤之判 소양지판

▷ 汚泥 오니　더러운 흙. 특히, 오염 물질을 포함한 진흙 = 土泥 토니

▷ 差別 차별　차등(差等)이 있게 구별(區別)함

雲鬢花容 운빈화용　구름 운 | 귀밑털·살쩍 빈 | 꽃 화 | 얼굴·모양 용

탐스러운 귀밑머리와 꽃 같은 얼굴이라는 뜻, 귀밑 머리털이 탐스럽고 얼굴이 꽃같이 아름다운
매혹(魅惑)적인 여자의 모습을 형용(形容)하는 말. 미인(美人)

[유의어] 浸魚落雁 침어낙안, 羞花閉月 수화폐월
玉鬢紅顔 옥빈홍안　옥 같은 귀밑머리에 발그레한 얼굴. 아름다운 젊은 여인
雪膚花容 설부화용　눈같이 흰 살결과 꽃같이 아름다운 얼굴. 미인의 용모(容貌)

雲上氣稟 운상기품　구름 운 | 위 상 | 기운 기 | 바탕·받을 품

세속(世俗)을 벗어난 고상(高尚)한 기질(氣質)과 성품(性品). 구름위의 학처럼 고고한 기품(氣品)

[유의어] 雲中白鶴 운중백학　구름 속을 나는 두루미. 고상한 기품의 선비를 비유
琨玉秋霜 곤옥추상　아름다운 옥과 가을서리. 고상하고 엄숙한 인품의 비유
仙風道骨 선풍도골　신선의 풍채와 도인의 골격. 뛰어나게 고아한 풍채를 형용
玉骨仙風 옥골선풍　살빛이 희고 고결(高潔)해서 신선과 같은 풍채(風采)

▷ 稟申 품신　웃어른이나 상사에게 아룀 = 稟告 품고, 稟達 품달

運數大通 운수대통　부릴 운 | 셈 수 | 큰 대 | 통할 통

인간의 능력을 초월(超越)하는 천운(天運)과 기수(氣數)가 크게 트여 좋은 일이 이루어짐

▷ 運數 운수　1. 사람에게 정해진 운명(運命)의 좋고 나쁨
2. 인간(人間)의 능력을 초월(超越)하는 천운(天運)과 기수(氣數)

▷ 氣數 기수　저절로 오고 가고 한다는 길흉화복(吉凶禍福)의 운수

雲心月性 운심월성　구름 운 | 마음 심 | 달 월 | 성품·본성 성

구름 같은 마음과 달 같은 성품. 유연(柔軟)하고 욕심이 없어 맑고 깨끗한 마음을 비유하는 말

유의어　氷壺秋月　빙호추월　얼음을 넣은 항아리와 가을 달. 청렴결백(淸廉潔白)한 마음

明鏡止水　명경지수　맑은 거울과 고요한 물. 맑고 고요한 심경(心境)을 이름

淸風明月　청풍명월　맑은 바람과 밝은 달 = 風月 풍월

光風霽月　광풍제월, 霽月光風 제월광풍　비가 갠 뒤의 상쾌한 바람과 밝은 달

* 出典: 孟浩然(맹호연)의 憶周秀才素上人(억주수재소상인)

雲霓之望 운예지망　구름 운 | (암)무지개 예 | 어조사 지 | 바랄 망

가뭄 때 구름과 무지개 보기를 바란다는 뜻, 희망(希望)이나 소원(所願)이 간절(懇切)함을 비유

유의어　雲霓望 운예망, 渴望 갈망, 熱望 열망, 所望 소망

▷　虹霓　홍예　무지개. 홍예문(虹霓門)의 준말

▷　雲仍　운잉　1. 운손(雲孫)과 잉손(仍孫). 즉 계속 이어져 많아진 먼 후손을 말함
　　　　　　　2. 운손(雲孫): 구름 같이 많은 자손 / 잉손(仍孫): 거듭 되어 많은 자손

* 出典: 孟子(맹자)

運用之妙在一心 운용지묘재일심

부릴 운 | 쓸 용 | 어조사 지 | 묘할·젊을 묘 | 있을 재 | 하나 일 | 마음 심

사물에 대한 운용의 묘한 이치(理致)는 마음에 있다는 뜻으로 모든 것을 운용(運用)하는 것은
마음먹기에 달려있다는 말

유의어　運用之妙存於一心 운용지묘존어일심

一切唯心造　일체유심조　모든 일은 오로지 마음먹기에 달려있음

福輕乎羽 복경호우　복(福)은 새의 깃털보다도 더 가벼움. 세상만사 마음먹기에 달림

* 出典: 宋史(송사) 岳飛傳(악비전)

雲雨之樂 운우지락　구름 운 | 비 우 | 어조사 지 | 즐거울·즐길 락

구름과 비의 즐거움이라는 뜻, 남녀의 정교(情交). 남녀가 육체적으로 나누는 즐거운 사랑을 비유
초(楚)나라 혜왕(惠王)이 운몽(雲夢)에 있는 고당(古堂)에 갔을 때에 꿈속에서 무산(巫山)의
신녀(神女)를 만나 운우(雲雨)의 쾌락(快樂)을 즐겼다는 고사에서 유래

유의어　雲雨樂 운우락, 雲雨之情 운우지정, 雲雨之交 운우지교

巫山雲 무산운, 巫山之雨 무산지우, 巫山之夢 무산지몽

* 出典: 文選(문선) 宋玉(송옥)의 高唐賦(고당부)

運籌帷幄 운주유악 부릴·돌릴 운 | 산가지·꾀할·셈할 주 | 휘장(장막) 유 | 휘장(장막) 악

장막 안에서 산(算)가지를 놀린다는 뜻으로 군막(軍幕)속에서 전략(戰略)을 짠다는 말
또는 장막(帳幕) 안에서 몰래 어떤 계책(計策)을 꾸민다는 말

유의어 運籌決勝 운주결승, 運籌于帷幄之中 운주우유악지중 (에서 유래)

▷ 籌備 주비　어떤 일을 미리 계획(計劃)하고 준비(準備)함

▷ 籌辦 주판　형편(形便)이나 사정(事情) 등을 헤아려 처리(處理)함

* 出典: 史記(사기)

雲中白鶴 운중백학 구름 운 | 가운데 중 | 흰 백 | 학·두루미 학

구름 속을 유유(悠悠)히 날아다니며 노니는 백학(白鶴)이라는 뜻으로
고상(高尙)한 기품(氣品)을 가진 선비나 군자(君子)를 비유하는 말

유의어 雲上氣稟 운상기품, 仙風道骨 선풍도골, 玉骨仙風 옥골선풍

　　　　琨玉秋霜 곤옥추상　아름다운 옥과 가을서리 같은 고상하고 맑은 성품(性品)

▷ 岫雲 수운　골짜기의 바위구멍에서 솟아 일어나는 것처럼 보이는 구름

* 出典: 世說新語(세설신어)

雲蒸龍變 운증용변 구름 운 | 찔·백성 증 | 용 용 | 변할 변

물이 증발(蒸發)하여 구름이 되고 뱀이 용으로 변하여 하늘로 날아오른다는 뜻으로
영웅호걸(英雄豪傑)이 시운(時運)을 만나 크게 일어남을 비유하는 말

유의어 蛟龍得水 교룡득수, 千載一遇 천재일우

　　　　如魚得水 여어득수, 魚變成龍 어변성룡

　　　　風雲之會 풍운지회　영웅호걸이 시기(時機)를 타서 뜻을 이룰 좋은 기회

▷ 渰雲 엄운　비구름

▷ 黑雲 흑운　먹구름. 암담(暗澹)한 상태나 정세를 비유

* 出典: 史記(사기)

願乞終養 원걸종양 원할·바랄 원 | 빌·구할 걸 | 끝·죽을 종 | 기를 양

원컨대, (조)부모가 돌아가실 때까지 만이라도 봉양(奉養)하게 해달라는 뜻
(조)부모에 대한 지극한 효성(孝誠)을 말함

유의어 王祥得鯉 왕상득리, 毛義奉檄 모의봉격, 奉檄之喜 봉격지희

　　　　老萊之戲 노래지희, 斑衣之戲 반의지희
　　　　늙은 아들이 더 늙으신 부모를 위로(慰勞)하려고 색동저고리를 입고 다녔다는 고사에서,

553

자식이 늙어서도 어릴 적의 모습으로 나이를 잊게 하여 부모에게 효도함을 이르는 말

割股療親 할고요친   허벅지의 살을 베어 어버이를 먹여 치료함. 극진한 효도

* 出典: 李密(이밀)의 陳情表(진정표)

圓孔方木 원공방목   둥글 원 | 구멍 공 | 모·각 방 | 나무 목

둥근 구멍에다가 네모난 (막대기)자루를 넣으려한다는 뜻, 두 개의 사물이 서로 잘 맞지 않는다는 말로 서로 어울리지 않음. 쓸 수가 없음. 조화(調和)나 상응(相應)이 안 됨.

유의어

圓鑿方枘 원조방예, **方枘圓鑿** 방예원조, **枘鑿** 예조
  모난 자루와 둥근 구멍, 사물이 서로 맞지 아니함을 비유하여 이르는 말

方底圓蓋 방저원개   네모진 바닥에 둥근 뚜껑, 사물이 서로 맞지 않음

반의어

函蓋相應 함개상응   상자와 뚜껑이 서로 잘 맞는다는 말[동일체로 조화를 이룸]

* 出典: 景德傳燈錄(경덕전등록) 雲居道膺(운거도응)

遠交近攻 원교근공   멀 원 | 사귈 교 | 가까울 근 | 칠·공격할 공

먼 나라와 친교(親交)를 맺고 이웃 나라를 하나씩 차례로 공격(攻擊)하여 점차 영토(領土)를 넓혀 나가려는 정책(政策). 중국 전국시대에 범저(范雎)가 주창(主唱)한 외교정책

▷ **交易** 교역   주로 나라와 나라 간에 물품을 사고 팔아 장사함

▷ **遠近** 원근   멀고 가까움. 먼 곳과 가까운 곳 = **遐邇** 하이

▷ **事大交隣** 사대교린
   1. 큰 나라를 받들어 섬기고 이웃 나라와 화평(和平)하게 사귀는 외교상의 한 방책(方策)
   2. 조선 초기, 중국의 명나라를 섬기고 왜나 여진 등과는 탈 없이 지내고자 했던 외교정책

* 出典: 史記(사기) 范雎蔡澤傳(범저채택전)

元龍高臥 원룡고와   으뜸 원 | 용 룡 | 높을 고 | 누울 와

원룡[元龍= 陳登(진등)의 字]이 높은 침상(寢牀)에 눕는다는 뜻, 자기를 스스로를 높이고 빈객(賓客)을 소홀(疏忽)히 대접(待接)하며 업신여김을 비유하는 말. 교만(驕慢)한 행위

동한(東漢)의 원룡(元龍)이, 친구인 허범(許氾)이 찾아오면, 자기는 높고 큰 침상(寢牀)에 누워 자고 허범(許氾)을 깔보며 자기 아래의 작은 침상에서 자게 했다는 고사에서 유래

▷ **龍顔** 용안   임금의 얼굴

▷ **龍床** 용상   임금이 정무를 볼 때 앉던 평상

▷ **元亨利貞** 원형이정   역학(易學)에서, 사물의 근본이 되는 천도(天道)의 네 원리
         [元은 봄으로 만물의 시초, 亨은 여름으로 만물이 자라고,
         利는 가을로 만물이 여물고, 貞은 겨울로 만물을 거둠을 뜻함]

* 出典: 魏志(위지)

願賜骸骨 원사해골 　원할·바랄 원 | 줄·내릴·하사할 사 | 뼈·해골 해 | 뼈·강직할 골

원컨대, 해골을 내려주심사 하는 뜻으로 늙은 재상이 연로(年老)하여 조정(朝廷)에 나오지 못하게
될 때에, 자기를 해골(骸骨)로 비유하여 왕에게 사직(辭職)을 주청(奏請)하는 겸사(謙辭)

유의어 乞身 걸신, 乞骸 걸해, 乞骸骨 걸해골, 請老 청로
　　늙은 재상(宰相)이 벼슬자리에서 물러나기를 임금에게 청원(請願)하던 일
　　즉 심신(心身)은 주군(主君)께 바친 것이지만 뼈만은 돌려달라는 말

▷ 求乞 구걸　남에게 돈·먹을거리 등을 달라고 빎

▷ 賜藥 사약　왕족이나 사대부가 죽을죄를 범하였을 때 임금이 독약을 내림

▷ 形骸 형해　사람의 몸과 뼈. 구조물의 뼈대. 앙상하게 남은 잔해(殘骸)

* 出典: 項羽本紀(항우본기) 張丞相列傳(장승상열전)

遠水不救近火 원수불구근화

멀 원 | 물 수 | 아닐 불 | 건질·구원할 구 | 가까울 근 | 불 화

먼데 있는 물은 가까운 데의 불을 끄지 못한다는 뜻, 무슨 일이든 멀리 있는 것은 급할 때에
소용(所用)이 없음을 비유하여 이르는 말

유의어 遠水不救近渴 원수불구근갈　먼데 있는 물은 가까운 데의 갈증을 해결 못함

▷ 救援 구원　1. 어려움이나 위험(危險)에 빠진 사람을 구해 줌
　　　　　　2. 인류(人類)를 죽음·고통·죄악에서 건져 냄 (기독교)

* 出典: 韓非子(한비자) 說林上(세림상) / 明心寶鑑(명심보감)

元惡大憝 원악대대 　으뜸 원 | 악할·나쁠 악 | 큰 대 | 원망할·원한품을 대

1. 반역죄(反逆罪)를 범한 사람. 큰 죄악(罪惡)의 우두머리
2. 극히 흉악(凶惡)하여 온 세상 사람들이 미워하는 사람

유의어 元惡大憝 원악대대, 歹徒 대도　나쁜 사람

* 出典: 周易(주역) 康誥篇(강고편)

鴛鴦衾枕 원앙금침 　원앙(수컷) 원 | 원앙(암컷) 앙 | 이불 금 | 베개·잠잘 침

원앙(鴛鴦)을 수놓은 이불과 베개. 부부(夫婦)가 함께 덮는 이불과 베개를 이르는 말

▷ 衾褥 금욕　이부자리[이불과 요] = 衾枕 금침, 衾具 금구, 寢具 침구

▷ 寢睡 침수　잠·수면(睡眠)을 높여 이르는 말

鴛鴦契 원앙계 　원앙(수컷) 원 | 원앙(암컷) 앙 | 맺을·약속할 계

원앙(鴛鴦) 암·수의 만남. 금실(琴瑟)이 좋은 부부(夫婦)를 비유. 부부의 사랑이 화목함

鴛鴦 원앙, **鴛鴦之契** 원앙지계

琴瑟之樂 금실지락, **琴瑟相和** 금슬상화 거문고와 비파가 서로 잘 어울림

琴瑟 금실 부부간의 화목(和睦)한 즐거움 / **琴瑟** 금슬 거문고와 비파

▷ **默契** 묵계 말 없는 가운데 뜻이 서로 맞음 = **默約** 묵약

* 出典: 搜神記(수신기: 중국 東晉[동진]의 干寶[간보]가 編纂[편찬]한 소설집)

願往生歌 원왕생가 바랄 원 | 갈 왕 | 날 생 | 노래 가

신라 문무왕(文武王)때 승려(僧侶) 광덕(廣德)이 지었다는 10구체 향가(鄕歌)

달을 서방정토(西方淨土)의 사자(使者)로 비유하여 그곳에 귀의(歸依)하고자 하는 불심을 노래함

▷ **往生** 왕생 이승을 떠나 정토(淨土)에 가서 다시 태어나는 일

▷ **祭亡妹歌** 제망매가 신라 경덕왕 때의 승려(僧侶) 월명사(月明師)가 지은 10구체 향가
죽은 누이동생의 명복(冥福)을 비는 노래

* 出典: 三國遺事(삼국유사) 卷(권)5 廣德嚴莊條(광덕엄장조: 광덕과 엄장은 친구)

怨入骨髓 원입골수 원망할 원 | 들 입 | 뼈 골 | 골수·뼛골 수

원한(怨恨)이 골수[骨髓: 뼛속]에 사무친다는 뜻, 원한의 골이 뼛속깊이 사무치게 깊음을
비유하는 말로 몹시 원망함. 이가 갈리게 분해함

怨徹骨髓 원철골수

徹天之恨 철천지한, **徹地之冤** 철지지원, **徹天之冤** 철천지원
하늘에 사무치는 크나큰 원한

* 出典: 史記(사기) 秦本紀(진본기: 晉[진]나라 穆公[목공]의 고사)

元亨利貞 원형이정 으뜸 원 | 형통할 형 | 이로울·날카로울 이(리) | 곧을·정조 정

하늘이 갖추고 있는 4가지 덕 또는 사물(事物)의 근본원리(根本原理)

* 역학(易學)에서 말하는 천도(天道)의 네 가지 원리(原理)

元(원) 仁(인). 봄(春). 만물의 시초. 착함이 자라는 것

亨(형) 義(의). 여름(夏). 만물이 성장함. 아름다움이 모인 것

利(이) 禮(예). 가을(秋). 만물이 여묾. 의로움이 조화(調和)를 이룬 것

貞(정) 智(지). 겨울(冬). 만물을 거둠. 사물의 근간(根幹)

* 出典: 周易(주역) 乾卦(건괘) 文言傳(문언전)

遠禍召福 원화소복 멀 원 | 제앙 화 | 부를 소 | 복 복

화(禍)를 물리쳐 멀리하고 복(福)을 불러들임

▷ 禍不單行 화불단행　재앙(災殃)은 혼자 오지 않고 늘 겹쳐 온다는 말

▷ 轉禍爲福 전화위복　화(禍)가 바뀌어 오히려 복(福)이 됨

▷ 取吉避凶 취길피흉　좋은 것은 취하고 나쁜 것은 버림[風水: 풍수]

▷ 召喚 소환　법원이 피고인·증인 등에 대해 일정(一定)한 일시에 지정(指定)한 장소로 나올 것을 명령(命令)하는 일

越犬吠雪 월견폐설　넘을·나라이름 월 | 개 견 | 짖을 폐 | 눈·씻을 설

월나라 개가 눈 내림을 보고 짖음. 어리석고 견문이 좁아 세상일을 올바르게 생각하지 못하는 사람이 일상적인 보통의 일을 보고도 공연히 의심하고 이상하게 생각하여 놀란다는 말

월(越)나라는 날씨가 따뜻하여 평소에 눈이 오는 일이 드물었는데, 어느 날 눈 내리는 것을 처음 본 개가 이상히 여겨 컹컹 짖었다는 고사에서 유래

[유의어] 蜀犬吠日 촉견폐일, 管中窺豹 관중규표

井中之蛙 정중지와, 井底之蛙 정저지와, 坐井觀天 좌정관천

月旦評 월단평　달 월 | 아침·처음 단 | 평가할 평

인물(人物)에 대한 평(評)

후한 말 여남(汝南)의 허소(許劭)가 사촌인 허정(許靖)과 함께 매달 초하루에 고향(故鄕)의 특정인물에 대해 비평(批評)을 하던 고사에서 유래

[유의어] 月旦 월단, 月朝評 월조평

▷ 元旦 원단　설날 아침. 음력 1월 1일 = 元朝 원조

▷ 品評會 품평회　산물(産物)·제품(製品) 등의 좋고 나쁨을 평가(評價)하는 모임

月滿則虧 월만즉휴　달 월 | 찰·가득할 만 | 곧 즉 / 법칙 칙 | 이지러질·줄어들 휴

달이 차면 곧 이지러진다는 뜻, 무슨 일이든지 성(盛)하면 반드시 쇠(衰)하게 됨을 비유하는 말

[유의어] 月滿則食 월만즉식, 月盈則食 월영즉식, 月盈則虧 월영즉휴

生者必滅 생자필멸　태어난 것은 반드시 죽음

盈滿之咎 영만지구　세상만사가 다 이루어졌을 때 도리어 재앙(災殃)이 닥침

物盛則衰 물성즉쇠　세상의 모든 사물은 한번 흥하면 반드시 쇠하는 법임

日月盈昃 일월영측, 强弩之末 강노지말, 盛者必衰 성자필쇠

▷ 喫虧 끽휴　손해(損害)를 입음 / 虧蝕 휴식　일식과 월식

▷ 虧盈 휴영　이지러짐과 가득 참

* 出典: 史記(사기)

月明星稀 월명성희 달 월 | 밝을 명 | 별 성 | 희미할·드물 희

달이 밝으면 별빛이 희미해진다는 뜻, 새로운 영웅(英雄)이 나타나면 기존(旣存) 군웅(群雄)의
존재(存在)가 희미(稀微)해진다는 말

▷ 日月星辰 일월성신 해와 달과 별

▷ 辰宿 진수 모든 별자리의 별 = 星宿 성수

▷ 稀罕 희한 매우 드물거나 신기함

▷ 稀薄 희박 1. 농도(濃度)·밀도(密度)가 엷거나 얕음 2. 일의 희망·가망(可望)이 적음

* 出典: 魏(위)나라 曹操(조조)의 短歌行(단가행)

越俎代庖 월조대포 넘을 월 | 도마 조 | 대신할 대 | 부엌 포

자신의 직분(職分)이나 권한(權限)을 뛰어넘어 부당하게 타인의 일을 간섭(干涉)하는 것을 말함

요리사가 부엌에서 제대로 솜씨를 발휘(發揮) 못한다하여 제사지내는 사람이 도마를 뛰어넘어
가서 요리사(料理師)를 대신할 수는 없다고 한 허유(許由)의 말에서 유래

『유의어』 越俎 월조, 越俎之嫌 월조지혐

越權 월권 자기 권한(權限) 밖의 일에 관여(關與)함. 남의 직권을 침범(侵犯)함

越官之禍 월관지화 남의 일을 하여 월권으로 그 사람이 화를 당한다는 말

* 出典: 莊子(장자) 逍遙遊篇(소요유편)

刖趾適屨 월지적구 발꿈치 벨 월 | 발 지 | 맞을·갈 적 | 신 구

발에 맞는 신을 고르는 것이 아니라 제 발꿈치를 잘라 신에 발을 맞춘다는 뜻, 본말(本末)이나
주객(主客)을 뒤집음을 비유하는 말. 지극히 어리석음

『유의어』 主客顚倒 주객전도, 本末顚倒 본말전도

削足適屨 삭족적구, 刖趾適履 월지적리

乙丑甲子 을축갑자 갑자을축이 바른 순서인데 바뀌었다는 뜻으로, 무슨 일이
제대로 되지 아니하고 순서가 뒤바뀜을 비유하여 이르는 말

▷ 刖趾 월지 죄를 저질러 발뒤꿈치를 잘림 = 削足 삭족

月態花容 월태화용 달 월 | 모양·몸짓 태 | 꽃 화 | 얼굴·모습 용

달처럼 고운 자태(姿態)와 꽃처럼 아름다운 얼굴이라는 뜻, 지극히 아름다운 여인의 모습을
형용(形容)하는 말

『유의어』 花容月態 화용월태, 雪膚花容 설부화용, 玉鬢紅顔 옥빈홍안

沈魚落雁 침어낙안 물고기가 연못깊이 가라앉고 날아가던 기러기가 땅에 떨어짐

羞花閉月 수화폐월　꽃이 부끄러워하며 고개를 숙이고 달이 구름 뒤에 숨음

月下老人 월하노인　달 월 | 아래 하 | 늙을 노(로) | 사람·타인 인

부부(夫婦)의 인연(因緣)을 맺어 준다는 전설(傳說)상의 노인

중국 당나라 때 달밤에 만난 어떤 노인이 위고(韋固)에게 장래(將來)의 아내에 대하여
예언(豫言)을 해주었다는 고사에서 유래(由來)

『유의어』 月下氷人 월하빙인, 氷人 빙인, 月老 월로

▷ 老翁 노옹　늙은 남자 = 老叟 노수, 翁 옹

* 出典: 太平廣記(태평광기) 定婚店(정혼점)

月下氷人 월하빙인　달 월 | 아래 하 | 얼음 빙 | 사람·타인 인

부부(夫婦)의 인연(因緣)을 맺어 준다는 전설상의 노인

중국 진(晉)나라 때 영고책(令孤策)이라는 사람이 얼음 밑에 있는 빙인(氷人)과 오랜 시간
이야기를 주고받는 꿈을 꾼 뒤, 남녀의 결혼중매(結婚仲媒)를 하게 되었다는 고사에서 유래

『유의어』 氷人 빙인, 月老 월로, 月下老人 월하노인

▷ 氷山一角 빙산일각　빙산의 뿔, 대부분이 숨겨져 있고 외부(外部)로 나타나있는 것은
　　　　　　　　　　　극히 일부분에 지나지 않음을 비유하는 말

* 出典: 續幽怪錄(속유괴록) / 晉書(진서) 藝術傳(예술전)

危機一髮 위기일발　위태할 위 | 틀·기회 기 | 하나 일 | 머리털·터럭 발

머리카락 한 올로 머리위에 천균(千鈞)이나 되는 무거운 물건을 매달아 놓았다는 뜻, 만약
끊어진다면 당장에라도 깔려 죽을 수 있는 위험천만(危險千萬)의 순간(瞬間)을 비유하는 말

『유의어』 危如一髮 위여일발, 危如朝露 위여조로, 一髮千鈞 일발천균

　　　　 風前燈火 풍전등화, 百尺竿頭 백척간두, 焦眉之急 초미지급

　　　　 涉于春氷 섭우춘빙, 如履薄氷 여리박빙, 薄氷如臨 박빙여림
　　　　 봄철에 얇아진 얼음을 밟고 강을 건넘. 당장에라도 깨질지 몰라 매우 위험함

▷ 千鈞 천균　삼만 근(1균은 30근) 또는 매우 무거운 무게

* 出典: 韓愈(한유)의 與孟尙書(여맹상서)

圍籬安置 위리안치　에워쌀·둘레 위 | 울타리 리 | 편안할 안 | 둘 치

배소[配所: 유배된 곳]에서 외부와 접촉(接觸)하지 못하도록 가시로 울타리를 만들고 죄인을
그 안에 가두어 두던 일

▷ 配所 배소　유배지(流配地). 귀양지[= 죄인이 귀양살이하던 곳]

▷ **家宅軟禁** 가택연금　국가(= 정부)에 의해 자신의 거주지에 감금(監禁)되는 형벌(刑罰)

▷ **包圍** 포위　주위(周圍)를 에워쌈

渭樹江雲 위수강운　강이름 위 ┃ 나무 수 ┃ 강·양자강 강 ┃ 구름 운

위수(渭水)에 있는 나무와 위수를 지나와 강수(江水)위에 떠 있는 구름. 서로 먼 거리에 위치함.
멀리 떨어져있는 벗이 서로 만나지 못하여 그리워함을 비유하는 말

`유의어` **參商之歎** 삼상지탄　멀리 떨어져 있어 서로 만나지 못하는 삼성(參星)과 상성(商星)

　　　燕鴻之歎 연홍지탄　길이 어긋나서 서로 만나지 못함을 탄식하는 일[제비와 기러기]

　　　燕雁代飛 연안대비　제비가 날아올 즈음 기러기는 떠남. 결국 만나지 못함

* 出典: 杜甫(두보)의 春日憶李白詩(춘일억이백시)

危如累卵 위여누란　위태할 위 ┃ 같을 여 ┃ 포갤·묶을 누(루) ┃ 알 란

위태로움이 달걀을 쌓아 놓은 것 같다는 뜻, 매우 아슬아슬하여 당장에라도 굴러 떨어져 깨질 수
있는 위급(危急)한 상황(狀況)을 비유하는 말

`유의어` **累卵** 누란, **累卵之勢** 누란지세, **累卵之危** 누란지위

　　　危機一髮 위기일발, **危如一髮** 위여일발, **一髮** 일발
　　　여유(餘裕)가 조금도 없이 아슬아슬하게 닥친 위기(危機)의 순간(瞬間)

　　　風前燈火 풍전등화, **風前燈燭** 풍전등촉
　　　바람 앞에 놓인 등불, 매우 위급(危急)한 처지(處地)에 놓여 있음을 가리키는 말

喟然歎息 위연탄식　한숨 쉴 위 ┃ 그러할 연 ┃ 탄식할 탄 ┃ 쉴·숨 쉴 식

한숨을 쉬며 크게 탄식(歎息)함

`유의어` **長吁短歎** 장우단탄　긴 한숨과 짧은 탄식, 탄식(歎息)하여 마지아니함

▷ **欠伸** 흠신　하품과 기지개 / **咳** 해　기침 / **噴嚔** 분체　재채기 / **嗟** 차　탄식

威而不猛 위이불맹　위엄 위 ┃ 그러나 이 ┃ 아닐 불 ┃ 사나울 맹

위엄(威嚴)이 있으면서도 무섭지 않고 부드러움. 공자의 인품(人品)을 나타낸 말
또는 공자는 조금 떨어져서 바라보면 근엄(謹嚴)하지만 가까이서 보면 부드러운 사람

▷ **孔夫子** 공부자　공자의 높임말 = 공자님[Confucius: B.C. 552-479]

▷ **耼丘** 담구　노자(老子)와 공자(孔子)

▷ **老莊** 노장　노자(老子)와 장자(莊子)

* 出典: 論語(논어) 堯曰篇(요왈편)

爲人設官 위인설관 할·될·만들 위 | 사람 인 | 세울·베풀·진열할 설 | 벼슬 관

어떤 사람을 위하여 일부러 벼슬자리를 만든다는 뜻, 꼭 필요하지도 않은데 자기가 총애(寵愛)하는
누군가에게 벼슬을 주기위해 일부러 직책(職責)을 만드는 것을 말함

▷ **不次擢用 불차탁용** 관계(官階)의 차례를 밟지 않고 특별히 벼슬에 올려 씀(초고속승진)

▷ **除授 제수** 천거(薦擧)에 의하지 않고 임금이 직접 벼슬을 내림

▷ **設疑 설의** 의문(疑問)을 내세움

衛正斥邪 위정척사 지킬·막을 위 | 바를·바로잡을 정 | 물리칠 척 | 간사할·어긋날 사

바른 것을 지키고 사악(邪惡)한 것을 배척(排斥)한다는 뜻, 조선 후기에, 외국의 세력·문물·종교
등이 침투(浸透)하자 정학(正學)·정도(正道)로서의 성리학(性理學)을 주장(主張)하고
사학(邪學)·사도(邪道)로서의 천주교(天主敎)를 물리치려던 사회적 운동

『유의어』 **斥邪衛正 척사위정**

　　　　破邪顯正 파사현정 사견(邪見)·사도(邪道)를 파괴(破壞)하여 정법(正法)을 드러냄

▷ **排斥 배척** 거부(拒否)하여 물리침

韋編三絶 위편삼절 (무두질한)가죽 위 | 엮을·책 편 | 석 삼 | 끊을·막을 절

책을 엮은 가죽 끈이 세 번 끊어짐. 독서(讀書)와 학문(學問)에 열중함을 이르는 말

공자가 주역(周易)을 즐겨 읽어 책[竹簡: 죽간]을 엮은 가죽 끈이 닳아져서 세 번이나
끊어지도록 읽었다는 고사(故事)에서 유래. 즉, 주역을 몇 십, 몇 백번을 읽었다는 말

『유의어』 **三絶 삼절, 三絶三滅 삼절삼멸**

▷ **韋編三絶 위편삼절, 鐵撾三折 철과삼절, 漆書三滅 칠서삼멸** (에서 유래)
　　가죽 끈이 세 번 끊어지고, 쇠바늘이 세 번 부러지고, 검게 쓴 글씨가 세 번 뭉개어 짐

▷ **編纂 편찬** 자료(資料)를 모아 체계적으로 정리(整理)해서 책을 만듦

▷ **觚簡 고간** 고대에 글자를 기록하던 대나무. 서적(書籍)을 달리 이르는 말

* 出典: 史記(사기) 孔子世家(공자세가)

威風堂堂 위풍당당 위엄·거동·힘 위 | 풍채·풍속 풍 | 당당할·집 당

풍채(風采)나 기세(氣勢)가 위엄(威嚴)이 있고 당당함

▷ **正正堂堂 정정당당** 태도(態度)나 수단(手段)이 공정(公正)하고 떳떳함

▷ **步武堂堂 보무당당** 걸음걸이가 씩씩하고 위엄(威嚴)이 있음

▷ **權威 권위** 1. 남을 지휘(指揮)하거나 통솔(統率)하여 따르게 하는 힘
　　　　　　2. 일정한 분야에서 사회적으로 인정을 받고 영향력을 끼칠 수 있는 위신

危險千萬 위험천만 위태할 위 | 험할·위태할 험 | 많을·일천 천 | 클·많을·일만 만

위험이 천만이나 되는 수처럼 많음. 즉 대단히 위험함

[유의어] 危機一髮 위기일발, 危如一髮 위여일발, 一髮千鈞 일발천균

風前燈火 풍전등화, 百尺竿頭 백척간두, 焦眉之急 초미지급

▷ 危坐 위좌 무릎을 꿇고 앉음

有口無言 유구무언 있을 유 | 입 구 | 없을 무 | 말씀 언

입은 있으나 할 말이 없다는 뜻, 이해불가의 큰 실수(失手)를 범함. 어떤 일의 결과에 대하여 변명(辨明)이나 항변(抗辯)할 말이 없거나 못한다는 말

▷ 緘口無言 함구무언 입을 다물고 함부로 언급(言及)하지 않음 = 緘口 함구

▷ 口無完人 구무완인 그 입에 올려 지면 온전(穩全)한 사람이 없다는 말
누구든지 결점(缺點)만을 들추어내어 좋게 말하는 법이 없음

▷ 默言 묵언 말없이 잠자코 있음

柔能制剛 유능제강 부드러울 유 | 능히·능할 능 | 누를 제 | 굳셀 강

부드러운 것이 능히 오히려 굳센 것을 이김

세상에 부드럽고 약하기로는 물보다 더한 것이 없으며, 더구나 견고(堅固)하고 강한 것을 무찌르는 데는 능히 물보다 나은 것이 없다는 고사에서 유래

[유의어] 柔能勝剛 유능승강, 弱能勝剛 약능승강, 上善若水 상선약수

[반의어] 太剛則折 태강즉절 너무 굳거나 빳빳하면 부러지기 쉬움

▷ 剛柔兼全 강유겸전 굳세고 부드러운 성품(性品)을 겸하여 갖춤

* 出典: 老子(노자) 道德經(도덕경) 36章(장)

柳綠花紅 유록화홍 버들 유(류) | 푸를·초록빛 록 | 꽃 화 | 붉을 홍

푸른 버들잎에 붉은 꽃. 형형색색(形形色色)인 봄의 자연경치(景致)를 비유하는 말

[유의어] 柳暗花明 유암화명 버들은 무성하여 그늘 짙고 꽃은 활짝 피어 밝고 아름다움

▷ 綠林 녹림 1. 푸른 숲 2. 화적이나 도둑의 소굴(巢窟)을 이르는 말

▷ 紅燈街 홍등가 붉은 등이 켜져 있는 거리라는 뜻으로, 유곽(遊廓)이나 기생집·술집 등이
늘어선 거리를 이르는 말. = 酒肆靑樓 주사청루

* 出典: 蘇東坡(소동파) 道元禪師(도원선사)

遊離乞食 유리걸식
놀 유 | 떼놓을·떠날 리 | 구걸할·빌 걸 | 밥 식

정처(定處)없이 떠돌아다니며 빌어먹음을 이르는 말

『유의어』 流離丐乞 유리개걸, 門前乞食 문전걸식, 浮萍轉蓬 부평전봉

沙鉢農事 사발농사　밥그릇에다 농사를 짐. 빌어먹음을 비유하는 말

佩瓢 패표　쪽박을 참. 빌어먹음을 비유하는 말

東家宿 西家食 동가숙 서가식, 東家食 西家宿 동가식 서가숙

▷ 船遊 선유　뱃놀이[배를 타고 흥겹게 노는 일] = 舟遊 주유

▷ 遊學 유학　고향(故鄕)을 떠나 객지(客地)에서 공부(工夫)함

類萬不同 유만부동
무리·동류·비슷할 유(류) | 많을·클 만 | 아닐 부 | 같을 동

1. 비슷한 것이 아주 많으나 서로 같지는 않음
2. 정도(程度)에 넘치거나 분수(分數)에 맞지 않음

▷ 類似 유사　서로 비슷함 / 類似品 유사품　어떤 다른 물건과 비슷한 물품

▷ 類人猿 유인원　사람과 비슷하며, 꼬리가 없고 거의 곧게 서서 걸을 수 있는 가장 진화한
　　　　　　　　　성성이·침팬지·고릴라 등의 원숭이

有名無實 유명무실
있을 유 | 이름 명 | 없을 무 | 열매·속·참 실

이름만 그럴듯하고 실속은 없음을 이르는 말. 빛 좋은 개살구

『유의어』 華而不實 화이부실, 外華內貧 외화내빈

『반의어』 名不虛傳 명불허전　명성·명예는 헛되이 전해지는 것이 아님. 그만한 이유가 있음

有無相生 유무상생
있을 유 | 없을 무 | 서로 상 | 날 생

있고 없음은 서로 상대(相對)하기 때문에 생겨난 것이라는 뜻, 유(有)와 무(無)는 서로
공존(共存)하므로 세상만물의 이치(理致)를 상대적인 관점(觀點)에서 볼 것을 이르는 말

▷ 例 예: 陰陽 음양, 晝夜 주야, 美醜 미추, 是非 시비, 善惡 선악

* 出典: 老子(노자) 道德經(도덕경) 第2章(제2장)

流芳百世 유방백세
흐를 유(류) | 꽃다울·향기 방 | 일백·모든 백 | 세상 세

훌륭한 이름을 후세(後世)에 길이길이 전함

『유의어』 流芳後世 유방후세, 萬古流芳 만고유방, 垂名竹帛 수명죽백

死而不亡 사이불망, 死且不朽 사차불후, 山高水長 산고수장

『반의어』 遺臭萬年 유취만년 더러운 이름을 후세(後世)에 오래도록 남김

▷ 芳名錄 방명록 예식·행사 등에서 참석자의 이름을 적는 책 = 芳衡錄 방함록

▷ 芳躅 방촉 옛사람의 훌륭한 행적(行蹟)

* 出典: 晉書(진서) 桓溫傳(환온전)

猶父猶子 유부유자 ~와 같을·오히려 유 | 아비 부 | 아들 자
아버지와 같고 아들과 같은 사람이라는 뜻, 삼촌과 조카를 아울러 이르는 말

『유의어』 叔姪 숙질 아저씨(= 삼촌)와 조카

▷ 猶豫 유예 1. 망설여 일을 결행(決行)하지 아니함 = 躊躇 주저, 首鼠 수서

2. 일을 결행하는데 시일(時日)을 미루거나 늦춤. 집행유예(執行猶豫)의 준말

* 出典: 論語(논어) 先進篇(선진편) / 千字文(천자문: 周興嗣 著)

有斐君子 유비군자 있을 유 | 문채 날·화려할 비 | 임(2인칭)·스승 군 | 아들 자
문채(文彩)가 나는 군자라는 뜻, 학식(學識)과 인격(人格)이 훌륭한 인물을 일컫는 말

▷ 鉅儒 거유 큰 선비, 이름난 유학자, 학식이 많은 선비

= 巨儒 거유, 大儒 대유, 宏儒 굉유, 碩儒 석유, 鴻儒 홍유, 宏碩 굉석

▷ 瑚璉 호련 고귀한 인격과 뛰어난 학식을 가진 인물을 비유하는 말

* 出典: 詩經(시경) 衛風(위풍) 淇奧章(기욱장)

有備無患 유비무환 있을 유 | 갖출 비 | 없을 무 | 근심·병 환
평소(平素) 준비(準備)가 철저(徹底)하면 훗날 근심할 것이 없음

『유의어』 安居危思 안거위사, 曲突徙薪 곡돌사신, 桑土綢繆 상토주무

毫毛斧柯 호모부가, 防患未然 방환미연

『반의어』 大寒索裘 대한색구, 臨渴掘井 임갈굴정, 渴而穿井 갈이천정

▷ 備忘錄 비망록 잊지 않으려고 적어 둔 기록이나 책자. 메모[= Memo]

* 出典: 書經(서경) 說命篇(열명편) / 春秋左氏傳(춘추좌씨전)

流水不腐 유수불부 흐를 유(류) | 물 수 | 아닐 불 | 썩을·악취 날 부
흐르는 물은 썩지 아니한다는 뜻, 항상 움직이는 것은 썩지 아니한다는 말

『유의어』 戶樞不蠹 호추불두 문지도리는 좀먹지 않음[늘 문을 여닫기 때문]

▷ 流涕 유체 눈물을 흘림. 또는 그 눈물 = 流淚 유루

▷ **腐敗** 부패 1. 물질이 썩음 2. 정신·정치·사상·의식 등이 타락(墮落)함

▷ **腐爛** 부란 썩어 문드러짐 = **糜爛** 미란 썩거나 헐어서 문드러짐

* 出典: 呂氏春秋(여씨춘추)

唯我獨尊 유아독존 오직 유 | 나 아 | 홀로·홀몸 독 | 높을·우러를 존

오직 나만이 홀로 존귀(尊貴)하다는 뜻, 세상에서 자신이 가장 잘났다고 믿는 독선적인 태도
또는 온 세상의 모든 인간은 각자 스스로 제일 존귀(尊貴)하다는 말

▷ **天上天下 唯我獨尊** 천상천하 유아독존 (에서 유래)
석가모니가 태어났을 때 처음으로 한 말이라고 전해짐: 誕生偈[탄생게]

▷ **唯民可畏** 유민가외 오직 백성(百姓)만은 두려워 할만하다

* 出典: 傳燈錄(전등록)

柳暗花明 유암화명 버들 유(류) | 어두울·그늘 질을 암 | 꽃 화 | 밝을 명

봄을 맞아 버들가지는 무성(茂盛)해져 그늘이 짙어지고 꽃은 활짝 피어 밝고 아름답게
조화(調和)를 이룬다는 뜻으로 봄날 강촌(江村)의 아름다운 경치(景致)를 이르는 말

유의어 **柳綠花紅** 유록화홍 푸른 버들잎에 붉은 꽃, 봄의 자연경치를 이르는 말

▷ **暗鬱** 암울 1. 어둡고 답답함 2. 암담하고 침울함

* 出典: 陸游詩(육유시: 철저한 항전[抗戰]주의자로 중국남송의 대표적 시인)

有耶無耶 유야무야 있을 유 | 어조사 야 | 없을 무 | 어조사·명검이름 야

있는 듯 없는 듯 흐지부지함 또는 흐리멍덩한 모양

유의어 **諱之祕之** 휘지비지 남을 꺼려 얼버무려 넘김[그것을 꺼리고 감춘다는 뜻]

▷ **揶揄** 야유 남을 빈정거려 놀림. 그런 말이나 몸짓

酉陽雜俎 유양잡조 닭 유 | 별 양 | 섞일 잡 | 도마 조

중국 당(唐)나라 때 단성식(段成式)이 지은 수필집(隨筆集)

이상한 사건 황당무계(荒唐無稽)한 이야기를 비롯하여 도서·의식·풍습·의학·종교·인사·동식물 등
온갖 사항(事項)을 탁월(卓越)한 문장으로 기술하였음. 당나라 당시사회를 연구하는데 귀중한
사료(史料)가 되며 고증(考證)적인 내용은 문학·역사연구 등에 중요한 자료(資料)가 됨
통행본은 전집 20권, 속집 10권 등 총 30권으로 구성

▷ **醜雜** 추잡 말이나 행동이 지저분하고 잡스러움

▷ **粗雜** 조잡 말이나 행동이 거칠고 잡스러워 품위가 없음

流言蜚語 유언비어 흐를 유(류) | 말씀 언 | 날·바퀴 비 | 말씀·벌레소리 어

말이 흘러 떠다니고 날라 다닌다는 뜻, 사실여부가 분명하지 않은 말들이 사람들 사이에서
아무 근거 없이 널리 퍼진 소문(= 뜬소문)

[유의어] 流言飛語 유언비어, 浮言浪說 부언낭설, 浮言流說 부언유설

　　　街談巷說 가담항설 길거리에 흘러 떠다니는 근거(根據)없는 이야기

▷ 胥動浮言 서동부언 거짓말을 퍼뜨려 인심을 어지럽게 함

▷ 流用 유용 일정한 용도 이외(以外)의 딴 곳에 씀

* 出典: 詩經(시경) 大雅篇(대아편) / 漢書(한서) 灌夫傳(관부전)

褎如充耳 유여충이 옷 잘 입을·우거질 유 | 같을 여 | 채울·막을 충 | 귀 이

옷은 잘 차려입고 다만 웃기만하며 귀를 막고 들으려하지 않는다는 뜻
1. 대부(大夫)가 옷은 잘 꾸며 입었으나, 덕(德)이 이에 미치지 못함을 비유하는 말
2. 남의 충고(忠告)나 간언(諫言)을 들으려 하지 않음을 비유하는 말

▷ 兩豆塞耳不聞雷霆 양두색이불문뇌정
　　콩두개로 귀를 막으면 세찬 천둥소리도 들리지 않는다는 뜻. 즉 마음에 물욕이 생기면
　　도리를 분별하지 못하여 사람이 잘못된 행동을 하게 된다는 말

▷ 一葉蔽目不見泰山 일엽폐목불견태산
　　나뭇잎 하나로 눈을 가리면 태산도 보이지 않는다는 말. 즉 물욕이 지혜를 가려 실수함

* 出典: 詩經(시경) 邶風(패풍)

猶豫 유예 원숭이·망설일·오히려 유 | 코끼리·미리·너그러울 예

머뭇거림. 할까 말까 망설이는 모양. 의심하여 결정을 못하는 모양

[의심 많은 원숭이와 몸집이 크고 느릿느릿하며 너그러운 코끼리라는 뜻]

[유의어] 躊躇 주저 머뭇거리며 망설임

　　　首鼠 수서 구멍 속에서 밖으로 머리를 내밀고 나올까 말까 망설이는 쥐

　　　優柔不斷 우유부단 어물어물하며 결단을 내리지 못함

　　　狐疑不決 호의불결 여우가 의심이 많아 결단을 내리지 못함

唯唯諾諾 유유낙낙 대답할·오직 유 | 대답할·승락할 낙

'네네' '예예'라는 뜻, 일의 선악(善惡)·시비(是非)를 가리지 않고 남의 의견에 거스르지 않고
순종(順從)한다는 말. 즉 남의 말이나 명령(命令)에 무조건 맹종(盲從)함을 비유하는 말

[유의어] 桀犬吠堯 걸견폐요, 跖狗吠堯 척구폐요

　　　예스 맨(Yes Man) 무엇이든지 '예예'하고 따르기만 하고 자기 의견이 없는 사람

▷ **許諾** 허락 청하는 일을 들어줌 = **承諾** 승낙

* 出典: 韓非子(한비자) 八姦篇(팔간편: 近臣[근신]들을 꼬집는 말)

類類相從 유유상종 무리·동류·비슷할 유(류) | 서로 상 | 따를·좇을 종

같은 종류(種類)의 무리들이 서로 어울린다는 뜻, 비슷한 종류의 무리끼리 서로서로 어울려 사귀기
마련임을 비유하는 말

유의어 　**同病相憐** 동병상련, **草綠同色** 초록동색

　　同氣相求 동기상구, **同聲相應** 동성상응 같은 무리끼리 서로 통하고 모임

　　同舟相救 동주상구 운명이나 처지가 같아지면 모르는 사람끼리도 서로 돕게 됨

　　物以類聚 물이류취 물건은 종류별로 모이게 마련임, 부정적인 의미가 강함

▷ **類似** 유사 서로 비슷함

* 典據: 周易(주역) 繫辭上篇(계사상편)

悠悠自適 유유자적 멀·한가할 유 | 스스로 자 | 갈·따를 적

속세(俗世)를 떠나 아무 속박(束縛)없이 자기 마음대로 다니며 한가(閑暇)하고 여유(餘裕)롭게 마음
편히 산다는 말

유의어 　**悠然自適** 유연자적, **優遊自在** 우유자재, **優遊自適** 우유자적

　　梅妻鶴子 매처학자, **東山高臥** 동산고와, **安閑自適** 안한자적

▷ **悠長** 유장 길고 오래다. 급하지 않고 느릿하다 ↔ **性急** 성급 성미가 팔팔하고 급함

▷ **悠悠度日** 유유도일 아무 하는 일 없이 세월(歲月)을 보냄

窬墻穿穴 유장천혈 뚫을·협문 유 | 담 장 | 뚫을·구멍 천 | 구멍 혈

담에 구멍을 뚫는다는 뜻, 재물이나 여자에게 탐심을 갖고 몰래 남의 집을 넘어 들어감을 비유

유의어 　**窬墻穿穴** 유장천혈, **踰牆鑽隙** 유장찬극, **窬墻鑽穴** 유장찬혈

▷ **窬墻** 유장 담을 뚫다(= 부정한 방법)

▷ **穿鑿** 천착 1. 구멍을 뚫음 2. 학문을 깊이 연구함 3. 억지로 이치에 닿지 않는 말을 함

有靦面目 유전면목 있을 유 | 부끄러워할 전 | 낯·얼굴 면 | 눈 목

1. 부끄럽거나 무안(無顔)한 마음이 얼굴에 나타남
2. 뻔뻔한 마음이 얼굴빛에 나타남

▷ **有靦面目 視人罔極** 유전면목 시인망극 (에서 유래)
　　부끄러워하는 얼굴을 하고 사람을 대하는 이가 오히려 무슨 짓이든 저지른다.

▷ **面目** 면목　남을 대하는 낯 = **體面** 체면

* 出典: 詩經(시경)

癒着 유착　(병)나을 유 | 붙을·입을 착

사물들이 서로 바람직하지 않은 방향으로 깊은 관계를 가지고 결합(結合)하여 있다는 말
서로 분리(分離)되어 있어야 할 생물체의 조직 면이 섬유소나 섬유조직 등과 잘못 연결되어
붙어버리는 일로써 대개 염증의 치료과정이 잘못되어 발생한다는 말. 즉 잘못 붙었다는 말

▷ **政經癒着** 정경유착　정치인과 경제인 즉 권력과 돈이 엉겨 붙어 비리를 저지름

▷ **權言癒着** 권언유착　정치인과 언론인 즉 권력과 언론이 엉겨 붙어 비리를 저지름

▷ **快癒** 쾌유　병이나 상처가 깨끗이 나음 = **快差** 쾌차

愈出愈怪 유출유괴　더욱·점점 더 유 | 날 출 | 더욱·점점 더 유 | 기이할 괴

갈수록 더 괴상(怪狀)함 또는 점점 더 이상해짐

『유의어』 **愈出愈寄** 유출유기, **愈出愈奇** 유출유기

▷ **愈~愈~**: ~하면 할수록 더욱 더 ~하다는 뜻

▷ **愈往愈甚** 유왕유심　가면 갈수록 더욱 더 심해짐

▷ **怪異** 괴이　이상야릇함

遺臭萬年 유취만년　끼칠·남길 유 | 냄새·나쁜 소문 취 | 일만·많을 만 | 해 년

악취(惡臭)를 만년동안 남긴다는 뜻, 더러운 이름을 후세(後世)에 오래오래 끼침을 비유

『반의어』 **流芳百世** 유방백세, **流芳後世** 유방후세, **垂名竹帛** 수명죽백

　　　　萬古流芳 만고유방　오래도록 명성을 남김

　　　　死而不忘 사이불망　형체는 죽어 없어져도 도(道)는 망(亡)하지 않음

　　　　死且不朽 사차불후　몸은 죽어 썩어 없어져도 명성만은 후세에 길이 전함

▷ **遺稿** 유고　죽은 사람이 생전에 써서 남긴 원고(原稿) = **遺草** 유초

▷ **銅臭** 동취　동전(銅錢)에서 나는 냄새라는 뜻, 돈으로 벼슬을 사거나
　　　　　　수전노(守錢奴)짓을 하는 사람을 낮잡아 이르는 말

* 出典: 晉書(진서)

俞扁之術 유편지술　성씨 유 | 성씨·넓적할·액자 편 | 어조사 지 | 꾀·계략 술

명의(名醫)의 치료(治療). 이름난 의사의 훌륭한 치료법

중국 황제(黃帝) 헌원씨(軒轅氏) 때의 명의 유부(俞跗)와 주(周)나라 때의 명의 편작(扁鵲)의

의술에서 유래

對症下藥 대중하약, 對症治療 대증치료
증세에 맞게 약을 써야 한다는 뜻, 문제의 핵심을 바로보고 대처해야한다는 말
[화타(華佗: 명의)가 증세가 똑같은 두 사람에게 각기 다른 처방을 한 고사에서 유래]

▷ 扁額 편액 종이·비단 또는 널빤지에 그린 그림이나 글씨를 문 위에 걸어 놓는 액자

* 出典: 史記(사기) 扁鵲傳(편작전)

遊必有方 유필유방 놀 유 | 반드시 필 | 있을 유 | 방위(方位)·사방 방

먼 곳에 갈 때는 반드시 그 행방을 알려야 한다는 뜻으로
자식은 부모가 생존해 계실 때에는 멀리 떠나 있지 말아야하고 비록 공부를 위해 멀리 떠나
있게 될지라도 반드시 일정한 곳에 머물러야함을 이르는 말

父母在 不遠遊 遊必有方 부모재 불원유 유필유방 (에서 유래)

▷ 遊學 유학 고향(故鄕)을 떠나 객지(客地)에서 공부함

▷ 留學 유학 외국(外國)에 장기간 머물면서 공부(工夫)함

▷ 出必告反必面 출필곡반필면
외출 할 때는 반드시 부모를 뵙고 가는 곳을 알려 허락(許諾)을 청(請)하고
돌아와서는 반드시 부모를 뵙고 온전(穩全)히 돌아온 것을 보고(報告)함

* 出典: 論語(논어) 里仁篇(이인편)

六韜三略 육도삼략 여섯 육 | 감출 도 | 석 삼 | 꾀·다스릴 략

중국 주(周)나라 태공망(太公望)이 지은 육도(六韜)와 진(秦)나라 황석공(黃石公)이 지은
삼략(三略)을 아울러 이르는, 중국의 오래된 병법서(兵法書)

韜略 도략, 兵術 병술, 兵法 병법

▷ 韜晦 도회 때를 기다리며 자기의 재능·학식·지위·형상·자취 등을 감춤

▷ 省略 생략 줄이거나 뺌 ↔ 敷衍 부연 덧붙여 자세히 설명을 늘어놓음

肉山脯林 육산포림 고기 육 | 꾀 산 | 포 포 | 수풀 림

육[肉: 고기]이 산을 이루고 포[脯: 말린 고기]로 숲을 이룬다는 뜻, 극히 호사(豪奢)스럽고
방탕(放蕩)한 술잔치를 비유하는 말

酒池肉林 주지육림 술로 못[淵: 연]을 만들고 고기로 숲[林: 림]을 이룸

▷ 夏桀爲肉山脯林 하걸위육산포림, 殷紂爲酒池肉林 은주위주지육림
하(夏)나라 걸(桀)왕은 육산포림, 은(殷)나라 주(紂)왕은 주지육림: 帝王世紀(제왕세기)

▷ 肉薄戰 육박전 적과 직접 바싹 맞붙어 총검으로 치고받는 전투

▷ **肉斬骨斷** 육참골단 　자신의 살을 베어내주고 상대의 뼈를 끊는다는 뜻으로
　　　　　　　　　　작은 손실을 보는 대신에 큰 승리를 거둔다는 전략

* 出典: 史記(사기)

六耳不同謀 육이부동모 　여섯 육 ｜ 귀 이 ｜ 아닐 부 ｜ 같을 동 ｜ 꾀할·계략 모

어떤 일을 하는데 많은 사람이 모이면 의견이 서로 달라 아무것도 이룰 수 없음을 비유하는 말

〖유의어〗　**道謀是用** 도모시용, **作舍道傍** 작사도방[三年不成 삼년불성]
　　　　　길가에 집짓기. 이론(異論)이 많아 얼른 결정짓지 못함을 이르는 말

▷ 육이(六耳: 귀가 6개)는 세 사람, 즉 여러 명을 뜻하는 말

▷ **陰謀** 음모 　좋지 못한 일을 몰래 꾸밈

允文允武 윤문윤무 　진실로 윤 ｜ 글월·무늬 문 ｜ 진실로 윤 ｜ 호반·굳셀 무

진실로 문(文)이 있고 진실로 무(武)가 있다는 뜻, 문무(文武)를 겸비(兼備)한 천자(天子)의 덕(德)을
칭송(稱頌)하여 비유하는 말

〖유의어〗　**乃武乃文** 내무내문 　문무(文武)를 겸전(兼全)함. 임금의 덕을 높이고 기리는 말

▷ **文** 문 　천지를 경위(經緯)하는 것. 법도와 순서(順序)를 세워 세상을 바르게 다스리는 것

▷ **武** 무 　세상의 화란(禍亂)을 평정(平定)하는 것. 즉 무력으로 세상의 난을 다스림

* 出典: 詩經(시경) 魯頌泮水(노송반수)

輪迴無常 윤회무상 　바퀴 윤(륜) ｜ 돌 회 ｜ 없을 무 ｜ 항상 상

인생은 마치 시작도 없고 끝도 없는 수레바퀴가 구르는 것과 같이 끊임없이 생사(生死)를
반복(反復)하며 돌고 돌아 덧없다는 말

〖유의어〗　**輪廻生死** 윤회생사, **輪廻轉生** 윤회전생, **流轉** 유전, **轉生** 전생
　　　　　人生無常 인생무상, **生者必滅** 생자필멸, **盛者必衰** 성자필쇠

▷ **輪迴** 윤회 　중생(衆生)이 해탈(解脫)을 얻을 때까지 그의 영혼(靈魂)이 육체와 함께
　　　　　　　　업(業)에 의하여 다른 생을 받아, 끊임없이 생사(生死)를 반복(反復)함

▷ **迂廻** 우회 　멀리 돌아서 감 = **迂回** 우회 ↔ **捷徑** 첩경 　지름길

殷鑑不遠 은감불원 　은나라 은 ｜ 거울 감 ｜ 아닐 불 ｜ 멀 원

1. 은(殷)나라의 거울[鑑: 감]은 멀지 않은 전대(前代)의 하(夏)나라에 있다는 뜻
　 하(夏)나라가 멸망(滅亡)한 것을 교훈삼아 정치(政治)를 잘해야 함을 비유하는 말
2. 다른 사람의 실패(失敗)를 자신의 교훈으로 삼는다는 말, 본받을 만한 전례(前例)는 가까운
　 곳에 있다는 말

殷鑑 은감, 以古爲鑑 이고위감, 以人爲鑑 이인위감

學于古訓 학우고훈 옛 성군(聖君)들의 가르침을 공부한다는 말

覆轍 복철, 前轍 전철, 覆車之戒 복거지계, 不踏覆轍 부답복철

前覆後戒 전복후계, 前車覆後車戒 전거복후거계
앞의 수레가 엎어지는 것을 보고 뒤의 수레는 미리 경계(警戒)해서 엎어지지 않도록
한다는 뜻으로, 남의 실패(失敗)를 거울삼아 자신을 경계함을 이르는 말.

▷ 鑑識 감식 사물의 가치나 진위(眞僞)를 감정하여 식별함
　　　　　　범죄수사에서, 필적·지문·혈흔(血痕) 등에 관한 감정과 식별

* 出典: 詩經(시경) 大雅篇(대아편) 湯詩(탕시)

隱居放言 은거방언 숨길 은 | 살 거 | 놓을 방 | 말씀 언

속세(俗世)를 피하여 은거(隱居)하면서 마음속에 품고 있는 생각을 거리낌 없이 말한다는 뜻
즉 세상을 등지고 숨어 살면서 할 말은 기탄(忌憚)없이 한다는 말

▷ 隱遁 은둔 세상일을 피해 숨음 = 隱逸 은일, 隱居 은거

▷ 放談 방담 생각나는 대로 거리낌 없이 말함 = 放言 방언

▷ 隱匿 은닉 남의 물건이나 범죄인(犯罪人)을 몰래 숨기어 감춤

▷ 隱蔽 은폐 덮어 감추거나 가리어 숨김

* 出典: 論語(논어) 微子篇(미자편)

恩過怨生 은과원생 은혜 은 | 허물·지날 과 | 원망할 원 | 날 생

은혜(恩惠)가 지나치면 원망(怨望)이 생긴다는 말

▷ 福過災生 복과재생, 福過禍生 복과화생 복이 과하면 도리어 재앙(災殃)이 생김

▷ 誰怨誰咎 수원수구 누구를 원망하고 누구를 탓하겠느냐는 뜻으로 남을 원망하거나
　　　　　　　　　　 탓할 것이 없음을 이르는 말 = 誰怨孰尤 수원숙우

* 出典: 晉書(진서)

隱忍自重 은인자중 숨길 은 | 참을 인 | 스스로 자 | 무거울 중

뜻을 마음속에 감추고 인내(忍耐)하며 신중(愼重)하게 처신함

| 반의어 | 輕擧妄動 경거망동 경솔(輕率)하여 생각 없이 망령(妄靈)되게 행동함

▷ 韜光養晦 도광양회, 韜晦 도회, 卷懷 권회
　　자신을 드러내지 않고 때를 기다리며 실력을 기름

▷ 隱遁 은둔 세상일을 피해 숨음

▷ 忍耐 인내 괴로움이나 어려움을 참고 견딤 = 堪耐 감내

銀燭煒煌 은촉위황 은은 | 촛불 촉 | 빨갈·빛날 위 | 빛날 황

은촛대의 촛불이 빛나서 휘황찬란(輝煌燦爛)함

▷ **輝煌燦爛** 휘황찬란 광채(光彩)가 빛나서 눈이 부심

▷ **豪華燦爛** 호화찬란 눈부시도록 빛나고 호화롭다

* 出典: 千字文(천자문)

乙丑甲子 을축갑자 십간둘째 을 | 지지둘째 축 | 십간첫째 갑 | 지지첫째 자

갑자(甲子)·을축(乙丑)이 바른 순서인데, 반대로 뒤바뀌었다는 뜻, 무슨 일이 제대로 되지 아니하고
순서(順序)가 뒤바뀜을 비유하는 말. 뒤죽박죽됨

[유의어] **主客顚倒** 주객전도, **客反爲主** 객반위주
　　　　주인과 손의 위치가 서로 뒤바뀜 또는 사물의 경중·선후·완급 등이 서로 뒤바뀜

　　　本末顚倒 본말전도 근본(根本)과 말단(末端)이 반대로 서로 뒤바뀜

陰德陽報 음덕양보 뒤·그늘 음 | 덕 덕 | 볕·양지 양 | 갚을·알릴 보

남모르게 덕행(德行)을 쌓은 사람은 훗날 그 보답(報答)을 받게 된다는 말

▷ **以德報怨** 이덕보원 덕으로 원수(怨讐)를 갚음 = **報怨以德** 보원이덕

▷ **以血洗血** 이혈세혈 피로 피를 씻음[원수를 갚음. 복수함. 더 더러워짐]

▷ **報復** 보복 앙갚음[자기에게 해를 입힌 사람에게 보복함]

* 出典: 춘추전국시대 楚[초]나라 宰相[재상] 孫叔敖(손숙오)의 日記故事(일기고사)

飮水思源 음수사원 마실 음 | 물 수 | 생각할 사 | 근원 원

물을 마실 때에는 그 물의 근원(根源)을 생각한다는 뜻, 매사에 근본(根本)을 잊지 말라는 말

[유의어] **木本水源** 목본수원 자식 된 자는 자기 몸의 근원인 부모를 생각하라는 말

▷ **源泉** 원천 1. 물이 흘러나오는 근원   2. 사물의 근원

▷ **食飮全廢** 식음전폐 음식을 전혀 먹지 않음

* 出典: 庾子山集(유자산집) 第7卷 徵周曲(징주곡)

吟風弄月 음풍농월 읊을 음 | 바람 풍 | 희롱할 논(롱) | 달 월

맑은 바람과 밝은 달을 대상으로 시를 지어 읊고 흥취(興趣)를 자아내며 즐겁게 논다는 뜻,
자연(自然)을 즐기는 모습

[유의어] **吟風咏月** 음풍영월

▷ **微吟緩步** 미음완보 작은 소리로 읊조리며 천천히 걷는다는 뜻, 한적하게 노닒

▷ 吟遊 음유   시를 지어 읊으며 여기저기 떠돌아다님

▷ 吟味 음미   어떤 일의 속뜻을 깊이 새기거나 생각함

▷ 弄假成眞 농가성진   장난삼아 한 것이 참으로 한 것과 같이 됨

挹注 읍주 _{뜰 읍 | 부을 주}

저쪽 것을 떠다가 이쪽 것을 채움, 곧 한쪽 것을 가져다 다른 쪽에 채우는 것을 이르는 말로서
남는 것을 덜어서 모자란 곳을 채운다는 말

유의어 挹彼注玆 읍피주자, 挹注百祥 읍주백상

挹彼注玆天降百祥 읍피주자천강백상
부유한자가 어려운자를 도우면 하늘이 온갖 복을 내려준다는 말

▷ 十匙一飯 십시일반   열 사람이 밥 한 술씩 보태면 한 사람 먹을 분량이 된다는 뜻으로
여럿이 조금씩 힘을 합하면 한 사람을 돕기 쉬움을 이르는 말.

▷ 捐廩補弊 연름보폐   공익을 위하여 벼슬아치들이 녹봉의 일부를 덜어 보태던 일

泣斬馬謖 읍참마속 _{울 읍 | 벨 참 | 말 마 | 일어날 속}

울면서 마속(馬謖)의 목을 벤다는 뜻
1. 공정한 업무처리와 올바른 법집행을 위해 사사로운 정을 포기(抛棄)함
2. 크고 정당한 목적, 대의명분을 위하여 사사로운 감정(感情)을 버림의 비유

자기가 아끼던 마속(馬謖)장군이 군령을 어겨 가정(街亭)싸움에서 패했을 때, 촉(蜀)나라
군사(軍師)인 제갈량(諸葛亮)이 울면서 그를 참형(斬刑)에 처했다는 고사(故事)에서 유래

유의어 斬馬謖 참마속

一殺多生 일살다생   많은 사람을 살리기 위해 한사람을 죽임

一罰百戒 일벌백계   한 사람을 엄하게 벌줌으로써 여러 사람을 경계함

▷ 泣訴 읍소   눈물을 흘리면서 간절(懇切)히 호소(呼訴)함

▷ 哭泣 곡읍   소리를 내어 섧게 욺

▷ 斬新 참신   새롭고 산뜻함 ↔ 陳腐 진부   사상·표현·행동이 낡아서 새롭지 못함

* 出典: 三國志(삼국지) 馬謖傳(마속전)

應口輒對 응구첩대 _{응할 응 | 입 구 | 문득·갑자기 첩 | 대할 대}

묻는 대로 지체(遲滯)없고 거침없이 대답(對答)함을 이름

▷ 呼應 호응   부름에 대답한다는 뜻으로 부름이나 호소에 대답하거나 응함

▷ 一覽輒記 일람첩기   한 번 보면 척 기억(記憶)함, 기억력이 매우 좋음

▷ 閱覽 열람   책이나 문서 등을 죽 훑어보거나 조사(調査)하여 봄 = 스캔(scan)

應接不暇 응접불가 응할 응 | 붙을·사귈 접 | 아닐 불 | 겨를 가

응대(應對)하여 맞이할 겨를조차 없다는 뜻, 일일이 대답할 겨를이 없음, 몹시 바쁨을 비유

[유의어] 應接無暇 응접무가, 不暇草書 불가초서

席不暇暖 석불가난 앉은 자리가 따뜻할 겨를이 없다는 뜻, 매우 바쁘게 활동함

過門不入 과문불입, 過門 과문
아는 사람의 집 문 앞을 지나면서도 들르지 아니함

戞過 알과 바빠서 친한 사람의 집을 들르지 못하고 그냥 지나감

▷ 應對恭敬 응대공경 시중 들어 공경함

* 出典: 世說新語(세설신어) 言語篇(언어편: 晉[진]나라 때 子敬[자경] 王獻之[왕헌지]의 글)

衣架飯囊 의가반낭 옷 의 | 시렁 가 | 밥 반 | 주머니 낭

옷걸이와 밥주머니. 옷만 걸쳐 입고 밥만 먹을 줄 알뿐, 아무짝에도 쓸모없는 사람을 비유

[유의어] 酒袋飯囊 주대반낭, 飯囊酒袋 반낭주대, 酒囊飯袋 주낭반대

肉袋飯囊 육대반낭, 冢中枯骨 총중고골, 枯木朽株 고목후주

行尸走肉 행시주육 살아 있는 송장이요, 걸어 다니는 고깃덩이라는 뜻,
배운 것이 없어서 아무런 쓸모가 없는 사람이라는 비유

樗櫟之材 저력지재, 樗櫟 저력 가죽나무와 상수리나무. 쓸모없는 재목(材木)

蹇驢 건려 다리를 저는 나귀. 쓸모없는 인물

▷ 衣桁 의항 횃대[옷을 걸 수 있게 만든 막대]

衣結屨穿 의결구천 옷 의 | 매듭·맺을 결 | 신·신발 구 | 구멍 날·뚫을 천

옷은 헤어져 꿰매고 신은 낡아 구멍이 뚫어졌다는 뜻, 몹시 가난하여 초라한 차림새를 비유

[유의어] 敝袍破笠 폐포파립, 弊衣破笠 폐의파립, 弊衣破冠 폐의파관
해진 옷과 부서진 갓이라는 뜻으로 초라한 차림새의 비유

衣履弊穿 의리폐천 옷은 해지고 신발은 구멍이 남. 빈천한 차림새

東郭履 동곽리 동곽의 신발. 밑창이 닳아 해져서 발로 땅바닥을 밟음

襤褸 남루 옷이 낡고 해져서 너절함

衣錦褧衣 의금경의 옷 의 | 비단 금 | 홑옷(안을 대지 않은 옷) 경 | 옷 의

비단옷을 입고 그 위에 홑옷을 덧입어 비단옷임을 가린다는 뜻, 군자(君子)가 미덕(美德)을 갖추고
있으나 이를 자랑하지 않는다는 말. 겸손(謙遜)한 미덕

『유의어』 衣錦絅衣 의금경의, 錦衣尙褧 금의상경

▷ 錦衣夜行 금의야행　비단옷을 입고 밤길을 간다는 뜻, 아무 보람 없는 행동을 비유

▷ 衣纓 의영　의복과 갓끈. 조정(朝廷)의 신하를 비유적으로 이르는 말

* 出典: 詩經(시경) 衛風(위풍)

意氣銷沈 의기소침　뜻 의 | 기운 기 | 쇠 녹일·없어질 소 | 잠길·가라앉을 침
뜻한 바가 이루어지지 않아 기운을 잃고 풀이 죽었다는 말

『유의어』 意氣沮喪 의기저상, 意氣消沈 의기소침, 自激之心 자격지심

　　　 沮喪 저상, 落膽 낙담, 失意 실의, 失望 실망, 挫折 좌절

『반의어』 意氣揚揚 의기양양, 得意揚揚 득의양양, 得意忘形 득의망형
　　　 뜻한 바를 이루어 우쭐하고 뽐냄

　　　 氣高萬丈 기고만장　일이 뜻대로 잘되어 뽐내는 기세가 대단함

▷ 浮沈 부침　1. 물 위에 떠올랐다 물속에 잠겼다 함
　　　　　　 2. 성(盛)함과 쇠(衰)함 또는 시세의 변천(變遷)을 뜻하는 말

意氣揚揚 의기양양　뜻 의 | 기운 기 | 오를·날릴 양
의기[意氣: 진취적 기상]가 드날린다는 뜻으로
1. 뜻한 바를 이루어 만족(滿足)한 마음이 얼굴에 나타난 모양
2. 어떤 일을 하는데 자신에 찬 기운이 얼굴과 행동에 표현됨

『유의어』 得意揚揚 득의양양, 得意忘形 득의망형, 氣高萬丈 기고만장

『반의어』 意氣銷沈 의기소침, 意氣沮喪 의기저상　기운을 잃고 풀이 죽음

　　　 自激之心 자격지심　자기가 한 일에 대해 자기 스스로 미흡(未洽)하게 여기는 마음

* 出典: 史記(사기) 管晏列傳(관안열전) / 晏子春秋(안자춘추) 內篇雜上第五(내편잡상제오)

意氣投合 의기투합　뜻 의 | 기운 기 | 던질 투 | 합할 합
어떤 일을 함께할 때 마음과 뜻이 서로 잘 맞는다는 말

『유의어』 意氣相投 의기상투, 志氣投合 지기투합, 志氣相合 지기상합

　　　 桃園結義 도원결의　중국 촉나라의 유비·관우·장비가 도원에서 의형제를 맺음

▷ 投壺 투호　화살을 던져 병 속에 많이 넣는 수효(數爻)로 승부(勝負)를 가리는 놀이

▷ 投擲 투척　어떤 물건을 목표지점(目標指點)을 향해 던짐

意馬心猿 의마심원 뜻 의 | 말 마 | 마음 심 | 원숭이 원

생각은 말처럼 달리고 마음은 원숭이처럼 설렌다는 뜻, 사람의 마음이 세속(世俗)의 번뇌(煩惱)와
정욕(情慾)때문에 어지러워 진정(鎭靜)되지 않고 억제(抑制)하기 어려움

유의어 心猿意馬 심원의마, 意馬心猱 의마심노, 意馬心狙 의마심저

▷ 猿 원 猱 노 狙 저 원숭이

倚門倚閭 의문의려 의지할·기댈 의 | 문 문 | 기댈·의지할 의 | 마을 문 려(여)

문간에 기대어 기다리고 마을 어귀에 세운 문에 기대어 기다린다는 뜻, 자녀가 무사히
돌아오기를 기다리는 부모의 간절(懇切)한 마음을 비유하는 말

유의어 倚閭之望 의려지망, 倚閭而望 의려이망, 倚閭之情 의려지정
依門之望 의문지망, 倚門而望 의문이망, 倚門 의문, 倚閭 의려

▷ 閭閻 여염 백성의 집이 많이 모여 있는 곳 = 閭里 여리, 閭巷 여항
* 出典: 戰國策(전국책) 齊策(제책: 중국 춘추시대 王孫賈[왕손가]와 그의 어머니의 고사에서 유래)

疑心生暗鬼 의심생암귀 의심할 의 | 마음 심 | 날 생 | 어두울 암 | 귀신 귀

마음에 의심(疑心)이 생기면 귀신(鬼神)이 생긴다는 뜻
1. 마음에 의심(疑心)하는 바가 있으면 종종(種種)의 무서운 망상(妄想)이 생겨 있지도 않은 귀신이
   나오는 듯이 느껴짐
2. 선입견(先入見)으로 인한 판단착오(判斷錯誤)를 비유하여 이르는 말

유의어 竊斧之疑 절부지의 도끼를 훔쳐 갔다고 의심함[우연히 다른 곳에서 발견됨]
杯中蛇影 배중사영, 杯弓蛇影 배궁사영
술잔 속에 뱀 그림자가 보임[벽에 걸려있던 활의 그림자: 오해]
* 出典: 列子(열자) 說符篇(설부편)

疑人勿使 使人勿疑 의인물사 사인물의

의심할 의 | 사람 인 | 말 물 | 부릴 사 | 부릴 사 | 사람 인 | 말 물 | 의심할 의

의심스러워 믿지 못할 사람은 부리지 말고 일단 사람을 부리게 되면 그 사람을 의심하지 마라

유의어 疑人勿用 用人勿疑 의인물용 용인물의
의심 가는 사람은 쓰지 말고 쓴 사람은 의심하지 말라

▷ 信之無疑 신지무의 꼭 믿어 의심(疑心)하지 않는다는 말

▷ 疑懷 의회 확실히 알 수 없어서 믿지 못하는 마음 = 疑心 의심

▷ 被疑 피의 의심(疑心)이나 혐의(嫌疑)를 받음
* 出典: 金史(금사) / 宋史(송사)

醫者意也 의자의야 의원 의 | 놈 자 | 뜻 의 | 어조사 야

의술(醫術)의 깊은 진리는 마음으로 스스로 깨닫는 것, 심오하여 말로는 표현 할 수 없다는 말

▷ **心動卽病 心靜卽病息** 심동즉병 심정즉병식
　　병을 낫고자하는 의지(意志), 심신의 안정(安靜) 그리고 휴식(休息)이 더 중요함

▷ **醫療** 의료　의술로 병을 고치는 일

* 出典: 內經(내경)

伊霍之事 이곽지사 저 이 | 빠를 곽 | 어조사 지 | 일 사

이윤과 곽광의 일이란 뜻, 신하들이 어지러운 나라를 구하기 위하여 황제나 왕을 폐립(廢立)하거나
또는 바르게 가르쳐 고친 후 다시 황제나 왕으로 옹립(擁立)하는 일

은(殷)나라의 명재상(名宰相) 이윤(伊尹)이 임금인 태갑(太甲)을 동궁으로 내쫓아 악행을 고쳐서
다시 부른 일과, 전한(前漢)의 곽광(霍光)이 창읍왕(昌邑王) 하(賀)를 폐하고 효선제(孝宣帝)를
새로 옹립(擁立)한 고사에서 유래

▷ **霍亂** 곽란　음식이 체하여 토(吐)하고 설사(泄瀉)하는 급성위장병

▷ **改悛** 개전　잘못을 뉘우치고 마음을 바르게 고쳐먹음

* 出典: 晉書(진서)

異口同聲 이구동성 다를 이 | 입 구 | 같을 동 | 소리 성

입은 다르나 목소리는 같다는 뜻, 여러 사람의 말이 한사람의 말처럼 한결같다는 말

「유의어」 異口同音 이구동음, 如出一口 여출일구, 渾然一致 혼연일치
　　　　 衆口同聲 중구동성, 衆口一辭 중구일사, 渾然一體 혼연일체

▷ **差異** 차이　서로 차(差)가 있게 다름 또는 그런 정도나 상태

離群索居 이군삭거 떠날·떼놓을 이 | 무리 군 | 쓸쓸할·동아줄 삭 / 찾을 색 | 살 거

벗[同門: 동문]이나 동료(同僚)들과 떨어져 한적(閑寂)하게 지냄

「유의어」 離羣索居 이군삭거, 索居 삭거

▷ **離反** 이반　사이가 벌어져 떠나거나 돌아섬

▷ **居安思危** 거안사위　편하게 살 때, 위험(危險)과 곤란(困難)이 닥칠 것을 대비해야함

* 出典: 禮記(예기) 檀弓篇(단궁편)

以德報怨 이덕보원 써 이 | 덕 덕 | 갚을·알릴 보 | 원망할 원

은덕(恩德)으로 원한(怨恨)을 갚는다는 뜻, 원수(怨讐)에게 도리어 은덕(恩德)을 베푼다는 말

報怨以德 보원이덕

以血洗血 이혈세혈　피로 피를 씻음. 악을 악으로 갚음[더 더러워짐]

▷ **報復** 보복　앙갚음[자기에게 해를 입힌 그 사람에게 복수함]

▷ **反噬** 반서　기르던 짐승이 도리어 주인을 물어 해친다는 뜻, 은혜를 원수(怨讎)로 갚음

* 出典: 論語(논어) 憲問篇(헌문편) / 老子(노자)

二桃殺三士 이도살삼사　두·둘 이 | 복숭아 도 | 죽일 살 / 빠를·감할 쇄 | 석 삼 | 선비 사

두 개의 복숭아로 세 명의 용사(勇士)를 죽인다는 뜻, 기묘(奇妙)한 꾀를 발휘(發揮)하여 상대를 자멸(自滅)하게 시키는 매우 놀랍고도 교활(狡猾)한 계략(計略)을 비유하는 말

『유의어』 一朝被讒言 二桃殺三士 일조피참언 이도살삼사 (에서 유래)
　하루아침에 참언(讒言)에 걸려 복숭아 두 개에 세 명의 용사가 죽다

▷ **桃梟** 도효　나무에 달린 채 겨울을 지나서 저절로 마른 복숭아[한약재]

▷ **殺到** 쇄도　한꺼번에 세차게 몰려듦 = **輻輳** 폭주

* 出典: 晏子春秋(안자춘추) 諫下(간하) / 梁甫吟(양보음: 諸葛亮[제갈량]의 詩)

以毒制毒 이독제독　써 이 | 독 독 | 제압할 제 | 독 독

독을 없애는데 다른 독을 사용한다는 뜻, 악인을 제거하는데 다른 악인을 이용(利用)한다는 말

『유의어』 以毒治毒 이독치독, 以毒攻毒 이독공독　독으로 독을 공격(攻擊)함
　以夷制夷 이이제이　오랑캐로 오랑캐를 물리친다는 뜻으로
　　　　　한 세력을 이용(利用)하여 다른 세력을 제어(制御)한다는 말

▷ **毒嘴** 독취　독살스러운 부리. 악독한 말을 옮기는 사람의 입을 비유하는 말

▷ **虺毒** 훼독　독사의 독, 음모(陰謀)나 악랄(惡辣)한 계책(計策)을 비유

▷ **蠆毒** 채독　전갈의 독, 재난(災難)이나 재앙(災殃)을 비유

▷ **蠱毒** 고독　뱀·지네·두꺼비 등의 맹독(猛毒)

* 出典: 北山集(북산집: 唐[당]나라 神淸[신청] 著)

以頭搶地 이두창지　써 이 | 머리 두 | 부딪힐·빼앗을 창 | 땅 지

머리를 땅에 대고 비빈다는 뜻, 무엇을 호소(呼訴)하거나 잘못을 뉘우쳐 용서(容恕)를 구한다는 말

『유의어』 叩頭謝罪 고두사죄　머리를 조아려 잘못을 빎
　頓首百拜 돈수백배, 百拜謝罪 백배사죄
　거듭 절을 하며 지은 죄의 용서(容恕)를 빎
　負荊請罪 부형청죄　가시나무를 등에 짊어지고 자기에게 죄를 물어달라는

뜻으로 자신의 잘못을 인정(認定)하고 사죄(謝罪)하는 것을 의미

以卵擊石 이란격석 써 이 | 알 란 | 칠·부딪칠 격 | 돌 석

달걀로 바위를 친다는 뜻, 아주 약한 것으로 강한 것을 이기려는 어리석음을 비유

유의어 以卵投石 이란투석

螳螂拒轍 당랑거철, 螳螂之斧 당랑지부, 螳螂力 당랑력
제 분수를 모르고 강적에게 반항(反抗)함. 중국 제나라의 장공(莊公)이 사냥을 나가는데
사마귀가 앞발을 들고 수레바퀴를 멈추려 했다는 데서 유래(由來)함

* 出典: 墨子(묵자) 貴義篇(귀의편)

以蠡測海 이려측해 써 이 | 표주박·좀먹을 려(여) | 잴·헤아릴 측 | 바다 해

표주박을 사용하여 바닷물의 양을 잰다는 뜻, 작고 천박(淺薄)한 식견(識見)으로 심오(深奧)하고
광대(廣大)한 이치(理致)를 헤아리려는 어리석음을 비유하는 말

유의어 蠡測 여측

以指測海 이지측해 　손가락으로 바다의 깊이를 재려한다는 뜻, 어리석음
用錐指地 용추지지 　송곳 끝으로 넓은 땅을 가리킨다는 뜻, 식견이 좁음
井底之蛙 정저지와 　우물 안 개구리. 소견이나 견문이 몹시 좁은 것의 비유
管中窺豹 관중규표 　대롱구멍으로 표범을 보면 얼룩점 하나밖에 보이지 않음
坐井觀天 좌정관천 　우물 속에 앉아 하늘을 봄, 견문이 매우 좁음을 이름

利令智昏 이령지혼 이로울·날카로울이(리) | 하여금·시킬 령(영) | 슬기·지혜 지 | 어두울 혼

이익(利益)은 지혜(智慧)를 어둡게 만든다는 뜻, 사람이 이익에 눈이 멀면 사려분별(思慮分別)을
제대로 하지 못하게 된다는 말, 즉 이익에 눈이 멀면 어리석은 행동을 하게 된다는 말

▷ 昏迷 혼미 　정신이 헛갈리고 흐리멍덩함 또는 정세가 불안정함

▷ 銳利 예리 　날카롭다 ↔ 鈍濁 둔탁 무디다

* 出典: 史記(사기)

李离伏劍 이리복검 오얏 이(리) | 산신 리 | 엎드릴 복 | 칼 검

'이리(李离)'라는 법관이 자신의 잘못을 인정하고 스스로 칼끝에 대고 엎드려 자결(自決)한다는 뜻
즉 자신의 잘못을 남에게 전가(轉嫁)하지 않고 스스로 그 책임(責任)을 물어 죄 값을 치른다는 말

진(晉)나라의 사법관 이리(李离)라는 인물이 있었는데, 어느 날 자신이 과거(過去)에 판결(判決)한
재판기록을 보다가 다른 사람의 거짓증언에 속아 무고(無辜)한 사람에게 사형을 판결하여 그 사람을
죽게 만든 것을 알아내고 스스로에게 죄를 물어 자결한 사건에서 유래함

┌──────┐
│ 유의어 │ **負荊請罪** 부형청죄 가시나무를 짊어지고 스스로 죄를 청한다는 말
└──────┘

▷ **席藁待罪** 석고대죄 거적을 깔고 엎드려서 임금의 처분이나 명령을 기다리던 일

▷ **伏地不動** 복지부동 땅에 엎드려 움직이지 않는다는 뜻으로
　　　　　　　　　　　　　마땅히 해야 할 일을 하지 않고 몸을 사림의 비유

* 出典: 史記(사기) 順吏列傳(순리열전)

以貌取人 이모취인 써 이 │ 얼굴 모 │ 가질·취할 취 │ 사람 인

생김새를 보고 사람을 취한다는 뜻, 그 사람의 재덕(才德) 여하(如何)는 고려(考慮)하지 않고
외모(外貌)의 미추(美醜)만 보고 평가(評價)하여 정한다는 말로, 반드시 오류(誤謬)를 범하기 마련

┌──────┐
│ 유의어 │ **以言擧人** 이언거인, **見毛相馬** 견모상마, **以毛相馬** 이모상마
└──────┘
　　　　　사람의 말만 믿고 채용하는 것은 털만 보고 말을 사는 것과 같음. 오류를 범하기 쉬움

┌──────┐
│ 반의어 │ **任人唯賢** 임인유현 오직 인품과 능력만을 보고 사람을 임용(任用)한다는 말
└──────┘

▷ **容貌** 용모 사람의 얼굴 모습

▷ **俊秀** 준수 재주·슬기와 풍채(風采)가 빼어나다

* 出典: 史記(사기)

耳目口鼻 이목구비 귀 이 │ 눈 목 │ 입 구 │ 코 비

귀·눈·입·코를 중심으로 한 전체적인 얼굴의 생김새

▷ **鼻祖** 비조, **始祖** 시조, **元祖** 원조
　　1. 한 겨레의 맨 처음이 되는 조상(祖上)이라는 뜻
　　2. 어떤 학문이나 기술 등을 처음으로 연 사람을 비유하는 말

▷ **耳竅** 이규 귓구멍

異腹兄弟 이복형제 다를 이 │ 배 복 │ 형 형 │ 아우 제

배다른 형제, 아버지는 같고 어머니가 다른 형제

┌──────┐
│ 유의어 │ **異母兄弟** 이모형제 줄무더기형제(兄弟)
└──────┘

┌──────┐
│ 반의어 │ **異父兄弟** 이부형제 씨가 다른 형제. 어머니는 같고 아버지가 다른 형제
└──────┘

▷ **遺腹子** 유복자 태어나기 전에 아버지를 여읜 자식 = **遺子** 유자

▷ **雋異** 준이 재능이 뛰어난 자

以鼠爲璞 이서위박 써 이 │ 쥐 서 │ 할 위 │ 옥돌 박 / 말린 쥐 박

쥐[鼠: 서]를 보옥(寶玉)으로 여긴다는 뜻, 아무 쓸모없는 것을 보물처럼 귀하게 여겨 소중히

간직한다는 말. 즉 미명(未明)에 사로잡혀 그 본질을 꿰뚫어 보지 못하는 어리석음을 비유하는 말

주(周)나라에서는 포를 뜨지 않은 쥐를 박(璞)이라 하고, 정(鄭)나라에서는 다듬지 않은
옥(玉)을 박(璞)이라 하였는데, 주나라 장사꾼이 정나라 상인에게 박(璞)을 사겠느냐고 묻자
정나라 사람이 사겠다고 했으나 막상 가서보니 자기 생각과 다른 것임을 알게 되자 거래를
그만 두었다는 고사에서 유래

▷ **鼠生員** 서생원　쥐를 의인화[擬人化: 인격화]해서 부르는 말

* 出典: 戰國策(전국책)

以石投水 이석투수　써 이 | 돌 석 | 던질 투 | 물 수

[강가에서] 돌을 집어 물에 던진다는 뜻, 땅 짚고 헤엄치기
1. 하기 쉬운 일을 비유하거나 충고(忠告)를 잘 받아들임
2. 문외한(門外漢)에게는 어려워도 전문가(專門家)에게는 쉬운 일

▷ **如反掌** 여반장　손바닥을 뒤집는 것처럼 매우 쉽다는 뜻

* 出典: 李康(이강)의 運命論(운명론)

二姓之合 이성지합　두·둘 이 | 성 이 | 어조사 지 | 합할 합

성(姓)이 다른 두 사람이 합하였다는 뜻, 남녀의 혼인(婚姻)

[유의어] 婚姻 혼인, 婚娶 혼취, 結婚 결혼, 洞房 동방

嫁娶 가취　시집가고 장가듦

洞房華燭 동방화촉　동방에 비치는 환한 촛불이라는 뜻으로, 혼례(婚禮)를
치르고 첫날밤에 신랑이 신부 방에서 자는 의식(儀式)

[반의어] 離婚 이혼, 破鏡 파경　깨진 거울. 부부의 금실이 좋지 않아 헤어지는 일

▷ **二姓之樂** 이성지락　부부(夫婦)사이의 화목(和睦)한 정(情)

* 出典: 禮記(예기)

耳順 이순　귀 이 | 순할 순

귀가 순해짐. 사람나이 예순 살(= 60세)을 일컬음 = 六旬 육순

공자(孔子)가 예순 살이 되어, 생각하는 것이 원만(圓滿)해지고 어떤 말을 들으면
이해(理解)가 잘 되었다는 고사에서 유래

還甲 환갑　61세 = 回甲 회갑 / 進甲 진갑　환갑의 이듬해, 62세

志學 지학　15세　　弱冠 약관　남자나이 20세　　而立 이립　30세

不惑 불혹　40세　　知天命 지천명　50세 = 知命 지명, 艾年 애년

妙齡 묘령　여자나이 20세 전후 = 芳年 방년, 芳齡 방령

▷ **順理** 순리 1. 도리나 이치에 순종함   2. 마땅한 이치나 도리

耳視目聽 이시목청 귀 이 | 볼·살필 시 | 눈 목 | 들을·받을 청

귀로 보고 눈으로 듣는다는 뜻, 사람의 눈치가 매우 빠름을 비유하는 말

소문(所聞)만 듣고도 마치 직접 본 듯이 상황(狀況)을 알아차리고[耳視: 이시= 귀로 봄]

표정(表情)만 보고도 마치 직접 설명을 들은 듯이 상황을 알아차림[目聽: 목청= 눈으로 들음]

▷ **傾聽** 경청 귀를 기울여 들음

* 出典: 列子(열자) 仲尼篇(중니편)

以食爲天 이식위천 써 이 | 밥 식 | 할 위 | 하늘 천

밥[食: 식]을 하늘로 여긴다는 뜻, 백성이 살아가는 데 있어서 먹는 것이 가장 중요하다는 말

[유의어] **食者民之本** 식자민지본 밥[食: 식]은 백성의 근본(根本)

王者以民爲天 而民以食爲天 왕자이민위천 이민이식위천 (에서 유래)

임금은 백성을 하늘로 삼고 백성은 밥을 하늘로 여긴다는 말

▷ **以民爲天** 이민위천 백성을 하늘같이 소중히 여김

* 出典: 史記(사기) 酈食其傳(역이기전)

以實直告 이실직고 써 이 | 열매·익을·실제 실 | 곧을·바르게 할 직 | 알릴 고 / 고할 곡

사실(事實) 그대로 고함

[유의어] **以實告知** 이실고지, **從實直告** 종실직고

實陳無諱 실진무휘 사실대로 말하고 거짓말을 하지 않음

吐盡肝膽 토진간담 간과 쓸개를 다 토함. 실정(實情)을 숨김없이 털어놓고 말함

陳供 진공 죄지은 자가 그 죄상(罪狀)을 사실(事實)대로 말함 = **自白** 자백

告白 고백 사실[事實: 있었던 일]대로 숨김없이 말함

以心傳心 이심전심 써 이 | 마음 심 | 전할 전 | 마음 심

마음과 마음으로 서로의 뜻이 통함, 말과 글을 빌리지 않아도 마음과 마음이 통한다는 말

석가(釋迦)가 제자인 마하가섭(摩訶迦葉)에게 말이나 글이 아니라 이심전심(以心傳心)의

방법으로 불교의 진수(眞髓)를 전했다는 고사에서 유래

[유의어] **心心相印** 심심상인

拈華微笑 염화미소, **拈華示衆** 염화시중

석가모니가 연꽃을 들어 대중에게 보였을 때, 마하가섭(摩訶迦葉)만이 그 뜻을 깨닫고

살며시 미소(微笑) 지었다는 데서, 마음에서 마음으로 불법을 전한다는 말

不立文字 불립문자
불도의 깨달음은 문자나 말로써 전하는 것이 아니라 마음에서 마음으로 전한다는 뜻

教外別傳 교외별전　선종(禪宗)에서, 부처의 가르침을 말이나 글에 의하지 않고
바로 마음에서 마음으로 전하여 진리를 깨닫게 하는 일

▷　**訛傳** 와전　사실과 다르게 전함 = **謬傳** 유전

▷　**印象** 인상　어떤 대상에 대해서 마음에 새겨지는 느낌

* 出典: 傳燈錄(전등록)

以熱治熱 이열치열　써 이 | 더울 열 | 다스릴 치 | 더울 열
열(熱)은 열(熱)로써 다스린다는 뜻, 힘은 힘으로 물리침을 이르는 말

『유의어』　**以毒治毒** 이독치독, **以毒攻毒** 이독공독

以夷制夷 이이제이　A 오랑캐로 B 오랑캐를 물리친다는 뜻

▷　**以羊易牛** 이양역우　양을 가지고 소로 바꾼다는 뜻으로
작은 것으로 큰 것의 대용(代用)으로 삼는다는 말

已往之事 이왕지사　이미 이 | 갈 왕 | 어조사 지 | 일 사
이미 지나간 일

『유의어』　**旣往之事** 기왕지사, **已過之事** 이과지사

▷　**已往之事勿咎** 이왕지사물구　이미 지나간 일은 허물을 묻지 마라

= **旣往不咎** 기왕불구, **旣往之事不咎** 기왕지사불구

▷　**往復** 왕복　갔다가 돌아옴 ↔ **片道** 편도　가고 오는 길 가운데 어느 한쪽

利用厚生 이용후생　이로울 이(리) | 쓸 용 | 두터울 후 | 날 생
편리(便利)한 기구(器具)를 잘 사용하여 먹고 입는 것을 풍부(豊富)하게 하며, 국민의 생활을
나아지게 하여 생계(生計)에 부족(不足)함이 없도록 함

『유의어』　**經世致用** 경세치용　학문(學問)은 실제(實際) 사회생활에 공헌(貢獻)해야 함

▷　**國利民福** 국리민복　국가의 이익(利益)과 국민의 행복(幸福)

▷　**福祉** 복지　행복한 삶. 행복하게 살 수 있는 사회(社會) 환경(環境)

* 出典: 尙書(상서) 虞書(우서)의 大禹謨(대우모)

易輶攸畏 屬耳垣墻 이유유외 속이원장
쉬울 이 | 가벼울 유 | 바아득할 유 | 두려워할 외 | 붙을 속 / 이을 촉 | 귀 이 | 담 원 | 담 장

말을 쉽고 가볍게 하는 것을 두려워해야 하니 담장에 귀를 붙여놓았기 때문이다.
군자는 매사(每事)에 처신(處身)을 신중(愼重)히 하고 말을 조심(操心)하라는 말

> **유의어** 舌底有斧 설저유부　혀 밑에 도끼가 있음. 말조심 하라는 말
>
> 舌斬身刀 설참신도　혀는 자기 몸을 베는 칼. 말을 삼가라는 말
>
> 口禍之門 구화지문, 禍從口生 화종구생, 禍從口出 화종구출
> 입은 재앙(災殃)이 들어오는 문. 말조심하라는 말

* 出典: 千字文(천자문)

二律背反 이율배반　두·둘 이 | 법률 율(률) | 등 배 | 되돌릴 반

두 가지 규칙(規則)이 서로 등 돌리고 반대(反對)한다는 뜻, 상호모순(相互矛盾)으로
양립(兩立)할 수 없는 두 개의 명제(命題)

> **유의어** 矛盾 모순, 矛盾撞着 모순당착, 自家撞着 자가당착
> 말이나 행동 또는 사실의 앞뒤가 서로 맞지 않는다는 말

▷ 背信 배신　신의(信義)를 저버림

▷ 背囊 배낭　물건을 담아 등에 지도록 만든 주머니[가죽이나 헝겊으로 만듦]

▷ 律呂 율려　음악이나 음성의 가락. 육률과 육려를 아울러 이르는 말

* 出典: 칸트에 의하여 소개(紹介)된 용어로 안티노미(= antinomy)

以夷制夷 이이제이　써 이 | 오랑캐 이 | 제압할 제 | 오랑캐 이

A 오랑캐를 설득(說得)하거나 회유(懷柔)하여 B 오랑캐를 공격(攻擊)하게 하여 물리친다는 뜻
한 세력을 이용하여 다른 세력을 제어(制御)한다는 말. 즉, 오랑캐끼리 싸움을 붙인다는 말
[옛날 중국에서, 중앙국가가 주변국(= 오랑캐)을 다스릴 때 주로 쓰던 전략(戰略)]

> **유의어** 以夷攻夷 이이공이, 以毒制毒 이독제독
>
> 以熱治熱 이열치열　열은 열로써 다스린다는 뜻, 힘은 힘으로 물리침

以人爲鑑 이인위감　써 이 | 사람 인 | 할 위 | 거울 감

남의 성공(成功)과 실패(失敗)를 거울삼아 자신을 경계함을 뜻하는 말로, 남의 옳고 그름을
본보기로 삼는다는 말

> **유의어** 以古爲鑑 이고위감, 以人爲鏡 이인위경, 殷鑑不遠 은감불원
>
> 前轍 전철, 覆轍 복철, 不踏覆轍 부답복철, 學于古訓 학우고훈
>
> 覆車之戒 복거지계, 前覆後戒 전복후계, 前車覆後車戒 전거복후거계

▷ 龜鑑 귀감　거울로 삼아 본받을 만한 모범(模範)

* 出典: 唐書(당서)

以一警百 이일경백 써 이 | 하나 일 | 경계할 경 | 일백 백

한 가지 일로써 많은 일의 본보기로 삼는다는 뜻. 즉 한사람의 악행을 징벌(懲罰)함으로써 장차
있을지 모를 뭇사람의 악행(惡行)을 경계(警戒)하게 한다는 말

유의어 一罰百戒 일벌백계, 一殺多生 일살다생, 泣斬馬謖 읍참마속

　　　　以一懲百 이일징백, 懲一勵百 징일여백

▷ **警察 경찰** 사회의 공공질서를 유지하고 국민의 안전과 재산을 보호 하는 일[기관].

* 出典: 漢書(한서)

以逸待勞 이일대로 써 이 | 편안할 일 | 기다릴 대 | 일할·힘쓸 로

편안함으로써 피로(疲勞)해지기를 기다린다는 뜻, 전장(戰場)에 적군(敵軍)보다 먼저 도착하여
아군(我軍)의 전력을 정비(整備)하고 휴식을 취하게 한 뒤, 뒤이어 다가오는 피곤(疲困)에 지친
적군을 상대하는 전략(戰略)

유의어 以佚待勞 이일대로

▷ **逸話 일화** 세상에 알려지지 않은 흥미(興味)있는 이야기 = 에피소드(episode)

▷ **待令 대령** 1. 지시(指示)나 명령(命令)을 기다림　2. 준비(準備)하고 기다림

* 出典: 孫子(손자) 軍爭篇(군쟁편: 36계중 勝戰計[승전계])

以長補短 이장보단 써 이 | 긴 장 | 기울 보 | 짧을 단

남의 장점을 거울삼아 내 단점을 보완(補完)함

유의어 絶長補短 절장보단, 截長補短 절장보단　긴 것을 잘라서 짧은 것을 보충함

반의어 反面敎師 반면교사　나쁜 면만을 가르쳐 주는 선생. 즉 보고 배워 따르거나
　　　　　　　　　　　되풀이해서는 안 되는 나쁜 본보기로서의 사람이나 일을 이르는 말

▷ **補修 보수** 낡은 것을 보충(補充)해서 수선(修繕)함

* 出典: 說苑(설원)

以掌蔽天 이장폐천 써 이 | 손바닥 장 | 가릴·덮을 폐 | 하늘 천

손바닥으로 하늘을 가린다는 뜻으로 얕은 수로 잘못을 숨기려 해도 숨길 수 없음을 비유하는 말

유의어 掩耳盜鐘 엄이도종, 掩耳盜鈴 엄이도령, 掩目捕雀 엄목포작

▷ **兩豆塞耳不聞雷霆 양두색이불문뇌정**
　　콩 두개로 귀를 막으면 세찬 천둥소리도 들리지 않는다는 뜻, 즉 마음에 물욕(物慾)이 생기면
　　도리(道理)를 분별(分別)하지 못하게 되어 사람이 잘못된 행동을 하게 된다는 말. 어리석음

▷ **一葉蔽目 不見泰山 일엽폐목 불견태산**
　　나뭇잎 하나로 눈을 가리면 태산(泰山)도 보이지 않는다. 물욕이 지혜를 가림. 어리석음

泥田鬪狗 이전투구 진흙 이(니) | 밭 전 | 싸움 투 | 개 구

진흙탕에서 싸우는 개, 자기의 이익(利益)을 위하여 볼썽사납고 비열(卑劣)하게 다툼

[정도전이 조선 팔도의 인물을 평할 때, 함경도 사람의 기질적(氣質的) 특징(特徵)을 설명한 말]

▷ 走狗 주구　사냥할 때 부리는 개. 앞잡이

▷ 汚泥 오니　더러운 흙. 특히, 오염 물질을 포함한 진흙

* 出典: 鄭道傳(정도전)의 朝鮮八道(조선팔도) 4字評(사자평)

頤指氣使 이지기사 턱 이 | 가리킬·손가락 지 | 기운 기 | 부릴·하여금 사

턱으로 가리키고 기색(氣色)이나 몸짓으로 사람을 부린다는 뜻, 다른 사람에게 굳이 말로하지 않고
턱짓으로 살짝 뜻 만 비쳐도 다른 사람이 그 뜻을 알아채고 스스로 알아서 움직인다는 말로
오만(傲慢)하게 자기 마음대로 아래 사람을 부림을 비유하는 말

〖유의어〗 頤使 이사, 頤指 이지

　　　　　目指氣使 목지기사　눈짓으로 사람을 부림

▷ 頤朶 이타　턱이 늘어졌다는 뜻. 부러워 함 또는 먹고 싶어 군침을 흘림

利之所在皆爲賁諸 이지소재개위분저

이로울 이(리) | 어조사 지 | 바 소 | 있을 재 | 다 개 | 할 위 | 클 분 | 어조사 저 / 모두 제

사람들이 자기의 이익(利益)이 되는 일을 하는데 있어서는 옛날의 용장(勇將) 맹분(孟賁)이나
전저(專諸)와 같이 필사적(必死的)으로 용감(勇敢)해진다는 말. 즉 사람이란 이익을 얻을 수만
있다면 죽기 살기로 뛰어들고 또한 물불을 안 가리고 달려든다는 말

▷ 皆兵 개병　전 국민이 병역 의무를 갖는 일 = 國民皆兵 국민개병

* 出典: 韓非子(한비자) 內儲說上篇(내저설상편)

以指測海 이지측해 써 이 | 가리킬·손가락 지 | 잴·헤아릴 측 | 바다 해

손가락으로 바다의 깊이를 잰다는 뜻, 세상이치에 어두움. 자기의 역량을 모르는 어리석음을 비유

〖유의어〗 用錐指地 용추지지, 以蠡測海 이려측해, 蠡測 여측

▷ 指標 지표　방향(方向)이나 목적(目的), 기준(基準) 등을 나타내는 표지(標識)

* 出典: 抱朴子(포박자)

二八靑春 이팔청춘 두·둘 이 | 여덟 팔 | 푸를 청 | 봄 춘

1. 16세 무렵의 꽃다운 청춘시기(靑春時期)를 비유하여 이르는 말
2. 혈기왕성(血氣旺盛)한 젊은 시절을 비유하는 말

▷ 靑信號 청신호 앞일에 대한 순조로운 빌미를 뜻함의 비유

▷ 芳年 방년 20세 전후 여자의 꽃다운 나이 = **芳齡** 방령, **妙齡** 묘령

▷ 春來不似春 춘래불사춘 봄은 왔는데 봄 같지 않음. 정작 마음의 봄은 안 왔다는 말

李下不整冠 이하부정관 오얏·자두나무 이(리) ｜ 아래 하 ｜ 가지런할 정 ｜ 갓 관
남에게 의심받을 만한 일은 하지 말라는 말. 오해를 삼
자두나무 밑에서 갓을 고쳐 쓰면 멀리서 볼 때 자두를 몰래 따먹는 도둑으로 오해받기 쉬우므로
자두나무 밑에서 갓을 고쳐 쓰지 말라는 뜻

유의어 瓜田李下 과전이하

烏飛梨落 오비이락 까마귀 날자 마자 배가 떨어짐. 오해를 삼

瓜田不納履 과전불납리 오이 밭에서 신을 고쳐 신지 마라, 멀리서 보면
남의 오이를 따는 것처럼 보여 오해하기 쉽다

* 出典: 文選(문선)

以鰕釣鯉 이하조리 써 이 ｜ 새우 하 ｜ 낚시 조 ｜ 잉어·편지 리
새우[鰕: 하]를 미끼로 하여 잉어[鯉: 리]를 낚는다는 뜻, 적은 밑천을 들여 큰 이익(利益)을
얻는다는 말

유의어 以蝦釣鱉 이하조별, 以小獲大 이소획대, 以針釣魚 이침조어

以蝦鉤鯉 이하구리, 鰕爲餌釣巨鯉 하위이조거리

▷ 釣鉤 조구 낚싯바늘. 이득(利得)을 얻기 위해 사람을 꾀는 데 쓰는 수단의 비유

▷ 釣況 조황 낚시질의 상황(狀況) / **釣磯** 조기 낚시터

▷ 豚蹄一酒 돈제일주 돼지 발굽에 술 한잔이라는 뜻으로 작은 성의(誠意)를 베풀고
너무 큰 보답(報答)을 기대(期待)할 때에 빗대어 하는 말

離合集散 이합집산 떠날 이 ｜ 합할 합 ｜ 모을 집 ｜ 흩을 산
헤어지고 합치고 모였다가 흩어짐. 모이고 헤어짐이 무상(無常)함

유의어 聚散離合 취산이합

聚散逢別 취산봉별 모였다가 흩어지고 만났다가 헤어진다는 말

獸聚鳥散 수취조산 짐승처럼 모였다가 새처럼 흩어진다는 말

朝聚暮散 조취모산 아침에 모였다가 저녁에 흩어짐, 모이고 헤어짐이 무상함

▷ 募集 모집 조건(條件)에 맞는 사람이나 사물을 뽑아서 모음

▷ 解散 해산 1. 모인 사람이 흩어짐 2. 어떤 단체나 조직 등을 해체(解體)하여 없앰

利害打算 이해타산 이로울 이(리) | 해칠·손해 해 | 칠 타 | 셀·수효 산
이해관계(利害關係)를 이모저모 모두 따져 보는 일

【유의어】 打算 타산, 計算 계산

▷ 利害得失 이해득실 이익과 손해(損害), 얻음과 잃음을 통틀어 이르는 말

▷ 利害相半 이해상반 이익(利益)과 손해(損害)가 반반(半半)으로 맞섬

耳懸鈴鼻懸鈴 이현령비현령 귀 이 | 매달 현 | 방울 령 | 코 비
귀에 걸면 귀걸이, 코에 걸면 코걸이라는 뜻으로 어떤 사실이 이렇게도 해석(解釋)되고
저렇게도 해석될 수 있음을 이르는 말. 자의적[恣意的: 마음 내키는 대로]으로 해석함

▷ 鐃鈴 요령 불가에서 법요(法要)를 행할 때 흔드는,
솔발보다 좀 작은 종 모양의 법구(法具) = 搖鈴 요령

▷ 솔발: 놋쇠로 만든 종 모양의 큰 방울[군령(軍令)·경고(警告) 신호에 씀]

▷ 懸垂幕 현수막 주로 극장이나 백화점 등의 광고에서 선전문 등을 적어 드리운 막

▷ 耳鼻咽喉科 이비인후과 귀·코·목구멍·기관·식도에 생기는 병을 전문적으로
치료(治療)하는 의학의 한 분과(分科). 또는 그 병원

以血洗血 이혈세혈 써 이 | 피 혈 | 씻을 세 | 피 혈
피를 피로 씻는다는 뜻으로 악(惡)을 악(惡)으로 갚거나 거듭 나쁜 짓을 한다는 말
더 더러워짐. 더 악해짐. 끔찍함

【반의어】 報怨以德 보원이덕, 以德報怨 이덕보원
원한(怨恨)을 은덕(恩德)으로 갚음

▷ 洗滌 세척 깨끗이 씻음 = 洗淨 세정

▷ 洗濯 세탁 빨래

* 出典: 唐書(당서)

以火救火 이화구화 써 이 | 불 화 | 건질·구원할 구 | 불 화
불로써 불을 끄려한다는 뜻으로 일을 처리(處理)함에 있어서 오히려 사태(事態)를 더욱
악화(惡化)시킨다는 말. 매우 어리석음

【유의어】 抱薪救火 포신구화 섶[땔나무]을 안고 불을 끄러 들어감

負薪救火 부신구화 섶[땔나무]을 지고 불을 끄러 들어감

救火投薪 구화투신 불을 끄려고 섶[땔나무]을 불속에 던짐

▷ 救援 구원 어려움이나 위험(危險)에 빠진 사람을 구해 줌

* 出典: 莊子(장자) 人間世(인간세)

以孝傷孝 이효상효 써 이 | 효도 효 | 다칠·상처 상 | 효도 효

효로써 효를 상하게 한다는 뜻으로
자식 된 자가 효성(孝誠)이 지극(至極)하여 부모가 돌라가신 슬픔을 이겨내지 못하고 너무
사모(思慕)한 나머지 상중(喪中)에 도리어 자식(子息)이 생병(生病)이 나거나 혹은 죽게 된다는 말

▷ **傷痍** 상이 부상(負傷). 상처(傷處)

益者三友 익자삼우 더할 익 | 놈 자 | 석 삼 | 벗 우

사귀어서 자기에게 도움이 되는 세 가지 벗
1. 심성(心性)이 곧은 사람: **直** 직 = 정직(正直)
2. 믿음직한 사람: **諒** 양(량) = 믿음(信: 신)
3. 견문(見聞)이 넓은 사람: **多聞** 다문 = 박식(博識)

[유의어] **三益友** 삼익우

[반의어] **損者三友** 손자삼우, **三損友** 삼손우 사귀어 손해(損害)가 될 세 종류의 벗
　　　　1. 편벽한 벗 2. 말만 잘하고 성실하지 못한 벗 3. 착하기만 하고 줏대가 없는 벗

* 出典: 論語(논어) 季氏篇(계씨편)

因果應報 인과응보 인할 인 | 결과·실과 과 | 응할 응 | 갚을 보

사람이 행(行)한대로 업(業)에 대한 대가(代價)를 받는 일
1. 원인(原因)과 결과(結果)가 서로 호응(呼應)하여 그대로 갚음
2. 전생(前生)에 지은 선악의 행위(行爲)에 따라 현재(現在)의 행·불행이 있음
3. 현세(現世)에 짓는 선악의 결과(結果)에 따라 내세(來世)의 행·불행이 있음

[유의어] **因果報應** 인과보응

　　　　事必歸正 사필귀정 모든 일은 반드시 바른길로 되돌려진다는 말

　　　　種瓜得瓜 종과득과, **種豆得豆** 종두득두
　　　　오이[콩]를 심으면 오이[콩]가 난다는 뜻, 원인(原因)이 있으면 결과(結果)가 생김

▷ **報復** 보복 앙갚음[자기에게 해를 입힌 사람에게 그대로 되갚아줌]

人琴俱亡 인금구망 사람 인 | 거문고 금 | 함께 구 | 망할·죽을 망

사람과 거문고가 함께 망한다는 뜻으로 가까운 사람의 죽음을 한탄(恨歎)하여 이르는 말로
절친(切親)한 애도(哀悼)의 정(情)을 비유하는 말

진(晉)나라의 왕헌지[王獻之: 왕희지의 7째 아들]가 죽자 그가 쓰던 거문고가 더 이상 소리를 내지
않았다는 고사(故事)에서 유래(由來)

[유의어] **人琴幷絶** 인금병절, **人琴之歎** 인금지탄

　　　　伯牙絶絃 백아절현 백아가 거문고 줄을 끊어버림. 지기(知己)의 죽음을 슬퍼함

▷ **俱焚** 구분　함께 태워버림

▷ **同碎** 동쇄　함께 갈아버림

* 出典: 世說新語(세설신어) 傷逝篇(상서편) / 晉書(진서)

人飢己飢 인기기기　사람·타인 인 | 주릴 기 | 몸·나 기 | 주릴 기

남의 배고픔을 나의 배고픔으로 여긴다는 뜻으로 다른 사람의 고통을 자기의 고통으로 여기고
그들의 고통(苦痛)을 덜어주기 위해 최선(最善)을 다한다는 말

`유의어`　**人溺己溺** 인닉기닉　다른 사람이 물에 빠지면, 자기가 물에 빠진 듯이 여김

　　己飢己溺 기기기닉　자기가 굶주리고 자기가 물에 빠진 듯이 여김

▷ **飢餓** 기아　굶주림 = **饑餓** 기아, **飢饉** 기근, **饑饉** 기근, **饑荒** 기황

▷ **飢乏** 기핍　기근(飢饉)으로 먹을 것이 없거나 모자람

* 出典: 孟子(맹자) 離婁下(이루하) 禹稷顔回同道章(우직안회동도장)

人溺己溺 인닉기닉　사람·타인 인 | 빠질 닉 | 몸·나 기 | 빠질 닉

남이 물에 빠지면 마치 자기가 물에 빠진 듯이 여겨 최선을 다해 그를 구하려고 노력한다는 말

`유의어`　**人飢己飢** 인기기기　남의 배고픔을 자기의 배고픔으로 여긴다는 말

　　己飢己溺 기기기닉　자기가 굶주리고 자기가 물에 빠진 듯이 생각한다는 말

▷ **溺愛** 익애　흠뻑 빠져 지나치게 귀여워함, 사랑에 빠짐

▷ **耽溺** 탐닉　어떤 일을 몹시 즐겨서 거기에 빠짐

人馬絡繹 인마낙역　사람·타인 인 | 말 마 | 이을 낙(락) | 연달을 역

인마(人馬)의 왕래(往來)가 빈번(頻繁)하여 마치 서로 이어놓은 듯 끝없이 계속된다는 뜻
번화(繁華)한 도시(都市)나 거리를 형용(形容)하는 말

`유의어`　**冠蓋相望** 관개상망, **冠蓋相屬** 관개상속
　　수레 덮개를 서로 바라본다는 뜻. 앞뒤의 수레가 서로 잇달아 왕래가 끊이지 않음

　　車水馬龍 거수마룡
　　수레는 흐르는 물과 같고 말의 움직임은 하늘을 오르는 용과 같다는 뜻으로
　　수레와 말의 왕래(往來)가 많아 매우 떠들썩한 상황. 행렬(行列)이 성대한 모양

▷ **門前成市** 문전성시　찾아오는 사람이 많음 ↔ **門前雀羅** 문전작라

* 出典: 爾雅(이아)

人面獸心 인면수심　사람·타인 인 | 얼굴 면 | 짐승 수 | 마음 심

사람의 얼굴에 짐승[禽獸: 금수]의 마음이라는 뜻으로
1. 배은망덕(背恩忘德)하여 남의 은혜(恩惠)를 모르는 사람
2. 사람의 도리(道理)가 없이 몹시 흉악(凶惡)한 사람을 비유

┌유의어┐ 沐猴而冠 목후이관 원숭이가 관을 씀. 의관은 훌륭하나 마음은 사람답지 않음

　　　　 金玉敗絮 금옥패서 금옥(金玉)과 썩은 솜. 겉은 화려(華麗), 속은 추악(醜惡)

▷ 禽獸 금수 날짐승과 길짐승. 모든 짐승. 행실(行實)이 무례(無禮)하고 추잡(醜雜)한 사람

＊ 出典: 漢書(한서) 匈奴傳(흉노전)

人命在天 인명재천 사람·타인 인 | 목숨 명 | 있을 재 | 하늘 천
사람의 목숨은 하늘에 달려 있다는 뜻으로 죽고 사는 문제나 목숨이 길고 짧은 것은 다 하늘에
달려있어 사람의 힘으로 어쩔 수 없음을 비유하는 말

▷ 人命在刻 인명재각 목숨이 경각(頃刻)에 달려있음. 몹시 위급(危急)함

▷ 不可抗力 불가항력 인간의 힘으로는 어찌할 수 없는 힘. 인간의 능력 밖의 일

人事不省 인사불성 사람·타인 인 | 일 사 | 아닐 불 | 살필 성 / 덜 생
1. 아무것도 모를 만큼 정신(精神)을 잃어 의식(意識)이 없음을 비유 = 코마(Coma)
2. 사람으로서의 예절(禮節)을 차릴 줄 모름을 비유

┌유의어┐ 不省人事 불성인사, 意識不明 의식불명, 昏睡狀態 혼수상태

▷ 省略 생략 줄이거나 뺌

▷ 三省吾身 삼성오신 날마다 자신을 돌아보며 3가지를 반성(反省)하고 몸가짐을 바르게 함
　　　　　　　　　　 1. 남을 위하여 일을 도모(圖謀)함에 이를 성실히 하지 않았는가?
　　　　　　　　　　 2. 친구(親舊)와 더불어 사귐에 믿음 있게 하지 않았는가?
　　　　　　　　　　 3. 가르침을 받은 것을 제대로 복습(復習)하여 익히지 않았는가?

人死留名 인사유명 사람·타인 인 | 죽을 사 | 머무를 유(류) | 이름 명
사람은 죽어서 이름을 남긴다는 뜻, 사람의 삶이 헛되지 않으면 그 이름이 길이 남는다는 말

┌유의어┐ 豹死留皮 표사유피 표범은 죽어서 아름다운 가죽을 남긴다는 뜻

　　　　 虎死留皮 호사유피 호랑이는 죽어서 아름다운 가죽을 남긴다는 뜻

▷ 流芳百世 유방백세 꽃다운 이름을 후세에 길이길이 전함

▷ 遺臭萬年 유취만년 더러운 이름을 후세에 오래도록 남김

＊ 出典: 歐陽脩(구양수)가 지은 新五代史列傳(신오대사열전) 死節傳(사절전)

人山人海 인산인해 사람·타인 인 | 뫼 산 | 사람 인 | 바다 해

사람의 산, 사람의 바다. 산처럼 많은 사람, 바다처럼 많은 사람이라는 뜻으로
즉 사람이 셀 수없이 어마어마하게 많이 모였다는 말

「유의어」 比肩接踵 비견접종 서로 어깨가 닿을 정도로 사람이 많아 붐빈다는 뜻

立錐餘地 입추여지 송곳을 세울만한 여유(餘裕)의 땅. 극히 좁다는 말
[例: 입추의 여지가 없다 = 송곳을 세울만한 여유의 땅도 없다는 말]

人生感意氣 인생감의기 사람 인 | 날 생 | 느낄 감 | 뜻 의 | 기운 기

사람의 생은 의지(意志)와 용기(勇氣)에 감동(感動)한다는 뜻, 사람은 남과 의기투합(意氣投合)하면
감격(感激)하여 생명(生命)까지도 희생(犧牲)하기를 아끼지 않는다는 말
즉 나를 알아주는 사람이 있다면 그를 위해 기꺼이 목숨도 바칠 수 있다는 말

「유의어」 士爲知己者死 사위지기자사 선비는 자기를 알아주는 자를 위해서 목숨을 버림

命緣義輕 명연의경 목숨을 의(義)로운 일을 위해서는 가볍게 버린다는 말

國士遇之國士報之 국사우지국사보지
국사(國士)로 대우(待遇)하면 국사로 은혜(恩惠)를 갚는다는 말
즉, 자기를 인정해주는 사람을 위하여 [죽음도 불사하고] 헌신하겠다는 말

* 出典: 唐詩選(당시선: 魏徵[위징]의 詩 '述懷[술회]')

人生無常 인생무상 사람·타인 인 | 날 생 | 없을 무 | 항상 상

인생(人生)의 덧없음을 이르는 말. 나고 죽고 흥하고 망하는 것이 덧없다는 말

「유의어」 浮雲朝露 부운조로, 人生朝露 인생조로
뜬구름과 아침이슬. 덧없는 인생이나 세상을 비유해 이르는 말

雪泥鴻爪 설니홍조 눈 위의 기러기 발자취가 눈이 녹으면 없어지듯이,
인생의 자취가 사라져 무상함을 비유하는 말

空手來空手去 공수래공수거 인생은 빈손으로 왔다 빈손으로 간다는 말

▷ 紅爐點雪 홍로점설, 紅爐上一點雪 홍로상일점설
1. 빨갛게 달아오른 화로(火爐) 위의 눈꽃 한 송이라는 뜻으로
큰일을 하는 데 작은 힘은 아무런 도움이 되지 못함을 비유적으로 이르는 말
2. 사욕(私慾)이나 의혹(疑惑)이 한순간(瞬間)에 사라짐을 이르는 말

人生三樂 인생삼락 사람·타인 인 | 날 생 | 석 삼 | 즐거울 락

인생(人生)의 세 가지 즐거움
1. 부모구존[父母俱存: 모두 살아계심], 형제무고[兄弟無故: 탈이 없음]
2. 하늘과 사람에게 부끄러워할 것이 없는 것[떳떳함]

3. 천하(天下)의 영재(英才)를 얻어서 교육(敎育)하는 것

또는 1. 사람으로 태어난 것   2. 사내로 태어난 것   3. 장수하는 것

『유의어』 君子三樂 군자삼락

* 出典: 孟子(맹자)

人生朝露 인생조로 사람·타인 인 | 날 생 | 아침 조 | 이슬·드러날 로

인생은 아침에 해가 뜨면 사라지는 이슬과 같다는 뜻으로 덧없고 허무(虛無)하다는 말

『유의어』 人生如朝露 인생여조로, 浮雲朝露 부운조로

　　　　　紅爐點雪 홍로점설, 雪泥鴻爪 설니홍조, 人生無常 인생무상

▷ 露宿 노숙   한데서 잠. 한뎃잠. 한둔 = 野宿 야숙

▷ 霜 서리 상 雪 눈 설 霧 안개 무 雹 우박 박 霰 싸라기 눈 산 靄 아지랑이 애

* 出典: 漢武帝(한무제)때 李陵將軍(이릉장군)

因循姑息 인순고식 끌·당길 인 | 좇을·돌 순 | 시어미 고 | 숨쉴 식

낡은 인습(因襲)이나 폐단(弊端)을 그대로 따르며 당장의 편안(便安)함 만을 도모(圖謀)하고
적당(適當)한 임시변통(臨時變通)으로 땜질하는 태도(態度)를 이르는 말

『유의어』 姑息之計 고식지계, 姑息策 고식책

　　　　　臨時方便 임시방편, 臨時變通 임시변통, 臨時處變 임시처변

　　　　　苟且彌縫 구차미봉, 彌縫策 미봉책   눈가림만 하는 일시대책

　　　　　下石上臺 하석상대, 上下撑石 상하탱석   이리저리 둘러맞춤

　　　　　凍足放尿 동족방뇨   언 발에 오줌 누기. 잠깐 동안 도움 되고 효력이 곧 사라짐

『반의어』 蟬脫 선탈   매미가 허물을 벗음. 낡은 인습(因習)이나 형식(形式)에서 벗어남을 비유

　　　　　革新 혁신   묵은 조직(組織)·풍속(風俗)·습관(習慣) 등을 바꾸거나 버리고 새롭게 함

　　　　　刷新 쇄신   나쁜 폐단(弊端)이나 묵은 것을 없애고 새롭게 함

▷ 循環 순환   주기적(週期的)으로 되풀이하여 돎. 또는 그런 과정(過程)

引繩批根 인승비근 끌·당길 인 | 줄·노끈 승 | 때릴·밀칠·비판할 비 | 뿌리 근

새끼줄을 걸어서 잡아당겨 뿌리째 뽑아버린다는 뜻으로 둘이서 새끼를 꼬는 것처럼 한패가 되어
힘을 합하여 남을 배척(排斥)하고 제거(除去)해 버린다는 말

『유의어』 引繩排根 인승배근

▷ 繩矩 승구   1. 먹줄과 곡척(曲尺)   2. 법이나 법도(法度) 또는 규칙(規則)

▷ **引渡** 인도 사물이나 권리(權利) 등을 넘겨줌

▷ **引導** 인도 가르쳐 이끎. 길이나 장소를 안내(案內)함

* 出典: 史記(사기)

人心難測 인심난측 사람 인 | 마음 심 | 어려울 난 | 잴·헤아릴 측
사람의 마음은 헤아리기 어렵다는 뜻으로 열길 물속은 알아도 한 길 사람 속은 모른다는 말

『반의어』 **水深可測** 수심가측 물의 깊이는 얼마나 깊은지 잴 수가 있다는 말

▷ **人身攻擊** 인신공격 남의 신상(身上)에 관한 일을 들어 비난(非難)함

▷ **推測** 추측 미루어 헤아림 = **推量** 추량

* 出典: 史記(사기) 淮陰侯傳(회음후전)

因噎廢食 인열폐식 인할·까닭 인 | 목멜 열(일) | 폐할·그만 둘 폐 | 먹을·밥 식(사)
목이 메일까봐 음식(飮食)을 먹지 않겠다는 뜻 또는 어떤 음식에 체했던 사람이 다시는 그 음식을 먹지 않겠다는 뜻
1. 뜻밖의 봉변(逢變)을 당하고 몹시 겁을 내어 다시 그 일을 하려고 들지 않음
2. 사소(些少)한 장애(障礙)를 두려워하여 나머지 중대사(重大事)를 그만두어 일을 망침

『유의어』 **懲羹吹菜** 징갱취채, **懲羹吹韲** 징갱취제, **懲羹吹膾** 징갱취회
뜨거운 국에 한번 데더니 냉채[나물·회]를 먹을 때도 식히려고 불어서 먹는다는 말

風聲鶴唳 풍성학려 바람소리, 학의 울음소리에도 놀람. 하찮은 일에 놀란다는 말

草木皆兵 초목개병 풀과 나무가 모두 적의 병사로 보인다는 말. 몹시 겁먹음

吳牛喘月 오우천월
오나라의 물소가 더운 날씨를 두려워하여 달을 보고도 해인가? 하고 놀란다는 뜻

傷弓之鳥 상궁지조, **驚弓之鳥** 경궁지조
화살을 한 번 맞아 혼이 난 새는 구부러진 나무만 봐도 놀란다는 뜻

▷ **噎塞** 열색 가로막음, 식도(食道)가 막힘

* 出典: 淮南子(회남자) / 旬五志(순오지)

因人成事 인인성사 인할 인 | 사람·타인 인 | 이룰 성 | 일 사
스스로 해보려는 독립적인 기상(氣像)이 없고 남의 힘을 빌려 일을 성취(成就)한다는 뜻으로
즉 평범(平凡)한 사람들이 출중(出衆)한 인물의 덕을 보는 것을 말함[원님 덕에 나발 불기]

『유의어』 **攀緣** 반연 1. 세력 있는 사람에게 의지(依支)하여 출세함   2. 기어 올라감

『반의어』 **不因人熱** 불인인열 남에게 은혜(恩惠)를 입는 것을 떳떳이 여기지 않음

▷ **阪上走丸** 판상주환 언덕 위에서 공을 굴림. 기회를 탐의 비유. 어떤 세력에 힘입어
　　　　　　　　　　　　일을 꾀하면 그 일이 쉽게 이루어지거나 또는 잘 진전(進展)됨

▷ **因緣** 인연 서로의 연분(緣分). 어떤 사물에 관계(關係)되는 연줄

* 出典: 史記(사기) 列傳篇(열전편) 平原君條(평원군조: 毛遂[모수]와 평원군의 고사에서 유래)

仁者無敵 인자무적　어질 인 ┃ 놈 자 ┃ 없을 무 ┃ 원수 적

어진 사람은 널리 사람을 사랑하여 대중이 따라주므로 천하에 적대(敵對)할 사람이 없다는 뜻으로
백성을 자신의 몸처럼 여겨 진실로 어진정치(政治)를 행하는 군주에게는 자연히 백성들이 따르기
마련이어서 반대세력도 없고 비록 전쟁(戰爭)이 나더라도 인심이 떠나지 않아 적군의 총칼로도
인자(仁者)를 무찌를 수 없다는 말

▷ **所向無敵** 소향무적 어디를 가든지 대적(對敵)할 사람이 없음

▷ **天下無敵** 천하무적 세상(世上)에 대적(對敵)할 만한 사람이 없음

* 出典: 孟子(맹자) 梁惠王章句上篇(양혜왕장구상편)

仁者不憂 인자불우　어질 인 ┃ 놈 자 ┃ 아닐 불 ┃ 근심할 우

어진사람은 분수를 지키고 안빈낙도(安貧樂道)하므로 세상사에 대하여 걱정이 없다는 말

▷ **知者不惑** 지자불혹 지혜(智慧)로운 자는 세상사에 미혹(迷惑)되지 않음

▷ **勇者不懼** 용자불구 용감(勇敢)한 자는 세상사에 두려워함이 없음

▷ **憂慮** 우려 근심하거나 걱정함 또는 그 근심과 걱정

* 出典: 論語(논어)

人之常情 인지상정　사람 인 ┃ 어조사 지 ┃ 항상 상 ┃ 뜻 정

사람이면 누구나 가지는 보통의 정서(情緖)나 감정(感情)

「유의어」 **人情** 인정 남을 동정(同情)하는 마음씨 또는 세상(世上) 사람들의 마음

▷ **情誼** 정의 서로 사귀어 친하여진 정 = **交分** 교분

▷ **情意** 정의 따뜻한 마음과 참된 의사(意思)를 통틀어 이르는 말

人之將死其言也善 인지장사기언야선

사람 인 ┃ 어조사 지 ┃ 장차·장수 장 ┃ 죽을 사 ┃ 그 기 ┃ 말씀 언 ┃ 잇기 야 ┃ 착할·잘할 선

사람이 죽음을 앞두고 하는 말은 선하다는 뜻으로 사람은 죽을 때가 되면 착해진다는 말

「유의어」 **鳥之將死其鳴也哀** 조지장사기명야애
　　　　　새가 죽을 때가 되면 그 울음소리가 슬프고 애처롭게 들린다는 말

* 出典: 論語(논어) 泰伯篇(태백편: 曾子[증자]가 문병온 孟敬子[맹경자]에게 충고한 말)

人海戰術 인해전술 사람 인 | 바다 해 | 싸움 전 | 꾀 술

1. 무기(武器)나 병법을 쓰지 않고 다수의 병력을 투입(投入)해서 적을 압도(壓倒)하는 전술(戰術)
2. 많은 사람을 투입해서 일을 성취(成就)하려는 수법(手法)

인명경시(人命輕視)의 비인도적인 전술로 비난(非難)의 대상이 되는 전술
[예: 한국전쟁당시 중공군이 인해전술로 개입(介入)하여 연합군이 후퇴(後退)하던 사건 = 1.4 후퇴]

一刻三秋 일각삼추 하나 일 | 새길 각 | 석 삼 | 가을 추

일각[15분: 짧은 시간]이 삼년 같다는 뜻, 몹시 기다려지거나 지루하다는 느낌을 이르는 말

『유의어』 一刻如三秋 일각여삼추, 一日千秋 일일천추

一日如三秋 일일여삼추, 一日三秋 일일삼추

寸陰若歲 촌음약세 짧은 시간도 마치 일 년 같음. 초조(焦燥)하게 기다림

一刻千金 일각천금 하나 일 | 새길·벗길 각 | 일천 천 | 황금·쇠 금

1. 일각[15분: 짧은 시간] 즉, 극히 짧은 시간도 천금의 가치가 있다는 뜻
2. 즐거운 때나 중요(重要)한 때가 금방 지나감을 아쉬워함을 비유하는 말

▷ 刻勵 각려 고생(苦生)을 무릅쓰고 부지런히 힘씀 = 刻苦勉勵 각고면려

* 出典: 蘇軾(소식: 蘇東坡[소동파])의 春夜詩(춘야시) 春宵(춘소)

一間斗屋 일간두옥 하나 일 | 사이 간 | 말 두 | 집 옥

한 말들이 만한 작은집이라는 뜻으로 한 칸밖에 안 되는 작은 오막살이집의 비유

『유의어』 一間茅屋 일간모옥, 一間茅舍 일간모사, 一間草屋 일간초옥
한 칸밖에 안 되는 띠로 엮은 작은 집[초가집]

▷ 草家三間 초가삼간 썩 작은 초가 = 三間草屋 삼간초옥, 三間草家 삼간초가

▷ 斗斛 두곡 곡식(穀食)을 되는 말과 휘를 아울러 이르는 말

一擧兩得 일거양득 하나 일 | 들 거 | 두 양(량) | 얻을 득

한 가지 일을 해서 두 가지 이익(利益)을 거둔다는 말

『유의어』 一箭雙鵰 일전쌍조, 一擧兩獲 일거양획, 一石二鳥 일석이조
一擧二得 일거이득, 一擧兩取 일거양취, 一擧兩實 일거양실

『반의어』 一擧兩失 일거양실 한 가지 일을 해서 두 가지를 잃음

* 出典: 晉書(진서) 束晳傳(속석전) / 戰國策(전국책) 秦策(진책) / 春秋後語(춘추후어: 辨莊子[변장자])

一擧一動 일거일동 하나 일 | 들 거 | 하나 일 | 움직일 동

손놀림과 몸놀림. 즉 사소(些少)한 하나하나의 동작(動作)

유의어 一擧手一投足 일거수일투족 손 한 번 들고 발 한 번 옮긴다는 뜻

▷ **擧動** 거동 몸을 움직이는 동작(動作)이나 태도(態度). 몸가짐

▷ **擧動** 거둥 임금의 나들이

一兼四益 일겸사익 하나 일 | 겸할 겸 | 넉 사 | 더할 익

한 번의 겸손은 네 가지의 유익함을 가져오게 한다는 뜻, 겸손(謙遜)해야 함을 강조한 말

역경(易經) 겸괘(謙卦)에 천도(天道)·지도(地道)·인도(人道)·귀신(鬼神) 네 가지 모두가
겸손(謙遜)한 사람을 이롭게 해준다는 말에서 유래

▷ **謙遜** 겸손 남을 존중(尊重)하고 자신을 낮추는 태도(態度)가 있음 ↔ **驕慢** 교만

日久月深 일구월심 날 일 | 오랠 구 | 달 월 | 깊을 심

날이 오래고 달이 깊어 간다는 뜻, 세월이 흐를수록 무언가 바라는 마음이 더욱 간절하다는 말

▷ **甚深** 심심 마음의 표현(表現) 정도가 매우 깊고 간절함[예: 심심한 사과의 말씀을~]

▷ **持久力** 지구력 오래 견디어 내는 힘

一口二言 일구이언 하나 일 | 입 구 | 두·둘 이 | 말씀 언

한 입으로 두 말을 한다는 뜻, 약속(約束)을 어김. 한 가지 일에 대해 말을 이랬다저랬다 함을
이르는 말

유의어 食言 식언 약속(約束)한 말을 먹어버림. 약속을 지키지 않음

一口兩舌 일구양설, 一簧兩舌 일황양설, 一口三舌 일구삼설

반의어 男兒一言重千金 남아일언중천금, 尾生之信 미생지신

丈夫一言重千金 장부일언중천금, 季布一諾 계포일락

一裘一葛 일구일갈 하나 일 | 갖옷(가죽옷) 구 | 하나 일 | 칡 갈

한 장의 겨울갖옷[= 가죽옷]과 한 장의 거친 여름베옷이라는 뜻으로
생활형편(生活形便)이 매우 어려워 행색(行色)이 옹색(壅塞)함

유의어 東郭履 동곽리, 衣結履穿 의결구천, 衣履弊穿 의리폐천

襤褸 남루 누더기. 옷이나 신발 등이 낡고 해져서 너절함

▷ **狐裘** 호구 여우의 겨드랑이 털로 만든 가죽옷[최고급 겨울옷]

▷ **葛巾野服** 갈건야복　갈건[葛巾: 갈포로 만든 두건]과 베옷이라는 뜻으로
　　　　　　　　　　　　　　은사(隱士)나 처사(處士)의 소박(素樸)한 옷차림을 이르는 말

一丘之貉　일구지학　하나 일 | 언덕 구 | 어조사 지 | 담비 학 / 오랑캐 맥

언덕에 한데모여 사는 담비 떼라는 뜻으로
1. 구별(區別)하기 어려운 같은 종류(種類)의 무리　　2. 한 통속의 나쁜 무리를 비유 = 깡패

▷ **丘陵** 구릉　언덕[땅이 비탈지고 조금 높은 곳]
▷ **丘冢** 구총　무덤[송장이나 유골(遺骨)을 땅에 묻어 놓은 곳]

＊ 出典: 漢書(한서) 楊惲傳(양운전)

一國三公　일국삼공　하나 일 | 나라 국 | 석 삼 | 임금 공

한 나라에 세 임금이라는 뜻, 많은 사람들이 저마다 구구한 의견을 제시함을 비유하는 말로
누구의 말을 좇아야 할지 모르는 경우를 이르는 말. 중심이 없어 질서(秩序)가 서질 않음

▷ **三政丞** 삼정승　영의정·좌의정·우의정 = 三公 삼공, 台鼎 태정
▷ **公卿大夫** 공경대부　삼공(三公)·구경(九卿)·대부(大夫)의 총칭. 곧 벼슬이 높은 사람들

＊ 出典: 春秋左氏傳(춘추좌씨전) 僖公(희공) 5年條(5년조)

一饋十起　일궤십기　하나 일 | 먹일 궤 | 열 십 | 일어날 기

일이 매우 바쁘거나 일에 몹시 열중(熱中)함을 비유하는 말

하(夏)나라의 우(禹)왕이 한 끼의 식사도중에 열 번이나 일어나 내객(來客)을 맞이했다는
고사(故事)에서 유래

「유의어」 吐哺握髮 토포악발, 握髮吐哺 악발토포, 吐哺捉髮 토포착발
　　　　　一饋而十起 일궤이십기, 握沐 악목, 握髮 악발, 吐握 토악

▷ **饋恤** 궤휼　가난한 사람들에게 물건(物件)을 주어 구제(救濟)함

＊ 出典: 淮南子(회남자) 氾論訓(범론훈)

一氣呵成　일기가성　하나 일 | 기운 기 | 숨 내쉴·꾸짖을 가 | 이룰 성

어떤 일을 단숨에 몰아쳐 매끄럽게 해낸다는 뜻으로
1. 좋은 기회(機會)가 주어졌을 때 미루지 않고 단번(單番)에 이루어 낸다는 뜻
2. 문장(文章)을 단숨에 매끄럽게 지어냄을 비유하는 말

「유의어」 九天直下 구천직하　하늘에서 땅을 향해 일직선으로 떨어짐[ex: 폭포]
　　　　　一瀉千里 일사천리　강물이 빨라, 한 번 흘러 천 리에 다다른다는 뜻으로
　　　　　　　　　　　　　　　어떤 일이 거침없이 빨리 진행(進行)됨을 이르는 말

＊ 出典: 胡應麟(호응린)의 詩藪(시수)

一騎當千 일기당천　하나 일 ｜ 말탈 기 ｜ 대적할·당할 당 ｜ 일천 천

한 사람의 기병(騎兵)이 천 명의 적을 당해 낼 수 있다는 뜻, 무예(武藝)나 싸우는 능력이
아주 뛰어남을 이르는 말

유의어 一人當千 일인당천, 一人當百 일인당백, 一當百 일당백
한 사람이 천(백) 사람을 당한다는 뜻으로, 매우 용감(勇敢)함을 이르는 말

▷ 騎馬隊 기마대　말을 타고 근무(勤務)하는 군인(軍人)이나 경찰부대(警察部隊)

一當百 일당백　하나 일 ｜ 당할·마땅 당 ｜ 일백 백

한 사람이 백 사람을 상대(相對)한다는 뜻으로 인물됨이 매우 출중(出衆)하고 용감(勇敢)함

유의어 一人當百 일인당백, 一人當千 일인당천, 一騎當千 일기당천

▷ 該當 해당　어떤 범위(範圍)나 조건에 딱 들어맞음 또는 무엇과 관련 있는 바로 그것

* 出典: 北齊書(북제서)

一帶一路 일대일로　하나 일 ｜ 띠 대 ｜ 하나 일 ｜ 길 로

2013年부터 추진(推進) 중인 중국의 신(新)실크로드 전략(戰略)

중국이 AIIB를 통하여 재원(財源)을 확보(確保)하여 주변 60여개국가 35억 명을 타깃으로 1차
경제권역(圈域)을 형성하고 에너지기반시설 구축(構築), 고속철도, 물류허브[Hub: 중심]및 유통과
수출시장 확보[중국 자체의 과잉생산물 수출목적] 또한 투자보증과 통화스와프[swap: 교환]를
통한 금융일체화 네트웍[Network: World Bank, ADB 견제목적]의 토대(土臺)를 마련하여
우선적으로 아시아 지역의 새로운 경제패권(霸權)을 수립(樹立)하고자 하는 전략(戰略)

▷ 一帶 일대, One Belt　육상실크로드[중앙아시아 ~ 유럽]
▷ 一路 일로, One Road　해상실크로드[동남아시아 ~유럽~ 아프리카]
▷ 紐帶 유대　끈과 띠. 둘 이상을 연결(連結)하거나 결합(結合)하게 하는 것 또는 관계

一刀兩斷 일도양단　하나 일 ｜ 칼 도 ｜ 두 양(량) ｜ 끊을 단

단칼에 두 동강이를 낸다는 뜻으로 어떤 일을 명쾌(明快)하게 선뜻 결정(決定)함을 비유

유의어 一刀割斷 일도할단
快刀亂麻 쾌도난마　잘 드는 칼로 어지럽게 뒤엉킨 삼 가닥을 자른다는 뜻으로
어지럽게 뒤얽힌 일을 재빠르고 명쾌하게 처리함의 비유

* 出典: 朱子語錄(주자어록)

一覽輒記 일람첩기　하나 일 ｜ 볼 람 ｜ 문득·갑자기 첩 ｜ 욀·기록할 기

한 번 보면 척 기억한다는 뜻으로 총명(聰明)하고 기억력(記憶力)이 매우 좋다는 말

[유의어] 聞一知十 문일지십 하나를 들으면 열을 깨우침. 매우 총명(聰明)함

[반의어] 得一忘十 득일망십 하나를 들으면 열을 잊어버림. 아둔하고 미련함

▷ 閱覽 열람 책(册)이나 문서(文書) 등을 죽 훑어보거나 조사(照射)하여 봄

▷ 遊覽 유람 여기저기 돌아다니며 구경함

一蓮托生 일련탁생 하나 일 | 연꽃·연밥 련 | 맡길 탁 | 날 생

1. 죽은 뒤 함께 극락정토(極樂淨土)에서 같은 연꽃 위에 왕생(往生)함
    = 極樂往生 극락왕생, 往生極樂 왕생극락
2. 어떤 일의 선악(善惡)이나 결과에 대한 예견에 상관없이 남과 끝까지 행동과 운명을 함께 함
    = 托生 탁생, 託生 탁생, 一蓮託生 일련탁생, 同苦同樂 동고동락

▷ 菡萏 함담 연꽃봉오리

▷ 芙蓉 부용 연꽃 = 蓮花 연화, 蓮華 연화, 雷芝 뇌지

* 出典: 觀無量壽經(관무량수경)

一勞永逸 일로영일 하나 일 | 힘쓸·일할 로 | 길·오랠 영 | 편안할·달아날·없어질 일

1. 한때 잠깐 고생(苦生)으로 오랫동안 안락(安樂)을 누림
2. 적은 노력(勞力)으로 오랫동안 이익(利益)을 본다는 말

▷ 勞逸 노일 수고스럽게 애씀과 편안(便安)함 = 勞佚 노일

▷ 安逸 안일 편안하고 한가로움. 또는 편안함만을 누리려는 태도(態度)

一路平安 일로평안 하나 일 | 길 로 | 다스릴 평 | 편안할 안

여행(旅行)하는 사람을 전송(餞送)할 때 인사하는 말로, 평안(平安)하고 무사(無事)히
여행(旅行)하기를 바란다는 의미(意味)

▷ 一路福星 일로복성 행복(幸福)을 주는 별 또는 선정(善政)을 베푸는 사람

▷ 餞送 전송 전별(餞別)하여 보냄 ↔ 迎接 영접 손님을 맞아서 접대(接待)함

* 出典: 山堂肆考(산당사고)

一望無際 일망무제 하나 일 | 멀리 볼·바랄 망 | 없을 무 | 가·사이 제

한눈에 바라볼 수 없을 정도로 아득히 멀다는 뜻으로 멀고 넓어서 끝이 없음을 비유하는 말
[높은 언덕에서 바다를 보듯이, 탁 트인 시야(視野)를 막는 것이 없음]

[유의어] 一望無涯 일망무애, 杳然 묘연, 渺然 묘연

　　　　廣大無邊 광대무변 넓고 커서 끝이 없음

茫茫大海 망망대해   한없이 크고 넓은 바다

九萬里長天 구만리장천   아득히 높고 먼 하늘 = 九空 구공

▷ 學際 학제   2개 이상의 전문분야(專門分野)에 걸친 학문상의 영역(領域)및 그와 같은
영역의 연구에 관여(關與)하는 제학문(諸學問)의 협동(協同)·협업(協業) 관계

一網打盡 일망타진   하나 일 | 그물 망 | 칠·때릴 타 | 다할·다될 진

한번 그물을 던져 고기를 다 잡는다는 뜻, 범인이나 어떤 무리를 한꺼번에 모조리 잡는다는 말

▷ 蛛網 주망   거미집[거미가 벌레를 잡기 위해 거미줄을 쳐서 얽은 그물]

▷ 網羅 망라   물고기나 새 모두를 잡는 그물이란 뜻으로 인재(人材)나 물건을 널리 구하여
모두 받아들임의 비유

* 出典: 宋史(송사) 范純仁傳(범순인전)

一脈相通 일맥상통   하나 일 | 맥·혈맥 맥 | 서로 상 | 통할 통

하나의 맥락(脈絡)으로 서로 통한다는 뜻, 사고방식·상태·성질 등이 어느 면에서 하나로 통함

▷ 文脈 문맥   글에 나타난 의미(意味)의 앞뒤 연결(連結)

▷ 通達 통달   막힘없이 환히 통함 또는 도(道)에 깊이 통함

▷ 脈搏 맥박   심장(心臟)의 박동(搏動)에 따라 일어나는 혈관 벽의 주기적인 파동(波動)

▷ 苗脈 묘맥   일이 나타날 실마리

一鳴驚人 일명경인   하나 일 | 울 명 | 놀랄 경 | 사람 인

어떤 새가 한번 울기만하면 세상 사람을 놀래 킨다는 뜻으로 한번 시작하면 세상을 놀래 킬
정도의 대사업을 이룩함을 비유하는 말

춘추전국시대 때 제(齊)나라 순우곤(淳于髡)이 '삼년불비(三年不蜚)'라는 새를 가지고
위왕(威王)에게 간(諫)하자, 위왕이 '일명경인(一鳴驚人)'으로 대답한 고사에서 유래

【유의어】 三年不飛 삼년불비, 不飛不鳴 불비불명, 不蜚不鳴 불비불명

三年不飛不鳴 삼년불비불명, 三年不蜚不鳴 삼년불비불명
(새가) 삼 년 동안 한 번도 날지도 울지도 아니한다는 뜻으로 때를 기다림의 비유

* 出典: 史記(사기) 滑稽列傳(골계열전)

日暮途遠 일모도원   날 일 | 저물 모 | 길 도 | 멀 원

날은 저물고 갈 길은 멀다는 뜻으로 몸은 늙고 쇠약(衰弱)하나 앞으로 해야 할 일이 많음을 비유

【유의어】 日暮途窮 일모도궁   날은 저물어 가고 갈 길은 막혀있음

▷ 西山落日 서산낙일, 日落西山 일락서산
　서산에 지는 해. 힘이나 형세(形勢)가 기울어져 멸망(滅亡)하게 되어가는 판국

▷ 壯途 장도　중대(重大)한 사명(使命)이나 장한 뜻을 품고 떠나는 길

* 出典: 史記(사기) 伍子胥列傳(오자서열전)

一木難支 일목난지　하나 일 | 나무 목 | 어려울 난 | 지탱할 지
큰 집이 무너지는 것을 나무 기둥하나로 버텨내지 못한다는 뜻, 이미 기울어지는 대세(大勢)를
혼자서는 감당(堪當)할 수 없음을 비유하는 말

［유의어］　一柱難支 일주난지　하나의 기둥으로 무너짐을 감당(堪當)할 수 없다는 말

▷ 大勢 대세　일이 진행(進行)되어 가는 결정적(決定的)인 형세(形勢)

* 出典: 世說新語(세설신어) 任誕篇(임탄편)

一目瞭然 일목요연　하나 일 | 눈 목 | 밝을 요(료) | 그러할 연
한번 보고도 분명(分明)히 안다는 뜻으로
1. 한눈에 알아볼 수 있을 만큼 분명(分明)하고 뚜렷함을 비유하는 말
2. 한눈에 알아볼 수 있게 잘 정돈(整頓)되고 조리(條理)있게 만들어짐

一無消息 일무소식　하나 일 | 없을 무 | 사라질 소 | 자랄·숨쉴 식
전혀 소식이 없음 또는 도통 소식(消息)이 없음

［유의어］　終無消息 종무소식, 咸興差使 함흥차사

▷ 無消息喜消息 무소식희소식　무소식이 기쁜 소식[소식이 없다는 것은 잘 지낸다는 말]

▷ 消息 소식　안부(安否)를 전하는 말이나 글. 상황보도(狀況報道)

▷ 消印 소인　우체국(郵遞局)에서, 접수된 우편물의 우표(郵票) 등에 도장(圖章)을 찍음
　또는 그 도장[접수날짜·국명(局名) 등이 새겨져 있음]

一飯千金 일반천금　하나 일 | 밥 반 | 일천 천 | 황금 금
한 끼의 식사에 천금의 은혜(恩惠)가 들어 있다는 뜻, 조그만 은혜에 크게 보답(報答)함을 비유
한(漢)나라의 한신(韓信)이 전쟁에 패하여 도망치다가 배가 고파 쓰러져 곧 죽을 지경일 때에
근처에서 빨래하던 노파(老婆)에게서 한 끼의 밥을 얻어먹고 힘을 회복(恢復)하여 몸을 추스르고
떠난 뒤 대성(大成)하여 훗날 노파(老婆)에게 천금(千金)으로 사례(謝禮)하였다는 고사에서 유래

［유의어］　一飯之報 일반지보　한 끼의 밥을 얻어먹은 작은 은혜(恩惠)에 대한 보답(報答)

▷ 十匙一飯 십시일반　열 사람이 밥 한 술씩 보태면 한 사람 먹을 분량이 된다는 뜻으로
　여럿이 조금씩 힘을 합하면 한 사람을 돕는 것은 쉽다는 말

▷ 飯饌 반찬　밥에 갖추어 먹는 온갖 음식 = 食饌 식찬

▷ 饌欌 찬장　찬그릇이나 음식 등을 넣어 두는 장

* 出典: 史記(사기) 淮陰侯列傳(회음후열전)

一髮千鈞 일발천균　하나 일 ∣ 머리털·터럭 발 ∣ 일천 천 ∣ 서른 근·무게이름 균

한 가닥의 머리카락으로 천균(千鈞)이나 되는 무거운 물건을 머리 위에 매달아 놓는다는 뜻으로
끊어지면 당장(當場)에라도 죽는 극히 위험(危險)하거나 무모(無謀)한 일을 비유하는 말

유의어 一髮引千鈞 일발인천균, 百尺竿頭 백척간두, 風前燈火 풍전등화

　　　　危機一髮 위기일발　여유(餘裕)가 조금도 없이 아슬아슬하게 닥친 위기(危機)의 순간

▷ 千鈞 천균　삼만근[三萬斤: 일균 = 삼십 근]또는 매우 무거운 무게

▷ 天鈞 천균　옳은 것과 그른 것을 아울러 한가지로 본다는 말

* 出典: 漢書(한서) 枚乘傳(매승전)

一罰百戒 일벌백계　하나 일 ∣ 죄·벌줄 벌 ∣ 일백 백 ∣ 경계할 계

한 사람을 엄(嚴)하게 벌(罰)줌으로써 백 사람을 경계(警戒)함. 다른 사람들에게 경각심(警覺心)을
불러일으키기 위하여 본보기로 한사람을 엄하게 처벌(處罰)하는 일

유의어 以一警百 이일경백, 以一懲百 이일징백, 懲一勵百 징일여백

　　　　一殺多生 일살다생　많은 사람을 살리기 위해 한사람을 죽임

　　　　泣斬馬謖 읍참마속　울면서 아끼던 인물인 마속의 목을 벤다는 뜻으로
　　　　　　　　　　　　　　대의(大義)를 위해서는 아끼는 사람도 처벌(處罰)한다는 말

▷ 罰鍰 벌환　정해진 액수(額數)의 돈을 내고 죄를 보상(補償)하게 함

▷ 納贖 납속　죄(罪)를 면하고자 돈을 바침. 속전(贖錢)을 바침

一夫從事 일부종사　하나 일 ∣ 남편·무릇 부 ∣ 좇을·따를 종 ∣ 섬길·일 사

열녀(烈女)는 한 남편(男便)만을 섬김

유의어 不更二夫 불경이부　정녀(貞女)·열녀(烈女)는 두 남편(男便)을 섬기지 아니함

▷ 一夫多妻 일부다처　한 남편이 동시에 여러 명의 아내를 둠

▷ 不事二君 불사이군　충신(忠臣)은 두 임금을 섬기지 아니함

一傅衆咻 일부중휴　하나 일 ∣ 스승·후견인 부 ∣ 무리 중 ∣ 떠들·지껄일 휴

스승 한명이 여러 학생을 가르치는데 학생들이 말을 잘 듣지 않고 떠들어 댄다는 뜻으로
1. 학습 환경(環境)이 좋지 않고 방해요소(妨害要素)가 많음

2. 학습 성과도 적음 또는 일에 성과(成果)가 없음

▷ **群衆** 군중　한곳에 모인 많은 사람의 무리

* 出典: 孟子(맹자) 滕文公下篇(등문공하편)

一飛沖天 일비충천　하나 일 ┃ 날 비 ┃ 높이 날·빌 충 ┃ 하늘 천

한번 날면 높이 하늘까지 도달(到達)한다는 뜻으로 한번 분발(奮發)하면 대업을 성취(成就)함을
비유하는 말

▷ **士氣衝天** 사기충천　사기가 하늘을 찌를 듯이 높음

* 出典: 史記(사기)

一絲不亂 일사불란　하나 일 ┃ 실 사 ┃ 아닐 불 ┃ 어지러울 란

한 올의 실도 엉킴이 없이 흐트러지지 않았다는 뜻, 질서(秩序)나 체계(體系)가 정연(整然)해서
조금도 흐트러지지 않음을 비유하는 말

『유의어』 **馬首是瞻** 마수시첨　[모든 병사는 나의] 말머리가 향하는 방향(方向)을 보라

秩序整然 질서정연　사물(事物)의 순서(順序)가 한결같이 바르고 가지런함

▷ **攪亂** 교란　마음이나 어떤 상황(狀況) 등을 뒤흔들어 어지럽게 함

一瀉千里 일사천리　하나 일 ┃ 쏟을 사 ┃ 일천 천 ┃ 거리·마을 리

강물이 쏟아져 흘러 단 번에 천리를 간다는 뜻으로 어떤 일이 거침없이 빨리 진행됨 또는
문장(文章)이나 연설(演說)이 명쾌(明快)함

『유의어』 **九天直下** 구천직하, **一氣呵成** 일기가성

▷ **瀉瓶** 사병　한 병(瓶)의 물을 단 한 방울도 흘리지 않고 그대로 다른 병에
　　　　　　　쏟아 붓는다는 뜻으로 스승이 제자에게 모든 것을 전수(傳授)한다는 말

* 出典: 福惠全書(복혜전서)

一石二鳥 일석이조　하나 일 ┃ 돌 석 ┃ 두·둘 이 ┃ 새 조

돌멩이 한 개를 던져 두 마리의 새를 잡는다는 뜻, 어떤 일을 한번 행하여 두 가지 이득(利得)을
본다는 말

『유의어』 **一擧兩得** 일거양득, **一擧二得** 일거이득

一擧兩取 일거양취, **一擧兩獲** 일거양획

一箭雙鵰 일전쌍조　화살하나를 쏘아 독수리 두 마리를 잡는다는 말

참고: 꿩 먹고 알 먹고. 도랑 치고 가재 잡고

一世之雄 일세지웅 　하나 일 | 세상 세 | 어조사 지 | 뛰어날·두목 웅

그 시대(時代)에 대적(對敵)할만한 사람이 없는 가장 뛰어난 인물(人物)

「유의어」 一時之傑 일시지걸, 一代英雄 일대영웅

英雄豪傑 영웅호걸　영웅과 호걸을 함께 이르는 말

▷ 雌雄 자웅　강약(強弱)·승부(勝負)·우열(優劣) 등의 비유 / 암수 = 牝牡 빈모

一樹百穫 일수백확 　하나 일 | 나무·세울 수 | 일백 백 | 거둘·벼 벨 확

나무 한 그루를 심으면 훗날 백 가지 이익(利益)을 본다는 뜻으로 인재(人材)를 길러내면
사회(社會)·국가(國家)·인류(人類)에 막대(莫大)한 이익(利益)이 된다는 말

▷ 百年之計 백년지계　교육(敎育). 인재양성(人才養成)

▷ 收穫 수확　익은 농작물을 거두어들임 또는 어떤 일을 하여 얻은 성과(成果)

* 出典: 管子(관자)

一樹蔭一河流 일수음일하류 　나무·세울 수 | 그늘 음 | 물·황하 하 | 흐를 류

한 나무 그늘에서 쉬고 같은 강물을 마시는 것도 모두 전세의 인연이라는 뜻, 사소(些少)한 일에도
깊은 인연(因緣)이 있음을 비유하는 말. 인연을 소중(所重)히 여기라는 가르침

[인연(因緣)은 하늘의 뜻이며 관계(關係)가 어떠하냐는 사람의 노력여하(努力如何)에 달려 있음]

▷ 樹立 수립　국가나 정부, 제도(制度)·계획(計劃) 등을 이룩하여 세움

▷ 流行 유행　어떤 새로운 양식(樣式)이나 현상이 사회에 널리 퍼짐. 또는 그런 경향(傾向)

一視同仁 일시동인 　하나 일 | 볼 시 | 같을 동 | 어질·사랑할·불쌍히 여길 인

피아(彼我)의 구별(區別)없이 모든 사람을 평등(平等)하게 보고 똑같이 차별(差別)없이
사랑함[석가나 예수, 공자 등 성인의 경지]

「유의어」 一視之人 일시지인

釋眼儒心 석안유심　석가모니(釋迦牟尼)의 눈과 공자(孔子)의 마음이라는 뜻으로
　　　　　　　　자비(慈悲)롭고 인애(仁愛)가 깊음을 이르는 말

Agape 아가페　하느님(神)이 죄인(罪人)인 인간(人間)에 대하여 자기(自己)를
　　　　　　　희생(犧牲)하며 가엾게 여기는 사랑

* 出典: 韓愈(한유: 唐宋八大家[당송팔대가])의 原人(원인)

一心不亂 일심불란 　하나 일 | 마음 심 | 아닐 불 | 어지러울 란

마음을 한 가지에만 집중하고 정신(精神)을 흩뜨리지 않음

三昧 삼매, 一三昧 일삼매, 三昧境 삼매경
잡념(雜念)을 버리고 한 가지에만 마음을 집중(集中)시키는 경지(境地)

汩沒 골몰 다른 생각을 할 여유(餘裕)없이 한 일에만 온 정신(精神)을 쏟음

沒頭 몰두 어떤 일에 온 정신(精神)을 다 기울여 열중(熱中)함

* 出典: 阿彌陀經(아미타경)

一魚濁水 일어탁수 하나 일 ㅣ 물고기 어 ㅣ 흐릴 탁 ㅣ 물 수

한 마리의 물고기가 물을 흐린다는 뜻으로 한 사람의 실수나 잘못으로 인(因)하여 많은 사람이
피해(被害)를 보게 된다는 말

一魚混川 일어혼천, 一魚混全川 일어혼전천 물고기 한 마리가 온 물을 흐림

一鰍濁堰 일추탁언, 一鰍濁堰 일추탁언
미꾸라지 한 마리가 온 방죽을 흐려놓는다는 말. 한명으로 인해 많은 사람이 피해당함

▷ 濁流 탁류 흘러가는 흐린 물줄기. 혼탁(混濁)한 이 세상을 빗대어 이르는 말

▷ 清濁 청탁 맑음과 흐림. 선인(善人)과 악인(惡人). 현인(賢人)과 우인(愚人)

一言半句 일언반구 하나 일 ㅣ 말씀 언 ㅣ 반·중간 반 ㅣ 글귀 구

한 마디의 말과 반쪽 구절(句節)이라는 뜻, 아주 짧은 말을 비유하는 말 (주로 부정문에 사용)

一言半辭 일언반사, 半句 반구

▷ 酒逢知己千鍾少也 話不投機半句多 주봉지기천종소야 화불투기반구다
酒逢知己千鍾少也 話不投機一句多 주봉지기천종소야 화불투기일구다
술은 서로 뜻이 통하는 친구를 만나면 천 잔의 술도 오히려 적고
말은 서로의 뜻과 때가 맞지 않으면 반[한]마디 말도 많은 것이다

* 出典: 史記(사기)

一言以蔽之 일언이폐지 하나 일 ㅣ 말씀 언 ㅣ 써 이 ㅣ 덮을 폐 ㅣ 어조사 지

말 한마디로 그것을 다 덮는다는 뜻으로 한마디의 말로 능히 그 전체의 뜻을 다함의 비유

一言蔽之 일언폐지, 蔽一言 폐일언
이러니저러니 할 것 없이 한 마디로 휩싸서 말함. 즉 한마디로 말해서

▷ 掩蔽 엄폐 가려서 숨김 = 掩諱 엄휘

▷ 隱蔽 은폐 덮어 감추거나 가리어 숨김. 적에게 관측(觀測)되지 아니하도록 주변(周邊)의
지형지물을 이용하여 인원(人員)이나 장비(裝備)·시설(施設) 등을 숨기는 일

* 出典: 論語(논어)

一言之下 일언지하 하나 일 | 말씀 언 | 어조사 지 | 아래 하
한 마디로 끊음이라는 뜻으로 한마디로 딱 잘라 말함 또는 두 말할 나위없음

▷ 一人之下萬人之上 일인지하만인지상, 上相 상상, 領相 영상
    한사람[= 임금]의 아랫사람 온 사람[= 백성]의 윗사람. 즉 영의정(領議政)

一言千金 일언천금 하나 일 | 말씀 언 | 일천 천 | 황금·쇠 금
한마디의 말이 천금(千金)의 가치가 있다는 뜻으로 약속(約束)은 꼭 지키라는 말을 비유

【유의어】 南兒一言 重千金 남아일언 중천금
    丈夫一言 重千金 장부일언 중천금
    남자[丈夫: 장부]의 말 한마디는 천금과 같이 무겁고 가치(價値)가 있다는 뜻

一葉知秋 일엽지추 하나 일 | 잎 엽 / 성 섭 | 알 지 | 가을 추
나뭇잎 하나가 떨어짐을 보고 가을이 오고 있음을 안다는 뜻으로 하나의 조그마한 일을 보고
장차(將次)있을 큰일을 미리 짐작(斟酌)함을 비유하는 말

【유의어】 一葉落天下知秋 일엽낙천하지추, 一葉落知天下秋 일엽낙지천하추
    見一斑知全豹 견일반지전표 얼룩무늬 하나를 보고 표범임을 알 수 있다

▷ 秋霜 추상 가을의 찬 서리. 사람의 명령(命令)이 매우 엄격(嚴格)함

* 出典: 淮南子(회남자)

一葉片舟 일엽편주 하나 일 | 잎 엽 | 조각 편 | 배 주
[물위에 떠있는] 나뭇잎만한 한 척의 작은 배. 매우 작은 배라는 말. 조각배

【유의어】 一葉舟 일엽주, 一葉小船 일엽소선, 瓢舟 표주, 片舟 편주, 扁舟 편주

▷ 片鱗 편린 한 조각의 비늘이라는 뜻으로 사물의 극히 작은 한 부분을 이르는 말

一葉蔽目不見泰山 일엽폐목불견태산
하나 일 | 잎 엽 | 덮을 폐 | 눈 목 | 아닐 불 | 볼 견 | 클 태 | 뫼 산

나뭇잎 하나로 눈을 가리면 태산(泰山)처럼 큰 것도 볼 수 없다는 뜻으로 작은 사심(私心)이
공정(公正)한 마음을 덮어버려 대의(大義)를 잃게 할 수 있다는 말의 비유

【유의어】 一葉蔽目 일엽폐목, 一葉障目 일엽장목

    兩豆塞耳不聞雷霆 양두색이불문뇌정
    콩두개로 귀를 막으면, 천둥소리도 못 듣는다는 뜻. 마음에 물욕(物慾)이 생기면
    도리(道理)를 분별(分別)하지 못하여 사람이 잘못된 행동을 한다는 말

▷ **以掌蔽天 이장폐천** 손바닥으로 하늘을 가림. 얕은수를 부려 잘못을 숨기려 한다는 말

* 出典: 鶡冠子(갈관자) 天則篇(천칙편)

日月盈昃 일월영측 날 일 | 달 월 | (가득)찰 영 | (해)기울 측

해와 달도 차면 기운다는 뜻, 세상사 흥성(興盛)함이 있으면 쇠퇴(衰退)함이 뒤따른다는 말

『유의어』 **盈昃** 영측, **月盈則食** 월영즉식, **月滿則虧** 월만즉휴, **盈滿之咎** 영만지구
   權不十年 권불십년, **勢無十年** 세무십년, **勢無十年過** 세무십년과
   盛者必衰 성자필쇠, **生者必滅** 생자필멸, **花無十日紅** 화무십일홍
   禍福糾纆 화복규묵, **禍福糾繩** 화복규승, **禍福若糾纆** 화복약규묵

▷ **昃食 측식** 정오(正午)가 지나서 식사를 한다는 뜻, 정무(政務)에 부지런히 힘씀을 비유

* 出典: 千字文(천자문)

一飲一啄 일음일탁 마실·음료 음 | 쪼을·쪼아 먹을 탁

조금씩 마시고 조금씩 쪼아 먹 듯 한다는 뜻, 분수(分數)를 지켜 남의 것을 탐(貪)내지 않고
정직(正直)하고 소박(素朴)하게 사는 모습을 비유하는 말

▷ **啄食 탁식** 쪼아 먹음
▷ **彫琢 조탁** 보석 등을 새기거나 쫌. 문장(文章)이나 글을 매끄럽게 다듬음

一衣帶水 일의대수 하나 일 | 옷 의 | 띠 대 | 물 수

한 옷의 띠로 너비를 잴 수 있을 만큼 좁은 냇물이나 강물이라는 뜻으로
1. 겨우 냇물 하나를 사이에 둔 가까운 이웃이라는 말의 비유
2. 좁은 강 또는 해협(海峽)을 사이에 두고 가까이 접해있음을 이르는 말

『유의어』 **指呼之間** 지호지간, **指呼間** 지호간 손짓해 부를 만한 가까운 거리
   目睫之間 목첩지간 눈과 속눈썹 사이
   咫尺 지척 아주 가까운 거리

▷ **一帶 일대** 어느 지역의 전부 = **一圓** 일원

* 出典: 南史(남사)

一以貫之 일이관지 하나 일 | 써 이 | 꿸 관 | 어조사 지

하나의 이치(理致)로 모든 일을 꿰뚫는다는 뜻, 하나의 방법(方法)이나 태도(態度)로써
처음부터 끝까지 한결같음을 비유하는 말

『유의어』 **初志一貫** 초지일관, **始終一貫** 시종일관, **一貫** 일관

終始一貫 종시일관, 始終如一 시종여일, 終始如一 종시여일

▷ 貫徹 관철 끝까지 밀고 나아가 목적(目的)을 이룸 ↔ 挫折 좌절

* 出典: 論語(논어) 里仁篇(이인편)

一日三秋 일일삼추 하나 일 | 날 일 | 석 삼 | 가을 추

하루가 삼년 같다는 뜻, 몹시 애를 태우며 간절(懇切)히 기다린다는 말

『유의어』 一刻三秋 일각삼추, 一日千秋 일일천추, 寸陰若歲 촌음약세

一刻如三秋 일각여삼추, 一日如三秋 일일여삼추

▷ 秋霜 추상 가을의 찬 서리. 사람의 명령이 매우 엄격함

* 出典: 詩經(시경) 王風(왕풍)의 詩(시) 采葛(채갈)

一日之雅 일일지아 하나 일 | 날 일 | 어조사 지 | 평소·사귈 아

하루 동안의 사귐이라는 뜻, 깊지 않은 교제. 잠깐 동안의 교제(交際)로 사귐의 정도가 얕음

▷ 雅 아 평소(平素)의 교제(交際)를 나타냄

▷ 雅號 아호 문인·학자·화가·선비 등이 본명 외에 갖는 호나 별호를 높여 이르는 말

* 出典: 漢書(한서)

一日之長 일일지장 하나 일 | 날 일 | 어조사 지 | 어른 장

하루 먼저 세상에 태어났다는 뜻, 연령(年齡)이 조금 위이거나 또는 그런 선배(先輩)를 비유

▷ 年長者 연장자 자기보다 나이가 많은 사람 = 前輩 전배

* 出典: 論語(논어) 先進篇(선진편)

一日千里 일일천리 하나 일 | 날 일 | 일천 천 | 거리·마을 리

하루에 천리(千里)를 달린다는 뜻

1. 말이 매우 빨리 달림   2. 물의 흐름이 매우 빠름
3. 발전(發展)하는 속도(速度)가 매우 빠름을 비유하는 말

▷ 騏驥一日千里 기기일일천리 준마[駿馬 = 騏驥 기기]는 하루 동안에 천리를 감

* 出典: 後漢書(후한서) 王胤傳(왕윤전)

一字無識 일자무식 하나 일 | 글자 자 | 없을 무 | 알 식 / 적을 지

글자를 한 자도 모를 정도로 무식함. 어떤 분야(分野)에 대해 아는 바가 전혀 없음을 비유한 말

『유의어』 一字不識 일자불식, 一文不知 일문부지, 一文不通 일문불통

目不識丁 목불식정, 魚魯不辨 어로불변, 不學無識 불학무식

▷ **標識板** 표지판　어떤 사실(事實)을 알리기 위해 그 내용(內容)을 적거나 그려 놓은 판

一字師 일자사　하나 일 | 글자 자 | 스승 사

한 글자를 바로잡아 고쳐준 스승, 핵심(核心)을 짚어주는 스승을 비유하는 말
또는 정곡(正鵠)을 찔러 자기의 결함(缺陷)을 깨우쳐 가르침을 준 사람을 말하기도 함

시문(詩文)의 한 글자를 고쳐 더욱 생동감이 느껴지고 훌륭한 문장(文章)이 되도록 깨우쳐준
스승을 비유하는 말로, 중국 당(唐)나라 때의 시인 정곡(鄭谷)의 고사에서 유래함

유의어　一字之師 일자지사

▷ **師事** 사사　스승으로 섬기고 가르침을 받음

* 出典: 唐詩紀事(당시기사: 齊己[제기]라는 詩僧[시승]과 鄭谷[정곡]과의 대화)

一字千金 일자천금　하나 일 | 글자 자 | 일천 천 | 황금 금

글자 하나의 값이 천금의 가치가 있다는 뜻, 글씨나 문장이 매우 탁월(卓越)함을 비유하는 말

진(秦)나라의 여불위(呂不韋)가 식객들에게 부탁(付託)하여 백과사전격인 여씨춘추(呂氏春秋)를
완성한 뒤 이 책에 대한 강한 자부심(自負心)으로 수도(首都)인 함양성문에 걸어 놓고 누구든지
한 글자라도 더하거나 빼는 자가 있다면 천금을 주겠노라고 약속(約束)한 고사에서 유래

유의어　有能增省一字者予千金 유능증생일자자여천금 (에서 유래)

　　　　　　增省 증생 넣거나 뺌. 넣거나 생략함

▷ **增刪** 증산　시문(詩文)을 다듬기 위하여 더 보태거나 깎아 냄 = **增削** 증삭, **添削** 첨삭
* 出典: 史記(사기) 呂不韋傳(여불위전)

一將功成萬骨枯 일장공성만골고

하나 일 | 장수 장 | 공·업적 공 | 이룰 성 | 일만·많을 만 | 뼈 골 | 마를 고

한 장수(將帥)가 이룩한 전공(戰功)의 위업(偉業)은 만 명의 병사가 희생(犧牲)하여 전사(戰死)한
결과(結果)라는 뜻으로
1. 전쟁의 공(功)이 오직 장수에게만 돌아가는 것을 개탄(慨歎)하는 말
2. 장수(將帥)가 전쟁을 통하여 함부로 영웅(英雄)이 되고자함을 경계(警戒)하는 말

▷ **世上萬事 塞翁之馬** 세상만사 새옹지마
　　세상에서 일어나는 온갖 일은 변화가 많아서 인생의 길흉화복을 예측(豫測)할 수 없다는 뜻
* 出典: 曹松(조송)의 詩(시) 己亥歲(기해세)

一場春夢 일장춘몽　하나 일 | 마당·때 장 | 봄 춘 | 꿈 몽

한바탕의 봄 꿈 이라는 뜻, 인생의 모든 부귀영화(富貴榮華)가 꿈처럼 덧없이 사라지는 것을

비유하는 말. 세상사 모두 부질없는 일

> **유의어** 一炊之夢 일취지몽, 榮枯一炊 영고일취, 呂翁枕 여옹침
> 南柯一夢 남가일몽, 南柯之夢 남가지몽, 胡蝶之夢 호접지몽
> 盧生之夢 노생지몽, 邯鄲之夢 한단지몽, 邯鄲夢 한단몽
> 黃粱一夢 황량일몽, 黃粱一炊 황량일취, 黃粱夢 황량몽

* 出典: 侯鯖錄(후청록: 北宋[북송]의 趙令畤[조령치] 著)

一場風波 일장풍파 하나 일 | 마당·때 장 | 바람 풍 | 물결·파도 파
한바탕의 세찬 바람과 험한 물결이라는 뜻
큰 소란, 한바탕 심한 야단(惹端)이나 싸움을 비유한 말

▷ 波濤 파도 맹렬한 기세(氣勢)로 일어나는 어떤 사회적 운동이나 현상을 비유하는 말

▷ 平地風波 평지풍파 평온(平穩)한 자리에서 일어나는 풍파라는 뜻으로
　　　　　　　　　　　뜻밖에 분쟁(紛爭)이 일어남의 비유

▷ 道場 도장 무예를 연습하거나 가르치는 곳 / 道場 도량 불도(佛道)를 닦는 곳

一朝一夕 일조일석 하나 일 | 아침 조 | 하나 일 | 저녁 석
하루아침과 하루저녁이라는 뜻으로 매우 짧은 시일(時日)을 비유

▷ 朝夕 조석 아침과 저녁 = 朝暮 조모, 昕夕 흔석

▷ 朝夕飯 조석반 아침밥과 저녁밥 = 饔飧 옹손

▷ 猝乍間 졸사간 갑작스러운 짧은 동안 = 倉卒間 창졸간

一柱難支 일주난지 하나 일 | 기둥 주 | 어려울 난 | 지탱할·버틸 지
기둥 하나로는 지탱(支撐)하기 어렵다는 뜻, 이미 기울어진 대세를 혼자서는 감당(堪當)할 수
없음을 비유하는 말

> **유의어** 一木難支 일목난지

▷ 支持 지지 개인·단체 등의 주의·정책 등에 찬동(贊同)하여 뒷받침함. 또는 그 원조(援助)

▷ 激勵 격려 마음이나 기운을 북돋우어 힘쓰도록 함

▷ 應援 응원 곁에서 돕거나 격려(激勵)하는 일. 운동경기 등에서 선수에게 힘을 북돋우는 일

* 出典: 世說新語(세설신어) 任誕篇(임탄편)

一知半解 일지반해 하나 일 | 알 지 | 반 반 | 이해할·풀 해
하나쯤 알고 반쯤 깨닫는다는 뜻으로 수박 겉핥기식 앎. 지식(知識)이 매우 적음을 비유하는 말

▷ 西瓜皮舐 서과피지　수박 겉핥기. 내용(內容)은 모르고 겉만 건드림

▷ 走馬看山 주마간산　말을 타고 달리며 산천(山川)을 구경한다는 뜻으로
　　　　　　　　　　　　자세(仔細)히 살피지 않고 대충보고 지나감을 비유하는 말

＊出典: 滄浪詩話(창랑시화)

一陣狂風 일진광풍　하나 일 ｜ 한바탕·진칠 진 ｜ 미칠 광 ｜ 바람 풍

한바탕 미친 듯이 휘몰아치는 사납고 거친 바람

유의어 狂風 광풍, 暴風 폭풍, 颱風 태풍 / 飄風 표풍　회오리바람

▷ 不狂不及 불광불급　미치지 않으면 미치지 못한다는 뜻. 즉 어떤 일을 할 때 그 일에
　　　　　　　　　　　미치지 않으면 그 일을 이룰 수 없다는 말

日進月步 일진월보　날 일 ｜ 나아갈 진 ｜ 달 월 ｜ 걸음·걸을 보

날마다 앞서 나아가고 달마다 앞으로 걸어간다는 뜻으로 날로 달로 끊임없이 진보(進步)하고
발전(發展)함을 비유하는 말

유의어 日就月將 일취월장, 日將月就 일장월취, 日就 일취, 將就 장취

刮目相對 괄목상대　눈을 비비고 상대편을 쳐다봄. 상대의 학식이 부쩍 발전함

一切唯心造 일체유심조　하나 일 ｜ 모두 체 / 끊을 절 ｜ 오직 유 ｜ 마음 심 ｜ 지을 조

세상사 모든 일은 마음먹기에 달렸다는 뜻, 세상사 모든 것은 오로지 마음이 지어내는 것임을 비유

유의어 福輕乎羽 복경호우　복은 새의 깃털 보다 더 가볍다. 마음먹기에 달렸다는 말

運用之妙在一心 운용지묘재일심, 運用之妙存乎一心 운용지묘존호일심

사물에 대한 운용의 묘한 이치(理致)는 마음에 있다는 뜻, 그러므로 세상사 모든 것을
운용(運用)하는 것은 마음먹기에 달려있다는 말

▷ 一切 일체　온갖 사물, 통틀어서, 모두[ex: 按酒一切 안주일체]

▷ 一切 일절　도무지. 전혀. 결코[부인(否認) 또는 금지(禁止)]

▷ 捏造 날조　사실이 아닌 것을 사실인 것처럼 거짓으로 꾸민다는 뜻.
　　　　　　　즉 어떤 일을 허위(虛僞)로 조작(造作)한다는 말

＊出典: 華嚴經(화엄경)

一觸卽發 일촉즉발　하나 일 ｜ 닿을 촉 ｜ 곧 즉 ｜ 쏠·필 발

한번 닿기만 해도 바로 폭발(爆發)한다는 뜻으로 조그만 자극(刺戟)에도 큰 일이 발생할 것 같은
극히 위험(危險)한 상황. 한번 슬쩍 건드리기만 해도 즉시 터짐

▷ 抵觸 저촉　서로 부딪치거나 모순됨. 법률이나 규칙 등에 위반(違反)되거나 거슬림

▷ **接觸** 접촉 맞붙어 닿음. 가까이 대하고 사귐. 교섭(交涉)함

一寸光陰 일촌광음 _{하나 일 | 마디·한치 촌 | 빛 광 | 응달·그늘 음}

한 치 길이의 세월(歲月). 즉 매우 짧은 시간(時間)

유의어 寸陰 촌음, 寸刻 촌각, 寸時 촌시, 寸晷 촌구

少年易老學難成 소년이노학난성   소년은 쉬이 늙고 학문은 이루기 어려우니

一寸光陰不可輕 일촌광음불가경   짧은 시간도 가벼이 여기지 마라

未覺池塘春草夢 미각지당춘초몽   못의 봄풀에 얽힌 화사한 꿈이 채 깨기도 전에

階前梧葉已秋聲 계전오엽이추성   뜰 앞의 오동잎은 벌써 가을이라 알리네.

▷ **光陰** 광음 해와 달, 낮과 밤. 시간(時間). 세월(歲月) 등을 이르는 말

* 出典: 朱熹(주희) 偶成(우성)

日就月將 일취월장 _{날 일 | 나아갈·이룰 취 | 달 월 | 나아갈·장차 장}

날로 달로 끊임없이 성장(成長)하고 발전(發展)한다는 뜻, 세월이 지남에 따라 학업이 날로
진보(進步)함을 이르는 말

유의어 日就 일취, 將就 장취, 日將月就 일장월취

將 日進月步 일진월보   날로 달로 끊임없이 진보·발전함

▷ **日新又日新** 일신우일신   날이 갈수록 새롭게 발전(發展)해 간다는 말

* 出典: 詩經(시경)

日昃之勞 일측지로 _{하나 일 | 해 기울 측 | 어조사 지 | 일할·힘쓸 로}

점심을 거르고 해가 기울도록 일한다는 뜻으로 쉼 없이 매우 힘써 노력(勞力)한다는 말

유의어 不解衣帶 불해의대, 不眠不休 불면불휴   자지도 쉬지도 않음

發憤忘食 발분망식   어떤 일에 열중하여 끼니까지 잊고 힘씀

不知寢食 부지침식, 廢寢忘餐 폐침망찬   침식(寢食)을 잊고 일에 몰두함

自强不息 자강불식   스스로 힘써 몸과 마음을 가다듬는 것을 쉬지 않음

一致團結 일치단결 _{하나 일 | 이를·보낼 치 | 모일·모임·둥글 단 | 다질·맺을 결}

모두가 하나로 뭉쳐 굳게 결합(結合)한다는 뜻, 어떤 일을 추진(推進)할 때 여럿이 마음을 합쳐
한 덩어리로 굳게 뭉쳐 행동(行動)함을 비유하는 말

유의어 一心同體 일심동체 滿場一致 만장일치

異口同聲 이구동성, 異口同音 이구동음 여러 사람의 말이 한결같음

衆心成城 중심성성 뭇사람의 마음이 일치하면 성벽(城壁)같이 굳어짐을 비유

大同團結 대동단결 여러 집단·사람이 어떤 목적을 이루려고 한 덩어리로 뭉침

▷ 團欒 단란 가족생활이 원만(圓滿)함. 여럿이 함께 즐겁게 지내고 화목(和睦)함

一波萬波 일파만파 하나 일 | 물결 파 | 일만·많을 만 | 물결 파

한 물결이 연쇄(連鎖)적으로 많은 물결을 일으킨다는 뜻, 한 작은 사건(事件)이 그 사건에 그치지 않고 잇달아 크고 많은 다른 사건으로 확대(擴大)되어 번짐을 비유하는 말

▷ 波紋 파문 물 위에 이는 물결, 어떤 일의 영향(影響)

▷ 波長 파장 충격적인 사건이 끼치는 영향. 또는 그 영향이 미치는 정도나 동안을 비유한 말

一敗塗地 일패도지 하나 일 | 패할·무너질 패 | 더럽힐·길·칠할 도 | 땅·따 지

싸움에 한번 패(敗)하여 땅바닥에 떨어진다는 뜻, 여지없이 패하여 다시 일어날 수 없게 되는 지경(地境)을 비유하는 말

▷ 肝腦塗地 간뇌도지 참혹(慘酷)한 죽음을 당하여 간과 뇌가 땅바닥에 으깨어졌다는 뜻, 전쟁에서 나라를 위하여 목숨을 돌보지 않고 죽을힘을 다함을 이르는 말

▷ 糊塗 호도 풀을 바른다는 뜻으로 명확(明確)하게 결말을 내지 않고 일시적으로 감추거나 흐지부지 덮어 버림의 비유.

* 出典: 史記(사기) 高祖本紀(고조본기: 漢高祖[한고조] 劉邦[유방]의 말)

一片丹心 일편단심 하나 일 | 조각 편 | 붉을 단 | 마음 심

한 조각의 붉은 마음, 진심에서 우러나오는 결코 변치 않는 참되고 충성(忠誠)스런 마음을 비유

▷ 片片金 편편금 조각조각이 모두 금이라는 뜻으로 물건이나 시문(詩文)의 글귀가 모두 보배롭고 아름다움을 비유하는 말

▷ 片鱗 편린 한 조각의 비늘이라는 뜻으로 사물의 극히 작은 한 부분을 이르는 말

▷ 丹霄 단소 저녁노을과 같이 붉은 하늘

* 典據 전거: 鄭夢周(정몽주)의 丹心歌(단심가) / 朴彭年(박팽년)의 時調(시조)

一曝十寒 일폭십한 하나 일 | 쬘 폭 | 열 십 | 찰·추울 한

초목을 기르는데 하루만 볕에 쬐고 열흘은 응달에 둔다는 뜻으로 하루 동안 일이나 공부하고 열흘 동안 노는 게으름을 이르는 말로, 꾸준히 하지 못하고 중단(中斷)됨이 많음을 비유하는 말

『유의어』 十寒一曝 십한일폭, 一日暴之十日寒之 일일폭지십일한지

* 出典: 孟子(맹자) 告子上(고자상) 無或乎王之不智章(무혹호왕지부지장)

一筆揮之 일필휘지 하나 일 | 붓·쓸 필 | 휘두를·떨칠 휘 | 어조사·갈 지

한 번에 붓을 휘둘러 줄기차게 써내려간다는 뜻으로 단숨에 글씨나 그림을 죽 써 내려가거나 그려냄을 비유하는 말

▷ **揮毫 휘호** 붓을 휘둘러 글씨를 쓰거나 그림을 그림

▷ **筆談 필담** 말이 통하지 않거나 말을 할 수 없을 때 글로 써서 서로 묻고 대답하는 일

▷ **指揮 지휘** 목적(目的)을 효과적(效果的)으로 이루기 위하여 단체의 행동을 통솔(統率)함

一壺千金 일호천금 하나 일 | 바가지·병 호 | 일천 천 | 황금 금

한 개의 표주박이 천금(千金)이라는 뜻으로 배가 난파(難破)됐을 경우 그 바가지에 의지(依支)해서 몸을 띄워 목숨을 구할 수 있으므로 그때는 바가지가 천금의 값어치가 있다는 말

▷ **壺觴 호상** 술병과 술잔 / **侑觴 유상** 술을 권함 = **勸酒 권주**

▷ **壺中天 호중천** 병(瓶)속에 세속(世俗)을 떠난 별천지(別天地)가 있음

= **壺中天地 호중천지, 別天地 별천지, 武陵桃源 무릉도원, 仙境 선경**

* 出典: 鶡冠子(갈관자)

一攫千金 일확천금 하나 일 | 움킬·붙잡을 확 | 일천 천 | 황금 금

단번(單番)에 천금(千金)을 움켜쥔다는 뜻, 힘들이지 않고 한 번에 벼락부자가 되는 것을 말함

▷ **齊人攫金 제인확금** 제나라의 어떤 사람이 부자가 되고 싶어 남의 금을 훔쳐 달아남 앞뒤 가리지 않고 자기의 이익만을 챙기는 사람을 비유하는 말

▷ **猝富 졸부** 벼락부자 / **甲富 갑부** 첫째가는 부자

▷ **攫拏 확나** 움켜쥐고 끌어당김

一喜一悲 일희일비 하나 일 | 기쁠·즐거울 희 | 하나 일 | 슬플·비애 비

한편으로는 기쁘고 한편으로는 슬프다는 뜻, 기쁜 일과 슬픈 일이 번갈아 일어남 또는 기뻐하고 슬퍼하기를 반복(反復)함

『유의어』 **喜悲 희비, 一悲一喜 일비일희, 一喜一憂 일희일우**

▷ **囍** 쌍희[雙喜: 그림·자수에서 쓰는 囍의 이름] **희**

臨渴掘井 임갈굴정 임할 임(림) | 목마를 갈 | 팔 굴 | 우물 정

목이 말라야 우물을 팜, 준비 없이 손을 놓고 있다가 일을 당하고 나서야 허둥지둥 헤맨다는 말

『유의어』 **渴而穿井 갈이천정**

大寒索裘 대한색구 혹한(酷寒)이 닥쳐오자 그때서야 따뜻한 가죽옷을 찾음

羅雀掘鼠 나작굴서　그물을 던져 참새를 잡고 땅을 파서 쥐를 잡음. 불가능

［반의어］ 有備無患 유비무환, 曲突徙薪 곡돌사신, 毫毛斧柯 호모부가

▷ 燥渴 조갈　목이 마름 / 解渴 해갈　갈증을 풂. 비가 내려 가뭄에서 벗어남

▷ 掘鑿 굴착　땅을 파거나 산이나 바위 등을 뚫음

* 出典: 晏子春秋(안자춘추)/ 黃帝內經素問(황제내경소문) 四氣調神大論(사기조신대론)

臨機應變 임기응변　임할 임 ｜ 때·기회·틀 기 ｜ 응할 응 ｜ 변할 변

어떤 일을 당하여 적절(適切)하게 반응(反應)하고 변통(變通)한다는 뜻으로 그때그때 처한
형편(形便)에 따라 일을 알맞게 처리(處理)하는 것을 비유하는 말

［유의어］ 臨時應變 임시응변, 隨時應變 수시응변, 隨機應變 수기응변

　　　　　應變 응변, 隨機 수기, 厲揭 여게, 臨時排布 임시배포

▷ 枉臨 왕림, 光臨 광림, 枉顧 왕고, 惠顧 혜고, 惠臨 혜림
　　남이 자기가 있는 곳으로 찾아와줌의 경칭

▷ 賁臨 비림　웃어른이 오심

* 出典: 晉書(진서) 孫楚傳(손초전)

臨農奪耕 임농탈경　임할 임 ｜ 농사 농 ｜ 빼앗을 탈 ｜ 밭갈 경

밭과 논을 다 갈아엎고 다듬어 이제 막 농사를 지으려는데 농사지을 땅을 빼앗아 간다는 뜻으로
오랫동안 준비해온 일을 빼앗아 버려 헛되게 만들어 버린다는 말 또는 농사철에 소작인을 바꿈

▷ 收奪 수탈　강제로 빼앗음 / 剝奪 박탈　재물이나 권리, 자격 등을 강제로 빼앗음

▷ 劫奪 겁탈　남의 것을 폭력으로 빼앗음 또는 겁간(劫姦)

▷ 耕耘 경운　논밭을 갈고 김을 맴 / 耘耔 운자　김매고 북돋움

臨時變通 임시변통　임할 임 ｜ 때 시 ｜ 변할 변 ｜ 통할 통

1. 갑자기 터진 일을 임시로 상황(狀況)에 둘러맞추어 우선 간단(簡單)히 처리함
2. 그때그때 처한 상황에 맞추어 우선 임시 땜빵으로 일을 처리함

［유의어］ 臨時方便 임시방편, 臨時處變 임시처변, 臨時防牌 임시방패

　　　　　下石上臺 하석상대, 上下撑石 상하탱석, 揚湯止沸 양탕지비

　　　　　凍足放尿 동족방뇨　언 발에 오줌 누기. 한때만 잠깐 도움이 될 뿐임

　　　　　姑息之計 고식지계, 姑息策 고식책　당장 편한 것만 택하는 꾀나 방법

　　　　　目前之計 목전지계　앞날을 내다보지 못하고 눈앞에 보이는 한때만을 생각하는 꾀

　　　　　彌縫策 미봉책　눈가림만 하는 일시적인 대책(對策)

臨淵羨魚 임연선어 임할 임 | 못 연 | 부러워할 선 | 물고기 어

연못의 주변에서 물고기를 보고 군침을 흘린다는 뜻으로 어떤 일을 바라기만하고 실제로는 아무 것도 행하지 않는다는 말. 실천(實踐)하고 노력하는 것이 중요하다는 것을 강조(強調)하는 말

『유의어』 緣木求魚 연목구어, 上山求魚 상산구어, 羨魚無網 선어무망

臨川羨魚 임천선어, 臨河羨魚 임하선어, 臨河欲魚 임하욕어

* 臨淵羨魚不如退而結網 임연선어불여퇴이결망 (에서 유래)
  못가에서 물고기를 잡고 싶어 부러워만 하느니 보다는
  집에 돌아가서 그물을 짜는 것이 오히려 더 낫다는 말

= 臨淵羨魚不如結網 임연선어불여결망

= 臨淵羨魚不如歸家結網 임연선어불여귀가결망

= 臨河欲魚不若歸而織網 임하욕어불약귀이직망

* 出典: 淮南子(회남자) / 文子(문자) 上德篇(상덕편)

任人唯賢 임인유현 맡길·마음대로 임 | 사람 인 | 오직 유 | 어질·착할 현

오직 인품(人品)과 능력(能力)만을 보고 사람을 등용(登用)한다는 뜻으로
춘추(春秋)시대 제(齊)나라의 재상(宰相)인 관중(管仲)의 말에서 유래

『반의어』 以貌取人 이모취인 얼굴[= 모습]만 보고 사람을 골라 가리거나 씀. 잘못

見毛相馬 견모상마, 以毛相馬 이모상마
털빛만 보고 말을 판단(判斷)함. 겉만 보고 사물을 판단하는 잘못

▷ 唯一無二 유일무이 오직 하나뿐이고 둘도 없음

▷ 任意 임의 일정한 기준(基準)이나 원칙(原則)이 없이 자기 마음대로 처리하는 일

* 出典: 韓非子(한비자) 外儲說左下篇(외저설좌하편)

任重道遠 임중도원 맡길·마음대로 임 | 무거울·겹칠 중 | 길·이치 도 | 멀·아득할 원

짐은 무겁고 갈 길은 멀다. 즉 맡아서 해야 할 임무(任務)는 막중(莫重)한데 갈 길은 멀다는 말
큰일을 맡아 책임(責任)이 무거움을 나타내거나 막중(莫重)한 임무를 완수(完遂)하기 위해서는
도량(度量)이 넓고 뜻이 굳세어야 함을 강조(強調)할 때 쓰임

▷ 遠近 원근 멀고 가까움. 먼 곳과 가까운 곳

▷ 遼遠 요원 아득히 멀음

* 出典: 論語(논어) 泰伯篇(태백편)

立稻先賣 입도선매 설 입(립) | 벼 도 | 먼저 선 | 팔 매

논에 벼를 세워둔 채로 미리 판다는 뜻으로 아직 논에서 자라고 있어 벼가 채 아물기도 전인데

생활(生活)이 궁핍(窮乏)해 미리 싼값의 돈을 받고 벼를 팔아버린다는 말

주로 매점매석(買占賣惜)하여 큰돈을 벌 목적으로 중간 상인이 농간(弄奸)을 부려 벼를 매수하거나
또는 고리대금업자(高利貸金業者)가 농부들에게 받을 돈 대신 싼값으로 강제로 벼를 매수(買收)해감
결국 헐값에 벼를 팔아넘긴 농민들의 삶이 극도(極度)로 피폐(疲弊)해지는 등 악순환(惡循環)이
계속(繼續)되어 폭동(暴動)이나 반란(叛亂) 등 다른 사회문제를 야기(惹起)시키기도 함

▷ 買占賣惜 매점매석　물건 값이 오를 것을 예상하여, 어떤 상품을 한꺼번에 많이 사 두고
　　　　　　　　　　　되도록 팔지 않으며 나중에 가격(價格)을 올려 판매(販賣)하는 일

▷ 高利貸金 고리대금　이자(利子)가 비싼 돈. 부당(不當)하게 비싼 이자를 받는 돈놀이

▷ 惡循環 악순환　나쁜 상황이 계속 되풀이됨. 나쁜 일이 계속 순환(循環)되며 반복되어짐

入幕之賓 입막지빈　들 입 | 장막 막 | 어조사·갈 지 | 손·손님 빈

침실(寢室)에 드리운 장막(帳幕)안에 있는 손님이라는 뜻으로 특별(特別)히 가까운 손님 또는
기밀(機密)을 상의(相議)할 수 있는 사람. 최측근

[유의어] 幕賓 막빈　막부(幕府)의 빈객(賓客)으로 비밀회의에 참여하는 참모(參謀)나 고문

▷ 來賓 내빈　공식적으로 초대(招待) 받아 찾아온 손님 / 貴賓 귀빈　귀한 손님

▷ 幕後協商 막후협상　겉으로 드러나지 않게 은밀(隱密)히 하는 협상. 물밑협상

* 出典: 晉書(진서)

入寶山空手歸 입보산공수귀

들 입 | 보배 보 | 뫼 산 | 빌 공 | 손 수 | 돌아올 귀

보물(寶物)산에 들어가서 빈손으로 돌아온다는 뜻으로
1. 절호(絕好)의 기회(機會)를 살리지 못하고 놓친다는 말
2. 좋은 곳에서 이득(利得)을 얻지 못하는 것을 비유하는 말

[유의어] 入寶山空手回 입보산공수회

▷ 空手來空手去 공수래공수거
　　빈손으로 왔다 빈손으로 간다는 뜻으로, 재물에 대한 욕심은 부질없는 것이라는 말

立石矢 입석시　설 입(립) | 돌 석 | 화살 시

화살이 서있는 바위를 꿰뚫는다는 뜻, 한 가지 집념을 굳게 가지면 안 되는 일이 없다는 말

[유의어] 中石沒鏃 중석몰촉, 中石沒矢 중석몰시, 射石爲虎 사석위호
　　　　　　金石爲開 금석위개, 精神一到 何事不成 정신일도 하사불성

▷ 退鏃 퇴촉　화살이 과녁[貫革: 관혁]에 맞아 꽂히지 않고 되튀어 떨어짐

▷ 弓矢 궁시　활과 화살 = 弓箭 궁전

* 典據(전거): 李廣將軍(이광장군)의 고사

立身揚名 입신양명 설 입(립) | 몸 신 | 날릴·오를 양 | 이름 명

몸을 세워 이름을 날린다는 뜻으로 사회적으로 인정(認定)받고 유명(有名)해짐. 출세(出世)하여
이름을 세상에 드날려 부모(父母)를 영광(榮光)되게 함

[유의어] 立身出世 입신출세, 出世 출세　성공(成功)해서 세상에 이름을 떨침

　　　　龍飛鳳峙 용비봉치
　　　　용(龍)처럼 날고 봉황(鳳凰)처럼 우뚝 서다. 명성(名聲)이 세상에 높이 드날림

▷ 揚其陋行 양기누행　더러운 행실(行實)을 드러냄

入室操矛 입실조모 들 입 | 집·방 실 | 잡을·조종할 조 | (자루가 긴)창 모

남의 집에 쳐들어가 그의 창으로 그 사람을 공격(攻擊)한다는 뜻으로 상대방의 학설을 가지고
그 사람의 학문을 공격함을 비유. 즉 그 사람의 도(道)로써 그 사람을 손상(損傷)시킨다는 말

▷ 操縱 조종　비행기·선박·자동차 등을 다루어 부림 또는 남을 자기 마음대로 다루어 부림
▷ 矛盾 모순　말이나 행동 또는 사실(事實)의 앞뒤가 서로 맞지 않음
* 典據(전거): 중국 후한(後漢)의 하휴(何休)가 정현(鄭玄)의 논박(論駁)을 감탄(感歎)한 옛일에서 유래

入耳出口 입이출구 들 입 | 귀 이 | 날 출 | 입 구

1. 귀로 들어와 입으로 나감. 들은 바를 곧바로 남에게 말함
2. 남이 하는 말을 듣고서 제 주견(主見)인양 그대로 옮김

▷ 口耳之學 구이지학　귀로 들은 것을 그대로 남에게 이야기하는, 조금도 자기의 것으로
　　　　　　　　　　 만들지 못한 학문(學問). 즉, 깊이가 없는 학문

▷ 出爾反爾 출이반이　너에게서 나간 것은 너에게로 돌아온다는 말. 즉 세상사 모든
　　　　　　　　　　 화(禍)와 복(福)은 모두 자기가 자초(自招)하는 일이라는 말

▷ 我 아 吾 오 予 여　1인칭: 나. 저
▷ 爾 이 汝 여 女 여 而 이　2인칭: 너. 그대. 당신. 임자
▷ 彼 피　3인칭[먼 것 지칭]: 저. 저것. 그. 그것
▷ 是 시 此 차　3인칭[가까운 것 지칭]: 이. 이것

立錐餘地 입추여지 설 입(립) | 송곳·작은 화살 추 | 남을·넉넉할 여 | 땅·따 지

송곳 끝을 세울 만큼의 땅이 있다는 말. 극히 좁음
어떤 장소(場所)에 사람들이 빽빽하게 밀집(密集)되어 있는 상태를 비유하는 말

[유의어] 比肩接踵 비견접종　서로 몸[어깨와 발꿈치]이 닿을 정도(程度)로 붐빈다는 말
　　　　人山人海 인산인해　사람의 산 사람의 바다. 사람이 수없이 많이 모인 상태

▷ 입추의 여지가 없다: 더 이상 조금도 여유(餘裕)있는 공간(空間)이 없다는 말

▷ **剩餘** 잉여 쓰고 난 나머지 = **餘剩** 여잉

立春大吉 입춘대길 설 입(립) | 봄 춘 | 큰 대 | 길할 길

입춘(立春)을 맞이해서 길운(吉運)을 기원하며 대문이나 문지방 등에 써 붙이는 글

▷ **建陽多慶** 건양다경   맑은 날과 경사스런 일이 많이 생기라고 기원(祈願)하는 말

▷ **立春帖** 입춘첩   입춘 날 대궐(大闕)안 기둥에 붙이는 주련(柱聯) = **春帖子** 춘첩자

自家撞着 자가당착 스스로 자 | 집 가 | 칠 당 | 붙을·입을 착

자기 스스로 부딪히기도 하고 또한 붙기도 한다는 뜻으로 같은 사람의 언행이 앞뒤가 서로 어긋나 맞지 않는다는 말. 즉 모순(矛盾)된다는 말

유의어 撞着 당착, 矛盾 모순, 矛盾撞着 모순당착

自己矛盾 자기모순　자기의 생각이나 주장(主張)이 앞뒤가 맞지 않는 일

二律背反 이율배반　서로 모순되는 두 개의 명제가 동등한 권리로서 주장되는 일

自家藥籠中物 자가약롱중물

스스로·저절로 자 | 집·건물 가 | 약·고칠 약 | 대그릇 롱(농) | 가운데 중 | 물건 물

자기 집에 있는 약장(藥欌)속의 물건(物件)이라는 뜻으로

1. 언제든지 마음대로 꺼내 쓸 수 있는 물건(物件)을 비유
   = 藥籠中物 약롱중물, 囊中取物 낭중취물, 探囊取物 탐낭취물
2. 곁에 없어서는 안 될 꼭 필요(必要)하고 소중(所重)한 인물(人物)
   = 爪牙 조아, 爪牙之士 조아지사
   = 股肱 고굉, 肱膂 굉려, 股肱之臣 고굉지신, 股掌之臣 고장지신

* 出典: 唐書(당서) 狄仁傑傳(적인걸전)

自强不息 자강불식 스스로 자 | 강할 강 | 아닐 불 | (숨)쉴 식

스스로 힘쓰고 쉬지 않는다는 뜻, 자신의 목표(目標)를 향해 끊임없이 노력하는 것을 비유하는 말

유의어 不解衣帶 불해의대, 日昃之勞 일측지로　해가 지도록 애를 씀

發憤忘食 발분망식, 廢寢忘餐 폐침망찬　침식(寢食)을 잊고 일에 몰두(沒頭)함

晝而繼夜 주이계야, 不撤晝夜 불철주야　밤낮을 가리지 아니함

▷ 晩餐 만찬　손님을 초대(招待)하여 함께 먹는 저녁식사

* 出典: 易經(역경) 乾卦(건괘) 象傳(상전)

自激之心 자격지심 스스로 자 | 부딪힐·물결 부딪혀 흐를 격 | 어조사·갈 지 | 마음·가슴 심

자신에게 부딪히는 마음이라는 뜻, 자기가 한 일에 대해 스스로 미흡(未洽)하게 여기는 마음을 비유하는 말. 즉 스스로에 대해 부족(不足)해하며 괴로워하는 마음

유의어 意氣銷沈 의기소침, 意氣沮喪 의기저상　기운을 잃고 풀이 죽음

반의어 自信滿滿 자신만만, 意氣揚揚 의기양양, 得意忘形 득의망형, 自矜 자긍

得意揚揚 득의양양　뜻을 이루어 우쭐거리며 뽐냄

▷ 自愧之心 자괴지심 스스로 부끄러워하는 마음 = 自愧心 자괴심, 羞恥心 수치심

621

自古以來 자고이래 스스로·몸소·~로 부터 자 | 예·옛 고 | 써 이 | 올·장래 래

예로부터 지금까지의 동안[自 자: ~부터 / 以 이·至 지: ~까지]

『유의어』 古來 고래

　　　　至今 지금, 至于今 지우금, 至于今日 지우금일 예로부터 지금에 이르기까지

▷ 只今 지금 이제. 바로 이때. 시방(時方) / 이제 막. 바로 이제

刺股懸梁 자고현량 찌를 자(척) | 허벅지 고 | 매달·드러낼 현 | 들보 량

송곳으로 허벅지를 찌르고 머리를 끈에 묶어 대들보에 매달아 숙여지지 않게 한다는 뜻으로
[잠을 쫓으려고] 분발(奮發)하여 열심히 학문(學問)에 정진(精進)함을 비유하는 말

『유의어』 懸梁 현량, 懸頭 현두, 刺股 자고, 刺股讀書 자고독서

　　　　懸梁刺股 현량자고, 懸頭刺股 현두자고

　　　　螢窓雪案 형창설안, 螢雪之功 형설지공, 手不釋卷 수불석권

▷ 蘇秦刺股 소진자고 소진은 송곳으로 자기 허벅지를 찔러 졸음을 쫓으며 공부함
▷ 孫敬懸梁 손경현량 손경은 자기 머리를 들보에 매달아 졸지 못하게 하고 공부함
▷ 刺殺 척살 칼 같은 무기(武器)를 사용(使用)하여 사람을 찔러 죽임

自欺欺人 자기기인 스스로·자기 자 | 속일 기 | 타인·사람 인

자신(自身)을 속이고 남을 속인다는 뜻, 자신도 믿지 않는 말이나 행동으로 남까지 속이는 사람을
풍자(諷刺)하는 말

▷ 自行其是 자행기시 자기가 옳다고 믿고 제멋대로 하는 것
▷ 詐欺 사기 이익(利益)을 취하기 위하여 나쁜 꾀로 남을 속임

* 出典: 朱子語類(주자어류: 주자의 어록을 집대성한 책) / 法苑珠林(법원주림)

慈堂 자당 사랑할·어머니 자 | 집·학교 당

남의 어머니의 존칭(尊稱). 남의 어머니를 높여 부르는 말

『유의어』 大夫人 대부인, 母堂 모당, 萱堂 훤당, 北堂 북당, 令堂 영당

『반의어』 慈親 자친, 慈闈 자위, 母親 모친 남에게 자기 어머니를 높여 이르는 말

▷ 春府丈 춘부장, 椿府丈 춘부장, 椿府 춘부, 春丈 춘장 남의 아버지의 존칭
▷ 家親 가친, 家嚴 가엄, 嚴親 엄친 남에게 자기 아버지를 높여 일컫는 말
▷ 高堂 고당 남의 부모(父母)의 높임말. 남을 높여 그의 집을 이르는 말

煮豆燃萁 자두연기

삶을·익힐 자 | 콩·제기이름 두 | 불사를·불탈 연 | 콩깍지·콩대 기

콩을 삶는데 콩깍지로 불을 땐다는 뜻(콩: 아우[조식: 曹植] / 콩깍지: 형[조비: 曹丕])
형제(兄弟)간에 시기(猜忌)하여 서로 다투고 죽이려 하는 것을 비유하는 말
형 조비가 아우 조식을 시기하여 죽이려고 하는데, 조식이 칠보시를 지어 한탄(恨歎)하는 말

『유의어』 煮豆燃豆萁 자두연두기, 骨肉相爭 골육상쟁, 骨肉相殘 골육상잔
　　　　 同族相殘 동족상잔, 同族相爭 동족상쟁, 兄弟鬩墻 형제혁장

『반의어』 遇賊爭死 우적쟁사, 壎篪相和 훈지상화, 篪塤 지훈

▷ 七步詩 칠보시

　　煮豆燃豆萁 자두연두기　콩대와 콩깍지를 태워 콩을 삶으니
　　豆在釜中泣 두재부중읍　콩이 가마솥 안에서 우는 구나
　　本是同根生 본시동근생　본디 한 뿌리에서 나왔건만
　　相煎何太急 상전하태급　그대는 어찌 그리 급하게도 들들볶아 대는가?

▷ 煮沸 자비　물·기름 등이 펄펄 끓음[펄펄 끓임]

* 出典: 世說新語(세설신어) 文學篇(문학편)

自燈明法燈明 자등명법등명

스스로 자 | 등잔·등불 등 | 밝을 명 | 진리·도리·법 법

자기 자신을 등불을 삼고 자기를 의지(依支)하고, 진리(眞理)를 등불로 삼고 진리에 의지하라
[석가가 말년에 제자 아난다의 청을 받아들여 제자들에게 남긴 마지막 가르침을 이르는 말]

『유의어』 自燈明自歸依 자등명자귀의　자신을 등불로 삼고 자신에게 의지하라
　　　　 法燈明法歸依 법등명법귀의　진리를 등불로 삼고 진리에 의지하라

▷ 歸依 귀의　부처와 불법(佛法)과 승가(僧伽)로 돌아가 믿고 의지(依支)함

▷ 涅槃 열반　1. 모든 번뇌(煩惱)에서 벗어나 영원(永遠)한 진리를 깨달은 경지(境地)
　　　　　　 2. 덕(德)이 높은 승려(僧侶)의 죽음을 비유

▷ 解脫 해탈　1. 굴레나 얽매임에서 벗어남
　　　　　　 2. 번뇌·속박(束縛)에서 벗어나서 근심이 없는 편안한 심경(心境)에 이름

子膜執中 자막집중

아들·자식 자 | 막·꺼풀 막 | 잡을·지킬 집 | 가운데 중

융통성(融通性)이 없고 임기응변(臨機應變)할 줄 모르는 사람을 비유하여 이르는 말
중국 전국시대에 자막(子膜)이라는 사람이 융통성 없이 항상 중용(中庸)만을 지켰다는
고사에서 유래

『유의어』 固執不通 고집불통　고집이 세어 융통성이 없음 = 壅固執 옹고집

膠柱鼓瑟 교주고슬　비파나 거문고의 기러기발을 아교로 붙여 놓으면 가락을 바꿀
수 없음, 고지식하여 조금도 융통성이 없음을 비유하는 말

▷　融通 융통　금전·물품 등을 서로 돌려씀. 사정(事情)과 형편(形便)에 맞게 일을 처리함

* 出典: 孟子(맹자) 盡心章句(진심장구) 上篇(상편)의 楊墨子膜(양묵자막)

自斧刖足 자부월족　스스로 자 | 도끼 부 | 발꿈치 벨 월 | 발 족

자기 도끼로 자기 발뒤꿈치를 찍는다는 뜻으로 믿는 도끼에 발등 찍힘. 잘 알고 있다고
방심(放心)하다가 큰 실수(失手)를 하게 된다는 말

『유의어』　自斧斫足 자부작족, 知斧斫足 지부작족　믿는 도끼에 발등 찍힘. 배신당함

▷　斧鉞 부월　작은 도끼와 큰 도끼. 출정(出征)하는 대장 또는 군직(軍職)을 띤 사람에게
임금이 권위(權威)를 인정(認定)하여 상징적(象徵的)으로 손수 주던 것임

▷　刖刑 월형　범죄인의 발꿈치를 베던 형벌[경범: 왼쪽발꿈치, 중범: 오른쪽 발꿈치]

子孫萬代 자손만대　아들 자 | 자손 손 | 일만 만 | 시대 대

후손에서 후손(後孫)으로 이어지는 오래도록 내려오는 여러 대(代)

『유의어』　代代孫孫 대대손손, 世世孫孫 세세손손, 子子孫孫 자자손손
대대로 이어 내려오는 자손

▷　雲仍 운잉　운손[雲孫: 구름 같이 많은 자손]과 잉손[仍孫: 거듭되어 많은 자손]
즉 먼 후손을 비유하여 이르는 말

▷　抱孫 포손　손자를 봄. 손자가 생김 / 抱擁 포옹　사람끼리 서로 품에 껴안음

自手削髮 자수삭발　스스로 자 | 손 수 | 깎을·해칠 삭 | 머리털·터럭 발

자기 손으로 자기 머리털을 깎는다는 뜻으로
1. 어려운 일을 남의 도움 없이 자기 힘으로 감당(堪當)함
2. 자신(自身)의 뜻으로 스스로 머리 깎고 승려(僧侶)가 됨

『반의어』　阪上走丸 판상주환　언덕위에서 공굴리기. 큰 세력에 편승하여 일을 꾀함. 쉬움

▷　添削 첨삭　시문·답안 등의 일부를 보충(補充)하거나 삭제(削除)하여 고침 = 增刪 증산

▷　毛髮 모발　1. 사람의 몸에 난 온갖 털　2. 사람의 머리털

自手成家 자수성가　스스로 자 | 손 수 | 이룰 성 | 집·건물 가

자기 손으로 일가를 이루었다는 뜻, 물려받은 재산이 없는 사람이 자기 혼자의 힘만으로 집안을
일으키고 재산(財產)을 모은다는 말. 곧 스스로의 힘으로 사업(事業)에 성공하거나 큰일을 이룸

『반의어』　敗家亡身 패가망신　집안의 재산(財產)을 다 탕진(蕩盡)하고 자기도 몸을 망침

人亡家廢 인망가폐, 人亡宅廢 인망택폐　사람은 죽고 집은 절딴 남. 폭삭 망함

▷　悖倫 패륜　인간(人間)으로서 마땅히 지켜야 할 도리에 어그러짐 = 破倫 파륜

自勝者强 자승자강　스스로 자 | 이길 승 | 놈 자 | 강할 강

자신을 이기는 자가 진실(眞實)로 강한자라는 뜻으로 자신을 이긴다는 것은 사리사욕(私利私慾)을
극복(克服)하는 것을 이르는 말

『유의어』 克己 극기　자기의 감정(感情)·욕심(慾心) 등을 의지(意志)로 눌러 이김

▷　克己復禮 극기복례　욕심을 누르고 예의범절(禮儀凡節)을 따름 = 克復 극복

▷　自力更生 자력갱생　오로지 제 힘만으로 생활(生活)을 고쳐 나감

* 出典: 老子(노자) 辯德(변덕)

自繩自縛 자승자박　스스로 자 | 줄·새끼 승 | 묶을·맬 박

자신의 줄로 자기를 옭아 묶는다는 뜻으로
1. 자신이 한 말과 행동(行動)에 스스로 구속(拘束)되어 괴로움을 당함
2. 제 마음으로 번뇌(煩惱)를 일으켜 괴로움을 만듦을 비유

『유의어』 自業自縛 자업자박, 自縛 자박

自業自得 자업자득, 作法自斃 작법자폐, 自作自受 자작자수

自作之孼 자작지얼, 自作孼 자작얼　자기가 저지른 일 때문에 생긴 재앙(災殃)

▷　捕繩 포승　죄인(罪人)을 잡아 묶는 노끈 = 縛繩 박승

▷　捕縛 포박　잡아서 묶음

* 出典: 漢書(한서) 遊俠傳(유협전)

自信滿滿 자신만만　스스로 자 | 믿을·진실할 신 | 찰·가득할·넉넉할 만

자기(自己) 스스로에 대한 믿음이 아주 충만(充滿)함

『유의어』 得意揚揚 득의양양, 意氣揚揚 의기양양
뜻한 바를 이루어 만족(滿足)한 마음이 얼굴에 나타난 모양

得意忘形 득의망형　뜻한 바를 이루어 기쁜 마음에 정상(正常)을 벗어난다는 말

『반의어』 意氣銷沈 의기소침, 意氣沮喪 의기저상　기운을 잃고 풀이 죽음

自激之心 자격지심　자기가 한 일에 대해 자기 스스로 미흡(未洽)하게 여기는 마음

自我作古 자아작고　스스로 자 | 나 아 | 지을 작 | 옛 고 = 故

나로부터 옛것[= 처음]을 삼는다는 뜻으로 즉, 지금 나부터 시작함. 옛일에 구애(拘礙)됨이 없이

모범(模範)이 될 만한 일을 스스로 자기부터 시작(始作)되는 새로운 것을 만들어 낸다는 말

▷ **法古創新** 법고창신   옛 법을 바탕으로 새로운 것을 창안(創案)해냄

▷ **創始** 창시   어떤 사상(思想)이나 이론 등을 처음 시작(始作)하거나 내세움 = **創開** 창개

▷ **傑作** 걸작   훌륭한 작품 ↔ **拙作** 졸작   보잘것없는 작품. 자기작품을 겸손하게 표현

* 出典: 宋史(송사) / 舊唐書(구당서) 高宗本紀下(고종본기하)

自業自得 자업자득   스스로 자 | 업 업 | 얻을 득

자기가 저지른 일의 과보(果報)가 자기에게 되돌아감을 뜻하는 말

유의어 **自業自縛** 자업자박, **自繩自縛** 자승자박, **自作自受** 자작자수
자신이 한 말과 행동(行動)에 자신이 구속(拘束)되어 괴로움을 당함

作法自斃 작법자폐   자기가 만든 법에 자기가 해를 입음(죽음)

自作之孽 자작지얼, **自作孽** 자작얼   자기가 저지른 일 때문에 생긴 재앙

自由自在 자유자재   스스로 자 / ~로부터 자 | 까닭·말미암을 유 | 있을·제멋대로 할 재

모든 것을 자기 마음대로 할 수 있다는 말

유의어 **縱橫自在** 종횡자재, **縱橫無盡** 종횡무진
자기마음대로 행동(行動)하여 아무런 거침이 없는 상태(狀態)

▷ **縱橫** 종횡   세로와 가로. 거침없이 오가거나 이리저리 다님. 오락가락함

自尊妄大 자존망대   스스로 자 | 높을 존 | 망령될·허망할 망 | 큰 대

스스로를 존귀(尊貴)하다고 여기고 망령(妄靈)된 짓을 한다는 뜻으로 앞뒤를 가리지 않고 아무런 생각 없이 함부로 잘난 체함

유의어 **妄自尊大** 망자존대

▷ **妄發** 망발   말이나 행동을 잘못하여 자기나 조상에게 욕(辱)되게 함 = **妄言** 망언

▷ **妄靈** 망령   늙거나 정신(精神)이 흐려서 말이나 행동이 정상(正常)을 벗어남

▷ **尊敬** 존경   남의 인격(人格)·사상(思想)·행위(行爲) 등을 높여 공경(恭敬)함

自中之亂 자중지란   스스로 자 | 가운데 중 | 어조사 지 | 어지러울 란

조직(組織)이나 단체(團體)내에서 같은 편(便)끼리 하는 싸움

유의어 **內訌** 내홍, **內紛** 내분, **內爭** 내쟁   내부에서 저희끼리 일으키는 분쟁(紛爭)

蕭墻之變 소장지변, **蕭牆之亂** 소장지란, **蕭牆之憂** 소장지우
1. 내부(內部)에서 일어난 변란(變亂)   2. 형제간의 싸움을 비유

▷ 避亂 피란　난리(亂離)를 피해 있는 곳을 옮김

▷ 攪亂 교란　마음이나 상황(狀況) 등을 뒤흔들어 어지럽게 함

自初至終 자초지종　어조사·스스로 자 | 처음·비로소 초 | 어조사·이를 지 | 끝·마침내 종

처음부터 끝까지. 처음부터 끝까지의 과정(過程) 또는 그러한 사실(事實)

유의어 自初至末 자초지말

▷ 自자 ⓐ 至지 ⓑ : ⓐ부터 ⓑ까지 [from A~ to B: A부터 B까지]

▷ 終焉 종언　1. 없어지거나 죽어서 존재(存在)가 사라짐　2. 하던 일이 끝남

自暴自棄 자포자기　스스로 자 | 해칠·사나울 포(폭) | 버릴·폐할 기

절망(絕望)에 빠져 자신을 학대(虐待)하며 포기(抛棄)하고 스스로 돌보지 않는다는 말. 몸가짐이나 행동(行動)을 되는대로 취하여 자신을 망가뜨림

유의어 自棄 자기, 自暴 자포, 暴棄 포기, 自虐 자학

반의어 自畫自讚 자화자찬, 自畫讚 자화찬, 自讚 자찬
자기가 그린 그림을 스스로 칭찬(稱讚)함. 자기가 한 일을 스스로 자랑한다는 말

▷ 抛棄 포기　하던 일을 도중(途中)에 그만둠. 자기의 권리·자격이나 물건을 내던져 버림

▷ 茫然自失 망연자실　멍하니 정신(精神)이 나간 듯함

* 出典: 孟子(맹자) 離婁上篇(이루상편)

自畫自讚 자화자찬　스스로 자 | 그림 화 | 기릴·칭찬할 찬

자기가 그린 그림을 스스로 칭찬(稱讚)한다는 뜻으로 자기가 한 일을 자기 스스로 자랑함을 비유하는 말

유의어 自畫讚 자화찬, 自讚 자찬

반의어 自暴自棄 자포자기, 自棄 자기, 自暴 자포, 暴棄 포기, 自虐 자학
절망(絕望)에 빠져 자신을 포기(抛棄)하고 돌아보지 않음

▷ 自我陶醉 자아도취　스스로에게 황홀(恍惚)함에 빠지는 일 = 自己陶醉 자기도취

▷ 稱讚 칭찬　잘 한다고 추어주거나 좋은 점을 들어 높이 평가함

作舍道傍 작사도방　지을 작 | 집 사 | 길 도 | 곁·옆 방

길가에 집짓기라는 뜻으로 어떻게 집을 짓는 것이 좋은지에 대해 길에 오가는 사람들에게 상의한바 사람들마다 이견(異見)이 구구해 누구 말을 들어야할지 결정을 내리지 못한다는 말 즉, 스스로 결단(決斷)을 내리지 못하면 결국 어떤 일도 하지 못한다는 말

〔유의어〕 作舍道傍三年不成 작사도방삼년불성 (에서 유래)

道謨是用 도모시용, 六耳不同謀 육이부동모

▷ 傍觀 방관 어떤 일에 직접 관여(關與)하지 않고 곁에서 보기만 함

* 出典: 後漢書(후한서)

作心三日 작심삼일 지을 작 | 마음 심 | 석 삼 | 날 일

단단히 먹은 마음이 사흘을 가지 못한다는 뜻으로 결심(決心)이 단단하게 굳지 못하고
흐지부지함을 비유하는 말

〔유의어〕 泰山鳴動鼠一匹 태산명동서일필

龍頭蛇尾 용두사미 용머리에 뱀 꼬리, 처음은 왕성하나 끝이 흐지부지됨의 비유

▷ 昨今 작금 어제와 오늘, 요즈음 = 近來 근래

* 出典: 孟子(맹자) 滕文公下(등문공하) 好辯章(호변장)

雀學鸛步 작학관보 참새 작 | 배울 학 | 황새 관 | 걸음·여섯 자 보

참새가 황새의 걸음걸이를 배운다는 뜻. 가랑이가 찢어짐. 자기의 부족한 역량(力量)은 생각하지
않고 억지로 능력이 출중한 사람을 모방(模倣)함을 비유하는 말. 분수를 모르고 따라하다 망함

▷ 燕雀安知鴻鵠之志 연작안지홍곡지지
　제비나 참새 따위가 어찌 기러기나 고니(= 백조)의 뜻을 알겠느냐 는 뜻으로
　곧 평범(平凡)한 사람이 영웅(英雄)의 큰 뜻을 알 리가 없다는 말

▷ 驅步 구보 뛰어감. 달음박질

殘月曉星 잔월효성 남을·죽일 잔 | 달·달빛 월 | 새벽·밝을 효 | 별 성

스러져가는 달과 새벽녘에 보이는 별. 새벽녘의 달과 별

〔유의어〕 天地神明 천지신명 천지의 조화(造化)를 맡은 신령(神靈)

▷ 黎明 여명 희미(稀微)하게 밝아 오는 빛. 갓밝이. 희망(希望)의 빛

▷ 殘月 잔월 새벽달[= 날이 밝을 때까지 남아 있는 달]

▷ 殘酷 잔혹 잔인(殘忍)하고 혹독(酷毒)함

潛銷暗鑠 잠소암삭 자맥질할·잠길 잠 | 쇠 녹일·사라질 소 | 어두울 암 | 쇠 녹일 삭

부지불식간(不知不識間)에 쇠(釗: 쇠)가 녹듯이 슬그머니 줄어들어 사라짐

▷ 不知不識間 부지불식간 생각지도 알지도 못하는 사이

▷ 矍鑠 확삭 늙었어도 기력(氣力)이 정정함

▷ 鎔鑛爐 용광로 높은 온도(溫度)로 금속·광석을 녹여 제련(製鍊)해 내는 가마

潛蹤祕跡 잠종비적 자맥질할·잠길 잠 | 자취 종 | 숨길 비 | 발자취·흔적 적
자취나 흔적(痕迹)을 아주 숨긴다는 뜻으로 자취나 형상(形狀)·종적(蹤迹)을 아주 감추어 버림

유의어 潛跡 잠적, 潛蹤祕迹 잠종비적, 藏蹤祕迹 장종비적

　　　　潛竄 잠찬 몰래 도망쳐 깊숙이 숨어버림

▷ 湮滅 인멸 흔적(痕迹)도 없이 모두 없어짐. 또는 그렇게 없앰 = 湮沒 인몰

▷ 祕線 비선 비밀(祕密)리에 거느리거나 관계를 맺고 있는, 비공식적이고
　　　　　　　사적인 인적 조직(組織) 등의 계통(系統)

長杠大筆 장강대필 긴·어른 장 | 깃대·다리 강 | 큰 대 | 붓 필
장대 같은 큰 붓이라는 뜻으로 힘 있고 웅대(雄大)한 글을 가리키는 말

유의어 龍蛇飛騰 용사비등 용과 뱀이 뒤틀며 날아오르는 것 같은 힘찬 필력(筆力)

　　　　麤枝大葉 추지대엽 거친 가지와 커다란 잎. 즉 거침없이 대범(大泛)한 붓놀림

반의어 平沙落雁 평사낙안 글씨나 문장이 곱게 잘되었음을 비유. 모래펄에 날아와 앉은
　　　　　　　　　　　　　기러기. 소상팔경(瀟湘八景)의 하나. 종종 동양화의 화제(畫題)

長頸烏喙 장경오훼 긴 장 | 목·떼 경 | 까마귀·검을 오 | 부리·주둥이 훼
긴 목에 까마귀의 부리라는 뜻으로 목이 길고 입이 뾰족한 상(相)
위의 상(相)은 참을성이 많아 온갖 고생을 다 이겨내고 결국 성공하지만, 성격이 잔인(殘忍)하고
욕심이 많으며 남을 의심하는 마음 또한 강하여 함께 안락을 누리기 어렵다고 한다. 그러므로
이런 인물과 어려움은 함께 헤쳐 나갈 수 있으나 즐거움은 함께 누리기 어렵다고 한다. 이 말은
범려(范蠡)가 구천을 도와 오나라[夫差: 부차]를 무찔러 정복했는데, 그 후에 범려가 남은 생을
구천과 함께하지 못하고 월(越)나라를 떠나면서 월왕(越王) 구천(句踐)의 상(相)을 표현한 것임

유의어 鴟目虎吻 치목호문 올빼미의 눈과 호랑이의 입술. 남의 것을 빼앗는 상(相)

　　　　豕喙 시훼 돼지 주둥아리, 욕심이 많아 보이는 상(相)

반의어 可與樂成 가여낙성 일이 잘된 뒤에는 일의 성과(成果)를 함께 즐겨도 좋음

▷ 容喙 용훼 옆에서 간섭(干涉)하여 말참견을 함 = 開喙 개훼

▷ 豕牢 시뢰 돼지우리 = 豕圈 시권

* 出典: 史記(사기) 越世家(월세가)

藏頭露尾 장두노미 감출 장 | 머리 두 | 드러날·이슬 노(로) | 꼬리 미

머리는 감추었으나 꼬리는 드러났다는 뜻으로 감출 수 없다는 말. 결국 들통 남
1. 애써 진실(眞實)을 숨기려고 하지만 거짓의 실마리는 이미 드러나 있음을 비유하는 말
2. 거짓을 감추면서 속으로는 진실(眞實)이 들통 날까봐 전전긍긍(戰戰兢兢)하는 태도를 비유

유의어 藏頭露影 장두노영

　　　　藏形匿影 장형닉영　형체를 숨겼다고 그림자까지 감출 수 있으랴? (반어적 표현)

▷ 尾行 미행　1. 남의 뒤를 몰래 따라감　2. 뒤를 밟으며 몰래 그 행동을 감시(監視)하는 일

▷ 近影 근영　최근(最近)에 찍은 인물사진(寫眞)

▷ 影幀 영정　사람의 얼굴을 그린 족자(簇子) = 影像 영상

* 出典: 孟子(맹자) / 王曄(왕엽)의 桃花女(도화녀)
　　　 張可久(장가구)가 지은 散曲(산곡) 작품 點絳脣(점강순)·翻歸去來辭(번귀거래사)

藏頭隱尾 장두은미　감출 장 | 머리 두 | 숨길·숨을 은 | 꼬리 미

머리를 감추고 꼬리도 숨긴다는 뜻, 일의 전말(顚末)이나 사실을 분명히 밝히지 않는다는 말

▷ 隱遁 은둔　세상일을 피해 숨음

▷ 隱蔽 은폐　덮어 감추거나 가리어 숨김 또는 적에게 관측(觀測)되지 않도록 주변의
　　　　　　　지형지물을 이용하여 인원이나 장비(裝備)·시설(施設) 등을 숨기는 일

▷ 藏風得水 장풍득수　바람은 감추고 물은 얻는다는 뜻[風水地理: 풍수지리]

張三李四 장삼이사　베풀·넓힐 장 | 석 삼 | 오얏 이(리) | 넉 사

장 씨의 셋째아들과 이 씨의 넷째아들이라는 뜻, 보통의 평범(平凡)한 사람들을 이르는 말

유의어 甲男乙女 갑남을녀, 匹夫匹婦 필부필부　평범한 남녀

　　　　碌碌之輩 녹록지배　자갈처럼 굴러다니는 흔해 빠진 돌. 평범한 사람들

　　　　常鱗凡介 상린범개　흔히 볼 수 있는 물고기와 조개. 평범한 사람들

　　　　鷄鶩 계목　닭과 집오리. 평범한 사람을 비유적으로 이르는 말

　　　　樵童汲婦 초동급부　땔나무를 하는 아이와 물을 긷는 아낙네. 평범한 사람들

將相之器 장상지기　장수 장 | 재상 상 | 어조사 지 | 그릇 기

장수(將帥)나 재상(宰相)이 될 만한 그릇[器: 기]이라는 뜻으로 막중국사(莫重國事)를 맡을만한
큰 인물(人物)이라는 비유

유의어 將相之材 장상지재, 大廈棟梁 대하동량

　　　　棟梁之器 동량지기, 棟梁之材 동량지재, 棟樑之臣 동량지신

　　　　廊廟之器 낭묘지기　묘당[廟堂: 조정]에 앉아 정무(政務)를 볼만한 인물. 재상감

▷ 呑舟之魚 탄주지어　배를 삼킬만한 큰 고기. 장대한 기상이나 인물을 비유

醬石花醢 장석화해 　장·젓갈 장 | 돌 석 | 꽃 화 | 젓갈·물고기절임 해

장굴젓[= 장 담그듯이 담근 굴젓]
굴을 소금에 절였다가 국물을 따라 버리고 끓여 식힌 뒤에 간장을 부어 삭힌 젓

▷ 石花 석화　굴 = 牡蠣 모려

▷ 醢 젓갈 해　醯 초·식초 혜　酢·醋 초·식초 초　醓 육장 탐 / 장 담

長袖善舞 장수선무 　긴 장 | 소매 수 | 잘할·좋을 선 | 춤출 무

소매가 길면 춤을 잘 춘다는 뜻, 재물이 넉넉하면 일을 하거나 성공하기 쉬움을 비유하는 말

[유의어] 多錢善賈 다전선고　밑천이 넉넉하면 장사를 잘할 수 있음

▷ 長毋相忘 장무상망　길이 길이 서로 잊지 말자
[중국 섬서성 순화에서 출토된 와당(瓦當)에 새겨진 말]

▷ 袖箚 수차　임금을 뵙고 직접 바치던 상소(上疏)

▷ 領袖 영수　옷깃과 옷소매[중요한 곳], 최고 우두머리

▷ 舞踊 무용　음악에 맞추어서 몸을 움직여 감정과 의지를 표현하는 예술 = 댄스

* 出典: 韓非子(한비자) 五蠹篇(오두편)

長夜之飮 장야지음 　긴 장 | 밤 야 | 어조사 지 | 마실·음료 음

밤새도록 술을 마신다는 뜻으로 날이 새도 창(窓)을 가리고 촛불을 켜놓은 채 며칠이고 계속되는
술자리를 이르는 말. 즉 방탕(放蕩)한 생활을 비유하는 말

[유의어] 杯盤狼藉 배반낭자　술자리가 파할 무렵 술잔과 접시가 어지럽게 흩어져 있음

秉燭夜遊 병촉야유　낮에는 물론이고 밤에도 이어서 촛불을 밝히고 논다는 말

卜晝卜夜 복주복야　술 마시고 노는 것이 절도(節度)가 없이 주야로 계속(繼續)됨

▷ 十長生 십장생　죽지 않고 오래 산다는 열 가지 사물.
곧 해·산·물·돌·구름·소나무·불로초·거북·학·사슴

▷ 飮料 음료　갈증(渴症)을 풀거나 맛을 즐기기 위하여 마시는 액체(液體)의 총칭(總稱)

* 出典: 韓非子(한비자) / 史記(사기)

長吁短歎 장우단탄 　긴·어른 장 | 탄식할·숨 내쉴 우 | 짧을·부족할 단 | 읊을·탄식할 탄

긴 한숨과 짧은 탄식, 한탄(恨歎)함. 탄식(歎息)하여 마지아니함을 이르는 말

[유의어] 喟然歎息 위연탄식　한숨을 쉬며 크게 탄식(歎息)함

▷ 喟 위　한숨 / 咳 해　기침 / 欠伸 흠신　하품과 기지개 / 噴嚏 분체　재채기

長者萬燈 장자만등 길·어른·우두머리 장 | 놈 자 | 일만 만 | 등잔·등불 등

부자(富者)가 부처님께 올리는 일만 개의 등으로 대단한 정성(精誠)을 비유하는 말

유의어 貧者一燈 빈자일등 가난한 사람이 정성(精誠)을 다해 부처님께 올리는 한 개의 등
[장자만등과 빈자일등은 같은 가치(價値)로 대단한 정성을 비유하는 말]

莊周之夢 장주지몽 씩씩할·풀 무성할 장 | 두루·골고루 주 | 어조사·갈 지 | 꿈 몽

장주[莊周 = 莊子: 장자]의 꿈이란 뜻으로

1. 사물(事物)과 자신(自身)이 한 몸이 된 물아일체(物我一體)의 경지
2. 자아(自我)와 외계(外界)와의 구별(區別)을 잊어버린 자타일여(自他一如)의 경지(境地)

장자(莊子)가 꿈에 나비가 되었는데 자기가 나비로 된 것인지 나비가 자기로 된 것인지를
분간(分揀)할 수 없었다는 고사에서 유래

유의어 胡蝶之夢 호접지몽, 胡蝶夢 호접몽

* 出典: 莊子(장자) 齊物論(제물론)

掌中寶玉 장중보옥 손바닥 장 | 가운데 중 | 보배 보 | 구슬 옥

손바닥 위에 있는 보배로운 구슬, 손에 쥔 귀한 보옥. 즉 귀중한 물건이나 보배처럼 여기는
자식(子息)을 비유하는 말

유의어 金枝玉葉 금지옥엽, 瓊枝玉葉 경지옥엽

愛之重之 애지중지 매우 사랑하고 귀중히 여김

▷ 掌握 장악 손안에 잡아 쥔다는 뜻으로 무엇이든 마음대로 할 수 있게 됨을 비유

▷ 掌櫃 장궤 가게주인. 부자[富者: 중국]

長風波浪 장풍파랑 긴 장 | 바람 풍 | 깨뜨릴 파 | 물결 랑(낭)

멀리 불어가는 대풍(大風)을 타고 끝없는 바다저쪽으로 배를 달린다는 뜻으로 대업(大業)을 이룸을
비유하거나 또는 원대(遠大)한 포부(抱負)를 비유하는 말

유의어 乘風破浪 승풍파랑, 願乘長風破萬里浪 원승장풍파만리랑 (에서 유래)

鴻鵠之志 홍곡지지 큰기러기와 고니의 뜻. 크고 원대한 뜻

靑雲萬里 청운만리 입신출세를 위한 원대한 포부를 비유적으로 이르는 말

* 出典: 李白(이백)의 詩(시) 行路難詩(행로난시)

藏形匿影 장형닉영 감출·간직할 장 | 모양·형세 형 | 숨길·숨을 닉(익) | 그림자 영

1. 형체[形體: 몸통]를 감추고 그림자까지 숨긴다는 뜻

2. 형체[形體: 몸통]를 감추었다고 그림자까지 숨겨지랴? [안 숨겨진다는 말]

『유의어』 藏頭露尾 장두노미, 藏頭露影 장두노영
　　　 머리는 감추었으나 꼬리는 드러남(= 들킴)

▷ 隱匿 은닉　 남의 물건(物件)이나 범죄인(犯罪人)을 몰래 숨기어 감춤

再生之恩 재생지은　다시 재 | 살·날 생 | 어조사·갈 지 | 은혜 은

죽게 된 목숨을 다시 살게 해준 은혜(恩惠). 제일 큰 은혜. 생명의 은인

▷ 生死肉骨 생사육골　 죽은 사람을 살려내어 뼈에 살을 붙인다는 뜻으로
　　　　　　　　　　　　 큰 은혜를 베푼다는 말 또는 큰 은혜를 입는다는 말

▷ 再三再四 재삼재사　 여러 번 = 再三 재삼

▷ 再醮 재초　 다시 혼인함 = 再婚 재혼, 改嫁 개가, 更嫁 갱가, 奪志 탈지

才勝薄德 재승박덕　재주 재 | 나을·이길 승 | 엷을 박 | 덕 덕

재주는 뛰어나지만 덕이 적음, 지식이나 능력은 뛰어나지만 인품이 부족한 사람을 비유하는 말

『유의어』 才勝德薄 재승덕박

▷ 德不孤必有隣 덕불고필유린
　　 덕이 있는 사람은 고립(孤立)되어 있는 것이 아니고 반드시 반겨주는 이웃이 있다는 말

▷ 勝地 승지　 경치(景致)가 좋은 곳 = 景勝地 경승지

才子佳人 재자가인　재주 재 | 어조사·아들 자 | 아름다울 가 | 사람 인

재주 있는 젊은 남자(男子)와 아름다운 여인(女人)을 아울러 이르는 말

『유의어』 佳人才子 가인재자

　　　 鳳麟芝蘭 봉린지란
　　　 봉황(鳳凰)·기린(麒麟)과 같이 잘난 남자와 지초(芝草)·난초(蘭草)와 같이 예쁜
　　　 여자라는 뜻. 젊은 남녀의 아름다움을 비유하여 형용하는 말

▷ 善男善女 선남선녀　 착한 남자와 여자. 곧, 착하고 어진 사람들

在此一擧 재차일거　있을·제멋대로 할 재 | 이·이것 차 | 하나 일 | 들·움직일 거

이 한판에 달려있다는 뜻으로 단판씨름으로 결판(決判)을 내야하는 형세(形勢). 단 한 번의
거사(擧事)로 흥(興)하거나 망(亡)하거나 끝장을 본다는 비유

『유의어』 垓下之戰 해하지전　 초(楚)나라 왕(王), 항우(項羽)의 처음이자 마지막 패전(敗戰)

　　　 孤注一擲 고주일척　 노름꾼이 남은 돈을 한 번에 다 걸고 마지막 승패를 겨룸

乾坤一擲 건곤일척, **一擲乾坤** 일척건곤, **一擲賭乾坤** 일척도건곤
운명(運命)과 흥망(興亡)을 걸고 단판걸이로 승부(勝負)나 성패(成敗)를 겨룸

爭先恐後 쟁선공후　다툴·소송할 쟁 ｜ 먼저 선 ｜ 두려워할·을러댈 공 ｜ 뒤 후

앞서기를 다투고 뒤처지는 것을 두려워한다는 뜻으로 앞자리를 다투는 격렬(激烈)한 경쟁(競爭)을
비유하는 말

▷ **恐喝** 공갈　윽박지르며 을러댐 또는 거짓 말
　　　　　　　　재산상의 불법적인 이익을 얻기 위하여 다른 사람을 협박(脅迫)함

▷ **恐龍** 공룡　규모(規模)가 매우 큰 것을 비유적으로 이르는 말

* 出典: 韓非子(한비자) 喩老篇(유로편)

爭魚者濡 쟁어자유　다툴 쟁 ｜ 물고기 어 ｜ 놈 자 ｜ 젖을·적실 유

물고기를 잡겠다고 서로 다투는 자는 옷이 젖는다는 뜻으로 이익(利益)을 얻으려고 다투는 자는
언제나 고생(苦生)을 면치 못한다는 말

▷ **爭奪** 쟁탈　서로 다투어 빼앗음

▷ **剝奪** 박탈　재물·권리·자격 등을 강제(強制)로 빼앗음

▷ **濡袂** 유몌　눈물 젖은 옷소매 / **袂別** 몌별　작별함. 헤어짐 = **離別** 이별

* 出典: 列子(열자)

杵臼之交 저구지교　절굿공이·방망이 저 ｜ 절구·확 구 ｜ 어조사 지 ｜ 사귈 교

저구[= 절굿공이와 절구(= 확)]의 사귐. 귀천(貴賤)을 가리지 않는 사귐을 비유하는 말

후한의 공손목(公孫穆)이 태학에 유학(遊學)할 때 돈이 떨어지자 변복(變服)을 하고 오우(吳祐)
의 집에서 방아를 찧는 품팔이를 했는데, 오우가 공손목에게 말을 걸어보고는 그의 해박(該博)한
식견(識見)에 크게 놀라고 또한 서로 좋아하게 되어 함께 방앗간에서 사귀었다는 고사에서 유래

▷ **砧杵** 침저　다듬잇방망이[다듬이질 할 때 쓰는 방망이]

▷ **占** 차지할 점, **砧** 다듬잇돌 침, **站** 역마을·우두커니 설 참, **帖** 표제 첩, **拈** 집을 념

* 出典: 後漢書(후한서) 吳祐傳(오우전: 吳祐[오우]와 公孫穆[공손목]의 교제[交際])

猪突豨勇 저돌희용　돼지 저 ｜ 부딪힐 돌 ｜ 돼지 희 ｜ 날쌜 용

1. 멧돼지가 돌진(突進)하는 것처럼 힘차고 박력(迫力)있는 용기(勇氣)를 비유하는 말
2. 멧돼지처럼 앞뒤를 헤아리지 않는 무모(無謀)한 용기를 비유

[유의어] **猪突之勇** 저돌지용, **猪突豨勇** 저돌희용, **猪突** 저돌

　　　　 暴虎馮河 포호빙하　맨손으로 범을 때려잡고 걸어서 황하(黃河)를 건넘. 무모함

▷ 肥猪拱門 비저공문　살진 돼지가 문을 열 듯이 뜻밖에 재물이 들어오기를 바란다는 말

* 出典: 漢書(한서) 食貨志(식화지)

樗櫟之材 저력지재　가죽나무 저 | 떡갈나무·상수리나무 력(역) | 어조사 지 | 재목 재
가죽나무와 떡갈나무 재목, 쓸데없는 물건 또는 무능한 사람을 비유. 자기의 겸칭(謙稱)

【유의어】 樗櫟散木 저력산목, 樗櫟 저력, 樗才 저재, 櫟樗 역저, 黔驢 검려

　　　　陶犬瓦鷄 도견와계, 酒袋飯囊 주대반낭, 飯囊酒袋 반낭주대

　　　　行尸走肉 행시주육　살아 있는 송장이요, 걸어 다니는 고깃덩이. 쓸모가 없는 사람

　　　　鼠肝蟲臂 서간충비　쥐의 간과 벌레의 발. 쓸모없고 하찮은 사람이나 물건을 비유

　　　　蹇驢 건려　다리를 저는 나귀, 아무짝에도 쓸모없음

　　　　繫匏 계포　시렁에 걸려있는 바가지. 하는 일없이 세월을 보냄. 쓸모가 없는 사람

▷ 樗蒲 저포　백제시대 주사위놀이[윷놀이와 유사]

抵死爲限 저사위한　막을·거스를 저 | 죽을 사 | 할 위 | 한계·경계 한
1. 죽기를 각오(覺悟)하고 굳세게 저항(抵抗)함　2. 죽기를 작정(作定)하고 뜻을 지킴

【유의어】 抵死 저사, 決死抗戰 결사항전, 臨戰無退 임전무퇴

▷ 抵抗 저항　어떤 힘이나 압력(壓力)에 굴하지 않고 맞서서 버팀

▷ 大抵 대저　대체로 보아. 대부분, 대개, 대컨. 무릇

低首下心 저수하심　낮을 저 | 머리 수 | 아래 하 | 마음 심
머리를 낮추고 마음을 아래로 향하게 한다는 뜻으로 남에게 머리 숙여 복종(服從)한다는 말

▷ 高低長短 고저장단　소리의 높고 낮음과 길고 짧음

▷ 放下著 방하착　내려놓아라. 집착을 버려라. 마음을 비워라 = 放下着 방하착

* 出典: 韓愈(한유) 祭鰐魚文(제악어문)

羝羊觸藩 저양촉번　숫양 저 | 양 양 | 닿을 촉 | 울타리 번
뿔싸움을 좋아하는 숫양이 나무 울타리를 들이 받았다가 고만 뿔이 울타리 사이에 끼어 꼼짝
못한다는 뜻, 능력 없는 사람이 함부로 일을 처리하다가 난처한 처지에 빠짐을 비유하는 말

【유의어】 觸藩羝羊 촉번저양, 進退兩難 진퇴양난, 呑吐兩難 탄토양난

　　　　進退維谷 진퇴유곡, 進退幽谷 진퇴유곡, 進退無路 진퇴무로

▷ 羝乳 저유　숫양에게서 젖이 남, 절대로 있을 수 없는 일 또는 불가능한 일을 비유

▷ **蕃椒** 번초　고추 = **唐椒** 당초

▷ **抵觸** 저촉　1. 서로 부딪치거나 모순됨　2. 법률이나 규칙 등에 위반(違反)되거나 거슬림

▷ **一觸卽發** 일촉즉발　조금만 건드려도 폭발(爆發)할 것 같은 몹시 위급(危急)한 상태

* 出典: 易經(역경)

寂寞江山 적막강산　고요할 적 | 쓸쓸할 막 | 강물 강 | 뫼 산

아주 적적하고 쓸쓸한 풍경(風景)을 뜻하는 말로, 앞일을 내다볼 수 없는 캄캄하고 답답한 지경이나 심정(心情)을 비유적으로 이르는 말

▷ **寂寥** 적요　적적하고 고요함

▷ **寂寂** 적적　조용하고 쓸쓸함 또는 하는 일 없어 심심함

賊反荷杖 적반하장　도둑 적 | 되돌릴 반 | 멜 하 | 지팡이·몽둥이 장

도둑이 도리어 몽둥이를 든다는 뜻, 잘못한 사람이 도리어 잘한 사람을 나무라는 경우에 쓰는 말

유의어　**主客顚倒** 주객전도, **本末顚倒** 본말전도, **客反爲主** 객반위주
손님이 도리어 주인 노릇을 함. 주(主)와 객(客), 본(本)과 말(末)이 바뀌었다는 뜻

我歌査唱 아가사창　내가 부를 노래를 사돈이 부른다는 뜻. 사돈 남 말하네.
책망(責望)당할 사람이 도리어 책망한다는 말

* 典據(전거): 洪萬宗(홍만종: 조선 인조 때의 학자)의 旬五志(순오지: 문학평론집)

赤貧如洗 적빈여세　붉을·발가숭이 적 | 가난할 빈 | 같을 여 | 씻을 세 / 깨끗할 선

가난한 정도가 마치 집안을 물로 씻어낸 듯 아무 것도 없이 깨끗하다는 뜻으로 극빈(極貧)하여 세간이 아무것도 없음

유의어　**家徒四壁** 가도사벽, **家徒壁立** 가도벽립, **上雨旁風** 상우방풍

赤手空拳 적수공권, **隻手空拳** 척수공권
맨손과 맨주먹이라는 뜻으로 아무것도 가진 것이 없음

朝飯夕粥 조반석죽　아침에는 밥을 먹고 저녁에는 죽을 먹는다는 뜻

冬月無被 동월무피　한겨울에 입을 옷이 없음. 몹시 가난함

不蔽風雨 불폐풍우　집이 허술하여 바람과 비를 가리지 못함

至窮且窮 지궁차궁　그 이상은 더할 수 없이 곤궁(困窮)함

朝不食夕不食 조불식석불식　아침도 굶고 저녁도 굶는다는 뜻으로
몹시 가난하여 끼니를 늘 굶음을 이르는 말

嫡庶差別 적서차별 정실·본처 적 | 서자·무리 서 | 어긋날·다를 차 | 나눌·다를·헤어질 별

적자(嫡子)와 서자(庶子)를 차별(差別)한다는 뜻으로 정실(正室)의 자식과 첩(妾)의 자식 간의
신분차별

▷ 嫡統 적통 적자 자손의 계통 ↔ 庶系 서계 서자 자손의 계통(系統)

▷ 偏差 편차 수치·위치·방향 등이 일정한 기준에서 벗어난 정도나 크기

積善餘慶 적선여경 쌓을 적 | 착할 선 | 남을 여 | 경사 경

착한 일을 많이 한 결과(結果)로 경사(慶事)스럽고 복된 일이 자손(子孫)에게까지 이른다는 말

▷ 積功之塔不墮 적공지탑불타 공든 탑이 무너지랴[= 정성을 다한 일은 헛되지 않음]

▷ 山積 산적 물건이나 일이 산더미같이 쌓임

▷ 剩餘 잉여 사용하고 남은 나머지 = 餘剩 여잉

* 出典: 周易(주역) 文言傳(문언전)

赤手空拳 적수공권 붉을 적 | 손 수 | 빌·하늘 공 | 주먹 권

빈손과 맨주먹, 재산이라고는 한 푼도 가진 것이 없음을 비유하는 말

【유의어】 徒手空拳 도수공권, 隻手空拳 척수공권, 空拳 공권

上漏下濕 상루하습, 上雨旁風 상우방풍, 一裘一葛 일구일갈

甕牖繩樞 옹유승추, 蓬戶甕牖 봉호옹유, 朝薺暮鹽 조제모염

▷ 赤裸裸 적나라 벌거벗은 상태. 숨김없이 본디 모습 그대로 다 드러남을 비유

▷ 跆拳 태권 태권도[발과 손(= 주먹)을 사용하는 우리나라 전통무술]

積惡餘殃 적악여앙 쌓을 적 | 악할 악 | 남을 여 | 재앙 앙

남에게 악(惡)한 짓을 많이 하여 그 죄(罪)에 따르는 재앙(災殃)이 자손(子孫)에게까지 이른다는 말

【반의어】 積善餘慶 적선여경 착한 일을 하면 경사스럽고 복된 일이 자손(子孫)에게 이름

▷ 積弊 적폐 오랫동안 쌓이고 뿌리박혀 여간해서는 고치기 어려운 폐단(弊端)

▷ 沖積 충적 강의 상류로부터 흙이나 모래가 흐르는 물에 함께 실려 와서 쌓임

積羽沈舟 적우침주 쌓을 적 | 깃 우 | 잠길 침 | 배 주

새털 같이 가벼운 것도 많이 쌓이면 배를 침몰(沈沒)시킨다는 뜻으로 여럿의 힘이 모이면 놀랍게도
큰 힘이 될 수 있음을 비유하는 말

【유의어】 折箭 절전 화살 한 개는 꺾기 쉬워도, 여러 개는 꺾기 어렵다는 말

群輕折軸 군경절축, 羣輕折軸 군경절축, 叢輕折軸 총경절축
가벼운 것이라도 많이 모이면 수레의 굴대(= 차축)를 꺾어버릴 수 있다는 것

▷ 羽化登仙 우화등선 사람의 몸에 날개가 돋쳐 하늘로 올라가 신선(神仙)이 됨

* 出典: 戰國策(전국책)

赤子之心 적자지심 붉을 적 | 어조사·아들 자 | 어조사 지 | 마음 심

갓 태어난 아기의 빨간 몸 그대로의 마음, 죄악(罪惡)에 물들지 아니하고 순수(純粹)하며
거짓이 없는 마음

▷ 赤字 적자 ↔ 黑字 흑자 수입이 지출보다 많아 잉여(剩餘)이익이 생기는 일

▷ 赤兎馬 적토마 관우(關羽)가 탔었다는 준마(駿馬). 매우 빠른 말

* 出典: 孟子(맹자) 離婁章句下(이루장구하)

適材適所 적재적소 맞을·만날·갈 적 | 재목 재 | 바 곳 소

마땅한 재목(材木)을 마땅한 장소(場所)에 둔다는 뜻으로 마땅한 인재를 마땅한 자리에
배치(配置)함을 비유하는 말

【유의어】 人事萬事 인사만사 모든 자리는 적당한 사람의 임용(任用)이 제일 중요함

積土成山 적토성산 쌓을 적 | 흙 토 | 이룰 성 | 뫼 산

흙이 쌓여 산을 이룬다는 뜻, 적은 것도 꾸준히 쌓이면 많아짐을 비유하는 말로 작은 일이라도
꾸준히 하면 큰 결과(結果)를 얻을 수 있다는 말

【유의어】 積小成大 적소성대, 積塵成山 적진성산, 積水成淵 적수성연
塵合泰山 진합태산, 愚公移山 우공이산, 山溜穿石 산류천석

* 出典: 荀子(순자) 勸學篇(권학편)

積毀銷骨 적훼소골 쌓을 적 | 헐 훼 | 쇠 녹일 소 | 뼈 골

1. 여러 사람이 헐뜯어 비방(誹謗)하면 골육간의 정도 쇠가 녹듯 끊어짐
2. 참언(讒言)을 자꾸 하면 뼈도 녹아 없어짐. 곧 남들의 헐뜯는 말이 무섭다는 말

【유의어】 積毀銷金 적훼소금, 積讒磨骨 적참마골, 衆口銷金 중구소금

▷ 浸潤之讒 침윤지참 물이 차츰 배어 들 듯이, 서서히 남을 헐뜯어 곧이 듣게 하는 참소

▷ 膚受之愬 부수지소 살을 찌르는 통렬(痛烈)한 하소연. 살을 에는 참소(讒訴)

▷ 含沙射影 함사사영 모래를 머금어 그림자를 쏜다는 뜻. 음험한 수단을 써서 남을 해침

▷ 蠶食 잠식 누에가 뽕잎을 야금야금 갉아먹듯이, 차츰차츰 침노(侵擄)하여

먹어 들어감을 비유하는 말 = 稍蠶食之 초잠식지

* 出典: 通俗篇(통속편)

傳家寶刀 전가보도 전할 전 | 집 가 | 보배 보 | 칼 도

옛날 양반가에서 대대로 전해지는 보검(寶劍), 대단한 자랑거리를 이르는 말로 곤란(困難)한 문제를
해결(解決)하는 결정적인 방법 또는 상투적(常套的)인 방법

옛날에, 가족 구성원 중에서 불미스러운 일로 집안에 누(累)가 되는 행동을 범(犯)했을 때
이를 처단(處斷)하는 도구(道具)로 사용

  ▷ 傳家之寶 전가지보   조상대대(祖上代代)로 집안에 전해 내려오는 보물(寶物)

錢可通神 전가통신 돈 전 | 옳을·좋을 가 | 통할 통 | 귀신 신

돈은 귀신(鬼神)과도 통한다는 뜻, 돈이면 무엇이든 할 수 있음. 돈의 위력(威力)을 비유하는 말

【유의어】 錢能通神 전능통신, 錢可通鬼 전가통귀, 錢可使鬼 전가사귀
         物質萬能 물질만능, 黃金萬能 황금만능, 靑錢萬選 청전만선
         金權萬能 금권만능   돈만 있으면 모두 이룰 수 있다는 말

【반의어】 錢本糞土 전본분토   돈은 본래 똥·흙과 같이 천한 것이라는 말

  ▷ 賽錢 새전   신령, 부처 앞에 돈을 바침

* 出典: 幽閒鼓吹(유한고취) 錢神論(전신론: 拜金主義[배금주의]를 비판)

前車覆轍 전거복철 앞 전 | 수레 거 | 뒤집힐·엎어질 복 | (수레)바퀴자국 철

앞에 가던 수레가 엎어져서 생긴 수레바퀴자국이라는 뜻으로 뒤에 따라오는 수레에 좋은
경계(警戒)가 된다는 비유. 앞사람의 실패(失敗)를 거울삼아 주의(注意)하라는 교훈(敎訓)

【유의어】 前轍 전철, 前軌 전궤, 覆轍 복철, 前車覆後車戒 전차복후차계
         前車覆後車戒 전거복후거계, 前車之覆轍後車之戒 전거지복철후거지계
         殷鑑 은감, 殷鑑不遠 은감불원
         은(殷)나라는 멀지않은 전대(前代)의 하(夏)나라가 멸망(滅亡)한 것을 교훈 삼으라는 말

* 出典: 漢書(한서) 賈誼傳(가의전)

前倨後恭 전거후공 앞 전 | 거만할 거 | 뒤 후 | 공손할·삼갈 공

처음에는 거만(倨慢)하다가 나중에는 공손(恭遜)해 진다는 뜻으로 상대편(相對便)의 입지(立地)에
따라 태도(態度)가 일변(一變)하는 것을 말함

  ▷ 倨慢 거만   잘난 체하고 남을 업신여김 = 傲慢 오만, 驕慢 교만

639

↔ 謙遜 겸손 남을 존중(尊重)하고 자신을 낮추는 태도(態度)가 있음 = 恭遜 공손

* 出典: 史記(사기) 蘇秦列傳(소진열전)

前功可惜 전공가석 앞 전 | 공 공 | 옳을·좋을 가 | 아낄 석

1. 애를 써서 하던 일을 도중(途中)에 그만두거나 또는 보람 없이 헛일이 되었을 때 그 전에 들인 정성(精誠)과 공(功)이 아깝다는 말
2. 어떤 일을 잘하여 공적(功績)을 쌓은 사람이 도중에 어떤 잘못에 휩싸여 비난(非難)을 받게 되면, 이전의 공명(功名)이 아깝게 된다는 말

▷ 賣惜 매석 값이 오를 것이라고 예상(豫想)하고 물건 팔기를 꺼리는 일 = 惜賣 석매

▷ 功勳 공훈 나라나 사회를 위해 세운 큰 공로 = 勳功 훈공

電光石火 전광석화 번개 전 | 빛 광 | 돌 석 | 불 화

번갯불이나 부싯돌의 번쩍하는 불, 극히 짧은 시간 또는 아주 신속(迅速)한 동작(動作)

『유의어』 風馳電掣 풍치전체 바람이 쏜살같이 불고 번개가 순식간(瞬息間)에 번쩍임

石火光陰 석화광음, 石火光中 석화광중 빠른 세월을 비유하는 말

▷ 閃光 섬광 순간적(瞬間的)으로 강렬(强烈)하게 번쩍이는 빛

▷ 電霆 전정 번개[하늘에서 방전이 일어나 번쩍이는 불꽃]

▷ 霹靂 벽력 벼락[공중의 전기와 땅 위의 물체 사이에 방전하는 현상] = 落雷 낙뢰

前代未聞 전대미문 앞 전 | 대신할·번갈아할 대 | 아닐·아직 미 | 들을 문

이제까지는 전혀 들어본 적이 없는 놀라운 사건(事件)이나 새로운 일을 가리키는 표현(表現)

『유의어』 空前絶後 공전절후, 曠前絶後 광전절후, 前無後無 전무후무
비교(比較)할 만한 것이 이전(以前)에도 없었고 이후(以後)에도 없음. 지금이 최고

前古未聞 전고미문 전에 들어 보지 못한 일

前人未踏 전인미답 이제까지 그 누구도 발을 들여놓거나 도달한 사람이 없음

破天荒 파천황 지금까지 아무도 하지 못한 일을 해냄

未曾有 미증유 지금까지 한 번도 있어 본 적이 없음

▷ 破僻 파벽 양반이 없는 시골에서 인재가 나와 본디의 미천(微賤)한 상태를 벗어남

顚倒夢想 전도몽상 엎어질·꼭대기 전 | 거꾸러질·죽을 도 | 꿈 몽 | 상상할 상

세상과 사물을 바르게 보지 못하고 뒤집어보며, 꿈이나 헛것을 진실한 것으로 착각(錯覺)하는 것

▷ 顚倒 전도 엎어져서 넘어지거나 넘어뜨림 또는 위치(位置)나 차례가 뒤바뀌어 거꾸로 됨

▷ 夢想 몽상 꿈같은 헛된 생각을 함 또는 꿈속의 생각

▷ 非夢似夢 비몽사몽 깊이 잠들지도 깨지도 않은 어렴풋한 상태 = 似夢非夢 사몽비몽

* 出典: 般若經(반야경)

前途洋洋 전도양양 앞 전 | 길 도 | (큰)바다큰 물결 양

사람의 앞날이 대양(大洋)같이 한없이 넓다는 뜻, 발전(發展)의 여지(餘地)가 매우 많음
미래(未來)가 매우 밝음을 비유하는 말

유의어 鵬程萬里 붕정만리 전도가 양양한 장래를 비유한 말 또는 앞길이 매우 멀고도 멂
　　　　前途有望 전도유망 앞길에 희망(希望)이 있음. 장래(將來)가 유망함
　　　　坦坦大路 탄탄대로 장래가 아무 어려움이나 괴로움 없이 순탄(順坦)함을 이르는 말

반의어 前途遙遠 전도요원 앞으로 갈 길이 아득히 멀다는 말. 앞길이 막막함

傳來之風 전래지풍 전할 전 | 올 래 | 어조사·갈 지 | 풍속·바람 풍

예로부터 전해 오는 풍속[風俗: 의·식·주 및 그 밖의 생활에 관한 습관]

▷ 美風良俗 미풍양속 아름답고 좋은 풍속이나 기풍(氣風)

▷ 訛傳 와전 사실과 다르게 전함 = 謬傳 유전

▷ 傳說 전설 예로부터 전해 내려오는 이야기
　　　　　　 어떤 민족 또는 지방에서 전승(傳承)된 설화(說話)

前無後無 전무후무 앞 전 | 없을 무 | 뒤 후 | 없을 무

이전에도 없었고 이후로도 경험(經驗)하기 어려운 대단히 놀랍고 뛰어난 것을 가리키는 표현

유의어 空前絶後 공전절후, 空前 공전, 曠前絶後 광전절후, 曠前 광전
　　　　비교(比較)할 만 한 것이 이전에도 없었고 이후에도 없음

▷ 前後左右 전후좌우 앞과 뒤, 왼쪽과 오른쪽 = 四方 사방

前跋後疐 전발후치 앞 전 | 밟을 발 | 뒤 후 | 발끝 채일 치

늙은 이리가 앞으로 갈 때는 턱밑에 축 늘어진 살을 밟고 뒤로 물러날 때는 꼬리를 밟고 넘어진다
는 뜻으로, 앞으로 나아가지도 못하고 뒤로 물러날 수도 없는 난처(難處)한 상황(狀況)을 비유하는
말

유의어 跋胡疐尾 발호치미, 跋疐 발치, 呑吐兩難 탄토양난

　　　　進退維谷 진퇴유곡, 進退幽谷 진퇴유곡, 進退兩難 진퇴양난

앞으로 나아갈 수도 뒤로 물러날 수도 없이, 꼼짝할 수 없는 궁지(窮地)에 몰림

▷ 胡 호 축 늘어진 늙은 이리의 턱밑 살

▷ 跋文 발문, 跋辭 발사, 跋 발
   책 끝에 본문 내용의 대강(大綱)이나 발간 경위(經緯)에 관계된 사항을 간략하게 적은 글

錢本糞土 전본분토 돈전 | 근본 본 | 똥 분 | 흙 토

돈은 본래 똥이나 흙같이 천(賤)한 것이라는 말. 똥 묻은 흙처럼 더러움. 무가치함

[반의어] 黃金萬能 황금만능, 物質萬能 물질만능, 金權萬能 금권만능
   돈[= 황금]만 있으면 만사(萬事)가 뜻대로 될 수 있다는 말

   靑錢萬選 청전만선 청동 만전만 있으면 과거에 만 번도 급제함. 돈의 위력이 큼

▷ 糞尿 분뇨 똥과 오줌 = 屎尿 시뇨

▷ 無錢有罪 有錢無罪 무전유죄 유전무죄
   돈이 없으면 없는 죄도 생기고 돈이 있으면 있던 죄도 없어진다는 세태를 풍자(諷刺)한 글

田夫之功 전부지공 밭 전 | 지아비 부 | 어조사 지 | 공 공

농부의 공덕(功德). 제 삼자가 힘들이지 않고 이득을 보는 것을 비유. 또는 쓸데없이 서로
싸우다가 제삼자에게 이익을 넘겨주는 경우(境遇)

중국에 한자로(韓子盧)라는 매우 발 빠른 개가 동곽준(東郭逡)이라는 재빠른 토끼와 한참을
쫓고 쫓기다가 마침내 둘 다 지쳐서 쓰러져 죽고 말았는데, 때마침 근처에서 이를 발견한
전부[田夫: 밭에 있던 농부]가 힘들이지 않고 둘 다 얻었다는 고사에서 유래

[유의어] 犬兔之爭 견토지쟁 개와 토끼의 다툼. 양자의 싸움에 제삼자가 이익을 봄
   蚌鷸之爭 방휼지쟁 도요새와 조개가 다투다가 둘 다 어부에게 잡혔다는
                    뜻으로, 제삼자만 이롭게 하는 다툼을 이르는 말

   漁父之利 어부지리, 漁人之功 어인지공, 坐收漁人之功 좌수어인지공
   쌍방(雙方)이 다투는 사이에 제삼자가 애쓰지 않고 가로챈 이득(利得)

* 出典: 戰國策(전국책) 齊策篇(제책편)

前人未踏 전인미답 앞 전 | 사람 인 | 아닐·아직 미 | 밟을 답

1. 이제까지 그 누구도 발을 들여놓거나 도달(到達)한 사람이 없음
2. 이제까지 그 누구도 손을 대 본 일이 없음. 처음 가는 길

[유의어] 破天荒 파천황, 前代未聞 전대미문, 前古未聞 전고미문

   空前絕後 공전절후, 曠前絕後 광전절후, 空前 공전, 曠前 광전
   비교(比較)할 만한 것이 이전에도 없었고 이후에도 없음

▷ 踏査 답사 현장(現場)에 가서 직접 보고 듣고 조사(調査)함

戰戰兢兢 전전긍긍 두려워할·싸움 전 | 두려워할·삼갈 긍

몹시 두려워 벌벌 떨며 조심(操心)함

유의어 不寒而慄 불한이율   날씨가 춥지도 아니한데 폭정에 백성들이 두려워 떤다는 말

戰戰慄慄 전전율률, 戰慄 전율   무섭거나 두려워 몸이 벌벌 떨림

汗流浹背 한류협배   땀이 흘러 온 등을 적심. 극도로 두려워함 또는 부끄러워함

▷ 兢兢 긍긍   조심(操心)하고 주의(注意)함

* 出典: 詩經(시경) 小雅篇(소아편)

輾轉反側 전전반측 돌아 누울 전 | 구를(회전함) 전 | 되돌릴 반 | 곁·엎드릴 측

누워서 이리저리 뒤척거리며 잠을 이루지 못한다는 뜻으로
1. 걱정거리로 마음이 괴로워 잠을 이루지 못함을 비유하는 말
2. 미인을 사모(思慕)하는 마음에 보고 싶어 잠을 이루지 못함을 비유하는 말

유의어 輾轉不寐 전전불매, 寤寐不忘 오매불망, 寤寐思服 오매사복

晝夜不忘 주야불망   밤낮으로 잊지 못함. 늘 잊지 않음

▷ 反轉 반전   반대 방향(方向)으로 구른다는 뜻으로 일의 형세(形勢)가 뒤바뀜

▷ 側近 측근   1. 곁의 가까운 곳   2. 곁에서 가까이 모시는 사람

* 出典: 詩經(시경) 周南(주남)

前遮後擁 전차후옹 앞 전 | 가릴·막을 차 | 뒤 후 | 안을·낄 옹

앞에서는 막고 뒤에서는 둘러싸며 많은 사람들이 앞뒤에서 옹위(擁衛)하고 감

▷ 擁衛 옹위   좌우(左右)에서 부축하여 보호(保護)함

▷ 抱擁 포옹   사람을 또는 사람끼리 품에 껴안음

▷ 遮斷 차단   막아서 멈추게 함 또는 가로막아 사이를 끊음

▷ 遮陽 차양   볕을 가리기 위해 또는 비를 막기 위해 처마 끝에 덧붙이는 작은 지붕

前瞻後顧 전첨후고 앞 전 | 볼 첨 | 뒤 후 | 돌아볼 고

앞을 바라보고 뒤를 돌아본다는 뜻으로 일을 당하여 결단(決斷)을 내리지 못하고 앞뒤를 재며
주저(躊躇)함을 비유하는 말

유의어 瞻前顧後 첨전고후, 左瞻右顧 좌첨우고

左顧右眄 좌고우면, 左右顧眄 좌우고면
이쪽저쪽을 돌아본다는 뜻으로 앞뒤를 재고 망설인다는 말. 주저(躊躇)함

首鼠兩端 수서양단, 首鼠 수서

쥐가 구멍에서 밖으로 머리를 내밀고 나갈까 말까 망설인다는 뜻

狐疑不決 호의불결　여우가 의심이 많아 결단(決斷)을 내리지 못한다는 말

躊躇 주저　머뭇거리며 망설임

猶豫 유예　1. 망설여 일을 결행(決行)하지 않음　2. 시일(時日)을 미루거나 늦춤

前虎後狼 전호후랑 앞 전 | 범 호 | 뒤 후 | 이리 랑(낭)

앞문으로 들어오는 호랑이를 막고 있으려니까 뒷문으로 이리가 들어온다는 뜻으로 재앙(災殃)이 끊임없이 닥침을 비유하는 말

「유의어」 前門拒虎後門進狼 전문거호후문진랑 (에서 유래)

雪上加霜 설상가상, 雪上加雪 설상가설
눈 위에 또 서리(눈)가 덮인다는 뜻. 악재가 겹침

禍不單行 화불단행　화(禍)는 혼자 다니지 않음. 재앙(災殃)은 늘 겹쳐 온다는 말

* 出典: 趙雪航評史(조설항평사)

轉禍爲福 전화위복 구를·변할 전 | 재앙 화 | 할·될 위 | 복 복

화(禍)가 변하여 복(福)이 된다는 뜻으로 불행한 일을 만나더라도 끊임없는 노력(努力)과 의지(意志)로 극복(克服)하면 불행을 행복(幸福)으로 바꿀 수 있다는 말

「유의어」 塞翁之馬 새옹지마, 塞翁得失 새옹득실, 塞翁禍福 새옹화복
塞翁爲福 새옹위복, 反禍爲福 반화위복, 禍轉爲福 화전위복

▷ **轉落** 전락　1. 굴러 떨어짐　2. 나쁜 상태(狀態)나 처지(處地)에 빠짐

▷ **轉補** 전보　같은 직급(職級)안에서, 다른 자리로 임용됨

* 典據(전거): 戰國時代(전국시대) 合從策(합종책)을 주장한 蘇秦(소진)의 말

竊鈇之疑 절부지의 훔칠 절 | 도끼 부 | 어조사 지 | 의심할 의

도끼를 훔쳐갔다고 의심하는 것. 공연한 의심(疑心)이나 근거 없는 혐의(嫌疑)를 이르는 말

도끼를 잃어버리고 훔쳐 갔다고 의심(疑心)되는 사람이 하는 모든 말과 행동(行動)이 틀림없이 훔쳐 간 것처럼 보였으나 우연(偶然)히 다른 곳에서 도끼를 발견하고 그 사람이 혐의(嫌疑)를 벗은 후에는 더 이상 그가 의심스럽게 보이지 않았다는 고사에서 유래

「유의어」 杯中蛇影 배중사영, 杯弓蛇影 배궁사영, 疑心生暗鬼 의심생암귀

▷ **竊盜** 절도　남의 재물을 훔침. 또는 그런 사람

▷ **嫌疑** 혐의　범죄를 저지른 사실이 있으리라는 의심

* 出典: 列子(열자) 說符篇(설부편)

絶纓之會 절영지회 끊을 절 | 갓끈 영 | 어조사 지 | 모일·모임 회

갓끈을 끊고 즐기는 연회(宴會)라는 뜻으로 남의 잘못을 관대(寬待)하게 용서(容恕)해주거나
어려운 일에서 구해주면 반드시 보답(報答)이 따름을 비유하는 말

『유의어』 絶纓之宴 절영지연

吮疽之仁 연저지인   장군(將軍)이 자기의 부하(部下)를 지극히 사랑하는 어진마음
[장군이 자기부하의 종기를 직접 입으로 빨아서 고쳐주었는데, 그 결과
그 부하는 감동(感動)하여 전투에서 죽음으로 보답(報答)함]

* 出典: 說苑(설원) 復恩篇(복은편), 東周列國志(동주열국지)

竊位者 절위자 훔칠 절 | 자리 위 | 놈·것 자

벼슬을 도둑질해 높은 자리만 차지하고 해야 할 일은 제대로 하지 않는 사람을 비유하는 말

『유의어』 尸位素餐 시위소찬, 尸祿 시록, 尸素 시소, 素餐 소찬
직책(職責)을 다하지 못하면서 자리만 차지하고 녹(祿)만 받아먹는 일

罍恥 뇌치   술병이 비어있으면 술항아리가 부끄럽다는 뜻으로
부유한자가 가난한자를 돌보지 못한 것은 위정자의 잘못이라는 말

鵜翼 제익   벼슬자리에 있으면서 직무(職務)를 다하지 못함을 비유하는 말

瘝素 관소   직책(職責)은 게을리 하고 녹봉(祿俸)만 받는다는 말

叨竊 도절   차지해서는 안 될 것을 차지함. 재주도 없이 벼슬에 있다는 겸사(謙辭)

伴食宰相 반식재상   무위도식으로 자리만 차지하는 무능한 대신을 비꼬아 이르는 말

▷ 跖蹻 척교   중국역사상 최고의 도적인 도척(盜跖)과 장교(莊蹻)를 이르는 말

絶長補短 절장보단 끊을 절 | 긴 장 | 기울·보수할 보 | 짧을 단

긴 것을 잘라서 짧은 것을 보충(補充)한다는 뜻으로 장점(長點)이나 넉넉한 부분에서 단점(短點)이나
부족(不足)한 것을 보충한다는 말

『유의어』 截長補短 절장보단, 斷長補短 단장보단, 以長補短 이장보단

▷ 絶人之行 절인지행   남보다 썩 뛰어난 행실(行實)

折箭 절전 꺾을 절 | (화)살 전

화살을 꺾어 부러뜨린다는 뜻으로 뭉치면 살고 흩어지면 죽는다는 말
서로의 힘을 한군데 모아 일치단결(一致團結)하면 강해진다는 교훈적인 말

토욕혼(土谷渾)의 왕 아시(阿豺)가 아들 20명을 모아놓고 화살을 1개 그리고 20개를 각각 손에
쥐게 한 뒤 부러뜨려 보게 하고 말하기를 "화살 하나는 쉽게 부러졌으나 많은 것은 부러지지 않았
다. 국가도 이와 같다. 각기 혼자서 행동하면 분열(分裂)되어 패배(敗北)하지만 모두가 하나로

의지를 모으면 견고(堅固)해지고 승리(勝利)할 수 있다."라고 후손을 경계(警戒)한 말에서 유래

> **유의어** 折箭之訓 절전지훈, 群輕折軸 군경절축, 叢輕折軸 총경절축
>
> 團生散死 단생산사 뭉치면 살고 흩어지면 죽는다.
>
> 積羽沈舟 적우침주 새털 같이 가벼운 것도 많이 쌓이면 배를 침몰(沈沒)시킨다는
> 뜻으로 여럿의 힘이 모이면 큰 힘이 됨을 비유한 말.

* 出典: 北史(북사) 吐谷渾傳(토욕혼전)

折足覆餗 절족복속 꺾을·쪼갤 절 | 발·만족할 족 | 엎어질·뒤집힐 복 | 죽·삶은 나물 속

솥발을 부러뜨려 음식을 엎지른다는 뜻으로 나라를 다스리는 큰일에 소인을 등용(登用)하면
그 중책(重責)을 감당(堪當)하지 못해 나라를 위태(危殆)롭게 한다는 말. 결국 일을 망침

> **유의어** 蚊蚋負山 문예부산 모기가 산을 짊어 짐. 감당(堪當)하지 못함. 일을 망침
>
> 負乘致寇 부승치구 깜냥도 못되면서 자리를 차지하고 앉아 재앙을 자초(自招)함
>
> 狐濡尾 호유미
> 여우가 꼬리를 적셨다는 뜻으로 일을 시작하기는 쉬우나 끝마무리를 잘하기가
> 어렵다는 말 즉, 소인의 재주로는 큰일을 감당(堪當)하기 어려움을 비유하는 말

> **반의어** 廊廟之器 낭묘지기 묘당(廟堂)에 앉아 정사(政事)를 펼칠만한 재상(宰相)감
>
> 棟梁之材 동량지재, 棟梁 동량 한 집안이나 한 나라의 기둥이 될 만한 인재

* 出典: 易經(역경)

切磋琢磨 절차탁마 끊을 절 / 온통 체 | 갈(숫돌) 차 | 쪼을·다듬을 탁 | 갈(숫돌) 마

옥(玉)을 자르고 줄로 쓸고 끌로 쪼고 갈고 닦아서 빛을 낸다는 뜻으로 학문(學問)이나 기술(技術),
인격(人格)과 덕행(德行)을 부지런히 갈고 닦음을 비유하는 말

> **유의어** 切磨 절마, 切磋 절차, 練磨 연마
>
> 彫琢 조탁 보석(寶石)을 새기거나 쫌 또는 문장(文章)이나 글을 매끄럽게 다듬음
>
> 鍛鍊 단련 쇠붙이를 불에 달구어 두드려서 단단하게 함. 몸과 마음을 굳세게 닦음

* 出典: 詩經(시경) 衛風(위풍) 淇奧篇(기욱편)

絶體絶命 절체절명 끊을 절 | 몸 체 | 끊을 절 | 목숨·운수 명

몸도 목숨도 다 되었다는 뜻으로 궁지(窮地)에 몰려 살아날 길이 없게 된 막다른 상황(狀況)을
비유하는 말. 즉 죽느냐 사느냐하는 그 중요(重要)한 시기(時期)

> **유의어** 限界狀況 한계상황, 極限狀況 극한상황 막다른 지경에 도달(到達)한 상황
>
> 危急存亡之秋 위급존망지추, 存亡之秋 존망지추, 存亡之機 존망지기

나라의 존망(存亡)이 걸려 있는 중요한 때를 이르는 말[제갈량의 출사표]

切齒腐心 절치부심 끊을 절 / 온통 체 | 이(빨) 치 | 썩을 부 | 마음 심

몹시 분하여 이를 뿌드득 갈며 속을 썩인다는 뜻으로 대단히 분(憤)하게 여겨 복수(復讎)나
결심(決心)을 다짐함을 비유하는 말

유의어 切齒扼腕 절치액완　이를 갈고 팔을 걷어 부치며 분하게 여기고 복수를 다짐함

▷ 腐爛 부란　썩어 문드러짐 = 糜爛 미란

折檻 절함 꺾을 절 | 난간·(짐승)우리·덫 함

난간[檻: 함]을 부러뜨린다는 뜻으로 잘못을 개선(改善)하도록 신하가 임금에게 충심(忠心)으로
목숨을 걸고 강경(強硬)하게 간(諫)함을 비유하는 말

전한(前漢)의 주운(朱雲)이 성제[成帝: 임금]에게 충간(忠諫)하니, 임금이 듣기를 싫어하여
화를 내며 주운을 끌어내라고 명(命)하자, 주운이 어전(御殿)의 난간을 붙잡고 매달리며
끝까지 충간(忠諫)을 하는데, 마침 붙들고 있던 난간(欄杆)이 부러졌다는 고사에서 유래

유의어 固諫 고간　강경(強硬)히 간함

苦諫 고간　어려움을 무릅쓰고 간절(懇切)히 간함

* 出典: 漢書(한서)

絶海孤島 절해고도 끊을 절 | 바다 해 | 외로울 고 | 섬 도

바다에 막혀 육지와 끊어진 외로운 섬, 육지에서 아주 멀리 떨어진 외딴섬을 비유 = 絶島 절도

▷ 多島海 다도해　섬이 많이 산재(散在)해 있는 바다

▷ 島嶼 도서　바다에 있는 크고 작은 섬들

鮎魚上竹 점어상죽 메기 점 | 물고기 어 | 위·오를 상 | 대(나무) 죽

메기[鮎魚: 점어]가 대나무[竹: 죽]에 올라간다는 뜻으로 역경(逆境)을 극복(克服)하고 멋지게
목적한 바를 성취(成就)함을 비유하는 말

메기는 비늘이 없어 매끄러운 대나무에 오르기가 어렵지만 입으로 댓잎을 물고 계속 더 위쪽을
물어 잡아가면서 능히 올라간다는 말

▷ 鰋 메기 언 / 鰻 (뱀)장어 만 / 鼈 자라 별 / 鱒 송어 준 / 鮦 가물치 동

* 出典: 宋(송)나라 때의 文人(문인) 歐陽脩(구양수)의 歸田錄(귀전록)

漸入佳境 점입가경 점점·점차 점 | 들 입 | 아름다울 가 | 지경·장소 경

1. 들어 갈수록 점점 경치[景致: 멋·맛·재미]가 좋아짐

2. 차차 재미있고 흥미진진(興味津津)한 경지(境地)로 들어감

고개지(顧愷之)가 사탕수수를 먹을 때 늘 가느다란 줄기부분 부터 먹곤 했는데 이를 이상하게 여긴 친구들이 너는 왜 그렇게 먹느냐고 물었더니 고개지가 대답하기를 이렇게 먹으면 점점 더 단맛이 나기[= 점입가경: 漸入佳境]때문이라고 말한 고사에서 유래(由來)

유의어 蔗境 자경, 佳境 가경

* 出典: 晉書(진서) 顧愷之傳(고개지전)

點鐵成金 점철성금　점 점 | 쇠 철 | 이룰 성 | 황금 금

쇠[鐵: 철]를 두들겨 황금(黃金)을 만든다는 뜻으로
1. 나쁜 것을 고쳐서 좋은 것을 만듦을 비유
2. 옛사람의 글을 따다가 나의 글을 짓는 것을 비유하는 말

▷ 鍊金術 연금술　비(卑)금속으로 금·은 등의 귀금속(貴金屬)을 만들고
　　　　　　　　 한편으로는 불로장생의 영약(靈藥)을 만들고자 했던 화학기술

* 出典: 傳習錄(전습록) 卷下(권하)

正鵠 정곡　바를 정 | 고니·흴 곡

과녁의 한 가운데가 되는 점. 가장 중요한 요점이나 목표. 핵심(核心)을 정확(正確)하게 꿰뚫음
옛날에 표적(標的)으로 과녁[貫革: 관혁]의 정중앙에 [고니= 백조]를 그려 붙인데서 유래함

▷ 鴻鵠 홍곡　큰 기러기와 고니. 도량(度量)이 큰 인물의 비유

▷ 燕雀 연작　제비와 참새. 도량이 좁은 사람의 비유

▷ 中正無私 중정무사　중정의 도리를 지켜 사심(私心)없이 공정함[管子: 관자]

* 出典: 周禮(주례) / 中庸(중용) 14章(장)

靜觀默照 정관묵조　고요할 정 | 볼 관 | 묵묵할·잠잠할 묵 | 비출·비칠 조

조용히 사물을 관찰(觀察)하며 잡념(雜念)을 없애고 고요히 앉아서 진리(眞理)를 깨닫고자 하는 불가(佛家)의 수행방법

유의어 觀照 관조　조용한 마음으로 대상(對象)의 본질(本質)을 바라봄

▷ 默默不答 묵묵부답　잠자코 대답이 없음 / 靜肅 정숙　조용하고 엄숙함

▷ 默祕權 묵비권　피고(被告)나 피의자(被疑者)가 자기에게 불리한 진술(陳述)을
　　　　　　　 거부(拒否)할 수 있는 권리

井臼之役 정구지역　우물 정 | 절구·확 구 | 어조사·갈 지 | 부릴·일 시킬 역

물을 긷고 절구질하는 일이라는 뜻으로 살림살이의 수고로움을 이르는 말 = 井臼 정구

▷ 杵臼 저구　절굿공이와 절구[= 확: 절구의 아가리에서 밑바닥까지의 부분]

▷ 井華水 정화수　이른 새벽에 길은 우물물[정성을 들이는 일에나 약 달이는 데 사용]

▷ 井間紙 정간지　붓글씨를 쓸 때 글자의 간격(間隔)을 고르게 하려고 종이 밑에 받치는, 정간(井間)을 그은 종이

精金百鍊出紅爐 정금백련출홍로

쓿은쌀·정할 정 │ 쇠 금 │ 일백 백 │ 단련할 련 │ 날 출 │ 붉을 홍 │ 화로 로

잘 제련(製鍊)된 쇠는 뜨거운 화로(火爐)에서 백번(= 무수히) 단련(鍛鍊)된 다음에 나온다는 뜻으로 사람도 수많은 시련(試鍊)을 겪은 후에야 훌륭한 인물(人物)이 된다는 비유

▷ 梅經寒苦發淸香 매경한고발청향
매화(梅花)는 한겨울에 추운 고통(苦痛)을 겪은 뒤에야 맑은 향기(香氣)를 발하는 법

▷ 人逢艱難顯其節 인봉간난현기절
사람은 어려운 상황(狀況)을 만났을 때 그 절개(節槪)가 드러나는 법

▷ 毓精 육정　정기를 받음 / 精思 정사　자세히 생각함

▷ 精華 정화　깨끗하고 순수한 부분. 정수(精髓)가 될 만한 뛰어난 부분

征明假道 정명가도

칠 정 │ 밝을·나라이름 명 │ 빌릴·거짓 가 │ 길 도

1592년 임진왜란(壬辰倭亂) 당시 일본(日本)의 군대(軍隊)가 "명(明)나라를 정벌(征伐)하고자 하니 조선은 명으로 가는 길을 빌려달라."고 요구(要求)한 말. 조선을 정복하려는 고도의 전략(戰略) 명을 정벌(征伐)하고 돌아오는 길에 조선을 치겠다는 것 또는 명으로 가는 길을 빌리는 척하고 조선(朝鮮)을 먼저 치겠다는 병법(兵法)

『유의어』 假途滅虢 가도멸괵, 假途伐虢 가도벌괵
진(晉)나라가 우(虞)나라의 길을 빌려 괵(虢)나라를 멸하고자 함. 고도의 전략(戰略)

頂門一鍼 정문일침

정수리·꼭대기 정 │ 문 문 │ 하나 일 │ 침·바늘·경계 침

정수리에 침을 놓는다는 뜻으로 따끔한 충고(忠告)나 조언(助言), 비판(批判)이나 교훈(敎訓)

『유의어』 頂門一針 정문일침, 頂上一鍼 정상일침

鍼石 침석　침술(鍼術)에 쓰는 바늘. 남을 타이르고 바로 잡는 말

寸鐵殺人 촌철살인　한 치의 쇠붙이로도 살인한다는 뜻. 간단(簡單)한 말로도 남을 감동(感動)시키거나 남의 약점(弱點)을 찌를 수 있음

▷ 針線 침선　바느질

程門立雪 정문입설

성(姓)·단위·길 정 │ 문 문 │ 설 입(립) │ 눈·씻을 설

제자(弟子)가 스승을 존경(尊敬)하며 극진(極盡)히 모신다는 뜻

유초(遊酢)와 양시(楊時) 두 사람이 정이천(程伊川)을 스승으로 모시려고 찾아갔는데
마침 그는 명상(瞑想)중이었고 밖에는 눈이 펄펄 내리고 있었다. 두 사람은 문 밖에서
눈이 한자(= 30cm)나 쌓이도록 맞으며 스승 정이천의 명상이 끝날 때까지
예를 갖추어 기다리고 서있었다는 고사에서 유래

〔유의어〕 雁行避影 안행피영 스승 앞에서, 기러기처럼 앞서서 걷지 않고
　　　　　　　　　　　　　　　스승의 그림자를 피하여 밟지 않고 걷는다는 뜻

　　　　　函丈 함장 스승[스승과 제자의 자리를 1장(= 10자) 간격으로 멀리 떼어 놓는 일]

▷　路程 노정 거쳐 지나가는 길이나 과정(過程)

* 出典: 名臣言行錄(명신언행록)

靜水流深深水無聲 정수유심심수무성

고요할 정 | 물 수 | 흐를 유(류) | 깊을 심 | 없을 무 | 소리 성

고요한 물은 깊이 흐르고 깊은 물은 소리를 내지 않듯이, 침묵(沈默)속에 참된 가치(價値)와
위대(偉大)함이 있다는 말

▷　靜肅 정숙 조용하고 엄숙함

▷　默契 묵계 말 없는 가운데 뜻이 서로 맞음. 또는 그렇게 해서 성립된 약속(約束)

* 出典: 阿含經(아함경: 부처의 가르침을 기록한 책)

挺身出戰 정신출전 빼어날·뽑을 정 | 몸 신 | 날 출 | 싸움 전

앞장서서 나아가 싸운다는 뜻, 위급(危急)할 때 과감(果敢)히 나서서 모든 책임을 다한다는 말

▷　挺身隊 정신대 결사대(決死隊) 또는 일제(日帝) 강점기(強占期)때의 위안부(慰安婦)

* 出典: 舊唐書(구당서) 敬君弘傳(경군홍전)

鄭衛桑間 정위상간 나라이름 정 | 나라이름 위 | 뽕나무 상 | 사이 간

춘추전국시대 정(鄭)나라와 위(衛)나라에서 유행(流行)하던 음악이 뽕나무밭 사이의 소리처럼
음란(淫亂)하다는 말로써 난세지음 또는 음란한 망국(亡國)의 음악이라고 한데서 유래

〔유의어〕 鄭衛之音 정위지음, 亂世之音 난세지음

　　　　　亡國之音 망국지음, 亡國之聲 망국지성
　　　　　나라를 망칠 음악이란 뜻으로 저속(低俗)하고 잡스러운 음악(音樂)을 일컫는 말

　　　　　後庭花 후정화, 玉樹後庭花 옥수후정화
　　　　　진(陳)나라 후주(後主)가 주색(酒色)에 빠져 궁궐 뒤뜰에 사치(奢侈)스런 누각(樓閣)을
　　　　　짓고 날마다 비빈(妃嬪)들을 거느리며 흥청망청 시나 짓고 놀았다는 데서 유래함

▷　鄭重 정중 태도(態度)가 점잖고 예의(禮義)가 있음 ↔ 輕率 경솔

井中之蛙 정중지와 우물 정 | 가운데 중 | 어조사 지 | 개구리 와

우물 안 개구리, 견문(見聞)이 좁고 세상물정(世上物情)에 어두운 사람을 비유하는 말

유의어 井底之蛙 정저지와, 井中蛙 정중와, 井底蛙 정저와

坎井之蛙 감정지와, 井中觀天 정중관천, 坐井觀天 좌정관천

越犬吠雪 월견폐설, 蜀狗吠日 촉견폐일, 少見多怪 소견다괴

管窺錐指 관규추지, 用管闚天 용관규천, 通管窺天 통관규천

管中窺豹 관중규표 대롱구멍을 통하여 표범의 무늬를 봄[식견이 좁음]

▷ 雨蛙 우와 청개구리

▷ 泮蛙 반와 성균관 개구리라는 뜻, 자나 깨나 책만 읽는 사람을 농으로 일컫는 말

* 出典: 莊子(장자) 秋水篇(추수편)

濟世安民 제세안민 건널·구제할 제 | 세상 세 | 편안할 안 | 백성 민

세상을 구제(救濟)하고 백성(百姓)을 편안(便安)하게 살도록 함

유의어 經世濟民 경세제민, 經國濟世 경국제세, 經濟 경제

세상(世上)을 다스리고 백성(百姓)을 구제(救濟)함

▷ 濟物 제물 사물을 제도(濟度)함. 사물을 구제(救濟)함

▷ 返濟 반제 빌렸던 금품을 도로 갚음 ↔ 借用 차용 돈이나 물건을 빌려 씀

齊人攫金 제인확금 나라이름·가지런할 제 | 사람 인 | 움킬·붙잡을 확 | 황금 금

제나라 사람이 금을 확 움켜쥔다는 뜻, 앞뒤 가리지 않고 자기 이익(利益)만을 취하려 한다는 말

제(齊)나라 사람(= 날치기)이 금을 움켜쥐고 도망치다 잡혀서 발뺌하기를 "나는 금만 보았지 그 금의 주인은 보지 못했다." 라고 횡설수설(橫說竪說)한 고사에서 유래

유의어 掩耳盜鈴 엄이도령, 掩耳盜鐘 엄이도종, 掩耳偸鈴 엄이투령

掩目捕雀 엄목포작, 閉目捕雀 폐목포작

▷ 一攫千金 일확천금 단번에 천금(千金)을 움켜쥔다는 뜻으로 힘들이지 않고
단번(單番)에 많은 재물(財物)을 얻음을 비유하여 이르는 말

* 出典: 呂氏春秋(여씨춘추) 去宥篇(거유편)

諸子百家 제자백가 모든 제 / 어조사 저 | 어조사·아들 자 | 일백 백 | 용한 사람·집 가

춘추전국시대에 활약(活躍)한 여러 학설(學說)의 창시자(創始者)와 그 학파(學派)를 통틀어
이르는 말로 주로 공자(孔子)와 유가(儒家), 노자(老子)와 도가(道家) 등을 말함

유의어 百花齊放 백화제방 온갖 학문이나 예술·사상 등이 각기 자기주장을 폄

百家爭鳴 백가쟁명　많은 학자·지식인 등의 활발(活潑)한 논쟁과 토론(討論)

▷ 諸子 제자　수많은 학자(學者) / 百家 백가　수많은 학파(學派)

▷ 諸行無常 제행무상　우주만물은 항상(恒常) 돌고 변해서 한 모양으로 머물지 않음

濟濟多士 제제다사 (재주있는사람)많을·건널 제 | 많을 다 | 선비 사
훌륭한 여러 선비들 또는 수많은 훌륭한 인재(人材)

【유아어】 多士濟濟 다사제제

十步芳草 십보방초　열 걸음의 짧은 거리에도 아름다운 꽃과 풀이 있다는 뜻
　　　　　　　　어디든 훌륭한 인재와 선비가 많다는 말

車載斗量 거재두량　물건을 수레에 싣고 말로 된다는 뜻으로 물건이나 인재가
　　　　　　　　흔해서 별로 귀하지 않음을 비유하는 말

* 出典: 詩經(시경) 大雅文王(대아문왕)

濟濟蹌蹌 제제창창 (재주있는사람)많을 제 | 위엄있을·춤출 창
몸가짐이 위엄(威嚴)이 있고 위풍(威風)을 떨치며 질서(秩序)가 정연(整然)함
훌륭한 선비들의 의연(毅然)한 몸가짐을 비유하는 말

▷ 趨蹌 추창　예도(禮度)에 맞게 허리를 굽히고 총총걸음으로 빨리 걸어감

* 出典: 詩經(시경)

綈袍之義 제포지의 명주·두텁게 짠 비단 제 | 솜옷·핫옷 포 | 어조사 의 | 도리·옳을 의
명주(明紬) 솜옷의 의리(義理)라는 뜻으로 옛정을 잊지 않고 의리 있게 행동한 것을 감안(勘案)하여
잘못을 용서(容恕)해주는 고사성어로 사용함

▷ 擢髮難數 탁발난수, 擢髮莫數 탁발막수
　　머리카락을 뽑아 다 헤아리기 어렵다는 뜻으로 지은 죄가 이루 다 헤아릴 수 없을 정도로
　　많음을 비유하는 말. 즉 잘못을 빌며 크게 용서(容恕)를 구한다는 말, 관용(寬容)을 베풀어
　　달라는 말

▷ 縕袍 온포　묵은 솜을 둔 도포(道袍)

* 出典: 史記(사기) 范雎蔡澤列傳(범저채택열전)

濟河焚舟 제하분주 건널·구제할 제 | 물·강 하 | 사를·태울 분 | 배 주
강을 건넌 후 타고 돌아갈 배를 태워버림, 죽음을 각오(覺悟)하고 전투에 임하는 의지의 표현

【유아어】 背水之陣 배수지진, 背水陣 배수진, 決死抗戰 결사항전
　　　　강이나 바다를 등지고 치는 진[더 이상 물러설 수 없어 있는 힘을 다하여 싸우게 함]

破釜沈舟 파부침주, 破釜沈船 파부침선
밥해 먹을 솥을 깨뜨리고 타고 돌아갈 배를 침몰시킨다는 뜻, 죽을 각오로 싸움에 임함

捨量沈舟 사량침주, 捨量沈船 사량침선
식량을 버리고 타고 돌아갈 배를 침몰(沈沒)시킨다는 뜻. 죽기를 각오(覺悟)함

▷ 皆濟 개제　채무를 완전히 갚음 = 完濟 완제, 完了 완료

* 出典: 春秋左氏傳(춘추좌씨전)

諸行無常 제행무상 <small>모든 제 / 어조사 저 ｜ 다닐 행 ｜ 없을 무 ｜ 항상·불변의 도 상</small>
1. 우주만물은 항상 돌고 변해서 잠시도 한 모양으로 머물러 있지 않는다는 말
2. 인생의 덧없음

『유의어』 諸行無常印 제행무상인, 無常印 무상인

▷ 歸依 귀의　부처와 불법(佛法)과 승가(僧伽)로 돌아가 믿고 의지(依支)함

糟糠之妻 조강지처 <small>(술)지게미 조 ｜ (쌀)겨 강 ｜ 어조사 지 ｜ 아내 처</small>
술지게미와 쌀겨로 끼니를 이어갈 때의 아내라는 뜻, 가난하고 천할 때부터 고생을 함께 겪어온
아내를 비유하는 말

▷ 糟糠之妻不下堂 조강지처불하당
지게미와 쌀겨를 먹으며 가난을 함께한 아내는 혹여 큰 잘못이 있다 하더라도
집에서 내쫓을 수 없다는 말

▷ 糟糠 조강　지게미와 쌀겨, 가난한 사람이 먹는 보잘것없고 거친 음식(飮食)

* 出典: 後漢書(후한서) 宋弘傳(송홍전)

朝令暮改 조령모개 <small>아침 조 ｜ 법·명령 령 ｜ 저물·저녁 모 ｜ 고칠 개</small>
아침에 명령을 내렸다가 저녁에 고친다는 뜻, 법령을 자꾸 고쳐서 갈피를 잡기가 어려움을
이르는 말로 계획(計劃)이나 결정(決定) 등을 일관성 없이 자꾸 고침을 비유하는 말

『유의어』 朝變夕改 조변석개, 朝令夕改 조령석개, 朝改暮變 조개모변

朝變暮改 조변모개, 朝夕變改 조석변개
아침저녁으로 뜯어고친다는 뜻, 계획이나 결정 등을 일관성 없이 자주 고침의 비유

* 出典: 史記(사기) 平準書(평준서)

朝名市利 조명시리 <small>조정 조 ｜ 이름 명 ｜ 시장·저자 시 ｜ 이익·이로울·날카로울 리</small>
명예(名譽)는 조정(朝廷)에서 다투고 이익(利益)은 저자(= 시장)에서 다투라는 뜻
무슨 일을 하든 알맞은 곳에서 해야 된다는 말

▷ 朝貢 조공　속국(屬國)이 종주국(宗主國)에게 때맞추어 예물(禮物)을 바치던 일

▷ **朝聘** 조빙　조정(朝廷)에서 불러들임

▷ **銳利** 예리　1. 연장 등이 날카로움　2. 관찰력이나 판단력이 날카롭고 정확함

* 出典: 戰國策(전국책) 秦策(진책)

朝聞夕死 조문석사　아침 조 | 들을 문 | 저녁 석 | 죽을 사

아침에 도(道)를 들으면 저녁에 죽어도 한이 없다는 뜻, 사람이 참된 진리(眞理)를 듣고
각성(覺醒)하면 당장 죽어도 여한(餘恨)이 없으니 짧은 인생이라도 값있게 살아야 한다는 말

【유의어】　**朝聞道夕死可矣** 조문도석사가의 (에서 유래)

* 出典: 論語(논어) 里仁篇(이인편)

朝不慮夕 조불려석　아침 조 | 아닐 불 | 생각할 려 | 저녁 석

아침에 저녁의 일까지 생각하지 못한다는 뜻, 형세(形勢)가 절박(切迫)하여 당장의 일을 걱정할
뿐이고 앞일을 생각할 겨를이 없음을 비유하는 말

【유의어】　**朝不謀夕** 조불모석

　　　　　救死不瞻 구사불첨　몹시 곤란(困難)하여 다른 일을 돌아볼 겨를이 없음

　　　　　吾鼻三尺 오비삼척　내 코가 석 자, 자기 사정이 급해서 남을 돌볼 겨를이 없음

▷ **考慮** 고려　생각하고 헤아려 봄

朝三暮四 조삼모사　아침 조 | 석 삼 | 저물·저녁 모 | 넉 사

아침에 3개 저녁에 4개라는 뜻, 간사(奸詐)한 꾀로 남을 속여 희롱(戲弄)함을 이르는 말로
당장 눈앞의 이익에만 급급하고 그 결과(結果)가 같다는 것을 모르는 어리석음의 비유

중국 송(宋)나라 때 저공(狙公)의 고사로 원숭이들에게 상수리를 아침에 세 개 저녁에 네 개씩
주겠다고 하니 원숭이들이 적다고 화를 내어 그러면 아침에 네 개 저녁에 세 개씩 준다고 하자
원숭이들이 좋아했다는 우화(寓話)에서 온 말

▷ **寓話** 우화　인격화한 동식물이나 다른 사물에 비겨 풍자나 교훈의 뜻을 나타내는 이야기

▷ **狙擊** 저격　몰래 숨어서 특정 목표(目標)를 겨냥하여 쏨

* 出典: 莊子(장자) 齊物論(제물론)

朝夕定省 조석정성　아침 조 | 저녁 석 | 반드시·꼭 정 | 살필 성

아침저녁으로 부모의 잠자리를 돌보고 안부(安否)를 물어서 살핌

【유의어】　**扇枕溫席** 선침온석, **溫凊晨省** 온정신성, **定省** 정성

　　　　　問安視膳 문안시선　웃어른께 문안을 올리고 차려드릴 음식을 보살핌

昏定晨省 혼정신성 저녁에는 잠자리를 돌보고 아침에는 안부(安否)를 물어서 살핌

措手不及 조수불급 둘 조 | 손 수 | 아닐 불 | 미칠·이를 급

어떤 일을 처리하고자 하나 미치지 못한다는 뜻, 일이 매우 급하게 되어 미처 손쓸 겨를이 없음

▷ 措置 조치 문제나 사태를 해결(解決)하기 위해 필요한 대책을 세워 행함 = 措處 조처

▷ 措辭 조사 시가(詩歌)나 산문(散文)에서, 문자를 선택하거나 배열(配列)하는 일

朝蠅暮蚊 조승모문 아침 조 | 파리 승 | 저물·저녁 모 | 모기 문

아침에는 파리가 들끓고 저녁에는 모기가 달려든다는 뜻으로 밤낮으로 하찮은 소인배(小人輩)들이 함부로 설친다는 말

▷ 蚋 모기 예 / 蜘 거미 지 / 蜂 벌 봉 / 蝶 나비 접 / 蝍 지네 즉 / 蠱 독벌레 고

* 出典: 韓愈(한유) 雜詩(잡시)

早失父母 조실부모 이를 조 | 잃을 실 | 아비 부 | 어미 모

어려서 부모(父母)를 잃음

『유의어』 早喪父母 조상부모, 孤兒 고아

▷ 無依托 무의탁 어디를 둘러봐도 의탁할 사람이 없음

= 四顧無親 사고무친, 無依無托 무의무탁, 四顧無託 사고무탁

彫心鏤骨 조심누골 새길 조 | 마음 심 | 새길 누(루) | 뼈 골

1. 마음에 새기고 뼈에 새긴다는 뜻, 몹시 고심(苦心)함. 뼈에 사무침
2. 시문(詩文)을 애써 다듬는 일을 비유하기도 함 = 推敲 퇴고, 改稿 개고

▷ 彫琢 조탁 1. 보석을 새기거나 쫌 2. 문장이나 글을 매끄럽게 다듬음

爪牙 조아 손톱 조 | 어금니 아

손톱과 어금니. 자기에게 꼭 필요한 사람이나 물건의 비유
임금의 호위무사(護衛武士). 최측근에서 충성(忠誠)으로 임금을 모시는 꼭 필요한 신하

『유의어』 爪牙之士 조아지사, 藎臣 신신, 信臣 신신, 忠臣 충신

肱膂 굉려, 肱膂之臣 굉려지신 팔뚝과 등뼈. 임금이 신임하는 중신

股肱 고굉, 股肱之臣 고굉지신 다리와 팔. 임금이 신임하는 중신

* 出典: 詩經(시경) 小雅祈父(소아기보)

竈王神 조왕신　부엌 조 | 임금 왕 | 귀신 신
부뚜막, 부엌을 맡았다는 신. 늘 부엌에 있으면서 모든 길흉(吉凶)을 판단(判斷)한다고 함

유의어 竈王大神 조왕대신, 竈王 조왕, 竈神 조신, 荒神 황신, 炎帝 염제

▷ **冷竈 냉조**　차가운 부엌[= 부뚜막], 밥을 짓지 못할 정도로 형편이 매우 어려움

▷ **炷竈 계조**　풍로(風爐) / **竈突 조돌**　굴뚝

朝雲暮雨 조운모우　아침 조 | 구름 운 | 저물·저녁 모 | 비 우
아침 구름 저녁 비라는 뜻으로 남녀 간에 정을 맺음. 즉 늘 당신 근처에 있겠다는 말
1. 남녀 간에 정교(情交)를 함 또는 남녀의 굳은 언약(言約)을 비유하는 말
2. 남녀 간의 애정(愛情)이 깊음을 비유하는 말

초(楚)나라 희왕(僖王)의 꿈에 무산(巫山)의 선녀가 나타나 자기가 아침에는 구름이 되고
저녁에는 비가 되어 늘 당신 근처에 있을 것이라고 말하며 사라졌다는 고사에서 유래

유의어 巫山之夢 무산지몽, 巫山之雲 무산지운, 巫山之雨 무산지우
雲雨 운우, 雲雨樂 운우락, 雲雨之樂 운우지락, 雲雨之情 운우지정

* 出典: 宋玉(송옥)의 高唐賦(고당부)

粗衣惡食 조의악식　거칠 조 | 옷 의 | 나쁠·악할 악 | 밥 식
거친 옷을 입고 좋지 않은 음식을 먹는다는 말. 매우 가난함

유의어 粗衣粗食 조의조식, 惡衣惡食 악의악식

반의어 好衣好食 호의호식, 暖衣飽食 난의포식, 錦衣玉食 금의옥식

▷ **粗肴 조효**　변변찮은 안주[자기가 내어놓은 안주를 겸손하게 낮추어 이르는 말]

▷ **粗惡 조악**　거칠고 나쁨

▷ **粗雜 조잡**　말이나 행동 등이 거칠고 잡스러워 품위(品位)가 없음

朝薺暮鹽 조제모염　아침 조 | 냉이 제 | 저물·저녁 모 | 소금 염
아침에는 냉이를 먹고 저녁에는 소금을 씹는다는 뜻, 집안형편(形便)이 매우 궁색(窮塞)함

유의어 赤貧如洗 적빈여세, 三旬九食 삼순구식
東郭履 동곽리　동곽 선생의 밑창이 닳아빠진 신발. 몹시 가난한 처지
冷竈 냉조　오랫동안 불을 때지 않아 식어버린 부뚜막. 매우 가난함의 비유
釜中生魚 부중생어　밥을 짓지 못해 솥에 저절로 물고기가 생길 정도
甑塵釜魚 증진부어　시루에는 먼지가 쌓이고 솥에는 물고기가 저절로 생김

* 出典: 韓愈(한유) 送窮文(송궁문: 한유가 가난을 귀신으로 의인화하여 쓴 글)

鳥足之血 조족지혈　새 조 | 발 족 | 어조사 지 | 피 혈
새 발의 피, 극히 적은 분량의 비유 또는 비교가 안 됨

유의어 蹄涔 제잠　소나 말의 발자국 속에 괴어 있는 물

涸轍 학철　수레바퀴가 지나간 자국 속에 괴어 있는 물

毫釐 호리　자나 저울눈의 호와 리[매우 적은 분량]

▷ 鳥瞰 조감　새가 하늘에서 굽어보듯이, 높은 위치에서 아래를 내려다봄 = 俯瞰 부감

▷ 鳥久止必帶矢 조구지필대시　새가 한자리에 오래 머물면 반드시 화살을 맞는다는
뜻으로 좋은 자리에 오래 머무르면 마침내 화를 당한다는 말

朝聚暮散 조취모산　아침 조 | 모일·모을 취 | 저물·저녁 모 | 흩어질 산
아침에 모였다가 저녁에 흩어진다는 뜻, 모이고 헤어짐이 덧없음을 비유하는 말

유의어 獸聚鳥散 수취조산, 聚散離合 취산이합

聚散逢別 취산봉별　모였다 흩어지고 만났다가 헤어짐

離合集散 이합집산　헤어졌다가 모였다가 하는 일

▷ 聚落 취락　인간이 집단적으로 생활하는 장소. 즉 인가가 모여 있는 곳

足脫不及 족탈불급　족할·발 족 | 벗을 탈 | 아닐 불 | 미칠·이를 급
맨발로 뛰어도 따라가지 못한다는 뜻, 상대방(相對方)을 따라잡기 위해 맨발로 힘껏 뛰어도
능력(能力)이 모자라 따라잡을 수 없다는 말

유의어 仰望不及 앙망불급　우러러 바라보아도 미치지 못함

▷ 足且足矣 족차족의　아주 흡족(洽足)하고 넉넉하여 기준(基準)에 차고도 남는다는 말

▷ 不狂不及 불광불급　미치지 않으면 미치지 못한다는 말. 열정(熱情)을 강조하는 말

存亡之秋 존망지추　있을 존 | 망할·죽을 망 | 어조사 지 | 가을 추
1. 존속(存續)과 멸망(滅亡), 삶과 죽음이 결정(決定)되는 매우 위급(危急)한 때
2. 사느냐 죽느냐의 아주 중대하고 절박(切迫)한 경우

유의어 危急存亡之秋 위급존망지추 (에서 유래)

極限狀況 극한상황, 限界狀況 한계상황, 存亡之機 존망지기
죽음과 같이 사람의 힘으로는 더 이상 어찌할 수 없는 막다른 절대적 상황

絶體絶命 절체절명

몸도 목숨도 다 되었다는 뜻, 어찌할 수 없는 궁벽(窮僻)한 경우의 비유

尊卑貴賤 존비귀천 　높을 존 | 낮을 비 | 귀할 귀 | 천할 천

지위(地位)·신분(身分)등의 높고 낮음과 귀(貴)하고 천(賤)함

▷ 　**尊銜** 존함　상대방의 이름을 높여 이르는 말 = **尊啣** 존함, **尊名** 존명

▷ 　**尊王攘夷** 존왕양이　임금을 숭상(崇尚)하고 오랑캐를 물리친다는 말

鐘鼓之樂 종고지락 　종·쇠북 종 | 북·두드릴 고 | 어조사 지 | 즐거울 락

종과 북을 치며 노는 즐거움, 종소리와 북소리가 상화(相和)하여 잘 어울리듯 부부간의
화목(和睦)한 정(情)을 비유하는 말

【유의어】　**鴛鴦** 원앙, **鴛鴦契** 원앙계, **鴛鴦之契** 원앙지계

　　　　　琴瑟 금실, **琴瑟之樂** 금실지락, **如鼓琴瑟** 여고금슬

　　　　　比翼鳥 비익조, **連理枝** 연리지, **比翼** 비익, **連理** 연리

　　　　　比翼連理 비익연리, **連理比翼** 연리비익, **二姓之樂** 이성지락

種瓜得瓜 종과득과 　씨 종 | 외·오이 과 | 얻을 득 | 외·오이 과

오이를 심으면 오이가 난다는 뜻, 원인(原因)이 있으면 결과(結果)가 생김을 이르는 말

【유의어】　**種豆得豆** 종두득두, **因果應報** 인과응보, **因果報應** 인과보응, **果報** 과보

▷ 　**瓜期** 과기　기간이 참[벼슬의 임기가 끝나는 시기] 또는 여자 나이 15-16세 때

▷ 　**播種** 파종　논밭에 곡식의 씨앗을 뿌리는 일 = **씨뿌리기**, **種播** 종파

* 出典: 明心寶鑑(명심보감)

終南捷徑 종남첩경 　끝날·끝 종 | 남녘 남 | 빠를·이길 첩 | 지름길 경

종남산(終南山)은 벼슬길에 오르는 지름길이라는 뜻, 명리(名利)를 얻을 수 있는 가장 빠른
길이라는 말

노장용(盧藏用)이라는 인물이 관직에서 물러난 뒤 조정(朝廷)의 관심을 끌기위해 종남산에
들어가 은둔(隱遁)생활을 했는데 진짜 얼마 지나지 않아서 조정(朝廷)의 부름이 있었고
노장용이 그 부름을 듣고 기뻐하는 것을 보고 사마승정(司馬承禎)이라는 자가 "종남산에
거하는 것이 출세하는 지름길이군." 하고 노장용을 비꼬아 말한 고사에서 유래

▷ 　**捷徑** 첩경　지름길. 어떤 일에 이르기 쉬운 방편 = **蹊徑** 혜경, **王道** 왕도

▷ 　**大捷** 대첩　크게 이김 = **大勝** 대승

* 出典: 新唐書(신당서) 盧藏用傳(노장용전)

種豆得豆 종두득두 씨종 | 콩두 | 얻을득 | 콩·제기이름두

콩 심은데 콩 난다는 뜻, 원인(原因)에 따라 결과(結果)가 생김을 이르는 말

[유의어] 種瓜得瓜 종과득과 오이를 심으면 오이가 난다는 뜻

因果應報 인과응보, 因果報應 인과보응, 果報 과보
원인(原因)이 있으면 결과(結果)가 생김을 이르는 말

▷ 播種 파종 논밭에 곡식[穀食: 쌀·보리·콩·조·수수]의 씨앗을 뿌리는 일
▷ 俎豆 조두 나무로 만든 제기(祭器)의 한 가지

* 出典: 明心寶鑑(명심보감)

鐘鳴鼎食 종명정식 쇠북종 | 울명 | 솥정 | 밥·먹을식 | 밥사

옛날 부유(富裕)한 집에서 식사(食事)때 솥을 늘어놓고 종을 울려 식솔을 모아서 밥을 먹던 일
곧 식솔(食率)이 많은 부귀(富貴)한 사람의 살림을 비유하는 말

[유의어] 鐘鼎 종정, 擊鐘鼎食 격종정식

▷ 鼎談 정담 세 사람이 솥발같이 벌려 마주 앉아 하는 이야기[격의 없이 매우 친함]
▷ 鳥 새 조 鳴 울 명 烏 까마귀 오 嗚 슬플·탄식할 오 梟 올빼미 효 島 섬 도

宗廟社稷 종묘사직 마루종 | 사당묘 | 토지신·단체사 | 기장·곡신신직

왕실[王室: 宗廟(종묘)]과 나라[社稷: 사직]를 아울러 이르던 말

▷ 宗廟 종묘 조선시대 때 왕가조상의 위패(位牌)를 모시던 왕실의 사당(祠堂)
▷ 社稷 사직 나라를 세울 때 천자나 제후가 제사를 지내던 토지신과 곡식 신을 아울러
　　　　　　이르는 말[백성에게 제일 중요한 국토와 곡식]
▷ 謁廟 알묘 종묘(宗廟)나 사당(祠堂)에 배알[拜謁: 찾아가 뵘]함

螽斯之望 종사지망 메뚜기·황충종 | 어조사·이사 | 어조사지 | 바랄망

종사[螽斯: 여치]의 바람이라는 뜻, 아들을 많이 두고 싶은 소망(所望)을 비유하는 말
여치[螽斯: 종사]가 한번에 99개의 많은 알을 낳는데서 온 말로 부부(夫婦)가 화합(和合)하여
자손(子孫)이 번창(繁昌)함을 이르는 말

▷ 瓜瓞 과질 오이와 북치. 종손(宗孫)과 지손(支孫). 자손이 번성(繁盛)함을 말함
▷ 阜螽 부종 메뚜기 / 蟋蟀 실솔 귀뚜라미 / 螳螂 당랑 사마귀
▷ 蠡 려 좀 먹다. 낡다. 표주박 / 蠢 준 꾸물거리다. 어리석다 / 蠹 두 좀(먹는 해충)
▷ 椒房 초방 왕비나 후비 등이 거처하는 방이나 궁전, 산초(山椒)는 많은 열매를
　　　　　　맺으므로 자손(子孫)이 많도록 축원(祝願)한다는 뜻에서 유래한 말

659

從實直告 종실직고 　좇을 종 | 열매·익을 실 | 곧을 직 | 알릴 고

사실(事實) 그대로 고(告)한다는 말

「유의어」 　以實直告 이실직고, 以實告之 이실고지 　사실 그대로 고함

實陳無諱 실진무휘 　숨김없이 사실 그대로 고함

吐盡肝膽 토진간담 　간과 쓸개를 다 토함, 실정을 숨김없이 다 털어놓고 말함

陳供 진공 　죄지은 자가 그 죄상(罪狀)을 모두 사실대로 말함

告白 고백 　사실대로 숨김없이 말함

▷ 獨白 독백 　무대에서 배우가 상대역 없이 혼자 말하는 행위[중얼거림] = 모놀로그

▷ 自首 자수 　죄를 범한 사람이 자진(自進)하여 수사(搜査)기관에 범죄 사실을 신고(申告)함

縱橫無盡 종횡무진 　세로 종 | 가로 횡 | 없을 무 | 다할·끝날 진

전후좌우(前後左右) 사방으로 행동이 자유롭다는 뜻, 활약(活躍)이 대단하거나 이야기 등이 끝이 없음을 비유하는 말

「유의어」 　自由自在 자유자재, 縱橫自在 종횡자재

▷ 縱橫 종횡 　세로와 가로. 거침없이 오가거나 이리저리 다님

▷ 橫領 횡령 　공금이나 남의 재물을 불법으로 가로챔 = 着服 착복

▷ 縱走 종주 　능선(稜線)을 따라 산을 걸어 많은 산봉우리를 넘어가는 일

縱橫錯綜 종횡착종 　세로 종 | 가로 횡 | 섞을 착 | 모을 종

종(縱)과 횡(橫)의 모든 것이 한데 엉클어져 뒤섞여 모임. 뒤죽박죽. 엉망진창

「유의어」 　錯綜 착종 　여러 가지가 섞여 엉클어짐 또는 여러 가지를 섞어 모음

▷ 放縱 방종 　아무 거리낌 없이 자기 마음대로 행동함

▷ 經緯合散 경위합산 　경[經= 세로 줄]과 위[緯= 가로 줄]가 모였다가 흩어짐

左顧右眄 좌고우면 　왼 좌 | 돌아볼 고 | 오를 우 | 곁눈질할 면

왼쪽을 돌아보고 오른쪽을 곁눈질한다는 뜻, 앞뒤를 재고 주저(躊躇)하며 망설임

「유의어」 　左眄右顧 좌면우고, 左右顧眄 좌우고면, 左顧右視 좌고우시

左瞻右顧 좌첨우고, 狐疑不決 호의불결, 首鼠兩端 수서양단

首鼠 수서 　쥐가 구멍에서 머리를 내밀고 나갈까 말까 망설임
　　　　　머뭇거리며 진퇴나 거취(去就)를 결정짓지 못하는 상태를 이르는 말

▷ 佇眄 저면 　멈추어 바라다 봄

▷ **渥眄** 악면 1. 따뜻하게 보살펴 줌 2. 인정어린 눈으로 살핌

* 出典: 與吳季重書(여오계중서: 魏[위]나라 曹植[조식]이 吳質[오질]에게 보낸 편지)

左袒 좌단 왼 좌 | 웃통 벗을 단

왼쪽 소매를 벗어 어깨를 들어내 보임, 남을 편들어 동의(同意)함을 비유하는 말

전한(前漢)때 여후(呂后)가 반란(叛亂)을 도모(圖謀)할 때 공신 주발(周勃)이 군중(軍中)에서
여후(呂后)를 돕고자하는 자는 우단(右袒)하고 한나라 왕실을 돕고자 하는 자는 좌단하라고
명하자 모두 좌단(左袒)하였다는 고사에서 유래

▷ **肉袒** 육단 복종(服從)의 표시(表示)로 윗옷의 한쪽을 벗어 어깨를 드러내 보임

▷ **左衽** 좌임 북쪽의 미개한 인종의 옷 입는 방식(方式)이, 오른쪽 섶을 왼쪽 섶 위로
여몄다는 데서, 미개(未開)함을 이르는 말.

* 出典: 史記(사기) 呂后本紀(여후본기)

坐不安席 좌불안석 앉을 좌 | 아닐 불 | 편안할 안 | 자리 석

앉아 있어도 자리가 편안하지 않다는 뜻, 불안·근심 등으로 한군데에 가만히 앉아 있지 못하고
안절부절못하는 모양을 비유하는 말

『유의어』 **芒刺在背** 망자재배 가시나무를 등에 짊어진다는 뜻. 마음이 조마조마함

如坐針席 여좌침석 바늘방석에 앉은 것 같다는 말. 마음이 조마조마함

▷ **坐席** 좌석 1. 앉는 자리 2. 여러 사람이 모인 자리 = **座席** 좌석

坐食山空 좌식산공 앉을 좌 | 먹을·밥 식 / 밥 사 | 뫼 산 | 빌·하늘 공

앉아서 먹기만 하면 산도 없앨 수 있다는 뜻, 아무리 재산(財産)이 많아도 일을 안 하고
먹고 놀기만 하면 결국(結局) 재산이 탕진(蕩盡)된다는 말

▷ **不汗黨** 불한당 땀을 흘리지 않는 무리. 남의 재물을 강제로 빼앗는 강도의 무리

▷ **空虛** 공허 속이 텅 빔 또는 실속이 없이 헛됨

坐作進退 좌작진퇴 앉을 좌 | 일어설·지을 작 | 나아갈 진 | 물러날 퇴

1. 군대(軍隊)가 훈련(訓鍊)할 때 앉고·서고·나아가고·물러섬을 이르는 말
2. 군대가 지휘관(指揮官)의 명령아래 진법(陣法)대로 질서정연(秩序整然)하게 움직임

▷ **坐作** 좌작 앉음과 일어남 = **起臥** 기와 일어남과 누움

▷ **坐礁** 좌초 배가 암초(暗礁)에 얹힘. 곤경(困境)에 빠짐의 비유

坐井觀天 좌정관천 앉을 좌 | 우물 정 | 볼 관 | 하늘 천

우물 속에 앉아 하늘을 쳐다본다는 뜻, 세상물정을 도통 모름. 사람의 견문이 매우 좁음을 비유

『유의어』 井中之蛙 정중지와, 井底之蛙 정저지와, 坎井之蛙 감정지와

管中窺豹 관중규표, 少見多怪 소견다괴, 用管窺天 용관규천

『반의어』 博學多識 박학다식, 多聞博識 다문박식

博覽強記 박람강기   책을 널리 많이 읽고 기억(記憶)을 잘함

涉獵 섭렵   물을 건너 찾아다닌다는 뜻으로 온갖 책을 널리 읽거나 여기저기
            찾아다니며 여러 일을 경험(經驗)함을 이르는 말.

▷ 觀望 관망   1. 형편(形便)이나 분위기(雰圍氣)를 가만히 살펴봄   2. 풍경을 멀리서 바라봄

左提右挈 좌제우설   왼 좌 | 끌 제 | 오를 우 | 이끌·거느릴 설

왼쪽으로 끌고 오른쪽으로 이끈다는 뜻, 서로 의지(依支)하고 도움을 비유

『유의어』 左提右攜 좌제우휴   손을 맞잡고 서로 도움

▷ 提携 제휴   행동을 함께하기 위해 서로 붙들어 도와줌

▷ 左右就養 좌우취양   곁에서 봉양(奉養)함

▷ 扶腋 부액   곁부축[남의 겨드랑이를 붙들어 걸음을 돕는 일 = 부축]

* 出典: 漢書(한서)

左之右之 좌지우지   왼 좌 | 어조사 지 | 오를 우 | 갈·어조사 지

왼쪽으로 갔다가 오른쪽으로 갔다가 한다는 뜻, 어떤 일이나 상대를 이리저리 제 마음대로
다루거나 휘두름을 비유하는 말

『유의어』 左右之 좌우지, 左右 좌우

七縱七擒 칠종칠금   일곱 번 놓아주고 일곱 번 사로잡는다는 뜻으로
                      마음대로 잡았다 놓아주었다 함을 이르는 말

左瞻右顧 좌첨우고   왼 좌 | 볼 첨 | 오를 우 | 돌아볼 고

왼쪽을 보고 오른쪽을 돌아본다는 뜻, 어떤 일을 할까 말까 얼른 결정짓지 못함을 비유

『유의어』 左顧右眄 좌고우면, 左右顧眄 좌우고면, 左顧右視 좌고우시

首鼠兩端 수서양단   쥐가 구멍에서 머리를 내밀고 나갈까 말까 망설인다는 뜻

猶豫 유예, 首鼠 수서, 躊躇 주저   머뭇거리며 망설임

狐疑不決 호의불결   여우가 의심이 많아 결단(決斷)을 내리지 못한다는 뜻

左衝右突 좌충우돌 왼 좌 | 찌를 충 | 오를 우 | 부딪힐 돌

이리저리 마구 찌르고 부딪친다는 뜻, 아무에게나 또는 아무 일에나 함부로 맞닥뜨림을 비유

[유의어] 左右衝突 좌우충돌, 東衝西突 동충서돌, 右往左往 우왕좌왕

猪突稀勇 저돌희용, 猪突之勇 저돌지용, 猪突 저돌, 黑猪 흑저
앞뒤를 가리지 않고 마구 날뜀

▷ 衝突 충돌 1. 서로 맞부딪침 2. 의견이나 이해가 맞지 않아 서로 맞섬

▷ 追突 추돌 기차·자동차·탈 것 등이 뒤에서 들이받음

▷ 猪突的 저돌적 1. 앞뒤를 헤아리지 않고 돌진하는 2. 앞일을 생각지 않고 처리하는

主客一體 주객일체 주인 주 | 손 객 | 하나 일 | 몸 체

주(主)와 객(客)이 한 몸이라는 뜻, 주인과 손님 또는 주체와 객체가 하나가 됨을 비유

[유의어] 物我一體 물아일체 외물과 자아, 객관과 주관, 물질계와 정신계가 하나가 됨

物心一如 물심일여 사물과 마음이 구분 없이 하나로 통합됨

▷ 騷客 소객 문인이나 시인 = 騷人 소인

▷ 墨客 묵객 글씨를 쓰거나 그림을 그리는 사람 / 賓客 빈객 귀한 손님

主客顚倒 주객전도 주인 주 | 손 객 | 꼭대기·엎드러질 전 | 거꾸러질 도

1. 주인과 손님, 주체와 객체의 입장(立場)이나 위치(位置)가 서로 뒤바뀐다는 뜻
2. 사물의 경중(輕重)·선후(先後)·완급(緩急)·위치(位置)·차례 등이 서로 뒤바뀜을 비유하는 말

[유의어] 客反爲主 객반위주, 本末顚倒 본말전도, 乙丑甲子 을축갑자

冠履倒置 관리도치, 冠履倒易 관리도역, 冠履顚倒 관리전도
관(冠)과 신발(履)의 놓인 장소가 바뀜. 순서가 바뀜, 관(冠)을 발에 신고 신을 머리에 씀

賊反荷杖 적반하장 도둑이 도리어 매를 든다는 뜻, 잘못한 사람이
도리어 잘한 사람을 나무라는 경우에 쓰는 말

▷ 顚倒 전도 1. 엎어져서 넘어짐 2. 위치나 차례가 뒤바뀌어 거꾸로 됨

晝耕夜讀 주경야독 낮 주 | 밭갈 경 | 밤 야 | 읽을 독

낮에는 농사짓고 밤에는 글을 읽는다는 뜻, 바쁘고 어려운 여건(與件)속에서도 꿋꿋이
공부(工夫)함을 비유

[유의어] 螢雪之功 형설지공 고생(苦生)을 하면서 꾸준히 공부(工夫)하여 얻은 보람

晴耕雨讀 청경우독 갠 날은 부지런히 농사를 짓고 비 오는 날은 열심히 공부함

螢窓雪案 형창설안, 孫康映雪 손강영설, 車胤聚螢 차윤취형

▷ **筆耕** 필경　1. 붓으로 농사를 짓는다는 뜻　2. 직업으로 글이나 글씨를 쓰는 일
　　　　　　　　3. 등사(謄寫) 원지(原紙)에 철필(鐵筆)로 글씨를 쓰는 일

酒袋飯囊 주대반낭　술 주 | 자루 대 | 밥 반 | 주머니 낭

술 자루와 밥주머니라는 뜻, 먹고 마실 줄만 알지 아무짝에도 쓸모없는 사람의 비유

유의어　飯囊酒袋 반낭주대, 酒囊飯袋 주낭반대, 衣架飯囊 의가반낭
　　　　　冢中枯骨 총중고골, 樗櫟之材 저력지재, 行尸走肉 행시주육

▷ **囊橐** 낭탁　자기의 차지로 만듦[자기가 가짐]. 또는 그런 물건

▷ **袋鼠** 대서　캥거루

* 出典: 宋(송)나라 曾慥(증조)의 類說(유설)

周到綿密 주도면밀　두루 주 | 이를 도 | 이어질·솜 면 | 빽빽할·촘촘할 밀

주의(注意)가 두루 미쳐 자세(仔細)하고 빈틈이 없다는 뜻, 어떤 일을 빈틈없이 완벽(完璧)하게
처리(處理)함을 비유하는 말

유의어　徹底 철저, 徹頭徹尾 철두철미, 徹上徹下 철상철하, 周密 주밀
　　　　　처음부터 끝까지 철저하게, 위에서부터 아래까지 꿰뚫듯 훤함

　　　　　用意周到 용의주도　마음의 준비(準備)가 두루 미쳐 빈틈이 없음

　　　　　盛水不漏 성수불루　물을 담아도 새지 않을 만큼 사물이 잘 짜여 빈틈이 없음

走馬加鞭 주마가편　달릴 주 | 말 마 | 더할 가 | 채찍·매질할 편

달리는 말에 채찍질한다는 뜻, 좋을 때에 박차(拍車)를 가함. 잘하고 있는 사람을 한층 더 잘하도록
장려(奬勵)함을 비유하는 말

▷ **鞭撻** 편달　채찍으로 때림, 타이르고 격려(激勵)함 = **鞭扑** 편복

▷ **投鞭斷流** 투편단류　채찍을 던져 강의 흐름을 막음. 강을 건너는 군사의 수가 매우 많음

* 出典: 旬五志(순오지)

走馬看山 주마간산　달릴 주 | 말 마 | 볼 간 | 뫼 산

말을 타고 달리며 산천(山川)을 구경한다는 뜻, 건성건성 자세히 살펴보지 않고 빠르게 대충
훑어보고 지나감을 비유하는 말

유의어　西瓜皮舐 서과피지　수박 겉핥기

▷ **看做** 간주　상태·모양·성질 등을 그렇다고 여김 = **置簿** 치부

▷ **看過** 간과 1. 대충 보아 넘김 2. 깊이 유의(留意)하지 않고 예사(例事)로 내버려둠

走馬燈 주마등 달릴 주 | 말 마 | 등불·등잔 등

사물(事物)이 덧없이 빨리 변하여 지나감을 비유하는 말

등(燈)의 하나. 등 한가운데에 가는 대오리[가늘게 쪼갠 댓개비]를 세우고 대 끝에 두꺼운 종이로
만든 바퀴를 붙이고 종이로 만든 네 개의 말 형상을 달아서 촛불로 데워진 공기의 힘으로
종이 바퀴에 의하여 돌게 되어 있음

▷ **燈臺** 등대 1. 바닷가나 섬 같은 곳에 탑(塔) 모양으로 높이 세워, 밤에 다니는 배에
　　　　　　　　목표·뱃길·위험한 곳 등을 알리기 위해 불을 켜 비추는 항로 표지(標識)
　　　　　　　2. 나아가야 할 길을 밝혀 줌을 비유하는 말

* 出典: 荊楚歲時記(형초세시기)

酒百藥之長 주백약지장 술 주 | 일백 백 | 약 약 | 어조사 지 | 첫째·나을 장

**술은 모든 약 중에서 으뜸이라는 뜻, 애주가(愛酒家)들이 흔히 술을 예찬(禮讚)하고 기리는 말로
사용(使用)함**

〔유의어〕 酒乃百藥之長 주내백약지장

▷ **按酒** 안주 술 마실 때 곁들여 먹는 음식. 술안주

▷ **縱酒** 종주 몸을 가누지 못할 정도로 술을 많이 마심 = **泥醉** 이취, **滿醉** 만취

▷ **按摩** 안마 손으로 몸을 두드리거나 주물러서 피의 순환을 도와주는 일 = 마사지

* 出典: 漢書(한서) 食貨志(식화지)

酒酸不售 주산불수 술 주 | 초·실 산 | 아닐 불 | 팔·팔릴 수

술이 시도록 팔리지 않음. 경영방법이 좋지 않거나 어떤 문제(問題)가 있다는 말의 비유

술 장사꾼인 송(宋)나라 장씨(莊氏)가 모든 것을 완벽(完璧)하게 준비했으나 가게에서 사나운 개를
키우는 바람에, 손님이 개를 무서워하여 가게에 들어올 수 없어 술이 안 팔렸다는 고사에서 유래

〔유의어〕 狗猛酒酸 구맹주산, 猛狗之患 맹구지환
　　　　　　술집의 개가 사나우면 술이 안 팔려 술이 시어진다는 말

▷ **苦** 쓸 고 **酸** 실·초 산 **甘** 달 감 **辛** 매울 신 **鹽** 짤·소금 염

* 出典: 韓非子(한비자) 外儲說右上(외저설우상)

酒色雜技 주색잡기 술 주 | 빛·여색·정욕 색 | 섞일 잡 | 재주 기

술과 예쁜 여자와 잡스러운 여러 가지 놀음을 아울러 이르는 말

▷ **酒酊** 주정 술에 취해 정신(精神)없이 말하거나 행동(行動)함

▷ **酗酒** 후주 절제(節制) 없이 술을 마심, 술에 취해 소란(騷亂) 피움

▷ **酬酢** 수작 1. 술잔을 주고받음 2. 말을 주고받음

朱脣皓齒 주순호치 붉을주 | 입술 순 | 흴 호 | 이빨 치

붉은 입술과 흰 이빨, 아름다운 여자를 형용(形容)하는 말. 미인을 비유하는 말

『유의어』 **朱脣白齒** 주순백치, **丹脣皓齒** 단순호치

明眸皓齒 명모호치 눈동자가 맑고 이가 희다는 뜻, 미인의 모습

* 出典: 楚辭(초사) 卷第十(권제십) 大招章句(대초장구) 第十(제십)

晝夜不忘 주야불망 낮주 | 밤야 | 아닐 불 | 잊을 망

밤낮으로 잊지 못한다는 뜻, 늘 잊지 않고 생각한다는 말로 누군가를 그리워하거나 걱정거리가
있을 때 쓰는 말

『유의어』 **寤寐不忘** 오매불망, **寤寐思服** 오매사복 자나 깨나 잊지 못함

輾轉不寐 전전불매, **輾轉反側** 전전반측
누워서 이리저리 뒤척거리며 잠을 이루지 못함

晝夜長川 주야장천 낮주 | 밤야 | 긴장 | 내천

밤낮으로 쉬지 않고 잇따라 흐른다는 뜻, 어떤 일을 쉬지 않고 항상 하거나 잇달아 일어날 때
쓰는 말

『유의어』 **長川** 장천 긴 내, 쉬지 않고 연달아 흐름

▷ **不撤晝夜** 불철주야 밤낮을 가리지 아니함

▷ **不夜城** 불야성 등불·네온사인·광고판 등이 휘황하게 켜 있어 밤에도 대낮처럼 밝은 곳

* 出典: 論語(논어)

主辱臣死 주욕신사 임금·주인 주 | 욕될 욕 | 신하 신 | 죽을 사

임금이 치욕(恥辱)을 당하면 신하가 임금의 치욕을 씻기 위하여 목숨을 바친다는 뜻으로
아랫사람이 윗사람을 도와 생사고락(生死苦樂)을 함께 함을 비유하여 이르는 말

『유의어』 **君辱臣死** 군욕신사

▷ **恥辱** 치욕 수치와 모욕 / **羞恥** 수치 부끄러움 / **侮辱** 모욕 깔보고 욕되게 함

▷ **凌辱** 능욕 남을 업신여겨 욕보임. 여자를 강간(強姦)하여 욕보임

* 出典: 史記(사기) / 國語(국어) 越語(월어)

澍濡 주유 단비 주 | 젖을 유

단비에 젖음. 임금의 은총(恩寵)이 백성에게 골고루 미침을 비유적으로 이르는 말

『유의어』 **湛露** 담로　많이 내린 이슬. 임금의 깊은 은혜(恩惠)를 비유하는 말

　　　　聖恩 성은　1. 임금의 거룩한 은혜　　2. 하나님의 거룩한 은혜

▷ **軫念** 진념　1. 임금이 마음을 써서 신하나 백성의 사정을 걱정하여 근심함
　　　　　　　2. 윗사람이 아랫사람의 사정(事情)을 걱정하여 헤아려 줌

▷ **濡袂** 유몌　눈물 젖은 옷소매[이별하는 남녀가 서로의 옷소매를 부여잡고 놓지 못함]

周遊天下 주유천하　두루 주 | 놀·여행할 유 | 하늘 천 | 아래 하

1. 천하(天下) 각지를 두루 돌아다니며 구경함　　2. 별 소득 없이 떠돌아다님을 비유

『유의어』 **周遊列國** 주유열국, **周遊四方** 주유사방

　　　　轍環天下 철환천하　수레를 타고 천하를 돌아다닌다는 뜻, 세계 각지를 여행함

▷ **船遊** 선유　뱃놀이 / **遊覽** 유람　여기저기 돌아다니며 구경함

晝而繼夜 주이계야　낮 주 | 그리고 이 | 이을 계 | 밤 야

낮에 하던 일을 밤에도 계속 이어서 한다는 뜻, 낮이나 밤이나 쉬지 않고 열심히 일을 함

『유의어』 **夜以繼晝** 야이계주, **不撤晝夜** 불철주야, **不解衣帶** 불해의대

　　　　發憤忘食 발분망식　어떤 일에 열중(熱中)하여 끼니까지 잊고 힘씀 (공자)

　　　　廢寢忘餐 폐침망찬, **廢寢忘食** 폐침망식　침식(寢食)을 잊고 일에 몰두(沒頭)함

　　　　自强不息 자강불식　스스로 힘써 몸과 마음을 가다듬는 것을 쉬지 않음

　　　　日昃之勞 일측지로　점심끼니를 거르고 해가 질 때 까지 수고함

走獐落兎 주장낙토　달아날 주 | 노루 장 | 떨어질 낙(락) | 토끼 토

노루[獐: 장]를 잡으려고 쫓아가는데 토끼[兎: 토]가 떨어졌다는 뜻, 생각하지 않았던 뜻밖의
이익(利益)을 얻음을 비유

▷ **橫財** 횡재　뜻밖에 재물(財物)을 얻음 ↔ **橫厄** 횡액　뜻밖에 재액(災厄)을 당함

▷ **貂** 담비 초 **貉** 담비 학 **豹** 표범 표 **彪** 범 표 **虎** 범 호 **鹿** 사슴 록

　　狐 여우 호 **熊** 곰 웅 **羆** 큰곰 비 **狼** 이리 랑 **狽** 이리 패 / **獺** 수달 달

舟中敵國 주중적국　배 주 | 가운데 중 | 적 적 | 나라 국

자기 배[舟: 주]안에 적국(敵國)이 있다는 뜻으로 군주(君主)가 덕을 닦지 않으면, 지금은
자기편일지 몰라도 후일 모두 적이 될 수 있다는 말. 즉 정치(政治)를 잘 하라는 말

▷ 第五列 제오열　내부에 있으면서 외부의 반대 세력에 호응하는 집단 = 제5부대

▷ 船 배 선 舶 큰 배 박 艦 싸움배 함 艇 거룻배 정

* 出典: 史記(사기) 孫子吳起列傳(손자오기열전)

酒池肉林 주지육림　술 주 | 못 지 | 고기 육 | 수풀 림

술로 연못을 이루고 고기로 숲을 만든다는 뜻, 음란(淫亂)하고 호사(豪奢)스런 술잔치라는 말로 방탕(放蕩)한 생활을 비유하는 말

은(殷)나라 주왕(紂王)이 연못을 파서 술로 채우고 숲의 나뭇가지에 고기를 걸어놓고 잔치를 즐겼다는 고사에서 유래

【유의어】 肉山脯林 육산포림　고기가 산을 이루고 포(脯= 말린 고기)가 숲을 이룸

殷紂爲酒池肉林 은주위주지육림, 夏桀爲肉山脯林 하걸위육산포림
은(殷)나라 주왕(紂王)은 주지육림이요,　하(夏)나라 걸왕(桀王)은 육산포림이다.

* 出典: 史記(사기) 殷本紀(은본기)

主鬯 주창　주인·임금 주 | 울창주 창

울창주(鬱鬯酒) 올리는 일을 주재[主宰: 중심이 되어 맡아 처리]함

태자(太子)의 종묘(宗廟)에서 제사 지낼 때 울창주를 올린데서 유래함

▷ 鬱鬯酒 울창주　울금향[鬱金香: 튤립]을 넣어 빚은 향기 나는 술로 제사의 강신에 사용

▷ 降神 강신　제사 지낼 때, 초헌(初獻)하기 전에 신이 내리게 하는 뜻으로
　　　향(香)을 피우고 술을 잔에 따라 모사(茅沙)위에 붓는 일

▷ 茅沙 모사　제사 지낼 때, 그릇에 담은 모래와 거기에 꽂은 띠의 묶음

竹頭木屑 죽두목설　대나무 죽 | 머리 두 | 나무 목 | 가루·부스러기 설

대나무 조각과 나무 부스러기라는 뜻으로 소용(所用)이 적은 물건, 또는 하찮거나 못쓰게 된 물건이라도 소홀(疏忽)히 하지 않고 재활용(再活用)함을 이르는 말

▷ 鋸屑 거설　톱밥 / 屑鐵 설철　철제품을 만들 때 나오는 쇠 부스러기

* 出典: 晉書(진서) 陶侃傳(도간전)

竹林七賢 죽림칠현　대나무 죽 | 수풀 림 | 일곱 칠 | 어질 현

중국 위(魏)·진(晉)시대의 정권교체기에, 부패한 정치권력에 등을 돌리고 죽림(竹林)에 모여 거문고와 술을 즐기며 청담(淸談)으로 세월을 보낸 일곱 선비

▷ 七賢 칠현: 노자(老子)와 장자(莊子)의 무위사상(無爲思想)을 숭상(崇尙)하는 아래의 인물들
　　산도(山濤), 왕융(王戎), 유영(劉伶), 완적(阮籍), 완함(阮咸), 혜강(嵇康), 상수(向秀) 등을 말함

竹馬故友 죽마고우 대나무 죽 | 말 마 | 옛 고 | 벗 우

대나무로 만든 말을 타고 놀던 벗이라는 뜻으로 어렸을 때 같이 친하게 놀던 벗

「유의어」 竹馬之好 죽마지호, 竹馬交友 죽마교우

竹馬之友 죽마지우, 竹馬舊友 죽마구우

蔥竹之交 총죽지교　파피리를 불고 대나무로 만든 말을 타며 어려서부터
　　　　　　　　　　같이 놀면서 자란 친구와의 교분(交分)

* 出典: 晉書(진서) 殷浩傳(은호전)

竹帛垂名 죽백수명 대나무 죽 | 비단 백 | 드리울 수 | 이름 명

죽백[竹帛: 역사서]에 이름을 기록한다는 뜻으로 명예로운 이름을 후세에 길이 남김을 비유

「유의어」 垂名竹帛 수명죽백, 功名垂竹帛 공명수죽백

流芳百世 유방백세　아름다운 이름이 후세에 길이길이 전함

死而不亡 사이불망　형체(形體)는 죽어도 도(道)는 없어지지 않음

死且不朽 사차불후　몸은 죽어 썩어 없어져도 명성만은 후세에 길이 전함

「반의어」 遺臭萬年 유취만년　더러운 이름을 후세에 오래도록 남김

▷　垂簾 수렴　발을 드리움. 또는 그 발. 또는 수렴청정(垂簾聽政)의 준말

* 出典: 後漢書(후한서)

竹杖芒鞋 죽장망혜 대나무 죽 | 지팡이 장 | 까끄라기·털·바늘 망 | 신·짚신 혜

대나무지팡이와 짚신이라는 뜻, 먼 길을 떠날 때의 아주 간편(簡便)한 차림새를 비유

▷　鞋襪 혜말　신과 버선 / 靴 신·가죽신 화 / 靑藜杖 청려장 명아줏대로 만든 지팡이

▷　芒鞋 망혜　미투리, 짚신 = 麻鞋 마혜, 繩鞋 승혜

噂沓背憎 준답배증 수군거릴 준 | 겹칠 답 | 등 배 | 미워할 증

눈앞에서는 친한 체 하며 수다를 떨고 등을 돌아서서는 수군거리며 비방(誹謗)한다는 말

「유의어」 笑中刀 소중도, 笑裏藏刀 소리장도
웃음 속에 칼이 있다는 뜻. 겉으로 웃으면서 속으로는 해칠 마음을 품음. 표리부동

口蜜腹劍 구밀복검　꿀처럼 달콤한 유혹의 말과 칼처럼 무서운 흉측한 생각

面從腹背 면종복배, 陽奉陰違 양봉음위
겉으로는 복종하는 체하면서 마음속으로는 배반함

蛇心佛口 사심불구　뱀의 마음과 부처의 입. 마음은 간악(奸惡)하되
　　　　　　　　　　　입으로는 착한 말을 꾸밈 또는 그런 사람

綿裏藏針 면리장침　솜 속에 바늘을 감추어 꽂음. 겉으로는 부드러운 듯
　　　　　　　　　　　하지만 속으로는 아주 흉악(凶惡)함을 비유하는 말

▷ 噂沓 준답　의논이 분분함. 떠들썩함. 남을 헐뜯음

▷ 憎惡 증오　몹시 미워함 / 愛憎 애증　사랑과 미움

* 出典: 詩經(시경) 小雅(소아) 十月之交(시월지교)

遵養時晦 준양시회　좇을·따를 준 | 기를 양 | 때 시 | 그믐·어두울 회

도(道)를 좇아 덕(德)을 기르고 시세(時勢)에 따라 살면서 자기의 때를 얻지 못하면 언행(言行)을
삼가며 어리석은 체 자신을 감추고 은둔생활(隱遁生活)을 한다는 말

【유의어】　韜光養晦 도광양회, 韜晦 도회
　　　　　　자기의 재능(才能)·학식(學識)·명성(名聲) 등을 드러내지 않고 참고 기다린다는 말

　　　　　　櫝玉 독옥　궤에 갈무리한 아름다운 옥. 감추어 둔 재능(才能)을 비유하는 말

　　　　　　卷懷 권회　말아서 품에 넣는다는 뜻. 자신의 재능을 숨기고 드러내지 않음

▷ 朔 초하루 삭　望 보름·바랄 망　晦 그믐·어두울 회　旬 열흘 순　年 해 년

* 出典: 詩經(시경) 周頌(주송) 酌篇(작편)

樽俎折衝 준조절충　술통·술단지 준 | 도마·요리 조 | 꺾을 절 | 부딪힐·찌를 충

술자리[樽俎: 준조]에서 외국사신과 담소(談笑)하면서 상대의 요구를 점잖게 물리친다는 뜻으로
외교상의 교섭(交涉)에서 담판(談判)으로 국위(國威)를 빛냄의 비유. 즉, 부드럽게 협상에 이김

【유의어】　樽俎之師 준조지사

▷ 折衝 절충　적의 창끝을 꺾어 막음, 외교나 기타의 교섭에서 담판하거나 흥정하는 일

▷ 折衷 절충　서로 다른 견해나 관점을 어느 편으로도 치우치지 않게 조절하여 알맞게 함

▷ 越俎 월조　도마를 뛰어넘는다는 뜻에서 자기 직분(職分)을 넘어 남의 일에 간섭(干涉)함

* 出典: 晏子春秋(안자춘추: 晏嬰[안영] 著) 內篇(내편)

啐啄同時 줄탁동시　지껄일·떠들·빨 줄 / 맛볼 쵀 | (부리)쫄 탁 | 같을 동 | 때 시

알속에서 나오려는 병아리와 어미닭이 동시에 안팎에서 알껍데기를 쫀다는 뜻으로
1. 사제지간(師弟之間)의 인연(因緣)이 무르익어 어떤 기회(機會)를 맞아 더욱 두터워진다는 말
2. 수행승[弟子: 제자]의 역량(力量)을 단박에 알아차리고 바로 깨달음에 이르게 하는 스승의
　　예리(銳利)한 기질(氣質)과 능력을 비유하는 말

닭이 알을 깔 때에, 알속의 병아리가 껍질을 깨뜨리고 나오기 위하여 껍질 안에서 쪼는 것을
줄(啐)이라하고 어미 닭이 밖에서 동시에 쪼아 깨뜨리는 것을 탁(啄)이라고 함

啐啄同機 줄탁동기, 啐啄 줄탁

▷ 啄食 탁식　쪼아 먹음

衆寡不敵 중과부적　무리·많을 중 | 적을 과 | 아닐 부 | 적·원수 적

적은 수로는 많은 수를 대적(對敵)할 수 없다는 뜻, 아무리 힘이 세더라도 수가 적으면 상대를 이길 수 없다는 말

『유의어』 寡不敵衆 과부적중

▷ 寡人 과인　덕이 적은 사람이라는 뜻으로 임금이 자기를 낮추어 일컫던 말

▷ 寡聞淺識 과문천식　보고 들은 것이 적고 배움이 얕음

* 出典: 孟子(맹자) 梁惠王篇(양혜왕편)

衆口難防 중구난방　무리·많을 중 | 입 구 | 어려울·꾸짖을 난 | 막을 방

뭇사람의 말을 이루 다 막기가 어렵다는 뜻, 막기 어려울 정도로 여러 사람이 마구 지껄임을 이르는 말

『유의어』 衆口難調 중구난조

▷ 苦難 고난　괴로움과 어려움 = 苦楚 고초

▷ 調劑 조제　여러 가지 약품을 적절(適切)히 조합하여 약을 만듦

衆口鑠金 중구삭금　무리·많을 중 | 입 구 | 쇠 녹일 삭 | 쇠 금

뭇사람의 말은 쇠도 녹인다는 뜻으로 여러 사람의 말은 큰 힘이 있음을 이르는 말
즉 여론(輿論)의 힘이 대단히 크다는 말

『유의어』 市虎 시호, 市虎三傳 시호삼전, 衆口銷金 중구소금
근거 없는 말도 퍼뜨리는 사람이 많으면 끝내는 사실로 믿게 됨을 이르는 말

曾參殺人 증삼살인, 投杼疑 투저의, 投杼踰牆 투저유장
증삼이 살인을 했다는 거짓말도 여러 사람이 나서서 말하면 참말이 된다는 말

▷ 衆心成城 중심성성　뭇사람의 마음이 일치하면 성벽같이 굳어짐을 비유

▷ 矍鑠 확삭　늙었어도 기력(氣力)이 정정함

* 出典: 國語(국어) 周語(주어)

中道而廢 중도이폐　가운데 중 | 길 도 | 어조사 이 | 폐할·그만둘 폐

일을 하다가 끝을 맺지 않고 중간(中間)에서 그만둠. 하다가 아니 함.

『유의어』 半途而廢 반도이폐

▷ 廢止 폐지　실시(實施)해 오던 제도나 법규·일 등을 없애거나 그만둠

▷ **閉止** 폐지　어떤 작용(作用)·기능(機能) 등이 그침

▷ **中保** 중보　1. 둘 사이에서 일을 주선(周旋)하는 사람.

　　　　　　　2. 하나님과 사람과의 사이에서 인간을 대신해 피를 흘리고 죽음으로써
　　　　　　　　하나님과의 관계를 회복시키는 역할. 곧, 예수의 역할.

* 出典: 論語(논어) 雍也篇(옹야편)

中傷謀略 중상모략　가운데 중 | 상처·다칠 상 | 꾀할 모 | 다스릴·간략할 략

근거(根據)없는 소문이나 권모술수(權謀術數)로 남을 헐뜯고 속임수를 써서 상대를 험한
함정(陷穽)에 빠뜨리는 일

▷ **權謀術數** 권모술수　목적을 달성(達成)하기 위해 모략(謀略)과 중상(中傷) 등
　　　　　　　　　　온갖 수단(手段)과 방법(方法)을 쓰는 술책

▷ **黑色宣傳** 흑색선전　근거(根據)없는 사실을 조작(造作)해서 상대방을 중상모략하고
　　　　　　　　　　교란(攪亂)하는 정치적 술책(術策)

▷ **攪亂** 교란　마음이나 상황 등을 뒤흔들어 어지럽게 함

中石沒鏃 중석몰촉　가운데 중 | 돌 석 | 잠길·빠질 몰 | 살촉 촉(족)

쏜 화살이 바위의 한가운데에 깊이 박혔다는 뜻, 정신(精神)을 집중(集中)해서 전력을 다하면
놀라운 결과(結果)를 거둘 수 있음을 비유하는 말

전한(前漢)의 장수 이광(李廣)이 어느 날 황혼(黃昏)녘에 초원(草原)을 지나다가, 바위를
호랑이로 잘못보고 한발에 죽이겠다는 신념으로 활을 당겼더니, 화살이 바위에 깊이 박혔다.
나중에 바위임을 알고 난 뒤 다시 쏘아보았으나, 화살이 되튀어 나왔다는 고사에서 유래

【유의어】 **中石沒矢** 중석몰시, **金石爲開** 금석위개, **射石爲虎** 사석위호

　　　　 立石矢 입석시, **精神一到 何事不成** 정신일도 하사불성

▷ **退鏃** 퇴촉　쏜 화살이 과녁에 맞아 꽂히지 않고 되튀어 떨어짐

* 出典: 史記(사기) 李將軍列傳(이장군열전) 漢詩外傳(한시외전)

衆心成城 중심성성　무리 중 | 마음 심 | 이룰 성 | 성·재 성

뭇 사람들의 마음이 모이면 성(城)을 이룬다는 뜻, 여러 사람의 마음이 하나로 단결(團結)하면
견고(堅固)한 성처럼 굳어진다는 말

【유의어】 **一致團結** 일치단결　여럿이 마음을 합쳐 한 덩어리로 굳게 뭉침

　　　　 一心同體 일심동체　한마음 한 몸, 서로 굳게 결합(結合)함

　　　　 大同團結 대동단결　여러 집단(集團)이나 사람이 어떤 목적(目的)을 이루려고
　　　　　　　　　　　　　　크게 한 덩어리로 뭉침

重言復言 중언부언 거듭·무거울 중 | 말씀 언 | 다시·덮을 부 / 돌아올 복 | 말씀 언

거듭 말하고 다시 말한다는 뜻, 이미 한 말을 자꾸자꾸 되풀이함을 비유

▷ **復活** 부활 죽었다가 다시 되살아남. 일단 폐지(廢止)했다가 다시 사용(使用)함

▷ **復舊** 복구 손실(損失)이전의 상태로 회복(回復)함. 원래상태로 돌아감

中原逐鹿 중원축록 가운데 중 | 들·벌판 원 | 쫓을 축 | 사슴·권좌 록

중원[中原: 넓은 들판= 천하]에서 뛰노는 사슴[鹿: 록= 제왕]을 잡으려고 군웅(群雄)이 서로
다툰다는 뜻. 즉 패권경쟁(霸權競爭)
1. 뭇 영웅(英雄)들이 천하의 제왕(帝王)이 되려고 서로 다투는 일
2. 서로 경쟁(競爭)하여 어떤 지위(地位)를 얻으려고 다투는 일

「유의어」 角逐 각축, 角逐戰 각축전, 逐鹿 축록, 掎鹿 기록

中原之鹿 중원지록, 群雄割據 군웅할거

鹿死誰手 녹사수수 사슴이 누구의 손에 의해 죽는가? 즉 누가 패권을 잡는가?

▷ **逐出** 축출 쫓아내거나 몰아냄

* 出典: 史記(사기) 淮陰侯列傳(회음후열전)

衆人環視 중인환시 무리 중 | 사람 인 | 고리·둥글 환 | 볼 시

여러 사람이 빙 둘러싸고 지켜본다는 말. 세상 사람을 속일 수 없다는 말

「유의어」 衆目環視 중목환시

十目所視 십목소시 여러 사람이 보고 있다는 뜻 세상 사람을 속일 수 없음의 비유

▷ **瞻聆** 첨령 여러 사람이 보고 듣는 일

中正無私 중정무사 가운데 중 | 바를 정 | 없을 무 | 사사로울 사

중정(中正)의 도리를 지켜 사심(私心) 없이 공정(公正)함

▷ **中正** 중정 모자라거나 넘치지 않으면서 치우침이 없이 곧고 올바름

▷ **公正** 공정 어느 한쪽으로 치우침이 없이 올바름

* 出典: 管子(관자)

櫛風沐雨 즐풍목우 빗·머리빗을 즐 | 바람 풍 | 머리감을 목 | 비 우

바람으로 머리를 빗고 빗물로 머리를 감는다는 뜻, 긴 세월 객지(客地)에서 방랑(放浪)하며
온갖 고생(苦生)을 다함의 비유

「유의어」 櫛風 즐풍, 櫛雨 즐우, 八年風塵 팔년풍진

風餐露宿 풍찬노숙 바람과 이슬을 맞으며 한데에서 먹고 잔다는 뜻으로

객지에서 겪는 모진 고생을 이르는 말

▷ **櫛比** 즐비   빗살처럼 가지런하고 빽빽하게 늘어서있음을 비유하는 말

▷ **巾櫛** 건즐   수건과 빗. 세수하고 머리를 빗음 = **梳洗** 소세

▷ **沐浴** 목욕   머리를 감으며 몸을 씻는 일

* 出典: 十八史略(십팔사략)

曾參殺人 증삼살인   일찍 증 | 석 삼 | 죽일 살 | 사람·타인 인

'증삼'이 살인을 했다는 뜻, 결코 믿기 힘든 사실도 여러 사람이 진짜 그렇다고 반복(反復)해서
이야기하면 결국은 믿게 됨을 비유하는 말

증삼(曾參)의 어머니가 평소 아들의 인격을 굳게 믿어 의심하는 바가 없었는데, 어느 날
베를 짜고 있을 때 어떤 사람이 와서 '증삼'이 시장에서 사람을 죽였다고 고함을 쳤으나
곧이 듣지 않았고 두 번째도 그러 했으나 역시 믿지 않았는데, 세 번째 사람이 와서 같은 말을
하니 결국 짜고 있던 베틀 북을 집어 던지고 담장을 뛰어넘어 시장으로 달려갔다는 고사에서 유래
[시장에서 살인을 한 그 사람의 이름도 '증삼'이었음(同名異人: 동명이인)]

유의어 **三人成虎** 삼인성호, **三人成市虎** 삼인성시호, **市虎** 시호
   근거 없는 말도 퍼뜨리는 사람이 많으면 끝내는 사실로 믿게 됨을 이르는 말

   投杼疑 투저의   베틀의 북을 내던지는 의심. 참언도 여러 번 들으면 믿게 됨

   投杼踰牆 투저유장   베틀의 북을 내 던지고 담을 뛰어 넘어 나감. 참언을 믿음

   衆口鑠金 중구삭금   뭇사람의 말은 쇠도 녹인다는 뜻, 여론(輿論)의 위력

   積毀銷骨 적훼소골   뭇사람의 악담이 뼈도 녹인다는 말. 여론(輿論)의 무서움

* 出典: 戰國策(전국책) 秦策(진책)

知過必改 지과필개   알 지 | 허물 과 | 반드시 필 | 고칠 개

내 행동(行動)에 허물을 알게 되면 반드시 고치라는 말

유의어 **見善從之知過必改** 견선종지지과필개
   좋은 일을 보면 본받아 행하고 자기의 허물이 있으면 반드시 고치라는 말

▷ **改過遷善** 개과천선   지나간 허물을 고치고 착하게 됨 = **改過自新** 개과자신

▷ **改悛** 개전   잘못을 뉘우치고 마음을 바르게 고쳐먹음

* 出典: 千字文(천자문) / 論語(논어) 子張篇(자장편) / 明心寶鑑(명심보감)

至極精誠 지극정성   이를·미칠 지 | 다할·한계 극 | 혼·정할 정 | 정성 성

더 할 수 없이 극진(極盡)한 정성(精誠)

유의어 **苦心血誠** 고심혈성, **至誠盡力** 지성진력, **至誠感天** 지성감천

▷ **至親** 지친   더할 수 없이 친함. 부모와 자녀 간·형제자매간을 일컬음

知己之友 지기지우 알 지 | 몸·자기 기 | 어조사 지 | 벗 우

자기의 속마음과 가치를 잘 알아주는 참된 친구

「유의어」 伯牙絶絃 백아절현, 腹心之友 복심지우, 知己 지기

高山流水 고산유수 높은 산과 흐르는 물. 거문고 소리·지기(知己)의 비유

肝膽相照 간담상조 간과 쓸개처럼 서로 속마음을 터놓고 친하게 사귐

知音 지음 음악의 곡조(曲調)를 잘 앎. 마음이 서로 통하는 친한 벗

持己秋霜 지기추상 지킬 지 | 몸·자기 기 | 가을 추 | 서리 상

자기에 대한 처신(處身)은 늦가을의 차가운 서릿발처럼 엄정(嚴正)하게 한다는 말

「반의어」 待人春風 대인춘풍 남에게는 봄바람처럼 부드럽게 대함. 관대(寬待)하게 대함

▷ 雹霜害 박상해 우박·서리에 의하여 농작물에 생긴 피해(被害)

▷ 持病 지병 오래되어 고치기 어려운 병 = 痼疾 고질

* 出典: 菜根譚(채근담)

知難而退 지난이퇴 알 지 | 어려울 난 | 그리고 이 | 물러날 퇴

어려움을 알았으면 물러나라는 뜻

[형세(形勢)가 불리하면 마땅히 물러날 줄도 알아야한다는 말]

▷ 退却 퇴각 뒤로 물러감. 패하여 후퇴함 또는 가져온 금품을 물리침

▷ 退溪 퇴계 이황(李滉)의 호(號)

* 出典: 春秋左氏傳(춘추좌씨전) 宣公(선공) 12年條(년조)

舐犢之愛 지독지애 핥을·빨을 지 | 송아지 독 | 어조사 지 | 사랑 애

어미 소가 송아지를 혀로 핥아 준다는 뜻으로 자식(子息)에 대한 부모의 지극(至極)한
사랑을 비유하는 말

「유의어」 舐犢之情 지독지정

卵翼之恩 난익지은 알을 까서 날개로 품어 길러준 부모의 은혜

劬勞之恩 구로지은 자기를 낳고 또 길러준 부모의 은혜(恩惠)

▷ 牲犢 생독 제사(祭祀)지낼 때 제물로 쓰는 송아지

▷ 犧牲 희생 1. 천지신명이나 묘사(廟社)에 제사지낼 때 제물로 바치는 산 짐승
2. 어떤 사물·사람을 위해서 자기 몸을 돌보지 않음
3. 전쟁·사고·뜻밖의 재난 등에 휘말려 목숨을 잃거나 다침

指東指西 지동지서 가리킬 지 | 동녘 동 | 가리킬 지 | 서녘 서

동쪽을 가리켰다 서쪽을 가리켰다한다는 뜻, 근본(根本)에는 손을 못 대고 딴것을 가지고
이러쿵저러쿵함을 비유하는 말

▷ **指摘** 지적 손가락질해가며 가리킴. 허물을 들추어 폭로(暴露)함 = **訐揚** 알양

▷ **指標** 지표 방향이나 목적, 기준 등을 나타내는 표지(標識)

之東之西 지동지서 갈 지 | 동녘 동 | 갈 지 | 서녘 서

동쪽으로도 가고 서쪽으로도 간다는 뜻, 뚜렷한 목적 없이 이리저리 갈팡질팡한다는 말

〔유의어〕 **右往左往** 우왕좌왕, **左往右往** 좌왕우왕
이리저리 왔다 갔다 하며 종잡지 못함 또는 이랬다저랬다 갈팡질팡함

天方地軸 천방지축, **天方地方** 천방지방
못난 사람이 종작없이 덤벙대는 일, 너무 급하여 방향을 잡지 못하고 함부로 날뛰는 일

東衝西突 동충서돌, **左衝右突** 좌충우돌

芝蘭之交 지란지교 지초 지 | 난초 란(난) | 어조사 지 | 사귈 교

지초와 난초 같은 향기로운 사귐이라는 뜻, 벗 사이의 맑고 고귀(高貴)한 사귐을 비유하는 말

〔유의어〕 **淡水之交** 담수지교 맑은 물의 사귐. 교양(敎養)있는 군자의 담담한 교제(交際)

▷ **蘭亭帖** 난정첩 중국 진(晉)나라의 왕희지(王羲之)가 쓴 법첩(法帖)

芝蘭之室 지란지실 지초 지 | 난초 란(난) | 어조사 지 | 집·방 실

지초와 난초의 향기(香氣)가 풍기는 방이라는 뜻, 군자(君子)를 이르는 말

▷ **君子** 군자 벼슬과 학식과 덕행이 높은 사람 또는 아내가 남편을 높여 부르는 말

▷ **芝峯類說** 지봉유설 1614년[광해군 6년]에 이수광이 편찬한 한국최초의 백과사전

* 出典: 顏氏家訓(안씨가훈)

指鹿爲馬 지록위마 가리킬 지 | 사슴 록 | 할·될 위 | 말 마

사슴(鹿)을 가리키며 말(馬)이라고 한다는 뜻
1. 사실이 아닌 것을 사실(事實)이라고 우겨서 강압(强壓)적으로 인정(認定)하게 만듦
2. 윗사람을 기만(欺瞞)하고 농락(籠絡)하여 자기 마음대로 권세(權勢)를 휘두른다는 말

진(秦)나라의 조고(趙高)가 자신의 권세를 시험(試驗)하여 보고자, 뭇 신하들 앞에서
황제인 호해(胡亥)에게 사슴[鹿: 록]을 가리키며 말[馬: 마]이라고 우긴 고사에서 유래

* 出典: 史記(사기) 秦始皇本紀(진시황본기)

支離滅裂 지리멸렬 가를 지 | 떼놓을·떠날 리(이) | 멸망할 멸 | 찢어질 렬

제멋대로 뿔뿔이 흩어지고 찢어져서 갈피를 잡을 수 없이 엉망이 되는 상태를 비유

유의어 支離分散 지리분산, 七落八落 칠락팔락, 秋風落葉 추풍낙엽

七零八落 칠령팔락 제각기 뿔뿔이 흩어지거나 이리저리 없어짐

風飛雹散 풍비박산 사방으로 날아 흩어짐

土崩瓦解 토붕와해, 瓦解土崩 와해토붕
　　　　흙이 무너지고 기와가 깨어진다는 뜻. 사물이 여지없이 무너져 손쓸 수 없이 됨

▷ 車裂 거열 수레에 묶어 사지(四肢)를 찢는 형벌(刑罰)의 하나

持斧上疏 지부상소 가질·지킬 지 | 도끼 부 | 위 상 | 소통할·트일 소

도끼를 지니고 올리는 상소(上疏)
상소를 받아들이지 않으려면 머리를 쳐달라는 뜻으로 도끼를 내어놓고 올리는 상소

▷ 疏通 소통 막히지 않고 잘 통함. 생각하는 바가 서로 통함

▷ 支持 지지 개인·단체 등의 주의·정책 등에 찬동(贊同)하여 뒷받침함

▷ 號哭捲堂 호곡권당 궐밖에 앉아 곡소리를 내며 임금에게 시위(示威)하던 데모

知斧斫足 지부작족 알 지 | 도끼 부 | 찍을·쪼갤 작 | 발 족

믿는 도끼에 발등 찍힌다는 뜻, 자기가 믿는 사람에게서 배신(背信)당함을 비유하는 말

유의어 自斧刖足 자부월족, 自斧斫足 자부작족
　　　　　제 도끼에 제 발등 찍힘. 자기 일을 자기가 망친다는 말

▷ 斧斫 부작 도끼 / 斧鉞 부월 큰 도끼와 작은 도끼. 통솔권을 상징함

▷ 十伐之木 십벌지목 열 번 찍어 넘어가지 않는 나무가 없음을 이르는 말

* 出典: 旬五志(순오지)

紙上兵談 지상병담 종이 지 | 위 상 | 군사 병 | 말씀 담

종이 위에서 펼치는 용병(用兵)의 이야기, 실현성이 없는 허황(虛荒)된 이론(理論)을 비유

유의어 紙上談兵 지상담병

卓上空論 탁상공론, **机上空論** 궤상공론, **机上論** 궤상론
책상위에서 펼치는 쓸데없는 이야기. 현실성(現實性)이 없는 허황(虛荒)한 이론(理論)

▷ **紙榜** 지방　신주(神主)대신에 종이에 조상의 서열(序列)관계와 관작(官爵)을 적은 것

至誠感天 지성감천　이를 지 | 정성 성 | 느낄·감동할 감 | 하늘 천

지극한 정성을 들이면 하늘이 감동(感動)한다는 뜻, 무슨 일이든지 정성(精誠)을 다하면
하늘이 움직여 좋은 결과(結果)를 맺는다는 말

『유의어』　**至極精誠** 지극정성　더 할 수 없이 극진(極盡)한 정성(精誠)

　　　　至誠盡力 지성진력　지극한 정성을 바쳐 온 힘을 다해 노력(努力)함

　　　　苦心血誠 고심혈성　마음과 힘을 다하여 드리는 지극한 정성

池魚之殃 지어지앙　못 지 | 물고기 어 | 어조사 지 | 재앙 앙

못 속에 있는 물고기의 재앙(災殃), 뜻밖의 횡액(橫厄)을 당함

성에 불이 나서 급한 김에 옆에 있는 연못의 물로 불을 끄니 물이 없어져 물고기가 죽는다는
말로, 화(禍)가 엉뚱한 곳에 미쳐, 상관없는 사람이 뜻밖에 당하는 재앙(災殃)을 이르는 말

『유의어』　**殃及池魚** 앙급지어

　　　　橫來之厄 횡래지액, **橫厄** 횡액　뜻밖에 닥쳐오는 재액(災厄)

　　　　漁網鴻離 어망홍리　물고기를 잡으려고 쳐 놓은 그물에 기러기가 걸린다는 뜻

* 出典: 呂氏春秋(여씨춘추) 必己篇(필기편)

知音 지음　알 지 | 소리 음

소리를 알아듣는다는 뜻, 음악의 곡조를 잘 앎. 자기의 속마음을 알아주는 친구를 비유

『유의어』　**知己之友** 지기지우, **知友** 지우　서로 마음이 잘 통하는 친구

　　　　伯牙絶絃 백아절현, **絶絃** 절현　백아와 종자기의 우정

　　　　高山流水 고산유수　높은 산과 흐르는 물. 자신의 속마음과 가치를 알아주는 벗

　　　　鬲肝 격간　가슴과 간. 가장 친한 친구사이를 비유하는 말

　　　　人琴俱亡 인금구망, **人琴之嘆** 인금지탄, **人琴幷絶** 인금병절

智者一失 지자일실　슬기·지혜 지 | 놈 자 | 하나 일 | 잃을 실

지혜(智慧)로운 사람도 많은 생각 중에 간혹(間或) 실수(失手)가 있음

『유의어』　**千慮一失** 천려일실　천 번 생각에 한 번 실수. 현자도 잘못하는 경우가 있음

[반의어] 千慮一得 천려일득　어리석은 사람도 천 번을 생각하면 하나를 얻는다는 뜻

* 出典: 史記(사기) 淮陰侯列傳篇(회음후열전편)

知足不辱 지족불욕　알 지 | 족할·발 족 | 아닐 불 | 욕될 욕

분수(分數)를 지켜 만족(滿足)함을 아는 사람은 욕(辱)되지 아니함

▷ **侮辱** 모욕　깔보고 욕되게 함 / **榮辱** 영욕　영예(榮譽)와 치욕(恥辱)

▷ **安分知足** 안분지족　분수(分數)를 지키며 만족(滿足)함을 앎

* 出典: 老子(노자) 44章(장)

遲遲不進 지지부진　더딜 지 | 아닐 부 | 나아갈 진

일하는 것이 매우 더뎌 잘 진척(進陟)되지 않음을 비유하는 말

▷ **遲延** 지연　더디게 끌어 시간을 늦춤

▷ **遲刻** 지각　정한 시각보다 늦게 도착(到着)함

▷ **遲滯** 지체　때를 늦추거나 질질 끎. 의무이행을 정당한 이유 없이 지연(遲延)하는 일

知天命 지천명　알 지 | 하늘 천 | 목숨 명

하늘의 뜻[天命: 천명]을 안다는 뜻, 나이 50세를 말함

[공자(孔子)가 나이 50세에 천명(天命)을 알았다는 고사에서 유래]

[유의어] 知命之年 지명지년, **知命** 지명, **半百** 반백, **艾老** 애로

艾年 애년　머리털이 약쑥같이 희어진다는 뜻, 나이 쉰 살[= 50세]을 일컫는 말

▷ **知者不言言者不知** 지자불언언자부지
아는 자는 말이 없고 말하는 자는 알지 못한다는 말

▷ **弱冠** 약관 20 **而立** 이립 30 **不惑** 불혹 40 **耳順** 이순 60 **古稀** 고희 70

知彼知己百戰不殆 지피지기백전불태

알 지 | 저(사람) 피 | 알 지 | 자기·몸 기 | 일백 백 | 싸움 전 | 아닐 불 | 위태할 태

상대를 알고 나를 알면 백번 싸워도 위태롭지 않는다는 뜻, 상대의 약한 점과 나의 강한 점을
신중(愼重)히 알아보고 이길 수 있는 가능성이 있을 때 싸워야 승산(勝算)이 있다는 말

[유의어] 知彼知己百戰百勝 지피지기백전백승
상대(相對)를 알고 나를 알면 백번(百番) 싸워도 백번 다 이긴다는 말

▷ **危殆** 위태　형세(形勢)가 마음을 놓을 수 없을 만큼 위험(危險)하다는 말

* 出典: 孫子(손자) 謀攻篇(모공편)

知行合一 지행합일 알 지 | 다닐 행 | 합할 합 | 하나 일

지식과 행동은 하나가 되어야 한다는 뜻, 알고 행하지 않으면 진짜 아는 것이 아니라는 말의 비유

유의어 知行合一說 지행합일설 중국 명나라 왕양명(王陽明)이 주장한 수양법임

▷ 先知後行說 선지후행설 주자학에서, 이치를 알고 난 뒤에 행해야 한다는 학설

指呼之間 지호지간 가리킬 지 | 부를 호 | 어조사 지 | 사이 간

손짓하여 부르면 대답할 수 있을 만큼 아주 가까운 거리

유의어 指呼間 지호간

　　　　 咫尺之間 지척지간, 咫尺 지척 아주 가까운 거리

　　　　 目睫之間 목첩지간 눈과 눈썹사이처럼 아주 가까운 거리를 비유

　　　　 一衣帶水 일의대수 한 줄기의 좁은 강물 폭[옷의 허리띠로 잴 정도의 넓이]

▷ 指彈 지탄 손끝으로 튕겨버림. 잘못을 지적(指摘)하여 비난(非難)함[손가락질]

▷ 彈指 탄지 손톱이나 손가락을 튕김. 짧은 시간 = 刹那 찰나, 瞬息 순식

直系卑屬 직계비속 곧을 직 | 이을 계 | 낮을 비 | 이을 속

자기로부터 직계(直系)로 이어져 아래로 내려간 혈족(血族)

▷ 子女 자녀, 孫子 손자, 曾孫 증손 등

▷ 後裔 후예 몇 대가 지난 뒤의 자손 = 後孫 후손 ↔ 先祖 선조

▷ 戇直 당직 어리석을 만큼 곧은 성격

直系尊屬 직계존속 곧을 직 | 이을 계 | 높을 존 | 이을 속

조상(祖上)으로부터 직계(直系)로 이어져 내려와 자기에 이르는 사이의 혈족(血族)

▷ 曾祖父母 증조부모, 祖父母 조부모, 父母 부모 등

▷ 直諒 직량 정직(正直)하고 신실(信實)함

▷ 附屬 부속 주되는 일·물건에 딸려서 붙음. 또는 그렇게 딸려 붙은 사물

織錦回文 직금회문 짤 직 | 비단 금 | 돌 회 | 글월 문

비단(緋緞)으로 회문(回文)을 짜 넣는다는 뜻, 구성(構成)이 절묘(絶妙)한 훌륭한 문학작품을 비유

두도(竇滔)의 아내인 소혜(蘇蕙)라는 여인이 만든 선기도(璇璣圖)에는 모두 840字가 새겨져 있는데, 이것들을 상하(上下)·좌우(左右)·종횡(縱橫) 등등 어떤 방향(方向)으로 읽어도 모두

훌륭한 시[詩: 回文詩 회문시]가 되었다는 고사에서 유래

▷ 回文 회문 여러 사람이 차례로 돌려 보도록 쓴 글[文章: 문장] = 回章 회장

* 出典: 列女傳(열녀전) 竇滔妻蘇氏(두도처소씨)

秦鏡高懸 진경고현 진나라 진 | 거울·경계삼을 경 | 높을 고 | 매달 현

진(秦)나라의 수도인 함양(咸陽) 궁중에 사람의 마음속까지 비추었다는 거울이 높이 걸려 있다는 뜻
사리에 밝거나 죄를 다스림에 있어서 판결(判決)이 공정(公正)함을 비유하는 말

유의어 明鏡高懸 명경고현 사람의 마음속을 비추었다는 밝은 거울이 높이 걸려있음

▷ 明鏡止水 명경지수 맑은 거울과 고요한 물이란 뜻으로 맑고 고요한 심경을 이름

* 出典: 西京雜記(서경잡기)

陳根委翳 落葉飄颻 진근위예 낙엽표요

묵을 진 | 뿌리 근 | 시들·맡길 위 | 말라죽을·가릴·깃 일산 예 | 떨어질 락 | 잎 엽 | 나부낄 표 | 흔들릴 요

묵은 나무뿌리는 시들어 말라죽고 땅에 뒹구는 나뭇잎은 휘익 부는 바람에 흩날린다는 뜻
여름에 무성했던 수목(樹木)도 늦가을 서리를 맞으면 잎이 떨어져 앙상하게 된다는 말
묵은 나무뿌리와 마른 나뭇가지들은 쓰러진 채 버려져 있고 나무에서 떨어지는 잎들은
바람에 날려 땅 위를 뒹구니... 소슬한 만추(晩秋)의 풍경(風景)이 눈에 선하다는 시적 표현

▷ 陳腐 진부 사상·표현·행동 등이 낡아서 새롭지 못함

↔ 斬新 참신 새롭고 산뜻함

* 出典: 千字文(천자문)

盡善盡美 진선진미 다할·다될 진 | 착할·좋을 선 | 아름다울·맛좋을 미

선을 다하고 아름다움을 다하였다는 뜻, 더할 나위 없이 훌륭하고 아름다움을 비유하는 말

유의어 盡善完美 진선완미

　　　　天衣無縫 천의무봉 시문(詩文)등이 매우 자연스러워 조금도 꾸민 데가 없음을 이름

　　　　完全無缺 완전무결, 完全無欠 완전무흠 충분히 갖추어져 있어 결점이 없음

　　　　完璧 완벽 흠이 없는 구슬이라는 뜻으로 결점(缺點)이 없이 완전함

* 出典: 論語(논어) 八佾篇(팔일편)

珍羞盛饌 진수성찬 진귀할 진 | 차릴·바칠 수 | 담을·채울 성 | 반찬 찬

진귀(珍貴)한 반찬(飯饌)으로 성대하고 푸짐하게 잘 차린 맛있는 음식을 비유하는 말

유의어 山海珍味 산해진미, 山珍海味 산진해미, 山珍海錯 산진해착

　　　　珍羞華饌 진수화찬, 水陸珍饌 수륙진찬, 海陸珍味 해륙진미

粱肉 양육　쌀밥과 고기반찬 [옛날에는 최고의 밥과 반찬이라는 뜻]

龍味鳳湯 용미봉탕　용 고기와 봉새 탕. 매우 맛이 좋은 음식

膏粱珍味 고량진미, 膏粱 고량　기름진 고기와 좋은 곡식으로 만든 맛있는 음식

盡人事待天命 진인사대천명

다할·다될 진 ㅣ 사람 인 ㅣ 일·섬길 사 ㅣ 기다릴 대 ㅣ 하늘 천 ㅣ 목숨·명령 명

인간으로서 해야 할 일을 다 하고 나서 하늘의 명을 기다린다는 말

유의어 修人事待天命 수인사대천명 (삼국지에서 유래)

▷ 謀事在人成事在天 모사재인성사재천
일을 해결해보려고 방법을 도모(圖謀)하는 것은 사람이나, 그 일이 성사(成事)되느냐의
여부(與否)는 하늘에 달려있다는 말

陳情表 진정표
묵을·베풀·늘어놓을 진 ㅣ 뜻·정 정 ㅣ 겉·표지·밝힐 표

중국 삼국시대 진(晉)나라의 이밀(李密)이 무제(武帝)에게 올린 상주문(上奏文)

조모(祖母)를 봉양(奉養)하기 위해 진정표(陳情表)를 쓴 이밀(李密)은 진(晉)나라 무양(武陽)출신
사람으로 태어나서 6개월 만에 아버지를 여의고 4살 때 어머니마저 개가(改嫁)하여 조모
유(劉)씨의 손에 자랐다. 이에 조모(祖母)가 매우 연로(年老)해 더 이상 효도(孝道)의 기회를
늦출 수 없어 임금께 곁을 떠나야 하는 이유를 설명하는 글로 중국의 대표적인 서정문(抒情文)의
하나이다. 또한 제갈량(諸葛亮)의 출사표(出師表), 한유(韓愈)의 제십이랑문(祭十二郎文)과 더불어
중국 3대 명문에 속하며 예로부터 "진정표를 읽고 눈물을 흘리지 않으면 효자가 아니다."
라는 말이 있어왔다.

▷ 表 표　마음속의 생각이나 각오를 적어 임금에게 올리던 글

盡忠竭力 진충갈력
다할·다될 진 ㅣ 충성·참마음 충 ㅣ 다할 갈 ㅣ 힘 력

충성(忠誠)을 다하고 온힘을 다함

유의어 犬馬之勞 견마지로, 狗馬之心 구마지심, 粉骨碎身 분골쇄신
犬馬之誠 견마지성, 犬馬之心 견마지심, 犬馬之役 견마지역

▷ 殫竭 탄갈　마음이나 힘을 남김없이 다 쏟음

▷ 磬竭 경갈　재물·돈 등이 다 떨어짐

▷ 忠誠 충성　진정에서 우러나오는 정성. 특히 국가나 임금에게 바치는 지극한 마음

盡忠報國 진충보국
다할·다될 진 ㅣ 충성·참마음 충 ㅣ 갚을 보 ㅣ 나라 국

충성(忠誠)을 다하여 나라의 은혜(恩惠)에 보답함

유의어 竭忠報國 갈충보국, 憂國衷情 우국충정 나랏일을 염려하는 참된 마음

* 出典: 宋史(송사)

進退兩難 진퇴양난 나아갈 진 | 물러날 퇴 | 두 양(량) | 어려울 난

앞으로 나아가기도 뒤로 물러나기도 둘 다 어렵다는 뜻, 이러지도 저러지도 못하는 난처한 처지

유의어 進退維谷 진퇴유곡, 進退幽谷 진퇴유곡, 進退無路 진퇴무로, 跋疐 발치

跋胡疐尾 발호치미 늙은 이리가 앞으로도 뒤로도 갈 수 없는 상황을 말함

羝羊觸藩 저양촉번 숫양의 뿔이 울타리에 걸려 안 빠짐. 오도 가도 못함

呑吐兩難 탄토양난 삼킬 수도 뱉을 수도 없는 난처한 상황[입속에 음식이 있음]

虎尾難放 호미난방 한번 잡은 호랑이의 꼬리는 놓기가 어렵다는 뜻. 위험한 일에
                   한번 손을 대면 그만두기도 어렵고 계속하기도 어렵다는 말

▷ 進取 진취 적극적(積極的)으로 나아가 일을 이룩함

* 出典: 詩經(시경) 大雅篇(대아편)

塵合泰山 진합태산 티끌·먼지 진 | 합할 합 | 클 태 | 뫼 산

티끌[塵: 진]이 모여 태산(泰山)이 된다는 뜻
1. 작은 물건(物件)도 많이 모이면 큰 것이 된다는 말
2. 작은 일도 꾸준히 하면 큰 결과(結果)를 얻을 수 있다는 말

유의어 積土成山 적토성산, 積塵成山 적진성산, 積小成大 적소성대

愚公移山 우공이산, 山溜穿石 산류천석, 水滴穿石 수적천석

鐵杵成針 철저성침, 鐵杵成鍼 철저성침, 鐵杵磨鍼 철저마침

磨斧爲針 마부위침, 磨斧作針 마부작침, 磨杵作針 마저작침

▷ 炭塵 탄진 탄갱(炭坑)안의 공기 중에 떠다니는 아주 작은 석탄 가루[종종 폭발함]

▷ 塵芥 진개 먼지와 쓰레기. 무가치한 존재나 사물

▷ 塵埃 진애 티끌과 먼지. 세상의 속된 것을 비유하여 일컫는 말

桎梏 질곡 차꼬 질 | 수갑 곡

수갑(手匣)과 차꼬[足枷: 족가]라는 뜻, 자유(自由)가 없는 고통(苦痛)의 상태를 비유하는 말

유의어 足鎖 족쇄 죄인의 발목에 채우던 쇠사슬. 자유를 구속(拘束)하는 대상의 비유

束縛 속박 어떤 행위나 권리 행사를 자유롭게 행하지 못하도록 얽어매거나 제한함

羈束 기속 얽어매어 묶음. 강제로 얽어매어 자유를 박탈(剝奪)함

羈絆 기반 굴레. 굴레를 씌우듯 자유를 구속(拘束)함

圄圈 영어　죄수(罪囚)를 가두는 곳 = 監獄 감옥, 矯導所 교도소

抑壓 억압, 壓制 압제, 籠鳥 농조, 鞅絆 앙반, 籠絆 농반

鑣轡 표비, 轡勒 비륵, 轡銜 비함, 箝制 겸제, 羈紲 기설

嫉逐排斥 질축배척　시기할·미워할 질 | 쫓을 축 | 밀칠 배 | 물리칠 척
시기(猜忌)하고 미워하여 거부(拒否)하며 물리침

▷ 猜忌 시기　샘을 내서 미워함

▷ 嫉妬 질투　다른 사람을 시기(猜忌)하고 깎아내리려고 함. 강샘

▷ 貶斥 폄척　벼슬 또는 인망(人望)을 깎아내리고 물리침. = 貶黜 폄출

▷ 排他 배타　남을 거부(拒否)하여 물리침 ↔ 依他 의타　남에게 의지(依支)함

執牛耳 집우이　잡을·지킬 집 | 소 우 | 귀 이
소의 귀를 잡는다는 뜻, 한 동맹(同盟)의 맹주[盟主= 霸者 패자]가 됨을 비유하는 말

동맹국간 제후(諸侯)들의 모임에서 함께 하늘에 제사를 지낼 때 동맹을 한다는 맹세(盟誓)의
의미로 제물로 바치는 소의 귀를 잡고 칼로 베어 흐르는 피를 마시는데 맨 처음 마시는 자가
제후 간에 패자(霸者)가 된다는 증좌(證左)임. 즉 일등이 먼저 한다는 말

▷ 牛耳 우이　쇠귀. 일당·일파 또는 한 단체의 우두머리

▷ 霸權 패권　패자(霸者)의 권력(權力). 어떤 분야(分野)에서 우두머리나 으뜸의 자리를
　　　　　　　차지해서 누리는 권리와 힘

▷ 執權 집권　권세(權勢)나 정권(政權)을 잡음

* 出典: 國語(국어: 越王[월왕] 勾踐[구천]과 吳王[오왕] 夫差[부차]에 관한 고사)

懲羹吹菜 징갱취채　혼날 징 | 국 갱 | 불 취 | 나물 채
뜨거운 국에 한번 데어, 놀란 경험(經驗)이 있는 사람이 냉채(冷菜)를 후후 불고 먹는다는 뜻
어떤 일에 한번 낭패(狼狽)를 경험하고 그 후 모든 일에 지나치게 조심함을 비유하는 말
즉 자라보고 놀란 가슴 솥뚜껑 보고 놀란다는 말

유의어

懲羹吹虀 징갱취제　한번 혼나면 비슷한 것을 보고도 지레 겁먹는 것을 비유함

懲熱羹而吹膾兮 징열갱이취회혜
한번 뜨거운 국에 데어 놀란 뒤, 날고기를 보고도 입으로 후후 불어 식힌다는 뜻

因噎廢食 인열폐식　　목이 멜까봐 그 음식을 안 먹는다는 뜻으로 사소(些少)한
　　　　　　　　　　　문제를 두려워하여 나머지 중대사를 포기(抛棄)한다는 말

懲船忌輿 징선기여　　뱃멀미에 데었거나 난선(難船)당한 적이 있어서
　　　　　　　　　　　수레조차 타기를 꺼린다는 말

▷ 吹打 취타　군대에서, 나발·소라·대각·태평소 등을 불고 징·북·나(鑼)·바라를 치던 군악

* 出典: 楚辭(초사: 屈原[굴원]) 惜誦(석송)

懲一勵百 징일여백 　혼날·벌줄 징 | 하나 일 | 힘쓸·권장할 여(려) | 일백 백
한 사람을 시범(示範)으로 징벌(懲罰)함으로써 여러 사람을 경계(警戒)하고 격려(激勵)함

유의어 一罰百戒 일벌백계, 以一警百 이일경백

　　　　泣斬馬謖 읍참마속　큰 목적을 위하여 자기가 아끼는 사람을 버림의 비유

▷ 激勵 격려　마음이나 기운을 북돋우어 힘쓰도록 함

▷ 膺懲 응징　1. 잘못을 깨우쳐 뉘우치도록 징계(懲戒)함.
　　　　　　 2. 적국(敵國)을 정복(征服)함 = 憬政 혜정

▷ 懲毖錄 징비록　서애(西厓) 유성룡(柳成龍)이 7년 동안 눈물과 회한(悔恨)으로
　　　　　　　　 써내려간 임진왜란(壬辰倭亂)의 사실적 기록

車胤聚螢 차윤취형 수레 차 | 이을·맡 윤 | 모을·모일 취 | 반딧불 형

차윤(車胤)이 반딧불이를 모은다는 뜻으로 어려운 환경(環境)에서도 굴하지 않고 밤에는 반딧불이를 모아 그 불빛으로 책을 보며 열심히 공부(工夫)한다는 말

[유의어] 車胤盛螢 차윤성형, 孫康映雪 손강영설, 螢窓雪案 형창설안

螢雪之功 형설지공　고생(苦生)을 하면서 꾸준히 공부(工夫)하여 얻은 보람

晴耕雨讀 청경우독　갠 날은 논밭을 갈고 비 오는 날은 책을 읽는다는 뜻

晝耕夜讀 주경야독　낮에는 농사짓고 밤에는 글을 읽는다는 뜻으로
어려운 여건(與件)속에서도 꿋꿋이 공부함을 이르는 말

* 出典: 晉書(진서)

此日彼日 차일피일 이 차 | 날 일 | 저 피 | 날 일

오늘 내일 하면서 자꾸 약속(約束)이나 기일(期日) 등을 미루는 모양(模樣)

[유의어] 此月彼月 차월피월　이달 저달하면서 자꾸 약속이나 기일 등을 미루는 모양

拖過 타과　이 핑계 저 핑계로 기한(期限)을 끌어 나감

延拖 연타　일을 끌어서 미루어 나감

▷ 彼此一般 피차일반　두 편이 서로 같음. 피장파장 / 彼此 피차　이쪽과 저쪽의 양쪽

▷ 彼我 피아　1. 그와 나　2. 상대방과 우리 편　3. 저편과 이편

且戰且走 차전차주 또 차 | 싸움 전 | 또 차 | 달아날·달릴 주

한편으로 싸우면서 또 한편으로는 달아남

▷ 且驚且喜 차경차희　한편으로 놀라고 한편으로 기뻐함

▷ 重且大 중차대　중요하고 또 큼. 즉 중요하고도 크다는 말

▷ 疾走 질주　빨리 달림

蹉跌 차질 넘어질·실패할 차 | 넘어질·비틀거릴 질

발을 헛디디어 넘어짐. 하던 일이 계획(計劃)한 대로 되지 않고 어그러짐

[유의어] 狼狽 낭패　바라던 일이 실패(失敗)로 돌아가 매우 딱하게 됨

跛行 파행　절뚝거리며 걸음. 일이나 계획(計劃)이 순조(順調)롭지 않음

挫折 좌절　마음이나 기운이 꺾임. 계획이나 일 등이 실패로 돌아감

蹉躓 접치　발을 헛디디고 발끝에 채여서 넘어짐. 실패로 돌아감

借廳入室 차청입실 빌릴 차 | 대청·마루 청 | 들 입 | 방·집 실

처음에는 남의 마루를 빌려 쓰다가 나중에는 안방까지 차지한다는 뜻으로 처음에는 남에게
의지(依支)하였다가 차차 뻔뻔하게 남의 권리(權利)를 침범(侵犯)해 들어감을 비유하는 말

유의어 借廳借閨 차청차규, 車魚之歎 거어지탄

得隴望蜀 득롱망촉, 平隴望蜀 평롱망촉, 望蜀 망촉
후한의 광무제(光武帝)가 농(隴)나라를 평정한 후 다시 촉(蜀)나라까지 원했다는 고사

谿壑之慾 계학지욕, 谿壑慾 계학욕, 溪壑 계학
시냇물이 흐르는 산골짜기의 욕심. 물릴 줄 모르는 한없는 욕심의 비유

騎馬欲率奴 기마욕솔노   말을 타면 종을 거느리고 싶어 한다는 말

▷ 借款 차관   정부나 기업·은행 등이 외국정부나 국제기구에서 자금을 빌려 옴

▷ 借用 차용   돈이나 물건을 빌려 씀 ↔ 返濟 반제   빌린 돈을 다 갚음

借虎威狐 차호위호 빌릴 차 | 범 호 | 위엄 위 | 여우 호

호랑이의 위세(威勢)를 빌려 여우가 허세(虛勢)를 부린다는 뜻으로
1. 아랫사람이 윗사람의 권위(權威)를 빌려 공갈(恐喝)하는 일
2. 남의 권세(權勢)에 의지(依支)하여 위세(威勢)를 부리는 것을 비유하는 말

유의어 狐假虎威 호가호위, 假虎威狐 가호위호

▷ 威勢 위세   1. 사람을 두렵게 하여 복종시키는 힘   2. 위엄이 있거나 맹렬한 기세

* 出典: 戰國策(전국책) 楚策(초책) 宣王篇(선왕편)

爨桐 찬동 불 땔·밥 지을 찬 | 오동나무 동

오동나무를 태워 불을 땐다는 뜻으로 **훌륭한 재목이나 인재(人材)가 버려짐**을 비유하는 말

후한(後漢)때 채옹(蔡邕)이라는 자가 이웃에서 땔감으로 오동(梧桐)나무 태우는 소리를 듣고
곧 그것을 얻어다가 금[琴: 거문고]을 만들었더니, 좋은 소리가 났다는 고사에서 유래

▷ 爨桂 찬계   계수나무를 땔감으로 쓴다는 뜻. 지극히 사치(奢侈)스런 생활을 함

▷ 楛箘 호균   호목과 균죽. 화살의 좋은 재료(材料). 우수(優秀)한 인재를 비유하는 말

刹那 찰나 짧은 시간·절 찰 | 어찌 나

1. 지극히 짧은 시간   2. 어떤 일이나 상태가 이루어지는 바로 그때

유의어 須臾 수유, 瞬息 순식, 瞬息間 순식간   극히 짧은 동안

彈指 탄지   1. 손톱이나 손가락을 튕김   2. 짧은 시간

만의어 永遠 영원, 永劫 영겁, 億劫 억겁, 億萬劫 억만겁, 億千萬劫 억천만겁
헤아릴 수 없이 극히 긴 세월. 영원(永遠)한 세월. 무한(無限)하게 오랜 시간(時間)

▷ 劫 겁　천지(天地)가 한 번 개벽(開闢)한 때부터 다음 개벽할 때까지의 동안이란 뜻으로
즉 계산(計算)할 수 없는 무한(無限)히 긴 시간

參差不齊 참치부제　간여할 참 | 들쑥날쑥할 치 / 다를 차 | 아닐 불 | 가지런할 제

길고 짧거나 들쭉날쭉하여 가지런하지 않음

유의어 參差 참치

七落八落 칠락팔락, 七零八落 칠령팔락
사물이 가지런하지 못함. 뿔뿔이 흩어져 없어짐

만의어 一目瞭然 일목요연　한눈에 알아볼 수 있을 만큼 분명(分明)하고 뚜렷하다

▷ 慘慽 참척　아들·딸이나 손자·손녀가 부모나 조부모보다 앞서 죽음

* 出典: 詩經(시경) 周南關雎(주남관저)

猖獗 창궐　미쳐 날뛸 창 | (사납게)날뛸 궐

미쳐 사납게 날뛴다는 뜻, 전염병이나 못된 세력 등이 걷잡을 수 없이 퍼져나감을 비유하는 말

▷ 跋扈 발호　권세(權勢)나 세력을 제멋대로 휘두르며 함부로 날뜀

▷ 崒騰 줄등　높은 산이 무너지고 강물이 용솟음 침. 사회가 혼란(混亂)함을 형용하는 말

▷ 猖披 창피　체면(體面)이 깎이거나 아니꼬움을 당한 부끄러움

彰善懲惡 창선징악　드러날·밝을 창 | 착할 선 | 벌줄·혼날 징 | 악할 악

착한 일을 칭찬(稱讚)하여 드러내고 악한 일을 징벌(懲罰)함

유의어 勸善懲惡 권선징악　착한 일을 권장(勸奬)하고 악한 일을 징벌(懲罰)함

▷ 懲戒 징계　부정이나 부당한 행위에 대해 제재(制裁)를 가함

▷ 表彰 표창　남의 훌륭한 일을 세상에 드러내어 밝힘

創業守城 창업수성　비롯할 창 | 업 업 | 지킬 수 | 성·재 성

나라를 세우는 일과 나라를 지켜 나가는 일이란 뜻. 또는 어떤 일을 시작(始作)하기는 쉬우나
이룬 것을 지키기는 어렵다는 말

유의어 創業易守成難 창업이수성난　창업은 쉽고 수성은 어렵다는 말

▷ 守備 수비　외부의 침략(侵掠)이나 공격(攻擊)을 막아 지킴

* 出典: 唐書(당서) 房玄齡傳(방현령전)

彰往察來 창왕찰래 드러날 창 | 갈 왕 | 살필 찰 | 올 래

이미 지난 일을 분명(分明)하게 밝혀서 장차(將次) 다가 올 일의 득실(得失)을 살핀다는 말

▷ **觀察 관찰** 사물을 주의(注意)깊게 살펴봄 / **查察 사찰** 조사(調査)해서 살핌

▷ **顯彰 현창** 밝게 나타남. 또는 나타냄 = 顯章 현장

* 出典: 易經(역경) 繫辭下傳(계사하전)

創痍未瘳 창이미추 다칠·상처·비롯할 창 | 상처 이 | 아닐 미 | (병)나을 추

칼에 맞은 상처(傷處)가 아직 아물지 않았다는 뜻으로 전쟁(戰爭)은 끝났으나 전란(戰亂)의 피해(被害)가 아직 회복(回復)되지 않았다는 말

【유의어】 **瘡痍未瘳 창이미추**

▷ **滿身瘡痍 만신창이** 온몸이 상처(傷處)투성이가 됨. 어떤 사물이 엉망이 됨

▷ **百孔千瘡 백공천창** 갖가지 폐단(弊端)으로 엉망진창이 됨

* 出典: 史記(사기)

滄海桑田 창해상전 푸를·찰 창 | 바다 해 | 뽕나무 상 | 밭 전

푸른 바다가 변하여 뽕나무 밭이 된다는 뜻, 세상일의 변천(變遷)이 심하고 인생이 덧없음

【유의어】 桑田碧海 상전벽해, 碧海桑田 벽해상전, 白雲蒼狗 백운창구
滄桑之變 창상지변, 桑田滄海 상전창해, 與世推移 여세추이
東海揚塵 동해양진, 與世浮沈 여세부침, 滄桑 창상, 桑海 상해
隔世之感 격세지감 다른 세대(世代)를 만난 것처럼 몹시 달라진 느낌
陵谷之變 능곡지변 언덕과 골짜기가 뒤바뀜, 세상일의 극심한 변천을 가리키는 말

滄海遺珠 창해유주 푸를·찰 창 | 바다 해 | 남을·끼칠 유 | 구슬 주

넓고 푸른 큰 바다 속에 아직 캐어지지 않은 채 남아있는 진주(珍珠)라는 뜻
1. 세상에 미처 알려지지 않은 드물고 귀한 보배 또는 명작(名作)
2. 세상에 알려지지 않은 덕(德)과 지혜(智慧)가 높은 어진사람[賢者: 현자]

* 出典: 唐書(당서)

滄海一粟 창해일속 푸를·찰 창 | 바다 해 | 하나 일 | 좁쌀·조 속

넓고 큰 바다 한가운데에 한 알의 좁쌀이라는 뜻으로 아주 많거나 넓은 것 속의 극히 하찮고 조그만 물건을 비유하는 말

【유의어】 **滄海一滴 창해일적** 푸른 바다에 물 한 방울. 흔적(痕迹)조차 없음

漢江投石 한강투석　한강에 돌 던지기. 극히 미미함

紅爐點雪 홍로점설, 紅爐上一點雪 홍로상일점설
빨갛게 달아오른 화로(火爐) 위의 눈 한 송이라는 뜻으로, 큰일을 하는 데 작은
힘은 아무 도움이 되지 않음을 이르는 말.

九牛一毛 구우일모　아홉 마리의 소 가운데 박힌 하나의 털이란 뜻으로
　　　　　　　　　　매우 많은 것 가운데 극히 적은 수를 이르는 말

▷　罌粟 앵속　양귀비(楊貴妃) / 粳粟 갱속　메조

＊ 出典: 蘇軾(소식)의 赤壁賦(적벽부)

采薇歌 채미가　캘·풍채 채 | 고사리·고비 미 | 노래 가

고사리를 캐는 노래라는 뜻, 백이숙제(伯夷叔齊)가 수양산(首陽山)에서 고사리를 캐어먹으며
살다가 죽기 직전에 불렀다는 노래로 절의지사(節義之士)의 노래를 이르는 말

【유의어】采薇之歌 채미지가, 採薇之歌 채미지가

▷　蕨菜 궐채　고사리(나물)

＊ 出典: 史記(사기) 伯夷叔齊列傳篇(백이숙제열전편)

債帥市曹 채수시조　빚 채(책) | 장수 수 / 거느릴 솔 | 저자·시장 시 | 관아·마을 조

빚을 내어 된 장수(將帥)와 시장판이 된 관아(官衙). 청탁(請託)과 뇌물(賂物)이 판치는 세태(世態)

▷　賄賂 회뢰　뇌물을 주거나 받는 행위 ＝ 賂物授受 뇌물수수
▷　債務 채무　채무자가 채권자에게 어떤 급부(給付)를 해야 할 의무 ↔ 債權 채권
▷　債券 채권　국가·지방자치단체·은행·회사 등이 필요한 자금을 차입(借入)하는
　　　　　　　　경우에 발행하는 공채(公債)·국채·사채(社債) 등의 유가증권

采薪之憂 채신지우　캘·딸 채 | 섶·땔나무 신 | 어조사 지 | 근심 우

땔나무를 만들어야 하는 근심이라는 뜻, 병이 들어 산에 가서 땔나무를 해올 수 없다는 말로
자기의 병을 겸손(謙遜)하게 이르는 말

【유의어】採薪之憂 채신지우, 負薪之憂 부신지우

▷　負薪 부신　1. 땔나무를 등에 짐　2. 비천(卑賤)한 태생(胎生)을 비유적으로 이르는 말

＊ 出典: 孟子(맹자) 公孫丑(공손추)

妻城子獄 처성자옥　아내 처 | 성 성 | 자식·아들 자 | 옥·감옥 옥

아내는 성(城)이고 자식은 감옥(監獄)이라는 뜻으로 처자(妻子)를 거느린 사람은 집안일에 매여
자유(自由)로이 활동(活動)할 수 없음을 비유하는 말

반의어 悠悠自適 유유자적, 安閑自適 안한자적, 東山高臥 동산고와

俗塵外物 속진외물, 風塵外物 풍진외물, 風塵表物 풍진표물
속세 밖의 인물. 속세(俗世)를 벗어난 사람

梅妻鶴子 매처학자 매화를 아내로 삼고 학을 자식(子息)으로 여김

物外閒人 물외한인 세상사의 번잡(煩雜)을 피해 한가(閑暇)롭게 지내는 사람

剔抉 척결 뼈 바를 척 | 도려낼 결
살을 긁어내고 뼈를 발라냄, 모순(矛盾)·결함(缺陷)등을 찾아내어 깨끗이 제거(除去)함을 비유

유의어 掃蕩 소탕 청소(淸掃)하듯이 모조리 휩쓸어 없애 버림 = 袪蕩 거탕

芟除 삼제 풀을 깎듯이 모조리 베어 없애 버림

薅櫛 호즐 김매고 빗질하듯이 깨끗이 제거(除去)함

剔出 척출 도려내거나 후벼 팜 / 摘出 적출 끄집어내거나 도려냄

▷ 剗鋤 잔서 깎아내듯 뿌리를 뽑아 없앰 = 改革 개혁 제도·체제를 새롭게 뜯어고침

隻橋相逢 척교상봉 외짝·새한마리 척 | 다리(교량) 교 | 서로·표정·재상 상 | 만날 봉
외나무다리에서 서로 만난다는 뜻. 남에게 악한 일을 하면 피하기 어려운 외나무다리에서
원수(怨讐)를 만나듯 그 죄(罪)를 받을 때가 반드시 온다는 말

▷ 浮橋 부교 배다리. 배·뗏목을 잇대어 매고 그 위에 널빤지를 깔아 만든 다리

▷ 烏鵲橋 오작교 칠월칠석날 저녁에 견우(牽牛)와 직녀(織女)를 만나게 하기위해
까마귀와 까치가 은하(銀河)에 놓는다는 다리 = 銀河鵲橋 은하작교

跖狗吠堯 척구폐요 발바닥·밟을 척 | 개 구 | (개가)짖을 폐 | 요임금 요
도척(盜跖)의 개가 요(堯)임금을 보고 짖는다는 뜻으로
1. 시비선악(是非善惡)에 상관없이 누구나 자기 주인에게 충성(忠誠)함을 비유하는 말
2. 악한 자의 편이 되어 오히려 어진 자를 미워한다는 말

중국 역사상 가장 크고 악한 도적(盜賊)인 도척(盜跖)의 개[狗: 구]가 착하고 성군(聖君)인
요(堯)임금을 몰라보고 짖었다는 고사에서 유래

유의어 桀犬吠堯 걸견폐요 폭군 걸왕(桀王)의 개가 성군 요(堯)임금을 보고 짖음

唯唯諾諾 유유낙낙 명령하는 대로 고분고분 순종(順從)함

▷ 吠風月 폐풍월 개가 달을 보고 짖는다는 뜻, 시가(詩歌)짓는 일을 놀리는 말

▷ 跖蹻 척교 고대 중국의 대표적인 대도(大盜)인 진(秦)나라의 도척(盜跖)과
초(楚)나라의 장교(莊蹻)를 아울러 이르는 말. 도적의 대명사

▷ **桀紂 걸주** 중국 하(夏)나라의 걸왕(桀王)과 은(殷)나라의 주왕(紂王). 폭군의 대명사

* 出典: 書言故事(서언고사)

倜儻不羈 척당불기 대범할·기개 있을 척 | 빼어날 당 | 아닐 불 | 굴레·고삐 기

뜻이 크고 담대(膽大)한 기개(氣槪)가 있어 남에게 얽매이거나 눌려 지내지 않음을 이르는 말

▷ **倜儻 척당** 뜻이 크고 담대(膽大)한 기개(氣槪)가 있음

▷ **羈縻 기미, 羈紲 기설, 羈束 기속, 羈絆 기반**
굴레와 고삐. 자유(自由)가 없는 억압(抑壓)된 상태

感謝歡招 척사환초 슬퍼할·근심할 척 | 사양할·사례할 사 | 기쁠 환 | 부를 초

슬픔은 사양(辭讓)하고 즐거움은 부른다는 뜻으로 마음의 슬픈 것은 없어지고 즐거움만
부른 듯이 오게 된다는 말

▷ **欣奏累遣 흔주루견** 기쁜 일은 아뢰고 근심은 보내버린다는 말

▷ **歡迎 환영** 오는 사람을 기쁜 마음으로 반갑게 맞음

▷ **招請 초청** 사람을 청하여 부름 / **招待 초대** 어떤 모임에 와 줄 것을 청함

* 出典: 千字文(천자문)

隻手空拳 척수공권 외짝·하나 척 | 손 수 | 빌·하늘 공 | 주먹 권

외손에 빈주먹이라는 뜻, 썩 외롭고 아무것도 가진 것이 없음을 비유하는 말. 매우 가난함

┌**유의어**┐ **赤手空拳 적수공권, 徒手空拳 도수공권, 空拳 공권**
맨손과 맨주먹. 즉 아무것도 가진 것이 없음. 무일푼

▷ **隻手 척수** 한쪽 손. 매우 외로운 처지(處地)를 가리키는 말

▷ **拳鬪 권투** 양손에 글러브를 끼고 승부(勝負)를 겨루는 경기 = 복싱

▷ **惟** 생각할 유 **唯** 오직 유 **隼** 새매 준 **焦** 탈·그을릴 초 **售** 팔 수 **集** 모을 집

隻分隻厘 척푼척리 외짝·하나 척 | 화폐단위·적을 푼 / 나눌 분 | 화폐단위·극히 적을 리

몇 푼 안 되는 극히 적은 액수(額數)의 돈

┌**유의어**┐ **隻分 척푼**

▷ **分 푼** 돈을 세는 단위, 동전 한 닢(적은 액수)

▷ **無一分 무일푼** 돈이 한 푼도 없음

▷ **厘 리** 리(釐)의 속자, 돈을 세는 단위, 푼(分)의 십분의 일

陟岵陟屺 척호척기 오를·올릴 척 | (숲이 우거진) 산 호 | 민둥산·독산(禿山) 기

타향(他鄕)에 사는 자식(子息)이 고향에 계신 부모를 그리워하여 자주 산에 올라가 고향(故鄕)쪽을
바라본다는 말

『유의어』　陟岵 척호, 陟屺 척기

　　　　　　鴇羽之嗟 보우지차, 白雲孤飛 백운고비, 白雲親舍 백운친사

　　　　　　望雲之情 망운지정, 望雲之懷 망운지회, 看雲步月 간운보월

　　　　　　羈鳥戀舊林 기조연구림　　새장에 갇힌 새가 옛날에 살던 숲을 그리워함

▷　枌楡 분유　　고향(故鄕) = 桑梓 상자, 桑梓之鄕 상자지향

▷　屺岵 기호　　부모(父母) = 爹娘 다낭, 爺孃 야양, 怙恃 호시 [믿고 의지함]

▷　椿萱 춘훤　　춘당(椿堂)과 훤당(萱堂). 남의 부모를 높여 이르는 말 = 高堂 고당

＊ 出典: 詩經(시경)

天高馬肥 천고마비 하늘 천 | 높을 고 | 말 마 | 살찔 비

하늘은 높고 말이 살찐다는 뜻, 가을하늘은 높고 모든 것이 풍성하며 활동하기 좋은 계절임을 비유

『유의어』　秋高馬肥 추고마비, 秋高塞馬肥 추고새마비 (에서 유래)

▷　肥沃 비옥　　땅이 걸고 기름짐 = 肥饒 비요

▷　肥料 비료　　토지의 생산력을 증진하고 식물을 잘 생장시키기 위해 뿌려주는 영양물질

＊ 出典: 漢書(한서) 匈奴傳(흉노전)

天高聽卑 천고청비 하늘 천 | 높을 고 | 들을 청 | 낮을 비

하늘은 높은 곳에 있으나 낮은 곳의 말을 듣고 있다는 뜻, 하늘은 높아도 능히 낮은 곳의 일을
모두 알아듣는다는 말. 곧 군주가 백성들의 실정을 듣고 있어 사정을 알고 있다고 비유한 말

『유의어』　下情上達 하정상달, 下意上達 하의상달

　　　　　　아래의 뜻이 위로 전달됨. 백성의 뜻[實情: 실정]이 임금에게 까지 전달됨

▷　卑俗 비속　　격이 낮고 속됨. 또는 그런 풍속(風俗)

＊ 出典: 史記(사기)

千金買骨 천금매골 일천 천 | 황금 금 | 살 매 | 뼈 골

천금(千金)을 주고 죽은 천리마의 뼈를 산다는 뜻, 지혜(智慧)를 모아 열심히 인재를 구한다는 말
연(燕)나라의 소왕(昭王)이 현자(賢者)를 등용하려할 때 곽외(郭隗)라는 자가 나서서 말하기를
옛날 어느 임금이 죽은 천리마(千里馬)의 뼈를 천금(千金)이나 주고 샀다는 고사를 예로 들며,
나[곽외= 말 뼈다귀]같은 사람조차도 중용(重用)된다는 소문이 나면, 많은 탁월(卓越)한
인재[= 천리마]들이 모여들 거라며 우선 가까운 자기부터 등용(登用)하게 했다는 고사에서 유래

📖유의어┘ 買死馬骨 매사마골, 買駿馬骨 매준마골, 死馬骨五百金 사마골오백금

先從隗始 선종외시, 先從自始 선종자시

郭隗自薦 곽외자천, 請自隗始 청자외시

* 出典: 戰國策(전국책)

千年一淸 천년일청 일천 천 ┃ 해 년 ┃ 하나 일 ┃ 맑을 청

황하(黃河)의 흐린 물이 천 년에 한 번 맑아진다는 뜻, 아무리 오래되어도 이루어질 수 없는 일을 비유하는 말. 불가능한 일, 있을 수 없는 일

📖유의어┘ 黃河千年一淸 황하천년일청 (에서 유래)

百年河淸 백년하청 아무리 기다려도 어떤 일이 이루어지기 어려움을 이르는 말

河淸難俟 하청난사 황하의 흐린 물은 맑아지기 어려움

龜毛兔角 귀모토각. 거북의 털과 토끼의 뿔. 절대로 있을 수 없는 일. 불가능한 일

不知何歲月 부지하세월 언제 이루어질지 그 기한(期限)을 알지 못함

羝乳 저유 숫양에게서 젖이 남. 절대로 있을 수 없는 일. 불가능한 일

天道是非 천도시비 하늘 천 ┃ 길 도 ┃ 옳을 시 ┃ 아닐 비

세상에 펼쳐지는 하늘의 도(道)가 옳은 것인지 그른 것인지 알 수 없다는 말

한무제(漢武帝)때 흉노(匈奴)의 포로(捕虜)가 된 이릉(李陵)을, 사마천(司馬遷)이 홀로 비호(庇護)하다가 궁형(宮刑)을 당했는데, 훗날 사마천이 말하기를.....

1. 백이숙제(伯夷叔齊)는 인(仁)과 덕(德)을 쌓았으나 수양산(首陽山)에서 굶어 죽었고
2. 안회(顔回)는 학문을 좋아 하였으나 쌀겨도 배불리 먹어보지 못하고 요절(夭折)하였다. 하지만
3. 도척(盜跖)은 사람을 함부로 죽이고 약탈(掠奪)을 하는 등 포악방자(暴惡放恣)했어도 천수(天壽)를 누렸다고 하면서 선현(先賢)에게 자신의 어려운 처지를 빗대어 천도(天道)에 대해 의문(疑問)을 제기(提起)한데서 유래함

📖유의어┘ 天道是也非也 천도시야비야 (에서 유래)

▷ 天道不諂 천도부도 하늘이 선(善)한 자에게는 복(福)을 주고 악(惡)한 자에게는
                      화(禍)를 주는 것은 조금도 의심(疑心)할 바 없다는 말

* 出典: 史記(사기) 伯夷叔齊列傳(백이숙제열전)

千慮一失 천려일실 일천 천 ┃ 생각할 려 ┃ 하나 일 ┃ 잃을 실

천 번 생각에 한 번 실수라는 뜻, 지혜(智慧)로운 사람도 많은 생각 가운데는 하나쯤 실수(失手)가 있을 수 있다는 말

📖유의어┘ 智者一失 지자일실 슬기로운 사람도 실수(失手)하는 경우(境遇)가 있다는 말

┌─────┐
│반의어│ 千慮一得 천려일득　천 번을 생각하여 하나를 얻는다는 뜻, 어리석은 사람도 많은
└─────┘　　　　　　　　　　　　생각 가운데는 한 가지쯤은 좋은 생각을 할 수 있다는 말

▷ 愆過 건과　그릇되게 저지른 실수(失手)

▷ 思慮 사려　여러 가지 일에 대해 깊게 생각함 또는 그런 생각 = 思念 사념

* 出典: 史記(사기) 淮陰侯列傳(회음후열전)

千里之堤潰于蟻穴 천리지제궤우의혈
일천 천 | 거리·마을 리 | 어조사 지 | 둑·방죽 제 | 무너질 궤 | 어조사 우 | 개미 의 | 구멍 혈

천리나 되는 긴 제방(堤防)도 개미구멍[蟻穴: 의혈]으로 인해 무너진다는 뜻으로
작은 일을 게을리 하면 후일 큰 재앙(災殃)이 닥치게 된다는 말

┌─────┐
│유의어│ 千里之堤以螻蟻之穴潰 천리지제이누의지혈궤
└─────┘　　천리나 되는 긴 제방(堤防)도 땅강아지나 개미의 구멍으로 인해 무너진다는 말

　　小隙沈舟 소극침주　조그마한 틈으로 물이 새어들어 배가 가라앉는다는 말

▷ 潰瘍 궤양　피부(皮膚)나 점막(粘膜)에 상처(傷處)가 생기고 헐어서 출혈하기 쉬운 상태

▷ 堤堰 제언　강이나 바다의 일부를 가로질러 둑을 쌓아 물을 가두어 두는 구조물(構造物)

千萬多幸 천만다행　일천 천 | 일만 만 | 많을 다 | 다행·행복 행
아주 다행함[천만·만만·만분 = 아주, 매우: 강조어]

┌─────┐
│유의어│ 萬萬多幸 만만다행　아주 다행함. 천만다행
└─────┘
　　萬分多幸 만분다행　뜻밖에 일이 잘되어 매우 다행임

▷ 不幸中 多幸 불행중 다행　불행가운데서 그나마 그만하면 다행

▷ 千軍萬馬 천군만마　천 명의 군사와 만 마리의 군마,
　　　　　　　　　　　아주 많은 군사와 군마를 이르는 엄청난 규모(規模)의 군대

天網 천망　하늘 천 | 그물 망
하늘의 그물은 넓고 커서 눈[目= 그물 간]은 성기지만, 선한 자에게 복(福)을 주고 악한 자에게
앙화(殃禍)를 내리는 일은 조금도 실수(失手)하지 않는다는 뜻으로
악한 자는 반드시 천벌(天罰)을 받는다는 말

┌─────┐
│유의어│ 天網恢恢疎而不失 천망회회소이불실
└─────┘
　　天網恢恢疎而不漏 천망회회소이불루

▷ 網漏吞舟 망루탄주　법령이 관대(寬待)하면 큰 죄를 짓고 피할 수 있게 된다는 말

▷ 網目不疎 망목불소　그물코가 허술하지 않다는 뜻, 법률이 세밀함을 비유하는 말

* 出典: 老子(노자) 73章(장)

天方地軸 천방지축 하늘 천 ㅣ 모 방 ㅣ 땅 지 ㅣ 굴대 축

하늘의 방향(方向)이 어디이고 땅의 축(軸)이 어디인지 모른다는 뜻으로
1. 너무 바빠서 두서(頭緖)를 잡지 못하고 이리저리 허둥대는 모양
2. 어찌 할 바를 몰라 쩔쩔매며 두리번거리는 모습을 비유

유의어 千方地方 천방지방, 東衝西突 동충서돌, 左衝右突 좌충우돌

之東之西 지동지서　뚜렷한 목적 없이 동쪽으로 갔다 서쪽으로 갔다 갈팡질팡함

▷ 天覆地載 천복지재　사람은 하늘을 머리위에 이고 땅은 밟고 있다는 말

▷ 勻軸 균축　권력을 가지고 마음대로 정치를 좌우한다는 뜻, 정승(政丞)을 비유하는 말

千峰萬壑 천봉만학 일천 천 ㅣ 봉우리 봉 ㅣ 일만 만 ㅣ 구렁·골 학

천개의 산봉우리와 만개의 산골짜기라는 뜻, 수많은 산봉우리와 산골짜기를 비유하는 말

유의어 千山萬壑 천산만학　겹겹이 쌓인 산과 골짜기

萬壑千峰 만학천봉　첩첩이 겹쳐진 깊고 큰 골짜기와 많은 산봉우리

疊疊山中 첩첩산중　첩첩이 겹친 산속

▷ 溝壑 구학　1. 구렁[땅이 움쑥하게 팬 곳]　2. 빠지면 헤어나기가 힘든 어려운 환경(環境)

天崩 천붕 하늘 천 ㅣ 무너질 붕

하늘이 무너지는 진다는 뜻, 제왕(帝王)이나 아버지의 상사(喪事)를 당한 큰 슬픔을 이르는 말

유의어 天崩之痛 천붕지통　하늘이 무너지는 듯한 슬픔이라는 뜻

終天之痛 종천지통　세상(世上)에서 더할 수 없이 큰 슬픔

▷ 慘慽 참척　아들·딸이나 손자·손녀가 부모·조부모 보다 앞서 죽음

▷ 崩壞 붕괴　허물어져 무너짐 = 崩潰 붕궤, 崩頹 붕퇴

千絲萬縷 천사만루 일천 천 ㅣ 실 사 ㅣ 일만 만 ㅣ 실오리 루

피륙을 짤 때에 소용(所用)되는 수없이 많은 실의 올이라는 뜻, 어떤 일이 천 갈래 만 갈래로
복잡(複雜)하게 얽혀있음을 비유하는 말

유의어 複雜多端 복잡다단, 複雜多岐 복잡다기　일이 두루 뒤섞여 갈피를 잡기 어려움

▷ 快刀亂麻 쾌도난마　잘 드는 칼로 어지럽게 뒤엉킨 삼 가닥을 자른다는 뜻
　　　　　　　　어지럽게 뒤얽힌 일을 재빠르고 명쾌(明快)하게 처리함의 비유

天山地山 천산지산 하늘 천 ㅣ 뫼 산 ㅣ 땅 지 ㅣ 뫼 산

이런 말 저런 말로 갖가지 핑계를 늘어놓는 모양으로 갖가지로 엇갈리고 뒤섞이어 갈피를 잡을 수 없는 모양을 비유하는 말. 뒤죽박죽. 엉망진창

▷ **天地神明** 천지신명　천지의 조화(造化)를 맡은 신령(神靈)

▷ **山河** 산하　산과 큰 내 = **自然** 자연, **山川** 산천

千祥雲集 천상운집 일천 천 ｜ 상서로울 상 ｜ 구름 운 ｜ 모일·모을 집

천 가지 상서로운 일들이 구름처럼 모여든다는 뜻, 수많은 좋은 일들이 많이많이 생긴다는 비유

[유의어] **天祥雲集** 천상운집　하늘의 상서(祥瑞)로운 일들이 구름처럼 모여든다는 뜻

▷ **祥瑞** 상서　복되고 길한 일이 일어날 징조(徵兆)

▷ **發祥地** 발상지　역사적으로 큰 가치(價値)가 있는 어떤 일이나 사물이 처음 발생한 곳
또는 나라를 세운 임금이 태어난 땅 = Mecca 메카

天生緣分 천생연분 하늘 천 ｜ 날 생 ｜ 인연 연 ｜ 나눌 분

하늘에서 정해 준 연분(緣分), 잘 어울리는 한 쌍의 부부(夫婦)

[유의어] **天生因緣** 천생인연, **天定配匹** 천정배필

　　　　天生配匹 천생배필, **天上配匹** 천상배필, **天生佳緣** 천생가연

▷ **因緣** 인연　인(因)과 연(緣). 서로의 연분. 어떤 사물에 관계되는 연줄. 또는 어떤 결과를
만드는 내적이고 직접적인 힘과 그를 돕는 외적이고 간접적인 힘

▷ **分數** 분수　1. 사물을 분별하는 슬기　2. 자기 신분에 맞는 한도　3. 이룰 수 있는 한계

泉石膏肓 천석고황 샘 천 ｜ 돌 석 ｜ 염통 밑(명치) 고 ｜ 명치끝 황

샘[泉: 천]과 돌[石: 석]이 고황(膏肓)에 들었다는 뜻으로

1. 고질병(痼疾病)이 되다시피 자연[泉石: 천석]을 사랑하는 마음이 깊음

2. 자연에 은거(隱居)하며 벼슬길에 나서지 않음을 비유하는 말

[유의어] **煙霞痼疾** 연하고질, **煙霞之癖** 연하지벽
　　　　자연의 아름다운 경치(景致)를 사랑하고 즐기는, 고질(痼疾)과도 같은 성벽(性癖)

▷ **膏肓** 고황　사람의 몸에서 가장 깊은 곳[심장과 횡격막 사이]

▷ **病入膏肓** 병입고황　병이 몸속 깊이 들어 고치기 어렵게 됨

▷ **九泉** 구천, **九泉地下** 구천지하, **黃泉** 황천
땅속 깊은 밑바닥. 죽은 뒤에 넋이 돌아간다는 곳을 이르는 말

千辛萬苦 천신만고 일천 천 ｜ 매울·고생할 신 ｜ 일만 만 ｜ 괴로울·쓸 고

천 가지 매운 것과 만 가지 쓴 것이라는 뜻, 온갖 어려움을 다 겪으며 심하게 고생함을 비유

유의어 艱難辛苦 간난신고, 艱難苦楚 간난고초

萬古風雪 만고풍설, 萬古風霜 만고풍상 　오랜 세월 겪어 온 숱한 고생(苦生)

山戰水戰 산전수전 　세상살이를 하면서 온갖 어려운 일을 다 겪었음을 비유

千苦萬難 천고만난 　천 가지의 괴로움과 만 가지의 어려움이라는 뜻으로
온갖 고난(苦難)을 이르는 말

▷ 辛酸 신산 　맛이 맵고 심. 힘들고 고된 세상살이의 비유

千耶萬耶 천야만야 　일천 천 | 어조사 야 | 일만 만 | 어조사 야

가파른 산이나 벼랑 같은 것이 천길만길이나 되는 듯이 까마득하게 높거나 깊은 모양

유의어 千仞斷崖 천인단애, 千仞萬丈 천인만장, 千仞絶壁 천인절벽
천 길이나 되는 까마득하게 높은 낭떠러지

▷ 千萬多幸 천만다행 　매우 다행함 = 萬萬多幸 만만다행

天壤之差 천양지차 　하늘 천 | 땅·흙 양 | 어조사 지 | 다를·어긋날 차

하늘과 땅 사이와 같이 엄청난 차이(差異)를 비유하는 말. 비교불가(比較不可)

유의어 天淵之差 천연지차, 天壤之判 천양지판, 天壤之間 천양지간

霄壤之差 소양지차, 霄壤之判 소양지판, 天地差異 천지차이

霄壤之間 소양지간 　하늘과 땅 사이의 차이. 서로 엄청나게 다름

雲泥之差 운니지차 　구름과 진흙의 차이. 서로 간의 매우 심한 차이

天衣無縫 천의무봉 　하늘 천 | 옷 의 | 없을 무 | 꿰맬 봉

하늘나라 옷은 바느질한 흔적(痕迹)이 없다는 뜻으로
1. 시문(詩文) 등이 매우 자연스러워 조금도 꾸민 데가 없음을 비유
2. 완전무결(完全無缺)해 더 이상 손댈 것이 없음
3. 속세(俗世)의 찌든 때에 물들지 않은 어린애와 같은 순진(純眞)함의 비유

유의어 完全無欠 완전무흠, 完全無缺 완전무결, 純眞無垢 순진무구

完璧 완벽 　흠이 없는 구슬이라는 뜻으로, 결점(缺點)이 없이 완전함

盡善完美 진선완미, 盡善盡美 진선진미 　착함과 아름다움이 더할 나위 없음

▷ 霓裳 예상 　무지개와 같이 아름다운 치마. 신선(神仙)의 옷을 비유하는 말

* 出典: 太平廣記(태평광기) 鬼怪神奇(귀괴신기) 郭翰(곽한)의 이야기

天人共怒 천인공노 　하늘 천 | 사람 인 | 함께 공 | 성낼·화낼 노

하늘과 사람이 함께 노한다는 뜻, 세상사람 누구나 분노(憤怒)할 만큼 증오(憎惡)스럽거나
도저히 용납(容納)될 수 없는 일의 비유

유의어 神人共怒 신인공노

▷ 天佑神助 천우신조 하늘이 돕고 신령(神靈)이 도와준다는 말

▷ 保佑 보우 보살피고 도와줌

▷ 庇護 비호 감싸 보호(保護)함

千仞斷崖 천인단애 일천 천 | 길(사람 키) 인 | 끊을 단 | 낭떠러지·벼랑 애

천 길이나 되는 깎아지른 듯이 높은 낭떠러지

유의어 千仞萬丈 천인만장, 千仞絶壁 천인절벽

　　　千耶萬耶 천야만야 썩 높거나 깊어서 천 길이나 만 길이 되는 듯한 모양

▷ 層巖絶壁 층암절벽 험한 바위가 겹겹으로 쌓인 낭떠러지

千紫萬紅 천자만홍 일천 천 | 자줏빛 자 | 일만 만 | 붉을 홍

울긋불긋한 여러 가지 꽃의 빛깔. 색색의 꽃이 피어있는 상태를 형용(形容)

유의어 萬紫千紅 만자천홍

　　　酣紅爛紫 감홍난자 가을에 단풍(丹楓)이 한창 무르익어 울긋불긋함

天長地久 천장지구 하늘 천 | 길 장 | 땅 지 | 오랠 구

하늘과 땅은 영원(永遠)함. 하늘과 땅은 영구(永久)히 변함이 없음

▷ 久闊 구활 오랫동안 소식(消息)이 없거나 만나지 못함 = 隔阻 격조, 積阻 적조

▷ 永久不變 영구불변 오래도록 변하지 아니함

▷ 永遠不滅 영원불멸 영원(永遠)히 계속(繼續)되어 없어지지 않음

千載一遇 천재일우 일천 천 | 해·실을 재 | 하나 일 | 만날·때를 만날 우

천 년에 한 번 만난다는 뜻, 좀처럼 만나기 어려운 기회(機會)를 비유하는 말

유의어 千載之會 천재지회, 千載一時 천재일시, 千歲一時 천세일시

　　　蛟龍得水 교룡득수, 如魚得水 여어득수, 雲蒸龍變 운증용변

▷ 不遇 불우 1. 재능이나 포부(抱負)를 가지고 있으면서도 때를 만나지 못하여 불운함
　　　　　　 2. 살림이나 처지(處地)가 딱하고 어려움

* 出典: 文選(문선)에 실린 袁宏(원굉)의 三國名臣序贊(삼국명신서찬)

天災地變 천재지변 하늘 천 | 재앙 재 | 땅 지 | 변할 변

지진(地震)·홍수(洪水)·해일(海溢)등의 자연현상으로 인(因)하여 생기는 불가항력적인 재앙(災殃)

▷ **不可抗力 불가항력** 인간의 힘으로는 어찌할 수 없는 힘 [지진·홍수·해일·화산 등]

▷ **海溢 해일** 지진(地震)이나 화산의 폭발(爆發), 지각변동, 해상의 폭풍(暴風)등으로
　　　　　　　바다에 큰 물결이 갑자기 일어나 육지로 넘쳐 오르는 일 = **쓰나미**

天定配匹 천정배필 하늘 천 | 정할 정 | 아내 배 | 짝·필 필

하늘에서 정해 준 배필, 잘 어울리는 한 쌍의 부부(夫婦)

[유의어] 天生因緣 천생인연, 天生佳緣 천생가연, 天生緣分 천생연분
　　　　　天生配匹 천생배필, 天上配匹 천상배필

▷ **夫婦 부부** 남편과 아내 = **伉儷 항려, 配偶 배우, 配匹 배필**

▷ **牝牡 빈모** 암컷과 수컷. 암수 = **雌雄 자웅**

天井不知 천정부지 하늘 천 | 우물 정 | 아닐 부 | 알 지

천정[天井 = 天障: 천장]을 알지 못한다는 뜻, 끝을 모름
1. 하늘 높은 줄 모른다는 말　　2. 물가(物價)등이 한없이 오르기만 함을 비유하는 말

▷ **昂騰 앙등** 물건(物件)값이 뛰어오름 = **騰貴 등귀** ↔ **下落 하락**

▷ **暴騰 폭등** 물가(物價)·주가(株價)등이 갑자기 크게 오름 ↔ **暴落 폭락**

天地萬物 천지만물 하늘 천 | 땅 지 | 일만 만 | 만물·물건 물

세상에 있는 모든 것을 이르는 말

[유의어] 萬彙群象 만휘군상, 森羅萬象 삼라만상, 宇宙萬物 우주만물
　　　　　우주(宇宙)에 존재(存在)하는 온갖 사물(事物)과 현상(現象)

▷ **語彙 어휘** 어떤 일정(一定)한 범위(範圍)내에서 사용되는 낱말의 전체 수효(數爻)

▷ **天地 천지** 하늘과 땅, 세상(世上), 우주(宇宙) = **乾坤 건곤, 堪輿 감여**

天地神明 천지신명 하늘 천 | 땅 지 | 귀신 신 | 밝을 명

1. 천지의 조화(造化)를 맡은 신령(神靈)
2. 온 세상, 대자연(大自然)을 다스린다는 온갖 신령

▷ **造物主 조물주** 우주의 만물을 만들고 다스리는 신 = **造化翁 조화옹, 造化神 조화신**

天眞爛漫 천진난만 하늘 천 | 참 진 | 빛날·문드러질 난(란) | 흩어질 만

자연스럽고 참되어 말이나 행동(行動)에 아무런 꾸밈이 없음
하늘에서 타고난 그대로 땅에 핀 꽃과 같다는 표현(表現)에서 유래

[유의어] 純眞無垢 순진무구, 純粹 순수, 天眞 천진

▷ 爛商 난상 충분(充分)히 의논(議論)함 또는 그런 의논

▷ 浪漫 낭만 현실보다 공상 세계를 즐기며 매우 정서적·이상적으로 인생을 대하는 일

千差萬別 천차만별 일천 천 | 다를·어긋날 차 | 일만 만 | 다를·나눌 별

온갖 사물(事物)이 모두 차이(差異)가 있고 구별(區別)이 있음
세상만물이 각각 서로 다름을 강조(強調)하는 말

[반의어] 千篇一律 천편일률, 一律千篇 일률천편 사물이 모두 비슷해 변화가 없음

無差別 무차별 차별(差別)이 없음, 가리지 않고 마구잡이임

穿鑿 천착 뚫을·구멍 천 | 뚫을·캘 착 / 구멍 조

1. 구멍을 뚫음   2. 학문을 깊이 연구함   3. 억지로 이치에 닿지 않는 말을 함

[유의어] 硏鑽 연찬 학문(學問) 등을 깊이 연구(研究)함

▷ 硏鑽會 연찬회 학문을 깊이 연구하기 위하여 조직(組織)한 모임

▷ 穿孔 천공 구멍을 뚫음. 또는 구멍이 뚫림

▷ 掘鑿 굴착 땅을 파거나 바위 등을 뚫음

千秋遺恨 천추유한 일천 천 | 가을 추 | 남을·끼칠 유 | 한할·원통할 한

천년이 지나도 남는 한이라는 뜻으로 길이길이 잊지 못할 깊은 원한(怨恨)을 비유하는 말

[유의어] 怨徹骨髓 원철골수, 怨入骨髓 원입골수 원한이 뼈(= 골수)에 사무침

刻骨痛恨 각골통한, 刻骨之痛 각골지통 뼈에 사무치게 맺힌 원한

徹天之恨 철천지한, 徹天之冤 철천지원 하늘에 사무치는 크나큰 원한

▷ 秋霜 추상 가을의 찬 서리. 당당한 위엄(威嚴)이나 형벌. 굳은 절개. 백발(白髮)을 비유

千態萬象 천태만상 일천 천 | 모양·형상 태 | 일만 만 | 모양·코끼리 상

천 가지 모습과 만 가지 형상이라는 뜻, 온갖 사물이 한결같지 아니하고 모양(模樣)·모습이 각각
다름을 이르는 말

[유의어] 各樣各色 각양각색, 各色各樣 각색각양. 種種色色 종종색색

形形色色 **형형색색** 모양과 빛깔 등이 서로 다른 여러 가지

千篇一律 **천편일률** 일천 천 | 책·시문(詩文) 편 | 하나 일 | 가락·음율 률(율)

천 가지의 시문(詩文)이 한가지의 율조(律調)로 비슷하다는 뜻
1. 사물이 모두 비슷비슷하여 변화(變化)나 개성(個性)이 없음
2. 여러 시문(詩文)의 격조(格調)가 비슷비슷하여 개별적 특성(特性)이 없음

「유의어」 一律千篇 **일률천편**

「반의어」 千差萬別 **천차만별** 여러 가지 사물이 모두 차이가 있고 구별(區別)이 있음

▷ 大同小異 **대동소이** 거의 같고 조금 다름. 서로 비슷비슷함

* 出典: 藝苑巵言(예원호언)

天下泰平 **천하태평** 하늘 천 | 아래 하 | 클 태 | 평평할 평

1. 정치(政治)가 안정(安定)되어 온 세상이 평화로움
2. 세상일에 무관심한 상태로 걱정 없이 편안(便安)한 태도(態度)를 가볍게 놀리는 말

▷ 國泰民安 **국태민안** 나라가 태평하고 국민이 살기가 평안함

▷ 太平聖代 **태평성대** 어진 임금이 다스리는 태평한 세상이나 시대

淺學菲才 **천학비재** 얕을 천 | 배울 학 | 엷을 비 | 재주 재

학문이나 지식이 얕고 재주가 변변하지 않다는 뜻, 자기의 학식을 겸손(謙遜)하게 이르는 말

「유의어」 菲才 **비재**, 淺學短才 **천학단재**

愚蒙等誚 **우몽등초**, 孤陋寡聞愚蒙等誚 **고루과문우몽등초**
홀로 배워서 보고 듣는 것도 적으니, 어리석고 아둔해서 꾸짖음을 들을만함

▷ 淺薄 **천박** 학문이나 생각이 얕거나 말과 행동이 상스러움

徹頭徹尾 **철두철미** 통할 철 | 머리 두 | 통할 철 | 꼬리 미

머리(頭)부터 꼬리(尾)까지 철저(徹底)하다는 뜻, 처음부터 끝까지 일관(一貫)되게 빈틈이 없음을 비유하는 말

「유의어」 徹上徹下 **철상철하** 위에서부터 아래까지 꿰뚫듯 횡함

用意周到 **용의주도** 마음의 준비가 두루 미쳐 빈틈이 없음

周到綿密 **주도면밀** 주의가 두루 미쳐 자세하고 빈틈이 없음

盛水不漏 **성수불루** 물을 담아도 새지 않을 정도로, 사물이 잘 짜여 틈이 없음

▷ 貫徹 **관철** 끝까지 밀고 나아가 목적을 이룸 ↔ 挫折 **좌절**

▷ 徹底 철저　속속들이 꿰뚫어 밑바닥까지 투철(透徹)함

鐵面皮 철면피　쇠 철 | 얼굴·낯 면 | 가죽 피
쇠[鐵: 철]로 만든 낯가죽[面皮: 면피], 염치(廉恥)없고 뻔뻔스러워 부끄러운 줄 모르는 사람을 비유
출세(出世)를 위하여 부끄러운 짓도 서슴지 않았던 왕광원(王光遠)이라는 인물의 고사에서 유래

　「유의어」 厚顔無恥 후안무치, 厚顔 후안, 强顔 강안
　　　얼굴이 두껍고 몹시 뻔뻔스러워 부끄러움이 없음

　　　破廉恥 파렴치　염치(廉恥)를 모르고 뻔뻔스러움 = 沒廉恥 몰염치

　　　面張牛皮 면장우피　얼굴에 쇠가죽을 발랐다는 뜻, 몹시 뻔뻔스러움

＊ 出典: 北夢瑣言(북몽쇄언)

啜菽飮水 철숙음수　마실·먹을 철 | 콩 숙 | 마실 음 | 물 수
콩을 먹고 물을 마신다는 뜻, 집은 가난해도 부모에게 효도를 극진(極盡)히 함을 비유

　「유의어」 反哺之孝 반포지효, 反哺報恩 반포보은, 烏鳥私情 오조사정
　　　斑衣之戲 반의지희, 老萊之戲 노래지희, 願乞終養 원걸종양
　　　三釜之養 삼부지양, 毛義奉檄 모의봉격, 奉檄之喜 봉격지희

▷ 孔子 曰 공자 왈　효(孝)의 근본은 부모님의 마음을 기쁘게 해드리는 것이며,
　　　　　　　　　예(禮)의 근본은 정성(精誠)을 다하는 것이다.

▷ 啜粥 철죽　죽을 먹음

＊ 出典: 禮記(예기) 檀弓下篇(단궁하편: 孔子[공자]와 子路[자로]와의 대화)

鐵甕城 철옹성　쇠·견고할 철 | 독·단지·옹기 옹 | 성·재·도읍 성
쇠로 만든 독[= 항아리]처럼 튼튼히 둘러싸인 성이라는 뜻, 방비(防備)나 단결(團結) 등이
매우 견고(堅固)함을 비유하는 말

　「유의어」 鐵甕 철옹, 鐵甕山城 철옹산성
　　　湯池鐵城 탕지철성, 金城湯池 금성탕지, 金城鐵壁 금성철벽
　　　難攻不落 난공불락　공격(攻擊)하기가 어려워 좀처럼 함락(陷落)되지 않음

　「반의어」 摧堅陷陣 최견함진　견고(堅固)한 적의 진(陣)을 쳐서 무너뜨림

▷ 䥶鐵 설철　불가사리

鐵杵磨鍼 철저마침　쇠 철 | 공이 저 | 갈 마 | 침(의료용) 침
쇠공이를 갈아서 바늘을 만든다는 뜻, 정성(精誠)을 다하여 꾸준히 노력(努力)하면 아무리 힘든

목표(目標)라도 달성(達成)할 수 있음을 비유하는 말

『유의어』 鐵杵成針 철저성침, 鐵杵成鍼 철저성침, 磨杵成針 마저성침

鐵棒磨成針 철봉마성침, 磨鐵杵欲作針 마철저욕작침

水滴穿石 수적천석, 山溜穿石 산류천석
떨어지는 물방울이 결국 돌에 구멍을 낸다는 뜻. 끈기로 행하면 성공(成功)한다는 말

愚公移山 우공이산 어리석어 보이는 일도 끝까지 밀고 나가면 성공한다는 말

* 出典: 方輿勝覽(방여승람)

掣肘 철주 당길 철 / 끌 체 | 팔꿈치 주

팔꿈치를 잡아당긴다는 뜻, 남에게 간섭(干涉)하여 그 사람 마음대로 하지 못하게 제지한다는 말

『유의어』 掣礙 철애 방해(妨害)하여 못하게 함

制止 제지 말려서 하지 못하게 함

沮止 저지 어떤 행동을 막아서 하지 못하게 함

▷ 毀謗 훼방 남을 헐뜯어 비방(誹謗)함 또는 남의 일을 방해(妨害)함

* 出典: 呂氏春秋(여씨춘추) 具備篇(구비편: 공자의 제자 복자천[宓子賤]의 고사에서 유래)

鐵中錚錚 철중쟁쟁 쇠 철 | 가운데 중 | 쇳소리 쟁

여러 쇠붙이 중에서도 옥과 같이 유난히 맑은 소리를 낸다는 뜻으로 같은 무리 가운데서도
가장 뛰어난 사람을 비유하여 이르는 말

『유의어』 白眉 백미, 壓卷 압권, 翹楚 교초 여럿 가운데서 단연 뛰어남

群鷄一鶴 군계일학, 鷄群一鶴 계군일학, 鷄群孤鶴 계군고학
닭의 무리 속에 있는 한 마리의 학. 즉 평범한 많은 사람 가운데서 뛰어난 사람을 이름

▷ 錚錚 쟁쟁 옥이 부딪쳐 맑게 울리는 소리

* 出典: 後漢書(후한서) 劉盆子傳(유분자전: 광무제[光武帝]가 서선[徐宣]을 평가한 말)

徹天之冤 철천지원 통할 철 | 하늘 천 | 어조사 지 | 원통할 원

하늘에 사무칠 정도로 크고 도저히 용서(容恕)할 수 없는 원한(怨恨)

『유의어』 徹地之冤 철지지원, 徹天之恨 철천지한, 不俱戴天 불구대천

怨徹骨髓 원철골수, 怨入骨髓 원입골수, 千秋遺恨 천추유한

不俱戴天之讎 불구대천지수, 戴天之怨讎 대천지원수

不共戴天之讎 불공대천지수, 不共戴天 불공대천

▷ 透徹 투철 사리가 밝고 확실함 또는 속속들이 뚜렷하고 철저(徹底)함

▷ **冤痛** 원통 1. 분하고 억울함 2. 몹시 원망스러움

轍環天下 철환천하 바퀴자국·수레 철 | 고리·둥글 환 | 하늘 천 | 아래 하

수레를 타고 천하(天下)를 돌아다닌다는 뜻으로
1. 여러 나라를 두루 여행(旅行)함을 이르는 말
2. 자기의 뜻을 펴지 못하고 천하(天下)를 떠돌아다니며 방황(彷徨)하는 것을 이르는 말

공자(孔子)가 자기의 정치이념을 알아주는 통치자를 찾아 수레를 타고 천하를 떠돌아다닌
고사(故事)에서 유래

「유의어」 周遊天下 주유천하, 周遊列國 주유열국

▷ **覆轍** 복철 엎어진 수레바퀴, 앞서 가던 사람이 실패한 자취를 일컬음 = 前轍 전철

* 出典: 韓愈(한유) 進學解(진학해)

瞻前顧後 첨전고후 볼·쳐다볼 첨 | 앞 전 | 돌아볼 고 | 뒤 후

앞을 바라보고 뒤를 돌아본다는 뜻으로 어떤 일을 당하여 용기를 내어 결단(決斷)하지 못하고
앞뒤를 재며 주저(躊躇)함을 비유하는 말

「유의어」 前瞻後顧 전첨후고, 左顧右眄 좌고우면, 左右顧眄 좌우고면
左顧右視 좌고우시, 左瞻右顧 좌첨우고, 狐疑不決 호의불결
首鼠兩端 수서양단, 首鼠 수서
쥐가 구멍에서 밖으로 머리를 내밀고 나갈까 말까 망설임. 머뭇거림. 주저함
躊躇 주저 머뭇거리며 망설임
猶豫 유예 1. 망설여 일을 결행(決行)하지 않음 2. 시일(時日)을 미루거나 늦춤

▷ **瞻病** 첨병 절에서, 병이 난 사람을 간호(看護)하는 임무(任務)

* 出典: 後漢書(후한서) 張衡傳(장형전)

晴耕雨讀 청경우독 갤 청 | 밭갈 경 | 비 우 | 읽을 독

갠 날은 밖에 나가 농사일을 하고 비 오는 날은 책을 읽는다는 뜻, 부지런히 일하면서 틈나는 대로
힘써 공부(工夫)함을 비유하는 말

「유의어」 晝耕夜讀 주경야독 낮에는 농사짓고 밤에는 글을 읽는다는 뜻
刺股懸梁 자고현량, 懸梁刺股 현량자고, 手不釋卷 수불석권

▷ **乍晴** 사청 지루하게 내리던 비가 그치고 잠깐 갬

靑丘永言 청구영언 푸를 청 | 언덕 구 | 길 영 | 말씀 언

조선 영조 4년(1728)에 김천택(金天澤)이 시조 1,000여 수를 모아 엮은 최초의 시조집(時調集)

705

靑丘 청구　예전에, 중국에서 우리나라를 일컫던 말

槿域 근역　무궁화나무가 많은 땅. 예전에, 우리나라를 일컫는 말 = 槿花鄕 근화향

海東 해동　발해(渤海)의 동쪽에 있는 나라. 예전에, 우리나라를 일컫던 말

▷ 時調 시조　고려 말부터 발달(發達)한 우리나라 고유의 정형시 = 時節歌調 시절가조

淸談 청담　맑을 청 | 말씀 담

1. 세속(世俗)의 명리(名利)를 떠난, 맑고 깨끗한 담화(談話)라는 의미
2. 상대(相對)의 이야기를 존중(尊重)하여 이르는 말

중국 위(魏)·진(晉)시대의 지식인 사회(社會)에서 현학(玄學)과 함께 나타난 철학적 담론(談論)의 풍조(風潮)로 노장사상(老莊思想)을 기초로 세속적 가치를 초월(超越)한 형이상학(形而上學)적인 사유(思惟)와 정신적(精神的) 자유(自由)를 중시(重視)함

【유의어】 淸言 청언, 玄言 현언

▷ 玄學 현학　이론이 깊고 어려워 깨닫기 힘든 학문. 노장[老莊: 노자와 장자]의 학설

▷ 衒學 현학　학식(學識)이 조금 있음을 자랑하여 뽐냄

▷ 談論 담론　이야기를 주고받으며 논의(論議)함 = 論談 논담

淸廉潔白 청렴결백　맑을 청 | 청렴할 렴 | 깨끗할 결 | 흰 백

마음이 맑고 깨끗하며 탐욕(貪慾)이 없음

【유의어】 潔廉 결렴

▷ 淸白吏 청백리　조정(朝廷)에 의해 선발(選拔)된 청렴결백한 벼슬아치

▷ 淸算 청산　서로 간에 채무(債務)·채권(債權) 관계(關係)를 셈하여 깨끗이 정리(整理)함

▷ 廉恥 염치　체면(體面)을 차릴 줄 알며 부끄러움을 아는 마음

▷ 潔癖 결벽　남달리 깨끗함을 좋아하는 성질. 부정이나 악을 극단적으로 미워하는 성질

淸貧樂道 청빈낙도　맑을 청 | 가난할 빈 | 즐거울 낙(락) | 길 도

청렴결백(淸廉潔白)하고 가난하게 사는 것을 옳은 것으로 여기고 생(生)을 즐김의 비유

【유의어】 安貧樂道 안빈낙도　가난 속에서도 편안한 마음으로 도(道)를 즐김

　　　　　簞食瓢飮 단사표음　도시락밥과 표주박에 든 물. 소박·청빈한 생활의 비유

　　　　　簞瓢陋巷 단표누항, 陋巷簞瓢 누항단표
　　　　　도시락과 표주박에 든 물과 누추한 마을. 소박(素朴)하고 청빈(淸貧)한 삶

▷ 淸貧 청빈　청백하여 재물에 대한 욕심이 없어 가난함[덕이 있음: 생활에 만족]

▷ 赤貧 적빈　몹시 가난하여 아무것도 가진 것이 없음[덕이 없음: 생활에 不만족]

靑山流水 청산유수 <small>푸를 청 | 뫼 산 | 흐를 유(류) | 물 수</small>

푸른 산에서 맑은 물이 거침없이 흘러내리는 것처럼, 막힘없이 썩 잘하는 말솜씨를 비유적으로
이르는 말

유의어 懸河口辯 현하구변, 懸河之辯 현하지변, 懸河雄辯 현하웅변

口若懸河 구약현하, 口如懸河 구여현하
말하는 것이 마치 물이 위에서 아래로 거침없이 쏟아져 흐르듯 막힘이 없음

善爲說辭 선위설사 말을 재치 있게 잘함

達辯 달변, 能辯 능변, 能言 능언

▷ 靑山綠水 청산녹수 푸른 산과 푸른 물, 산골짜기에 흐르는 맑은 물의 비유

▷ 詭辯 궤변 이치에 맞지 않는 구변(口辯). 상대방의 사고(思考)를 혼란(混亂)시키거나
판단(判斷)을 흐리게 하여 거짓을 참인 것처럼 꾸며 대는 논법

淸純可憐 청순가련 <small>맑을 청 | 순수할 순 | 옳을·좋을 가 | 불쌍히여길 련(연)</small>

맑고 순수(純粹)하며 가엾고 불쌍하게 여겨짐을 비유하는 말
심성(心性)이 맑고 얼굴이 갸름하며 몸매가 가냘프게 보여, 주로 남성(男性)으로 하여금
동정심(同情心)을 불러일으키게 하는 가녀린 여인(女人)의 모습을 형용(形容)하는 말

▷ 憐憫 연민 불쌍하고 가련(可憐)하게 여김

▷ 同情 동정 1. 남의 어려움을 딱하고 가엾게 여김
2. 남의 어려운 사정을 이해하고 정신적으로나 물질적으로 도움을 베풂

靑眼視 청안시 <small>푸를 청 | 눈 안 | 볼 시</small>

푸른 눈으로 본다는 뜻으로 친한 감정(感情)으로 대하는 따뜻한 눈매

죽림칠현(竹林七賢)의 한사람인 완적(阮籍)이, 거만(倨慢)하거나 마음에 들지 않은 손님은
백안(白眼)으로 대하고 친하고 반가운 손님은 청안(靑眼)으로 대하였다는 고사에서 유래

반의어 白眼視 백안시 업신여기거나 무시하는 태도로 흘겨봄[흰자위를 보이며 눈을 부라림]

▷ 猜忌 시기 샘을 내서 미워함

▷ 嫉妬 질투 강샘. 다른 사람을 시기하고 깎아내리려고 함

▷ 眼目 안목 사물을 보고 분별(分別)하는 견식(見識) = 面眼 면안

* 出典: 晉書(진서)

靑雲萬里 청운만리 <small>푸를 청 | 구름 운 | 일만 만 | 거리·마을 리</small>

입신출세(立身出世)를 위한 원대(遠大)한 포부(抱負)를 비유하는 말

유의어 長風波浪 장풍파랑, 乘風破浪 승풍파랑

바람을 타고 거센 파도(波濤)를 헤쳐 나간다는 뜻, 원대한 포부(抱負)가 있음

▷ **靑雲 청운** 푸른 빛깔의 구름, 높은 지위(地位)나 벼슬을 비유함

▷ **靑雲之交 청운지교** 1. 같이 벼슬한 동료와의 교분 2. 학덕을 갖춘 고관과의 교제

靑雲之志 청운지지 푸를 청 | 구름 운 | 어조사 지 | 뜻 지

1. 큰 뜻을 펼치기 위하여 높은 벼슬길에 오르고자 하는 뜻
2. 속세(俗世)를 초탈(超脫)하려는 뜻을 일컬음을 비유

유의어 凌雲之志 능운지지, 陵雲之志 능운지지
높은 구름을 훨씬 넘는 뜻. 1. 속세에 초연한 태도 2. 높은 지위에 오르고자 하는 욕망

桑蓬之志 상봉지지 남자가 큰 뜻을 품고 천하를 위하여 공명을 세우고자 하는 뜻

幕天席地 막천석지 천지(天地)를 자기의 거처로 삼을 정도로 포부(抱負)가 웅대함

* 出典: 王勃(왕발)의 滕王閣詩序(등왕각시서) / 張九齡(장구령)의 朝鏡見白髮(조경견백발)

靑錢萬選 청전만선 푸를 청 | 돈 전 | 일만 만 | 가릴·뽑을 선

청동(靑銅) 만전(萬錢)만 있으면 과거(科擧)에 만 번도 급제(及第)할 수 있다는 뜻으로 돈의 위력(威力)이 매우 큼을 비유. 즉 돈만 있으면 세상에 못할 것이 없다는 말

유의어 錢可通神 전가통신, 錢能通神 전능통신, 錢可通鬼 전가통귀
錢可使鬼 전가사귀, 物質萬能 물질만능, 黃金萬能 황금만능

반의어 錢本糞土 전본분토 돈은 본래 똥과 흙같이 무가치(無價値)한 것이라는 말

▷ **拜金主義 배금주의** 돈을 최고(最高)의 가치(價値)로 여기고 숭배(崇拜)하는 주의

▷ **選良 선량** 1. 뛰어난 인물을 뽑음 또는 그렇게 뽑힌 인물 2. 국회의원의 별칭

靑天白日 청천백일 푸를 청 | 하늘 천 | 흰 백 | 날 일

활짝 갠 푸른 하늘에 빛나는 태양 또는 멀건 대낮
1. 아무런 잘못이 없는 결백(潔白)한 것
2. 혐의(嫌疑)나 원죄(冤罪)가 무죄(無罪)로 판명(判明)되는 일의 비유

▷ **白晝 백주** 대낮 = **白日 백일**

* 出典: 韓愈(한유) 與崔群書(여최군서)

靑天霹靂 청천벽력 푸를 청 | 하늘 천 | 벼락 벽 | 벼락·천둥 력

활짝 갠 푸른 하늘에서 치는 날벼락, 갑자기 뜻하지 않게 발생(發生)한 큰 재난(災難)이나 사고(事故)를 비유하는 말

▷ **雷聲霹靂** 뇌성벽력 천둥소리와 벼락 / 電霆 전정, 霹靂 벽력 벼락

▷ **雷霆霹靂** 뇌정벽력 천둥과 벼락이 격렬(激烈)하게 침 = 雷霆 뇌정

▷ **地震** 지진 지면이 진동(震動)하는 현상[지각(地殼)내부의 급격(急擊)한 변화로 일어남]

* 出典: 陸游(육유: 南宋[남송]의 大詩人[대시인])의 劍南詩稿(검남시고)

靑出於藍 청출어람 푸를 청 | 날 출 | 어조사·~보다 더(비교급) 어 | 쪽·쪽빛 람

쪽에서 뽑아낸 푸른 물감이 쪽보다 더 푸르다는 뜻으로 제자(弟子)나 후배(後輩)가
스승이나 선배(先輩)보다 뛰어남을 비유하는 말

유의어 靑於藍 청어람, 出藍 출람, 出藍之譽 출람지예

　　　　靑出於藍而靑於藍 청출어람이청어람 (에서 유래)

▷ **後生可畏** 후생가외 젊은 후학들을 두려워 할만하다. 즉 장차(將次) 학문을 닦음에
　　　　　　　　　　　따라서 큰 인물(人物)이 될 수도 있으므로 가히 두렵다는 말

▷ **後起之秀** 후기지수 후배(後輩) 중에서 뛰어난 인물(人物)을 이르는 말

참고: 스승이 제자보다 잘나야할 필요가 없으며, 제자가 스승보다 못나야할 이유도 없다.

* 出典: 荀子(순자) 勸學篇(권학편)

淸風明月 청풍명월 맑을 청 | 바람 풍 | 밝을 명 | 달 월

맑은 바람과 밝은 달, 상쾌(爽快)하고 시원한 기운이나 성격(性格)을 묘사(描寫)
1. 은사(隱士)가 청풍이 부는 밤에 명월을 대하고 술을 마심. 유유자적(悠悠自適)함
2. 풍자(諷刺)와 해학(諧謔)으로 세상사를 논함을 비유하는 말

유의어 吟風弄月 음풍농월, 吟風咏月 음풍영월, 風月 풍월

　　　　光風霽月 광풍제월 비갠 뒤의 시원한 바람과 밝은 달. 아무 거리낌 없는 인품

　　　　雲心月性 운심월성 구름 같은 마음과 달 같은 성품. 욕심 없이 맑고 깨끗한 마음

　　　　明鏡止水 명경지수 맑은 거울과 고요한 물, 맑고 고요한 심경(心境)을 묘사

▷ **風月主人** 풍월주인 자연을 즐기는 사람

棣鄂之情 체악지정 산 앵두나무 체 | 땅이름 악 | 어조사·갈 지 | 뜻·본성 정

화려(華麗)하게 만발(滿發)한 산 앵두나무의 모습에서 느끼는 정이라는 뜻으로
형제간에 서로 화락(和樂)하는 두터운 우애(友愛)를 비유하는 말

유의어 棣華之情 체화지정, 壎篪相和 훈지상화, 篪壎 지훈

　　　　遇賊爭死 우적쟁사, 兄弟投金 형제투금, 同氣之親 동기지친

　　　　如足如手 여족여수, 手足之愛 수족지애

反의어 煮豆燃萁 자두연기, 兄弟鬩墻 형제혁장 형제끼리 다툰다는 말

* 出典: 詩經(시경) 小雅(소아)

草根木皮 초근목피 풀 초 | 뿌리 근 | 나무 목 | 껍질·가죽 피(비)

풀뿌리와 나무껍질이라는 뜻. 아사(餓死)직전의 상태에서 구하는, 맛이나 영양(營養)가 없는
거친 음식을 비유하는 말[차마 죽을 수 없어 억지로 만들어 먹던 음식]

유의어 糠糜 강미, 糠粕 강박, 惡食 악식 맛없고 거친 음식

　　　　糠粃 강비 겨와 쭉정이, 거친 식사

　　　　羹粥 갱죽 시래기를 넣고 끓인 멀건 죽. 맛없고 거친 음식

　　　　糟糠 조강 (술)지게미와 쌀겨, 가난한 사람이 먹는 보잘것없는 음식(飮食)

▷　延命 연명 목숨을 겨우겨우 이어 살아감

▷　飢饉 기근 흉년으로 먹을 양식이 없어 굶주림 = 饑饉 기근, 饑荒 기황

初度巡視 초도순시 처음 초 | 법도 도 | 돌 순 | 볼 시

한 기관의 책임(責任)자나 감독(監督)자가 부임(赴任)하여, 처음으로 그 관할(管轄)지역이나
기관(機關)을 순회(巡廻)하여 시찰(視察)함

▷　初度 초도 맨 처음의 차례. 곧, 첫 번 = 初次 초차, 初回 초회

▷　管轄 관할 권한에 의하여 통제하거나 지배(支配)함 또는 그 지배가 미치는 범위(範圍)

▷　巡察 순찰 여러 곳을 돌아다니며 사정(事情)을 살핌

樵童汲婦 초동급부 나무할·땔나무 초 | 아이 동 | 물길을 급 | 여자·아내·며느리 부

땔나무를 하는 아이와 물을 긷는 아낙네라는 뜻으로 평범(平凡)한 사람을 이르는 말

유의어 張三李四 장삼이사, 匹夫匹婦 필부필부, 甲男乙女 갑남을녀

　　　　鷄鶩 계목 닭과 집오리. 평범한 사람

　　　　常鱗凡介 상린범개 바닷가에 흔하게 나오는 물고기와 조개. 평범한 사람

　　　　碌碌之輩 녹록지배 길가에 굴러다니는 자갈처럼 평범한 인물

▷　童妾 동첩 1. 나이 어린 첩 2. 동기[童妓: 어린기생] 출신의 첩

樵童牧豎 초동목수 나무할·땔나무 초 | 아이·어리석을 동 | 칠·기를 목 | 더벅머리·천할 수

산에서 땔나무 하는 아이와 소먹이는 총각이라는 뜻, 배우지 못해 식견(識見)이 좁은 사람을 비유

유의어 樵牧 초목 1. 땔나무를 하는 일과 짐승을 치는 일 2. 초동목수(樵童牧豎)

井蛙 정와, 井中蛙 정중와, 井底蛙 정저와, 井底之蛙 정저지와
우물 안 개구리라는 뜻으로 견문이 좁아 세상 물정에 어두운 사람의 비유

蜀犬吠日 촉견폐일, 越犬吠雪 월견폐설

草綠同色 초록동색 풀 초 | 푸를 록 | 같을 동 | 빛·색 색

풀색과 녹색은 같은 색, 가재는 게 편, 솔개는 매 편. 같은 처지(處地)나 경우(境遇)의
사람들끼리 서로 어울려 행동(行動)함을 비유하는 말

┌유의어┐ 物以類聚 물이유취 물건(物件)이란 비슷한 종류(種類)대로 모이게 마련이라는 말

類類相從 유유상종 같은 무리끼리 서로 어울려 사귐

同病相憐 동병상련 같은 병을 앓는 환자(患者)끼리 서로 가엾게 여긴다는 뜻,
어려운 처지에 있는 사람끼리 서로 동정(同情)하고 도움

草莽之臣 초망지신 풀 초 | 우거질·풀 망 | 어조사·갈 지 | 신하 신

풀떨기 같은 신하(臣下)라는 뜻으로
1. 벼슬을 하지 않고 초야(草野)에 묻혀 사는 백성(百姓)
2. 신하(臣下)인자가 스스로를 낮추는 겸양(謙讓)의 표현

┌유의어┐ 草茅之臣 초모지신, 隱遁居士 은둔거사

▷ 藎臣 신신 충신(忠臣) ↔ 逆臣 역신 임금을 반역(叛逆)한 신하

* 出典: 孟子(맹자) 萬章(만장)

焦眉之急 초미지급 탈·그을릴 초 | 눈썹 미 | 어조사·갈 지 | 급할·빠를 급

눈썹이 타들어 가는 듯이 아주 급박(急迫)한 상황(狀況), 매우 위급(危急)하여 그대로
방치(放置)할 수 없는 경우(境遇)를 비유하는 말

┌유의어┐ 燒眉之急 소미지급, 燃眉之急 연미지급, 焦眉之厄 초미지액

焦眉 초미, 燒眉 소미, 燃眉 연미, 火燒眉毛 화소미모

落眉之厄 낙미지액 눈앞에 닥친 재앙(災殃)

▷ 蛾眉 아미 털이 짧고 초승달 모양으로 길게 굽은 아름다운 눈썹. 미인의 눈썹

▷ 黛眉 대미 눈썹먹으로 그린 눈썹. 아름다운 눈썹

* 出典: 五燈會元(오등회원)

焦心苦慮 초심고려 탈·애태울 초 | 마음 심 | 괴로울·쓸 고 | 생각할·근심할 려

마음을 태우며 괴롭게 염려(念慮)함

유의어 勞心焦思 노심초사 몹시 마음을 쓰며 애를 태움 = 勞思 노사, 焦勞 초로

萬端愁心 만단수심 여러 가지 근심과 걱정

▷ 焦土 초토 불에 타서 검게 된 땅. 불에 탄 것처럼 황폐해지고 못 쓰게 된 상태의 비유

招搖過市 초요과시 부를·손짓할 초 | 흔들릴·움직일 요 | 넘을·지날 과 | 시장·저자 시

남의 이목(耳目)을 끌 수 있도록 호령(號令)하고 요란하게 수레소리를 울리면서 거들먹거리며
저자거리를 지난다는 뜻으로 허풍(虛風)을 떨며 요란(搖亂)하게 자랑하고 돌아다님을 비유하는 말
[위(衛)나라 거백옥(蘧伯玉)이라는 자의 요란(搖亂)한 행차(行次)모양을 비유하는 말]

▷ 搖籃 요람 젖먹이를 흔들어서 재우는 채롱. 사물의 발생지나 근원지

▷ 過失 과실 어떤 결과의 발생을 부주의로 미리 내다보지 못한 일 ↔ 故意 고의

* 出典: 史記(사기) 孔子世家(공자세가)

楚人遺弓楚人得之 초인유궁초인득지

초나라 초 | 사람 인 | 잃어버릴·끼칠 유 | 활 궁 | 얻을 득 | 그것·어조사 지

초나라 사람이 잃어버린 활은 초나라 사람이 주울 것이라는 뜻, 도량(度量)이 좁음을 비유하는 말
즉 천하(天下)의 모든 사람이 아니고 왜 하필 초나라 사람만이 주워야 되는고? 라는 말

초나라 왕이 쏘고 잃어버린 화살을 초나라 사람이 주울 것이라 생각하여 아까워하지 않았는데
공자가 왜 천하의 모든 사람이 아니라 꼭 초나라 사람이 주워야 하는가 하고 비판한 것에서 유래

유의어 楚王失弓楚人得之 초왕실궁초인득지 (에서 유래)

▷ 得勢 득세 1. 세력을 얻음 2. 형세가 좋게 됨 또는 유리해진 형세(形勢)

* 出典: 說苑(설원) / 孔子家語(공자가어) 好生(호생)

初志一貫 초지일관 처음 초 | 뜻 지 | 하나 일 | 꿸·꿰뚫을 관

처음에 세운 뜻을 변하지 않고 끝까지 밀고 나간다는 말

유의어 始終一貫 시종일관, 終始一貫 종시일관 처음부터 끝까지 한결같이 함

始終如一 시종여일, 終始如一 종시여일 처음부터 끝까지 변함없이 한결같음

一以貫之 일이관지, 一貫 일관 한 이치(理致)로 모든 일을 꿰뚫음

▷ 貫鄕 관향 한 집안의 시조(始祖)가 난 땅 = 本 본, 本貫 본관, 先鄕 선향

蜀犬吠日 촉견폐일 촉나라 촉 | 개 견 | 짖을 폐 | 해·날 일

촉나라 개가 해를 보고 짖는다는 뜻, 식견이 좁은 사람이 현인의 언행을 의심하는 일을 비유
촉(蜀)나라는 사면이 높은 산으로 둘러싸이고 항상 안개가 짙어 해가 보이는 날이 드물었다.

그 때문에 모처럼 개들이 해를 보게 되면 이를 이상히 여기고 괜히 짖었다는 고사에서 유래

유의어 井中之蛙 정중지와, 井底之蛙 정저지와 우물 안 개구리. 견문이 좁음

坐井觀天 좌정관천, 井中觀天 정중관천 우물에서 하늘을 봄. 견문이 좁음

通管窺天 통관규천, 用管窺天 용관규천 대롱으로 하늘을 봄. 견문이 좁음

越犬吠雪 월견폐설, 管中窺豹 관중규표, 坎井之蛙 감정지와

▷ 狗吠 구폐 개가 짖음. 개 짖는 소리

* 出典: 故事成語考(고사성어고)

寸善尺魔 촌선척마 마디 촌 | 착할·좋을 선 | 자 척 | 마귀·악귀 마

한 치[寸(촌): 적음]의 선[善: 좋음]과 한 자[尺(척): 많음]의 마[魔: 나쁨]라는 뜻
1. 세상을 살다보면 좋은 일은 적고 나쁜 일이 많다는 말
2. 좋은 일에는 반드시 나쁜 일이 뒤따른다는 말

유의어 鰣魚多骨 시어다골 준치는 맛은 좋은데 가시가 많다는 뜻으로
좋은 일의 한편에는 불편(不便)한 일이 많음을 이르는 말

好事多魔 호사다마 좋은 일에는 흔히 방해(妨害)되는 일이 많음

▷ 魔 마 일이 꼬이게 헤살[= 짓궂게 훼방함]을 부리는 요사(妖邪)스러운 장애물(障礙物)

寸陰若歲 촌음약세 마디 촌 | 응달·그늘 음 | 같을 약 / 반야 야 | 해·세월 세

아주 짧은 시간[寸陰: 촌음]도 마치 일 년[歲: 세]같이 길다는 뜻으로 무언가를 대단히
초조(焦燥)하게 기다림을 비유하는 말

유의어 一日三秋 일일삼추, 一日如三秋 일일여삼추
하루가 삼 년 같다는 뜻으로 몹시 애태우며 기다림을 이르는 말

一刻三秋 일각삼추, 一刻如三秋 일각여삼추
일각(= 15분)이 삼년 같다는 말. 즉 기다리는 마음이 간절함을 비유한 말

一日千秋 일일천추 하루가 천 년 같다는 뜻[秋: 추 = 年: 년]

寸鐵殺人 촌철살인 마디 촌 | 쇠·단단할 철 | 죽일 살 / 빠를·감할 쇄 | 사람 인

한 치밖에 안 되는 칼로 사람을 죽인다는 뜻, 급소(急所)를 찌름. 간단(簡單)한 말로 남을
감동(感動)시키거나 약점(弱點)을 찌름

유의어 頂門一鍼 정문일침, 頂上一鍼 정상일침
정수리에 침을 놓는다는 뜻으로 따끔한 충고(忠告)나 교훈(敎訓)을 이르는 말

三寸之舌 삼촌지설 세치의 혀. 뛰어난 말재주

▷ 弑害 시해 부모나 임금[대통령·주석]을 죽임 = 弑逆 시역, 弑殺 시살

* 出典: 나대경(羅大經)의 학림옥로(鶴林玉露) 地部(지부) 殺人手段(살인수단)

悤忙之間 총망지간 바쁠·급할 총 | 바쁠·조급할 망 | 어조사·갈 지 | 사이·틈 간
매우 급하고 바쁜 틈

▷ 悤悤 총총 1. 급하고 바쁜 모양
2. 편지(便紙)의 맺음말로 난필(亂筆)이 되어 죄송(罪悚)하다는 뜻

▷ 忙中有閑 망중유한, 忙中閑 망중한 바쁜 가운데에 한가한 짬이 있음

▷ 忙裏偸閑 망리투한 바쁜 중에도 잠시의 틈을 타서 즐거이 놂

蔥竹之交 총죽지교 파 총 | 대나무 죽 | 어조사·갈 지 | 사귈 교
파피리를 불고 죽마(竹馬)를 타면서 어려서부터 같이 놀면서 자란 친구와의 교분(交分)

【유의어】 竹馬舊友 죽마구우, 竹馬交友 죽마교우, 竹馬之友 죽마지우
竹馬故友 죽마고우 대말을 타고 어렸을 때부터 같이 놀며 친하게 지낸 벗

▷ 竹簡 죽간 1. 문자를 기록하던 대나무 조각 2. 댓조각을 엮어서 만든 책

冢中枯骨 총중고골 무덤 총 | 가운데 중 | 마를 고 | 뼈 골
무덤 속의 마른 뼈[白骨: 백골]. 무능력한 사람. 몹시 여윈 사람. 죽은 사람
1. 죽은 송장이나 다름없어 아무짝에도 쓸모가 없는 무능(無能)한 사람을 비유
2. 뼈만 남을 정도로 몹시 여윈 사람을 조롱(嘲弄)하는 말

【유의어】 樗櫟之材 저력지재 참나무와 가죽나무 재목, 아무짝에도 소용이 없는 인물
衣架飯囊 의가반낭 옷걸이와 밥주머니, 아무 짝에도 쓸모없는 사람
酒袋飯囊 주대반낭, 飯囊酒袋 반낭주대 술 부대와 밥주머니. 쓸데없는 사람
陶犬瓦鷄 도견와계 흙으로 구워 만든 개와 기와로 만든 닭. 즉 외모만 훌륭하고
실속이 없어 아무짝에도 쓸모가 없는 사람
行尸走肉 행시주육 살아 있는 송장이요, 걸어 다니는 고깃덩이라는 뜻
배운 것이 없어서 아무짝에도 쓸모가 없는 사람

▷ 皮骨相接 피골상접 살가죽과 뼈가 맞붙을 정도로 바짝 마름
* 出典: 三國蜀志(삼국촉지) 先主傳(선주전)

摧堅陷陣 최견함진 꺾을·부러뜨릴 최 | 굳을·단단할 견 | 빠질 함 | 진영·진칠 진
견고(堅固)한 적(敵)의 진영(陣營)을 공격(攻擊)하여 함락(陷落)시킴

【유의어】 摧鋒陷陣 최봉함진

[반의어] 難攻不落 난공불락, 金城湯池 금성탕지, 鐵甕城 철옹성

▷ 陷穽 함정   1. 짐승 따위를 잡기 위하여 파 놓은 구덩이 = 허방다리
2. 남을 어려움에 빠뜨리려는 계략(計略)의 비유

* 出典: 南史(남사) / 宋書(송서)

摧枯拉朽 최고납후 꺾을·부러뜨릴 최 | 마를 고 | 꺾을·끌 납(랍) | 썩을 후

마른나무를 꺾고 썩은 나무를 부러뜨린다는 뜻으로 일이 쉬움. 상대를 쉽게 굴복(屈服)시킴을 비유

[유의어] 摧枯折腐 최고절부

泰山壓卵 태산압란, 排山壓卵 배산압란
큰 산이 알을 누른다는 뜻으로 큰 위엄(威嚴)으로 여지(餘地)없이 누름. 매우 쉬움

如反掌 여반장   손바닥을 뒤집는 것처럼 매우 쉽다는 뜻

▷ 拉致 납치   강제수단을 써서 억지로 데리고 감 / 被拉 피랍   납치를 당함

▷ 誘拐 유괴   사람을 속여 꾀어내는 일

* 出典: 宋史(송사)

推己及人 추기급인 밀 추 | 자기·몸 기 | 이를 급 | 사람·타인 인

자신의 처지(處地)를 미루어 다른 사람의 형편(形便)을 헤아린다는 뜻, 제 마음을 기준삼아
남의 마음을 헤아린다는 말

[유의어] 忖度 촌탁, 料度 요탁   남의 마음을 미루어 헤아림

絜矩 혈구, 絜矩之道 혈구지도
자기를 척도(尺度)로 삼아 남을 생각하고 살펴서 바른길로 향하게 하는 도덕상의 길

易地思之 역지사지   어떤 일을 판단할 때 처지를 바꾸어 상대의 입장에서 생각함

己所不欲勿施於人 기소불욕물시어인
내가 하기 싫은 일은 남에게도 시키지 마라

鄒魯之鄕 추로지향 나라이름 추 | 나라이름 로(노) | 어조사·갈 지 | 고향·시골 향

공자(孔子)와 맹자(孟子)의 고향, 예절(禮節)을 알고 학문이 왕성(旺盛)한 곳을 일컫는 말

공자는 노(魯)나라 사람, 맹자는 추(鄒)나라 사람. 공자와 맹자를 아울러 이르는 말

[유의어] 鄒魯 추로   학문(學問)과 예향(禮鄕)의 도시

▷ 鄒魯學 추로학 공자(孔子)와 맹자(孟子)의 학문(學問), 유학(儒學)을 달리 이르는 말

▷ 四侑 사유   문묘(文廟)에 공자(孔子)와 함께 모신 네 명의 현인(賢人)
즉 顔子[안자]·子思[자사]·曾子[증자]·孟子[맹자] = 四配 사배

騅不逝 추불서 오추마(검푸른 털에 흰털이 섞인 말) 추 | 아닐 불 | 갈·떠날·죽을 서

추[騅: 오추마]가 나아가지 않는다는 뜻으로 전세(戰勢)가 불리하니 명마(名馬)가 미리 알고
안 움직인다는 말. 기세(氣勢)가 꺾이고 힘이 빠져 더 이상 어찌할 수 없음을 비유하는 말

중국 초(楚)나라 항우(項羽)의 애마(愛馬)이자 명마인 오추마(烏騅馬)조차도, 전세(戰勢)가 불리하니
그것을 알고 더 이상 앞으로 나아가지 않았다는 고사에서 유래

유의어 刀折矢盡 도절시진 칼은 부러지고 남은 화살도 없음. 전의(戰意)를 상실(喪失)

   氣盡脈盡 기진맥진, 氣盡力盡 기진역진, 勢窮力盡 세궁역진
   기운과 정력(精力)을 다 써서 힘이 없어짐 또는 기운이 다 빠져 꼼짝할 수 없게 됨

▷ 逝去 서거 죽어서 세상을 떠남. 사거(死去)의 높임말

* 出典: 史記(사기) 項羽本紀(항우본기)

秋扇 추선 가을 추 | 부채·사립문 선

가을철의 부채, 철이 지나서 쓸모없이 된 물건을 비유. 또는 임금의 총애(寵愛)나 남자의
사랑을 잃은 여인을 비유하여 이르는 말

'반첩여(班婕伃)'는 한(漢)나라 성제(成帝)때의 후궁으로 한때 성제의 총애(寵愛: 굄)를 받았는데
훗날 '조비연[趙飛燕: 성제의 부인]'에게 밀려 동궁으로 물러난 뒤 자신의 처지(處地)를 철지난
부채[秋扇; 추선]에 빗대어 한탄한 고사에서 유래

유의어 秋風扇 추풍선, 秋風之扇 추풍지선

   仳離 비리 여자가 버림받음, 헤어짐

▷ 秋波 추파 1. 가을철의 잔잔하고 아름다운 물결
           2. 은근한 정을 나타내는 여자의 아름다운 눈짓
           3. 이성(異性)의 관심을 끌기 위해 은근히 보내는 눈길 = 윙크

* 出典: 文選(문선) 怨歌行(원가행: 漢[한]나라 成帝[성제]때 班婕伃[반첩여]와 趙飛燕[조비연]의 고사)

芻蕘之說 추요지설 꼴·건초 추 | 나무할·땔나무 요 | 어조사·갈 지 | 말씀 설 / 달랠 세

꼴을 하고 땔 나무 하는 사람들의 말, 고루(固陋)하고 식견이 없는 촌스럽고 순박(淳朴)한 말

▷ 固陋 고루 낡은 습관(習慣)에 젖어 고집(固執)이 세고 새로운 것을 잘 받아들이지 않음

▷ 反芻 반추 되새김. 새김질. 어떤 일을 되풀이하여 음미(吟味)하고 생각함

▷ 苾芻 필추 비구[比丘: 출가하여 구족계(具足戒)를 받은 남자 승려] = 비구승(比丘僧)

           ↔ 비구니[比丘尼: 출가하여 머리를 깎고 구족계를 받은 여자 승려]

追友江南 추우강남 따를 추 | 벗 우 | 강물 강 | 남녘 남

친구 따라 강남 간다. 벗이 가면 먼 길이라도 맹목적으로 따라감. 자기주장 없이 남의 말에 덩달아

동조(同調)함을 비유하는 말

【유의어】 附和隨行 부화수행, 隨衆逐隊 수중축대

附和雷同 부화뇌동, 雷同附和 뇌동부화
일정한 주견(主見)이 없이 남의 의견(意見)에 따라 같이 행동함

旅進旅退 여진여퇴　일정한 주견이나 절개가 없이 남이 하는 대로 덩달아 행동함

▷ 追敍 추서　죽은 뒤에 공훈(功勳)에 따라 관작(官爵)을 내려주거나 품계(品階)를 높여 줌

▷ 追慕 추모　죽은 사람을 그리워하며 생각함

麤衣惡食 추의악식　거칠 추 | 옷 의 | 나쁠·악할 악 | 밥·먹을 식

거친 옷과 나쁜 음식, 청빈(淸貧)한 생활(生活)을 형용(形容)하는 말

【유의어】 麤衣糲食 추의여식, 粗衣粗食 조의조식, 粗衣惡食 조의악식

惡衣惡食 악의악식　맛없고 거친 음식을 먹고 누더기 같은 허름한 옷을 입음

【반의어】 錦衣玉食 금의옥식　비단 옷에 흰 쌀밥. 극히 호화롭고 사치(奢侈)스런 생활

好衣好食 호의호식, 暖衣飽食 난의포식, 暖飽 난포
좋은 옷을 입고 좋은 음식을 먹음 / 따뜻이 입고 배불리 먹음

推舟於陸 추주어륙　밀 추 | 배 주 | 어조사(~ 에) 어 | 물 륙(육)

배를 물으로 밀려고 한다는 뜻, 억지로 무리(無理)하게 통하게 하려함. 잘못을 인정(認定)하려
하지 않고 억지를 씀의 비유

배는 물에 띄워야 하거늘 땅에서 밀고가려 한다는 뜻. 즉 무리하게 억지를 쓴다는 말

【유의어】 指鹿爲馬 지록위마　사슴을 말이라고 우김. 윗사람을 농락하여 권세를 휘두름

漱石枕流 수석침류, 枕流漱石 침류수석
돌로 양치질하고 흐르는 물을 베개로 삼음[말이 안 됨]. 말을 잘못해 놓고 억지를 부림

牽强附會 견강부회　사리(事理)에 맞지 않은 말을 억지로 끌어다 붙여 자기에게
유리(有利)하도록 함.

郢書燕說 영서연설　영나라 글을 연나라 사람이 설명한다는 뜻[말이 안 됨]
이치에 맞지 않는 것을 끌어다 붙여 억지로 꿰맞춘다는 말

▷ 推挽 추만　뒤에서 밀고 앞에서 끎. 즉 사람을 천거[薦擧: 인재추천]함

＊ 出典: 莊子(장자) 天運篇(천운편)

麤枝大葉 추지대엽　거칠 추 | 가지 지 | 큰 대 | 잎 엽 / 성 섭

거친 나뭇가지와 커다란 나뭇잎. 즉 글을 쓰거나 지을 때에 작은 것에 얽매이지 않고 느긋하고
대범(大汎)하게 붓을 놀린다는 말

『유의어』 **長杠大筆** 장강대필 힘 있고 웅대(雄大)한 글을 가리키는 말

▷ **膽大心小** 담대심소 쓸개[膽: 담]는 크게 심장(心臟)은 작게라는 뜻으로
담대(膽大)하면서도 치밀(緻密)한 주의력(注意力)을 가져야
한다는 말로, 문장(文章)을 지을 때의 마음가짐을 비유하는 말

* 出典: 朱子語類(주자어류)

秋風落葉 추풍낙엽 가을 추 | 바람 풍 | 떨어질 낙(락) | 잎 엽

가을바람에 이리저리 날리며 떨어지는 나뭇잎, 어떤 세력이나 형세(形勢)가 갑자기 기울거나
흩어져버림을 비유하는 말

『유의어』 **支離分散** 지리분산, **支離滅裂** 지리멸렬
갈가리 흩어지고 찢기어 갈피를 잡을 수 없이 되어버림

七零八落 칠령팔락, **七落八落** 칠락팔락
제각기 뿔뿔이 흩어지거나 이리저리 없어짐 또는 사물이 가지런하게 고르지 못함

土崩瓦解 토붕와해, **瓦解土崩** 와해토붕, **瓦解** 와해
흙이 무너지고 기와가 깨짐. 여지없이 무너져 내려 손댈 수조차 없이 되어버림

秋毫之末 추호지말 가을 추 | 가는 털·붓의 촉 호 | 어조사 지 | 끝·꼭대기 말

가을철에 가늘어진 짐승의 털끝, 아주작음 또는 몹시 적음을 비유하는 말

『유의어』 **秋毫** 추호, **毫末** 호말, **分毫** 분호

一毫 일호 한 가닥의 털[아주 작다는 뜻] = **一毫半點** 일호반점

毫釐 호리 1. 자나 저울눈의 호(毫)와 이(釐) 2. 몹시 적은 분량의 비유

* 出典: 孟子(맹자) 梁惠王章句上(양혜왕장구상)

逐條審議 축조심의 쫓을·다툴 축 | 조목·가지 조 | 살필 심 | 의논할 의

한 조목 한 조목(條目)씩 차례대로 모두 따져서 심의(審議)함

▷ **逐條** 축조 검토(檢討)·해석(解釋) 등에서 한 조목 한 조목씩 차례로 좇음

▷ **審查** 심사 자세히 조사(調査)해서 등급(等級)이나 당락(當落) 등을 결정(決定)함

椿府丈 춘부장 참죽나무 춘 | 관청·곳집 부 | 어른·길(사람의 키) 장

남의 아버지에 대한 존칭(尊稱). 상대방의 아버지를 높여 부르는 말

춘(椿)은 대춘(大椿)이라는 상상속의 나무로, 장자(莊子)는 이 나무가 8천년을 봄[春: 춘]으로 삼고
다시 8천년을 가을[秋: 추]로 삼는다고 하였다. 그리하여 춘하추동(春夏秋冬) 4계절은 즉, 일 년은
자그마치 3만 2천년이다. 그러므로 춘(椿)자는 장수(長壽)를 염원하고 기원한다.

부(府)는 큰집, 장(丈)은 어른을 뜻하므로 부장(府丈)은 집안의 큰 어른이라는 높임말

『유의어』 春府丈 춘부장, 春丈 춘장, 椿堂 춘당, 春府 춘부, 春庭 춘정
상대방의 아버지를 높여 부르는 말

↔ 父親 부친, 家親 가친, 嚴親 엄친 남에게 자기 아버지를 높여 일컫는 말

* 出典: 莊子(장자)

春秋鼎盛 춘추정성 봄춘 | 가을추 | 솥정 | 담을·성할성

나이[春秋: 춘추]가 솥의 세발처럼 튼튼하게 서있고 혈기가 매우 왕성(旺盛)함
1. 혈기(血氣)가 왕성(旺盛)한 나이 때를 이르는 말
2. 제왕(帝王)의 보령(寶齡)이 한창 젊을 때를 비유하는 말

『유의어』 年富力強 연부역강 나이가 젊고[富 부: 세월이 많이 남음] 기운이 왕성함

▷ 정[鼎: 솥 = 솥발처럼 든든하게 서있음] = 방[芳: 꽃다움·한창때·젊을 때]

▷ 同鼎食 동정식 한솥밥을 먹는다는 뜻. 한집에서 같이 산다는 말 = 食口 식구

▷ 鼎談 정담 세 사람이 솥발같이 벌려 마주 앉아 하는 이야기

* 出典: 漢書(한서)

春秋筆法 춘추필법 봄춘 | 가을추 | 붓필 | 법법

춘추[春秋 = 歷史: 역사]의 기록방법이라는 뜻으로
1. 공자(孔子)가 지은 춘추[春秋: 역사서]와 같이 역사사건에 대하여 비판(批判)적이고
   준엄(峻嚴)한 필법(筆法)을 비유하는 말
2. 대의명분(大義名分)을 밝혀 역사(歷史)를 바로 세우는 서술(敍述)방법

『유의어』 春秋直筆 춘추직필, 太史之簡 태사지간, 董狐之筆 동호지필

▷ 史筆 사필 사관(史官)이 역사를 적던 필법(筆法)

▷ 靑史 청사 역사(歷史) 또는 역사상의 기록(記錄)

春雉自鳴 춘치자명 봄춘 | 꿩·담장치 | 스스로자 | 울명

봄철의 꿩이 스스로 운다는 뜻으로 제 울음소리에 자기의 위치(位置)가 노출(露出)되어 죽음
1. 시키거나 요구(要求)하지 않아도 때가 되면 제 스스로 알아서 한다는 말
2. 공연히 제 허물을 스스로 드러냄으로써 화를 자초(自招)한다는 말

▷ 雉堞 치첩 성가퀴[몸을 숨기고 적을 쏠 수 있게 만든 성벽위의 낮은 담] = 堡垣 보원

▷ 鳴沙 명사 발로 밟으면 쇳소리가 나는 매우 곱고 깨끗한 모래 = 鳴砂 명사

▷ 春情 춘정 1. 봄의 정취(情趣) 2. 남녀 간의 정욕(情慾) = 春心 춘심, 春意 춘의

▷ 春煦 춘후 봄볕이 따뜻함

椿萱 춘훤 참죽나무 춘 | 원추리·망우초(忘憂草) 훤

춘당(椿堂)과 훤당(萱堂). 남의 부모(父母)를 높여 부르는 말

춘(椿)은 춘부장(椿府丈) 참고

훤(萱)은 원추리 꽃으로 옛날 어떤 효자가 집 뒤편에 별당(別堂)을 지어 며느리에게 살림을 물려주고 뒤로 물러나신 늙으신 어머니를 모실 때 뒷마당에 어머니께서 좋아하시는 원추리 꽃을 가득 심은 데서 유래한다. 훤(萱)은 이제는 시름을 잊으시라고 망우초(忘憂草)라고도 한다.

자(慈)는 사랑한다는 뜻으로 따뜻한 온기(溫氣)를 뜻하는 자(玆)에 마음 심(心)자를 더했다. 즉 자(慈)는 어머니의 따뜻한 마음이라는 뜻이다. 일반적으로 두루 통용되는 말이기도 하다.

【유의어】 春萱 춘훤, 高堂 고당 남의 부모를 높여 부르는 말

▷ 椿堂 춘당, 春丈 춘장, 春府 춘부, 春庭 춘정, 春府丈·椿府丈 춘부장
   상대방의 아버지를 높여 부르는 말

   ↔ 父親 부친, 家親 가친, 嚴親 엄친 남에게 자기 아버지를 높여 일컫는 말

▷ 萱堂 훤당, 慈堂 자당, 北堂 북당, 令堂 영당, 母堂 모당, 大夫人 대부인
   상대방의 어머니를 높여 부르는 말

   ↔ 母親 모친, 慈親 자친, 慈闈 자위 남에게 자기 어머니를 높여 이르는 말

出嫁外人 출가외인 날 출 | 시집갈·떠넘길 가 | 바깥 외 | 사람 인

시집간 딸은 친정(親庭)과는 남이나 마찬가지라는 뜻

▷ 嫁娶 가취, 婚姻 혼인, 婚娶 혼취, 洞房華燭 동방화촉 시집가고 장가듦

▷ 轉嫁 전가 죄과(罪過)·책임(責任) 등을 남에게 떠 넘겨씌움

出奇制勝 출기제승 날 출 | 뛰어날 기 | 제압할 제 | 이길 승

기묘(奇妙)한 계략(計略)을 써서 승리(勝利)함을 비유. 즉 신(神)의 한 수

▷ 兵不厭詐 병불염사, 軍不厭詐 군불염사
   전쟁(戰爭)은 속이는 것을 싫어하지 않는다는 말. 즉 적을 속여야 이길 수 있다는 말

▷ 聲東擊西 성동격서 동쪽을 칠 듯이 말하고 실제로는 서쪽을 친다는 뜻으로
   기발(奇拔)하게 적을 공략(攻略)함의 비유

▷ 出帆 출범 배가 돛을 달고 항구(港口)를 떠남. 단체가 새로 조직되어 일을 시작함

* 出典: 史記(사기) 田單列傳(전단열전)

出沒無雙 출몰무쌍 날 출 | 빠질·잠길 몰 | 없을 무 | 쌍·짝 쌍

나타났다 사라졌다 하는 것이 그 무엇과도 비길 데 없이 심함을 비유하는 말

【유의어】 神出鬼沒 신출귀몰 귀신(鬼神)처럼 자유자재로 나타났다 사라졌다 함

忽顯忽沒 홀현홀몰 문득 나타났다 홀연(忽然)히 없어짐

▷ 變化無雙 변화무쌍 변화(變化)가 비할 데 없이 심함

出師表 출사표 날·나아갈 출 | 군사(군대의 단위)·스승 사 | 드러낼·겉 표
출병(出兵)할 때 그 뜻을 적어 임금에게 올리던 글

중국 삼국시대 때 촉(蜀)나라의 재상 제갈량(諸葛亮)이 위(衛)나라를 토벌(討伐)하러 출병할 때
후왕[劉禪: 유선= 유비의 아들]에게 적어 올린 글

▷ 表 표 마음속의 생각을 적어 임금에게 올리던 글

▷ 憘征 혜정 하늘의 뜻에 따라 토벌(討伐)함

▷ 出征 출정 군대(軍隊)에 들어가 전쟁터에 나감

* 出典: 三國志(삼국지) 諸葛亮傳(제갈량전) / 文選(문선)

出爾反爾 출이반이 날 출 | 너 이 | 되돌릴 반 | 너 이
너에게서 나온 것은 너에게로 다시 돌아감, 자기가 행한 일은 자기가 그 결과를 받는다는 말
인간의 행·불행(幸·不幸)과 호오(好惡)가 결국은 자기 자신에 의하여 초래(招來)된다는 말
모든 것은 자기가 어떻게 하느냐에 달려있다는 말. 즉 자기의 모든 결과는 자기 책임(責任)

【유의어】 出乎爾反乎爾 출호이반호이 (에서 유래)

▷ 釀出 갹출[거출] 한 목적에 대하여 여러 사람이 각기 돈이나 물건을 냄

▷ 爾 이 女 여 汝 여 너, 당신(2인칭) ↔ 我 아 吾 오 나, 저(1인칭)

▷ 彼 피 저, 저것, 그, 그것(3인칭: 원칭) ↔ 此 차 是 시 이, 이것(3인칭: 근칭)

* 出典: 孟子(맹자) 梁惠王下篇(양혜왕하편: 증자[曾子]의 말씀)

出將入相 출장입상 날 출 | 장수·장군 장 | 들 입 | 재상·얼굴·서로 상
나가서는 장수(將帥)요 들어와서는 재상(宰相)이라는 뜻으로 전장(戰場)에 나가서는 장수가 되고
조정(朝廷)에 들어와서는 재상이 됨. 즉 문무를 겸전(兼全)하여 장상(將相)의 벼슬을 모두 지냄

▷ 王侯將相 왕후장상 제왕(帝王)·제후(諸侯)·장수(將帥)·재상(宰相)의 통칭

▷ 將相之器 장상지기 장수나 재상이 될 만한 출중한 인물. 장상이 될 만한 기국(器局)

▷ 將次 장차 앞으로. 미래(未來)에 = 將來 장래

出處語默 출처어묵 날 출 | 살·곳·묵을 처 | 말씀 어 | 잠잠할·말없을 묵
나아가 벼슬하는 일과 물러나 집에 있는 일, 의견을 발표(發表)하는 일과 침묵(沈默)을 지키는
일이라는 뜻으로 사람이 처세(處世)하는 데 근본(根本)이 되는 일을 비유하는 말

『유의어』 **出處進退** 출처진퇴 나아가 벼슬하는 일과 물러나 집에 있는 일

▷ **處身** 처신 세상을 살아감에 있어 가져야 할 몸가짐이나 행동

▷ **處世** 처세 남과 사귀면서 세상을 살아감. 또는 그런 일

* 出典: 易經(역경)

充閭之慶 충려지경 채울·찰 충 | 마을 려(여) | 어조사 지 | 경사 경

손님이 집안에 가득 참. 곧 집이 번성(繁盛)하는 경사라는 뜻, 아들을 낳은 축하인사로 하는 말

『유의어』 **弄璋之慶** 농장지경, **弄璋之喜** 농장지희 아들을 낳은 경사

『반의어』 **弄瓦之慶** 농와지경, **弄瓦之喜** 농와지희 딸을 낳은 경사

▷ **閭閻** 여염 백성의 집이 많이 모여 있는 곳 = **閭里** 여리, **閭巷** 여항

▷ **充滿** 충만 가득하게 차 있음

▷ **慶祝** 경축 경사(慶事)스러운 일을 축하(祝賀)함

* 出典: 晉書(진서) 賈充傳(가충전) / 書言故事(서언고사) 子孫餘(자손여)

忠言逆耳 충언역이 충성 충 | 말씀 언 | 거스를·배반할 역 | 귀 이

충직(忠直)한 말은 귀에 듣기 싫다는 뜻으로 바른말은 귀에 거슬림

『유의어』 **忠言逆耳 利於行** 충언역이 이어행
　　　　충언(忠言)은 귀에는 거슬리나, (자신의) 행동에는 이롭다는 말

　　　　良藥苦口 利於病 양약고구 이어병, **良藥苦口** 양약고구
　　　　좋은 약은 입에 쓰지만, (자기의) 병을 고치는 데에는 이롭다는 말

▷ **忠諫** 충간 충성(忠誠)스러운 마음으로 윗사람의 잘못을 고치도록 간함

▷ **屍諫** 시간 죽음을 무릅쓰고 임금에게 간언(諫言)함

▷ **苦諫** 고간 어려움을 무릅쓰고 간절(懇切)히 간함 / **固諫** 고간 강경(強硬)히 간함

* 出典: 史記(사기) 淮南王傳(회남왕전)

揣摩臆測 췌마억측 헤아릴·잴 췌 | 문지를 마 | 생각·가슴 억 | 헤아릴·잴 측

남의 생각을 자기 나름대로 추측(推測)함. 제멋대로 추측함

▷ **揣摸** 췌모 헤아림, 추측(推測)함 = **忖度** 촌탁, **料度** 요탁

▷ **臆測** 억측 이유(理由)와 근거(根據)가 없는 짐작(斟酌) = **臆度** 억탁

▷ **撫摩** 무마 1. 손으로 어루만짐 2. 분쟁(紛爭)이나 사건(事件)을 어물어물 덮어 버림

▷ **讀心術** 독심술 표정(表情)이나 얼굴을 보고 남의 생각을 알아내는 술법(術法)

取吉避凶 취길피흉 가질 취 | 길할 길 | 피할 피 | 흉할 흉
길(吉)한 운은 취하고 흉(凶)한 운은 피함. 좋은 것은 갖고 나쁜 것은 버린다는 말

유의어 遠禍召福 원화소복　화(禍)를 멀리하고 복(福)을 불러들임

▷ 富貴貧賤 부귀빈천　부유함과 귀함, 가난함과 천함

▷ 生死壽夭 생사수요　삶과 죽음, 장수(長壽)와 요절(夭折)

▷ 吉凶禍福 길흉화복　좋은 일과 나쁜 일, 재앙과 복됨

翠黛 취대 비취색·물총새 취 | 눈썹먹 대
1. 눈썹을 그리는 푸른 먹 또는 미인의 눈썹
2. 멀리 푸른 아지랑이가 어른거리는 푸른 산의 모양을 비유한 말

유의어 蛾眉 아미　누에나방의 촉수(觸鬚)처럼,
　　　　　　　　털이 짧고 초승달 모양으로 길게 굽은 미인의 눈썹

黛眉 대미　눈썹먹으로 그린 눈썹. 미인의 눈썹

▷ 翠嵐 취람　먼 산에 끼어 푸르스름하게 보이는 흐릿한 기운 이내 = 嵐氣 남기

▷ 翡翠 비취　치밀하고 짙은 푸른색의 윤이 나는 보석구슬[장신구·장식품] = 翡翠玉

吹毛覓疵 취모멱자 불 취 | 털 모 | 찾을 멱 | 흠·허물·결점 자
상처를 찾으려고 털을 불어 헤친다는 뜻으로 억지로 남의 작은 허물을 들추어냄을 비유하는 말

유의어 吹毛求疵 취모구자, 吹毛索疵 취모색자, 吹毛檢膚 취모검부

吹覓 취멱, 吹索 취색, 吹洗 취세

訐揚 알양　타인의 허물을 들추어내어 폭로(暴露)함

▷ 瑕疵 하자　흠. 결점. 법률 또는 당사자가 예상한 상태나 성질이 결여(缺如)되어 있는 일

▷ 吹打 취타　군대에서, 나발·소라·대각·태평소 등을 불고, 징·북·나(鑼)·바라를 치던 군악

* 出典: 韓非子(한비자) 大體篇(대체편)

取捨選擇 취사선택 가질 취 | 버릴 사 | 가릴 선 | 가릴 택
취할 것은 취하고 버릴 것은 버리며 골라서 선택함

유의어 取捨 취사

淘汰 도태　나쁜 것은 가려서 버리고 좋은 것은 취하여 가짐

▷ 搾取 착취　자본가나 지주 등이 근로자나 농민이 제공(提供)한 노동의 가치(價値)만큼
　　　　　　보수(報酬)를 지급(支給)하지 않고 그 이익(利益)의 대부분을 차지하는 일

▷ **嵬選 외선** 과거(科擧)에서 우등(優等)으로 급제(及第)함

▷ **擇日 택일** 혼인 등 경사를 위하여 좋은 날을 고름 = **涓吉 연길, 諏吉 추길**

醉生夢死 취생몽사 취할·취기 취 ‖ 날 생 ‖ 꿈·환상 몽 ‖ 죽을 사

술에 취한 듯 살다가 꿈을 꾸듯이 죽는다는 뜻으로 한평생을 아무 의미도 없고 이룬 일도 없이 흐리멍덩하게 살아감을 비유하는 말

『유의어』 **醉死 취사**

▷ **酩酊 명정, 滿醉 만취, 泥醉 이취, 大醉 대취, 深醉 심취**
정신(精神)을 차리지 못할 정도(程度)로 술에 취함

▷ **宿醉 숙취** 이튿날까지 깨지 않는 취기 ↔ **解醒 해정(해장)** 술기운을 품

* 出典: 程子語錄(정자어록)

醉翁之意 취옹지의 취할 취 ‖ 늙은이 옹 ‖ 어조사 지 ‖ 뜻 의

술 취한 늙은이의 뜻[= 생각]으로 늙은이가 술에 취하고자 하는 뜻은 술 자체에 있는 것이 아니라 생각해보니 술에 취하면 산수[山水= 자연의 아름다움]를 더 잘 만끽(滿喫)할 수 있을 것 같아서 그래서 취한다는 말. 또는 사람 마음의 안팎이 서로 다른 속셈을 비유하는 말

『유의어』 **醉翁之意不在酒 취옹지의부재주** 술 취한 늙은이의 뜻이 술에 있지 않음

▷ **陶醉 도취** 술이 얼근히 취함. 어떤 것에 마음이 끌려 홀린 듯이 빠져 듦

▷ **心醉 심취** 어떤 일이나 사람에 깊이 빠져 마음을 빼앗김

▷ **翁壻 옹서** 장인과 사위 / **尊翁 존옹** 남자 노인을 높여 이르는 말

* 出典: 醉翁亭記(취옹정기: 歐陽脩[구양수: 당송팔대가] 著[저])

層生疊出 층생첩출 층·켜 층 ‖ 날 생 ‖ 겹쳐질·포갤 첩 ‖ 날 출

어떤 일이 여러 가지로 겹쳐서 자꾸자꾸 생겨남

▷ **疊疊山中 첩첩산중** 첩첩이 겹친 산속

▷ **層巖絶壁 층암절벽** 험한 바위가 겹겹으로 쌓인 낭떠러지

▷ **疊語 첩어** 같은 음이나 비슷한 음을 가진 단어의 반복적(反復的) 결합으로 이루어진 복합어[複合語: 누구누구·울며불며] 등

層層侍下 층층시하 층·켜 층 ‖ 모실 시 ‖ 아래·내릴 하

부모, 조부모 등이 구존(俱存)하셔서 모두 위로 모시고 사는 처지(處地)
위로 모시는 어른이 많아서 처신(處身)하기가 몹시 곤란(困難)하다는 말

▷ **嚴妻侍下 엄처시하** 아내에게 잡혀 사는 남편(男便)의 처지를 조롱(嘲弄)하는 말

▷ 恐妻家 공처가　아내에게 눌려 지내는 남편

▷ 層霄 층소　높은 하늘 = 高空 고공

鴟目虎吻 치목호문　올빼미·부엉이 치 | 눈 목 | 범 호 | 입술 문

올빼미의 눈과 호랑이의 입술이라는 뜻으로 관상학적으로 사납고 잔인(殘忍)하며 탐욕(貪慾)이
많은 상(相)을 비유하는 말

유의어 長頸烏喙 장경오훼　긴 목과 까마귀의 부리처럼 뾰족한 입[월나라 王 구천의 상]
　　　　　　　　　　　　어려움은 함께 할 수 있어도 즐거움은 함께 누릴 수 없는 상

　　　　豕喙 시훼　돼지주둥이, 욕심꾸러기

▷ 接吻 접문　입맞춤. 키스

* 出典: 漢書(한서)

癡人說夢 치인설몽　어리석을 치 | 사람 인 | 말씀 설 / 달랠 세 / 기쁠 열 | 꿈·공상 몽

어리석은 사람이 꿈 이야기를 한다는 뜻으로 매우 어리석은 행동을 비유하는 말
1. 바보가 허황(虛荒)된 말을 지껄임을 비유하는 말
2. 설명(說明)이 요령부득(要領不得)으로 상대가 이해(理解)하지 못함을 비유하는 말

유의어 痴人說夢 치인설몽, 對痴人說夢 대치인설몽

　　　　夢中說夢 몽중설몽, 夢中夢說 몽중몽설
　　　　꿈속에서 꿈 이야기를 하듯이 종잡을 수 없는 말을 함. 또는 그런 말

▷ 癡情 치정　남녀 간의 사랑으로 생기는 온갖 어지러운 정

▷ 癡呆 치매　사회생활을 하는 데 필요한 지능·의지·기억 등 정신적인 능력이 상실된 상태

* 出典: 南宋[남송]의 釋惠洪著[석혜홍저] 冷齋夜話(냉재야화) 卷(권)9

蚩蠢之氓 치준지맹　어리석을·벌레 치 | (벌레)꿈틀거릴 준 | 어조사 지 | 백성 맹

어리석고 꿈틀 거리는 벌레 떼 같은 백성. 즉 어리석은 백성(百姓)을 이르는 말

유의어 蒼生 창생, 蒼氓 창맹, 蒼首 창수　세상의 모든 사람

　　　　蒸民 증민, 萬民 만민, 萬姓 만성, 百姓 백성　모든 백성. 모든 사람

　　　　庶民 서민, 庶人 서인, 下民 하민, 凡民 범민
　　　　아무 벼슬이나 신분적 특권(特權)이 없는 일반(一般) 사람

　　　　黔首 검수, 黔黎 검려, 黎民 여민
　　　　머리에 아무것도 쓰지 않고 검은 맨머리라는 뜻으로 일반 백성을 이르는 말

▷ 蠢動 준동　벌레가 꿈적거린다는 뜻으로 불순(不純)한 세력이나 보잘것없는 무리가
　　　　　　소란(騷亂)피움을 비유하는 말

置之度外 치지도외 _{둘·남길 치 | 어조사·갈 지 | 법도·제도 도 / 헤아릴 탁 | 바깥 외}

생각 밖에 둔다는 뜻으로 내 버려두고 문제 삼지 않는 것을 비유하는 말

유의어 度外視 도외시 　가외(加外)의 것으로 봄. 안중에 두지 않고 무시(無視)함

　　　　對岸之火 대안지화 　강 건너 불구경. 자기는 상관도 관심(關心)도 없음

　　　　袖手傍觀 수수방관 　팔짱을 끼고 보고만 있다는 뜻으로 간섭(干涉)하거나
　　　　　　　　　　　　　　 거들지 않고 그대로 내 버려둠을 이르는 말

　　　　吾不關焉 오불관언 　나는 상관(相關)하지 않음 또는 그러한 태도(態度)

* 出典: 後漢書(후한서) 隗囂·公孫述列傳(외효·공손술 열전: 後漢[후한] 光武帝[광무제]의 고사에서 유래)

褫奪度牒 치탈도첩 _{빼앗을·벗길 치 | 빼앗을·잃을 탈 | 법도·제도 도 | (공)문서·편지 첩}

불교에서 승려(僧侶)가 삼보[三寶: 불(佛)·법(法)·승(僧)]에 대해서 불경죄(不敬罪)를 지었을 때
승려의 신분증인 도첩(度牒)을 거두어들이며 승적(僧籍)을 박탈(剝奪)하는 것을 말함

유의어 山門黜送 산문출송, 鳴鼓逐出 명고축출

▷ 褫奪 치탈 　무엇을 벗겨 빼앗아 들임, 관직박탈(官職剝奪)

▷ 度牒 도첩 　나라에서 발급(發給)한 승려 신분증명서(身分證明書)

七去之惡 칠거지악 _{일곱 칠 | 갈 거 | 어조사 지 | 악할 악}

아내를 내쫓을 수 있는 이유(理由)가 되는 일곱 가지 허물
즉 여자가 가져서는 안 되는 일곱 가지 나쁜 행실을 비유하여 이르는 말

1. **不順父母 불순부모** 　시부모(媤父母)를 잘 섬기지 않는 것

2. **無子 무자** 　아이를 낳지 못하는 것　　3. **不貞 부정** 　음탕(淫湯)한 것

4. **嫉妬 질투** 　질투하는 것　　　　　　　5. **惡疾 악질** 　나쁜 병이 있는 것

6. **多言 다언** 　수다. 말이 많은 것　　　　7. **竊盜 절도** 　도둑질하는 것

유의어 七去 칠거, 七出 칠출

* 三不去 삼불거 　아내가 칠거지악을 범했어도 버리지 못하는 세 가지 경우

1. 아내가 집을 나서면 갈 데가 없는 경우
2. 부모의 삼년상을 같이 치룬 경우
3. 장가들 때 가난하다가 나중에 부자가 된 경우

* 出典: 孔子家語(공자가어) 本命解篇(본명해편)

七年大旱 칠년대한 _{일곱 칠 | 해 년 | 큰 대 | 가물 한}

7년 동안이나 내리 계속되었던 큰 가뭄[은(殷)나라 탕왕(湯王)때에 있었던 큰 가뭄에서 유래]

유의어 赤地千里 적지천리, 赤土千里 적토천리
천 리에 걸쳐있는 넓은 땅이 가뭄 때문에 모두 붉게 탔다는 말

旱魃 한발   가뭄(귀신), 심한 가뭄을 몰고 오는 신화(神話)속 여신(女神)의 이름

반의어 九年之水 구년지수   중국 요(堯)나라 때 9년 동안 계속된 홍수(洪水)

▷ 久旱逢甘雨 구한봉감우   오랜 가뭄 뒤에 내리는 단비. 최고로 기쁜 일을 비유하는 말

七零八落 칠령팔락   일곱 칠 | 떨어질 령(영) | 여덟 팔 | 떨어질 락(낙)

일곱이 떨어지거나 여덟이 떨어진다는 뜻으로 영락(零落)한다는 말
1. 사물(事物)이 서로 연락(連絡)되지 못하고 고르지도 못함
2. 제각기 뿔뿔이 흩어지거나 이리저리 없어짐. 지리멸렬(支離滅裂)함

유의어 七落八落 칠락팔락

支離滅裂 지리멸렬   갈가리 흩어지고 찢기어 갈피를 잡을 수 없이 됨

秋風落葉 추풍낙엽   가을바람에 떨어지는 낙엽처럼 세력이나 형세가 갑자기 꺾임

參差不齊 참치부제   길고 짧거나 들쭉날쭉하여 가지런하지 않음

* 出典: 宣和遺事(선화유사)

七步之才 칠보지재   일곱 칠 | 걸음 보 | 어조사 지 | 재주 재

일곱 걸음을 걸을 동안에 시(詩)를 지을만한 재주, 아주 뛰어난 글재주를 비유하는 말

유의어 七步才 칠보재

七步詩 칠보시, 七步成詩 칠보성시
위(魏)나라 시인 조식(曹植)이, 황제(皇帝)인 형 조비(曹丕)의 명에 따라 일곱 걸음을
걸을 동안에 지은 시[煮豆燃箕 자두연기: 콩과 콩깍지에 관한 시]

倚馬之才 의마지재   말에 잠깐 기대는 동안에 문장(文章)을 짓는 글재주라는
뜻으로 글을 빨리 잘 짓는 재주를 비유한 말

▷ 煮豆燃萁 자두연기   콩[조식]을 삶는데 콩깍지[조비]로 불을 땐다는 뜻으로 형 조비가
아우 조식을 시기하여 죽이려고 하는데 조식이 칠보시를 지어 한탄 한 말

* 出典: 世說新語(세설신어) 文學篇(문학편)

漆身吞炭 칠신탄탄   옻 칠 | 몸 신 | 삼킬 탄 | 숯·석탄 탄

몸에 옻칠을 하고 벌겋게 타고 있는 숯불을 집어 삼킨다는 뜻으로 복수(復讎)를 위해 자기 몸을
병신(病身)으로 변신(變身)시켜 위장(僞裝)함을 이르는 말

몸에 옻칠을 하여 피부(皮膚)를 나병(癩病)환자처럼 꾸미고 벌겋게 타고 있는 숯불을 집어삼켜
입속의 혀를 오그라뜨려 일부러 벙어리가 되어 병신(病身)으로 위장(僞裝)한 뒤 복수(復讎)의
기회(機會)를 노린다는 말

┌─────┐
│유의어│ 漆身爲厲 칠신위려
└─────┘

捲土重來 권토중래 한 번 패하였다가 세력을 회복(回復)하여 다시 쳐들어옴

臥薪嘗膽 와신상담 섶에 누워 쓸개를 맛보며 복수(復讐)를 다짐한다는 뜻

▷ 國士遇之國士報之 국사우지국사보지

국사로 대우하면 국사로 갚음. 자기를 알아주는 사람에게 헌신(獻身)하거나 희생(犧牲)함

* 出典: 史記(사기) 刺客列傳(자객열전: 豫讓[예양]의 고사)

七顚八起 칠전팔기 일곱 칠 | 엎어질·넘어질 전 | 여덟 팔 | 일어날 기

일곱 번 넘어지고 여덟 번 일어난다는 뜻으로 좌절(挫折)하지 않고 분투(奮鬪)함
많은 실패(失敗)에도 불구하고 굴하지 않고 꾸준히 노력(努力)함을 비유하는 말

┌─────┐
│유의어│ 百折不屈 백절불굴, 百折不撓 백절불요, 不撓不屈 불요불굴
└─────┘
백 번 꺾여도 굴하지 않음, 어떠한 어려움에도 결코 굽히지 않음

威武不屈 위무불굴 어떤 무력에도 굴하지 않을 정도로 당당함

┌─────┐
│반의어│ 七顚八倒 칠전팔도, 十顚九倒 십전구도
└─────┘
일곱 번 구르고 여덟 번 거꾸러진다는 뜻으로 수없이 실패(失敗)를 거듭하거나
몹시 고생(苦生)함을 이르는 말

七顚八倒 칠전팔도 일곱 칠 | 엎어질 전 | 여덟 팔 | 거꾸러질 도

일곱 번 넘어지고 여덟 번 거꾸러진다는 뜻, 수없이 실패를 거듭하거나 몹시 고생(苦生)함을 비유

┌─────┐
│유의어│ 十顚九倒 십전구도 열 번 넘어지고 아홉 번 거꾸러짐
└─────┘

┌─────┐
│반의어│ 七顚八起 칠전팔기, 百折不屈 백절불굴, 不撓不屈 불요불굴
└─────┘

▷ 共倒同亡 공도동망 같이 쓰러지고 함께 망함

▷ 顚倒 전도 엎어져서 넘어지거나 넘어뜨림. 위치나 차례가 뒤바뀌어 거꾸로 됨

* 出典: 朱子語錄(주자어록)

七縱七擒 칠종칠금 일곱 칠 | 놓아줄·세로 종 | 일곱 칠 | 잡을 금

일곱 번 놓아주고 일곱 번 사로잡는다는 뜻으로 상대를 마음대로 요리함. 갖고 논다는 말
상대편을 마음대로 잡았다 놓아주었다 함을 비유하는 말

촉(蜀)나라의 제갈량(諸葛亮)이 자유자재(自由自在)한 전술로 적장(敵將)인 맹획(孟獲)을
일곱 번이나 사로잡았다가 일곱 번 놓아주었다는 고사에서 유래

┌─────┐
│유의어│ 七擒 칠금
└─────┘

▷ 縱走 종주 능선(稜線)을 따라 길게 이어진 산을 걸어 많은 산봉우리를 넘어가는 일

▷ **擒殄** 금진 사로잡아 죽임 / **捕虜** 포로 적에게 사로잡힌 병사 ＝ **俘虜** 부로

* 出典: 三國志(삼국지)

針小棒大 침소봉대 바늘 침 ｜ 작을 소 ｜ 몽둥이·막대 봉 ｜ 큰 대

바늘만한 것을 몽둥이만 하다고 한다는 뜻으로 허풍(虛風)을 떰. 아주 작은 일을 심하게
과장(誇張)해서 떠벌림을 비유하는 말

┏유의어┓ **鍼小棒大** 침소봉대

號曰百萬 호왈백만 실상(實狀)은 얼마 되지 않는 것을 많다고 과장(誇張)함

虛張聲勢 허장성세 실속은 없으면서 허세(虛勢)만 떠벌림

▷ **虛風扇** 허풍선 허풍선이[허풍을 잘 떠는 사람]

沈魚落雁 침어낙안 잠길·빠질 침 ｜ 물고기 어 ｜ 떨어질 낙(락) ｜ 기러기 안

물고기가 물속으로 숨고 하늘을 날던 기러기가 땅에 떨어진다는 뜻, 아름다운 여인의 용모(容貌)

정원(庭園)의 연못가를 거닐던 미인을 보고 물위를 뛰어 놀던 물고기가 부끄러워 물속 깊이
숨어버리고 정원의 위를 날아가던 기러기도 기절(氣絶)하여 땅으로 떨어졌다는 고사에서 유래

┏유의어┓ **傾國** 경국, **傾國之色** 경국지색, **傾城之色** 경성지색
임금이 여인에 혹(惑)하여 나라가 어지러워도 그러한 사정을 모를 만한 뛰어난 미인

羞花閉月 수화폐월, **閉月羞花** 폐월수화
미인을 보고 달도 숨고 꽃조차 부끄러워함, 절세의 미인을 비유하여 이르는 말

解語花 해어화 말을 알아듣는 꽃이라는 뜻으로 미인을 비유하여 이르는 말

雪膚花容 설부화용 눈같이 흰 살결과 꽃같이 아름다운 얼굴, 미인의 용모

花容月態 화용월태 꽃다운 얼굴과 달같이 고운 자태, 아름다운 여인의 모습

▷ **沈潛** 침잠 물속에 가라앉거나 숨음. 마음을 가라앉혀서 깊이 생각하거나 몰입(沒入)함

* 典據 전거: 진(晉)나라 헌공(獻公)의 애인 여희(麗姬)의 미모(美貌)를 예찬(禮讚)한 글

浸潤之譖 침윤지참 스며들·담글 침 ｜ 젖을 윤 ｜ 어조사 지 ｜ 중상할·참소할 참

물이 차츰차츰 스며들 듯이 상대(相對)가 부지불식간에 깊숙이 믿도록 서서히 하는 참소(譖訴)
즉 아주 교묘(巧妙)한 중상모략(中傷謀略)을 비유하는 말

┏유의어┓ **浸潤之言** 침윤지언

膚受之愬 부수지소, **膚受之言** 부수지언
1. 살을 찌르는 통렬(痛烈)한 하소연. 살을 에는 참소(譖訴)
2. 알지 못하는 사이에 물이 스며들 듯이 서서히 남을 참소하는 일

▷ **積毀銷骨** 적훼소골 뭇사람들의 악담이 쌓이면 뼈도 녹는다는 말. 악담의 무서움

▷ **含沙射影** 함사사영　모래를 머금어 그림자를 쏜다는 뜻으로 소인(小人)이 음험(陰險)한
　　　　　　　　　　　　수단(手段)을 사용(使用)하여 몰래 남을 해침을 비유하는 말

▷ **讒訴** 참소　남을 헐뜯어 없는 죄를 있는 것처럼 꾸며서 고해바침 = **譖訴** 참소

* 出典: 論語(논어) 顏淵篇(안연편)

快刀亂麻 쾌도난마 　쾌할 쾌 ｜ 칼 도 ｜ 어지러울 난(란) ｜ 삼 마

잘 드는 칼로 어지럽게 뒤엉킨 삼 가닥을 자른다는 뜻으로 복잡(複雜)하게 뒤얽힌 문제(問題)를
명쾌(明快)하고 신속(迅速)하게 처리(處理)함을 비유하는 말

「유의어」 　**快刀斬亂麻** 쾌도참난마

　　　　　一刀兩斷 일도양단, **一刀割斷** 일도할단
　　　　　한 칼에 두 동강이를 내듯이, 어떤 일을 선뜻 또는 명쾌(明快)하게 결정(決定)함

▷ **亂麻** 난마　어지럽게 뒤얽힌 삼실의 가닥 = **縈絲** 영사

▷ **攪亂** 교란　마음이나 상황(狀況)등을 뒤흔들어 어지럽게 함

▷ **快擲** 쾌척　금품(金品)을 마땅히 쓸 자리에 시원스레 내어 줌

▷ **快差** 쾌차　병(病)이 완전히 나음 = **快癒** 쾌유, **快復** 쾌복

唾面自乾 타면자건　침 타 | 얼굴·면 면 | 저절로 자 | 마를·하늘 건 / 마를 간

다른 사람이 내 얼굴에 침을 뱉으면 닦지 않고 그 침이 저절로 마를 때 까지 기다린다는 뜻으로
처세(處世)에는 인내(忍耐)가 필요함을 강조(強調)하는 말

▷ **唾罵 타매**　침을 뱉으며 욕함, 아주 경멸(輕蔑)하고 더럽게 생각하며 욕함

▷ **痰唾 담타**　가래와 침. 가래 섞인 침

▷ **唾壺 타호**　침·가래를 뱉는 기구 = **唾具 타구**

* 出典: 唐書(당서) 婁師德傳(누사덕전) / 十八史略(십팔사략)

他山之石 타산지석　다를 타 | 뫼 산 | 어조사 지 | 돌 석

다른 산의 돌이라도 나의 귀한 옥을 가는데 좋게 쓰일 수 있다는 뜻으로 본(本)이 되지 못하는
하찮은 사람의 말 일지라도 나의 지식(知識)이나 인격(人格)을 갈고 닦는 데 도움이 됨을 비유

[유의어] **攻玉以石 공옥이석**　옥을 돌로 갈음. 천한물건으로 귀한물건을 만듦

▷ **反面敎師 반면교사**　극히 나쁜 면만을 가르쳐 주는 선생[나쁜 본보기로 삼고 따라하지 않음]

▷ **自他共認 자타공인**　자기나 남들이 다 같이 인정(認定)함

* 出典: 詩經(시경) 小雅篇(소아편) 鶴鳴詩(학명시)

他尙何說 타상하설　다를 타 | 오히려·더할 상 | 무엇·어찌 하 | 말씀 설

다른 것은 더 말해 무엇 하겠느냐는 뜻으로 한 가지 하는 일을 보면 다른 것은 보지 않아도 미루어
짐작(斟酌)할 수 있다는 말

▷ **不問可知 불문가지**　묻지 않아도 알 수 있음

▷ **他人之祭曰梨曰柿 타인지제왈리왈시**　남의 집 제사에 감 놓아라 배 놓아라 한다는 말

他人鼾睡 타인한수　다를 타 | 사람·타인 인 | 코 골·코고는 소리 한 | 잠잘 수

다른 사람의 코고는 소리. 자기영토(領土)안이나 지척(咫尺)에 있는 다른 세력을 그냥 내버려
둘 수 없음을 비유하는 뜻으로 결국 작고 성가신 일을 구실(口實)로 삼아 정복(征服)하겠다는 말
남의 코고는 소리가 잘못된 일은 아니지만 방해되고 신경 쓰이며 거슬린다는 말[구실·핑계]

▷ **睡眠 수면**　잠을 자는 일. 활동(活動)을 쉬는 상태(狀態)의 비유

* 出典: 宋史(송사)

打草驚蛇 타초경사　칠 타 | 풀 초 | 놀랄 경 | 뱀 사

풀을 두들겨서 괜한 뱀을 놀라게 한다는 뜻으로 불필요하게 상대방을 자극(刺戟)함을 비유하는 말

[유의어] **宿虎衝鼻 숙호충비**　자는 범의 코를 찌른다는 뜻. 화(禍)를 자초하는 일의 비유

▷ **長蛇陣** 장사진　많은 사람이 줄을 지어 길게 늘어선 모양을 이르는 말
　　　　　　　　　　예전에 병법(兵法)에서 한 줄로 길게 벌인 군진(軍陣)의 하나

▷ **驚愕** 경악　소스라치게 깜짝 놀람

* 出典: 水滸傳(수호전)

託孤寄命 탁고기명　부탁할 탁 ｜ 홀로·고아 고 ｜ 맡길·위탁할 기 ｜ 목숨·명령 명

1. 후견인(後見人)에게 어린 임금을 부탁(付託)하고 국정(國政)을 위탁(委託)함
2. 어린 임금을 옹립(擁立)하고 대신 국정(國政)을 통괄(統括)함

【유의어】 **託寄** 탁기, **顧命** 고명, **遺詔** 유조　임금의 유언. 나라의 뒷일을 부탁함

▷ **寄稿** 기고　신문사나 잡지사로 원고(原稿)를 써서 보냄 = **寄書** 기서

▷ **請託** 청탁　청하여 부탁함 또는 그 부탁(付託)

* 出典: 論語(논어) 太伯篇(태백편)

擢髮難數 탁발난수　뽑을 탁 ｜ 머리털·터럭 발 ｜ 어려울 난 ｜ 셈·계산할 수

머리카락을 뽑아 다 헤아리기 어렵다는 뜻으로 지은 죄가 이루 다 헤아릴 수 없을 정도로 많음을
비유하는 말. 즉 잘못을 빌며 크게 용서(容恕)를 구한다는 말, 관용(寬容)을 베풀어 달라는 말

【유의어】 **擢髮莫數** 탁발막수

▷ **綈袍之義** 제포지의　명주(明紬) 솜옷의 의리, 옛정을 잊지 않은 의리(義理)있는 행동(行動)

* 出典: 史記(사기) 范雎蔡澤列傳(범저채택열전: 범저[范雎]와 수가[須賈]의 고사)

卓上空論 탁상공론　탁자·높을 탁 ｜ 위 상 ｜ 빌·하늘 공 ｜ 논할·말할 론

탁자(卓子)위에서만 펼치는 헛된 논의(論議)라는 뜻. 즉 현실성이 없는 허황(虛荒)한 이론(理論)이나
논의(論議)

【유의어】 **机上空論** 궤상공론, **机上論** 궤상론

　　　　　紙上兵談 지상병담　종이위에서 펼치는 용병술(用兵術)의 이야기. 현실성이 없음

濯纓濯足 탁영탁족　씻을 탁 ｜ 갓끈 영 ｜ 씻을 탁 ｜ 발 족

갓 끈을 씻고 발을 씻는다는 뜻, 세속에 얽매이지 않고 초탈(超脫)하게 살아가는 것을 비유하는 말

滄浪之水淸兮 可以濯吾纓 창랑지수청혜 가이탁오영
창랑의 물이 맑으면 내 갓 끈을 씻을 것이요,

滄浪之水濁兮 可以濯吾足 창랑지수탁혜 가이탁오족
창랑의 물이 흐리면 내 발을 씻으리로다.

漁父辭 어부사

굴원(屈原)이 간신(奸臣)의 모함(謀陷)으로 추방(追放)당하여 초라한 모습으로 강에 이르렀는데,
자기를 알아보는 어부노인[漁翁: 어옹]을 만나 지금의 처지가 왜 이리 되었느냐고 질문을 받는다.
굴원 자신은 고결(高潔)하게 살다가 이리 되었노라고 전후사정을 말하니, 어옹은 굴원에게
세상에 순응(順應)하라고 권한다. 그러나 굴원은 끝내 이를 거부(拒否)한다. 그러자 어옹은
위의 시로 답하며 노를 저어 사라진다는 내용. 초(楚)나라 굴원(屈原)이 지은 초사(楚辭)

* 出典: 孟子(맹자) 離婁上(이루상)

▷ **塵纓** 진영   먼지 묻은 관(冠)의 끈. 즉 속세(俗世)의 관직(官職)을 비유하여 이르는 말

殫竭心力 탄갈심력   다할 탄 | 다할 갈 | 마음 심 | 힘 력(역)

마음과 힘을 다 쏟는다는 뜻으로 어떤 일에 임하여 온 힘과 정신(精神)을 다 쏟음을 비유

[유의어] **全心全力** 전심전력, **專心專力** 전심전력, **全力投球** 전력투구
온 마음과 온 힘을 한곳에 다 기울임 또는 모든 힘을 다 기울임

不遺餘力 불유여력, **靡不用極** 미불용극   마음과 힘을 다하여 함

摩頂放踵 마정방종   정수리부터 갈아 닳아져서 발꿈치까지 이른다는 뜻으로
자기를 돌보지 아니하고 온몸을 바쳐서 남을 위해 희생(犧牲)함

犬馬之勞 견마지로
윗사람 또는 임금이나 나라에 충성을 다하는 자신의 노력을 겸손하게 일컫는 말

吞舟之魚 탄주지어   삼킬 탄 | 배 주 | 어조사 지 | 물고기 어

배를 통째로 삼킬 수 있는 물고기라는 뜻으로 장대(壯大)한 기상(氣像)이나 큰 인물(人物)
또는 대악인(大惡人)을 비유하기도 함

▷ **吞舟之魚失水制於螻蟻** 탄주지어실수제어누의
아무리 큰 물고기도 물을 잃으면, 땅강아지나 개미 같은 벌레에 의해 지배(支配)당한다.
영웅(英雄)도 지위(地位)를 얻지 못하면 소인배(小人輩)에게 제압(制壓)당한다는 말

▷ **併吞** 병탄, **竝吞** 병탄
남의 물건(物件)이나 다른 나라의 영토(領土)를 한데 아울러서 제 것으로 만듦

▷ **吞吐** 탄토   삼킴과 뱉음

* 出典: 杜甫(두보)의 徐卿仁子歌(서경인자가)

坦坦大路 탄탄대로   평평할 탄 | 큰·넓을 대 | 길 로

평평하며 넓고 큰길이라는 뜻. 앞길이 순탄(順坦)함. 장래(將來)가 아무 어려움이나 괴로움 없이
수월함을 비유하는 말

[유의어] **前途洋洋** 전도양양, **前途有望** 전도유망
앞날이나 앞길이 크게 열려 희망(希望)이 있음. 장래(將來)가 유망함

반의어 前途遙遠 전도요원　가야 할 길이 까마득하게 멂. 장래(將來)가 창창하게 멂

▷ 鵬程萬里 붕정만리　1. 앞길이 매우 멀고도 멂　2. 전도가 양양한 장래를 비유한 말

奪志 탈지 　빼앗을 탈 | 뜻 지

정절(貞節)을 지키는 과부(寡婦)를 다시 시집가게 함

유의어 改嫁 개가, 再嫁 재가, 更嫁 갱가, 再婚 재혼, 再緣 재연, 再醮 재초
한 번 결혼(結婚)했던 여자가 남편이 죽거나 이혼(離婚)하여 다시 다른 곳으로 시집감

유의어 初婚 초혼　처음으로 하는 혼인(婚姻)

▷ 開婚 개혼　여러 자녀 중 처음으로 혼인을 치름 ↔ 畢婚 필혼　마지막으로 혼인을 치름

▷ 掠奪 약탈　폭력을 써서 남의 것을 억지로 빼앗음

▷ 劫奪 겁탈　남의 것을 폭력(暴力)으로 빼앗음. 부녀자를 강간(強姦)함

▷ 剝奪 박탈　재물이나 권리(權利), 자격(資格) 등을 강제(強制)로 빼앗음

脱兎之勢 탈토지세 　벗어날·벗길 탈 | 토끼 토 | 어조사 지 | 기세·형세 세

우리를 빠져나와 달아나는 토끼의 기세라는 뜻으로

1. 필사적으로 도망치는 날쌘 기세를 비유　2. 신속(迅速)하고 민첩(敏捷)한 기세의 비유

▷ 解脱 해탈, 度脱 도탈, 自解 자해, 涅槃 열반
굴레나 얽매임에서 벗어남. 번뇌(煩惱)·속박(束縛)에서 벗어나 근심이 없는
편안(便安)한 심경(心境)에 이름

▷ 逋脱 포탈　도망(逃亡)해 피함. 조세(租稅)를 피해 면(免)함.

▷ 逸脱 일탈　어떤 영역 또는 본디의 목적이나 길, 사상·규범·조직 등에서 빠져 벗어남.

＊ 出典: 孫子(손자) 九地篇(구지편)

貪官汚吏 탐관오리 　탐할 탐 | 벼슬 관 | 더러울 오 | 관리·벼슬아치 리

백성(百姓)의 재물(財物)을 탐내어 빼앗는 부정(不正)한 관리(官吏)

▷ 裒斂 부렴　수탈(收奪)하고 착취(搾取)함

▷ 收奪 수탈　강제(強制)로 빼앗음

▷ 貪贓 탐장　벼슬아치가 옳지 않은 짓을 하여 백성의 재물을 탐함

探囊取物 탐낭취물 　찾을 탐 | 주머니 낭 | 가질·취할 취 | 물건 물

주머니 속에든 물건을 꺼내 가진다는 뜻으로 매우 쉬운 일. 손쉽게 얻을 수 있음을 비유

유의어 探囊中之物 탐낭중지물, 囊中取物 낭중취물　주머니 속의 것을 집어 냄

如反掌 여반장 손바닥을 뒤집는 것처럼 매우 쉽다는 뜻

▷ **囊橐** 낭탁 어떤 물건을 자기의 차지로 만듦[자기 마음대로 갖는다는 말]

▷ **廉探** 염탐 몰래 남의 사정(事情)을 살피고 조사(調查)함 = **廉察** 염찰

探驪得珠 탐려득주 찾을 탐 | 검은말·가라말 려·리 | 얻을 득 | 구슬·진주 주

깊은 물에 들어가 흑룡[黑龍: 무서운 용]을 찾아 진주(眞珠)를 얻었다는 뜻에서
1. 큰 위험(危險)을 무릅쓰고 큰 이익(利益)을 얻는 것을 의미
2. 글을 지을 때 글의 핵심(核心)을 정확(正確)하게 간파(看破)하는 것을 비유하는 말

[유의어] 驪龍之珠 이룡지주, 明月神珠 명월신주, 如意珠 여의주
　　　이룡(= 검은 용)의 구슬. 귀중(貴重)한 구슬. 이것을 얻으려면 극히 위험하므로
　　　위험(危險)을 무릅쓰고 큰 이득(利得)을 얻는 것에 비유하여 쓰는 말

　　　不入虎穴不得虎子 불입호혈부득호자

　　　호랑이 굴에 들어가지 않으면 호랑이 새끼를 얻을 수 없다는 뜻으로
　　　모험(冒險)을 하지 않고서 큰일을 할 수 없다는 말

▷ **驪** 려·리(이) = **驪龍** 여용: 고대에 검은 용[黑龍: 흑룡= 성질이 난폭하고 무서운 용]

* 出典: 莊子(장자) 雜篇(잡편) 列御寇篇(열어구편)

貪小失大 탐소실대 탐할 탐 | 작을 소 | 잃을 실 | 큰 대

작은 이익(利益)을 탐(貪)내다가 큰 이익을 잃어버린다는 말

[유의어] 小貪大失 소탐대실 작은 것을 탐내다가 큰 것을 잃음

　　　隨珠彈雀 수주탄작 수후의 귀한 구슬로 참새를 잡음. 큰 손해(損害)를 입음

　　　矯枉過直 교왕과직, 矯枉過正 교왕과정, 矯角殺牛 교각살우
　　　잘못을 바로잡으려다가 그 정도가 지나쳐 오히려 전보다 더 나쁘게 됨

* 出典: 劉子新論(유자신론) 貪愛篇(탐애편)

貪欲無藝 탐욕무예 탐할 탐 | 하고자할 욕 | 없을 무 | 끝·기예 예

뇌물(賂物)을 탐내는 욕심이 그 끝이 없음을 이르는 말

[유의어] 貪賂無藝 탐뢰무예

▷ **賄賂** 회뢰 뇌물(賂物)을 주거나 받는 행위 = **賂物授受** 뇌물수수

▷ **谿壑** 계학, **谿壑之慾** 계학지욕
　　물릴 줄 모르는 한없는 욕심. 대단한 탐심[골짜기의 물이 마르지 않고 끝없이 흘러내리므로]

* 出典: 國語(국어) 晉語(진어) 8篇(편)

貪瞋癡 탐진치 탐할 탐 | 눈 부릅뜰·성낼 진 | 어리석을 치

탐욕[貪慾: 욕심]과 진에[瞋恚: 성냄]와 우치[愚癡: 어리석음]라는 뜻으로 곧 탐내어 그칠 줄
모르는 욕심과 노여움과 어리석음. 이 세 가지 번뇌(煩惱)는 열반[涅槃: 니르바나 = nirvana]에
이르는데 장애(障礙)가 되므로 삼독(三毒)이라 함

▷ 貪淫 탐음　지나치게 여색(女色)을 탐함 = 好色 호색

▷ 恚 성낼·화낼 에 / 礙 거리낄 애 / 涅 검은 개펄 흙 열·녈

▷ 煩惱 번뇌　1. 마음이 시달려서 괴로움
　　　　　　　2. 마음이나 몸을 괴롭히는 모든 망념[妄念: 욕망·노여움·어리석음 등]

* 出典: 佛經(불경)

貪泉 탐천 탐낼·탐할 탐 | 샘 천

그물을 마시는 사람은 모두 탐욕(貪慾)스러워 진다고 하는 전설(傳說)의 샘물

중국 광주성(廣州省)밖 10리되는 석문(石門)에 있었다는 샘의 이름으로 그물을 먹으면 하나같이
돈에 욕심을 낸다고 전해졌다. 그러나 진(晉)나라의 오은지(吳隱之)라는 위정자는 이물을 마시고도
마음이 변치 않아 오히려 세상 사람들에게 탐천[貪泉: 탐욕의 샘]을 염천[廉泉: 청렴한 샘]이라고
불리게 하며 청백리(淸白吏)의 이름을 떨쳤다고 한다.

* 오은지(吳隱之)가 자기의 마음을 백이숙제에 빗대어 탐천(貪泉)을 노래한 시

古人云此水 고인운차수　옛사람이 이 물에 대해 말하기를

一歃懷千金 일삽회천금　한 모금만 마시면 천금을 생각하게 된다하네

試使夷齊飲 시사이제음　시험 삼아 백이숙제에게 마시게 하더라도

終當不易心 종당불역심　(그래도 백이숙제는 = 나는) 끝끝내 당연히 마음을 바꾸지 않으리라

▷ 黃泉 황천　저승[사람이 죽은 뒤 그 혼령이 가서 산다는 세상] = 黃壚 황로, 冥府 명부

* 出典: 古文眞寶(고문진보)

貪天之功 탐천지공 탐낼·탐할 탐 | 하늘 천 | 어조사 지 | 공·공적 공

하늘의 공(功)을 탐(貪)한다는 뜻으로 남의 공을 탐내어 자기의 힘으로 이룬 체한다는 말
즉 남의 공을 가로채 간다는 말

[유의어] 貪天 탐천　저절로 이루어진 것을 자기의 공으로 삼는 일

▷ 貪慾 탐욕　지나치게 탐하는 욕심

▷ 功勳 공훈　나라나 사회를 위해 세운 큰 공로 = 勳功 훈공

* 出典: 春秋左氏傳(춘추좌씨전) 晉文公條(진문공조)

湯池鐵城 탕지철성 끓을 탕 | 못 지 | 쇠 철 | 성·재 성

펄펄 끓는 못[池: 지]과 쇠[鐵: 철]로 만든 성(城)이라는 뜻으로
1. 접근(接近)하기 어렵게 만든 해자(垓子)와 매우 견고(堅固)한 성을 비유
2. 침해(侵害)받기 어려운 장소(場所)를 비유하는 말

유의어 金城湯池 금성탕지　쇠로 만든 성과 끓는 물이 있는 연못. 방비(防備)가 견고한 성

金城鐵壁 금성철벽　쇠로 만든 성과 철로 만든 벽

難攻不落 난공불락　공격(攻擊)하기가 어려워 좀처럼 함락(陷落)되지 않음

鐵甕山城 철옹산성, 鐵甕城 철옹성, 甕城 옹성
쇠로 만든 독(= 항아리)처럼 튼튼히 둘러싸인 성. 방비나 단결이 매우 견고함의 비유

* 出典: 世說新語(세설신어) 文學篇(문학편)

太剛則折 태강즉절　클 태 | 굳셀 강 | 곧 즉 / 법칙 칙 | 꺾을·자를 절

너무 굳거나 뻣뻣하면 꺾어짐 또는 패배함. 매사에 나의 주장만을 고집하지 말고 상대의 의견을
수렴(收斂)하여 상호만족을 줄 수 있는 적절(適切)한 해결책(解決策)을 찾으라는 충고의 비유

반의어 太柔則卷 태유즉권　너무 부드러우면 상대에게 말려들어간다는 말.
상대에게 말려들지 않게 조심(操心)하라는 말

柔能制剛 유능제강, 柔能勝剛 유능승강　부드러운 것이 능히 굳센 것을 이김

▷ 剛柔兼全 강유겸전　굳세고 부드러운 성품(性品)을 겸(兼)하여 둘 다 갖춤

太史之簡 태사지간　클 태 | 역사·사관 사 | 어조사 지 | 대쪽·글·편지 간

사관(史官)의 대쪽[文書: 문서]이라는 뜻, 역사가의 역사기록. 역사를 기록함에 사실을 숨기거나
꾸미지 아니하고 있는 그대로 쓴다는 말. 즉 사관(史官)이 역사를 직필(直筆)함
태사(太史)는 중국에서 역사기록을 맡아보던 벼슬아치로 사관을 말하며 간(簡)은 문서를 말함

유의어 董狐之筆 동호지필　동호의 붓. 권세에 굴하지 않고 사실 그대로의 역사를 남김

春秋筆法 춘추필법, 春秋直筆 춘추직필
대의명분(大義名分)을 밝혀 세우는 사필(史筆)의 논법(論法)

▷ 竹簡 죽간　종이가 발명(發明)되기 전에 문자를 기록하던 대나무 조각
또는 대나무조각을 엮어서 만든 책 (옛날 중국)

泰山北斗 태산북두　클 태 | 뫼 산 | 북녘 북 | 별이름·말 두

중국 제일의 명산(名山), 태산(泰山)과 하늘의 북두칠성(北斗七星)이라는 뜻으로
1. 학문(學問)·예술(藝術)분야의 대가(大家)를 지칭(指稱)하는 말
2. 태산과 북두칠성을 만인이 우러러보듯이, 존경(尊敬)과 추앙(推仰)을 받는 뛰어난 인물을 비유

유의어 泰斗 태두, 山斗 산두

百世之師 백세지사　후세까지 뭇사람의 스승으로 존경을 받을 만한 출룡한 인물

斗南一人 두남일인　두남의 일인. 천하에 제일가는 현인[두남: 북두칠성 남쪽]

萬夫之望 만부지망　천하 만인이 우러러 사모(思慕)하는 인물

* 出典: 唐書(당서) 韓愈傳(한유전)

泰山壓卵 태산압란　클 태｜뫼 산｜누를 압｜알 란

큰 산으로 알[卵: 란]을 눌러버린다는 뜻으로 큰 위엄(威嚴)으로 작은 것을 여지없이 눌러버림
어떤 일을 아주 쉽게 해버림. 아주 쉬움. 식은 죽 먹기

유의어 排山壓卵 배산압란　산을 밀어 알을 눌러버린다는 뜻. 알깨기 아주 쉬움

摧枯拉朽 최고납후　마른나무 꺾기와 썩은 나무 부러뜨리기. 매우 쉬움

如反掌 여반장　손바닥을 뒤집는 것 같음. 매우 쉬움

▷ 壓迫 압박　센 힘으로 내리누름 또는 기운을 펴지 못하게 세력으로 내리누름

* 出典: 晉書(진서) 孫惠傳(손혜전)

泰山鴻毛 태산홍모　클 태｜뫼 산｜큰기러기 홍｜털 모

태산과 기러기의 털. 어떤 일에 대해서 경중(輕重)의 차이가 매우 큰 것을 비유하는 말로 어떻게
살다 죽을 것인가? 하는 가치 있는 주제(主題)에 대해 이야기 할 때 비유적으로 잘 인용(引用)됨
즉 삶과 죽음 같은 중차대(重且大)한 문제를 두고 태산과 같이 무겁게 여길 것인가 아니면
기러기의 깃털처럼 가볍게 볼 것인가 하는 문제. 그러므로 어떤 마음으로 인생을 살 것인가?

▷ 泰山峻嶺 태산준령　큰 산과 험한 고개 = 岑嶺 잠령, 高峰峻嶺 고봉준령

▷ 鴻鵠 홍곡　기러기와 고니. 큰 인물 ↔ 燕雀 연작　제비와 참새. 소인배

▷ 玉碎 옥쇄　명예·충절을 위해 깨끗이 죽음 ↔ 瓦全 와전　보람 없이 헛되이 삶을 이어 감

* 出典: 司馬遷(사마천)의 報任少卿書(보임소경서)

太上皇后 태상황후　클 태｜위 상｜임금·천자 황｜왕비·황후 후

생존하시는 황제(皇帝)의 어머니 또는 선(先)황제의 살아있는 아내

▷ 太上 태상　천자[天子= 皇帝: 황제], 가장 뛰어난 것 = 極上 극상

▷ 皇后 황후　황제의 정실[正室: 부인]

▷ 王后 왕후　임금의 아내 = 王妃 왕비

▷ 妃嬪 비빈　비[妃: 왕비]와 빈[嬪: 왕세자의 정부인]

泰然自若 태연자약　클 태｜그러할 연｜저절로·스스로 자｜같을·만일 약

매우 침착(沈着)하여 외부의 자극(刺戟)을 받아도 동요(動搖)하거나 두려워하는 일없는
자연스러운 품성(品性)을 비유하는 말

〔유의어〕 言笑自若 언소자약, 談笑自若 담소자약
걱정되는 일이 있거나 놀라운 일이 있어도 보통 때와 같이 태연함

堅忍不拔 견인불발 굳게 참고 견뎌 마음이 흔들리지 않음

木鷄 목계 나무로 만든 닭. 외부의 자극(刺戟)에 전혀 미동(微動)도 안하는 경지

不動心 부동심 마음이 외계(外界)의 충동(衝動)을 받아도 흔들리지 않음

太平聖代 태평성대 클 태 | 평평할 평 | 성스러울 성 | 시대·대신할 대
어진 군주(君主)가 다스리는 태평한 세상(世上)이나 시대(時代)

〔유의어〕 道不拾遺 도불습유, 路不拾遺 노불습유
나라가 태평하고 풍습(風習)이 아름다워, 백성이 길에 떨어진 물건도 주워 가지 않음

康衢煙月 강구연월 태평한 시대의 큰 길거리의 평화로운 풍경(風景)

鼓腹擊壤 고복격양, 擊壤歌 격양가
배를 두드리고 땅을 치며 박자(拍子)에 맞추어 흥겨운 노래를 부름

太平煙月 태평연월 클 태 | 평평할 평 | 연기 연 | 달 월
밥 짓는 연기(煙氣)와 은은한 달빛이 어리는 저녁의 분위기(雰圍氣)로 평화(平和)로운 동네 길거리의
풍경(風景)을 묘사(描寫)하는 태평하고 안락(安樂)한 세월

〔유의어〕 太平聖代 태평성대, 太平烟月 태평연월

含哺鼓腹 함포고복 잔뜩 먹고 배를 두드린다는 뜻. 배불리 먹고 즐겁게 지냄

比屋可封 비옥가봉 중국 요순시대 때 사람들이 모두 착하여 집집마다 표창할
　　　　　　　　만하였다는 뜻으로 나라에 어진 사람이 많음을 이르는 말

土崩瓦解 토붕와해 흙 토 | 무너질 붕 | 기와 와 | 풀릴·깨질 해
흙이 무너지고 기와가 산산이 깨어진다는 뜻으로 어떤 조직(組織)이나 사물이 여지(餘地)없이
무너져 내려 더 이상 수습(收拾)할 수 없게 되는 상황(狀況)을 비유하는 말

〔유의어〕 瓦解土崩 와해토붕

瓦解 와해 기와가 깨져 나가듯이 조직(組織)이나 계획(計劃)이 무너져 흩어짐

秋風落葉 추풍낙엽 가을바람에 낙엽 지듯이 세력이나 형세가 갑자기 꺾임

風飛雹散 풍비박산 바람이 세차게 불고 우박(雨雹)이 사방으로 흩어져 날아감

支離滅裂 지리멸렬, 支離分散 지리분산
갈가리 흩어지고 찢기어 갈피를 잡을 수 없이 되었다는 말

▷ 崩壞 붕괴 허물어져 무너짐 = 崩潰 붕궤, 崩頹 붕퇴

* 出典: 史記(사기) 秦始皇本紀(진시황본기)

吐瀉癨亂 토사곽란　토할 토 | 쏟을 사 | 급성위장병·곽란 곽 | 어지러울 란

갑자기 토하고 설사(泄瀉)하면서 배가 뒤틀리면서 몹시 아픈 병증(病症)

▷ 泄瀉 설사　세균 감염(感染)이나 배탈이 났을 때 누는 묽은 변 = 瀉痢 사리

▷ 反胃 번위　구역(嘔逆)질이 나고 먹은 것을 마구 토(吐)하는 병 = 胃癌 위암

▷ 嘔吐 구토　먹은 음식물을 토함. 게움 = 吐逆 토역

兎死狗烹 토사구팽　토끼 토 | 죽을 사 | 개 구 | 삶을·요리할 팽

사냥하러 가서 토끼를 잡으면 사냥하던 개는 더 이상 쓸모가 없게 되어 삶아먹는다는 뜻

1. 필요할 때 요긴(要緊)하게 부려먹고 쓸모가 없어지면 언제 그랬냐는 듯이 야박(野薄)하게
　버려 버리는 경우를 비유

2. 일이 있을 때는 실컷 부려먹고 끝나면 헌신짝처럼 버리는 각박(刻薄)한 세정(世情)을 비유

［유의어］ 走狗烹 주구팽, 狡兎死良狗烹 교토사양구팽 (에서 유래)

　　　　捨筏登岸 사벌등안　강을 건널 때 타고 온 뗏목을 버리고 기슭에 오름

　　　　得魚忘筌 득어망전　물고기를 잡으면 통발은 잊어버린다는 말

▷ 割烹 할팽　고기를 썰고 삶는다는 뜻으로 음식을 요리(料理)함 또는 요리한 음식

▷ 烝烹 증팽　증기의 열로 삶음

* 出典: 史記(사기) 淮陰侯列傳(회음후열전)

兎死狐悲 토사호비　토끼 토 | 죽을 사 | 여우 호 | 슬플 비

토끼가 죽으니 여우가 슬퍼한다는 뜻, 같은 처지나 무리의 불행한 일을 함께 슬퍼한다는 말

［유의어］ 狐死兎泣 호사토읍, 狐死兎悲 호사토비

　　　　여우의 죽음에 토끼가 운다는 뜻으로 같은 무리의 불행을 슬퍼함의 비유

　　　　同病相憐 동병상련　같은 병을 앓는 환자(患者)끼리 서로 가엾게 여긴다는 뜻

　　　　蕙焚蘭悲 혜분난비　혜란(蕙蘭)이 불에 타버리면 난초(蘭草)가 슬퍼한다는 뜻,
　　　　　　　　　　　　　　벗의 불행을 함께 슬퍼함의 비유

兎營三窟 토영삼굴　토끼 토 | 만들·지을 영 | 석 삼 | 굴 굴

토끼가 위난(危難)을 피하기 위해 세 개의 굴을 파놓는다는 뜻으로 자신(自身)의 안전을 위해
미리 몇 가지의 대비책(對備策)을 준비(準備)해 놓음을 비유하는 말

［유의어］ 狡兎三窟 교토삼굴

　　　　防患未然 방환미연, 未然防止 미연방지
　　　　사고(事故)가 나기 전에 미리 문제(問題)가 될 것을 파악(把握)하여 막음

　　　　有備無患 유비무환　미리 준비(準備)가 되어 있으면 근심할 것이 없음

桑土綢繆 상토주무　새는 폭풍우(暴風雨)가 닥치기 전에 뽕나무 뿌리를 물어다가
둥지의 구멍을 막는다는 뜻으로 미리 준비하여 닥쳐올 재앙을 막는다는 말

▷　經營 경영　1. 기업이나 사업을 관리(管理)하고 운영함　2. 계획을 세워 일을 해 나감

兎走烏飛 토주오비　토끼 토 | 달릴·달아날 주 | 까마귀 오 | 날 비

토끼[兎: 토]는 달리고 까마귀[烏: 오]는 난다는 뜻, 세월(歲月)이 대단히 빨리 흐름을 비유하는 말

『유의어』　光陰流水 광음유수, 光陰如水 광음여수, 光陰如逝水 광음여서수

光陰流水 세월유수, 光陰如箭 광음여전, 光陰如矢 광음여시
세월은 흐르는 물 또는 쏜 화살과 같아서 한번 지나가면 다시는 돌아오지 않는다는 말

▷　兎 토 = 달[月: 월] / 烏 오 = 해[日: 일]

▷　三足烏 삼족오　태양 속에 산다는 세 발 가진 까마귀. 날개 짓을 하여 햇빛을 뿌림

吐盡肝膽 토진간담　토할·털어놓을 토 | 다할·다될 진 | 간·충정 간 | 쓸개·충심 담

간[肝 간]과 쓸개[膽: 담]를 다 토한다는 뜻, 어떤 일에 대한 솔직한 심정이나 실정(實情)을
숨김없이 모두 다 털어놓고 말한다는 말

『유의어』　以實直告 이실직고, 以實告之 이실고지, 從實直告 종실직고
사실로써 곧장(= 그대로) 고한다는 말

實陳無諱 실진무휘　피하지 않고 사실 그대로 고함

吐露 토로　속마음을 죄다 드러내어 말함 = 吐破 토파

披瀝 피력　속마음을 털어놓고 말함

告白 고백　사실대로 숨김없이 말함

吐哺握髮 토포악발　토할 토 | 먹을·먹일 포 | 쥘·잡을 악 | 머리털·터럭 발

1. 자기가 부주의하여 천하의 정치(政治)에 필요한 훌륭한 인물(人物)을 잃을까 염려하여
작은 일에도 정성(精誠)을 다해 손님을 대하는 지도자의 애쓰는 마음을 비유하는 말
2. 위정자(爲政者)가 민심을 수렴(收斂)하고 정무(政務)를 보살피기에 잠시도 편할 날이 없음을 비유

주(周)나라의 주공(周公)이 식사(食事)할 때나 머리를 감을 때 내객(來客)이 있으면 먹고 있던 것을
뱉어버리고 감고 있던 머리카락을 손으로 거머쥐며 달려 나가 영접(迎接)하였다는 고사에서 유래

『유의어』　握髮吐哺 악발토포, 吐哺捉髮 토포착발, 握髮 악발, 吐握 토악

一沐三握髮 일목삼악발, 一飯三吐哺 일반삼토포, 吐哺 토포, 握沐 악목

▷　掌握 장악　손안에 잡아 쥔다는 뜻. 무엇을 마음대로 할 수 있게 된다는 말

▷　哺乳 포유　어미가 제 젖으로 새끼를 먹여 기름

* 出典: 韓詩外傳(한시외전)

統攝 통섭 큰 줄기·거느릴 통 | 잡을·다스릴 섭

큰 줄기를 잡다. 즉 서로 다른 것을 한데 묶어 새로운 것을 잡는다는 뜻으로
인문·사회과학과 자연과학을 통합해 새로운 것을 만들어내는 범(汎) 학문적 연구를 일컫는 말

▷ **攝理 섭리**

1. 자연계(自然界)를 지배(支配)하고 있는 원리(原理)와 법칙(法則)
2. 세상(世上)의 모든 것을 다스리는 하나님의 뜻[기독교]
3. 병(病)에 걸려 아픈 몸을 잘 조리(調理)함

▷ **攝生 섭생** 몸과 마음을 건강하게 해서 오래 살기를 꾀함 = **養生 양생**

推敲 퇴고 밀 퇴 / 밀 추 | 두드릴 고

미느냐 두드리느냐, 시문을 지을 때 자구(字句)를 여러 번 생각하여 고치고 다듬는 일을 말함

당(唐)나라 시인 가도(賈島)가 '僧推月下門 승퇴월하문'이라는 시구(詩句)를 지을 때 퇴(推)자를
고(敲)자로 바꿀까 말까 망설이는데, 마침 한유[韓愈= 韓退之: 한퇴지]가 행차할 때 길에서 만나
한유의 조언대로 고(敲)자로 결정하여 '僧敲月下門 승고월하문' 으로 고쳤다는 고사에서 유래

『유의어』 敲推 고퇴, 改稿 개고, 改作 개작

閑居少隣竝 草徑入荒園 **한거소린병 초경입황원**
한가로이 머무는데 이웃도 없고 풀숲 오솔길은 적막한 정원으로 드는구나.

鳥宿池邊樹 僧敲月下門 **조숙지변수 승고월하문**
새는 연못가 나무위에서 잠들고 스님은 달 아래 문을 두드리네.

▷ **推託之言 퇴탁지언** 다른 일로 핑계 대는 말

* 出典: 唐詩紀事(당시기사)

頹廢風潮 퇴폐풍조 무너질 퇴 | 폐할 폐 | 풍속·바람 풍 | 밀물·나타날 조

정신적·사회적·문화적으로 어지럽고 문란(紊亂)한 사회기풍(氣風)

▷ **風紀紊亂 풍기문란** 풍속(風俗)과 기강(紀綱)이 엉망인 상태

▷ **思潮 사조** 한 시대(時代)의 일반적인 사상(思想)의 경향(傾向)

▷ **頹落 퇴락** 무너지고 떨어져 나감

▷ **私娼 사창** 관청의 허가 없이 비밀히 매음하는 창녀(娼女). 밀매음녀 ↔ **公娼 공창**

投杼踰牆 투저유장 던질 투 | 북(베틀) 저 | 넘을 유 | 담 장

짜고 있던 베틀 북을 집어 던지고 담장을 뛰어넘는다는 뜻으로 근거(根據)없는 소문(所聞)도
반복(反復)하여 여러 번 듣게 되면 결국 사실로 믿게 된다는 말의 비유

증삼(曾參)의 어머니가 평소 아들의 인격(人格)을 굳게 믿어 의심하는 바가 없었다, 어느 날
베를 짜고 있을 때 어떤 사람이 와서 '증삼'이 시장에서 사람을 죽였다고 고함(高喊)을 쳤으나

곧이 듣지 않았고 두 번째도 그랬으나 역시 믿지 않았는데 세 번째 사람이 와서 같은 말을 하니 결국 짜고 있던 베틀 북을 집어 던지고 담장을 뛰어넘어 시장으로 달려갔다는 고사에서 유래 [시장(市場)에서 살인(殺人)을 한 그 사람의 이름도 '증삼'이었음(同名異人: 동명이인)]

유의어 投杼疑 투저의

曾參殺人 증삼살인   증삼이 살인을 했음[안했어도 거듭 얘기하면 믿게 됨]

市虎 시호, 三人成虎 삼인성호, 三人成市虎 삼인성시호
시장에 호랑이가 나타났음, 그럴 리가 없겠지만 거짓말도 여러 사람이 하면 믿게 됨

衆口鑠金 중구삭금   뭇사람의 말은 쇠도 녹임, 여러 사람의 말은 큰 힘이 있음

積毀銷骨 적훼소골   뭇사람의 악담(惡談)이 쌓이면 혈육(血肉)간의 뼈도 녹임

▷ 杼機 저기   북과 베틀, 생각의 계기(契機)를 비유

▷ 投梭 투사   베를 짜는 북을 던진다는 뜻으로
음탕(淫蕩)한 마음을 내는 남자를 여자가 거절(拒絕)함을 일컫는 말

* 出典: 戰國策(전국책) 秦策(진책)

投鞭斷流 투편단류 던질 투 | 채찍 편 | 끊을 단 | 흐를 류(유)

채찍[鞭: 편]을 던져 흐르는 강물을 막는다는 뜻으로 병력이 대단히 많고 군세(軍勢)가 강대함을 비유하여 이르는 말

유의어 千軍萬馬 천군만마   썩 많은 군사와 말을 이르는 말

▷ 鞭撻 편달   채찍질, 타이르고 격려(激勵)함 = 鞭扑 편복

▷ 斷 단   번뇌(煩惱)를 끊고 죽음에 대한 공포(恐怖)를 없애는 일[불교]

* 出典: 晉書(진서) 符堅載記(부견재기)

投筆成字 투필성자 던질 투 | 붓 필 | 이룰 성 | 글자 자

붓을 집어던지기만 해도 글자가 써진다는 뜻, 글씨에 능한 사람은 정성(精誠)을 들이지 아니하고 붓을 아무렇게나 던져도 글씨가 잘 써진다는 말의 비유. 명필이라는 말

유의어 能書不擇筆 능서불택필   명필(名筆)은 붓을 가리지 않는다는 말

▷ 投筆從戎 투필종융   붓을 집어던지고 창을 쫓음. 즉 참전(參戰)함.
학문(學問)을 포기(抛棄)하고 종군(從軍)함을 비유하는 말

破鏡重圓 파경중원 깨질 파 | 거울 경 | 거듭(할)·무거울 중 | 둥글·둘레 원

깨진 거울이 다시 둥그런 본 모습을 되찾음. 생이별한 부부(夫婦)가 다시 만난 것을 비유하는 말

▷ 破鏡 파경 깨어진 거울. 부부의 이별(離別)을 비유하는 말 = 離婚 이혼

▷ 破鏡之歎 파경지탄 깨어진 거울조각을 들고 하는 탄식, 부부사이가 깨어져
영원(永遠)히 이별(離別)하게 된 탄식(歎息)을 비유하는 말

▷ 離散 이산 전쟁(戰爭)이나 파산(破産)등으로, 가족(家族)이 헤어져 흩어짐

* 出典: 太平廣記(태평광기)

破觚斲雕 파고착조 깨드릴·쪼갤 파 | 사각·모날·술잔 고 | 깎을·아로새길 착 | 아로새길 조

모난 것을 없애고 섬세(纖細)하게 조각(彫刻)한 것을 깎아낸다는 뜻으로
혹독(酷毒)한 형벌(刑罰)을 완화(緩和)하고 복잡(複雜)한 법률(法律)이나 규칙(規則)을
간단(簡單)하게 고쳐 백성(百姓)들이 법을 지키기 쉽게 한다는 말

[유의어] 法三章 법삼장, 約法三章 약법삼장
한(漢)나라 초기, 진(秦)나라의 복잡한 법을 간단하게 고친 법

▷ 觚不觚 고불고
옛날에는 고[觚: 네모지게 모가 난 술그릇]라는 술잔에 모가 있었는데 지금은 모를 둥글게
깎아내어 모(= 모서리)가 없어졌는데도 이름은 그대로 고(觚)라고 쓰였다는 데서, 고(觚)가
고(觚)답지 않다는 뜻으로 사물의 이름과 실상이 서로 들어맞지 않음을 비유하는 말

* 出典: 史記(사기) 酷吏傳(혹리전)

破瓜之年 파과지년 깨질·떨어 잘·쪼갤 파 | 오이 과 | 어조사 지 | 해 년

오이가 깨지는 해라는 뜻. 파과(破瓜)는 여자의 생리나 처녀성(處女性) 상실(喪失)을 나타냄
즉 여자 나이는 16세[8+8 = 16] 또는 남자 나이는 64세[8×8 = 64]를 말함

[瓜(과)자를 파자(破字)하면 八八이 되는 데, 더하면 16이 되고 곱하면 64가 된다는 말]

[유의어] 破瓜 파과, 瓜滿 과만, 瓜期 과기
여자가 혼인(婚姻)할 나이가 참 또는 외지(外地)로 나간 벼슬의 임기(任期)가 끝남

▷ 瓜瓞 과질 큰 오이와 작은 오이라는 뜻으로 자손이 번성함을 비유적으로 이르는 말

* 出典: 情人碧玉歌(정인벽옥가: 晉[진]나라 孫綽[손작]의 詩[시])

爬羅剔抉 파라척결 긁을 파 | 새그물 라 | (뼈)바를·깎을 척 | 들추어낼·도려낼 결

긁고 망라(網羅)하며 발라내고 도려낸다는 뜻으로
1. 숨은 인재(人材)를 널리 찾아내어 등용(登用)함을 비유하는 말
2. 남의 비밀(祕密)이나 결점(缺點)을 샅샅이 파헤침을 비유

[유의어] 吹毛覓疵 취모멱자, 吹毛求疵 취모구자, 訐揚 알양

털을 입으로 불어가며 상처를 찾는다는 뜻으로 억지로 남의 작은 허물을 들추어낸다는 말

▷ **剔抉** 척결 살을 도려내고 뼈를 발라 냄

▷ **網羅** 망라 물고기나 새를 잡는 그물이란 뜻으로 널리 구하여 모두 받아들임의 일컬음

* 出典: 韓愈(한유)의 進學解(진학해)

波瀾萬丈 파란만장 물결 파 | 물결 란 | 일만·많을 만 | 길·어른 키 장

파도(波濤)의 물결치는 높이가 만장(萬丈)의 길이나 된다는 뜻, 어떤 일의 진행에 곡절(曲折)과
시련(試鍊) 등 변화(變化)가 대단히 심함을 비유하는 말

[유의어] **波瀾重疊** 파란중첩, **波瀾** 파란
　　　　생활(生活)이나 일의 진행(進行)에 갖가지 곤란(困難)이나 시련(試鍊)이 많음

　　　平地風波 평지풍파, **風波** 풍파
　　　　평온(平穩)한 자리에서 일어나는 풍파라는 뜻으로 뜻밖에 분쟁(紛爭)이 일어남의 비유

[반의어] **波瀾不驚** 파란불경 물결이 일지 않아 수면이 잔잔함. 평탄(平坦)하다는 말

波瀾重疊 파란중첩 물결 파 | (큰)물결 란 | 거듭·무거울 중 | 겹쳐질·포갤 첩

물결 위에 또 물결이 인다는 뜻, 일의 진행에 있어서 온갖 변화와 난관(難關)이 많음을 비유

[유의어] **波瀾** 파란, **波瀾萬丈** 파란만장, **平地風波** 평지풍파, **風波** 풍파
　　　波瀾曲折 파란곡절 생활이나 일의 진행에서 일어나는 갖가지 시련과 어려움
　　　迂餘曲折 우여곡절 뒤얽혀 복잡(複雜)한 사정(事情)

▷ **凌波** 능파 파도(波濤)가 가볍게 넘실거린다는 뜻으로
　　　　　　미인(美人)의 사뿐하고 아름다운 걸음걸이를 비유하는 말

罷露臺 파로대 그칠·방면할 파 | 드러날·이슬 로 | 돈대·관청 대

지붕 없는 정자(亭子) 만들기를 그만 둔다는 뜻으로 바른 민정을 펼치는 것을 비유하는 말

임금의 호사(豪奢)스런 생활은 백성들의 부담(負擔)이라고 생각하여 항상 검소(儉素)하게 살다간
전한(前漢)의 제4대 효문황제(孝文皇帝)의 일화(逸話)에서 유래함

▷ **罷免** 파면 잘못을 저지른 사람에게 직무(職務)나 작업을 그만두게 함 = **罷黜** 파출

▷ **綻露** 탄로 비밀(祕密)이나 숨긴 일을 드러냄

* 出典: 史記(사기) 孝文帝紀(효문제기)

破釜沈舟 파부침주 깨뜨릴 파 | 가마솥 부 | 가라앉을 침 | 배 주

밥솥을 깨뜨리고 돌아갈 때 탈 배를 침몰(沈沒)시킨다는 뜻으로 죽기를 각오(覺悟)한다는 말
즉 살아서 돌아갈 기약(期約)을 하지 않고 결사항전(決死抗戰)의 의지(意志)를 굳게 밝힘

『유의어』　破釜沈船 파부침선

破水之陣 배수지진, 背水陣 배수진
적과 대치(對峙)하여 강이나 바다를 등지고 치는 진(陣), 더 이상 물러설 수 없음을 비유

濟河焚舟 제하분주　강을 건넌 뒤 배를 불살라 버림. 죽기를 각오함

捨糧沈舟 사량침주　식량(食糧)을 버리고 배를 침몰(沈沒)시킴. 죽기를 각오함

▷　突破口 돌파구　1. 가로막은 것을 쳐서 깨뜨려 통과(通過)할 수 있도록 뚫은 곳
　　　　　　　　　　2. 장애(障礙)나 어려움 등을 해결(解決)하는 실마리

* 出典: 史記(사기) 項羽本紀(항우본기)

破邪顯正 파사현정　깨뜨릴 파 ┃ 간사할·어긋날 사 ┃ 나타날·드러낼 현 ┃ 바를·바로잡을 정

1. 사견(邪見)·사도(邪道)를 파괴(破壞)해서 정법(正法)을 드러냄
2. 부처[佛陀: 불타]의 가르침에 어긋나는 생각을 버리고 올바른 도리를 따른다는 의미

『유의어』　破顯 파현

衛正斥邪 위정척사, 斥邪衛正 척사위정, 斥邪 척사
조선 후기에, 정학(正學)·정도(正道)로서의 주자학(朱子學)을 지키고
사학(邪學)·사도(邪道)로서의 천주교(天主敎)를 물리치려던 주장(主張)

事必歸正 사필귀정　모든 일은 반드시 바르게 돌아간다는 말

邪不犯正 사불범정　바르지 못한 것이 바른 것을 감히 범하지 못한다는 뜻으로
　　　　　　　　　　곧, 정의(正義)가 반드시 이김을 비유하여 일컫는 말

▷　破落戶 파락호　재산이나 세력 있는 집안의 자손(子孫)으로 재산을 털어먹는 난봉꾼

* 出典: 三論玄義(삼론현의)

破顏大笑 파안대소　깨질 파 ┃ 얼굴 안 ┃ 큰 대 ┃ 웃음 소

얼굴 모양이 일그러질 정도로 크게 웃는다는 뜻, 즐거운 표정(表情)으로 한바탕 크게 웃음

『유의어』　破顏一笑 파안일소

拍掌大笑 박장대소　손뼉을 마구 치며 큰소리로 하하거리며 웃음

呵呵大笑 가가대소, 衎衎大笑 간간대소
기쁘고 즐거운 마음으로 크게 소리 내어 껄껄거리며 웃음

捧腹絶倒 봉복절도, 抱腹絶倒 포복절도
배를 그러안고 데굴데굴 구르며 넘어질 정도로 웃음

腰折腹痛 요절복통　하도 우스워 허리가 꺾이고 배가 아플 지경임

▷　滿堂哄笑 만당홍소　방안에 있는 모든 사람들이 큰소리로 흡족(洽足)하게 웃음

破竹之勢 파죽지세 깨질 파 | 대(나무) 죽 | 어조사 지 | 기세·형세 세

대나무를 쪼개는 기세라는 뜻으로 적을 거침없이 물리치고 쳐들어가는 당당한 기세를 비유

유의어

勢如破竹 세여파죽　기세가 매우 맹렬(猛烈)하여 감히 대항(對抗)할만한 적이 없음

迎刀而解 영도이해　대나무에 칼만 대면 그냥 쪼개진다는 말. 거침없이 나아감

席卷之勢 석권지세, **席卷** 석권
멍석을 둘둘 피며 나아가듯이, 세력이 빠르고 거침없이 휩쓸어 나가는 기세

燎原之火 요원지화　빠르게 번지는 벌판의 불길. 무서운 기세로 퍼져 가는 세력

▷ **破壞** 파괴　건물·조직·질서·관계 등을 깨뜨려 와해(瓦解)시키거나 무너뜨림

* 出典: 晉書(진서) 杜預傳(두예전)

破天荒 파천황 깨질 파 | 하늘 천 | 거칠 황

천지개벽(天地開闢)이전의 혼돈(混沌)한 상태를 처음 깨뜨려 새 세상을 연다는 뜻으로
1. 이제까지 아무도 하지 못한 일을 처음으로 행함을 비유하는 말
2. 진사(進士)에 급제(及第)한 사람을 비유하는 말

형주(荊州)에서 과거 급제자가 나오지 않는 상황을 −당시에 형주를 '천황(天荒)'이라고 부름−
유세(宥世)라는 자가 최초(最初)로 깨뜨리고 과거(科擧)에 급제(及第)했다는 고사에서 유래

유의어

未曾有 미증유　지금까지 한 번도 있어 본 적이 없음. 최초의 기록

前人未踏 전인미답　이제까지 그 누구도 발을 들여놓거나 도달한 사람이 없음

前古未聞 전고미문, **前代未聞** 전대미문　이제까지 들어본 적이 없음

破僻 파벽　양반이 없는 시골에서 인재가 나와 본디의 미천(微賤)한 상태를 벗어남

▷ **厖鴻** 방홍　우주(宇宙)가 형성(形成)되기 이전의 혼돈상태로써 지극히 광대(廣大)한 기운

* 出典: 北夢瑣言(북몽쇄언: 宋[송]나라 孫光憲[손광헌] 著[저])

皤皤老人 파파노인 머리 흴·머리가 센 모양 파 | 늙을 노(로) | 사람 인

머리털이 온통 하얗게 센 늙은이

유의어

白髮老人 백발노인, **皓皓白髮** 호호백발, **昭昭白髮** 소소백발

皤叟 파수, **皤翁** 파옹, **白叟** 백수, **耄耋** 모질

鷄皮鶴髮 계피학발, **鷄皮** 계피, **鶴髮** 학발
피부는 닭의 살갗같이 거칠고 머리털이 학의 날개처럼 희다는 뜻, 백발노인

阪上走丸 판상주환 언덕·비탈 판 | 위 상 | 달릴·달아날 주 | (둥근)알 환

언덕위에서 공을 굴린다는 뜻. 잘 굴러감. 호기(好機)를 잡음

1. 어떤 큰 세력에 힘입어 일을 도모(圖謀)하면 그 일이 잘 진척(進陟)됨을 비유하는 말
2. 기회(機會)를 잘 타거나 형세(形勢)가 급전(急轉)함을 비유하는 말

▷ **丸藥 환약**　약재(藥材)를 가루로 만들어 반죽하여 둥글게 빚은 약

▷ **彈丸 탄환**　탄알[銃彈 총탄·砲彈 포탄 등]

* 出典: 漢書(한서)

八年風塵 팔년풍진　여덟 팔 ｜ 해·나이 년 ｜ 바람 풍 ｜ 흙먼지·티끌 진

오랜 세월동안 바람을 맞으며 **흙먼지를** 뒤집어썼다는 뜻으로 어떤 목표(目標)를 이루기 위해
오랜 세월 모진 고생(苦生)을 겪음의 비유

패공(沛公) 유방(劉邦)이 8년간의 전쟁 끝에 항우(項羽)를 마침내 멸(滅)한 고사에서 유래
즉 초한전쟁(楚漢戰爭)

유의어		
八年兵火	팔년병화	승부가 오랫동안 결정되지 않음의 비유. 중국에서, 항우(項羽)와 유방(劉邦)의 싸움이 8년 걸린 데서 나온 말
風餐露宿	풍찬노숙	바람과 이슬을 맞으며 먹고 잠. 객지에서 겪는 모진 고생
櫛風沐雨	즐풍목우	바람으로 머리를 빗고 빗물로 목욕함. 객지를 떠돌며 고생함
多難興邦	다난흥방	많은 어려움을 겪고 나서야 나라를 부흥하게 할 수 있다는 말

八面六臂 팔면육비　여덟 팔 ｜ 얼굴·낯 면 ｜ 여섯 육 ｜ 팔 비

여덟 개의 얼굴과 여섯 개의 팔
1. 사방(四方)에서 쳐들어오는 적들을 혼자서도 잘 물리칠 수 있는 사람
2. 어떤 일을 당해도 다방면에 걸쳐 뛰어난 능력으로 수완(手腕)을 발휘(發揮)하는 사람을 비유

▷ **面識 면식**　얼굴을 서로 아는 정도의 관계(關係)

▷ **猿臂 원비**　원숭이의 팔처럼 길고 힘이 있어 활쏘기에 좋은 팔을 가리키는 말

八方美人 팔방미인　여덟 팔 ｜ 모·방위 방 ｜ 아름다울 미 ｜ 사람 인

1. 어느 모로 보나 아름다운 여인
2. 다방면(多方面)의 일에 두루 능통(能通)한 사람을 비유
3. 주관(主觀)이 없이 누구에게나 잘 보이려고 처세(處世)하는 사람을 비유
4. 한 가지 분야(分野)에 정통(正統)하지 못하고 온갖 일에 조금씩 손대는 사람을 비유

▷ **八朔童 팔삭동**　팔삭둥이. 임신(姙娠)한지 여덟달 만에 낳은 아이
　　　　　　　　　어리숙한 사람을 놀림조로 이르는 말

八字靑山 팔자청산　여덟 팔 ｜ 글자 자 ｜ 푸를 청 ｜ 뫼 산

여덟 팔(八)자 모양을 한 푸른 산이라는 뜻, 미인의 고운 눈썹을 비유하는 말

『유의어』 八字春山 팔자춘산, 眉目秀麗 미목수려

倩盼 천반 보조개와 눈이 예쁘다는데서 여인의 예쁜 얼굴을 형용하는 말

蛾眉 아미, 螓蛾 진아
누에나방의 촉수(觸鬚)처럼, 털이 짧고 초승달 모양으로 길게 굽은 미인의 아름다운 눈썹

八字打開 팔자타개 여덟 팔 | 글자 자 | 칠·때릴 타 | 열 개
팔자모양으로 엶. 아주 명백(明白)하게 해명(解明)함

▷ 四柱八字 사주팔자 타고난 운수(運數). 사람의 한평생의 운수

▷ 打開 타개 어렵거나 막힌 일을 처리(處理)하여 해결(解決)의 길을 엶

▷ 打倒 타도 어떤 대상이나 세력을 쳐서 거꾸러뜨리거나 부수어 버림

敗家亡身 패가망신 깨뜨릴·패할 패 | 집 가 | 망칠·망할 망 | 몸·자신 신
집안의 재산(財産)을 모두 탕진(蕩盡)하고 자신의 몸까지 망침. 신세를 조졌다는 말

『유의어』 人亡家廢 인망가폐, 人亡宅廢 인망택폐
사람은 죽고 집은 결딴남. 아주 망해버림

『반의어』 自手成家 자수성가 자기 힘만으로 집안을 일으키고 재산을 모음

▷ 敗北 패배 싸움이나 겨루기에서 짐. 싸움에 져서 도망감 / 北 달아날: 배

敗軍之將不語兵 패군지장불어병
패할 패 | 군사 군 | 어조사 지 | 장수 장 | 아닐 불 | 말씀 어 | 전쟁·군사 병
전쟁(戰爭)에 패한 장수(將帥)는 병법(兵法)을 말하지 않는다는 뜻으로
실패(失敗)한 사람은 나중에 그 일에 대해 구구하게 변명(辨明)하지 않는다는 말의 비유

『유의어』 敗軍將不可以言勇 패군장불가이언용

敗軍之將不可以言勇 패군지장불가이언용

▷ 兵家常事 병가상사 1. 전쟁(戰爭)에서 이기고 지는 것은 흔히 있는 일임
2. 실패(失敗)는 흔히 있는 일이니 낙심(落心)할 것 없다는 말

* 出典: 史記(사기) 准陰侯列傳(회음후열전)

霈然下雨 패연하우 비 쏟아질·큰비 패 | 그럴 연 | 내릴·아래 하 | 비 우
비가 넘치도록 내린다는 뜻으로 비가 억수[물을 퍼붓듯 세차게 내리는 비]로 온다는 말의 비유

『유의어』 沛然下雨 패연하우

반의어 旱魃 한발 가뭄. 가뭄을 맡은 귀신

七年大旱 칠년대한 중국 은(殷)나라 탕왕(湯王) 때의 큰 가뭄

▷ 祈雨祭 기우제 하지(夏至)가 지나도록 비가 오지 않을 때에 비 오기를 빌던 제사

▷ 梅霖 매림 장마[매실이 익을 무렵에 내리는 비] = 梅雨 매우

悖入悖出 패입패출 어그러질 패 | 들 입 | 도리에서 벗어날 패 | 날 출
부정하게 얻은 재물은 부정하게 나간다는 말, 도리(道理)에 어긋나게 얻은 부정한 재물은
그와 같이 부정(不正)한 일에 쓰이기 마련이라는 말

▷ 悖倫 패륜 인간으로서 마땅히 지켜야 할 도리에 어그러짐 = 破倫 파륜

▷ 彝倫 이륜 떳떳이 지켜야 할 사람의 도리 = 人倫 인륜

▷ 悖謬 패류 사리(事理)에 어긋나 일을 망침 / 誤謬 오류 그릇되어서 이치에 어긋남

* 出典: 大學(대학)

烹頭耳熟 팽두이숙 삶을·요리할 팽 | 머리 두 | 귀 이 | 익을 숙
머리를 삶으면 귀는 자연히 익게 마련이라는 뜻
1. 핵심(核心)적이고 주된 일이 해결되면 나머지 부수(附隨)적이고 사소한 것은 저절로 해결됨
2. 우두머리를 다스리면 나머지 졸개들은 저절로 자복[自服: 알아서 복종]함

▷ 未熟 미숙 열매·음식 등이 덜 익음, 일에 서투름 ↔ 熟練 숙련, 老鍊 노련

▷ 熟達 숙달 익숙하고 통달(通達)함

▷ 亨 형통할 형 享 누릴 향 烹 삶을 팽 亮 밝을 량 京 서울 경

澎湃 팽배 물결 부딪는 기세·물소리 팽 | 물결 칠·물결 이는 모양 배
1. 물결이 서로 맞부딪쳐 위로 솟구침
2. 어떤 기세(氣勢)나 사조(思潮)가 맹렬(猛烈)한 기세로 일어남

▷ 思潮 사조 한 시대의 일반적인 사상(思想)의 경향(傾向)

▷ 膨脹 팽창 부풀어 부피가 커짐 ↔ 收縮 수축 부피나 규모(規模)가 줄어 듦

彭殤 팽상 성(姓) 팽 | 어려서 죽을·일찍 죽을 상
1. 오래 삶과 일찍 죽음. 수명(壽命)의 장단(長短)
2. 700년이나 오래 산 팽조(彭祖)와 어려서 일찍 죽은 아이 상자(殤子)

무한(無限)한 본체(本體)의 생명(生命)에 비하면 팽조(彭祖)의 700세도 무(無)와 다를 바 없고
어려서 죽은 사람도 아지랑이나 하루살이에 비하면 아주 장명(長命)한 시간이 되므로 팽(彭)과
상(殤)은 같다하여 제팽상(齊彭殤)이라고도 함. 즉 우주의 시간에 비하면 길고 짧을 것도 없다는 말

「유의어」 壽夭 수요, 壽短 수단, 壽夭長短 수요장단

▷ 長壽 장수 오래 삶 = 眉壽 미수

▷ 夭折 요절 젊은 나이에 죽음

= 夭死 요사, 夭陷 요함, 早死 조사, 早世 조세, 蚤世 조세, 蚤夭 조요

烹鮮 팽선 삶을·요리할 팽 | 생선·고울 선

생선(生鮮)을 삶아 요리(料理)함. 세세하고 번거로운 법령으로 백성을 다스리지 말라는 뜻으로 백성을 다스리거나 국정(國政)을 처리하는 일을 생선을 삶는 일에 비유하는 말

작은 생선(生鮮)을 요리(料理)할 때 비늘·내장 등을 떼어내지 않고 요리하듯이, 큰 나라를 다스리는 자는 번거로운 수단(手段)이나 인위적인 법령(法令)등을 피하고 될 수 있는 대로 자연(自然)의 논리에 맡겨야 한다는 노자(老子)의 말씀에서 유래

▷ 新鮮 신선 새롭고 산뜻함. 채소(菜蔬)나 생선(生鮮) 등이 싱싱함

* 出典: 老子(노자)

烹羊炮羔 팽양포고 삶을·요리할 팽 | 양 양 | 통째로(싸서) 구울 포 | 새끼 양 고

설 같은 명절(名節)에 양이나 염소 등을 잡아 잔치를 베풂

▷ 歲時伏臘 세시복랍 신년(新年)·삼복(三伏)·납향[臘享: 납일에 제사]의 총칭

▷ 割烹 할팽 고기를 썰어서 삶음. 즉 음식을 요리함 또는 요리(料理)한 음식

▷ 烝烹 증팽 증기(蒸氣)의 열로 삶음 / 羔羊 고양 어린양

* 出典: 漢書(한서)

偏僻孤陋 편벽고루 치우칠 편 | 궁벽할·후미질 벽 | 외로울 고 | 좁을·더러울 루

견문(見聞)이 좁고 융통성(融通性)이 없으며 한쪽으로 치우쳐있음. 우매(愚昧)하고 고집불통

▷ 偏僻 편벽 한쪽으로 생각이 치우침

▷ 孤陋 고루 보고 들은 것이 없어 견문(見聞)이 좁고 융통성(融通性)이 없음

▷ 偏頗 편파 한쪽으로 치우쳐 공평(公平)하지 못함

▷ 僻幽 벽유 외진 곳에 있는 마을 = 僻村 벽촌

▷ 鄙陋 비루 행동이나 성질(性質)이 고상하지 못하고 더러움

鞭長莫及 편장막급 채찍 편 | 길이·길 장 | 아닐·없을 막 | 미칠·이를 급

채찍이 길다 해도 이르지 못한다는 뜻, 돕고 싶지만 역량(力量)이 미치지 못함을 비유하는 말

「유의어」 雖鞭之長不及馬腹 수편지장불급마복 (에서 유래)

비록 채찍이 길다 해도 말의 배 부분까지 이르지 못한다는 말

▷ **噬臍莫及** 서제막급　이미 저지른 잘못에 대해 후회해도 소용없다는 말

▷ **鞭撻** 편달　1. 채찍으로 때림　2. 종아리나 볼기를 침　3. 타이르고 격려함

▷ **楚撻** 초달　회초리로 종아리를 때림

* 出典: 春秋左氏傳(춘추좌씨전) 宣公(선조) 15年條(년조)

平隴望蜀 평롱망촉　평정할 평 | 땅이름·언덕 롱 | 바랄 망 | 촉나라 촉

농(隴)나라를 평정한 뒤에 촉(蜀)나라까지 평정(平定)하기를 바란다는 뜻, 인간의 욕심(慾心)은
한이 없음을 비유하는 말. 만족(滿足)할 줄 모르고 계속(繼續) 욕심을 부림의 비유

[유의어] 隴蜀 농촉, 望蜀 망촉, 得隴望蜀 득롱망촉, 望蜀之歎 망촉지탄

溪壑 계학, 谿壑之慾 계학지욕, 車魚之歎 거어지탄

借廳入室 차청입실, 借廳借閨 차청차규
마루를 빌려 쓰다가 안방까지 들어간다는 뜻으로 처음에는 남에게 의지(依支)하다가
차차 남의 권리(權利)를 침범(侵犯)해 들어감

平沙落雁 평사낙안　평평할 평 | 모래 사 | 떨어져 내려올 낙(락) | 기러기 안

평평한 모래펄에 날아와 살포시 내려앉는 기러기라는 뜻으로
1. 글씨를 곱고 예쁘게 잘 쓰는 것을 비유　　2. 아름다운 여인의 고운 맵시를 비유
[소상팔경(瀟湘八景)의 하나로 흔히 동양화의 화제(畵題: 그림의 제목)가 됨]

[반의어] 龍蛇飛騰 용사비등　용과 뱀이 날아오르고 뛰는 듯 한 힘찬 필력

飛鳥驚蛇 비조경사, 飛鳥出林 비조출림, 驚蛇入草 경사입초

▷ **長杠大筆** 장강대필　장대 같은 큰 붓이라는 뜻. 힘이 있고 웅대한 글을 비유하는 말

▷ **麤枝大葉** 추지대엽　거친 가지와 커다란 잎. 즉 대범한 붓놀림

平地風波 평지풍파　평평할 평 | 땅 지 | 바람 풍 | 물결·주름 파

평온(平穩)한 자리에서 일어나는 바람의 파도(波濤), 즉 괜한 일로 상황(狀況)이 악화(惡化)되거나
뜻밖에 분쟁(紛爭)이 일어남의 비유

▷ **波紋** 파문　물 위에 이는 물결. 물결 모양의 무늬. 어떤 일이 다른 곳에 미치는 영향(影響)

▷ **一波萬波** 일파만파　한 물결이 연쇄적(連鎖的)으로 많은 물결을 일으킨다는 뜻으로
　　　　　　　　한 사건(事件)이나 일이 확대(擴大)되거나 번짐을 이르는 말

* 出典: 劉禹錫(유우석: 唐[당]나라 詩人[시인]의 竹枝詞[죽지사])

閉月羞花 폐월수화　닫을 폐 | 달 월 | 부끄러워할 수 | 꽃 화

달이 미인을 보고 구름 뒤에 숨고 꽃이 미인을 보고 고개를 숙이며 부끄러워했다는 뜻으로
여인의 얼굴과 자태(姿態)가 달과 꽃이 수줍어할 정도로 몹시 아름답다고 비유하는 말

유의어 羞花閉月 수화폐월, 沈魚落雁 침어낙안, 雪膚花容 설부화용

玉鬢紅顔 옥빈홍안, 雲鬢花容 운빈화용, 花容月態 화용월태

解語花 해어화, 傾國 경국, 傾國之色 경국지색

▷ 閉蟄 폐칩 외출을 하지 않고 집 안에만 박혀 있음

▷ 羞恥 수치 부끄러움 ↔ 榮光 영광 빛나는 영예(榮譽)

* 出典: 曹植(조식)의 洛神賦(낙신부)

廢寢忘食 폐침망식 폐할 폐 | 잠잘 침 | 잊을 망 | 밥·먹을 식

잠을 안자고 밥 먹는 것도 잊음, 침식을 잊고 공부(工夫)에 열중함. 열심(熱心)히 공부하느라
잠자고 먹는 것조차 잊음을 비유하는 말

유의어 廢寢忘餐 폐침망찬, 不眠不休 불면불휴, 不解衣帶 불해의대

日昃之勞 일측지로, 晝而繼夜 주이계야, 不知寢食 부지침식

發憤忘食 발분망식 어떤 일에 열중(熱中)하여 끼니까지 잊고 힘씀 (공자)

不撤晝夜 불철주야 밤낮을 가리지 아니하고 일과 공부에 힘씀

自强不息 자강불식 스스로 힘써 몸과 마음을 가다듬는 것을 쉬지 않음

▷ 廢棄 폐기 1. 못 쓰게 된 것을 버림 2. 조약·법률·약속 등을 무효(無效)로 함

* 出典: 宋史紀事本末(송사기사본말) 王安石變法(왕안석변법)

弊袍破笠 폐포파립 해질 폐 | 솜옷(핫옷) 포 | 깨뜨릴 파 | 삿갓 립

해진 옷과 부서진 갓, 가난하여 초라한 행색(行色)의 차림새를 비유하는 말

유의어 敝袍破笠 폐포파립, 敝衣破冠 폐의파관, 敝衣破笠 폐의파립

衣結屨穿 의결구천, 衣履弊穿 의리폐천

東郭履 동곽리 동곽의 신발. 신발바닥이 닳아서 맨발로 땅을 딛고 다녔다는 말

襤褸 남루 1. 누더기 2. 옷 따위가 낡고 해져서 너절함

▷ 弊端 폐단 어떤 일이나 행동에서 나타나는 좋지 않은 경향(傾向)이나 해로운 현상(現象)

▷ 弊社 폐사 자기 회사를 낮추어 이르는 말 = 敝社 폐사

炮烙之刑 포락지형 통째로구울 포 | (불)지질 락 | 어조사 지 | 형벌 형

숯불에 달군 구리기둥에 살을 지지는 형벌(刑罰), 잔인(殘忍)한 사형(死刑)방법을 비유하는 말
중국 은(殷)나라 주왕(紂王)때 충성(忠誠)으로 간(諫)하는 자들에게 오히려 기름칠한 구리기둥을

이글이글 타오르는 숯불 위에 걸쳐놓아 뻘겋게 달군 후에 그 뜨거운 기둥 위를 건너가게 하여 미끄러져 떨어지면 숯불에 타죽게 되는 가혹(苛酷)한 형벌

┌유의어┐ 炮烙 포락 뜨겁게 달군 쇠로 살을 지지는 형벌. 견디기 힘든 고통 = 烙刑 낙형

▷ 桀紂 걸주 하(夏)나라의 걸왕(桀王)과 은(殷)나라의 주왕(紂王). 곧 폭군의 대명사를 비유

▷ 烙印 낙인 불에 달구어 찍는 쇠도장. 다시 씻기 어려운 불명예스러운 판정이나 평가

＊ 出典: 史記(사기) 殷本紀(은본기: 紂王[주왕]과 妲己[달기]의 고사)

蒲柳之質 포류지질 부들 포 | 버들 류 | 어조사 지 | 바탕 질

잎이 일찍 지는 연약(軟弱)한 부들과 갯버들의 자질(資質)이라는 뜻[가을이 되자마자 잎이 떨어짐]

1. 스스로 쇠약(衰弱)한 몸이라는 것을 표현할 때 사용
2. 선천적으로 몸이 유약(柔弱)하여 병에 걸리기 쉬운 체질(體質)을 비유

┌유의어┐ 蒲柳質 포류질, 蒲柳之姿 포류지자, 蒲柳 포류

┌반의어┐ 松柏質 송백질, 松柏之質 송백지질, 松柏之姿 송백지자

＊ 出典: 世說新語(세설신어) 言語篇(언어편)

抱腹絶倒 포복절도 안을·품을 포 | 배 복 | 숨이 그칠·끊을 절 | 거꾸러질·넘어질 도

배를 그러안고 꺾어지듯 넘어진다는 뜻, 너무나 우스워서 배를 그러안고 데굴데굴 구름

┌유의어┐ 捧腹絶倒 봉복절도, 抱腹 포복, 絶倒 절도

腰折腹痛 요절복통 하도 우스워 허리가 꺾이고 배가 아플 지경임

▷ 抱孫 포손 손자를 안음. 즉 손자를 봄 또는 손자가 생김

▷ 抱擁 포옹 사람끼리 서로 품에 껴안음

▷ 包容 포용 남을 너그럽게 감싸거나 받아들임

飽食暖衣 포식난의 배부를 포 | 먹을·밥 식 | 따뜻할 난 | 옷 의

밥을 배불리 먹고 옷을 따뜻하게 입는다는 뜻, 의식(衣食)이 넉넉하여 불편함이 없이 편하게 지냄을 이르는 말

┌유의어┐ 好衣好食 호의호식, 玉衣玉食 옥의옥식, 飽暖 포난

暖衣飽食 난의포식, 錦衣玉食 금의옥식

┌유의어┐ 惡衣惡食 악의악식, 粗衣惡食 조의악식, 粗衣粗食 조의조식

맛없는 음식을 먹고 허름한 옷을 입음. 또는 그런 음식이나 옷

▷ 飽享 포향 흡족(洽足)하게 누림

＊ 出典: 孟子(맹자)

抱薪救火 포신구화 안을·품을 포 | 섶(나무) 신 | 구원할 구 | 불 화

섶을 안고 불을 끄러 불속으로 들어간다는 뜻, 재난(災難)을 구하는 방법이 잘못되어 도리어
더 큰 재난을 초래(招來)하거나 자멸(自滅)함을 비유하는 말

유의어 救火投薪 구화투신, 負薪救火 부신구화, 以火救火 이화구화

▷ 救濟 구제   재해(災害)를 입거나 어려운 처지(處地)에 있는 사람을 도와줌

* 出典: 史記(사기) 魏世家(위세가)

飽飫烹宰 포어팽재   배부를 포 | 물릴·실컷 먹을 어 | 삶을 팽 | 고기저밀,재상 재

배가 부르면 삶고 칼로 저민 맛있는 고기 요리도 물리친다는 뜻, 배부를 때에는 아무리 좋은
음식도 그 맛을 모름의 비유. 사람이 아쉬운 것이 없으면 진정 소중한 것을 느끼지 못한다는 말

반의어 飢厭糟糠 기염조강   배가고프면 술지게미나 쌀겨 같은 거친 음식이라도 만족함

　　　　晚食當肉 만식당육   배가 고플 때는 무엇을 먹든지 고기처럼 맛있음. 시장이 반찬

▷ 厭 만족할·마음에 찰: 염 또는 싫어할 염 / 飫經 어경   충분히 경험함

▷ 我腹既飽不察奴飢 아복기포불찰노기
　　자기 배가 부르면 종이 굶주리는 것을 살피지 않는다는 뜻으로
　　좋은 형편(形便)이나 처지(處地)에 있는 사람은 남의 딱한 사정(事情)을 모른다는 말

* 出典: 千字文(천자문)

布衣之交 포의지교   베·펼 포 | 옷 의 | 어조사 지 | 사귈 교

베옷을 입고 다닐 때의 사귐, 벼슬하기 전 가난한 선비시절과 서민의 교제라는 말로
신분(身分)이나 지위(地位)등을 초월(超越)하고 이익을 바라지 않는 교제(交際)

유의어 貧賤之交 빈천지교

▷ 貧賤之交不可忘 빈천지교불가망
　　가난하고 천할 때 사귄 벗은 잊어서는 아니 된다는 말

▷ 布施 보시   자비심(慈悲心)으로 불법이나 재물을 베풂 = 布施 포시

▷ 頒布 반포   세상에 널리 펴서 퍼뜨림

▷ 闡明 천명   사실(事實)이나 입장(立場) 등을 드러내서 밝힘

庖丁解牛 포정해우   부엌·요리사 포 | 고무래·장정 정 | 해부할·풀 해 | 소 우

포정(庖丁)이라는 백정(白丁)이 소의 뼈와 살을 발라낸다는 뜻으로 신기(神技)에 가까운 솜씨를
나타내거나 탁월(卓越)한 기술을 칭찬(稱讚)할 때 비유하여 이르는 말

고대의 이름난 요리사 포정(庖丁)이 소를 잡을 때 소의 몸이 생긴 대로 자연스럽게 칼질하여
소의 살과 뼈를 온전히 도려냄은 물론 칼날에도 손상(損傷)이 안가도록 소를 잘 잡았다는

고사에서 유래

▷ 白丁 백정　소·돼지 등을 잡는 일을 업으로 삼는 사람 = **백장**

▷ 庖廚 포주　소나 돼지 등의 고기를 파는 가게 = **푸주**

* 出典: 莊子(장자) 養生主篇(양생주편)

抱痛西河 포통서하　안을·품을 포 | 아플 통 | 서녘 서 | 물·강·황하 하

부모(父母)가 자식(子息)을 잃고 대단히 슬퍼함을 비유하는 말

공자의 제자인 자하(子夏)가 서하(西河)에서 아들을 잃고 너무 비통(悲痛)한 나머지 밤낮으로 울다가 눈이 멀어버린 고사에서 유래

『유의어』 喪明之痛 상명지통　울다가 눈이 멀 정도의 슬픔, 아들이 죽은 슬픔을 비유

▷ 天崩之痛 천붕지통　하늘이 무너지는 듯한 큰 슬픔이라는 뜻으로
　　　　　　　　　　　제왕(帝王)이나 아버지의 상사(喪事)를 당한 큰 슬픔을 이르는 말

▷ 崩城之痛 붕성지통　성(城)이 무너져 내리는 듯한 큰 슬픔이라는 뜻으로
　　　　　　　　　　　남편(男便)의 죽음을 슬퍼하여 우는 아내의 울음

▷ 鼓盆之痛 고분지통　물동이를 두드리며 가슴 아프게 서러워한다는 뜻으로
　　　　　　　　　　　아내의 죽음을 서러워함을 이르는 말 = **鼓盆之嘆 고분지탄**

* 出典: 論語(논어)

蒲鞭之罰 포편지벌　부들 포 | 채찍 편 | 어조사 지 | 죄·형벌 벌

부들포로 만든 채찍의 형벌(刑罰)이라는 뜻으로 형식적으로만 처벌(處罰)하고 실지(實地)는 욕(辱)만 보이자는 벌로 솜방망이 처벌(處罰). 즉 관용(寬容)의 정치(政治)를 이르는 말

『유의어』 蒲鞭之政 포편지정

　　　　　　雲根地足 운근지족　곤장(棍杖)이 구름을 지나고 땅을 스침. 형벌이 관대함

『반의어』 棄灰之刑 기회지형　길에 재를 버린 사람까지도 형벌(刑罰)을 내린다는 뜻,
　　　　　　　　　　　　법이 엄격하고 융통성(融通性)이 없으며, 죄에 비하여 형벌(刑罰)이 가혹(苛酷)하다는 말.

　　　　　　蹊田奪牛 혜전탈우, 田主奪之牛 전주탈지우
　　　　　　　소를 몰고 남의 논밭을 가로질러갔다고 해서 그 벌로 소를 빼앗는다는 뜻으로
　　　　　　　가벼운 죄에 비하여 처벌(處罰)이 지나치게 무겁다는 말

* 出典: 後漢書(후한서)

褒貶 포폄　기릴 포 | 낮출·떨어뜨릴 폄

칭찬(稱讚)함과 나무람 또는 시비선악(是非善惡)을 판단(判斷)해 결정(決定)함

『유의어』 毀譽褒貶 훼예포폄　비방(誹謗)함과 칭찬함. 비난(非難)과 명예(名譽)

▷ 褒賞 포상　칭찬(稱讚)하고 장려(獎勵)하여 상(賞)을 줌

▷ 褒賚 포뢰　칭찬하여 물건을 하사(下賜)함

▷ 貶斥 폄척　벼슬과 인망(人望)을 깎아내려 배척(排斥)함 = 貶黜 폄출

▷ 貶下 폄하　가치를 깎아내림 / 貶毁 폄훼　남을 깎아내리고 헐뜯음

捕風捉影 포풍착영　잡을·사로잡을 포 | 바람 풍 | 잡을 착 | 그림자·사람모습 영
바람을 잡고 그림자를 붙든다는 뜻, 헛된 일. 허망(虛妄)한 언행(言行)을 이르는 말

> **[유의어]** 繫風捕影 계풍포영, 係風捕影 계풍포영
> 　바람을 잡아매고 그림자를 붙잡는다는 말. 황당무계(荒唐無稽)함
>
> 　鏤塵吹影 누진취영　먼지에 새기고 그림자를 분다는 뜻
>
> 　憑空捉影 빙공착영　허공(虛空)에 의지(依支)하고 그림자를 잡음

▷ 捕捉 포착　기회(機會)나 정세(情勢)를 알아차림 또는 문제·의미·단서 등을 발견함

▷ 拿捕 나포　자기 나라 영해(領海)를 침범(侵犯)한 배를 붙잡음

暴虎馮河 포호빙하　사나울 포(폭) | 범 호 | 탈 빙 / 성 풍 | 황하·물 하
맨손으로 범을 때려잡고 걸어서 황하(黃河)를 건넌다는 뜻, 용기(勇氣)는 있되 무모(無謀)하기
이를 데 없는 행위(行爲)를 이르는 말

> **[유의어]** 猪突豨勇 저돌희용　멧돼지가 날뛰듯, 앞뒤를 가리지 않고 마구 날뜀
>
> 　死而無悔 사이무회　죽어도 후회(後悔)하지 않음
>
> 　黑猪 흑저, 蠻勇 만용　분별(分別)없이 함부로 날뛰는 용맹(勇猛)

▷ 暴虐 포학　잔인(殘忍)하고 난폭(亂暴)함

* 出典: 論語(논어) 述而篇(술이편)

輻輳 폭주　바퀴살 폭 | 모일·몰릴 주
수레의 바퀴통에 바퀴살이 한데 모이듯 한다는 뜻으로 많은 사물이 한 곳으로 집중(集中)하여
몰려 듦을 비유하는 말

> **[유의어]** 輻輳幷臻 폭주병진　한 곳에 많이 몰려 듦을 이르는 말
>
> 　殺到 쇄도　한꺼번에 세차게 몰려 듦
>
> 　遝至 답지　한군데로 몰려 듦

表裏不同 표리부동　겉 표 | 속 리 | 아닐 부 | 같을 동
겉과 속(= 안팎)이 같지 않다는 뜻, 이중인격(二重人格). 사람이 겉은 그럴듯하게 보이지만 마음이

음흉(陰凶)하고 불량(不良)함을 비유하는 말

유의어

人面獸心 인면수심 　사람의 얼굴 짐승의 마음. 마음이나 행동이 몹시 흉악함

沐猴而冠 목후이관 　원숭이가 목욕(沐浴)을 하고 관을 썼다는 뜻. 의관(衣冠)은
　　　　　　　　　　　그럴듯한데 생각과 행동(行動)은 사람답지 못하다는 말

羊質虎皮 양질호피 　속은 양이고 거죽은 범이라는 뜻. 본바탕은 아름답지
　　　　　　　　　　　않으면서 겉모양만 꾸밈을 가리키는 말

羊頭狗肉 양두구육 　양의 대가리를 내어걸고 실제는 개고기를 판다는 뜻으로
　　　　　　　　　　　겉은 그럴싸하게 꾸몄으나 속은 형편없음. 겉과 속이 다름

豹死留皮 人死留名 표사유피 인사유명

표범 표 | 죽을 사 | 머무를·오랠 유(류) | 가죽 피 | 사람 인 | 이름 명

표범은 죽어서 가죽을 남기고 사람은 죽어서 이름을 남긴다는 뜻, 사람은 죽어서 후세(後世)에
명예(名譽)를 남기라는 말. 인생을 의미(意味)있게 살라는 말

유의어 虎死留皮 人死留名 호사유피 인사유명

▷ 流芳百世 유방백세 　명예로운 이름이 후세에 길이 전함

▷ 遺臭萬年 유취만년 　수치스러운 이름을 후세에 오래도록 남김

* 出典: 歐陽脩(구양수)의 新五代史(신오대사) 死節傳(사절전)

風紀紊亂 풍기문란 풍속 풍 | 기율·벼리 기 | 어지러울 문 | 어지러울 란

풍속(風俗)과 기율(紀律)이 어지럽다는 뜻, 사회나 집단의 풍속·풍습 등 도덕에 대한
기강(紀綱)이나 규율(規律)등이 바로 서있지 않고 어지러워져 있음을 비유

▷ 頹廢風潮 퇴폐풍조 　정신적·사회적·문화적으로 어지럽고 문란(紊亂)한 생활기풍

▷ 倭亂 왜란 　1. 왜인들이 일으킨 난리　2. 임진왜란(壬辰倭亂)

風馬牛 풍마우 바람 풍 | 말 마 | 소 우

말과 소가 함께 바람이 났다 할지라도 서로가 만나서 사랑하지는 않는다는 뜻으로 말은 말끼리
소는 소끼리, 즉 같은 종류끼리 사랑한다는 말. 말과 소는 서로 전혀 관계가 없다는 말

유의어 風馬牛 不相及 풍마우 불상급 　말과 소가 함께 바람이 나도 서로는 상관이 없음

▷ 風憐心 풍연심
　　바람은 마음을 부러워 한다는 뜻으로. 세상의 모든 존재는 서로가 서로를 부러워 한다는 말

* 出典: 春秋左氏傳(춘추좌씨전)

風飛雹散 풍비박산 바람 풍 | 날 비 | 우박 박 | 흩을·흩어질 산

바람이 세차게 불고 우박(雨雹)이 이리저리 어지럽게 흩날린다는 뜻으로
1. 전투에 패(敗)하여 엉망으로 깨어져 병사들이 사방으로 흩어져 버리는 모양
2. 사업의 실패(失敗)로 식솔(食率)들이 뿔뿔이 흩어져 살 수밖에 없게 된 상황(狀況)을 비유하는 말

【유의어】 風散 풍산, 破産 파산, 倒産 도산, 不渡 부도

　　　　 支離滅裂 지리멸렬　갈가리 흩어지고 찢기어 갈피를 잡을 수 없이 됨

▷ 風波 풍파　세찬 바람과 험한 물결. 인생의 곤란이나 고통 = 世波 세파, 波瀾 파란

▷ 雹災 박재　우박(雨雹)으로 인한 재해(災害)

風聲鶴唳 풍성학려 　바람 풍 | 소리 성 | 학·두루미 학 | (학 우는소리 려(여)

바람소리와 학의 울음소리라는 뜻, 한번 겁을 먹은 사람은 사소(些少)한 일에도 놀란다는 말

중국 전진(前秦)시대 진나라 부견(符堅)이 비수(淝水)에서 크게 패하여 도망칠 때 바람소리와
학의 울음소리를 듣고도 적군이 쫓아오는 소린가? 하고 놀라며 두려워했다는 고사에서 유래

【유의어】 懲羹吹菜 징갱취채, 懲羹吹虀 징갱취제, 因噎廢食 인열폐식
　　　　 草木皆兵 초목개병　풀과 나무까지도 온통 적군으로 보인다는 뜻으로
　　　　　　　　　　　　　　적의 기세에 눌려 하찮은 것에도 놀라며 겁낸다는 말

　　　　 傷弓之鳥 상궁지조, 驚弓之鳥 경궁지조
　　　　　　화살을 한 번 맞아 혼이 난 새는 구부러진 나무만 봐도 놀란다는 뜻으로
　　　　　　항상 의심과 두려운 마음을 갖게 되는 것을 비유하여 이르는 말

▷ 鶴翼陣 학익진　학이 날개를 편 모양으로 벌인 진법(陣法)

▷ 魚鱗陣 어린진　물고기의 비늘이 벌어진 모양으로 치는 진법
　　　　　　　　[사람 인(人) 자 모양으로 중앙부가 적에 접근하여 진출한 진형임]

* 出典: 晉書(진서) 謝玄載記(사현재기)

風蕭蕭兮 易水寒 풍소소혜 역수한

바람 풍 | (바람)불·쓸쓸할·맑은 대쑥 소 | 어조사 혜 | 바뀔 역 / 쉬울 이 | 물 수 | 찰·얼 한

바람은 쓸쓸하게 불고 역수[易水= 강물]는 차갑기도 하구나,
즉 큰일을 앞둔 대장부(大丈夫)의 비장(悲壯)한 결심(決心)을 비유하는 말

壯士一去兮 不復還 장사일거혜 불부환

씩씩할 장 | 선비 사 | 하나 일 | 갈 거 | 어조사 혜 | 아닐 불 | 다시 부 / 돌아올·다시 복 | 돌아올 환

장사도 한번 가면 (이 강물처럼) 다시 돌아올 수 없네

중국 연(燕)나라 태자 단(丹)이 고용한 형가(荊軻)라는 자객(刺客)이 진시황(秦始皇)을
암살(暗殺)하러 갈 때 역수(易水)를 지나면서 죽기를 각오하고 읊은 비장한 시구(詩句)

▷ 圖窮匕見 도궁비현　지도를 펼치자 비수(匕首)가 보임. 암살계획이 탄로(綻露)남

* 出典: 史記(사기) 刺客列傳(자객열전: 자객 荊軻[형가]에 관한 고사)

風樹之歎 풍수지탄   바람 풍 ｜ 나무·세울 수 ｜ 어조사 지 ｜ 탄식할 탄

부모가 살아 계실 때 효도(孝道)를 다하지 못하고 여읜 뒤에 후회하는 자식의 비통(悲痛)한 슬픔

[유의어] 風木之悲 풍목지비, 風樹之感 풍수지감, 風樹之悲 풍수지비

樹欲靜而 風不止 수욕정이 풍부지   나무는 고요하고자 하나 바람이 그칠 날 없고

子欲養而 親不待 자욕양이 친부대   자식은 봉양하고자 하나 부모님은 기다려주지 않네

* 出典: 韓詩外傳(한시외전)

風雲之會 풍운지회   바람 풍 ｜ 구름 운 ｜ 어조사 지 ｜ 모일·모임 회

용(龍)이 풍운(風雲)을 타고 천지간에 날아오르듯이
1. 영명(英明)한 군주와 어진 신하가 서로 만나는 일. 선정(善政)을 펼침
2. 영웅호걸(英雄豪傑)이 때를 만나 큰 공을 세움을 이르는 말

[유의어] 風雲際會 풍운제회

蛟龍得水 교룡득수   교룡이 물을 얻었다는 뜻으로 영웅이 때를 만났다는 말

如魚得水 여어득수   물고기가 물을 얻은 것과 같다는 뜻으로
마음에 맞는 사람이나 적합(適合)한 환경(環境)을 얻었다는 말

雲蒸龍變 운증용변   물이 증발하여 구름이 되고 뱀이 용으로 변하여 승천함
영웅호걸이 기회를 얻어 흥성(興盛)함의 비유

雲從龍 風從虎 운종룡 풍종호   용가는 데 구름 가고 범 가는데 바람 간다는 뜻
서로 마음이 맞는 사람끼리 구하고 좇음을 일컫는 말

* 出典: 杜甫(두보)의 詩(시) / 易經(역경) 文言傳(문언전)

風月主人 풍월주인   바람 풍 ｜ 달 월 ｜ 주인 주 ｜ 사람 인

맑은 바람과 밝은 달의 주인이라는 뜻, 아름다운 자연(自然)을 즐기는 사람을 비유하는 말

[유의어] 風塵表物 풍진표물, 風塵外物 풍진외물, 俗塵外物 속진외물
物外閒人 물외한인, 物外閑人 물외한인, 安閑自適 안한자적
悠悠自適 유유자적, 悠然自適 유연자적, 東山高臥 동산고와

▷ 風月 풍월   1. 청풍명월(淸風明月)   2. 음풍농월(吟風弄月)

* 出典: 蘇東坡(소동파 = 蘇軾[소식])의 말

風前燈火 풍전등화   바람 풍 ｜ 앞 전 ｜ 등잔·등불 등 ｜ 불 화

바람 앞의 등불이라는 뜻으로 절박(切迫)한 처지의 운명(運命)이라는 말
또는 꺼지면 사라지듯 사물이 덧없음을 비유하기도 함

유의어 風前之燈 풍전지등, 風前燭火 풍전촉화

風前燈燭 풍전등촉, 風燈 풍등, 風燭 풍촉

危機一髮, 위기일발, 危如一髮 위여일발
여유(餘裕)가 조금도 없이 아슬아슬하게 닥친 위기의 순간(瞬間)

百尺竿頭 백척간두, 竿頭之勢 간두지세, 竿頭 간두
백 자나 되는 높은 장대 위에 올라섰다는 뜻으로 매우 위태롭고 어려운 지경을 말함

存亡之秋 존망지추 존망[存亡: 사느냐 죽느냐]이 결정되는 아주 절박(切迫)한 때

▷ 洞燭 통촉 사정을 깊이 헤아려 살핌 = 諒察 양찰

風塵表物 풍진표물 바람 풍 | 먼지·티끌 진 | 겉 표 | 물건 물
속세(俗世)를 벗어난 사람 또는 속세를 초월(超越)한 사람

유의어 風塵外物 풍진외물, 俗塵外物 속진외물, 物外閒人 물외한인

物外閑人 물외한인 세상사의 번잡(煩雜)을 피해 한가(閑暇)하게 지내는 사람

▷ 風塵 풍진, 黃塵 황진, 俗塵 속진, 飇塵 표진
비바람에 날리는 먼지, 세상의 여러 가지 번잡(煩雜)한 일을 비유

▷ 腥塵 성진 비릿한 냄새가 나는 먼지. 어지러운 세상을 비유

▷ 紅塵 홍진 햇빛에 비치어 벌겋게 이는 티끌. 번거롭고 속된 세상의 비유

▷ 兵塵 병진 전장에서 일어나는 티끌. 전쟁의 어수선하고 어지러운 분위기

* 出典: 晉書(진서)

風餐露宿 풍찬노숙 바람 풍 | 먹을·밥 찬 | 이슬·드러날 노(로) | 묵을·잘 숙
바람을 맞으며 밥을 먹고 이슬을 맞으며 한데서 잠을 잠[황량한 벌판을 헤매고 다녔다는 말]
객지(客地)에서 겪는 숱하고 모진 고생(苦生)을 비유하는 말

유의어 八年風塵 팔년풍진, 八年兵塵 팔년병진
여러 해 동안 숱한 고생을 겪어온 일을 비유하는 말
[중국에서, 유방(劉邦)이 8년을 고생한 끝에 항우(項羽)를 멸(滅)한 데서 나온 말]

櫛風沐雨 즐풍목우 바람으로 머리를 빗고 빗물로 목욕(沐浴)한다는 뜻으로
긴 세월(歲月)을 객지(客地)로 떠돌며 갖은 고생(苦生)을 함

▷ 風波 풍파 세찬 바람과 험한 물결. 살면서 겪는 곤란이나 고통 = 波瀾 파란

▷ 晚餐 만찬 손님을 초대(招待)하여 함께 먹는 저녁 식사 = 夕餐 석찬

▷ 露宿者 노숙자 길거리나 공원 등지에서 한뎃잠을 자며 생활하는 사람

* 出典: 陸游(육유) 宿野人家詩(숙야인가시)

風馳電掣 풍치전체　바람 풍 ｜ 달릴·질주할 치 ｜ 번개 전 ｜ 끌 체 / 당길 철

바람이 쏜살같이 불고 번개가 순식간에 번쩍인다는 뜻, 어떤 일이 매우 빠르게 진행됨을 비유

『유의어』 電光石火 전광석화　번갯불이나 부싯돌의 불. 극히 짧은 시간. 매우 신속한 동작

石火光陰 석화광음　부싯돌의 불같은 순간. 빠른 세월을 비유하는 말

▷ 疾風 질풍　몹시 빠르고 거세게 부는 바람

▷ 驅馳 구치　1. 말이나 수레를 몰아 빨리 달림　2. 남의 일을 위하여 힘을 다함

披肝膽 피간담　열·펼칠·나눌 피 ｜ 간·정성·충정 간 ｜ 쓸개·충심·담력 담

간과 쓸개를 열어 보인다는 뜻, 본심을 털어 놓음. 서로 속마음을 털어놓고 친하게 사귐을 비유

『유의어』 虛心坦懷 허심탄회, 坦懷 탄회　마음에 아무 거리낌이 없고 솔직함

披瀝 피력　속마음을 털어놓고 말함

刳肝 고간　배를 갈라 간을 보임. 마음속에 품은 뜻을 모두 털어놓음을 비유

肝膽相照 간담상조　서로 속마음을 터놓고 친하게 사귐

吐盡肝膽 토진간담　간과 쓸개를 다 토한다는 뜻, 실정(實情)을 숨김없이 털어놓고 말함을 일컫는 말.

▷ 披露宴 피로연　결혼·출생·장수 등을 널리 알리는 뜻으로 베푸는 각종연회

皮骨相接 피골상접　가죽 피 ｜ 뼈 골 ｜ 서로 상 ｜ 사귈·붙을 접

살가죽과 뼈가 서로 맞붙었다는 뜻, 사람이나 동물의 몸이 매우 마른 것을 비유

『유의어』 皮骨相連 피골상련

喪家之狗 상가지구　초상(初喪)집의 개. 여위고 수척(瘦瘠)한 사람을 비유 [흥선 대원군이 집권하기 전의 별호]

皮裏春秋 피리춘추　가죽 피 ｜ 속 리 ｜ 봄 춘 ｜ 가을 추

가죽 속(= 마음)에 춘추[春秋: 선악시비의 판단]가 있음. 말로는 잘잘못을 가리지 아니하는 사람도 마음속으로는 자기만의 속셈과 분별력을 갖고 있음을 비유하는 말. 타인에 대한 무언의 평가

진나라 때 저부(褚裒)라는 자는 다른 사람의 선악시비(善惡是非)에 대한 판단을 마음속으로만 지니고 밖으로는 표현하지 않았다는 고사에서 유래

『유의어』 皮裏陽秋 피리양추

▷ 春秋 춘추　봄과 가을. 연세(年歲). 세월(歲月). 역사(歷史). 판단(判斷)

▷ 鹿皮 녹비　사슴가죽 / 鹿 녹(록)　사슴. 제왕. 패권

* 出典: 晉書(진서) 褚裒傳(저부전)

被髮左衽 피발좌임 흐트러뜨릴·입을 피 | 머리털·터럭 발 | 왼 좌 | 옷깃·여밀 임

머리를 풀고 옷깃을 왼쪽으로 여민다는 뜻, 미개(未開)한 나라의 풍속(風俗)을 비유하는 말
즉 야만(野蠻)의 풍습

『유의어』 左衽 좌임

▷ 左袒 좌단　왼쪽 소매를 벗는다는 뜻. 남을 편들어 동의함을 이르는 말

▷ 肉袒 육단　사죄·복종·항복의 뜻으로 웃옷의 한쪽을 벗어 상체의 일부를 벗어 보임

▷ 被害 피해　재산·명예·신체 등의 손해(損害)를 입음

＊ 出典: 論語(논어) 憲問篇(헌문편)

避獐逢虎 피장봉호 피할 피 | 노루 장 | 만날 봉 | 범 호

노루를 피하려다가 호랑이를 만난다는 뜻, 작은 해를 피하려다 도리어 큰 화를 당함의 비유

▷ 前虎後狼 전호후랑　앞문에서 호랑이를 막고 있으려니까 뒷문으로 이리가 들어온다는 뜻,
　　　　　　　　　　　재앙(災殃)이 끊임없이 닥침을 비유적으로 이르는 말

▷ 結弓獐皮 결궁장피　활에 매는 노루 가죽

▷ 逃避 도피　1. 도망(逃亡)하여 몸을 피함
　　　　　　　2. 돈이나 재산(財産) 등을 몰래 빼돌림
　　　　　　　3. 어떤 일에서 몸을 사려 빠져나가거나 외면(外面)함

彼此一般 피차일반 저 피 | 이 차 | 하나 일 | 일반·돌 반

저나 나나 한 가지. 서로 낫고 못함이 없음. 두 편이 서로 같음. 피장파장

▷ 彼我 피아　그와 나. 상대방과 우리 편. 저편과 이편

▷ 彼岸 피안　이승의 번뇌(煩惱)를 해탈(解脫)하여 열반(涅槃)의 세계에 도달(到達)하는 일

▷ 此岸 차안　생사(生死)의 고통이 있는 이 세상 = 風塵 풍진, 紅塵 홍진, 俗塵 속진

匹馬單騎 필마단기 필·짝 필 | 말 마 | 홀·하나 단 | 말 탈 기

전장(戰場)에서 혼자 한 필의 말에 올라탐. 지원세력이 없음
장수나 병사가 홀로 말을 타고 적진(敵陣)을 향해 떨쳐 나아가는 용감한 모습을 형용하는 말

『유의어』 單騎匹馬 단기필마

▷ 配匹 배필　부부로서의 짝 = 配偶 배우, 伉儷 항려, 夫婦 부부

▷ 騎士道 기사도　중세유럽의 기사로서 지켜야 했던 도덕과 윤리
　　　　　　　　　[용맹·경신(敬神)·예절·명예·인협·충성 등의 덕을 이상으로 함]

匹夫之勇 필부지용 홀 필 | 사나이·지아비 부 | 어조사 지 | 날쌜·용감할 용

하찮은 범부(凡夫)의 용기(勇氣), 깊은 생각 없이 혈기(血氣)만 믿고 함부로 날뛰는 소인의 용기

유의어 小人之勇 소인지용 혈기(血氣)에서 오는 필부의 용기

蠻勇 만용 분별(分別)없이 함부로 날뛰는 용맹(勇猛)

▷ 豬突豨勇 저돌희용 멧돼지가 날뛰듯이 앞뒤를 가리지 않고 마구 날뜀

▷ 暴虎馮河 포호빙하 맨손으로 범을 때려잡고 걸어서 황하(黃河)강을 건넌다는 뜻으로
용기(勇氣)는 있으나 무모(無謀)함을 이르는 말

* 出典: 孟子(맹자) 梁惠王下篇(양혜왕하편)

匹夫匹婦 필부필부 짝·홀 필 | 사나이 부 | 짝·홀 필 | 여자·며느리 부

한사람의 남자와 한사람의 여자, 평범(平凡)한 남녀를 비유하는 말

유의어 甲男乙女 갑남을녀 갑이란 남자와 을이란 여자. 평범한 사람

張三李四 장삼이사 이름이나 신분이 특별하지 못한 평범한 사람

樵童汲婦 초동급부 땔나무 하는 아이와 물 긷는 아낙네. 평범한 사람

常鱗凡介 상린범개 흔하게 보이는 물고기와 조개. 평범한 사람

必有曲折 필유곡절 반드시 필 | 있을 유 | 굽을 곡 | 꺾을 절

반드시 곡절[曲折: 굽어지고 꺾인 것 = 事緣 사연]이 있다는 뜻, 어떤 일이나 사건(事件)에
반드시 무슨 복잡한 사정(事情)이나 이유(理由)가 있음을 비유하는 말

유의어 必有事端 필유사단

▷ 事端 사단 일의 실마리. 또는 사건(事件)의 단서(端緖)

▷ 期必 기필 꼭 이루어지기를 기약함

▷ 必須 필수 꼭 필요로 함

夏葛冬裘 하갈동구　여름 하 | 칡·거친 베 갈 | 겨울 동 | 갖옷(가죽옷) 구

여름에 서늘한 갈옷을 입고 겨울에 따뜻한 가죽옷을 입는다는 뜻, 격(格)이나 철에 맞음을 비유

「유의어」 夏扇冬曆 하선동력, 夏扇 하선, 冬曆 동력, 夏葛 하갈, 冬裘 동구
　　　여름에 부채 겨울에 책력(冊曆). 격이나 철에 맞음

「반의어」 夏爐冬扇 하로동선, 冬扇夏爐 동선하로, 冬扇 동선, 夏爐 하로
　　　여름에 화로 겨울에 부채. 철(= 계절)이나 격에 안 맞음

▷ 狐裘 호구　여우의 겨드랑이 밑에 있는 흰털로 만든 옷. 최고급 겨울 옷

▷ 葛根 갈근　칡의 뿌리[韓藥 劑: 한약 제]

河圖洛書 하도낙서　황하·물 하 | 그림·피할 도 | 물 이름·강 이름 낙(락) | 글·책 서

고대 중국에서 예언(豫言)이나 수리(數理)의 기본이 된 구하기 어려운 고서(古書)

▷ 河圖 하도　옛날 중국 복희씨(伏羲氏)때 황하(黃河)에서 용마(龍馬)가 지고 나왔다는 그림

▷ 洛書 낙서　중국 하(夏)나라의 우왕(禹王)이 홍수를 다스릴 때 낙수(洛水)에서 나온 거북의
　　　　　　 등에 씌어 있었다는 무늬

▷ 天符印 천부인　천제 환인(桓因)이 아들인 천왕 환웅(桓雄)에게 인간세상을 다스리는데
　　　　　　　　　사용하도록 내려준 세 가지 물건. 고대사회에서 지배계층의 권위(權威)를
　　　　　　　　　상징(象徵)하는 신물로 보통 검·방울·거울 등 세 가지로 알려져 있음

夏爐冬扇 하로동선　여름 하 | 화로 로 | 겨울 동 | 부채·사립문 선

여름에 화로와 겨울에 부채라는 뜻으로 격(格)이나 철에 맞지 않는 물건을 비유

「유의어」 冬扇夏爐 동선하로, 冬扇 동선, 夏爐 하로

「반의어」 夏葛冬裘 하갈동구, 夏扇冬曆 하선동력　여름에 부채 겨울에 책력(冊曆)

▷ 爐邊 노변　화롯가. 난롯가

▷ 扇風機 선풍기　회전축에 붙은 날개를 전동기로 돌려 바람을 일으키는 장치

下馬評 하마평　아래·내릴 하 | 말 마 | 논할·평할 평

관직의 인사이동이나 관직에 임명될 후보자에 관하여 세상에 떠도는 소문(所聞)을 비유하는 말

관리(官吏)들을 태우고 온 마부들이 상전들이 말에서 내려[下馬: 하마] 관아(官衙)에 들어가
일을 보는 사이에 상전들에 대하여 이러쿵저러쿵 서로 평(評)을 했다는 고사에서 유래

▷ 落馬 낙마　말에서 떨어진다는 뜻으로
　　　　　　　어떤 지위(地位)에서 물러남 또는 선거(選擧)에서 떨어짐을 비유하는 말

▷ 出馬 출마　말 타고 나간다는 뜻으로 선거 등에 입후보(立候補)함을 비유하는 말

何面目見之 하면목견지 어찌·무엇 하 | 얼굴·면 면 | 눈 목 | 볼 견 | 어조사·갈 지

무슨 면목(面目)으로 사람들을 대하랴! 라는 뜻으로 패전(敗戰)하고 고향(故鄕)에 돌아가 사람들을
볼 면목이 없다는 말

초(楚)나라 항우(項羽)가 전쟁(戰爭)에서 마지막 군사인 강동(江東)의 자제 8천명도 다 잃고
고향으로 돌아갈 면목(面目)이 없어 자포자기(自暴自棄)하며 한말에서 유래

유의어 無面渡江東 무면도강동, 無面渡江 무면도강
　　　　강동으로 돌아갈 면목이 없다[= 고향에 돌아갈 면목이 없음]

▷ 捲土重來 권토중래　한 번 패하였다가 세력을 회복(回復)하여 다시 쳐들어옴

▷ 面目 면목　남을 대하는 낯. 체면. 얼굴의 생김새

* 出典: 史記(사기) 項羽本紀(항우본기)

瑕不掩瑜 하불엄유 티·흠 하 | 아닐 불 | 가릴 엄 | 아름다운 옥 유

옥의 티가 옥의 광채를 다 가리지는 못한다는 뜻으로 일부분의 흠이 있다고 해서 옥의 전체적인
아름다움을 해(害)하지는 못한다는 말

유의어 瑕不揜瑜 하불엄유, 瑕瑜不相揜 하유불상엄

▷ 瑕瑜 하유　옥의 티와 빛. 즉 결점(缺點)과 미덕(美德)

▷ 瑕疵 하자　흠, 티 = 缺點 결점, 缺陷 결함, 短點 단점

▷ 掩護 엄호　1. 남의 허물을 덮어서 숨겨 줌
　　　　　　2. 자기편 부대(部隊)의 행동이나 목적을 적의 공격이나 화력으로부터 보호함

下石上臺 하석상대 아래·내릴 하 | 돌 석 | 위 상 | 돈대·대 대

아랫돌을 빼서 윗돌을 괴고 윗돌을 빼서 아랫돌을 괸다는 뜻. 임시변통(臨時變通)으로 이리저리
둘러맞추는 것을 비유하는 말

유의어 上下撐石 상하탱석

　　　　彌縫策 미봉책　눈가림만 하는 일시적인 대책(對策)

　　　　姑息之計 고식지계, 姑息策 고식책　당장 편한 것만 택하는 꾀나 방법

　　　　凍足放尿 동족방뇨　언 발에 오줌 누기. 잠깐 해결, 더욱 나빠짐

　　　　臨時變通 임시변통, 臨機應變 임기응변, 臨時方便 임시방편
　　　　갑자기 터진 일을 모면(謀免)하기 위해 우선 간단하게 둘러맞추어 처리함

夏扇冬曆 하선동력 여름 하 | 부채·사립문 선 | 겨울 동 | 책력·달력 력(역)

여름의 부채와 겨울의 새해 책력(册曆)이라는 뜻으로 선사품(膳賜品)이 철에 맞음을 이르는 말

【유의어】 夏葛冬裘 하갈동구 여름에는 서늘한 갈옷 겨울에는 따뜻한 가죽옷

【반의어】 夏爐冬扇 하로동선, 冬扇夏爐 동선하로 철과 격에 안 맞음

▷ 冊曆 책력 천체를 관측(觀測)하여 해와 달의 운행과 절기(節氣) 등을 적은 책

下愚不移 하우불이 아래·내릴 하 | 어리석을 우 | 아닐 불 | 옮길·바꿀 이

어리석고 못난 사람의 기질(氣質)은 변하지 않는다는 뜻으로 사람이 우매(愚昧)하면 정체(停滯)되어 발전(發展)하지 못한다는 말의 비유

▷ 下廻 하회 어떤 기준보다 밑돎 ↔ 上廻 상회 어떤 기준보다 웃돎

▷ 移轉 이전 장소나 주소 등을 다른 데로 옮김. 권리(權利) 등을 넘겨주거나 넘겨받음

▷ 移徙 이사 사는 곳을 다른 데로 옮김

下情上達 하정상달 아래 하 | 뜻·마음 정 | 위 상 | 이를·통달할 달

아래의 뜻이 위에 전달된다는 뜻, 백성(百姓)의 마음이 조정(朝廷)에 전달됨을 비유하는 말

【유의어】 下意上達 하의상달 아랫사람의 뜻을 윗사람에게 전달(傳達)함

【반의어】 上意下達 상의하달 윗사람의 뜻이나 명령(命令)을 아랫사람에게 전달함

▷ 情 정 1. 느끼어 일어나는 마음의 작용   2. 사랑이나 친근감을 느끼는 마음

下穽投石 하정투석 아래·떨어질 하 | 함정·허방다리 정 | 던질·줄 투 | 돌 석

함정(陷穽)에 빠진 사람에게 오히려 돌을 던짐, 넘어진 사람을 짓밟음. 곤경(困境)에 빠진 사람을 구해주기는커녕 도리어 더 해롭게 함을 비유하는 말

【유의어】 落穽下石 낙정하석

▷ 陷穽 함정 남을 어려움에 빠뜨리려는 계략(計略)의 비유. 허방다리

▷ 惡質 악질 성질이 모질고 나쁨 또는 그런 사람

下榻 하탑 아래·내릴 하 | 평상·긴 걸상 탑

매달아 두었던 평상(平床)을 내린다는 뜻으로 손님을 극진(極盡)히 대접(待接)함을 비유하는 말
중국 후한(後漢)의 진번(陳蕃)이 덕이 높은 선비였던 주구(周璆)를 위하여 매달았던 평상을 내려 특별(特別)히 안석(案席)을 마련하였다는 고사에서 유래

【유의어】 款待 관대 친절(親切)하고 정성(精誠)스럽게 대접(待接)함 = 款接 관접

【반의어】 懸榻 현탑 손님이 돌아가면 앉았던 평상을 다시 원래대로 매달아 둠

▷ 寬待 관대 너그럽게 대접함 / 寬容 관용 너그럽게 용서(容恕)하고 받아들임

下學上達 하학상달 아래 하 | 배울 학 | 위 상 | 이를·통달할 달

아래를 배워서 위에 이른다는 뜻으로 낮고 쉬운 것부터 배워 깊고 어려운 이치를 깨달음을 비유

『유의어』 下學而上達 하학이상달, 下學之功 하학지공

▷ 君子上達 군자상달 군자는 학문(學問)과 도(道)를 추구하여 위를 통달(通達)하고

▷ 小人下達 소인하달 소인은 재물(財物)과 명리(名利)를 탐하여 아래로 타락(墮落)함

* 出典: 論語(논어) 憲問(헌문)

下厚上薄 하후상박 아래 하 | 두터울 후 | 위 상 | 엷을 박

아랫사람에게 후하고 윗사람에게는 박하다는 뜻, 아랫사람에게는 너그럽게 관용(寬容)을 베풀고 윗사람에게는 매사(每事)에 공정(公正)한지를 살핀다는 말

『반의어』 上厚下薄 상후하박 윗사람에게 비굴(卑屈)하고 아랫사람에게는 박하다는 뜻

▷ 閤下 합하 정일품 벼슬아치에 대한 경칭. 상대를 존귀(尊貴)하게 높여 부르는 말

▷ 麾下 휘하 주장(主將)의 지휘(指麾)아래 또는 그 아래 딸린 사졸 = 隷下 예하

何厚何薄 하후하박 누구·어찌·무엇 하 | 두터울 후 | 박할·엷을·가벼울 박

누구는 후대(厚待)하고 누구는 박대(薄待)함. 사람을 차별(差別)하여 대우(待遇)함을 이르는 말

▷ 厚誼 후의 두터운 정

▷ 厚意 후의 인정을 두텁게 베푸는 마음 = 厚情 후정

▷ 野薄 야박 야멸치고 인정이 없음

▷ 薄情 박정 인정이나 동정심이 없고 쌀쌀함

鶴首苦待 학수고대 학 학 | 머리 수 | 괴로울·쓸 고 | 기다릴 대

학의 목처럼 길게 목을 빼고 간절(懇切)히 기다린다는 뜻, 사람이나 어떤 일의 결과(結果)를 애타게 기다린다는 말

『유의어』 翹足而待 교족이대 발 돋음하고 서서 이제나저제나 하고 기다림

延頸擧踵 연경거종, 延頸企踵 연경기종
목을 길게 빼고 발꿈치를 들음. 간절히 기다린다는 말

▷ 望夫石 망부석 남편을 바라는 돌이라는 뜻으로
1. 멀리 떠난 남편이 돌아오기를 기다리다가 죽어서 되었다는 돌
2. 멀리 떠난 남편이 돌아오기를 그 위에 서서 기다렸다는 돌

學如不及 학여불급 배울 학 | 같을 여 | 아닐 불 | 미칠·이를 급

학문은 쉬지 않고 노력(努力)해도 따라갈 수 없다는 뜻, 배움의 길은 끝이 없으므로 자만(自慢)하지 말고 끊임없이 학문에 정진(精進)하여야 함을 비유하는 말

▷ 猶恐失之 유공실지 오히려 그것(= 학문)을 잃을까 두려워함

▷ 不狂不及 불광불급 미치지[= 狂: 광]않으면 미치지[= 及: 급] 못한다는 말

▷ 泮學 반학 성균관(成均館)과 사학(四學)을 아울러 이르는 말

▷ 畔學 반학 배움을 포기(抛棄)함. 학문(學問)을 저버림

* 出典: 論語(논어) 太伯篇(태백편)

學于古訓 학우고훈 배울 학 │ 어조사(~에서) 우 │ 옛 고 │ 가르침·가르칠 훈

옛 가르침에서 배운다는 뜻, 치세(治世)의 모범(模範)이 되는 옛 성왕(聖王)들의 가르침을 공부함

【유의어】 溫故知新 온고지신, 博古知今 박고지금, 以古爲鑑 이고위감

前覆後戒 전복후계 앞 수레가 뒤집힌 자국은 뒷 수레에 좋은 경계(警戒)라는 말

殷鑑不遠 은감불원 거울삼아 경계하여야할 전례(前例)는 먼 곳에 있지 않다는 말

不踏覆轍 부답복철 선인(先人)의 실패(失敗)를 되풀이하지 않는다는 말

▷ 學而時習之不亦說乎 학이시습지불역열호
배우고 때때로 익히니 또한 기쁘지 아니한가? [기쁘다: 학문의 즐거움을 이르는 말]

* 出典: 書經(서경) 說命下篇(열명하편)

漢江投石 한강투석 한수·한나라·사나이 한 │ 강·물 강 │ 던질 투 │ 돌 석

한강(漢江)에 돌 던지기, 흔적(痕迹)도 없음. 너무 미미(微微)하여 아무런 보람이나 효과(效果)가 없음을 비유하는 말

【유의어】 紅爐一點雪 홍로일점설, 紅爐點雪 홍로점설

紅爐上一點雪 홍로상일점설
빨갛게 달아오른 화로(火爐)위의 눈 한 송이라는 뜻으로
1. 미미하여 도움이 안 됨   2. 사욕(私慾)이나 의혹(疑惑)이 일시에 꺼져 없어짐

▷ 驢漢 여한 어리석고 둔한 사람

邯鄲之夢 한단지몽 고을이름 한 / 땅이름 감│ 조나라 서울·현 이름 단 │ 어조사 지 │ 꿈 몽

한단(邯鄲)에서의 꿈, 인생과 부귀영화(富貴榮華)의 덧없음을 비유한 말

당(唐)나라의 노생(盧生)이 한단(邯鄲)에서 여옹(呂翁)의 베개를 빌려서 잠을 잤는데 꿈속에서 80년 동안 부귀영화를 다 누렸으나 깨어보니 메조 밥이 채 익지 않은 잠깐 동안이었다는 고사에서 유래

【유의어】 邯鄲夢枕 한단몽침, 邯鄲之枕 한단지침, 邯鄲夢 한단몽

一炊之夢 일취지몽, 盧生之夢 노생지몽, 黃粱夢 황량몽, 槐安夢 괴안몽

榮枯一炊　영고일취　인생이 꽃피고 시드는 것은 한번 밥 짓는 순간같이 부질없음

一場春夢　일장춘몽　한바탕의 봄꿈, 즉 헛된 영화(榮華)나 덧없는 일을 비유한 말

南柯一夢　남가일몽, 南柯之夢　남가지몽　꿈과 같이 헛된 한때의 부귀영화

* 出典: 沈旣濟(심기제)의 枕中記(침중기)

邯鄲之步 한단지보 　땅이름 한 ｜ 조나라 서울 단 ｜ 어조사 지 ｜ 걸음 보

한단(邯鄲)에서의 걸음걸이 라는 뜻으로

1. 자기의 본분(本分)을 잊고 함부로 남의 흉내를 내면 두 가지 다 잃는다는 말
2. 자기의 분수를 잊고 다른 사람을 흉내 내어 이것저것 따라하다가 하나도 얻지 못함을 비유

연(燕)나라의 한 청년이 한단(邯鄲)에 가서 걷는 방법을 배우다가 미처 다 배우지도 못하고 자기 나라로 돌아왔는데 본래(本來) 자기의 걸음걸이까지도 잊어버려 기어서 돌아왔다는 고사에서 유래

유의어 邯鄲學步 한단학보

▷ 步哨 보초　부대의 경계선이나 각종 출입문에서 경계와 감시의 임무를 맡은 병사

* 出典: 莊子(장자) 秋水篇(추수편)

汗流浹背 한류협배 　땀 한 ｜ 흐를 류 ｜ 두루 미칠 협 ｜ 등 배

땀이 흘러 온 등을 적신다는 뜻으로 극도(極度)로 무서워하거나 긴장(緊張)된 상황을 비유하는 말

유의어 戰戰慄慄 전전율률, 戰慄 전율　무섭고 두려워 몸이 벌벌 떨림

戰戰兢兢 전전긍긍　몹시 두려워 벌벌 떨며 조심(操心)함

不寒而慄 불한이율　춥지도 않은데 두려워 덜덜 떨린다는 뜻

相驚伯有 상경백유　백유(伯有)라는 말에 서로 놀란다는 뜻으로 일어나지도
　　　　　　　　　　않은 일에 놀라서 무서워 벌벌 떠는 것을 이르는 말

* 出典: 史記(사기) 陳丞相世家(진승상세가)

汗馬之勞 한마지로 　땀 한 ｜ 말 마 ｜ 어조사 지 ｜ 일할·힘쓸 로

땀 흘린 말의 공로라는 뜻, 말을 달려 싸움터에서 있는 힘을 다하여 싸워 이긴 공로(功勞)

유의어 汗馬功勞 한마공로

▷ 犬馬之勞 견마지로　윗사람 또는 임금이나 나라에 충성(忠誠)을 다하는 자신의
　　　　　　　　　　노력(努力)을 겸손(謙遜)하게 일컫는 말

* 出典: 戰國策(전국책)

汗牛充棟 한우충동 　땀 한 ｜ 소 우 ｜ 채울 충 ｜ 용마루·마룻대 동

책을 짐으로 실으면 소가 땀을 흘리고 마루에 쌓으면 들보에까지 가득 찰 만큼 많다는 뜻으로 많은 책을 가지고 있음을 비유하는 말

유의어 五車 오거, 五車書 오거서, 五車之書 오거지서

▷ **不汗黨 불한당**　1. 땀을 흘리지 않고 무언가를 차지하려는 무리
　　　　　　　　　2. 남 괴롭히는 것을 일삼는 파렴치(破廉恥)한 사람들의 무리

* 出典: 柳宗元(유종원) 陸文通先生墓表(육문통선생묘표)

閑話休題 한화휴제　한가할 한 | 말할·말씀 화 | 쉴·그칠 휴 | 표제·제목 제

쓸데없는 말은 그만둔다는 뜻으로 화제(話題)를 돌릴 때 쓰는 말. 글을 쓸 때 한동안 본론에서 벗어난 이야기를 써내려가다가 다시 본론(本論)으로 돌아갈 때 쓰는 말

▷ **却說 각설**　화제를 돌림 = 각설하고[화제를 돌려 다른 말을 할 때 쓰는 접속부사]

▷ **除煩 제번**　간단한 편지의 첫머리에 쓰는 말. 번거로운 인사말을 덜어
　　　　　　　버리고 바로 할 말을 적는다는 뜻 = **刪蔓 산만**

割股啖腹 할고담복　벨·나눌 할 | 허벅지 고 | 먹을 담 | 배 복

자기 허벅다리의 살을 베어서 자기 배에게 먹인다는 뜻, 즉 자기 살을 자기가 베어 먹음
마침내는 자기의 손실(損失)이 되는 어리석음을 비유하는 말

유의어 剖身藏珠 부신장주, 剖腹藏珠 부복장주
　　　　몸(= 배)을 가르고 배속에 구슬을 감춤. 결국 자기도 죽으며 모두 잃게 됨

▷ **割肉充腹 할육충복**　혈족의 재물을 빼앗아 자기가 가짐

▷ **股掌之臣 고장지신**　임금의 손발이 되어 보필(輔弼)하는 가장 신뢰(信賴)하는 신하

* 出典: 貞觀政要(정관정요: 唐太宗[당태종]이 행한 치세의 要諦[요체]를 吳兢[오긍]이 정리한 책)

割股療親 할고요친　벨·나눌 할 | 허벅지 고 | 병 고칠 요(료) | 어버이 친

자기의 허벅지 살을 베어 부모(父母)의 병을 치료(治療)함. 지극한 효도(孝道)
효자가 부모의 병을 고치기 위하여 자기의 허벅지살을 베어 부모에게 약으로 먹인다는 말

유의어 三釜之養 삼부지양, 奉檄之喜 봉격지희, 毛義奉檄 모의봉격
　　　　老萊之戲 노래지희, 斑衣之戲 반의지희, 家貧親老 가빈친로
　　　　願乞終養 원걸종양, 王祥得鯉 왕상득리, 跪乳 궤유
　　　　烏鳥私情 오조사정, 反哺之孝 반포지효, 反哺報恩 반포보은
　　　　자식(子息)이 성장(成長)하여 어버이의 은혜(恩惠)에 보답(報答)하는 효성. 안 갚음

* 出典: 宋史(송사) 選擧志篇(선거지편)

割半之痛 할반지통 벨·나눌 할 | 절반·반 반 | 어조사 지 | 아플 통

자기 몸의 반쪽을 칼로 베어 잘라내는 고통(苦痛)이란 뜻으로 형제자매(兄弟姉妹)가 죽은 슬픔을 비유적으로 이르는 말

▷ **割肉去皮** 할육거피 짐승을 잡아, 살을 베고 가죽을 벗긴다는 말

▷ **天崩之痛** 천붕지통 하늘이 무너지는 듯한 슬픔이라는 뜻으로 제왕(帝王)이나 아버지의 상사(喪事)를 당한 큰 슬픔을 이르는 말

▷ **半子** 반자 아들과 같다는 뜻으로, 사위를 일컫는 말

= **半子之名** 반자지명

割席分坐 할석분좌 벨·나눌 할 | 자리 석 | 나눌·구별할 분 | 앉을 좌

자리를 갈라서 앉은 곳을 나눈다는 뜻, 교제(交際)를 끊고 같은 자리에 앉지 아니함의 비유

〔유의어〕 **絕交** 절교, **絕緣** 절연 인연(因緣)이나 관계(關係)를 끊음

阻面 조면 1. 오랫동안 서로 만나 보지 못함 2. 절교(絕交)

▷ **席卷(捲)** 석권 자리를 말 듯이 무서운 기세로 영토를 휩쓸거나 세력 범위를 넓힘

▷ **坐定** 좌정 앉음의 공대말

* 出典: 世說新語(세설신어) 德行篇(덕행편)

割肉充腹 할육충복 벨·나눌 할 | 고기 육 | 채울 충 | 배 복

제 살을 베어 자기 배를 채운다는 뜻으로
1. 혈족(血族)의 재물을 빼앗아 가로챈다는 말
2. 관리(官吏) 등이 백성들의 재물을 빼앗음을 이르는 말

▷ **割股啖腹** 할고담복 자기 허벅지를 베어 자기가 먹음. 결국 모두 잃음

▷ **補充** 보충 부족(不足)한 것을 보태어 채움

割恩斷情 할은단정 벨·나눌 할 | 은혜 은 | 끊을 단 | 뜻·마음 정

은정[恩情: 베풀음과 사랑하는 마음]을 끊어버림 또는 애틋한 사랑을 끊음

〔유의어〕 **割恩斷愛** 할은단애

▷ **割賦** 할부 내야 할 돈을 분할(分割)하여 여러 번에 나누어 냄

▷ **割愛** 할애 소중(所重)한 시간·돈 등을 아까워하지 아니하고 선뜻 내어 줌

函蓋相應 함개상응 함·상자 함 | 덮을·뚜껑 개 | 서로 상 | 응할 응

상자[箱子: 函 함]와 그 뚜껑[蓋: 개]이 서로 잘 맞음

1. 두 개의 사물(事物)이 서로 잘 어울림을 비유하는 말
2. 양자(兩者)가 잘 맞아서 동일체(同一體)가 됨을 비유하는 말

『유의어』 吻合 문합   입술이 꼭 들어맞음

『반의어』 圓孔方木 원공방목   둥근 구멍에 모난 막대기. 사물이 서로 맞지 아니함
　　　　 方底圓蓋 방저원개   네모진 바닥에 둥근 뚜껑. 사물이 서로 맞지 아니함
　　　　 方柄圓鑿 방예원조   모난 자루와 둥근 구멍. 두 개의 사물이 서로 맞지 아니함

函谷雞鳴 함곡계명 함·상자 함 ｜ 골(짜기) 곡 ｜ 닭 계 ｜ 울 명

함곡관(函谷關)에서 닭울음소리라는 뜻으로
1. 거짓 닭의 울음소리로 비열(卑劣)하게 남을 속이는 하찮은 재주를 비유하는 말
2. 하찮은 재주라도 요긴(要緊)하게 쓰일 때가 있음을 비유하는 말

제(齊)나라의 맹상군(孟嘗君)이 진(秦)나라에서 도망(逃亡)을 칠 때에 성문(城門)이 굳게 닫힌
함곡관(函谷關)에 이르러 한밤중에 종자(從者)에게 거짓 닭 울음소리를 흉내 내게 하여 성문지기가
새벽인줄 착각(錯覺)하고 관문(關門)을 열자 진(秦)나라에서 무사히 도망쳐 나왔다는 고사에서 유래

『유의어』 雞鳴狗盜 계명구도, 雞鳴之客 계명지객
　　　　 닭울음소리를 흉내 내고 개처럼 좀도둑질을 하는 비열(卑劣)하게 남을 속이는 하찮은 재주

貴函 귀함   상대방의 편지에 대한 경칭

* 出典: 史記(사기)

緘口無言 함구무언 봉할 함 ｜ 입 구 ｜ 없을 무 ｜ 말씀 언

입을 다물고 아무 말도 하지 않음을 이르는 말. 꾸어다 놓은 보릿자루

『유의어』 緘口不言 함구불언

▷ 有口無言 유구무언   입은 있으나 말이 없음, 변명(辨明)이나 항변(抗辯)할 말이 없음
▷ 緘口令 함구령   어떤 일의 내용(內容)을 말하지 말라는 명령(命令)

含憤蓄怨 함분축원 머금을 함 ｜ 분할 분 ｜ 쌓을 축 ｜ 원망할 원

분한 마음을 머금고 원한(怨恨)을 쌓는다는 뜻으로 분노(憤怒)와 원한을 가슴에 품음을 비유

▷ 切齒腐心 절치부심   몹시 분하여 이를 갈며 속을 썩임
▷ 悲憤慷慨 비분강개   슬프고 분해서 의분(義憤)이 북받침[鬪士·志士·烈士·義士 등]
▷ 含蓄 함축   1. 속에 지니어 드러나지 아니함
　　　　　　 2. 말이나 글에 풍부(豐富)한 내용(內容)이나 깊은 뜻이 들어 있음

含沙射影 함사사영 머금을·품을 함 | 모래 사 | 쏠·궁술 사 | 그림자·사람모습 영

모래를 입에 머금고 있다가 그림자를 쏜다는 뜻으로 소인(小人)이 음험(陰險)한 수단(手段)을
사용(使用)하여 몰래 남을 해침을 비유하는 말

옛날 중국 남방에서 전설상의 괴물인 '역[蜮: 곤충= 물 여우]'이 모래를 머금었다가 어떤
사람의 그림자를 쏘면 그 그림자 주인은 종기(腫氣)가 나서 서서히 죽는다는 고사에서 유래

『유의어』 含沙射人影 함사사인영, 含沙伺影 함사사영

▷ 蜮弩 역노 물 여우[蜮: 역]가 사람에게 모래를 쏘아 해를 입히는 쇠뇌[弩砲: 노포]
　　　　　　　[은밀히 남을 해치려고 하는 간사한 사람의 흉계를 비유하여 이르는 말]

▷ 浸潤之讒 침윤지참 물이 차츰차츰 스며들 듯이, 상대가 부지불식간에 깊숙이 믿도록
　　　　　　　　　　서서히 하는 참소(讒訴). 즉 교묘(巧妙)한 중상모략(中傷謀略)을 비유하는 말

▷ 膚受之愬 부수지소, 膚受之言 부수지언
　　1. 살을 찌르는 통렬(痛烈)한 하소연. 살을 에는 참소(讒訴)
　　2. 알지 못하는 사이에 물이 스며들 듯이 서서히 남을 참소하는 일

* 出典: 晉(진)나라 때 干寶(간보)의 搜神記(수신기) / 葛洪(갈홍)의 抱朴子(포박자)

含哺鼓腹 함포고복 머금을 함 | 먹을·먹일 포 | 두드릴·북 고 | 배 복

잔뜩 먹고 배를 두드린다는 뜻으로 천하가 태평(太平)하여 즐거운 모양을 비유하는 말

『유의어』 鼓腹擊壤 고복격양, 康衢煙月 강구연월, 太平煙月 태평연월

　　　　　擊壤歌 격양가 풍년(豐年)이 들어 농부(農夫)가 태평한 세월을 기려 불렀다는 노래

▷ 含意 함의 말이나 글에서 겉으로 드러난 것 외에 속으로 어떤 의미(意味)를 담고 있음

* 出典: 十八史略(십팔사략)

咸興差使 함흥차사 모두·다 함 | 흥할·일 흥 | 사신 갈(보낼) 차 | 사신 갈(보낼) 사

함흥(咸興)에 보낸 차사(差使)라는 뜻으로 심부름을 가서 깜깜무소식이거나 또는 회답(回答)이 더딜
때의 비유

조선 태조(太祖) 이성계(李成桂)가 태종(太宗) 이방원(李芳遠)에게 왕위(王位)를 물려주고
함흥(咸興)에 내려가 있을 때, 태종(太宗)이 보낸 차사(差使)를 혹은 죽이고 혹은 잡아 가두어
돌려보내지 아니하였던 고사에서 유래

『유의어』 終無消息 종무소식 끝끝내 아무 소식이 없음

　　　　　一無消息 일무소식 소식이 전혀 없음

▷ 讓位 양위 임금의 자리를 물려줌 = 禪讓 선양, 禪位 선위 ↔ 受禪 수선

▷ 差使 차사 중요한 임무(任務)를 위해 파견(派遣)하던 임시벼슬

* 出典: 燃藜室記述(연려실기술) 卷(권)2

合從連衡 합종연횡 합할 합 | 세로 종 | 이을 연 | 가로 횡 / 저울대 형

중국 전국시대 때 소진(蘇秦)의 합종설과 장의(張儀)의 연횡설

[유의어] 合從連橫 합종연횡

▷ **合從說 합종설** 소진(蘇秦)이 주장. 강대한 진(秦)나라에 대항(對抗)하려면 여섯 나라가
[초(楚)·연(燕)·제(齊)·한(韓)·위(魏)·조(趙)] 동맹(同盟)해야 한다는 정책.

▷ **連衡說 연횡설** 장의(張儀)가 주장. 진(秦)이 각개 격파할 목적으로 단독으로 여섯 나라와
[초(楚)·연(燕)·제(齊)·한(韓)·위(魏)·조(趙)] 화평조약을 맺으려던 정책.

▷ **銓衡 전형** 인물의 됨됨이나 재능 등을 시험(試驗)하여 뽑음 = **選考 선고**

* 出典: 史記(사기) 蘇秦列傳(소진열전)

合浦珠還 합포주환 합할 합 | 개(바닷가) 포 | 진주·구슬 주 | 돌아올 환

합포(合浦)에 다시 구슬[= 珍珠: 진주]이 돌아왔다는 뜻으로 잃었던 것을 찾았거나 떠났던 것이
돌아온다는 말. 지방장관의 선정(善政)을 비유하는 말

합포군은 진주조개로 유명하였으나 부임(赴任)하는 태수와 탐관오리(貪官汚吏)들이 진주(珍珠)를
탐내어 마구 캐내어 가는 바람에 진주가 없어졌다가 맹상(孟嘗)이라는 한 청렴(淸廉)한 태수가
불법행위를 엄단(嚴斷)하고 진주조개의 생산(生産)과 보호(保護)를 장려(獎勵)하는 등 선정(善政)을
펴자 합포(合浦)에 다시 진주조개가 생겨났다는 고사에서 유래

[유의어] 萬口成碑 만구성비 뭇사람의 칭찬은 송덕비를 세우는 것과 같음. 선정을 베풂

甘棠遺愛 감당유애 감당나무를 사랑함. 선정(善政)을 베푼 위정자(爲政者)를 사랑함

攀轅臥轍 반원와철 수레가 가지 못하게 수레의 멍에를 끌어당기고
수레바퀴 아래에 드러누움[갈 테면 나를 밟고 가라는 말]

* 出典: 後漢書(후한서) 孟嘗傳(맹상전)

恒茶飯事 항다반사 항상·늘 항 | 차 다 | 밥 반 | 일 사

본래 불교 용어로 차를 마시고 밥을 먹는 일을 의미로 극히 일반적이고 당연한 일
1. 늘 상 있는 예사(例事)로운 일
2. 항상(恒常) 있어서 이상(異狀)하거나 신통(神通)할 것이 없는 일 등의 비유

참선수행(參禪修行)을 하는 데는 유별(有別)난 방법(方法)이 있는 것이 아니고 차를 마시고
밥을 먹듯이 일상생활이 곧 선(禪)으로 연결(連結)된다는 것을 상징(象徵)함

[유의어] 恒茶飯 항다반, 茶飯 다반, 茶飯事 다반사

日常茶飯事 일상다반사, 日常 일상 매일 반복(反復)되는 생활

▷ **恒久如一 항구여일** 오래도록 늘 한 결 같이 변함이 없음을 이르는 말

* 出典: 佛敎(불교) 禪宗(선종)

亢龍有悔 항룡유회 오를·높을 항 | 용 룡(용) | 있을 유 | 뉘우칠 회

하늘 끝까지 올라가 내려갈 줄 모르는 용은 반드시 후회(後悔)할 때가 있다는 뜻
극히 존귀(尊貴)한 지위에 올라간 자가 조심(操心)하고 겸퇴(謙退)할 줄 모르면 반드시
패가망신(敗家亡身)하게 됨을 비유하는 말

【유의어】 盈滿之咎 영만지구 가득차면 기울고 넘친다는 뜻으로 만사(萬事)가 다 이루어지면
　　　　　　　　　　　　　도리어 화(禍)를 가져오게 될 수 있음을 비유하는 말

　　　權不十年 권불십년, 勢不十年 세불십년, 花無十日紅 화무십일홍

▷ 潛龍 잠룡 1. 물속에 잠겨 있어 아직 하늘에 오르기 전의 용 이라는 뜻
　　　　　　2. 왕위에 오르지 않고 잠시 피(避)하고 있는 사람이나 기회(機會)를 아직
　　　　　　　얻지 못하고 묻혀 있는 영웅(英雄)이나 호걸(豪傑)

* 出典: 易經(역경) 爻辭(효사)

項莊舞劍意在沛公 항장무검의재패공

목 항 | 씩씩할 장 | 춤출 무 | 칼 검 | 뜻 의 | 있을 재 | 늪·쏟아질 패 | 임금·제후 공

항장(項莊)이 칼춤을 추는 뜻은 패공(沛公)에 있다는 뜻으로 즉 항우(項羽)의 부하장수가
검무(劍舞)를 추는 진짜 의도는 빈틈을 보다가 유방[劉邦 = 沛公: 패공]을 죽이는데 있다는 말

항장[項莊= 美國: 미국]이 칼춤을 추다가(= 사드설치) 빈틈이 보이면 패공[沛公 = 中國: 중국]을
시해[弒害= 攻擊: 공격]하겠다는 말. 즉 미국의 기만(欺瞞)정책을 중국이 이미 간파(看破)하고
있다는 말로 중국의 외교부장 왕이[王毅: 왕의]가 인용

[항장(項莊): 항우(項羽)의 사촌동생 = 미국 / 패공(沛公): 유방(劉邦) = 중국]

▷ 沛澤 패택 우택(雨澤). 죄수를 대사(大赦)하는 은전(恩典)의 비유

解裘衣之 해구의지 풀·벗길 해 | 갖옷(가죽옷) 구 | 옷 의 | 어조사·갈 지

자기의 갖옷[裘衣 구의= 가죽 옷]을 벗어서 남에게 입힌다는 뜻. 은혜(恩惠)를 베푼다는 말

【유의어】 解衣推食 해의추식 다른 사람에게 자기 옷을 벗어 입혀주고 먹을 것을 줌

▷ 尸解 시해 도교에서, 몸만 남겨두고 혼백(魂魄)이 빠져나가서 신선(神仙)이 되는 일

* 出典: 戰國策(전국책)

害群之馬 해군지마 해칠 해 | 무리·동아리 군 | 어조사 지 | 말 마

무리를 해치는 말(馬)이란 뜻으로 집단(集團)이나 조직(組織)에 해악(害惡)을 끼치는
사악(邪惡)한 인물을 이르는 말

【유의어】 一魚濁水 일어탁수, 一魚混川 일어혼천, 一魚混全川 일어혼전천
　　　　　한 마리의 고기가 물[= 개천]을 흐린다는 뜻으로
　　　　　한 사람의 잘못으로 여러 사람이 해를 입게 됨을 비유하는 말

▷ **害黨** 해당　당을 해롭게 함[당을 해치는 행위를 함]

* 出典: 莊子(장자) 徐無鬼篇(서무귀편)

偕老同穴 해로동혈　함께 해 | 늙을 로 | 같을 동 | 구멍·무덤 혈

부부(夫婦)가 한평생(平生)을 살면서 함께 늙고 죽어서는 한 무덤에 묻힌다는 뜻
1. 생사(生死)를 같이하자는 부부(夫婦)의 굳은 사랑의 맹세(盟誓)
2. 부부의 금실(琴瑟)이 좋아서 살아서는 함께 늙고 죽어서는 같은 곳에 묻힘

『유의어』 **百年偕老** 백년해로　부부가 되어 한평생(平生)을 즐겁게 지내고 사이좋게 함께 늙음

　　　　一蓮托生 일련탁생　좋든 나쁘든 행동·운명을 같이함. 같은 연꽃 위에 왕생(往生)함

▷ **鑽穴** 찬혈　남의 담에 구멍을 뚫음. 재물이나 여자를 탐내어 남의 집에 몰래 들어감

* 出典: 詩經(시경)의 邶風(패풍) 擊鼓篇(격고편) / 衛風(위풍) 氓篇(맹편)
　　　 / 鄘風(용풍) 君子偕老篇(군자해로편) / 王風(왕풍) 大車篇(대거편)

海陸珍味 해륙진미　바다 해 | 뭍·육지 육 | 맛좋을·보배 진 | 맛·뜻 미

바다와 뭍에서 나는 진귀(珍貴)하고 맛있는 음식(飮食)

『유의어』 **山海珍味** 산해진미, **水陸珍味** 수륙진미, **水陸珍饌** 수륙진찬
　　　　산과 바다에서 나는 갖가지 진귀(珍貴)한 산물(産物)로 잘 차린 맛이 좋은 음식

　　　　珍羞華饌 진수화찬, **珍羞盛饌** 진수성찬　푸짐하게 잘 차린 맛있는 음식

　　　　龍味鳳湯 용미봉탕　용 고기 요리(料理)와 봉새로 끓인 탕(湯). 매우 맛있는 음식

　　　　膏粱珍味 고량진미, **膏粱** 고량　기름진 고기와 좋은 곡식으로 만든 맛있는 음식

　　　　佛跳牆 불도장　스님이 절의 담장을 넘어 외출한다는 뜻, 즉 음식 맛이 좋아서 스님
　　　　　　조차도 그 유혹(誘惑)을 이기지 못하여 담을 넘어 맛을 보러 갈 정도라는 말

海不讓水 해불양수　바다 해 | 아닐 불 | 사양할 양 | 물 수

바다는 어떠한 물도 마다하지 않고 모두 받아들인다는 뜻으로 사람도 다른 사람을 차별(差別)하지
않고 포용(包容)할 수 있어야 바다처럼 큰 인물(人物)이 될 수 있음을 비유하는 말

『유의어』 **海不辭水** 해불사수　바다는 어떠한 물도 사양(辭讓)하지 않음

　　　　河海不擇細流 하해불택세류　강과 바다는 작은 시냇물도 모두 받아들임

　　　　泰山不辭土壤 태산불사토양　태산(泰山)은 한줌의 흙도 사양하지 않음

▷ **謙讓** 겸양　겸손(謙遜)한 태도로 양보(讓步)하거나 사양(辭讓)함

▷ **未成一簣** 미성일궤　마지막 한삼태기의 흙을 덜 얹어 산이 이루어지지 못한다는 뜻으로
　　　　　　마지막에 노력을 소홀(疏忽)히 하면 지금껏 애써 해오던 일이 물거품이 된다는 말

* 出典: 形勢解篇(형세해편: 管子[관자: 춘추시대 사상가 겸 정치가] 著)

解語花 해어화 풀 해 | 말씀·담화 어 | 꽃 화

말을 이해하는 꽃. 미인(美人) 또는 기생(妓生)을 지칭(指稱)하는 말

중국 당(唐)나라 현종(玄宗)이 못에 핀 연꽃을 구경하다가 문득 양귀비(楊貴妃)를 가리키며
"연꽃의 아름다움도 말을 이해하는 이 꽃에는 미치지 못하리라"라고 말했다는 고사에서 유래

〔유의어〕 解語之花 해어지화

傾國之色 경국지색, 傾國 경국
임금이 여인의 미모(美貌)에 혹(惑)하여 나라가 어지러워져도 모를 만한 뛰어난 미인

絕世佳人 절세가인, 絕世美人 절세미인, 絕代佳人 절대가인
이 세상에서는 견줄 사람이 없을 정도로 뛰어나게 아름다운 여자

天下絕色 천하절색, 天下一色 천하일색 세상에 드문 아주 뛰어난 미인

月宮姮娥 월궁항아 전설에서 월궁에 산다는 선녀[절세미인을 가리키는 말]

▷ 解弛 해이 마음이 풀리어 느즈러짐 ↔ 緊張 긴장 정신을 바짝 차림

* 出典: 開元天寶遺事(개원천보유사: 중국 五代의 王仁裕[왕인유] 著)

海翁好鷗 해옹호구 바다 해 | 늙은이 옹 | 좋을 호 | 갈매기 구

바닷가에 사는 늙은이가 갈매기를 좋아한다는 뜻으로 갈매기와 같은 미물(微物)도 사람이 자기를
해치려는 마음을 갖고 있으면 그것을 알고 그 사람을 가까이 하지 않는다는 말

갈매기들이 바닷가의 어떤 사람과 친하여 어깨에도 내려앉는 등 외로울 때 벗이 되어주곤 했는데
하루는 그 사람의 아버지가 갈매기를 잡아오라고 시켜서 갈매기를 잡으려고 바닷가로 나갔다.
그러나 예전과 달리 갈매기들은 그 사람의 머리 위를 맴돌며 날 뿐 예전처럼 내려오지는 않았다는
고사에서 유래

▷ 翁 옹 사회적으로 존경 받는, 남자노인의 성(姓)·성명(姓名)이나 호(號) 뒤에 붙여서
사용하여 그 사람을 높여 부르는 말

▷ 鷗鷺忘機 구로망기 바닷가에서 갈매기와 해오라기가 노는 것을 보며 세상일을
잊는다는 뜻으로 숨어 살면서 속세의 시름을 잊고 산다는 말

* 出典: 列子(열자) 黃帝篇(황제편)

解衣推食 해의추식 풀·벗길 해 | 옷 의 | 밀·추천할 추 / 밀 퇴 | 밥·먹을 식 / 밥 사

자기 옷을 벗어주고 먹을 것을 건네준다는 뜻, 다른 사람을 따뜻하게 배려(配慮)하여 은혜를 베풀음

한(漢)나라 유방(劉邦)이 한신(韓信)을 이와 같이 대접(待接)했다는 고사에서 유래

〔유의어〕 解裘衣之 해구의지

▷ 推敲 퇴고 시문(詩文)을 지을 때 자구(字句)를 여러 번 생각하여 고침

▷ 食傷 식상 같은 음식(飮食)이나 사물(事物)의 되풀이로 물리거나 질림

* 出典: 史記(사기) 淮陰侯列傳(회음후열전)

垓下之戰 해하지전 <small>지경·경계 해 | 아래 하 | 어조사·갈 지 | 싸움·두려워 할 전</small>

해하(垓下)에서의 전투(戰鬪)라는 뜻으로 최후(最後)의 결전(決戰)을 비유하는 말

초(楚)나라의 왕(王) 항우(項羽)가 한(漢)나라의 군사에게 포위(包圍)되어 마지막으로 벌인
전투로 이곳에서의 패배(敗北)로 인하여 탄식하며 결국 자문[自刎 = 自殺: 자살]하게 된다

유의어 孤注一擲 고주일척   노름꾼이 남은 돈을 한 번에 다 걸고 마지막 승패(勝敗)를 겨룸

在此一擧 재차일거   단한번의 거사로 담판을 지어 흥하거나 망하거나 끝장을 냄

乾坤一擲 건곤일척, 一擲乾坤 일척건곤, 一擲賭乾坤 일척도건곤
운명(運命)과 흥망(興亡)을 걸고 단판걸이로 승부(勝負)나 성패(成敗)를 겨룸

▷ 四面楚歌 사면초가   초(楚)나라 항우(項羽)가 한(漢)나라 군사에게 포위(包圍)되었던 고사

▷ 霸王別姬 패왕별희   중국의 경극(京劇) 희곡(戲曲)
[항우(項羽)와 우미인(虞美人)과의 이별(離別)을 그린 작품]

▷ 垓子 해자   적의 침입을 막기 위해 성 밖을 빙 둘러 파서 못으로 만든 곳

諧謔 해학 <small>화할·어울릴 해 | 희롱할·즐겁게 놀 학</small>

익살스럽고 풍자(諷刺)적인 말이나 행동. 유머[=humor]

유의어 滑稽 골계   남을 웃기려고 일부러 우습게 하는 말이나 몸짓 = 익살

▷ 諷刺 풍자   남의 결점(缺點)을 무엇에 빗대어 재치있게 경계하거나 비판(批判)함

▷ 寓話 우화   인격화한 동식물이나 다른 사물에 비겨 풍자나 교훈의 뜻을 나타내는 이야기

▷ 漫談 만담   재미있고 익살스럽게 세상과 인정을 비판하고 풍자하는 이야기를 함

▷ wit 위트   말이나 글을 즐겁고 재치 있고 능란(能爛)하게 구사(驅使)하는 능력

解弦更張 해현경장 <small>풀 해 | 줄·시위 현 | 고칠 경 | 고칠 장</small>

거문고의 줄을 풀고 다시 팽팽하게 고쳐 맨다는 뜻
느슨해진 것을 긴장(緊張)하도록 다시 고침 또는 정치적 개혁(改革)을 단행(斷行)한다는 말

▷ 更張 경장   1. 고쳐서 새롭게 함
2. 거문고의 줄을 팽팽하게 고쳐 맴
3. 정치적·사회적으로 낡은 제도(制度)를 고쳐 혁신(革新)함

▷ 甲午更張 갑오경장   조선 고종 31년, 甲午年(1894)에 개화당 정권이 정치제도를
근대적으로 개혁(改革)한 일 = 甲午改革 갑오개혁

* 出典: 漢書(한서) 董仲舒傳(동중서전)

杏壇 행단 <small>살구 행 | 단(높게 만든 자리) 단</small>

공자(孔子)가 은행(銀杏)나무 단(壇) 위에서 강학(講學)하였다는 옛일에서 나온 말로

학문(學問)을 닦는 곳을 이르는 말

▷ **演壇** 연단 강연·연설 등을 하는 사람이 올라서는 단 = **演臺** 연대

▷ **壇享** 단향 단(壇)에서 지내는 제사(祭祀)

行動擧止 행동거지 다닐·갈 행 | 움직일 동 | 움직일·들 거 | 그칠·발 지

사람이 몸을 움직이거나 멈추거나 하는 모든 짓을 이르는 말

『유의어』 **擧措** 거조 말이나 행동의 태도(態度)

一擧手一投足 일거수일투족, **一擧一動** 일거일동, **擧動** 거동
손 한 번 들고 발 한 번 옮긴다는 뜻으로 크고 작은 모든 동작의 하나하나를 이르는 말

▷ **止揚** 지양 더 높은 단계(段階)로 오르기 위하여 어떤 것을 하지 않음

▷ **動動舞** 동동무 고려 때 대궐(大闕)안의 잔치에서 추던 춤의 한 가지 = 동동춤

杏林春滿 행림춘만 살구 행 | 수풀·모일 림 | 봄 춘 | 찰·가득할 만

살구나무 숲에 봄이 가득하다는 뜻으로 훌륭한 의사의 미덕(美德)을 칭송하거나
또는 의술(醫術)이 고명(高名)함을 칭송하는 말[중국 삼국시대 오(吳)나라 동봉(董奉)의 고사]
동봉(董奉)은 예장(豫章)지방의 여산(廬山)밑에 살면서 사람들의 병을 고쳐주는 의사였다.
그는 환자들에게 치료비를 받는 대신에 살구나무를 심게 했는데 몇 년이 지나자 울창한 숲을
이루었다. 그리하여 살구를 팔아 곡식으로 바꾸어 가난한 사람들에게 나누어 주었다.
어느 날 동봉은 신선(神仙)이 되어 홀연히 하늘로 올라갔는데 그리하여 사람들은 동봉을
동선행림(董仙杏林)이라 불렀다는 고사에서 유래함

『유의어』 **董仙杏林** 동선행림

杏林春暖 행림춘난 행림에 봄이 따뜻하다

譽滿杏林 예만행림 행림에 명예(名譽)가 가득하다

* 出典: 神仙傳(신선전) 진(晉)나라 때 갈홍(葛洪) 저

行不由徑 행불유경 다닐 행 | 아닐 불 | 말미암을·~에서 유 | 지름길 경

길을 가는데 지름길이나 뒤안길로 가지 않고 큰길로 다닌다는 뜻, 일을 하는데 있어서 눈앞의
작은 이익(利益)을 탐(貪)하지 않고 공명정대(公明正大)하게 처리(處理)한다는 말

『유의어』 **君子大路行** 군자대로행 군자는 큰길로 다닌다는 말

『반의어』 **旁岐曲徑** 방기곡경, **盤溪曲徑** 반계곡경
꾸불꾸불한 길이라는 뜻으로 어떤 일을 순리(順理)대로 하지 않고
잘못된 방법(方法)으로 무리(無理)하게 함을 비유하여 일컫는 말

▷ **行方不明** 행방불명 간 곳이 분명하지 않음[간 곳을 모름] = **行不** 행불

▷ 捷徑 첩경　지름길, 어떤 일에 이르기 쉬운 방편(方便)

= 王道 왕도, 直進 직진, 蹤蹊 종혜

* 出典: 論語(논어) 雍也篇(옹야편)

行尸走肉 행시주육　다닐 행 | 주검·시체 시 | 갈·달릴 주 | 고기 육

돌아다니는 송장이요 걸어 다니는 고깃덩이라는 뜻
1. 배운 것이 없어서 아무짝에도 쓸모없는 사람을 비유하는 말
2. 무식(無識)하고 미련하여 쓸모없는 사람을 욕(辱)하는 말

「유의어」　飯囊酒袋 반낭주대, 酒袋飯囊 주대반낭
술 부대와 밥주머니라는 뜻으로 술과 음식을 축내며 일은 하지 않는 사람을 비유

衣架飯囊 의가반낭　옷걸이와 밥주머니란 뜻으로 아무 쓸모없는 사람의 비유

冢中枯骨 총중고골　무덤 속의 마른 뼈, 뼈만 남을 정도로 여위어 쓸모없는 사람

樗櫟之材 저력지재　참나무와 가죽나무 재목이라는 뜻으로 아무 소용이 없는 인물

陶犬瓦鷄 도견와계　흙으로 구워 만든 개와 기와로 만든 닭이라는 뜻으로 외모만
훌륭하고 실속이 없어 아무 쓸모도 없는 사람을 비웃는 말

蹇驢 건려　다리를 저는 나귀, 쓸모없는 인물을 비유하는 말

* 出典: 拾遺記(습유기)

行雲流水 행운유수　다닐·갈 행 | 구름 운 | 흐를 유(류) | 물 수

하늘에 떠가는 구름과 쉬지 않고 흐르는 물이라는 뜻
1. 속세(俗世)를 떠나 집착(執着)함이 없는 초연(超然)한 심경(心境)
2. 일을 하는데 막힘이 없고 자연스럽게 진행(進行)함을 비유하는 말

▷ 行雲流水 初無定質 행운유수 초무정질 (에서 유래)
하늘에 떠가는 구름과 쉬지 않고 흐르는 물. 일정한 형태가 없이 다양(多樣)하게 변화함

* 出典: 宋史(송사) 蘇軾傳(소식전)

幸災樂禍 행재낙화　다행 행 | 재앙 재 | 즐거울 낙(락) | 재앙 화

남의 재난(災難)이나 불행(不幸)을 보고 나는 그러하지 않음을 다행으로 여기고 고소해하며
즐기는 비인간적인 태도(態度)를 비유하는 말

경정(慶鄭)의 고사에서 유래(由來)된 행재(幸災)와 자퇴(子頹)의 고사에서 유래된 낙화(樂禍)가
합쳐진 고사 [* 행재[幸災]와 낙화[樂禍]는 같은 뜻]

「유의어」　樂禍幸災 낙화행재, 幸災樂禍 행재요화

* 出典: 春秋左氏傳(춘추좌씨전) 僖公(희공) 14年條(년조) / 莊公(장공) 20年條(년조)

幸災不仁 행재불인 다행 행 | 재앙 재 | 아닐 불 | 어질 인

남의 재난(災難)이나 불행을 보고 나는 그러하지 않음을 다행(多幸)으로 여기며 남의 불행을
고소해하는 것은 어진 행동이 아니라는 말. 즉 군자나 선비로서 옳지 못한 처사(處事)라는 말

▷ 仁 인　남을 사랑하고 어질게 행동하는 일 = 어짊·착함·박애

▷ 災殃 재앙　뜻하지 않은 불행한 변고 또는 천변지이(天變地異)로 말미암은 불행한 사고

* 出典: 春秋左氏傳(춘추좌씨전) 僖公(희공) 14年條(년조)

鄕約 향약 시골·마을 향 | 약속할·묶을 약

조선시대 유교(儒敎)의 가르침을 바탕으로 권선징악(勸善懲惡)과 상부상조(相扶相助)를
목적으로 만든 향촌(鄕村)의 자치규약(自治規約)

중국 송(宋)나라의 여씨향약(呂氏鄕約)을 본뜬 것으로 조선 중종 때 조광조(趙光祖)를 비롯한
사림파(士林派)의 주장으로 추진(推進)되어 영·정조 때까지 전국 각지에서 실시(實施)하였음

* 鄕約의 四大 德目

德業相勸 덕업상권　좋은 일은 서로 권하여 장려(獎勵)해야 함을 이름

過失相規 과실상규　나쁜 행실을 하지 못하도록 서로 규제(規制)함

禮俗相交 예속상교　서로 사귀는 데 예의(禮儀)를 지킴

患難相恤 환난상휼　어려운 일이 생겼을 때 서로 도와줌

向隅之歎 향우지탄 향할 향 | 모퉁이·구석 우 | 어조사 지 | 탄식할 탄

그 자리에 모인 많은 사람들이 모두 즐거워하지만 자기는 방구석을 바라보며 한탄한다는 뜻
1. 남들과 평등(平等)한 대우(待遇)를 받지 못하고 차별(差別)받아 슬퍼함을 이르는 말
2. 좋은 때[機會: 기회]를 만나지 못한 것을 한탄(恨歎)하는 말

[유의어] 不遇 불우　재능이나 포부를 가지고 있으면서도 때를 만나지 못하여 불운함

* 出典: 潘岳(반악)의 笙賦(생부)

虛浪放蕩 허랑방탕 헛될·공허 허 | 물결·방자할 랑 | 방자할·놓을 방 | 방탕할·쓸어버릴 탕

말과 행동이 허황(虛荒)하고 착실(着實)하지 못하며 주색(酒色)에 빠져 행실이 추잡(醜雜)함

▷ 蕩兒 탕아　방탕(放蕩)한 사내 = 蕩子 탕자, 放蕩兒 방탕아

▷ 浪漫 낭만　공상(空想)의 세계를 즐기며 매우 정서적·이상적으로 인생을 대하는 일

虛無孟浪 허무맹랑 헛될·공허 허 | 없을 무 | 맹랑할·엉터리·맏 맹 | 방자할·물결 랑

터무니없이 거짓되고 실속이 없음을 이르는 말

荒誕無稽 황탄무계, **荒誕之言** 황탄지언, **無稽之言** 무계지언

荒唐無稽 황당무계　말이나 행동이 거칠고 터무니없음

虛送歲月 허송세월　헛될·공허 허 | 보낼 송 | 해 세 | 달 월

아무런 일도 하지 않고 헛되이 세월만 보냄

愒時 개시　시간을 허송(虛送)함　　＊**愒** 탐할: 개 또는 쉴: 게

無爲徒食 무위도식　아무 하는 일 없이 놀고먹기만 함

曠日彌久 광일미구　헛되이 세월을 보내며 하던 일을 오래 끌음

▷ **曠野** 광야　아득하게 너른 벌판 ＝ **荒野** 황야

▷ **歲暮** 세모　세밑[한 해의 마지막 때. 섣달그믐께. 설밑]

虛心坦懷 허심탄회　빌·공허 허 | 마음 심 | 너그러울·평평할 탄 | 품을 회

마음을 비우고 생각을 털어놓는다는 뜻, 가슴에 품은 생각을 죄다 말할 만큼 아무런 거리낌 없이
솔직함을 비유하는 말

坦懷 탄회　거리낌이 없는 마음

披瀝 피력　속마음을 털어놓고 말함 ＝ **告白** 고백

披肝膽 피간담　간과 쓸개를 펼쳐 보임 ＝ **剞肝** 고간

肝膽相照 간담상조　간과 쓸개를 꺼내놓고 서로에게 내보임. 터놓고 친하게 지냄

吐盡肝膽 토진간담　간과 쓸개를 다 토해냄, 실정(實情)을 숨김없이 털어놓고 말함

許由巢父 허유소보　허락할 허 | 말미암을 유 | 새집·깃들일 소 | 남자미칭 보 / 아비 부

부귀영화(富貴榮華)를 마다하는 사람. 정치를 혐오하는 사람. 자기만 깨끗한 척 하는 사람

성천자(聖天子)로 추앙(推仰)받는 요(堯)임금이 허유(許由)에게 천하(天下)를 물려주겠다고 하자
허유는 더러운 말을 들었다고 하여 영수(潁水)강물에 귀를 씻었으며 소보(巢父)는 허유가 더러운
말을 듣고 귀 씻은 물을 자기의 소에게 먹일 수 없다고 하면서 그냥 소를 끌고 되돌아갔다는
고사에서 유래

箕山之志 기산지지, **箕山之節** 기산지절　굳은 절개와 고결(高潔)한 뜻

▷ **巢窟** 소굴　범죄자(犯罪者)나 악한(惡漢)들의 무리가 모이는 본거지 ＝ **巢穴** 소혈

虛張聲勢 허장성세　헛될·공허·빌 허 | 자랑할·베풀 장 | 소리 성 | 기세·형세 세

실제(實際)는 별것도 없으면서 공연(空然)히 허세(虛勢)를 부리고 큰소리만 치는 것을 말함

┌─────┐
│유의어│ 號曰百萬 호왈백만 실상(實狀)은 얼마 되지 않는 것을 많다고 과장(誇張)함
└─────┘
　　　有名無實 유명무실 이름만 그럴듯하고 실속은 없음

　　　豪言壯談 호언장담, 大言壯談 대언장담, 大言壯語 대언장어
　　　분수에 맞지 않는 말을 희떱게 지껄임. 장담한 일을 실천(實踐)할 능력이 안 됨

▷ 聲討 성토 여럿이 모여 어떤 잘못을 소리 높여 비판(批判)하고 규탄(糾彈)함

虛虛實實 허허실실 <small>빌·공허 허 | 가득 찰·속·열매 실</small>
허(虛)한 듯 실(實)하고 실(實)한 듯 허(虛)하다는 뜻, 적(敵)으로 하여금 오판(誤判)하도록
유도(誘導)하여 상대의 허(虛)를 찌르고 나의 실(實)을 꾀하여 승리(勝利)하는 계책(計策)

▷ 兵法 병법 군사(軍士)를 지휘(指揮)하여 전쟁(戰爭)하는 방법
▷ 空虛 공허 1. 속이 텅 빔 2. 실속이 없이 헛됨

軒軒丈夫 헌헌장부 <small>높을·오를 헌 | 어른 장 | 사나이 부</small>
외모(外貌)가 준수(俊秀)하고 훤칠하며 풍채(風采)가 건장하고 당당한 남자

┌─────┐
│유의어│ 軒軒大丈夫 헌헌대장부, 大丈夫 대장부, 丈夫 장부
└─────┘

┌─────┐
│반의어│ 拙丈夫 졸장부 도량(度量)이 좁고 졸렬(拙劣)한 사내
└─────┘

▷ 襟度 금도 남을 포용(包容)할만한 도량(度量)
▷ 俠客 협객 호방(豪放)하고 의협심(義俠心)이 있는 사람 = 俠士 협사
▷ 紳士 신사 태도나 행동이 점잖고 예의(禮儀)가 바르며 교양(敎養)이 있는 남자

見頭角 현두각 <small>나타날·뵈올 현 / 볼 견 | 머리·꼭대기 두 | 뿔·구석 각</small>
두각(頭角)을 나타낸다는 뜻, 많은 사람들 중에서 학업이나 기예 등이 유달리 탁월(卓越)하여
두드러짐을 비유하여 이르는 말

▷ 頭角 두각 짐승의 머리에 난 뿔. 뛰어난 학식(學識)이나 재능(才能)을 비유
▷ 鳳毛麟角 봉모인각 봉황(鳳凰)의 털과 기린(麒麟)의 뿔이란 뜻으로
　　　　　　　　　　　　아주 보기 어려운 희귀(稀貴)한 물건을 일컫는 말

* 出典: 韓愈(한유)의 柳子厚墓誌銘(유자후묘지명: 자후 = 柳宗元[유종원]의 字)

懸梁刺股 현량자고 <small>매달 현 | 들보 량 | 찌를 자 | 허벅지 고</small>
머리를 묶어 들보에 매달고 송곳으로 허벅지를 찌른다는 뜻
머리를 들보에 매달고 송곳으로 허벅지를 찔러 잠을 물리쳐가며 열심히 학업(學業)에 힘씀을
비유하는 말

유의어 懸頭 현두, 懸頭刺股 현두자고, 刺股讀書 자고독서

懸梁 현량　손경(孫敬)은 머리를 들보에 매달고 공부함 = 孫敬懸梁 손경현량

刺股 자고　소진(蘇秦)은 허벅지를 송곳으로 찌르며 공부함 = 蘇秦刺股 소진자고

* 出典: 戰國策(전국책) 秦策(진책)과 三字經(삼자경)

懸羊頭 賣馬肉 현양두 매마육

매달 현 | 양 양 | 머리 두 | 팔 매 | 말 마 | 고기 육

양머리를 내걸고 말고기를 판다는 뜻, 겉으로는 **훌륭**하게 내세우나 속은 변변치 못한 것으로
속임수를 쓰는 물건(物件)이나 행위(行爲)를 비유하는 말

유의어 懸羊頭 賣狗肉 현양두 매구육　양머리를 내걸고 개고기를 팖

懸羊頭 賣馬脯 현양두 매마포　양머리를 내걸고 말고기 포(脯)를 팖

羊頭狗肉 양두구육　양의 대가리를 내어놓고 실은 개고기를 판다는 뜻으로
　　　　　　　　　　겉으로는 훌륭하게 내세우나 속은 변변찮음의 비유

羊質虎皮 양질호피　속은 양이고 거죽은 범이라는 뜻으로 본바탕은
　　　　　　　　　　아름답지 않으면서 겉모양만 꾸밈을 가리키는 말

表裏不同 표리부동　마음이 음충맞아 겉과 속이 다름

懸崖撒手 현애살수 매달 현 | 벼랑 애 | 놓을·뿌릴 살 | 손 수

벼랑 끝에 매달리게 되었을 때 오히려 잡고 있던 손을 놓아버린다. 막다른 골목에서 용맹심을
분진(奮進)하는 말
즉 벼랑 끝에 매달리게 됐을 때 구차(苟且)하게 살려 하지 말고 과감(果敢)하게 손을 놓아
버린다면 오히려 역설적(逆說的)으로 살길이 있다는 말

유의어 百尺竿頭進一步 백척간두진일보

백 척(30m)높이의 위험한 대나무 장대 끝에 서있는 사람에게 한걸음 더 내딛으라는 뜻

▷ 奮進 분진　매우 기운차게 앞으로 나아감

▷ 撒布 살포　1. 액체·가루 등을 흩뿌림　2. 돈·전단 등을 여러 사람에게 나누어 줌

* 出典: 冶父道川禪師(야보도천선사)

懸河之辯 현하지변 매달 현 | 물·강 하 | 어조사 지 | 말씀 변

경사(傾斜)가 급하여 위에서 아래로 빠르게 흐르는 물과 같은 말씀이라는 뜻
매우 유창(流暢)한 말이나 연설(演說)을 비유하여 이르는 말

유의어 懸河口辯 현하구변, 懸河雄辯 현하웅변

口若懸河 구약현하, 口如懸河 구여현하
폭포(瀑布)가 거침없이 아래로 내려 흐르듯 말을 막힘없이 잘한다는 뜻

善爲說辭 선위설사　재치 있게 말을 잘함

靑山流水 청산유수　푸른 산에서 흘러내리는 맑은 물처럼 막힘이 없는 말

* 出典: 晉書(진서) 郭象傳(곽상전)

絜矩之道 혈구지도　잴·헤아릴 혈 | 곱자·곡척(曲尺)·법 구 | 어조사 지 | 길 도

자를 가지고 재는 방법, 내 마음을 '자'로 삼아 남의 마음을 재고 내 처지(處地)를 생각해서
남의 처지를 헤아리는 것을 말함. 내 마음처럼 남의 마음을 미루어 헤아린다는 말

『유의어』　絜矩 혈구, 忖度 촌탁, 料度 요탁　남의 마음을 미루어 헤아림

推己及人 추기급인　자기 마음을 미루어보아 남에게도 그렇게 대함

易地思之 역지사지　처지(處地)를 바꾸어서 생각함. 남의 입장을 헤아림

籌辦 주판　형편(形便)이나 사정(事情)을 헤아려 처리(處理)함

▷　我腹旣飽不察奴飢 아복기포불찰노기
제배 부르면 종 배고픈 줄 모른다. 형편(形便)이 좋은 사람은 남의 딱한 처지(處地)를 모름

* 出典: 大學(대학)

血肉之親 혈육지친　피 혈 | 고기 육 | 어조사 지 | 겨레·친한이 친

부자(父子)·형제(兄弟)·자매(姉妹) 등의 혈족 또는 겨레붙이

『유의어』　肉親 육친, 血肉 혈육, 骨肉 골육, 骨肉之親 골육지친

▷　骨髓 골수　마음속 깊은 곳. 뼛골. 뼛속. 요점(要點). 골자(骨子)

▷　親戚 친척　친족(親族)과 외척(外戚)

孑孑單身 혈혈단신　외로울 혈 | 홀·하나 단 | 몸·자신 신

하늘아래 의지(依支)할 곳은 오직 자신뿐인 고독(孤獨)한 사람
가족(家族)·친척(親戚)·친구(親舊) 하나 없이 외롭고 힘든 인생살이를 표현

『유의어』　隻手 척수　한쪽 손. 썩 외로운 처지를 비유하는 말

孤縱 고종, 孤獨單身 고독단신, 單獨一身 단독일신
도와주는 사람이 전혀 없는 외로운 몸

孤身隻影 고신척영　외로운 홀몸에 외짝의 그림자. 하늘아래 의지처가 없음

兄亡弟及 형망제급　맏·형 형 | 죽을·망할 망 | 아우 제 | 미칠·이를 급

맏형이 아들 없이 죽은 경우, 다음 아우가 대신 계통[系統 = 家系: 가계]을 이음

[유의어] 兄終弟及 형종제급

▷ 衆子奉祀 중자봉사　장자(長子)가 아닌 차자(次子) 이하가 부조(父祖)의
제사(祭祀)를 받들고 종통(宗統)을 계승(繼承)하는 제도

▷ 兄死娶嫂制 형사취수제, 兄死娶嫂婚 형사취수혼
남자의 경우 형이 죽은 뒤 동생이 형을 대신해 형수(兄嫂)와 부부생활을 계속하는 혼인풍습

刑不厭輕 형불염경　형벌 형 | 아닐 불 | 싫어할·족할 염 | 가벼울 경

형벌(刑罰)은 가벼운 것을 싫어하지 않는다는 뜻, 백성들에게 형벌(刑罰)을 무겁게[重: 중]
내리는 것보다 가볍게[輕: 경] 내려 관대(寬待)하게 처벌(處罰)하는 것이 좋다는 말

▷ 蒲鞭之罰 포편지벌　부들 채찍의 벌. 벌의 형식만 있고 실제로 벌을 주지는 않으며
욕[辱: 부끄러움]만 보이자는 것. 너그러운 정치를 비유하는 말

▷ 雲根地足 운근지족　곤장(棍杖)이 구름을 지나고 땅을 스침. 형벌이 관대(寬待)함

▷ 厭症 염증　싫증 / 嫌惡 혐오　싫어하고 미워함

螢雪之功 형설지공　반딧불 형 | 눈·씻을 설 | 어조사 지 | 공·공적·공훈 공

반딧불[螢: 형]과 눈[雪: 설]을 이용한 공부, 가난과 고생(苦生)을 이겨내면서 부지런히
공부(工夫)하여 얻은 보람을 비유하는 말

진(晉)나라 차윤(車胤)이 반딧불을 모아 그 불빛으로 글을 읽고 손강(孫康)이 겨울밤 눈빛에
비추어 글을 읽었다는 고사에서 유래

[유의어] 車胤聚螢 차윤취형, 孫康映雪 손강영설, 螢窓雪案 형창설안
晴耕雨讀 청경우독　갠 날에는 밖에 나가 농사를 짓고 비오는 날에는 공부함
晝耕夜讀 주경야독　낮에는 농사 밤에는 글, 어려운 여건 속에서도 꿋꿋이 공부함
手不釋卷 수불석권　손에서 책을 놓지 않고 늘 글을 읽음[늘 공부함]

* 出典: 晉書(진서) 車胤傳(차윤전) 孫康傳(손강전)

兄友弟恭 형우제공　맏·형 형 | 벗 우 | 아우 제 | 공손할 공

형은 아우를 사랑하고 아우는 형을 공경(恭敬)한다는 뜻, 형제가 서로 우애(友愛)가 깊음을 비유

[유의어] 籩豆 변두　제기(祭器)를 차례로 진열(陳列)한다는 의미. 형제간에 우애가 좋고 화목함
遇賊爭死 우적쟁사　도적을 만나 형제가 서로 죽겠다고 다툼[한명은 살려달라는 말]
兄疫不去 형역불거　형이 역질(疫疾)에 걸려도 버리지 않고 곁을 떠나지 않고 지킴
田宅與弟 전택여제　땅[밭·논]과 집을 모두 동생에게 줌
壎篪相和 훈지상화, 壎篪 훈지, 篪塤 지훈, 棣鄂之情 체악지정

787

『반의어』 煮豆燃萁 자두연기, 兄弟鬩墻 형제혁장

形而上學 형이상학 모양 형 | 말이을 이 | 위 상 | 배울 학

사물의 본질(本質)이나 존재(存在)의 근본 원리를, 사유(思惟)나 직관(直觀)으로 연구(研究)하는 학문
즉 관념적인 철학(哲學)

『반의어』 形而下學 형이하학 형체가 있는 사물(事物)을 연구대상으로 하는 학문. 즉 물리학,
화학, 기계공학, 의학, 동·식물학 등 주로 자연과학(自然科學)

▷ 哲學 철학 인간과 세계에 대한 궁극(窮極)의 근본원리를 추구(追究)하는 학문

▷ 思想 사상 사고 작용의 결과로 얻은 체계적 의식내용. 사회나 인생에 관한 일정한 견해

▷ 宗敎 종교 신이나 초월적(超越的) 존재를 우주(宇宙)와 사람의 지배자이며 인도자로 믿고
복종(服從)하면서 일정한 의식(儀式)을 통하여 예배(禮拜)하며 일정한
윤리(倫理)나 철학(哲學)의 기본(基本)으로 삼는 것

兄弟投金 형제투금 맏·형 형 | 아우 제 | 던질 투 | 황금·금 금

형제가 주운 황금을 강물에 던져 버렸다는 뜻. 황금보다 더한 형제간의 의리(義理)를 강조함

『유의어』 手足之愛 수족지애, 同氣之親 동기지친, 如足如手 여족여수

『반의어』 煮豆燃萁 자두연기, 兄弟鬩牆 형제혁장 형제가 집안에서 싸움

▷ 兄弟鬩牆外禦其侮 형제혁장외어기모 (詩經: 시경)
형제는 집안에서 싸우기도 하나, 밖에서 모욕(侮辱)을 당하면 형제가 힘을 합쳐 막아냄

▷ 捐金沈珠 연금침주 황금을 산에 버리고 구슬을 연못에 빠뜨린다는 뜻으로
부귀(富貴)를 탐(貪)하지 않는다는 말

▷ 見金如石 견금여석 황금보기를 돌같이 하라는 뜻. 부귀(富貴)를 탐하지 말라는 말

螢窓雪案 형창설안 반딧불이·개똥벌레 형 | 창·창문 창 | 눈 설 | 책상·밥상 안

반딧불이[螢: 형]가 비치는 창과 눈[雪: 설]빛에 비치는 책상, 밤에 호롱불을 켤 수 없는
어려운 집안형편(形便)에도 불구하고 학문(學問)에 힘씀을 비유하는 말

『유의어』 螢案 형안, 螢雪之功 형설지공, 晴耕雨讀 청경우독, 晝耕夜讀 주경야독
孫康映雪 손강영설, 車胤盛螢 차윤성형, 車胤聚螢 차윤취형

* 出典: 晉書(진서) 車胤傳(차윤전) 孫康傳(손강전)

荊妻 형처 가시나무 형 | 아내 처

가시나무로 만든 비녀[簪: 잠]를 꽂은 아내, 남에게 자기 아내를 낮추어 겸손(謙遜)하게 이르는 말

후한(後漢)때 양홍(梁鴻)의 아내 맹광(孟光)이 가시나무로 만든 비녀를 꽂고 무명으로 만든 치마를 입었다는 고사에서 유래

유의어 荊室 형실, 荊婦 형부, 寡妻 과처, 愚妻 우처, 醜妻 추처

▷ 豚兒 돈아 남에게 자기의 아들을 낮추어 일컫는 말 = 家兒 가아, 家豚 가돈

▷ 令息 영식 윗사람의 아들에 대한 높임말 = 令郞 영랑, 令胤 영윤

▷ 令愛 영애 윗사람의 딸에 대한 높임말 = 令嬌 영교, 令女 영녀, 令孃 영양

* 出典: 列女傳(열녀전)

蕙焚蘭悲 혜분난비 혜초 혜 | 불사를·불탈 분 | 난초 난(란) | 슬플 비

혜란(蕙蘭)이 불에 타면 난초(蘭草)가 슬퍼한다는 뜻, 동류(同類)의 불행을 함께 괴로워하고 슬퍼함을 비유하는 말

유의어 兎死狐悲 토사호비 토끼가 죽으니 여우가 슬퍼함. 같은 무리의 불행을 슬퍼함

狐死兎泣 호사토읍, 狐死兎悲 호사토비
여우가 죽으니 토끼가 욺, 같은 무리의 불행을 슬퍼함의 비유

同病相憐 동병상련 같은 병을 앓는 환자끼리 서로 가엾게 여긴다는 뜻으로
어려운 처지에 있는 사람끼리 서로 동정(同情)하고 도움

반의어 松茂栢悅 송무백열 소나무가 무성(茂盛)하면 잣나무가 기뻐한다는 뜻으로
벗이 잘되는 것을 기뻐함의 비유

蹊田奪牛 혜전탈우 건널·지름길 혜 | 밭 전 | 빼앗을 탈 | 소 우

소를 몰고 남의 논밭을 가로 질러갔다고 해서 그 벌(罰)로 소를 빼앗는다는 뜻으로 가벼운 죄(罪)에 비하여 처벌(處罰)이 지나치게 무겁다는 말

유의어 田主奪之牛 전주탈지우 밭을 지나간다고 밭주인이 소를 빼앗음. 벌이 심함

棄灰之刑 기회지형 재를 길에 버린 사람까지도 형벌을 내림. 가혹(苛酷)한 형벌

▷ 蹊徑 혜경 지름길. 어떤 일에 이르기 쉬운 방편 = 捷徑 첩경, 王道 왕도

▷ 劫奪 겁탈 폭력을 써서 부녀자와 성 관계를 맺음 = 强姦 강간, 劫姦 겁간

* 出典: 春秋左氏傳(춘추좌씨전) / 史記(사기)

醯醢之辨 혜해지변 (식)초·육장 혜 | 젓갈 해 | 어조사 지 | 분별할 변

식혜(食醯)의 혜(醯)자와 식해(食醢)의 해(醢)자 정도는 분별(分別)할 줄 알아야 실력이 인정(認定) 된다는 말, 즉 이 정도는 알아야 서당의 훈장이라도 할 수 있다는 말

▷ 食醯 식혜 밥을 엿기름으로 삭혀서 감미(甘味)가 나도록 만든 전통음료

▷ 食醢 식해 생선을 토막 쳐서 소금과 밥을 섞어 발효(醱酵)시킨 전통음식[飯饌: 반찬]

▷ **葅醢 저해** 김치와 젓갈 / **蔥葅 총저** 파김치 / **茄葅 가저** 가지김치

▷ **醢醯 담해** 육장[肉醬: 쇠고기를 잘게 썰어서 간장에 조린 반찬], 육즙(肉汁)

狐假虎威 호가호위 여우 호 | 빌릴·거짓 가 | 범 호 | 위엄·위세 위

여우(狐)가 호랑이(虎)의 위세(威勢)를 빌려 한 순간의 거짓 호기(豪氣)를 부린다는 뜻, 남의
권세(權勢)를 등에 업고 거짓 위세를 부림의 비유

『유의어』 **借虎威狐 차호위호, 假虎威狐 가호위호**

▷ **飛虎 비호** 날듯이 빨리 달리는 범, 동작이 몹시 날래고 용맹(勇猛)스러움의 비유

* 出典: 戰國策(전국책) 楚策(초책)

互角之勢 호각지세 서로·함께 호 | 뿔 각 | 어조사 지 | 기세·형세 세

호각(互角)의 세(勢)라는 뜻, 우열(優劣)을 가리기 힘든 형국(形局). 역량(力量)이 서로 비슷비슷한
위세(威勢)를 비유하는 말

『유의어』 **互角勢 호각세, 互角 호각**

　　　龍虎相搏 용호상박 용과 범이 서로 싸운다는 뜻, 강자끼리 서로 싸움을 이르는 말

　　　莫上莫下 막상막하 누가 더 낫고 더 못함의 차이가 거의 없음

　　　伯仲勢 백중세, 伯仲之勢 백중지세, 優劣難分 우열난분
　　　　서로 힘이 비슷하여 우열(優劣)을 가리기 힘든 형세

　　　春蘭秋菊 춘란추국 봄의 난초(蘭草)와 가을의 국화(菊花)는 각각 특색(特色)이 있어
　　　　　　　　어느 것이 더 낫다고 할 수 없다는 말. 둘 다 좋음

　　　難兄難弟 난형난제 누구를 형이라 하고 누구를 아우라 하기 어렵다는 뜻으로
　　　　　　　　두 사물의 낫고 못함을 분간하기 어려움의 비유

▷ **互角 호각** 쇠뿔의 좌우 양쪽이 서로 길이나 크기가 거의 같다는 데서 유래

虎溪三笑 호계삼소 범 호 | 시내·개울 계 | 석 삼 | 웃음 소

호계(虎溪)라는 시냇가에서 세 사람이 크게 웃는다는 뜻
1. 중국 고사에서 취제(取題)한 동양화(東洋畵)의 화제[畫題: 그림의 제목]
2. 학문(學問)이나 예술(藝術)에 열중(熱中)함을 비유하는 말

호계(虎溪)는 여산에 있는 계곡으로 여산(廬山)의 고승(高僧) 혜원(慧遠)이 손님을 배웅할 때
이곳을 지나치면 호랑이가 울었다하여 이런 명칭이 붙었다고 한다. 삼소(三笑)는 혜원이 여산의
동림사(東林寺)에 은거(隱居)하면서 찾아온 손님을 보낼 때에는 호계(虎溪)를 경계로 하여 더 이상은
손님을 배웅하지 않겠다는 맹세를 했다. 그런데 어느 날 도연명(陶淵明), 육수정(陸修靜)을 배웅할
때는 그만 서로의 청담(淸談)에 도취(陶醉)되어 무심코 호계(虎溪)를 건너고 말았다.
문득 호계를 건너고 약속을 어긴 사실을 알게 된 세 사람이 크게 웃었다는 고사에서 유래

유의어 三笑 삼소

▷ 取題 취제   제목을 취함[= 가져옴]

▷ 淸談 청담   속세를 떠난, 맑고 고상한 이야기. 남의 이야기의 높임말

* 出典: 宋(송)나라 陳聖兪(진성유)의 廬山記(여산기)

虎口餘生 호구여생 범 호 ㅣ 입 구 ㅣ 남을 여 ㅣ 살·날 생

호랑이 아가리에서 살아났다는 뜻으로 죽을 뻔한 고비를 넘기고 겨우 살아남은 목숨을
비유하는 말. 또는 지극한 효성(孝誠)

송(宋)나라 때 호주(湖州)에 사는 주태(朱泰)라는 사람이 호랑이에게 물려가다 간신히 정신을
차려 '내가 죽으면 어머니는 누가 모시냐!'고 호랑이를 꾸짖었더니 갑자기 내려놓고 가버려
겨우 살아났다는 고사에서 유래

유의어 虎口殘生 호구잔생, 起死回生 기사회생, 九死一生 구사일생

▷ 虎口 호구   범의 아가리, 매우 위험(危險)한 경우(境遇)

* 出典: 宋史(송사) 孝義列傳(효의열전)

狐丘之戒 호구지계 여우 호 ㅣ 언덕 구 ㅣ 어조사 지 ㅣ 경계·삼가 할 계

호구(狐丘)의 경계라는 뜻, 남에게 원망(怨望)을 사는 일이 없도록 조심하라는 세 가지 교훈(敎訓)

1. 고관(高官)에 대한 세인의 질투(嫉妬)
2. 현신(賢臣)에 대한 군주(君主)의 증오(憎惡)
3. 녹[祿 = 俸給: 봉급]이 많은 고관에 대한 세인의 원망(怨望)

호구(狐丘)에 사는 한 노인이 초(楚)나라 대부(大夫) 손숙오(孫叔敖)에게 사람들이 가지는
세 가지 원망(怨望)을 조심(操心)하여 처세(處世)하라고 충고(忠告)했다는 고사에서 유래

▷ 狐裘 호구   여우의 겨드랑이 밑에 있는 흰털로 만든 옷[최고급 가죽옷]

* 出典: 列子(열자) 說符篇(설부편)

糊口之策 호구지책 풀칠할 호 ㅣ 입 구 ㅣ 어조사 지 ㅣ 꾀·방책 책

입에 겨우 풀칠이나 하는 계책(計策), 가난한 살림에서 그럭저럭 겨우 먹고 살아갈 수 있는 방법
즉 먹고 살아갈 방도(方道)

유의어 糊口策 호구책, 糊口之計 호구지계, 糊口之方 호구지방

　　　　口腹之計 구복지계   입과 배의 계책, 먹고 살아 나갈 방도 = 生計 생계

　　　　鼻下政事 비하정사   코 밑의 정사. 겨우 먹고 살아가는 일을 비유함

▷ 糊口 호구   입에 겨우 풀칠을 한다는 뜻, 겨우 끼니를 이어감

▷ 糊塗 호도   풀을 바른다는 뜻, 건성으로 애매(曖昧)하게 덮어버리거나 속임수의 조처를 함

▷ 延命 연명   목숨을 겨우 이어 살아감

豪氣滿發 호기만발　호걸 호 | 기운 기 | 찰·가득할 만 | 필·쏠 발

꺼드럭거리며 뽐내는 기세(氣勢)가 겉모습에 가득 나타나 있음을 비유하는 말

[유의어]　豪氣萬丈 호기만장, 氣高萬丈 기고만장, 傲慢放恣 오만방자

　　　　傲慢不遜 오만불손　오만(傲慢)하여 겸손(謙遜)한 데가 없음

　　　　氣焰萬丈 기염만장　기세(氣勢)나 호기(豪氣)가 몹시 대단함

▷　滿發 만발　꽃이 활짝 다 핌. 추측(推測)이나 웃음 등이 한꺼번에 일어남

虎狼之國 호랑지국　범 호 | 이리 랑 | 어조사 지 | 나라 국

호랑이와 이리의 나라라는 뜻, 포악(暴惡)하고 신의(信義)가 없는 강대국을 비유하는 말
굴원(屈原)이 진(秦)나라를 가리켜 '호랑(虎狼)의 나라'라고 한말에서 유래

▷　狼狽 낭패　일이 실패(失敗)로 돌아가 매우 딱하게 됨

▷　虎狼 호랑　범과 이리 라는 뜻으로 욕심이 많고 잔인한 사람의 비유

▷　豺狼 시랑　승냥이와 이리를 아울러 이르는 말

* 出典: 史記(사기) 屈原列傳(굴원열전: 楚[초]나라 懷王[회왕]과 屈原[굴원]의 대화)

瑚璉 호련　호련·산호·제기이름 호 | 호련·제기이름 련(연)

고귀(高貴)한 인격, 뛰어난 학식(學識)을 가진 인물을 비유하는 말
공자(孔子)가 자공(子貢)의 인물(人物)됨을 위와 같이 평가(評價)한 말에서 유래

하·은·주(夏·殷·周)시대에 오곡[五穀: 쌀·보리·콩·조·기장]을 담아 신에게 바칠 때 쓰던 제기(祭器)로,
하(夏)나라에서는 호(瑚)라 하고 은(殷)나라에서는 련(璉)이라고 칭 한데서 유래함

[유의어]　有斐君子 유비군자　학식과 인격 그리고 문체가 화려한 훌륭한 인물

　　　　巨儒 거유, 鉅儒 거유, 大儒 대유, 碩儒 석유, 宏儒 굉유, 弘儒 홍유
　　　　이름난 유학자(儒學者). 학식(學識)이 많은 선비

壺裏乾坤 호리건곤　병·단지 호 | 속·가운데 리 | 하늘·마를 건 / 마를 간 | 땅 곤

호리병 속의 천지(天地)라는 뜻, 늘 술에 취해 있음을 비유하는 말

[유의어]　酩酊 명정, 大醉 대취, 滿醉 만취, 泥醉 이취
　　　　정신을 차리지 못할 정도(程度)로 술이 곤드레만드레 취함

▷　壺觴 호상　술병과 술잔

▷　侑觴 유상　술을 권함 = 勸酒 권주

▷　乾坤 건곤　하늘과 땅 = 天地 천지, 堪與 감여, 陰陽 음양

胡馬望北 호마망북 되(오랑캐)·턱 밑살 호 | 말 마 | 바랄 망 | 북녘 북 / 달아날 배

북쪽 오랑캐의 말이 남쪽에 와서 살 때 북풍(北風)이 불때마다 머리를 들어 북쪽을 본다는 뜻
고향(故鄕)을 몹시 그리워함을 비유하는 말

『유의어』 胡馬依北風 호마의북풍

狐死首丘 호사수구, 首丘初心 수구초심, 首丘 수구
여우가 죽을 때 자기가 살던 굴 쪽으로 머리를 향한다는 뜻. 고향을 그리워함의 비유

▷ 敗北 패배 1. 싸움이나 겨루기에서 짐 2. 싸움에 져서 도망감 = 敗走 패주

* 出典: 古詩(고시)

毫毛斧柯 호모부가 머리털·터럭 호 | 털 모 | 도끼 부 | 도끼자루·줄기 가

좋지 못한 어린 싹을 미리 뽑아버리지 않으면 마침내 큰 나무가 되어 훗날 도끼를 사용해야
제거(除去)할 수 있다는 뜻으로
1. 나쁜 버릇은 일찍이 어릴 때 바로잡아야 함을 이르는 말
2. 화근(禍根)을 애초에 뽑아버려야 훗날 큰 화를 막을 수 있다는 말

『유의어』 毫毛不掇將成斧柯 호모불철장성부가 (에서 유래)

曲突徙薪 곡돌사신, 有備無患 유비무환, 防患未然 방환미연

剪草除根 전초제근, 星火燎原 성화요원, 桑土綢繆 상토주무

『반의어』 養虎遺患 양호유환, 養虎後患 양호후환
화근[禍根: 호랑이]을 길러 후환[後患: 뒷날의 걱정]을 당하게 된다는 말

▷ 毫毛 호모 초목의 싹틈 / 斧柯 부가 도끼자루, 큰 나무

▷ 一毫之頃 일호지경 잠깐사이

* 出典: 戰國策(전국책) / 孔子家語(공자가어) 觀周篇(관주편) / 逸周書(일주서)

豪放磊落 호방뇌락 호걸 호 | 방자할 방 | 뜻 클·돌무더기 뇌(뢰) | 떨어질 락

기개(氣槪)가 장(壯)하고 마음이 활달(豁達)하여 작은 일에 거리끼거나 구애(拘礙)받지 않고
도량(度量)이 넓고 크다는 말

▷ 洒落 쇄락 성격·태도·언동 등이 소탈(疏脫)하고 시원시원함

▷ 磊落 뇌락 돌무더기가 와르르 굴러 떨어짐[Rock & Roll: 록 앤 롤]

▷ 墮落 타락 올바른 길에서 벗어나 잘못된 길로 빠짐

▷ 墜落 추락 높은 곳에서 떨어짐 또는 위신(威信)이나 가치 등이 떨어짐

▷ 磊嵬 뇌외 높고 험준(險峻)한 모양

好事多魔 호사다마 좋을 호 | 일 사 | 많을 다 | 마귀·악귀 마

좋은 일에는 탈이 많음. 좋은 일에는 방해(妨害)가 된다거나 귀찮은 일도 많이 겪어야함을 비유

유의어

鰣魚多骨 시어다골 준치가 맛은 좋은데 가시가 많음. 성가심

寸善尺魔 촌선척마 좋은 일은 적고[寸: 촌], 나쁜 일은 많음[尺: 척]

多事多難 다사다난 여러 가지 일이 많기도 하고 어려움도 많음

▷ 魔鬼 마귀 요사(妖邪)스러운 귀신(鬼神)의 통칭 = 惡魔 악마, 魔 마

狐死首丘 호사수구 여우 호 | 죽을 사 | 머리 수 | 언덕 구

여우가 죽을 때 자기가 어릴 때 놀던 언덕을 향해 머리를 두고 죽는다는 뜻으로
1. 죽을 때라도 근본(根本)을 잊지 않고 고향을 그리워함의 비유
2. 타지(他地)에서 고향(故鄕)을 그리워함의 비유

유의어

首丘初心 수구초심, 首丘 수구

胡馬望北 호마망북, 胡馬依北風 호마의북풍

▷ 狐狸 호리 1. 여우와 살쾡이 2. 도량(度量)이 좁고 간사(奸詐)한 사람의 비유

* 出典: 楚辭(초사)

虎死留皮 호사유피 범 호 | 죽을 사 | 머물 유(류) | 가죽 피 / 가죽 비

호랑이는 죽어서 가죽을 남긴다는 뜻으로 사람은 죽어서 명예(名譽)를 남겨야 함을 이르는 말

유의어

豹死留皮 표사유피, 人死留名 인사유명
표범은 죽어서 가죽을 남긴다는 뜻으로 사람은 죽어서 명예를 남겨야 함을 이르는 말

▷ 不入虎穴安得虎子 불입호혈안득호자, 不入虎穴焉得虎子 불입호혈언득호자
호랑이 굴에 들어가지 않고 어찌 호랑이 새끼를 얻을 수 있겠는가?[들어가야 얻는다는 말]

▷ 不入虎穴不得虎子 불입호혈부득호자
호랑이 굴에 들어가지 않고서 호랑이 새끼를 얻을 수 없다

* 出典: 五代史(오대사)의 王彦章傳(왕언장전)

狐死兎悲 호사토비 여우 호 | 죽을 사 | 토끼 토 | 슬플 비

여우가 죽으니 토끼가 슬퍼한다는 뜻으로 같은 처지나 무리의 불행을 함께 슬퍼한다는 말

유의어

狐死兎泣 호사토읍, 兎死狐悲 토사호비

蕙焚蘭悲 혜분난비 혜란(蕙蘭)이 불에 타면 난초(蘭草)가 슬퍼한다는 뜻으로
벗의 불행(不幸)을 슬퍼함의 비유.

同病相憐 동병상련 같은 병을 앓는 환자(患者)끼리 서로 가엾게 여긴다는 뜻

* 出典: 宋史(송사) 李全傳(이전전: 중국 南宋[남송]시대 楊妙眞[양묘진]의 고사)

虎視牛步 호시우보 범 호 | 볼 시 | 소 우 | 걸음 보

호랑이처럼 예리(銳利)하고 무섭게 사물을 직시(直視)하고 소처럼 꾸준하고 신중(愼重)하게
행동(行動)한다는 뜻으로 매사(每事)에 냉철(冷徹)하고 신중(愼重)을 기하여 꾸준히 행한다는 말

【유의어】 虎視牛行 호시우행, 牛行虎視 우행호시

▷ 羆虎 비호 곰과 호랑이, 즉 용맹(勇猛)한 장수(將帥)를 비유하는 말
    = 虓虎 효호, 羆熊 비웅, 猛將 맹장, 勇士 용사

虎視眈眈 호시탐탐 범 호 | 볼 시 | 노려볼·범이 볼 탐

호랑이가 두 눈을 부릅뜨고 먹이를 노려본다는 뜻으로
1. 남의 것을 빼앗기 위하여 형세(形勢)를 살피며 가만히 기회(機會)를 엿봄
2. 날카로운 눈을 부릅뜨고 가만히 기회(機會)를 엿보고 있는 상태

▷ 螳螂捕蟬 黃雀在後 당랑포선 황작재후 (에서 유래)
    매미를 덮치려는 사마귀가 자기 뒤에는 참새가 자기를 노리고 있음을 몰랐다는 데서 유래.
    즉 앞에 보이는 욕심에만 눈이 어두워, 뒤에 닥칠 위험(危險)을 깨닫지 못하는 어리석음을 비유
    = 螳螂在後 당랑재후, 螳螂窺蟬 당랑규선

* 出典: 易經(역경)

豪言壯談 호언장담 호걸 호 | 말씀 언 | 장할 장 | 말씀 담

1. 주위상황(周圍狀況)을 개의(介意)치 않고 거리낌 없이 씩씩하게 말함
2. 분수(分數)에 맞지 않는 말을 큰소리로 자신(自信)있게 말함

【유의어】 大言壯談 대언장담, 大言壯語 대언장어, 號曰百萬 호왈백만
        虛張聲勢 허장성세 실속은 없으면서 허세만 떠벌림

▷ 豪宕 호탕 기품(氣品)이 호걸(豪傑)스럽고 방종(放縱)함
▷ 豪傑 호걸 지혜(智慧)와 용기가 뛰어나고 기개(氣槪)와 풍모가 있는 사람

浩然之氣 호연지기 클·넓을 호 | 그러할 연 | 어조사 지 | 기운 기

1. 하늘과 땅 사이에 가득 찬 넓고 큰 원기(元氣)
2. 사물(事物)에 개의(介意)치 않는 거침없이 넓고 큰 기개(氣槪)
3. 도의에 뿌리를 박고 공명정대(公明正大)하여 조금도 부끄러울 바 없는 도덕적 용기(勇氣)

【유의어】 浩氣 호기, 正氣 정기, 豪放 호방, 顥顥 호호

▷ 元氣 원기 본디 타고난 기운, 만물성장의 근본이 되는 정기. 몸과 마음의 활동력
▷ 氣槪 기개 씩씩한 기상(氣像)과 꿋꿋한 절개(節槪)
▷ 浩浩蕩蕩 호호탕탕 1. 아주 넓어서 끝이 없다 2. 기세(氣勢)가 있고 힘차다

* 出典: 孟子(맹자) 公孫丑(공손추) 上篇(상편)

號曰百萬 호왈백만 부를·부르짖을 호 | 가로·말할 왈 | 일백 백 | 일만 만

실상(實狀)은 얼마 되지 않는 것을 매우 많다고 과장(誇張)하여 떠들어 댐

〔유의어〕 豪言壯談 호언장담, 大言壯談 대언장담, 大言壯語 대언장어

虛張聲勢 허장성세 실속은 없으면서 허세(虛勢)만 떠벌림

▷ 號 호 본명이나 자(字) 이외에 쓰는 이름 = 堂號 당호, 別號 별호

▷ 字 자 장가든 뒤에 본(本)이름 외에 부르는 이름

▷ 雅號 아호 문인·학자·화가 등이 본명 외에 갖는 호나 별호를 높여 이르는 말

▷ 宅號 택호 집주인의 벼슬 이름이나 처가(妻家)나 본인의 고향 이름 등을 붙여 그 집을
부르는 이름[김 진사 댁·이 장관 댁·이천 댁·안성 댁]

▷ 號哭捲堂 호곡권당 궐밖에 앉아 곡(哭)소리를 내며 시위(示威)하던 데모

狐疑不決 호의불결 여우 호 | 의심할 의 | 아닐 불(부) | 결정할·결단할 결

여우가 의심(疑心)이 많아 결단(決斷)을 내리지 못한다는 뜻으로 어떤 일에 대해 의심이 많아
머뭇거리며 단행(斷行)하지 못하고 주저(躊躇)함을 비유하는 말

여우는 본래 의심이 많아 얼음 위를 걸을 때 이상한 소리가 나면 곧 얼음이 깨질 것으로
예감(豫感)하고 즉시 가던 길을 되돌아온다는 고사에서 유래

〔유의어〕 狐疑未決 호의미결, 左顧右視 좌고우시

左瞻右顧 좌첨우고, 左顧右眄 좌고우면, 左右顧眄 좌우고면

躊躇 주저 머뭇거리며 망설임

猶豫 유예 1. 망설여 일을 결행하지 않음 2. 시일을 미루거나 늦춤

首鼠兩端 수서양단, 首鼠 수서
쥐가 구멍에서 머리를 내밀고 나갈까 말까 망설인다는 뜻으로
머뭇거리며 진퇴(進退)나 거취(去就)를 결정짓지 못하는 상태를 이르는 말

▷ 被疑 피의 범죄(犯罪)를 저지른 사실이 있을 것이라는 의심을 받음

* 出典: 述征記(술정기: 晉[진]나라 때 郭緣生[곽연생] 著)

好衣好食 호의호식 좋을 호 | 옷 의 | 좋을 호 | 밥·먹을 식

좋은 옷을 입고 좋은 음식을 먹는다는 뜻으로 남 부러울 것 없이 풍요(豊饒)롭게
살아가는 모습을 비유하는 말, 즉 잘 입고 잘 먹음

〔유의어〕 暖衣飽食 난의포식 따뜻이 입고 배불리 먹음

錦衣玉食 금의옥식 비단옷에 흰 쌀밥. 호화생활(豪華生活)

金迷紙醉 금미지취 금종이에 정신이 미혹(迷惑)되어 취함. 사치(奢侈)스런 생활

반의어 惡衣惡食 악의악식, 惡衣粗食 악의조식, 粗衣粗食 조의조식
맛없는 음식(飮食)을 먹고 허름한 옷을 입음. 또는 그런 음식이나 옷

狐濡尾 호유미 여우 호 | 적실·젖을 유 | 꼬리 미

여우가 꼬리를 적셨다는 뜻으로 일을 시작하기는 쉬우나 끝마무리를 잘하기가 어렵다는 말
즉 소인의 재주로는 큰일을 감당(堪當)하기 어려움을 비유하는 말

여우는 머리가 가볍고 꼬리가 무겁기 때문에 꼬리를 등에 얹고 냇물을 건너는 습성이 있다고
하는데 도중에 힘이 빠져 꼬리가 물에 젖는 바람에 건너지 못했다는 옛이야기에서 온 말

유의어 狐濡其尾 호유기미

蚊蚋負山 문예부산
모기가 산을 짊어진다는 뜻으로 역량(力量)이나 능력이 부족(不足)한자가 중대한 일을
감당(堪當)할 수 없음을 비유하는 말

折足覆餗 절족복속
솥발을 부러뜨려 음식을 엎지른다는 뜻으로 나라를 다스리는데 있어서 소인을 쓰면
그 임무(任務)를 감당하지 못하여 나라를 위태(危殆)롭게 만든다는 말

* 出典: 易經(역경) 未濟(미제)

胡蝶之夢 호접지몽 되·오랑캐 호 | 나비 접 | 어조사 지 | 꿈 몽

나비가 된 꿈으로, 물아일체(物我一體)의 경지 또는 인생의 무상(無常)함을 비유하는 말로
나와 외물(外物)은 본디 하나이던 것이 현실에서 갈라진 것에 불과(不過)하다는 이치(理致)

장자(莊子)가 꿈에 나비가 되었다가 깬 뒤에 자기가 꿈속에서 나비가 되었는지 원래 나비였던
자기가 꿈속에서 장자가 되었는지 분간(分揀)할 수 없게 되었다는 고사에서 유래

유의어 蝶夢 접몽, 胡蝶夢 호접몽, 蝴蝶之夢 호접지몽, 莊周之夢 장주지몽

▷ 胡蝶 호접 나비 = 蝴蝶 호접

* 出典: 莊子(장자) 齊物論(제물론)

壺中天地 호중천지 병·항아리 호 | 가운데 중 | 하늘 천 | 땅·따 지

항아리 속의 별천지(別天地)라는 뜻으로 신기(神機)한 세상을 비유

유의어 壺中天 호중천, 壺中之天 호중지천, 武陵桃源 무릉도원
一壺天 일호천, 一壺之天 일호지천, 仙境 선경, 仙界 선계, 仙鄕 선향
別有天地 별유천지, 別天地 별천지, 別世界 별세계, 別乾坤 별건곤

▷ 氷壺 빙호, 氷心玉壺 빙심옥호
얼음같이 맑은 마음이 옥항아리에 있다는 뜻, 마음이 티 없이 맑고 깨끗함의 비유

* 出典: 漢書(한서: 官吏[관리]인 費長房[비장방]과 약장수 壺公[호공]에 관한 고사에서 유래)

797

護疾忌醫 호질기의

<small>지킬·비호할 호 | 병·빠를 질 | 꺼릴·싫어할 기 | 의원·치료할 의</small>

병을 숨기고 의사에게 보이길 꺼린다는 뜻, 자기의 결점을 감추고 다른 사람의 충고(忠告)나 조언(助言)을 받아들이지 않으려는 태도(態度)를 비유하는 말

［유의어］ 諱疾忌醫 휘질기의

▷ **文過飾非 문과식비** 허물도 꾸미고 잘못도 꾸민다는 뜻, 잘못이 있음에도 불구하고 뉘우침도 없이 숨길뿐만 아니라 도리어 외면하고 잘난 체함

▷ **忌憚 기탄** 어렵게 여기어 꺼림

昊天罔極 호천망극

<small>하늘 호 | 하늘 천 | 없을·그물 망 | 다할·끝 극</small>

하늘과 같이 다함이 없다는 뜻으로 어버이의 은혜(恩惠)가 하늘같이 끝없이 넓고 커서 갚을 길이 없음을 비유하는 말

［유의어］ 罔極之恩 망극지은 한없는 은혜(恩惠)

▷ **欲報深恩昊天罔極 욕보심은호천망극** [부모의 제사(祭祀)때 축문(祝文)에 씀] 자식의 도리로 부모의 깊은 은혜를 갚고자하나, 하늘처럼 넓고 커서 갚을 길이 없음

* 出典: 小學(소학)

呼兄呼弟 호형호제

<small>부를·숨 내쉴 호 | 맏·형 형 | 부를 호 | 아우 제</small>

형이니 아우니 하고 서로 부른다는 뜻으로 매우 가까운 친구(親舊)로 지냄을 비유하는 말

［유의어］ 曰兄曰弟 왈형왈제

▷ **兄弟投金 형제투금** 형제간(兄弟間)의 돈독(敦篤)한 우애(友愛)를 비유하는 말
▷ **難兄難弟 난형난제** 누가 형이고 누가 동생인지 또는 우열을 분간(分揀)하기 어려움
▷ **呼訴 호소** 억울(抑鬱)하거나 딱한 사정(事情)을 남에게 하소연함

互惠關稅 호혜관세

<small>서로 호 | 베풀·은혜 혜 | 관문·문빗장 관 | 거둘·구실 세</small>

서로에게 혜택(惠澤)이 되는 관세(關稅). 즉 통상협정(通商協定)을 맺은 두 국가 사이에 서로에 대하여 관세를 인하(引下)하여 무역증진(貿易增進)을 꾀하는 관세

▷ **互惠 호혜** 서로 특별(特別)한 편익(便益)을 주고받는 일
▷ **惠存 혜존** '받아 간직해 주십시오.'의 뜻 자기의 저서(著書)나 작품을 증정(贈呈)할 때 상대방 이름 아래에 씀

互惠平等 호혜평등

<small>서로 호 | 베풀·은혜 혜 | 평평할 평 | 같을·무리 등</small>

이데올로기(= Ideology)를 무시하고 적성국이든 우방국이든 강대국이든 약소국이든

평등한 관계로써 공평한 외교(外交)를 하는 것을 말함

▷ Ideology 이데올로기　어떤 사회집단의 사상·행동을 근본적으로 제약(制約)하거나
이끄는 관념(觀念)이나 믿음의 체계(體系)

▷ Paradigm 패러다임　어떤 한 시대 사람들의 사고나 인식을 근본적으로 규정(規定)하고
지배(支配)하는 이론적인 틀이나 개념(槪念)의 체계

皜皜白髮 호호백발　흴 호 | 흰 백 | 머리털·터럭 발
머리털이 온통 하얗게 센머리 또는 그런 머리의 노인

｢유의어｣ 昭昭白髮 소소백발, 皤皤老人 파파노인, 白髮老人 백발노인

皤叟 파수, 皤翁 파옹, 白叟 백수, 白頭 백두

鶴髮 학발　두루미의 깃처럼 희다는 뜻으로, 하얗게 센 머리

▷ 毛 털 모, 鬚 수염 수, 髥 구레나룻 염, 髭 콧수염 자, 鬢 살쩍·귀밑털 빈

好好先生 호호선생　좋을 호 | 먼저 선 | 날·살 생
마음씨가 좋고 너그러운 선생이라는 뜻

1. 인품(人品)이 훌륭한 노인을 비유하여 이르는 말

｢유의어｣ 好好爺 호호야, 好好人 호호인

2. 남의 말에 무조건 옳다고 하는 사람을 비유. 성격이 너그러운 사람을 비유하는 말

｢유의어｣ 無骨好人 무골호인, 四面春風 사면춘풍

[중국 후한 말기 사마휘(司馬徽)의 별명 또는 조선시대 황희 정승(黃喜 政丞)도 이에 해당됨]

* 出典: 古今譚槪(고금담개: 明[명]나라 말기 문장가 馮夢龍[풍몽룡] 著)

豪華燦爛 호화찬란　호화스러울·호걸 호 | 빛날·꽃 화 | 빛날 찬 | 빛날·문드러질 란
극도(極度)로 사치(奢侈)스럽고 화려하여 눈부실 정도로 빛난다는 말

｢유의어｣ 銀燭煒煌 은촉위황, 輝煌燦爛 휘황찬란, 五色燦爛 오색찬란

▷ 豪商 호상　큰 규모(規模)로 장사하는 상인. 돈이 많은 상인

惑世誣民 혹세무민　미혹할 혹 | 세상·인간 세 | 속일·무고할 무 | 백성 민
세상을 어지럽히고 세상 사람을 미혹(迷惑)하게 하여 속임
사이비(似而非)종교 교주, 그릇된 주장(主張)을 내세우는 정치가나 학자 등이 그릇된 믿음이나
이론(理論)을 이용하여 사람들을 속이고 또한 그들을 이용하여 자신들의 이익을 추구(追求)하는
모든 행위(行爲)를 가리키는 말

▷ 誣告 무고　사실이 아닌 일을 거짓으로 꾸며 고발(告發)하거나 고소(告訴)함

▷ 蠱惑 고혹　아름다움·매력(魅力)등에 흘려 정신(精神)을 못 차림

▷ 魅惑 매혹　남의 마음을 호려 현혹(眩惑)하게 함

▷ 眩惑 현혹　정신이 어지러워져 홀림 또는 정신을 어지럽게 하여 홀리게 함

或是或非 혹시혹비　혹·혹시 혹 | 옳을 시 | 혹·혹시 혹 | 아닐 비

어떤 것은 옳은 것도 같고 또 어떤 것은 그른 것도 같아, 옳고 그른 것을 잘 분간(分揀)할 수 없음을 비유하는 말

유의어 或可或不可 혹가혹불가　혹은 가(可)하고 혹은 불가(不可)함

兩是雙非 양시쌍비　양편의 주장이 다 이유가 있어 시비를 가리기 어려움

▷ 是是非非 시시비비　옳은 것은 옳다고 하고 그른 것은 그르다고 함

▷ 是非 시비　1. 잘잘못. 옳음과 그름　2. 옳으니 그르니 하는 말다툼

魂飛魄散 혼비백산　넋 혼 | 날 비 | 넋 백 | 흩을·흩어질 산

혼백[魂魄: 넋]이 이리저리 날아 흩어진다는 뜻, 몹시 놀라 넋을 잃어 어찌할 바를 모른다는 말

유의어 魂不附身 혼불부신, 魂不附體 혼불부체

落膽喪魂 낙담상혼, 喪魂落膽 상혼낙담
몹시 놀라거나 마음이 상해서 넋을 잃음. 얼이 빠짐

魂銷 혼소　혼이 사라짐. 충격·놀람 등으로 제정신을 차리지 못함을 비유하는 말

▷ 返魂 반혼　장사지낸 뒤에 신주(神主)를 집으로 모셔오는 일

▷ 靈魂 영혼　죽은 사람의 넋

昏睡狀態 혼수상태　어두울 혼 | 잠잘 수 | 모양·형태 상 | 모양·형상 상

완전히 의식(意識)을 잃고 거의 죽은 사람처럼 인사불성(人事不省)이 된 상태를 비유하는 말

유의어 意識不明 의식불명, 人事不省 인사불성, 不省人事 불성인사
정신을 잃어 의식(意識)이 없음 또는 사람으로서의 예절(禮節)을 차릴 줄 모름

渾然一致 혼연일치　모두·온전할·섞일 혼 | 그러할 연 | 하나 일 | 이를·보낼 치

1. 차별(差別)이나 구별(區別)없이 한가지로 합치(合致)함
2. 의견(意見)이나 주장(主張)등이 완전히 하나로 일치(一致)함

유의어 渾然一體 혼연일체, 滿場一致 만장일치, 衆口同聲 중구동성
異口同聲 이구동성, 異口同音 이구동음, 如出一口 여출일구

▷ 致知 치지　사물의 도리(道理)를 깨닫는 경지(境地)에 이름

▷ 渾天儀 혼천의　옛날에, 천체(天體)의 운행과 위치를 관측(觀測)하던 장치(裝置)

昏庸無道 혼용무도　어두울 혼 | 어리석을·떳떳할 용 | 없을 무 | 길 도

나라상황이 마치 암흑(暗黑)에 뒤덮인 것처럼 온통 깜깜하고 어지럽다는 말

혼용(昏庸)은 어리석고 무능한 군주를 가리키는 혼군(昏君)과 용군(庸君)이 합쳐져 이루어진 말로 각박(刻薄)해진 사회분위기의 책임을 군주(君主), 다시 말해 최고정치지도자에게 묻는 말이다

▷ 昏君 혼군　사리(事理)에 어두운 임금 = 暗君 암군, 暗主 암주

▷ 庸君 용군　어리석은 임금

▷ 昏迷 혼미　1. 정신이 헛갈리고 흐리멍덩함　2. 정세(情勢)가 불안정함

* 出典: 論語(논어) 天下無道(천하무도)

昏定晨省 혼정신성　날 저물·어두울 혼 | 잠잘·정할 정 | 새벽 신 | 안부 물을·살필 성

밤에는 부모의 잠자리를 돌보아 드리고 아침에는 밤사이 부모의 안부(安否)를 여쭙는다는 뜻, 평소에 늘 부모(父母)를 잘 섬기고 효성(孝誠)을 다함의 비유

[유의어] 朝夕定省 조석정성, 定省 정성

扇枕溫席 선침온석, 冬溫夏淸 동온하정, 溫淸晨省 온정신성
겨울에는 따뜻하게, 여름에는 서늘하게 한다는 뜻으로 부모를 잘 섬겨 효도함

問安視膳 문안시선　안부(安否)를 여쭙고 반찬(飯饌)의 맛을 살핌. 웃어른을 잘 모심

▷ 朏晨 비신　새벽 = 黎明 여명, 拂曙 불서, 拂曉 불효

* 出典: 禮記(예기) 曲禮篇(곡례편)

忽顯忽沒 홀현홀몰　문득·갑자기 홀 | 나타날·드러날 현 | 가라앉을·빠질 몰

문득 나타났다 문득 사라진다는 뜻, 귀신같이 자유자재(自由自在)로 나타났다 사라졌다 함을 비유

[유의어] 神出鬼沒 신출귀몰　귀신처럼 자유자재로 나타났다 사라졌다 함

出沒無雙 출몰무쌍　나타났다 없어졌다 하는 것이 비길 데 없을 만큼 심함

▷ 疏忽 소홀　예사(例事)롭게 여겨서 정성이나 조심이 부족함 = 等閑 등한

▷ 顯彰 현창　밝게 나타남. 또는 나타냄 = 顯章 현장

▷ 汨沒 골몰　다른 생각을 할 여유(餘裕)없이 한 일에만 온 정신을 쏟음

鴻鵠之志 홍곡지지　큰기러기 홍 | 고니·흴 곡 | 어조사·갈 지 | 뜻 지

큰기러기와 고니의 뜻, 영웅호걸(英雄豪傑)의 웅지(雄志)나 원대(遠大)한 포부(抱負)를 비유하는 말

『유의어』 **乘風破浪** 승풍파랑, **長風波浪** 장풍파랑
　　　바람을 타고 거센 파도(波濤)를 헤쳐 나감, 원대한 뜻이 있음을 이르는 말

▷ **燕雀安知鴻鵠之志** 연작안지홍곡지지 (제비 연｜참새 작｜어찌 안｜알지) 에서 유래
　　제비나 참새 따위가 어찌 기러기나 고니의 웅지(雄志)를 알겠는가? [설의법: 모른다]
　　즉 보통사람이 영웅(英雄)의 큰 뜻을 알리가 없음을 강조(強調)하는 말

＊ 出典: 史記(사기) 陳涉世家(진섭세가)

紅東白西 홍동백서　붉을·연지 홍｜동녘 동｜흰·사뢸 백｜서녘 서
제사(祭祀)때에 신위(神位)를 기준으로 붉은 과실은 동쪽, 흰 과실은 서쪽에 차리는 격식(格式)

▷ **左脯右醯** 좌포우혜　왼쪽에 포[脯肉: 포육], 오른쪽에 식혜(食醯)를 차리는 격식
▷ **棗栗梨柿** 조율이시　대추[棗: 조]·밤[栗: 율]·배[梨: 이·리]·감[柿: 시]
▷ **魚東肉西** 어동육서　생선(生鮮)을 동쪽에, 육류(肉類)는 서쪽에 놓는 일

紅爐點雪 홍로점설　붉을 홍｜화로 로｜점·점찍을 점｜눈·씻을 설
빨갛게 달아오른 화로(火爐)위에 한 점의 눈을 뿌린다는 뜻
1. 큰일을 하는데 작은 힘을 보태도 별로 도움이 안 되거나 아무런 보람이 없음을 비유
2. 사욕(私慾)이나 의혹(疑惑)이 일시에 사라지고 마음이 환하게 탁 트임

『유의어』 **紅爐上一點雪** 홍로상일점설, **紅爐一點雪** 홍로일점설
　　　漢江投石 한강투석　한강에 돌 던지기. 미미함. 효과 없음. 보람 없음
　　　渙然氷釋 환연빙석　의혹(疑惑)이 얼음 녹듯이 풀려 없어짐
▷ **點頭** 점두　승낙 또는 옳다는 뜻으로 머리를 약간 끄덕임

紅毛碧眼 홍모벽안　붉을 홍｜털 모｜푸를 벽｜눈 안
붉은 머리털과 푸른 눈이라는 뜻으로 서양(西洋)사람의 모습을 일컫는 말

『유의어』 **紅髯** 홍염　붉은 수염. 서양사람 / **碧眼** 벽안　파란 눈동자. 서양사람
　　　碧眼紫髯 벽안자염　파란 눈과 검붉은 수염이라는 뜻으로 서양 사람의 모습
▷ **眼識** 안식　사물의 선악·가치를 분별(分別)하는 안목(眼目)과 식견(識見)

洪範九疇 홍범구주　클·큰물 홍｜법·틀 범｜아홉 구｜무리·밭두둑·경계 주
하(夏)나라 우(禹)임금이 정한 정치도덕의 아홉 가지 원칙(原則)

1. 오행(五行)　　2. 오사(五事)　　3. 팔정(八政)　　4. 오기(五紀)　　5. 황극(皇極)
6. 삼덕(三德)　　7. 계의(稽疑)　　8. 서징(庶徵)　　9. 오복(五福)과 육극(六極)

九疇 구주, 九法 구법

▷ 範疇 범주 1. 같은 성질(性質)을 가진 부류(部類)나 범위(範圍)

2. 사물의 개념(概念)을 분류(分類)할 때 그 이상 일반화할 수 없는 가장
보편적(普遍的)이고 기본적인 최고의 유개념(類概念) = 카테고리

* 出典: 書經(서경) 洪範(홍범)

紅顏薄命 홍안박명 붉을 홍 | 얼굴 안 | 박하게 할·엷을 박 | 목숨·운수 명
미인은 팔자(八字)가 기박(奇薄)하거나 명(命)이 짧음을 비유하는 말

美人薄命 미인박명, 佳人薄命 가인박명

▷ 紅門 홍문, 旌門 정문, 綽楔 작설
충신·효자·열녀 등을 표창(表彰)하기 위하여 그 집 앞이나 마을 앞에 세우던 붉은 문

弘益人間 홍익인간 클·넓을 홍 | 더할 익 | 사람 인 | 사이 간
널리 인간세계를 이롭게 한다는 뜻. 단군신화(檀君神話)에 나오는 고조선의 건국이념
우리나라 대한민국(大韓民國)의 정치(政治)·경제(經濟)·사회(社會)·문화(文化)의 최고
통치이념(統治理念)으로써, 윤리(倫理)의식과 사상(思想)적 전통(傳統)의 바탕을 이루고 있음

▷ 在世理化 재세이화 세상에 있으면서 사람을 다스려 교화(敎化)시킴

▷ 人乃天 인내천 사람이 곧 하늘[= 한울: 천도교(天道敎)의 기본사상]

▷ 弘報 홍보 일반에게 널리 알림 또는 그 보도(報道)나 소식(消息)

* 出典: 三國遺事(삼국유사) 紀異篇(기이편)

紅一點 홍일점 붉을 홍 | 하나 일 | 점·점찍을 점
무수한 푸른 잎 가운데 홀로 피어있는 한 송이의 붉은 꽃이라는 뜻
1. 많은 평범한 무리 가운데 오직 하나 이채(異彩)를 띠는 것의 비유
2. 많은 남자들 속에 끼어 있는 한 여자를 비유하는 말

萬綠叢中紅一點 만록총중홍일점 (에서 유래)

靑一點 청일점 많은 여자들 사이에 끼어있는 한 남자를 비유하는 말

* 出典: 王安石(왕안석)의 石榴詩(석류시)

華官膴職 화관무직 빛날·꽃 화 | 벼슬 관 | 아름다울·두터울·저민 고기 무 | 벼슬·직분 직
빛나는 벼슬과 아름다운 직위(職位)라는 뜻, 이름이 높고 녹봉(祿俸)이 많은 벼슬을 비유

高官大爵 고관대작 지위가 높고 훌륭한 벼슬 또는 그 지위의 사람

▷ **瀆職** 독직　직책을 더럽힘[특히, 공무원이 지위나 직무를 남용하여 부정행위를 저지르는 일]

▷ **賣官賣職** 매관매직　돈이나 재물을 받고 벼슬을 시킴

和光同塵 화광동진　화할 화 | 빛 광 | 같을 동 | 먼지·티끌 진

빛을 부드럽게 하여 속세(俗世)의 먼지와 함께 섞인다는 뜻

1. 자신의 현명(賢明)함과 재주를 감추고 세속(世俗)을 따름의 비유
　　또는 성인이나 현인이 속인과 함께 삶을 영위(營爲)함. 분간(分揀)이 안 되게 신분을 감춤
2. 부처가 중생을 구제(救濟)하기 위해 그 본색을 숨기고 인간계에 나타남을 비유하는 말

　「유의어」 和光 화광

▷ **火光衝天** 화광충천　불길이 하늘을 찌를 듯이 맹렬함

▷ **塵劫** 진겁　과거(過去)·미래(未來)의 티끌처럼 많은 시간

* 出典: 老子(노자)

和氣靄靄 화기애애　화할 화 | 기운·공기 기 | 피어오를·아지랑이(놀) 애

서로 뜻이 맞는 기운이 합하여져 함께 아지랑이처럼 피어난다는 뜻, 온화(溫和)하고 화목(和睦)한 분위기(雰圍氣)가 넘쳐흐름을 비유하는 말. 즉 분위기가 좋다는 말

　「반의어」 殺氣騰騰 살기등등　살기(殺氣)가 얼굴에 잔뜩 올라 있음

▷ **和暢** 화창　날씨나 바람이 온화하고 맑음

畵龍點睛 화룡점정　그림 화 | 용 룡(용) | 점(찍을) 점 | 눈동자 정

용을 그릴 때 마지막에 점을 찍어 눈동자를 완성시킨다는 뜻으로 대미(大尾)를 장식(裝飾)

1. 가장 중요한 부분을 마치어 일을 끝냄을 비유하는 말
2. 글을 쓰거나 그림을 그릴 때 가장 요긴(要緊)한 부분을 맨 마지막에 성공적으로 완성함을 비유

남북조(南北朝)시대 양(梁)나라에 장승요(張僧繇)라는 사람이 용을 그리고 난 뒤에 마지막으로 눈동자를 그려 넣었더니 그림속의 용이 실제(實際)로 용이 되어 구름을 타고 홀연히 하늘로 날아 올라갔다는 고사(故事)에서 유래

　「유의어」 點睛 점정, 點眼 점안

▷ **幀畵** 탱화　부처·보살·성현 등을 그려서 벽에 거는 그림 = 幀 탱

* 出典: 水衡記(수형기)

靴裏動指頭 화리동지두　신·가죽신 화 | 속 리 | 움직일 동 | 발(손)가락 지 | 머리 두

신발 속에서 발가락을 움직이는데 다른 사람은 눈치를 못 채도 자기 자신은 안다는 말
귀신(鬼神)은 속일 수 있어도 자기 양심(良心)은 속일 수 없다는 말

〔유의어〕 冷暖自知 냉난자지　물이 차가운지 따뜻한지는 물을 먹어본 자신은 안다는 말

▷ 裏面 이면　속. 안. 겉으로 드러나지 않은 속내나 속사정

花無十日紅 화무십일홍　꽃 화 | 없을 무 | 열 십 | 날 일 | 붉을 홍

꽃이 열흘 동안 붉게 피어있을 수 없다는 뜻으로 오래 못가고 곧 꽃이 진다는 말
한 번 성(盛)한 것은 얼마 지나지 않아 반드시 쇠(衰)해짐을 비유하는 말

〔유의어〕 勢無十年過 세무십년과, 盛者必衰 성자필쇠, 生者必滅 생자필멸

　　　　　權不十年 권불십년　아무리 권세가 높다 해도 십 년을 가지 못한다는 뜻

　　　　　月滿則虧 월만즉휴, 月盈則食 월영즉식, 日月盈昃 일월영측

　　　　　달이 차면 곧 기운다는 뜻으로 성(盛)하면 곧 쇠(衰)하는 것이 자연의 섭리(攝理)

▷ 日中則而月滿則虧 일중즉이월만즉휴, 日中則昃月盈則食 일중즉측월영즉식

　　해는 중천에 뜨면 기울고 달이 차면 기울기 마련, 성(盛)하면 쇠(衰)하는 것이 자연의 섭리

▷ 日月盈昃辰宿列張 일월영측진수열장

　　해와 달은 차면 기울고 별은 각각 제자리에서 하늘에 펼쳐져있네

禍福糾纆 화복규묵　재앙 화 | 복 복 | 얽힐·꼴 규 | 노(끈)·두 가닥 묵

화(禍)와 복(福)이 꼬여있는 노끈과 같이 서로 얽혀있다는 뜻, 재앙(災殃)이 있으면 복이 있고
복이 있으면 재앙도 있다는 말로 인생은 화와 복이 서로 맞물려서 번갈아 나타난다는 말

〔유의어〕 禍福糾繩 화복규승, 禍福若糾纆 화복약규묵, 表裏一體 표리일체

　　　　　興亡盛衰 흥망성쇠　흥하고 망함과 성하고 쇠함(순환 됨)

　　　　　榮枯盛衰 영고성쇠　인생이나 사물의 성하고 쇠함이 서로 뒤바뀌는 현상

　　　　　塞翁之馬 새옹지마　모든 것은 변화가 많아서 인생의 길흉화복을 예측할 수 없다는 뜻

　　　　　楛菀 고울　시듦과 우거짐, 인생과 사물의 성쇠(盛衰)와 영욕(榮辱)을 비유

▷ 糾彈 규탄　잘못·허물 등을 밝혀내어 따지고 나무람

* 出典: 史記(사기)

禍不單行 화불단행　재앙 화 | 아닐 불 | 홀·하나 단 | 다닐·갈 행

재앙(災殃)이 한번으로 그치지 않고 잇달아 온다는 뜻, 불행(不幸)한 일은 늘 겹쳐 온다는 말

▷ 禍孼 화얼　화(禍)를 끼치는 재앙(災殃)

▷ 飛禍 비화　남의 일로 당하는 뜻밖의 재앙

▷ 飛火 비화　1. 불똥이 이쪽에서 저쪽으로 튀어 날라 가서 박힌다는 말
　　　　　　　2. 어떤 일의 영향(影響)이 직접 관계가 없는, 다른 데에까지 번짐을 비유

華不再揚 화불재양 꽃·빛날 화 ㅣ 아닐 불 ㅣ 다시 재 ㅣ 나타날·오를 양

꽃은 두 번 매달리지[= 피지] 않는다는 뜻, 어떤 일의 결과(結果)를 다시 되 돌이킬 수 없음
흘러간 세월(歲月)은 두 번 다시 돌아오지 않음을 비유하여 이르는 말

유의어　破器相接 파기상접, 破器相從 파기상종
　　　깨진 그릇 조각을 다시 맞춘다는 뜻으로
　　　이미 잘못된 일을 바로잡으려고 쓸데없이 애씀을 이르는 말. 소용없음

　　　覆水不返盆 복수불반분, 覆水不收 복수불수
　　　한번 땅바닥에 쏟은 물은 다시 그릇에 담을 수 없음. 엎질러진 물

　　　破鏡再不照 파경재부조　한번 깨진 거울은 다시 비출 수 없음

　　　墮甑不顧 타증불고
　　　이미 깨진 시루는 더 이상 쓸모가 없어 돌아보지 않는다는 뜻으로
　　　지나간 일은 아쉬워해도 소용없으므로 깨끗이 단념(斷念)하는 것을 비유하는 말

華胥之夢 화서지몽 빛날 화 ㅣ 서로 서 ㅣ 어조사 지 ㅣ 꿈 몽

화서(華胥)의 꿈, 좋은 꿈을 비유하는 말. 선정(善政)을 베풀고 싶다는 말

고대 중국의 황제(黃帝) 헌원씨(軒轅氏)가 낮잠을 자다 꿈을 꾸었는데 화서씨(華胥氏)의
나라에 가서 그곳에서 행해지는 어진 정치(政治)를 꿈에서 보고 깨어 통치(統治)의 도를
깊이 깨달았다는 고사에서 유래

▷　黃帝 황제　1. 중국의 전설상의 제왕[帝王 = 헌원씨(軒轅氏)]
　　　　　　　　2. 복희씨(伏羲氏)·신농씨(神農氏)와 더불어 삼황(三皇)이라고 일컬음

＊ 出典: 列子(열자) 黃帝篇(황제편)

和氏之璧 화씨지벽 화할 화 ㅣ 성씨 씨 ㅣ 어조사 지 ㅣ 구슬 벽

1. 화씨(和氏)의 구슬, 천하의 명옥(名玉), 귀중한 보배
2. 어떠한 난관(難關)도 참고 견디면서 자신의 의지(意志)를 관철(貫徹)시킨다는 말

화씨(和氏)라는 옥(玉)을 잘 감정(鑑定)하는 사람이 옥의 원석(原石)을 발견하여 왕에게 받치니
왕이 옥의 진가(眞價)를 몰라보고 보통의 돌이라고 여겼다. 자기를 속였다고 생각한 두 명의 왕에게
두 번에 걸쳐 첫 번째는 왼쪽 발 두 번째는 오른쪽 발, 이렇게 양발이 잘려 화씨는 통곡하였다.
통곡(痛哭)소리를 들은 세 번째 문왕(文王)이 그 사연(事緣)을 듣고 자세히 감정(鑑定)해보니
명옥이 맞는지라 마침내 화씨는 두발을 잃고 나서야 비로소 어렵게 옥의 진가를 인정받았다는
고사에서 유래. 이 이야기는 전국시대 때 어리석은 군주들을 깨우치기가 얼마나 어려운 일이며
유능한 법술가들이 어리석은 군주들을 깨우치는 일을 하며 얼마나 고생하는지 화씨의 구슬을
비유로 들어 설파(說破)한 것이라고 한다.

유의어　和璧 화벽, 連城之璧 연성지벽, 卞和之璧 변화지벽
　　　隋珠 수주, 隋侯之珠 수후지주

＊ 出典: 韓非子(한비자) 和氏篇(화씨편)

花容月態 화용월태 꽃 화 | 얼굴 용 | 달 월 | 모양·형상 태

꽃다운 용모와 달같이 맑고 고운 자태(姿態)라는 뜻, 지극히 아름다운 여인의 모습을 형용

유의어 月態花容 월태화용, 雪膚花容 설부화용, 月宮姮娥 월궁항아

丹脣皓齒 단순호치, 朱脣皓齒 주순호치, 明眸皓齒 명모호치

沈魚落雁 침어낙안, 羞花閉月 수화폐월, 花顔月貌 화안월모

▷ 花鬚 화수 꽃술 / 花瓣 화판 꽃잎

▷ 花風病 화풍병 꽃바람 병이라는 뜻, 이성(異性)을 몹시 그리워하는 마음에 사로잡혀
생기는 마음의 병을 비유 = 相思病 상사병

* 出典: 花顔月貌(화안월모)

和而不同 화이부동 화할 화 | 그러나 이 | 아닐 부 | 같을 동

화합(和合)하지만 같지는 않다는 뜻, 섞이기는 하나 휩쓸리지 않음. 즉 남과 화목(和睦)하게
지내기는 하나 중용(中庸)의 도(道)를 넘어서까지 무턱대고 어울리지 않는다는 말

유의어 中庸之道 중용지도, 中庸 중용
극단(極端)에 치우치지 않고 평범(平凡)함 속에서 찾는 진실한 도리

반의어 同而不和 동이불화, 附和隨行 부화수행, 隨衆逐隊 수중축대

追友江南 추우강남 친구 따라 강남 간다는 말. 자기 주견 없이 남을 따라함

附和雷同 부화뇌동, 雷同附和 뇌동부화, 旅進旅退 여진여퇴
일정한 주견(主見)이 없이 남의 의견(意見)에 따라 같이 행동(行動)함

▷ 中庸 중용 어느 한쪽으로 치우침이 없이 올바르며 변함이 없는 상태나 정도

* 出典: 論語(논어)

華而不實 화이부실 꽃 화 | 그러나 이 | 아닐 부 | 열매·가득 찰 실

꽃은 피었으되 열매가 없다는 뜻으로 가식(假飾)과 허영(虛榮)에 지나지 않음을 비유하는 말
1. 겉은 화려(華麗)하고 좋아 보이나 알맹이가 없음. 속빈 강정
2. 말은 번드르르하나 하는 행동(行動)은 보잘 것 없음

유의어 有名無實 유명무실, 外華內貧 외화내빈, 虛禮虛飾 허례허식

喪頭服色 상두복색 상여(喪輿)를 꾸미기 위해 둘러치는 오색 비단의 휘장(揮帳)

반의어 名不虛傳 명불허전 명성(名聲)에는 그만한 까닭이 있음

* 出典: 春秋左氏傳(춘추좌씨전) 文公(문공) 5年條(년조)

花朝月夕 화조월석 꽃 화 | 아침 조 | 달 월 | 저녁 석

꽃 피는 아침과 달 밝은 저녁이라는 뜻으로
1. 경치(景致)가 좋은 시절(時節)을 이르는 말   2. 음력 2월 보름과 8월 보름을 이르는 말

『유의어』 朝花月夕 조화월석

▷ 花妬娟 화투연   꽃샘추위. 이른 봄, 꽃이 필 무렵 겨울의 끝자락이 꽃이 피는 것을
                    질투(嫉妬)하여 갑자기 날씨를 춥게 만드는 것을 비유하는 말

▷ 嫉妬 질투   강샘. 다른 사람을 시기(猜忌)하고 깎아내리려고 함

畫中之餅 화중지병 그림 화 | 가운데 중 | 어조사 지 | 떡 병

그림의 떡, 마음은 먹고 싶지만 먹을 수가 없어서 바라만 보았지 아무런 소용(所用)이 없음을
이르는 말. 허황(虛荒)된 상상이나 공상(空想)으로 스스로 위안(慰安)을 삼는다는 말

『유의어』 畫餅 화병

        畫餅充飢 화병충기 그림의 떡으로 주린 배를 채우다 = 畫餅充饑

▷ 甑餅 증병 시루떡 / 熬餅 오병 떡볶이

▷ 幀畫 탱화 부처·보살·성현 등을 그려서 벽에 거는 그림 = 幀 탱

* 出典: 三國志(삼국지) 盧毓傳(노육전)

和風暖陽 화풍난양 화할 화 | 바람 풍 | 따뜻할 난 | 볕·양지 양

화창(和暢)한 바람과 따스한 햇볕, 햇살이 비추고 부드러운 바람이 부는 따뜻한 봄 날씨를 비유

『유의어』 春暄 춘훤, 負暄 부훤   화창(和暢)한 봄날 등에 쪼이는 따스한 햇볕

『반의어』 凍氷寒雪 동빙한설, 冬將軍 동장군
        얼어붙은 얼음과 차가운 눈이라는 뜻으로 매서운 추위를 이르는 말

畫虎類狗 화호유구 그림 화 | 범 호 | 비슷할·무리 유(류) | 개 구

범을 그렸는데 개 비슷하게 됐다는 뜻, 범을 흉내 내다 개꼴이 됨
1. 자신의 능력에 어울리지 않게 너무 큰 욕심을 부리면 결국 우스운 결과만 초래한다는 말
2. 소양(素養)이 없는 사람이 호걸(豪傑)인 체하다가 도리어 망신(亡身)당함을 비유

『유의어』 畫虎不成 화호불성, 畫虎不成反類狗 화호불성반유구

        畫龍類狗 화룡유구, 畫龍不成反爲狗 화룡불성반위구

『반의어』 刻鵠類鶩 각곡유목, 刻鵠類鵝 각곡유아
        고니를 새기려다 실패해도 집오리 비슷하게 됨. 학업에 정진하여 성과(成果)가 좀 있음

* 出典: 後漢書(후한서) 馬援傳(마원전)

確固不動 확고부동 <small>확실할·군을 확 | 군을·단단할 고 | 아닐 부 | 움직일 동</small>

단단하게 고정(固定)되어 움직이지 않는다는 뜻, 결심이 분명하고 단호(斷乎)하여 외부의 어떤 요구(要求)나 유혹(誘惑)에도 결코 흔들리지 않음을 비유하는 말

【유의어】 確固不拔 확고불발

　　　不動心 부동심　마음이 외계(外界)의 충동(衝動)을 받아도 흔들리지 않음

　　　木鷄 목계　나무로 만든 닭. 외부(外部)의 충동에 흔들리지 않음

　　　堅忍不拔 견인불발　굳게 참고 견디어 마음이 흔들리지 않음

　　　搖之不動 요지부동　흔들어도 꼼짝하지 않음

紈袴子弟 환고자제 <small>흰 비단(깁) 환 | 바지 고 | 아들 자 | 아우 제</small>

흰 비단(緋緞)으로 지은 바지를 입은 자제, 재산이 많고 지위가 높은 집안의 귀족자제

【유의어】 綺紈公子 기환공자

▷ 비단: 帛 백, 綺 기, 緋 비, 緞 단, 綾 릉, 綵 채, 紈 환

鰥·寡·孤·獨 환·과·고·독 <small>홀아비 환 | 홀어미 과 | 외로울·고아 고 | 홀로·홀몸 독</small>

외롭고 의지할 데 없는 사람을 이르는 4가지 경우의 말

鰥 환　아내가 없는 사내(홀아비) = 鰥夫 환부, 曠夫 광부

寡 과　남편이 없는 여자(홀어미) = 寡守 과수, 寡婦 과부, 孀娥 상아, 怨女 원녀

孤 고　어려서 부모가 없는 아이 = 孤兒 고아

獨 독　늙어서 자식이 없는 노인 = 獨身 독신

▷ 孤獨 고독　쓸쓸하고 외로움. 부모 없는 어린아이와 자식 없는 늙은이

▷ 獨居 독거　혼자 생활함

* 出典: 孟子(맹자) 梁惠王章句(양혜왕장구) 好貨好色章(호화호색장)

換骨奪胎 환골탈태 <small>바꿀 환 | 뼈 골 | 빼앗을 탈 | 태아·아이밸 태</small>

뼈대[骨: 골]를 바꾸어 끼고 태(胎)를 바꾸어 쓴다는 뜻으로

1. 종전의 낡고 평범한 틀을 모조리 바꾸고 새롭게 변함
2. 얼굴과 몸이 몰라볼 만큼 좋게 변하여 전혀 딴 사람이 됨
3. 고인(故人)의 시문(詩文)형식을 바꾸어 짜임새와 수법(手法)이 먼저 것 보다 훨씬 더 잘됨

【유의어】 換骨 환골, 奪胎 탈태, 換奪 환탈

▷ 換骨 환골　도가(道家)에서 보통사람이 영단(靈丹)을 먹어 뼈가 선골(仙骨)로 바뀌는 것

▷ 奪胎 탈태　시인의 시상(詩想)이 마치 엄마의 태내(胎內)에 아기가 있는 것처럼

그 태(胎)를 자기 것으로 하여 시적경지로 승화(昇華)시키는 것

▷ 胎動 태동 어떤 일이 생기려는 기운이 싹틈

▷ 胞胎 포태 아이를 뱀 = 孕胎 잉태 ↔ 避姙 피임 인위적으로 임신을 피함

* 出典: 冷齋夜話(냉재야화: 南宋[남송]의 승려 惠洪[혜홍] 著)

渙然氷釋 환연빙석 흩어질 환 | 그러할 연 | 얼음 빙 | 풀·풀릴 석

얼음이 녹아 없어지듯 마음에 한 점 의심(疑心)도 남기지 않고 의혹(疑惑)이나 미혹(迷惑)이
풀린다는 말

『유의어』 解惑 해혹, 破惑 파혹 의혹을 풀어 버림

▷ 渙散 환산 군중·단체가 흩어짐. 높은 열(熱)이 서서히 내림

▷ 釋放 석방 구속(拘束)하였던 사람을 풀어 자유롭게 하는 일. 즉 사면이나 형기의 만료,
체포·구류기간의 만료나 구류의 취소, 구류의 집행정지, 보석(保釋) 등에 의함

* 出典: 春秋左氏傳(춘추좌씨전)

歡呼雀躍 환호작약 기쁠 환 | 부르짖을 호 | 참새 작 | 뜀·뛰어오를 약

참새가 좋아서 짹짹거리며 팔짝팔짝 뛴다는 뜻, 너무 기뻐서 크게 환호성(歡呼聲)을 지르며 날뜀

『유의어』 手舞足蹈 수무족도 몹시 좋아서 날뜀

欣喜雀躍 흔희작약 너무 좋아 뛰며 기뻐함 = 雀躍 작약

▷ 跳躍 도약 뛰어오름, 급격(急擊)한 진보·발전의 단계(段階)로 접어듦

▷ 呼吸 호흡 숨을 쉬고 뱉음. 생물체가 산소를 마시고 이산화탄소를 몸 밖으로 내보냄

▷ 歡送 환송 기쁜 마음으로 떠나보냄 ↔ 迎接 영접 손님을 맞아서 접대함

豁然貫通 활연관통 확 트일·넓을 활 | 그러할 연 | 꿸·뚫을 관 | 통할 통

장구(長久)한 세월, 사리(事理)를 연구하느라 정신(精神)을 집중한 결과 어느 날 문득
의문(疑問)이 풀려 이치(理致)를 환하게 꿰뚫어 마침내 도(道)를 터득(攄得)한다는 말

『유의어』 豁然開朗 활연개랑 [出典: 陶淵明(도연명)의 桃花源記(도화원기)]

一旦豁然貫通 일단활연관통, 豁然大悟 활연대오

▷ 豁達 활달 도량(度量)이 넓고 크다. 활발(活潑)하고 의젓하다

* 出典: 朱熹(주희)의 大學(대학) 解題(해제)

惶恐無地 황공무지 두려워할 황 | 두려울 공 | 없을 무 | 처지·땅 지

황공(惶恐)해서 몸 둘 바를 모른다는 뜻, 위엄(威嚴)이나 지위(地位)등에 눌려 두려워서

어찌 할 바를 모름의 비유

『유의어』 **惶悚無地** 황송무지

▷ **罪悚** 죄송　죄스러울 정도로 황송(惶悚)한 데가 있음

▷ **惶悚** 황송　분에 넘쳐 고맙고도 송구함 / **恐怖** 공포　무서움과 두려움

▷ **唐惶** 당황　놀라거나 다급하여 어찌할 바를 모름

▷ **荒唐** 황당　말이나 행동이 허황(虛荒)하고 터무니없음

黃口乳臭 황구유취　누를 황 | 입 구 | 젖 유 | 냄새·나쁜 소문 취

부리가 누런 새 새끼 같이 어려서 젖비린내가 난다는 뜻으로 상대를 어리고 하잘 것 없다고
얕보고 조롱(嘲弄)하는 말

『유의어』 **黃口小兒** 황구소아, **黃口乳兒** 황구유아

　　　　襁褓幼兒 강보유아, **襁褓小兒** 강보소아
　　　　아직 걷지도 못하여 포대기[襁褓: 강보]에 싸서 기르는 어린아이라는 말

　　　　口尙乳臭 구상유취　입에서 젖비린내가 난다는 뜻, 아직 어리다는 말

▷ **黃口** 황구　새 새끼의 누런 부리. 어린아이를 비유하는 말

▷ **嗅覺** 후각　냄새를 맡는 감각(感覺)

黃口簽丁 황구첨정　누를 황 | 입 구 | 이름 둘·서명할 첨 | 장정·고무래 정

황구[黃口: 어린아이]를 장정[壯丁: 젊은 남자]이라고 군적[軍籍: 군인명부]에 기록한다는 뜻

조선후기에 군정(軍政)이 문란(紊亂)해져서 어린아이까지도 군적(軍籍)에 올려 무리하게
세금(稅金)으로 군포(軍布)를 징수(徵收)하던 일, 학정(虐政)을 비유하여 이르는 말

『유의어』 **苛政猛於虎** 가정맹어호　가정[苛政＝虐政: 학정]은 호랑이보다 더 무서움

　　　　苛斂誅求 가렴주구　세금을 혹독(酷毒)하게 거두고 재물을 강제(強制)로 빼앗음

　　　　割剝之政 할박지정　한 고을의 원이 백성의 재물을 갈취(喝取)하여 긁어모으는 정치

　　　　白骨徵布 백골징포　죽은 사람의 이름을 군적(軍籍)과 세금대장에 올려놓고
　　　　　　　　　　　　　　　가족(家族)에게 군포(軍布)를 받던 일

　　　　收奪 수탈, **裒斂** 부렴, **族徵** 족징, **洞徵** 동징

黃金萬能 황금만능　누를 황 | 황금 금 | 일만 만 | 능할 능

황금(黃金)이면 만사(萬事) OK, 돈만 있으면 세상의 모든 일이 뜻대로 될 수 있음을 비유하는 말

『유의어』 **錢能通神** 전능통신, **物質萬能** 물질만능, **靑錢萬選** 청전만선

　　　　錢可通神 전가통신　돈만 있으면 귀신(鬼神)하고도 통한다는 말. 돈의 위력

錢可使鬼 전가사귀　돈으로는 귀신도 부릴 수 있음. 돈의 위력(威力)을 비유

▷ 拜金主義 배금주의　돈을 최고의 가치(價値)로 여기고 숭배(崇拜)하는 주의

黃金分割 황금분할　누를 황 ┃ 황금 금 ┃ 나눌 분 ┃ 벨·쪼갤 할

사람이 가장 아름답고 조화(調和)로운 모양으로 받아들이는 분할(分割)의 형태라는 뜻으로
한 선분(線分)을 두 부분으로 나눌 때 전체에 대한 큰 부분의 비와 큰 부분에 대한 작은 부분의
비가 같도록 나눈 것을 말함

[대(大)와 소(小)의 비는 약 1.618 대 1 이라고 함]

【유의어】 中外比 分割 중외비 분할

▷ 割烹 할팽　고기를 썰어서 삶는다는 뜻. 음식을 요리함. 맛있는 음식

▷ 割愛 할애　소중한 시간·돈 등을 아까워하지 아니하고 선뜻 내어 줌

荒唐無稽 황당무계　거칠·빌 황 ┃ 황당할·당나라 당 ┃ 없을 무 ┃ 헤아릴·머무를 계

허황(虛荒)되고 근거(根據)가 없다는 뜻으로 언행(言行)이 허망(虛妄)하고 터무니없어 믿을 수
없다는 말. 말도 안 되는 소리라는 말

【유의어】 荒唐之言 황당지언, 荒誕無稽 황탄무계, 荒唐 황당

　　　　 虛無孟浪 허무맹랑　터무니없이 허황하고 실상(實相)이 없음

　　　　 無稽之言 무계지언　전혀 근거(根據)가 없는 엉터리 이야기

▷ 荒蕪地 황무지　손을 대어 거두지 않고 내버려 둔 거친 땅

▷ 滑稽 골계　익살[남을 웃기려고 일부러 우습게 하는 말이나 몸짓]

▷ 唐慌 당황　놀라거나 다급하여 어찌할 바를 모름

＊ 出典: 莊子(장자) 天下篇(천하편)

黃粱一炊 황량일취　누를 황 ┃ 조·기장 량 ┃ 하나 일 ┃ 불땔(밥지을) 취

꿈속에서 80년 동안 부귀영화를 모두 누렸으나 깨어 보니 메조로 밥을 짓는 잠깐 동안이라는 뜻
부귀(富貴)와 공명(功名)이 순식간에 스쳐 지나간 한순간처럼 인생이 덧없음을 비유하는 말

【유의어】 黃粱之夢 황량지몽, 黃粱一炊之夢 황량일취지몽

　　　　 邯鄲之夢 한단지몽, 南柯之夢 남가지몽, 一炊之夢 일취지몽

▷ 黃泉 황천　저승[사람이 죽은 뒤 그 혼령이 가서 산다는 세상] ＝ 黃壚 황로, 冥府 명부

▷ 自炊 자취　밥을 직접 지어 먹으면서 생활(生活)함

＊ 出典: 枕中記(침중기)

皇天后土 황천후토 임금 황 | 하늘 천 | 왕비 후 | 땅·흙 토

하늘의 신과 땅의 신, 천신(天神)과 지기(地祇)

『유의어』 天地神祇 천지신기

▷ 皇后 황후　황제(皇帝)의 정실[正室: 본처] / 王后 왕후　왕비[= 임금의 아내]

▷ 陛下 폐하　황제나 황후에 대한 공대말 / 殿下 전하　왕·왕비 등 왕족에 대한 존칭(尊稱)

▷ 閣下 각하　높은 지위에 있는 사람에 대한 경칭(敬稱)

會稽之恥 회계지치 모일 회 | 머무를·헤아릴 계 | 어조사 지 | 부끄러워할 치

회계산(會稽山)에서의 수치(羞恥)라는 뜻, 전쟁(戰爭)에 패배(敗北)한 치욕(恥辱)을 비유하는 말

중국 춘추시대에 월왕(越王) 구천(句踐)이 오왕(吳王) 부차(夫差)에게 회계산(會稽山)에서
생포(生捕)되어 굴욕(屈辱)적인 강화(講和)를 맺은 고사에서 유래

『유의어』 臥薪嘗膽 와신상담, 嘗膽 상담, 捲土重來 권토중래

　　　切齒扼腕 절치액완　몹시 분하여 이를 갈고 팔을 걷어붙이며 벼름

　　　切齒腐心 절치부심　몹시 분하여 이를 갈며 속을 썩임

▷ 會盟 회맹　임금이 공신(功臣)들과 산짐승을 잡아 하늘에 제사(祭祀)지내고
　　　　　　　피를 나누어 마시며 단결(團結)을 맹세(盟誓)하던 일

* 出典: 史記(사기) 越王句踐世家(월왕구천세가)

悔過遷善 회과천선 뉘우칠 회 | 허물·지날 과 | 옮길 천 | 착할·좋을 선

지난날의 잘못을 뉘우치고 고쳐 착하게 됨. 후회(後悔)하고 반성(反省)하여 새사람이 됨

『유의어』 改過遷善 개과천선, 改過自新 개과자신

　　　悔改 회개　잘못을 뉘우치고 바로잡음 / 悔恨 회한　뉘우치고 한탄(恨歎)함

▷ 遷都 천도　도읍[都론 = 首都(수도): 서울]을 옮김

▷ 左遷 좌천　낮은 관직(官職)이나 지위(地位)로 떨어지거나 외직으로 전근(轉勤)됨

廻光返照 회광반조 돌 회 | 빛·빛날 광 | 돌아올 반 | 비출·비칠 조

해가 지기 직전(直前)에 잠깐 하늘이 밝아진다는 뜻으로 빛을 돌이켜 거꾸로 비춘다는 말

1. 죽기 직전에 잠깐 기운을 돌이킴 2. 머지않아 멸망하지만 한때나마 그 기세가 왕성함

▷ 迂廻 우회　멀리 돌아서 감 ↔ 直進 직진　곧게 나아감

▷ 返戾 반려　도로 돌려줌 = 返還 반환

▷ 照考 조고　율문[律文: 법률조문 또는 운문(韻文)]을 참조(參照)하고 깊이 생각함

懷璧有罪 회벽유죄　품을(물건·생각) 회 | 구슬 벽 | 있을 유 | 허물·죄 죄

옥(玉)과 같이 귀중한 물건을 갖고 있는 것이 죄가 된다는 뜻으로 본디 죄가 없는 사람도
분수(分數)에 맞지 않는 귀한 보물을 지니고 있으면 훗날 화(禍)를 초래(招來)함을 비유하는 말

주(周)나라 속담(俗談)에, <u>匹夫無罪 懷璧有罪 필부무죄 회벽유죄</u>
필부(匹夫)는 무죄(無罪)이지만, 구슬을 갖고 있으면 유죄(有罪)라는 고사에서 유래

｢유의어｣　懷璧其罪 회벽기죄, 抱璧有罪 포벽유죄

　　　　懷玉其罪 회옥기죄, 懷玉有罪 회옥유죄

　　　　象齒焚身 상치분신　코끼리는 자신의 상아(象牙)때문에 죽임을 당함

▷　有錢無罪 無錢有罪 유전무죄 무전유죄　돈이 있으면 무죄 돈이 없으면 유죄

* 出典: 春秋左氏傳(춘추좌씨전)

繪事後素 회사후소　그림 회 | 일·섬길 사 | 뒤 후 | 바탕·흴 소

그림은 먼저 흰 바탕을 마련한 뒤 그 위에 채색(彩色)을 해야 한다는 뜻으로
사람은 먼저 좋은 바탕[仁 인 = 어짊]을 수양(修養)한 이후에 문식[文飾 = 學問: 학문]과
형식[形式 = 禮: 예]을 더해야 한다는 말로 형식적인 예(禮)보다는 먼저 근본 바탕이 되는
인(仁)한 마음이 중요하다는 말

｢유의어｣　繪事後於素 회사후어소　그림 그리는 일은 바탕을 마련한 뒤에 함

　　　　先禮後學 선례후학　먼저 예의를 배우고 나중에 학문을 배우라는 뜻

▷　繪畫 회화　여러 가지 선이나 색채(色彩)로 평면상에 형상을 그려 낸 것. 그림

▷　素質 소질　본디부터 가지고 있는 성질(性質) 또는 타고난 능력이나 기질(氣質)

* 出典: 論語(논어) 八佾(팔일)

膾炙 회자　회·잘게 저민 날고기 회 | 고기구울·가르침을 받을 자(적)

회와 구운 고기라는 뜻으로 널리 사람의 입에 자주 오르내림을 비유하는 말

ex: 인구(人口)에 회자(膾炙)되다 → 사람들의 입소문에 자주 오르내린다는 말

▷　炙膾 적회　잘게 저민 고기를 구움 / 蒜炙 산적　마늘[蒜: 산]을 구워 만든 적(炙)

▷　散炙 산적　쇠고기 등을 길쭉길쭉하게 썰어 양념을 하여 꼬챙이에 꿰어서 구운 적(炙)

▷　親炙 친자　스승의 문하(門下)에서 가르침을 직접 받음

會者定離 회자정리　모일 회 | 놈·것 자 | 정할 정 | 떼놓을·떠날 리

사람은 누구나 만나면 헤어지기 마련이라는 뜻, 인생의 모든 것이 무상(無常)함을 이르는 말

｢유의어｣　生者必滅 생자필멸　생명(生命)이 있는 것은 반드시 죽어 없어짐

盛者必衰 성자필쇠　왕성(旺盛)하던 것은 반드시 사그라지기 마련

日月盈昃 일월영측　해와 달도 차면은 기울기 마련[부질없이 순환(循環) 됨]

月滿則虧 월만즉휴　달도 차면 곧 기운다는 말[부질없이 순환(循環) 됨]

▷ 去者必返 거자필반　떠난 사람은 반드시 돌아온다는 말

* 出典: 釋迦牟尼(석가모니) 臨終(임종)말씀

橫厄 횡액　가로·옆으로 누울 횡 | 액·재앙·불행 액
옆에서 가로질러 오는 재앙(災殃)이라는 뜻으로 뜻밖에 닥쳐오는 재액(災厄)을 비유하는 말

【유의어】 橫來之厄 횡래지액, 橫厄惡事 횡액악사

殃及池魚 앙급지어, 池魚之殃 지어지앙
성문(城門)에 난 불을 연못[池: 지]의 물로 껐으므로 그 연못의 물이 말라버려 물고기가
다 죽게 되었다는 뜻으로 엉뚱하게 당하는 재난(災難)을 비유하여 이르는 말

非命橫死 비명횡사, 非命慘死 비명참사
뜻밖의 사고(事故)를 당하여 제 목숨[命: 명]대로 살지 못하고 갑자기 죽음

急煞 급살　1. 갑자기 닥쳐오는 재액(災厄)　2. 별안간 죽음

▷ 煞 살　사람을 해치거나 물건을 깨뜨리는 독하고 모진 기운[악귀의 짓]

▷ 厄 액　모질고 사나운 운수(運數)

▷ 專橫 전횡　권세(權勢)를 혼자 쥐고 제 마음대로 함

橫說豎說 횡설수설　가로 횡 | 말씀 설 | 세로·세울·더벅머리 수
이렇게 말했다가 저렇게 말했다가 한다는 뜻으로 조리(條理) 없는 말을 두서(頭緖)없이 함부로
이러쿵저러쿵 지껄임을 비유하는 말

【유의어】 橫豎說去 횡수설거, 橫豎說話 횡수설화

夢中說夢 몽중설몽, 夢中夢說 몽중몽설
꿈속에서 꿈 이야기를 하듯이 종잡을 수 없는 말을 함

重言復言 중언부언　했던 말을 하고 또 하고 자꾸 되풀이함

▷ 豎童 수동　심부름하는 더벅머리 아이

橫行介士 횡행개사　가로 횡 | 다닐·갈 행 | 끼일·갑옷·껍질 개 | 선비 사
거리낌 없이 멋대로 가로로 다니는 게[蟹: 해]라는 뜻으로
임금 앞에서도 바른말을 하는 강직(剛直)한 선비를 비유하는 말

▷ 無腸公子 무장공자　창자가 없는 동물이라는 뜻으로 게[蟹: 해]를 비유하는 말

▷ 介冑 개주　갑옷과 투구 = 鎧冑 개주

▷ 介意 개의　마음에 두고 생각함 = 掛念 괘념, 懸念 현념

效顰 효빈 본받을 효 | (얼굴)찡그릴·눈살 찌푸릴 빈

눈살 찌푸림을 흉내 낸다는 뜻으로 이유도 모르고 덩달아 남을 흉내 냄을 비유하는 말

1. 시비선악(是非善惡)의 판단(判斷)없이 어리석게도 덩달아 남을 흉내 냄
2. 남의 결점(缺點)을 장점으로 잘못 알고 따라하는 어리석은 본받음을 비유하는 말

춘추시대 월(越)나라 미인 서시(西施)가 속병이 있어 얼굴을 자주 찡그렸는데 그 모습이 더욱 아름다웠다고 한다. 그것을 본 이웃집 추녀(醜女)인 동시(東施)가 미인들은 원래 저러는가보다 하고 그것을 본받아 찡그리니, 이웃사람들이 그 흉내 내는 꼴을 보고는 모두 도망쳤다는 고사에서 유래

> 【유의어】 效嚬 효빈, 東施效顰 동시효빈, 東施效嚬 동시효빈
>
> 西施矉目 서시빈목, 西施捧心 서시봉심
>
> ▷ 嚬蹙 빈축 얼굴을 찡그림 또는 남을 비난(非難)하거나 미워함

嚆矢 효시 소리 낼·울 효 | 화살 시

우는[= 소리를 내는]화살이라는 뜻, 어떤 일의 시작(始作) 또는 사건(事件)이 처음 발생함을 비유

소리 나는 화살을 먼저 쏘아 전쟁(戰爭)의 시작(始作)을 알렸다는 고사에서 유래

> 【유의어】 鏑矢 적시, 響箭 향전
>
> 전쟁 때에 선전(宣傳)의 표시 또는 사냥터에서 신호(信號)로 쓰이던 화살
>
> [사슴이나 물소의 뿔 속을 깎아서 비게 한 것을 화살에 붙인 것으로 날아가면서 소리를 냄]
>
> 權輿 권여 저울대와 수레바탕이라는 뜻으로 사물의 시초(始初)를 이르는 말
>
> [즉, 저울을 만들 때는 저울대부터 먼저 만들고
>
> 수레를 만들 때는 수레바탕부터 먼저 만들었다는 데서 유래함]
>
> 濫觴 남상 양쯔 강(揚子江)같은 큰 하천(河川)의 근원도 처음에는 술잔을 띄울 만큼
>
> 가늘게 흐르는 시냇물이었다는 뜻에서, 사물의 처음이나 기원을 이르는 말

* 出典: 莊子(장자) 在宥篇(재유편)

孝悌忠信 효제충신 효도 효 | 공경할 제 | 충성·진심 충 | 믿을 신

부모에 대한 효도(孝道), 형제 사이의 우애(友愛), 임금에 대한 충성(忠誠), 벗 사이의
믿음[信: 신]을 통틀어 이르는 말

> ▷ 愷悌 개제 용모(容貌)와 기상(氣像)이 화락(和樂)하고 단아(端雅)함
>
> ▷ 不悌 부제 웃어른께 공손(恭遜)하지 못함

後起之秀 후기지수 뒤 후 | 일어날 기 | 어조사·갈 지 | 빼어날·꽃필 수

뒤에 일어나는 것의 빼어남이라는 뜻으로 후배(後輩)중에 우수(優秀)한 인물을 비유하는 말

> 【유의어】 後生可畏 후생가외 젊은 후학들을 두려워할 만하다는 뜻

▷ 後裔 후예　여러 대가 지난 뒤의 자손(子孫)
　　＝ 後孫 후손, 後昆 후곤, 世嗣 세사, 餘裔 여예

▷ 秀穎 수영　1. 잘 여문 벼나 수수의 이삭　2. 재능(才能)이 뛰어남

* 出典: 世說新語(세설신어) 賞譽篇(상예편)

朽木糞牆 후목분장　썩을 후 | 나무 목 | 똥·썩을·더러울 분 | 담 장

썩은 나무는 조각(彫刻)할 수 없고 썩은 벽(壁)은 그 위에 다시 칠할 수 없다는 뜻으로
어떤 일을 하려는 의지(意志)와 기개(氣槪)가 없는 사람은 가르칠 수 없음을 비유하는 말

【유의어】 朽木不可雕 후목불가조, 雕朽 조후　썩은 나무에 조각 할 수 없음. 소용없는 짓

　　　　　朽木糞土 후목분토　썩은 나무에 조각할 수 없고 썩은 흙 위에 덧칠할 수 없음

▷ 不朽 불후　썩어 없어지지 않음. 곧 오래도록 없어지지 않음

▷ 糞尿 분뇨　똥과 오줌 ＝ 屎尿 시뇨

* 出典: 論語(논어) 公冶長篇(공야장편)

後生可畏 후생가외　뒤·늦을 후 | 날·살 생 | 옳을·좋을 가 | 두려워할·협박할 외

젊은 후학들을 두려워할 만하다는 뜻으로 후진(後進)들이 선배(先輩)들보다 젊고 기력이 좋아
학문을 닦음에 있어서 장차(將次) 큰 인물도 될 수 있으므로 가히 두려워 할 만하다는 말

후배(後輩)들은 두려워 할만하다, 장래(將來)에 그들이 우리보다 못하리라는 것을 어찌
알 수 있겠는가? 그러나 40세, 50세가 되어도 세상에 이름이 나지 않는다면 두려워할 바가
못 된다고 말한 공자(孔子)의 말씀에서 유래(由來)

【유의어】 後起之秀 후기지수

▷ 靑出於藍 청출어람, 靑於藍 청어람
　　　쪽에서 나온 물감이 쪽보다도 더 푸르다는 뜻으로 제자가 스승보다 더 뛰어나다는 말

▷ 畏敬 외경　공경(恭敬)하면서 두려워함 ＝ 敬畏 경외

* 出典: 論語(논어) 子罕篇(자한편)

喉舌之臣 후설지신　목구멍 후 | 혀 설 | 어조사 지 | 신하 신

임금의 목구멍과 혀의 역할(役割)을 하는 신하라는 뜻으로 매우 중요한 신하 또는 최측근
1. 왕명출납(王命出納)과 조정(朝廷)의 중대한 언론(言論)을 맡은 신하
2. 승지(承旨)를 달리 이르던 말 [現 청와대 대변인과 비서실장 등 국정의 대표 발언자]

【유의어】 喉舌 후설, 喉舌之官 후설지관, 喉舌之任 후설지임

▷ 喉衿 후금　목구멍과 옷깃, 사물의 가장 중요한 곳을 비유하는 말
　　＝ 關鍵 관건, 要領 요령, 裘領 구령, 肯綮 긍경

* 出典: 詩經(시경) 大雅(대아) 烝民篇(증민편)

後時之嘆 후시지탄 뒤 후 | 때 시 | 어조사 지 | 탄식할 탄

때늦은 한탄(恨歎)이라는 뜻으로 시기(時期)가 늦어져 기회(機會)를 놓친 것이 원통(冤痛)해서 탄식(歎息)함을 비유하는 말

유의어
晚時之歎 만시지탄 시기에 늦어 기회를 놓쳤음을 안타까워하는 한탄

噬臍莫及 서제막급 이미 저지른 잘못에 대해 후회해도 소용(所用)없다는 말

後悔莫及 후회막급 잘못된 뒤에 아무리 뉘우쳐도 어찌할 수가 없음

死後藥方文 사후약방문, 死後淸心丸 사후청심환

厚顏無恥 후안무치 두터울 후 | 얼굴 안 | 없을 무 | 부끄러워할 치

낯짝이 두껍고 수치심(羞恥心)이 없다는 뜻으로 뻔뻔스럽고 부끄러운 줄 모르는 행위(行爲)를 비유하는 말

유의어
厚顏 후안, 强顏 강안

面張牛皮 면장우피 얼굴에 쇠가죽을 발랐다는 뜻으로 몹시 뻔뻔스러움

鐵面皮 철면피 쇠로 만든 낯가죽이라는 뜻으로 염치없고 뻔뻔스러운 사람

沒廉恥 몰염치, 破廉恥 파렴치 염치(廉恥)를 모르고 뻔뻔스러움

▷ 廉恥 염치 체면(體面)을 차릴 줄 알며 부끄러움을 아는 마음

▷ 厚祿 후록 후한 녹봉(祿俸)

* 出典: 書經(서경) 夏書(하서) 五子之歌(오자지가)

後悔莫及 후회막급 뒤 후 | 뉘우칠 회 | 말·없을 막 | 미칠·이를 급

후회를 해봐야 미치지 못한다는 뜻, 어떤 일이 잘못된 뒤에 아무리 후회해도 소용없음을 비유

유의어
後悔莫甚 후회막심 더할 나위 없이 후회(後悔)스러움

事已至此 사이지차 일이 이미 이 지경까지 이르렀다는 말. 후회해도 소용없음

亡羊補牢 망양보뢰, 亡牛補牢 망우보뢰, 失牛補屋 실우보옥
양(소) 잃고 외양간 고친다는 말. 소용없는 짓. 부질없는 짓

▷ 愆悔 건회 허물이나 잘못

訓蒙字會 훈몽자회 가르칠 훈 | 어리석을 몽 | 글자 자 | 모일 회

조선 중종 22년(1527)에 최세진(崔世珍)이 어린이들을 위하여 지은 한자(漢字) 학습서(學習書)
[상·중·하 3권으로 구성]

▷ 啓蒙 계몽 지식수준(知識水準)이 낮거나 인습(因習)에 젖은 사람을 가르쳐서 깨우침

▷ 蒙塵 몽진 머리에 먼지를 쓴다는 뜻. 임금이 난리(亂離)를 피하여 다른 곳으로 옮아감

▷ 貽訓 이훈　조상(祖上)이 자손(子孫)을 위하여 남긴 가르침

▷ 擊蒙要訣 격몽요결
조선 선조(宣祖) 10년(1577)에 율곡(栗谷) 이이(李珥)가 학문을 시작(始作)하는 이들을
가르치기 위하여 편찬(編纂)한 책

壎篪相和 훈지상화　질 나발 훈 ｜ 피리[笛: 적]·저 이름 지 ｜ 서로·재상·얼굴 상 ｜ 화할 화

형이 훈(壎)이라는 악기를 불면 동생이 지(篪)라는 악기를 불어 화답(和答)한다는 뜻으로
두 악기가 화음(和音)을 이루듯 형제간에 우애가 돈독(敦篤)하고 화목(和睦)함을 비유하는 말

〖유의어〗 遇賊爭死 우적쟁사, 棣鄂之情 체악지정, 田宅與弟 전택여제

兄友弟恭 형우제공, 兄弟投金 형제투금, 同氣之親 동기지친

兄疫不去 형역불거, 藕斷絲運 우단사운, 姜衾 강금, 儐豆 빈두

手足之愛 수족지애, 如足如手 여족여수, 篪壎 지훈, 壎篪 훈소

〖반의어〗 煮豆燃萁 자두연기　콩을 삶는데 콩깍지를 태운다는 뜻[콩과 콩깍지는 한 형제간]
형제간에 서로 시기(猜忌)하는 아귀다툼을 한탄하는 말

兄弟鬩牆 형제혁장　형제가 한 담장 안에서 서로 다툼 = 鬩牆 혁장

＊ 出典: 詩經(시경) 何人斯(하인사: 蘇公[소공] 著)

焄蒿悽愴 훈호처창　연기에 그을릴·향기 훈 ｜ 쑥·향기 날 호 ｜ 슬퍼할 처 ｜ 슬퍼할 창

향(香)이 타오르고 제수(祭需)의 향기(香氣)가 서려 오르니 사람의 마음은 슬퍼진다는 뜻으로
제사(祭祀)지낼 때 향(香)이 타오르고 제수(祭需)의 향기가 서려 오르는 모양을 귀신(鬼神)이
나타난 모양인양 표현(表現)한 말

▷ 悽慘 처참　몸서리칠 정도로 슬프고 참혹(慘酷)함

▷ 凄涼 처량　보기에 초라하고 구슬프다

▷ 燻製 훈제　소금에 절인 고기를 연기(煙氣)에 그으려 말림[또는 그 식품]

＊ 出典: 禮記(예기) 祭義篇(제의편)

喧喧囂囂 훤훤효효　떠들썩할·아이가울 훤 ｜ 떠들썩할·왁자할·들렐 효

수많은 사람들이 저마다 왁자지껄 떠들어 대며 시끄러운 모양을 형용하는 말

〖유의어〗 喧囂 훤효

喧騷 훤소, 紛喧 분훤　뒤떠들어서 소란(騷亂)함

喧譁 훤화, 喧譁之聲 훤화지성　시끄럽게 지껄이며 떠듦

▷ 囂塵 효진　시끄럽고 먼지 투성임. 어지럽고 소란(騷亂)한 인간세상 = 塵囂 진효

毀家黜洞 훼가출동　헐 훼 ｜ 집 가 ｜ 내칠·내몰 출 ｜ 마을·골 동 / 꿰뚫을 통

집을 헐고 동네 밖으로 쫓아낸다는 뜻으로 행실이 나쁘고 동네의 미풍양속(美風良俗)을 어지럽힌 사람의 집을 헐어버리고 동네 밖으로 내쫓아 징계(懲戒)하던 방법

[유의어] 毀家黜送 훼가출송　풍속을 어지럽힌 자의 집을 부수고 동네 밖으로 내쫓던 일

放逐鄕里 방축향리, 放逐 방축　벼슬을 삭탈(削奪)하고 제 고향으로 내쫓던 형벌

▷ 毀謗 훼방　남을 헐뜯어 비방(誹謗)함. 남의 일을 방해(妨害)함

▷ 毀瘠 훼척　너무 슬퍼해서 몸이 마르고 쇠약(衰弱)해짐

毀瓦劃墁 훼와획만　헐·상처 입힐 훼 ｜ 기와 와 ｜ 그을 획 ｜(흙)바를·흙손 만

완성된 집의 기와를 깨뜨리고 흙손질까지 하여 다 마무리한 담장에 금[落書: 낙서]을 긋는다는 뜻으로 남의 집에 해를 끼침을 비유하는 말

[유의어] 毀劃 훼획

▷ 毀損 훼손　체면(體面)이나 명예(名譽)를 손상(損傷)함. 헐거나 깨뜨려 쓰지 못하게 함

▷ 猜毀 시훼　시기(猜忌)하여 비난(非難)하고 헐뜯음

* 出典: 孟子(맹자)

喙長三尺 훼장삼척　부리·주둥이 훼 ｜ 길·어른·잘할 장 ｜ 석 삼 ｜ 자·법·길이 척

주둥이가 삼척이나 된다. 주둥이가 석자나 되도록 길어도 변명(辨明)할 수 없다는 뜻으로
1. 허물이 드러나서 감출래야 감출수가 없음을 비유하여 이르는 말
2. 말을 썩 잘하거나 언론(言論)이 매우 능함을 비유하여 이르는 말

▷ 容喙 용훼　입을 놀려 간섭(干涉)하며 말참견(參見)을 함 = 開喙 개훼

▷ 豕喙 시훼　돼지 주둥아리. 인상(人相)에 욕심이 많아 보이는 사람

* 出典: 唐書(당서)

諱疾忌醫 휘질기의　꺼릴·피할 휘 ｜ 병·빠를 질 ｜ 꺼릴·싫어할 기 ｜ 의원·의사 의

병을 숨기고 의사(醫師)만나기를 꺼려한다는 뜻으로 자신의 결점(缺點)을 감추고 고치려 하지 않음을 비유하는 말

[유의어] 護疾忌醫 호질기의

▷ 諱 휘　돌아가신 높은 어른의 생전(生前)의 이름 = 諱字 휘자

▷ 忌諱 기휘　싫어하여 꺼리거나 두려워서 피함 또는 이름을 함부로 부르지 않음

▷ 觸諱 촉휘　공경(恭敬)하거나 꺼려야 할 높은 분의 이름을 함부로 부름

* 出典: 周敦頤(주돈이)의 周子通書(주자통서)

睢睢盱盱 휴휴우우 부릅떠볼 휴 | 부릅뜰·쳐다볼 우

1. 눈을 치켜뜨거나[睢睢: 휴휴] 부릅뜨는 모양[盱盱: 우우]. 거만(倨慢)한 모양을 형용하는 말
2. 안하무인(眼下無人)의 방자(放恣)하고 교만(驕慢)한 태도(態度)
3. 눈을 크게 뜨고 봄. 유의(留意)하여 보거나 듣거나 함

유의어 瞋目 진목 두 눈을 부릅뜸

目光如炬 목광여거 눈빛이 횃불같이 빛남. 노기를 띤 눈빛. 사람을 노려봄

* 出典: 莊子(장자) 雜篇寓言(잡편우언)

凶惡無道 흉악무도 흉할·재앙 흉 | 악할 악 | 없을 무 | 길 도

성질(性質)이 사납고 악(惡)하며 도의심(道義心)이 없음

유의어 極惡無道 극악무도 더없이 악하고 도리에 완전히 어긋남

惡逆無道 악역무도 비길 데 없이 악독(惡毒)하고 도리에 어긋남

暴惡無道 포악무도 말할 수 없이 사납고 악독(惡毒)함

▷ 凶暴 흉포 흉악(凶惡)하고 포악(暴惡)함

▷ 凶歉 흉겸 곡식(穀食) 농사(農事)가 안 되어 결딴남. 즉 자연재해로 농사를 망침

胸有成竹 흉유성죽 가슴·가슴속·마음 흉 | 있을·존재할 유 | 이룰 성 | 대(나무) 죽

대나무 그림을 그리기 이전에 이미 가슴(= 마음)속에 완성된 대나무 그림이 있다는 뜻으로
즉 일을 처리(處理)함에 있어 미리 전체적인 계산(計算)이 모두 서있음을 비유하는 말

▷ 胸襟 흉금 가슴속이라는 뜻, 마음속에 품은 생각을 비유하는 말 = 胸臆 흉억

* 出典: 1. 蘇軾(소식)의 篔簹谷偃竹記(운당곡언죽기)
　　　　2. 晁補之(조보지)의 贈文潛甥楊克一學文與可畫竹求詩(증문잠생양극일학문여가화죽구시)

黑猫白猫 흑묘백묘 검을 흑 | 고양이 묘 | 흰·사뢸 백 | 고양이 묘

검은 고양이와 흰 고양이라는 뜻으로 고양이는 색깔에 상관(相關)없이 쥐만 잘 잡으면 되듯이
자본주의든 공산주의든 개의(介意)치 말고 중국인민을 잘 살게 해주면 그것이 제일(第一)이라는 말

중국의 개혁(改革)과 개방(開放)을 이끈 정치지도자 덩샤오핑[鄧小平: 등소평]이 취한 경제정책으로
1979년 미국을 방문(訪問)하고 돌아와 주장(主張)하면서 더욱 유명해진 말

유의어 黑猫白猫論 흑묘백묘론, 黑猫黃猫 흑묘황묘, 先富論 선부론

南爬北爬 남파북파 남쪽으로 오르던 북쪽으로 오르던 정상(頂上)에만 오르면 됨

不管黑猫白猫 부관흑묘백묘 검은 고양이든 흰 고양이든 상관하지 말고

捉到老鼠 就是好猫 착도로서 취시호묘 쥐만 잘 잡으면 그것이 곧 좋은 고양이다

▷ Perestroika 페레스트로이카 改革 개혁 / Glasnost 글라스노스트 開放 개방

黑衣宰相 흑의재상 검을 흑 | 옷 의 | 재상·요리사 재 | 재상·얼굴·서로 상

검은 옷을 입은 재상(宰相)이라는 뜻, 정치에 참여해서 큰 영향력(影響力)을 행사하는 승려(僧侶)를 비유하는 말 또는 중국 송(宋)나라 혜림도인(慧琳道人)의 별명

▷ 黑衣 흑의 스님이 입는 가사(袈裟) 또는 장삼(長衫)

▷ 髡褐 곤갈 머리를 깎고 거친 베옷을 입은 사람이라는 뜻으로 중(= 스님)을 이르는 말
= 僧侶 승려, 毳客 취객, 緇侶 치려

* 出典: 資治通鑑(자치통감)

迄可休矣 흘가휴의 도달할·이를 흘 | 옳을·좋을 가 | 그칠·쉴 휴 | 어조사 의

알맞은 정도(程度)에 이르면 그만두라는 뜻, 정도(程度)에 지나침을 경계(警戒)하는 말로 쓰임

▷ 戒盈杯 계영배 과음(過飮)을 경계하기 위하여 만든 술잔

▷ 休憩 휴게 일을 하거나 길을 걷는 도중(途中)에 잠깐 쉼 = 休息 휴식

▷ 迄今 흘금 지금까지

興亡盛衰 흥망성쇠 일어날·일 흥 | 망할 망 | 성할 성 | 쇠할·약해질 쇠

흥성(興盛)하고 멸망(滅亡)함과 번성(繁盛)하고 쇠퇴(衰退)함. 순환(循環) 됨

『유의어』 榮枯盛衰 영고성쇠 인생이나 사물의 성하고 쇠함이 서로 뒤바뀌는 현상. 순환 됨
禍福糾纆 화복규묵 화·복(禍·福)이 꼬아놓은 노끈처럼 서로 얽혀있다는 말. 순환 됨 [즉 화가 있으면 복이 오고 복이 있으면 화가 뒤이어 온다는 뜻]

興味津津 흥미진진 일어날·일 흥 | 맛·뜻 미 | 넘칠·나루 진

흥과 맛이 넘쳐흐를 정도로 매우 많음을 비유하는 말

▷ 正味 정미 전체무게에서 그릇이나 포장 등의 무게를 뺀 순수 내용물만의 무게

▷ 津津 진진 넘쳐흐르는 모양, 맛이 좋거나 퍽 재미가 있음

▷ 興奮 흥분 감정이 북받쳐 일어남 ↔ 沈着 침착 행동이 들뜨지 않고 차분함

興盡悲來 흥진비래 일어날·일 흥 | 다할·다될 진 | 슬플 비 | 올 래

즐거운 일이 다하면 슬픈 일이 닥쳐온다는 뜻, 세상일은 돌고 돌아 순환(循環)되는 것이라는 말

『유의어』 興亡盛衰 흥망성쇠, 榮枯盛衰 영고성쇠, 盛衰 성쇠
인생이나 사물의 성하고 쇠함이 서로 뒤바뀌는 현상
楛菀 고울 시듦과 우거짐. 성쇠(盛衰), 영욕(榮辱)을 비유하는 말

[반의어] 苦盡甘來 고진감래 고생 끝에 즐거움이 옴[순환 됨]

▷ 悲戀 비련 슬프게 끝나는 사랑

稀代未聞 희대미문 드물·성길 희 | 시대·대신할 대 | 아닐 미 | 들을 문
지극히 드물어 좀처럼 듣지 못함

▷ 前古未聞 전고미문, 前代未聞 전대미문
   전에 들어 보지 못한 일, 이제까지 들은 적이 없음

▷ 稀覯書 희구서 후세(後世)에 남아 전하는 것이 썩 드문 책 = 稀貴本 희귀본

▷ 稀壽 희수 나이 일흔 살을 일컫는 말 = 稀年 희년 古稀 고희

喜色滿面 희색만면 기쁠 회 | 빛·색 색 | 찰·가득할 만 | 얼굴·면 면
얼굴에 기쁜 빛이 가득함

[유의어] 滿面喜色 만면희색, 喜喜樂樂 희희낙락, 喜樂 희락

▷ 喜捨金 희사금 어떤 목적(目的)을 위하여 기꺼이 내어놓은 돈

▷ 喜悅 희열 매우 기뻐하고 즐거워함

▷ 喜悲 희비 기쁨과 슬픔 / 悲哀 비애 슬픔과 설움

▷ 喜壽 희수 사람나이 일흔일곱 살을 일컫는 말

犧牲羊 희생양 희생 회 | 희생 생 | 양 양
다른 사람이나 어떤 일을 위하여 자신의 생명이나 재물(財物)·이익(利益) 등을 희생(犧牲)당하는
처지(處地)를 비유하여 이르는 말
1. 천지신명(天地神明)이나 묘사(廟社)에 제사지낼 때 제물(祭物)로 바치는 산 짐승
2. 어떤 사물·사람을 위해서 자기 몸을 돌보지 않음
3. 전쟁(戰爭)·사고(事故) 등에 휘말려 목숨을 잃거나 다침
4. 뜻하지 않은 재난(災難)등으로 목숨을 헛되게 잃음

▷ 贖罪羊 속죄양 남의 죄 등을 대신 짊어지는 사람의 비유

稀少價値 희소가치 드물·적을 회 | 적을 소 | 값 가 | 값 치
세상에 드물기 때문에 인정(認定)되는 가치(價値)

▷ 稀貴 희귀 매우 드물어서 진귀(珍貴)함 / 稀罕 희한 매우 드물거나 신기함

▷ 稀釋 희석 용액(溶液)에 물·용매(溶媒)를 가해 묽게 함

▷ 稀薄 희박 ↔ 濃厚 농후

熙熙皡皡 희희호호 <small>빛날 희 | 밝을 호</small>

빛나고 밝다는 뜻에서 백성(百姓)의 생활(生活)이 매우 즐겁고 화평(和平)함을 비유

유의어

嬉嬉皡皡	희희호호	
含哺鼓腹	함포고복	잔뜩 먹고 배를 두드린다는 뜻으로 먹을 것이 풍족(豐足)하여 배불리 먹고 즐겁게 지냄을 비유하여 이르는 말
鼓腹擊壤	고복격양	배를 두드리고 땅을 치며 노래한다는 뜻으로 백성들이 태평세월을 누림을 비유하여 이르는 말
康衢煙月	강구연월	태평한 시대의 큰 길거리의 평화로운 풍경(風景)
太平烟月	태평연월	태평(太平)하고 안락(安樂)한 세월(歲月)
太平聖代	태평성대	어진 임금이 다스리는 태평한 세상이나 시대(時代)

가가대소
성어정리

2020년 02월 01일 개정판 1쇄 인쇄
2020년 02월 08일 개정판 1쇄 발행

지은이 | 왕원근(王元根)/왕필
펴낸이 | 왕원근(王元根)/왕필

펴낸곳 | 희망의 창
등 록 | 제2009-000002호
주 소 | 서울시 강북구 4·19로 2길 1-7(4층)
전 화 | 010-7510-3336(저자), 010-8472-3636(주문)
메 일 | wangfeel@naver.com

표 지 | E&D
인 쇄 | (주)한솔피앤비

ⓒ 왕원근 2020

정가 40,000원
ISBN 979-11-89630-01-0